Die *Forza Italia* Silvio Berlusconis

Italien
in Geschichte und Gegenwart

Herausgegeben von
Luigi Vittorio Ferraris, Erik Jayme,
Günter Trautmann(†), Hartmut Ullrich

Band 22

PETER LANG
Frankfurt am Main · Berlin · Bern · Bruxelles · New York · Oxford · Wien

Damian Grasmück

Die *Forza Italia*
Silvio Berlusconis
Geburt, Entwicklung,
Regierungstätigkeit und Strukturen
einer charismatischen Partei

PETER LANG
Europäischer Verlag der Wissenschaften

Bibliografische Information Der Deutschen Bibliothek
Die Deutsche Bibliothek verzeichnet diese Publikation in der
Deutschen Nationalbibliografie; detaillierte bibliografische
Daten sind im Internet über <http://dnb.ddb.de> abrufbar.

Zugl.: Bonn, Univ., Diss., 2004

Umschlagabbildung:
Bas Booms („Baz")

Gedruckt auf alterungsbeständigem,
säurefreiem Papier.

D 5
ISSN 0945-1846
ISBN 3-631-53839-1

© Peter Lang GmbH
Europäischer Verlag der Wissenschaften
Frankfurt am Main 2005
Alle Rechte vorbehalten.

Das Werk einschließlich aller seiner Teile ist urheberrechtlich
geschützt. Jede Verwertung außerhalb der engen Grenzen des
Urheberrechtsgesetzes ist ohne Zustimmung des Verlages
unzulässig und strafbar. Das gilt insbesondere für
Vervielfältigungen, Übersetzungen, Mikroverfilmungen und die
Einspeicherung und Verarbeitung in elektronischen Systemen.

Printed in Germany 1 2 4 5 6 7

www.peterlang.de

Allen, die an mich geglaubt haben

Inhalt

Verzeichnis der Tabellen und Abbildungen 10

Verzeichnis der Abkürzungen 11

Vorwort 13

1 Einleitung 15
  1.1 Aufbau der Arbeit 20
  1.2 Forschungsstand und Quellenlage 24

2 Die politische Kultur Italiens 33
  2.1 Das Verhältnis zwischen Bürgern und Staat 34
  2.2 Das Klientel- und Patronagesystem 36
  2.3 Die Subkulturen Katholizismus und Kommunismus 38
  2.4 Die Nord-Süd-Problematik 41

3 Die Entwicklung des italienischen Parteiensystems
von 1943 bis 1993 43
  3.1 Das traditionelle Parteiensystem 43
    3.1.1 Exkurs: Grundzüge der modernen Parteientheorie 43
    3.1.2 Die *Partitocrazia* – Die Herrschaft der Parteien 46
    3.1.3 Strukturen und Entwicklungsphasen 48
    3.1.4 Die Hauptakteure:
        Christdemokraten, Kommunisten und Sozialisten 52
  3.2 Der Transformationsprozess der Parteienlandschaft 57
    3.2.1 Der Anfang vom Ende –
        Die Parlamentswahlen vom 5. April 1992 57
    3.2.2 Das Parteiensystem in der Krise –
        Die Hintergründe des Zusammenbruchs 59
    3.2.3 *Tangentopoli* – Die Diskreditierung der Altparteien 62
    3.2.4 Die Referendumsbewegung als Ausweg aus der Krise 65
    3.2.5 Das neue Mischwahlrecht –
        Italien auf dem Weg zum Bipolarismus 68

4 Silvio Berlusconi – Ein italienischer „Selfmademan" 73

5 Die Entstehung der *Forza Italia* 91
5.1 Vorgeschichte und politische Rahmenbedingungen 91
5.2 „Scendo in campo" – Berlusconi betritt die politische Arena 94
5.3 „Operation Botticelli" – Die vermeintliche Geburt aus dem Nichts 104
5.4 Die professionelle Vermarktung des neuen „Produkts *Forza Italia*" 114
5.5 Die strategische Bündnispolitik 119
5.6 Die „mediale" Wahlkampfkampagne von 1994 126

6 Aufstieg und Fall der Regierungspartei *Forza Italia* 137
6.1 Der Überraschungssieg bei den Parlamentswahlen
vom 27. März 1994 137
6.2 Schwierige Regierungsbildung unter ungleichen Partnern 144
6.3 Die erste Bewährungsprobe – Die Europawahlen vom 12. Juni 1994 153
6.4 Der Griff nach der staatlichen Rundfunkanstalt RAI 156
6.5 Die Offensive gegen die Justiz 161
6.6 Der ungelöste Interessenkonflikt 168
6.7 Regierungskrise und Ende der Koalition 172

7 Die politische und programmatische Entwicklung der *Forza Italia* von 1995 bis 2001 – Die „Durchquerung der Wüste" 181
7.1 Von Anfang 1995 bis Anfang 1996:
Zwischen Fundamentalopposition und nationalem Schulterschluss 181
7.2 „Wir haben verloren und doch gesiegt" –
Die Parlamentswahlen vom 21. April 1996 194
7.3 Vom Frühjahr 1996 bis zum Herbst 1998: Auswege aus der Krise 207
7.4 Vom Herbst 1998 bis zum Frühjahr 2001: Die FI im Aufwind 219
7.5 Die „klassische" Wahlkampfkampagne von 2000/2001 240
7.6 Der Triumph bei den Parlamentswahlen vom 13. Mai 2001 252
7.7 Die mühsame Regierungsbildung 262

8 Die Politiken der *Forza Italia*
in erneuter Regierungsverantwortung 269
8.1 Die Wirtschafts- und Finanzpolitik 272
8.2 Die Justizpolitik 292
8.3 Die Außen- und Europapolitik 313

9 Die Wählerschaft der *Forza Italia* 341
9.1 Politische Herkunft 341
9.2 Regionale Hochburgen 344
9.3 Sozio-ökonomische Charakteristika 353

10 Die internen Organisationsstrukturen der *Forza Italia* 363
10.1 Die organisatorischen Entwicklungsphasen der FI 364
10.1.1 Phase I: Die FI als lose organisiertes Wahlkomitee 365
10.1.2 Phase II : Die FI als strukturierte Partei im Aufbau 381
10.1.3 Phase III: Die FI als Regierungspartei auf der Suche
nach sich selbst 396
10.2 Die bedeutendsten Parteiorgane der FI 407
10.2.1 Der Präsident 407
10.2.2 Das Präsidentschaftskomitee 412
10.2.3 Der Nationalkongress 415
10.2.4 Der Nationalrat 417
10.3 Die Rekrutierung der FI-Parlamentarier 419
10.4 Die FI-Parlamentsfraktionen in Abgeordnetenkammer und Senat 426
10.5 Die *Forza-Italia*-Clubs 435
10.6 Die Finanzierung der FI 441

11 Fazit 449
11.1 Zehn Jahre FI – Eine Erfolgsgeschichte? 449
11.2 Ausblick: Wohin geht die FI? 469

Literaturverzeichnis 475

Personenregister 529

Verzeichnis der Tabellen und Abbildungen

Tabelle 1: Ergebnisse der Wahlen zur Abgeordnetenkammer
  von 1948 bis 1992   52
Tabelle 2: Fernsehpräsenz einzelner Parteien in *Infotainment*-Sendungen
  vom 10. Februar bis zum 13. März 1994   128
Tabelle 3: Ergebnisse der Parlamentswahlen vom 27. März 1994   139
Tabelle 4: Die Regierung Berlusconi I   151
Tabelle 5: Italienische Ergebnisse der Europawahlen vom 12. Juni 1994   155
Tabelle 6: Ergebnisse der Parlamentswahlen vom 21. April 1996   201
Tabelle 7: Italienische Ergebnisse der Europawahlen vom 13. Juni 1999   225
Tabelle 8: Ergebnisse der Regionalwahlen vom 16. April 2000
  nach Regionen   236
Tabelle 9: Ergebnisse der Parlamentswahlen vom 13. Mai 2001   253
Tabelle 10: Die Regierung Berlusconi II   265
Tabelle 11: Wahlergebnisse der FI von 1994 bis 2001 nach Regionen   346
Tabelle 12: Sozio-ökonomische Unterschiede der FI-Wähler von 1994
  im Vergleich zur gesamtitalienischen Wählerschaft   354
Tabelle 13: Sozio-ökonomische Zusammensetzung der FI-Wähler von 2001
  im Verhältnis zur Gesamtbevölkerung   356
Tabelle 14: Regionale Verteilung der FI-Mitglieder von 1997 bis 2001   391
Tabelle 15: Soziale und berufliche Zusammensetzung der FI-Parlaments-
  fraktionen von 1994 bis 2001   428
Tabelle 16: Bilanzen der FI von 1994 bis 2000   447

Abbildung 1: Die *Fininvest* Silvio Berlusconis im Jahr 1994   88
Abbildung 2: Das *Forza-Italia*-Logo   116
Abbildung 3: Proporzstimmenanteile der FI bei den Parlamentswahlen
  vom 21. April 1996 nach Regionen   347
Abbildung 4: Proporzstimmenanteile der FI bei den Parlamentswahlen
  vom 13. Mai 2001 nach Regionen   348
Abbildung 5: Die Organisationsstrukturen der FI ab Oktober 1994   375
Abbildung 6: Die Organisationsstrukturen der FI seit Januar 1997   388

Verzeichnis der Abkürzungen

AD	*Alleanza Democratica* – Demokratische Allianz
AN	*Alleanza Nazionale* – Nationale Allianz
ANFI	*Associazione Nazionale Forza Italia* – Nationale Vereinigung Forza Italia
ANM	*Associazione Nazionale Magistrati* – Nationalvereinigung der Richter
CCD	*Centro Cristiani Democratici* – Christdemokratisches Zentrum
CDU	Cristiani Democratici Uniti – Vereinigte Christdemokraten
CLN	*Comitato di Liberazione Nazionale* – Komitee der Nationalen Befreiung
CNC	*Centro Nazionale Club* – Nationales Club-Zentrum
COREL	*Comitato per le Riforme Elettorali* – Komitee für die Wahlrechtsreformen
CSM	*Consiglio Superiore della Magistratura* – Oberster Richterrat
DC	*Democrazia Cristiana* – Christdemokratie
DE	*Democrazia Europea* – Europäische Demokratie
DLRE	*Democratici Liberali Repubblicani Europei* – Liberal-Republikanische Demokraten Europas
DP	*Democrazia Proletaria* – Proletarische Demokratie
DS	*Democratici di Sinistra* – Linksdemokraten
EVP	*Europäische Volkspartei*
FI	*Forza Italia* – Vorwärts Italien
LP	*Liberalismo Popolare* – Volksliberalismus
MPFI	*Movimento Politico Forza Italia* – Politische Bewegung Forza Italia
MS-FT	*Movimento Sociale-Fiamma Tricolore* – Sozialbewegung-Tricolorflamme
MSI	*Movimento Sociale Italiano* – Sozialbewegung Italiens
MSI-AN	*Movimento Sociale Italiano-Alleanza Nazionale* – Sozialbewegung Italiens-Nationale Allianz
P2	*Propaganda 2*
PCI	*Partito Comunista Italiano* – Kommunistische Partei Italiens
PdA	*Partito d'Azione* – Aktionspartei
PdCI	*Partito dei Comunisti Italiani* – Partei der Kommunisten Italiens
PDS	*Partito Democratico della Sinistra* – Demokratische Partei der Linken
PLI	*Partito Liberale Italiano* – Liberale Partei Italiens

PP	*Partito Popolare* – Volkspartei
PPI	*Partito Popolare Italiano* – Volkspartei Italiens
PR	*Partito Radicale* – Radikale Partei
PRI	*Partito Repubblicano Italiano* – Republikanische Partei Italiens
PSDI	*Partito Socialista Democratico Italiano* – Sozialistisch-Demokratische Partei Italiens
PSI	*Partito Socialista Italiano* – Sozialistische Partei Italiens
PSIUP	*Partito Socialista Italiano dell'Unità Proletaria* – Sozialistische Partei Italiens der Proletarischen Einheit
RC	*Rifondazione Comunista* – Kommunistische Wiedergründung
RI	*Rinnovamento Italiano* – Wiedererneuerung Italiens
SDI	*Socialisti Democratici Italiani* – Demokratische Sozialisten Italiens
SI	*Socialisti Italiani* – Italienische Sozialisten
SVP	*Südtiroler Volkspartei*
UD	*Unione Democratica* – Demokratische Union
UDC	*Unione di Centro* – Zentrumsunion
UDC	*Unione Democratici Cristiani di Centro* – Union der Christdemokraten der Mitte
U.D.Eur	*Unione Democratici per l'Europa* – Union der Demokraten für Europa
UDR	*Unione Democratica per la Repubblica* – Demokratische Union für die Republik
UPR	*Unione per la Repubblica* – Union für die Republik

Vorwort

Italien, das ist für uns Deutsche vor allem das Land der Dolce Vita, in dem Penne all'arrabbiata und Montepulciano ebenso zu Hause sind wie Prada und Armani, Dante und Fellini, Da Vinci und Verdi. Italien ist für viele von uns, um mit den Worten Goethes zu sprechen, „das Land, wo die Zitronen blüh'n". Die Italiener gelten hierzulande vornehmlich als kreatives Kulturvolk, das einst sogar ein Imperium hervorgebracht hat, das die ganze Alte Welt umspannte und uns bis heute noch auf vielfältige Weise prägt. Wie um Himmels willen konnte es da passieren, dass ein stets braun gebrannter, stets lächelnder und inzwischen auch gelifteter Neureicher, der sein Geld mit niveaulosen TV-Shows und amerikanischen Daily Soaps machte, plötzlich Regierungschef wurde, um dem Land seinen Stempel aufzudrücken wie kaum jemand zuvor?

Fällt in Deutschland der Name Silvio Berlusconi, dann meist in einem Zusammenhang, der entweder Kopfschütteln hervorruft oder aber zum Schmunzeln animiert. Kalt lässt der gebürtige Mailänder, der zugleich Medienmagnat und Politiker ist, indes niemanden, egal wie man zu ihm steht. Die häufigste Reaktion, die er provoziert, ist Ungläubigkeit, Fassungslosigkeit. Und in der Regel tröstet man sich damit, dass er wohl nicht mehr als ein „Ausrutscher der Geschichte" sei, jemand, der genauso schnell wieder verschwinden werde, wie er gekommen ist.

Dass er sich jedoch – all diesen Prognosen zum Trotz – seit mehr als einem Jahrzehnt im politischen Ring wacker zu schlagen vermag, verdankt er nicht zuletzt einer eigenen Formation, die er persönlich ins Leben rief und die ihn bis heute geradezu auf Händen trägt. Es ist dies die *Forza Italia* (Vorwärts Italien, FI), an der sich, ebenso wie an Berlusconi selbst, nur zu oft die Geister scheiden. Während die einen sie zum erstrebenswerten Vorbild hochstilisieren, erkennen andere in ihr ein beängstigendes, ja sogar gefährliches Phänomen.

Die vorliegende Arbeit entspringt meinem grundlegenden Interesse an Kultur, Geschichte, Gesellschaft und Politik Italiens, das mit den ersten Urlaubsreisen dorthin geweckt wurde. Es war vor allem die Andersartigkeit dieses Landes im Süden Europas, die eine gewisse Faszination auf mich ausübte. Daher gab ich mir als politisch interessierter Mensch schon früh alle Mühe, die Irrungen und Wirrungen der italienischen Innenpolitik zu begreifen. Unweigerlich stieß ich dabei auf Berlusconi, der mit seiner *Forza Italia* die dortige politische Szene kräftig durcheinanderwirbelte. Im Laufe der Zeit reichte es mir allerdings nicht mehr, nur ungläubig und fassungslos die Ereignisse zu verfolgen. Ich wollte tiefer gehende Einblicke. Also machte ich mich in meiner Magisterarbeit daran, das im Umbruch befindliche italienische Parteiensystem der zurückliegenden neunziger Jahre zu untersuchen. Schon damals legte ich den Schwerpunkt auf die FI, die ja im Zentrum dieses Systems stand – und dort bis heute auch geblieben ist. Doch je mehr ich mich mit ihr beschäftigte, umso spannender erschien mir diese vergleichsweise neue, so ganz andere Partei, zumal ich erkennen musste, wie unzureichend sie noch erforscht war. In mir reifte daher der Entschluss, diese Lücke zu schließen und eine umfassende politikwissenschaftliche Parteienanalyse in Form einer Dissertation zu verfassen.

Ein Wort des Dankes gilt vorab der *Studienstiftung des deutschen Volkes*, die mir ein Stipendium gewährte, mit dessen Hilfe ich dieses aufwendige Dissertationsprojekt durchführen konnte. Obwohl diese Arbeit im sprichwörtlichen „stillen Kämmerlein" entstanden ist, habe ich doch allen Grund, mich bei einer Vielzahl von Personen herzlich zu bedanken. An erster Stelle sind hier mein Doktorvater, Herr Prof. Dr. Gerd Langguth, zu nennen, der mir bei allen anfallenden Fragen und Problemen stets mit Rat und Tat zur Seite stand, wie auch meine beiden Vertrauensdozenten, Herr Prof. Dr. Arnold Esch aus Rom und Herr Prof. Dr. Manfred Ristig aus Köln. Zu danken habe ich aber auch meinen italienischen Gesprächspartnern, die mir aus unterschiedlichen Blickwinkeln neue Erkenntnisse über mein Forschungsobjekt bescherten. Hierzu zählten der Politikwissenschaftler Angelo Bolaffi, der Journalist Paolo Franchi sowie die FI-Politiker Antonio Tajani, Domenico Mennitti und Sandro Toti. Ebenfalls zu Dank verpflichtet bin ich den Herausgebern dieses Buches, insbesondere Herrn Prof. Dr. Hartmut Ullrich, dessen Tipps bei der letztmaligen Überarbeitung des Manuskriptes sich als sehr nützlich erwiesen. Besonderer Dank gilt überdies auch meinen Eltern, Hans und Edeltrud Grasmück, sowie allen anderen, die mich bei meiner schwierigen und zuweilen auch nervenaufreibenden Aufgabe auf die eine oder andere Weise unterstützten. Namentlich waren das insbesondere Ida Bernardy, Lucia Gambino, Mirjam Neusius, Simone Wilhelm, Jessica Häusler, Svenja Borovnica, Marco Ronca, Sherwyn Guato, Bas Booms, Dr. Ingo Weustenfeld, Peter Plechaty, Dieter Barthel, Karsten Sitterle und Michael Werner.

Köln/Bonn, im Februar 2005   D.G.

1 Einleitung

„In diesen Jahren ist ein neues Italien entstanden, bescheiden und zäh, stolz und ehrlich, gemäßigt, aber fest in der Verteidigung des Freiheitsprinzips, ein Italien, das keinerlei Vergangenheit zu verbergen hat und das sich vor allem nicht davor fürchtet zu hoffen und zu glauben. Dieses Italien sind wir, es heißt Forza Italia."[1]

Am späten Sonntagabend, es war der 13. Mai 2001, stand fest, was sich schon lange vorher abgezeichnet hatte: Die *Forza Italia* (Vorwärts Italien, FI), die politische Formation des Mailänder Medienmoguls Silvio Berlusconi, hatte die italienischen Parlamentswahlen gewonnen. Überraschen konnte allenfalls das Ausmaß des Sieges. Stolze 29,5 Prozent der Proporzstimmen hatte die FI auf sich vereinigt, weit mehr als jede andere Partei. Das von ihr angeführte Wahlbündnis der rechten Mitte, das so genannte Freiheitshaus (*Casa delle Libertà*), in dem auch die Rechtsnationalen von der *Alleanza Nazionale* (AN), die Rechtspopulisten von der *Lega Nord* und etliche Christliche Demokraten Platz fanden, hatte zudem eine überwältigende Mehrheit an Direktmandaten beider Parlamentskammern errungen. Mit diesen fulminanten Ergebnissen stand dem politischen Comeback Berlusconis nichts mehr im Weg. Seine Partei hatte ihm zum zweiten Mal den Weg zur Macht geebnet.

Erstmals hatte sich die FI im März 1994 bei italienischen Parlamentswahlen durchsetzen können – und zwar auf noch spektakulärere Weise. Zwar hatte sie damals knapp neun Prozentpunkte weniger erhalten. Doch reichte ihr bereits dieser Vertrauensvorschuss, um aus dem Stand heraus zur ersten politischen Kraft Italiens zu avancieren und in der Folge mit Berlusconi den italienischen Ministerpräsidenten zu stellen. Ein derart rasanter Aufstieg – schließlich war die *Forza* nur wenige Wochen vor dem Wahltermin offiziell gegründet worden – verblüffte so manchen politischen Beobachter, ob nun in Italien selbst oder anderswo. Als sie dann auch noch bei den Europawahlen im Juni des gleichen Jahres die Dreißig-Prozent-Marke riss, schien ihr Siegeszug unaufhaltsam.

Das war er aber nicht, wie sich anlässlich der vorgezogenen Parlamentswahlen vom April 1996 zeigte. Mit 20,6 Prozent Proporzstimmenanteil landete sie diesmal zwar nur knapp unter ihrem Ergebnis vom Frühjahr 1994. Dennoch musste sie sich geschlagen geben, da die Mitte-Rechts-Allianz insgesamt aufgrund von Abwanderungsbewegungen schlechter abgeschnitten hatte als noch zwei Jahre zuvor. Nach dieser bitteren Niederlage galt die „Partei aus Plastik", wie die *Forza Italia* zu jener Zeit unter Spöttern hieß, sogleich als Auslaufmodell. Kaum einer traute ihr noch ernsthaft zu, sich jemals wieder aufzurappeln.

---

[1] Berlusconi, Silvio, L'Italia che ho in mente. I discorsi „a braccio" di Silvio Berlusconi, Mailand 2000, Klappentext (eig. Übers.).

Doch Berlusconi wäre nicht Berlusconi, wenn er nicht all jene Lügen gestraft hätte, die solche düsteren Prognosen in die Welt gesetzt hatten. Schritt für Schritt stellte er die Weichen für seine Rückkehr in die Paläste der Macht. Er verankerte nicht nur seine Partei im ganzen Land, sondern besetzte zielstrebig auch immer stärker die politische Mitte und holte sich dafür internationale Anerkennung bei den bürgerlichen Parteien in Europa, obgleich er sich parallel dazu auch wieder dem polternden Volkstribun Umberto Bossi von der *Lega* annäherte, der ihm Ende 1994 den Rücken gekehrt hatte.

All diese mühsamen Operationen blieben nicht ohne Wirkung, so dass es ab 1999 mit der *Forza Italia* wieder deutlich aufwärts ging. Mit den Europawahlen vom Juni 1999 schwang sie sich von neuem zur stärksten Kraft Italiens auf, und bei den Regionalwahlen vom April 2000 baute sie diese Stellung noch weiter aus, um derart gestärkt schließlich auch die Parlamentswahlen gut ein Jahr darauf für sich zu entscheiden. Seither ist die FI Seniorpartner einer Regierungskoalition, die sich auf so breite Mehrheiten im römischen Parlament stützen kann wie keine italienische Nachkriegsregierung jemals zuvor.

Eine neue politische Formation mit einer so eindrucksvollen Erfolgsbilanz sucht ihresgleichen, nicht nur in Italien, sondern in ganz Westeuropa. Es gab zwar auch in anderen Ländern gerade in jüngster Vergangenheit immer mal wieder Parteineugründungen, die ebenfalls aus dem Stand heraus exzellente Wahlergebnisse erzielten. Allerdings unterscheiden sich diese Polit-Formationen von der FI in zwei wesentlichen Punkten: Im Gegensatz zu ihr verschwinden solche Newcomer für gewöhnlich nach einiger Zeit entweder ganz von der Bildfläche oder aber werden vom Wähler so hart abgestraft, dass sie fortan in der Bedeutungslosigkeit dahinvegetieren. Überdies handelt es sich bei solchen Parteien in aller Regel um extreme Protestformationen, die sich allzu gern mit markigen Sprüchen an den Rändern des politischen Spektrums ansiedeln. Für die FI indes gilt dies nur bedingt: Sie legte es zwar vor allem am Anfang durchaus gezielt darauf an, das damals weit verbreitete Protestpotenzial in der Bevölkerung gegenüber den etablierten, aber abgewirtschafteten Parteien auf sich zu vereinen. Allerdings gerierte sie sich im Laufe der Zeit immer weniger als Protestformation, und als eine extreme Kraft hatte sie sich ohnehin noch nie verstanden. Allein schon deshalb stellt die *Forza Italia* ein Unikat dar, das es zweifellos verdient, politikwissenschaftlich näher untersucht zu werden.

Ein weiteres, wichtiges Motiv, das eine ausführliche Beschäftigung mit der FI rechtfertigt, liegt in ihrer Andersartigkeit begründet. Seit eh und je erhebt sie selbst den Anspruch, sich von allen bisher da gewesenen Parteiformen deutlich abzuheben. Auch wenn sie sich in ihren Organisationsstrukturen mit den Jahren immer stärker den übrigen, traditionell geprägten Parteien anpasste, so bleibt doch festzuhalten, dass sie bis in die Gegenwart hinein einen ganz eigenen, unvergleichlichen Charakter beibehalten hat. Angesichts der breiten politikwissenschaftlichen Debatte über den Bedeutungsverlust von Parteien allgemein bzw.

von Volks- und Mitgliederparteien im Speziellen[2] stellt sich somit einmal mehr die Frage nach entsprechenden Alternativen zu den herkömmlichen Parteimodellen. Der italienische Politikwissenschaftler Angelo Panebianco glaubte 1994 bereits, in der FI eine solche Alternative erblickt zu haben.[3] Er hielt damals den Parteientypus der Massen- und Volkspartei für überholt. Stattdessen sei „die Organisationsformel der Präsidentenpartei, der Super-Wahlkomitees die siegreiche Formel, nicht nur in Italien"[4]. Heute, gut ein Jahrzehnt später, ist es höchste Zeit zu fragen, inwieweit Panebianco mit seiner These wirklich Recht behalten hat. Diese Überprüfung erscheint umso gebotener, als „Italien, wie in einer anderen unseligen Zeit, womöglich das Labor für Experimente ist, die auf ganz Europa übergreifen könnten"[5].

Von besonderem Interesse ist die FI aber auch, weil sie durch und durch die Partei ihres Gründers und Präsidenten Silvio Berlusconi ist, eines Mannes also, der zu den wohl schillerndsten und umstrittensten Persönlichkeiten der aktuellen Zeitgeschichte gehört. Das hängt zum einen mit dessen persönlichem Werdegang zusammen. In dieser Hinsicht ähnelt er etwa weniger einem Gerhard Schröder oder einem Tony Blair als vielmehr einem gewissen Thaksin Shinawatra, dem derzeitigen Regierungschef Thailands, der ebenfalls ein Medienimperium sein eigen nennt. Ein Großindustrieller, der, wie 1994 mit Berlusconi in Italien geschehen, die Seiten wechselte und plötzlich an vorderster Front und zunächst sogar mit großem Erfolg in die Politik einstieg, stellte zumindest für Westeuropa ein absolutes Novum dar. Dass ein solcher Vorgang allenthalben auf ein nicht unerhebliches Maß an Argwohn und Misstrauen stieß, mag kaum verwundern, zumal der Mediensektor, in dem der Parvenü nach wie vor tätig ist, einen für Demokratien hochsensiblen Bereich darstellt. So muss sich Berlusconi auch immer wieder den Vorwurf des Interessenkonflikts gefallen lassen. Daran ändert

---

[2] Bereits seit den achtziger Jahren brennt der Politikwissenschaft dieses Problem unter den Nägeln. Vgl. so z.B. Haungs, Peter/Jesse, Eckhard (Hg.), Parteien in der Krise? In- und ausländische Perspektiven, Köln 1987; Lawson, Kay/Merkel, Peter, When Parties Fail. Emerging Alternative Organizations, Princeton 1988; Wiesendahl, Elmar, Volksparteien im Abstieg. Nachruf auf eine zwiespältige Erfolgsgeschichte, in: Aus Politik und Zeitgeschichte, B 34-35/92, S. 3-14; Rüttgers, Jürgen, Von der Gremienpartei zur Bürgerpartei. Zu den Kontroversen um die Krise der Parteiendemokratie, in: Zeitschrift für Parlamentsfragen, 24. Jg. (1993), H. 2, S. 153-162; Haungs, Peter, Plädoyer für eine erneuerte Mitgliederpartei. Anmerkungen zur aktuellen Diskussion über die Zukunft der Volksparteien, in: Zeitschrift für Parlamentsfragen, 25. Jg. (1994), H. 3, S. 108-115; Schmitt, Hermann/Holmberg, Sören, Political Parties in Decline?, in: Klingemann, Hans-Peter/Fuchs, Dieter (Hg.), Citizens and the State, Oxford 1995, S. 95-133.

[3] Vgl. Panebianco, Angelo, Partiti di massa, formula vuota, in: Corriere della Sera, 20.6.1994, S. 1f.

[4] Ebd., S. 2 (eig. Übers.).

[5] Eco, Umberto, Ein genialer Verkäufer, in: http://www.sueddeutsche.de/kultur/artikel/240/20220/print.html (24.10.2003).

auch das jüngst, nach langem Hin und Her beschlossene Gesetz zur „Lösung" dieses Konfliktes wenig. Denn das schreibt im Wesentlichen lediglich den Status quo fest. Hinzu kommen Berlusconis vielfältige Verstrickungen mit der Justiz. Zeitweilig liefen gegen ihn mehr als ein halbes Dutzend Strafverfahren, mal wegen Falschaussage unter Meineid und mal wegen Bilanzfälschung und Steuerhinterziehung, mal wegen illegaler Parteienfinanzierung und, wie zuletzt, wegen Korruption und Richterbestechung.

Das Problem Berlusconi, das in den Staatskanzleien Europas offiziell jedenfalls gar nicht erst als solches angegangen wird, ist somit in erster Linie ein Problem der Machtkonzentration, die sich aus dem ungelösten Interessenkonflikt ergibt. Und dass Berlusconi durchaus die Chuzpe besitzt, seine Machtfülle für eigene Zwecke auch ungeniert einzusetzen – wäre das Wort „missbrauchen" treffender? –, zeigte sich gerade in jüngster Vergangenheit eindrücklicher denn je. Die in dieser Arbeit dargestellten maßgeschneiderten Gesetze, mit deren Hilfe es ihm tatsächlich gelang, sich aus den Fängen der Justiz zu befreien, gehören wohl zu den aufsehenerregendsten Beispielen einer Politik, die weniger die Allgemeinheit als vielmehr ganz bestimmte Partikularinteressen im Blick hat.

Schlimmer noch: Das „Phänomen Berlusconi" rüttelt an ganz wesentlichen Prinzipien, auf denen moderne, westlich geprägte Demokratien beruhen. Die Gewaltenteilung scheint angesichts der offenen und unverhohlenen Angriffe des italienischen Regierungschefs auf die Unabhängigkeit der Justiz nicht mehr gewährleistet; das Rechtsstaatsprinzip und damit einhergehend das Prinzip der Gleichheit vor dem Gesetz wurde mit jeder neuen „Lex Berlusconi" schrittweise untergraben; und von einem echten Meinungspluralismus kann in Anbetracht der Medienballung wohl ebenfalls kaum mehr die Rede sein. Kurz: Die italienische Demokratie leidet zunehmend unter Berlusconi. Manche, wie etwa der italienische Politikwissenschaftler Angelo Bolaffi, malen sogar ein noch größeres Schreckgespenst an die Wand:

> „Das demokratische System Italiens befindet sich in einem Prozess der Selbstzerstörung. Ursache und Wirkung, Sündenfall und verstörendstes Ergebnis zugleich ist der Machtantritt eines ‚Big Brother' in der Gestalt eines Tycoon, der behauptet, der Nation von der Vorsehung geschickt worden zu sein."[6]

Dennoch: Schon immer war die italienische Politik bekannt für ihre Besonderheiten, ihre Anomalien. Da ist etwa der so genannte „Faktor K" zu nennen – eine Umschreibung für die Präsenz der Kommunisten, die nirgendwo sonst in der westlichen Staatengemeinschaft über Jahrzehnte hinweg so stark waren wie hier. Und weil daher ein echter Regierungswechsel fast unmöglich schien, blieb Italien bis auf weiteres eine „blockierte Demokratie". Die Regierungsparteien indes, allen voran die Christdemokraten und die Sozialisten, hatten mithin

---

[6] Bolaffi, Angelo, Im wilden Berlusconistan, in: http://www.sueddeutsche.de/aktuell/sz/getArticleSZ.php?artikel2853.php (19.10.2002).

keinen Grund, um ihre Abwahl zu fürchten. Infolgedessen konnten sie sich Misswirtschaft, Korruption und andere krankhafte Auswüchse in großem Stil „leisten".

Vor diesem Hintergrund erklärt es sich auch, warum der Fall der Berliner Mauer in keinem anderen Land des Westens so große innenpolitische Umwälzungen nach sich zog wie in Italien. Als erstes verschwand 1991 der „Faktor K": Ein Großteil der italienischen Kommunisten näherte sich nunmehr stark sozialdemokratischen Positionen an, und nur ein bescheidener Rest „Unverbesserlicher" hielt dem Kommunismus auch weiterhin die Treue. Dann ging es Schlag auf Schlag. Unter dem Stichwort *Mani pulite* (Saubere Hände) nahm ein Mailänder Richterpool ab 1992 Ermittlungen gegen weite Teile der politischen Klasse auf und brachte damit letzten Endes die „ewigen" Regierungsparteien zu Fall. Der Unmut in der Bevölkerung gegen die verkrusteten politischen Zustände wurde erstmals offenbar, als die Protestbewegung *Lega Nord* bei den Parlamentswahlen von 1992 ihren Durchbruch hatte. Mit dem Ziel, die daraufhin voll entfachte politische Krise zu überwinden, wurde 1993 schließlich das Wahlrecht grundlegend geändert. All diese Entwicklungen und nicht zuletzt die Aussicht auf einen Wahlsieg der Linken bei den anstehenden Parlamentswahlen im Frühjahr 1994 riefen Berlusconi wie einen Deus ex Machina auf den Plan. Für seinen Einstieg in die Politik scharte dieser – unter starker Zuhilfenahme seines weitverzweigten Wirtschaftsimperiums – eine eigene Formation um sich, die mit der bis dato vorherrschenden parteipolitischen Tradition Italiens grundlegend brach. Kein Wunder, dass die *Forza Italia* seither als „neue ‚italienische Anomalie'"[7] gilt.

Insbesondere aus deutscher Sicht ist es kaum nachzuvollziehen, wie diese Partei mit einer Figur wie Silvio Berlusconi an der Spitze in der Vergangenheit einen Erfolg nach dem anderen feiern konnte. So sprach etwa die schleswig-holsteinische Ministerpräsidentin Heide Simonis im Sommer 2003 sicherlich vielen Deutschen aus dem Herzen, als sie die amtierende italienische Mitte-Rechts-Regierung schlicht als „gaga" bezeichnete.[8] Allem Anschein nach regiert hierzulande ein tiefes Unverständnis, was „italienische Verhältnisse" anbelangt. Und das hat durchaus Tradition. Schon Goethe klagte in einem Epigramm aus Venedig: „Deutsche Redlichkeit suchst du in allen Winkeln vergebens; Leben und Wesen ist hier, aber nicht Ordnung und Zucht; [...] Und die Meister des Staates sorgen nur wieder für sich."[9] Vorrangiges Ziel dieser Arbeit ist es daher, dem interessierten deutschen Leser tief greifende Einblicke in die *Forza Italia* zu ge-

---

[7] Golia, Carmen, Dentro Forza Italia. Organizzazione e militanza, Venedig 1997, S. 17 (eig. Übers.).

[8] Vgl. Interview mit Heide Simonis, in: http://www.merkur.de/po/ip_032901.html (18.7.2003).

[9] Goethe, Johann Wolfgang von, 4. Venetianisches Epigramm, in: Trunz, Erich (Hg.), Goethes Werke, Hamburger Ausg., Bd. 1: Gedichte und Epen 1, 16. Aufl., München 1996, S. 175.

währen, einer Partei, die seit mehr als zehn Jahren im Zentrum des politischen Systems der italienischen Halbinsel steht und damit auch unmittelbar Verantwortung für Europa trägt. Anhand folgender Fragestellungen soll die FI untersucht werden:
- Unter welchen Voraussetzungen und Bedingungen ist die FI auf welche Art und Weise entstanden?
- Mit welchen Mitteln gelang es ihr, innerhalb kürzester Zeit zu einem der politischen Hauptakteure Italiens aufzusteigen und über Jahre hinweg diese Stellung auch zu behaupten?
- Für welche Politik steht die FI, sowohl als zweimalige Regierungs- wie auch als Oppositionspartei?
- Welche politischen, sozialen und gesellschaftlichen Schichten spricht die FI ganz besonders an?
- Welchen unterschiedlichen Parteiorganisationsmodellen folgte die FI im Laufe ihrer Geschichte?
- Stellt die FI auch für andere Parteien in anderen Ländern ein nachahmenswertes Modell dar?

1.1 Aufbau der Arbeit

Um diesen Fragen näher auf den Grund zu gehen, wird wie folgt vorgegangen. Vorneweg soll zunächst als eine Art Einführung in die Thematik die politische Kultur Italiens kurz umrissen werden. Denn gerade für ein deutsches Publikum präsentiert sich, wie bereits angeklungen, die dortige politisch-gesellschaftliche Landschaft nur zu oft als „Buch mit sieben Siegeln". Die vier Unterabschnitte handeln von dem schwierigen Verhältnis der Bürger zu ihrem Staat, von dem typisch italienischen Klientel- und Patronagesystem, von den beiden prägenden Subkulturen Katholizismus und Kommunismus sowie von der nach wie vor hochbrisanten Nord-Süd-Problematik.

Im Anschluss daran werden die wesentlichen Entwicklungen der italienischen Parteien von Kriegsende bis zum Beginn der neunziger Jahre grob nachskizziert, einschließlich der parteipolitischen Umwälzungen der neunziger Jahre, die ja die Conditio sine qua non für das Aufkommen der *Forza Italia* darstellen. Zu diesem Zweck wird in einem ersten Teil auf das traditionelle Parteiensystem eingegangen, wobei in einem Exkurs vorab die Grundzüge der modernen Parteientheorie umrissen werden. Da dieser Abschnitt lediglich das nötige Hintergrundwissen verschaffen soll, genügt es im Weiteren, sich auf folgende Punkte zu beschränken: auf eine Darstellung der ehemals zentralen Stellung der Parteien im politischen System Italiens, allgemein mit dem Begriff *Partitocrazia* umschrieben, auf ein Unterkapitel zu den Grundstrukturen und Entwicklungsphasen der alten Parteienlandschaft sowie auf eine Beschreibung der Hauptakteure der untergegangenen *Partitocrazia*, das heißt der Christdemokraten, der Kommunisten und der Sozialisten. In einem zweiten Teil dieses Kapitels dreht sich dann alles um den ab 1992 einsetzenden Transformationsprozess des italienischen Parteiensystems, dem etwas mehr Raum gewidmet ist, da hier konkret die Weichen für die Entstehung der FI gestellt wurden. Im Einzelnen geht es an dieser Stelle um die Parlamentswahlen von 1992, die den Niedergang der Altparteien einleiteten, um die kurz- und langfristigen Ursachen für den Zusammenbruch der alten Parteienordnung, um die von Mailand ausgehende Justizaktion *Mani pulite*, die den inzwischen moralisch disqualifizierten ehemaligen Regierungsparteien den „Gnadenstoß" versetzte, um die Referendumsbewegung, die vor allem ein neues Wahlrecht erzwang, sowie um die Herausbildung der Parteiallianzen als unmittelbare Folge dieses neuen, komplexen Mehrheitswahlsystems.[10]

Bevor das eigentliche Forschungsobjekt, die *Forza Italia*, in den Mittelpunkt der Betrachtung rückt, folgt nach diesem allgemeinen parteipolitischen Teil zunächst eine kurze biographische Darstellung Silvio Berlusconis. Ein solches Kapitel ist geradezu unerlässlich, gilt doch die FI als ein „Produkt" dieses Mannes und der von ihm aufgebauten Firmenholding *Fininvest*. Zu untersuchen sind hier die wichtigsten Stationen der außergewöhnlichen und beeindruckenden Karriere Berlusconis, der es geschafft hat, aus kleinbürgerlichen Verhältnissen zu einem der erfolgreichsten Unternehmer seines Landes emporzusteigen. Die verschiedenen Etappen führen vom Jurastudium über die ersten Tätigkeiten im Bau- und Immobiliensektor bis hin zur Eroberung des kommerziellen italienischen TV-Marktes. Analysiert werden dabei aber auch die Ausmaße der *Fininvest*, die vielfältigen Beziehungen Berlusconis zur alten politischen Klasse, insbesondere zum langjährigen Sozialistenchef Bettino Craxi, und die zum Teil schleierhaften Verbindungen des Medientycoons zur Geheimloge *Propaganda 2* (P2).

Die drei sich anschließenden Kapitel zur *Forza Italia* sind weitgehend chronologisch aufgebaut und zeichnen detailliert den Weg der FI von den Anfängen bis zu den Parlamentswahlen vom Mai 2001 nach. Im ersten steht die Geburt dieser neuen Formation im Vordergrund. Nach einer kurzen Erläuterung der innenpolitischen Rahmenbedingungen des Jahres 1993 wird der Frage nach den Motivationen nachgegangen, aus denen heraus Berlusconi plötzlich an vorderster Front politisch aktiv wurde. Auf dieser Basis werden dann die einzelnen Etappen dargestellt, die zur Entstehung der FI führten. Hierzu zählen auch die anfänglichen Vorarbeiten im Verborgenen, die der eigentlichen Parteigründung voran-

---

[10] Die beiden Kapitel zur politischen Kultur und zu den Grundzügen der Parteienentwicklung Italiens von 1943 bis 1993 stützen sich auf die entsprechenden Abschnitte aus: Grasmück, Damian, Das Parteiensystem Italiens im Wandel. Die politischen Parteien und Bewegungen seit Anfang der neunziger Jahre unter besonderer Berücksichtigung der *Forza Italia*, Magisterarb. (Univ. Bonn), Marburg 2000, S. 14ff. Zitiert als: Grasmück, Damian, Das Parteiensystem Italiens im Wandel. Für die hier vorliegende Arbeit wurden diese Kapitel grundlegend überarbeitet und auf den aktuellen Forschungsstand gebracht.

gingen. Von der professionellen Marketing-Strategie, mit deren Hilfe die FI gleich einem neuen Markenprodukt den Italienern angepriesen wurde, handelt der darauf folgende Abschnitt. Im Anschluss daran geht es um die strategische Bündnispolitik sowie um die neuartigen medialen Wahlkampfmethoden, derer sich die *Forza* bediente, um in den italienischen Wählermarkt einzudringen. All diese Aspekte finden hier ihren Niederschlag, da sie großen Anteil am außerordentlich schnellen Erfolg dieser politischen Gruppierung hatten.

Der Chronologie folgend, wird sodann ein ausführliches Bild von der siebenmonatigen Regierungszeit der FI gezeichnet, die durch eine Vielzahl von Konflikten geprägt war. Den Anfang macht eine Untersuchung zum Überraschungssieg des äußerst heterogenen Mitte-Rechts-Bündnisses bei den Parlamentswahlen vom März 1994. Die sich daran anschließende mühsame Regierungsbildung steht dann im Blickpunkt des Interesses, bevor die Europawahlen vom Juni 1994 ins Gedächtnis gerufen werden, bei denen die FI ihre Zustimmungsraten nochmals erheblich zu steigern vermochte. Daraufhin werden die herausstechendsten Punkte der Regierungsarbeit unter die Lupe genommen. Hierzu zählen die Debatte um die Umstrukturierung der staatlichen Rundfunkanstalt RAI, die Attacken der Regierung gegen führende Vertreter der Justiz und der Umgang mit dem Interessenkonflikt, der sich aus der Doppelrolle Berlusconis zwangsläufig ergab. Eine Darstellung der Ereignisse, die zum frühzeitigen Ende der ersten Regierung Berlusconi führten, steht am Ende dieses Abschnitts.

Der Rücktritt Berlusconis vom Amt des Ministerpräsidenten markierte einen tiefen Einschnitt in die Geschichte der FI, so dass es sinnvoll ist, an dieser Stelle ein neues Kapitel zu beginnen, das der politisch-programmatischen Entwicklung der Partei von Anfang 1995 bis zu den Parlamentswahlen vom Mai 2001 in aller Ausführlichkeit nachgeht. Diese lange Zeitspanne wird in drei kleinere Perioden untergliedert, die sich bei näherem Hinsehen voneinander unterscheiden lassen. Die erste Phase, von Anfang 1995 bis zum Frühjahr 1996, war vom absoluten Willen beherrscht, wieder an der Regierung beteiligt zu werden, sei es über den Umweg der Fundamentalopposition, wie über weite Strecken des Jahres 1995 durchexerziert, sei es über den – gescheiterten – Versuch eines Schulterschlusses mit den eigentlichen Gegnern, den Linksdemokraten. Die zweite Phase, vom Frühjahr 1996 bis zum Herbst 1998, stand ganz im Zeichen der Niederlage, welche die FI bei den Parlamentswahlen vom April 1996 erlitten hatte. Hiervon ausgehend werden die verschiedenen Schritte nachgezeichnet, die Berlusconi aus der Opposition heraus unternahm, um seine Partei wieder mehrheits- und regierungsfähig zu machen. Nachdem das Mitte-Links-Bündnis mit dem Sturz Romano Prodis als Ministerpräsident im Oktober 1998 erstmals in Schwierigkeiten geraten war, begann für die FI eine neue Phase – die des Wiederaufstiegs –, in der Berlusconi die Früchte seiner Arbeit ernten konnte. Der folgende Teil lässt die wichtigsten Stationen dieses schrittweise erfolgten Comebacks Revue passieren. Dazu gehören insbesondere die Europawahlen vom Juni 1999, die Regionalwahlen vom April 2000 sowie die Parlamentswahlen vom Mai 2001, die ebenso wie die vorangegangene Wahlkampfkampagne der FI in jeweils gesonderten Unterkapiteln analysiert werden. Ein eigener Abschnitt über die jüngste Regierungsbildung, die allen anderslautenden Prognosen zum Trotz abermals voller Schwierigkeiten steckte, rundet dieses Großkapitel ab.

Daran schließt sich eine Analyse ausgesuchter Politiken der FI in erneuter Regierungsverantwortung an. Dieser Abschnitt steht anstelle einer Untersuchung des reinen Partei- bzw. Wahlprogramms, denn generell zeichnen sich solche Wahlplattformen durch eher plakative Aussagen aus, die in aller Regel nur bedingt hinreichende Rückschlüsse auf die tatsächliche politische Ausrichtung einer Partei zulassen. Als Untersuchungszeitraum wurden die ersten beiden Regierungsjahre herangezogen, das heißt von Mitte 2001 bis Mitte 2003. Exemplarisch werden hier die vielfältigen Aktivitäten der FI in drei zentralen Politikfeldern ausführlich unter die Lupe genommen, die da wären: die Wirtschafts- und Finanzpolitik, die Justizpolitik sowie die Außen- und Europapolitik. Die Medienpolitik indes, die hierzulande ebenfalls im Visier der politischen Beobachter steht, wurde ausgespart, da das neue Mediengesetz, die so genannte *Legge Gasparri*, im veranschlagten Untersuchungszeitraum noch inmitten der parlamentarischen Beratungen steckte.

Als nächstes Kapitel folgt eine detaillierte Darstellung der FI-Wählerschaft. Dabei wird das Elektorat der Partei Berlusconis im Wesentlichen unter drei Gesichtspunkten analysiert: Von welchen anderen Parteien kommend wechselten die Wähler bei den einzelnen Urnengängen vorrangig zur FI über? In welchen Landesteilen erhielt die FI wann besonders große Zuspräche? Und: Welche gesellschaftlichen und sozialen Schichten tendierten von Wahl zu Wahl eher zur FI als andere? Mit Hilfe diverser Wahlanalysen soll damit der Charakter der FI aus dem Blickwinkel des sie stützenden Elektorats näher bestimmt werden.

Nachdem auf diese Weise auch die Motive für die Attraktivität der FI beleuchtet wurden, gilt es sodann, den Blick auf die internen Organisationsstrukturen der *Forza* zu lenken. Da die FI diese im Laufe der Zeit immer wieder änderte, ist der erste Teil dieses Kapitels chronologisch aufgebaut. Dabei wird der Einteilung gefolgt, die sich mittlerweile auch in FI-Kreisen durchgesetzt hat. Der erste Unterabschnitt hinterfragt demnach ausführlich die Strukturen der Anfangszeit, in der die FI am ehesten einem Wahlkomitee nach US-amerikanischem Vorbild ähnelte. Daraufhin wird die Oppositionszeit der FI vom Frühjahr 1996 bis zum Frühjahr 2001 unter organisatorischen Gesichtspunkten näher untersucht und somit ihre Annäherung an das klassische Modell der Volks- bzw. Mitgliederpartei westeuropäischer Prägung dokumentiert. Der dritte und letzte Teil dieser chronologischen Darstellung befasst sich dann detailliert mit den mannigfaltigen Problemen organisatorischer Art, denen sich die FI als neuerliche Regierungspartei bis in die Gegenwart hinein konfrontiert sieht. Um die internen Strukturen und Funktionsweisen der Partei Berlusconis zu verstehen, schließt sich im Folgenden eine Analyse der wichtigsten nationalen Parteiorgane an. Im Einzelnen sind dies: der Präsident, das Präsidentschaftskomitee, der Nationalkongress und der Nationalrat. Dabei sollen nicht nur die statutarisch verbrieften Rechte und Pflichten dieser Organe vertieft werden, sondern auch die in der Praxis tatsächlich angewandten Machtstrukturen, die teilweise ganz erheblich voneinander abweichen. Zur Vervollständigung des Bildes folgen danach fundierte Einzeldarstellungen zu bestimmten herausragenden Teilbereichen des inneren Lebens der FI. Hierzu zählen konkret die sehr speziellen Rekrutierungsmethoden der FI-Parlamentarier, die Charakteristika der FI-Fraktionen in Abgeordnetenhaus und Senat, die Stellung und Merkmale der so genannten *Forza-Italia*-Clubs sowie Fragen, welche die Finanzierung der FI betreffen.

In einem Fazit werden zu guter Letzt die wichtigsten Ergebnisse aus dieser Parteienanalyse zusammenfassend dargestellt und bewertet. Dabei soll auf den eingangs aufgestellten Fragenkatalog nochmals explizit Bezug genommen werden, der in den einzelnen Kapiteln abgearbeitet wurde. Den Abschluss bildet schließlich ein Ausblick auf die möglichen Perspektiven und Chancen, die sich der *Forza Italia* aus derzeitiger Sicht bieten.

1.2 Forschungsstand und Quellenlage

So beliebt Italien auch bei deutschen Urlaubern ist, so gering ist doch das Interesse der deutschen Politikwissenschaft am Nachbarn südlich der Alpen. Bereits Anfang der siebziger Jahre stellte einer der renommiertesten deutschen Politikwissenschaftler, Klaus von Beyme, fest, dass das politische System Italiens in bundesdeutschen Analysen „stark vernachlässigt"[11] werde. Gleichfalls beklagte der Historiker Michael Kreile auch zwanzig Jahre später noch, dass „in der Bundesrepublik [..] in den siebziger und achtziger Jahren vermutlich mehr Dissertationen über Peru als über Italien geschrieben worden"[12] seien. An dieser äußerst unbefriedigenden Forschungslage hat sich bis heute kaum etwas geändert. Das gilt vor allem hinsichtlich der Entwicklung der italienischen Parteien.

Damit liegt die deutsche Politikwissenschaft – traurig, aber wahr – international durchaus im Trend. Auch Wissenschaftler aus anderen Ländern neigen dazu, die Erforschung des italienischen Parteiensystems zu vernachlässigen. Allein im Vergleich zu den übrigen Demokratien Südeuropas nimmt Italien bereits einen untergeordneten Platz ein. So weiss man mittlerweile sogar weit mehr über Stellung und Funktionsweise der Parteien in Spanien und Griechenland als über

---

[11] Beyme, Klaus von, Das politische System Italiens, Stuttgart [u.a.] 1970, S. 7.
[12] Kreile, Michael, Sozialwissenschaftliche Italien-Forschung in der Bundesrepublik Deutschland – Stand und Perspektiven. Beitrag zur Tagung des Deutsch-Französischen Instituts in Ludwigsburg (27.-29.6.1990), unveröffentl. Vortragsmanuskript, S. 3.

den Werdegang der politischen Parteien des EG-Gründungsmitglieds Italien; lediglich das portugiesische Parteiensystem gilt als noch weniger erforscht.[13]

Die fundamentalen parteipolitischen Umwälzungen im Italien des ausgehenden zwanzigsten Jahrhunderts ließen dann auch noch die wenigen existierenden Studien innerhalb kürzester Zeit obsolet werden. Die Folge war gleichzeitig auch ein gesteigertes Interesse der deutschsprachigen Sozialwissenschaften an den dramatischen Ereignissen auf der Apenninenhalbinsel. Mitte der neunziger Jahre entstanden daher etliche Werke – ob nun wissenschaftliche oder populärwissenschaftliche –, die darauf abzielten, die neuesten innenpolitischen Entwicklungen Italiens zu erklären. Die *Forza Italia* kam als neuer politischer Akteur in derartigen Arbeiten zwar immer mal wieder zur Sprache, rangierte aber meist unter ferner liefen.[14]

Andere Untersuchungen konzentrierten sich vornehmlich auf den politischen Aufstieg Silvio Berlusconis, den sie vor allem mit dessen Medien- und Wirtschaftsmacht in Verbindung brachten. Die eigentliche Partei spielte dabei aber ebenfalls nur eine untergeordnete Rolle.[15] Die einzige positive Ausnahme hiervon stellte allein Jörg Seißelberg dar, der in zwei wegweisenden wissenschaftli-

---

[13] Vgl. Puhle, Hans-Jürgen, Politische Parteien und demokratische Konsolidierung in Südeuropa, in: Merkel, Wolfgang/Sandschneider, Eberhard (Hg.), Systemwechsel 3: Parteien im Transformationsprozess, Opladen 1997, S. 143-169, 143.

[14] Herausragende Beispiele dieser Art sind etwa: Ferraris, Luigi V. [u.a.] (Hg.), Italien auf dem Weg zur „zweiten Republik"? Die politische Entwicklung Italiens seit 1992, Frankfurt a.M. [u.a.] 1995; Braun, Michael, Italiens politische Zukunft, Frankfurt a.M. 1994. Zitiert als: Braun, Michael, Italiens politische Zukunft; Losano, Mario G., Sonne in der Tasche. Italienische Politik seit 1992, München 1995; Petersen, Jens, Quo vadis, Italia? Ein Staat in der Krise, München 1995. Zitiert als: Petersen, Jens, Quo vadis, Italia?; Roques, Valeska von, Die Stunde der Leoparden. Italien im Umbruch, Wien, München 1996.

[15] Vgl. so z.B. Rauen, Birgit, Berlusconi. Wahlkampf mit den eigenen Medien, in: Media Perspektiven, 7/94, S. 349-361. Zitiert als: Rauen, Birgit, Berlusconi; Virilio, Paul, Der Medien-Putsch, in: Lettre International, 25/94, S. 30f.; Glotz, Peter, Das Projekt Telekratie, in: Die Woche, 21.7.1994, S. 20f.; Renner, Jens, Der Fall Berlusconi. Rechte Politik und Mediendiktatur, Göttingen 1994. Zitiert als: Renner, Jens, Der Fall Berlusconi; Bieber, Christoph, Einkaufen auf italienisch. Silvio Berlusconis politische Dauerwerbesendung, in: Baringhorst, Siegrid [u.a.] (Hg.), Macht der Zeichen – Zeichen der Macht. Neue Strategien politischer Kommunikation, Frankfurt a.M. [u.a.] 1995, S. 23-43; Krempl, Stefan, Das Phänomen Berlusconi. Die Verstrickung von Politik, Medien, Wirtschaft und Werbung, Dipl.-Arb. (Hochschule d. Künste, Berlin), Frankfurt a.M. 1996; Wallisch, Stefan, Aufstieg und Fall der Telekratie. Silvio Berlusconi, Romano Prodi und die Politik im Fernsehzeitalter, Wien [u.a.] 1997. Zitiert als: Wallisch, Stefan, Aufstieg und Fall der Telekratie; Wolf, Andrea, Telekratie oder Tele Morgana? Politik und Fernsehen in Italien, Frankfurt a.M. [u.a.] 1997; Wallisch, Stefan, Silvio Berlusconi und Romano Prodi. These und Antithese der „medialisierten Politik"?, in: Österreichische Zeitschrift für Politikwissenschaft, 27. Jg. (1998), H. 2, S. 173-183. Zitiert als: Wallisch, Stefan, Silvio Berlusconi und Romano Prodi; Ferrari, Claudia-Francesca, Wahlkampf, Medien und Demokratie, Der Fall Berlusconi, Stuttgart 1998.

chen Abhandlungen erstmals die FI in den Mittelpunkt seiner analytischen Begierde stellte.[16]

Diesem Beispiel folgend, erschienen einige Jahre später weitere deutsche Arbeiten, die sich dem gewandelten italienischen Parteiensystem verschrieben und somit auch auf die Partei Berlusconis eingingen. Diese Werke gewährten der *Forza* allerdings viel zu wenig Raum, als dass sie auf angemessene Art und Weise hätte abgehandelt werden können.[17]

Die *Forza Italia* ist also in der deutschen Politikwissenschaft stets zu kurz gekommen. Die wenigen Studien, die ein Interesse an ihr gezeigt haben, sind entweder schon längst wieder veraltet oder bleiben zu sehr an der Oberfläche. Dies ist umso bedauernswerter, als die FI seit über zehn Jahren das politische Leben Italiens prägt wie kaum ein anderer politischer Akteur – sowohl als führende Oppositionspartei wie auch nunmehr als die mit Abstand stärkste Regierungspartei.

Selbst in Italien gelang es der FI meist nicht, jene Aufmerksamkeit auf sich zu lenken, die der ersten politischen Kraft im Land eigentlich gebühren sollte. Ähnlich wie in Deutschland stahl das „Phänomen Berlusconi" auch hier der Partei nur zu oft die Show. Kaum hatte der Mailänder Medienmogul die politische Arena betreten, stieg auch schon die Zahl der Berlusconi-Biographien sprunghaft an. Hierbei handelte es sich in der Mehrzahl um Werke des investigativen Journalismus, die sich mit offensichtlich großem Vergnügen vor allem auf die „dunklen" Seiten des atemberaubenden wirtschaftlichen Aufstiegs Berlusconis stürzten.[18]

---

[16] Vgl. Seißelberg, Jörg, Berlusconis Forza Italia. Wahlerfolg einer Persönlichkeitspartei, in: Steffani, Winfried/Thaysen, Uwe (Hg.), Demokratie in Europa. Zur Rolle der Parlamente, Sonderbd. zum 25-jährigen Bestehen der Zeitschrift für Parlamentsfragen, Opladen 1995, S. 204-231. Zitiert als: Seißelberg, Jörg, Berlusconis Forza Italia; ders., Conditions of Success and Political Problems of a „Media-Mediated Personality-Party". The Case of Forza Italia, in: West European Politics, Vol. 19, (1996), Nr. 4, S. 715-743. Zitiert als: Seißelberg, Jörg, Conditions of Success.

[17] Vgl. Fix, Elisabeth, Italiens Parteiensystem im Wandel. Von der Ersten zur Zweiten Republik, Diss. (Univ. Mannheim), Frankfurt a.M., New York 1999. Zitiert als: Fix, Elisabeth, Italiens Parteiensystem im Wandel; Grasmück, Damian, Das Parteiensystem Italiens im Wandel.

[18] Vgl. so z.B. Madron, Paolo, Le gesta del Cavaliere. La prima biografia completa di Silvio Berlusconi, Mailand 1994; Ruggieri, Giovanni, Gli affari del Presidente, Mailand 1994; D'Anna, Stefano E./Moncalvo, Gigi, Berlusconi in concert, London 1994; Fiori, Giuseppe, Il venditore. Storia di Silvio Berlusconi e della Fininvest, [o.O.] 1995; Sisti, Leo/Gomez, Peter, L'intoccabile. Berlusconi e Cosa nostra, Mailand 1997. Jüngeren Datums sind folgende Werke: Guarino, Mario, Fratello P2 1816. L'epopea piduista di Silvio Berlusconi, Mailand 2001; Veltri, Elio/Travaglio, Marco, L'odore dei soldi. Origini e misteri delle fortune di Silvio Berlusconi, Rom 2001. Die erste ausführliche Biographie über Berlusconi, die mittlerweile auch in deutscher Übersetzung vorliegt, entstand bereits einige Jahre vor dessen Eintritt in die Politik. Vgl. Ruggieri, Giovanni/Guarino, Mario, Berlusconi. Showmaster der Macht, Berlin 1994. Der Titel der Originalausgabe, die erstmals 1987 erschien, lautet: „Berlusconi. Inchiesta sul signor TV".

Während über die Vita Berlusconis ein umfangreiches Werk nach dem anderen auf den Markt kam, erschienen über die *Forza Italia* in den ersten Jahren ihres Bestehens vornehmlich kleinere Abhandlungen. Die meisten dieser Beiträge beschränkten sich jedoch nur auf bestimmte Teilaspekte der jungen Partei.[19] Umfassender angelegte Aufsätze zur Anfangszeit der FI stammten dagegen bezeichnenderweise nicht aus der Feder italienischer, sondern angelsächsischer Autoren.[20] Daneben gab es anfangs gerade mal zwei italienischsprachige Monographien zur FI, die beide jedoch eher enthüllungsjournalistisch ausgerichtet waren. Dabei konzentrierte sich das erste Werk auf die Entstehungsgeschichte der FI,[21] wohingegen das zweite deren Organisationsstrukturen im Blick hatte.[22]

---

[19] Vgl. so z.B. zur Kommunikationsstrategie der FI: Diamanti, Ilvo, La politica come marketing, in: MicroMega, 2/1994, S. 60-77. Zitiert als: Diamanti, Ilvo, La politica come marketing. Zur Wählerschaft: ders., Forza Italia. Il mercato elettorale dell'„imprenditore politico", in: Ginsborg, Paul (Hg), Stato dell'Italia. Il bilancio politico, economico, sociale e culturale di un paese che cambia, Mailand 1994, S. 665-667. Zitiert als: Diamanti, Ilvo, Forza Italia; Mannheimer, Renato, Forza Italia, in: Diamanti, Ilvo/Mannheimer, Renato (Hg), Milano a Roma. Guida all'Italia elettorale del 1994, Rom 1994, S. 29-42. Zitiert als: Mannheimer, Renato, Forza Italia; Vitali, Ornello, Base sociale, distribuzione regionale e flussi elettorali, in: Mennitti, Domenico (Hg.), Forza Italia. Radiografia di un evento, Rom 1997, S. 25-48. Zu den Organisationsstrukturen: Zagrebelsky, Gustavo, Prefazione, in: Gilioli, Alessandro, Forza Italia. La storia, gli uomini, i misteri, Bergamo 1994, S. I-VII; Maraffi, Marco, Forza Italia, in: Pasquino, Gianfranco (Hg.), La politica italiana. Dizionario critico 1945-1995, Bari 1995, S. 247-259. Zitiert als: Maraffi, Marco, Forza Italia; Poli, Emanuela, I modelli organizzativi, in: Mennitti, Domenico (Hg.), Forza Italia. Radiografia di un evento, Rom 1997, S. 79-109. Zitiert als: Poli, Emanuela, I modelli organizzativi. Zur politisch-programmatischen Entwicklung sowie ebenfalls zu den Organisationsstrukturen: Maraffi, Marco, Forza Italia dal governo all'opposizione, in: Caciagli, Mario/Kertzer, David I. (Hg.), Politica in Italia. I fatti dell'anno e le interpretazioni, Ed. 1996, Bologna 1996, S. 139-157. Zitiert als: Maraffi, Marco, Forza Italia dal governo all'opposizione; Biorcio, Roberto, Le complicate scelte di Forza Italia, in: Il Mulino, 46. Jg. (1997), H. 2, S. 261-270. Zitiert als: Biorcio, Roberto, Le complicate scelte di Forza Italia. Zu den FI-Parlamentsfraktionen: Verzichelli, Luca, La classe parlamentare, in: Mennitti, Domenico (Hg.), Forza Italia. Radiografia di un evento, Rom 1997, S. 49-77.

[20] Vgl. so z.B. McCarthy, Patrick, Forza Italia. Nascita e sviluppo di un partito virtuale, in: Ignazi, Piero/Katz, Richard S. (Hg.), Politica in Italia. I fatti dell'anno e le interpretazioni, Ed. 1995, Bologna 1995, S. 49-72. Zitiert als: McCarthy, Patrick, Forza Italia. Nascita e sviluppo; ders., Forza Italia. The New Politics and Old Values of a Changing Italy, in: Gundle, Stephen/Parker, Simon (Hg.), The New Italian Republic. From the Fall of the Berlin Wall to Berlusconi, London, New York 1996, S. 130-146. Zitiert als: McCarthy, Patrick, Forza Italia. The New Politics and Old Values; Gray, Lawrence/Howard, William, Forza Italia. Il partito americano, in: Fedele, Marcello/Leonardi, Robert (Hg.), La politica senza i partiti, Rom 1996, S. 95-106; McCarthy, Patrick, Forza Italia. I vecchi problemi rimangono, in: D'Alimonte, Robert/Nelken, David (Hg.), Politica in Italia. I fatti dell'anno e le interpretazioni, Ed. 1997, Bologna 1997, S. 65-84. Zitiert als: McCarthy, Patrick, Forza Italia. I vecchi problemi rimangono.

[21] Vgl. Gilioli, Alessandro, Forza Italia. La storia, gli uomini, i misteri, Bergamo 1994.

[22] Vgl. Golia, Carmen, a.a.O.

Nach dieser ersten Welle unterschiedlicher Arbeiten über das Forschungsobjekt *Forza Italia* schien dann sogar innerhalb der italienischen Politikwissenschaft das Interesse an der Partei Berlusconis urplötzlich eingeschlafen zu sein. So erschienen von 1998 bis einschließlich 2000 keinerlei nennenswerte Untersuchungen mehr hierzu. Allenfalls im Rahmen von Abhandlungen zu anderen aktuellen Themenkomplexen der italienischen Politik wurde in diesem Zeitraum auf die FI Bezug genommen. Der Hauptgrund für diese sträfliche Vernachlässigung ist nicht zuletzt in der *Forza* selbst zu suchen, die sich im Anschluss an die verlorenen Parlamentswahlen vom Frühjahr 1996 derart in der Krise befand, dass kaum noch ein Italiener auch nur eine Lira auf deren mittelfristiges politisches Überleben setzen mochte. Auch in Fachkreisen vertrat man allgemein die Ansicht, es lohne sich nicht mehr, dieser „politischen Eintagsfliege" größere Beachtung zu schenken, da sie wohl ohnehin schon bald wieder von der Bildfläche verschwinden werde. Stattdessen stand nach wie vor die *Lega Nord* im Fadenkreuz politikwissenschaftlicher Untersuchungen.[23]

Wie sehr diese vorherrschende Einschätzung in die Irre geführt hatte, trat spätestens ab 1999 offen zutage, als die *Forza Italia* an der Spitze des Mitte-Rechts-Bündnisses Wahl um Wahl für sich entschied – erst die Europawahlen (1999), dann die Regionalwahlen (2000) und schließlich sogar die Parlamentswahlen (2001). Angesichts dieses schrittweise erfolgten Wiederaufstieges ist es umso erstaunlicher, dass selbst die italienische Politikwissenschaft allem Anschein nach fürs Erste nicht angemessen reagierte und die Partei Berlusconis nicht wieder näher zu erforschen begann. Erst als die FI Mitte 2001 als stärkste Partei von neuem an die Regierung kam, erwachte auch die italienische Politikwissenschaft aus ihrem Dornröschenschlaf und wendete sich wieder der *Forza* zu. Im Herbst 2001 erschien dann die erste umfangreiche wissenschaftliche Studie, die sich ganz der großen Wahlgewinnerin vom 13. Mai 2001 widmete. Dieses Werk analysiert erstmals die im Laufe der Zeit gewandelten Organisationsstrukturen der FI auf äußerst detaillierte Weise, ohne dabei jedoch auf deren politisch-programmatische Entwicklung näher einzugehen.[24]

Somit existiert bis heute keine umfassende Arbeit zur *Forza Italia*, die es sich zur Aufgabe gemacht hätte, die Partei des derzeitig amtierenden italienischen Ministerpräsidenten in allen wesentlichen Teilaspekten von den Anfängen bis in die jüngste Vergangenheit hinein empirisch zu untersuchen. Das vorliegende Werk hat es sich zum Ziel gesetzt, diese klaffende Forschungslücke zu schließen.

Dazu wurde – neben der gerade aufgeführten Fachliteratur – auf eine Vielzahl von hauptsächlich italienischsprachigen Werken zurückgegriffen, die sich

---

[23] Vgl. Di Vico, Dario, Forza Italia, migliaia di club per rilanciare la macchina dei consensi, in: Corriere della Sera, 21.6.1999, S. 9.

[24] Vgl. Poli, Emanuela, Forza Italia. Strutture, leadership e radicamento territoriale, Bologna 2001. Zitiert als: Poli, Emanuela, Forza Italia.

mit aktuellen Problemen der italienischen Innenpolitik auseinandersetzen. Dies sind im Einzelnen vor allem diverse Sammelbände, die anlässlich bedeutender Wahlgänge herausgegeben wurden,[25] sowie die Reihe „Politica in Italia. I fatti dell'anno e le interpretazioni", die unter der Regie des angesehenen Forschungsinstituts *Istituto Carlo Cattaneo* mit Sitz in Bologna alljährlich erscheint. Erwähnenswert sind ferner aber auch andere, teils wissenschaftliche, teils populärwissenschaftliche Arbeiten, die das politische Wirken Berlusconis und seiner *Forza Italia* auf die eine oder andere Weise behandeln.[26]

Ebenfalls unverzichtbar vor allem für diejenigen Abschnitte der vorliegenden Arbeit, die sich mit den jüngeren Entwicklungen auseinandersetzen, waren unzählige Zeitungsartikel. Naturgemäß spielten dabei die verschiedenen überregio-

---

[25] Vgl. so z.B. zu den Parlamentswahlen von 1994: Diamanti, Ilvo/Mannheimer, Renato (Hg.), Milano a Roma. Guida all'Italia elettorale del 1994, Rom 1994; Bartolini, Stefano/D'Alimonte, Roberto (Hg.), Maggioritario ma non troppo. Le elezioni politiche del 1994, la campagna elettorale, l'offerta politica: un'analisi dettagliata per comprendere l'evoluzione del sistema politico in Italia, Bologna 1995; Pasquino, Gianfranco (Hg.), L'alternanza inattesa. Le elezioni del 27 marzo 1994 e le loro conseguenze, Soveria Mannelli 1995. Zu den Parlamentswahlen von 1994 und 1996: Corbetta, Piergiorgio/Parisi, Arturo M.L. (Hg.), A domanda risponde. Il cambiamento del voto degli italiani nelle elezioni del 1994 e del 1996, Bologna 1997; D'Alimonte, Roberto/Bartolini, Stefano (Hg.), Maggioritario per caso. Le elezioni politiche del 1994 e del 1996 a confronto. Il ruolo del sistema elettorale, le coalizioni, le scelte degli elettori, Bologna 1997; Gangemi, Giuseppe/Riccamboni, Gianni (Hg.), Le elezioni della transizione. Il sistema politico italiano alla prova del voto 1994-1996, Turin 1997. Zu den Parlamentswahlen von 2001: Pasquino, Gianfranco (Hg.), Dall'Ulivo al governo Berlusconi. Le elezioni del 13 maggio 2001 e il sistema politico italiano, Bologna 2002; D'Alimonte, Roberto/Bartolini, Stefano (Hg.), Maggioritario finalmente? La transizione elettorale 1994-2001, Bologna 2002.

[26] Vgl. so z.B. zur ersten Regierung Berlusconi: Marro, Enrico/Vigna, Edoardo, Sette mesi di Berlusconi. „Giudicatemi dai fatti", Rom 1995; Romano, Sergio, Tra due Repubbliche. L'anno di Berlusconi e le prospettive dell'Italia, Mailand 1995; Galli, Giorgio, Diario politico 1994. L'imbroglio del 28 marzo e il governo B, [o.O.] 1995. Zitiert als: Galli, Giorgio, Diario politico 1994; Montanelli, Indro/Cervi, Mario, L'Italia di Berlusconi (1993-1995), Mailand 2001. Zitiert als: Montanelli, Indro/Cervi, Mario, L'Italia di Berlusconi; Zur Oppositionszeit der FI: Vespa, Bruno, La svolta. Il pendolo del potere da destra a sinistra, Rom, Mailand 1996. Zitiert als: Vespa, Bruno, La svolta; Montanelli, Indro/Cervi, Mario, L'Italia dell'Ulivo (1995-1997), 4. Auflg., Mailand 1998. Zitiert als: Montanelli, Indro/Cervi, Mario, L'Italia dell'Ulivo; Diamanti, Ilvo, Politica all'italiana. La parabola delle riforme incompiute, Mailand 2001. Zitiert als: Diamanti, Ilvo, Politica all'italiana; Vespa, Bruno, Scontro finale. Ultimo atto, Rom, Mailand 2001. Zitiert als: Vespa, Bruno, Scontro finale. Zur zweiten Regierung Berlusconi: Tuccari, Francesco (Hg.), Il governo Berlusconi. Le parole, i fatti, i rischi, Rom, Bari 2002; Colombo, Furio/Padellaro, Antonio (Hg.), Il libro nero della democrazia. Vivere sotto il governo Berlusconi, Mailand 2002; Vespa, Bruno, La grande muraglia. L'Italia di Berlusconi. L'Italia dei girotondi, Rom, Mailand 2002. Zitiert als: Vespa, Bruno, La grande muraglia; Ginsborg, Paul, Berlusconi. Ambizioni patrimoniali in una democrazia mediatica, Turin 2003. Zitiert als: Ginsborg, Paul, Berlusconi.

nalen italienischen Tageszeitungen[27] die bei weitem größte Rolle, wenngleich auch die Italien-Berichterstattung der deutschsprachigen Presseorgane[28] nicht zu kurz kam. Wichtige Informationen und Einschätzungen ergaben sich zudem aus mehreren persönlich geführten Interviews. Gesprächspartner waren der Politikwissenschaftler Angelo Bolaffi, der Leitartikler Paolo Franchi von der Tageszeitung *Corriere della Sera* sowie die drei FI-Politiker Antonio Tajani, Domenico Mennitti und Sandro Toti. Diese Treffen fanden in Rom im Zeitraum zwischen April und August 2003 statt.

Um das Bild zu vervollständigen, wurde darüber hinaus auch auf eine recht umfangreiche Liste von Primärliteratur zurückgegriffen. Konkret ist in diesem Zusammenhang vor allem auf etliche Zeitungsinterviews und andere Beiträge führender FI-Politiker – allen voran natürlich Berlusconis – hinzuweisen sowie auf diverse öffentliche Reden des FI-Chefs, die entweder in den beiden Redensammlungen Berlusconis[29] oder aber auf der Homepage der *Forza Italia* abgedruckt sind. Beachtung fanden zudem das Parteiprogramm der FI von 1994[30] wie auch die jeweiligen Wahlplattformen der in der Mitte-Rechts-Allianz zusammengeschlossenen Parteien, die ab 1996 die einzelnen Parteiprogramme ablösten.[31] Geradezu unabdingbar für den Abschnitt zu den Organisationsstrukturen war überdies das FI-Parteistatut aus dem Jahr 1998.[32]

Im Rahmen eines ausgedehnten Forschungsaufenthaltes in Italien (von September 2000 bis Oktober 2001) sowie einer Reihe weiterer sich anschließender Kurzaufenthalte war es mir zum einen möglich, eine ausgedehnte Literaturrecherche in verschiedenen Bibliotheken zu betreiben. Hierzu zählen insbesondere die *Biblioteca di Storia Moderna e Contemporanea* sowie die Bibliotheken des *Istituto Luigi Sturzo*, der *Fondazione Istituto Gramsci*, der *Fondazione Lelio e Lisli Basso-Issocco* und des *Istituto della Enciclopedia Italiana*, die sich allesamt

---

[27] Ausgewertet wurde insbesondere die politische Berichterstattung der führenden italienischen Tageszeitungen *Corriere della Sera*, *La Repubblica* und *La Stampa*. Die jeweiligen Print-Ausgaben fanden dabei ebenso Berücksichtigung wie die einzelnen Online-Auftritte.

[28] Ein Großteil der verwendeten Zeitungsartikel stammt aus den Online-Ausgaben der verschiedenen deutschsprachigen Tages- und Wochenzeitungen.

[29] Vgl. Berlusconi, Silvio, L'Italia che ho in mente. I discorsi „a braccio" di Silvio Berlusconi, Mailand 2000; ders., Discorsi per la democrazia. Gli interventi parlamentari di Silvio Berlusconi, Mailand 2001.

[30] Vgl. N.N., Per un nuovo miracolo italiano. Il programma di Forza Italia, Mailand 1994.

[31] Vgl. die Wahlplattform von 1996: N.N., 100 impegni per cambiare l'Italia. Programma del Polo per le Libertà, Mailand 1996; die Wahlplattform von 2001: N.N., Piano di governo per una intera legislatura, in: http://www.forza-italia.it/elettorale/piano_governo.html (23.5.2001).

[32] Vgl. Statuto di Forza Italia 1998. Approvato dalla Assemblea Nazionale, Milano, 18 gennaio 1997, con le modifiche apportate dal Consiglio Nazionale del 4 luglio 1997, del 20/21 febbraio 1998 e dal Congresso Nazionale del 16/18 aprile 1998 e dal Consiglio Nazionale del 20 luglio 1998, in: http://www.forza-italia.it/partito/img/statuto.doc (6.12.2001).

in Rom befinden. Zum anderen gelang es mir auf diese Weise auch, mein Forschungsobjekt in einer entscheidenden Phase – während des Wahlkampfs zu den Parlamentswahlen vom Mai 2001 und der sich anschließenden Regierungszeit – vor Ort hautnah zu verfolgen. Im Übrigen unternahm ich während dieser Studienaufenthalte auch mehrfach den Versuch, mit der Parteizentrale der *Forza Italia* in der Via dell'Umiltà in Rom in Kontakt zu treten. Doch hielt sich die Hilfsbereitschaft, die mir bei diesen Gelegenheiten entgegengebracht wurde, in Grenzen. Der Verdacht liegt nahe, dass man im Umkreis Berlusconis allem Anschein nach kein sonderlich großes Interesse daran hat, sich in die Karten schauen zu lassen.[33] Mit der hier vorliegenden Arbeit ist dies dennoch geschehen.

---

[33] Diese Vermutung drängt sich geradezu auf, zumal Berlusconi schon öfter mit Erfolg zu verhindern wusste, dass „Details" seines wirtschaftlichen und politischen Aufstiegs einem interessierten Publikum zugänglich gemacht werden. So intervenierte er beispielsweise Ende 2002 beim französischen Premierminister Jean-Pierre Raffarin mit der Bitte, die ursprünglich geplante Wiederholung eines Themenabends über ihn auf dem deutsch-französischen Kulturkanal *Arte* fallen zu lassen – was dann auch prompt geschah. Vgl. Seeger-Baier, Sabine, „König Silvio" sucht seinen Thron, in: http://www.maerkischeallgemeine.de/?loc=3_3_1&id=91283 &weiter=250 (9.1.2003). Gleichfalls war auch just jene Ausgabe der italienischen Zeitschrift *Diario* kurz nach deren Auslieferung bereits restlos ausverkauft, die sich ausschließlich Berlusconi gewidmet hatte; zahlreiche Kioskverkäufer sollen übereinstimmend von jemandem berichtet haben, der gekommen sei, um alle Exemplare auf einen Schlag abzukaufen. Vgl. N.N., Esaurito il „Diario": „C'è chi lo rastrella", in: La Repubblica, 3.4.2001, S. 13.

2 Die politische Kultur Italiens

Wer sich mit Italien beschäftigt, stößt geradezu unweigerlich auf zahlreiche „Widersprüche, die dieses Land von außen oft so schwer verständlich machen und vieles ‚ungereimt' erscheinen lassen"[34]. Modernste Produktionstechniken und wirtschaftliche Dynamik sind hier ebenso zu Hause wie immer wiederkehrende Krisen, Chaos und Streiks.[35] Um derlei Widersprüche zu verstehen, lohnt ein Blick auf die politische Kultur dieses Landes, die ihresgleichen sucht.[36] Unter dem Begriff „politische Kultur"[37] versteht man generell

> „die subjektive Dimension der gesellschaftlichen Grundlagen politischer Systeme, d.h., die Gesamtheit aller politisch relevanten Meinungen (‚beliefs'), Einstellungen (‚attitudes') und Werte (‚values') der Mitglieder einer konkret abgrenzbaren sozialen und politischen Einheit"[38].

Genau genommen lässt sich im Fall Italiens allerdings nur schwer von einer einheitlichen politischen Kultur sprechen. Denn mit der Nationalstaatsgründung, die ähnlich spät wie jene Deutschlands erfolgte,[39] wurden Gebiete mit unterschiedlichen historischen Erfahrungen, Traditionen und Kulturen in einem Zentralstaat vereint. Dadurch entstanden diverse Brüche, die quer durch die Gesellschaft gingen. Bis in die Gegenwart hinein ist die politische Kultur des Landes hiervon noch stark geprägt.[40] Mit anderen Worten: „Die italienische Gesellschaft

---

[34] Bolaffi, Angelo, Das Land, in dem die Widersprüche blühen. Betrachtungen zu Politik und Gesellschaft in Italien, in: Aus Politik und Zeitgeschichte, B 39/88, S. 3-11, 3.

[35] Vgl. ebd.

[36] Vgl. Wieser, Theodor/Spotts, Frederic, Der Fall Italien. Dauerkrise einer schwierigen Demokratie, München 1988, S. 13.

[37] Dieser Terminus stammt ursprünglich aus der Kulturanthropologie. Die beiden amerikanischen Sozialwissenschaftler Gabriel A. Almond und Sidney Verba verwendeten den Begriff „Political Culture" erstmals Mitte der fünfziger Jahre des zwanzigsten Jahrhunderts in sozialwissenschaftlichem Zusammenhang. Vgl. Berg-Schlosser, Dirk, Politische Kultur, in: Mickel, Wolfgang W. (Hg.), Handlexikon zur Politikwissenschaft, Bonn 1986, S. 385-388, 385. Vgl. auch Almond, Gabriel A./Verba, Sidney, The Civic Culture. Political Attitudes and Democracy in Five Nations, Princeton 1963. Zitiert als: Almond, Gabriel A./Verba, Sidney, The Civic Culture; dies., The Civic Culture Revisted, Boston 1980.

[38] Berg-Schlosser, Dirk, a.a.O., S. 385.

[39] Die Einigung Italiens wurde erst 1861 mit der Ernennung Vittorio Emanuele II. zum „König von Italien" bzw. 1870 mit dem Einmarsch der königlichen Truppen in Rom vollzogen. Näheres zum *Risorgimento*, wie das Zeitalter auch genannt wird, das Italien die staatliche Einigung brachte, vgl. Chiellino, Carmine [u.a.], Italien, 3. Auflg., München 1995, S. 14ff.

[40] Vgl. Caciagli, Mario, Ein, zwei, viele Italien. Veränderungen in der politischen Kultur Italiens, in: Sozialwissenschaftliche Informationen, 23. Jg. (1994), H. 4, S. 257-264, 257. Zitiert als: Caciagli, Mario, Ein, zwei, viele Italien.

ist von tiefen historischen, sprachlichen, ökonomischen, sozialen und kulturellen Zerklüftungen durchzogen."[41] Diese als *cleavages* bezeichneten Spaltungen bewirkten eine „Vielschichtigkeit der politischen Kultur Italiens"[42], die es im Folgenden kurz zu umreißen gilt.

2.1 Das Verhältnis zwischen Bürgern und Staat

Das politische System Italiens erfreut sich allgemein nur wenig Beliebtheit. Zu diesem Schluss kamen auch schon Almond und Verba in ihrer wegweisenden *Civic-Culture*-Studie: „A large portion of the population tends to view the political system as an alien, exploitative force."[43] Dieser Grundtenor findet sich auch in anderen Werken. So unterstreichen etwa Wieser und Spotts:

„Der Italiener betrachtet den Staat bestenfalls als schwach und schlimmstenfalls als feindliche Macht, die wenig Gutes und viel Übles beschert. Er schaut mit einer Mischung aus Furcht und Verachtung auf die staatlichen Organe – Parlament, Regierung, Gerichtsbarkeit und öffentlicher Dienst –, denen er die Verantwortung für alle Missstände zuschreibt."[44]

Nimmt man entsprechende Zahlen zur Hand, wird diese Indifferenz bzw. Feindseligkeit der Italiener gegenüber jeglicher Staatlichkeit, die geradezu sprichwörtlich ist,[45] noch deutlicher: Laut einer Umfrage aus dem Jahr 1991 hatten 72 Prozent der Italiener kein Vertrauen in die Regierung, 67 Prozent stuften die öffentliche Verwaltung als nicht vertrauenswürdig ein, und 65,4 Prozent misstrauten gar dem gewählten Parlament.[46] Noch schlechtere Werte erreichten die politischen Parteien. Einer anderen Umfrage aus dem gleichen Jahr zufolge hatten 93,2 Prozent wenig bzw. gar kein Vertrauen in die Parteien.[47]

---

[41] Petersen, Jens, Italien nach dem Faschismus. Eine Gesellschaft zwischen postnationaler Identität und europäischer Integration, in: Aus Politik und Zeitgeschichte, B 39/88, S. 12-23, 19. Zitiert als: Petersen, Jens, Italien nach dem Faschismus.

[42] Caciagli, Mario, Ein, zwei, viele Italien, S. 257.

[43] Almond, Gabriel A./Verba, Sidney, The Civic Culture, S. 40.

[44] Wieser, Theodor/Spotts, Frederic, a.a.O., S. 14.

[45] Vgl. Kreile, Michael, Die Republik Italien 1946-1996, in: Schieder, Wolfgang (Hg.), Italien im 19. und 20. Jahrhundert. Ein „Sonderweg"?, Göttingen 2000, S. 255-284, 261. Zitiert als: Kreile, Michael, Die Republik Italien.

[46] Das Datenmaterial stammt aus: Arioso, Enrico, Patria verde, in: L'Espresso, 24.2.1991, S. 68-74, 69.

[47] Das Datenmaterial stammt aus: Brusadelli, Stefano, I disgustati. Gli italiani e la politica, in: Panorama, 28.4.1991, S. 38-41, 39; Seißelberg erinnert daran, dass die Zufriedenheitsrate der Bevölkerung Italiens mit der Arbeitsweise ihrer Demokratie zu Beginn der neunziger Jahre auch im internationalen Vergleich äußerst gering war. Zur gleichen Zeit lag sie in Frankreich doppelt, in Deutschland sogar dreimal so hoch. Vgl. Seißelberg, Jörg, Die „blockierte Demokratie" be-

Auch wenn diese alarmierenden Zahlen vor dem Hintergrund des alten und korrupten Parteiensystems betrachtet werden müssen, belegt eine Erhebung aus dem Jahr 2000, dass das Misstrauen gegenüber den Parteien – trotz aller Veränderungen im letzten Jahrzehnt – größtenteils fortdauerte. Demnach waren immerhin noch 64 Prozent der Italiener der Meinung, die Parteien seien nicht in der Lage, die Geschicke des Landes zu meistern.[48]

Den Italienern wird nicht nur regelmäßig eine extreme Staatsverdrossenheit attestiert, sondern allgemein auch politisches Desinteresse.[49] Der italienische Politikwissenschaftler Gianfranco Pasquino spricht in diesem Zusammenhang gar von einer „Anti-Politik-Haltung, die die italienische Wählerschaft schon immer ausgezeichnet hatte"[50]. Und doch ist gleichzeitig der Anteil an politisierten Bürgern hier außerordentlich hoch. In keinem anderen europäischen Land versammeln sich etwa so viele Menschen so häufig aus politischen Gründen auf Straßen und Plätzen.[51]

Die Gründe für diese antistaatliche Haltung reichen weit in die Vergangenheit zurück. Unter jahrhundertelangen Fremdherrschaften bauten die Bürger keine nennenswerten Beziehungen zu den staatlichen Institutionen auf. Weil der Staat in der Vergangenheit zumeist durch eine ausländische Macht repräsentiert war, wurde er zwangsläufig als fremdes Gebilde betrachtet. Eine Identifizierung mit ihm fiel da schwer.[52] Dank dieses „gestörten" Verhältnisses ist den Italienern auch heute noch ein schwacher Staat viel lieber als ein starker. Diese Tendenz fand sich nach dem Ende des totalitären faschistischen Regimes unter Mussolini einmal mehr verstärkt.[53]

---

wegt sich. Veränderungen im politischen System Italiens, in: Zeitschrift für Parlamentsfragen, 24. Jg. (1993), H. 3, S. 496-524, 511. Zitiert als: Seißelberg, Jörg, Die „blockierte Demokratie" bewegt sich.

[48] Das Datenmaterial stammt aus: Portanova, Mario, Riecco i partiti. Ma gli italiani non li vogliono più, in: Diario elezioni, Supplement der Zeitschrift Diario della Settimana, 1.12.2000, S. 3.

[49] Vgl. Petersen, Jens, Italien nach dem Faschismus, S. 18; Trautmann, Günter, Italien. Eine Gesellschaft mit gespaltener politischer Kultur, in: Reichel, Peter (Hg.), Politische Kultur in Westeuropa. Bürger und Staaten in der Europäischen Gemeinschaft, Bonn 1984, S. 220-260, 223. Zitiert als: Trautmann, Günter, Italien. Eine Gesellschaft mit gespaltener politischer Kultur.

[50] Pasquino, Gianfranco, Die Reform eines Wahlrechtssystems. Der Fall Italien, in: Nedelmann, Brigitta (Hg.), Politische Institutionen im Wandel, Sonderh. 35/1995 der Kölner Zeitschrift für Soziologie und Sozialpsychologie, Opladen 1995, S. 279-304, 291. Zitiert als: Pasquino, Gianfranco, Die Reform eines Wahlrechtssystems.

[51] Vgl. Caciagli, Mario, Ein, zwei, viele Italien, S. 258.

[52] Vgl. Petersen, Jens, Italien nach dem Faschismus, S. 18; Almond, Gabriel A./Verba, Sidney, The Civic Culture, S. 403.

[53] Vgl. Grimmond, John, Awaiting an Alternative, in: A Survey of Italy, Supplement der Zeitschrift The Economist, 26.5.1990, S. 6.

Die vielfältigen „Fehlentwicklungen" der italienischen Republik – von Bestechlichkeit und Korruption über eine starre, bürokratische Verwaltung bis hin zur Trägheit der staatlichen Institutionen – trugen zuletzt ein Übriges zu dieser Entwicklung bei. Dass zugleich die Abneigung gegen das politische System stetig anstieg, nimmt kaum wunder.[54] Am stärksten war die politische Entfremdung der Italiener wohl Anfang der neunziger Jahre, als die alten Regierungsparteien plötzlich dem Druck der öffentlichen Meinung nicht mehr standhielten und in sich zusammenbrachen.[55]

2.2 Das Klientel- und Patronagesystem

Während der Staat in Italien, wie soeben dargestellt, wenig Ansehen genießt, stehen hier Werte wie Familie, die Beziehung zu Freunden und die Bindung an die Heimatregion umso höher im Kurs. Entsprechend vergessen auch „Politiker und Beamte [...] leicht das Allgemeinwohl, wenn es um die Interessen ihrer privaten Zirkel geht"[56]. Dieser spezielle Politikstil, auch *Politica pura*, also reine Politik, genannt, zeichnet sich dadurch aus, dass sich Politiker und Parteien besonders gern Schaukämpfe liefern, bei denen es in erster Linie um das Herausschlagen von Vorteilen für sie selbst und ihre Klientel geht.[57] Auf diese Weise entwickelte sich in Italien ein ausgeprägtes Klientel- und Patronagesystem, das die politische Kultur des Landes nachhaltig bestimmt. Vor allem in der süditalienischen Gesellschaft ist es weit verbreitet.[58] Solche klientelistischen Beziehungen funktionieren generell wie folgt:

> „Zwei sozial und ökonomisch ungleiche Personen – Patron und Klient – treten in ein Tauschverhältnis ein, bei dem der Patron dem Klienten eine Gefälligkeit gewährt. Der Klient bietet dafür dem Patron seine Dienst- und Hilfeleistung an."[59]

Auf diese traditionell gewachsenen Patron-Klient-Beziehungen griffen auch die Parteien zurück, um ihren Machterhalt zu sichern. Nach dem Krieg passten sich diese immer stärker der typisch italienischen Klientelismus-Kultur an und machten sie sich letztlich zu eigen. So kam es, dass der Klientelismus zu einem festen Bestandteil des italienischen Parteiensystems wurde.[60] Die Parteien gingen

---

[54] Vgl. LaPalombara, Joseph, Die Italiener oder die Demokratie als Lebenskunst, Wien, Darmstadt 1988, S. 69.

[55] Näheres hierzu, vgl. Kapitel 3.2.

[56] Romeo, Antonella, Die Pizzo-Connection, in: Die Zeit, 12.3.1993, S. 13-15, 13.

[57] Vgl. Brill, Klaus, Ein Sieg des alten Italien, in: Süddeutsche Zeitung, 11.10.1997, S. 4.

[58] Vgl. Wolf, Andrea, a.a.O., S. 40.

[59] Fritzsche, Peter, Die politische Kultur Italiens, Frankfurt a.M. [u.a.] 1987, S. 36.

[60] Vgl. Caciagli, Mario, Ein, zwei, viele Italien, S. 260; LaPalombara, Joseph, a.a.O., S. 71.

dabei nach folgendem Schema vor: Inhaber aller möglichen öffentlichen Ämter machten sich dafür stark, dass die von ihnen Abhängigen Vergünstigungen aller Art erhielten – ob es sich um Arbeit, Rente, Baugenehmigungen oder Firmenzulassungen handelte. Im Gegenzug bekamen sie deren Wählerstimmen, Wahlkampfunterstützung und manchmal sogar Geld. Das zeigt: Der Klientelismus konnte allzu leicht auch in Korruption[61] ausarten.[62]

Am stärksten klientelistisch geprägt war sicherlich die *Democrazia Cristiana* (Christdemokratie, DC). Als klientelare Massenpartei par excellence durchdrang sie insbesondere den Süden Italiens nahezu vollkommen.[63] Mit Hilfe der so genannten Vorzugsstimme, die 1991 aufgrund eines Referendums abgeschafft wurde,[64] ließ sich sogar messen, inwiefern die klientelistischen Beziehungen zwischen Wählern und Amts- bzw. Mandatsträgern intakt waren. Bezeichnenderweise gab es in Süditalien im Durchschnitt doppelt so viele Vorzugsstimmen wie im Rest des Landes.[65]

In der Praxis führte der Klientelismus zu einem regelrechten Teufelskreis, in dem dieser Ursache und Folge zugleich darstellte und so einen immer stärkeren Handel mit Wählerstimmen bewirkte. Um diesen Handel aufrechterhalten zu können, waren Gelder vonnöten, die insbesondere durch Korruption in die Kassen flossen. Mit diesen wurden dann weitere Stimmen „gekauft", was wiederum eine Verstärkung des Klientelismus bewirkte.[66]

Eine ganz besondere klientelistische Spielart war die so genannte *Lottizazzione*. Darunter verstand man

> „die Inbesitznahme der Unternehmen mit staatlichen Beteiligungen durch die (Regierungs-)Parteien [..], die dann ihren Parteifreunden und Sympathisanten die relevanten Positionen zuschanzen, wobei die Ernannten in eine Abhängigkeit geraten, da sie den Anweisungen der Partei Folge leisten sollen. Die *lottizazzione* ist deshalb mit den Begriffen Pfründen- bzw. Parteibuchwirtschaft, Ämterpatronage und Klüngel zu umschreiben."[67]

---

[61] Näheres zur politischen Korruption in Italien, vgl. Caferra, Vito M., La corruzione, in: Pasquino, Gianfranco (Hg.), La politica italiana. Dizionario critico 1945-1995, Bari 1995, S. 405-416, 405ff.

[62] Vgl. Große, Ernst U./Trautmann, Günter, Italien verstehen, Darmstadt 1997, S. 26f.

[63] Vgl. Caciagli, Mario, Clientelismo, in: Brütting, Richard (Hg.), Italien-Lexikon, 2. Auflg., Berlin 1997, S. 190.

[64] Mit der Vorzugsstimme konnte man bestimmte Kandidaten aus einer Liste ankreuzen, um so die Reihenfolge zu verändern. Dadurch ließ sich genau nachprüfen, welcher Wahlkreis welchen Kandidaten besonders unterstützt hatte. Vgl. ders., Ein, zwei, viele Italien, S. 260.

[65] Vgl. ebd.

[66] Vgl. Dreier, Volker, Korruption als System, in: Sozialwissenschaftliche Informationen, 23. Jg. (1994), H. 4, S. 250-256, 255. Zitiert als: Dreier, Volker, Korruption als System.

[67] Strenske, Bettina, Rundfunk und Parteien in Italien, Diss. (Univ. Münster), Münster, Hamburg 1992, S. 219.

Vorrangige Ziele dieser parteipolitischen Okkupation waren vor allem die weit verzweigten Staatsindustrien, die staatlichen Finanzinstitute und Fürsorgeeinrichtungen sowie die öffentlich-rechtlichen Radio- und Fernsehanstalten. Damit rissen die Parteien im parastaatlichen Sektor eine so große Macht an sich, dass man in diesem Zusammenhang auch gerne von einem *Sottogoverno*, einer Nebenregierung, sprach.[68] Der langjährige FIAT-Chef Giovanni Agnelli behauptete angesichts dieser massiven Inbesitznahme einst sogar, die DC habe mit nur etwa vierzig Prozent der Stimmen rund achtzig Prozent der Macht in ihren Händen vereint.[69]

Auch das Phänomen Mafia scheint seine Wurzeln im Klientelismus zu haben. In ihrer Anfangszeit war sie wohl nicht mehr als ein klientelistischer Spezialfall.[70] So setzte der Patron in der Figur des Mafioso ebenfalls lediglich seine Interessen durch, wenn er dabei freilich zuweilen auch Gewalt androhte bzw. anwendete.[71]

2.3 Die Subkulturen Katholizismus und Kommunismus

Die politische Kultur Italiens war ferner lange Zeit von der Spaltung des Landes in die beiden hegemonialen Subkulturen Katholizismus und Kommunismus nachhaltig geprägt.[72] Weil es nach Kriegsende innerhalb der italienischen Gesellschaft keine übergreifende, integrative Kraft gab, drängten die Parteien darauf, diese Rolle zu übernehmen. Diesen gelang es aufgrund ihrer großen ideologischen Gegensätze jedoch nicht, eine über Parteigrenzen hinwegreichende demokratische Kultur zu schaffen. Stattdessen entstanden die beiden mächtigen Subkulturen in Form von zwei großen Blöcken, die sich beide „wie in einem Stellungskrieg"[73] geradezu feindlich gegenüberstanden.[74]

Die italienische Politikwissenschaft verwendet den Begriff „politische Subkultur" „seit langem als Deutungsmuster des Wahlverhaltens [..], und zwar der Kontinuität der Wahlorientierung zugunsten einer der beiden Hegemonialpar-

---

[68] Vgl. Wieser, Theodor/Spotts, Frederic, a.a.O., S. 195f.

[69] Vgl. Petersen, Jens, Italien als Republik: 1946-1987, in: Seidlmayer, Michael, Geschichte Italiens. Vom Zusammenbruch des Römischen Reiches bis zum Ersten Weltkrieg, 2. erw. Aufl., Stuttgart 1989, S. 499-550, 527. Zitiert als: Petersen, Jens, Italien als Republik.

[70] Näheres zu den Ursprüngen der Mafia, vgl. ders., Quo vadis, Italia?, S. 73ff.

[71] Vgl. Fritzsche, Peter, a.a.O., S. 38.

[72] Vgl. Trautmann, Günter, Italien. Eine Gesellschaft mit gespaltener politischer Kultur, S. 221.

[73] Braun, Michael, Das Parteiensystem der Ersten Republik. Die Fehlentwicklungen der „Partitocrazia", in: Sozialwissenschaftliche Informationen, 23. Jg. (1994), H. 4, S. 241-249, 243. Zitiert als: Braun, Michael, Das Parteiensystem der Ersten Republik.

[74] Vgl. ders., Italiens politische Zukunft, S. 17.

teien DC und PCI [*Partito Comunista Italiano*] in einigen Teilen des Landes"[75]. Der italienische Terminus „Subkultur" entspricht demnach dem „Milieu"-Begriff, wie er in der sozialwissenschaftlichen Literatur Deutschlands häufig gebraucht wird.[76]

Besonderes Charakteristikum der beiden großen Lager war deren Bindung an bestimmte Gebiete. Es gab also „rote", kommunistisch geprägte Regionen – wie die Emilia-Romagna, die Toskana und Umbrien – sowie „weiße", christdemokratisch dominierte Landesteile – so vor allem der Nordosten Italiens.[77]

Die ideologische Konfrontation zwischen Christdemokraten und Kommunisten ging auf die frühen fünfziger Jahre des zwanzigsten Jahrhunderts zurück und prägte von da an über Jahrzehnte hinweg das italienische Parteiensystem wesentlich. Dort, wo sie zu Hause waren, besaßen diese ideologischen Blöcke einen ausgesprochen hohen Grad an Kohäsion, so dass sie fest in der Gesellschaft verwurzelt waren.[78] Das erreichten sie insbesondere mit Hilfe eines feinmaschigen Netzes jeweils eigener Vereinigungen. Dazu gehörten zum Beispiel Gewerkschaften, Genossenschaften, Studentengruppen, Freizeitvereine und vieles mehr. All diese Hilfsorganisationen, welche die Menschen von der sprichwörtlichen „Wiege bis zur Bahre" begleiteten, dienten dazu, die jeweiligen Ideologien und Werte auf Dauer zu festigen und so die Wähler an die Partei zu binden, kurz: die jeweils eigene Vorherrschaft zu sichern.[79]

Die überdurchschnittlich hohe Wahlbeteiligung, wie sie in Italien früher Gang und Gäbe war, hängt somit ebenfalls mit der subkulturellen Verankerung weiter Teile der Gesellschaft zusammen. In der Tat bestätigten soziologische Untersuchungen immer wieder, dass die subkulturell (*Voto di appartenenza*) und klientelistisch (*Voto di scambio*) beeinflussten Wahlentscheidungen bei weitem zahlreicher waren als die Stimmen der rational abwägenden Meinungswähler (*Voto di opinione*).[80] Nach einer Umfrage aus dem Jahr 1985 waren zu jener Zeit

---

[75] Caciagli, Mario, Ein „roter" Bezirk in der „roten" Toskana. Entstehung und Persistenz politischer Subkulturen, in: Zeitschrift für Parlamentsfragen, 18. Jg. (1987), H. 4, S. 512-522, 512.

[76] Vgl. ebd.

[77] Vgl. ders., Klientelismus versus Weiß und Rot. Die Zersplitterung der politischen Kultur Italiens, in: Namuth, Michaela (Hg.), Modell Italien? Neues aus dem Land der Traditionen, Stuttgart 1990, S. 39-49, 40f.

[78] Vgl. Braun, Michael, Das Parteiensystem der Ersten Republik, S. 243.

[79] Vgl. LaPalombara, Joseph, a.a.O., S. 47; Merkel, Wolfgang, Das Parteiensystem Italiens. Stabilität, Instabilität und Dynamik, in: Aus Politik und Zeitgeschichte, 9.7.1983, S. 3-14, 3. Zitiert als: Merkel, Wolfgang, Das Parteiensystem Italiens.

[80] Vgl. Trautmann, Günter, Italien. Eine Gesellschaft mit gespaltener politischer Kultur, S. 225. Diese Typologie der Wählerschaft Italiens in drei Gruppen wurde von Arturo Parisi und Gianfranco Pasquino entwickelt und hat sich in der Literatur durchgesetzt. Vgl. Parisi, Arturo/Pasquino, Gianfranco, Per un'analisi delle coalizioni di governo in Italia, in: dies. (Hg.), Continuità e mutamento elettorale in Italia, Bologna 1977, S. 215-250. Weitere Informationen

etwa jeweils 26 Prozent der Bürger der katholischen bzw. der kommunistischen Subkultur zuzurechnen. Hinzu gesellten sich acht Prozent, die sich sogar beiden Subkulturen gleichzeitig zugehörig fühlten. Addiert man diese Zahlen, dann stellt man fest, dass damals insgesamt rund sechzig Prozent der Italiener subkulturell verankert waren.[81]

Die Bindekraft der Subkulturen sank allerdings im Laufe der Jahre rapide. Schuld daran hatten Industrialisierung, wirtschaftliche Modernisierung und, damit einhergehend, auch die Erhöhung des individuellen Lebensstandards. Infolgedessen setzte ein immer stärkerer Werte- und Gewohnheitswandel ein. Auch der fortschreitende Säkularisierungsprozess der italienischen Gesellschaft trug ein Übriges zu dieser Entwicklung bei, indem er nicht nur den Einfluss der katholischen Kirche schmälerte, sondern auch die kommunistische Weltanschauung erschütterte. Anhand der Wahlergebnisse der beiden großen Parteien lassen sich diese Erosionserscheinungen deutlich ablesen. Während die Christdemokraten bereits ab Anfang der siebziger Jahre erste Stimmeneinbußen in ihren Hochburgen zu verschmerzen hatten, ereilte die Kommunisten dieses Schicksal erst ab Mitte der achtziger Jahre.[82] Dennoch ist hervorzuheben, dass die Subkulturen „die Dynamik des politischen Systems bis in die jüngste Vergangenheit hinein hemmten"[83]. Anfang der neunziger Jahre hatten die Subkulturen dann weitgehend ausgedient.[84] Anders hätte die Linke wohl kaum bei den Kommunalwahlen vom Juni 1999 die Rathausmehrheit in Bologna verlieren können, obwohl die Stadt jahrzehntelang als Zentrum des so genannten „roten Gürtels" Mittel-Nord-Italiens galt.[85]

---

vor allem zu den Veränderungen im Wahlverhalten der Italiener finden sich bei: Mannheimer, Renato, Capire il voto. Contributi per l'analisi del comportamento elettorale in Italia, Mailand 1989.

[81] Vgl. ders./Sani, Giacomo, Electoral Trends and Political Subcultures, in: Leonardi, Robert/ Nanetti, Raffaella Y. (Hg.), Italian Politics: A Review, Bd. 1, London, Wolfeboro 1986, S. 164-175, 168ff. Um die Zugehörigkeit zur katholischen Subkultur ermitteln zu können, wurde nach der Häufigkeit des Kirchenbesuches, nach der Mitgliedschaft in religiösen Organisationen, nach der Identifikation mit der Kirche sowie nach der Einstellung zu den kirchlichen Institutionen gefragt. Mit Hilfe von Fragen betreffend der Mitgliedschaft in linken Gewerkschaften, dem Identifikationsgrad zur Arbeiterklasse und der Sympathie zur damaligen Sowjetunion wurde ermittelt, wie viele der Befragten der kommunistischen Subkultur zuzuordnen waren. Vgl. ebd.

[82] Vgl. Caciagli, Mario, Ein, zwei, viele Italien, S. 262.

[83] Große, Ernst U./Trautmann, Günter, a.a.O., S. 28.

[84] Vgl. Seißelberg, Jörg, Die „blockierte Demokratie" bewegt sich, S. 500.

[85] Vgl. Brill, Klaus, Bologna – Ende eines Mythos, in: Süddeutsche Zeitung, 29.6.1999, S. 1. Eine ausführliche Analyse zur Niederlage der Linken bei den Kommunalwahlen in Bologna liefern: Baldini, Gianfranco/Legnante, Guido, Le elezioni comunali del 1999 e la „disfatta" della sinistra a Bologna, in: Gilbert, Mark/Pasquino, Gianfranco (Hg.), Politica in Italia. I fatti dell'anno e le interpretazioni, Ed. 2000, Bologna 2000, S. 89-108.

2.4 Die Nord-Süd-Problematik

Während, wie gerade dargelegt, die Subkulturen mittlerweile wohl ausgedient haben, ist die Nord-Süd-Spaltung Italiens auch heute noch deutlich spürbar. Auch diese Spaltung hat tiefe Wurzeln und reicht weit in die Geschichte zurück. Nach dem Untergang des Römischen Reiches entwickelten sich die einzelnen Landesteile des heutigen italienischen Staatsterritoriums völlig unterschiedlich.

Im Norden etablierten sich schon im frühen Mittelalter einflussreiche Stadtstaaten wie zum Beispiel Florenz, Mailand, Venedig oder Genua. Im zwölften und dreizehnten Jahrhundert herrschten hier teilweise sogar bereits republikartige Verhältnisse, und in der Renaissance erlebten diese oberitalienischen Stadtstaaten eine regelrechte Blütezeit. Der Süden dagegen wurde nach dem Abzug der Normannen und Hohenstaufen von immer neuen fremden Mächten kolonialistisch unterjocht und gezielt ausgebeutet.[86] Dies führte dazu, dass der so genannte *Mezzogiorno*, der südliche Teil der italienischen Halbinsel einschließlich der beiden Inseln Sizilien und Sardinien, seither „in Absolutismus, Feudalismus und Immobilismus verharrte. Es formierte sich eine parasitäre und klientelistische, staatsferne, auch staatsfeindliche Gesellschaft."[87]

Spätestens im achtzehnten Jahrhundert hatte sich dann der Norden endgültig vom übrigen Italien abgesetzt. Vor allem die von Österreich beherrschten Gebiete wie etwa die Region um Mailand durchlebten einen rasanten ökonomischen Aufschwung. Damit wurde der Grundstein für die später dort einsetzende Industrialisierung und die Herausbildung eines liberalen Bürgertums gelegt.[88] Restitalien blieb dagegen in seiner Sozial- und Wirtschaftsstruktur rückständig.[89]

Diese Spaltung Italiens vertiefte sich noch einmal mit dem industriellen Aufschwung des Dreiecks Mailand-Turin-Genua in den sechziger Jahren des zwanzigsten Jahrhunderts. Eine auch nur annähernd vergleichbare Industriegesellschaft hat sich in Süditalien nie entwickelt. Mafia-Clans, die gerade in jüngster Vergangenheit immer mächtiger wurden, beeinträchtigten dort vielmehr das gesamte Wirtschaftsleben. Daran änderte auch die berühmt-berüchtigte *Cassa per il Mezzogiorno*[90] nur wenig.[91]

---

[86] Vgl. Roques, Valeska von, a.a.O., S. 101f.

[87] Lill, Rudolf/Wegener, Stephan, Die Democrazia Cristiana Italiens (DC) und die Südtiroler Volkspartei (SVP), in: Veen, Hans-Joachim (Hg.), Christlich-demokratische und konservative Parteien in Westeuropa, Paderborn [u.a.] 1991, Bd. 3: Italien – Griechenland, S. 17-203, 19.

[88] Näheres zur Existenz eines italienischen Bürgertums, vgl. Ullrich, Hartmut, Bürgertum und nationale Bewegung im Italien des Risorgimento, in: Dann, Otto (Hg.), Nationalismus und sozialer Wandel, Hamburg 1978, S. 129-156.

[89] Vgl. Sommer, Michael, Im Süden nichts Neues. Zur aktuellen Entwicklung des italienischen Parteiensystems, in: Politische Vierteljahresschrift, 43. Jg. (2002), H. 1, S. 112-141, 113.

[90] Die *Cassa per il Mezzogiorno* (Südkasse) wurde 1950 von der Regierung in Rom ins Leben gerufen, um dem unterentwickelten Süden mit Hilfe von Investitionszuschüssen und zinsver-

Eine Studie der *Fondazione Agnelli* aus dem Jahr 1994 gibt näheren Aufschluss über das enorme wirtschaftliche Ungleichgewicht innerhalb Italiens. Demnach sind allein die Regionen Lombardei, Venetien, Piemont und Latium Nettozahler. In diesen Ballungszentren tummeln sich unzählige mittelständische, hochspezialisierte Unternehmen, die den Großteil des italienischen Bruttoinlandsprodukts erwirtschaften. Diese Gegenden gehören damit zu den wohlhabendsten innerhalb der ganzen Europäischen Union. Alle übrigen Regionen der Apenninenhalbinsel indes zählen zu den Empfängern öffentlicher Gelder.[92] Auch die Arbeitslosigkeit bleibt ungleich verteilt: Im Jahr 2001 lag die Arbeitslosenquote in Süditalien bei 19,3 Prozent, während im Rest des Landes lediglich 5,0 Prozent der Erwerbsfähigen arbeitslos gemeldet waren.[93] Ein ähnlich starkes Auseinanderklaffen ergibt sich ferner auch bei anderen statistischen Datensätzen, ob nun das Pro-Kopf-Einkommen in den Provinzen, die Pro-Kopf-Ausgaben der Kommunen oder auch die Kriminalitätsraten herangezogen werden.[94]

Das Nord-Süd-Gefälle Italiens besteht also nach wie vor fort und birgt massiven sozialen Sprengstoff in sich. Es stellte den idealen Nährboden dar für die sezessionistischen Bestrebungen der norditalienischen Ligen-Bewegung der achtziger Jahre, aus der schließlich die *Lega Nord* erwuchs. Ein Bild, das in diesen Kreisen immer wieder beansprucht wurde, verdeutlicht einmal mehr den Gegensatz zwischen Nord- und Süditalien: Die goldenen Eier, die eine gesunde, kraftstrotzende Henne im Norden legt, werden von einer fetten Bäuerin aus dem Süden einfach gestohlen.[95] Daraus machte die *Lega Nord* später den markigen Spruch: „Roma ladrona, la Lega non perdona"[96] („Diebisches Rom, die Lega verzeiht nicht").

---

billigten Krediten aus staatlichen Mitteln unter die Arme zu greifen. Die Förderschwerpunkte wechselten im Laufe der Zeit immer wieder. Während anfangs die meisten öffentlichen Gelder in die Landwirtschaft und in Infrastrukturprojekte flossen, machte man sich ab Mitte der sechziger Jahre daran, die industriellen Entwicklungszentren zu fördern, die Spötter sogleich als „Kathedralen in der Wüste" abtaten. In den siebziger Jahren konzentrierte sich die Förderung nicht mehr auf bestimmte Projekte, sondern kam vielfältigen Aktivitäten zugute. Anfang der neunziger Jahre machte Italien dann Schluss mit dieser massiven Subventionspolitik, da all diese Finanzspritzen nichts an der Rückständigkeit des Südens zu ändern vermochten. Vgl. Drüke, Helmut, Italien. Grundwissen Länderkunde: Wirtschaft – Gesellschaft – Politik, 2. Auflg., Opladen 2000, S. 77f.

[91] Vgl. Chiellino, Carmine [u.a.], a.a.O., S. 271f.

[92] Vgl. Masala, Carlo, Italien, in: Weidenfeld, Werner (Hg.), Europa-Handbuch, Bonn 1999, S. 116-125, 120. Zitiert als: Masala, Carlo, Italien.

[93] Vgl. Sylos Labini, Paolo, Berlusconi e gli anticorpi. Diario di un cittadino indignato, Rom, Bari 2003, S. 150.

[94] Vgl. Petersen, Jens, Quo vadis, Italia?, S. 111.

[95] Vgl. Roques, Valeska von, a.a.O., S. 164.

[96] Zitiert nach: ebd.

3 Die Entwicklung des italienischen Parteiensystems von 1943 bis 1993

3.1 Das traditionelle Parteiensystem

3.1.1 Exkurs: Grundzüge der modernen Parteientheorie
Die ersten modernen Parteien entstanden in Europa aus sozialen Bewegungen, insbesondere aus der liberalen Bewegung des vorindustriellen Zeitalters und der Arbeiterbewegung des neunzehnten Jahrhunderts. Im Zuge der Demokratisierung der Nationalstaaten bildeten sich die Parteien in Abgrenzung zu verfestigten Machtstrukturen heraus.[97] Bis heute dominiert in der Politikwissenschaft daher auch der von Seymour M. Lipset und Stein Rokkan entwickelte Konfliktansatz zur Erklärung von Parteientstehungen. Demnach bilden sich Parteien vornehmlich entlang vier gesellschaftlicher Konfliktlinien, auch *cleavages* genannt. Hierzu zählen die Konflikte zwischen Zentrum und Peripherie, zwischen Stadt und Land, zwischen Kapital und Arbeit sowie zwischen Staat und Kirche.[98]

Die politischen Parteien, die auf diese Weise in den einzelnen Ländern aufkamen, unterschieden sich zum Teil erheblich voneinander. Mehrmals wurde daher in der politikwissenschaftlichen Literatur der Versuch unternommen, die verschiedenen Parteien in miteinander verwandte Gruppen einzuteilen.[99] Daneben gab es aber auch Wissenschaftler, die einen generellen Wandel der Parteitypen im Laufe der Zeit feststellten. Als einer der Ersten machte sich der berühmte Soziologe Max Weber daran, eine solche Verlaufs- und Entwicklungstypologie zu entwerfen. Weber erkannte insgesamt drei Parteientypen, die sich in unterschiedlichen historischen Phasen herausbildeten. Demnach folgten auf die Adelsparteien des achtzehnten Jahrhunderts die liberalen Honoratiorenparteien der Anfangsphase des Demokratisierungsprozesses, die wiederum von den Massenparteien, die sich im Zuge des erweiterten Wahlrechts formierten, mehr und mehr verdrängt wurden.[100]

An diese Typologie knüpfte später auch Sigmund Neumann an. Neumann sprach jedoch nicht mehr von Massenparteien, sondern von dem Typ der „Inte-

---

[97] Vgl. Raschke, Joachim, Soziale Bewegungen, 2. Auflg., Frankfurt a.M. 1988, S. 111.

[98] Vgl. Lipset, Seymour M./Rokkan, Stein, Cleavage Structures, Party Systems and Voter Alignments, in: dies. (Hg.), Party Systems and Voter Alignments, New York 1967, S. 1-64, 6.

[99] Solche Parteientypologien finden sich etwa bei Gablentz, Otto-Heinrich von der, Politische Parteien als Ausdruck gesellschaftlicher Kräfte, Berlin 1952, S. 8ff.; Duverger, Maurice, Die politischen Parteien, Tübingen 1959, S. 23ff.; Blondel, Jean, An Introduction to Comparative Government, London 1969, S. 119ff.

[100] Vgl. Weber, Max, Wirtschaft und Gesellschaft. Grundriss der verstehenden Soziologie, 5. Auflg., Halbbd. 2, Tübingen 1976, S. 841ff.

grationspartei" – und das wegen des Anspruches, mit dem dieser Parteientypus den Menschen gegenüber auftrete. Denn die Integrationspartei zeichne sich dadurch aus, dass sie „im Grunde die Einbeziehung der ganzen Person in die politische Organisation nicht durch eine konstante Mitgliedschaft [fordert] [...], sondern vor allem durch ihr Eingreifen in alle Lebensbereiche."[101] Darüber hinaus differenzierte Neumann zwischen demokratischen und absolutistischen Integrationsparteien. Letztere – Neumann dachte hier vor allem an die nach dem Ersten Weltkrieg entstandenen links- und rechtsradikalen Parteien – unterschieden sich seiner Ansicht nach von Ersteren durch „eindeutig personelle Führung, hierarchischen Aufbau, straffe Durchorganisation in mehr oder minder militärischen Formationen mit der Tendenz zur Exklusivität und zur ausschließlichen Rekrutierung aus eigenen Jugendorganisationen"[102].

Nach dem Zweiten Weltkrieg entstand in Westeuropa dann ein neuer Parteientypus, den Otto Kirchheimer sogleich „Allerweltspartei", *catch-all party* bzw. „Volkspartei" nannte:

„Die bürgerliche Partei alten Stils mit ihrer individuellen Repräsentation wird jetzt zur Ausnahme. [...] Zugleich formt sich die Massenintegrationspartei, die in einer Zeit schärferer Klassenunterschiede und deutlich erkennbarer Konfessionsstrukturen entstanden war, zu einer Allerweltspartei (*catch-all party*), zu einer echten Volkspartei, um. Sie gibt die Versuche auf, sich die Massen geistig und moralisch einzugliedern, und lenkt ihr Augenmerk in stärkerem Maße auf die Wählerschaft; sie opfert also eine tiefere ideologische Durchdringung für eine weitere Ausstrahlung und einen rascheren Wahlerfolg."[103]

Laut Kirchheimer zielen diese Volksparteien nunmehr vor allem auf kurzfristige Stimmenmaximierung ab – mit entsprechenden Konsequenzen für deren Aufbau und Taktik: Die Stellung der Parteiführung sieht Kirchheimer zulasten der einfachen Parteimitglieder gestärkt. Die Parteiorganisation spiele allenfalls noch bei der Kandidatenaufstellung eine gewisse Rolle. Zugleich fände eine Entideologisierung statt, damit sich die Partei allen Wählergruppierungen zuwenden könne.[104]

Über die Frage, wie eine politische Partei zu definieren ist, streiten sich bis heute die Wissenschaftler. Eine allgemeingültige Definition gibt es nicht. Wohl aber gibt es eine als klassisch zu bezeichnende Parteiendefinition, auf die immer wieder gerne zurückgegriffen wird. Sie stammt aus der Feder von Max Weber, der Parteien folgendermaßen definierte:

---

[101] Neumann, Sigmund, Die Parteien der Weimarer Republik, Neuausg., Stuttgart 1973, S. 105.
[102] Ebd., S. 107.
[103] Kirchheimer, Otto, Der Wandel des westeuropäischen Parteiensystems, in: Politische Vierteljahresschrift, 6. Jg. (1965), H. 1, S. 20-41, 27.
[104] Vgl. ebd., S. 32ff. Zur Kritik an Kirchheimers Volksparteienthese, vgl. Wiesendahl, Elmar, Volkspartei, in: Nohlen, Dieter (Hg.), Wörterbuch Staat und Politik, Bonn 1993, S. 760-762.

„Parteien sollen heißen auf (formal) freier Werbung beruhende Vergesellschaftungen mit dem Zweck, ihren Leitern innerhalb eines Verbandes Macht und ihren aktiven Teilnehmern dadurch (ideelle oder materielle) Chancen (der Durchsetzung von sachlichen Zielen oder der Erlangung von persönlichen Vorteilen oder beides) zuzuwenden."[105]

Ähnlich uneins ist man sich im Schrifttum aber auch darüber, welche Aufgaben und Funktionen den Parteien in demokratischen Systemen zukommen. Allenfalls eine einzige Funktion gilt dabei als unstrittig: dass nämlich Parteien Wahlkämpfe auszurichten haben. Darin erschöpfen sich nach Meinung vieler bereits die Aufgaben von Parteien – zumindest in Nordamerika, wo sie meist nur im Vorfeld zu Wahlen in Erscheinung treten. In Europa dagegen erfüllen Parteien traditionell eine Reihe weiterer Funktionen.[106]

Georg Brunner unterscheidet in diesem Zusammenhang vier grundsätzliche Parteifunktionen: die der Integration, der Führungsauslese, der Herrschaftsausübung und der Herrschaftskontrolle. Entsprechend vermitteln Parteien, erstens, zwischen dem Volk und den staatlichen Herrschaftsträgern. Dabei greifen sie Themen aus der Bevölkerung auf und beziehen hierzu in einem zuweilen mühevollen und langwierigen Prozess Stellung. Ein solcher Integrationsprozess kann auch von oben nach unten verlaufen, wenn die Parteiführung eigene Konzepte entwickelt und die Basis darauf „einschwört". Die Integrationsfunktion erstreckt sich aber auch auf die gesamte Bevölkerung, sobald Parteien ihre Ziele öffentlich darlegen und für sich werben. Zweitens ist es die Aufgabe von Parteien, bei Wahlen Kandidaten für öffentliche Ämter aufzustellen. Am häufigsten erfolgt eine solche Kandidatenaufstellung dezentral, beispielsweise auf örtlichen Delegiertenversammlungen; sie kann aber auch zentral erfolgen, wie es insbesondere bei kommunistischen Parteien die Regel ist. Eine dritte Funktion besteht in der zeitlich befristeten Ausübung der staatlichen Herrschaft, sofern es sich um Regierungsparteien handelt. In diesem Fall hat die Partei die Chance, ihr politisches Programm in Regierungshandeln umzusetzen. Die Hauptaufgabe von Oppositionsparteien indes besteht, viertens, in der Kontrolle und Kritik der Regierung. Oppositionsparteien sind überdies auch aufgerufen, Alternativen zur Regierungspolitik zu erarbeiten.[107]

---

[105] Weber, Max, a.a.O., Halbbd. 1, S. 167. Andere Parteiendefinitionen finden sich etwa bei Hartmann, Jürgen, Parteienforschung, Darmstadt 1979, S. 5; Janda, Kenneth, Political Parties. A Cross-National Survey, New York, London 1980, S. 83; Steininger, Rudolf, Soziologische Theorie der politischen Parteien, Frankfurt a.M. 1984, S. 77.

[106] Vgl. Naßmacher, Hiltrud, Politikwissenschaft, 4. Auflg., München, Wien 2002, S. 90.

[107] Vgl. Brunner, Georg, Vergleichende Regierungslehre, Bd. 1, Paderborn [u.a.] 1979, S. 368ff. Vgl. auch die Funktionskataloge bei Wiesendahl, Elmar, Parteien und Demokratie. Eine soziologische Analyse paradigmatischer Ansätze der Parteienforschung, Opladen 1980, 184ff.; Beyme, Klaus von, Parteien in den westlichen Demokratien, 2. Auflg., München 1984, S. 25.

3.1.2 Die Partitocrazia – Die Herrschaft der Parteien

Angesichts dieser Funktionen stehen politische Parteien zwar überall in Europa im Zentrum des jeweiligen politischen Systems. Die tatsächliche Stellung der Parteien im politisch-institutionellen Gefüge eines jeden Landes variiert dennoch teilweise erheblich. Im Nachkriegs-Italien nahmen sie im Laufe der Zeit eine nahezu allmächtige Hegemonialposition ein. Dabei verloren sie immer stärker die Interessen und Meinungen der Gesellschaft aus dem Blick, wodurch sie zwangsläufig ihre Funktion als Bindeglied zwischen Gesellschaft und staatlichen Institutionen einbüßten. Diese dominante Stellung der Parteien im politischen Systems Italiens wurde meist mit dem negativ besetzten Begriff *Partitocrazia* umschrieben, was mit dem deutschen Wort „Parteienherrschaft" mehr schlecht als recht zu übersetzen ist.[108] Allgemein kann die *Partitocrazia* definiert werden als

„zügellose Macht der Parteien, unkontrollierter und maßloser Machtmissbrauch zum Zweck der Vervielfältigung sowie der Vergrößerung der Macht selbst, zum Nachteil der Institutionen und der Bürger. Alles in allem [...] ist die partitocrazia das Gegenteil der Demokratie."[109]

Bereits seit Anfang der fünfziger Jahre forderten die italienischen Parteien immer mehr Macht- und Einflusssphären für sich ein. Darunter litt vor allem das Parlament, das fortan nur noch als „Debattierclub" betrachtet wurde. Ebenso verkam das Kabinett zum verlängerten Sprachrohr der Parteien. Auch die verschiedenen Staatspräsidenten mussten mit ansehen, wie die Parteien ihre Machtbefugnisse Schritt für Schritt aushöhlten. Sogar die Gerichte, der öffentliche Dienst und die staatlichen Industrieunternehmen hatten nur zu oft dem stetig wachsenden Einfluss der Parteien nichts entgegenzusetzen.[110] Bis in die neunziger Jahre hinein konnte sich „kein Bereich der italienischen Gesellschaft [...] der Einziehungskraft der Parteien entziehen"[111]. Die *Partitocrazia* bedeutete also

„fehlende innerparteiliche Demokratie, größte Distanz zwischen Volk und Parteienstaat, Beherrschung der Massenmedien durch die Parteien, Regierungsbildungen am Parlament vorbei durch nicht kontrollierbare Spitzenabsprachen der Parteizentralen, Besetzung hoher und mittlerer Posten in öffentlichen und parastaatlichen Institutionen nach dem reinen Parteienproporz sowie große Korruptionsanfälligkeit der Parteipolitiker"[112].

---

[108] Vgl. Merkel, Wolfgang, Italien. Das Phantom der „2. Republik", in: Sozialwissenschaftliche Informationen, 23. Jg. (1994), H. 4, S. 293-304, 296f. Zitiert als: Merkel, Wolfgang, Italien. Das Phantom der „2. Republik".

[109] Pasquino, Gianfranco, La partitocrazia, in: ders. (Hg.), La politica italiana. Dizionario critico 1945-1995, Bari 1995, S. 341-353, 341 (eig. Übers.). Zitiert als: Pasquino, Gianfranco, La partitocrazia.

[110] Vgl. Wieser, Theodor/Spotts, Frederic, a.a.O., S. 15.

[111] Strenske, Bettina, a.a.O., S. 41.

[112] Trautmann, Günter, Partitocrazia, in: Brütting, Richard (Hg.), Italien-Lexikon, 2. Auflg., Berlin 1997, S. 564f., 565.

Den Grundstein für diese „Fehlentwicklung der ‚Partitocrazia'"[113] legte die italienische Verfassung. Denn die war unmittelbar nach dem Ende des faschistischen Regimes entstanden, das die staatlichen Institutionen größtenteils diskreditiert hatte. Deshalb erschien ein Bruch mit der Vergangenheit als das Gebot der Stunde. Für eine institutionelle Erneuerung bürgten allein die neugegründeten bzw. wiederbelebten Parteien, die ihre Legitimation von der allseits geschätzten *Resistenza*[114] herleiteten.[115] Zwar fiel die antifaschistische Einheitskoalition der Parteien des *Comitato di Liberazione Nazionale* (Komitee der Nationalen Befreiung, CLN), bestehend aus den Kommunisten, den Christdemokraten, den Sozialisten, den Liberalen und der Aktionspartei, angesichts wachsender innenpolitischer Divergenzen sowie vor dem Hintergrund des sich anbahnenden Kalten Krieges im Mai 1947 auseinander. Dennoch gelang es den Parteien des so genannten *Arco costituzionale* (Verfassungsbogen)[116] – darunter die Christdemokraten und die Kommunisten –, noch gemeinsam eine Verfassung zu schreiben. Dass diese von starkem gegenseitigem Misstrauen geprägt war, versteht sich dabei fast schon von selbst. Deshalb standen weniger die staatlichen Organe und Institutionen im Vordergrund als vielmehr die Repräsentation der Parteien in diesen.[117] Das reine Proporzwahlrecht ohne jegliche Sperrklausel etwa trug diesem Ziel Rechnung. Damit erreichte man zwar ein exaktes Abbild der Kräfteverhältnisse im Parlament, jedoch keine stabilen Mehrheiten. Die Schaffung zweier Kammern mit fast identischen Kompetenzen sollte zudem ganz gezielt den Gesetzgebungsprozess erschweren. Außerdem wollte man, dass die Regierung in starkem Maße vom Parlament abhängig war, und so war zum Beispiel auch ein konstruktives Misstrauensvotum, das der Stabilität der Regierung gedient hätte, nicht vorstellbar. Die einzelnen Parlamentsfraktionen sollten ihrerseits an die Entscheidungen ihrer jeweiligen Parteien gebunden werden, um ihnen keinerlei Eigenleben zu gestatten. Kurz, die Parteien hatten ihr Ziel erreicht:

---

[113] Braun, Michael, Das Parteiensystem der Ersten Republik, S. 241.

[114] Unter dem Begriff *Resistenza* versteht man in Italien den bewaffneten Widerstand gegen die deutschen Truppen in Mittelitalien bzw. gegen die faschistischen „Schwarzhemden" im Norden. Dieser *Resistenza* kam in der Nachkriegszeit eine ungemein große moralische und politische Bedeutung zu, auch wenn ihr militärischer Beitrag höchst umstritten ist. Näheres hierzu, vgl. Hausmann, Friederike, Kleine Geschichte Italiens von 1945 bis Berlusconi, aktual. u. erw. Neuausg., Berlin 2002, S. 16ff. Zitiert als: Hausmann, Friederike, Kleine Geschichte Italiens.

[115] Vgl. Pasquino, Gianfranco, La partitocrazia, S. 341f.

[116] Zusätzlich zu den Parteien des CLN – mit Ausnahme der Aktionspartei – gehörten hierzu: der *Partito Repubblicano Italiano* (Republikanische Partei Italiens, PRI), der *Partito Socialista Democratico Italiano* (Sozialistisch-Demokratische Partei Italiens, PSDI) und die *Südtiroler Volkspartei* (SVP). Vgl. Kreile, Michael, Italien 1979. Das Ende der Notstandskoalition und die Krise des „historischen Kompromisses", in: Aus Politik und Zeitgeschichte, B 31/79, S. 14-28, 14.

[117] Vgl. Braun, Michael, Das Parteiensystem der Ersten Republik, S. 242.

Mit dieser Verfassung hielten sie die Macht in Händen.[118] Obwohl immer wieder eine grundlegende Verfassungsreform angestrebt wurde, blieben all diese Regelungen bis zuletzt in Kraft. Allein das Wahlrecht wurde zu Beginn der neunziger Jahre reformiert.[119]

Die *Partitocrazia* konnte zudem auch aufgrund der verfassungsrechtlichen Stellung der Parteien ungehindert voranschreiten. In Artikel 49 der italienischen Verfassung heißt es lediglich: „Alle Bürger haben das Recht, sich frei in Parteien zu vereinigen, um in demokratischer Weise an der Bestimmung der nationalen Politik mitzuwirken."[120] Von einer wie auch immer gearteten internen Kontrolle der Parteien ist hier also keine Rede. Anders als etwa das deutsche Grundgesetz verzichtet die Verfassung Italiens auf die Forderung nach innerparteilicher Demokratie.[121] Das wirkt sich bis in die Gegenwart hinein äußerst negativ auf die Organisationsstruktur der Parteien aus, mit entsprechenden Konsequenzen für die gesamte Politik:

> „Die Parteien werden in semifeudalistischer Manier von ihren Führern beherrscht, innerparteiliche Demokratie gibt es nur in Ansätzen, und die Politik stellt sich den Bürgern [...] dar als ein ewiges Gerangel der Giganten sowie ihrer Vasallen und Lakaien."[122]

Dieses gravierende verfassungsrechtliche Manko nutzt heute wohl kaum eine andere italienische Partei so stark aus wie die *Forza Italia*, die innerparteiliche Demokratie allein auf den unteren Ebenen zulässt, wie später noch zu zeigen sein wird.

3.1.3 Strukturen und Entwicklungsphasen
Das alte italienische Parteiensystem gab Politikwissenschaftlern immer wieder Anlass für verschiedene theoretische Erklärungsmodelle. Zwei davon bestimmten die Diskussion nachhaltig: Giovanni Sartoris Formel vom „polarisierten Pluralismus"[123] und Paolo Farnetis Modell des „zentripetalen Pluralismus"[124]. Diese

---

[118] Vgl. ders., Italiens politische Zukunft, S. 18.

[119] Näheres zum geänderten Wahlrecht, vgl. Kapitel 3.2.5.

[120] Zitiert nach: Lancester, Fulco, Die Institution der politischen Partei in Italien, in: Tsatsos, Dimitris Th. (Hg.), Parteienrecht im europäischen Vergleich. Die Parteien in den demokratischen Ordnungen der Staaten der Europäischen Gemeinschaft, Baden-Baden 1990, S. 367-433, 387.

[121] Vgl. Große, Ernst U./Trautmann, Günter, a.a.O., S. 31.

[122] Brill, Klaus, Die unvollendete Demokratie, in: Süddeutsche Zeitung, 27.1.1997, S. 4.

[123] Vgl. Sartori, Giovanni, European Political Parties. The Case of Polarized Pluralism, in: LaPalombara, Joseph/Weiner, Myron (Hg.), Political Parties and Political Development, Princeton 1966, S. 137-176; ders., Il pluralismo polarizzato. Critiche e repliche, in: Rivista Italiana di Scienza Politica, 12. Jg. (1982), H. 1, S. 3-44. Zur Kritik am Modell Sartoris, vgl. Merkel, Wolfgang, Polarisierung oder Depolarisierung, Zentrifugalität oder -petalität?, in: Falter, Jürgen W. [u.a.] (Hg.), Politische Willensbildung und Interessenvermittlung. Verhandlungen der Fachtagung der Deutschen Vereinigung für Politische Wissenschaft (DVPW) vom 11.-13. Ok-

beiden unterschieden sich vor allem in der Frage des Gravitationszentrums, betonten aber übereinstimmend die pluralistische Grundstruktur des Parteiensystems, die aus der Präsenz zahlreicher im Parlament vertretener Parteien herrührte.[125] Und gerade diese Vielzahl an in Erscheinung tretenden Parteien wurde immer schon als eines der Grundübel der italienischen Parteienlandschaft angesehen, ist doch hinlänglich bekannt, dass „ein Mehr an Parteien nicht gleichzeitig auch ein Mehr an Entscheidungen und Ergebnissen bewirkt"[126].

Ein weiteres, noch bekannteres Erklärungsmodell stammt vom Politikwissenschaftler Giorgio Galli, auf den die Formel des „unvollkommenen Zweiparteiensystems"[127] zurückgeht. Darunter verstand Galli Folgendes:

„Im Vielparteiensystem Italiens sind alle Parteien gleich, aber zwei – die DC und der PCI – sind [...] gleicher als die anderen (daher das Wort Zweiparteiensystem); allerdings wechseln sich diese Parteien weder mit der Regierungsübernahme ab noch war dies jemals vorgesehen; vielmehr besitzt eine der beiden permanent das Vorrecht auf die Regierungsbildung – die DC –, während die andere – der PCI – permanent das Vorrecht auf die Oppositionsübernahme besitzt (daher das Wort unvollkommen)."[128]

Die Christdemokraten standen somit im Verbund mit den kleinen liberal-laizistischen Parteien in der Mitte des Parteiensystems, und im linken Spektrum dominierten die Kommunisten, die hier weitaus stärker waren als im übrigen Westeuropa. Deshalb sorgten die Regierungsparteien unter Führung der Christdemokraten mit Hilfe der so genannten *Conventio ad excludendum* dafür, dass die Kommunisten a priori von der Regierungsbank ferngehalten wurden.[129] Für diesen Umstand prägte der Journalist Alberto Ronchey wenig später den Begriff

---

tober 1983 in Mannheim, Opladen 1984, S. 226-236; Braun, Michael, Das Parteiensystem der Ersten Republik, S. 243f.

[124] Vgl. Farneti, Paolo, Il sistema dei partiti in Italia 1946-1979, Bologna 1983, S. 22ff.

[125] Näheres zu diesen beiden theoretischen Modellen, vgl. Helms, Ludger, Strukturwandel im italienischen Parteiensystem, in: Aus Politik und Zeitgeschichte, B 34/94, S. 28-37, 28f. Zitiert als: Helms, Ludger, Strukturwandel im italienischen Parteiensystem; Merkel, Wolfgang, Das Parteiensystem Italiens, S. 10ff.

[126] Strenske, Bettina, a.a.O., 42.

[127] Vgl. Galli, Giorgio, Il bipartitismo imperfetto. Comunisti e democristiani in Italia, Bologna 1966.

[128] Ders., I partiti politici in Italia 1861-1983, 2. Auflg., Turin 1983, S. 353 (eig. Übers.).

[129] Vgl. Weber, Peter, Wege aus der Krise. Wahlreform und Referenden in Italien, in: Aus Politik und Zeitgeschichte, B 34/94, S. 20-27, 20. Zitiert als: Weber, Peter, Wege aus der Krise. Insbesondere zwei Gründe waren ausschlaggebend für diesen Ausschluss der Kommunisten: Einerseits war dies die internationale „Großwetterlage" (Ost-West-Konflikt, Kalter Krieg), in der es unmöglich erschien, dass ein fest in der westlichen Staatengemeinschaft integriertes Land wie Italien von Kommunisten regiert werden würde; andererseits verwies man auf eine lange Tradition, der zufolge die Italiener immer schon aus der Mitte heraus regiert worden seien. Vgl. ebd.

„Faktor K".[130] Berücksichtigt man auch die Neofaschisten, denen gleichfalls eine Regierungsbeteiligung versagt blieb, bedeutete dies, dass zwischen 25 und vierzig Prozent des italienischen Elektorats automatisch niemals in der Regierung repräsentiert waren. Dieses System beeinträchtigte in letzter Konsequenz auch die Kontrolle der Regierung durch die Opposition, lassen doch Regierungsparteien, die keine Abwahl fürchten müssen, auch keine effektive Kontrolle zu.[131] Das hatte wiederum zur Folge, dass „die Regierungskräfte sich als Verteidiger der Staatsordnung zunehmend mit dem Staat identifizierten, während die Opposition mit dem Anti-Staat gleichgesetzt wurde"[132]. Genau in dieser fehlenden Alternanzmöglichkeit lag die „auffälligste Anomalie des politischen Systems in Italien"[133].

Trotz allem trennte Regierungs- und Oppositionslager in der täglichen Arbeit viel weniger, als es schien. Über alle parteipolitischen Divergenzen hinweg kooperierten die Parteien sehr eng miteinander und teilten sich sogar die Machtsphären untereinander auf. Diese traditionsreiche Praxis wurde unter dem Begriff *Trasformismo* (Transformismus) bekannt.[134] Die Bedeutung, die diesem zukam, kann nicht hoch genug eingeschätzt werden. Tranfaglia zufolge nahm der *Trasformismo* sogar eine Schlüsselstellung im politischen System der Halbinsel ein.[135] Dennoch weckte er vornehmlich negative Assoziationen, wie Wieser und Spotts ausführen:

„Die Regierungspartei übt die alte Praxis des ‚Transformismus', indem sie die Opposition zu absorbieren versucht; die Opposition selber ist unfähig und nicht willens, ihre Funktion voll zu erfüllen. Die oft heimliche Zusammenarbeit der beiden großen Parteien trägt nicht zu Dynamik und Entscheidungskraft bei; der mangelnden Opposition entspricht eine Regierung, die nicht regiert."[136]

Faktisch wurden die Kommunisten sogar im Rahmen des so genannten *Consociativismo* (Konkordanzsystem)[137] an der Machtausübung beteiligt. Von die-

---

[130] Vgl. Keller, Hans-Jörg, Der schwierige Weg zur 2. Republik. Das politische System Italiens im Umbruch, in: Gellner, Winand/Veen, Hans-Joachim (Hg.), Umbruch und Wandel in westeuropäischen Parteiensystemen, Frankfurt a.M. [u.a.] 1995, S. 49-77, 51.

[131] Vgl. Merkel, Wolfgang, Das Phantom der „2. Republik", S. 297.

[132] Weber, Peter, Italiens demokratische Erneuerung. Anpassungsprobleme einer „schwierigen" Demokratie (1989-1994), in: Steffani, Winfried/Thaysen, Uwe (Hg.), Demokratie in Europa. Zur Rolle der Parlamente, Opladen 1995, S. 178-203, 178. Zitiert als: Weber, Peter, Italiens demokratische Erneuerung.

[133] Ders., Wege aus der Krise, S. 20.

[134] Vgl. Hausmann, Friederike, Kleine Geschichte Italiens, S. 28.

[135] Vgl. Tranfaglia, Nicola, Trasformismo, in: Ginsborg, Paul (Hg.), Stato dell'Italia. Il bilancio politico, economico, sociale e culturale di un paese che cambia, Mailand 1994, S. 95-98, 95.

[136] Wieser, Theodor/Spotts, Frederic, a.a.O., S. 148f.

[137] Das Konkordanzsystem bzw. die Konkordanzdemokratie zählt zusammen mit der Konkurrenz- oder Mehrheitsdemokratie zu den demokratietheoretischen Systemtypen. In Italien war

sem sagt Ferraris, er habe „das Leben Italiens seit 1976 vergiftet"[138]. Denn man hatte sich mit dem „unvollkommenen Zweiparteiensystem" abgefunden, so dass es sich zu einem regelrechten Regierungssystem verfestigte, das die ursprünglich tiefen Gräben zwischen Regierung und Opposition immer schmaler werden ließ.[139] Das führte unweigerlich dazu, dass der PCI ab Ende der siebziger Jahre seinen Ruf als „moralisch unbefleckte Gegenkraft der DC [verlor] und [..] zum Juniorpartner der Partitocrazia [wurde], auch wenn er nur am Katzentisch Platz fand"[140].

Im Großen und Ganzen kann das alte italienische Parteiensystem in vier Hauptphasen unterteilt werden:[141] Die erste Phase wurde unter dem Schlagwort *Centrismo* (Zentrismus, 1948-1960) bekannt. In diesen Jahren koalierte die DC entweder mit den kleinen, laizistischen Parteien oder regierte sogar allein, von diesen parlamentarisch unterstützt.

Anschließend folgte die so genannte *Centro-sinistra*-Phase (Mitte-Links-Phase, 1963-1971), die sich durch die Beteiligung der Sozialisten an den Regierungsgeschäften auszeichnete. Zwei Gründe waren hierfür maßgeblich: Zum einen war die DC schwächer geworden, und zum anderen hatten sich die Sozialisten inzwischen von den Kommunisten abgewendet. Für diese als *Apertura a sinistra* (Öffnung nach links) berühmt gewordene Wende hatte sich insbesondere der Christdemokrat Aldo Moro eingesetzt.[142]

In der zweiten Hälfte der siebziger Jahre gingen die Christdemokraten dann auch auf die Kommunisten mit offenen Armen zu. Diese hatten vor dem Hintergrund krisenhafter Entwicklungen (Wirtschaftskrise, Terrorismus) einen so genannten *Compromesso storico* (Historischen Kompromiss)[143] vorgeschlagen, auf den der Christdemokrat Moro mit der Strategie der „dritten Phase" reagierte. Auf diese Weise näherten sich die beiden Parteien immer stärker einander an. Zu ei-

---

dieser Begriff allerdings voller negativer Assoziationen, verband man doch damit die unterschiedlichen Arten der Einbindung des PCI in parlamentarische Kompromissverfahren und dessen Beteiligung an Ämterpatronage und organisierter Korruption. Vgl. Kreile, Michael, Die Republik Italien, S. 277.

[138] Ferraris, Luigi V., Eine politische Revolution in Italien?, in: ders. [u.a.] (Hg.), Italien auf dem Weg zur „zweiten Republik"? Die politische Entwicklung Italiens seit 1992, Frankfurt a.M. [u.a.] 1995, S. 9-17, 10. Zitiert als: Ferraris, Luigi V., Eine politische Revolution in Italien?

[139] Vgl. ders., Ist Italien eine „neue" Republik?, in: Aus Politik und Zeitgeschichte, B 34/94, S. 3-9, 3. Zitiert als: Ferraris, Luigi V., Ist Italien eine „neue" Republik?

[140] Braun, Michael, Das Parteiensystem der Ersten Republik, S. 246.

[141] Diese Periodisierung stützt sich auf Große, Ernst U./Trautmann, Günter, a.a.O., S. 33.

[142] Näheres hierzu, vgl. auch Chiellino, Carmine [u.a.], a.a.O., S. 123ff.

[143] Hinter der berühmten Formel vom *Compromesso storico* stand der Wille der Kommunisten, gemeinsam mit den Christdemokraten die Regierung zu stellen. Dafür hatte sich der legendäre kommunistische Parteisekretär Enrico Berlinguer stark gemacht. Vgl. Jüttner, Alfred/Liese, Hans J., Taschenbuch der europäischen Parteien und Wahlen, München 1977, S. 130.

ner Koalition kam es indes nicht. Die Kommunisten unterstützten dafür aber parlamentarisch die damaligen Einparteienregierungen der Christdemokraten. Auf diese Phase folgten während der achtziger Jahre etliche so genannte *Pentapartiti*, Fünfparteienkoalitionen also, bestehend aus den nichtkommunistischen demokratischen Kräften. Und weil auch die Sozialisten wieder mit von der Partie waren, handelte es sich hierbei abermals um Mitte-Links-Regierungen.[144] Tabelle 1 dokumentiert anschaulich die Stärke der einzelnen Parteien und deren Veränderungen, wie sie sich im Laufe der Zeit ergaben.

Tabelle 1: Ergebnisse der Wahlen zur Abgeordnetenkammer von 1948 bis 1992 (in Prozent)

	1948	1953	1958	1963	1968	1972	1976	1979	1983	1987	1992
DC	48,5	40,1	42,3	38,3	39,1	38,7	38,7	38,3	32,9	34,3	29,7
PRI	2,5	1,6	1,4	1,4	2,0	2,9	3,1	3,0	5,1	3,7	4,4
PLI	3,8	3,0	3,5	3,5	5,8	3,9	1,3	1,9	2,9	2,1	2,8
PSDI	7,1	4,5	4,6	6,1		5,1	3,4	3,8	4,1	2,9	2,7
PSI		12,7	14,2	13,8	14,5[2]	9,6	9,6	9,8	11,4	14,3	13,6
PCI	31,0[1]	22,6	22,7	25,3	26,9	27,1	34,3	30,4	29,9	26,6	
PDS											16,1
RC											5,6
PSIUP					4,4	1,9					
DP							1,5	1,4	1,5	1,7	
PR							1,1	3,5	2,2	2,6	1,2[3]
Verdi										2,6	2,8
La Rete											1,9
MSI	2,0	5,8	4,8	5,1	4,5	8,7	6,1	5,3	6,8	5,9	5,4
Monarchici	2,8	6,9	4,8	1,7	1,3						
Lega Nord										0,5	8,7

[1] Gemeinsame Liste aus PCI und PSI
[2] Ergebnis des aus dem Zusammenschluss von PSI und PSDI hervorgegangenen *Partito Socialista Unificato*
[3] Kandidatur unter dem Namen *Lista Pannella*

Quelle: Braun, Michael, Italiens politische Zukunft, Frankfurt a.M., 1994, S. 185.

3.1.4 Die Hauptakteure: Christdemokraten, Kommunisten und Sozialisten

Von den zahlreichen im Parlament vertretenen Parteien prägten insbesondere drei Formationen das traditionelle italienische Parteiensystem. Hierzu zählten die *Democrazia Cristiana* (Christdemokratie, DC), der *Partito Comunista Italiano* (Kommunistische Partei Italiens, PCI) und der *Partito Socialista Italiano* (Sozia-

---

[144] Näheres hierzu, vgl. auch Braun, Michael, Italiens politische Zukunft, S. 20.

listische Partei Italiens, PSI). Ein kurzer Überblick über diese Parteien erscheint daher geboten.

Als auffälligstes Merkmal der Christlichen Demokraten kann wohl deren „ungebrochener Wille zur Macht"[145] angesehen werden. Ununterbrochen regierten sie denn auch in Rom, vom Ende des Krieges an bis in die neunziger Jahre hinein. Das brachte der DC zahlreiche Beinamen ein wie etwa „Staatspartei", „Regimepartei", „Machtpartei", „ewige Regierungspartei" oder auch „eine Partei, die zum Regieren verdammt schien".[146] Dass sie so lange unangefochten regieren konnte, hatte einen einfachen Grund: Ihr Antagonist war der PCI, der das linke Spektrum dominierte. Aus Angst vor einer kommunistischen Regierungsübernahme war die Macht der DC geradezu zementiert.[147]

Gegründet wurde sie erst 1942 von Alcide De Gasperi, und dennoch schaffte sie recht schnell den Aufstieg zur stärksten Regierungspartei, denn sie knüpfte an den politischen Katholizismus des alten *Partito Popolare* (Volkspartei, PP) an, den der Priester Don Luigi Sturzo 1919 ins Leben gerufen hatte. In personeller wie programmatischer Hinsicht hob sie sich jedoch vom PP deutlich ab.[148] Anders als bei diesem stand der Vatikan nun fest hinter dem Projekt der katholischen Einheitspartei, erkannte er doch in der DC eine Art Bollwerk gegen die vermeintliche Gefahr, die von den Kommunisten ausging.[149] Der Politikwissenschaftler Piero Ignazi charakterisiert denn auch die DC folgendermaßen:

> „Die Democrazia Cristiana ist die katholische Partei Italiens: Bereits in einem katholischen Milieu geboren, bezieht sie sich auf die Lehren der Kirche und steht in einer symbiotischen Beziehung zur kirchlichen Welt. Ferner ist sie die gemäßigte und zur Mitte ausgerichtete Partei schlechthin, das Bollwerk gegen den Kommunismus, der Verteidiger des freien Westens, die Partei des Mittelstandes. Die DC ist die Partei *von* und *der* Katholiken."[150]

Abgesehen von dieser konfessionellen Linie gab es innerhalb der DC ferner auch noch eine laizistische bzw. weniger klerikale und eine klientelistische Strömung. Zwischenzeitlich drangen die Christdemokraten verstärkt darauf, auch die von der Kirche eher distanzierten Bürger zu integrieren. Auf diese Weise wollte

---

[145] Strenske, Bettina, a.a.O., S. 45.

[146] Zitiert nach: Caciagli, Mario, Das Ende der DC, in: Ferraris, Luigi V. [u.a.] (Hg.), Italien auf dem Weg zur „zweiten Republik"? Die politische Entwicklung Italiens seit 1992, Frankfurt a.M. [u.a.] 1995, S. 45-53, 45. Zitiert als: Caciagli, Mario, Das Ende der DC.

[147] Vgl. Hampel, Adolf, Das Land des Papstes. Religion als Instrument – Entwicklungen im italienischen Katholizismus, in: Das Parlament, Themenausg. Italien, 1.9.1989, Nr. 36, S. 4.

[148] Vgl. Lill, Rudolf/Wegener, Stephan, a.a.O., S. 28f.

[149] Vgl. Klüver, Henning, Don Giordano und Peppone, in: Süddeutsche Zeitung, 1.9.1998, S. 15.

[150] Ignazi, Piero, I partiti italiani. Vecchi ma nuovi, nuovi ma vecchi: uno sguardo sulle vite interne dei partiti. Origini, ideologie, elettorato e organizzazione, Bologna 1997, S. 15 (eig. Übers.). Zitiert als: Ignazi, Piero, I partiti italiani.

man der Parteiorganisation größeres Gewicht verleihen und dem oft erhobenen Vorwurf entgegentreten, nichts weiter als der verlängerte Arm der Katholiken zu sein. In fortschreitendem Alter wurde die DC aber auch zunehmend klientelistischer. Schritt für Schritt nahm diese Ausrichtung immer mehr Überhand, bis die DC zur Klientelpartei par excellence wurde.[151]

Besonders charakteristisch für sie war zudem ihre starke interne Aufspaltung in etliche so genannte *Correnti* (Faktionen[152]). Dabei handelte es sich keineswegs um ideologisch divergierende Strömungen. Der Herausbildung der *Correnti* lagen vielmehr taktische Überlegungen und teilweise auch persönliche Gegensätze zugrunde.[153] Diese Flügel verfügten über recht große Eigenständigkeiten, zumal sie sich unabhängig von der Parteizentrale finanzierten. Vor allem während der sechziger und siebziger Jahre machten sie von sich reden. Lill und Wegener unterschieden insgesamt sechs große *Correnti*.[154] Ein effektiver Entscheidungsfindungsprozess konnte unter solchen Umständen kaum zustande kommen, und die DC war durch ihre eigene Uneinigkeit oftmals wie gelähmt.[155] Das ging so weit, dass sie „nicht die Kommunisten zu fürchten [hatte], sondern hauptsächlich die innerhalb der eigenen Partei um die Macht konkurrierenden *Correnti*"[156].

Die italienischen Kommunisten galten aufgrund ihrer Stärke stets als Sonderfall in den westlichen Demokratien. Keine andere Kommunistische Partei Westeuropas hatte so viele eingeschriebene Mitglieder wie der PCI. Bis zum Fall der Berliner Mauer im Jahr 1989 waren es stets über anderthalb Millionen.[157]

Begründet wurde er 1921 von ehemaligen Sozialisten, denen ihre Mutterpartei nicht mehr links genug war. Von da an entwickelte sich der PCI in mehreren Phasen. Vom Gründungsjahr bis 1956 stellte er eine marxistisch-leninistische Partei dar. In der zweiten Phase, von 1956 bis 1973, wandelte er sich zu einer Partei des polyzentristischen Reformkommunismus, bevor er sich ab 1973 wiederum als eurokommunistische Partei verstand.[158] Ein prägendes Ereignis war für

---

[151] Vgl. Große, Ernst U./Trautmann, Günter, a.a.O., S. 32f.

[152] Der Ausdruck „Faktionen" kennzeichnet in der Politikwissenschaft Parteiflügel bzw. Parteigruppierungen, die über ein Mindestmaß an eigenständigen Organisationsstrukturen verfügen. Vgl. Merkel, Wolfgang, Das Parteiensystem Italiens, S. 6.

[153] Vgl. Strenske, Bettina, a.a.O., S. 46.

[154] Vgl. Lill, Rudolf/Wegener, Stephan, a.a.O., S. 101ff. Hierzu gehörten die „Dorotheer", die *Correnti* „Base" und „Area Zaccagnini" sowie „Moroteer", die *Corrente* „Nuove Cronache" und die „Andreottianer". Näheres hierzu, vgl. ebd., S. 102ff.

[155] Vgl. Merkel, Wolfgang, Das Parteiensystem Italiens, S. 6.

[156] Strenske, Bettina, a.a.O., S. 46.

[157] Vgl. Hine, David, Governing Italy. The Politics of Bargained Pluralism, Oxford [u.a.] 1993, S. 114.

[158] Vgl. Trautmann, Günter, Italien. Eine Gesellschaft mit gespaltener politischer Kultur, S. 246f.

ihn die so genannte „Wende von Salerno" im Jahr 1944. Auf Drängen des langjährigen Parteisekretärs Palmiro Togliatti schwor der PCI damals dem revolutionären Weg zur Macht ab. Stattdessen trat er nunmehr für einen gesellschaftlichen Konsens ein. Bei dieser Gelegenheit fasste der PCI sogar erstmals eine Allianz mit den Katholiken ins Auge, da man sich eingestand, dass Italien eben nicht gegen diese regiert werden könne. Nachdem diese Wende vollzogen war, stand der Entwicklung des PCI zu einer linken Volkspartei nichts mehr im Weg.[159]

Nicht nur ideologisch, sondern auch organisatorisch trennten PCI und DC Welten. Wie es sich für eine echte Kommunistische Partei gehörte, herrschte in ihm das klassische Prinzip des Demokratischen Zentralismus, wodurch die Entstehung organisierter Parteiströmungen gar nicht erst denkbar war.[160] Entsprechend bestand

> „die Organisationsbasis [...] aus der territorialen Sektion, aus starken und gut gerüsteten Föderationsapparaten und einem ziemlich kompakten nationalen Zentralorgan. Diese Eigenschaften erlaubten es dem PCI, den langen Marsch der Transformation seines gesellschaftlichen Anspruchs aufzunehmen: Aus der theoretisch revolutionären und praktisch reformistischen Partei wurde eine Partei, die immer mehr den sozialdemokratischen Parteien Nordeuropas ähnelte."[161]

Bei den Parlamentswahlen von 1976 erzielte der PCI mit nicht weniger als 34,3 Prozent sein bestes Ergebnis. Doch nur drei Jahre danach setzte bereits der langsame Niedergang ein. Die Gründe dafür waren vielfältig. Die direkte Zusammenarbeit mit den Christdemokraten von 1976 bis 1979 war gescheitert, und es sah auch nicht mehr danach aus, als ob ein zweiter Versuch in diese Richtung zustande kommen würde. Hinzu kam, dass sich moderate politische Einstellungen in weiten Teilen der Gesellschaft durchsetzten. Ein Übriges bewirkten auch die stetig nachlassenden subkulturellen Bindekräfte.[162]

All dies ging nicht spurlos am PCI vorbei, so dass er in den achtziger Jahren sein Antlitz veränderte. Zum ersten Mal entwickelten sich unterschiedliche Strömungen, die zu einem parteiinternen Machtkampf ansetzten. Dies war möglich geworden, weil das Prinzip des Demokratischen Zentralismus nicht mehr so streng wie früher angewendet wurde. Auch programmatisch vollzog der PCI einen Richtungswandel und besetzte fortan verstärkt moderatere Positionen. Außerdem brach er im Jahr 1981 angesichts der dramatischen Ereignisse in Polen mit Moskau. Dennoch blieb ihm gemäß der *Conventio ad excludendum* auch weiterhin eine direkte Regierungsbeteiligung in Rom versagt – da halfen auch

---

[159] Vgl. Jüttner, Alfred/Liese, Hans J., a.a.O., S. 190f.
[160] Vgl. Strenske, Bettina, a.a.O., S. 46.
[161] Lancester, Fulco, a.a.O., S. 401.
[162] Große, Ernst U./Trautmann, Günter, a.a.O., S. 37.

seine mittlerweile zahlreichen administrativen Erfahrungen auf kommunaler und regionaler Ebene nichts.[163]

Das Jahr 1989 besiegelte dann endgültig sein Schicksal. Der Fall der Berliner Mauer stürzte ihn in eine tiefe Identitätskrise. Als einzigen Ausweg erkannte der damalige Parteichef Achille Occhetto nur die Umwandlung in eine postkommunistische Partei. Anfang 1991 war es dann so weit: Aus dem PCI wurde nun der PDS – *Partito Democratico della Sinistra* (Demokratische Partei der Linken, PDS).[164]

Der bereits 1882 gegründete sozialistische PSI war von allen hier angesprochenen Parteien die älteste. In seiner langen Geschichte musste er jedoch eine Reihe von Abspaltungen über sich ergehen lassen.[165] Innerhalb der italienischen Linken spielte er allenfalls eine Nebenrolle, war er doch nur der „kleine Bruder"[166] des großen PCI. In den Anfangsjahren der Republik traten beide noch in einer so genannten Aktionseinheit öffentlich auf. Das änderte sich mit dem Jahr 1956, als sich die Sozialisten angesichts des niedergeschlagenen Aufstandes in Ungarn von den Kommunisten abwendeten. Damit war der Weg frei für eine vorsichtige Annäherung an die Christlichen Demokraten. Die Sozialisten mussten sich allerdings noch bis 1963 gedulden, um gemeinsam mit der DC die Regierung zu stellen.[167] Ab dann jedoch waren sie – ähnlich wie lange Zeit die Freien Demokraten in Deutschland – als Mehrheitsbeschaffer nahezu unverzichtbar.[168] Somit war der PSI

> „mit ca. 10 Prozent der Wählerstimmen eine mittlere Partei (partito medio), d.h. eine klassische Koalitionspartei [...]. Aber die Sozialistische Partei [..] [war] nicht nur ein ‚partito medio', sondern auch ein ‚partito intermedio', d.h. eine Partei, die ihren politisch-ideologischen Standort zwischen den beiden großen Parteien DC und PCI [..] [hatte]."[169]

Der Historische Kompromiss in der zweiten Hälfte der siebziger Jahre stürzte die Sozialisten jedoch in eine tiefe Krise, zumal gleichzeitig auch noch Flügelkämpfe tobten, unter denen die Partei zu zerbrechen drohte. In dieser alarmierenden Lage war ein grundlegender organisatorischer, ideologischer und personeller Neuanfang gefragt. Dies zu bewerkstelligen sah der neue Parteisekretär Bettino Craxi als seine Aufgabe an. Und tatsächlich gelang es ihm auch bis zum Beginn der achtziger Jahre, die *Correnti* des PSI in Schach zu halten und aus der Partei

---

[163] Vgl. Merkel, Wolfgang, Das Parteisystem Italiens, S. 8; Braun, Michael, Das Parteiensystem der Ersten Republik, S. 246.

[164] Vgl. Ignazi, Piero, I partiti italiani, S. 94f.

[165] Vgl. Jüttner, Alfred/Liese, Hans J., a.a.O., S. 159.

[166] Braun, Michael, Italiens politische Zukunft, S. 55.

[167] Vgl. Hausmann, Friederike, Kleine Geschichte Italiens, S. 64ff.

[168] Vgl. Petersen, Jens, Italien als Republik, S. 540.

[169] Merkel, Wolfgang, Das Parteiensystem Italiens, S. 8f.

wieder eine diszipliniert und geschlossen auftretende Formation zu machen.[170] Politische Beobachter sprechen in diesem Zusammenhang gar von einer regelrechten „Mutation"[171].
Derart gerüstet, verliefen die achtziger Jahre für den PSI äußerst erfolgreich. Gemeinsam mit der DC und den verschiedenen laizistischen Parteien bildete er immer neue Koalitionen. In den Jahren 1983 bis 1987 stand sogar Craxi selbst den Regierungen als Ministerpräsident vor, auch wenn die Sozialisten numerisch nach wie vor nur „Juniorpartner"[172] der DC waren. Anders als noch bei den Mitte-Links-Regierungen der sechziger Jahre trat die DC ihrem sozialistischen Partner diesmal auch Kontrollrechte am halbstaatlichen Wirtschaftssektor ab. Das führte in der Praxis dazu, dass die Sozialisten es den Christdemokraten gleichtaten und für die Vergabe öffentlicher Aufträge ebenfalls zum Teil horrende Bestechungsgelder kassierten.[173]

3.2 Der Transformationsprozess der Parteienlandschaft

Während sich in Italien trotz unzähliger Regierungskrisen über Jahrzehnte hinweg kaum etwas an den eigentlichen Machtverhältnissen verändert hatte, schien Anfang der neunziger Jahre plötzlich alles in Bewegung zu geraten. Von heute auf morgen lag das ehemals so stabile Parteiensystem in Schutt und Asche. Es traf vor allem die traditionellen Regierungsparteien, die entweder, wie die DC, in Stücke zerbrachen oder aber, wie der PSI, einfach untergingen. Wie es zu dieser Krise kommen konnte und was die Italiener dafür taten, um wieder aus ihr heraus zu finden, das untersucht der folgende Abschnitt.

3.2.1 Der Anfang vom Ende – Die Parlamentswahlen vom 5. April 1992
Dass das Aus für die *Partitocrazia* unmittelbar bevorstand, hätte sich noch Ende 1991 kaum jemand ernsthaft vorstellen können – DC-Chef Arnaldo Forlani wohl ebenso wenig wie PSI-Parteisekretär Bettino Craxi, die beide bereits die politische Grundausrichtung für die kommenden Jahre miteinander berieten. Auch wenn die zuvor dargestellten Missstände und Fehlentwicklungen des politischen Systems Italiens schon längst kein Geheimnis mehr waren, so hatten sich doch

---

[170] Vgl. Rapone, Leonardo, Socialisti, in: Bongiovanni, Bruno/Tranfaglia, Nicola (Hg.), Dizionario storico dell'Italia unita, Rom, Bari 1996, S. 857-875, 872.

[171] Wieser, Theodor/Spotts, Frederic, a.a.O., S. 81.

[172] Merkel, Wolfgang, Italien unter Craxi. Eine Republik mit Regierung?, in: Zeitschrift für Parlamentsfragen, 18. Jg. (1987), H. 4, S. 523-536, 525.

[173] Vgl. Helms, Ludger, Strukturwandel im italienischen Parteiensystem, S. 32.

bislang die Wähler stets als äußerst berechenbar und verlässlich erwiesen. Damit sollte allerdings schon bald Schluss sein.[174]

In der Bevölkerung machte sich nämlich in den frühen neunziger Jahren allenthalben ein ausgesprochen großer Missmut gegenüber den etablierten Politikern breit. Der Journalist Stefano Brusadelli beschrieb diese Grundstimmung folgendermaßen: „Ein Italien, das nicht mehr kann. Ein wütendes Italien. Enttäuscht. Aber vor allem angewidert. Es ist genug mit diesen Parteien, genug mit dieser *Nomenklatura*, genug mit dieser Politik."[175] Dem konnten sich die meisten Meinungsmacher nur anschließen. Zu jener Zeit sprang keine der großen überregionalen Tageszeitungen mehr für die Regierungsparteien in die Bresche.[176]

Vor diesem Hintergrund waren die Italiener am 5. April 1992 aufgerufen, ein neues Parlament zu wählen. Das Ergebnis verblüffte und wurde allgemein als „Erdrutsch"[177] gewertet. Zum ersten Mal überhaupt sackte die DC unter die Dreißig-Prozent-Marke. Ähnlich starke Verluste hatte auch der PDS als Erbe der Kommunisten zu verkraften. Freuen konnten sich indes neue Protestformationen, allen voran die *Lega Nord*, die mit 8,7 Prozent ganze acht Prozentpunkte mehr erhielt als noch fünf Jahre zuvor. Einen Achtungserfolg erzielte aber auch die Formation *La Rete* (das Netz) des ehemaligen Christdemokraten Leoluca Orlando, die aus dem Stand immerhin 1,9 Prozent einfuhr. Dennoch kam die alte Koalition, angeführt von der DC, gerade noch so auf eine Mehrheit im Parlament, so dass sie wieder die Regierung stellen konnte. Die politischen Kräfteverhältnisse aber, soviel stand fest, hatten sich fundamental geändert.[178] Weber kennzeichnet daher die Parlamentswahlen vom Frühjahr 1992 als „das entscheidende Ereignis, mit dem die Krise der Partitocrazia endgültig ihren ‚point of no return' überschritt"[179]. Möller spricht eine noch deutlichere Sprache:

„Die Wahlen waren zugleich der erste manifeste Ausdruck eines radikalen strukturellen Wandels des Parteiensystems und damit auch ein Indiz für den Eintritt Italiens in eine neue Phase seiner Nachkriegsgeschichte. Alle Beobachter waren sich einig, dass mit dem Votum das alte System endgültig kollabiert war – die Medien

---

[174] Vgl. Ginsborg, Paul, Die italienische Krise, in: Probleme des Klassenkampfs (PROKLA). Zeitschrift für kritische Sozialwissenschaft, 25. Jg. (1995), H. 1, S. 11-33, 11. Zitiert als: Ginsborg, Paul, Die italienische Krise; Caciagli, Mario, Das Ende der DC, S. 46.

[175] Brusadelli, Stefano, a.a.O., S. 38 (eig. Übers.).

[176] Vgl. Braun, Michael, Italiens politische Zukunft, S. 100f.

[177] So z.B. Weber, Peter, Wege aus der Krise, S. 22.

[178] Vgl. Göth, Ursula, Die Referendumsbewegung. Volksbefragung gegen Systemblockade, in: Sozialwissenschaftliche Informationen, 23. Jg. (1994), H. 4, S. 265-268, 267.

[179] Weber, Peter, Der lange Weg zur Verfassungsreform in Italien, in: Zeitschrift für Parlamentsfragen, 24. Jg. (1993), H. 3, S. 474-495, 481. Zitiert als: Weber, Peter, Der lange Weg zur Verfassungsreform.

sprachen von einem ‚Erdbeben', welches das fast 50-jährige Regime der Christdemokraten und ihrer Alliierten zum Einsturz gebracht hatte."[180]

Helms weicht von dieser weit verbreiteten Einschätzung ab. Ihm zufolge blieben die Strukturmerkmale des alten Parteiensystems bei diesem Urnengang noch größtenteils intakt, da DC und PDS trotz aller Einbußen immer noch die Hauptakteure geblieben seien. Erst mit den wenig später abgehaltenen Regional- und Kommunalwahlen sei der Niedergang der Altparteien nicht mehr zu leugnen gewesen. Endgültig zusammengebrochen sei das traditionelle Parteiensystem allerdings erst mit den Kommunalwahlen vom Herbst 1993. Damals erhielten die Regierungsparteien insgesamt nur noch rund fünfzehn Prozent, wohingegen der PDS ebenso wie die Neofaschisten massive Stimmenzuwächse verzeichneten. In Norditalien befand sich überdies die *Lega Nord* auf dem Vormarsch.[181] Sieht man über diese Differenzen hinsichtlich der exakten Datierung hinweg, so bleibt doch der „traumatische Bruch in der Kontinuität des Parteiensystems, den Italien zu Beginn der neunziger Jahre vollzogen hat,"[182] unumstritten.

3.2.2 Das Parteiensystem in der Krise – Die Hintergründe des Zusammenbruchs
Die dramatisch anmutende Krise, die das politische System Italiens ab 1992 erschütterte, war vielschichtig und wirkte sich auf etliche gesellschaftliche Bereiche aus:

> „Die Krise 1992-94 ist kein homogener und innerlich zusammenhängender historischer Prozess [...]. Vielmehr besteht die Krise aus sehr verschiedenen Elementen, von denen mehr als eines mit anderen in offenem Widerspruch steht. Im Kern der Krise befindet sich keine politische Partei oder Strategie, keine einzelne Klasse oder gesellschaftliche Kraft [...]. Unter verschiedenen Gesichtspunkten zeigt sie ganz unterschiedliche Gesichter."[183]

Deshalb fällt es auch schwer, die einzelnen Gründe, die zum Kollaps des Parteiensystems führten, angemessen darzustellen, gilt doch die Krise der Altparteien lediglich als Teil eines tiefgreifenden politischen und gesellschaftlichen Einschnittes. So ist man sich auch in der Fachliteratur keineswegs darüber einig, welches der verschiedenen Ereignisse nun welchen Anteil am plötzlich einset-

---

[180] Möller, Iris S., Die Sprache der Erneuerer, in: Ferraris, Luigi V. [u.a.] (Hg.), Italien auf dem Weg zur „zweiten Republik"? Die politische Entwicklung Italiens seit 1992, Frankfurt a.M. [u.a.] 1995, S. 351-367, 351.
[181] Vgl. Helms, Ludger, Strukturwandel im italienischen Parteiensystem, S. 33.
[182] Panebianco, Angelo, Vittime celebri e centro a pezzi, in: Corriere della Sera, 21.2.1999, S. 1/8, 1 (eig. Übers.).
[183] Ginsborg, Paul, Die italienische Krise, S. 11f.

zenden Wandel hatte.[184] Und doch wird in diesem Zusammenhang immer wieder auf bestimmte Phänomene verwiesen, die da wären: das Ende des Ost-West-Konflikts, die nachlassende subkulturelle Bindekraft der Altparteien, die ersten Erfolge der *Lega Nord* und nicht zuletzt die Justizaktion *Mani pulite* (Saubere Hände). Der Politikwissenschaftler Gianfranco Pasquino bemängelt, dass die Referendumsbewegung in dieser Aufzählung oft zu Unrecht unterschlagen worden sei.[185] Die folgende Darstellung möchte all diesen Faktoren nachgehen, die mit dem Ende der alten Parteienlandschaft in Verbindung gebracht werden.

Der Untergang des Kommunismus im ehemaligen Einflussbereich Moskaus gilt allgemein als grundlegender externer Faktor für den Zusammenbruch der alten italienischen Parteien. Die Kommunisten der Halbinsel schworen daraufhin mehrheitlich dem Kommunismus ab, um sich fortan Linksdemokraten zu nennen. Lediglich eine Minderheit wollte diesen Schritt nicht mitgehen und spaltete sich ab. Das war die Geburtsstunde der *Rifondazione Comunista* (Kommunistische Wiedergründung, RC). Eine wie auch immer geartete Bedrohung für das politische System Italiens ging von diesen Kräften jedenfalls nicht mehr aus.[186] Diese Einschätzung findet sich auch bei Ferraris bestätigt:

> „Der Fall der Berliner Mauer hatte die Funktion des Deus ex machina: Dieses unvorhergesehene Ereignis setzte eine Kettenreaktion in Gang, die allerdings schon sozusagen reif dafür war. Alle Angst war verflogen, und die Kommunisten waren nun keine Kommunisten mehr. Schnell waren die Parteiloyalitäten in der Funktion eines Schutzpatrons überflüssig geworden."[187]

Folglich hatte auch die DC als „Bollwerk gegen die kommunistische Gefahr"[188] ihre Hauptfunktion verloren, was sie gleichfalls in eine tiefe Identitätskrise stürzte, war ihr doch die zentrale Legitimationsbasis abhanden gekommen.[189] Anders ausgedrückt: „Ohne Kommunisten wurden auch keine Antikommunisten mehr gebraucht."[190] „Nase zuhalten und DC wählen"[191], wie der

---

[184] Große und Trautmann zufolge ist es für eine abschließende Bewertung der Krisenursachen noch zu früh. Dies sei vielmehr eine Aufgabe für künftige Historikergenerationen. Vgl. Große, Ernst U./Trautmann, Günter, a.a.O., S. 45.

[185] Vgl. Pasquino, Gianfranco, Die Reform eines Wahlrechtsystems, S. 287f.

[186] Vgl. Pellicani, Luciano, Eine Krise, die von weit her kommt, in: Ferraris, Luigi V. [u.a.] (Hg.), Italien auf dem Weg zur „zweiten Republik"? Die politische Entwicklung Italiens seit 1992, Frankfurt a.M. [u.a.] 1995, S. 33-43, 34.

[187] Ferraris, Luigi V., Ist Italien eine „neue" Republik?, S. 4.

[188] Caciagli, Mario, Das Ende der DC, S. 51.

[189] Vgl. Wolf, Andrea, a.a.O., S. 51.

[190] Klüver, Henning, a.a.O., S. 15.

[191] Zitiert nach: Weber, Peter, Italiens demokratische Erneuerung, S. 181.

renommierte italienische Journalist Indro Montanelli einst empfohlen hatte, war nun nicht mehr nötig.[192]

Mitverantwortlich für den in Gang gekommenen Transformationsprozess des Parteiensystems war sicherlich auch das Verschwinden der Subkulturen. Es ist zwar nicht abschließend geklärt, inwieweit ein Zusammenhang besteht zwischen den Umwälzungen in Ost- und Südosteuropa und der sinkenden Stabilität des italienischen Elektorates.[193] Unbestreitbar ist allerdings, dass bereits seit den achtziger Jahren der Anteil der subkulturell gebundenen Wähler immer geringer geworden war. Die für das italienische Parteiensystem so stabilisierende Wirkung, welche die Subkulturen einst ausgeübt hatten, war somit ebenfalls dahin.[194]

Auffälligerweise profitierten bei den Parlamentswahlen von 1992 nicht etwa die Linksdemokraten als etablierte Oppositionspartei vom Wählerschwund der DC, sondern vielmehr die *Lega Nord*, die sich unter ihrem Chef Umberto Bossi im Wahlkampf ganz als Anti-System-Partei geriert hatte. Für die Altparteien waren diese Erfolge ein alarmierendes Signal, wurden sie doch allseits als Ausdruck der Politikverdrossenheit und der Wut über das verkrustete und korrupte politische System gedeutet.[195] Eine ähnliche Bewertung nimmt auch Pellicani vor:

> „Die Wähler, die für die Lega gestimmt hatten, lehnten sich nicht gegen das System der Parteien auf – untrennbar von der Demokratie -, sondern gegen die partitokratische Degenerierung dieses Systems; gegen die Tatsache, dass die Parteien zu übergreifend, zu ineffizient und zu korrupt geworden waren."[196]

Es bleibt allerdings eine offene Frage, ob der Aufstieg der *Lega Nord* vornehmlich als weitere Ursache für den Zusammenbruch der Altparteien angesehen werden kann[197] oder ob ihr Aufstieg nur die unmittelbare Folge dieses Niedergangs darstellte.[198] Zu klären ist dieser Disput hier wohl kaum. Es spricht aber einiges dafür, dass die *Lega* mit ihrer Polemik gegen die etablierten Parteien deren Untergang zumindest forcierte.

---

[192] Kreile weicht von dieser weit verbreiteten Einschätzung ab. Ihm zufolge hat der Untergang des Kommunismus in Ost- und Südosteuropa den Umbruch der italienischen Parteienlandschaft nicht wesentlich beeinflusst. Es sei zwar nicht auszuschließen, dass die DC zu jener Zeit deshalb so viele Wähler verloren hätte, weil der PCI so schwach gewesen sei. Hauptverantwortlich für den Zusammenbruch der DC sei jedoch die Tatsache gewesen, dass die Italiener vor allem ihr die Missstände des politischen Systems angelastet hätten und daher in Scharen zur *Lega Nord* übergewechselt seien. Vgl. Kreile, Michael, Die Republik Italien, S. 282.

[193] Vgl. Ginsborg, Paul, Die italienische Krise, S. 23.

[194] Näheres zum schleichenden Zerfall der Subkulturen, vgl. Kapitel 2.3.

[195] Vgl. Seißelberg, Jörg, Die „blockierte Demokratie" bewegt sich, S. 505.

[196] Pellicani, Luciano, a.a.O., S. 35.

[197] Vgl. so z.B. Caciagli, Mario, Ein, zwei, viele Italien, S. 262f.

[198] Vgl. so z.B. Pasquino, Gianfranco, Italy. The Twilight of the Parties, in: Journal of Democracy, 29. Jg. (1994), H. 1, S. 18-29, 22.

3.2.3 Tangentopoli[199] – Die Diskreditierung der Altparteien

Als ob die zuvor aufgeführten Faktoren nicht schon destabilisierend genug gewirkt hätten, machte sozusagen von heute auf morgen eine weitere Kraft den Altparteien mächtig zu schaffen: Die italienische Justiz im Gewand der Säuberungsaktion *Mani pulite* (Saubere Hände), deren Bedeutung für den Transformationsprozess der Parteienlandschaft im Folgenden näher zu untersuchen ist.

Obwohl, wie bereits geschildert, die Parteien ihren Einfluss auf alle auch nur erdenkliche Bereiche des öffentlichen Lebens ausgeweitet hatten, war es einigen wenigen Gruppierungen immer wieder gelungen dagegenzuhalten. Insbesondere bestimmte Vertreter der Justiz gehörten hierzu, was der alten politischen Klasse schon seit geraumer Zeit gründlich missfiel. Seit den achtziger Jahren zogen die Regierungsparteien immer wieder Maßnahmen in Betracht, welche die verfassungsrechtlich geschützte Autonomie der Judikative einschränken sollten. Selbst der frühere Staatspräsident Francesco Cossiga (DC) stimmte Anfang der neunziger Jahre in diesen Chor mit ein und attackierte die italienischen *Magistrati*. Doch just zu diesem Zeitpunkt offenbarte sich ein gewisser Mario Chiesa[200] der Justiz. Dessen aufsehenerregende Aussagen brachten einen Stein ins Rollen, welcher der Justiz wiederum als schweres Geschütz gegen die korrupten und abgewirtschafteten Parteien wie gerufen kam.[201]

Weil ihn seine Partei, der PSI, fallen gelassen hatte, entschloss sich Chiesa zu einem umfangreichen Geständnis. Haargenau berichtete er dem Mailänder Richterpool *Mani pulite*, angeführt von Antonio Di Pietro, von dem festen System illegaler Steuern, mit denen sich die Parteien die Vergabe öffentlicher Aufträge bezahlen ließen. An sie flossen demnach bis zu zwanzig Prozent des Kostenvolumens, das für ein öffentliches Projekt veranschlagt wurde. Diese Enthüllungen traten sogleich eine Lawine weiterer staatsanwaltschaftlicher Ermittlungen los. In einer Kettenreaktion zog jede Inhaftierung eine Reihe neuer Verhaftungen nach sich. Unzählige Politiker und Industrielle aus ganz Italien fanden sich auf diese Weise plötzlich in Untersuchungshaft wieder. Di Pietro, von dem diese Ermittlungsaktionen ausgingen, stieg indes unter dem Beifall der großen Mehrheit der

---

[199] *Tangentopoli* bedeutet so viel wie „Stadt der Schmiergelder" (eig. Übers.). Gemeint ist damit die norditalienische Metropole Mailand, von der aus die Skandalaufdeckungen ganz Italien erfassten. Vgl. Waters, Sarah, „Tangentopoli" and the Emergence of a New Political Order in Italy, in: Western European Politics, 17. Jg. (1994), Nr. 1, S. 169-182, 181.

[200] Mario Chiesa, Mitglied der Sozialistischen Partei, war Chef eines staatlichen Pflegeheims für Senioren in Mailand. Als solcher kassierte er regelmäßig von einer Reinigungsfirma *Tangenti*, Schmiergelder. Da es diesem Unternehmen finanziell allerdings sehr schlecht ging und es nicht mehr gewillt war zu zahlen, verbündete sich deren Chef mit der Staatsanwaltschaft. Diese stattete ihn mit einem versteckten Mikrofon aus, das er bei einer Geldübergabe am 17. Februar 1992 trug. Nachdem Chiesa das Geld in Empfang genommen hatte, wurde er sofort verhaftet. Vgl. Roques, Valeska von, a.a.O., S. 34ff.

[201] Vgl. Ginsborg, Paul, Die italienische Krise, S. 18ff.

italienischen Bevölkerung zu einem regelrechten Volkshelden auf.[202] Sogleich sprach man allseits von einer „Revolution der Richter"[203]. Welches Ausmaß die illegalen Praktiken erreicht hatten, erschreckte selbst den Richterpool. Schnell zeigte sich, dass auf sämtlichen Ebenen Bestechung an der Tagesordnung gewesen war und dass alle Parteien hiervon profitiert hatten – am meisten Christdemokraten und Sozialisten, in geringerem Maße aber auch die Kommunisten.[204] Dieses verdeckte System der „Besteuerung" hatte zu einer Art Protektionismus geführt, der den Großunternehmen zugute kam. Denn diese zahlten bereitwillig ihren Obolus an die Parteien, um so den freien Wettbewerb zu umgehen. Es war ein Geben und Nehmen: Solange sich die Großen in der Wirtschaft für die vielfältigen Ziele der Parteien einspannen ließen, solange schanzten diese ihnen auch die staatlichen Aufträge zu, manchmal sogar mehr, als tatsächlich zu verteilen waren.[205] Aufgrund der massenhaften Geständnisse, die im Zusammenhang mit der so genannten *Tangentopoli*-Krise öffentlich wurden, mussten sich die Italiener eingestehen, „dass ihr politisches System nichts anderes war als eine Kleptokratie"[206].

Erster Höhepunkt dieser Staatskrise war der Rücktritt des legendären sozialistischen Parteisekretärs Bettino Craxi im Februar 1993. Kurz darauf demissionierten auch mehrere Minister der amtierenden Regierung in Rom. Im März 1993 traf es dann ebenfalls den mehrmaligen christdemokratischen Ministerpräsidenten Giulio Andreotti. Gegen ihn wurden staatsanwaltschaftliche Ermittlungen aufgenommen. Das gleiche Schicksal ereilte weitere Spitzenpolitiker der DC.[207] Bis Anfang 1994 hatte der Skandal dramatische Ausmaße angenommen: Insgesamt 354 Kammerabgeordnete und 93 Senatoren mussten Ermittlungsverfahren über sich ergehen lassen.[208]

Die norditalienische Regionalpartei *Lega Nord* und der neofaschistische *Movimento Sociale Italiano* (Sozialbewegung Italiens, MSI) hatten unterdessen

---

[202] Vgl. Petersen, Jens, Quo vadis, Italia?, S. 148ff.

[203] So z.B. Salvatori, Massimo L., Breve storia della lunga transizione, in: Il Mulino, 47. Jg. (1998), H. 5, S. 861-871, 867 (eig. Übers.).

[204] Hausmann zufolge waren indes die Neofaschisten, die Radikalen und die Grünen kaum in die Korruptionsmachenschaften involviert gewesen. Vgl. Hausmann, Friederike, Kleine Geschichte Italiens, S. 153.

[205] Vgl. Patrono, Mario, Fra toghe e politica, in: Fedele, Marcello/Leonardi, Robert (Hg.), La politica senza i partiti, Rom 1996, S. 31-40, 33.

[206] Pellicani, Luciano, a.a.O., S. 33.

[207] Vgl. Dreier, Volker, Korruption als System, S. 252f. Die meisten Korruptionsvorwürfen richteten sich gegen DC-Politiker. Vgl. Wertman, Douglas A., L'ultimo anno di vita della Democrazia cristiana, in: Mershon, Carol/Pasquino, Gianfranco (Hg.), Politica in Italia. I fatti dell'anno e le interpretazioni, Ed. 1994, Bologna 1994, S. 119-139, 121.

[208] Vgl. Brütting, Richard, Mani pulite, in: ders. (Hg.), Italien-Lexikon, 2. Aufl., Berlin 1997, S. 470-472, 471.

allen Grund, sich durch den Skandal bestätigt zu fühlen. Denn „seit der Gründung seiner Bewegung hatte Bossi genauso gegen das ‚diebische Rom' gewettert, wie der MSI traditionell gegen die korrupte ‚partitocrazia' agiert hatte"[209].
Inwieweit die Justizaktion *Mani pulite* mitverantwortlich für den Kollaps des alten Parteiensystems war, ist keinesfalls abschließend geklärt. Weber zum Beispiel betrachtet die Diskreditierung der traditionellen Parteien als „das Ergebnis der auch im zweiten und dritten Jahr nicht abreißenden Skandale"[210]. Auch Ferraris billigt den Richtern und Staatsanwälten eine Schlüsselstellung im Transformationsprozess zu, denn „ohne ihre Entschlossenheit wäre die Wende nicht möglich gewesen"[211]. Braun indes setzt sich von dieser Linie ab:

> „Dank ihrer Krise [der Krise der italienischen Republik, eig. Anm.], dank der schwindenden Macht der Craxi und Andreotti, dank des Vormarsches der Lega konnten es 1992 die Richter erstmals wagen, mit ihren Ermittlungen zu den wahren Schuldigen der verbreiteten Korruption vorzudringen – und so dem kippenden Regime den letzten Stoß zu versetzen."[212]

Ebenso möchte auch Ullrich die Krise des Parteiensystems nicht als primäre Wirkung von *Mani pulite* verstanden wissen. Diese habe vielmehr die Voraussetzung dargestellt, unter welcher der Richterpool erst erfolgreich habe operieren können. Der Untergang der alten Parteien und die sich daran anschließende Neuformierung des Parteiensystems müssten daher als Ergebnis eines Prozesses angesehen werden, in dem eine Reihe von sich gegenseitig beeinflussenden Faktoren zusammenwirkten:

> „Die Krise des Parteienstaates gab der Operation *mani pulite* den Weg frei, die ihrerseits mit der Enthüllung von *tangentopoli* die *partitocrazia* und die politischen Eliten weiter delegitimierte [...]. Das Parteienspektrum zersplitterte [...] wie ein auf den Boden fallender Spiegel in eine Unzahl von Fragmenten."[213]

Die Debatte über den Anteil der Justiz am Niedergang der Altparteien ebbte bis in die Gegenwart hinein nicht ab. Besonders hervorgetan hat sich in dieser Hinsicht die *Forza Italia*, die angesichts des vergifteten Verhältnisses Berlusco-

---

[209] Braun, Michael, Einwanderungsfrage und Staatskrise in Italien, INEF-Report, hrsgeg. vom Institut für Entwicklung und Frieden der Gerhard-Mercator-Universität Duisburg (INEF), H. 10, Duisburg 1994, S. 43. Zitiert als: Braun, Michael, Einwanderungsfrage und Staatskrise in Italien.

[210] Weber, Peter, Italiens demokratische Erneuerung, S. 183.

[211] Ferraris, Luigi V., Eine politische Revolution in Italien?, S. 13.

[212] Braun, Michael, Italiens politische Zukunft, S. 115.

[213] Ullrich, Hartmut, Politischer Wandel und geschichtliche Kontinuität, in: Ferraris, Luigi V. [u.a.] (Hg.), Italien auf dem Weg zur „zweiten Republik"? Die politische Entwicklung Italiens seit 1992, Frankfurt a.M. [u.a.] 1995, S. 19-32, 23. Zitiert als: Ullrich, Hartmut, Politischer Wandel.

nis zur Justiz alles daransetzt, deren Verdienste so klein wie nur irgend möglich zu reden. So schrieb der derzeitige Senatspräsident Marcello Pera (FI) unlängst:

„Meiner Ansicht nach ist nicht das Vorgehen der Justiz die eigentliche Ursache für die Erneuerung der politischen Klasse und des Parteiensystems. Ursache ist vielmehr der Fall der Mauer, das verbreitete Empfinden, die alten Parteien seien überholt, ihre Unfähigkeit, sich zu erneuern und sich der neuen Lage zu stellen, das Gefühl, es gebe auch andere Lösungen."[214]

Um diesen Disput zu „klären", erwog die FI sogar die Einsetzung einer parlamentarischen Untersuchungskommission über *Tangentopoli* mit dem Ziel, den angeblich politischen Gebrauch der Justiz in Italien zu beweisen. Zweifel sind angebracht, ob ihr dies tatsächlich gelingen wird. Denn es ist stark davon auszugehen, dass sie mit diesem Instrument weniger darauf abzielt, die Vergangenheit sachlich aufzuarbeiten, als vielmehr die Justizvertreter einzuschüchtern.[215]

3.2.4 Die Referendumsbewegung als Ausweg aus der Krise

Ohne all diese Entwicklungen voraussahnen zu können, setzte sich der Christdemokrat Mario Segni bereits seit den späten achtziger Jahren für eine Reformierung des bisherigen reinen Proporzwahlrechts ein. In diesem erkannte er nämlich die Hauptursache für die Missstände, die in der Vergangenheit Überhand genommen hatten. Seiner Meinung nach hätte das politische System nur wieder gesunden können, wenn ein Mehrheitswahlrecht, entweder nach englischem oder nach französischem Vorbild, eingeführt worden wäre. Beifall erhielt Segni damals von PCI-Chef Occhetto, der ihm sogleich seine Unterstützung zusicherte. Auf diese Weise entstand eine ungewöhnlich bunte Parteienallianz: das so genannte *Comitato per le Riforme Elettorali* (Komitee für die Wahlrechtsreformen, COREL). Darin machten sich einzelne Christliche Demokraten unter Führung Segnis, die Kommunisten, weite Teile der Grünen, die Liberalen und die Radikalen sowie verschiedene Sozialdemokraten für die Abhaltung eines Volksbegehrens über das Wahlrecht stark.[216] Die DC-Führung und die Sozialisten insgesamt waren dagegen nach wie vor für die Beibehaltung des alten Wahlrechts.[217]

---

[214] Pera, Marcello, Italien in Europa, in: KAS-Auslandsinformationen, 6/2002, S. 20-26, 21f.

[215] Vgl. Ferrajoli, Luigi, Justiz, in: N.N., Berlusconis Italien – Italien gegen Berlusconi, Berlin 2002, S. 87-106, 101. Näheres zur Justizpolitik der FI, vgl. Kapitel 6.5 u. 8.2.

[216] Segni knüpfte damit an Vorschläge des langjährigen Radikalen-Chefs Marco Pannella an, der mit einer ganz ähnlichen Zielsetzung schon 1986 die so genannte *Lega per il collegio uninominale* (Lega für den Einmann-Wahlkreis) gegründet hatte. Dass Pannella damals jeglicher Erfolg versagt blieb, hing unter anderem damit zusammen, dass er stark an Glaubwürdigkeit eingebüßt hatte, nachdem er einer bekannten Pornodarstellerin zu einem Sitz im Abgeordnetenhaus verholfen hatte. Vgl. Scoppola, Pietro, La Repubblica dei partiti. Evoluzione e crisi di un sistema politico 1945-1996, 2. Aufl., Bologna 1997, S. 473.

[217] Vgl. Seißelberg, Jörg, Die „blockierte Demokratie" bewegt sich, S. 512f.; Braun, Michael, Italiens politische Zukunft, S. 152f.

Anfang 1990 war es dann so weit: Der COREL präsentierte dem Verfassungsgericht drei Referendumsanträge. Zwei davon wurden allerdings zurückgewiesen. Übrig blieb allein jener Antrag, mit dem die mehrfache Präferenzstimme bei der Wahl des Abgeordnetenhauses[218] abgeschafft werden sollte. Obwohl man diesen Punkt allseits als zu unbedeutend erachtet hatte, um die Wählerschaft in ausreichendem Maße zu mobilisieren, und obwohl die Medien das anstehende Referendum weitgehend totgeschwiegen hatten, geschah das Unfassbare. Die Italiener nutzten die Gelegenheit, um ihrem Missmut gehörig Luft zu verschaffen, und sprachen sich zu über 95 Prozent für die Abschaffung der Präferenzstimmen aus.[219] Dem Aufruf Craxis unmittelbar vor der Volksabstimmung im Juni 1991, ans Meer zu fahren, anstatt wählen zu gehen, waren nur die wenigsten gefolgt. Die Wahlbeteiligung lag mit 62,5 Prozent unerwartet hoch.[220] Bewertet wurde dieser überraschende Erfolg der Referendumsinitiative

„vor allem als symbolische Vorentscheidung über die Grundsatzfrage des Übergangs vom Proportional- und Listenwahlsystem zur Mehrheitswahl in Einmannwahlkreisen. [...] Das Uhrwerk der *partitocrazia* war damit angetastet, mehr noch: ihre Legitimität verstärkt in Frage gestellt und die Dynamik der Wahlreformbewegung erhöht."[221]

Als Konsequenz aus dem Wegfall der mehrfachen Präferenzstimmen verstärkten sich im Vorfeld zu den Parlamentswahlen vom Frühjahr 1992 die innerparteilichen Konflikte. Es begann ein regelrechter Run auf die einzige, übrig gebliebene Präferenzstimme. Auch begann die Bindung der Abgeordneten an ihre *Correnti* nach den Wahlen spürbar zu bröckeln, fühlte man sich doch nun eher den Wählern verpflichtet.[222] Außerdem konstituierte sich im Sommer 1992 eine so genannte *Bicamerale*, eine Kommission beider Parlamentskammern, die im Wesentlichen die Aufgabe hatte, eine neues Wahlrechts zu erarbeiten. Doch noch

---

[218] Mit Hilfe der Präferenzstimmen hatten die Italiener die Möglichkeit, bis zu vier Kandidaten einer Parteienliste anzukreuzen, um so die Reihenfolge zu verändern. Auch wenn diese Praxis im Prinzip äußerst demokratisch war, führte sie nicht zuletzt in Süditalien regelmäßig zu Wahlmanipulation und Wahlbetrug, da die Mafia meist die Stimmabgabe kontrollierte bzw. weil die einzelnen Kandidaten Bündnisse eingingen und Wahlempfehlungen aussprachen. Näheres zu den negativen Begleiterscheinungen der Präferenzstimmen, vgl. Weber, Peter, Wege aus der Krise, S. 21; Pasquino, Gianfranco, Die Reform eines Wahlrechtssystems, S. 284.

[219] Vgl. Göth, Ursula, a.a.O., S. 267.

[220] Vgl. Roques, Valeska von, a.a.O., S. 31.

[221] Ullrich, Hartmut, Die Reform des italienischen Wahlsystems. Die Fata Morgana des Ein-Mann-Wahlkreises als Regenerationsinstrument der Demokratie, in: Ferraris, Luigi V. [u.a.] (Hg.), Italien auf dem Weg zur „zweiten Republik"? Die politische Entwicklung Italiens seit 1992, Frankfurt a.M. [u.a.] 1995, S. 123-149, 132f. Zitiert als: Ullrich, Hartmut, Die Reform des italienischen Wahlsystems.

[222] Vgl. Weber, Peter, Wege aus der Krise, S. 22.

während die Parteien um einen Kompromiss in dieser Frage rangen, kündigte sich auch schon ein weiteres Volksbegehren über das Wahlrecht an.[223]

Segni hatte im Oktober 1992 den *Movimento popolare per la riforma* (Volksbewegung für die Reform) ins Leben gerufen, dem nicht nur einige Christdemokraten beitraten, sondern auch führende Repräsentanten der Linken. Gemeinsam organisierten diese ein zweites Wahlrechtsreferendum.[224] Diesmal ging es um die Einführung des Mehrheitswahlrechts für den Senat. Da die Regierungsparteien bereits genug Ansehen in der Bevölkerung verspielt hatten, schlossen sie sich dem Anliegen Segnis offiziell an. Der Erfolg folgte auf dem Fuße. Am 18 April 1993 sprachen sich 82,7 Prozent der Wahlberechtigten dafür aus, das alte Proporzwahlrecht abzuschaffen. Die Wahlbeteiligung lag mit 77 Prozent sogar noch höher als beim ersten Referendum dieser Art knapp zwei Jahre zuvor.[225] Es konnte kein Zweifel daran bestehen, dass dieses Votum als „symbolischer Akt einer Generalrebellion gegen die Parteien"[226] zu bewerten war. Ähnlich sieht das auch Göth:

> „Das Referendum bot die Möglichkeit, der Unzufriedenheit mit den Leistungen des Systems, dem Ärger über die Korruptionsfälle, der allgemeinen Politikverdrossenheit Ausdruck zu verleihen, den etablierten Parteien ‚eins auszuwischen'. Außerdem glaubten sicherlich die meisten Wählerinnen und Wähler, dass ein geändertes Wahlrecht, zumal ein Mehrheitswahlrecht [...], tatsächlich zu einem Machtwechsel und damit zur ‚Zweiten Republik' führen würde."[227]

Weil der damals amtierende Ministerpräsident, der Sozialist Giuliano Amato, auf Seiten der Referendumsgegner gestanden hatte, blieb ihm nichts anderes als der Rücktritt übrig.[228] Dessen Erbe trat mit Carlo Azeglio Ciampi, dem früheren Chef der italienischen Staatsbank, bezeichnenderweise ein Parteiloser an, und auf den Ministerposten nahmen erstmals fast nur Fachleute platz, so genannte „Technokraten". Angetreten war Ciampi mit dem erklärten Ziel, ein neues Wahlrecht gemäß den Vorgaben des Referendums auszuarbeiten.[229]

---

[223] Vgl. Göth, Ursula, a.a.O., S. 268.

[224] Vgl. Jünemann, Annette, Vom *Movimento per la riforma elettorale* zum *Patto per l'Italia*. Erfolg und Misserfolg der Referendumsbewegung Mario Segnis, in: Ferraris, Luigi V. [u.a.] (Hg.), Italien auf dem Weg zur „zweiten Republik"? Die politische Entwicklung Italiens seit 1992, Frankfurt a.M. [u.a.] 1995, S. 107-122, 113.

[225] Vgl. Weber, Peter, Wege aus der Krise, S. 24.

[226] Colarizi, Simona, Repubblica italiana II. Dal 1968 al 1994, in: Bongiovanni, Bruno/ Tranfaglia, Nicola (Hg.), Dizionario storico dell'Italia unita, Rom, Bari 1996, S. 740-755, 754 (eig. Übers.).

[227] Göth, Ursula, a.a.O., S. 268.

[228] Vgl. Pasquino, Gianfranco, Die Reform eines Wahlrechtssystems, S. 293.

[229] Vgl. Weber, Peter, Der lange Weg zur Verfassungsreform in Italien, S. 494.

3.2.5 Das neue Mischwahlrecht – Italien auf dem Weg zum Bipolarismus

In den Jahren 1993 bis 1995 wurde in Italien ein Wahlrecht nach dem anderen geändert: für die Kommunalwahlen ebenso wie für Provinz- und Regionalwahlen sowie für die Wahlen der beiden Parlamentskammern in Rom.[230] Besondere Beachtung verdient an dieser Stelle allerdings lediglich die Wahlrechtsreform auf nationaler Ebene, denn „diese Reform stellt das Hauptelement für die Veränderungen des Parteiensystems und der politischen Gruppierungen dar"[231]. Eine solche Untersuchung drängt sich auf, da Wahlsystemen allgemein eine grundlegende Bedeutung für die Entwicklung von Parteiensystemen zukommt, wirken sie sich doch unmittelbar auf den Parteienwettbewerb aus.[232]

Noch bevor das Referendum vom April 1993 überhaupt stattfand, hatte der damalige christdemokratische Staatspräsident Oscar Luigi Scalfaro gefordert, dass bei einer Annahme des Volksbegehrens beide Wahlgesetze – jenes für die Wahl des Senats wie auch das für die Wahl der Abgeordnetenkammer – geändert werden müssten.[233] Daran hielt sich der Gesetzgeber wenig später. In ungewohnt raschem Tempo passierten die beiden neuen Wahlgesetze das italienische Parlament. Bereits am 3. August 1993 stimmte ihnen der Senat zu und nur einen Tag später auch die Abgeordnetenkammer.[234]

Die Unterschiede zwischen den beiden Wahlsystemen, die nach wie vor gelten, sind nur gering.[235] Bei deren Erarbeitung standen sich vor allem zwei verschiedene Gruppierungen gegenüber. Während die einen für ein reines Mehrheitswahlrecht mit zwei Wahlgängen eintraten, plädierten die anderen, insbesondere die alten Regierungsparteien, für eine möglichst starke Beibehaltung des

---

[230] Vgl. Di Giovine, Alfonso, Rapporti politici, in: Modona, Guido N. (Hg.), Stato della Costituzione. Principi, regole, equilibri. Le ragioni della storia, i compiti di oggi, Mailand 1995, S. 165-188, 167.

[231] Pasquino, Gianfranco, Der unerwartete Machtwechsel. Die italienischen Wahlen vom März 1994 und ihre Folgen, in: Politische Vierteljahresschrift, 35. Jg. (1994), H. 3, S. 383-401, 384. Zitiert als: Pasquino, Gianfranco, Der unerwartete Machtwechsel.

[232] Vgl. Helms, Ludger, Strukturwandel im italienischen Parteiensystem, S. 34.

[233] Vgl. Manno, Michele, Il 18 Aprile..., in: Corriere della Sera, 17.3.1993, S. 6.

[234] Vgl. Katz, Richard S., Le nuove leggi per l'elezione del Parlamento, in: Mershon, Carol/Pasquino, Gianfranco (Hg.), Politica in Italia. I fatti dell'anno e le interpretazioni, Ed. 1994, Bologna 1994, S. 161-186, 182.

[235] Der wesentliche Unterschied zwischen der Wahl des Abgeordnetenhauses und der des Senats besteht in der Vergabe der Proporzmandate. Während der Wähler für die Wahl zur Abgeordnetenkammer über zwei Stimmen verfügt – eine für den Direktkandidaten und eine für die Parteienliste –, werden die Senatoren mit lediglich einer einzigen Stimme gewählt, die zunächst der Vergabe der Direktmandate dient. In einem zweiten Schritt werden dann mit Hilfe der Stimmenanteile, die die Parteien in den Wahlkreisen errungen haben, die Proporzmandate errechnet. Vgl. Zohlnhöfer, Reimut, Die Transformation des italienischen Parteiensystems in den 90er Jahren, in: Zeitschrift für Politikwissenschaft, 8. Jg. (1998), H. 4, S. 1371-1396, 1378. Zitiert als: Zohlnhöfer, Reimut, Die Transformation des italienischen Parteiensystems.

Proporzprinzips.[236] Als Kompromisslösung verständigte man sich auf ein komplexes Mischwahlsystem. Demnach werden 75 Prozent der Volksvertreter beider Kammern nach dem relativen Mehrheitsprinzip in Ein-Mann-Wahlkreisen bestimmt, und die restlichen 25 Prozent der zu vergebenen Sitze werden proportional unter den Parteienlisten aufgeteilt. Berücksichtigung finden dabei nur die Parteien mit mindestens vier Prozent Proporzstimmenanteil.[237]

Das so genannte *Mattarellum*[238], das die weitere Entwicklung des italienischen Parteiensystems nachhaltig bestimmte, wird in der Literatur durchweg negativ bewertet. So sagte Merkel bereits im Jahr 1994 voraus, dass „die eher ‚konfuse' als ‚kreative' Wahlrechtsreform [..] negative Folgen für die Homogenität und Handlungsfähigkeit der neuen Regierungskoalition haben"[239] werde. Ullrich kann dieser Einschätzung nur beipflichten: „Das neue Wahlsystem hat [...] weder die erhoffte politische Stabilität gebracht noch die Voraussetzungen für die Herausbildung klarer Alternativen auf programmatischer Basis zwischen Mehrheit und Opposition geschaffen."[240] Auch Sommer stellt unmissverständlich klar: „Dem proklamierten Ziel *responsible government* war man so nicht einen Schritt nähergekommen."[241]

In der Praxis bewirkte dieses Wahlrecht dennoch, dass sich seither die italienischen Parteien bereits vor dem Wahltermin in aller Regel zu möglichst breiten Parteienbündnissen zusammenschließen, denn nur so ist ihnen Aussicht auf Erfolg vergönnt. Das gilt ganz besonders für Kleinparteien, die womöglich die Vier-Prozent-Sperrklausel nicht überschreiten und in einem solchen Fall ohne Partner gar nicht mehr im Parlament vertreten wären. Insofern hat sich das neue System bewährt, obgleich das eigentliche Ziel dieser Reform – die Überwindung der Parteienzersplitterung – keinesfalls erreicht wurde.[242]

---

[236] Vgl. Pasquino, Gianfranco, Il sistema e il comportamento elettorale, in: ders. (Hg.), La politica italiana. Dizionario critico 1945-1995, Bari 1995, S. 135-147, 145. Zitiert als: Pasquino, Gianfranco, Il sistema e il comportamento elettorale.

[237] Vgl. Ullrich, Hartmut, Die Reform des italienischen Wahlsystems, S. 137; Merkel, Wolfgang, Italien. Das Phantom der „2. Republik", S. 297f. Ausführliche Analysen zu den neuen Wahlgesetzen für Senat und Abgeordnetenkammer liefern Katz, Richard S., a.a.O., S. 168ff.; Teodori, Massimo, Una nuova Repubblica? Il voto e la riforma elettorale, il tramonto dei partiti, la questione del governo nella democrazia dell'alternanza, Mailand 1994, S. 9ff.

[238] Das neue Wahlgesetz ist benannt nach dem federführenden Minister Sergio Mattarella. Vgl. Pasquino, Gianfranco, L'oscuro oggetto della Bicamerale, in: Il Mulino, 47. Jg. (1998), H. 2, S. 221-232, 221.

[239] Merkel, Wolfgang, Italien. Das Phantom der „2. Republik", S. 298.

[240] Ullrich, Hartmut, Die Reform des italienischen Wahlsystems, S. 145.

[241] Sommer, Michael, a.a.O., S. 118.

[242] Vgl. Helms, Ludger, Pluralismus und Regierbarkeit. Eine Bestandsaufnahme der italienischen Parteiendemokratie aus Anlass der Parlamentswahlen 1996, in: Zeitschrift für Politik, 44.

Im Vorfeld zu den Parlamentswahlen vom März 1994, bei denen das neue Wahlsystem zum ersten Mal angewandt wurde, durfte man gespannt sein, wie die einzelnen Parteien mit dem Übergang vom reinen Proporz- zu einem mehrheitlichen Majorzsystem zurechtkamen. Bei dieser Gelegenheit zeigte sich, dass die geforderte Aggregation der politischen Kräfte in der Praxis nicht so einfach zu bewerkstelligen war. Während sich die Linke schon für die Kommunalwahlen vom Juni und Dezember 1993 zu einem Wahlkartell zusammengeschlossen hatte, schien es zunächst ganz so, als ob die Parteien auf der anderen Seite des politischen Spektrums zu keiner Übereinkunft finden würden. Erst in allerletzter Minute gelang dem politischen *Newcomer* Silvio Berlusconi dann doch das Kunststück, die beiden aufstrebenden, aber antagonistischen Formationen – die *Lega Nord* und die Neo- bzw. Postfaschisten – faktisch zusammenzuführen.[243] Das Gros der Christdemokraten indes, das sich inzwischen in *Partito Popolare Italiano* (Volkspartei Italiens, PPI) umbenannt hatte, missachtete einfach die Logik, die dem neuen Wahlrecht zugrunde lag, und beharrte stattdessen auf einer eigenständigen Positionierung in der Mitte – mit der Folge, dass es zwischen rechtem und linkem Block regelrecht zerrieben wurde.[244]

Seitdem dieses Wahlrecht in Kraft ist, nahm die zentrifugale Ausfransung des italienischen Parteiensystems immer stärker zu. So spaltete sich vor den Parlamentswahlen von 1994 eine Gruppe rechter Christdemokraten von der Mutterpartei ab und schloss sich dem Bündnis um Berlusconi an, weil sie sich mit dem zentrumsfixierten Kurs des damaligen Parteichefs Mino Martinazzoli nicht einverstanden zeigte. Damit war der *Centro Cristiani Democratici* (Christdemokratisches Zentrum, CCD) geboren. Wenig später gingen auch einige Neofaschisten auf Distanz zu ihrem Parteichef Gianfranco Fini, nachdem dieser einen Schwenk ins bürgerlich-konservative Lager eingeleitet hatte. Es entstand der Rechtsaußenableger *Movimento Sociale-Fiamma Tricolore* (Sozialbewegung-Tricolorflamme, MS-FT). Damit hatte sich auf der rechten Seite des Parteienspektrums das gleiche abgespielt wie auf der linken einige Jahre zuvor: Dort hatte eine Reihe von Kommunisten die Hinwendung der Partei zur Sozialdemokratie nicht mittragen wollen und eine eigene Formation namens *Rifondazione Comunista* (Kommunistische Wiedergründung, RC) ins Leben gerufen. Vor einer weiteren Spaltung blieben aber auch die Christdemokraten des PPI nicht verschont. Anlässlich der Parlamentswahlen vom Frühjahr 1996 mochten sich einige konservative Abgeordnete lieber auf die Seite des Mitte-Rechts-Bündnisses schlagen, als der Partei-

---

Jg. (1997), H. 1, S. 86-100, S. 91. Zitiert als: Helms, Ludger, Pluralismus und Regierbarkeit; Wolf, Andrea, a.a.O., S. 59.

[243] Näheres zur Bündnispolitik Berlusconis und seiner FI vor den Wahlen von 1994, vgl. Kapitel 5.5.

[138] Vgl. Weber, Peter, Wege aus der Krise, S. 25. Näheres zu den Wahlen von 1994, vgl. Kapitel 6.1.

führung in die Mitte-Links-Allianz zu folgen. Diese Gruppierung wurde unter dem Namen *Cristiani Democratici Uniti* (Vereinigte Christdemokraten, CDU) bekannt. Als Reaktion auf die von Kommunistenchef Fausto Bertinotti provozierte Regierungskrise, die Ministerpräsident Romano Prodi im Oktober 1998 zu Fall brachte, spalteten sich wiederum mehrere kommunistische Abgeordnete von der RC ab, um sich fortan *Partito dei Comunisti Italiani* (Partei der Italienischen Kommunisten, PdCI) zu nennen. Und vor den Parlamentswahlen vom Mai 2001 machten erneut einige Christdemokraten um Giulio Andreotti von sich reden, nachdem sie versucht hatten, ein Zentrumskraft namens *Democrazia Europea* (Europäische Demokratie, DE) zu etablieren – mit mäßigem Erfolg. Die erwünschte Blockbildung im Vorfeld zu den Wahlen führte mithin zu immer neuen Fragmentierungen.[245]

Die vor den Wahlen gebildeten Parteiallianzen stellen überdies nicht mehr als reine Zweckbündnisse dar. Das beweist allein schon die Tatsache, dass sich die in den Bündnissen vereinten Parteien im Anschluss an die Wahlen nicht etwa in gemeinsamen Fraktionen zusammentun. Jede einzelne Partei bildet, soweit ihre Größe dies zulässt, im Parlament vielmehr ihre eigene Fraktion.[246] Daran hat sich bis in die Gegenwart hinein nichts geändert. Nach wie vor gelten die Parteien somit als maßgebliche Akteure im politischen System Italiens.[247]

Da die Mängel des *Mattarellums* bestens bekannt sind, ist im politischen Rom schon seit geraumer Zeit eine neue Reform des Wahlgesetzes im Gespräch.[248] Die diesbezüglichen Vorstellungen der *Forza Italia* blieben meist vage und änderten sich überdies immer wieder grundlegend. Mal tendierte Berlusconi in Richtung reines Mehrheitswahlrecht und mal in Richtung Verhältniswahl.[249] Neuerdings plädiert der FI-Chef für eine Rückkehr zum alten Proporz. Um dennoch den mittlerweile etablierten italienischen Bipolarismus nicht zu gefährden und um stabile Mehrheiten zu erreichen, schlägt er zugleich vor, der siegreichen Parteienkoalition zusätzliche Mandate zu gewähren.[250] Ob sich dieser Vorstoß durchsetzen wird, bleibt abzuwarten.

---

[245] Vgl. Sommer, Michael, a.a.O., S. 120f. Näheres zu den einzelnen hier aufgeführten Parteien, vgl. Grasmück, Damian, Das Parteiensystem Italiens im Wandel, S. 50ff.

[246] Vgl. Ullrich, Hartmut, Die Reform des italienischen Wahlsystems, S. 147.

[247] Vgl. Sommer, Michael, a.a.O., S. 120.

[248] Vgl. Pasquino, Gianfranco, Il sistema e il comportamento elettorale, S. 145.

[249] Näheres hierzu, vgl. Grasmück, Damian, Verfassungsreform alla Cavaliere, in: Blätter für deutsche und internationale Politik, 47. Jg. (2002), H. 9, S. 1044-1047, S. 1045f. Zitiert als: Grasmück, Damian, Verfassungsreform alla Cavaliere.

[250] Vgl. Galluzzo, Marco, Berlusconi, più ottimista, pensa alla legge elettorale, in: http://www.corriere.it/edicola/index.jsp?path=POLITICA&doc=BERL (10.11.2003).

Silvio Berlusconi: „Keiner verfolgt seine Ziele hartnäckiger als ich; der große Unterschied zwischen den anderen und mir ist, dass die Träume der anderen Träume bleiben, während ich meine Träume in die Wirklichkeit umsetze."[251]

4 Silvio Berlusconi – Ein italienischer „Selfmademan"

Wer sich für das Leben und die zweifellos außergewöhnlich steile Karriere Silvio Berlusconis näher interessiert, stößt im Wesentlichen auf zwei ganz unterschiedliche Darstellungen. Da ist, zum einen, eine stark verklärte Sicht der Dinge, die von Seiten Berlusconis stets mit größter Sorgfalt verbreitet wurde. Demnach lässt er das Image des „Selfmademan" pflegen, dem es, aus kleinen Verhältnissen kommend, mit eigener Kraft gelungen sei, ein regelrechtes Wirtschaftsimperium aufzubauen. So heißt es etwa in einer Wahlkampfbroschüre der *Forza Italia*, die vor den Parlamentswahlen vom Mai 2001 an Millionen italienischer Familien frei Haus verschickt wurde:

> „Die Geschichte Silvio Berlusconis ist die Geschichte eines amerikanischen Traums. Ein modernes Märchen, das [...] den Fleiß, die Unsicherheiten, die Anstrengungen, die Risikobereitschaft, die Klugheit und die unternehmerische Weitsicht eines Mannes offenbart, der aus dem Nichts eine der bedeutendsten Unternehmensgruppen Europas geschaffen hat."[252]

Dieser Version steht, zum anderen, eine Reihe von sorgsam recherchierten Biographien gegenüber, die auch die Schattenseiten der Vita Berlusconis beleuchten: Von ungeklärten Finanzquellen und politischer Protektion, von dubiosen Geschäftspartnern und skrupellosen Geschäftspraktiken, von politischer Protektion und Geheimbündelei, ja sogar von Verbindungen zum Organisierten Verbrechen und von kriminellen Machenschaften ist hier immer wieder die Rede.[253] Von all dem mag der Portraitierte selbst nicht viel wissen, und er sieht es gar nicht gern, wenn solche „Details" aus seinem Leben an die Öffentlichkeit gelangen. Gegen einige dieser Autoren legte Berlusconi denn auch gerichtliche Schritte ein – doch vergebens. Bislang wurden derlei Klagen stets abgeschmettert, was auf die Redlichkeit der Biographen im Umgang mit den zitierten Dokumenten schließen lässt.[254]

---

[251] Zitiert nach: Ruggieri, Giovanni/Guarino, Mario, a.a.O., S. 30.

[252] N.N., Costruire un impero, in: Possa, Guido (Hg.), Una storia italiana, Mailand 2001, S. 42-47, 44 (eig. Übers.).

[253] Vgl. so z.B. Fiori, Giuseppe, a.a.O.; Ruggieri, Giovanni, a.a.O.; ders./Guarino, Mario, a.a.O.; Veltri, Elio/Travaglio, Marco, a.a.O.

[254] Vgl. Götz, Thomas, Silvio Berlusconi. Zwei Leben, in: Jungwirth, Michael (Hg.), Haider, Le Pen & Co. Europas Rechtspopulisten, Graz [u.a.] 2002, S. 86-99, 90. Zitiert als: Götz, Thomas, Silvio Berlusconi. Die erste Biographie, die die „dunklen" Machenschaften Berlusconis ins

Die Kinder- und Jugendjahre des kleinen Silvio sind indes weitgehend unstrittig. Am 29. September 1936 erblickte er in einem Vorort Mailands das Licht der Welt und wuchs in kleinbürgerlichen Verhältnissen auf. Sein Vater, Luigi Berlusconi, war Bankangestellter, seine Mutter, Rosa Bossi, Hausfrau. Um dem Sohn eine solide Bildung zukommen zu lassen, schickten ihn seine Eltern im Alter von zwölf Jahren in ein katholisches Internat, das von den strengen Salesianern geleitet wurde. Dorthin folgte ihm auch der einige Jahre später geborene Bruder Paolo.[255] Bereits in diesem frühen Lebensabschnitt soll der spätere Medientycoon erste unternehmerische Ambitionen gezeigt haben. Klassenkameraden berichten, der junge Berlusconi habe ihnen die Hausaufgaben gegen Bezahlung gemacht, bei schlechter Benotung den Lohn aber wieder erstattet. Auch zu Hause soll er bereits Geschäfte gemacht haben: Für seine Theateraufführungen im Wohnzimmer habe er „Eintrittsgeld" von Eltern, Verwandten und Freunden verlangt.[256]

Nach bestandenem Abitur schrieb sich Berlusconi dann an der juristischen Fakultät der staatlichen Mailänder Universität ein und studierte Rechtswissenschaften. Um sich seinen Lebensunterhalt zu verdienen, schlug er sich mit allerlei Nebentätigkeiten durch: Mal tingelte er von Tür zu Tür, um Staubsauger an die Hausfrau zu bringen, mal machte er sich als Fotograf bei Hochzeiten und Beerdigungen nützlich, und in den Sommermonaten gab er sich gern als Entertainer und Animateur auf Kreuzfahrtschiffen. Überdies trat er in verschiedenen Lokalen als Bassist und Sänger auf, am Klavier begleitet von seinem Schulfreund Fedele Confalonieri, den er später zum *Fininvest*-Präsidenten machen sollte. Am liebsten gab er Lieder von Yves Montand und Frank Sinatra zum Besten. Im dritten Jahr seines Studentendaseins ging er dann eine Festeinstellung in einem Bauunternehmen ein.[257]

1961 schloss er sein Studium zwar verspätet, aber erfolgreich ab – mit einer Examensarbeit über juristische Aspekte der Werbung. Die Wahl dieser Themenstellung kam nicht von ungefähr: Die Werbeagentur *Manzoni* hatte hierfür einen mit zwei Millionen Lire dotierten Preis ausgeschrieben, den Berlusconi prompt gewann. Dem Wehrdienst wusste er sich aus nicht näher bekannten Gründen zu entziehen.[258]

Visier nahm, war das bereits erwähnte Buch von Ruggieri und Guarino, das in Italien 1987 unter dem Titel: „Berlusconi. Inchiesta sul Signor TV" („Berlusconi. Untersuchung über den TV-Herren") erschien. Berlusconi ließ nichts unversucht, um zu verhindern, dass es auf den Markt gelangen würde. Über Mittelsmänner bot er den Autoren sogar einen Blankoscheck für die Rechte an dem Werk an, doch diese lehnten ab. Danach verklagte er sie wegen Verleumdung – jedoch erfolglos. Vgl. Roques, Valeska von, a.a.O., S. 200.

[255] Vgl. Igel, Regine, Berlusconi. Eine italienische Karriere, Rastatt 1990, S. 23.

[256] Vgl. Ruggieri, Giovanni/Guarino, Mario, a.a.O., S. 19.

[257] Vgl. Fiori, Giuseppe, a.a.O., S. 23ff.

[258] Vgl. Wallisch, Stefan, Aufstieg und Fall der Telekratie, S. 107.

Anfang der sechziger Jahre lernte Berlusconi seine erste Ehefrau, Carla Elviria Dall'Oglio, kennen – ganz unspektakulär auf der Piazza vor dem Mailänder Hauptbahnhof. Die beiden heirateten im Frühjahr 1965 und erwarteten schon bald Nachwuchs. Im August des darauf folgenden Jahres wurde das erste Kind, Maria Elvira, geboren, im April 1969 kam Sohn Pier Silvio zur Welt.[259] Das Familienleben verlief zunächst glücklich, doch 1980 verliebte sich Berlusconi plötzlich in die junge Schauspielerin Miriam Bartolini, besser bekannt unter ihrem Künstlernamen Veronica Lario. Von nun an führte Berlusconi privat ein Doppelleben: Jahrelang hielt er die neue Beziehung geheim, bis er sich im Oktober 1985 von seiner damaligen Frau scheiden ließ. Zu diesem Schritt sah er sich gezwungen, nachdem ihm Frau Bartolini bereits im Juli 1984 eine Tochter namens Barbara geboren hatte. Taufpate von Barbara war kein geringerer als der damalige sozialistische Ministerpräsident Bettino Craxi. Aus dieser neuen Verbindung gingen zwei weitere Kinder hervor: Im Mai 1986 erblickte Eleonora das Licht der Welt und im Oktober 1988 Luigi. Schließlich heiratete Berlusconi seine damalige Geliebte Ende 1990. Trauzeuge war wieder einmal Craxi.[260]

Seine unternehmerische Karriere startete Silvio Berlusconi im Jahr 1961, unmittelbar nach seinem Universitätsabschluss. Da zu jener Zeit die Baubranche in Mailand boomte, beschloss er, in diesen Industriezweig einzusteigen. Um ein Grundstück in der Mailänder Via Alciati zu kaufen, gründete er zusammen mit einem Partner die erste eigene Firma namens *Cantieri Riuniti Milanesi*. Sein Gesellschafteranteil belief sich auf zehn Millionen Lire, was heutzutage einem Wert von umgerechnet rund einhunderttausend Euro entsprechen würde. Eigenen Angaben zufolge stammte diese Summe aus den Ersparnissen, die er mit Hilfe seiner diversen Nebentätigkeiten angehäuft hatte. Die Journalisten Giovanni Ruggieri und Mario Guarino indes halten dies für wenig wahrscheinlich und gehen vielmehr davon aus, dass das Startkapital vom Vater kam.[261] Den Wohnungsbau auf diesem Grundstück ließ sich Berlusconi vorfinanzieren. Wie damals üblich, zahlte der Kunde einen Teilbetrag im Voraus. Auf diese Weise verkaufte der Jungunternehmer die ersten Wohnungen vornehmlich im Bekanntenkreis, wobei er als cleverer Geschäftsmann Rabatte gewährte, wenn seine Kunden weitere Käufer anwarben. Die eigentliche Bautätigkeit überließ er damals noch anderen Firmen.[262]

Nachdem dieses Gesellenstück erfolgreich abgeschlossen war, plante Berlusconi 1963 bereits den Bau eines ganzen Wohnviertels für viertausend Personen in der Gemeinde Brugherio, nördlich von Mailand. Hierzu gründete er zusammen mit anderen die Gesellschaft *Edilnord*. Er selbst beschränkte sich darauf, das

---

[259] Vgl. Ruggieri, Giovanni/Guarino, Mario, a.a.O., S. 22f.
[260] Vgl. Fiori, Giuseppe, a.a.O., S. 75ff.
[261] Vgl. Ruggieri, Giovanni/Guarino, Mario, a.a.O., S. 32.
[262] Vgl. Renner, Jens, Der Fall Berlusconi, S. 86f.

Baugelände zu kaufen, die Vermarktung zu organisieren, die Wohnungen zu verkaufen und nicht zuletzt für die Finanzierung zu sorgen. Wo das Geld für dieses doch recht gewagte Bauprojekt im Einzelnen herkam, ist bis heute nicht geklärt. Zwar stellte die Mailänder *Banca Rasini*, bei der der Vater arbeitete, großzügige Kredite zur Verfügung, doch reichten diese bei weitem nicht aus. Fest steht ferner, dass ein Großteil der Summe von einer so genannten *Finanzierungsgesellschaft für Residenzen* mit Sitz im schweizerischen Lugano stammte. Ob es sich bei diesen Geldern um Sparguthaben, Fluchtgelder oder, wie manche gar vermuten, um „schmutziges" Geld von der Mafia handelte, wird wohl nie mehr zu ermitteln sein.[263]

Nach diesen ersten beiden Bauprojekten wagte sich Berlusconi ganz groß heraus. Nun wollte er eine exklusive Trabantenstadt in der Gemeinde Segrate vor den Toren Mailands aus dem Boden stampfen. Auf einem siebenhunderttausend Quadratmeter großen Areal sollte *Milano 2* entstehen, die erste italienische Satellitenstadt nach skandinavischem bzw. holländischem Vorbild für die Mailänder Mittelschicht. Nach anfänglichen Problemen mit der Baugenehmigung konnte es 1972 endlich losgehen. Bis 1979 entstanden hier zweitausendfünfhundert Wohnungen für rund zehntausend Menschen, daneben fünftausend Bäume, ein künstlich angelegter See, vierzig Quadratmeter Grünfläche pro Einwohner. Hinzu kamen auch diverse Sportanlagen, Läden und Dienstleistungsbetriebe.[264] Mit welchen Geldern dieses gigantische Bauvorhaben finanziert wurde, bleibt abermals weitgehend schleierhaft. Bekannt ist nur, dass eine so genannte *Aktiengesellschaft für Immobilienanlagen in Residenzzentren*, ebenfalls mit Sitz in Lugano, Gelder in großem Umfang bereitstellte.[265] Doch scheint es wieder mal „sinnlos zu fragen, wer hinter der neuen mysteriösen Finanzierungsgesellschaft steht und woher das bei der *International Bank* in Zürich deponierte Kapital kommt, über das sie verfügt"[266].

Angespornt vom großen Erfolg, den Berlusconi mit *Milano 2* hatte, widmete sich der aufstrebende Bauunternehmer schon bald seinem nächsten großen Werk: *Milano 3*. Nach dem Vorbild seiner ersten Satellitenstadt sollten nunmehr im Süden Mailands insgesamt nicht weniger als zehntausend Wohnungen her. Doch das neue Projekt war nicht mehr annähernd so erfolgreich wie das Original; *Milano 3* lag weiter vom Stadtzentrum Mailands entfernt, die Anlagen waren lange

---

[263] Vgl. Igel, Regine, a.a.O., S. 35ff. Laut der Mailänder Staatsanwaltschaft wusch die Mafia in jener Zeit vermehrt Gelder über Luganer Konten. Der Verdacht, dass sich die Mafia auch der Konten Berlusconis bediente, ließe sich nur allzu leicht entkräften. Allerdings weigert sich Berlusconi nach wie vor beharrlich, hierzu Stellung zu nehmen. Vgl. Busse, Michael, Der unaufhaltsame Aufstieg des Signor Berlusconi, in: http://www.arte-tv.com/common_jsp/print.jsp?ID_document=114730&lang=de (10.12.2002).

[264] Vgl. Renner, Jens, Der Fall Berlusconi, S. 88f.

[265] Vgl. Fiori, Giuseppe, a.a.O., 35.

[266] Ruggieri, Giovanni/Guarino, Mario, a.a.O., S. 42.

nicht mehr so exklusiv ausgestattet, jedoch blieb der Preis – durchschnittlich umgerechnet rund 250.000 Euro pro Wohnung – gleich. Erschwerend kam hinzu, dass das Baugewerbe inzwischen weniger lukrativ geworden war. Das lag einerseits an den Baugesetzen, die immer rigider wurden, und andererseits an dem Konjunktureinbruch, unter dem die italienische Wirtschaft ab Ende der siebziger Jahre zu leiden begann. Dennoch ließ es sich Berlusconi zu jener Zeit nicht nehmen, seine letzten großen Bauprojekte anzugehen. Er konstruierte das riesige Einkaufszentrum *Girasole* in der Nähe von Mailand sowie eine Ferienanlage an der *Costa Turchese* unweit von Olbia auf Sardinien, auch *Olbia 2* genannt.[267]

Einen Mann mit derlei unternehmerischem Tatendrang hatte es auf der Apenninenhalbinsel noch selten gegeben, und so verlieh der italienische Staatspräsident 1977 dem damals Vierzig-Jährigen bereits den Ehrentitel *Cavaliere del lavoro* („Ritter der Arbeit").[268] Seither findet man in den Zeitungen Italiens das Wort *Cavaliere* immer wieder als Synonym für Berlusconi.

Als Bauunternehmer und Immobilienmakler hatte der „Ritter" Berlusconi nicht nur unzähligen Menschen zu neuem Wohnkomfort verholfen, sondern auch sich selbst. Im mittlerweile berühmt-berüchtigten Arcore, einem kleinen Vorort von Mailand, erwarb er einen herrschaftlichen Adelssitz im Renaissancestil – zu einem Spottpreis. Diesen hatte Berlusconis Rechtsbeistand Cesare Previti, der 1994 Verteidigungsminister wurde, mit der Eigentümerin ausgehandelt. Das Geschäft sorgte für allerlei Aufsehen, denn Previti stand nicht nur bei Berlusconi in Lohn und Brot, sondern war zugleich auch Vormund der jungen Frau.[269] Zwar wurde denn auch in dieser Sache ein Gerichtsverfahren wegen vermuteter Steuerhinterziehung eingeleitet, doch trat die Verjährung ein, noch ehe ein rechtskräftiges Urteil gesprochen werden konnte.[270]

Über die Herkunft der enormen Finanzmittel für all diese Projekte darf wieder einmal spekuliert werden. Nach heutigem Wissensstand ergibt sich folgendes Bild: Im März 1975 wurde im Auftrag von Giancarlo Foscale, einem Vetter Berlusconis, die *Finanziaria d'Investimento Fininvest Srl*[271] in Mailand angemeldet. Drei Jahre später entstand in der italienischen Hauptstadt die *Fininvest Roma Srl*. Im Mai 1979 verschmolzen beide zur *Finanziaria d'Investimento Fininvest Srl* mit Sitz in Mailand. Präsident dieser neuen Firma wurde Silvio Berlusconi,

---

[267] Vgl. Igel, Regine, a.a.O., S. 51f.

[268] Vgl. Madron, Paolo, a.a.O., S. 45.

[269] Die Villa *San Martino* in Arcore gehörte ursprünglich dem Marchese Camillo Casati Stama, der aus Eifersucht seine Gattin mitsamt Liebhaber erschoss, bevor er sich selbst umbrachte. Die damals noch minderjährige Tochter wurde unverhofft zur Erbin des prächtigen Anwesens. Vgl. Hartmann, Peter, Berlusconi vor dem Herbst seiner Illusionen, in: Die Welt, 11.8.2004, S. 5.

[270] Vgl. Götz, Thomas, Silvio Berlusconi, S. 92.

[271] Das Kürzel „Srl" steht für Società a responsabilità limitata und entspricht in Deutschland einer Gesellschaft mit beschränkter Haftung.

und im Verwaltungsrat saßen neben ihm unter anderem sein Bruder Paolo sowie eben auch Giancarlo Foscale. Bis es zur Verschmelzung beider Unternehmen kam, wanderten Geldsummen in schwindelerregender Höhe hin und her. Hierfür sorgten zahlreiche Holding-Gesellschaften, die von heute auf morgen aus dem Boden gestampft wurden. Entsprechend einfallslos waren auch deren Namen: *Holding Italiana 1*, *Holding Italiana 2* und so weiter. Gab es anfangs noch 23 solcher Holdings, so hatte sich deren Zahl bis 1981 auf 38 erhöht. Hinter diesen Unternehmensschachteln steckten laut Ermittlungen der Staatsanwaltschaft Silvio Berlusconi und Freunde, auch wenn offiziell vor allem diverse Rentner und Hausfrauen als Gründer fungierten. Über die Frage, welchem Zweck dieses Verwirrspiel diente, scheiden sich seither die Geister. Berlusconi gab später zu Protokoll, er habe mit Hilfe von Strohmännern aus dem Bekanntenkreis lediglich bürokratische Hindernisse umgehen wollen. Finanzpolizisten und Staatsanwälte indes gehen nach jahrelangen Recherchen davon aus, dass Berlusconi mit Hilfe dieser undurchsichtigen Finanztransfers nur ein Ziel verfolgt habe: die Herkunft der Gelder, die der *Fininvest* zuflossen, zu verschleiern. Denn mit diesen Transaktionen habe die Mafia Geld gewaschen, so die weit verbreitete Vermutung.[272]

Die sich bereits ab Mitte der siebziger Jahre abzeichnende Krise in der Baubranche veranlasste Berlusconi, sich nach einem neuen Betätigungsfeld umzusehen. So ließ er Ende 1977 wissen, er wolle nun ins Fernsehgeschäft einsteigen.[273] Erste Erfahrungen mit dem neuen Metier hatte der Baulöwe bereits gesammelt. Als besondere Serviceleistung für die wohlhabende Klientel von *Milano 2* hatte er schon 1973 einen kleinen Privatsender namens *Telemilano* ins Leben gerufen, der die neue Wohnanlage mittels Kabel mit einem – wenn auch dürftigen – Programmangebot versorgte. Im Jahr 1977 machte sich Berlusconi plötzlich daran, seinen Fernsehkanal auszubauen. Es entstanden neue Studios, und *Telemilano* sendete von nun an drahtlos. Wenig später kaufte er dann auch die ersten Lokal-

---

[272] Vgl. Schlamp, Hans-Jürgen, Die Akte Berlusconi, in: Der Spiegel, 27/2003, S. 112-124, 117f. Zitiert als: Schlamp, Hans-Jürgen, Die Akte Berlusconi. Inspektoren der italienischen Nationalbank ermittelten vor einiger Zeit, dass in den Anfangsjahren etwa 114 Milliarden Lire auf den Konten der *Fininvest* landeten, zum Großteil bar eingezahlt. Dieser Betrag entspräche heute einem Wert von umgerechnet rund 250 Millionen Euro. Wo dieses Geld herkam, bleibt ungewiss. Aussagen so genannter „reuiger Mafiosi" gaben allerdings dem Verdacht neue Nahrung, die Mafia habe für die Kapitalaufstockungen der *Fininvest* gesorgt. Vgl. Kohl, Christiane, Besuch aus Sizilien, in: http://www.sueddeutsche.de/aktuell/sz/artikel840.php (6.7.2002).

[273] Vgl. Madron, Paolo, a.a.O., S. 31. Kurz vor dem Weihnachtsfest von 1977 rief Berlusconi seine leitenden Angestellten zusammen und sagte zu ihnen: „Ich habe beschlossen, mich dem Fernsehen zu widmen. Ich habe in diesen Monaten gründlich darüber nachgedacht und glaube, die richtige Wahl getroffen zu haben. Ihr könnt gerne bleiben, denn natürlich werden wir auch weiterhin Häuser bauen. Ihr könnt mir aber auch folgen, denn ein Manager ist immer gut, egal worum er sich kümmert." Zitiert nach: ebd. (eig. Übers.).

sender auf und installierte eine Reihe von Verstärkern, die ausreichten, um die ganze Lombardei abzudecken.[274]

Der Zeitpunkt für derlei Investitionen hätte günstiger kaum sein können. Mitte der siebziger Jahre war in Italien das Fernsehfieber ausgebrochen. Überall auf der Halbinsel schossen lokale Privatsender wie Pilze aus dem Boden. 1975 existierten bereits zirka 350 solcher TV-Stationen mit insgesamt rund 15.000 Mitarbeitern. Auch die großen Verlagshäuser wie *Mondadori* und *Rusconi* waren mit eigenen Sendern – *Rete 4* und *Antenna Nord*, dem späteren *Italia 1* – mit von der Partie.[275] Gesetzliche Beschränkungen für diesen Bereich gab es noch keine, wohl aber die Freigabe von Seiten des Verfassungsgerichts. Dieses hatte in einem Urteil vom Juli 1974 den Startschuss für das lokale Kommerzfernsehen gegeben, das fürs Erste allerdings nur mittels Kabel senden durfte. Zwei Jahre später meldete sich das Verfassungsgericht abermals zu Wort und erlaubte den Lokalfunk via Äther. Landesweite Übertragungen blieben hingegen ausdrücklich weiterhin nur der staatlichen Rundfunkanstalt RAI vorbehalten. Gleichzeitig forderte das Verfassungsgericht bei dieser Gelegenheit den Gesetzgeber auf, den Rundfunksektor zu reglementieren. Doch dieser ließ sich damit Zeit, viel Zeit sogar. Es sollten ganze vierzehn Jahre ins Land gehen, bis ein solches Gesetz endlich verabschiedet werden würde.[276]

Diesen Umstand der Gesetzlosigkeit machte sich kein anderer so sehr zunutze wie Silvio Berlusconi. Während seine Konkurrenten, allen voran die Verlagsriesen *Mondadori* und *Rusconi*, in ständiger Erwartung eines entsprechenden Mediengesetzes mit Großinvestitionen zögerten, expandierte Berlusconi fleißig drauf los. Einen Lokalsender nach dem anderen brachte er unter die Kontrolle seiner *Fininvest* und belieferte diese mit vorgefertigten Videobändern, auf denen auch schon die Werbeblöcke eingefügt waren. Auf diese Weise hatte er 1979 bereits an die vierzig TV-Kanäle zu einer Kette zusammengeschlossen, wobei die einzelnen Sender zu reinen Relais-Stationen verkamen.[277] Damit umging er lange Zeit recht trickreich das Verbot für Privatanbieter, landesweit auszustrahlen. Denn im Gegensatz zur RAI, die ihre Programme für ganz Italien direkt sendete, verschickte die *Fininvest* Videokassetten an die angeschlossenen Lokalsender, die diese dann zeitgleich abspielten. Dadurch schaffte Berlusconi de facto den ersten nationalen Kommerzsender, und aus *Telemilano* wurde *Canale 5*.[278]

Zuvor hatte er von der italienischen Filmproduktionsgesellschaft *Titanus* für rund zweieinhalb Milliarden Lire rund dreihundert Filme erworben. Ergänzt wurde dieses Filmmaterial durch Fernsehspiele, TV-Serien und Dokumentar-

---

[274] Vgl. Ruggieri, Giovanni/Guarino, Mario, a.a.O., S. 58f.

[275] Vgl. Igel, Regine, a.a.O., S. 54.

[276] Vgl. Fiori, Giuseppe, a.a.O., S. 87.

[277] Vgl. Wallisch, Stefan, Aufstieg und Fall der Telekratie, S. 109.

[278] Vgl. Madron, Paolo, a.a.O., S. 87.

filme, die Berlusconi anderen in- und ausländischen Produktionshäusern zuhauf abkaufte. Insgesamt gab die *Fininvest* nach eigenen Angaben allein im Jahr 1979 rund fünf Milliarden Lire für den Ankauf von Filmrechten aus.[279] Parallel dazu machte sich Berlusconi gezielt daran, die beliebtesten Showmaster und Entertainer von der RAI abzuwerben. Geld schien dabei keine Rolle zu spielen. Als einer der ersten wechselte der Quizmaster Mike Bongiorno, ein Garant für hohe Einschaltquoten, die Fronten.[280] Um die TV-Diva Raffaella Carrà für sich zu gewinnen, schickte ihr Berlusconi tausend Rosen – und natürlich einen unwiderstehlichen Vertrag.[281] 1980 sicherte er sich zudem erstmals Rechte an Sportübertragungen, die ihm eine Million Dollar wert waren. Ein Jahr später schloss er dann langfristige Verträge mit den großen amerikanischen Networks ABC, CBS und NBS ab.[282]

Um diese gigantischen Investitionen zu refinanzieren, hatte Berlusconi im September 1979 eine eigene Werbeagentur namens *Publitalia* gegründet, die schon bald zum Herzstück der *Fininvest* avancieren sollte. Da, anders als bei der öffentlich-rechtlichen RAI, für den privaten Rundfunksektor in Ermangelung eines entsprechenden Mediengesetzes keinerlei Werbebeschränkungen galten, konnte die *Publitalia* so viele Kunden akquirieren, wie sie wollte. Das Ergebnis war ein regelrechtes Werbe-Bombardement. Alle fünf Minuten wurde das laufende Programm für Spots unterbrochen, zu allen Tages- und Nachtzeiten, ob werktags oder feiertags. Mit diesen neuen, schier unbegrenzten Werbemöglichkeiten krempelte Berlusconi den italienischen Werbemarkt, der sich bis dahin hauptsächlich auf Zeitungen und Zeitschriften konzentriert hatte, von Grund auf um.[283] Dass die *Publitalia* diesen aufstrebenden Markt recht schnell eroberte, lag an den Dumpingpreisen, die sie gewährte. Außerdem mussten ihre Werbekunden erst zahlen, wenn sie eine Verkaufssteigerung feststellten.[284] Trotz dieser Preisnachlässe schnellte der Umsatz der *Publitalia* in den Folgejahren rasant in die Höhe: Hatte er 1980 noch zwölf Milliarden Lire betragen, waren es 1984 schon neunhundert Milliarden.[285]

Mit derartigen Methoden ließ Berlusconi seine Konkurrenten auf dem kommerziellen Fernsehmarkt schnell hinter sich. Bereits im August 1982 gelang es ihm, den Privatsender *Italia 1* vom Verleger Edilio Rusconi für nur 32 Milliarden Lire abzukaufen und in seine *Fininvest* einzugliedern. Nur zwei Jahre später verleibte sich Berlusconi dann auch den *Mondadori*-Sender *Rete 4* ein – für den

---

[279] Vgl. Ruggieri, Giovanni/Guarino, Mario, a.a.O., S. 60f.
[280] Vgl. Renner, Jens, Der Fall Berlusconi, S. 92.
[281] Vgl. Roques, Valeska von, a.a.O., S. 202.
[282] Vgl. Ruggieri, Giovanni/Guarino, Mario, a.a.O., S. 99f.
[283] Vgl. Igel, Regine, a.a.O., S. 74f.
[284] Vgl. Wallisch, Stefan, Aufstieg und Fall der Telekratie, S. 110.
[285] Vgl. Madron, Paolo, a.a.O., S. 105.

stolzen Preis von 135 Milliarden Lire. Mit dem Erwerb dieser Sendeanstalt war Berlusconi schließlich zum Quasi-Monopolisten des italienischen Privatfernsehens aufgestiegen und konnte nun mit seinen drei Sendern den drei Programmen der staatlichen RAI auf gleicher Augenhöhe Paroli bieten. Er hatte nur ein „kleines" Problem: Sein Fernsehimperium war – genau genommen – illegal.[286]

Anfang 1982, als bereits alle drei großen Privatsender Italiens ihre Programme landesweit ausstrahlten, reichte die RAI erstmals gegen diese Praxis Klage vor Gericht ein. Die öffentlich-rechtliche Sendeanstalt berief sich damals auf den Richterspruch aus dem Jahr 1976, der nur der RAI das Recht zubilligte, in ganz Italien senden zu dürfen. Berlusconi reagierte empört. Gemeinsam mit den Verantwortlichen der Verlagshäuser *Rusconi* und *Mondadori* redete er sich mit dem Hinweis auf die angewandte Kassettentechnik heraus, woraufhin die Angelegenheit vorerst im Sande verlief.[287]

Am 16. Oktober 1984 wurde es jedoch brenzlig für Berlusconi. Auf Anordnung von drei Amtsrichtern in Turin, Rom und Pescara drangen Einsatzkommandos der Polizei in die *Fininvest*-Sendestudios ein und setzten die Übertragungsstationen außer Betrieb. Die Amtsrichter legten somit die Berlusconi-Sender praktisch lahm, da ihnen Anzeigen von Seiten kleinerer Privatsender vorlagen, die sich an die geltende Rechtslage hielten und nur auf lokaler Ebene sendeten; diese sahen ihr Überleben durch die Übermacht der landesweiten TV-Ketten bedroht. Alarmiert von diesem Coup, eilte Berlusconi zu seinem Freund Bettino Craxi, der gerade italienischer Ministerpräsident war. Nur wenige Stunden nach diesem Zusammentreffen erließ Craxi ein Gesetzesdekret, das die richterliche Anordnung wieder außer Kraft setzte – und gleichzeitig den Rechtsverstoß durch Berlusconi im Nachhinein legitimierte. Noch vor Jahresende wandelte das Parlament diese als „Berlusconi-Dekret" berühmt gewordene Verordnung in ein Gesetz um. Zwar hatte sich nicht nur bei der Opposition, sondern auch in den Regierungsfraktionen erheblicher Widerstand gegen eine solche Regelung formiert. Doch wollte man eine Regierungskrise nicht riskieren, mit der Craxi im Falle einer Nichtannahme gedroht hatte. Obwohl ein solches Verhalten unerhört schien, hielt sich die öffentliche Empörung hierüber in Grenzen: Die italienische Fernsehnation hatte nicht gerade begeistert reagiert, als ihr von heute auf morgen populäre TV-Serien wie *Dallas*, *Denver-Clan* oder *Die Schlümpfe* vorenthalten blieben.[288] Die Frage, inwieweit sich Berlusconi für so viel Entgegenkommen bei Craxi revanchierte, beschäftigte später die Gerichte. In erster Instanz wurde Berlusconi wegen illegaler Parteienfinanzierung an die Sozialisten Craxi, die im Anschluss an diese Geschehnisse erfolgt sein soll, verurteilt. Doch noch bevor

---

[286] Vgl. Fiori, Giuseppe, a.a.O., S. 103ff.

[287] Vgl. Igel, Regine, a.a.O., S. 106ff.

[288] Vgl. Ruggieri, Giovanni/Guarino, Mario, a.a.O., S. 145ff.

die zweite Instanz entscheiden konnte, war auch schon das Verfahren wieder einmal verjährt.[289]

Wie dem auch immer gewesen sein mag – fest steht jedenfalls, dass der Mailänder Medienmogul nun, nachdem er diese Krise erfolgreich überstanden hatte, der RAI den Kampf um Einschaltquoten ansagen konnte. Seine durch keinerlei gesetzliche Beschränkungen behinderte Verdrängungstaktik hatte mittlerweile zu einem TV-Duopol zwischen ihm und der öffentlich-rechtlichen Sendeanstalt geführt, die immer stärker in die Defensive geriet. Und dieser Kampf wurde mit harten Bandagen ausgetragen. Mit Hilfe eines eigenen demoskopischen Instituts, der *Diakron*, ermittelte Berlusconi genauestens die Wünsche und Vorlieben des Publikums, um seine Programme danach auszurichten. Auf der Strecke blieb dabei das Niveau, dem sich auch die RAI Schritt für Schritt anzupassen gezwungen sah. Berlusconi indes hatte allen Grund zu frohlocken: Bereits Mitte der achtziger Jahre hielt ihn die amerikanische Zeitschrift *Forbes* für den reichsten Mann Italiens.[290]

Dieser ebenso verblüffende wie beispiellose Aufstieg gab immer wieder Anlass zu allerlei Spekulationen. Sicherlich wäre er ohne entsprechende Kontakte zur Politik nicht möglich gewesen, denn in Italien sind Unternehmer in ganz besonderem Maße auf politische Fürsprecher angewiesen, etwa um höhere Bankkredite zu erhalten. Es ist denn auch kein Geheimnis, dass gerade Berlusconi zum Teil recht enge Beziehungen zur Politik pflegte. Seine politische Ausrichtung änderte er im Laufe seiner Karriere allerdings immer mal wieder. So lagen seine Präferenzen Mitte der siebziger Jahre noch am ehesten bei den regierenden Christdemokraten, um genau zu sein bei deren rechtem Flügel. 1979 spielte er kurzzeitig sogar mit dem Gedanken, sich unter dem Banner der Christdemokraten für einen Sitz im Europaparlament zu bewerben, verwarf diese Idee aber sogleich wieder. In den achtziger Jahren traten dann seine Sympathien für die Sozialisten immer deutlicher zutage. Wie bereits angedeutet, stand er insbesondere zu Sozialistenchef Bettino Craxi[291] in einem innigen, freundschaftlichen Verhältnis. Dieser Sinneswandel hängt wohl nicht zuletzt mit dem sich ebenfalls verändernden Betätigungsfeld Berlusconis zusammen. Die Sozialisten gehörten Anfang der siebziger Jahre, als Berlusconi noch Bauunternehmer war, zu den ersten, die sich für eine Öffnung hin zum Privatfunk stark machten, schließlich

---

[289] Vgl. Götz, Thomas, Silvio Berlusconi, S. 93.

[290] Vgl. Petersen, Jens, Quo vadis, Italia?, S. 179.

[291] Anfang der neunziger Jahre geriet Craxi unter die *Tangentopoli*-Lawine. Man warf ihm unter anderem vor, umgerechnet rund einhundert Millionen Euro an Bestechungsgeldern kassiert zu haben. Um der italienischen Justiz zu entgehen, floh er nach Tunesien, wo er im Januar 2000 verstarb. In mehreren Gerichtsverfahren wurde er zu insgesamt 26 Jahren Freiheitsentzug verurteilt. Vgl. Feldbauer, Gerhard, Marsch auf Rom. Faschismus und Antifaschismus in Italien – Von Mussolini bis Berlusconi und Fini, Köln 2002, S. 144. Zitiert als: Feldbauer, Gerhard, Marsch auf Rom.

befand sich die RAI damals noch gänzlich in Händen der Christdemokraten. Die Sozialisten waren es auch, die später mit Erfolg dafür sorgten, dass über Jahre hinweg jeglicher Ansatz, den privaten Rundfunksektor – wie vom Verfassungsgericht gefordert – zu reglementieren, im Keim erstickt wurde. Dieser gesetzeslose Zustand, so viel ist klar, hatte es Berlusconi ermöglicht, innerhalb weniger Jahre seine Konkurrenten auszuschalten und das Kommerzfernsehen zu monopolisieren. Als Dank ließ er auf seinen Kanälen keinen anderen Politiker so häufig zu Wort kommen wie eben Craxi.[292] Andere Stimmen behaupten gar, Craxi habe Berlusconi nicht zuletzt auch deshalb aus der Patsche geholfen, weil er selbst geheimer Aktionär der *Fininvest* gewesen sei. Bestätigen ließ sich diese Vermutung bislang allerdings nicht.[293] Unbestreitbar ist dagegen die enge Verbundenheit Berlusconis zu seinem ehemaligen politischen Mentor, die sogar über den Tod hinaus reicht. Anlässlich des zweiten Todestages von Craxi am 19. Januar 2002 kündigte Berlusconi in seiner Funktion als italienischer Ministerpräsident an, er wolle die geplante Verbindung zwischen dem Festland und Sizilien zu Ehren des früheren Sozialistenchefs „Bettino-Craxi-Brücke" taufen.[294]

Die Freundschaft, die Berlusconi mit Craxi verband, darf jedoch nicht darüber hinwegtäuschen, dass sich der Großindustrielle alle Mühe gab, auch zu den meisten anderen politischen Kräften gute Beziehungen zu pflegen.[295] Das ließ er sich so einiges kosten: Seit 1985 gewährte die *Fininvest* insbesondere den Regierungsparteien Preisnachlässe für Wahlwerbespots von bis zu neunzig Prozent. Pro Wahlkampf entsprachen diese Rabatte einem Wert von durchschnittlich fünfzehn Milliarden Lire.[296]

Ein nicht unwesentlicher Anteil am wirtschaftlichen Aufstieg Berlusconis wird zuweilen auch der sagenumwobenen Geheimloge *Propaganda 2* (P2) zugeschrieben. Hierbei handelte es sich laut Giuseppe Fiori um „eine geheime politische Vereinigung, die quer durch die Parteien ging und danach strebte, durch die Kontrolle der Apparate die Macht an sich zu reißen. Nicht ‚eine' Regierungspartei, sondern ‚die' (geheime) Kontrollpartei."[297] Nachdem die Mitgliederliste der

---

[292] Vgl. Igel, Regine, a.a.O., S. 75ff.

[293] Vgl. so z.B. Losano, Mario G., a.a.O., S. 69; Ruggieri, Giovanni/Guarino, Mario, a.a.O., S. 196.

[294] Vgl. Schönau, Birgit, Neues Ansehen für den Verfemten, in: Süddeutsche Zeitung, 16./17.2.2002, S. 2.

[295] Vgl. Igel, Regine, a.a.O., S. 76.

[296] Vgl. Ruggieri, Giovanni/Guarino, Mario, a.a.O., S. 210.

[297] Fiori, Giuseppe, a.a.O., S. 54 (eig. Übers.). Die Frage, ob die P2 auch subversive Ziele verfolgte, spaltet die Experten. Während etwa Igel (vgl. Igel, Regine, a.a.O., S. 79.) und Feldbauer (vgl. Feldbauer, Gerhard, Marsch auf Rom, S. 147.) dies klar bejahen, schreibt der Politikwissenschaftler Giorgio Galli: „Das wahre Ziel der Loge ist nicht etwa ein Staatsstreich, sondern der Aufbau einer Geheimmacht, die ganze Bereiche des öffentlichen Lebens und der italieni-

P2 im Jahr 1981 bekannt geworden war – neben Berlusconi fanden sich darauf weitere 961 illustre Persönlichkeiten aus Politik, Wirtschaft, Journalismus, Armee, Polizei und Geheimdiensten[298] –, versuchte der Medienmogul seine Beziehungen zu ihr klein zu reden. Unter anderem erklärte er ein Jahr später vor dem zur Aufklärung dieses Skandals eingesetzten parlamentarischen Untersuchungsausschuss, er sei zwar tatsächlich Anfang 1978 auf Einladung des „Großmeisters" Licio Gelli P2-Mitglied geworden, habe aber niemals Beiträge gezahlt und auch keinerlei Kontakte zu anderen Mitgliedern unterhalten. Mit dieser Aussage widersprach er jedoch so eindeutig der Aktenlage, dass er später von einem Gericht wegen Falschaussage verurteilt wurde. Die Berufungsinstanz bestätigte 1990 dieses Urteil zwar, sprach Berlusconi zugleich aber wegen einer Amnestie wieder frei.[299]

Entgegen den Ausführungen Berlusconis gehen Ruggieri und Guarino davon aus, dass der Mailänder Großunternehmer sogar zum engeren Führungszirkel der P2 gehörte und dass er von seinen „Logenbrüdern", allen voran von den zahlreichen P2-Bankiers, tatkräftig beim Aufbau seines Wirtschaftsimperiums unterstützt wurde, beispielsweise durch die Gewährung hoher Kredite zu Sonderkonditionen.[300] Als Beleg hierfür verweisen die beiden oben genannten Journalisten auf den Abschlussbericht des Untersuchungsausschusses zur P2-Affäre, der zu dem Ergebnis kam, dass „einige Unternehmer (Genghini, Fabbri, Berlusconi) Unterstützung und Finanzierungshilfen [fanden], die weit über jede Kreditwürdigkeit hinausgehen"[301].

Doch damit nicht genug: Einer der Hauptpunkte im Programm der P2, dem so genannten *Plan für die demokratische Wiedergeburt*, der 1975/76 verfasst wurde, betraf die Unterwanderung der italienischen Medienlandschaft sowie insbesondere die Förderung des privaten Rundfunks. Wörtlich hieß es dort:

„Es ist nötig, a) einige Kampfzeitschriften zu erwerben; b) die gesamte Provinz- und Lokalpresse über eine zentralisierte Agentur zu koordinieren; c) viele Kabel-Fernsehstationen mit der Agentur für die Lokalpresse zu koordinieren; d) die RAI im Namen der Sendefreiheit [...] aufzulösen."[302]

Aus dem bisher Geschilderten ergibt sich also eine auffällige zeitliche Koinzidenz: Just zu dem Zeitpunkt, zu dem Berlusconi in die Medienbranche

---

schen Wirtschaft verwaltet." Galli, Giorgio, Staatsgeschäfte – Affären, Skandale, Verschwörungen. Das unterirdische Italien 1943-1990, Hamburg 1994, S. 214f.

[298] Die Namensliste der P2-Mitglieder findet sich in: Guarino, Mario, a.a.O., S. 273ff.

[299] Vgl. Roques, Valeska von, a.a.O., S. 201.

[300] Vgl. Ruggieri, Giovanni/Guarino, Mario, a.a.O., S. 81.

[301] Zitiert nach: ebd. Allein in den Jahren 1974 bis 1981 erhielt Berlusconi von verschiedenen Banken Kredite in Höhe von knapp zweihundert Milliarden Lire sowie Bürgschaften im Wert von rund hundertfünfzig Milliarden Lire. Vgl. Fiori, Giuseppe, a.a.O., S. 61f.

[302] N.N., Piano di rinascita democratica, in: Guarino, Mario, a.a.O., S. 13-46, 19f. (eig. Übers.).

einstieg, trat er auch der P2 bei, die ein strategisches Interesse am Mediensektor bekundete. Die Vermutung liegt daher nahe, dass der beeindruckende Aufstieg Berlusconis zum unangefochtenen Herrn des privaten TV-Marktes in Italien wesentlich auf das Konto der P2 ging, auch wenn sich diese Hypothese nur schwer beweisen lässt.

Noch während Berlusconi Anfang der achtziger Jahre um die Vorherrschaft auf dem kommerziellen Fernsehmarkt kämpfte, schielte er mit begehrlichem Blick auch auf den Printmediensektor. Im Sommer 1983 schlug er dann zu und kaufte für den stolzen Preis von 36 Milliarden Lire die populäre und auflagenstarke Fernsehzeitschrift *TV sorrisi e canzoni*. Mit Hilfe von massiven Werbekampagnen auf den *Fininvest*-Sendern und einer inhaltlichen Neuorientierung schnellten die Auflagenzahlen schon bald noch weiter in die Höhe.[303]

Weniger lukrativ war indes die Beteiligung Berlusconis an der Mailänder Tageszeitung *Il Giornale Nuovo*, die er bereits im Frühjahr 1977 übernommen hatte. Bei diesem Geschäft ging es Berlusconi von vornherein auch gar nicht darum, Gewinne zu machen. Seine Entscheidung, sich hier zu engagieren, war vielmehr politisch motiviert. Er wollte damit gezielt den Herausgeber Indro Montanelli unterstützen, einen der renommiertesten Journalisten Italiens, der für seine strikt antikommunistische Grundhaltung bestens bekannt war.[304]

Der Aufkauf des traditionsreichen, aber tief in der Krise steckenden Fußballclubs *AC Milan* im Jahr 1986 schien ebenfalls jeglichem unternehmerischem Kalkül zu widersprechen. Dennoch steckte dahinter eine gewisse Strategie: Fußball gehört zu den großen Leidenschaften der Italiener, und so erreichen Übertragungen von Fußballspielen stets Traumeinschaltquoten. Für Unsummen ließ Berlusconi neue Spieler einkaufen, so dass aus dem heruntergewirtschafteten Verein innerhalb kürzester Zeit eine der weltbesten Mannschaften wurde. In den kommenden Jahren gewann der *AC Milan* vier italienische Meisterschaften und zwei Weltcups.[305] Um seinen Namen mit weiteren Erfolgen verbunden zu sehen, sponserte Berlusconi anschließend auch diverse Rugby-, Hockey- und Volleyballmannschaften sowie das berühmteste Radrennen des Landes, den *Giro d'Italia*.[306] All diese Investitionen dienten vor allem dazu, Berlusconis Ansehen

---

[303] Vgl. Igel, Regine, a.a.O., S. 125f.

[304] Vgl. Losano, Mario G., a.a.O., S. 64. Obgleich Berlusconi und Montanelli über Jahre hinweg stets gut zusammengearbeitet und auch politisch auf der gleichen Wellenlänge gelegen hatten, kam es Anfang 1994 plötzlich zum Zerwürfnis. Während sich Montanelli am Vorabend der Parlamentswahlen vom März 1994 auf die Seite des Christdemokraten Mario Segni schlug, ließ Berlusconi diesen als möglichen Verbündeten fallen. Kurz darauf kehrte Montanelli dem *Giornale Nuovo* den Rücken und gründete, bereits 85-jährig, die Tageszeitung *La Voce*. Vgl. ebd.

[305] Vgl. Petersen, Jens, Quo vadis, Italia?, S. 179f.

[306] Vgl. Roques, Valeska von, a.a.O., S. 197f.

zu steigern, denn „ein erfolgreicher Sportmäzen genießt im sportbesessenen Italien [...] die Verehrung eines großen Sektenführers".[307]
Der Expansionsdrang Berlusconis schien in den achtziger Jahren keine Grenzen zu kennen. Für eine Billion Lire übernahm er 1988 siebzig Prozent der beliebten italienischen Kaufhauskette *Standa*. Um deren Umsatz anzukurbeln, setzte er sogleich alle Hebel in Bewegung. Er ließ sämtliche Filialen aufwendig modernisieren und startete – unter Ausnutzung von Synergieeffekten – eine massive Werbekampagne zugunsten der *Standa* auf allen seinen TV-Kanälen. Der Erfolg ließ nicht lange auf sich warten. Nur vier Monate nach der Übernahme meldete die *Standa* bereits eine Verkaufssteigerung von 26 Prozent.[308]

Derart gestärkt, bereitete Berlusconi seinen nächsten großen Coup vor. 1989 übernahm er mit *Mondadori* Italiens größtes Verlagshaus.[309] Spätestens mit diesem Schritt hatte die Medienkonzentration in Berlusconis Händen bedrohliche Ausmaße angenommen, gehörten doch zum Buchverlag *Mondadori* auch die angesehenen Verlagshäuser *Einaudi* sowie *Sperling & Kupfer*. Damit konnte Berlusconi nicht nur die beiden einflussreichen politischen Wochenmagazine *Panorama* und *L'Espresso* sein eigen nennen, sondern auch die auflagenstarke Tageszeitung *La Repubblica* aus Rom. Nur dem Eingriff der Antitrustbehörde ist es zu verdanken, dass sich der Medientycoon wenig später von *L'Espresso* und *La Repubblica* wieder trennen musste.[310]

Während sich in Italien zunächst alles, was Berlusconi anpackte, in Gold zu verwandeln schien, war ihm im Ausland weit weniger Erfolg beschieden. 1986 wagte er den Sprung nach Frankreich und gründete dort mit *La Cinq* das erste landesweite private TV-Network. Behilflich war ihm dabei der Sozialist François Mitterand. Doch nur kurz darauf fand in Paris ein Machtwechsel zugunsten der Neogaullisten unter Jacques Chirac statt, die dem Berlusconi-Sender sogleich große Schranken auferlegten. Obwohl bei den nächsten Wahlen wieder die Sozialisten das Ruder übernahmen, lief *La Cinq* mittlerweile so schlecht, dass das Engagement Berlusconis in Frankreich zum Scheitern verurteilt war. Ebenso wenig gelang es ihm, auf dem deutschen Fernsehmarkt Fuß zu fassen. Sein 1988 gegründeter Sender *Tele 5* blieb von Anfang an den erhofften Erfolg schuldig. Auch die Umgestaltung des Kanals in *Deutsches Sportfernsehen* (DSF), die er gemeinsam mit Leo Kirch angegangen hatte, brachte nur wenig.[311] Besser lief es

---

[307] Wallisch, Stefan, Aufstieg und Fall der Telekratie, S. 116.

[308] Vgl. Igel, Regine, a.a.O., S. 215ff.

[309] Zu jener Zeit galt die *Mondadori*-Gruppe gleichzeitig auch als zweitgrößtes Medienkonglomerat Europas – hinter dem *Bertelsmann*-Konzern. Vgl. Roques, Valeska von, a.a.O., S. 197.

[310] Vgl. Götz, Thomas, Silvio Berlusconi, S. 93. Ausführlich zum Kampf um *Mondadori*, vgl. Igel, Regine, a.a.O., S. 225ff.

[311] Da auch DSF aus den roten Zahlen nicht herauskam, stieg Berlusconi 1998 vollständig aus diesem Projekt aus. Vgl. Rosenbach, Marcel, Die deutschen Geschäfte des Silvio B., in: Der Spiegel, 27/2003, S. 116f., 117.

dagegen mit *Telecinco* in Spanien, denn hier konnte die *Fininvest* bereits auf eigene Filmproduktionsfirmen und Werbeagenturen zurückgreifen, und hier war der Sozialist Felipe González an der Regierung, der Berlusconi frei schalten und walten ließ. Erste Gehversuche unternahm der italienische Medienmagnat Ende der achtziger Jahre ferner auch in Kanada, Polen, Ungarn und sogar in der damaligen Sowjetunion. Durchschlagender Erfolg blieb ihm allerdings auch dort überall versagt.[312] Dass die Geschäfte der *Fininvest* in Italien nur so florierten, wohingegen sie im Ausland allenfalls schleppend vorangingen, deutet einmal mehr auf den Einfluss einer mächtigen Lobby hin, auf die Berlusconi in seiner Heimat zählen konnte.

Wie sehr der Medienunternehmer die italienischen Regierungsparteien auf seiner Seite wusste, zeigte sich auf besonders eindringliche Weise anlässlich der Verabschiedung des so lange erwarteten Mediengesetzes im Jahr 1990. Nach einhelliger Meinung kam dieses als *Legge Mammì* – benannt nach dem damaligen Postminister Oscar Mammì – bekannt gewordene Gesetz der *Fininvest* sehr zugute, da es den medienpolitischen Status quo im Wesentlichen absegnete. Seine drei landesweiten Fernsehsender durfte Berlusconi demnach behalten, lediglich die Tageszeitung *Il Giornale* musste er abtreten. Sein Mehrheitsaktienpaket an der Zeitung übertrug er 1992 seinem Bruder Paolo.[313] Die öffentliche Kritik an dieser Regelung war kaum zu überhören, und selbst innerhalb der regierenden Fünf-Parteien-Koalition rumorte es gewaltig. Fünf Minister der damaligen Regierung des Christdemokraten Giulio Andreotti legten aus Protest ihre Ämter nieder, betrachteten sie die *Legge Mammì* doch als reines Geschenk zugunsten Berlusconis.[314] Dass das neue Gesetz in dieser Form sogar verfassungswidrig war, wurde erst Ende 1994 vom italienischen Verfassungsgericht festgestellt. Dieses beanstandete insbesondere die gesetzlich sanktionierte Konzentration dreier privater Fernsehkanäle in einer Hand.[315]

Die Ausmaße, welche die *Fininvest* Anfang der neunziger Jahre angenommen hatte, waren mehr als beeindruckend. Berlusconi hatte ein Imperium aufgebaut, das einige hundert Unternehmen umfasste, die vornehmlich in den Bereichen Fernsehen, Werbung, Kino, Verlagswesen, Handel, Sport sowie Finanz- und Versicherungswesen aktiv waren. Abbildung 1 liefert einen entsprechenden Überblick.

---

[312] Vgl. Wallisch, Stefan, Aufstieg und Fall der Telekratie, S. 114f.

[313] Vgl. Hausmann, Friederike, Italien. Der ganz normale Sonderfall, in: N.N., Berlusconis Italien – Italien gegen Berlusconi, Berlin 2002, S. 8-32, 13. Zitiert als: Hausmann, Friederike, Italien. Der ganz normale Sonderfall; Igel, Regine, a.a.O., S. 262; Renner, Jens, Der Fall Berlusconi, S. 97; Ruggieri, Giovanni/Guarino, Mario, a.a.O., S. 190. Eine ausführliche Analyse und Bewertung der *Legge Mammì* liefert Strenske, Bettina, a.a.O., S. 208ff.

[314] Vgl. Madron, Paolo, a.a.O., S. 170.

[315] Vgl. Fiori, Giuseppe, a.a.O., S. 182f.

Abbildung 1: Die *Fininvest* Silvio Berlusconis im Jahr 1994

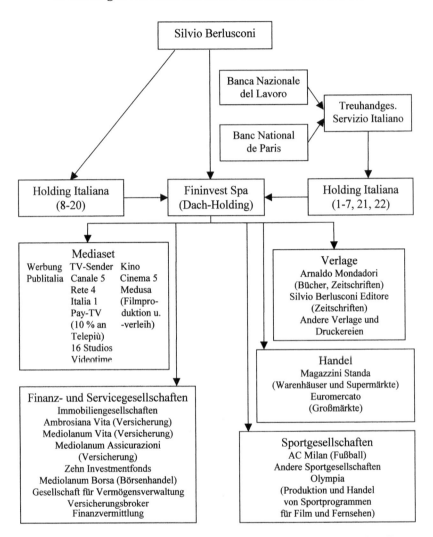

Quelle: Wolf, Andrea, Telekratie oder Tele Morgana? Politik und Fernsehen in Italien, Frankfurt a.M. [u.a.] 1997, S. 65.

Der Expansionsdrang, den Berlusconi vor allem in der zweiten Hälfte der achtziger Jahre an den Tag gelegt hatte, sollte die *Fininvest* Anfang der neunziger Jahre in eine schwere Finanzkrise stürzen. So war sie 1992 mit einem Umsatz von 10.469 Milliarden Lire zwar die viertgrößte private Unternehmensgruppe Italiens – hinter den Wirtschaftsimperien der Familien Agnelli, Ferruzzi und De Benedetti –, doch hatte Berlusconi zugleich einen Schuldenberg von 4.528 Milliarden Lire angehäuft. Auf jede Lira Vermögen kamen damals 3,34 Lire Schulden. Sogar das Fernseh- und Werbegeschäft war zwischenzeitlich in die roten Zahlen geraten: Allein dieser Sektor erwirtschaftete im Geschäftsjahr 1992 einen Verlust von 29 Milliarden Lire.[316] Und Besserung war kaum in Sicht. 1993 stieg der Gesamtumsatz der *Fininvest*-Guppe zwar auf 11.553 Milliarden Lire leicht an, jedoch standen dem immer noch Schulden in Höhe von 3.920 Milliarden Lire gegenüber.[317]

Vor dem Hintergrund dieser katastrophalen Lage drängten die Banken, bei denen Berlusconi so massiv in der Schuld stand, auf eine grundlegende Sanierung des *Fininvest*-Konzerns. Für diese Mammutaufgabe kam nur jemand wie Franco Tatò in Frage, einer der renommiertesten Top-Manager Italiens, der sich Anfang Oktober 1993 an die Arbeit machte.[318]

Berlusconi indes legte im Januar 1994 sämtliche Exekutivposten in seiner Gruppe nieder, um sich von nun an ganz der Politik widmen zu können. Die *Fininvest*-Führung überließ er Fedele Confalonieri, einem seiner engsten Mitarbeiter. Seine beiden erwachsenen Kinder aus erster Ehe übernahmen ebenfalls Schlüsselpositionen. Dessen ungeachtet behielt Berlusconi als Eigentümer auch weiterhin seinen Einfluss.[319] Inwieweit die wirtschaftliche Krise der *Fininvest* möglicherweise im Zusammenhang mit dem Wechsel Berlusconis in die aktive Politik ab Anfang 1994 stand, soll später noch näher hinterfragt werden.[320]

Festzuhalten bleibt an dieser Stelle, dass sich die *Fininvest* in den Folgejahren zu einem äußerst lukrativen Unternehmen entwickelte. Als hauptverantwortlich hierfür betrachtet der Historiker Paul Ginsborg das radikale Sanierungsprogramm Tatòs, den erfolgreichen Börsengang der Subholding *Mediaset* im Jahr 1996, die dank der Nachgiebigkeit der Mitte-Links-Regierungen erfolgte Konsolidierung der Vormachtstellung Berlusconis im kommerziellen Fernsehsektor und den Verkauf der verlustreichen *Standa*-Supermärkte.[321] Berlusconi selbst steht derweil besser da denn je: Im Frühjahr 2001 schätzte das englische Nachrichten-

---

[316] Vgl. ebd., S. 202.

[317] Vgl. Losano, Mario G., a.a.O., S. 66. Anderen Schätzungen zufolge beliefen sich die Schulden der *Fininvest* 1993 sogar auf 7.140 Milliarden Lire. Vgl. Renner, Jens, Der Fall Berlusconi, S. 108.

[318] Vgl. Ruggieri, Giovanni/Guarino, Mario, a.a.O., S. 219.

[319] Vgl. N.N., Citizen Kane in Rom, in: http://www.nzz.ch/2001/06/08/em/page-article7FLOB.html (8.6.2001).

[320] Näheres zu dieser Frage, vgl. Kapitel 5.2.

[321] Vgl. Ginsborg, Paul, Berlusconi, S. 10. Näheres zur weiteren Entwicklung der *Fininvest*, vgl. Molteni, Mario, Il gruppo Fininvest. Imprenditorialità, crescita, riassetto, Turin 1998.

magazin *The Economist* das persönliche Vermögen Berlusconis auf vierzehn Milliarden Dollar.[322] Auch wenn andere Schätzungen von „nur" sechs bis zehn Milliarden Euro ausgehen, gilt Berlusconi allemal als reichster Mann Italiens.[323]

---

[322] Vgl. N.N., Fit to run Italy?, in: The Economist, 28.4.2001, S. 15f., 15.
[323] Vgl. Schlamp, Hans-Jürgen, Die Akte Berlusconi, S. 113.

5 Die Entstehung der *Forza Italia*

5.1 Vorgeschichte und politische Rahmenbedingungen

Italien 1993: Es war dies in vielerlei Hinsicht ein besonders ereignisreiches Jahr für das Land, das gerade eine tiefe politisch-moralische Krise durchlief. Nach Jahrzehnten der Kontinuität und Beständigkeit war nun plötzlich alles in Bewegung geraten – und keiner wusste so recht wohin. Etablierte Machtstrukturen brachen auf und sogleich in sich zusammen. Ein Großteil des gesamten politischen Establishments befand sich in einer Agonie, aus der es kein Entrinnen mehr gab. Ein gewaltiger Ruck ging durch die gesamte Gesellschaft. Es machte sich im Laufe des Jahres allenthalben ein diffuses Gefühl breit, dass nun eine Ära zu Ende gehen würde und dass danach ein wie auch immer geartetes Neues anzubrechen hätte, so etwas wie eine „Zweite Republik".[324]

In Rom stand zunächst noch der Sozialist Giuliano Amato einer Regierungskoalition aus Christdemokraten, Sozialisten, Sozialdemokraten und Liberalen vor. Noch im Herbst 1992 führte er das Land durch die schweren internationalen Finanzturbulenzen und hatte sich in deren Gefolge darangemacht, unter hitzigen Debatten die gewaltigen staatlichen Industriebeteiligungen zu privatisieren. Gleichzeitig sah sich Amato mit dem Thema der Wahlrechtsreform[325] konfrontiert, an der Mario Segni mit seiner Referendumskampagne beharrlich festhielt. Ein Entgegen- bzw. Zuvorkommen in dieser Frage hatte für die Regierung oberste Priorität. Nach Segnis erfolgreichem Referendum trat die Regierung Amato, wie zuvor angekündigt, im April 1993 zurück. Nachfolger wurde der parteilose ehemalige Gouverneur der Staatsbank, Carlo Azeglio Ciampi, dessen Kabinett angesichts der Parteienkrise fast ausschließlich aus so genannten Technokraten bestand. Die drei Minister aus den Reihen des PDS und der damals noch Grüne Francesco Rutelli waren nach nur wenigen Stunden im Amt gleich wieder zurückgetreten – aus Protest darüber, dass sich das Parlament hinter den langjährigen Premier Craxi gestellt hatte, gegen den die Staatsanwaltschaft ermittelte. Ciampi setzte den Privatisierungskurs seines Vorgängers fort, um die völlig aus den Fugen geratenen öffentlichen Kassen wieder zu sanieren. Gleichfalls bestimmte die Wahlrechtsreform abermals die Arbeit der Regierung, bis diese Anfang August vom Parlament verabschiedet wurde.[326]

---

[324] Vgl. Ignazi, Piero/Katz, Richard S., Introduzione. Ascesa e caduta del governo Berlusconi, in: dies. (Hg.), Politica in Italia. I fatti dell'anno e le interpretazioni, Ed. 95, Bologna 1995, S. 27-48, 27. Zitiert als: Ignazi, Piero/Katz, Richard S., Introduzione.

[325] Näheres zur Wahlrechtsreform von 1993, vgl. Kapitel 3.2.5.

[326] Vgl. Hausmann, Friederike, Kleine Geschichte Italiens, S. 160ff.

Derweil zog der *Tangentopoli*-Skandal[327] immer weitere Kreise und strebte im Frühjahr 1993 seinem ersten desaströsen Höhepunkt entgegen. Einige Zahlen hierzu sprechen Bände: Bis zum 31. März jenes Jahres hatten Staatsanwälte in diesem Zusammenhang 1.356 Personen verhaftet und mehr als tausend Ankündigungen von Untersuchungsverfahren, die allseits gefürchteten so genannten *Avvisi di garanzia*, verschickt. 152 Abgeordnete und Senatoren sowie 852 Politiker der zweiten und dritten Garde waren involviert. Hinzu gesellten sich 1.487 Unternehmer, Angestellte und Beamte. Rund drei Viertel der etwa tausend betroffenen Politiker stammten aus den Regierungsparteien DC und PSI, wohingegen der PDS lediglich 71 und der MSI gar nur vier „schwarze Schafe" zu verzeichnen hatte.[328] Die Linke war also weit weniger betroffen als Christdemokraten und Sozialisten, die ihrerseits mit ansehen mussten, wie eine ihrer herausragenden Figuren nach der anderen von der Staatsanwaltschaft diskreditiert wurde. Dieses Auseinanderbrechen der bisherigen politischen Klasse hätte nach Ansicht des Historikers Paul Ginsborg die Linke um den PDS auf den Plan rufen müssen, politische Führung zu demonstrieren und auf Neuwahlen so schnell als möglich zu drängen. Der Rücktritt der linken Minister aus der Regierung Ciampi sei somit genau das falsche Signal gewesen, und je länger sich der Wahltermin hinauszögerte, desto mehr habe die Rechte Zeit gewonnen, sich neu zu formieren.[329]

Doch trotz dieses strategischen Fehlers trieben die Wogen des christdemokratischen und sozialistischen Niedergangs den PDS und seine kleineren Verbündeten zunächst einmal auf Erfolgskurs. Bei den Kommunalwahlen vom Juni 1993 konnte zwar die *Lega Nord* in Mailand Kapital aus dem Schiffbruch der DC und des PSI schlagen und stellte mit Marco Formentini erstmals den Bürgermeister einer Großstadt; in Turin und Catania hingegen fielen die Mehrheiten der linken Spitzenkandidaten umso überwältigender aus. Die Linke war eindeutig auf dem Vormarsch.[330] Dieser Siegeszug setzte sich dann bei den Bürgermeisterwahlen vom Spätherbst 1993 in allen bedeutenden Städten Italiens fort: Rom, Neapel, Palermo, Genua, Venedig und Triest beispielsweise fielen allesamt an die Linke. Damit gelang es ihr, selbst die *Lega* in Norditalien auszubooten, die neben Mailand nur noch einige Kleinstädte erobern konnte. Die Progressiven (*Progressisti*), wie sich das linke Wahlbündnis mit dem PDS an der Spitze nannte, hatten somit allen Grund zu glauben, dies sei ihre lang ersehnte Chance, nun auch auf nationaler Ebene an die Macht zu kommen, schließlich hatten sie auch die für sie typischen inneren Zwistigkeiten und Streitereien zwischenzeitlich beigelegt und präsentierten sich mehr denn je als geeinte Kraft.[331] „Ich lasse alle Wahlen gewin-

---

[327] Näheres zum *Tangentopoli*-Skandal, vgl. Kapitel 3.2.3.
[328] Vgl. Petersen, Jens, Quo vadis, Italia?, S. 159.
[329] Vgl. Ginsborg, Paul, Die italienische Krise, S. 28f.
[330] Montanelli, Indro/Cervi, Mario, L'Italia di Berlusconi, S. 9.
[331] Pasquino, Gianfranco, Der unerwartete Machtwechsel, S. 388.

nen, und dann fahre ich in die Karibik in Urlaub"[332], wurde denn auch der damalige Parteisekretär des PDS, Achille Occhetto, zu jener Zeit zitiert. Die Würfel für die anstehenden Parlamentswahlen schienen also bereits zugunsten der Linken gefallen zu sein. Lediglich in der Koalitionsfrage gab es noch Spekulationen darüber, ob der PDS mit den Rest-Christdemokraten oder mit der *Lega Nord* zusammen gehen würde. Beide Optionen hätten sich – wie Losano bemerkt – verheerend auf die Zukunft des hoch verschuldeten *Fininvest*-Konzerns ausgewirkt.[333]

Paradoxerweise erlebte Italien 1993 jedoch nicht nur einen Linksruck, sondern gleichzeitig auch – obgleich mit weniger durchschlagendem Erfolg – einen Rechtsruck. Vor allem in Mittel- und Süditalien war es der bis dato allseits geächtete MSI, der in das einst von den Christdemokraten besetzt gehaltene Zentrum vorstieß. Bei den Bürgermeisterwahlen von Ende November/Anfang Dezember 1993 kamen MSI-Chef Gianfranco Fini in Rom und Duce-Enkelin Alessandra Mussolini in Neapel jeweils in die Stichwahlen und erreichten dort mit mehr als vierzig Prozent höchst respektable zweite Plätze. Die von Fini während des Kommunalwahlkampfes propagierte Öffnung hin zur bürgerlichen Mitte zeigte erste Früchte: Bedeutende Exponenten der zersplitternden DC unterstützten nicht mehr die eigenen Kandidaten, sondern Fini und Frau Mussolini. In diese Reihe gesellte sich schließlich auch Silvio Berlusconi mit seiner aufsehenerregenden Stellungnahme zugunsten seines späteren Bündnispartners.[334] Trotz der unerwartet großen Erfolge des MSI bei den Kommunalwahlen[335] sprachen zu jener Zeit mehrere Gründe gegen die These, die Mannen um Fini hätten in die Fußstapfen der DC und des PSI treten können: Die direkte Linie zur faschistischen Ideologie war noch zu deutlich, und damit erwiesen sich auch die ideologischen Gegensätze zwischen dem MSI und den ehemaligen DC- bzw. PSI-Wählern als noch zu groß, ganz abgesehen vom internationalen Sturm der Entrüstung, der wohl allzu stark gewütet hätte.[336]

Doch jenseits dieser Links- und Rechtsbewegungen hatte das Italien des Jahres 1993 noch mit Problemen ganz anderer Art fertig zu werden: Eine Terror-

---

[332] Zitiert nach: Ferraris, Luigi V., Ist Italien eine „neue" Republik?, S. 5.

[333] Vgl. Losano, Mario G., a.a.O., S. 54.

[334] Braun, Michael, Einwanderungsfrage und Staatskrise in Italien, S. 45. Näheres zur Parteinahme Berlusconis, vgl. Kapitel 5.2.

[335] Neben den Prestige-Erfolgen in Rom und Neapel konnte der MSI immerhin in neunzehn Städten die neuen Bürgermeister stellen, darunter in den vier Provinz-Hauptstädten Benevento, Latina, Chieti und Caltanissetta. Vgl. McCarthy, Patrick, Forza Italia. The New Politics and Old Values, S. 140.

[336] Pallaver, Günther, Der Winterkönig. Berlusconis Versuch, *leadership* auszuüben und der repräsentativen Demokratie eine plebiszitäre Krone aufzusetzen, in: Österreichische Zeitschrift für Politikwissenschaft, 26. Jg. (1997), H. 4, S. 407-422, 412f. Zitiert als: Pallaver, Günther, Der Winterkönig.

welle suchte die Halbinsel heim. In Rom entging der beliebte TV-Talkmaster Maurizio Costanzo im Mai nur knapp einem Attentat. Umso zielsicherer ging dafür kurz darauf in der Nähe der Florentiner Uffizien eine Autobombe hoch, die fünf Menschen das Leben kostete und zahlreiche Kunstschätze zerstörte. Ende Juli explodierten dann fast zeitgleich drei weitere Bomben: In Mailand starben fünf Personen, und in Rom galten die Anschläge zwei bedeutenden Kirchen. Obwohl keine Bekennerbriefe auftauchten, sprachen viele Indizien für eine Seilschaft zwischen der sizilianischen *Cosa Nostra* und Mitarbeitern des italienischen Geheimdienstes als Urheber dieses Terrors. Die Vermutung liegt nahe, dass es das vorrangige Ziel war, allgemein destabilisierend zu wirken und in der Bevölkerung Furcht zu säen. Wahrscheinlich sollte damit nicht zuletzt der gerade erst in Gang gekommene politische Wandel, den die große Mehrzahl der Italiener durchaus willkommen hieß, konterkariert werden.[337]

Nach diesem Jahr des aufgeheizten politischen Klimas entschloss sich schließlich der damalige Staatspräsident, der Christdemokrat Oscar Luigi Scalfaro, Mitte Januar 1994 für vorgezogene Neuwahlen. Als Datum hierfür nannte er den 27. und 28. März 1994. Damit entsprach er immer lauter werdenden Stimmen, die nach der Verabschiedung der Wahlrechtsreform ein dem neuen Wahlmodus entsprechend zusammengesetztes Parlament forderten. Außerdem sollte damit der große Befreiungsschlag gelingen: eine Trennung von der ständig wachsenden Zahl an Abgeordneten, gegen die strafrechtliche Ermittlungen liefen.[338] Doch für die politische Zukunft Italiens insgesamt ging es noch um weit mehr bei diesen ausgerufenen Wahlen, die je nach Ausgang den angebrochenen Transformationsprozess in ganz unterschiedliche Bahnen lenken konnten.[339]

5.2 „Scendo in campo" – Berlusconi betritt die politische Arena

Um es gleich vorwegzunehmen: Allerlei Spekulationen ranken sich um den Eintritt Berlusconis in die Politik, sein – so wörtlich – „Einlaufen ins Feld".[340] Auf die Fragen, wann er dies beschlossen hatte und aus welcher Motivation heraus, gibt es ganz unterschiedliche und zum Teil sogar sich widersprechende Antwor-

---

[337] Vgl. so z.B. Roques, Valeska von, a.a.O., S. 157f.

[338] Vgl. Losano, Mario G., a.a.O., S. 55.

[339] Vgl. Pasquino, Gianfranco, Der unerwartete Machtwechsel, S. 384.

[340] Vgl. Fix, Elisabeth, Die Genese der „Bewegungspartei" als neuer Parteityp im politischen System Italiens, in: Nedelmann, Brigitta (Hg.), Politische Institutionen im Wandel, Sonderh. 35/1995 der Kölner Zeitschrift für Soziologie und Sozialpsychologie, Opladen 1995, S. 188-214, 204. Zitiert als: Fix, Elisabeth, Die Genese der „Bewegungspartei". Der Ausdruck „Einlauf ins Feld" („Discesa in campo") ist der Fußballsprache entliehen und bezeichnet eigentlich den Einzug von Fußballmannschaften auf das Spielfeld. Es gehörte zur Erfolgsstrategie Berlusconis, auf beliebte Fußball-Parolen zurückzugreifen.

ten. Auch an dieser Stelle wird es nicht möglich sein, diese Widersprüchlichkeiten – vor allem zwischen den Angaben Berlusconis selbst und denen seiner Kritiker – zweifelsfrei zu klären: „Wann genau und aus welchen Gründen Berlusconi sich mit der Absicht zu tragen begann, politisch aktiv zu werden, wird man nie erfahren."[341] Und doch lassen sich in der Retrospektive zumindest einige interessante und aufschlussreiche Fakten und Etappen ausfindig machen, die über die wohlwollende These hinausgehen, Berlusconi habe genug Geld verdient und wolle jetzt endlich Geschichte schreiben.[342]

Nach Rauen[343] und Maraffi[344] vollzog sich der offizielle Einstieg Berlusconis in die Politik in mehreren Etappen nach einem Plan, den seine Marketingberater bis ins Detail ausgearbeitet hatten. Bereits Monate vor seiner öffentlichen Ankündigung vom 26. Januar 1994, selbst als Spitzenkandidat der *Forza Italia* ins Rennen zu gehen, sandte er mehrfach Signale aus, die in diese Richtung deuteten. Damit sollte Schritt für Schritt ein Image aufgebaut werden, das einen Unternehmer präsentierte, der um das Schicksal des Vaterlandes besorgt war und dem aus patriotischem Verantwortungsgefühl nichts anderes übrig blieb, als in die Politik zu gehen.

Den Anfang machte eine Verlautbarung Berlusconis von Ende Oktober 1993, wonach er auswandern würde, sollte die Linke die anstehenden Kommunalwahlen gewinnen. Nach der ersten Runde dieser Wahlen erklärte er dann am 22. November 1993 in einer berühmt gewordenen Stellungnahme während der Einweihung eines neuen Supermarktes, wenn er in Rom den Bürgermeister zu wählen hätte, würde er sich bei der Stichwahl am 5. Dezember ganz klar für MSI-AN-Chef Gianfranco Fini entscheiden. Nur wenige Tage darauf, am 26. November, brachte er sich bei einer Pressekonferenz in Rom mit Auslandskorrespondenten[345], die in einem seiner Fernsehkanäle ungekürzt übertragen wurde, erstmals selbst öffentlich ins Spiel. Er habe zwar noch nicht die Absicht, sich persönlich

---

[341] Rauen, Birgit, Forza Italia. Der Kommunikationsstil einer Ein-Mann-Partei, in: Ferraris, Luigi V. [u.a.] (Hg.), Italien auf dem Weg zur „zweiten Republik"? Die politische Entwicklung Italiens seit 1992, Frankfurt a.M. [u.a.] 1995, S. 167-178, 168. Zitiert als: Rauen, Birgit, Forza Italia. Der Kommunikationsstil einer Ein-Mann-Partei.

[342] Vgl. Corrias, Pino [u.a.], 1994. Colpo grosso, Mailand 1994, S. 127.

[343] Vgl. Rauen, Birgit, Berlusconi, S. 351.

[344] Vgl. Maraffi, Marco, Forza Italia, S. 248.

[345] Interessanterweise dementierte Berlusconi bei dieser Gelegenheit noch, mit dem MSI-AN zu liebäugeln. So berichtet die damals anwesende Journalistin Valeska von Roques von einem Zornesausbruch Berlusconis auf die Frage, ob er die internationalen Reaktionen seiner Pro-Fini-Stellungnahme bedacht hätte: „Schämt Euch. Das ist eine Schande. Mir Sympathien für die Neofaschisten zu unterstellen! Das ist Stalinismus, einen mit Lügen fertig zu machen. Unter Euch sind einfach zu viele, die ihr Hirn bei den Kommunisten abgegeben haben." Zitiert nach: Roques, Valeska von, a.a.O., S. 196.

in der Politik zu engagieren ("Das ist ein bitterer Kelch, den ich von mir fern zu halten hoffe."[346]), ausschließen könne er dies allerdings nicht für den Fall, dass

> "die Protagonisten des gemäßigten Lagers nicht die Kraft finden, ein neues Aggregationszentrum zu bilden, ihre Spaltungen nicht überwinden und auch nicht auf die vielen guten Gründe für die Einheit setzen. In diesem Fall müsste ich mich direkt einmischen, indem ich mir die Verantwortung auflade, die aus vierzig Arbeitsjahren herrührt, und das Vertrauen, das weite Teile der Bevölkerung mir entgegenbringen, ins Feld werfen."[347]

Ob Berlusconi zu diesem Zeitpunkt seinen Einstieg in die Politik wirklich nur als letzte Option betrachtete oder ob seine Entscheidung längst gefallen war und diese Ankündigung lediglich dazu diente, die Öffentlichkeit auf ihn als Ministerpräsidentschafts-Kandidaten einzuschwören, bleibt schwer zu sagen. McCarthy[348] und sich daran anlehnend auch Lalli[349] sehen in den Kommunalwahlen vom Herbst 1993 das ausschlaggebende Moment für Berlusconis Entscheidung, sich nun an vorderster Front politisch zu exponieren. Bei diesem Urnengang zeigte sich insbesondere, dass die Linke aus der Uneinigkeit zwischen *Lega Nord*, MSI-AN und den Resten der Christdemokraten Profit schlagen konnte. Seit einigen Wochen stand Berlusconi nun schon im Gespräch mit Exponenten des gemäßigten Lagers wie dem populären Referendumsanführer Mario Segni und dem Christdemokraten Mino Martinazzoli. In diesen Verhandlungen drängte der Medienunternehmer auf die Schaffung eines möglichst breiten, gegen die Linke gerichteten Mitte-Rechts-Bündnisses. Segni hätte nach diesen anfänglichen Überlegungen Spitzenkandidat einer solchen Allianz werden sollen. Berlusconi versprach ihm für diesen Fall seine Unterstützung mit Hilfe seiner gerade im Entstehen begriffenen *Forza Italia* sowie seiner Fernsehkanäle. Es kam jedoch bekanntermaßen anders, denn Berlusconi hat Segni schließlich fallen lassen, nachdem dieser sich geweigert hatte, mit dem bei den Kommunalwahlen so erfolgreichen MSI-AN ein Bündnis einzugehen. Für Berlusconi indes „war die Einbeziehung des MSI-AN in ein Wahlbündnis eine Conditio sine qua non, da sein Ziel ja einzig und allein darin bestand, möglichst viele Parteien gegen den PDS zusammenzuführen"[350]. Somit sah sich Berlusconi letzten Endes gezwungen, selbst das Ruder in die Hand zu nehmen. Im Nachhinein beschuldigte Segni Berlusconi, der ursprüngliche Plan sei nur ein Vorwand gewesen, um vorzuführen, dass die etablierten Politiker ihrer Aufgabe nicht mehr gewachsen gewesen

---

[346] Zitiert nach: Maraffi, Marco, Forza Italia, S. 248 (eig. Übers.).

[347] Zitiert nach: ebd. (eig. Übers.).

[348] Vgl. McCarthy, Patrick, Forza Italia. The New Politics and Old Values, S. 140.

[349] Vgl. Lalli, Roberto P., Lega Nord, Forza Italia und Movimento Sociale Italiano-Alleanza Nazionale. Eine Instrumentelle Koalition ohne programmatisch-ideologische Kongruenz?, Diss., Univ. Stuttgart, 1998, S. 117f.

[350] Ebd., S. 118.

seien, so dass sich Berlusconi als Retter in der Not hätte darstellen können. Dem entgegnete man seitens der *Fininvest* jedoch, das Angebot sei durchaus ernst gemeint gewesen. Segni hätte allerdings durch sein recht unkooperatives Verhalten seine Chance selbst vertan.[351] Diese Auffassung vertritt auch der FI-Politiker Antonio Tajani.[352]

Aufzuklären ist dieser Streit wohl letztlich nicht mehr. Zahlreiche Indizien weisen allerdings darauf hin, dass Berlusconi bereits lange vor den Kommunalwahlen von 1993 daran dachte, die neue politische Ordnung aktiv zu beeinflussen – Gilioli meint sogar seit den Parlamentswahlen von 1992, bei denen vor allem Christdemokraten und Sozialisten herbe Verluste erlitten,[353] laut McCarthy dagegen seit dem Wahlrechtsreferendum vom April 1993, als klar wurde, dass das alte Regime ausgedient hatte.[354] Fest steht jedenfalls: Die *Fininvest* hatte unmittelbar nach den Kommunalwahlen von Anfang Juni 1993, bei denen ebenfalls schon die Linke triumphiert hatte, eine Meinungsumfrage in Auftrag gegeben, um herauszufinden, wie die Bevölkerung auf einen Eintritt Berlusconis in die Politik reagieren würde. Zumindest der Gedanke an einen Wechsel in die Politik musste somit bei Berlusconi bereits seit Mitte 1993 vorhanden gewesen sein.[355] Ein konkretes Datum, wann sich Berlusconi zu seinem Schritt durchgerungen haben könnte, wusste zwar nicht einmal der inzwischen verstorbene Nestor des italienischen Journalismus, Indro Montanelli, zu nennen.[356] Doch schilderte dieser ein Treffen Berlusconis mit engen *Fininvest*-Mitarbeitern vom Spätsommer 1993, bei dem es um Berlusconis Eintritt in die Politik gegangen sein soll. Ende September soll sich Berlusconi dann auch mit dem politisch einflussreichen FIAT-Ehrenpräsident Giovanni Agnelli in dieser Sache unterhalten haben, der auf dessen Pläne nicht unbedingt abgeneigt reagiert haben soll.[357] Der ehemalige sozialistische Ministerpräsident Bettino Craxi indes gab dem Journalisten Paolo Franchi zufolge Berlusconi den freundschaftlichen Rat, von dieser

---

[351] Vgl. McCarthy, Patrick, Forza Italia. The New Politics and Old Values, S. 140.

[352] Vgl. Interview des Autors mit Antonio Tajani, Vorsitzender der FI-Gruppe im Europaparlament, regionaler FI-Koordinator in Latium und FI-Gründungsmitglied, in Rom am 1.8.2003.

[353] Vgl. Gilioli, Alessandro, a.a.O., S. 180. Auf die Frage eines Journalisten, wen Berlusconi gerne als künftigen Ministerpräsidenten sehen würde, soll dieser am 13. Juni 1992 geantwortet haben: „Wer kann das schon sagen? Aber ich habe im *Indipendente* eine Meinungsumfrage gesehen, nach der 76 Prozent meinen Namen angaben: Wenn die Dinge so stünden, wenn viele mich darum bitten würden, könnte ich vielleicht einen Gedanken daran verschwenden." Zitiert nach: ebd. (eig. Übers.). Auch der *Fininvest*-Manager Ezio Cartotto soll Schlamp zufolge berichtet haben, dass Berlusconis Entscheidung, in die Politik zu gehen, bereits im Frühsommer 1992 gefallen sei. Vgl. Schlamp, Hans-Jürgen, Die Akte Berlusconi, S. 120.

[354] McCarthy, Patrick, Forza Italia. Nascita e sviluppo, S. 57.

[355] Vgl. Seißelberg, Jörg, Berlusconis Forza Italia, S. 210.

[356] Vgl. Montanelli, Indro/Cervi, Mario, L'Italia di Berlusconi, S. 25.

[357] Vgl. ebd., S. 28.

Idee schleunigst wieder abzusehen, da er prophezeite, man werde ihn andernfalls „fertig machen".[358]

Umstritten waren die Ambitionen Berlusconis aber auch innerhalb der *Fininvest*. Selbst seine engsten Mitarbeiter teilten sich in zwei Lager auf: Fedele Confalonieri, der nach dem Wechsel Berlusconis in die Politik dessen Platz an der Spitze der Unternehmensgruppe einnahm, gehörte zu den entschiedensten Gegnern dieses Schrittes, wohingegen der für den *AC Milan* verantwortliche Adriano Galliani zusammen mit Publitalia-Chef Marcello Dell'Utri die Reihe der Befürworter anführte.[359] Es folgte eine Art Katz- und Mausspiel, bei dem Berlusconi je nach seinem Gegenüber mal so und mal anders zu seinen politischen Ambitionen Stellung bezog. Am 18. Dezember 1993 gab er dem Christdemokraten Martinazzoli zu bedenken, noch sei er bereit, sich zurückzuziehen, um dann drei Tage später Fini zu versichern, er werde nun doch antreten.[360]

Dessen ungeachtet verfolgte der *Fininvest*-Chef bis zum Januar 1994 weitgehend die Rolle eines Maklers im Hintergrund. Entsprechend berichten Ignazi und Katz[361], wie sich noch um die Jahreswende 1993/94 sämtliche Spitzenpolitiker, die nicht mit der Linken verbündet waren – von Umberto Bossi bis Mino Martinazzoli, von Mario Segni bis Marco Pannella –, in Berlusconis luxuriöser Privatvilla in Arcore bei Mailand die Klinke in die Hand gaben. Es ist jedoch stark davon auszugehen, dass er ganz bewusst auf das Scheitern seiner Vermittlermission hinarbeitete. Denn

> „nachdem Berlusconi zahlreiche Vermittlungsversuche unternommen hatte, verlieh ihm sein Eintritt in die politische Arena jene Aura des ‚Vaterlandserretters', der gezwungen war, den Wohlstand eines Millionärs für das Wohl des Landes aufzugeben (wie er selbst mehrfach behauptete)"[362].

Laut Seißelberg ergab sich der hinausgezögerte Eintritt des Medientycoons in die Politik insbesondere aus seinen hohen Sympathiewerten, die sich bei einer möglichst späten Bekanntgabe seiner Kandidatur am effektivsten ausnutzen ließen. Je später er diesen Schritt tätigte, desto länger konnte er formal die Rolle des Überparteilichen für sich nutzen und die Politik kritisieren, ohne als Politiker der

---

[358] Vgl. Interview des Autors mit Paolo Franchi, Leitartikler der Tageszeitung *Corriere della Sera*, in Rom am 5.5.2003.

[359] Vgl. McCarthy, Patrick, Forza Italia. The New Politics and Old Values, S. 138. Di Virgilio geht davon aus, dass die zunächst zwiespältige Haltung Berlusconis bezüglich seines Wechsels in die Politik auch mit diesen Unstimmigkeiten innerhalb der *Fininvest* in Zusammenhang stand. Vgl. Di Virgilio, Aldo, Dai partiti ai poli. La politica delle alleanze, in: Rivista di Scienza Politica, 24. Jg. (1994), Nr. 3, S. 493-547, 502. Zitiert als: Di Virgilio, Aldo, Dai partiti ai poli.

[360] Vgl. Wallisch, Stefan, Aufstieg und Fall der Telekratie, S. 128.

[361] Vgl. Ignazi, Piero/Katz, Richard S., Introduzione, S. 36.

[362] Ebd. (eig. Übers.).

direkten Kritik ausgesetzt zu sein. Seine Beliebtheitswerte schnellten derweil immer stärker in die Höhe.[363]

Nachdem der mühsam unter Dach und Fach gebrachte Pakt zwischen Segni und der *Lega* im Nachhinein wieder geplatzt war, sah Berlusconi seine Stunde gekommen und gab offiziell seine Kandidatur bekannt. Wirklich überraschen konnte das eigentlich niemanden mehr, nicht zuletzt weil die Berlusconi-Sender mit einer massiven Kampagne bereits seit Wochen die Öffentlichkeit gezielt auf dieses Ereignis vorbereitet hatten.[364] In einer berühmt gewordenen Fernsehansprache wandte sich Berlusconi am 26. Januar 1994 an seine Landsleute, um ihnen seinen Entschluss mitzuteilen. Hier seien die wichtigsten Passagen dieser „Rede an die Nation" wiedergegeben:

> „Italien ist das Land, das ich liebe. Hier befinden sich meine Wurzeln, meine Hoffnungen, meine Perspektiven. Hier habe ich von meinem Vater und vom Leben meine Unternehmertätigkeit erlernt. Hier habe ich die Leidenschaft für die Freiheit gelernt.
>
> Ich habe mich entschlossen, in das Feld einzulaufen und mich dem Staat zu widmen, weil ich nicht in einem illiberalen Land leben möchte, das von unreifen Kräften regiert wird und von Menschen, die für immer einer verheerenden politischen und wirtschaftlichen Vergangenheit angehören. [...]
>
> Gerade in dieser Stunde braucht Italien [...] Persönlichkeiten, die den Kopf auf den Schultern tragen, die konsolidierte Erfahrungen mitbringen, die kreativ und innovativ sind, die fähig sind zu helfen, die den Staat wieder ankurbeln. [...]
>
> Unsere Linken geben vor, sich verändert zu haben. Sie sagen, sie seien liberaldemokratisch geworden. Aber das stimmt nicht. Es sind immer noch die gleichen Männer, ihre Mentalität, ihre Kultur, ihre tiefsten Überzeugungen, ihr Verhalten sind gleich geblieben. Sie glauben nicht an den Markt, sie glauben nicht an die Privatinitiative, sie glauben nicht an den Profit, sie glauben nicht an das Individuum. [...] Sie haben sich nicht verändert. Hört sie Euch an, wie sie reden, schaut ihre Nachrichtensendungen, die der Staat bezahlt, lest ihre Zeitungen. Sie glauben an nichts mehr. [...]
>
> Deshalb sind wir gezwungen, uns ihnen entgegenzustellen. Denn wir glauben an das Individuum, an die Familie, an das Unternehmen, an den Wettbewerb, an den Fortschritt, an die Effizienz, an den freien Markt und an die Solidarität, die Tochter der Gerechtigkeit und der Freiheit."[365]

Die Reaktionen der politischen Gegner Berlusconis auf diese bedeutungsschwere und sehr dramatisch gehaltene Rede waren auffallend indifferent. Her-

---

[363] Vgl. Seißelberg, Jörg, Berlusconis Forza Italia, S. 219.

[364] Vgl. Weber, Peter, Italiens demokratische Erneuerung, S. 186f. So strahlten die *Fininvest*-Sender unter anderem zum Jahreswechsel 1993/94 eine Art Neujahrsansprache Berlusconis aus, in der er auf seine politischen Ideen einging. Vgl. Seißelberg, Jörg, Berlusconis Forza Italia, S. 211.

[365] Rede Silvio Berlusconis anlässlich seines Einstiegs in die Politik am 26.1.1994 („Discesa-in-campo"-Rede), in: http://www.forza-italia.it/partito/gliinizidiforzaitalia/ladiscesaincampo.html (10.11.2001) (eig. Übers.).

unterspielen hieß das Gebot der Stunde. Segni behauptete, ihn interessiere gar nicht erst, was sein ehemaliger Ratgeber politisch denke, und Massimo D'Alema von den Linksdemokraten machte sich Mut, kaum jemand würde auf die Idee kommen, Berlusconi zu wählen, schließlich befinde man sich ja nicht in Brasilien.[366] Ungeachtet solcher Äußerungen machte Berlusconi ernst und legte drei Tage nach dieser spektakulär inszenierten Ankündigung alle seine offiziellen Ämter in der *Fininvest* nieder. Lediglich Präsident des *AC Milan* wollte er noch bleiben.[367]

Auf der ersten *Forza-Italia-Convention* am 6. Februar 1994 in Rom, sozusagen der offiziellen Wahlkampferöffnung der FI, ging Berlusconi mit folgenden Worten abermals auf die Gründe seiner Entscheidung ein:

„Ich habe eine Art Verantwortung vernommen, die nicht enttäuscht werden konnte, und ich habe gesagt [...], dass ich mich fühlte wie jemand, der zu einer Reise aufbrechen musste, zu einem schönen Urlaub, zu einem angenehmen Treffen, der plötzlich aber neben sich jemanden fand, dem er Hilfe zu leisten hatte. Deshalb: Trotz des Urlaubs, der Reise, des Treffens wäre es nicht möglich gewesen wegzuschauen, denn das hat einen konkreten Namen. Ich würde das [...] unterlassene Hilfeleistung nennen. [...] Wenn eine Gefahr das Land bedroht, gibt es einen Ruf, wenn die Gefahr groß ist, ist der Ruf laut!"[368]

Unweigerlich fällt hier die besondere, an die Bibel angelehnte Sprachweise auf, derer sich Berlusconi bediente. Hier mal eine Parabel, da das Wort vom „bitteren Kelch", den er trinken müsse oder vom „Kreuz", das er sich aufzuerlegen gezwungen sähe, oder gar Vergleiche zwischen ihm und Jesus Christus bzw. zwischen dem *AC Milan* und dem Papst – all dies hatte System: Dieser auf den ersten Blick wohl amüsant wirkende, in den Augen vieler jedoch beunruhigende Rückgriff auf die Religion war integraler Bestandteil der Eintrittskampagne Berlusconis: In ihm sollten die Italiener den letzten Retter des Vaterlandes erblicken.[369]

Dass Berlusconi wirklich einzig und allein in die Politik ging, um seinem Vaterland zu dienen und das Land vor einem Wahlsieg der Linken zu bewahren, ist höchst fraglich. Zahlreiche Beobachter sind ganz im Gegenteil fest davon überzeugt, dass hinter dieser Entscheidung weniger Patriotismus als vielmehr

---

[366] Vgl. Montanelli, Indro/Cervi, Mario, L'Italia di Berlusconi, S. 58f.

[367] Vgl. Wallisch, Stefan, Aufstieg und Fall der Telekratie, S. 129f.

[368] Rede Silvio Berlusconis anlässlich der Eröffnung der ersten FI-*Convention* in Rom am 6.2.1994, in: Mennitti, Domenico (Hg.), Forza Italia. Radiografia di un evento, Rom 1997, S. 212-217, 213 (eig. Übers.).

[369] Vgl. McCarthy, Patrick, Forza Italia. Nascita e sviluppo, S. 55. Näheres über Berlusconis Instrumentalisierung der Religion, vgl. Pallaver, Günther, L'unto del signore. Berlusconi, Forza Italia und das Volk, in: Österreichische Zeitschrift für Politikwissenschaft, 24. Jg. (1995), H. 3, S. 317-328, 325f. Zitiert als: Pallaver, Günther, L'unto del signore.

Eigeninteresse steckte.[370] Auch die politischen Gegner warfen Berlusconi immer wieder vor, mit dieser Entscheidung in erster Linie seine Wirtschaftsinteressen verteidigen zu wollen, und ebenso gebetsmühlenartig wies Berlusconi derlei Anschuldigungen weit von sich: Es gehe ihm allein um die Verteidigung der Freiheit gegen eine illiberale Linke, so lautete im Wesentlichen – wie bereits angeklungen – die Rechtfertigung Berlusconis.[371]

Wenn auch dieser Streit mit letzter Sicherheit nicht zu klären ist, sind doch angesichts bestimmter Realitäten große Zweifel an der Version Berlusconis angebracht. So hatte der frisch gebackene Politiker zu eben jener Zeit allen Grund, sich um sein Wirtschaftsimperium ernsthaft Sorgen zu machen. Nachdem Bettino Craxi und andere bedeutende politische Protektoren aus den Schaltzentralen der Macht gedrängt worden waren, war die *Fininvest* äußerst verwundbar geworden. Eine Reform des Mediengesetzes stand bereits für 1995 auf der Tagesordnung, und es war genau dieses Gesetz, auf dem Berlusconis Monopolstellung im privaten Fernsehsektor gründete. Ein ihm freundlich gesonnener politischer Kontext wie in der Vergangenheit war für den Fortbestand der *Fininvest* geradezu essenziell. Ein Sieg der Linken hingegen hätte schlichtweg den Anfang vom Ende der *Fininvest* in ihrer damaligen Form bedeutet.[372] Als ob dies nicht schon gereicht hätte, steckte Berlusconi zu Beginn der neunziger Jahre auch noch in einer prekären Finanzkrise.[373] Besonders spitze Zungen schimpften ihn daher schon spöttisch *Sua Insolvenza*, was mit der Anrede „Ihre Insolvenz" mehr schlecht als recht übersetzbar ist.[374]

Ein weiterer Faktor sorgte im Sommer 1993 für zusätzliches Kopfzerbrechen in den Führungsetagen der *Fininvest*. Im Zuge der *Mani-pulite*-Ermittlungen geriet das Mailänder Firmenkonglomerat erstmals unter Korruptionsverdacht. Unter

---

[370] So z.B. D'Agostino, Guido/Vigilante, Riccardo, Le elezioni politiche del marzo 1994, in: Italia Contemporanea, 38. Jg. (1994), Nr. 195, S. 221-230, 222; Trautmann, Günter/Ullrich, Hartmut, Das politische System Italiens, in: Ismayr, Wolfgang (Hg.), Die politischen Systeme Westeuropas, 3. Auflg., Opladen 2003, S. 553-607, 587; Fix, Elisabeth, Die Genese der „Bewegungspartei", S. 205.

[371] Vgl. Gundle, Stephen, Rai e Fininvest nell'anno di Berlusconi, in: Ignazi, Piero/Katz, Richard S. (Hg.), Politica in Italia. I fatti dell'anno e le interpretazioni, Ed. '95, Bologna 1995, S. 229-253, 233.

[372] Diese Befürchtungen waren berechtigt, denn in der Vergangenheit waren die Interessen Berlusconis und die Politik der Linken stets frontal aufeinander geprallt. So startete z.B. der PCI 1988 eine Kampagne gegen Werbepausen in Spielfilmen. Darin sah Berlusconi, dem die damaligen Regierungsparteien gleich zu Hilfe eilten, ein Beispiel für staatliche Einmischung in den freien Markt. Vgl. McCarthy, Patrick, Forza Italia. The New Politics and Old Values, S. 132.

[373] Näheres hierzu, vgl. Kapitel 4.

[374] Vgl. Schmid, Fred, Forza Italia. Vorwärts in die Vergangenheit! Ökonomische Hintergründe zur Rechtsentwicklung in Italien, hrsgeg. v. ISW – Sozial-ökologische Wirtschaftsforschung München e.V., Reihe ISW spezial, Nr. 7, München 1994, S. 12. Näheres zur finanziellen Lage der *Fininvest*, vgl. auch Kapitel 4.

anderem ging es dabei um Gelder, die an Davide Giacalone geflossen sein sollen, einen Assistenten des ehemaligen Post- und Telekommunikationsministers Oscar Mammì, der federführend am gleichnamigen Mediengesetz von 1990 beteiligt gewesen war.[375]

Der Zusammenhang zwischen all diesen Faktoren und den nun öffentlich gewordenen politischen Ambitionen Berlusconis ist schwer von der Hand zu weisen, so dass Fiori zu der Überzeugung gelangt: Berlusconi ist „aus Verzweiflung in die Politik eingetreten"[376]. Auch der *Fininvest*-Spitzenmanager Fedele Confalonieri wird mit den Worten zitiert: „Die Wahrheit ist, dass Berlusconi, wenn er nicht in die Politik gegangen wäre und Forza Italia gegründet hätte – dass wir dann heute unter den Brücken schlafen würden oder mit Mafia-Angeklagten im Gefängnis säßen."[377] Und selbst Berlusconi soll nach Angaben des Star-Journalisten Enzo Biagi einmal gestanden haben: „Wenn ich nicht in die Politik gehe, dann lassen sie mich pleite gehen und im Gefängnis enden."[378] Anderen Angaben zufolge soll sich Berlusconi ähnlich geäußert haben: „Die Sozialisten sind zerfallen. Ich habe keine Protektion mehr, denn alle anderen Parteien sind gegen mich. Also muss ich selbst Politiker werden, um mich zu schützen."[379] Schließlich wusste der Medienunternehmer nur zu gut, wie sehr seine Sender etwa von der Gewährung staatlicher Konzessionen abhingen. Nur einige Regierungsmaßnahmen in diesem Sektor hätten genügt, und sein bereits stark angeschlagenes Medienimperium wäre dem Untergang geweiht gewesen. Und eine PDS-dominierte linke Regierung – daran konnte kaum ein Zweifel bestehen – hätte derartige Aktionen zügig in Angriff genommen. PDS-Chef Occhetto war bekannt für seine Haltung gegen die Medien-Konzentration in den Händen Berlusconis.[380] Somit muss davon ausgegangen werden, dass bei dem Wechsel Berlusconis in die Politik zumindest „ein gewisses Maß an (il)legitimer eigener Interessenvertretung [..] gewiss im Spiel"[381] war. Und selbst Domenico Mennitti,

---

[375] Vgl. McCarthy, Patrick, Forza Italia. The New Politics and Old Values, S. 137.

[376] Fiori, Giuseppe, a.a.O., S. 204.

[377] Zitiert nach: Braun, Michael, Reise zurück ins Zwielicht, in: Die Tageszeitung (taz), 16.2.2002, S. 4.

[378] Zitiert nach: Schlamp, Hans-Jürgen, Die Akte Berlusconi, S. 121.

[379] Zitiert nach: N.N., Kleiner Cäsar, großer Zampano, in: http://www.stern.de/politik/ausland/index.html?id=510240&nv=fs&c=8 (11.7.2003).

[380] Vgl. Montanelli, Indro/Cervi, Mario, L'Italia di Berlusconi, S. 26. Entsprechend schilderte Indro Montanelli, ehemals Direktor der Berlusconi-eigenen Zeitung *Il Giornale*, ein Gespräch zwischen ihm und Berlusconi vom Januar 1994: „Ich hatte ihm geraten, ja ich hatte ihn sogar angefleht, nicht in die Politik einzusteigen. ,Wenn ich nicht hineingehe, reißen sie mich in Stücke', antwortete er mir wörtlich. ,Sie reißen dich in Stücke, wenn du hineingehst', erwiderte ich." Montanelli, Indro, Io e il Cavaliere qualche anno fa, in: Corriere della Sera, 25.3.2001, S. 1 (eig. Übers.).

[381] Pasquino, Gianfranco, Der unerwartete Machtwechsel, S. 387.

der erste nationale FI-Koordinator, möchte nicht ausschließen, dass wirtschaftliche Gesichtspunkte die Entscheidung Berlusconis beeinflussten.[382]

Dennoch würde man es sich laut dem Politikwissenschaftler Angelo Bolaffi zu einfach machen, wenn man allein persönliche Beweggründe unterstellen würde. Bolaffi behauptet vielmehr, dass der Wechsel Berlusconis auch politisch motiviert gewesen sei. Gerade diese Verquickung von Interessen würde bis in die Gegenwart hinein zu großen Problemen führen, wie Bolaffi weiter erläutert:

> „Es wäre zu vereinfachend, die Rolle und den politischen Aufstieg Berlusconis nur als eine Strategie persönlicher Interessen zu betrachten. Ich glaube, dass sich in der Person Berlusconis das funktionale und das persönliche Moment decken. Und das ist seine Stärke. Diese beiden Momente machen, wie wir heute noch sehen, die Rolle und die Figur Berlusconis strukturell streitbar, das heißt, man schafft es nie, diese beiden Momente voneinander zu trennen."[383]

Es stellte zwar noch nie die Regel dar, dass sich Großunternehmer plötzlich der Politik verschrieben, doch war Berlusconi keinesfalls der Erste, der auf diese Idee kam. Mit Bernard Tapie, dem Ex-Fußballpräsidenten von *Olympic Marseille* in Frankreich oder dem polnischen Unternehmer Stanislaw Tyminskj gab es bereits Präzedenzfälle dieser Art. Am meisten lohnt der Vergleich mit dem Amerikaner Ross Perot, der beinahe das Zweiparteiensystem der Vereinigten Staaten gesprengt hätte: Auch Perot hatte mit seinem Slogan „United we stand" eine ähnlich appellative Wirkung erzielen können wie Berlusconi mit dem Schlachtruf „Forza Italia"; beide verkündeten ihren Eintritt in die Politik über das Fernsehen; beide stützten sich personell wie organisatorisch ganz massiv auf ihre jeweiligen Firmenstrukturen; aber: Perot hatte im Gegensatz zu Berlusconi keine eigene Kommunikationsmaschinerie zur freien Verfügung.[384]

Dass nun jedoch mit Berlusconi zum ersten Mal einem solchen politischen Quereinsteiger der Durchbruch aus dem Stand in die Regierung gelang, muss auch im Zusammenhang mit dem hohen gesellschaftlichen Stellenwert gesehen werden, den Wirtschaftsbosse in Italien genießen. Wie beispielsweise die Briten ihrer Königsfamilie huldigen und die Amerikaner Filmstars zu Idolen erheben, so bewundern die Italiener ihre Großunternehmer. Im Fall Berlusconi gilt dies sogar

---

[382] Wörtlich sagte Mennitti: „Berlusconi [...] [war] ein Unternehmer, der sich für die Politik auf der Grundlage der Schwierigkeiten interessierte, die die ganze italienische Wirtschaft betrafen und somit auch seine eigenen Aktionen." Interview des Autors mit Domenico Mennitti, Leiter der Stiftung *Ideazione*, FI-Abgeordneter im Europaparlament und erster nationaler FI-Koordinator, in Rom am 5.5.2003 (eig. Übers.).

[383] Interview des Autors mit Angelo Bolaffi, Professor für politische Philosophie an der römischen Universität *La Sapienza*, in Rom am 1.5.2003 (eig. Übers.).

[384] Vgl. ders., L'unto del signore, S. 317f. Gewisse Ähnlichkeiten mit Berlusconi weist neuerdings aber auch der derzeitige Bürgermeister von New York, Michael Bloomberg, auf, der ebenfalls als Unternehmer im Mediensektor Karriere gemacht hatte. Vgl. Ginsborg, Paul, Berlusconi, S. 59.

in besonderem Maße, identifiziert man ihn doch mit gleich zwei äußerst populären Industriebranchen: Fernsehen und Fußball. Und gerade zu jener Zeit, als Berlusconi in die Politik ging, war auch noch sein *AC Milan* so erfolgreich wie nie.[385] Außerdem hat in Italien die politische Aktivität von Großindustriellen Tradition. Viele von ihnen, wie etwa Alberto Pirelli, Adriano Olivetti oder Umberto Agnelli, der Bruder des langjährigen FIAT-Chefs Giovanni, hatten bereits öffentliche Ämter inne gehabt. Andere benutzten den Arbeitgeberverband *Confindustria* als Politikinstrument bzw. machten mit Hilfe ihrer Zeitungen Politik. Neutrale Großunternehmer gab es in Italien noch nie.[386] Der Schritt Berlusconis in die Politik ist aus diesem besonderen italienischen Kontext heraus wohl noch eher verständlich, als wenn etwa in Deutschland Leo Kirch seinerzeit plötzlich allen Ernstes Regierungschef hätte werden wollen.

5.3 „Operation Botticelli"[387] – Die vermeintliche Geburt aus dem Nichts

Parteineugründungen sind in Italien seit dem traumatischen Einbruch in die Kontinuität des Parteiensystems Anfang der neunziger Jahre nun wahrlich keine Seltenheit. Doch sticht der Fall *Forza Italia* trotzdem heraus, stellte er doch „die wohl schillerndste Parteigründung im Italien der neunziger Jahre"[388] dar. Obwohl sich noch immer so manche Fragezeichen um jene Ereignisse ranken, die zur Gründung der FI führten, sind die wesentlichen Etappen heute trotz der anfänglichen Verschleierungspolitik Berlusconis sehr wohl bekannt.

Bereits der erste Blick täuscht, denn der vermittelt den Eindruck, Entstehung und Aufstieg der FI lägen zeitlich so nahe beisammen, dass hier von einem viel beschworenen „Organisationswunder"[389] ausgegangen werden müsse, das sich wie „auf einen Wink mit dem Zauberstab des Magiers Silvio Berlusconi"[390] ereignet hätte. In der Tat lassen die öffentlich zelebrierten „Events" zunächst kaum andere Schlüsse zu. Von der *Discesa-in-campo*-Rede Berlusconis Ende

---

[385] Vgl. McCarthy, Patrick, Forza Italia. The New Politics an Old Values, S. 132; ders., La crisi dello Stato italiano, Rom 1996, S. 220. Zitiert als: McCarthy, La crisi dello Stato italiano.

[386] Vgl. Romano, Sergio, a.a.O., S. 43.

[387] Die Entstehung der *Forza Italia* wurde anfangs im Geheimen vorangetrieben. So traf sich ab Mitte 1993 einmal wöchentlich eine Gruppe von *Publitalia*-Managern unter Leitung von Marcello Dell'Utri im so genannten „Botticelli-Saal" des Mailänder Hotels *Jolly*, wo man die nötigen Schritte zur Parteineugründung in die Wege leitete. Um nicht entarnt zu werden, benutzte man sogleich einen Codenamen für die Aktivitäten, die zur Gründung der FI führten, eben „Operation Botticelli". Seit die FI öffentlich geworden ist, steht dieser Codename nunmehr für die Entstehungsphase der neuen Partei. Vgl. Madron, Paolo, a.a.O., S. 213.

[388] Zohlnhöfer, Reimut, Die Transformation des italienischen Parteiensystems, S. 1382.

[389] Maraffi, Marco, Forza Italia, S. 251 (eig. Übers.).

[390] Rauen, Birgit, Forza Italia. Der Kommunikationsstil einer Ein-Mann-Partei, S. 167.

Januar 1994 bis zu den siegreichen Wahlen von Ende März liegen genau sechzig Tage, und gerade mal 49 Tage trennen den Wahltriumph vom 6. Februar, dem Tag der ersten so genannten FI-*Convention*, der Auftaktveranstaltung des FI-Wahlkampfs. Sogleich griff man denn auch auf den politikwissenschaftlichen Terminus der „Instantpartei" zurück und wandte ihn auf die FI an. Dieser Begriff kennzeichnet politische Formationen, die plötzlich wie aus dem Nichts aufzutauchen scheinen und unter Ausnutzung eines massiven Protestpotenzials in kürzester Zeit ungewöhnlich stark anwachsen.[391] Dieses Image der „‚spontanen Sammelbewegung' *Forza Italia*"[392] wurde von Seiten Berlusconis ganz bewusst aufgebaut und über die Jahre hinweg auch gepflegt. So zieht Mathieu in einem von Domenico Mennitti[393] 1997 herausgegebenen Sammelband zur FI folgenden Vergleich:

> „Die FI wurde erwachsen geboren wie Minerva – wenn auch unbewaffnet – aus dem Gehirn Jupiters, und deshalb hat sie die Macht im Alter von nur wenigen Monaten übernommen. Sie hat sich entwickelt, wie sich nur Wunder entwickeln, das heißt, auf eine Weise, die die Natur nicht zu erklären vermag. Sie ist einer geheimnisvollen Quelle entsprungen, die das System nicht in sich trug und nicht in sich tragen wollte."[394]

Diese Schnelligkeit, mit der die FI zur stärksten politischen Kraft Italiens aufstieg, verblüffte so manchen außenstehenden Beobachter. Bei näherer Betrachtung wird allerdings ersichtlich, dass die beiden Monate, die zwischen offiziellem Einstieg Berlusconis in die Politik und den Wahlen lagen, nur die Endphase einer bis ins Detail durchorganisierten politischen Operation darstellten. Die Anfänge der FI reichen viel weiter zurück.[395]

Abgesehen von diversen marktsondierenden Untersuchungen über die politischen Präferenzen der Italiener, die bereits im Frühjahr 1993 angelaufen waren, lassen sich die ersten konkreten Aktivitäten zur Formierung einer neuen politi-

---

[391] Vgl. Revelli, Marco, Forza Italia. L'anomalia italiana non è finita, in: Ginsborg, Paul (Hg.), Stato dell'Italia. Il bilancio politico, economico, sociale e culturale di un paese che cambia, Mailand 1994, S. 667-670, 667. Zur Kennzeichnung dieses Phänomens hat sich auch der Begriff *flash party* etabliert. Beispiele hierfür stellen etwa der französische *Rassemblement du Peuple Français* Charles De Gaulles (1947-53) oder der italienische *Fronte dell'Uomo Qualunque* (1945-48) dar. Zwar stiegen auch diese Formationen rasch auf, doch verschwanden sie ebenso schnell wieder in der Bedeutungslosigkeit. Vgl. Poli, Emanuela, Forza Italia, S. 15.

[392] Rauen, Birgit, Forza Italia. Der Kommunikationsstil einer Ein-Mann-Partei, S. 169.

[393] Mennitti war ehemals MSI-Mitglied, schlug sich dann Ende 1993 auf die Seite Berlusconis und stieg in der Anfangszeit faktisch zur Nummer zwei in der *Forza-Italia*-Hierarchie auf. Vgl. McCarthy, Patrick, La crisi dello Stato italiano, S. 217.

[394] Mathieu, Vittorio, La mentalità di Forza Italia, in: Mennitti, Domenico (Hg.), Forza Italia. Radiografia di un evento, Rom 1997, S. 157-182, 165f. (eig. Übers.).

[395] Vgl. Seißelberg, Jörg, Berlusconis Forza Italia, S. 210.

schen Kraft auf Mitte 1993 zurückdatieren.[396] Am 8. Juni 1993 – kurz nach den für die Linke erfolgreichen Kommunalwahlen – beriet sich Berlusconi mit leitenden *Fininvest*-Mitarbeitern wie Angelo Codignoni, Gianni Pilo, Marcello Dell'Utri, Sergio Travaglia und Nicolò Querci sowie mit dem Mailänder Politikwissenschaftler Giuliano Urbani über mögliche Initiativen der *Fininvest* im politischen Sektor. Darauf folgte eine Reihe weiterer Marktforschungserhebungen, die insbesondere die Wahlchancen einer neuen Mitte-Rechts-Partei ausloteten.[397] Ebenfalls im Juni 1993 entstanden in der Lombardei die ersten *Forza-Italia*-Clubs nach dem Vorbild der *AC-Milan*-Fan-Clubs, die sich von dort aus nach und nach über ganz Italien ausbreiten sollten.[398] Die Aufgabe der Koordinierung dieser Clubs fiel einem Verein namens *Associazione Nazionale Forza Italia* (Nationale Vereinigung *Forza Italia*, ANFI) zu, der im Juli 1993 bei Gericht angemeldet wurde. In der Folge verbrachte Berlusconi ganze Abende damit, Listen möglicher Parlamentskandidaten durchzugehen, welche die regionalen Leiter seines Werbeunternehmens *Publitalia* erstellt hatten. Damit liefen die organisatorischen Vorbereitungen zur Gründung einer neuen Partei also bereits im Sommer 1993 auf Hochtouren. Für jeden der 26 Wahlkreise wurde je ein *Publitalia*-Filialleiter als Verantwortlicher bestimmt. An der Spitze dieses Unternehmens stand der *Publitalia*-Vorstandsvorsitzende Marcello Dell'Utri. Auf diese Weise ermittelte man etwa zweitausend mögliche Kandidaten, die nun Berlusconi gemeinsam mit seinen Marketingberatern auf ihre „politische Kultur" und – fast noch wichtiger – auf ihre Fernsehtauglichkeit hin überprüften. Im September 1993 beauftragte die *Fininvest* dann das französische Meinungsforschungsinstitut *Design Strategy* mit einer Studie, die näheren Aufschluss darüber liefern sollte, inwieweit es in Italien eine latente Nachfrage nach einer neuen politischen Formation innerhalb des Mitte-Rechts-Lagers, eventuell auch in Konkurrenz zur *Lega Nord*, gäbe.[399]

Parallel dazu ernannte Berlusconi am 10. September 1993 insgesamt 22 *Fininvest*-Manager zu Regionalverantwortlichen für den Aufbau der so genannten *Clubs Forza Italia*. Diese stammten ebenfalls fast alle aus der Werbefirma *Publitalia*, die über zahlreiche Büros mit Kundenkontakten in allen Teilen Italiens verfügte. Bei dieser Gelegenheit präsentierte der Medienmogul bereits Namen und Symbol seiner noch zu gründenden neuen Partei. Die Koordinierung der Aktivitäten dieser Regionalleiter oblag Domenico Lo Jucco, seinerzeit stellvertretender Generaldirektor und vormals Personalchef von *Publitalia*.[400]

---

[396] Galli hält es sogar für möglich, dass bereits seit Mitte 1992 die Planungen zur Gründung der FI im Gange waren. Vgl. Galli, Giorgio, Diario politico 1994, S. 5.

[397] Vgl. Seißelberg, Jörg, Berlusconis Forza Italia, S. 210.

[398] Vgl. McCarthy, Patrick, Forza Italia. The New Politics and Old Values, S. 138.

[399] Vgl. Rauen, Birgit, Forza Italia. Der Kommunikationsstil einer Ein-Mann-Partei, S. 167f.

[400] Vgl. Seißelberg, Jörg, Berlusconis Forza Italia, S. 210f.

Am 27. September 1993 schließlich gründeten die beiden *Fininvest*-Manager Gianni Pilo und Mario Valducci das Markt- und Meinungsforschungsinstitut *Diakron*, das nicht nur die künftige *Forza Italia* mit sozialwissenschaftlichen Erhebungen versorgen sollte, sondern auch als organisatorisches Bindeglied zwischen der ANFI und den Clubs diente.[401]

Zum Abschluss dieser Vorbereitungsphase wurden dann auch ausgewählte Angestellte der unteren Ebene der *Fininvest*-Hierarchie in das „Projekt *Forza Italia*" eingebunden. Etwa hundert Mitarbeiter von *Programma Italia*, der Finanzgesellschaft der *Fininvest*, durften am 1. Oktober 1993 eine Schulung besuchen, auf der sie in die Pläne zur Gründung der FI eingeweiht und über Strategien politischer Diskussionen unterrichtet wurden. Nach dieser kurzen Einweisung wurden die Finanzvertreter mit der Aufgabe betraut, im Rahmen ihrer ohnehin zahlreichen Außenkontakte mit Kunden weitere Personen als FI-Kandidaten anzuwerben. Erst nachdem diese generalstabsmäßig durchgeführten Vorarbeiten innerhalb der *Fininvest* abgeschlossen waren, wurde die bereits eingetragene Nationale Vereinigung *Forza Italia* am 25. November 1993 ganz offiziell gegründet. Chef dieses Dachverbandes der FI-Clubs wurde – wie kaum anders zu erwarten – wieder ein *Fininvest*-Manager: der bereits erwähnte Angelo Codignoni.[402]

Damit hatte sich Berlusconi im Herbst 1993 in relativ kurzer Zeit einen persönlichen Apparat aus vertrauenswürdigen Mitarbeitern zusammengestellt, die fast ausschließlich seinem Firmenkonglomerat entstammten. Bereits im Oktober/November 1993 waren einige Dutzende *Publitalia*-Manager in sein politisches Projekt eingespannt, an vorderster Front der *Publitalia*-Geschäftsführer Marcello Dell'Utri, der nicht nur in der Gründungsphase der FI unverzichtbare Dienste für Berlusconi leisten sollte. Angestellte von *Programma Italia* ergänzten diesen politischen Mitarbeiterstab. Die Koordinierung der Wahlkampfaktivitäten fiel Roberto Spingardi zu, ehemals Generaldirektor für innere und äußere Angelegenheiten der *Fininvest*. Die Spitze der *Diakron* stellten ihre beiden Gründungsmitglieder Mario Valducci und Gianni Pilo. Valducci, der bei der *Fininvest* für Finanzen zuständig gewesen war, fungierte als Präsident, und Pilo, der sich im Marketingbereich einen Namen gemacht hatte, wurde *Diakron*-Ge-

---

[401] Vgl. ebd., S. 211; Rauen, Birgit, Forza Italia. Der Kommunikationsstil einer Ein-Mann-Partei, S. 168. Die *Diakron* wurde in Räumlichkeiten der *Fininvest*-Baufirma *Edilnord* untergebracht, das heißt, offiziell mietete sie diese Räume an, auch wenn sie in Wirklichkeit niemals Miete gezahlt hat. Die *Diakron* ihrerseits stellte dann später zwei Drittel ihrer Büros der *Forza Italia* gratis zur Verfügung – eine erste wirtschaftliche Hilfestellung, welche die *Fininvest* der FI über Umwege zukommen ließ. Vgl. Gilioli, Alessandro, a.a.O., S. 12.

[402] Vgl. Seißelberg, Jörg, Berlusconis Forza Italia, S. 211. Abweichend von Seißelberg, der den 19. November als Gründungsdatum der ANFI angibt, wird hier der übrigen Literatur gefolgt, in der durchweg die Rede vom 25. November ist. Vgl. z.B. Gilioli, Alessandro, a.a.O, S. 195; Gray, Lawrence/Howard, William, a.a.O., S. 98; Losano, Mario G., a.a.O., S. 72.

schäftsführer. Zwischen den Mitarbeitern von *Publitalia* und denen von *Programma Italia* entwickelte sich eine Aufgabenteilung: Erstere beschäftigten sich vor allem in der Anfangszeit hauptsächlich mit der Kandidatenselektion, letztere koordinierten unter der Ägide von Angelo Codignoni, dem früheren Chef des französischen Berlusconi-Fernsehsenders *La Cinq*, die im Entstehen begriffenen FI-Clubs. Diese Mannschaft stellte den eigentlichen Kern der in den Geburtswehen steckenden *Forza Italia* dar, mit ihr machte sich Berlusconi auf in die politische Arena.[403] Als einziger Mann mit Parteierfahrung gesellte sich Domenico Mennitti, ehemals Abgeordneter des MSI, im Dezember 1993 diesem Führungszirkel hinzu.[404] Entsprechend bestätigte Dell'Utri im Nachhinein, dass die *Forza* zumindest in der Anfangszeit ein reiner „partito azienda" (Firmen-Partei) gewesen sei.[405]

Die eigentliche Partei, der *Movimento Politico Forza Italia* (Politische Bewegung *Forza Italia*, MPFI), wurde schließlich klammheimlich am 18. Januar 1994 – drei Tage, nachdem Staatspräsident Scalfaro das Parlament aufgelöst hatte – ins Leben gerufen. Nicht einmal die in der ANFI zusammengeschlossenen Clubs sind hierüber in Kenntnis gesetzt worden. An jenem Tag berief Berlusconi einen Notar sowie die *Fininvest*-Mitarbeiter Mario Valducci, Antonio Martino, Luigi Caligaris und Antonio Tajani zusammen, um den MPFI mit Sitz in Rom registrieren zu lassen. Berlusconi bildete zusammen mit den anderen vier anwesenden Gründungsmitgliedern das Leitungsgremium dieser Bewegung, das so genannte Präsidentschaftskomitee (*Comitato di presidenza*), das zunächst für drei Jahre eingesetzt wurde. Zum Präsidenten des MPFI ernannte Berlusconi sich selbst, Valducci zum nationalen Geschäftsführer und Domenico Mennitti zum nationalen Koordinator.[406] Das Parteistatut des MPFI, das bis zum Sommer 1994 hinter Verschluss gehalten wurde,[407] blieb in seinen wesentlichen Bestimmungen reine Makulatur. Die hier vorgesehenen demokratischen Wahlen der Führungsorgane sowie die ebenfalls darin vorgeschriebene Willensbildung von unten nach oben stand in krassem Gegensatz zur tatsächlichen Praxis, nach der einzig und allein Berlusconi über alle anfallenden Fragen entschied. Rein rechtlich war daran auch wenig auszusetzen, wurden doch beim notariellen Gründungsakt alle Zuständigkeiten, Aufgaben und Rechte dem Präsidentschaftskomitee für die

---

[403] Denjenigen *Fininvest*-Mitarbeitern, die sich nun um den Aufbau der FI kümmerten, wurde zugesichert, dass sie jederzeit wieder an ihren alten Arbeitsplatz zurückkehren könnten, sollte das politische Projekt *Forza Italia* nicht erfolgreich sein. Für ihre neue Arbeit wurden sie formal von der *Diakron* eingestellt. Vgl. Giliolo, Alessandro, a.a.O., S. 15.

[404] Vgl. Maraffi, Marco, Forza Italia, S. 249.

[405] Vgl. N.N., Dell'Utri: „Così è stato fondato il partito azienda", in: Corriere della Sera, 1.2.2002, S. 5.

[406] Vgl. Gilioli, Alessandro, a.a.O., S. 203f.

[407] Näheres hierzu, vgl. Kapitel 10.1.1.

Dauer von drei Jahren übertragen. Das Statut lag während dieser Zeit also schlichtweg auf Eis.[408]

Im Vergleich zur Club-Organisation besaß die Politische Bewegung FI relativ wenige Mitglieder. Bis Juli 1994 waren nach offiziellen Angaben lediglich viertausend Personen hier eingeschrieben. Mit einem entsprechend eifersüchtigen und neidischen Blick schauten die Club-Mitglieder sogleich auf diese vermeintliche „Elite" und unterstellten ihnen den Einfluss, der ihnen versagt blieb. Doch hier lag wohl eine glatte Fehleinschätzung vor, denn auch diese Mitglieder verfügten über keinerlei Einfluss auf die politischen Entscheidungsprozesse.[409]

Wie bereits mehrfach ausgeführt, spielten sich alle anfänglichen Aktivitäten weitgehend im Verborgenen ab. Die Öffentlichkeit sollte von dieser sich abzeichnenden Parteineugründung ganz bewusst zunächst außen vor gelassen werden, angeblich um den erst für später vorgesehenen Überraschungseffekt voll auszukosten.[410] Sickerte doch etwas durch, dementierte Berlusconi derartige Gerüchte immer wieder. So leugnete er beispielsweise in einem Interview mit der Tageszeitung *La Repubblica* vom 27. Juli 1993: „Wir haben keinerlei Absichten, eine Partei zu gründen."[411] Ebenfalls erklärte er auch noch am 26. Oktober: „Die Partei von Berlusconi existiert nur auf den Seiten der Zeitungen."[412] Doch kurz darauf verdichteten sich die Presseberichte des Enthüllungsjournalismus, wonach man im Hause *Fininvest* fieberhaft dabei sei, eine neue Partei zu organisieren. Sogar deren Werbeaufkleber lägen schon lange in den Schubladen. *Publitalia* würde mit ihren Mitarbeitern landesweit bei Werbekunden vorstellig und habe ganz Italien in strategisch bedeutende Bezirke eingeteilt, denen mittlerweile *Publitalia*-Manager vorstünden. Derart in die Enge getrieben, ging die *Fininvest* trotz der Dementis Berlusconis allmählich dazu über, solche Aktivitäten nicht mehr abzustreiten. Man brachte sie vielmehr in Verbindung mit der frisch aus der Taufe gehobenen so genannten *Associazione per il buon governo* (Vereinigung für die gute Regierung) des Professors für Politikwissenschaft der Mailänder *Bocconi*-Universität, Giuliano Urbani. Dieser wiederum gab an, er habe Berlusconi erst im Herbst 1993 persönlich kennen gelernt, als der sich für seine Initiative angeblich zu interessieren begann.[413] Vespa zufolge hatte sich Urbani zu-

---

[408] Vgl. Rauen, Birgit, Forza Italia. Der Kommunikationsstil einer Ein-Mann-Partei, S. 177; Pallaver, Günther, L'unto del signore, S. 319.

[409] Vgl. McCarthy, Patrick, Forza Italia, Nascita e sviluppo, S. 61. Um Mitglied der Politischen Bewegung zu werden, hatte es genügt, einen entsprechenden Coupon auszufüllen, der im Februar 1994 der populären Zeitschrift *Sorrisi e canzoni* aus dem Medienimperium Berlusconis beigefügt war, und eine Aufnahmegebühr von umgerechnet rund fünfzig Euro zu überweisen. Vgl. Golia, Carmen, a.a.O., S. 51.

[410] Vgl. Caccavale, Michele, Il grande inganno, Mailand 1997, S. 10.

[411] Zitiert nach: Gilioli, Alessandro, a.a.O., S. 185 (eig. Übers.).

[412] Zitiert nach: N.N., Il partito non c'è, anzi sì, in: L'Espresso, 11.3.1994, S. 40 (eig. Übers.).

[413] Vgl. Rauen, Birgit, Berlusconi, S. 351.

nächst an den damaligen FIAT-Chef Giovanni Agnelli gewandt mit der Bitte, sein Projekt zu unterstützen. Doch dieser habe wenig Interesse hierfür gezeigt und Urbani daraufhin an Berlusconi verwiesen.[414]

Unmittelbar vor den Kommunalwahlen vom November 1993 wurde die Programmschrift dieser Vereinigung des späteren *Forza-Italia*-Chefideologen Urbani unter dem vielversprechenden Namen *Alla ricerca del buon governo* (Auf der Suche nach der guten Regierung)[415] allen großen italienischen Zeitungen zugesandt. Mit diesem Dokument, das sich als Aufruf verstand, den zu gründenden FI-Clubs im ganzen Land beizutreten, hatte Urbani den berühmten Freskenzyklus „Allegorie der guten Regierung" von Ambrogio Lorenzetti im *Palazzo Pubblico* in Siena bewusst aufgegriffen. Ziel dieses symbolhaften Titels war es zu suggerieren, nur mit *Forza Italia* könne es eine „gute Regierung" geben.[416] Gemäß diesem Ansinnen hieß es in der Schrift, die herkömmlichen Parteien seien längst nicht mehr in der Lage, Italien aus der Krise zu führen:

> „Es ist illusorisch zu glauben, dass die Parteien von allein, ausschließlich aus ihrem Inneren heraus, die Vernunft zu einer radikalen Veränderung finden werden. Der Prozess, den wir heute beobachten, zeigt leider das Gegenteil: Die ‚Erneuerung' der Parteien ähnelt immer mehr einer Abrechnung innerhalb der alten Führungsklasse, an den Versuch eines Teiles dieser, die Machtpositionen von dem anderen Teil zu erben. Das ist es gerade nicht, was die Italiener wollen. Das ist es gerade nicht, was sie verdienen. Sie haben das Recht, auf eine neue Art und Weise neue Ideen auszuwählen, die das Land hin zu einer vollendeten Demokratie führen."[417]

Im Weiteren kündigte Urbani an dieser Stelle an, man wolle mit Hilfe dieser Vereinigung „den gesunden Kräften des Landes Untersuchungs- und Führungsinstrumente anbieten, damit diese konkret an der Gestaltung der neuen Politik mitwirken können"[418]. Dass dabei in erster Linie die FI gemeint war, verstand sich fast von selbst. Entsprechend präsentierte sich diese fürs Erste als eine mit der „Vereinigung für die gute Regierung" in engem Kontakt stehende Meinungs-

---

[414] Vgl. Vespa, Bruno, Il cambio. Uomini e retroscena della nuova Repubblica, Mailand 1994, S. 24f.

[415] Die Koautoren dieses Werkes sind Fabio Roversi Monaco, Antonio Martino, Paolo Ungari, Marcello Fedele, Luigi Rossi Bernardi, Guido Alpa, Gianni Morongiu, Raffaele Chiarelli und Sergio Fois. Vgl. Golia, Carmen, a.a.O., S. 34.

[416] Vgl. Fix, Elisabeth, Italiens Parteiensystem im Wandel, S. 200. Dieser in Italien höchst bekannte Freskenzyklus enthält nämlich auch das Modell einer „schlechten Regierung", so dass der Betrachter stets beide Bildfolgen miteinander vergleichen kann. Mit dem Bezug auf die „gute Regierung" wollte dieser Titel den Wählern vermitteln, alle Gegner *Forza Italias* würden, erst mal an der Macht, eine „schlechte Regierung" bilden. Vgl. ebd.

[417] Urbani, Giuliano [u.a.], Alla ricerca del buon Governo. Appello per la costruzione di un'Italia vincente, in: Mennitti, Domenico (Hg.), Forza Italia. Radiografia di un evento, Rom 1997, S. 208-211, 208f. (eig. Übers.).

[418] Ebd., S. 209 (eig. Übers.).

bewegung mit dem Ziel, die allgemeine Entwicklung des politischen Panoramas in einer Zeit des Übergangs zu beeinflussen. Ein direkter Eingriff in die Politik war allerdings zunächst offiziell noch tabu. In einer zweiten Phase dann, als immer mehr Einzelheiten an die Öffentlichkeit drangen, die nicht mehr mit diesem Selbstportrait vereinbar waren (wie beispielsweise die Auswahl von Kandidaten), wurde die Möglichkeit, dass sich die FI von einer Bewegung in eine Partei umwandeln würde, nicht mehr ausgeschlossen, genauso wenig aber auch bestätigt. Nachdem immer mehr Indizien über die politische Natur der Bewegung durchgesickert und auch bestätigt worden waren, diente die FI Berlusconi in einer dritten Phase als eine Art Damoklesschwert, das er über den übrigen politischen Protagonisten schweben ließ, um so die taktischen Schachzüge der angelaufenen Bündnisverhandlungen noch zusätzlich zu verkomplizieren. Angesichts des offenkundig enormen Organisations- und Massenkommunikations-Potenzials Berlusconis sowie aufgrund dessen demoskopisch erwiesener Fähigkeit, Wählerstimmen auf sich zu vereinen, musste allen Spitzenpolitikern um die Jahreswende 1993/94 klar gewesen sein, dass sich ein direkter Eingriff des Medienmagnaten in die Politik auf die eigenen Wahlchancen negativ auswirken würde.[419] Dieser Sichtweise folgend, ließ Berlusconi mit seinem offiziell verkündeten Eintritt in die politische Arena am 26. Januar 1994 das „Damoklesschwert" auf die anderen politischen Akteure niedergehen. Somit ist es auch folgerichtig, diesen Tag als das eigentliche Gründungsdatum der FI anzusehen, spielte sich doch alles andere mehr oder minder im Verborgenen ab.

Für diese Terminierung spricht ebenfalls die Tatsache, dass von da an die FI-Clubs in ganz Italien wie Pilze aus dem Boden schossen.[420] Bis Ende Januar 1994 sollen nach offiziellen *Forza-Italia*-Angaben bereits viertausend solcher Clubs entstanden sein, deren Zahl bis Mitte Februar dann auf nahezu zehntausend sprunghaft angestiegen sein soll. Zum Zeitpunkt der Wahlen im März ging man in FI-Kreisen sogar von etwa zwölftausend Clubs mit insgesamt rund siebenhunderttausend Mitgliedern aus.[421]

Verständlich wird diese hohe Zahl an Clubgründungen angesichts der äußerst niedrigen bürokratischen Hürden, die hierfür vorgesehen waren. Viele dieser Clubs sind ganz spontan und völlig unorganisiert auf lokaler Ebene entstanden,

---

[419] Vgl. Sani, Giacomo, Una vigilia di incertezze, in: Bartolini, Stefano/D'Alimonte, Roberto (Hg.), Maggioritario ma non troppo. Le elezioni politiche del 1994, la campagna elettorale, l'offerta politica, il voto: un'analisi dettagliata per comprendere l'evoluzione del sistema politico in Italia, Bologna 1995, S. 85-107, 100. Zitiert als: Sani, Giacomo, Una vigilia di incertezze.

[420] Vgl. Fix, Elisabeth, Die Genese der „Bewegungspartei", S. 204.

[421] Vgl. Renner, Jens, Der Fall Berlusconi, S. 114. Diese Zahlenangaben wurden von abtrünnigen *Forza-Italia*-Anhängern angefochten, nach deren Ansicht im März 1994 maximal viertausend Clubs existierten mit einer Gesamtmitgliederzahl von lediglich dreihunderttausend. Vgl. Losano, Mario G., a.a.O., S. 75.

nachdem Berlusconi am 26. Dezember 1993 in einem öffentlichen Appell zu Clubgründungen aufgerufen und anschließend eine gebührenfreie Telefonnummer eingerichtet hatte, an die sich Interessenten wenden konnten.[422] Wer sich angesprochen fühlte, hatte lediglich ein vorgefertigtes Formular auszufüllen und per Fax an die ANFI nach Mailand zu schicken, und schon war der Club „präkonstituiert". Da die Clubs vollkommen unabhängig vom *Movimento Politico* FI waren, konnten sie sich ohne jegliche Kontrolle gründen, und jedermann konnte ihnen beitreten.[423] Ob sich ein Club unter die Obhut der zentralen ANFI mit Sitz in Mailand begeben mochte oder nicht, stand ihm frei. Die ANFI ihrerseits war jedoch berechtigt, einen solchen Antrag auch abzulehnen. Im Nachhinein stellte die FI nochmals klar, es habe sich bei den anfänglichen Zahlen lediglich um „Präkonstituierungen" von Clubs gehandelt. Entsprechend kam eine im Spätsommer 1994 durchgeführte offizielle Club-Zählung auf „nur" noch zweitausend.[424]

Doch ganz so spontan, wie oftmals dargestellt, schossen die Clubs freilich nicht aus dem Boden. Vielmehr leistete die zum *Fininvest*-Imperium gehörende Firma *Programma Italia* kräftig Starthilfe. Rund dreitausend Vertreter dieser Finanzgesellschaft mit exzellenten Ortskenntnissen in jedem Winkel Italiens sprachen gezielt Personen an, die zur Gründung eines solchen Clubs geeignet erschienen. Darunter befanden sich insbesondere Ärzte, Notare, Anwälte sowie Hotel- und Restaurantbetreiber, denn für diesen Personenkreis war es ein Leichtes, einen Raum, Telefon und Fax für die Club-Arbeit bereitzustellen. Nicht selten stellte auch die Warenhauskette *Standa*, ebenfalls Teil der *Fininvest*, Clubräume zur Verfügung. Und für die *Standa*-Filialen, die in fast jeder größeren italienischen Ortschaft vertreten waren, bedeutete es keinen Mehraufwand, wenn sie neben den üblichen Bestellungen von Waren auch Wahlkampf-Artikel orderten.[425]

Die Tatsache, dass überhaupt ein Wirtschaftsunternehmen eine Partei maßgeblich aufgebaut hat – die *Fininvest* versorgte die FI nicht nur mit materiellen und finanziellen Gütern, sondern stellte auch *Manpower* und *Know-how* zur Verfügung –, stellte eine Weltpremiere dar. Nicht einmal Ross Perot hatte seinerzeit eine dauerhafte Parteiorganisation aus der Taufe gehoben. Am deutlichsten wird

---

[422] Wörtlich sagte Berlusconi: „Laufe ins Feld ein. Gründe auch in deiner Stadt einen *Club Forza Italia*, um Italien zu Freiheit und Wohlstand zu verhelfen. Wähle 1670-14277." Zitiert nach: Maraffi, Marco, Forza Italia, S. 252 (eig. Übers.).

[423] Präsident eines Clubs wurde, wer den so genannten Präsidenten-Koffer für umgerechnet rund zweihundertfünfzig Euro von der ANFI erwarb. Darin befanden sich sozusagen die „Insignien der Macht": eine Uhr, eine Krawatte, ein Stehwimpel für den Schreibtisch, ein Kugelschreiber-Set, allerlei Aufkleber und weitere Wimpel – alles in patriotischen Farben gehalten und natürlich mit dem FI-Logo versehen. Vgl. Roques, Valeska von, a.a.O., S. 206.

[424] Vgl. Maraffi, Marco, Forza Italia, S. 252f.

[425] Vgl. Wallisch, Stefan, Aufstieg und Fall der Telekratie, S. 139.

dieser Beitrag der Unternehmensholding an der Präsenz von ehemaligen *Fininvest*-Managern in politischen Spitzenpositionen: Fünfzehn der 95 FI-Abgeordneten waren zuvor für das Mailänder Firmenkonglomerat tätig, acht ehemalige *Fininvest*-Mitarbeiter wurden nach den gewonnenen Wahlen Minister bzw. Vizeminister, und im Präsidium der Politischen Bewegung FI saßen vier *Fininvest*-Leute.[426] Entsprechend machte Marcello Dell'Utri, Ex-*Publitalia*-Chef und organisatorisches Rückgrad beim Aufbau der FI, auf einer *Publitalia-Convention* nach den Wahlen vom März 1994 kein Geheimnis daraus, dass die *Forza Italia* eine reine Kreation seines Hauses sei.[427] Nicht ohne Stolz fügte er hinzu: „Wir sind die Einzigen auf der Welt, die fähig sind, in drei Monaten eine Partei zu erschaffen und die Wahlen zu gewinnen."[428] Wie sehr die FI ein reines Produkt der *Fininvest* Berlusconis ist, beschreibt auch Are anschaulich:

> „Die Partei selbst wurde weder durch einen Kongress noch durch eine breite kulturelle Debatte noch durch die spontane Zusammenkunft örtlicher Gruppierungen oder Selbständiger geboren. Sie entstand, wie richtigerweise gesagt wurde, auch als feindliche Absichten mit im Spiel waren, durch eine einsame Initiative und fast aufgrund einer unternehmerischen Wette. Sie wurde als organisierte Projektion einer Firma [...] geboren."[429]

Die mögliche Schlussfolgerung hieraus, dass damit die wirtschaftliche Macht die politische verdrängt hätte, lässt sich laut McCarthy jedoch nicht verifizieren:

> „Die eigentliche Bedeutung des Eingriffs der Fininvest besteht in der Tatsache, dass in Italien die Grenze zwischen politischer und ökonomischer Macht, zwischen Staat und Markt, bereits aufgehört hat zu existieren, als die Parteien damit begonnen hatten, öffentliche Aufträge zu vergeben, während die Industriellen um politischen Einfluss wetteiferten. Nun, nach der Niederlage, die die politische Klasse durch die Arbeit der Richter erlitten hatte, versuchte eine wirtschaftliche Gruppe versuchen, diese zu ersetzen. Aber diese Veränderung, wie sehr sie auch von Bedeutung sein mag, hat keinesfalls die Beherrschung der wirtschaftlichen Macht über die politische mit sich gebracht. Bestenfalls handelte es sich dabei um die Ankunft einer neuen Kraft mit dem Willen, den klientelistischen Staat zu reformieren. Schlimmstenfalls war dies der Versuch eines neuen Clans, die Macht zu ergreifen."[430]

Für die zuletzt genannte Option spräche die These, nach der die *Forza* als politische Referenz der sizilianischen *Cosa Nostra* geplant gewesen sein soll. Demnach soll Totò Riina, der Boss dieses Mafia-Clans, nach dem Ende der DC

---

[426] Vgl. Seißelberg, Jörg, Berlusconis Forza Italia, S. 210ff.

[427] Vgl. Deaglio, Enrico, Besame mucho. Diario di un anno abbastanza crudele, Mailand 1995, S. 127f. Zitiert als: Deaglio, Enrico, Besame mucho.

[428] Zitiert nach: ebd. S. 128 (eig.Übers.).

[429] Are, Giuseppe, I riferimenti culturali, in: Mennitti, Domenico (Hg.), Forza Italia. Radiografia di un evento, Rom 1997, S. 183-195, 185 (eig. Übers.).

[430] McCarthy, Patrick, Forza Italia. Nascita e sviluppo, S. 57 (eig. Übers.).

selbst Versuche gestartet haben, eine eigene Partei auf die Beine zu stellen, um gegen die verschärften Anti-Mafia-Gesetze anzugehen. Als sich die Lage für die Mafia 1993 jedoch wieder entspannt hatte, soll es dem gebürtigen Sizilianer Marcello Dell'Utri gelungen sein, Berlusconi dazu zu bringen, eine Partei zu gründen, welche die Interessen der *Cosa Nostra* wahren sollte.[431] Diese Sicht der Dinge bleibt allerdings nicht mehr als eine unbestätigte These.[432]

Umso eindeutiger haben jedoch die bisherigen Ausführungen ergeben, dass die *Forza Italia* ohne das Zutun der *Fininvest* niemals in dieser Form hätte entstehen können. Alle bekannten Entscheidungen, die zur Gründung der FI führten, gingen von Berlusconi und so direkt oder indirekt auch von der *Fininvest* aus. Ihr Beitrag war sogar so immens, dass die *Forza* – zumindest in ihrer Anfangszeit – nichts weiter als der verlängerte politische Arm eines Wirtschaftskonzerns war.

5.4 Die professionelle Vermarktung des neuen „Produkts *Forza Italia*"

„Wir sind ein neues Polit-Produkt, und als solches müssen wir uns bekannt machen."[433] Dieser Aufruf Berlusconis, ausgesprochen Anfang 1994, enthüllt die Denkweise des erfolgreichsten italienischen „Verkäufers"[434] in wirtschaftlichen Kategorien, auch auf politischem Feld. Entsprechend schreibt Pallaver:

> „Forza Italia [..] ist das Produkt einer bis dahin noch nie realisierten Marketing-Operation: Es ist das Abziehbild der Organisation ‚Unternehmen' auf die Organisation ‚Partei'. Denn der große Verkäufer Silvio Berlusconi, der Erfinder von FI, bietet alles an: Fußball (AC Milan), Konsumgüter in seinen Kaufhäusern (Standa),

---

[431] Vgl. Salimi-Asl, Cyrus, Wie sich die Cosa Nostra von Silvio Berlusconi eine Partei wünschte, in: http://www.nd-online.de/artprint.aspAID=1019 (21.6.2001). Der Hintergrund: Laut Berichten verschiedener Mafia-Kronzeugen soll Dell'Utri in Kontakt zu *Cosa-Nostra*-Bossen gestanden haben. Ferner berichtete der Mitte 1992 ermordete Palermitaner Staatsanwalt Paolo Borsellino kurz vor seinem Tod in einem Fernsehinterview von solchen Kontakten Dell'Utris und Berlusconis mit Angehörigen von Mafia-Familien, allen voran mit dem von der *Cosa Nostra* entsandten Vittorio Mangano, der jahrelang in Berlusconis Privatvilla gewohnt hatte. Berlusconi bestritt stets, von dessen Mafia-Zugehörigkeit gewusst zu haben. Vgl. ebd.

[432] So wurde im Mai 2002 die Einstellung einer Untersuchung gegen Berlusconi und Dell'Utri wegen angeblicher Mafia-Beziehungen aus Mangel an Beweisen richterlich angeordnet. Die Staatsanwaltschaft ging davon aus, dass die Mafia den Mord an Paolo Borsellino veranlasst habe, um so den Staat zu schwächen und den Aufstieg einer neuen politischen Gruppierung zu fördern, mit der das Organisierte Verbrechen eng habe kooperieren wollen. In ihren Aussagen behaupteten geständige Mafiosi, diese Gruppierung sei die *Forza Italia* gewesen. Vgl. N.N., Mafia-Verfahren gegen Berlusconi eingestellt, in: http://www.salzburg.com/cgi-bin/sn/printArticle.pl?xm=261429 (6.5.2002).

[433] Zitiert nach: Diamanti, Ilvo, La politica come marketing, S. 68 (eig. Übers.).

[434] Eine der bekanntesten Berlusconi-Biografien trägt bezeichnenderweise den Titel: „Il venditore" („Der Verkäufer"). Vgl. Fiori, Giuseppe, a.a.O.

Versicherungen (Mediolanum), Finanzprodukte (Programma Italia), Werbeeinschaltungen (Publitalia), aber auch Unterhaltung über seine Fernsehsender, Informationen über seine Zeitungen und jetzt auch eine politische Heimat, eine politische Bewegung. [...] Forza Italia ist ein Produkt, das wie jedes andere auch nach den Regeln des Marktes angeboten wird."[435]

Die Kreation der FI stellt somit eine absolute Innovation auf politischem Terrain dar, die bis heute ihresgleichen sucht. Konsequent wurde die *Forza* wie die Einführung eines neuen industriellen Markenartikels langfristig geplant und entworfen, wie bereits im vorherigen Kapitel angeklungen. Nichts blieb in der Entwicklungsphase dem Zufall überlassen. Bewährte Werbeexperten Berlusconis, die zuvor für Autos, Pasta, Waschmittel und ähnliches geworben hatten, kümmerten sich nun um sämtliche Aspekte, die zur idealen Vermarktung des „Produkts *Forza Italia*" beitrugen.[436]

Bereits kurz nach dem Referendum vom Frühjahr 1993, das Italien ein neues Wahlrecht bescherte, gab die *Fininvest* über die Deckadresse eines französischen Meinungsforschungsinstituts eine Umfrage in Auftrag, die Aufschluss über die Bedürfnisse innerhalb der Mitte-Rechts-Spektrums in Italien geben sollte.[437] Im Ergebnis attestierten die Meinungsforscher, dass es eine Lücke für einen neuen politischen Akteur in diesem Lager gab. Ein derartiger Newcomer müsste aber – so lauteten die gewonnenen Erkenntnisse weiter – eine hoffnungsvolle Botschaft verbreiten und über einen ebenso starken wie straffen Apparat verfügen, um liberalistische Themen erfolgversprechend propagieren zu können.[438]

Nach dieser grundsätzlichen Bestätigung für eine Nachfrage – Fix nennt die FI daher auch eine „,nachfrageorientierte' moderne Partei"[439] – konnten nun die Vorbereitungen zur Lancierung der FI beginnen. Dabei lassen sich alle wesentlichen Bestandteile einer ein neues Markenprodukt feilbietenden Marketingstrategie wiederfinden. In einer Art „Produkttest" hat die FI als erste Partei überhaupt noch vor ihrer Konstituierung Namen, Parteilogo und politische Positionierung an zahlreichen Meinungsumfragen ausgerichtet. So trägt bereits der Name *Forza Italia* den Regeln der Markennamengestaltung Rechnung, indem er sich klar von den übrigen, meist technisch klingenden Parteinamen abhebt und Dynamik, Volksnähe und Gemeinschaftsgefühl zum Ausdruck bringt: Der Ausdruck „Forza Italia" (zu übersetzen etwa mit „Vorwärts Italien") ist in Italien seit langem der

---

[435] Pallaver Günther, L'unto del signore, S. 318.

[436] Vgl. Wallisch, Stefan, Silvio Berlusconi und Romano Prodi, S. 175.

[437] Nach unbestätigten Berichten soll Berlusconi anfangs eine Positionierung auch innerhalb der anderen politischen Lager zumindest in Betracht gezogen haben. Er soll dies aber letztlich aus ideologischen Gründen verworfen haben. Vgl. Mannheimer, Renato, Forza Italia, S. 41.

[438] Vgl. Kraatz, Birgit, Berlusconis politisches Marketing, in: Die neue Gesellschaft. Frankfurter Hefte, 41. Jg. (1994), H. 11, S. 975-979, 976.

[439] Fix, Elisabeth, Italiens Parteiensystem im Wandel, S. 201.

Schlachtruf, mit dem die *Tifosi*, die Fußballfans, ihre Nationalmannschaft anfeuern.[440]

Ebenfalls mit Sorgfalt ausgewählt ist das Parteilogo mit den italienischen Nationalfarben Grün im oberen Hintergrund, Rot im unteren und dem weiß blinkenden Schriftzug „Forza Italia" in großen Lettern, die leicht diagonal nach oben führen (vgl. Abbildung 2).

Abbildung 2: Das *Forza-Italia*-Logo

Quelle: http://www.forza-italia.it (12.3.2002).

Wie bereits die Namensgebung, orientierte sich auch diese Wahl an Marketing-Gesichtspunkten: Mit dem ausgeschriebenen Namen unterscheidet sich das Logo von anderen Parteiemblemen mit meist „kryptischen" Abkürzungen, die Aufwärtsbewegung deutet auf einen nach oben strebenden Pfeil hin, der sinnbildlich für Optimismus und Erfolg steht, und durch sein schlichtes Layout besitzt es einen hohen Wiedererkennungswert.[441]

Ähnliche verhält es sich mit der FI-Hymne, die zum Ohrwurm avancierte. Überall, ob in den Kaffeebars, auf Plätzen und Straßen oder in Warteschlangen, summten Anfang 1994 immer wieder Italiener die FI-Melodie vor sich hin.[442] Ein Ausschnitt aus dem Wortlaut, den Berlusconi angeblich selbst verfasst haben soll, zeigt deutlich den schlichten, einprägsamen und appellativen Charakter:

„Lasst uns vorwärts schreiten / Die Zukunft ist offen / Treten wir ein / Und aus deinen Händen / Vereint mit den meinen / Erwachsen Energien / Die uns immer größer machen / [...] Und Forza Italia / Es ist Zeit zu glauben / Los, Forza Italia / Wir sind doch ganz viele / Und wir haben alle ein Feuer im Herzen / Ein großes Herz, das / Ehrlich und frei / Für dich heftig schlägt / Forza Italia mit uns!"[443]

---

[440] Vgl. Seißelberg, Jörg, Berlusconis Forza Italia, S. 317. Vielfach ignoriert wird in diesem Zusammenhang, dass der Ausdruck „Forza Italia" bereits lange vor Berlusconi der alten DC einmal als Werbeslogan diente. Vgl. Abruzzese, Alberto, Elogio del tempo nuovo. Perché Berlusconi ha vinto, Genua 1994, S. 29.

[441] Vgl. Bieber, Christoph, a.a.O., S. 28f.

[442] Vgl. Roques, Valeska von, a.a.O., S. 207f. Entsprechend der optimalen Vermarktung versäumte es Berlusconi sogar nicht, auch eine Karaoke-Version der Hymne auf Video produzieren zu lassen, um so der Beliebtheit, der sich Karaoke bei vielen Italienern damals erfreute, Rechnung zu tragen. Vgl. Krempl, Stefan, a.a.O., S. 129.

[443] Download der FI-Hymne aus: http://www.forza-italia.it (21.2.2001) (eig. Übers.).

Diese Hymne war vor allem in der Anfangszeit Höhepunkt einer jeden FI-Versammlung, der so genannten *Conventions*. Biebers[444] beispielhafte Schilderung einer solchen Veranstaltung verrät jedoch noch mehr über den Zweck der Hymne. In einem festlich geschmückten, mit *Forza-Italia*-Devotionalien vollgestopften Saal trafen sich die Mitglieder, schnitten die grün-weiß-rote „Siegestorte" an, fassten sich an den Händen und begannen, die Partei-Hymne zu singen:

> „Zu den Klängen der Musik gerät der gesamte Raum in eine seltsam entrückte Stimmung – das Singen der Hymne wird zum magischen Gemeinschaftserlebnis. Inhalt und Botschaft der *Forza-Italia*-Hymne werden in einem solchen ‚verzauberten' Umfeld beliebig, das Partei-Loblied erhält seine wahre Funktion in der Stiftung und Verfestigung einer charismatisch anmutenden Gemeinschaft. Silvio Berlusconi wird durch die Anerkennung seiner Anhänger – bewusst oder unbewusst – in den Status einer ‚Kultfigur' erhoben."[445]

Besonders gründlich betreiben Berlusconis Marketingexperten die „Produktpositionierung" der FI. In umfangreichen Befragungen wurden die Marktchancen einer neuen Partei innerhalb des Mitte-Rechts-Spektrums ausgelotet, sprich Marktnischen ausfindig gemacht und sogleich besetzt. Im Ergebnis stieß die *Forza* gezielt in die Lücke, welche die DC hinterlassen hatte und die weder der noch zu sehr faschistisch vorbelastete MSI-AN noch die tendenziell separatistische *Lega Nord* auszufüllen vermochten.[446]

Die ersten konkreten Schritte dieses „Produkttestes" lassen sich auf den Frühsommer 1993 zurückdatieren. Damals machten sich Wissenschaftler um den Politikwissenschaftler Giuliano Urbani, Demoskopen wie Gianni Pilo und *Fininvest*-Spitzenmanager an die Vorarbeiten, auf denen der spätere Erfolg der FI basierte. Mit Hilfe einer breit angelegten Marktanalyse ging es dieser Mannschaft darum, die politischen Wünsche der Wähler bis ins Detail herauszufinden. Hierzu bediente sie sich so genannter *focus groups*. Dieses Verfahren, das bereits Bill Clinton 1992 geholfen hatte, das Weiße Haus zu erobern, gehörte damals zu den modernsten Formen des politischen Marketings. Die *Diakron* unter der Leitung Pilos arbeitete mit acht derartigen Gruppen, in denen Personen entsprechend einem Querschnitt der Bevölkerung saßen, die zu allen möglichen politischen Themen ihre Meinungen äußerten. Die Ergebnisse dieser Meinungsbefragungen sollten ausschlaggebend sein für das politische Profil der noch zu gründenden neuen Formation. In einem späteren Stadium wurde anhand dieser *focus groups* Berlusconis mediale Wirkung ständig überprüft und verfeinert, und sie dienten sogar dazu, programmatische Aussagen im Lichte tagespolitischer Ereignisse zu korrigieren.[447] Die Wirkung war verblüffend, denn „so konnte es später immer

---

[444] Vgl. Bieber, Christoph, a.a.O., S. 30f.

[445] Ebd., S. 31.

[446] Vgl. Seißelberg, Jörg, Berlusconis Forza Italia, S. 217.

[447] Vgl. Bieber, Christoph, a.a.O., S. 24.

wieder geschehen, dass Berlusconi seinen Zuhörern genau das erzählte, was sie selber glaubten"[448].

Ergänzend zu diesen *focus groups* gab Berlusconi immer wieder neue Meinungsumfragen in Auftrag, die größtenteils von der eigenen *Diakron*, aber auch von externen Meinungsforschungsinstituten namens *Manko* oder *Sofres* durchgeführt wurden. Dabei ging es neben den üblichen Fragen zu den politischen Präferenzen der Italiener auch regelmäßig um die Sympathiewerte eines zukünftigen Politikers Berlusconi. Umfangreiche Telefoninterviews rundeten die demoskopischen Untersuchungen ab. All dies ermöglichte Berlusconi, ein politisches Profil nach den Wünschen und Vorlieben der Mehrheit der Wählerschaft zu erstellen. Und ganz nebenbei übernahm er sogar die Sprache, die „der einfache Mann" in diesen Interviews benutzte. Dadurch gelang es ihm, die Wähler mit einer klaren und verständlichen Botschaft anzusprechen.[449] Unumwunden und nicht ohne Stolz bekannte sich Gianni Pilo im Nachhinein zu dieser Art von „Produktpositionierung":

> „Der Unterschied zwischen unserer Wahlkampagne und der der anderen ist grundlegend. Sie breiten ihre Wahlprogramme über den Köpfen der Leute aus. Wir befragen die Menschen, um zu verstehen, was in ihren Köpfen vorgeht, und machen dann unser Programm."[450]

Den Kritikern dieser ausufernden Demoskopiepolitik traten die *Forza-Italia*-Verantwortlichen mit dem Argument entgegen, die ständige Abfrage der Italiener brächte doch nur ein Mehr an Demokratie mit sich. Als Berlusconi es dann auch noch ablehnte, zur Problematik seiner Monopolstellung im Medienbereich Stellung zu nehmen, weil dies nur eine kleine Minderheit interessiere, wie seine Umfragen ergeben hätten, trafen die unversöhnlichen Meinungen über den neuen Politikstil Berlusconis frontal aufeinander.[451] Auch die generelle Kritik daran, eine Partei wie etwa ein Waschmittel „verkauft" zu haben, prallte an den Mannen um Berlusconi ab. Marketing habe sogar eine ethische Funktion, denn es erlaube Parteien, ihre Rolle als Rezeptoren und Kanalisatoren der politischen Nachfrage wieder zu erfüllen; Polit-Marketing schaffe zudem einen direkten Draht zwischen „des Volkes Stimme" und den Entscheidungsträgern in den *Palazzi*, so die Rechtfertigung.[452]

Das politische Marketing Berlusconis hatte jedoch neben den gerade geschilderten Funktionen noch einen weiteren, bewusst gewollten Nebeneffekt: Die *Forza* ließ in ihrer Effizienz, ihrer Flexibilität und ihrem Pragmatismus alle Konkurrenten alt aussehen. Dem Wähler musste somit der Kontrast zwischen dem

---

[448] Roques, Valeska von, a.a.O., S. 204f.

[449] Vgl. Golia, Carmen, a.a.O., S. 38.

[450] Zitiert nach: Seißelberg, Jörg, Berlusconis Forza Italia, S. 216f.

[451] Vgl. Wallisch, Stefan, Silvio Berlusconi und Romano Prodi, S. 175.

[452] Vgl. Golia, Carmen, a.a.O., S. 44f.

fortschrittlichen „Modell *Forza Italia*" auf der einen Seite und den gewöhnlichen Parteien auf der anderen Seite geradezu ins Auge gesprungen sein.[453]

5.5 Die strategische Bündnispolitik

Wie bereits dargelegt, ließ sich Berlusconi insbesondere von der Motivation leiten, mit allen ihm nur möglichen Mitteln einen Sieg der Linken bei den anstehenden Parlamentswahlen zu verhindern. Deshalb hatte er die *Forza Italia* letztendlich gegründet. Doch wusste er genau, dass er damit allein sein ehrgeiziges Ziel nicht würde erreichen können. Gemäß den neuen Wahlgesetzen für Kammer und Senat waren die Parteien nämlich bereits vor den Wahlen dazu aufgerufen, sich zu möglichst breiten Wahlkartellen zusammenzuschließen, um auf diese Weise zwei große Lager zu bilden, die sich nach der Logik des Mehrheitswahlrechts mit der Regierungsübernahme abwechseln.[454]

Erstmals in ihrer Geschichte hatten die italienischen Parteien bei den Kommunalwahlen von 1993 Erfahrungen mit einem weitgehend personalisierten Mehrheitswahlrecht sammeln können. Dabei hatte sich herauskristallisiert, dass es am ehesten die Linke war, die von dieser neuen Lage profitierte. Der PDS war koalitionspolitisch am offensten, sah er sich doch imstande, Bündnisse in mehrere Richtungen einzugehen. Die Christdemokraten, die *Lega Nord* und der MSI hatten dagegen das Nachsehen, weil sie nicht zusammenfanden und ihre jeweiligen Kandidaten sich so gegenseitig Konkurrenz machten. Die Kommunalwahlen vom Juni 1993 hatten diese Konstellation noch nicht so deutlich werden lassen, schließlich brachte die *Lega* ihren Spitzenkandidaten in Mailand durch, und die verschiedenen Linksparteien hatten in einigen Städten noch mehrere Kandidaten gleichzeitig ins Rennen geschickt. Bei den Bürgermeisterwahlen vom November 1993 allerdings wurde die Misere des bürgerlichen Lagers umso evidenter, das sich eben nicht zu Einheitslisten zusammenraufen konnte wie die Linke, die nun, unter dem Dach der Progressisten vereint, ihren Kandidaten gleich reihenweise zum Sieg verhalf.[455]

Es schien daher mehr als wahrscheinlich, dass die Linke auch bei den anstehenden Parlamentswahlen den Sieg davontragen würde. Einfach nur eine neue politische Bewegung der rechten Mitte zu gründen, hätte für sich allein genommen die Spaltung in diesem Spektrum nur noch zusätzlich verstärkt und somit der Linken weiter genützt. So sah sich der „politische Unternehmer" Berlusconi

---

[453] Vgl. McCarthy, Patrick, Forza Italia. Nascita e sviluppo, S. 58.

[454] Vgl. Brand, Jack/Mackie, Thomas, Le elezioni del 1994, in: Ignazi, Piero/Katz, Richard S. (Hg.), Politica in Italia. I fatti dell'anno e le interpretazioni, Ed. 95, Bologna 1995, S. 121-138, 128.

[455] Vgl. Weber, Peter, Italiens demokratische Erneuerung, S. 186f.

vor der ungemein schwierigen Aufgabe, eine konkurrenzfähige Allianz auf die Beine zu stellen, die der Linken Paroli bieten könnte.[456]

Ursprünglich hatte sich Berlusconi aus dem Hintergrund heraus für ein starkes politisches Zentrum um den Anführer der Referendumsbewegung Mario Segni, den Christdemokraten Mino Martinazzoli sowie den Sozialisten Giuliano Amato in die Bresche geworfen. Die *Lega* sollte nach diesem anfänglichen Modell bis auf einzelne Übereinkünfte in wenigen Wahlkreisen außen vor bleiben, und ein Zusammengehen mit dem MSI stand gar nicht erst zur Debatte.[457] Der anfängliche Flirt Segnis mit der Linken um den PDS musste für Berlusconi geradezu ein Dorn im Auge gewesen sein, so dass der Medienmogul den Zentrumspolitiker beschwor, von solchen Plänen schleunigst wieder abzurücken, was Segni im September 1993 dann auch tat. Segni hatte selbst erfahren müssen, wie schwierig es war, die Linke hinter ihn als Spitzenkandidaten zu scharen. Zudem reifte in ihm die Überzeugung, dass sein Zusammengehen mit der Linken im Grunde unnatürlich gewesen wäre und ein Vakuum in jener moderaten Wählerschicht geschaffen hätte, in der er sich eigentlich beheimatet fühlte. Also suchte Segni nach diesem kurzen Ausflug wieder die Nähe zu dem Christdemokraten Martinazzoli.[458]

Im Lichte der Kommunalwahlen vom Herbst 1993 wechselte Berlusconi dann seine Bündnisstrategie. Ab diesem Zeitpunkt war es für ihn ausgemachte Sache, dass die Stärke der *Lega* im Norden und die des MSI-AN im Süden bei der Bildung eines Mitte-Rechts-Pols keinesfalls außer Acht gelassen werden durfte.[459] Unter diesem Gesichtspunkt war Berlusconis Sympathieerklärung für Fini kurz vor den Bürgermeister-Stichwahlen wohlkalkuliert gewesen: Dieser Schachzug diente der Sondierung des Terrains, und die ständig überprüfte Reaktion seiner Zielwählerschaft hierauf verschaffte ihm den nötigen Rückhalt, das Bündnis mit Fini hinter vorgehaltener Hand voranzutreiben.[460]

Es bleibt somit dahingestellt, wie ernst es Berlusconi mit seinem unterdessen erfolgten offiziellen Aufruf meinte, die DC Martinazzolis, der *Patto* Segnis, die *Lega* und der MSI-AN sollten eine Mitte-Rechts-Allianz gründen. Nachdruck verlieh er dieser Forderung im Januar 1994 mit einem Ultimatum: Sollte es dem politischen Zentrum nicht gelingen, eine klare Alternative zum Progressisten-

---

[456] Vgl. Pasquino, Gianfranco, Premessa. Le regole e gli attori, in: ders. (Hg.), L'alternanza inattesa. Le elezioni del 27 marzo 1994 e le loro conseguenze, Soveria Mannelli 1995, S. 5-19, 15. Zitiert als: Pasquino, Gianfranco, Premessa.

[457] Vgl. Di Virgilio, Aldo, Dai partiti ai poli, S. 508.

[458] Vgl. Vassallo, Sandro, La politica delle coalizioni. Da un sistema partitico all'altro, in: Pasquino, Gianfranco (Hg.), L'alternanza inattesa. Le elezioni del 27 marzo 1994 e le loro conseguenze, Soveria Mannelli 1995, S. 49-97, 71.

[459] Vgl. ebd., S. 75.

[460] Vgl. Rauen, Birgit, Forza Italia. Der Kommunikationsstil einer Ein-Mann-Partei, S. 169.

Bündnis zu bilden, sähe er keine andere Wahl, als selbst diese Funktion zu erfüllen und aktiv in die Politik einzusteigen. Während sich Martinazzoli dieser „Drohung" entzog, suchte Segni aus Furcht vor einem solchen Schritt im Verborgenen den Kontakt zur *Lega*. Die daraufhin sogar erreichte Übereinkunft zwischen ihm und der *Lega* blieb jedoch nur ein kurzes Intermezzo, denn wie aus heiterem Himmel kündigte Bossi die Zusammenarbeit sogleich wieder auf, um sich Berlusconi zuzuwenden. Segni blieb nur die Rolle des blamierten Verlierers, der jetzt vollends isoliert dastand. Wie kaum anders zu erwarten, sah Berlusconi nun seine Stunde gekommen und machte sich auf in die Politik.[461] Nach Meinung von Vassallo hätten die organisatorischen Ressourcen und die schwindende Popularität Segnis ohnehin nicht genügt, um eine Übereinkunft mit dem rüden Bossi festzuzurren. Und selbst wenn ihm dies gelungen wäre, hätte diese Allianz noch nicht ausgereicht, um sich den Progressisten erfolgversprechend entgegenzustellen. Bossi seinerseits hätte sich niemals weder mit Fini noch mit Segni verbünden können, denn damit hätte er seine Stammwähler verschreckt. Gleiches galt auch für Fini, für den weder die *Lega* noch die Christdemokraten als Partner in Frage kommen konnten.[462] Zwischen Bossi und Fini standen nicht nur unüberbrückbare programmatische Divergenzen in der Wirtschafts- und der Verfassungspolitik, sondern auch die diffamierenden Kampagnen der *Lega* gegen den Süden, wo die Wählerhochburgen des MSI-AN lagen.[463]

Die Absicht Berlusconis, eine „'Heilige Allianz' gegen die Linke zu schmieden"[464], kam also einer „Quadratur des Kreises"[465] gleich. D'Alimonte und Bartolini drücken dies so aus: „Das Problem der Rechten bestand in der offenkundigen Unfähigkeit, Allianzen zu schließen. Der Freund meines Freundes ist nicht notwendigerweise auch mein Freund. Allein Berlusconi verstand es, sie zusammenzubringen."[466]

---

[461] Vgl. Jünemann, Annette, a.a.O., S. 119f. Aus der Not machte das politische Zentrum um Segni und Martinazzoli eine Tugend: Sie formierten sich allein in einem dritten Pol und nahmen so bewusst eine gewisse Schwächung hin, um danach im Parlament – so die Hoffnung – als Zünglein an der Waage auftreten zu können. Vgl. D'Alimonte, Roberto/Bartolini, Stefano, Il sistema partitico italiano. Una transizione difficile, in: dies. (Hg.), Maggioritario ma non troppo. Le elezioni politiche del 1994. La campagna elettorale, l'offerta politica e il voto: un'analisi dettagliata per comprendere l'evoluzione del sistema politico in Italia, Bologna 1995, S. 429-466, 461. Zitiert als: D'Alimonte, Roberto/Bartolini, Stefano, Il sistema partitico italiano.

[462] Vgl. Vassallo, Sandro, a.a.O., S. 74f.

[463] Vgl. Zohlnhöfer, Reimut, Die Transformation des italienischen Parteiensystems, S. 1387. Einen detaillierten Vergleich der Programmatik von FI, *Lega* und MSI-AN in jener Zeit liefert Lalli, Roberto P., a.a.O., S. 125ff.

[464] Braun, Michael, Italiens politische Zukunft, S. 166.

[465] Ebd.

[466] D'Alimonte, Roberto/Bartolini, Stefano, Il sistema partitico italiano, S. 460 (eig. Übers.).

Warum aber grade Berlusconi diese „strategische Meisterleistung"[467] gelang, verdeutlicht bereits ein Blick auf die Ausgangspositionen der FI, des MSI-AN und der *Lega*. Während die *Forza Italia* das vordringliche Ziel verfolgte, einen möglichst starken Gegenpol zur Linken zu bilden, lag das Hauptaugenmerk Finis darauf, der noch im Ansatz steckenden Legitimation seiner Partei zum Durchbruch zu verhelfen und deren gerade erst erfolgten Aufstieg unter den Bedingungen des Mehrheitswahlrechts zu behaupten. Für dieses Unterfangen bot sich ein Zusammengehen mit dem unvorbelasteten Newcomer und potenziellen Konkurrenten *Forza Italia* samt der Medienmacht Berlusconis geradezu an. Komplexer dagegen waren die Überlegungen Bossis. Aufgrund des Mehrheitswahlrechts hatte dieser sowohl eine Allianz zwischen dem Zentrum und der Linken als auch eine zwischen der Mitte und der Rechten zu fürchten. Ein Wahlkartell seiner Bewegung mit den Zentrumskräften wäre zwar prinzipiell denkbar gewesen. Doch hätte eine solche Allianz am leghistischen Selbstverständnis gerührt, denn die *Lega* verstand sich von Grund auf als Gegenbewegung zur DC. Mangels Bündnis-Alternativen war Bossi somit gezwungen, ebenfalls die Nähe zur FI zu suchen – nicht zuletzt auch deshalb, weil sich Berlusconi anschickte, im gleichen Teich wie die *Lega* nach Stimmen zu fischen.[468]

Die FI machte sich ihre zentrale Position zunutze, von den beiden antagonistischen und politisch inkompatiblen Kräften MSI-AN und *Lega Nord* als Partner gebraucht zu werden. Bei der Konstruktion der Allianz bediente sich Berlusconi dann eines Kunstgriffes: Da seine Partner den Dialog miteinander verweigerten, verhandelte er strikt getrennt. Auf diese Weise schloss er zunächst mit der *Lega* ein Wahlabkommen für Norditalien (bis zur Toskana), in dem er rund siebzig Prozent der gemeinsamen Wahlkreiskandidaten der *Lega* zugestand. Anschließend einigte er sich mit dem MSI-AN auf eine ähnliche Übereinkunft für Mittel- und Süditalien, ohne sich vom Veto Bossis gegen diesen Schritt in irgendeiner Form beeindrucken zu lassen.[469] Danach verbündete sich Berlusconi mit weiteren, kleineren Partnern wie der christdemokratischen Abspaltung *Centro Cristiani Democratici* (Christdemokratisches Zentrum, CCD), den ehe-

---

[467] Pallaver, Günther, Der Winterkönig, S. 414.

[468] Vgl. Lalli, Roberto P., a.a.O., S. 121f.

[469] So rief Bossi seinen Anhänger auf dem *Lega*-Kongress am 5. Februar 1994 zu: „Wir sind diejenigen, die den Freiheitskampf der Partisanen [...] fortführen. Der Norden ist antifaschistisch, niemals an die Regierung mit dem faschistischen Schweinestall, niemals mit den Enkeln des Duce. Niemals!" Zitiert nach: Montanelli, Indro/Cervi, Mario, L'Italia di Berlusconi, S. 62 (eig. Übers.). Nachdem die Allianz zwischen der FI und dem MSI-AN unter Dach und Fach war, erklärte Bossi: „Berlusconi hat einen Pakt mit Fini geschlossen, aber das ist weder eine politische noch eine programmatische Übereinkunft; das ist nur ein Bündnis, um die Linke in Mittel- und Süditalien zu schlagen. [...] Für uns bleiben die Missini [die Anhänger des MSI-AN, eig. Anm.] Faschisten, und wir werden sie verjagen." Zitiert nach: Galli, Giorgio, Diario politico 1994, S. 22 (eig. Übers.).

maligen Liberalen von der *Unione di Centro* (Zentrumsunion, UDC) sowie den vormals Radikalen, die sich nun *Riformatori* (Reformer) nannten. Um die brüchigen Allianzen mit der *Lega* (*Polo delle Libertà*, Freiheitspol) und dem MSI-AN (*Polo del Buon Governo*, Pol der guten Regierung) nicht zu gefährden, machte Berlusconi in jenen Wahlkreisen, die der FI zustanden, Platz für Kandidaten dieser Kleingruppierungen.[470] Insgesamt hatte die *Forza* in ihrer Bündnispolitik somit größere ideologische Offenheit erkennen lassen als jede andere Partei, wenn ihr das ganz praktisch auch nur mit der eigenartig anmutenden Behelfskonstruktion zweier verschiedener Regionalbündnisse gelang.[471] Die *Forza Italia* erfüllte dabei die Funktion eines „Scharniers"[472] zwischen dem MSI-AN und der *Lega*. Eine programmatische Übereinkunft oder gar so etwas wie eine gemeinsame Wahlplattform existierte nicht.[473] Entsprechend stellt auch der Politikwissenschaftler Giorgio Galli fest,

> „dass der Mitte-Rechts-Pol nicht auf einer organischen politischen Allianz basierte, sondern auf einem simplen technisch-elektoralen ‚Wahlkartell' gegenseitigen Zusammenlebens (Lega und Forza Italia im Norden, Forza Italia und Alleanza Nazionale in der Mitte und dem Süden), ohne gemeinsames Regierungsprogramm – ein ‚Kartell', das aus seinem Inneren heraus durch das ausdrückliche Missbehagen der Lega unterminiert war"[474].

Die fehlende programmatische Übereinkunft spielte Lalli zufolge für Berlusconi nur eine sekundäre Rolle, denn dieser habe gar nicht darauf abgezielt, selbst die Regierung zu stellen. Es sei ihm allein darum gegangen, ein „Verhinderungsbündnis" gegen den PDS zu schmieden. Aus diesem Grund sei es ihm auch nicht schwer gefallen, seinen beiden Hauptpartnern bei den Koalitionsverhandlungen so weitreichende Zugeständnisse bezüglich der Kandidatenaufteilung zu machen. Diesen Umstand hätten Bossi und Fini ausgenutzt, und so habe sich Berlusconi

---

[470] Massari betrachtet diese Herangehensweise Berlusconis als äußerst geschickt, denn dadurch habe er verhindert, dass zahlreiche Partner zugleich am Verhandlungstisch saßen und um Listenplätze feilschen konnten. Vgl. Massari, Oreste, La selezione dei candidati, in: Pasquino, Gianfranco (Hg.), L'alternanza inattesa. Le elezioni del 27 marzo 1994 e le loro conseguenze, Soveria Mannelli 1995, S. 21-47, 34f.

[471] Vgl. Weber, Peter, Italiens demokratische Erneuerung, S. 189. Der Vollständigkeit halber sei in diesem Zusammenhang darauf hingewiesen, dass die beiden regionalen Allianzen keinesfalls geschlossene Einheiten bildeten. Vielmehr trat der MSI-AN im Norden trotz des Widerstandes Berlusconis mit eigenen Wahlkreiskandidaten an, um so den nationalen Charakter der Partei zu unterstreichen. Vgl. Di Virgilio, Aldo, Dai partiti ai poli, S. 527.

[472] Ignazi, Piero, I partiti italiani, S. 133.

[473] Vgl. Ceccani, Stefano/Fabbrini, Sergio, Transizione verso Westminster? Ambiguità e discontinuità nella formazione del governo Berlusconi, in: Pasquino, Gianfranco (Hg.), L'alternanza inattesa. Le elezioni del 27 marzo 1994 e le loro conseguenze, Soveria Mannelli 1995, S. 257-284, 266.

[474] Galli, Giorgio, Diario politico 1994, S. 26 (eig. Übers.).

grosso modo auf eine Zwei-zu-eins-Regelung eingelassen, das heißt, auf jeden FI-Kandidaten kamen zwei Kandidaten der *Lega* bzw. des MSI-AN. Berlusconis Taktik der regionalen Ausdifferenzierung des Bündnisses habe es ferner den beiden Unversöhnlichen ermöglicht, bei ihren jeweiligen Wählerschichten nicht als „Verräter" zu gelten und sogar gegeneinander Wahlkampf zu führen.[475]

Aus der Bündnispolitik Berlusconis jedoch gleich zu folgern, der Mailänder Großunternehmer sei mitnichten darauf aus gewesen, die Regierung nach den Wahlen zu stellen, erscheint etwas gewagt. So ließe sich das großzügige Entgegenkommen Berlusconis auch dadurch erklären, dass er ja als politischer Newcomer keinerlei altgediente Parteifunktionäre mit sicheren Listenplätzen zu befriedigen hatte. Di Virgilio gibt sogar zu bedenken, ob sich Berlusconi bei den Verhandlungen nicht möglicherweise aus politischer Unerfahrenheit schlicht über den Tisch habe ziehen lassen.[476] D'Alimonte und Bartolini weisen demgegenüber darauf hin, dass unter den Bedingungen eines gemischten Wahlsystems die kleineren Partner ein höheres Erpressungspotenzial besäßen, als dies beim reinen Mehrheitswahlrecht der Fall sei, da sie auch im Alleingang noch durch die Proporzquote parlamentarisch vertreten wären. Deshalb sei auch der PDS seinen Partnern unverhältnismäßig stark entgegengekommen. Außerdem habe die FI als Kraft ohne jegliche Verwurzelung im Land die Parteiapparate ihrer Partner gebraucht, was die Verhandlungsposition Berlusconis noch zusätzlich geschwächt habe.[477] Zweifel an der These Lallis sind also angebracht, auch wenn die „programmatisch-ideologische Inkongruenz"[478] zwischen den Partnern beileibe nicht die besten Voraussetzungen für eine Regierungsübernahme bot. Doch schloss sie diese auch ebenso wenig aus, wie sich wenig später zeigen sollte. Inwieweit Berlusconis Wille zur Macht zu welchem Zeitpunkt ausgeprägt war, weiß wohl nur er allein.

Äußerst problematisch war der Pakt der FI mit dem MSI-AN. Zwar hatte die Partei im Januar 1994 mit der Bildung der *Alleanza Nazionale* einen Kurswechsel weg von der neofaschistischen Tradition eingeleitet, doch bestand der MSI weiterhin fort (daher das hier verwendete Kürzel MSI-AN). Die AN war 1994 nicht viel mehr als ein übergezogenes Korsett, denn organisatorisch wie personell stand sie in absoluter Kontinuität mit dem MSI, der erst Anfang 1995 definitiv aufgelöst wurde.[479] Pallaver sieht in der Zusammenarbeit Berlusconis mit dem

---

[475] Vgl. Lalli, Roberto P., a.a.O., S. 273.

[476] Vgl. Di Virgilio, Aldo, Dai partiti ai poli, S. 525.

[477] Vgl. D'Alimonte, Roberto/Bartolini, Stefano, Il sistema partitico italiano, S. 458ff. Das *Lega Nord*-Gründungsmitglied Renzo del Carria bestätigt, dass seine Partei aufgrund ihrer territorialen Verwurzelung auf die Zwei-zu-eins-Regelung gepocht habe. Vgl. Interview mit Renzo Del Carria, in: Lalli, Roberto P., a.a.O., S. 323-337, 323.

[478] Lalli, Roberto P., a.a.O., S. 273.

[479] Vgl. Seißelberg, Jörg, Berlusconis Forza Italia, S. 228. Näheres zur Wandlung der AN, vgl. auch Grasmück, Damian, Italienische Einigkeit gegen Schröders Entgleisung, in: Die politische

MSI-AN, die selbst innerhalb der FI für Spannungen sorgte,[480] ein gewagtes Unterfangen:

> „Lieber als die demokratiepolitisch unbedenklichen Progressisten an die Macht kommen zu sehen [...], verbündete er [Berlusconi] sich mit der Antisystempartei MSI und nahm die Gefahr in Kauf, dem Neofaschismus das Tor zur Macht zu öffnen. Zwischen einem PDS, der mit der Namensänderung 1991 und der Abspaltung von Rifondazione Comunista einen lange Zeit vorher eingeleiteten Demokratisierungsprozess irreversibel gemacht hatte, und einem MSI, der sich 1994 nach wie vor in der Kontinuität des faschistischen Regimes sah, entschied sich Berlusconi für den MSI, das für ihn kleinere Übel. Doch Berlusconi übernahm diese hohe politische Verantwortung – und gewann."[481]

Diesem Risiko, das Berlusconi mit seiner Bündnispolitik bewusst eingegangen war, stand freilich auch ein großes Maß an Eigennutz gegenüber. So erkennt Diamanti in diesem Zusammenhang eine politische Legitimierung der FI durch das Eingehen der Allianzen:

> „Vor der Übereinkunft konnte Berlusconi als ein in die Politik eingetretener Unternehmer erscheinen [...]. Der Pakt mit Alleanza Nazionale und insbesondere derjenige mit der Lega machen aus Forza Italia eine Partei und aus Berlusconi einen politisch legitimierten Führer. Die Verbindung mit einer ‚neuen' Partei wie vor allem der Lega, die den traditionellen Parteien antagonistisch gegenübersteht, verleiht Forza Italia den Beigeschmack einer Alternative gegenüber dem alten System [...]. Und dies wirkt auf gewisse Art als ‚reinigender' Faktor für Forza Italia, die sich ihrerseits als ‚neues' Subjekt legitimieren kann, und das in einer Phase, in der die ‚Neuheit' einen Erfolgsfaktor bei den Wählern darstellt."[482]

Mennitti wies ferner darauf hin, dass diese Bündnisse auch Berlusconi persönlich geholfen hätten, sich gegenüber den Attacken seiner Gegner zu verteidigen, die ihm immer wieder vorwarfen, selbst ein Zögling des alten Regimes zu sein. Mit dem Hinweis auf seine Koalitionspartner, die beide bis dato niemals in der Regierung gewesen waren, habe sich dieser Vorwurf schnell entkräften lassen.[483] Das Eingehen dieser rein strategischen Bündnisse war somit ungeachtet aller Defizite die wesentliche Grundlage, auf der die künftige Erfolgsgeschichte der *Forza Italia* beruhen sollte. Derart gerüstet, konnte sie nun zuversichtlich in den Wahlkampf ziehen.

Meinung, 45. Jg. (2000), H. 4, S. 83-86, 85f. Zitiert als: Grasmück, Damian, Italienische Einigkeit.

[480] Vgl. D'Alimonte, Roberto/Bartolini, Stefano, Il sistema partitico italiano, S. 456.

[481] Pallaver, Günther, Der Winterkönig, S. 414.

[482] Diamanti, Ilvo, La politica come marketing, S. 70f. (eig. Übers.).

[483] Vgl. Interview des Autors mit Domenico Mennitti in Rom am 5.5.2003.

5.6 Die „mediale" Wahlkampfkampagne von 1994

„Ich werde jeden vor Gericht zitieren, der nach erfolgter und erfolgreicher Wahl äußern wird, Forza Italia habe dank meiner Fernsehprogramme die Wahlen gewonnen."[484] Mit dieser eindringlichen Warnung läutete Berlusconi Ende Februar 1994 die heiße Phase des FI-Wahlkampfes ein. Nicht von ungefähr ging der Besitzer von drei landesweiten Fernsehsendern auf diese Weise schon mal vorsorglich in die Offensive, sollten doch die Massenmedien mehr als je zuvor einen Wahlkampf prägen. Nichtsdestotrotz attackierten die politischen Gegner Berlusconi den gesamten Wahlkampf hindurch, er würde seine Medienmacht für seine eigenen Zwecke instrumentalisieren und dadurch den politischen Wettbewerb zu seinen Gunsten erheblich verzerren.[485] Mit dem Einstieg des Medienmagnaten in die Politik sahen besonders kritische Stimmen sogar die Demokratie in akuter Gefahr, was dem gesamten Wahlkampf einen hohen Grad an Dramatik verlieh.[486] Nach dem Urnengang blieben die Unterlegenen des Linksbündnisses und des *Patto per l'Italia* bei ihrer These vom unfairen politischen Wettbewerb, ohne dass Berlusconi jedoch wirklich mit ihnen vor Gericht gezogen wäre.[487]

Als ob die oben zitierte Drohgebärde dagegen unter den Wissenschaftlern eher Wirkung gezeigt hätte, wird die Frage, ob allein das Fernsehen den letztlich erfolgten Sieg Berlusconis herbeiführte, in der Literatur mehrheitlich verneint, wenn auch im gleichen Atemzug immer wieder auf die grundlegende Rolle dieses Mediums für den Wahlausgang hingewiesen wird.[488] Nimmt man nur einige Zahlen zur Hand, wird die Problematik sehr deutlich: Pünktlich am 15. Januar, am selben Tag, an dem Staatspräsident Scalfaro das Parlament auflöste, startete die Fernsehspot-Kampagne der *Forza Italia*. Allein in der nun folgenden Woche übertrugen die *Fininvest*-Sender rund einhundertfünfzig Spots, vorzugsweise in der so genannten *prime time* zwischen 18:30 und 20:00 Uhr.[489] Bis zum 25. Februar 1994, also dem Eröffnungstag der offiziellen Wahlkampfkampagne, hatte die FI mit insgesamt etwa tausendzweihundert Spots auf den drei landesweiten Berlusconi-Kanälen sowie zahlreichen angeschlossenen Regional- und Lokalsendern für sich geworben. Zu sehen war in diesen Fünfzehn- bis Dreißig-Se-

---

[484] Zitiert nach: Rauen, Birgit, Berlusconi, S. 349.
[485] Vgl. Weber, Peter, Italiens demokratische Erneuerung, S. 190f.
[486] Vgl. Mancini, Paolo/Mazzoleni, Gianpietro, Introduzione. Verso campagne sempre più mediatizzate, in: dies. (Hg.), I media scendono in campo. Le elezioni politiche del 1994 in televisione, Rom 1995, S. 9-49, 9.
[487] Vgl. Rauen, Birgit, Berlusconi, S. 349.
[488] So z.B. Kraatz, Birgit, a.a.O., S. 979; Mannheimer, Renato, Forza Italia, S. 40; McCarthy, Patrick, Forza Italia. Nascita e sviluppo, S. 54; Wolf, Andrea, a.a.O., S. 70; Schmid, Fred, a.a.O., S. 4.
[489] Vgl. Gilioli, Alessandro, a.a.O., S. 203.

kunden-Filmchen vornehmlich einer: Berlusconi – in sämtlichen Lebenslagen, ob im Kreise seiner Familie oder neue Supermärkte einweihend.[490]

Die Gelder für diesen aufwendigen Wahlkampf, umgerechnet rund acht Millionen Euro, kamen zumindest in Teilen indirekt von der *Fininvest* bzw. von Berlusconi selbst. Mehr als eine Million Euro stammten offiziellen Angaben zufolge aus „Spenden in Form von Dienstleistungen"; dahinter verbarg sich beispielsweise die Produktion der Wahlwerbespots durch *Publitalia*. Weitere anderthalb Millionen Euro kamen durch Kredite zustande, für die Berlusconi persönlich bürgte.[491]

Im Dezember 1993 hatte das Parlament in Rom angesichts des sich abzeichnenden Einstiegs Berlusconis in die Politik noch auf die Schnelle ein Gesetz zur Wahlkampfdisziplin verabschiedet. Es verpflichtete Zeitungsverleger sowie Radio- und Fernsehanstalten nicht nur zu strenger Ausgewogenheit in der politischen Berichterstattung. Auch sah es ein generelles Verbot von Wahlwerbespots vor.[492] Diese Reglementierung hatte allerdings den gravierenden Defekt, dass sie sich lediglich auf die offizielle Wahlkampfkampagne beschränkte, also ausschließlich auf die dreißig Tage vor den Parlamentswahlen. Bis dahin hatte Berlusconi freie Hand und konnte die Fernsehzuschauer mit Spots regelrecht „bombardieren". Der PDS als Hauptkontrahent warb hingegen im Fernsehen überhaupt nicht für sich. Er setzte allein auf Plakatserien.[493] Bis das Verbot von parteipolitischer Fernsehwerbung erst mal griff, hatte Berlusconi bereits den Grundstein für seinen späteren Erfolg gelegt: „Der sehr massive Aufmarsch, den die Fininvest-Sendeanstalten vor Inkrafttreten der Wahlkampfregularien veranstalten, ist entscheidend, um der Wählerschaft Orientierung zu geben."[494]

Diese FI-Wahlspots der Vor-Kampagne sind als erstes Element der ausgeklügelten Wahlkampfstrategie Berlusconis[495] anzusehen. Mit ihnen zielte er darauf ab, das neu entwickelte „Produkt *Forza Italia*" öffentlich auf dem Wählermarkt zu positionieren. Auch die vom *Fininvest*-Kanal *Rete 4* ungekürzt gesendete *Discesa-in-campo*-Rede vom 26. Januar sowie die am 6. Februar gleichfalls von *Rete 4* live übertragene Rede Berlusconis auf der offiziellen FI-Wahlkampf-

---

[490] Vgl. Rauen, Birgit, Berlusconi, S. 353.

[491] Vgl. Seißelberg, Jörg, Berlusconis Forza Italia, S. 212.

[492] Näheres zu dem Gesetz Nr. 515 vom 10. Dezember 1993, vgl. Rauen, Birgit, Berlusconi, S. 354.

[493] Vgl. Seißelberg, Jörg, Berlusconis Forza Italia, S. 221; Rodriguez, Mario, La comunicazione politica, in: Diamanti, Ilvo/Mannheimer, Renato (Hg.), Milano a Roma. Guida all'Italia elettorale del 1994, Rom 1994, S. 135-142, 138f.

[494] Ignazi, Piero, I partiti italiani, S. 133 (eig. Übers.).

[495] Die konkrete Ausarbeitung dieser Wahlkampfstrategie lag im Wesentlichen in den Händen von Roberto Lasagna von *Saatchi & Saatchi*, einer der weltweit größten Werbeagenturen. Vgl. Losano, Mario G., a.a.O., S. 122; McCarthy, Patrick, Forza Italia. Nascita e sviluppo, S. 58.

Auftaktveranstaltung[496] waren Ereignisse, die ebenfalls dieser Strategie entsprachen. Niemals zuvor hatte ein italienischer Wahlkämpfer eine derartige Sonderbehandlung in den Medien genießen dürfen.[497] Dennoch gab sich Berlusconi damit noch keinesfalls zufrieden. Er attackierte vielmehr das Staatsfernsehen RAI aufs Schärfste und hielt ihm vehement Parteilichkeit zugunsten seiner Gegner vor, ja er sprach sogar von einem „roten Komplott"[498] gegen ihn. Aus Protest hierüber weigerte er sich prinzipiell, an den politischen Diskussionssendungen der RAI teilzunehmen.[499] Selbst die einzige direkte TV-Konfrontation unmittelbar vor der Wahl mit seinem Widersacher, PDS-Chef Achille Occhetto, fand exklusiv bei seinem eigenen Sender *Canale 5* statt.[500]

Wie Tabelle 2 veranschaulicht, waren die Kandidaten und Parteifunktionäre der *Forza Italia* während des Wahlkampfs in den *Fininvest*-Sendern überdurchschnittlich stark vertreten. In Infotainment-Sendungen wie beispielsweise Talkshows toppte die FI jede andere Partei. Im Vergleich zum PDS beispielsweise waren ihre Vertreter hier fast doppelt so häufig präsent, wohingegen sich die öffentlich-rechtliche RAI weit ausgewogener in ihrer Berichterstattung gab.

Tabelle 2: Fernsehpräsenz einzelner Parteien in Infotainment-Sendungen vom 10. Februar bis zum 13. März 1994 (in Sekunden)

	Fininvest	RAI	Gesamt
FI	28.737	14.624	43.361
PDS	15.330	14.639	29.969
Lega Nord	13.762	12.457	26.219
PPI	13.976	10.486	24.462
Riformatori	14.946	5.253	20.199
MSI-AN	8.024	10.835	18.859
Patto Segni	6.561	7.437	13.998

Quelle: Morcellini, Mario, La telepolitica. Polifonia e rappresentazione, in: Problemi dell'informazione, 19. Jg. (1994), H. 3, S. 261-283, 275.

---

[496] Ganze zweieinhalb Stunden widmete der *Fininvest*-Sender ausschließlich der Übertragung dieser Rede, wogegen sogar die eigene Nachrichtenredaktion bei der Sendeleitung protestierte. Die Forderung, mit Berlusconi selbst hierüber sprechen zu dürfen, lief allerdings ins Leere. Vgl. Rauen, Birgit, Forza Italia, in: Brütting, Richard (Hg.), Italien-Lexikon, Berlin 1997, S. 347f., 348.

[497] Vgl. Bentivegna, Sara, Attori e strategie communicative della campagna elettorale, in: Pasquino, Gianfranco (Hg.), L'alternanza inattesa. Le elezioni del 27 marzo 1994 e le loro conseguenze, Soveria Mannelli 1995, S. 99-130, 105f.

[498] Zitiert nach: Ferrari, Claudia-Francesca, a.a.O., S. 68.

[499] Vgl. Mancini, Paolo/Mazzoleni, Gianpietro, a.a.O., S. 25.

[500] Vgl. Rauen, Birgit, Forza Italia. Der Kommunikationsstil einer Ein-Mann-Partei, S. 171.

Weniger in Zahlen fassbar als die Werbespots oder die TV-Präsenz, dafür aber mindestens genauso effektiv waren eher beiläufig geäußerte Sympathieerklärungen zahlreicher beliebter *Fininvest*-Moderatoren, die während ihrer Sendungen beiläufig immer mal wieder auf Berlusconi und seine *Forza Italia* zu sprechen kamen. So sagte etwa Iva Zanicchi, die Moderatorin der Spielshow *Ok, il prezzo è giusto* („Der Preis ist heiß") am 19. März 1994: „Ich beglückwünsche meinen Sendevater Berlusconi und hoffe, dass wir alle zusammen in einer Woche feiern können."[501] Mike Bongiorno setzte zwei Tage später noch einen drauf und sprach in seiner Show *La ruota della fortuna* („Glücksrad") ganze vier Minuten lang über Berlusconi, den er als „Mann, der Italien retten kann,"[502] bezeichnete. Weiterhin sagte Bongiorno: „Schaut Euch um und sagt mir, ob das nicht grandios ist: Und all das hat Silvio Berlusconi erschaffen. Denkt daran, wenn Forza Italia in einer Woche triumphiert, wird eine großartige Epoche beginnen, und wir werden es noch weit bringen."[503] PDS-Chef Occhetto erfuhr unterdessen eine ganz andere Behandlung. In einer Kindersendung der *Fininvest* wurde er als Teufel dargestellt.[504]

Wie sehr Berlusconi seine mediale Macht für eigene Zwecke einspannte, zeigt sich ferner an der Neubesetzung der Redaktionsspitze der Tageszeitung *Il Giornale*, die ebenfalls zu seinem Medienimperium zählt. Nachdem Berlusconi den Chefredakteur, Indro Montanelli, vergeblich „auf Linie" zu trimmen versucht hatte und es daraufhin zum Zerwürfnis zwischen den beiden gekommen war, verabschiedete sich Montanelli von der Leitung des *Giornale*, um die neue, gemäßigt-konservative Tageszeitung *La Voce* ins Leben zu rufen.[505]

Neben dieser breitgefächerten Instrumentalisierung der Medien bestand ein weiteres Strategieelement des FI-Wahlkampfs in der Fokussierung auf den Spitzenkandidaten. Mit Hilfe einer starken Personalisierung gab der *Forza*-Chef den Wählern erstmals die Chance, sich klar orientieren und identifizieren zu können. Zusätzlich pflegte er ganz bewusst das Image des Erfolgstyps, der bisher alles in der Wirtschaft erreicht habe und der nun diese erwiesene Leistungsfähigkeit auch auf die Politik anzuwenden gedenke. Vor allem angesichts der damals miserablen ökonomischen Lage Italiens musste diese Selbstdarstellung hoher wirtschaftlicher Kompetenz geradezu auf fruchtbaren Boden fallen.[506]

---

[501] Zitiert nach: Gilioli, Alessandro, a.a.O., S. 210f. (eig. Übers.).

[502] Zitiert nach: ebd., S. 211 (eig. Übers.).

[503] Zitiert nach: ebd. (eig. Übers.).

[504] Vgl. Piantini, Marco, Forza Italia und PDS als zentrale Akteure des italienischen Parteiensystems, in: Probleme des Klassenkampfs (PROKLA). Zeitschrift für kritische Sozialwissenschaft, 25. Jg. (1995), H. 98, Nr. 1, S. 35-52, 49.

[505] Vgl. Rauen, Birgit, Berlusconi, S. 353.

[506] Vgl. Jun, Uwe, Forza Italia. Der Prototyp einer Medienkommunikationspartei?, in: Dürr, Tobias/Walter, Franz (Hg.), Solidargemeinschaft und fragmentierte Gesellschaft. Parteien, Milieus

Dass der FI-Wahlkampf ganz auf die Person Berlusconis zugeschnitten war, zeigte auch dessen Autokandidatur für das Amt des Ministerpräsidenten – bis dato kannte Italien eine solche Festlegung vor den Wahlen nicht, da man immer darauf bedacht war, den Manövrierspielraum nach den Wahlen möglichst breit zu belassen. Indem Berlusconi nun für das höchste Regierungsamt offiziell kandidierte, verschaffte er sich und seiner FI gleich eine Reihe von Vorteilen: Der gesamte Wahlkampf war auf ihn fokussiert, er schuf dadurch ein wirkungsvolles Aggregationsinstrument und verlieh zugleich seiner FI jene Zugkraft, die den Progressisten mangels Gegenkandidatur fehlte.[507] Außerdem hob er sich so von seinen Gegner klar ab: „Sein Stil war der ‚Stil des Präsidenten', derjenige der anderen der ‚Stil des Kandidaten'. Berlusconi ist den Wahlkampf im Stile eines bereits Gewählten angegangen."[508] Entsprechend charakterisiert McCarthy die Wahlen als Referendum über Berlusconi, wodurch die FI nur noch als reines Anhängsel erschienen sei.[509] Diamanti und Mannheimer weisen darauf hin, dass die FI mit dieser Personalisierungsstrategie schlichtweg aus der Not eine Tugend gemacht hatte:

> „Für Forza Italia [..] bildete sie [die Personalisierung, eig. Anm.] den einzig gangbaren Weg, nicht nur aufgrund organisatorischer Grenzen, sondern insbesondere auch, weil das ‚Produkt', das sie auf dem Markt zu ‚verkaufen' gedachte, [...] einzig und allein der Führer war."[510]

Die inhaltliche Botschaft, für die dieses „Produkt Berlusconi" im Wahlkampf stand, konzentrierte sich im Wesentlichen auf zwei große Themenkomplexe. Zum einen ist an dieser Stelle der „Krieg" zu nennen, den der Polit-Neuling der Linken angesagt hatte: Diese würde noch immer kommunistische Methoden[511] anwenden und somit eine ernst zu nehmende Gefahr für die Freiheit darstellen, so seine Argumentation; zum anderen war dies der Frontalangriff auf die etatistische Tradition der italienischen Wirtschafts- und Finanzpolitik, der gegenüber Berlusconi sein liberalistisches Konzept der freien Aktivität des Unternehmer-

---

und Verbände im Vergleich, Festschrift zum 60. Geburtstag von Peter Lösche, Opladen 1999, S. 475-491, 487.

[507] Vgl. Weber, Peter, Wege aus der Krise, S. 26f.

[508] Guizzardi, Gustavo, Messaggi e immagini, in: Diamanti, Ilvo/Mannheimer, Renato (Hg.), Milano a Roma. Guida all'Italia elettorale del 1994, Rom 1994, S. 143-150, 150 (eig. Übers.).

[509] Vgl. McCarthy, Patrick, Forza Italia. The New Politics and Old Values, S. 143.

[510] Diamanti, Ilvo/Mannheimer, Renato, Introduzione, in: dies. (Hg.), Milano a Roma. Guida all'Italia elettorale del 1994, Rom 1994, S. VII-XXII, XIV (eig. Übers.). Zitiert als: Diamanti, Ilvo/Mannheimer, Renato, Introduzione.

[511] Mit dem für Berlusconi typischen Rückgriff auf den Antikommunismus schaffte er nicht nur ein klares Feindbild, das dem Zusammenhalt des eigenen Lagers diente, sondern er stigmatisierte dadurch auch das Linksbündnis und zwang so seine Gegner, sich mit der eigenen Vergangenheit auseinander zu setzen, anstatt über die Zukunft zu sprechen. Vgl. Diamanti, Ilvo, La politica come marketing, S. 66.

tums, jedes Einzelnen sowie der Familie anpries.[512] Er setzte somit auf ein neokonservatives bzw. neoliberales Gesellschaftsmodell. Kurz und knapp gesprochen, propagierte er damit eine starke Einschränkung der Rolle des Staates bei gleichzeitiger massiver Ausweitung der Rolle des Marktes. Berlusconis viel gescholtenes Rezept bestand in immensen Steuerentlastungen, um dadurch vermehrt Privatinvestitionen anzukurbeln. So schlug er etwa in der Gesundheits- und Rentenpolitik konkret vor, in Zukunft freie Auswahl zwischen staatlicher und privater Vorsorge zu schaffen.[513]

Das komplette FI-Programm, das der Philosoph Paolo Del Debbio verfasst hatte, war in einer handlichen Broschüre niedergeschrieben, die nach benutzerfreundlichen Gesichtspunkten 45 Punkte alphabetisch von A wie „Agricoltura" („Landwirtschaft") bis V wie „Volontariato" („Freiwilligendienst") auflistete. Vorneweg standen in dieser Schrift kurz und bündig fünf Ziele unter den plakativ gehaltenen Stichwörtern „Freiheit der Bürger", „Freiheit im Staat", „Effektive Solidarität", „Wirtschaftliche Entwicklung" sowie „Italien und Europa".[514] Dieses Programm wird in der wissenschaftlichen Literatur durchweg negativ bewertet. Wallisch etwa tut es als „Mainstream-Politik wirtschaftsliberaler Prägung"[515] ab, und McCarthy ist in seiner Kritik noch vernichtender:

> „FI's programme was less a guide to what its policies might be, than a sketch of a utopia where the civil service (diagnosed as Italy's greatest problem) surrendered its power to the entrepreneur. How this would happen was unclear. Once more this myth not of technology, about which Forza Italia says little, but of management seemed unreal."[516]

Mit seiner wirtschaftspolitischen Konzeption zielte Berlusconi paradoxerweise gerade auf die schwächeren sozialen Bevölkerungsschichten ab. Indem er mit dem Finger auf die starken ökonomischen Probleme seines Landes zeigte und zugleich ein „neues italienisches Wirtschaftswunder" herbeiredete, versprühte er genau jenen Optimismus, nach dem sich der „kleine Mann auf der Straße" sehnte.[517] Vor allem mit dem berühmt-berüchtigten Versprechen, eine Million

---

[512] Vgl. Vallauri, Carlo, I partiti italiani. Da De Gasperi a Berlusconi, Rom 1994, S. 226.

[513] Vgl. Helms, Ludger, Strukturwandel im italienischen Parteiensystem, S. 36; Pasquino, Gianfranco, Der unerwartete Machtwechsel, S. 397.

[514] Vgl. N.N., Per un nuovo miracolo italiano. Il programma di Forza Italia, Mailand 1994. Eine ausführliche Analyse dieses FI-Parteiprogramms in deutscher Sprache findet sich bei Renner, Jens, Der Fall Berlusconi, S. 136ff.

[515] Wallisch, Stefan, Aufstieg und Fall der Telekratie, S. 131.

[516] McCarthy, Patrick, Forza Italia. The New Politics and Old Values, S. 136.

[517] Vgl. Weber, Peter, Italiens demokratische Erneuerung, S. 191. Nevola spricht in diesem Zusammenhang von einer „Vertrauensinjektion" Berlusconis, deren Bedeutung nicht zu unterschätzen gewesen sei. Vgl. Nevola, Gaspare, Temi e strategie politiche in campagna elettorale. Il caso delle elezioni di marzo 1994, in: Gangemi, Giuseppe/Riccamboni, Gianni (Hg.), Le ele-

neue Arbeitsplätze innerhalb eines Jahres zu schaffen, diente er sich den von der Wirtschaftskrise am stärksten gebeutelten Menschen an und drang dadurch in das klassische Wählersegment der Linken ein. Jenseits aller Kritik am fehlenden Realismus solcher Versprechungen[518] ist es der *Forza Italia* damit gelungen, sich als pragmatischer und effizienter Anwalt der Interessen ganzer Massen zu legitimieren, die zuvor noch nach links tendiert hatten.[519] Ferraris stellt all dies in folgenden Zusammenhang:

> „Dank seines [Berlusconis] organisatorischen Geschicks und dank auch – aber nur auch – des Besitzes von drei großen Fernsehsendern verbreitete er ein neues Bild der Politik: ein Bild der Zuversicht. Er, der Unternehmer, hatte Erfolg in der Wirtschaft; warum also sollte er diese Erfolgsfähigkeit nicht ebenso auf Italien anwenden? Es gelang ihm, eine Identifizierung des Bürgers mit sich selbst zu erzielen, und zwar über die Fernsehbilder, wie sie von ‚Telenovela' oder den Soapoperas vermittelt werden [...]. Das Versprechen eines neuen Wunders klang glaubwürdig. Das Versprechen, eine Million neue Arbeitsplätze zu schaffen, führte zu einem Klima der Hoffnung. [...] Demagogie? Vielleicht. Oberflächlichkeit? Auch. [...] Gibt es ein Programm? Nein, eher einige Grundideen, die mit einem Wandel innerhalb der Gesellschaft zusammenfielen. Diese Gleichzeitigkeit hat Berlusconi aufgefangen und politisch genutzt. Die Politik- und Parteienverdrossenheit der Wählerschaft war nur der äußere Aspekt, nicht der Inhalt des Wandels."[520]

Hinzu kommt, dass es Berlusconi mit seinen Themen schaffte, zum Herrn des *agenda settings* aufzusteigen. Die von ihm angestoßenen Diskussionen über das Steuersystem, das Arbeitslosenproblem sowie allgemein über die Zukunft des Landes, die er im Falle eines Sieges der Linken schwarz malte, standen während der gesamten Wahlkampfkampagne im Mittelpunkt der Auseinandersetzungen. Die politischen Gegner waren indessen nicht fähig, ihre eigenen Themen groß herauszubringen und ließen sich infolgedessen permanent in die Defensive treiben.[521] Das ist umso erstaunlicher, als der PDS etwa sein Wahlprogramm bereits

---

zioni della transizione. Il sistema politico italiano alla prova del voto 1994-1996, Turin 1997, S. 97-122, 112.

[518] Aufschlussreich ist eine Episode aus einer Fernseh-Diskussionssendung im Wahlkampf: Von einem renommierten Ökonomen ob dieses „Eine-Million-Neue-Arbeitsplätze-Versprechens" in die Enge getrieben, zog sich ein *Forza-Italia*-Vertreter wie folgt aus der Schlinge: „Mag ja sein, dass das nur ein Traum ist, aber lassen Sie uns doch wenigstens einen, lassen Sie uns träumen, und vielleicht wird der Traum irgendein konkretes Ergebnis bewirken." Zitiert nach: Bredthauer, Karl D., Keine Angst, sagen die Sieger. Italienische Nachwahldebatten, in: Blätter für deutsche und internationale Politik, 39. Jg. (1994), H. 5, S. 556-565, 558.

[519] Vgl. Biorcio, Roberto, Le ragioni della sinistra. Le risorse della destra, in: Diamanti, Ilvo/ Mannheimer, Renato (Hg.), Milano a Roma. Guida all'Italia elettorale del 1994, Rom 1994, S. 159-168, 165.

[520] Ferraris, Luigi V., Ist Italien eine „neue" Republik?, S. 6.

[521] Vgl. Bentivegna, Sara, a.a.O., S. 112; Pasquino, Gianfranco, Der unerwartete Machtwechsel, S. 397.

Mitte Februar 1994 präsentierte, die *Forza Italia* dagegen erst zwei Wochen später.[522] Dass Berlusconi so erfolgreich die Themenführerschaft übernehmen konnte, lag sicher auch an der ausufernden Demoskopiepolitik. Die Ergebnisse aus den telefonischen Meinungsumfragen und aus den *focus groups* fasste die *Diakron* in wöchentlichen Berichten zusammen, nach denen Berlusconi dann sein *agenda setting*, seine weitere Strategie und seine politischen Inhalte im Wahlkampf ausrichtete.[523] Bentivegna sieht in dieser ständigen „Marktanalyse" sogar eine noch entscheidendere Neuerung als in der Instrumentalisierung der Medien:

> „Der innovative Hauptaspekt besteht [..] nicht so sehr im Rückgriff auf das Mediensystem [...], als vielmehr in der Verpackung eines Produkts, ausgeführt auf der Basis der Marktnachfrage. Der ständige Rückgriff auf die Umfragen und auf die focus groups, um die in der Wählerschaft vorhandenen Themen und Sorgen ausfindig zu machen, stellte die unersetzliche Voraussetzung dar, um in Kontakt mit einer veränderlichen [...] Wirklichkeit zu treten. Nachdem das Parteiensystem sowie seine Fähigkeit, ein politisches Angebot zu erstellen, das in der Lage ist, auf die Nachfragen der Bürger einzugehen, weggefegt worden war, hat es der direkte Kontakt mit der Wählerschaft erlaubt, dass ein Programm erarbeitet und angeboten wird, das den Problemen der ‚gemeinen Leute' breiten Raum widmet."[524]

Neben diesen Arbeiten der *Diakron* zur Erstellung von ausschließlich intern genutzten Analysen griff das de facto Berlusconi-eigene Meinungsforschungsinstitut mit immer neuen Veröffentlichungen der „Sonntagsfrage" auch aktiv in den Wahlkampf ein: Laut *Diakron* lag die FI kurz nach Weihnachten 1993 bei sechzehn Prozent, einen Monat später dann schon bei 25 Prozent, um schließlich in der letzten veröffentlichten Umfrage vier Wochen vor den Wahlen auf stolze 35 Prozent hochzuschnellen. Doch je höher die Zahlen für die FI ausfielen, desto stärker wurde auch die Seriosität der *Diakron* in Zweifel gezogen. Einige Beobachter sprachen ihr sogar jede Wissenschaftlichkeit ab und bemängelten, Berlusconi ließe solche Daten nur zum Zwecke einer „sich selbst erfüllenden Prophezeiung" verbreiten, um so möglichst viele Wähler dazu zu bringen, auf den Karren des vermeintlichen Siegers aufzuspringen.[525] Nicht von ungefähr sahen daher Mancini und Mazzoleni in diesen Meinungsumfragen eine regelrechte „Wahlkampfwaffe"[526]. Ein Blick auf die späteren Wahlergebnisse zeigt sofort: Diese Kritik war zumindest im Kern berechtigt.

---

[522] Vgl. Nevola, Gaspare, a.a.O., S. 101.

[523] Vgl. Seißelberg, Jörg, Conditions of Success, S. 731.

[524] Bentivegna, Sara, a.a.O., S. 117 (eig. Übers.).

[525] Vgl. Gilioli, Alessandro, a.a.O., 34f.; Golia, Carmen, a.a.O., S. 39. In der Tat hatte die *Diakron* so unwissenschaftlich gearbeitet, dass sie am 6. Oktober 1994 aus der *Esomar*, der internationalen Vereinigung demoskopischer Institute, ausgeschlossen wurde. Vgl. Losano, Mario G., a.a.O., S. 76.

[526] Mancini, Paolo/Mazzoleni, Gianpietro, a.a.O., S. 24 (eig. Übers.).

Des Weiteren kam Berlusconi seine Art und Weise, wie er seine Botschaften zu „verpacken" wusste, sehr zugute: Alles war in der typischen Fernsehsprache formuliert. Die FI-Spots hatten große Gemeinsamkeiten mit x-beliebigen Werbespots, und die Wahlveranstaltungen ähnelten in frappierender Weise den Entertainmentshows auf den *Fininvest*-Kanälen. Dadurch erschien so manchem Italiener Politik endlich wieder verständlich.[527] Exemplarisch für die simplifizierende Sprache Berlusconis, die sich auf Schwarz-Weiß-Malerei beschränkte, sei hier ein Zitat wiedergegeben, mit dem der Medienmogul seinen Wahlkampf am 26. März via Fernsehen beendete:

> „Das Allerschlimmste wäre ein Sieg der Linksparteien; wir würden einer gefährlichen Zukunft entgegengehen, mit einem Regime, das wirkliche Freiheit und echte Demokratie nicht garantiert. Heute befinden wir uns in Italien an der gleichen Wende wie 1948: Die Entscheidung muss getroffen werden zwischen Freiheit oder Knechtschaft, zwischen Wohlstand oder Elend."[528]

Gray und Howard charakterisieren den Sprachstil, den Berlusconi im Wahlkampf angewendet hatte, folgendermaßen:

> „Die Sprache [..] Berlusconi[s] [...] hat sich als einfach und entwaffnend erwiesen. Tatsächlich ähnelt er nicht so sehr Ross Perot, sondern vielmehr Ronald Reagan, kommunikativ, höchst geschickt im Rückgriff auf die modernen Sprachtechniken und sehr wirkungsvoll im Verbreiten von Enthusiasmus. Wie bei Reagan ist die Sprache Berlusconis klar, weit weg vom 'politichese' [der oft unverständlich komplizierten und zugleich nichts sagenden Ausdrucksweise italienischer Politiker, eig. Anm.]."[529]

An diesem Stilbruch lässt sich zu guter Letzt ein weiteres strategisches Ziel der Wahlkampfkampagne Berlusconis ablesen, das er mit Bravour erreicht hat: sich selbst und die FI als das „Neue par excellence"[530] darzustellen. Aufgrund der noch frischen Erinnerungen an die verkrusteten und korrupten alten Parteien war in der Bevölkerung die Sehnsucht nach neuen, unvorbelasteten Kräften überwältigend groß, so groß, dass im Vergleich dazu bei der Wahlentscheidung das Links-Rechts-Schema völlig zweitrangig wurde. Hauptsache neu, das war die Grundstimmung unter den Italienern.[531] Und obwohl jedem klar gewesen sein musste, dass gerade Berlusconi ein Kind des alten Regimes war, gelang es ihm doch, sich als der „Neue" schlechthin zu gerieren. So führte er seine steile wirtschaftliche Karriere keinesfalls auf politische Seilschaften zurück, sondern machte nur Eifer und Fleiß hierfür verantwortlich.[532] Anders ausgedrückt:

---

[527] Vgl. Wallisch, Stefan, Silvio Berlusconi und Romano Prodi, S. 175.

[528] Zitiert nach: Losano, Mario G., a.a.O., S. 122.

[529] Gray, Lawrence/Howard, William, a.a.O., S. 98 (eig. Übers.).

[530] Ignazi, Piero, I partiti italiani, S. 132 (eig. Übers.).

[531] Vgl. Mannheimer, Renato, Forza Italia, S. 41.

[532] Vgl. Krempl, Stefan, a.a.O., S. 133.

„Berlusconi hat seiner Selbstdarstellung zufolge sein Reich [..] trotz und nicht dank der *Partitokrazia* aufgebaut."[533]

Die hier vorgelegte Analyse des Wahlkampfes der *Forza Italia* hat also eindeutig ergeben, dass Berlusconi nicht einfach nur seine Fernsehsender plump für sich instrumentalisierte, sondern dass eine ganze Palette an unterschiedlichen Faktoren ineinander griffen. Ignazi und Katz stellen richtigerweise die mediale Komponente in eine Reihe mit anderen wie den kommunikativen Fähigkeiten Berlusconis, dem Erscheinungsbild als neue Kraft sowie dem auf die Mitte abzielenden politischen Angebot, das die FI offerierte.[534] Nicht zu vergessen ist aber auch die Bündnispolitik, die angesichts der Zerstrittenheit seiner Partner zweifellos eine strategische Meisterleistung Berlusconis darstellte. Ohne diese Bündnispolitik wäre jegliche Inanspruchnahme medialer Macht sicher ins Leere gelaufen.

Welchen konkreten Anteil das Fernsehen am Erfolg der FI tatsächlich hatte, ist natürlich nur schwer nachzuweisen. Der Journalist Luca Ricolfi ging dieser Frage in einer breit angelegten Nachwahlstudie näher auf den Grund. Darin kommt er zu dem Ergebnis, dass das Fernsehen insgesamt acht Prozent der Stimmen zugunsten der FI verschoben habe, fünf davon stammten aus dem Links- und drei aus dem Zentrumsbündnis.[535] So kam er zu der Behauptung, dass

„das Fernsehen das Ergebnis beeinflusst hat und dass das Ausmaß dieser Beeinflussung groß genug war, um das Ergebnis zu entscheiden. [...] Ohne die Verschiebungen, die das Fernsehen bewirkte, hätte das Parlament [..] eine vollkommen andere Zusammensetzung."[536]

Inwiefern Ricolfi mit diesem sehr weitreichenden Urteil wirklich Recht hat, sei einmal dahingestellt, denn es erscheint ein schwieriges, wenn nicht gar unmögliches Unterfangen, die Beeinflussung durch das Fernsehen in späteren Prozentsätzen messen zu wollen. Um jedoch weiterhin auf sicherem Terrain zu bleiben, soll zusammenfassend der „salomonischeren" Einschätzung Calises gefolgt werden, der folgendes Fazit zieht:

„Es kann kein Zweifel daran bestehen, dass die völlige Verfügbarkeit der Hauptprivatsender die Verbreitung der neuen Marke Forza Italia sehr stark erleichtert hat, vor allem in Anbetracht der überaus kurzen Zeitspanne, die durch das Aufbrechen der politischen Krise bedingt war."[537]

---

[533] Ebd.

[534] Vgl. Ignazi, Piero/Katz, Richard S., Introduzione, S. 37.

[535] Vgl. Ricolfi, Luca, Elezioni e mass media. Quanti voti ha spostato la Tv, in: Il Mulino, 43. Jg. (1994), H. 6, S. 1031-1046, 1039.

[536] Ebd., S. 1041 (eig. Übers.).

[537] Calise, Mauro, La costituzione silenziosa. Geografia dei nuovi poteri, Rom, Bari 1998, S. 69 (eig. Übers.).

Mit anderen Worten: Es ist durchaus davon auszugehen, dass die politische Inanspruchnahme der großen privaten Fernsehsender Berlusconi und seiner Partei genützt hat. Dennoch muss darauf hingewiesen werden, dass die Medien nicht – wie oft reduzierend behauptet wurde – das einzige Erfolgselement im Wahlkampf der FI darstellten. Erst das Zusammenwirken der Medien-Instrumentalisierung mit den anderen hier geschilderten Faktoren machte den Erfolg der FI aus.

6 Aufstieg und Fall der Regierungspartei *Forza Italia*

6.1 Der Überraschungssieg bei den Parlamentswahlen vom 27. März 1994

Als Staatspräsident Oscar Luigi Scalfaro am 16. Januar 1994 vorgezogene Neuwahlen für den 27. März des gleichen Jahres[538] anberaumte, widerstand er damit einem hartnäckigen Drängen von Seiten etablierter Regierungspolitiker, die forderten, die angebrochene Legislaturperiode doch wenigstens noch bis zum Sommer andauern zu lassen. Drei Gründe bewogen Scalfaro jedoch zu seinem Entschluss: das mittlerweile vollkommen veränderte Wahlrecht, die Kommunalwahlen vom Sommer und Herbst 1993, die eine starke Diskrepanz zwischen der Kräfteverteilung im Parlament und dem Volkswillen offen zutage hatten treten lassen, sowie die Säuberungsaktion *Mani pulite*, welche die Regierungsparteien vollends diskreditiert hatte.[539] Wegen dieser stark veränderten Rahmenbedingungen lassen sich diese Neuwahlen mit Fug und Recht als die „bedeutendsten italienischen Wahlen der letzten fünfzig Jahre nach jenen vom 18. April 1948"[540] bezeichnen.

Als die ersten offiziellen Hochrechnungen erschienen, wurde klar, dass „ein neuer Protagonist der italienischen Politik geboren war. […] All jene, die Berlusconis ‚Einlaufen ins Feld' als Extravaganz eines Millionärs auf der Suche nach neuem Nervenkitzel abtaten, mussten sich eines Besseren besinnen."[541] Als „strahlender Sieger"[542] dieser Wahlen ging überraschenderweise der Mitte-Rechts-Block unter Führung Silvio Berlusconis hervor.[543] Sowohl die erlangten Stimmenanteile wie auch die Sitze ließen wenig Interpretationsspielraum in dieser Frage. Insbesondere triumphierten sowohl *Forza Italia*, die aus dem Stand heraus zur stärksten Kraft des Landes avancierte, wie auch der MSI-AN, der seine Stimmen verdreifachte, wohingegen die *Lega Nord* ihre Wählerschaft le-

---

[538] Die Wahlen wurden auch auf Montag, den 28. März ausgedehnt, weil man den italienischen Juden den Wahlgang ermöglichen wollte, denen es aufgrund ihres Passahfestes am Sonntag nicht erlaubt war, wählen zu gehen. Diesen Umstand machte sich die Rechtsallianz zunutze, indem sie den ganzen Montag über Meinungsumfragen und Hochrechnungen verbreiten ließ. Vgl. Galli, Giorgio, Diario politico 1994, S. 18.

[539] Vgl. Bufacchi, Vittorio/Burgess, Simon, Italy since 1989. Events and Interpretations, London, New York 1998, S. 167.

[540] Romano, Sergio, a.a.O., S. 55 (eig. Übers.).

[541] Ignazi, Piero/Katz, Richard S., Introduzione. S. 35f. (eig. Übers.).

[542] Wolf, Andrea, a.a.O., S. 71.

[543] Zwar hatte man allgemein mit einem erfolgreichen Abschneiden der FI gerechnet, doch war das Ausmaß dieses Erfolges dann doch für eine Überraschung gut. Vgl. Wallisch, Stefan, Aufstieg und Fall der Telekratie, S. 132.

diglich auf konstantem Niveau hielt. Die fünf traditionellen Regierungsparteien galten demgegenüber als die eindeutigen Verlierer.[544]

Konkret lag die FI mit 21 Prozent knapp vor den Linksdemokraten, die auf 20,3 Prozent kamen. Der MSI-AN überrundete mit 13,5 Prozentpunkten die direkte Nachfolgeorganisation der *Democrazia Cristiana*, den *Partito Popolare Italiano* (Volkspartei Italiens, PPI), der nur noch 11,1 Prozent Stimmenanteil hinter sich scharen konnte. Übersetzte man diese Zahlen in Parlamentssitze, so ergab sich jedoch eine ganz andere Verteilung. In der Abgeordnetenkammer stellte die *Lega* – obwohl sie nur 8,4 Prozentpunkte errang – mit 118 Abgeordneten die stärkste Fraktion, gefolgt von den Linksdemokraten mit 115. Auf den MSI-AN entfielen insgesamt 105 Sitze und auf die FI 101. Im Senat sah die Verteilung der Mandate anders aus. Hier lagen die Linksdemokraten mit 66 Sitzen vor der *Lega* mit 58, dem MSI-AN mit 43 und der FI mit gar nur 41.[545] So hatten die beiden Berlusconi-Bündnisse im Abgeordnetenhaus eine klare absolute Mehrheit von 366 Sitzen errungen, im Senat hatten sie diese jedoch mit 156 von 315 Sitzen knapp verfehlt.[546] Tabelle 3 gibt die Kräfteverhältnisse wieder.

Das Auseinanderklaffen zwischen den Prozentpunkten der einzelnen Parteien und den Sitzen, die ihnen zugesprochen wurden, ergab sich aus dem komplexen Wahlsystem, das nur zu einem Viertel dem Verhältnis-, zu drei Vierteln aber dem Mehrheitsprinzip folgt. Das erklärte vor allem die hohe Zahl an Mandatsträgern der *Lega Nord*.[547] Ein Vergleich zwischen den Ergebnissen der drei Parteienbündnisse zeigt, dass es der Koalition Berlusconis am effizientesten gelungen war, sich der Logik dieses Wahlrechts anzupassen. Bei insgesamt 43 Prozentpunkten kam Mitte-Rechts auf 58 Prozent der Sitze im Abgeordnetenhaus, das Linksbündnis schaffte indes mit 34 Prozent auch genau 34 Prozent der Sitze. Unter ferner liefen rangierte die Zentrumskoalition, die mit sechzehn Prozentpunkten gerade mal sieben Prozent der Mandate zugesprochen bekam.[548]

---

[544] Vgl. Brand, Jack/Mackie, Thomas, a.a.O., S. 130f.

[545] Vgl. Keller, Hans-Jörg, a.a.O., S. 64.

[546] Vgl. Weber, Peter, Italiens demokratische Erneuerung, S. 193f. Der Grund für diese fehlende absolute Mehrheit im Senat lag darin, dass die kleineren Parteien und der *Patto per l'Italia* hier prozentual leicht besser abschnitten als in der Kammer. Zudem errang das Progressisten-Bündnis im Süden einige Direktmandate mehr im Vergleich zur Anzahl ihrer gewählten Kammer-Direktkandidaten. Vgl. Brand, Jack/Mackie, Thomas, a.a.O., S. 134f.

[547] Vgl. McCarthy, Patrick, La crisi dello Stato italiano, S. 224. Wie in Kapitel 5.5 bereits geschildert, hatte Berlusconi der *Lega* und dem MSI-AN innerhalb der Mehrheitsquote große Zugeständnisse gemacht, was sich nun auf die Sitzverteilung auswirkte. Im Auseinanderklaffen zwischen elektoraler Stärke und Sitzverteilung im Parlament liegt die Quelle der später anwachsenden Spannungen zwischen *Lega* und *Forza*. Vgl. Maraffi, Marco, Forza Italia, S. 255f.

[548] Vgl. Kreile, Michael, Italien. Krise und Transformation des Parteienstaates, FES-Analyse, hrsgeg. von der Stabsabteilung der Friedrich-Ebert-Stiftung, Bonn 1997, S. 5. Zitiert als: Kreile, Michael, Italien. Krise und Transformation des Parteienstaates.

Tabelle 3: Ergebnisse der Parlamentswahlen vom 27. März 1994

	Abgeordnetenkammer			Senat	
	Mehrheits-wahl	Proporzwahl		Mehrheits- und Proporzwahl	
	Sitze	Sitze	Prozent	Sitze	Prozent
Polo della Libertà	164			82	19,9
Polo d. Buon Governo	137			64	13,7
FI-CCD	5	30	21,0	1	0,5
AN	1	23	13,5	8	6,3
Lega Nord		11	8,4		
Lista Pannella				1	2,3
Patto per l'Italia	4			31	16,7
PPI		29	11,1		
Patto Segni		13	4,7		
SVP				3	0,7
Progressisti	164			122	32,9
PDS		38	20,3		
RC		11	6,0		
Andere				3	3,9
Gesamt	475	155		315	

Quelle: N.N., Il libro dei fatti, Rom 1995, S. 417.

Diese Übersetzung der Prozentpunkte in Sitze belegt eindeutig: Ein wesentlicher Grund für den Erfolg Berlusconis liegt in seiner Bündnispolitik. Insbesondere weil er das Kunststück vollbracht hatte, im Norden mit der *Lega* und im Süden mit dem MSI-AN zu paktieren, ging er als eindeutiger Sieger aus den Wahlen hervor.[549] Diese Doppelkonstruktion hatte zudem den Pluspunkt gebracht, dass sie den historisch gewachsenen Trennlinien des Landes Rechnung trug. Das machte es den Wählern leichter, sich mit dem jeweiligen Mitte-Rechts-Bündnis zu identifizieren.[550]

Das Ergebnis dieser italienischen Parlamentswahlen stellte ein absolutes Novum zumindest für Westeuropa dar: Erstmals wurde eine Regierungskoalition aus fest etablierten Parteien von neuen und sogar frisch aus der Taufe gehobenen Kräften wie der FI von der Macht verdrängt. Solch ein Prozess ist umso bemerkenswerter, als er bis dato nur im Rahmen von revolutionär herbeigeführten Systemwechseln zu beobachten war.[551] Dieser Sichtweise entsprechend wurde

---

[549] Vgl. Pasquino, Gianfranco, Die Reform eines Wahlrechtssystems, S. 299.

[550] Vgl. Weber, Peter, Italiens demokratische Erneuerung, S. 193.

[551] Vgl. Fix, Elisabeth, Die Genese der „Bewegungspartei", S. 188f. Die Dimension dieses Einschnitts verdeutlichen folgende Zahlen: Rund ein Drittel aller wahlberechtigten Italiener hatte sich diesmal für eine andere Partei entschieden als noch 1992. Lediglich bei vier Wahlen in Europa vom Ende des neunzehnten Jahrhunderts bis 1989 lag die Fluktuation noch höher: bei den deutschen Wahlen von 1919 (47,5 Prozent), bei den französischen Wahlen von 1945 (36,4

der Wahlsieg des Berlusconi-Bündnisses in der Nachwahldebatte weniger als Rechtsruck gedeutet,[552] sondern vielmehr als Sieg derjenigen Kräfte, die für einen grundlegenden Neuanfang und einen Bruch mit der *Partitocrazia* standen:

> „Sowohl Forza Italia als auch Lega Nord und Alleanza Nazionale [...] traten als Bekämpfer des alten Parteiensystems auf, und ihr Wahlerfolg kann als Triumph der unter der italienischen Bevölkerung existierenden Ressentiments gegenüber der alten Parteienherrschaft interpretiert werden [...]. Das Ergebnis der Parlamentswahlen ist so auch weniger ein Sieg der Rechten über die Linke, sondern vielmehr ein Sieg der Anti-Parteien über das alte Parteiensystem."[553]

Diese Einschätzung bestätigt sich bei einem näheren Blick auf die Wählerwanderungen allerdings nur zum Teil. Zwar wandten sich die Wähler in der Tat scharenweise von den langjährigen Regierungsparteien ab und insbesondere der *Forza* zu. 25,8 Prozent der neuen FI-Wähler hatten sich 1992 noch für die Christdemokraten entschieden, 15,1 Prozent waren ehemalige PSI- oder PSDI-Wähler, und 10,2 Prozent kam aus dem Lager von PRI bzw. PLI. Massiven Zuspruch erhielt die FI aber zugleich auch von Wählern, die zuvor noch anderen Protestbewegungen ihre Stimme gegeben hatten. So stammte ein Großteil des FI-Elektorats, 18,6 Prozent, von der *Lega-Nord*, 13,8 Prozent aus dem Becken des MSI, und 3,3 Prozent waren gar ehemalige Grünen-Wähler.[554] Dass der Erfolg der FI vor allem auf Kosten der *Lega* wie auch der Christdemokraten ging, zeigte sich mit Blick auf eine Umfrage vom November 1993, als es die *Forza* noch nicht gegeben hatte. Die *Lega Nord* wurde damals noch mit stolzen 17,7 Prozent gehandelt, und auch die DC befand sich ungeachtet aller Korruptionsvorwürfe zu jener Zeit gerade wieder im Aufschwung, weil sie schlichtweg die einzige bürgerlich-konservative Partei darstellte. Somit gab es genau genommen nur zwei Gewinner dieser Wahlen: *Forza Italia* und MSI-AN, alle anderen – auch die Protestbewegung Umberto Bossis – hatten verloren.[555] Das Wahlergebnis war für die *Lega Nord* also durchaus ambivalent: „Der Preis für den Sieg von Berlusconi und MSI wurde von der Lega bezahlt, deren erster Mann siegreich und wütend zugleich war."[556]

Prozent) sowie bei den griechischen Wahlen von 1950 (47,0 Prozent) und 1951 (45,1 Prozent). Vgl. D'Alimonte, Roberto/Bartolini, Stefano, Il sistema partitico italiano, S. 444.

[552] So z.B. Diamanti, Ilvo/Mannheimer, Renato, Introduzione, S. XXf.; Interview mit Gian Enrico Rusconi, in: Die Weltwoche, 14.7.1994, S. 8.

[553] Dreier, Volker, Forza Italia: Triumph der Telekratie? Zu Morphologie, Erfolg und Zukunft einer politischen Bewegung, in: Sozialwissenschaftliche Informationen, 23. Jg. (1994), H. 4, S. 285-292, 286. Zitiert als: Dreier, Volker, Forza Italia.

[554] Vgl. Fondazione Censis (Hg.), L'Italia in politica 3, Rom 1994, S. 16.

[555] Vgl. Wallisch, Stefan, Aufstieg und Fall der Telekratie, S. 132f.

[556] Losano, Mario G., a.a.O., S. 146.

Überdurchschnittlich erfolgreich war die FI im Norden des Landes, insbesondere in Piemont und in der Lombardei. Im Süden dagegen lag sie oftmals unter ihrem nationalen Durchschnittsergebnis – mit einer großen Ausnahme: Sizilien. Hier erreichte sie sogar mit rund einem Drittel aller Stimmen einen noch höheren Prozentsatz als in ihren nördlichen Hochburgen.[557]

Dieser „kometenhafte Aufstieg"[558] der *Forza*, für den „es keine historischen Präzedenzfälle gibt,"[559] wird nur vor dem Hintergrund fundamentaler Veränderungen im gesamten politischen System Italiens verständlich. Hierzu zählen so unterschiedliche Faktoren wie die moralische Krise, die veränderte politische Kultur, neue Formen der Sozialisation, verstärkte individuelle Mobilität, das Ende der Ost-West-Konfrontation mitsamt der tiefgreifenden Auswirkungen auf die italienische Innenpolitik, der Zusammenbruch der alten *Partitocrazia* nicht zuletzt durch *Tangentopoli*, institutionelle Strukturdefizite im Verbund mit einer wirtschaftlichen Krise sowie das neue Wahlrecht, das einschneidende Veränderungen im Wählerverhalten mit sich brachte.[560] Dies alles sorgte für völlig neue Rahmenbedingungen, welche die FI erkannt und sich sogleich zunutze gemacht hatte. Auch wenn ein solch tiefgreifender Veränderungsprozess automatisch Freiräume für neue politische Formationen schafft, zeigt doch das Beispiel der *Alleanza Democratica* (Demokratische Allianz, AD)[561], dass diese Umwälzungen allein nicht jede beliebige Parteineugründung zwangsläufig zum Erfolg werden lassen.[562] Worin bestand also das besondere Erfolgsrezept Berlusconis? Anders gefragt: „Was sind [..] die Gründe dieser x-ten ,italienischen Anomalie'?"[563]

In der Literatur lassen sich auf diese Frage ähnliche Antworten mit jeweils unterschiedlichen Akzentuierungen finden. Die Mehrzahl der politischen Kommentatoren zeigte immer wieder mit erhobenem Zeigefinger auf die Rolle des Fernsehens, das Berlusconi den unerwarteten Sieg mehr oder minder in den Schoß gelegt hätte.[564] Doch obwohl dem Fernsehen ein gewisser Anteil sicherlich nicht abgesprochen werden kann, ist dieser Erklärungsstrang wohl zu monokausal.[565] Biorcio skizziert demgegenüber folgendes Bild:

---

[557] Vgl. Mannheimer, Renato, Forza Italia, S. 34. Eine detaillierte Analyse der *Forza-Italia*-Wählerschaft liefert Kapitel 9.

[558] Schmid, Fred, a.a.O., S. 4.

[559] Revelli, Marco, a.a.O., S. 668 (eig. Übers.).

[560] Vgl. Pallaver, Günther, L'unto del signore, S. 318.

[561] Die AD war eine ebenso neue Partei wie die FI, die sich jedoch als linksliberale Kraft innerhalb des Linksbündnisses positioniert hatte. Bei den Parlamentswahlen von 1994 kam sie auf enttäuschende 1,2 Prozent. Vgl. Seißelberg, Jörg, Berlusconis Forza Italia, S. 209.

[562] Vgl. ebd.

[563] Revelli, Marco, a.a.O., S. 668 (eig. Übers.).

[564] Vgl. Bentivegna, Sara, a.a.O., S. 119.

[565] So auch Dreier, Volker, Forza Italia, S. 286.

„Das politische Vakuum, das durch die Krise der Regierungsparteien entstanden war, [...] hatte den politischen Raum zur Bildung einer großen, gemäßigten Partei geschaffen, die im Stande war, sich der Linken wirkungsvoll entgegenzusetzen. [...] In einer unwiederbringlichen politischen Lage hatten das außerpolitische Charisma Berlusconis zusammen mit einer immensen Verfügbarkeit an Mitteln (wirtschaftliche, organisatorische und propagandistische) und einer effizienten Diversifizierung der Allianzen im Norden (mit Lega Nord) und im Süden (mit Alleanza Nazionale) der neuen Partei und der Mitte-Rechts-Koalition den Erfolg garantiert."[566]

Laut McCarthy wollten die Italiener 1994 mehrheitlich einen neuen und doch Vertrauen erweckenden Mann haben, nachdem die ganze politische Ordnung ins Wanken geraten war. Berlusconis Vergangenheit als erfolgreicher Unternehmer und Craxi-Anhänger machten ihn zum rechten Mann zur rechten Zeit, konnte er doch zwei ganz bestimmte Nachfragen befriedigen, die in der Luft lagen: Er ging mit seinem wirtschaftlichen Sachverstand ebenso auf die damals alarmierende ökonomische Lage Italiens ein wie auch auf die daraus resultierenden diffusen Ängste vor der wachsenden Arbeitslosigkeit. Die freizügigen Versprechen von einer Million neuer Arbeitsplätze, einem neuen Wirtschaftswunder und von radikalen Steuerentlastungen trafen den Nerv der verunsicherten Bürger in einer unruhigen Zeit. Als zweiten Faktor führt McCarthy den Sieg der Linken bei den Kommunalwahlen vom Vorjahr an, der die traditionell rechts eingestellten Wähler in Alarmbereitschaft versetzt hatte. In Berlusconi erblickten diese breiten Massen, die früher DC gewählt hatten, die einzige „Rettung".[567]

Seißelberg zufolge war die *Forza Italia* deshalb so erfolgreich, weil sie „eine neue Form von Parteiidee, effektives Polit-Marketing, erfolgreiche Kommunikationsstrategien und ein bislang fehlendes Politikangebot repräsentierte, aber auch indem sie die Wirtschaftsmacht ihres Partei-*leaders* Berlusconi nutzte"[568]. Ergänzend weist Vallauri auch auf die politischen Fehler der Gegner Berlusconis hin und auf dessen große Fähigkeit, konkrete Impulse zu interpretieren und Gemeinsamkeiten herauszustellen.[569]

Dass diese Wahlen tatsächlich in die Geschichte Italiens eingehen würden, darüber waren sich fast alle Wahlanalysten einig. Pasquino etwa sah im Wahlsieg Berlusconis den Übergang von der Ersten zur Zweiten Republik vollzogen[570] und

---

[566] Biorcio, Roberto, Le complicate scelte di Forza Italia, S. 261f. (eig. Übers.).

[567] Vgl. McCarthy, Patrick, Forza Italia. Nascita e sviluppo, S. 50f.

[568] Seißelberg, Jörg, Berlusconis Forza Italia, S. 209.

[569] Vgl. Vallauri, Carlo, a.a.O., S. 227f.

[570] Vgl. Pasquino, Gianfranco, Der unerwartete Machtwechsel, S. 383. Im Gegensatz dazu setzte sich in der deutschen Auslandsberichterstattung sehr schnell die Meinung durch, es habe aufgrund des unverändert gebliebenen politischen Stils keine neue Republik begonnen. Vgl. Keller, Hans-Jörg, a.a.O., S. 64.

sprach von einem „Erdrutsch"[571] mit großen Konsequenzen für das politische wie sozio-ökonomische System Italiens. Andere Beobachter wie zum Beispiel Diamanti und Mannheimer gingen noch weiter, als sie in diesem Zusammenhang das Wort von der „Revolution"[572] beanspruchten, was von Anfang an sicherlich als überzogen gelten mochte. Aber auch Keller wollte nicht einfach nur einen gewöhnlichen Machtwechsel feststellen, sondern erkannte im Sieg des Mailänder Unternehmers „die Umkehrung des Primats der Politik über die Wirtschaft"[573]. Am weitesten aus dem Fenster lehnte sich der französische Philosoph Paul Virilio, der sich ganz auf die mediale Komponente Berlusconis fixierte. Er sah im Sieg Berlusconis nichts weniger als einen „Medienstaatsstreich" und führte weiter aus: „Wir sind Zeugen eines neuen Machtwechsels, nicht mehr zwischen der Linken und der Rechten, sondern zwischen dem Medialen und dem Politischen."[574]

Mit größerem zeitlichen Abstand relativierten sich diese überspitzten Bewertungen allerdings wieder. So stellte Segatti im Nachhinein fest:

„In der Wählerbewegung, die bei den Wahlen von 1994 stattfand, gab es wohl mehr Kontinuität, als die Dimensionen des Erdbebens glauben machten. Der Untergang der Regierungsparteien hat zweifellos Millionen Wähler ‚befreit'. Es ist jedoch legitim zu hinterfragen, wie viele von diesen sich wirklich auf dem Markt fühlten, bereit, die Vorschläge des Bestanbietendsten oder des Fähigsten, diese zu verkünden, anzunehmen. Das System hat sich ohne Zweifel in vielen und wichtigen Bereichen verändert. Aber wenn wir in Betracht ziehen, wer sich bewegt hat, und wenn wir uns deren politische Geschichte anschauen, dann waren die Schritte kleiner."[575]

Eine ähnliche Schlussfolgerung zieht auch Lalli, der hinter dem Ergebnis dieser Wahlen mitnichten einen Rechtsruck erkennt. Berlusconi habe lediglich den orientierungslos gewordenen Wählern der disqualifizierten Regierungsparteien ein neues Zuhause gegeben, er habe mit der Gründung der FI nichts weiter als ein

---

[571] Pasquino, Gianfranco, Der unerwartete Machtwechsel, S. 386.

[572] So z.B. Diamanti, Ilvo/Mannheimer, Renato, Introduzione, S. VII.

[573] Keller, Hans-Jörg, a.a.O., S. 65.

[574] Zitiert nach: Bredthauer, Karl D., a.a.O., S. 559. Wie tiefgreifend die Kritik Virilios ist, zeigt auch folgendes Zitat: „Eine neue Zeit ist angebrochen. Die Machtergreifung Berlusconis ist mindestens so ein einschneidendes Ereignis wie der Fall der Berliner Mauer. [...] Mit dem Fall der Berliner Mauer verschwanden die geopolitischen Gegensätze in Europa, mit Berlusconis Mauerfall beginnt das Zeitalter der Metropolitik. Berlusconi hat die Mauer des Politischen durchbrochen." Interview mit Paul Virilio, in: Die Zeit, 15.4.1994, S. 53f., 53. Näheres zu den Schlussfolgerungen Virilios, vgl. Bieber, Christoph, a.a.O., S. 35f.; Ferrari, Claudia-Francesca, a.a.O., S. 81ff.

[575] Segatti, Paolo, Un centro instabile eppure fermo. Mutamento e continuità nel movimento elettorale, in: Corbetta, Piergiorgio/Parisi, Arturo M.L. (Hg.), A domanda risponde. Il cambiamento del voto degli italiani nelle elezioni del 1994 e del 1996, Bologna 1997, S. 215-259, 258 (eig. Übers.).

"*realignment* der ‚heimatlosen' konservativen Wähler"[576] eingeleitet: Ihm sei die „historische Leistung"[577] zu verdanken, die durch *Tangentopoli* und *Mani pulite* verwaisten Wähler wieder in das Parteiensystem zurückgeholt zu haben.[578]

Mit den Wahlen vom Frühjahr 1994 ist die FI von heute auf morgen zu einem Grundbaustein im politischen System Italiens avanciert.[579] Insbesondere dieser ebenso unerwartete wie aufsehenerregende Aufstieg kennzeichnet diese Parlamentswahlen und macht sie unvergessen. Dennoch gilt: Der Sieg der *Forza Italia*, mit dem man voreilig schon den Schritt in die ersehnte Zweite Republik vollzogen sah, erwies sich allerdings bei weitem als ein nicht so einschneidendes Ereignis, wie manche Beobachter dies in ersten Stellungnahmen vermutet hatten. Allein schon der schwerfällige und streitbeladene Kraftakt der Regierungsbildung sprach eine andere Sprache und erinnerte stark an bereits vergangen geglaubte Zeiten.

6.2 Schwierige Regierungsbildung unter ungleichen Partnern

In einem ersten euphorischen Moment im Anschluss an die Parlamentswahlen gab sich der strahlende Sieger Berlusconi noch höchst optimistisch: „Wenn der Staatspräsident mich mit der Regierungsbildung beauftragt, überreiche ich ihm einen Tag später die Ministerliste."[580] Ob Berlusconi selbst allen Ernstes seinen Worten Glauben schenkte, darf bezweifelt werden, denn schließlich gab es von Anfang an vor allem eines unter den Koalitionspartnern: Streit um Personalien, zuvorderst sogar um seine eigene. Dem sogleich erhobenen Anspruch Berlusconis auf den Ministerpräsidentenposten erteilte *Lega*-Chef Bossi erstmals am 29. März eine klare Absage mit dem Hinweis auf die Kollision von privaten und politischen Interessen Berlusconis. Schließlich sei der ja „ein Geschäftemacher, er hat zu viele eigene Interessen zu verteidigen"[581]. Und als ob dies nicht genügt hätte, schimpfte Bossi Berlusconi im gleichen Atemzug auch noch „eine Rippe des alten Regimes"[582]. Schnell war also offensichtlich, dass sich Bossi bei der Regierungsbildung massiv quer legen würde. Dieser zog in einer ersten Reaktion sogar in Betracht, lieber Neuwahlen anzustreben, als mit Berlusconi und Fini zu koalieren, zumal er im Wahlkampf mehrmals ein Regierungsbündnis seiner Partei mit dem MSI-AN kategorisch ausgeschlossen hatte. Berlusconi hielt dem ent-

---

[576] Lalli, Roberto P., a.a.O., S. 289.
[577] Ebd.
[578] Vgl. ebd.
[579] Vgl. Maraffi, Marco, Forza Italia dal governo all'opposizione, S. 139.
[580] Zitiert nach: Marro, Enrico/Vigna, Edoardo, a.a.O., S. 13 (eig. Übers.).
[581] Zitiert nach: Galli, Giorgio, Diario politico 1994, S. 34 (eig. Übers.).
[582] Zitiert nach: Schmid, Fred, a.a.O., S. 11.

gegen, die gewonnenen Direktmandate der *Lega* seien als Mandate des Parteienbündnisses zwischen ihm und Bossi anzusehen und somit zugleich Regierungsmandate. Weiter argumentierte Berlusconi, ungeachtet aller Absichtserklärungen Bossis hätten die Wähler die Direktkandidaten der *Lega* nur deshalb gewählt, weil sie im Verbund mit der *Forza* und somit auch indirekt mit dem MSI-AN angetreten seien und eine derart zusammengesetzte Regierung hätten haben wollen. Mit Hilfe dieser Konstruktion nahm Berlusconi Bossi in die Pflicht und drängte ihn zur Aufnahme von Koalitionsverhandlungen.[583] Der Hauptgrund für die Verweigerungshaltung Bossis – einschließlich seines Widerstands gegen Berlusconi als Ministerpräsidenten – lag auf der Hand: Nachdem ihm Berlusconi mit seiner attraktiveren *Forza Italia* einen Großteil seiner Wählerschaft abgejagt hatte, musste es zur Überlebensstrategie der *Lega* gehören, eigenes Profil und Identität herauszustellen, um nicht völlig von der FI aufgesogen zu werden.[584]

Doch alles anfängliche Zetern und Zaudern Bossis half am Ende nichts. Der Regierungsauftrag für Berlusconi, der sich aus dem Wahlergebnis ablesen ließ, war so unmissverständlich, dass selbst führende Politiker der unterlegenen Links- und Zentrumsparteien Berlusconi zur Regierungsbildung drängten. Dem musste sich auch Bossi schließlich beugen.[585] Am 10. April 1994 gab er auf der traditionellen *Lega*-Kundgebung im norditalienischen Pontida sein Plazet zur künftigen Rechtsregierung. Mit dieser Einigung auf Berlusconi als Kandidaten für das Amt des Ministerpräsidenten war die zentrale Rolle der FI im Nachhinein bestätigt: Sie war es, die die beiden unterschiedlichen Rechtsbündnisse nun auch in einer Regierungskoalition vereinigte. Diese prinzipielle Übereinkunft bedeutete jedoch keinesfalls, dass damit sämtliche programmatische Divergenzen, vor allem zwischen *Lega* und MSI-AN, auf einen Schlag bereinigt worden wären.[586]

Im Gegenteil: Der Streit zwischen den Koalitionären ging nun erst richtig los, gleich so, wie es in alten Zeiten üblich gewesen war: „Wie Craxi und seine So-

---

[583] Vgl. Lalli, Roberto P., a.a.O., S. 381f. Bereits das Eingehen zweier Wahlbündnisse zeugte von der grundsätzlichen Unvereinbarkeit zwischen *Lega* und MSI-AN. Leonardi und Nanetti vermuten, dass Berlusconi trotzdem vor den Wahlen davon ausgegangen war, bei der *Lega* werde ein möglicher Sieg zwangsläufig auch zum Einlenken führen. Vgl. Leonardi, Roberto/Nanetti, Raffaella Y., Continuità e cambiamento nel sistema politico italiano, in: Fedele, Marcello/Leonardi, Roberto (Hg.), La politica senza i partiti, Rom 1996, S. 189-205, 196.

[584] Vgl. Pasquino, Gianfranco, Der unerwartete Machtwechsel, S. 391f. Lalli zufolge vollzog sich bereits während der Koalitionsverhandlungen der endgültige Bruch zwischen Berlusconi und Bossi. Da Berlusconi vom Zickzackkurs Bossis enttäuscht gewesen sei, habe er darauf hingearbeitet, die Abgeordneten der *Lega* langfristig an sich zu binden. Im Gegenzug habe Bossi offensichtlich schon vor Regierungsantritt den Sturz Berlusconis insgeheim beschlossen, weil er Berlusconi als Gefahr für die Demokratie betrachtete und dessen FI als Gefahr für seine *Lega*. Vgl. Lalli, Roberto P., a.a.O., S. 391.

[585] Vgl. Weber, Peter, Italiens demokratische Erneuerung, S. 198.

[586] Vgl. Ceccani, Stefano/Fabbrini, Sergio, a.a.O., S. 272f.

zialisten schien Bossi allein um mehr Macht und eine stärkere Regierungsbeteiligung seiner Partei zu kämpfen, während Berlusconi ganz im Stile der alten Christdemokraten diese Bestrebungen auszubügeln suchte."[587] Der Postenschacher beherrschte drei Wochen lang das politische Geschehen, machte sich am Ende aber für Bossi bezahlt. Er schaffte es, seinen Stellvertreter Roberto Maroni auf den heftig umkämpften Sessel des Innenministers[588] zu hieven und ergatterte vier weitere Ministerien ersten Ranges. Als Gegenleistung stellte er die Forderung nach dem sofortigen föderativen Umbau Italiens zurück, woraufhin der *Lega*-Chefideologe Gianfranco Miglio die Partei aus Protest verließ.[589]

Diese Zugeständnisse an Bossi konnten jedoch kaum darüber hinwegtäuschen, dass die *Forza Italia* als erste Kraft auch personell am stärksten in der Regierung vertreten sein sollte. Neben dem Ministerpräsidenten stellte sie acht Minister und vierzehn Staatssekretäre.[590] Insgesamt zehn dieser *Forza-Italia*-Politiker in der Regierung standen zuvor noch in Diensten der *Fininvest*. Neben Berlusconi zählten hierzu die Minister Giuliano Ferrara (Beziehungen zum Parlament), Cesare Previti (Verteidigung), Antonio Martino (Äußeres), Giuliano Urbani (Öffentliche Verwaltung) und Gianni Letta[591], drei Staatssekretäre sowie der Regierungssprecher Antonio Tajani (bis Oktober 1994).[592] Demgegenüber nahm sich die Zahl der parteilosen „Technokraten" entgegen aller Ankündigungen vergleichsweise gering aus. Neben Lamberto Dini (Schatzminister) und Sergio Berlinguer (Minister für die Italiener im Ausland) gehörte zunächst auch Giulio Tremonti (Finanzen) in diese Reihe. Letzter hatte den *Patto Segni* verlassen und war zur „Gemischten Fraktion" (*Gruppo misto*) übergetreten. Des Weiteren hatte Berlusconi auch für je zwei Minister und Staatssekretäre alter christdemokratischer Provenienz Platz gemacht, deren Splitterparteien (CCD und *Unione di Centro*, Zentrumsunion, UDC) eine Einheitsliste mit der FI eingegangen waren.[593] Neben den Christdemokraten Francesco D'Onofrio (Erziehung) und Clemente Mastella (Arbeit) gab es in der Kabinettsliste Berlusconis noch weitere

---

[587] Krempl, Stefan, a.a.O., S. 155.

[588] Ursprünglich wollte Berlusconi auf diesem Posten einen Politiker seiner eigenen Partei sehen bzw. das Amt interimistisch selbst führen. Vgl. Ceccani, Stefano/Fabbrini, Sergio, a.a.O., S. 273. Ferner bot Berlusconi diese Schlüsselposition zwischenzeitlich sogar dem damals höchst populären Kopf des Mailänder Richterpools *Mani pulite*, Antonio Di Pietro, an, der jedoch ablehnte. Vgl. Della Porta, Donatella/Vanucci, Alberto, Un paese anomalo. Come la classe politica ha perso l'occasione di Mani pulite, Rom, Bari 1999, S. 28.

[589] Vgl. Hausmann, Friederike, Kleine Geschichte Italiens, S. 170.

[590] Vgl. Ceccani, Stefano/Fabbrini, Sergio, a.a.O., S. 276.

[591] Gianni Letta, der ehemalige Vizepräsident der *Fininvest*, wurde nun Staatssekretär im Ministerrang im Büro des Ministerpräsidenten. Vgl. Gilioli, Alessandro, a.a.O., S. 215. Dieses Amt ist in Deutschland vergleichbar mit dem des Kanzleramtsministers.

[592] Vgl. Seißelberg, Jörg, Berlusconis Forza Italia, S. 212.

[593] Vgl. Ceccani, Stefano/Fabbrini, Sergio, a.a.O., S. 276.

Gesichter, die alles andere als „neu" waren: die Liberalen Raffaele Costa (Gesundheit)[594] und Alfredo Biondi (Justiz) sowie nicht zuletzt der schillernde Giuliano Ferrara (Beziehungen zum Parlament) mit der bewegten Karriere vom kommunistischen Hardliner zum Sprachrohr Bettino Craxis in Berlusconis Fernsehkanälen; von dort war es dann nicht mehr weit zur FI.[595] Der vollmundig versprochene Bruch mit der Vergangenheit fiel also nicht allzu konsequent aus:

> „Hinter der glanzvoll präsentierten Fassade des Neuen verbarg sich in den Reihen von Forza Italia also eine ganze Reihe so genannter *riciclati*, wiederverwertete Politiker aus der zweiten Garde der alten Regierungsparteien, die ideologisch und personell die Kontinuität mit dem alten System garantierten."[596]

Interessanterweise weist Pasquino darauf hin, dass es eben zu den Charakteristika von politischen Transitionsprozessen gehöre, wenn zumindest in einer ersten Phase zahlreiche Überbleibsel des Alten sich hinüberzuretten wüssten, wie dies im Frühjahr 1994 in Italien auch der Fall gewesen sei.[597] Dessen ungeachtet versuchte Berlusconi freilich stets, den gegenteiligen Anschein zu erwecken, etwa als er in einem Interview unterstrich, sein Kabinett bestehe aus lauter politischen Dilettanten, von zwei Ausnahmen mit Regierungserfahrung einmal abgesehen.[598]

Trotzdem deutete bereits die Art und Weise, wie die Regierung zusammengesetzt wurde, auf eine gewisse Restauration hin. Nicht anders als bei unzähligen Regierungsbildungen zuvor legte man auch dieses Mal auf das Ausbalancieren der einzelnen Kräfte größten Wert. Zum Beispiel im Ministerium für öffentliche Arbeiten: Dem *Forza-Italia*-Minister Roberto Radicale wurden zwei Staatssekretäre, einer von der *Lega* und einer vom MSI-AN, zur Seite gestellt. Noch stärker machten sich diese restaurativen Züge bemerkbar, als jede einzelne Partei wie gehabt für sich in Anspruch nahm, selbst über die eigene „Regierungsdelegation" zu bestimmen.[599]

Ein absolutes Novum war hingegen die Regierungsbeteiligung des MSI-AN, der wie auch die *Lega Nord* fünf Minister stellen durfte; drei davon waren langjährige MSI-Parteifunktionäre.[600] Diesen aufsehenerregenden Bruch mit der Vergangenheit unterstreichen auch Ignazi und Katz:

---

[594] Die Vergabe der Ressorts Erziehung und Gesundheit an einen Christdemokraten bzw. einen Liberalen entspricht einer weit zurückreichenden Tradition. Vgl. ebd., S. 277.

[595] Vgl. Keller, Hans-Jörg, a.a.O., S. 68.

[596] Ebd.

[597] Vgl. Pasquino, Gianfranco, Premessa, S. 17.

[598] Vgl. Interview mit Silvio Berlusconi, in: Der Spiegel, 32/1994, S. 114-118, 114.

[599] Vgl. Ceccani, Stefano/Fabbrini, Sergio, a.a.O., S. 176f.

[600] Pallaver, Günther, Der Winterkönig, S. 415. Dabei hatte Berlusconi angesichts des wachsenden Protestes gegen eine Regierungsbeteiligung des MSI-AN noch am 2. Mai 1994 versprochen, er werde nur „Techniker" aus dieser Partei in sein Kabinett berufen und keine alten Par-

„Die wahre Neuerung der Regierung Berlusconi liegt – erstmalig in Europa – in der Beteiligung einer Partei, die sich von der faschistischen Tradition herleitet. Die Parlamentsfraktion, die unter dem Siegel der Alleanza Nazionale gewählt wurde, ist tatsächlich nichts weiter als der alte MSI einschließlich einiger Hinzugestoßener. Unvermeidlich waren daher die Proteste und die Verstimmungen auf internationaler Ebene [...]. Und auch der sich anschließende ‚Evolutions'-Prozess innerhalb der Alleanza Nazionale wird die Altlasten der Vergangenheit sowie die ideologischen Doppeldeutigkeiten nicht vollends zunichte machen."[601]

An anderer Stelle wird der Politikwissenschaftler Piero Ignazi noch deutlicher: „Die Nationale Allianz ist ein rein wahltaktisches Etikett, eine Fassade für den MSI, der den Faschismus niemals aufgegeben hat."[602]

Trotz alledem waren die Reaktionen auf die Regierungsbeteiligung der direkten Nachfolgeorganisation der Faschisten eher durchwachsen. Als einer der ersten und entschiedensten Kritiker trat das Europaparlament noch während der laufenden Koalitionsverhandlungen auf den Plan und ermahnte Italien eindringlich in Form einer kurzen Entschließung, die mit knapper Mehrheit beschlossen wurde. Hierin verlangte es von Staatspräsident Scalfaro, darauf zu achten, „dass seine Regierung den Grundwerten treu bleiben möge, die nach dem Schrecken des Faschismus an der Taufe der Europäischen Gemeinschaft standen"[603]. Dieser Einmischungsversuch stieß jedoch bei Scalfaro auf taube Ohren; er verbat sich jegliche „schulmeisterlichen Ermahnungen"[604]. Der mal mehr und mal weniger offene Protest gegen die Regierung Berlusconi[605] basierte jedoch nicht nur auf der Einbindung von MSI-AN-Ministern, sondern auch auf dem Interessenkonflikt in der Person Berlusconis. So wusste sich etwa die italienische Linke nicht so recht zu entscheiden, welcher dieser beiden Aspekte für sie schwerer wog. Anders als beispielsweise Frankreichs damaliger Staatspräsident François Mitterand, der von einem „italienischen Risiko"[606] sprach und vor den Gefahren einer Krankheit namens „Videokratie" warnte,[607] gab sich die deutsche Bundesregierung nach anfänglichem Zögern hingegen recht unbeschwert gegenüber der

---

teikader. Vgl. Bobbio, Noberto, Verso la Seconda Repubblica, Turin 1997, S. 180. Zitiert als: Bobbio, Noberto, Verso la Seconda Repubblica.

[601] Ignazi, Piero/Katz, Richard S., Introduzione, S. 40 (eig. Übers.).

[602] Zitiert nach: N.N., Pakt mit dem Teufel, in: Der Spiegel, 21/1994, S. 139f., 140.

[603] Zitiert nach: Gümpel, Udo, Mahnung aus Straßburg sorgt für Furore, in: http://www.BerlinOnline.de/wissen/berliner_zeitung/archiv/1994/0506/auenpolitik/0028/index.html?keywords=Berlusconi&ok=OK%21match=strict&author=&ressort=&von=&bis=&mark=berlusconi (3.5.2001).

[604] Vgl. ebd.

[605] Die lächerlichste Form des Protests bestand in einem internationalen Boykott-Aufruf, keine Spaghetti mehr zu kaufen. Vgl. Montanelli, Indro/Cervi, Mario, L'Italia di Berlusconi, S. 112.

[606] Zitiert nach: Krempl, Stefan, a.a.O., S. 156.

[607] Vgl. Romano, Sergio, a.a.O., S. 103.

neuen römischen Administration. Entsprechend freundlich wurde Berlusconi bei seinem ersten Auslandsbesuch, der ihn nach Bonn führte, von Helmut Kohl empfangen, obgleich der damalige Bundeskanzler auf die sonst übliche gemeinsame Pressekonferenz – angeblich aus Zeitgründen – verzichtete.[608] Weit schroffer verhielt sich dagegen der damalige belgische Vizepremier Elio Di Rupo, als dieser seinem Amtskollegen Giuseppe Tatarella vom MSI-AN während eines Arbeitsbesuchs in Brüssel den Handschlag verwehrte.[609]

Doch Italiens neue Regierung reagierte gelassen auf derlei Aversionen. In seiner Funktion als Außenminister hatte Antonio Martino (FI) die Aufgabe übernommen, die internationale Protestwelle als unbegründet abzutun:

> „Sorgen im Ausland waren voraussehbar, und sie sind auch verständlich. Der Wechsel in Italien war so radikal, dass es Schwierigkeiten mit seiner Interpretation geben musste. Aber grundsätzlich: Die fünf Minister gehören der Alleanza Nazionale an. Die ist etwas anderes als der MSI, und der wiederum ist nicht die Faschistische Partei von ehedem. Für mich ist am wichtigsten, dass diese Allianz unser gemeinsames Programm unterschrieben hat, und das ist kein Programm der Rechten, sondern ein Programm der liberalen Mitte."[610]

Daneben versuchte auch Berlusconi immer wieder, die Animositäten gegenüber der Regierungsbeteiligung des MSI-AN als fehl am Platze darzustellen. So sagte er beispielsweise in einem Interview gegenüber dem Nachrichtenmagazin *Der Spiegel*:

> „Die Deutschen sollten endlich verstehen, dass die wirkliche Gefahr nicht von den Postfaschisten ausgeht, sondern von den Kommunisten. [...] Die fünf Minister der Nationalen Allianz verhalten sich demokratisch absolut einwandfrei. Hätte dagegen die Linke gesiegt, wäre Italien aus Europa herausgefallen."[611]

Dieser Darstellung widerspricht Pallaver vehement und hält Berlusconi vor, mit der Einbeziehung des MSI-AN in seine Regierung ein großes Risiko auf sich genommen zu haben. Anstatt einen Sieg der aus demokratiepolitischen Gesichtspunkten völlig unbedenklichen Progressisten zu akzeptieren, habe Berlusconi die Allianz mit der Antisystem-Partei MSI vorgezogen und damit die Gefahr in Kauf

---

[608] Vgl. Trautmann, Günter, Die italienische Politik nach dem Wahlsieg Berlusconis, in: Aus Politik und Zeitgeschichte, B 34/94, S. 10-19, 12. Zitiert als: Trautmann, Günter, Die italienische Politik nach dem Wahlsieg Berlusconis. Ein damals eingebrachter Antrag der Grünen auf eine aktuelle Stunde zum Umgang mit faschistischen italienischen Ministern wurde von Bundestagspräsidentin Rita Süßmuth abgelehnt. Die Begründung hierfür lautete, dies käme einer Einmischung in die inneren Angelegenheiten eines Nachbarlandes gleich. Vgl. N.N., Freundschaftliche Begrüßung, in: http://www.BerlinOnline.de/wissen/berliner_zeitung/archiv/1994/0617/innenpolitik/0045/index.html?keywords=Berlusconi&ok=OK%21match=strict&author=&ressort=&von=&bis=&mark=berlusconi&start=40 (3.5.2001).

[609] Vgl. Singer, Enrico, „Bossi indesiderabile in Europa", in: La Stampa, 6.3.2001, S. 4.

[610] Interview mit Antonio Martino, in: Der Spiegel, 21/1994, S. 137-139, 137.

[611] Interview mit Silvio Berlusconi, in: Der Spiegel, 32/1994, S. 114-118, 115.

genommen, sich selbst zum „Steigbügelhalter" für ein autoritäres Regime zu machen.[612] Dem pflichtet auch Uesseler bei, dem zufolge die reale Gefahr bestanden habe, dass Italien unter der Regierung Berlusconi zu einem autokratischen Staat hätte werden oder gar in eine formale Diktatur hätte abgleiten können.[613] Die letztendliche Schwäche dieser Administration deutet allerdings eher darauf hin, dass solcherlei Befürchtungen überzogen waren.

Wenn auch der damalige Staatspräsident Scalfaro jegliche Kritik an der neuen Regierungskoalition aus dem Ausland stets abschmetterte, so verstand er sich doch selbst als „Garant der Verfassung"[614], und als solcher bot er höchstpersönlich Berlusconi Paroli. Höhepunkt dieser Spannungen war ein offener Brief Scalfaros an den designierten Premier vom 9. Mai 1994, in dem das Staatsoberhaupt gewisse Bedingungen an die Zusammensetzung der künftigen Regierungsmannschaft stellte:

> „Jene, denen Sie bezüglich der Außenpolitik Verantwortung anvertrauen möchten, müssen den Bündnissen, der Politik der europäischen Einheit und der Friedenspolitik volle Treue versichern. Derjenige, welcher als Verantwortlicher für das Innenministerium vorgeschlagen wird, [...] darf keine politischen Positionen beziehen, die im Kontrast zu den Prinzipien der Freiheit und der Legalität stehen – geschweige denn zum Prinzip des ‚einen und unteilbaren' Italiens –, die Grundlage und Seele unserer Verfassung sind. Die Regierung, die Sie zu bilden beabsichtigen, muss darüber hinaus das Prinzip der sozialen Solidarität respektieren, das sich vor allem auf den Schutz der Beschäftigung gründet, unter besonderer Berücksichtigung der Möglichkeit, den Jugendlichen Arbeit zu gewährleisten."[615]

Von dieser ungewöhnlichen Attacke ließ sich Berlusconi indes kaum beeindrucken und pochte stattdessen offiziell auf seine Richtlinienkompetenz, welche die italienische Verfassung dem Ministerpräsidenten in der Tat zuschreibt. Hinter den Kulissen beugte er sich dann aber doch in mindestens zwei konkreten Punkten dem Widerstand Scalfaros: Der Ex-Offizier der Republik von Salò, der Neofaschist Mirko Tremaglia, verschwand als Ministerkandidat für die Italiener im Ausland, und Cesare Previti hatte sich anstelle des Justizministeriums mit dem Verteidigungsressort zufrieden zu geben – Scalfaro mochte keinen Anwalt Ber-

---

[612] Vgl. Pallaver, Günther, Der Winterkönig, S. 415.

[613] Vgl. Uesseler, Rolf, Populismo e Fascismo. Italien auf dem Weg in den autoritären Staat?, in: Blätter für deutsche und internationale Politik, 39. Jg. (1994), H. 5, S. 550-555, 553. Zitiert als: Uesseler, Rolf, Populismo e Fascismo.

[614] Zitiert nach: Amaroli, Paolo, Italiens Regierungen im Schatten des Quirinal-Palastes, in: Ferraris, Luigi V. [u.a.] (Hg.), Italien auf dem Weg zur „zweiten Republik"? Die politische Entwicklung Italiens seit 1992, Frankfurt a.M. [u.a.] 1995, S. 73-105, 100. Fedele weist darauf hin, dass die italienische Verfassung eine solche Funktion des Staatspräsidenten überhaupt nicht kennt. Vgl. Fedele, Marcello, Il governo Berlusconi, in: Quaderni di Sociologia. Le culture del cambiamento politico in Italia, 38.-39. Jg. (1994-95), Nr. 9, S. 48-65, 54.

[615] Zitiert nach: Amaroli, Paolo, a.a.O., S. 100.

lusconis auf dem Stuhl des Justizministers sehen, solange die *Fininvest* in Korruptionsverfahren verstrickt war. Zudem drängte Scalfaro Berlusconi, seinen Interessenkonflikt so schnell wie möglich zu lösen, woraufhin der designierte Regierungschef drei so genannte „Weise" berief, die bis September 1994 mit der Ausarbeitung einer entsprechenden Gesetzesvorlage beauftragt wurden.[616]

Tabelle 4: Die Regierung Berlusconi I

Ministerpräsident	Silvio Berlusconi (FI)	
Vizeministerpräsidenten	Giuseppe Tatarella (AN), Roberto Maroni (Lega)	
Äußeres	Antonio Martino (FI)	Post und Telekommunikation
Inneres	Roberto Maroni (Lega)	Giuseppe Tatarella (AN)
Justiz	Alfredo Biondi (UDC)	Öffentliche Arbeiten
Verteidigung	Cesare Previti (FI)	Roberto Radicale (FI)
Haushalt	Carlo Pagliarini (Lega)	Beziehungen zum Parlament
Finanzen	Giulio Tremonti	Giuliano Ferrara
Schatz	Lamberto Dini	Italiener in der Welt
Landwirtschaft	Adriana Bortone (AN)	Sergio Berlinguer
Gesundheit	Raffaele Costa (UDC)	Institutionelle Reformen
Umwelt	Altero Matteoli (AN)	Francesco Speroni (Lega)
Universität	Stefano Podestà (FI)	Öffentliche Verwaltung
Erziehung	Francesco D'Onofrio (CCD)	Giuliano Urbani (FI)
Industrie	Vito Gnutti (Lega)	Familie Antonio Guidi (FI)
Arbeit	Clemente Mastella (CCD)	Europa Domenico Comino (Lega)
Verkehr	Publio Fiori (AN)	Außenhandel
Kultur	Domenico Fisichella (AN)	Giorgio Bernini (FI)

Quelle: Marro, Enrico/Vigna, Edoardo, Sette mesi di Berlusconi. „Giudicatemi dai fatti", Rom 1995, S. 14.

Die nach langem Tauziehen endgültig zustande gekommene Regierung, die Tabelle 4 wiedergibt, erhielt Mitte Mai 1994, also ganze sechs Wochen nach den Wahlen, das Vertrauen der beiden Parlamentskammern. Während sie in der Abgeordnetenkammer einen satten Vertrauensvorschuss von 366 gegen 245 Stimmen erhielt, kam die Mehrheit im Senat nur knapp (159 Ja- gegen 153 Nein-Stimmen)[617] zustande, nachdem sich die Reformer Marco Pannellas und einige

---

[616] Vgl. ebd.; Rauen, Birgit/Meneghel, Gustavo, Berlusconi, in: Brütting, Richard (Hg.), Italien-Lexikon, Berlin 1997, S. 123-128, 125. Ceccani und Fabbrini vergleichen diese delikate Rolle Scalfaros mit der des *Conseil Costitutionnel* in Frankreich nach dem dortigen Regierungswechsel von 1981. Damals sah sich die neue französische Regierung mit ähnlichen Problemen konfrontiert wie die Regierung Berlusconi im Frühjahr 1994. Ein Teil der öffentlichen Meinung Frankreichs hatte die neue Mehrheitskoalition aufgrund der Beteiligung von Kommunisten aus historisch-ideologischen Gründen für nicht legitimiert erachtet. Vgl. Ceccani, Stefano/Fabbrini, Sergio, a.a.O., S. 274.

[617] Die Zahlenangaben stammen aus: Gilioli, Alessandro, a.a.O., S. 215f.

Senatoren auf Lebenszeit auf die Seite der neuen Regierung geschlagen hatten. Im Übrigen verließen einige Parlamentarier der Zentrumsparteien vor der Abstimmung den Plenarsaal, um so das Quorum zu senken.[618] Vorausgegangen waren bereits die Wahlen der beiden Parlamentspräsidenten, die den Koalitionszusammenhalt erstmals auf die Probe gestellt hatten. Hatte sich dabei in der Abgeordnetenkammer die Leghistin Irene Pivetti problemlos durchsetzen können, gelang dies dem Forzisten Carlo Scognamiglio im Senat erst in einer dramatischen Kampfabstimmung gegen Giovanni Spadolini von der Republikanischen Partei.[619]

Damit hatte die neue Regierungsmehrheit mit einer zwanzigjährigen Tradition kurzerhand gebrochen, wonach bislang stets dem oppositionellen Lager zugestanden wurde, den Präsidenten einer Kammer zu stellen. Auch bei der Besetzung der Präsidenten der Parlamentsausschüsse war die Koalition entgegen der bis dato geltenden Praxis in keiner Weise gewillt, der Opposition entgegenzukommen. Reihum setzte sie im Abgeordnetenhaus ihre Kandidaten durch. Lediglich im Senat war ihr das angesichts der fehlenden Mehrheit nicht vergönnt.[620] Berlusconi rechtfertigte dieses Verhalten mit dem Hinweis auf die Mehrheitsdemokratie, die den Sieger sogar dazu verpflichten würde, die oppositionelle Minderheit institutionell auszuschließen.[621]

Pasquino vermutet jedoch ein ganz anderes Motiv hinter diesem Postenschacher: Macht als Kitt. Je mehr Posten Berlusconi sich und seinen Partnern verschafft habe, desto deutlicher habe er die internen Spannungen gesenkt, auch wenn dies nur einstweilen und vordergründig geschehen sei. Im Grunde seien die eklatanten Meinungsverschiedenheiten auf politischem, institutionellem und sozio-ökonomischem Gebiet während der Koalitionsverhandlungen keinesfalls ausgeräumt worden.[622] Es ging also „nicht um eine politische Synthese, sondern

---

[618] Es ist davon auszugehen, dass zumindest die ein oder andere Stimme aus dem Senat mit dem Angebot eines Regierungspostens „erkauft" wurde. So wurde etwa der Christdemokrat Luigi Grillo im Anschluss Staatssekretär und der Zentrumspolitiker Giulio Tremonti Finanzminister. Vgl. Ignazi, Piero/Katz, Richard S., Introduzione, S. 38.

[619] Vgl. Weber, Peter, Italiens demokratische Erneuerung, S. 200.

[620] Vgl. Leonardi, Roberto/Nanetti, Raffaella Y., a.a.O., S. 195; Ignazi, Piero/Katz, Richard S., Introduzione, S. 38f. Von den dreizehn Ausschusspräsidenten des Senats errang die Opposition fünf, lediglich zwei gingen an die *Forza*, einer ging an die *Lega*, und um die restlichen fünf wurde gelost. Um eine Erfahrung reicher, kommentierte Berlusconi nach diesem Poker zerknirscht, er sei nun zu allem bereit, sogar zu Neuwahlen. Vgl. Trautmann, Günter, Die italienische Politik nach dem Wahlsieg Berlusconis, S. 11.

[621] Vgl. Pallaver, Günther, Der Winterkönig, S. 415.

[622] Vgl. Pasquino, Gianfranco, Der unerwartete Machtwechsel, S. 396. So stand die *Lega* für eine Teilung des Landes in drei große autonome Republiken, wohingegen sich der MSI-AN für einen zentralistischen Staat stark machte. Die FI ergriff weder für die eine noch für die andere Seite Partei. Weitere Konfliktpunkte waren z.B. der Umbau Italiens in eine Präsidialrepublik und die Reform des Wahlrechts. Vgl. ebd.

lediglich um eine Bündelung von Kräften"[623]. Wie stark diese inneren Gegensätze geblieben waren, verdeutlicht Trautmann anschaulich:

„Auf der Regierungsbank sitzen heute thatcherianische Neoliberale neben korporatistisch orientierten Neofaschisten, Christdemokraten und laizistisch denkenden Rechtsliberalen, entschiedene Zentralisten zusammen mit radikalen Föderalisten sowie parteilose, hochkarätige Wirtschaftsexperten."[624]

Neben diesem Hauptproblem der Uneinigkeit in zentralen Sachfragen, das die Erfolgsaussichten der 53. Nachkriegsregierung von vorn herein stark dämpfte, gab es noch ein weiteres Manko struktureller Natur: Die Parteichefs von *Lega Nord* und MSI-AN blieben außerhalb der Regierung, mit dem Ergebnis, dass eine zusätzliche politische Spannung zwischen der Exekutive und der sie tragenden Parteien vorprogrammiert schien.[625] Trotz allem ist Berlusconi zugute zu halten, dass er mit seiner Regierungsbildung gleich drei herausragende Etappenziele meisterte:

„First, he had – trough FI – broken the traditional organisational mould of Italian parties, showing that a new type of party could be created in a short space of time with considerable electoral potential. Second, he had [...] activated the latent strength of the political right-of-centre, showing its electoral and governing potential when unified. Third, in doing so, he had apparently resolved Italy's short-term crisis and long-term problem of the absence of alternation in government."[626]

6.3 Die erste Bewährungsprobe – Die Europawahlen vom 12. Juni 1994

Die Wahlen zum Europäischen Parlament am 12. Juni 1994 wurden allgemein zum ersten großen Bewährungstest für die römische Rechtsregierung hochstilisiert, zu einer Art „zweitem Wahlgang". Von einer Gegenüberstellung der Ergebnisse der Europawahlen mit denen der vorangegangenen Parlamentswahlen erhoffte man sich näheren Aufschluss darüber, wie die Italiener die politischen Ereignisse der vorherigen Monate wohl bewertet hatten.[627] Der Umstand, dass bei den Europawahlen im Gegensatz zu den Parlamentswahlen das reine Verhältniswahlrecht gilt, erhöhte den Druck auf jede einzelne Partei zusätzlich, ließ sich doch nun die politische Stimmungslage minutiös feststellen.[628] Vor diesem

---

[623] Ferraris, Luigi V., Ist Italien eine „neue" Republik?, S. 7.

[624] Trautmann, Günter, Die italienische Politik nach dem Wahlsieg Berlusconis, S. 10.

[625] Vgl. Ceccani, Stefano/Fabbrini, Sergio, a.a.O., S. 280.

[626] Newell, James/Bull, Martin, Party Organisations and Alliances in Italy in the 1990s. A Revolution of Sorts, in: West European Politics, 20. Jg. (1997), H. 1, S. 81-109, 95.

[627] Diese Einschätzung wird dadurch untermauert, dass im Wahlkampf europapolitische Themen weitgehend ausgeklammert wurden. Vgl. Gray, Lawrence/Howard, William, a.a.O., S. 103.

[628] Vgl. Romano, Sergio, a.a.O., S. 106.

Hintergrund verwunderte es kaum, dass die neue Regierung mit Blick auf die Europawahlen zunächst von unpopulären Sparmaßnahmen abgesehen hatte.[629]

Welch große innenpolitische Bedeutung auch Berlusconi diesem Urnengang beimaß, zeigte die Tatsache, dass er in allen fünf Wahlkreisen als Spitzenkandidat seiner Partei antrat. Dabei war offenkundig, dass er nur als „Lockvogel" fungierte, gab es doch per Gesetz eine Unvereinbarkeit zwischen dem Amt des Ministerpräsidenten und einem Straßburger Abgeordnetenmandat.[630]

Die enormen Wettbewerbsverzerrungen zwischen der FI und allen anderen Konkurrenten werden mit Blick auf das Wahlkampfbudget offensichtlich. Während der *Forza* umgerechnet rund vier Millionen Euro aus den Kassen der *Fininvest* zur Verfügung standen, mussten sich zum Beispiel die Linksdemokraten mit lediglich zweihundertfünfzigtausend Euro zufrieden geben. So konnte es sich wieder nur die FI leisten, TV-Wahlwerbespots in großem Umfang zu schalten.[631]

Das Ergebnis der FI bei den Europawahlen übertraf alle Erwartungen und bescherte Berlusconi einen Triumph: Die *Forza Italia* machte mit 30,6 Prozent – rund zehn Prozent mehr als noch drei Monate zuvor – einen großen Schritt nach vorn und baute ihre Stellung als erste Kraft in Italiens Parteiensystem vor dem PDS (19,1 Prozent) und dem MSI-AN (12,5 Prozent) weiter aus, wie Tabelle 5 belegt. Am erfolgreichsten schnitt die FI im Wahlkreis der beiden Mittelmeerinseln Sizilien und Sardinien ab, wo sie stolze 36,1 Prozent an Stimmen errang.[632] Im Nordwesten des Landes kam sie auf 34,5 Prozent, im Süden auf 30,4 und im Nordosten auf 27,8. Allein in Mittelitalien musste sie mit ihren 25,6 Prozent den ersten Platz dem PDS überlassen, der hier 27,6 Prozent einfuhr. Von diesem Siegeszug angespornt, verkündete Berlusconi schon übermütig, demnächst wolle er die Vierzig-Prozent-Marke überschreiten.[633] Diesen zweiten Sieg der FI in Folge bewertet McCarthy so:

---

[629] Vgl. Wolf, Andrea, a.a.O., S. 80.

[630] Vgl. Gilioli, Alessandro, a.a.O., S. 215; Rauen, Birgit, Forza Italia. Der Kommunikationsstil einer Ein-Mann-Partei, S. 177. Zum Zeitpunkt der Listenhinterlegung für die Europawahlen (4. Mai) hatte Berlusconi lediglich den Auftrag zur Regierungsbildung erhalten und war de facto noch kein Regierungschef. Vgl. Gilioli, Alessandro, a.a.O., S. 215.

[631] Vgl. Losano, Mario G., a.a.O., S. 155. Für Berlusconi machten sich diese Gelder letzten Endes sogar bezahlt: Bei der Finanzierung des FI-Wahlkampfes handelte es sich schlicht um ein Darlehen, denn es stand fest, dass der Staat bei einem entsprechenden Erfolg der FI die Wahlkampfkosten erstatten würde. Als der Erfolg dann noch weit größer ausfiel, als ursprünglich angenommen, konnte Berlusconi sogar Gewinne verbuchen. Vgl. ebd.

[632] Losano stellt die Frage, ob dieses außerordentlich gute Abschneiden der FI vor allem auf Sizilien nicht damit zusammenhängen könnte, dass die Mafia nun nach dem Ausscheiden ihrer politischen Referenten die Siegerin FI unterstützte. In Ermangelung näherer Erkenntnisse lässt er diese Frage aber offen. Vgl. Losano, Mario G., a.a.O., S. 155f. Näheres hierzu, vgl. Kapitel 9.2.

[633] Vgl. Gilioli, Alessandro, a.a.O., S. 217.

"FI's success in the European elections cannot [..] be explained merely by the economic package or by the generic notion of honeymoon or even by the role of the Fininvest TV networks. The size of the increase in its share of vote can only be interpreted as a second expression of confidence in FI."[634]

In der Tat ergaben Nachwahlanalysen, dass der Großteil der *Forza-Italia*-Wähler vom März bei dieser Gelegenheit ihrer Partei treu geblieben war (89,5 Prozent), womit sich die FI eine Art Wählerstamm erobert hatte. Die Zugewinne gingen insbesondere auf Kosten ihrer Alliierten MSI-AN (1,7 Prozent) und *Lega Nord* (1,7 Prozent), kamen aber auch von den oppositionellen Zentrumsparteien PPI (1,2 Prozent) und *Patto Segni* (1,0 Prozent).[635]

Tabelle 5: Italienische Ergebnisse der Europawahlen vom 12. Juni 1994 (in Prozent)

Forza Italia	30,6
PDS	19,1
MSI-AN	12,5
PPI	10,0
Lega Nord	6,6
RC	6,1
Verdi	3,2
Patto Segni	3,2
Lista Pannella	2,1
Rete	0,9
PSI/AD	0,9
Andere	4,8

Quelle: Brütting, Richard/Radtke, Gerd D., Elezioni, in: Brütting, Richard (Hg.), Italien-Lexikon, Berlin 1997, S. 287-291, 291.

Die weitere Schwächung der *Lega*, die von 8,3 auf 6,6 Prozent abgesunken war, bestärkte Berlusconi in seiner Hoffnung, eines Tages auch ohne den „Störenfried" Bossi in Rom regieren zu können.[636] Umgekehrt zeigten die Europawahlen Bossi an, dass er arg in der Klemme saß: Einerseits betrachtete er die Zusammenarbeit mit Berlusconi als existenzbedrohend für ihn und seine Partei; andererseits wusste er jetzt aber auch, dass ihm seine Obstruktionspolitik aus der Regierung heraus nicht gut bekam.[637] Also geht Lalli davon aus, mit den Europawahlen sei es für Bossi ausgemachte Sache geworden, Berlusconi zu Fall zu bringen. Offensichtlich habe er nur noch den rechten Zeitpunkt abgepasst, um

---

[634] McCarthy, Patrick, Forza Italia. The New Politics and Old Values, S. 144.
[635] Vgl. Seißelberg, Jörg, Berlusconis Forza Italia, S. 229.
[636] Vgl. McCarthy, Patrick, La crisi dello Stato italiano, S. 229. Die Zahlenangaben stammen aus: Gray, Lawrence/Howard, William, a.a.O., S. 103.
[637] Vgl. McCarthy, Patrick, Forza Italia. The New Politics and Old Values, S. 144.

aus dem Regierungsbündnis auszusteigen.[638] Dennoch erkennen Gray und Howard in dem Spitzenergebnis der FI bei den Europawahlen einen klaren Handlungsauftrag an Berlusconi, den dieser jedoch nicht umzumünzen fähig war:

> „Das Mandat, das die FI bei den Europawahlen erhalten hatte, bot der Regierung eine große Chance, die öffentlichen Kassen zu kontrollieren. Das Ausmaß des Erfolges der Partei von Berlusconi bedeutete, dass der größte Teil des Landes unbedingt mit der Vergangenheit brechen wollte – sowohl in wirtschaftlicher als auch in politischer Hinsicht. Der Vorteil einer hervorragenden Abfahrt schmolz jedoch nach kurzer Zeit dahin und ließ Platz für ein generelles und frustrierendes Gefühl der Unfähigkeit, eine so vorteilhafte Lage auszunutzen."[639]

Der folgende Abschnitt erläutert detailliert, wie richtig Gray und Howard in ihrer Einschätzung lagen. Auf eine kurze Anfangszeit, in der „Berlusconi nahezu traumwandlerisch auf dem Weg in die Herzen [..] vieler Italiener"[640] zu sein schien, folgte ein umso stärkerer Vertrauensverlust auf dem Fuße. Diese großen Stimmungsschwankungen ließen sich auch an den italienischen Finanzmärkten ablesen. Hatte sich die Lira unmittelbar nach den Wahlen stabilisiert und war der Mailänder Börsenindex um zehn Prozentpunkte zunächst euphorisch nach oben geschnellt, so machte sich ebenso schnell auch wieder Enttäuschung breit. Die Börsenkurse sackten um etwa ein Fünftel ab, und die Lira ging unter die symbolische Marke von einer DM für tausend Lire. Der Hauptgrund hierfür lag in einer weitgehenden Tatenlosigkeit Berlusconis, die er seinen Wahlversprechen folgen ließ. Abgesehen von einigen punktuellen wirtschaftspolitischen Maßnahmen stellte die neue Regierung die dringend nötige Sanierung des öffentlichen Haushaltes zurück.[641] Anstatt die großen Themen beispielsweise in der Wirtschafts- und Arbeitsmarktpolitik anzugehen, konzentrierte sich Berlusconi mehr oder weniger willkürlich auf bestimmte Schlüsselbereiche, die allem Anschein nach ihm persönlich besonders am Herzen lagen. Im Folgenden sollen die wichtigsten Stationen der Regierungstätigkeit herausgearbeitet werden, um so den fortschreitenden Vertrauensverlust des Kabinetts Berlusconi zu dokumentieren.

6.4 Der Griff nach der staatlichen Rundfunkanstalt RAI

Bezeichnenderweise nahm Berlusconi, durch die Europawahlen noch zusätzlich gestärkt, in einer der ersten großen Regierungsmaßnahmen die öffentlich-rechtliche Rundfunkanstalt RAI (*Radiotelevisione Italiana*) ins Visier. Diese recht

---

[638] Vgl. Lalli, Roberto P., a.a.O., S. 391.

[639] Gray, Lawrence/Howard, William, a.a.O., S. 103 (eig. Übers.).

[640] Raith, Werner, Vorwort, in: Ruggieri, Giovanni/Guarino, Mario, Berlusconi. Showmaster der Macht, Berlin 1994, S. 7-16, 9.

[641] Vgl. Wolf, Andrea, a.a.O., S. 79f.

plumpe Vorgehensweise nennen Bufacchi und Burgess trefflich: "mystifying sense of priorities, not made any easier by the evident confusion of the prime minister's public and private involvements."[642] Aufgrund des offenkundigen Interessenkonfliktes ging man allgemein davon aus, dass Berlusconi die RAI nicht antasten würde, doch derlei Hoffnungen erwiesen sich schon bald als vergeblich. Die Gründe für diese Attacke lagen in der harten Wahlkampfkampagne[643] und in der zugegebenermaßen eher linken Färbung der RAI, aber auch in der desolaten Finanzsituation der *Fininvest* sowie in den Begehrlichkeiten des MSI-AN, nach jahrzehntelangem Ausschluss endlich auch im staatlichen Informationssektor präsent zu sein.[644]

Die erste Offensive gegen die RAI fuhr Berlusconi bereits am 7. Juni 1994 mit den Worten: „Es ist sicherlich anomal in einem demokratischen System wie Italien, dass es ein öffentlich-rechtliches Fernsehen gibt, das gegen die Regierung eingestellt ist."[645] Hinter diesem Einschüchterungsversuch stand nicht zuletzt eine tief sitzende Feindschaft Berlusconis gegenüber allen möglichen Massenmedien, die nicht ihm selbst gehörten, vorneweg jedoch gegenüber der RAI. Berlusconi war der festen Überzeugung, diese würde ihn zu schlecht behandeln und ihm infolgedessen politisch immens schaden.[646]

Der amtierende RAI-Präsident Claudio Demattè verwehrte sich zunächst gegen Angriffe aus dem Regierungslager, die darauf zielten, ihn mitsamt seiner Führungsriege zum Rücktritt zu bewegen. In dieser aufgeheizten Atmosphäre präsentierte der Verwaltungsrat seinen Drei-Jahres-Plan zur wirtschaftlichen Sanierung der RAI. Diesen sowie die anstehende Verlängerung einer Rechtsvorschrift zur RAI in Form eines Dekrets nahm die Regierung indirekt zum Anlass, den Verwaltungsrat aus seinem Amt zu drängen. Im Juni 1994 überschlugen sich die Ereignisse um die RAI. Die Regierung verwarf den vorgelegten Sanierungsplan des Verwaltungsrates und modifizierte zugleich an entscheidender Stelle das RAI-Dekret: Der Postminister sollte das Recht erhalten, den Verwaltungsrat zu

---

[642] Bufacchi, Vittorio/Burgess, Simon, a.a.O., S. 196.

[643] Bereits hier dämonisierte Berlusconi die RAI als „Kommunistennest". Zitiert nach: Ignazi, Piero/Katz, Richard S., Introduzione, S. 41 (eig. Übers.).

[644] Vgl. Gundle, Stephen, a.a.O., S. 236.

[645] Zitiert nach: Marro, Enrico/Vigna, Edoardo, a.a.O., S. 48 (eig. Übers.). Mit dieser Forderung drehte Berlusconi das Rad wieder zurück, denn schließlich hatte seit *Mani pulite* ein Prozess begonnen, der darauf zielte, die starke politische Einflussnahme auf die RAI zurückzuschrauben. Traditionellerweise waren die drei Kanäle der RAI unter den großen Parteien aufgeteilt: RAI 1 stand unter christdemokratischem, RAI 2 unter sozialistischem und RAI 3 unter kommunistischem Einfluss. Der damalige RAI-Verwaltungsrat war erst 1993 angetreten, um genau mit dieser Praxis zu brechen und den hochverschuldeten Staatskonzern grundlegend zu sanieren. Vgl. McCarthy, Patrick, La crisi dello Stato italiano, S. 230. Näheres zur allgemeinen Entwicklung der RAI, vgl. Wallisch, Stefan, Aufstieg und Fall der Telekratie, S. 154f.

[646] Vgl. Montanelli, Indro/Cervi, Mario, L'Italia di Berlusconi, S. 121.

entlassen, wenn ihm die Reformvorhaben der RAI-Spitze missfielen. Diesem Dekret verweigerte der Staatspräsident seine Unterschrift. Obgleich sich Scalfaro damit gegen die Regierung gestellt hatte, trat doch der RAI-Verwaltungsrat aus Protest gegen die Ablehnung seines Drei-Jahres-Sanierungsplanes am 30. Juni geschlossen zurück.[647] Mit diesem Etappensieg konnten FI und MSI-AN ihre ursprünglich weiter gehenden Pläne getrost fallen lassen, die Ernennungs- und Kontrollbefugnisse der RAI dem Parlament per Dekret zu entziehen und der Exekutive zu übertragen. Nicht zuletzt *Lega*-Chef Bossi war jedoch strikt dagegen, den medienrechtlichen Status quo zu verändern, nach dem die Präsidenten der beiden Parlamentskammern den RAI-Verwaltungsrat bestellten – die *Lega Nord* verfügte über weit mehr Einfluss im Parlament als in der Regierung. Zusammen mit der Opposition, weiten Teilen der öffentlichen Meinung und dem Staatspräsidenten setzte sie sich durch, so dass es Berlusconi nicht gelang, die RAI der Regierung direkt zu unterstellen.[648]

Indirekt oktroyierte Berlusconi seinen Willen dennoch bei der anstehenden Neubesetzung der RAI-Führung. Prompt forderte er, die Mitglieder des neuen Verwaltungsrates müssten der Regierungsmehrheit entsprechen, woraufhin die für die Ernennung zuständige Präsidentin der Abgeordnetenkammer, die Leghistin Irene Pivetti, klarstellte, dieser müsse in erster Linie dem Land entsprechen. Nach langwierigem Hin und Her einigte sich Frau Pivetti mit ihrem Amtskollegen aus dem Senat, dem Forzisten Carlo Scognamiglio, auf zuvor noch weitgehend unbekannte Persönlichkeiten aus der Wirtschaft, die fast durchweg dem rechten Lager zuzuordnen waren. Neue RAI-Präsidentin wurde die Versicherungs- und Bankenspezialistin Letizia Moratti, die der Familie Berlusconi nahe stand.[649]

Frau Pivetti sah sich eigenen Angaben zufolge während des Auswahlverfahrens starken Pressionen von Seiten der Regierung ausgesetzt – Berlusconi hingegen dementierte jegliche Einmischung.[650] Wie dem auch immer gewesen sein mag, hinter diesen Neubesetzungen verbargen sich sicherlich „Manöver der Machtabsicherung, wie sie den Italienern bereits aus der ersten Republik bestens vertraut sind"[651]. Galli bezeichnet dieses Vorgehen sogar als „äußerst gravierenden Handstreich", schließlich habe sich die Regierung Berlusconi damit den Weg gebahnt zur „direkten und indirekten Kontrolle des gesamten nationalen Fernseh-

---

[647] Vgl. ausführlicher Gundle, Stephen, a.a.O., S. 237ff.

[648] Vgl. Trautmann, Günter, Die italienische Politik nach dem Wahlsieg Berlusconis, S. 15.

[649] Vgl. Rauen, Birgit, Berlusconi, S. 360f. Im Weiteren bestand der neu eingesetzte Verwaltungsrat aus folgenden Mitgliedern: Mauro Miccio (Geschäftsführer der katholischen Nachrichtenagentur ASCA), Alfio Marchini (Bauunternehmer) und Ennio Presutti (Vorsitzender des Arbeitgeberverbandes *Assolombardia*). Vgl. ebd., S. 361.

[650] Vgl. Marro, Enrico/Vigna, Edoardo, a.a.O., S. 50.

[651] Ruß-Mohl, Stephan, Berlusconi spaltet Italien, in: Die Zeit, 4.11.1994, S. 67.

systems"[652]. Entsprechend heftig fielen die Proteste in der Öffentlichkeit ob dieses Angriffs auf die RAI aus. Etliche Beobachter sahen das Ende der Meinungs- und Pressefreiheit herannahen und warnten vor dem Beginn einer Mediendiktatur.[653]

Wie sehr sich der neue Aufsichtsrat Berlusconi verpflichtet fühlte, zeigte alsbald eine aufsehenerregende Erklärung der neuen RAI-Präsidentin Moratti, die von einer gewissen „Komplementarität" der RAI gegenüber der *Fininvest* sprach.[654] Dieser Ausspruch wurde allgemein dahingehend interpretiert, dass nun die RAI den Kanälen Berlusconis keine direkte Konkurrenz mehr machen sollte. So schreibt etwa Losano:

> „Der Regierungsplan war geradlinig: Sank das Niveau der RAI, würden die Einschaltquoten abnehmen und die RAI weniger Werbung bekommen, die stattdessen der *Fininvest* zugute käme. Das war es, was die Vorsitzende Moratti sagen wollte, als sie von der ‚Komplementarität' der RAI gegenüber der *Fininvest* sprach."[655]

Ein im Hause *Fininvest* zunächst unter Geheimhaltung erarbeiteter Plan zur Sanierung der defizitären RAI bestätigte durchaus diese Auslegung. Dieser sah vor, die staatlichen Gebühren einzufrieren, die Werbeeinnahmen zu begrenzen und die Investitionen einzuschränken. Die Manager Berlusconis vertraten zudem die Ansicht, der öffentliche Auftrag des Staatsfernsehens verbiete es, mit der *Fininvest* auf kommerziellem Gebiet zu konkurrieren.[656]

Wenn auch dieser radikale Plan bald wieder vom Tisch war, setzte die Regierung Berlusconi doch alles daran, mit Hilfe des treu ergebenen Verwaltungsrats die politische Ausrichtung der RAI zu beeinflussen. Als Erstes tauschte Frau Moratti in diesem Sinne die Programmdirektoren und weitere Führungspositionen aus. Entscheidendes Auswahlkriterium war, wie schon zu alten Zeiten, weniger Qualifikation, sondern vielmehr Parteiloyalität.[657] In einer zweiten Welle wurden im September 1994 auch die Chefredakteursposten der Nachrichtenredaktionen neu besetzt, wodurch die Berichterstattung deutlich regierungsfreundlicher wurde. Die Nachrichtensendungen der ersten beiden RAI-Kanäle wurden nun von ehemaligen *Fininvest*-Mitarbeitern geleitet, die drei Kanäle des öffentlich-rechtlichen Radios hingegen von MSI-AN-Anhängern. Lediglich die Nachrichten des traditionell linken TV-Kanals RAI 3 managte eine dem PDS nahe stehende

---

[652] Galli, Giorgio, Diario politico 1994, S. 67 (eig. Übers.).

[653] Vgl. Keller, Hans-Jörg, a.a.O., S. 70.

[654] Vgl. Ignazi, Piero/Katz, Richard S., Introduzione, S. 41.

[655] Losano, Mario G., a.a.O., S. 169.

[656] Vgl. Sauer, Ulrike, Mann des Vertrauens, in: Wirtschaftswoche, 29/1994, S. 34.

[657] Vgl. Rauen, Birgit/Meneghel, Gustavo, a.a.O., S. 126; Sani, Giacomo/Segatti, Paolo, Platforms, Media and Voters, in: European Journal of Political Research, Vol. 34. (1998), Nr. 1, S. 105-119, 113.

Journalistin. Für die immer stärker quer treibende *Lega Nord* sprang bei diesem Postenschacher nichts heraus.[658] Sogleich tönte Bossi:

> „Nun kontrolliert Berlusconi sechs Fernsehstationen, drei eigene, und drei hat er sich zusammen mit seinen Alliierten [...] gegeben. Sie haben das Tg3 [die RAI-3-Tagesschau, eig. Anm.] den Kommunisten gegeben, um es sich nicht mit ihnen zu verscherzen."[659]

Und als ob er seinen Worten Nachdruck verleihen wollte, kündigte der *Lega*-Chef erstmals eine Gesetzesvorlage an, die Berlusconis Medienmacht eindämmen sollte. Flankiert wurde Bossi in seinem wachsenden Unmut von weiten Teilen der Presse sowie der RAI selbst.[660]

Die Regierung ihrerseits tat so, als ob sie diese Aufregung nicht verstehen könne. So meinte etwa Regierungssprecher Giuliano Ferrara, all dies sei nicht so wichtig, die Italiener hätten ja Berlusconi einschließlich seiner TV-Kanäle gewählt. Das entsprach allerdings nur der halben Wahrheit. Denn der Medienmogul hatte im Wahlkampf wiederholt in Aussicht gestellt, sich von seinen Firmen zu trennen. Mit dem Hinweis, das öffentlich-rechtliche Fernsehen habe schon immer unter den Fittichen der Regierung gestanden, versuchte Ferrara den Fall RAI herunterzuspielen. Wenn dies nicht mehr möglich sein sollte, werde man die RAI eben privatisieren, fügte er lax hinzu.[661] Auch Berlusconi selbst machte sich daran, die Wogen zu glätten. Er behauptete, die meisten Italiener stünden hinter seiner Meinung, wonach die RAI – solang diese von öffentlichen Geldern lebe – auch die regierende Mehrheit widerspiegeln müsse. Und ganz nebenbei verkündete er zugleich, dass sich auch andere Institutionen wie zum Beispiel die des Staatspräsidenten dem Willen der demokratisch gewählten Regierung zu beugen hätten.[662] Diese Äußerungen stehen laut McCarthy geradezu paradigmatisch für das Berlusconische Politikverständnis:

> „Es liegt in der Tradition des Populismus, dass der Führer intuitiv erkennt, was die Leute wollen. In den Schlachten um das öffentlich-rechtliche Fernsehen berief sich Berlusconi gegenüber seinen parlamentarischen Gegnern auf *die Leute*: ‚Die Leute stimmen mit mir überein' wurde ein immer wiederkehrendes Motiv in seinen Reden. Wieder einmal lieferten die pseudo-wissenschaftlichen Meinungsumfragen der Diakron den Vorwand [...] für diese Forderungen."[663]

Mit der Attacke auf die RAI hatte die Regierung Berlusconi nicht nur einen großen Fehler begangen, weil sie dadurch andere, weitaus dringlichere Politik-

---

[658] Vgl. Krempl, Stefan, a.a.O., S. 168.

[659] Zitiert nach: Montanelli, Indro/Cervi, Mario, L'Italia di Berlusconi, S. 138 (eig. Übers.).

[660] Vgl. Krempl, Stefan, a.a.O., S. 168.

[661] Vgl. Wallisch, Stefan, Aufstieg und Fall der Telekratie, S. 148.

[662] Vgl. Bufacchi, Vittorio/Burgess, Simon, a.a.O., S. 197.

[663] McCarthy, Patrick, Forza Italia. Nascita e sviluppo, S. 55 (eig. Übers.).

felder zunächst vernachlässigt hatte.[664] Noch schwerer wog, dass Berlusconi so den Eindruck verstärkte, ihm ginge es allein darum, seinen großen Konkurrenten im TV-Sektor zu kontrollieren und somit gleichzeitig die öffentliche Meinung so weit als möglich zu beeinflussen. Hierin lag auch das oft beschworene beträchtliche Gefahrenpotenzial, das von Berlusconi für die italienische Demokratie ausging: die Errichtung einer Mediendiktatur bzw. die Ersetzung der Demokratie durch die so genannte Telekratie.[665] Das Scheitern der Regierung Berlusconi nach nur sieben Monaten im Amt bewies jedoch, dass derartige Schreckgespenster – zumindest fürs Erste – zu weit hergeholt waren. Trotz all seiner medialen Macht war es Berlusconi nicht vergönnt, seinen Niedergang aufzuhalten.

6.5 Die Offensive gegen die Justiz

Mitte Juli 1994 wurde die Regierung Berlusconi auch in einem zweiten Feld äußerst aktiv: in der Justizpolitik. Seit mehr als zwei Jahren hatte bereits der Mailänder Pool *Mani pulite* gegen Politiker und Wirtschaftsbosse ermittelt, ohne dass Licht am Ende des Tunnels erkennbar gewesen wäre. Gerade erst war der bekannte frühere *Enimont*-Chef Sergio Cusani in einem Prozess zu acht Jahren Haft verurteilt worden, die Verfolgung des ehemaligen Ministerpräsidenten Bettino Craxi hielt unvermindert an, und neuerdings richteten die Staatsanwälte ihr Augenmerk verstärkt gegen Steuerhinterziehung – ein Delikt, dessen man auch die *Fininvest* stark verdächtigte. Immer mehr Stimmen warfen indes der Justiz vor, zu politisch geworden zu sein und damit ihre Macht zu missbrauchen. Berlusconi sah sich zunehmend in der Rolle des von der Justiz Gejagten, und so mag es kaum verwundern, dass er in diesen Chor einstimmte und zunächst davon sprach, die Legalität wiederherstellen zu wollen.[666]

Dann kam es plötzlich Schlag auf Schlag: In einem Klima, in dem die Öffentlichkeit über Sinn und Unsinn der weiteren Aufklärungsaktionen diskutierte, sah Berlusconi den idealen Zeitpunkt gekommen, seinen großen Gegenspieler zu-

---

[664] Diese Meinung vertreten z.B. Montanelli, Indro/Crevi, Mario, L'Italia di Berlusconi, S. 137.

[665] So z.B. Laermann, Klaus, Telecrazia. Warum soll ein Medienmogul nicht die Macht im Staate anstreben, um seinen Konzern zu sanieren, in: Die Zeit, 15.4.1994, S. 53. Einen ausführlichen Überblick über die Telekratie-Debatte liefert Bieber, Christoph, a.a.O., S. 34ff.

[666] Vgl. Bufacchi, Vittorio/Burgess, Simon, a.a.O., S. 198. Bis zum Juli 1994 unterstützte Berlusconi noch nachhaltig die *Mani-pulite*-Aktionen. Seine Fernsehsender stellten sich hinter die Untersuchungsrichter, und Berlusconi bot dem Starermittler Antonio Di Pietro sogar einen Ministerposten an. In einer Rede vor dem Senat am 10. Mai 1994 sprach er dann davon, dass seine Regierung auf der Seite der italienischen Justiz stehe. Erst als er mit seiner *Fininvest* kurz darauf selbst ins Visier der Ermittler rückte, vollzog er in dieser Frage einen Kurswechsel, um seither die Justiz mit äußerster Vehemenz zu attackieren. Vgl. Rinaldi, Claudio, Mi faccio giustizia da solo, in: L'Espresso, 16.5.2001, S. 60f., 60.

rechtzustutzen. Zu diesem Zweck verabschiedete das Kabinett am 13. Juli 1994 ein Regierungsdekret[667], das der Volksmund alsbald spöttisch „Rettet-die-Diebe-Dekret" taufte. Dieses schränkte unter anderem die Untersuchungshaft ein. Demnach war die Verhängung der Untersuchungshaft nicht nur bei kleineren Delikten untersagt, sondern auch in Fällen von Korruption, Erpressung und illegaler Parteienfinanzierung. Zudem sah das Dekret vor, die Zeitspanne für erlaubte verdeckte Ermittlungen auf drei Monate zu begrenzen,[668] was laut dem Oberstaatsanwalt von Palermo nichts anderes bedeutet hätte, als dass der Kampf gegen die Mafia nahezu unmöglich geworden wäre. Als das Dekret einen Tag später in Kraft trat, öffneten sich die Gefängnistore für etwa zweitausend Beschuldigte, darunter auch für altbekannte, verhasste Gesichter wie den früheren Gesundheitsminister Francesco De Lorenzo oder den ehemaligen Vizechef der Sozialisten, Giulio Di Donato.[669]

„Fernsehbilder von einem triumphierenden ehemaligen Gesundheitsminister, der die Zahlungen von [..] mehr als zehn Millionen Lire an Schmiergeldern hatte zugeben müssen, und von hohen Beamten, die unter anderem für die Misere in vielen Ämtern verantwortlich waren, brachten das Volk über Nacht [..] in Rage."[670]

Der sogleich ausbrechende Sturm der Entrüstung sollte sich zu einer ernsten Regierungskrise ausweiten. Noch am gleichen Tag baten die Mailänder Staatsanwälte, angeführt vom „Volkshelden" Antonio Di Pietro, in aller Öffentlichkeit um ihre Versetzung. Ihre Begründung für diesen Schritt lautete, sie sähen sich durch die Freilassung der Korruptionsangeklagten ihrer Arbeitsgrundlage beraubt, da nun kaum noch Geständnisse zu erwarten seien und aller Voraussicht nach auch Beweismittel vernichtet würden. Daraufhin gingen in Zeitungsredaktionen Tausende von Protestfaxen gegen das Dekret ein, viele sollen sogar von enttäuschten *Forza-Italia*-Wählern gestammt haben. Am 16. Juli 1994 beschwerte sich dann Innenminister Roberto Maroni von der *Lega Nord*, er sei in dieser Angelegenheit hintergangen worden,[671] woraufhin der Forzist Giuliano Ferrara diesen öffentlich als Idioten beschimpfte. Auch Bossi und Fini distanzierten sich immer stärker von diesem Dekret, doch hielt Berlusconi zunächst noch starr daran fest und drohte sogar mit Rücktritt, falls das Dekret scheitern sollte. Nach einem heftigen Schlagabtausch zwischen Maroni und Berlusconi

---

[667] Ein Regierungsdekret (*Decreto legge*) bedarf nicht der Zustimmung des Parlaments und tritt sofort in Kraft, ist aber zeitlich befristet. Voraussetzung für dessen Erlass ist allerdings ein gewisser Notstand. Vgl. Wolf, Andrea, a.a.O., S. 81.

[668] Näheres zum Inhalt dieses Dekrets, vgl. Losano, Mario G., a.a.O., S. 164f.

[669] Vgl. Krempl, Stefan, a.a.O., S. 163f.; Hausmann, Friederike, Kleine Geschichte Italiens, S. 171.

[670] Raith, Werner, a.a.O., S. 12.

[671] Maroni behauptete, in der Tischvorlage sei für Korruptionsdelikte noch Untersuchungshaft vorgesehen gewesen, in der endgültigen Fassung dann jedoch nicht mehr. Vgl. ebd., S. 13.

forderte Bossi den Rücktritt des Regierungschefs, den er als Drahtzieher für das seiner Ansicht nach „infame Dekret" verantwortlich machte. Dieser bot daraufhin zwar Änderungen und Zusätze an, weigert sich aber noch immer strikt, das Dekret fallen zu lassen, so dass Bossi erste Kontakte mit der Opposition aufnahm. Am 19. Juli stellten schließlich Bossi und Fini dem Ministerpräsidenten ein Ultimatum: Entweder Berlusconi gäbe nach, oder die beiden Parteichefs würden ihre Minister aus der Regierung zurückziehen. Erst unter diesem immensen Druck gab Berlusconi klein bei. Das Kabinett beschloss noch am selben Tag die Rücknahme des umstrittenen Dekrets. Berlusconi musste damit zum ersten Mal in seiner Amtszeit eine schwere Niederlage einstecken.[672]

Was war passiert? Recherchen ergaben, dass Berlusconi dieses Dekret von langer Hand vorbereitet hatte. Hierzu hatte er sein Meinungsforschungsinstitut beauftragt, ihn zu benachrichtigen, wann die Stimmungslage in der Bevölkerung zuungunsten der Schmiergeldermittler kippen würde. Um dies zu beschleunigen, veranlasste er seine Fernsehsender, das *Mani-pulite*-Team in ein schlechtes Licht zu rücken, und verunglimpfte von Zeit zu Zeit höchstpersönlich die Ermittler, indem er ihnen etwa Starkult und Einmischung in die Politik vorwarf. Wie in der Wirtschaft versuchte er, sein „Objekt der Begierde" zu diskreditieren und es so in seinem „Marktwert" zu minimieren. Anfang Juli gaben die Meinungsforscher ihrem Chef dann grünes Licht: Die Mailänder Richter um Antonio Di Pietro seien in ihrem Ansehen stark gesunken, die Mehrheit der Italiener habe genug von den täglichen Enthüllungen. Die vor der Tür stehende Sommerreisewelle und vor allem die Fußball-Weltmeisterschaft, bei der Italien im Finale stand, ließen zudem vermuten, dass die Italiener anderes im Sinn hätten als Politik.

Doch war den Meinungsforschern ein kleiner, aber folgenschwerer Fehler unterlaufen. Zwar entsprachen die Ergebnisse ihrer Befragungen weitgehend der Realität. Keineswegs aber fand sich in der Bevölkerung eine Mehrheit, die sich dafür aussprach, die meist prominenten Angeklagten nicht wie andere Beschuldigte zu behandeln und insbesondere nicht einfach auf freien Fuß zu setzen. Diesen Punkt hatten die Demoskopen gar nicht erst abgefragt. Außerdem wurde im Nachhinein auch noch offenbar, dass rund siebzig Prozent der Befragten überhaupt nichts mit den Begriff „Untersuchungshaft" anzufangen wussten. Zu Berlusconis großem Unglück verlor auch noch die italienische Nationalmannschaft das Finalspiel, was prompt einen rapiden Popularitätsverlust des Ministerpräsidenten von sechzig auf vierzig Prozent nach sich zog. Die Beliebtheitswerte Di Pietros stiegen derweil sprungartig wieder in die Höhe.[673] Dieses Desaster veranlasst Krempl zu folgender Überlegung:

> „Die Variante der Mediendemokratie bzw. der Telekratie, mit der Berlusconi – sich auf den direkten, umfrage- und mediengesteuerten Kontakt mit dem Volk berufend

---

[672] Vgl. Renner, Jens, Der Fall Berlusconi, S. 154f.

[673] Vgl. Raith, Werner, a.a.O., S. 13f.

– am Parlament vorbei regieren wollte, war erstmals an ihre Grenzen gestoßen. Es hatte sich erwiesen, dass die Demoskopie nur eine recht ungenaue Kopie der bestehenden Verhältnisse und eben keine politischen Perspektiven entwickeln kann, dass Meinungsumfragen allein keine tragfähige Basis für Regierungsentscheide abgeben."[674]

Wie schon im Fall RAI musste auch hier die Berlusconische Prioritätensetzung verwundern. So beklagen auch Montanelli und Cervi, dass Probleme wie beispielsweise die schlechte wirtschaftliche Lage oder die zunehmende illegale Einwanderung links liegen gelassen wurden – zugunsten einer fiebrigen Aktivität im Justizsektor.[675] Selbst das FI-Programm ging auf die Untersuchungshaft nur an untergeordneter Stelle ein. Unter dem Stichwort „Justiz" handelte erst der achte und damit letzte Vorschlagspunkt hiervon.[676] Der große Skandal bestand nicht zuletzt in der Art und Weise, wie die Regierung vorgegangen war. Eine derart sensible Angelegenheit, die mit *Tangentopoli* – dem Aufdecken des Korruptionssumpfes und infolgedessen dem Untergang einer ganzen politischen Klasse – in engem Zusammenhang stand, hätte wohl eher nach einer breiten öffentlichen Debatte verlangt. Stattdessen sprach die Regierung von einer „außergewöhnlichen Notwendigkeit und Dringlichkeit"[677], die ein Eildekret erforderlich gemacht hätte.[678] Worin aber hatte diese „außergewöhnliche Notwendigkeit und Dringlichkeit" bestanden? Berlusconi rechtfertigte seine in die Kritik geratene Initiative mit dem Hinweis auf die Menschenrechte:

> „Unsere Gefängnisse sind voll von Leuten, die in Erwartung der sie betreffenden Verfahren dahindarben. [...] Diese unglücklichen Personen leben in Zuständen der Überfüllung und Promiskuität, die eines zivilen Landes unwürdig sind. [...] Als Ministerpräsident habe ich die Pflicht, [...] mich auf ihre Seite zu schlagen [...]. Zu behaupten, dass das Dekret die Korrumpierten frei lasse, ist eine infame Lüge. Es ist der erste Schritt dieser Regierung, damit auch in Italien die Menschenrechte, die Rechte der menschlichen Person zur Anwendung kommen. [...] Ich bin sicher, dass dieser Kampf gegen die Partei der Kerker und der ‚leichten Handschellen' gewon-

---

[674] Krempl, Stefan, a.a.O., S. 165.

[675] Vgl. Montanelli, Indro/Cervi, Mario, L'Italia di Berlusconi, S. 140.

[676] Darin hieß es vieldeutig: „Untersuchungshaft soll nur in tatsächlich notwendigen Fällen verhängt werden. Es ist nötig, die Flucht des Angeklagten sowie die Wiederholungstat zu verhindern [...]. Aber es soll auch vermieden werden, dass eine ungerechtfertigte Untersuchungshaft die Rechtspflege delegitimiert." N.N., Per un nuovo miracolo italiano. Programma di Forza Italia, Mailand 1994, S. 37 (eig. Übers.).

[677] Zitiert nach: Marro, Enrico/Vigna, Edoardo, a.a.O., S. 54.

[678] Vgl. ebd. Interessanterweise berichtet Galli in diesem Zusammenhang von einem Gespräch mit dem damaligen Staatssekretär im Innenministerium, Memmo Contestabile. Jener habe demnach an einem Gesetzesentwurf gearbeitet, der diese Materie im Einvernehmen mit der Opposition hätte regeln sollen. Enge Mitarbeiter Berlusconis hätten dann aber plötzlich zur Eile gedrängt. Vgl. Galli, Giorgio, Diario politico 1994, S. 75.

nen werden wird von der Partei, die sich auf die Seite von Recht und Freiheit geschlagen hat. Die Partei des Kerkers gegen die Partei der Freiheit."[679]

Die handstreichartig erfolgte Verabschiedung des Dekrets konnte sich jedoch trotz solch angeblich hehrer Ziele eines doppelt fatalen Eindrucks nicht erwehren: Der Verdacht lag nahe, die Regierung Berlusconi habe damit ihren Freunden, die sich in großer Bedrängnis befanden,[680] zu Hilfe eilen und zugleich die staatsanwaltschaftlichen Ermittlungen gegen die *Fininvest* wegen des Verdachts der Steuerhinterziehung untergraben wollen.[681] Gerade zu jenem Zeitpunkt befanden sich diese nämlich in einer entscheidenden Phase.[682] So war es denn auch kaum Zufall, dass kurz nach dem kläglichen Scheitern des Dekrets gegen Paolo Berlusconi, den Bruder des Ministerpräsidenten und gleichfalls Anteilseigner der *Fininvest*, Haftbefehl erlassen wurde. Ihm, der tagelang untergetaucht war, warf die Staatsanwaltschaft Bestechung der Finanzpolizei in großem Stil vor.[683] Für den Politikwissenschaftler Franco Cazzola steht ebenfalls fest, dass

„das Gesetzesdekret durch die Regierung Berlusconi erlassen wurde, um die ‚fior di inquisiti', d.h. die ‚bedeutendsten' in Untersuchungshaft genommenen Personen auf freien Fuß zu setzen und vor allem um zu verhindern, dass noch andere Personen dorthin gelangen. Diese Entscheidung war weder zufällig noch voreilig getroffen worden. Es war eine gewissermaßen erzwungene Entscheidung: Wenn man die Staatsanwaltschaft und die Sicherheitskräfte stoppen wollte, musste man nicht nur eine einfache Warnung aussprechen, sondern ein deutliches und unmittelbares Zeichen setzen, das sie blockierte. Die Regierung Berlusconi hat die Kraftprobe mit der Mailänder Staatsanwaltschaft zunächst einmal verloren, so dass das Projekt der Erneuerung und Wiederbelebung der Legalität fortgesetzt werden konnte, bis es den Ministerpräsidenten selbst erreichte – also das eintrat, was unbedingt hatte vermieden werden sollen. Damit ist das Spiel jedoch noch nicht beendet, es wird nur mit immer härteren Bandagen fortgesetzt werden."[684]

Es folgte ein regelrechter „Krieg zwischen Regierung und Justiz"[685], der in aller Öffentlichkeit ausgetragen wurde. Berlusconi nahe stehende Regierungs-

---

[679] Zitiert nach: Rauen, Birgit, Forza Italia. Der Kommunikationsstil einer Ein-Mann-Partei, S. 174f.

[680] So stand beispielsweise nur fünf Tage nach Inkrafttreten des Dekrets der Entscheid über einen Haftbefehl gegen den ehemaligen sozialistischen Ministerpräsidenten Bettino Craxi an. Vgl. Kraatz, Birgit, a.a.O., S. 976.

[681] Vgl. so z.B. Keller, Hans-Jörg, a.a.O., S. 70; Krempl, Stefan, a.a.O., S. 166; Leonardi, Roberto/Nanetti, Raffaella Y., a.a.O., S. 200.

[682] Vgl. Weber, Peter, Italiens demokratische Erneuerung, S. 201.

[683] Vgl. Hausmann, Friederike, Kleine Geschichte Italiens, S. 171f.

[684] Cazzola, Franco, Von der ersten zur zweiten Republik. Italien zwischen Kontinuität und Veränderung, in: Probleme des Klassenkampfs (PROKLA). Zeitschrift für kritische Sozialwissenschaft, 25. Jg. (1995), H. 1, S. 81-96, 89.

[685] McCarthy, Patrick, La crisi dello Stato italiano, S. 232 (eig. Übers.).

mitglieder überboten sich fast täglich in ihren Attacken gegen die Judikative. Sie sprachen zum Beispiel von einem „Rachefeldzug" der Mailänder Untersuchungsrichter gegen die Exekutive, nachdem neue Ermittlungen in Sachen *Fininvest* bekannt geworden waren.[686] Und auch die Berlusconi-Kanäle machten mobil, indem sie in einer wochenlangen Kampagne der Justiz finstere politische Ambitionen vorhielten, wohingegen der Premier beschwor, die Korruptionsuntersuchungen würden den wirtschaftlichen Aufschwung behindern.[687] Insbesondere die Symbolfigur Antonio Di Pietro war als die Zielscheibe für die Attacken ausersehen. Hatte Berlusconi diesem noch im Frühjahr einen Ministerposten angeboten, so griff nun Cesare Previti (FI) – obgleich Verteidigungsminister – Di Pietro persönlich in Zeitungsinterviews scharf an und gab eine gerichtliche Anzeige nach der anderen gegen ihn auf.[688] Unterdessen ordnete Justizminister Biondi Inspektionen seines Ministeriums bei der Mailänder Staatsanwaltschaft an, um danach auch Inspektoren zu den Staatsanwälten in Palermo zu schicken, die gegen die Mafia ermittelten.[689] Durch all diese Initiativen verfestigte sich in der Öffentlichkeit das Urteil vom skrupellosen Machtmissbrauch der Regierung im Kampf gegen die Judikative.[690]

Angesichts der Voruntersuchungen wegen Schmiergeldzahlungen, die gegen Berlusconi selbst liefen, versuchte der Premier, das *Mani-pulite*-Team mit Hilfe einer Untersuchungskommission zu stoppen, die jedoch ergebnislos endete. Seine Forderung, eine parlamentarische Untersuchungskommission zu *Tangentopoli* einzusetzen, scheiterte am erbitterten Widerstand Scalfaros, der darin eine Gefahr für die Unabhängigkeit der Richterschaft erblickte.[691] Ein weiterer Versuch Berlusconis, die Mailänder Staatsanwaltschaft lahm zu legen, misslang gleichfalls: Anfang Oktober 1994 sprach Mailands Oberstaatsanwalt Francesco Saverio Borelli im Zusammenhang mit den Untersuchungen gegenüber der *Fininvest* davon, dass „die höchste politische und finanzielle Ebene"[692] in die Ermittlungen involviert sei. Berlusconi wandte sich daraufhin an den Staatspräsidenten in dessen Funktion als Vorsitzender des Obersten Richterrats und forderte, Borelli ob solcher Äußerung zu bestrafen – ohne Erfolg. Der Schaden, den diese außergewöhnliche Hetzjagd in vielfacher Hinsicht verursachte, war immens:

---

[686] Vgl. N.N., Berlusconi in Bedrängnis, in: Frankfurter Allgemeine Zeitung, 26.7.1994, S. 5.

[687] Vgl. Polaczek, Dietmar, Macht aus dem Nichts, in: Frankfurter Allgemeine Zeitung, 4.8.1994, S. 25.

[688] Vgl. Hausmann, Friederike, Kleine Geschichte Italiens, S. 172.

[689] Vgl. McCarthy, Patrick, La crisi dello Stato italiano, S. 232.

[690] Vgl. Leonardi, Roberto/Nanetti, Raffaela Y., a.a.O., S. 201.

[691] Vgl. Pallaver, Günther, Der Winterkönig, S. 416.

[692] Zitiert nach: Rauen, Birgit/Meneghel, Gustavo, a.a.O., S. 125.

„Die ständigen Zusammenstöße Berlusconis und seiner Fininvest mit den Mailänder Richtern haben [..] zu permanenten Querelen in seiner Regierungsmannschaft, zum sinkenden Vertrauen der Finanzmärkte, zum Führungsverlust und daraus folgend zu höheren Leitzinsen geführt, was [..] bedeutet (weil jeder Prozentpunkt mehr bei der Zinshöhe den Staat rund 15 Mrd. DM an zusätzlichen Zinsleistungen für die Staatsschulden kostet), dass die Steuern angehoben werden müssen."[693]

Der große Paukenschlag kam dann am 22. November 1994, als die Mailänder Staatsanwaltschaft Berlusconi den gefürchteten *Avviso di garanzia*, einen Ermittlungsbescheid, zukommen ließ – ausgerechnet an jenem Tag, an dem er in Neapel einer UNO-Konferenz über das Organisierte Verbrechen vorstand. Man warf Berlusconi vor, Kenntnis davon gehabt zu haben, dass *Fininvest*-Manager die Finanzpolizei bestochen hatten.[694] Berlusconis Empörung über dieses Vorgehen war kaum zu bremsen. Er klagte die Justiz an, ihn zu verfolgen, und behauptete, die Staatsanwälte hätten keine Autorität über ihn, da sie nicht gewählt worden seien wie er, den das Volk dazu bestimmt habe, das Land zu führen. Nachdem man ihn sieben Stunden verhört hatte, wandte er sich via Fernsehen an die Italiener und mahnte unter anderem schwerwiegende Rechtsverletzungen an.[695] Aufgrund der nun realistischen Möglichkeit eines Haftbefehls gegen einen regierenden Ministerpräsidenten stürzten Aktienkurse und Lira daraufhin ins Bodenlose.[696] Von einem Rücktritt wollte Berlusconi indes nichts wissen: „Ich trete nicht zurück. Ich bin im Recht."[697] Dieses Verhalten war alles andere als konsequent, hatte doch die *Forza Italia* bis dato stets gefordert, dass Politiker, gegen die Ermittlungen liefen, zurücktreten sollten, um die Arbeit der Justiz nicht zu behindern.[698]

Einen letzten Höhepunkt in den Spannungen zwischen Berlusconi und der Justiz markierte der spektakuläre und unerwartete Rücktritt Di Pietros am 6. Dezember 1994. Er könne dem politischen Druck nicht mehr standhalten und fühle sich missbraucht und instrumentalisiert, lautete dessen offizielle Begründung.[699] Viele rätselten jedoch darüber, ob nicht auch andere Motive, etwa ein Wechsel in die Politik, hinter dieser Entscheidung stünden. Die Regierung ihrerseits ließ sich von diesem Ereignis keineswegs beirren und führte ihre Offensive gegen die

---

[693] Uesseler, Rolf, Ohne Berlusconi?, in: Blätter für deutsche und internationale Politik, 40. Jg. (1995), H. 1, S. 19-23, 21. Zitiert als: Uesseler, Rolf, Ohne Berlusconi?.

[694] Vgl. Roques, Valeska von, a.a.O., S. 215.

[695] Vgl. Ignazi, Piero/Katz, Richard S., Introduzione, S. 43; McCarthy, Patrick, La crisi dello Stato italiano, S. 235.

[696] Vgl. Uesseler, Rolf, Ohne Berlusconi?, S. 19.

[697] Zitiert nach: Deaglio, Enrico, Besame mucho, S. 133 (eig. Übers.).

[698] Vgl. Losano, Mario G., a.a.O., S. 184.

[699] Der Wortlaut des Abschiedserklärung Di Pietros findet sich bei Montanelli, Indro/Cervi, Mario, L'Italia di Berlusconi, S. 178ff.

Richterschaft derart unvermindert fort, dass weite Teile der Bevölkerung immer stärker davon ausgingen, Berlusconi habe etwas zu verbergen.[700]

Die Querelen Berlusconis mit der Justiz ließen Schlüsse auf den Zustand der Regierung und der politischen Lage Italiens im Allgemeinen zu. Sie zeigten, dass die politische Erneuerung nicht so grundlegend war, wie allseits erhofft, gefordert und auch versprochen. Es wurde vielmehr deutlich, wie sehr der Regierungschef selbst in die Machenschaften des alten Regimes verstrickt war. Zudem weckte die Regierungskrise vom Juli schlechte Erinnerungen an ein jahrzehntelang praktiziertes Ritual. Damit war offensichtlich: Italien hatte abermals eine äußerst instabile Regierungsmehrheit, und die ersehnte Zweite Republik rückte in weite Ferne.

Die Art und Weise, wie der Konflikt zwischen den beiden Gewalten geführt wurde, kann ferner als Beleg dafür gelten, dass es Berlusconi nicht gelungen war, „telekratisch" zu regieren. Zwar fuhr er die wichtigsten Attacken gegen die Justiz mit Hilfe von Fernsehansprachen, womit er jegliche (parlamentarische) Diskussion über seine Entscheidungen von vornherein unterband und die Italiener als reine Konsumenten betrachtete. Indessen zeigte die vom Bürgerprotest erzwungene Rücknahme des Dekrets, dass sich das Volk – trotz der massiven Fernsehkampagne der Berlusconi-Sender – nicht so einfach manipulieren ließ. Der Konflikt bewies also zweierlei: Die Hoffnungen auf den Beginn der Zweiten Republik waren ebenso unbegründet wie die Ängste vor der „Telekratie".

6.6 Der ungelöste Interessenkonflikt

Ein für Berlusconi unerwünschter Nebeneffekt aus den Polemiken mit der Justiz war, dass die Debatte um den Interessenkonflikt zwischen dem Unternehmer Berlusconi und dem Ministerpräsidenten Berlusconi neu aufgerollt wurde. Zu sehr hatte die harte Linie im Streit um das „Rettet-die-Diebe-Dekret" den Verdacht genährt, der Premier verfolge zuallererst die eigenen Interessen.[701] Die letzten Zweifler hierüber ließ Berlusconi auch noch verstummen, als er unmittelbar nach dem Scheitern des Dekrets – in einem Augenblick, als die *Fininvest* im Fadenkreuz der Ermittler stand – eine Besprechung in seiner Privatvilla abhielt. Neben ihm nahmen daran teil: Verteidigungsminister Previti, ein weiteres Regierungsmitglied, der Präsident der *Fininvest*, Fedele Confalonieri[702], und die An-

---

[700] Vgl. Deaglio, Enrico, Besame mucho, S. 162.
[701] Vgl. Raith, Werner, a.a.O., S. 13.
[702] Seinem engen und langjährigen Vertrauten Confalonieri hatte Berlusconi im Januar 1994, nachdem er seinen Einstieg in die Politik angekündigt hatte, die Leitung der *Fininvest* übertragen. Vgl. Gundle, Stephen, a.a.O., S. 245.

wälte der *Fininvest*-Manager, die unter Anklage standen.[703] In diesem äußerst plumpen Verhalten sieht McCarthy das beste Beispiel für „die Art und Weise, in der er [Berlusconi] die öffentliche Sphäre mit der privaten vermengte"[704]. Die Liste der Fälle, in denen sich der Regierungschef dem akuten Verdacht aussetzte, seine persönlichen Interessen vor die der Gesamtheit zu stellen, ließe sich problemlos verlängern.[705] Petersen verdeutlicht, welche Dimensionen sich hinter dieser Problematik verbergen:

> „Der Einzug eines Großunternehmers in die Politik ist für Italien – und für Westeuropa – ein Novum. Die potenziell möglichen Konflikte zwischen Privat- und Firmeninteresse und dem Gemeinwohl sind ungezählt und gravierend. Die hier auftauchenden Probleme erscheinen noch vervielfacht, wenn dieser Unternehmer auf einem für die Funktionsfähigkeit des demokratisch-parlamentarischen Systems so vital wichtigen Feld wie dem der Information und der Massenmedien tätig ist. [...] Dieses Problem hat die Regierung Berlusconi massiv geschwächt und zur Vergiftung der Atmosphäre beigetragen. Es gibt kaum einen Gesetzgebungsakt der Regierung, der nicht auch Firmeninteressen Berlusconis berührte."[706]

Bobbio geht sogar über diese Einschätzung hinaus und wirft Berlusconi aufgrund seiner einzigartigen politischen, wirtschaftlichen und kulturellen Machtballung in letzter Konsequenz Despotismus vor.[707] Nicht weniger alarmierend äußerte sich auch einer der engsten außenpolitischen Mitarbeiter der amerikanischen Präsidenten Reagan und Bush sen., Edward Luttwak. Dieser sah die Gefahr, dass Italien aus der Gemeinschaft der westlichen Demokratien ausschere, wenn das Land nicht für eine scharfe Trennung zwischen politischer, ökonomischer und medialer Macht sorge.[708]

Es war vor allem *Lega*-Chef Umberto Bossi, der den Finger immer wieder in die offene Wunde legte und ständig eine saubere Trennung zwischen den Eigeninteressen Berlusconis und dessen Regierungstätigkeit reklamierte. Die zunehmende Schwäche der Regierung ergab sich in nicht geringem Maße genau aus diesem regierungsinternen Grundkonflikt, den Berlusconi offensichtlich nicht zu lösen imstande war.[709] Für Weber stellte der Interessenkonflikt sogar den „größten Hemmschuh für eine rasche und effiziente Reformtätigkeit"[710] der Regierung

---

[703] Vgl. McCarthy, Patrick, La crisi dello Stato italiano, S. 233.

[704] Ebd. (eig. Übers.).

[705] Als weiteres Exempel hierfür gilt das Regierungsdekret zur Neuordnung von Autorenrechten im Verlagswesen. Der Urheberrechtsschutz sollte um zwanzig Jahre verkürzt werden – ein profitables Unterfangen vor allem für den Berlusconi-eigenen Verlag *Mondadori*. Näheres hierzu, vgl. Raith, Werner, a.a.O., S. 11.

[706] Petersen, Jens, Quo vadis, Italia?, S. 184.

[707] Vgl. Bobbio, Noberto, Verso la Seconda Repubblica, S. 63.

[708] Vgl. Uesseler, Rolf, Populismo e Fascismo, S. 554.

[709] Vgl. Krempl, Stefan, a.a.O., S. 80.

[710] Weber, Peter, Italiens demokratische Erneuerung, S. 201.

dar. Berlusconi bezog zu dieser Problematik mit folgenden aufschlussreichen Worten Stellung:

„Wir haben Experten beauftragt, an einem Vorschlag zu arbeiten. Darüber wird am Schluss das Parlament zu entscheiden haben. Ein anderer Weg wäre, zu verkaufen. Aber erstens sehe ich derzeit keinen Käufer, weil es sich um eine riesengroße Firmengruppe handelt. Und zweitens bin ich nicht wie der amerikanische Präsident für vier Jahre gewählt. Ich kann schon morgen im Parlament gestürzt werden. Was habe ich danach? Das Volk hat mich ja gerade wegen meiner außerordentlichen unternehmerischen Fähigkeiten gewählt. [...]

Sicher, es wäre viel einfacher, wenn ich arm wäre und meine Interessen nur der Politik gelten würden. Ich sehe keine Lösung. Aber ich kann [..] versichern, dass viele Italiener sehr zufrieden damit sind, dass sie einen Ministerpräsidenten haben, der seine eigenen Flugzeuge benutzen, seine eigenen Autos fahren und Staatsgäste in seinen eigenen Häusern empfangen kann. Selbst die Geschenke, die ich meinen Besuchern mache, bezahle ich selbst."[711]

Damit war die Marschrichtung klar: Auch wenn Berlusconi im Wahlkampf noch erklärt hatte, sich im Falle eines Sieges von seinem Firmenimperium zu trennen, schien diese Variante nach den Parlamentswahlen vom Tisch zu sein.[712] Im Anschluss an die für die FI äußerst erfolgreichen Europawahlen verkündete Staatssekretär und Berlusconi-Vertrauter Gianni Letta sogar, die Mehrheit der Italiener hätte damit die bestehenden Zustände gebilligt, und der Premier müsse sich nicht mehr wegen seiner Medienanteile rechtfertigen.[713]

Ende Juli 1994 wagte Berlusconi dennoch einen Vorstoß in dieser Angelegenheit. Er schlug eine Art *blind trust* nach amerikanischem Vorbild vor. Demnach sollten drei Treuhänder, die von den Präsidenten der beiden Parlamentskammern mit Zustimmung des Staatspräsidenten nominiert würden, die Leitung der *Fininvest* übernehmen, solange Berlusconi an der Spitze der Regierung stünde. Scalfaro erteilte diesem Vorschlag jedoch eine klare Absage, da die Verfassung ihm als Staatspräsidenten nicht die Möglichkeit gebe, eine solche Aufgabe wahrzunehmen.[714] Trotzdem brachte Berlusconi am 2. August 1994 in einer Rede vor der Abgeordnetenkammer das *Blind-trust*-Modell abermals ins Spiel.[715] Dabei machte eine solche Lösung in seinem Fall wenig Sinn:

---

[711] Interview mit Silvio Berlusconi, in: Der Spiegel, 32/1994, S. 114-118, 115f.

[712] McCarthy geht sogar davon aus, dass ein völliger Verkauf der *Fininvest* aufgrund ihrer enormen Ausmaße gar nicht praktikabel gewesen wäre, selbst wenn Berlusconi dies gewollt hätte. Eine vorstellbare Veräußerung einzelner Teile wäre dagegen nichts weiter als ein Tropfen auf den heißen Stein gewesen. Vgl. McCarthy, Patrick, La crisi dello Stato italiano, S. 233.

[713] Vgl. Rauen, Birgit, Berlusconi, S. 361.

[714] Vgl. Losano, Mario G., a.a.O., S. 158f.; Amaroli, Paolo, a.a.O., S. 101.

[715] Vgl. Rede Silvio Berlusconis vor der Abgeordnetenkammer am 2.8.1994, in: ders., Discorsi per la democrazia. Gli interventi parlamentari di Silvio Berlusconi, Mailand 2001, S. 69-81, 78.

„Ein solcher *blind trust* wird von einem unabhängigen Gremium von Finanzexperten wie eine Stiftung oder ein geschlossener Fonds verwaltet – im Idealfall weiß der Eigentümer nach kurzer Zeit nicht mehr, was er besitzt. So sollen Interessenkonflikte und politische Entscheidungen zugunsten eigener privater Interessen vermieden werden. Im Fall eines Medienkonzerns wie der *Fininvest* jedoch ist der Fall komplizierter, weil die Verfügung über Informationen und Kommentare sich nicht so reinlich neutralisieren lässt wie übliche wirtschaftliche Interessen."[716]

Hinzu kam: Selbst wenn Berlusconi die Geschäftsführung seiner Unternehmen einem Verwalter übergeben hätte, wäre er immer noch Eigentümer bzw. Anteilseigner geblieben und hätte so weiterhin großes Interesse daran gehabt, dass seine Firmen florierten. Unter diesen Umständen wäre der Interessenkonflikt keineswegs gebannt gewesen.[717]

Ebenso wenig vermochte daher der *Blind-trust*-Vorschlag der drei Weisen das Problem zu entkräften, die im September 1994 ihre Ergebnisse vorlegten. Bei seiner Regierungsübernahme im Mai hatte Berlusconi dieses Gremium ins Leben gerufen mit dem Auftrag, eine entsprechende Lösung zu erarbeiten. Und die hätte den „Weisen" zufolge so aussehen sollen: Die *Fininvest* sollte einem Treuhänder übergeben werden, den Berlusconi selbst nominiert und der dann vom Parlament gebilligt worden wäre. Es folgte daraufhin eine Ankündigung, diesen Vorschlag in Form eines Gesetzesentwurfs ins Parlament einzubringen. Aus diesem Plan wurde jedoch nichts mehr, nachdem Berlusconi Ende November wie aus heiterem Himmel ankündigte, er wolle nun alle seine kommerziellen Besitzanteile verkaufen – genau dies hatten seine Gegner schon seit längerem gefordert. Doch ganz abgesehen von den praktischen Schwierigkeiten einer solchen Aktion vermuteten zahlreiche Kritiker Berlusconis hinter dieser unvorhergesehenen Wendung nichts weiter als einen großen Bluff, der nur dazu gedient hätte, Zeit herauszuschinden und ein Zeichen der guten Intentionen zu setzen.[718] Diese Befürchtungen waren keinesfalls unbegründet, schließlich hat Berlusconi bis zum heutigen Tag diese Ankündigung nicht in die Tat umgesetzt.

Das ungelöste Problem des Berlusconischen Interessenkonflikts warf nicht nur demokratiepolitisch höchst bedenkliche Fragen auf. Es traf auch die *Forza Italia* ins Mark. Hatte sie Berlusconi vornehmlich als Vehikel zur Durchsetzung seiner persönlichen und geschäftlichen Interessen dienen sollen, wie immer wieder behauptet wurde?[719] Ein eindeutiger Beweis für diese These ist schwer zu erbringen. Auffällig war jedoch während der siebenmonatigen Regierungszeit, dass Berlusconi stets sorgsam darauf achtete, alle Fäden in der Hand zu behalten,

---

[716] Polaczek, Dietmar, Macht aus dem Nichts, in: Frankfurter Allgemeine Zeitung, 4.8.1994, S. 25.

[717] Vgl. Romano, Sergio, a.a.O., S. 158.

[718] Vgl. Gundle, Stephen, a.a.O., S. 245f.

[719] Vgl. so z.B. Fiori, Giuseppe, a.a.O., S. 203f.

wenn es um seinen Interessenkonflikt ging[720] – auch um den Preis des fortschreitenden Zerwürfnisses mit Bossi, das sein vorzeitiges Ende als Ministerpräsident besiegeln sollte.

6.7 Regierungskrise und Ende der Koalition

Wie sehr die Regierungskoalition bereits in den Sommermonaten 1994 in großen Schwierigkeiten steckte, bewiesen die bereits geschilderten Polemiken zwischen Berlusconi und der RAI sowie weiten Teilen der Justiz. Ein sich hinziehender Streit mit Notenbankchef Antonio Fazio[721] verstärkte diesen Eindruck zusätzlich. Immer deutlicher wurde derweil auch das Auseinanderdriften von FI und MSI-AN einerseits und *Lega Nord* andererseits. Konkrete Reibungspunkte waren etwa die Stagnation der Regierung in puncto föderaler Staatsreform – eines der leghistischen Hauptanliegen –[722] sowie der Streit um den Interessenkonflikt Berlusconis. So kommt Weber zu dem Schluss: „Bereits Ende des Sommers schien die Regierungskoalition definitiv zerrüttet."[723]

Als ob all diese Konfliktpunkte noch nicht genügt hätten, tat sich im Herbst 1994 eine weitere Front auf, die großes Sprengstoffpotenzial in sich barg: Die Verhandlungen über den Haushalt 1995 standen im Parlament zur Beratung an. Wollte Italien an der europäischen Wirtschafts- und Währungsunion (WWU) von Anfang an teilnehmen, war es aufgrund der Maastrichter Stabilitätskriterien gezwungen, sein immenses Staatsdefizit zu reduzieren und den massiven Schuldenberg der öffentlichen Hand schrittweise zu verkleinern. Dieses Unterfangen war bereits von den Vorgängerregierungen Amato (1992) und Ciampi (1993) in Angriff genommen worden, nun stand Berlusconi unter Zugzwang.[724] Anders als

---

[720] Vgl. Gundle, Stephen, a.a.O., S. 246.

[721] Berlusconi fuhr gleich mehrere Angriffe auf die Unabhängigkeit der *Banca d'Italia*. Er beschuldigte sie der bewussten und gezielten Sabotage seiner Wirtschaftspolitik, um so die Schuld für die damals äußerst schlechten wirtschaftlichen Eckdaten auf Fazio abzuwälzen. Seine Regierung versuchte zudem, auf Entscheidungen bezüglich der Geldwertstabilität massiv Einfluss zu nehmen, und ließ sich auch auf einen Streit mit Fazio um die Besetzung des vakant gewordenen Generaldirektorenpostens ein. Näheres hierzu, vgl. Pallaver, Günther, Der Winterkönig, S. 416; Sauer, Ulrike, Mann des Vertrauens, in: Wirtschaftswoche, 29/1994, S. 34.

[722] Vgl. Weber, Peter, Die neue Ära der italienischen Mehrheitsdemokratie. Fragliche Stabilität bei fortdauernder Parteienzersplitterung, in: Zeitschrift für Parlamentsfragen, 28. Jg. (1997), H. 1, S. 85-116, 87. Zitiert als: Weber, Peter, Die neue Ära der italienischen Mehrheitsdemokratie.

[723] Ebd.

[724] Dieser Zugzwang Berlusconis wurde noch intensiviert, als der damalige CDU/CSU-Fraktionsvorsitzende Wolfgang Schäuble ein Europa der zwei Geschwindigkeiten ins Spiel brachte. Italien sollte angesichts seiner hohen Staatsverschuldung laut diesem Modell in der „zweiten Liga" spielen. Vgl. Losano, Mario G., a.a.O., S. 172f.

seine beiden Amtsvorgänger wollte er hierfür jedoch keine Steuern erhöhen, denn dies hatte zu seinen Hauptversprechen im Wahlkampf gehört.[725] Berlusconis Schatzminister Lamberto Dini legte einen Plan vor, wonach umgerechnet rund 25 Milliarden Euro zum größten Teil durch massive Kürzungen im Renten- und Gesundheitssektor eingespart werden sollten. Dini verband diese Einschnitte zudem mit einer strukturellen Rentenreform, was vor allem Italiens Gewerkschaften auf die Barrikaden trieb.[726] Mit ihnen hatte die Regierung zwar anfangs noch Verhandlungen geführt. Doch diese waren schon bald gescheitert, da Berlusconi den Angestellten durch die Rentenkürzungen die weitaus größte Last aufbürden wollte. Die Freiberufler hingegen sollten glimpflich davonkommen. Für sie sah man lediglich die Einführung eines so genannten *Condono* vor, einer Selbstanzeige als Steuerhinterzieher mit einmaliger Nachzahlung eines Teils der Steuern. Der Umfang der geplanten Einsparungen im Haushalt war zwar nur halb so groß wie beispielsweise jener unter Amato 1992 beschlossene, doch hatte Berlusconi sich geweigert, den Gewerkschaften Zugeständnisse zu machen.[727]

Den von der Regierung Ende September präsentierten Haushaltsentwurf nahmen die Gewerkschaften zum Anlass, zum Generalstreik aufzurufen. In der ersten Oktoberhälfte wurde in ganz Italien spontan immer wieder die Arbeit niedergelegt, und am 14. Oktober 1994 erlebte das Land eine Massendemonstration, die alle Erwartungen übertraf. In insgesamt neunzig Städten zogen rund fünf Millionen Angestellte in Protestzügen durch Straßen und Plätze, dreihunderttausend waren es in Mailand, zweihundertfünfzigtausend in Florenz und zweihunderttausend in der Hauptstadt. Der öffentliche Nah- und Fernverkehr brach zusammen, zahlreiche Büros blieben verwaist, und auch die Zeitungen erschienen nicht.[728] Berlusconi gab sich davon jedoch zunächst kaum beeindruckt: „Die Zahlen sind diese: Weder einer noch zehn Generalstreiks können sie ändern"[729], lautete seine Antwort auf diesen Protest.

Also machten die Gewerkschaften weiter mobil. Am 12. November brachten sie eine Million Italiener zu einer Massenkundgebung in Rom auf die Straße. Regierungsvertreter warfen daraufhin den Gewerkschaften vor, weniger für die Sache zu demonstrieren, als vielmehr im Verbund mit der Opposition die Regierung stürzen zu wollen, was diese jedoch entschieden von sich wiesen und neue Verhandlungen einforderten. Unter dem Druck eines weiteren Generalstreiks, der

---

[725] Vgl. Romano, Sergio, a.a.O., S. 173.

[726] Vgl. Hausmann, Friederike, Kleine Geschichte Italiens, S. 172.

[727] Vgl. Braun, Michael, Die Gewerkschaften und die Regierung Berlusconi, in: Ferraris, Luigi V. [u.a.] (Hg.), Italien auf dem Weg zur „zweiten Republik"? Die politische Entwicklung Italiens seit 1992, Frankfurt a.M. [u.a.] 1995, S. 291-303, 299. Zitiert als: Braun, Michael, Die Gewerkschaften und die Regierung Berlusconi.

[728] Vgl. Losano, Mario G., a.a.O., S. 176f.

[729] Zitiert nach: Montanelli, Indro/Cervi, Mario, L'Italia di Berlusconi, S. 189 (eig. Übers.).

für den 2. Dezember ausgerufen worden war, gab Berlusconi dann klein bei, nachdem er sich mit den Chefs der größten Gewerkschaften tags zuvor wieder an einen Tisch gesetzt hatte. Im Ergebnis klammerte er die heftig umstrittene Rentenreform aus dem Haushaltsgesetz aus und verschob sie auf Mitte 1995.[730] Damit war Anfang Dezember 1994 der Weg frei für die Verabschiedung eines Haushalts, den Gray und Howard im Hinblick auf die Sparnotwendigkeiten als „schwach und unbefriedigend"[731] kritisieren. Negativ bewerten auch Marro und Vigna die Budgetplanungen: „Das Haushaltsgesetz der Regierung Berlusconi ist weder glaubhaft noch innovativ was die Verteilung der Opfer angeht. Die Probleme, die mit der Gesundung der öffentlichen Bilanzen verbunden sind, bleiben aktuell."[732]

Allein der gewerkschaftliche Druck hat dieses Einlenken des Regierungschefs allerdings kaum vollbracht: Für Berlusconi hatte zugleich die reale Gefahr bestanden, dass Bossi im Parlament zusammen mit der Opposition gegen sein Sparpaket stimmen und es so zu Fall bringen würde.[733] Der *Lega*-Chef distanzierte sich in dieser Phase immer stärker von Berlusconi, erklärte die FI sogar zum „Todfeind" seiner Partei und sprach davon, die Regierungskoalition nach der Verabschiedung des Haushalts neu aushandeln zu wollen. Destabilisierend für die Koalition wirkten aber auch die in die Höhe schnellenden Popularitätswerte von MSI-AN-Chef Gianfranco Fini, die zulasten der rapide sinkenden Beliebtheit Berlusconis gingen. Fini wurde gar schon offen als künftiger Regierungschef gehandelt.[734]

Alles in allem kann festgehalten werden, dass die Regierung Berlusconi mit ihrem Gezerre um die Haushaltsgesetzgebung in bester Tradition zahlreicher früherer Regierungen stand. Allenfalls mit ihrer *Condono* Politik – einer Maßnahme, die Steuerhinterziehern zugute kam – schien die Berlusconi-Administration neue Wege einzuschlagen.[735]

Den ersten konkreten Schritt hin zur Aufkündigung der Regierungszusammenarbeit vollzog die *Lega Nord* auf ihrem Parteitag am 6. November 1994 in

---

[730] Vgl. Marro, Enrico/Vigna, Edoardo, a.a.O., S. 129; McCarthy, Patrick, La crisi dello Stato italiano, S. 241.

[731] Gray, Lawrence, Howard, William, a.a.O., S. 103.

[732] Marro, Enrico/Vigna, Edoardo, a.a.O., S. 121 (eig. Übers.).

[733] Vgl. Braun, Michael, Die Gewerkschaften und die Regierung Berlusconi, S. 300. Berlusconi hatte allen Grund für diese Befürchtung, denn bereits am 17. November hatte die *Lega* erstmals zusammen mit der Opposition gegen die Rentenkürzungspläne der eigenen Regierung im Parlament gestimmt. Vgl. Rauen, Birgit/Meneghel, Gustavo, a.a.O., S. 126.

[734] Vgl. Bufacchi, Vittorio/Burgess, Simon, a.a.O., S. 206f. Sowohl *Lega* als auch MSI-AN hatten sich in den Auseinandersetzungen um die Einsparungen immer mehr von der harten Linie Berlusconis distanziert. Vor allem Fini hatte angesichts seiner Wählerbasis – Angestellte aus der Mittelklasse – kaum eine andere Wahl. Vgl. Ignazi, Piero/Katz, Richard S., Introduzione, S. 43.

[735] Vgl. Gray, Lawrence/Howard, William, a.a.O., S. 103.

Genua. Begleitet von deftigen Tiraden gegen die *Forza Italia* und den MSI-AN übertrug der Parteitag Bossi das Mandat, nach der Verabschiedung des Haushalts fünf für die *Lega* essenzielle Punkte innerhalb der Regierungsmehrheit zu überprüfen: Föderalismus, freie Marktwirtschaft, Monopolzerschlagungen, Zusammenhalt und Solidarität mit zukünftigen Generationen und öffentliche Moral. Dieser Überprüfungsauftrag entsprach de facto einer Kampfansage an die Regierungskoalition. Entsprechend spielte man auch schon mögliche alternative Bündnisszenarien für die Zeit nach dem Bruch durch.[736]

Bossi konnte es sich erlauben, so hoch zu pokern, da er wusste, dass der Regierungschef stark an Glaubwürdigkeit eingebüßt hatte. Nicht zuletzt das „Rettet-die-Diebe"-Dekret, die Vorladung vor die Richter und das Fiasko beim Haushaltsgesetz hatten den einst strahlenden Berlusconi deutlich erblassen lassen. Die Kommunalwahlen vom 20. November 1994, bei denen die *Forza Italia* eine erste schmerzliche Niederlage hatte hinnehmen müssen,[737] ließen die Verwundbarkeit Berlusconis offen zutage treten.[738] Vor diesem Hintergrund kam Bossi dann ein Ermittlungsbescheid gegen den Ministerpräsidenten gerade recht, um die Regierung endgültig zu Fall zu bringen. Berlusconi versuchte zwar, dieses Manöver zu durchkreuzen, und machte sich daran, so viele unzufriedene *Lega*-Abgeordnete wie möglich auf seine Seite zu ziehen. Doch Bossi konnte genug Getreue bei sich halten und bereitete zusammen mit den Vorsitzenden der beiden großen Oppositionsparteien, Massimo D'Alema (PDS) und Rocco Buttiglione (PPI), den Sturz Berlusconis vor.[739] Mitte Dezember lagen so gleich drei Misstrauensanträge gegen die Regierung dem Parlament vor.[740] Bossi kündigte unverhohlen an, er werde Berlusconi aus seinem Amt verjagen.[741]

In einer Rede im Mailänder *Teatro Manzoni*, die auch die großen Fernsehstationen ausstrahlten, rief Berlusconi daraufhin das Volk auf, für die Verteidigung

---

[736] Vgl. Losano, Mario G., a.a.O., S. 178f.

[737] Die Mitte-Rechts-Allianz eroberte bei dieser Gelegenheit nur zwei von sechs neu zu bestimmenden Großstadt-Rathäusern. Darüber hinaus büßten die Regierungsparteien generell an Vertrauen ein, wohingegen sich Zentrumskandidaten, die von der Linken unterstützt wurden, im Aufwind befanden. Vgl. Bufacchi, Vittorio/Burgess, Simon, a.a.O., S. 208f.

[738] Vgl. McCarthy, Patrick, La crisi dello Stato italiano, S. 252.

[739] Erwähnenswert ist die berühmt-berüchtigte Anekdote von einem nächtlichen Treffen Buttigliones und D'Alemas im Hause Bossis, während dessen die drei beim Sardinenessen den Sturz Berlusconis geplant hätten. Näheres hierzu, vgl. Montanelli, Indro/Cervi, Mario, L'Italia di Berlusconi, S. 194f.

[740] Vgl. Weber, Peter, Die neue Ära der italienischen Mehrheitsdemokratie, S. 88. Nachdem Bossi abermals im Parlament gegen FI und MSI-AN gestimmt hatte – diesmal ging es um die Einrichtung einer Sonderkommission für das Fernsehen –, brachte auch die *Lega* selbst neben der Opposition einen Misstrauensantrag gegen die eigene Regierung ein. Vgl. Hausmann, Friederike, Kleine Geschichte Italiens, S. 173.

[741] Vgl. Wolf, Andrea, a.a.O., S. 87.

des „Frühlings der Freiheit, der am 29. März begonnen hat,"[742] auf die Straße zu gehen. Im Weiteren sagte er, wenn „der Verrat gelingt, werden unsere moralischen Kräfte stundenlang aufmarschieren (...), um gegen die Pflichtverletzung, die Intoleranz und den gegen die Demokratie gerichteten Betrug zu demonstrieren"[743]. Diesem dramatisch anmutenden Appell folgte jedoch kaum jemand. Die erhofften Großdemonstrationen blieben aus.[744]

Bossis Ziel hatte vornehmlich darin bestanden, den MSI-AN um Fini aus der Regierung zu vertreiben. Im Christdemokraten Rocco Buttiglione fand er einen Befürworter dieser Idee, so dass sich die beiden auf einen entsprechenden strategischen Pakt verständigten. Als Gegenangriff gegen diesen „Verrat" – so empfand der Premier das Verhalten Bossis[745] – erklärte Berlusconi, er und seine Regierung seien alternativlos. Er unterstrich diese Haltung mit dem Hinweis auf „seine angeblich direkte Investitur durch das Volk"[746]. Sollte er entmachtet werden, müssten deshalb zwingend Neuwahlen her, so Berlusconis Argumentation. Dem widersprach jedoch der Staatspräsident entschieden: Das Mandat des Regierungschefs leite sich vom Parlament her und nicht direkt vom Volk. Über eine vorzeitige Parlamentsauflösung entscheide zudem immer noch er, Scalfaro. Er könne das Parlament nur auflösen, wenn sich hier keine Mehrheit für eine neue Regierung zusammenfände. Sogleich stellten Bossi, Buttiglione und D'Alema in Aussicht, dass viele Mehrheiten im Parlament möglich seien.[747]

Die verfassungsrechtliche Interpretation Berlusconis, nur das Volk sei unter den Bedingungen des Mehrheitswahlrechts demokratisch legitimiert, eine neue Regierung zu wählen, war abwegig. Völlig überspannt hatte Berlusconi den Bogen, als er sich gar als „Gesalbter des Herrn" („Unto del Signore") bezeichnete, um so die Ausschließlichkeit seiner demokratischen Legitimation durch das Volk zu betonen.[748] Pasquino hält dem entgegen: „Vom verfassungsrechtlichen Standpunkt aus betrachtet hat der Ministerpräsident sicher Unrecht, wenn er behauptet, seine Regierung müsse die Einzige der zwölften Legislaturperiode sein."[749] Ähn-

---

[742] Zitiert nach: Galli, Giorgio, Diario politico 1994, S. 107 (eig. Übers.).

[743] Zitiert nach: Losano, Mario G., a.a.O., S. 191.

[744] Vgl. Krempl, Stefan, a.a.O., S. 179.

[745] So sagte Berlusconi am 23. November mit Blick auf Bossi: „Wer die Wähler verrät, nachdem er sich unter dem gleichen Symbol zusammen mit den anderen drei Parteien präsentiert hat, ist ein Verräter, und jedes Mal, wenn er im Parlament das Wort ergreift, werde ich ihn Judas nennen." Zitiert nach: Galli, Giorgio, Diario politico 1994, S. 102 (eig. Übers.).

[746] Pallaver, Günther, Der Winterkönig, S. 416.

[747] Vgl. Uesseler, Rolf, Ohne Berlusconi?, S. 22.

[748] Vgl. Ignazi, Piero/Katz, Richard S., Introduzione, S. 44.

[749] Pasquino, Gianfranco, Conclusione. La transizione continua, in: ders. (Hg.), L'alternanza inattesa. Le elezioni del 27 marzo 1994 e le loro conseguenze, Soveria Mannelli 1995, S. 285-299, 293 (eig. Übers.).

lich sieht das auch Pallaver, der im Premier zu jenem Zeitpunkt eine noch größere Gefahr für die Demokratie erkannte als in Fini, weil Berlusconi die demokratischen Spielregeln nach eigenem Gutdünken habe beugen wollen.[750] Auch der angesehene Verfassungsexperte Giovanni Sartori positionierte sich entschieden gegen Berlusconi:

> „Angesichts der Wahlintentionen ist es schwierig zu behaupten, dass der Berlusconische Pol *eine positive* Mehrheit darstellt. Den Wählern ist kein gemeinsames Wahlprogramm vorgeschlagen worden. Ganz im Gegenteil, Forza Italia, Lega und Alleanza Nazionale haben sich mit höchst unterschiedlichen Wahlplattformen präsentiert und zudem mit einem Bossi, der mit erhobener Stimme erklärte: ‚Nie mit den Faschisten.' Was für eine Allianz ist das nur? [...] Die richtige Interpretation lautet daher, dass eine Mehrheit der Italiener am 27. März eine *negative* Wahl ausgedrückt hat, das heißt, sie hat *gegen* die Progressisten gestimmt. Das ist das einzige vereinende Element dieser Wahl."[751]

Ungeachtet dieser andauernden Kontroverse stand nach der Verabschiedung des Haushalts am 21. Dezember 1994 die parlamentarische Vertrauensdebatte an. In seiner Eröffnungsrede vor der Abgeordnetenkammer protestierte Berlusconi in besonders aggressivem Ton gegen seine drohende Entmachtung:

> „Die Stimmen des Freiheitspols, die im Norden des Landes mehreren Symbolen [...] und für eine einzige Politik gegeben wurden, die in offenem Widerspruch zum Programm der Progressisten und der Volkspartei steht, werden heute willkürlich in Beschlag genommen und einer Palazzo-Politik feilgeboten, die den verräterischen Stempel einer echten und wahren Hehlereiaktivität trägt. Diese Stimmen – die Stimmen des Freiheitspols – sind gegeben worden, um ein freiheitliches und föderalistisches Programm zu verteidigen, um eine liberale Regierung zu bilden, die fähig ist, sich dem Programm und dem Kommandostil des alten kommunistischen, wiederaufbereiteten Apparates entgegenzustellen. Nun werden sie in einer Operation des reinen parlamentarischen Transformismus geraubt und ausverkauft."[752]

Dass allein Bossi die Schuld für das Scheitern seiner Regierung trage, daran ließ der scheidende Regierungschef im weiteren Verlauf seiner Rede auch nicht den geringsten Zweifel:

> „Sieben Monate lang hat der Abgeordnete Bossi nicht nur meine Geduld, sondern auch die der ganzen Regierung auf eine harte Probe gestellt. Sieben Monate lang sind die Italiener [...] einem Bombardement von Polemiken, von verleumderischen Anklagen, von nicht enden wollenden Lügen und von sinnlosem Geschwätz ausgesetzt gewesen. Sieben Monate lang ist der Boden vorbereitet worden für die Schlussoffensive, für den großen Wahlüberfall. Sieben Monate lang sind das inter-

---

[750] Vgl. Pallaver, Günther, Der Winterkönig, S. 417.

[751] Sartori, Giovanni, Una Repubblica di aria fritta, in: MicroMega, 1/1995, S. 41-50, 44 (eig. Übers.).

[752] Rede Silvio Berlusconis vor der Abgeordnetenkammer am 21.12.1994, in: ders., Discorsi per la democrazia. Gli interventi parlamentari di Silvio Berlusconi, Mailand 2001, S. 82-91, 85 (eig. Übers.).

nationale Prestige Italiens, die Glaubwürdigkeit unseres Geldes und unserer Wertpapiere auf den internationalen Märkten, die Stabilität und Glaubwürdigkeit unserer Institutionen in Gefahr gebracht und schwer beschädigt worden von dem, der sich heute als reiner politischer Zerstörer offenbart, der hartnäckig darauf aus war, unser Land in Verruf zu bringen."[753]

Weitaus nüchterner trat Bossi diesen harten Beschuldigungen Berlusconis in seiner Antwortrede entgegen und stellte für sich und die *Lega* klar:

„Diese Regierung ist von Anfang an eine Regierung der Zahlen gewesen, deren Existenz einzig und allein dem absoluten Respekt vor den Pakten untergeordnet war [...]. Wir haben nur aus Pflichtbewusstsein gegenüber dem italienischen Volk und unseren Wählern, die Regierbarkeit fordern, akzeptiert, an dieser Koalition teilzunehmen."[754]

Darüber hinaus begründete Bossi seinen Bruch, indem er der Regierung Ineffizienz und Verrat an den anfänglichen Übereinkünften über die Reform der Institutionen, über die Privatisierungen des öffentlichen Sektors und über die Liberalisierung der Wirtschaft vorwarf.[755]

Noch bevor die Abgeordnetenkammer dazu kam, über die Misstrauensanträge abzustimmen, reichte Berlusconi am 22. Dezember 1994 seinen Rücktritt ein – in der Hoffnung, dass Staatspräsident Scalfaro ihn abermals mit der Regierungsbildung beauftragen würde. Der Rücktritt von vier der fünf *Lega*-Minister am Tag zuvor – lediglich Roberto Maroni blieb im Amt – war ein eindeutiges Zeichen, dass Berlusconi über keine Mehrheit mehr verfügte.[756] Gemessen an ihrem hohen Anspruch, das Neue in der italienischen Politik zu verkörpern, musste dieses abrupte Ende für die FI besonders schmachvoll gewesen sein:

„Das alte Jahr hatte mit dem Neuen, das unaufhaltsam vorwärts schreitet, begonnen. Das Neue beginnt mit dem Alten, das zurückkehrt. Was gibt es Älteres als eine Regierung, deren Amtsdauer unter dem Durchschnitt der Regierungen der Ersten Republik liegt und kürzer ist als die der Vorgängerregierungen Amato und Ciampi, die von vornherein als Übergangsregierungen angetreten waren? Die Regierung Berlusconi dagegen präsentierte sich, und wir haben es geglaubt – endlich! –, als die erste Regierung, die eine ganze Legislaturperiode im Amt bleibt."[757]

Dennoch hatte mit der Regierung Berlusconi der Wandel zumindest seinen Anfang genommen. Auf den ersten Blick wirkte diese Regierungskrise zwar, als wiederhole sich nur ein in Italien bestens bekanntes Ritual. Doch dem war nicht so. Brachen früher Regierungskoalitionen auseinander, folgte ein so genanntes

---

[753] Ebd., S. 86 (eig. Übers.).

[754] Zitiert nach: Marro, Enrico/Vigna, Edoardo, a.a.O., S. 165 (eig. Übers.).

[755] Vgl. Ignazi, Piero/Katz, Richard S., Introduzione, S. 44.

[756] Vgl. Weber, Peter, Die neue Ära der italienischen Mehrheitsdemokratie, S. 88; Wolf, Andrea, a.a.O., S. 87f.

[757] Bobbio, Noberto, Verso la Seconda Repubblica, S. 81 (eig. Übers.).

Rimpasto, die Umbesetzung der Kabinettsposten mit nur leichten Akzentverschiebungen innerhalb der immer gleichen Kräfte. Das Ende der Regierung Berlusconi bedeutete demgegenüber den Abgang der gewählten Regierungsparteien und deren Ersetzung durch Technokraten. Der Wandel war insofern unverkennbar. Die Regierung Berlusconi konnte somit als die erste Regierung des noch lange andauernden italienischen Transitionsprozesses betrachtet werden. Eine neue, feste Ordnung war damit freilich noch lange nicht geschaffen.[758]

Die Gründe, wegen derer die Regierung Berlusconi so rasch und so jäh scheiterte, sind vielfältig. Ein Hauptgrund lag, wie bereits angeklungen, zweifelsohne in der programmatischen wie ideologischen Inkongruenz der Koalitionspartner, allen voran zwischen *Lega Nord* und MSI-AN. Sommer drückt dies so aus:

„Nur sieben Monate nach der Wahl zerfiel Ende 1994 das Wahlbündnis zwischen Berlusconi, Bossi und Fini, formal an den Differenzen zwischen *Lega* und *Forza Italia*, in Wirklichkeit, weil in einem rein arithmetischen Zweckbündnis von Anfang an ein tiefer ideologischer Graben klaffte – zwischen einer im Grundsatz föderalistischen, ordnungspolitisch liberal orientierten *Lega Nord* und einer dezidiert etatistischen, zentralistischen *Alleanza Nazionale*."[759]

Daneben war sicherlich auch die direkte Konkurrenz zwischen der FI und der *Lega* im Norden Italiens ein ausschlaggebendes Moment für die ständigen Querschüsse Bossis, die das Ende der Koalition besiegelten. Aus strategischen Gründen konnte Bossi nicht das geringste Interesse daran haben, die Regierung Berlusconi zum Erfolg zu führen. Dann nämlich hätte sich seine *Lega* gegenüber der FI nicht mehr halten können und wäre irgendwann ganz von der Bildfläche verschwunden. Indem Bossi jedoch aus der Regierung heraus ständig auf die wunden Punkte Berlusconis verwies und ihm offen alle Schuld für jeden Misserfolg in die Schuhe schob, konnte er sich am Ende getrost zurücklehnen und dem Wahlvolk sich selbst als die bessere Alternative darbieten. Mit einem Partner, der derartig Politik betrieb, musste Berlusconi über kurz oder lang scheitern.[760] Entsprechend bereute der Polit-Neuling selbst, den „Kardinalfehler" begangen zu haben, sich mit der *Lega Nord* zu verbünden.[761]

In eine ähnliche Richtung argumentiert auch Lalli, dem zufolge Einschätzungsfehler dem schnellen Abtritt Berlusconis zugrunde lagen. Bossi habe nicht an einen derart überragenden Erfolg der FI und auch des MSI-AN bei den Wahlen vom Frühjahr geglaubt und sei davon ausgegangen, aus einer starken Position heraus die Oberhand bei der Regierungsbildung zu übernehmen. Demgegenüber habe Berlusconi wohl gedacht, wenn er einmal an der Regierung sei, werde er schon die *Lega* und den MSI-AN gleichsam „absorbieren" und damit die gravie-

---

[758] Vgl. McCarthy, Patrick, La crisi dello Stato italiano, S. 242f.

[759] Sommer, Michael, a.a.O., S. 119.

[760] Vgl. Marro, Enrico/Vigna, Edoardo, a.a.O., S. 165.

[761] Vgl. Krempl, Stefan, a.a.O., S. 181.

renden Unterschiede zunichte machen. Doch beide Hoffnungen blieben unerfüllt, wodurch die Regierung eher früher als später zum Platzen verdammt schien.[762]

Darüber hinaus ist auch die politische Unerfahrenheit Berlusconis zu nennen, die ihm große Schwierigkeiten bereitete. Seine bisher gewohnte Unternehmerstrategie des „divide et impera" wirkte in der Regierungskoalition eher destabilisierend. Der Premier hatte nicht erkannt, dass er sein Mandat nur so lange aufrechterhalten konnte, solange er die Bedürfnisse seiner Partner befriedigte. Hierin liegt ein nicht unwesentlicher Grund für sein Scheitern.[763]

Ein weiterer Faktor, der für Berlusconis Sturz mitverantwortlich war, liegt in den zahlreichen politischen und gesellschaftlichen Kräften, die der Premier in seiner Amtszeit gegen sich aufgebracht hatte. Die Opposition, die staatlichen Medien, die Notenbank, die Gewerkschaften und die Justiz – all diese Gruppierungen vereinte ein einziges Ziel: Berlusconi zu beseitigen. Und da diesem der Rückhalt in der eigenen Regierung gefehlt hatte, war es nur eine Frage der Zeit, bis er dem Druck nicht mehr standzuhalten vermochte.[764] Roques fasst dies wie folgt zusammen: „Eine Mischung von politischer Unerfahrenheit und Verblendung, von rücksichtslosem unternehmerischem Draufgängertum und fataler Selbstüberschätzung hatte den Cavaliere zu Fall gebracht."[765]

Auch die äußerst magere Erfolgsbilanz der Regierung Berlusconi trug zu seinen Fall bei: „Die Ergebnisse, die der Regierung und Forza Italia zuzuschreiben sind, begrenzen sich auf einige fiskalpolitische Maßnahmen [...] und auf wenige andere sektorale Eingriffe. Zahlreich sind dagegen die Fehlschläge."[766] Anstatt sich auf die wirklich gravierenden Probleme wie etwa den Abbau der Arbeitslosigkeit und die Sanierung der öffentlichen Finanzen zu konzentrieren, hat Berlusconi viel zu viel Kraft in Politikfelder gesteckt, die für die Bedürfnisse Italiens als zweitrangig angesehen werden müssen. Dass es ausgerechnet die Bereiche Medien und Justiz waren, in die sich Berlusconi verrannt hatte, legt den Verdacht nahe, er habe seine Regierungszeit in erster Linie dafür genutzt, Politik für sich selbst zu machen, und dann erst für das Volk. Dieser Vorwurf lässt sich zwar nicht kontinuierlich aufrecht erhalten, trifft allerdings grosso modo angesichts der großen Themen, die Berlusconis Regierungsaktivitäten kennzeichneten, durchaus zu. Zwar bedeutete ein Ministerpräsident Berlusconi keine Katastrophe für das Land, wie scharfe Zungen oftmals behaupteten. „Weitergebracht" hat Berlusconis erste Regierungszeit Italien sicher aber auch nicht.[767]

---

[762] Vgl. Lalli, Roberto P., a.a.O., S. 392.

[763] Vgl. Leonardi, Roberto/Nanetti, Raffaella Y., a.a.O., S. 199.

[764] Vgl. Keller, Hans-Jörg, a.a.O., S. 72.

[765] Roques, Valeska von, a.a.O., S. 216.

[766] Ignazi, Piero, I partiti italiani, S. 134 (eig. Übers.).

[767] Vgl. hierzu auch die äußerst negative Bilanz der Regierungszeit Berlusconis, die der Historiker Jens Petersen zieht. Vgl. Petersen, Jens, Quo vadis, Italia?, S. 185.

7 Die politische und programmatische Entwicklung der *Forza Italia* von 1995 bis 2001 – Die „Durchquerung der Wüste"[768]

7.1 Von Anfang 1995 bis Anfang 1996: Zwischen Fundamentalopposition und nationalem Schulterschluss

Mit Beginn des Jahres 1995 trat die *Forza Italia* vollkommen unvorbereitet in eine neue Phase ihres kurzen bisherigen Lebens ein. Der plötzliche Sturz Berlusconis muss für die Partei insofern geradezu traumatisch gewesen sein, als die FI schließlich allein zum Regieren aus der Taufe gehoben worden war. Die neue Rolle bereitete ihr denn auch zunächst massive Schwierigkeiten und vor allem Orientierungsprobleme. Anfreunden wollte sie sich mit der neuen Lage keinesfalls, und so war fast ihr gesamtes Handeln allein darauf ausgerichtet, eher heute als morgen wieder in Regierungsverantwortung zurückzukehren.[769]

Da es Berlusconi alles andere als einfach fiel, sich mit seinem Rücktritt vom Amt des Ministerpräsidenten abzufinden, bemühte er mit großem Nachdruck eine Verschwörungstheorie, wonach der „Verräter" Bossi die Wähler um ihr Votum gebracht habe. Zudem inszenierte er sich selbst als Opfer, mal seines „machtgierigen" Verbündeten, mal der „linken" Presse und mal der „alles beherrschenden" Justiz.[770] In seinen Tiraden sprach der demissionierte Premier gar von einer Verletzung der Verfassung und mahnte gleichzeitig immer wieder den „Geist des Mehrheitswahlrechts" an, so dass Ignazi eine Radikalisierung der Positionen Berlusconis infolge seines Sturzes konstatiert.[771] Auch der vom Medienmogul geprägte Neologismus *Ribaltone*, mit dem er den angeblichen Betrug am Wähler durch den Entzug des erteilten Regierungsmandats umschrieb, „zeugt indes schwerlich von den hehren demokratischen Idealen des Cavaliere"[772].

Diese Panikattacken Berlusconis nach dem Auseinanderbrechen seiner Regierung werden angesichts der zahlreichen Spekulationen über sein bevorstehendes politisches Ende noch verständlicher. Durch sein Abtreten war der Weg nun wieder frei für eine Reformierung des umstrittenen Anti-Kartell-Gesetzes für den Fernsehsektor. Damit bestand die reale Gefahr einer Zerschlagung seines TV-Imperiums. Das hätte in der Konsequenz bedeutet, dass gleichzeitig wohl auch seine *Forza Italia* untergegangen wäre, wodurch auch er von der politischen

---

[768] Mit dem aus der Bibel entlehnten Ausdruck „Durchquerung der Wüste" („Traversata del deserto") kennzeichnet die FI gerne ihre Oppositionszeit. Vgl. so z.B. N.N., La traversata del deserto, in: Possa, Guido (Hg.), Una storia italiana, Mailand 2001, S. 92-97, 92.

[769] Vgl. Maraffi, Marco, Forza Italia dal governo all'opposizione, S. 139.

[770] Vgl. Krempl, Stefan, a.a.O., S. 184.

[771] Vgl. Ignazi, Piero, I partiti italiani, S. 134.

[772] Helms, Ludger, Pluralismus und Regierbarkeit, S. 97.

Bühne nolens volens hätte Abschied nehmen müssen.[773] Doch trotz derartiger Gedankenspiele befand sich Berlusconi mit seiner FI auch nach seinem vorzeitigen Ende als Regierungschef im Grunde in keiner so schlechten Ausgangslage: Nach wie vor galt er als Favorit für das Amt des Ministerpräsidenten; die *Alleanza Nazionale* (AN)[774] unter Fini legte zwar in den Meinungsumfragen zu, war aber immer noch stark von Berlusconi abhängig; und einiges deutete zudem darauf hin, dass die Zentrumspartei PPI unter ihrem neuen Parteisekretär Rocco Buttiglione über kurz oder lang eine Allianz mit der FI anstreben würde.[775]

Doch so weit war es vorerst noch nicht. Vielmehr herrschte aufgrund der Spaltungen innerhalb der *Lega Nord*[776] zunächst einmal ein nie zuvor da gewesenes Machtpatt: Weder die Oppositions- noch die Regierungsparteien verfügten im Parlament über tragfähige Mehrheiten. Diese Konstellation verschaffte Staatspräsident Scalfaro ein besonders großes Gewicht beim Meistern der Regierungskrise, in die Italien Ende 1994 hineingeschlittert war. Wie jedoch ein Ausweg aus dieser Sackgasse konkret auszusehen hätte, darüber spalteten sich die politischen Geister. Während sich der rechte *Polo* entweder für eine Neuauflage der Regierung Berlusconi oder aber für Neuwahlen stark machte,[777] sprachen sich Zentrums- und Linkspolitiker dafür aus, erst eine Übergangsregierung zu bilden, die vor den nächsten Wahlen grundlegende Reformen zu verabschieden hätte. Die unterschiedlichsten Formeln hierfür machten die Runde: „Regierung des Präsidenten", „Waffenstillstandsregierung", „Regierung der Regeln", „Regierung der Klärung", „Wahlregierung" oder auch „Regierung mit Garantie", um nur einige zu nennen. Scalfaro seinerseits sah zum einen keinen Grund, die Kammern aufzulösen, solange das Parlament mehrheitlich dagegen war. Zum anderen hielt er es aber auch für falsch, eine neue Regierung zu bilden, die sich auf die Verlierer der Parlamentswahlen vom Jahr zuvor stützen würde.[778]

---

[773] Vgl. Ignazi, Piero/Katz, Richard S., Introduzione, S. 28.

[774] Auf ihrem Parteitag in Fiuggi im Januar 1995 hatte sich die Partei Finis endgültig in *Alleanza Nazionale* umbenannt, der MSI wurde bei dieser Gelegenheit aufgelöst. Hieß sie also das Jahr 1994 hindurch korrekterweise MSI-AN, so ist von nun an nur noch von der AN zu sprechen. Näheres zur Wende von Fiuggi, vgl. Hausmann, Friederike, Kleine Geschichte Italiens, S. 177f.; Grasmück, Damian, Italienische Einigkeit, S. 85f.

[775] Vgl. Brand, Jack/Mackie, Thomas, a.a.O., S. 137.

[776] Die *Lega* war Anfang 1995 im Wesentlichen in zwei Gruppierungen gespalten: Während die Mehrheit hinter Bossi stand, hatte sich eine Gruppe unter dem Namen *Federalisti Liberaldemocratici* (Liberaldemokratische Föderalisten) auf die Seite Berlusconis geschlagen. Vgl. McCarthy, Patrick, La crisi dello Stato italiano, S. 153.

[777] Mit massiven Drohgebärden und Beleidigungen versuchte Berlusconi, Scalfaro nur diese beiden Alternativen aufzudrängen, wodurch er die verfassungsmäßig verbrieften Rechte des Staatspräsidenten – letztlich erfolglos – zu untergraben trachtete. Vgl. Keller, Hans-Jörg, a.a.O., S. 73.

[778] Vgl. ebd., S. 253f.; Amaroli, Paolo, a.a.O., S. 101f.

Entsprechend erteilte der Staatspräsident den Forderungen Berlusconis nach sofortigen Neuwahlen mit dem Verweis auf die noch gültige parlamentarische Demokratie eine klare Absage. Ebenso strikt verwehrte er sich dagegen, den FI-Chef erneut mit der Regierungsbildung zu beauftragen. Diese entschiedene Abfuhr sowie die mit der Regierungskrise einhergehende starke Krise an den Finanzmärkten zwangen Berlusconi nach langem Hin und Her zum Einlenken. Er schlug Scalfaro seinen früheren Finanzminister und ehemaligen Generaldirektor der *Banca d'Italia*, den parteilosen Lamberto Dini, als seinen Nachfolger vor, dem der Präsident am 13. Januar 1995 den Auftrag erteilte, die neue Regierung zu bilden. Mit diesem Schachzug glaubte Berlusconi, wenigstens noch seinen Einfluss auf die Regierungsgeschäfte wahren zu können – eine glatte Fehleinschätzung, wie sich schon kurz darauf herausstellen sollte. Die ersten Diskrepanzen zwischen ihm und Dini traten bereits bei der Vergabe der Minister- und Staatssekretärsposten offen zutage; Dini hatte schließlich ein vitales Interesse daran, gute Beziehungen nicht nur mit Berlusconi zu pflegen, sondern auch zum Staatspräsidenten sowie zu den übrigen Parlamentsfraktionen.[779]

Die Regierungsriege, die Dini zusammenstellte, bestand aus lauter Nicht-Politikern, so genannten Technokraten (*Governo dei tecnici*). Ähnlich wie bereits das Kabinett Ciampi im Jahr 1993 sollte auch die Regierung Dini „eine Konsolidierungsphase für das Land einleiten"[780] und die drängendsten Probleme angehen, zuvörderst die unpopuläre Sanierung der öffentlichen Finanzen, ohne Rücksicht auf Wiederwahl. Diese Lösung fand nicht nur das Plazet weiter Teile der bisherigen Opposition, sondern wurde letztlich auch von Berlusconi und Fini akzeptiert, wenn auch unter dem Vorbehalt baldiger Neuwahlen. Ohne die Stimmenthaltung von FI, AN und einigen *Lega*-Abgeordneten hätte Dini denn auch die Vertrauensabstimmung im Parlament nicht überstanden.[781] Berlusconi gab wenig später sogar offen zu: „Wir hatten große Lust, ‚ja' zu sagen."[782] Doch mit dieser Abstimmung stützte sich die Technokraten-Regierung faktisch auf eine erweiterte Mitte-Links-Koalition,[783] hatte aber nur ein äußerst begrenztes politisches

---

[779] Vgl. Weber, Peter, Die neue Ära der italienischen Mehrheitsdemokratie, S. 89.

[780] Wallisch, Stefan, Silvio Berlusconi und Romano Prodi, S. 176.

[781] Vgl. Hausmann, Friederike, Kleine Geschichte Italiens, S. 175.

[782] Zitiert nach: Montanelli, Indro/Cervi, Mario, L'Italia di Berlusconi, S. 206 (eig. Übers.). Tatsächlich wollten die meisten in der FI-Parlamentsfraktion Dini das Vertrauen aussprechen, weil sie fürchteten, die Wähler könnten den Widerstand gegen einen wichtigen Exponenten der Regierung Berlusconi nicht nachvollziehen. Doch setzte sich der FI-Chef mit seiner Linie durch und erwirkte eine Stimmenthaltung seiner Fraktion. Vgl. McCarthy, Patrick, Forza Italia. I vecchi problemi rimangono, S. 67.

[783] Die Regierung Dini wurde im Parlament fast immer von den Mitte-Links-Parteien – einschließlich großer Teile der *Lega*, nicht jedoch der *Rifondazione Comunista* – getragen. Vgl. D'Alimonte, Roberto/Bartolini, Stefano, „Electoral Transition" and Party System Change in Italy, in: Bull, Martin/Rhodes, Martin (Hg.), Crisis and Transition in Italian Politics, London,

Mandat für genau vier Punkte. Sie sollte den anstehenden Nachtragshaushalt, eine Rentenreform sowie ein neues Regionalwahlgesetz verabschieden und für eine Übergangsregelung zum Mediengesetz mit dem Ziel gleicher Ausgangsbedingungen im Wahlkampf (*Par-condicio*-Regelung) sorgen. Für diese Aufgaben, so die anfänglichen Kalkulationen, würden der Interimsregierung etwa drei bis vier Monate genügen.[784] Als eine Art Entgegenkommen an Berlusconi versicherte Dini sogar in seiner Regierungserklärung vor der Abgeordnetenkammer am 23. Januar, er werde zurücktreten, sobald er die übernommenen vier Pflichten erfüllt habe.[785]

In diesem Glauben zog sich Berlusconi aus dem Rampenlicht der Politik zunächst zurück, wenn auch mit dem Hinweis, dieser Abgang bedeute kein „Addio", sondern lediglich ein „Auf Wiedersehen" und sei Teil eines Paktes zwischen ihm und dem Staatspräsidenten. Im Gegenzug habe ihm Scalfaro angeblich vorgezogene Parlamentswahlen für Juni 1995 versprochen, was dieser allerdings von sich wies. Ein neuer Streit Berlusconis mit dem Staatspräsidenten war vorprogrammiert.[786]

Kaum im Amt, machte sich die Technokraten-Regierung daran, die ihr aufgetragenen Punkte abzuarbeiten. Die Zeit drängte auch, denn die Regionalwahlen standen vor der Tür, und so galt es zunächst, Bestimmungen zur Chancengleichheit der Parteien im Wahlkampf und ein neues Regionalwahlgesetz im Eilverfahren zu schaffen. Beide Vorhaben waren bis Mitte März 1995 unter Dach und Fach.[787]

Als dann, wie geplant, der Nachtragshaushalt im Parlament zur Verabschiedung anstand, kam es zur ersten großen Kraftprobe zwischen der neuen Regierung und der *Forza Italia*. Seine von Dini explizit erbetene Zustimmung hierfür machte Berlusconi kategorisch von sofortigen Neuwahlen abhängig. Und weil Dini die Zeit für einen Rücktritt noch nicht gekommen sah, verweigerte sich der *Polo* insgesamt dem Nachtragshaushalt. Angesichts dieser Obstruktionspolitik sah sich der Premier gezwungen, Mitte März 1995 die Annahme seines Haushaltsgesetzes mit der Vertrauensfrage zu verbinden, welche die FI und ihre Alli-

---

Portland 1997, S. 110-134, 130. Zitiert als: D'Alimonte, Roberto/Bartolini, Stefano, „Electoral Transition".

[784] Vgl. Uesseler, Rolf, Dinis Bilanz, in: Blätter für deutsche und internationale Politik, 40. Jg. (1995), H. 12, S. 1429-1432, 1430. Zitiert als: Uesseler, Rolf, Dinis Bilanz.

[785] Vgl. Amaroli, Paolo, a.a.O., S. 103.

[786] Vgl. Losano, Mario G., a.a.O., S. 206.

[787] Vgl. ebd., S. 207ff. Während die Reform des Wahlgesetzes für die Regionen relativ glatt über die Bühne lief, entpuppte sich die *Par-condicio*-Regelung als problematischer. Aufgrund der massiven Kritik nahezu aller Parteien und sogar des Verfassungsgerichts an den ersten Gesetzesentwürfen verabschiedete die Regierung lediglich ein Dekret zur Reglementierung von TV-Spots und Wahlkampfausgaben. Näheres hierzu, vgl. ebd.; Weber, Peter, Die neue Ära der italienischen Mehrheitsdemokratie, S. 90.

ierten mit „Nein" beantworteten.[788] Mit Unterstützung der Mitte-Links-Parteien überstand Dini allerdings diese Abstimmung, und somit war die *Forza Italia* gemeinsam mit der AN nun ganz offiziell in die Opposition gewechselt.[789] Für Berlusconi stand jetzt fest: „Von heute an gibt es keine Regierung der Technokraten mehr, sondern eine Linksregierung."[790] Wohl vor allem aus strategischen Gesichtspunkten hatte Berlusconi diesen Kurs eingeschlagen. Hätte er zugestimmt, hätte er sich auch nachsagen lassen müssen, „verspätet" zum Progressisten-Lager übergelaufen zu sein. Der FI-Chef konnte darüber hinaus jetzt noch lauter als bisher von einem Verrat am Wählervotum der letzten Parlamentswahlen tönen. Obgleich dieses fiskalpolitische Korrekturmanöver Berlusconi als Regierungschef selbst vorgesehen hatte, begründete er seine ablehnende Haltung damit, dass es nichts bringen und die Italiener nur noch weiter finanziell belasten würde.[791] Wie auch immer – fest steht zumindest, dass Berlusconi mit dieser Strategie ein riskantes Spiel betrieb. Aufgrund einer grassierenden Inflation befand sich die Lira gegenüber der DM im Februar und März 1995 nahezu im freien Fall. Nicht unwesentlich trug hierzu aber auch das diffuse Gefühl von politischer Instabilität bei, das insbesondere Berlusconi mit seinem ständigen Pochen auf Neuwahlen, seinen Drohungen und seiner Frontalopposition heraufbeschwor. Erst Dinis Vertrauensabstimmung konnte die angespannte Lage an den Finanzmärkten wieder etwas beruhigen.[792]

Dessen ungeachtet nahm Berlusconis offener Widerstand gegen die Regierung Dini immer aggressivere Töne an. Der Oppositionschef unterstellte zeitweilig sogar in maßloser Übertreibung, sein Land könne nicht mehr als Demokratie angesehen werden.[793] Fast nichts sparte Berlusconi in seinem Lamento aus:

„Auf allen ihm verfügbaren Kanälen führte der Cavaliere [..] larmoyant Klage über den ‚ribaltone' – den ‚Umsturz', der ihn unrechtmäßig zu Fall gebracht habe. Italien sei ein ‚Polizeistaat', behauptete er, in dem die Richter mit ‚stalinistischen Methoden' Unschuldige wie ihn verfolgten. Manchmal klang der einstige Strahlemann richtig hysterisch. Selbst in seiner eigenen Partei regte sich Unmut."[794]

In diesem aufgeheizten politischen Klima waren am 23. April 1995 etwa vierzig der rund siebenundvierzig Millionen wahlberechtigten Italiener zu Regional-, Provinz- und Kommunalwahlen aufgerufen, die zahlreiche Spitzenpolitiker – an vorderster Front Silvio Berlusconi – zu Richtungsentscheidungen von nationaler Tragweite hochstilisierten. In vermeintlich sicherer Erwartung eines

---

[788] Vgl. Maraffi, Marco, Forza Italia dal governo all'opposizione, S. 141f.

[789] Vgl. Amaroli, Paolo, a.a.O., S. 104.

[790] Zitiert nach: Losano, Mario G., a.a.O., S. 214.

[791] Vgl. Montanelli, Indro/Cervi, Mario, L'Italia di Berlusconi, S. 216.

[792] Vgl. Weber, Peter, Die neue Ära der italienischen Mehrheitsdemokratie, S. 90.

[793] Vgl. McCarthy, Patrick, Forza Italia. I vecchi problemi rimangono, S. 67.

[794] Roques, Valeska von, a.a.O., S. 216.

Sieges zielte das Rechtsbündnis unter Führung von Berlusconi darauf ab, aus den Wahlen ein Plebiszit über Italiens politische Zukunft zu machen. Das Kalkül war klar: Bei einer Niederlage der Linken hätte man den Druck auf Scalfaro erhöhen können, das Parlament aufzulösen und Neuwahlen anzuberaumen, die dann im Juni 1995 hätten stattfinden sollen. Nach einem diesem Szenario entsprechenden Wahlsieg des *Polo* sah sich Berlusconi erneut auf dem Ministerpräsidentensessel. Doch die Resultate der Urnengänge vom April bzw. der Stichwahlen vom Mai machten einen großen Strich durch diese Rechnung. Die FI einschließlich eines Teils der früheren Volkspartei unter Rocco Buttiglione erreichte im nationalen Durchschnitt lediglich 22,3 Prozent und lag damit um mehr als zwei Punkte hinter ihrem großen Gegenspieler, dem PDS. Die FI hatte ihren Ruf als erste und stärkste Kraft Italiens verloren. Die Parteien des *Polo* kamen insgesamt nur auf rund 42 Prozent. Damit verfehlte der Berlusconi-Block deutlich sein Ziel, die absolute Mehrheit zu erreichen. Die gegnerische Linksallianz erzielte ihrerseits rund vierzig Prozent und die eigenständig angetretenen Parteien *Lega Nord* sowie *Rifondazione Comunista* holten 6,5 bzw. 8,4 Prozentpunkte. Entsprechend konnte die Rechte kaum als politischer Sieger dieser Wahlen betrachtet werden, errang sie doch allenfalls einen knappen, relativen Vorsprung von zwei Punkten vor Mitte-Links.[795] Betrachtet man die Ergebnisse in den Regionen, kommt man sogar kaum umhin, von einer Niederlage für den Freiheitspol zu sprechen. Von den fünfzehn Regionen, in denen gewählt wurde, sicherte sich die Rechte lediglich sechs (Lombardei, Piemont, Venetien, Kampanien, Kalabrien und Apulien), die übrigen neun gingen an die Linke. Noch gravierender fiel der Rückstand bei den Stichwahlen Anfang Mai auf Kommunal- und Provinzebene aus: Nur etwa zwanzig Prozent der *Polo*-Kandidaten konnten sich gegen ihre Konkurrenten aus dem Mitte-Links-Lager durchsetzen.[796]

Gerade in der Instrumentalisierung der Wahlen in ein nationales Referendum für sofortige Neuwahlen, welche die Spitze der Rechtsallianz massiv betrieben hatte, sieht Weber den Hauptgrund für diesen unerwarteten „Schiffbruch". Offensichtlich seien viele Wähler nicht willens gewesen, die regionalen und lokalen Probleme zugunsten von Parteitaktik zurückzustellen. Auch habe sich Berlusconi zu sehr in den Vordergrund gedrängt und die örtlichen Kandidaten dadurch vollkommen in den Schatten gestellt, was die Wähler nicht honoriert hätten.[797] Der Journalist Claudio Rinaldi sieht das ähnlich und macht ebenfalls in erster Linie Berlusconi für diese Niederlage der Rechten verantwortlich. Dieser habe sich in das ewig gleiche „Wehklagen" verrannt gehabt:

---

[795] Vgl. Trautmann, Günter, Wahlen und Referenden 1994 bis 1995, in: Ferraris, Luigi V. [u.a.] (Hg.), Italien auf dem Weg zur „zweiten Republik"? Die politische Entwicklung Italiens seit 1992, Frankfurt a.M. [u.a.] 1995, S. 417-430, 423f. Zitiert als: Trautmann, Günter, Wahlen und Referenden 1994 bis 1995; Maraffi, Marco, Forza Italia dal governo all'opposizione, S. 145.

[796] Vgl. Montanelli, Indro/Cervi, Mario, L'Italia di Berlusconi, S. 228.

[797] Vgl. Weber, Peter, Die neue Ära der italienischen Mehrheitsdemokratie, S. 93f.

„Seit er den Palazzo Chigi [den Sitz des Ministerpräsidenten, eig. Anm.] verlassen musste, hat er immer nur die gleichen armseligen Dinge wiederholt: dass er von Umberto Bossi verraten worden sei; dass der *ribaltone* der Grund aller Unglücke sei; dass es genüge, ihm die Macht zurückzugeben, damit die Lira nach ihrem Sturz wieder steige; dass schließlich der kürzeste Weg zu kollektivem Glück die Auflösung der Kammern sei. Einige dieser Litaneien waren schon von vornherein unverständlich wie jene über das Fehlen der Demokratie [...]. Andere sind nach Monaten langweilig geworden. [...] Was hingegen immer fehlte, war ein Minimum an Frische. Die Kampagne des *Polo* war besonders ereignislos."[798]

Als ob der Ausgang dieser Wahlen nicht schon schmerzlich genug für Berlusconi gewesen wäre, musste er nur einen Tag nach den Stichwahlen eine weitere „Hiobsbotschaft" hinnehmen. Nach sechzehn Jahren vergeblicher Mühe war es der Regierung Dini endlich gelungen, einen Durchbruch bei der Rentenreform zu erreichen – nicht zuletzt hierüber war Berlusconi seinerzeit als Premier gestolpert.[799]

Die Wahlen auf den verschiedenen Ebenen vom April 1995 dämpften merklich Berlusconis und auch Finis ständig wiederholte Forderung nach sofortigen Neuwahlen. Die ebenso oft zu hörende Behauptung, das Volk wolle doch Berlusconi als Regierungschef, ließ sich nun nicht mehr ganz so überzeugend vertreten. Aus Sicht der *Forza* bestand aber sehr wohl ein großer Unterschied zwischen Lokal- und Parlamentswahlen. Man wies ferner darauf hin, dass Berlusconi dieses Ergebnis weniger beeinflusst hätte, als dieser etwa Parlamentswahlen zu beeinflussen imstande gewesen wäre. Auch gab man zu bedenken, dass die FI in weit geringerem Maße lokal verwurzelt sei als beispielsweise die Linksdemokraten oder die Volkspartei.[800]

Dennoch saß diese Niederlage immerhin so tief, dass Berlusconi seine scharfe Obstruktionspolitik gegen Dini zumindest fürs Erste aufgab. Vermehrt sprach er nun von Neuwahlen erst im Herbst. Um diese neue Zielvorgabe zu erreichen, zeigte sich der FI-Chef bereit, entsprechende „Opfer" zu bringen, etwa die *Par-condicio*-Regelung zu akzeptieren und sich auch konstruktiv an der Verabschiedung des Haushalts für 1996 zu beteiligen, die so schnell wie möglich geschehen sollte. In der festen Überzeugung, aus den kommenden Parlamentswahlen erneut als Sieger hervorzugehen, war mit ihm zu jenem Zeitpunkt jedoch an die oftmals geforderte große Koalition zur grundlegenden Modernisierung des italienischen Staatswesens noch nicht zu denken. Partiell stellte er aber seine neuerliche moderate Ausrichtung während der Sommermonate unter Beweis. So kam er etwa in der Frage der Rentenreform zu einer Übereinkunft mit den Mitte-

---

[798] Rinaldi, Claudio, L'uomo che fa perdere la destra, in: L'Espresso, 5.5.1995, S. 40f., 40 (eig. Übers.).

[799] Vgl. Losano, Mario G., a.a.O., S. 218. Näheres zur Rentenreform der Regierung Dini, vgl. Bufacchi, Vittorio/Burgess, Simon, a.a.O., S. 119f.

[800] Vgl. Montanelli, Indro/Cervi, Mario, L'Italia di Berlusconi, S. 230.

Links-Parteien, und bei der Abstimmung hierüber enthielt sich seine FI im Parlament, während die AN zusammen mit den Neokommunisten dagegen stimmte.[801]

Unterdessen waren die Italiener im Frühsommer 1995 aufgerufen, über eine ganze Palette von Fragen per Referendum abzustimmen. Von den zwölf zur Disposition stehenden Punkten[802] waren drei für den Medienunternehmer Berlusconi von vitalem Interesse: Sollte Berlusconi gezwungen werden, zwei seiner drei privaten TV-Kanäle abzutreten?[803] Sollten die Werbeunterbrechungen von Spielfilmen im kommerziellen Fernsehen drastisch reduziert werden? Und sollte das Monopol der RAI und der *Fininvest* bei der Werbevermittlung aufgehoben werden? Zur Überraschung vieler wurden alle drei Punkte in der Volksabstimmung zurückgewiesen, der erste und wichtigste sogar mit 57 zu 43 Prozent. Damit hatten die Wähler den medienpolitischen Status quo sanktioniert und Berlusconi einen Sieg auf breiter Front beschert. Die massive Referendumskampagne des Medientycoons im Vorfeld der Voten vom 11. Juni 1995 hatte sich ausgezahlt. Abgesehen von zahlreichen Film- und Showstars wie etwa Sofia Loren, die für Berlusconi in die Bresche gesprungen waren, hatten die *Fininvest*-Sender in den Wochen vor dem Referendum rund fünfhundert Reklamespots ausgestrahlt, die zu einem „Nein" animierten – gegenüber lediglich einunddreißig Spots für ein „Ja".[804] In einer aufgeheizten, emotionsgeladenen Atmosphäre tat Berlusconi ein Übriges und stilisierte diese Fragen „zu einem endzeitlichen Konflikt zwischen Freiheit und Zwang"[805]. In *Forza-Italia*-Kreisen sprach man auch von einem Volksentscheid für oder gegen Berlusconi.[806]

---

[801] Vgl. Maraffi, Marco, Forza Italia dal governo all'opposizione, S. 142.

[802] Die Themengebiete hätten unterschiedlicher kaum sein können. Sie reichten von Regelungen zu den Ladenöffnungszeiten über die Einflussmöglichkeiten der Gewerkschaften und die Reform des Kommunalwahlrechts bis hin zur Medienpolitik. Vgl. Wallisch, Stefan, Aufstieg und Fall der Telekratie, S. 157.

[803] Weitgehend unbemerkt von der Öffentlichkeit hatte das Verfassungsgericht im Dezember 1994 festgestellt, dass der Teil des Mediengesetzes aus dem Jahr 1990 verfassungswidrig war, der einer Privatperson erlaubte, gleich drei landesweite Fernsehsender zu besitzen, wie dies bei Berlusconi der Fall war. Und so verbot das Verfassungsgericht einen Monat später den Besitz von mehr als zwei Privatsendern in einer Hand. Zugleich ließ es einen Referendumsantrag zu, der darauf zielte, das Medienimperium Berlusconis zu zerschlagen. Vgl. Losano, Mario G., a.a.O., S. 199ff.

[804] Vgl. Trautmann, Günter, Wahlen und Referenden 1994 bis 1995, S. 427f. Die gerade erst gefundene *Par-condicio*-Regelung galt nicht für Referendumskampagnen. Näheres hierzu, vgl. Montanelli, Indro/Cervi, Mario, L'Italia di Berlusconi, S. 233f.

[805] Roques, Valeska von, a.a.O., S. 217.

[806] Vgl. Losano, Mario G., a.a.O., S. 223. Näheres zu den Ursachen für diesen Sieg Berlusconis, vgl. Wallisch, Stefan, Aufstieg und Fall der Telekratie, S. 157f.; Montanelli, Indro/Cervi, Mario, L'Italia di Berlusconi, S. 239ff.

Der Triumph, den Berlusconi einfahren konnte, kam ihm mehr als gelegen. Denn seit geraumer Zeit wurde sein Führungsanspruch innerhalb des Freiheitspols immer stärker von AN-Chef Fini angefochten, „indem er [d.h. Fini] diesen [d.h. Berlusconi] immer mehr zur Gallionsfigur, zum bloßen Aushängeschild"[807] herabstufte. Das kam nicht von ungefähr. Seit seinem vorzeitigen Rücktritt als Ministerpräsident hatte der FI-Chef eine ganze Reihe von Rückschlägen hinnehmen müssen. Beispiel Justiz: Die staatsanwaltschaftlichen Untersuchungen gegen ihn über Korruption und Bestechung von Finanzbeamten verdichteten sich zusehends. Dass es Bestechung seitens der *Fininvest* gegeben hatte, war schnell bewiesen, doch stritt Berlusconi stets ab, Kenntnis hiervon gehabt zu haben. Nach der Devise: „Angriff ist die beste Verteidigung" drehte er den Spieß um und beschuldigte die Justiz politisch motivierter Akte. Daneben unterlag der Mitte-Rechts-Kandidat bei einer Bürgermeister-Nachwahl Anfang April in Padua, und die verlorenen Lokalwahlen kurz darauf hatten dem politisch ohnehin schon angeschlagenen Medienunternehmer vor diesem Hintergrund noch weiter zugesetzt.[808]

Die unterschiedlichen Ergebnisse dieser zeitlich sehr nahe beieinander liegenden Urnengänge – der Lokalwahlen vom April und der Referenden vom Juni 1995 – zeigten indes, dass keiner der beiden großen Parteienblöcke dem anderen wirklich überlegen war und dass Berlusconis Stärke und somit auch jene des Freiheitspols vor allem in der nationalen Politik lag. Auf regionaler und lokaler Ebene hatten die Nachfolgeorganisationen der Altparteien dank ihrer festen Verwurzelung im ganzen Land einen entscheidenden Vorteil.[809] Auch Maraffi sieht diesen Zusammenhang:

„Die Administrativ-Wahlen bestätigen die Schwierigkeit der Partei [der FI] und ihrer Kandidaten, auf lokaler und insbesondere kommunaler Ebene Konsens zu erzielen; der Sieg bei den Referenden bestätigt die mitreißende Fähigkeit des Führers sowie die Effizienz nationaler Kampagnen mit starkem symbolischem Gehalt."[810]

Diese Schwäche der FI war bereits bei den Kommunalwahlen vom November 1994 deutlich zutage getreten. Damals hatte sie große Mühe gehabt, überhaupt genügend geeignete Kandidaten zu finden. An diesem Punkt kreuzten sich die Interessen von FI und den „Alt"-Parteien, die auf eine Unmenge an erfahrenen und lokal bekannten Kandidaten zurückgreifen konnten. Also lag es nahe, dass die FI als neue Partei vor allem ehemalige DC-Politiker auf ihre Listen setzte. Vor diesem Hintergrund erklärt sich der gegenseitige „Flirt" zwischen Berlusconi und Buttiglione, dem damaligen Chef des PPI, dem direkten Nachfah-

---

[807] Uesseler, Rolf, Labor Italien, in: Blätter für deutsche und internationale Politik, 41. Jg. (1996), H. 4, S. 464-473, 469.

[808] Vgl. Bufacchi, Vittorio/Burgess, Simon, a.a.O., S. 223.

[809] Vgl. Weber, Peter, Die neue Ära der italienischen Mehrheitsdemokratie, S. 94f.

[810] Maraffi, Marco, Forza Italia dal governo all'opposizione, S. 144 (eig. Übers.).

ren der DC, fast von selbst. Bei den Lokalwahlen vom April 1995 traten beide erstmals unter einem Dach an,[811] auch wenn dadurch wiederum Enttäuschungen und Spannungen innerhalb der FI entstanden: Nicht wenige beklagten sich über die zunehmende Präsenz von so genannten *Riciclati*, „wiederverwerteten" Politikern der alten Garde in den Reihen der *Forza*.[812]

Hatte Berlusconi im Anschluss an die verlorenen Lokalwahlen vom Frühjahr 1995 auf eine leichte Mäßigung seiner Positionen hingearbeitet, so schwenkte er ab September wieder plötzlich um und drängte von Neuem energisch auf vorgezogene Neuwahlen:

> „Da gibt es ein Versprechen des Staatspräsidenten, gemacht vor allen Italienern letzten 31. Dezember, das besagte, es nicht hinzunehmen, dass das Votum vom 27. März auf den Kopf gestellt werde. Ich erkenne daher nicht, wie man zu parlamentarischen Klärungen für eine neue Mehrheit übergehen kann, die nicht jene ist, die auch aus den Wahlen hervorgegangen ist. [...] Man wird darüber diskutieren, den Haushalt zu verabschieden, und ich glaube, man muss dies für das Wohl des Landes tun, aber sofort danach müssen Wahlen her."[813]

Doch anstatt – wie zunächst in Aussicht gestellt – konstruktiv am Haushaltsentwurf für 1996 mitzuwirken, ging Berlusconi im Verbund mit Fini zu einer erneuten Frontalopposition über. Um die Verabschiedung des Haushalts zu torpedieren, stellten FI und AN im Herbst 1995 wieder einen Misstrauensantrag gegen die Regierung Dini, den die Parlamentsmehrheit allerdings abzuschmettern wusste. Es gilt zu bedenken, dass die Spitze des *Polo* mit diesem Manöver riskierte, Italien ohne Finanzplanung in eine äußerst chaotische politische Krise mit höchst ungewissem Ausgang zu stürzen, wie Kritiker monierten.[814] Diese unnachgiebige Obstruktionspolitik behielt die Opposition unter Berlusconi bis Ende 1995 bei. Um die amtierende Regierung doch noch vorzeitig zu Fall zu bringen, präsentierten FI und AN im Dezember Hunderte von Abänderungsanträgen zum Haushaltsgesetz, das kurz vor der Verabschiedung stand. Dadurch sah sich Dini gezwungen, sich abermals einer Vertrauensabstimmung zu stellen, um den Haushalt noch rechtzeitig in Kraft treten zu lassen. Doch obwohl das Berlusconi-Lager mittlerweile durch Überläufer über eine Mehrheit in der Kammer verfügte, bestand Dini diese Feuerprobe, weil einige Abgeordnete von FI und AN der Abstimmung fern geblieben waren.[815]

---

[811] Obgleich Buttiglione noch Ende 1994 Bossi zum Koalitionsbruch mit Berlusconi angestachelt hatte, hatte der Christdemokrat Anfang Februar 1995 seine Übereinstimmung mit dem FI-Chef erklärt. Als Reaktion hierauf gab der Bologneser Wirtschaftsprofessor Romano Prodi einen Tag darauf seine Kandidatur für das Amt des Premiers der Mitte-Links-Allianz bekannt. Vgl. Weber, Peter, Die neue Ära der italienischen Mehrheitsdemokratie, S. 91.

[812] Vgl. Maraffi, Marco, Forza Italia dal governo all'opposizione, S. 146.

[813] Interview mit Silvio Berlusconi, in: Il Sole-24 Ore, 19.9.1995, S. 3 (eig. Übers.).

[814] Vgl. Hausmann, Friederike, Kleine Geschichte Italiens, S. 177.

[815] Vgl. Maraffi, Marco, Forza Italia dal governo all'opposizione, S. 143f.

Diese Niederlage Berlusconis markiert einen Wendepunkt in der politischen Strategie der FI. Abrupt stellte Berlusconi seinen Ruf nach Neuwahlen ein und suchte stattdessen den Kontakt vor allem zu Massimo D'Alema, dem Chef der Linksdemokraten. Kurz vor Dinis erstem Rücktrittsgesuch[816] verkündete Berlusconi über einen seiner TV-Kanäle offiziell die neue Ausrichtung seiner Partei: Er wolle sich für eine „Regierung der breiten Übereinkünfte" („Governo delle larghe intese") einsetzen, eine Art große Koalition aller gemäßigten parlamentarischen Kräfte also, um das allzu ineffiziente Staatswesen grundlegend zu modernisieren. Sollte das gelingen, so Berlusconi nun plötzlich, könnten Neuwahlen getrost noch gut zwei Jahre auf sich warten lassen.[817] Diese neue Linie spezifizierte er in einer Rede vor dem Abgeordnetenhaus am 10. Januar 1996 wie folgt:

> „Italien braucht eine politisch-parlamentarische Regierung mit einer starken Legitimationsbasis. Eine derartige Regierung könnte eine umfassende Verfassungsinitiative in Angriff nehmen, schließlich gibt es eine unaufschiebbare und einleitende Notwendigkeit, den zweiten Teil der Verfassung den modernen Realitäten anzupassen, um so einerseits eine Art Föderalismusreform der staatlichen Organisation und andererseits eine stabile und glaubwürdige Regierungsform sicherzustellen, die direkter Ausdruck des Volkswillens ist."[818]

Diese Öffnung Berlusconis fußte wohl vor allem auf taktischen Überlegungen. Indem der FI-Chef so die politische Initiative für einen Moment wieder an sich riss, durchkreuzte er die gemeinsamen Pläne Dinis und Scalfaros, denen nach dem Rücktritt des Ministerpräsidenten Ende Dezember 1995 ein erneuter Regierungsauftrag für den bisherigen Amtsinhaber vor Augen geschwebt hatte.[819] Lieber eine Regierungsbeteiligung seiner FI in einer breiten Koalition als ewiges Hinhalten – offiziell stand diese Strategie hinter Berlusconis Vorpreschen, wie er in der gleichen Rede unterstrich:

---

[816] Mit der Verabschiedung des Haushaltsgesetzes durch das Parlament betrachtete Dini sein Mandat als erfüllt und präsentierte Staatspräsident Scalfaro am 30. Januar 1995 seine Demission, die dieser allerdings nicht akzeptierte. Nach einer dreitägigen Parlamentsdebatte über die Bildung einer großen Koalition reichte Dini dann am 11. Januar 1996 abermals seinen Rücktritt ein, den Scalfaro diesmal annahm. Dadurch hoffte der scheidende Premier, einem möglichen Misstrauensvotum zuvorzukommen und wenigstens interimistisch bis zu den kommenden Wahlen im Amt bleiben zu können, sollte sich kein geeigneter Nachfolger finden lassen. Vgl. Bufacchi, Vittorio/Burgess, Simon, a.a.O., S. 224.

[817] Vgl. Maraffi, Marco, Forza Italia dal governo all'opposizione, S. 144.

[818] Rede Silvio Berlusconis vor der Abgeordnetenkammer am 10.1.1996, in: ders., Discorsi per la democrazia. Gli interventi parlamentari di Silvio Berlusconi, Mailand 2001, S. 133-140, 135f. (eig. Übers.).

[819] Vgl. Weber, Peter, Die neue Ära der italienischen Mehrheitsdemokratie, S. 101. Scalfaro wollte ursprünglich Dini bis Mitte 1996 weiterregieren lassen, da Italien im ersten Halbjahr 1996 die EU-Ratspräsidentschaft inne hatte. Derart im internationalen Rampenlicht stehend, sollte Dini Italiens Stabilität und Europafreundlichkeit repräsentieren. Vgl. Wolf, Andrea, a.a.O., S. 89.

„Ich fürchtete, dass sich noch einmal, vielleicht um ein paar Stimmen, von Neuem die Versuchung der Verschleppung, der Versumpfung, der Nicht-Regierung breit machen würde. [...] Wenn man Wahlen akzeptiert, möge endlich die entscheidende Wende, das endgültige Urteil der Wähler für eine große Veränderung kommen. Wenn dies aber nicht möglich sein sollte, wollen wir – über den parlamentarischen Dialog anstelle von Wahlen – [...] das Schlechte zum Guten wenden, das heißt eine Regierung, die stabiler, glaubwürdiger und beständiger ist."[820]

Schenkt man allerdings Seißelberg Glauben, war es keinesfalls so, dass Berlusconi zu jenem Zeitpunkt vorgezogene Neuwahlen hätte haben wollen. Vielmehr habe er angesichts schlechter Umfragewerte für die FI diesen Weg in erster Linie gewählt, um baldige Wahlen zu verhindern.[821] Angesichts der großen Bedeutung, die der Medienmogul der Demoskopie immer schon beimaß, erscheint diese These alles andere als abwegig, befand sich doch die FI zu jener Zeit in einem Popularitätstief. Hinzu kam, dass sich Berlusconis Probleme mit der Justiz just in jenem Augenblick akut zuspitzten. So wurde er etwa wegen des Vorwurfs der Bestechung der Finanzpolizei vor Gericht zitiert. Auch im Hinblick auf weitere Verfahren, die er bereits auf sich zukommen sah, musste ihm sehr an einem gewissen Schutz durch eine ihm freundlich gesonnene Regierung gelegen sein.[822] Schon einmal, nämlich Anfang 1995, hatte D'Alema die Bildung einer großen Koalition ins Spiel gebracht, ohne dass Berlusconi darauf eingegangen wäre – wohl mit Blick auf die damals noch exzellenten Umfragewerte.[823] Dass er diesen Schritt nun tat, wo sich seine FI im Abwärtstrend befand und seine Justizprobleme immer brenzliger wurden, lässt stark vermuten, dass hinter diesem Manöver weniger die Sache an sich, sondern der eigene persönliche und strategische Vorteil stand.

Parteiintern war dieser „Schmusekurs" Berlusconis mit den Linksdemokraten nicht unumstritten. Während die „Falken" um den früheren Außenminister Antonio Martino strikt dagegen waren, fand er bei den „Tauben", angeführt von Vittorio Dotti, durchaus Unterstützung. Die übergroße Mehrzahl der FI-Wähler indes konnte Berlusconi einer Meinungsumfrage zufolge hinter sich wissen. Daraus lässt sich schließen, dass die Italiener einen offenen und verhandlungsbereiten Berlusconi höher schätzten als einen unnachgiebig kritischen.[824]

Doch je mehr der FI-Chef den Dialog zu seinem Hauptgegner, dem PDS, suchte, desto größer nahmen sich die Spannungen zwischen der FI und ihrem Partner AN aus. Wie die Neokommunisten waren auch die Postfaschisten von

---

[820] Rede Silvio Berlusconis vor der Abgeordnetenkammer am 10.1.1996, a.a.O., S. 137 (eig. Übers.).
[821] Vgl. Seißelberg, Jörg, Conditions of Success, S. 735.
[822] Vgl. McCarthy, Patrick, Forza Italia. I vecchi problemi rimangono, S. 70.
[823] Vgl. ders., La crisi dello Stato italiano, S. 254.
[824] Vgl. ders., Forza Italia. I vecchi problemi rimangono, S. 69.

der AN strikt gegen die Pläne einer „großen Übereinkunft" und plädierten stattdessen lautstark für sofortige Neuwahlen. Diesem Kurs lagen wohl ebenfalls Meinungsumfragen zugrunde, die erstmals die AN vor der FI sahen.[825]

Umso fester hielt Berlusconi am neuen „Flirt" mit D'Alema zunächst fest, der gleichfalls vor Neuwahlen zurückschreckte, weil er nicht allzu viel Vertrauen in den neuen Spitzenmann des Mitte-Links-Bündnisses, Romano Prodi, setzte. Die Verhandlungen zwischen der FI und dem PDS drehten sich insbesondere um zwei grundlegende Politikfelder: die Verfassungsreform – im Gespräch war eine Stärkung der Exekutive entweder mittels Direktwahl des Regierungschefs oder mittels Einführung einer Präsidialdemokratie – sowie um eine erneute Wahlrechtsreform. Waren doch FI und PDS die stärksten Kräfte in ihren Lagern, wäre eine Übereinkunft beider in Richtung Abschaffung der 25-prozentigen Proporzquote und somit Einführung des reinen Mehrheitswahlrechts am naheliegendsten gewesen. Denn daraus hätten beide den größten Vorteil gezogen. Dies hätte sich auch zugunsten der politischen Stabilität im Allgemeinen ausgewirkt, schließlich bilden stärkere Parteien die besten Voraussetzungen für stabilere Regierungen.[826]

Auf einen möglichen Ministerpräsidenten hatten sich Berlusconi und D'Alema bereits verständigt: Der parteilose Antonio Maccanico war auserkoren, die neue Regierung anzuführen, so dass Scalfaro diesen sogleich mit der Regierungsbildung beauftragte. Dessen Konsultationen mit Repräsentanten aller im Parlament vertretenen Parteien mit dem Ziel eines breiten Konsenses über die anstehenden Verfassungsänderungen erwiesen sich allerdings als nicht sehr ertragreich. Das Mitte-Rechts-Lager pochte eisern darauf, die Reformen im Detail in Maccanicos Regierungsprogramm aufzunehmen, während die Mitte-Links-Parteien mit dem Verweis auf die Erfahrungen aus der Zeit des Faschismus eher dem Parlament die Verantwortung für die Reformen überlassen wollten. Zu den unnachgiebigsten Kräften zählte die AN, während sich Berlusconi anfangs noch kompromissbereit gegeben hatte. Am Ende schlug sich die FI allerdings auf die Seite der AN, um nicht das Auseinanderbrechen der gemeinsamen Parteienallianz zu riskieren. Damit waren die zähen zweiwöchigen Verhandlungen gescheitert. Maccanico legte am 14. Februar 1996 sein Mandat nieder, und Scalfaro setzte für den 21. April 1996 Neuwahlen an.[827] Berlusconi gab dennoch der Linken die Schuld für das Nicht-zustande-Kommen der Regierung Maccanico:

> „Die Regierung Maccanico sollte als Regierung der nationalen Einheit geboren werden. Wir hofften, dass die Linke akzeptieren könnte, dass sie mehr Staatssinn hätte, dass man auf diese Weise gemeinsam die Verfahren zur Modernisierung Italiens einleiten könnte. Aber sie wollten nicht."[828]

---

[825] Vgl. Maraffi, Marco, Forza Italia dal governo all'opposizione, S. 144.

[826] Vgl. McCarthy, Patrick, Forza Italia. I vecchi problemi rimangono, S. 69f.

[827] Vgl. Wolf, Andrea, a.a.O., S. 89.

[828] Interview mit Silvio Berlusconi, in: Famiglia Cristiana, 4.3.2001, S. 32-36, 32 (eig. Übers.).

Zwar ist nicht abzustreiten, dass insbesondere der neue Spitzenkandidat des Mitte-Links-Bündnisses, Romano Prodi, äußerst kritisch die angestrebte Übereinkunft beäugte, da er bereits den Wahlen entgegenfieberte.[829] Doch von einer alleinigen Schuldzuweisung in Richtung Linke kann überhaupt nicht die Rede sein, schließlich kam D'Alema Berlusconi in der Frage der Einführung einer Präsidialdemokratie sehr weit entgegen.[830] In der Fachliteratur ist man sich vielmehr einig, dass es primär AN-Chef Fini war, der die gemeinsame Initiative von FI und PDS, eine Allparteienregierung zu bilden, torpedierte.[831] Fini hatte aufgrund der außerordentlich hohen Werte, welche die Demoskopen Anfang 1995 seiner Formation zubilligten, ein zu großes Interesse an vorgezogenen Neuwahlen. Ferner befürchtete er, von einem möglichen Pakt Berlusconi-D'Alema ausgeschlossen und infolgedessen marginalisiert zu werden.[832]

Darüber hinaus meldeten sich auch Stimmen zu Wort, die Berlusconis angeblich überzogene Forderungen für das Scheitern Maccanicos mitverantwortlich machten. Demnach soll der FI-Chef auf gleich drei Punkten gepocht haben: einen ihm wohl gesonnenen Justizminister, eine bevorzugte Behandlung bei der anstehenden Privatisierung des Staatsunternehmens *Stet* sowie auf Hilfe in Sachen Verfassungsgerichtsurteil, dem zufolge seine *Fininvest* einen ihrer drei TV-Kanäle bis spätestens August 1996 hätte verkaufen müssen.[833]

7.2 „Wir haben verloren und doch gesiegt"[834] – Die Parlamentswahlen vom 21. April 1996

Derweil die vorgezogenen Parlamentswahlen näher heranrückten, machte sich im Freiheitspol ein akutes Führungsproblem breit. So vehement Berlusconi das vergangene Jahr über auch immer wieder Neuwahlen angemahnt hatte, so ungelegen

---

[829] Vgl. Weber, Peter, Die neue Ära der italienischen Mehrheitsdemokratie, S. 101.

[830] Vgl. Trautmann, Günter/Ullrich, Hartmut, a.a.O., S. 575. Auf der Grundlage eines vom Politikwissenschaftler Giovanni Sartori erarbeiteten Vorschlags über den Umbau Italiens in eine Semi-Präsidialrepulik schien ein Kompromiss bereits in greifbarer Nähe. Vgl. Weber, Peter, Die neue Ära der italienischen Mehrheitsdemokratie, S. 101.

[831] Vgl. so z.B. Helms, Ludger, Pluralismus und Regierbarkeit, S. 97; Ignazi, Piero, I partiti italiani, S. 134; McCarthy, Patrick, Forza Italia. I vecchi problemi rimangono, S. 71; Seißelberg, Jörg, Conditions of Success, S. 735; Wallisch, Stefan, Aufstieg und Fall der Telekratie, S. 164.

[832] Vgl. McCarthy, Patrick, Forza Italia. I vecchi problemi rimangono, S. 71.

[833] Vgl. ebd. Beweisen ließen sich diese Vorwürfe nicht, doch hatte sie Maccanico höchstpersönlich in die Welt gesetzt – wenngleich er sie auch wenig später wieder dementieren ließ. Vgl. ebd., S. 71/82.

[834] So der FI-Abgeordnete Gianni Pilo in einem Kommentar zu den Parlamentswahlen von 1996. Zitiert nach: Anselmo, Mauro, „Incredibile, abbiamo perso vincendo...", in: Panorama, 1.8.1996, S. 48f., 48 (eig. Übers.).

mussten sie ihm im Frühjahr 1996 kommen. In Anbetracht seiner vielfältigen Probleme – vor allem mit der Justiz – war er politisch derart geschwächt, dass seine Führerschaft innerhalb des *Polo* keinesfalls mehr unangefochten blieb. Immer angriffslustiger forderte Fini, der sich auf dem aufsteigenden Ast befand, den Medienmogul heraus.[835]

Zahlreichen Exponenten des Mitte-Rechts-Bündnisses gefiel zu jener Zeit durchaus die Idee eines nur noch auf die Führung der FI zurechtgestutzten Berlusconi. Aber wer sonst hätte Ministerpräsidentschafts-Kandidat werden können? Fini war sich bewusst, dass es für ihn als Chef der direkten Nachfolgeorganisation der Faschisten noch zu früh gewesen wäre, selbst für das höchste Regierungsamt zu kandidieren.[836] War Berlusconi auch nicht gerade auf der Höhe seiner Popularität, so führte an ihm doch kein Weg vorbei, denn ohne ihn und somit auch ohne seine *Forza* wären die Wahlen für Mitte-Rechts schon von vornherein verloren gewesen, dessen waren sich alle im *Polo* sicher. Ebenso sicher war, dass Berlusconi seinerseits wohl kaum auf Stimmenfang gegangen wäre, um dann im Falle eines Wahlsieges die Macht einem anderen zu überlassen. Zu prekär war für ihn die Lage, sei es in Bezug auf seine Justizprobleme, sei es hinsichtlich seines immer noch hochverschuldeten Firmenimperiums.[837] Zwischenzeitlich im Gespräch für die Spitzenkandidatur war angeblich auch Dini, doch nach dessen Hinüberwechseln zu Mitte-Links hatte sich diese Option von selbst erübrigt.[838] An einer erneuten Kandidatur Berlusconis führte also trotz gewisser Bedenken kein Weg vorbei.[839]

Auf der Gegenseite hatte sich mittlerweile das Mitte-Links-Bündnis unter dem Namen *Ulivo* (Ölbaum) formiert, an dessen Spitze sich Romano Prodi geschlagen hatte, ein damals parteiloser, aber den linken Christdemokraten nahe stehender Wirtschaftsprofessor aus Bologna.[840] Die Gegner Berlusconis schienen aus ihren Fehlern, die sie zwei Jahre zuvor begangen hatten, die entsprechenden Konsequenzen gezogen zu haben und stellten dem Mitte-Rechts-Block diesmal einen weitaus geeinteren, stabileren und gemäßigteren Mitte-Links-Block entgegen.[841] Demgegenüber präsentierte sich der *Polo* weitgehend unverändert und mit

---

[835] Vgl. Helms, Ludger, Pluralismus und Regierbarkeit, S. 98.

[836] Vgl. Montanelli, Indro/Cervi, Mario, L'Italia di Berlusconi, S. 307.

[837] Vgl. Uesseler, Rolf, Dinis Bilanz, S. 1431.

[838] Vgl. Wallisch, Stefan, Aufstieg und Fall der Telekratie, S. 164.

[839] Um die Kritik an seiner Person zu dämpfen, erklärte Berlusconi vor den Wahlen, dass er die Führung des *Polo* an Fini abtreten werde, sollte die AN mehr Stimmen erhalten als seine FI. Vgl. Sani, Giacomo/Segatti, Paolo, a.a.O., S. 111f.

[840] Prodi hatte sich – nach Berlusconis Vorbild – eigenmächtig zum Spitzenkandidaten des *Ulivo* erklärt, um dann erst im Nachhinein von den Parteichefs des Bündnisses bestätigt zu werden. In dieser Beziehung hatte also das Beispiel Berlusconis bereits Schule gemacht. Vgl. Seisselberg, Jörg, Conditions of Success, S. 736.

[841] Vgl. Wallisch, Stefan, Silvio Berlusconi und Romano Prodi, S. 177.

der gleichen Mannschaft wie 1994 – lediglich die *Lega Nord* Umberto Bossis gehörte dem Wahlbündnis nicht mehr an.[842] Ansonsten waren die Veränderungen hier eher kosmetischer Natur. Im März 1996 gab sich das Berlusconi-Lager einen neuen Namen: Aus *Polo della Libertà* („Pol der Freiheit") wurde *Polo per le Libertà* („Pol für die Freiheiten").[843]

Dominiert wurde der Wettstreit, ähnlich wie auch schon 1994, fast ausschließlich zwischen diesen beiden Wahlallianzen, die nahezu das gesamte Parteienspektrum umfassten. Die Linke hatte sich um Teile des Zentrums erweitert, und die Rechte hatte, nachdem ihr die *Lega* verlustig gegangen war, ein einziges Bündnis für das gesamte nationale Territorium geschaffen. Allein die *Lega Nord* entzog sich der Logik des Mehrheitswahlrechts und schloss sich keiner Koalition an, wohingegen die Kommunisten von der *Rifondazione Comunista* zumindest Wahlabsprachen mit dem Mitte-Links-Bündnis eingegangen waren. Beide großen Parteienblöcke betrachteten diese Wahlen als zweite Chance. Mitte-Rechts wollte sich für den erlittenen „Schiffbruch" von Ende 1994 revanchieren und Mitte-Links für die verlorenen Wahlen vom Frühjahr 1994. Den nicht mit Berlusconi alliierten Christdemokraten ging es überdies darum, sich endlich der *Forza Italia* zu entledigen, die sie als eine Art „außenstehendes Element" betrachteten.[844]

Was die beiden konkurrierenden Spitzenkandidaten anbelangte, die miteinander um das Amt des Ministerpräsidenten buhlten, hätten die Unterschiede kaum größer ausfallen können:

> „[Prodi] war das Abbild des gemeinen Mannes, im Gegensatz zum Steinreichen, der zu speziell war, um zum Identifikationsmodell zu werden. Der Cavaliere war das, was ein Teil der Italiener werden, vor allem aber haben wollte: Yachten, Villen, Helikopter, Fernsehsender, Tänzerinnen und dazu noch einen ansteckenden individualistischen, ja fast egoistischen Optimismus. In einem Wort: Geld. Der Professor stellte das dar, was viele waren oder sein konnten. Ein ruhiger, vertrauenerweckender und bescheidener Mann wie der Bus, mit dem er beschlossen hatte, Italien [...] zu erobern."[845]

---

[842] Mit dem Bruch zwischen Berlusconi und Bossi Ende 1994 gehörte die *Lega* nun schon seit über einem Jahr nicht mehr dem Freiheitspol an. An die Seite von FI, AN und CCD stellte sich dafür die christdemokratische Splitterpartei *Cristiani Democratici Uniti* (Vereinigte Christdemokraten, CDU) unter Rocco Buttiglione. Vgl. Helms, Ludger, Pluralismus und Regierbarkeit, S. 93.

[843] Vgl. Wallisch, Stefan, Aufstieg und Fall der Telekratie, S. 168f.

[844] Vgl. Cotta, Maurizio, Dopo tre elezioni. Il sistema politico italiano a dieci anni dalla crisi, in: D'Alimonte, Roberto/Bartolini, Stefano (Hg.), Maggioritario finalmente? La transizione elettorale 1994-2001, Bologna 2002, S. 17-40, 31f. Zitiert als: Cotta, Maurizio, Dopo tre elezioni.

[845] Franco, Massimo, I voti del cielo. La caccia all'elettorato cattolico, Mailand 2000, S. 196 (eig. Übers.).

Bei der Nominierung der gemeinsamen Wahlkreiskandidaten des *Polo* zeigte sich Berlusconi diesmal nicht mehr so großzügig und ideologisch offen wie noch bei den ersten Verhandlungen dieser Art zwei Jahre zuvor. Er trat weit weniger sichere Wahlkreise an seine Alliierten ab und pochte stattdessen in vielen umstrittenen Fällen auf Kandidaten, die ihm als Mitarbeiter der *Fininvest* bekannt waren. Als Grundlage für die Aufteilung der Wahlkreise unter den Partnern wurde – im Mitte-Rechts- ebenso wie im Mitte-Links-Bündnis – grosso modo die prozentuale Stärke der einzelnen Parteien bei den vorangegangenen Regionalwahlen herangezogen, womit sich paradoxerweise wieder das proportionale Prinzip in das Mehrheitswahlsystem einschlich.[846] Entsprechend ging im *Polo* rund die Hälfte der Wahlkreise an die FI, die von dieser Quote wiederum einige wenige an Kandidaten der Liberalen und *Lega*-Dissidenten abtrat. Die AN sicherte sich 34 Prozent der Wahlkreise, und die Einheitsliste aus CCD und CDU erhielt zusammen 17 Prozent. Kurz vor der Wahl schloss der *Polo* schließlich noch eine Wahlabsprache mit der *Lista Pannella*, den ehemaligen Radikalen unter Marco Pannella.[847] Entschieden wurden die Kandidaturen für die Wahlkreise – wie bereits 1994 – auch vor diesen Parlamentswahlen von oben herab. Das handhabte man in beiden Wahlbündnissen gleich.[848]

Inhaltlich bestritt Berlusconi den Wahlkampf weitestgehend mit den gleichen Themen wie 1994. Das alte System der *Partitocrazia*, die Überbleibsel aus der „Ersten Republik", die angebliche kommunistische Gefahr, der ausbeuterische Etatismus, die staatliche Verschwendung und die zu hohe und ungerechte Besteuerung – das alles stand, wie gehabt, im Mittelpunkt seiner Reden. Damit war seine neuerliche Kampagne nichts weiter als eine bloße Wiederholung seiner alten. Neu war lediglich seine Rechtfertigung, ihm habe es als Ministerpräsident schlicht an Zeit gemangelt, seine Ziele auch zu erreichen. Ein neuer Impuls, den die Wähler von Berlusconi erwarteten, fehlte völlig.[849] Stattdessen setzte Berlusconi 1996 auf den gleichen aggressiven Wahlkampfstil, der ihm in der Vergangenheit zum Sieg verholfen hatte. Doch diesmal erwies sich diese Strategie eher als kontraproduktiv.[850] Dem kann auch Biorcio nur beipflichten:

„Die Aggressivität des Polo erschien als Ausdruck einer alten Konzeption der Politik, noch viel zu ideologisch und nicht pragmatisch. Das ‚Neue', das der Polo ausdrückte, hörte auf, als positiv betrachtet zu werden, denn es schien zuweilen überholt und wenig aktuell. Der Gebrauch der Katastrophenrhetorik durch Berlus-

---

[846] Vgl. Weber, Peter, Die neue Ära der italienischen Mehrheitsdemokratie, S. 101f.

[847] Vgl. Poli, Emanuela, Forza Italia, S. 108f.

[848] Vgl. Di Virgilio, Aldo, L'offerta elettorale. La politica delle alleanze si istituzionalizza, in: D'Alimonte, Roberto/Bartolini, Stefano (Hg.), Maggioritario finalmente? La transizione elettorale 1994-2001, Bologna 2002, S. 79-129, 97. Zitiert als: Di Virgilio, Aldo, L'offerta elettorale.

[849] Vgl. Montanelli, Indro/Cervi, Mario, L'Italia dell'Ulivo, S. 59.

[850] Vgl. Weber, Peter, Die neue Ära der italienischen Mehrheitsdemokratie, S. 103.

coni (‚Wenn der Ulivo gewinnt, wird es keine Wahlen mehr geben') war völlig unangebracht."[851]

Ohne die Ursachenforschung für die Wahlniederlage des Mitte-Rechts-Lagers bereits vorwegzunehmen, ist an dieser Stelle doch festzuhalten: Es war ein Fehler Berlusconis, 1996 fast exakt die gleiche Wahlkampfkampagne wie 1994 geführt zu haben. Hierin liegt zweifellos ein nicht unwesentlicher Grund für den Rückschlag des Berlusconi-Blocks bei den Parlamentswahlen vom April 1996.[852]

Im Gegensatz zu 1994 entschlossen sich die Parteien des *Polo* 1996 erstmals für ein gemeinsames Wahlprogramm, um so den Eindruck einer geschlossenen Koalition zu erwecken. Diese Programmschrift namens *100 impegni per cambiare l'Italia*[853] („Einhundert Aufgaben, um Italien zu verändern") war mit ihren 225 Seiten umfangreicher als das kompakte FI-Programm von 1994, damit aber auch viel schwieriger im Wahlkampf zu vermitteln. Kritisiert wurde ferner, das neue Programm sei lange nicht so innovativ und in einzelnen Passagen auch nicht mehr so konsequent wie sein Vorgänger. Um diese Mängel auszugleichen, gab es auch Flugblätter, die unter der Überschrift *Contratto con l'Italia* („Vertrag mit Italien") dieses Programm in einer Kurzfassung in zehn Punkten übersichtlich zusammenfassten. Doch obwohl bereits zehn Millionen Kopien gedruckt worden waren, griff man aus unerklärlichen Gründen kaum auf diese Flugblätter zurück.[854]

Der größte Unterschied zum Wahlkampf von 1994 bestand in den stark eingeschränkten rechtlichen Möglichkeiten, die Medien zu Propagandazwecken zu nutzen. Das viel gescholtene so genannte *Par-condicio*-Dekret, das die Regierung Dini 1995 beschlossen hatte, sah nicht nur klare Regeln für den Zugang der Spitzenpolitiker zu den Medien während des Wahlkampfs vor, sondern limitierte auch die Zahl der Werbespots für politische Parteien. Angesichts dieser Beschränkungen gab die *Fininvest* bereits im Vorfeld bekannt, sie werde diesmal überhaupt keine Spots mehr ausstrahlen, um – wie es offiziell hieß – irreführende Beschuldigungen zu vermeiden.[855] Daneben büßte Berlusconi im Wahlkampf 1996 leicht an Präsenz in den Nachrichtensendungen ein. Das hatte einen einfachen Grund: War er Anfang 1994 noch der Newcomer schlechthin gewesen, dem auch die öffentlich-rechtliche RAI größte Aufmerksamkeit und somit auch Sen-

---

[851] Biorcio, Roberto, Le complicate scelte di Forza Italia, S. 265 (eig. Übers.).

[852] Vgl. Gangemi, Giuseppe, Sinistra, destra e centro alla prova della „nuova" domanda politica, in: ders./Riccamboni, Gianni (Hg.), Le elezioni della transizione. Il sistema politico italiano alla prova del voto 1994-1996, Turin 1997, S. 145-183, 169.

[853] Vgl. N.N., 100 impegni per cambiare l'Italia. Programma del Polo per le Libertà, Mailand 1996.

[854] Vgl. Poli, Emanuela, Forza Italia, S. 113f.

[855] Diesem Verzicht auf Ausstrahlung von Wahlwerbespots schlossen sich alle Mitte-Rechts-Parteien an. Vgl. Wallisch, Stefan, Aufstieg und Fall der Telekratie, S. 189.

dezeit gewidmet hatte, so war sein Neuigkeitswert diesmal deutlich geringer.[856] Außerdem war sein Image als „Macher" infolge seiner schwachen Regierungsbilanz stark angeschlagen, ganz zu schweigen von seinen immer deutlicher zutage tretenden Schwierigkeiten mit der Justiz[857]. Erschwerend kam hinzu, dass aufgrund der geringeren Rolle, die das Fernsehen im Wahlkampf 1996 spielte, die klassischen Wahlkampfveranstaltungen vor Ort wieder an Bedeutung gewannen. Das stellte weniger ein Problem dar für alteingesessene Parteiorganisationen wie die Linksdemokraten, die Kommunisten oder auch die AN, die sich allesamt auf lokale Parteiorganisationen in ganz Italien stützen konnten. Der noch jungen FI allerdings, die eher als loser Zusammenschluss von Sympathisanten-Clubs denn als Partei konzipiert war und noch über keine flächendeckende territoriale Verwurzelung verfügte, bereitete das größte Schwierigkeiten.[858]

Aus einem weiteren Grund war die Bedeutung des Straßenwahlkampfes diesmal höher als noch zwei Jahre zuvor:

„1996 war [..] der erste Wahlkampf, in dem sich die Politik auf das Mehrheitswahlsystem einstellte. 1994 wurde zwar bereits auf eine starke Personalisierung gesetzt, diese hatte sich – auch wegen des aufsehenerregenden Einstiegs Berlusconis in die Politik – fast ausschließlich auf die Spitzenkandidaten auf nationaler Ebene beschränkt. Zwei Jahre später widmeten beide Wahlbündnisse hingegen wieder all jenen Wahlkreisen vermehrt Aufmerksamkeit, wo eine knappe Entscheidung zu erwarten war. [...] Die klassischen Wahlveranstaltungen auf den Plätzen der Städte wurden wiederentdeckt, in denen die Kandidaten physisch anwesend waren, und die Mitarbeiter gingen seit Jahren erstmals wieder von Haustür zu Haustür, um für ihre Kandidaten zu werben. [...] Der Ulivo konnte in dieser Hinsicht mit Hilfe des erfahrenen und verbreiteten PDS-Apparats punkten, das ‚virtuelle' Erscheinungsbild des Polo und vor allem von Forza Italia erwies sich diesmal hingegen als nachteilig."[859]

Angesichts dieser offenkundigen Schwächen spricht einiges dafür, dass sich Berlusconi insgeheim weniger siegesgewiss war, als er sich nach außen hin gab.

---

[856] Dennoch ist es Berlusconi gelungen, in der heißen Wahlkampf-Phase doppelt so oft in den Nachrichtensendungen sowohl der RAI als auch der *Mediaset*-Kanäle (*Fininvest*) zu erscheinen als sein Gegenspieler Prodi. Gleiches galt für die FI: Die RAI- ebenso wie die *Mediaset*-Nachrichten berichteten doppelt so viel über sie als etwa über den PDS. Demgegenüber stellten beide Sendeanstalten den Wahlbündnissen *Polo* und *Ulivo* insgesamt vor den Wahlen mehr oder weniger gleich viel Zeit zur Verfügung. Vgl. Wallisch, Stefan, Silvio Berlusconi und Romano Prodi, S. 179f.

[857] Im Frühjahr 1996 war Berlusconi in fünfzehn Justizverfahren verstrickt. Vgl. Vespa, Bruno, C'era una volta un'apprendista in politica, in: Panorama, 17.5.2001, S. 42-45, 43.

[858] Vgl. Wolf, Andrea, a.a.O., S. 90f. Wie unzureichend die lokalen Organisationsstrukturen der FI zu jener Zeit waren, lässt sich bereits daran ablesen, dass zahlreiche Clubs nicht einmal über eigene Telefonnummern verfügten. Vgl. Wallisch, Stefan, Aufstieg und Fall der Telekratie, S. 171.

[859] Ders., Silvio Berlusconi und Romano Prodi, S. 180.

So kursierten kurz vor der Wahl Gerüchte, wonach der FI-Chef mit einer Niederlage rechnete. Für diesen Fall habe er bereits mit PDS-Chef Massimo D'Alema ausgehandelt, sich freiwillig aus der Politik zurückzuziehen, um im Gegenzug eine Lösung seiner Justizprobleme zu erhalten.[860]

Was der Medienunternehmer wohl schon kommen sah, wurde für ihn prompt bittere Realität: Das Ölbaum-Bündnis ging als Sieger aus den Parlamentswahlen vom 21. April 1996 hervor, wenn auch eher knapp als haushoch. Die *Forza Italia* hatte mit 20,6 Prozent zwar nur geringfügige Stimmeneinbußen zu verkraften, musste aber mit ansehen, wie sie vom PDS, der sich auf 21,1 Prozent steigern konnte, knapp überrundet wurde. Dagegen gelang es der AN, mit 15,7 Prozent ihren Stimmenanteil gegenüber 1994 noch weiter auszubauen, so dass sie sich als drittstärkste Kraft behauptete. Ebenfalls verbessern konnte sich die *Lega Nord*, die mit 10,1 Prozent überraschenderweise zur viertstärksten Partei aufstieg, aber auch die *Rifondazione Comunista*, die 8,6 Prozent für sich verbuchte. Dass das Ergebnis dieser Wahlen keinen fulminanten Sieg für Mitte-Links bedeutete, zeigt sich nicht zuletzt mit Blick auf die Sitzverteilung im Parlament. Wie auch schon 1994, verfehlte auch diesmal die siegreiche Wahlallianz die absolute Mehrheit der Mandate in beiden Parlamentskammern. Mit insgesamt 284 von 630 Sitzen verfügte der *Ulivo* in der Abgeordnetenkammer lediglich über eine relative Mehrheit, zur Erreichung der absoluten war er jedoch auf die Stimmen der „assoziierten" Altkommunisten von der RC angewiesen.[861] Nur im Senat konnte Mitte-Links mit 157 von 315 Sitzen auf eine absolute Mehrheit aus den eigenen Reihen zählen.[862] Das Ergebnis der Parlamentswahlen vom April 1996 im Einzelnen verdeutlicht Tabelle 6.

Trotz dieser nur relativ leichten Stimmenverschiebungen im Vergleich zu den Wahlen von 1994[863] und ungeachtet der zum Teil labilen Mehrheitsverhältnisse im Parlament haftet den Wahlen vom Frühjahr 1996 das Etikett „historisch" an. Denn mit dem Wahlsieg des *Ulivo* und dem darauf folgenden Regierungsantritt Prodis vollzog die italienische Republik zum ersten Mal einen echten demokratischen Machtwechsel:

---

[860] Vgl. Weber, Peter, Die neue Ära der italienischen Mehrheitsdemokratie, S. 103.

[861] Offiziell gehörte die RC nicht dem *Ulivo* an, sondern hatte vor den Wahlen lediglich eine informelle Übereinkunft (*Patto di desistenza*) mit den übrigen Parteien des Mitte-Links-Bündnisses geschlossen. Dieser Pakt besagte, dass die RC in zahlreichen Wahlkreisen keine Kandidaten gegen jene des *Ulivo* aufstellen werde. Vgl. Bufacchi, Vittorio/Burgess, Simon, a.a.O., S. 240.

[862] Vgl. Helms, Ludger, Pluralismus und Regierbarkeit, S. 93f.

[863] So beliefen sich etwa die Gewinne bzw. Verluste von PDS bzw. FI auf weniger als ein Prozent. Das komplizierte italienische Mischwahlrecht war vielmehr dafür verantwortlich, dass aus solch leichten Stimmenverschiebungen gleich neue Parlamentsmehrheiten erwuchsen. Vgl. Wallisch, Stefan, Silvio Berlusconi und Romano Prodi, S. 178.

„The general election of April 1996 was an historic watershed. For the first time since Italy became a Republic in 1948, a left-wing government was voted into office. In many ways the outcome represents, at long least, the coming of age of Italian democracy. The significance of the result was not only that the left emerged victorious, although this was unprecedented. The striking aspect was the experience of something which all other liberal democracies have long taken for granted: the peaceful changeover of power. This is the single most significant aspect of the Italian election."[864]

Tabelle 6: Ergebnisse der Parlamentswahlen vom 21. April 1996

	Abgeordnetenkammer			Senat	
	Mehrheitswahl	Proporzwahl		Mehrheits- und Proporzwahl	
	Sitze	Sitze	Prozent	Sitze	Prozent
Polo per la Libertà	169			116	37,3
FI		37	20,6		
AN		28	15,7		
CCD-CDU		12	5,8		
Lis. Pannella-Sgarbi				1	1,6
Lega Nord	39	20	10,1	27	10,4
Fiamma Tricolore				1	2,3
Ulivo	246			157	41,2
PDS		26	21,1		
PPI*		4	6,8		
Lista Dini		8	4,3		
Progressisti	15			10	2,9
RC		20	8,6		
Andere	6			3	
Gesamt	475	155		315	

*Einheitsliste aus PPI, SVP, PRI, UF und *Popolari per Prodi*

Quelle: La Repubblica, 23.4.1996, S. 4.

Der *Polo* um Berlusconi unterstrich insbesondere die Tatsache, dass Italien erstmals von ehemaligen Kommunisten regiert werden würde[865] und baute auf einen empörten Aufschrei aus dem Ausland. Der ließ allerdings vergebens auf sich warten, erst recht, nachdem Prodi relativ zügig sein neues Kabinett mit angesehenen Persönlichkeiten zusammengestellt hatte. Politiker der Linken und der katholischen Mitte fanden sich ebenso darin wie die bereits auf Regierungstaug-

---

[864] Bufacchi, Vittorio/Burgess, Simon, a.a.O., S. 228.

[865] Dies hebt auch Weber hervor, für den Italien angesichts des erfolgten Machtwechsels einerseits zwar endlich zur demokratischen „Normalität" gefunden habe. Andererseits habe das Land jedoch gleichzeitig wieder einen Sonderweg eingeschlagen, denn nirgendwo sonst in Westeuropa sei die direkte Nachfolgeorganisation der Kommunisten an die Regierung gelangt. Vgl. Weber, Peter, Die neue Ära der italienischen Mehrheitsdemokratie, S. 108.

lichkeit erprobten „Technokraten" Ciampi und Dini. Lediglich die Ernennung des früheren Kopfes von *Mani pulite*, Antonio Di Pietro, zum Bauminister geriet zum Stein des Anstoßes. Berlusconi sah in dieser Personalie einen „Verrat" und attackierte Di Pietro so lange, bis der wenige Monate später sein Amt niederlegte.[866]

Die Gründe für diese schmähliche Niederlage des Freiheitspols unter der Führung Berlusconis sind in erster Linie „technischer" Natur. In der gegenüber 1994 veränderten Zusammensetzung der beiden Wahlbündnisse sehen zahlreiche Beobachter den Hauptgrund für diesen Machtwechsel.[867] Gesetzt den Fall, der *Polo* wäre 1996 mit den gleichen Partnern wie 1994 angetreten, also unter Einschluss der *Lega*, wohl aber ohne die CDU, dann hätte er nicht – wie tatsächlich geschehen – einen Proporzstimmenanteil von 42,9, sondern von 46,4 Prozent erzielt. Demgegenüber hätte die Gegenseite unter den gleichen Voraussetzungen wie 1994 sogar leichte Einbußen hinnehmen müssen. Somit steht unbestreitbar fest: Nicht die minimalen prozentualen Kräfteverschiebungen, sondern die geänderten Kompositionen der Parteiallianzen gaben den Ausschlag zugunsten von Mitte-Links.[868]

Insbesondere auf der Ebene des Mehrheitswahlrechts hatten die Abwanderungen dem *Polo* arg zu schaffen gemacht. Indem die *Lega* diesmal getrennt vom Berlusconi-Lager ins Rennen ging, hatten die Kandidaten des Mitte-Rechts-Bündnisses in 229 Wahlkreisen vor allem im Norden Italiens gleich doppelt Konkurrenz. Ihnen standen nicht nur die *Ulivo*-Kandidaten gegenüber, sondern auch jene der *Lega*.[869] Im Süden verhielt es sich ähnlich. Hier war es der *Movimento Sociale-Fiamma Tricolore* (Sozialbewegung-Tricolorflamme, MS-FT), eine seit Anfang 1995 von der AN abgespaltene neofaschistische Splittergruppierung, die den *Polo*-Kandidaten in immerhin 179 Ein-Mann-Wahlkreisen zusätzliche Schwierigkeiten bereitete.[870] Es ist davon auszugehen, dass allein diese Konkurrenz Dutzenden *Polo*-Kandidaten den Einzug ins Parlament versperrte und

---

[866] Vgl. Hausmann, Friederike, Kleine Geschichte Italiens, S. 180.

[867] Vgl. so z.B. Di Virgilio, Aldo, Uniti si vince? Voto e politica delle alleanze, in: Il Mulino, 50. Jg. (2001), H. 4, S. 635-644, 638; Hausmann, Friederike, Italien. Der ganz normale Sonderfall, S. 8-32, 22; Segatti, Paolo, a.a.O., S. 234; Weber, Peter, Die neue Ära der italienischen Mehrheitsdemokratie, S. 105.

[868] Vgl. Zohlnhöfer, Reimut, Die Transformation des italienischen Parteiensystems, S. 1388f.

[869] Diese eroberte aufgrund ihrer territorialen Konzentration in Norditalien allein schon 39 Direktmandate für das Abgeordnetenhaus, die bei einer entsprechenden Parteiallianz dem Mitte-Rechts-Lager zugefallen wären. Vgl. Kreile, Michael, Italien. Krise und Transformation des Parteienstaates, S. 8.

[870] Vgl. Di Virgilio, Aldo, Le alleanze elettorali. Identità partitiche e logiche coalizionali, in: Rivista Italiana di Scienza Politica, 26. Jg. (1996), H. 3, S. 519-584, 543.

somit Berlusconi den Sieg kostete.[871] Das gab im Nachhinein auch der ehemalige MS-FT-Chef Pino Rauti zu.[872] Mit anderen Worten: „Mitte-Rechts verlor die Wahlen von 1996, weil in der Koalition die ‚extremen' Komponenten gefehlt hatten."[873] Dagegen hatte der *Ulivo* 1996 die altkommunistische RC durch Wahlabsprachen in den Wahlkreisen in sein Bündnis eingebunden – was schließlich den Ausschlag für dessen Sieg gab, obgleich auf die Parteien des *Polo* rund fünfzigtausend Stimmen aus der Verhältniswahl mehr entfallen waren als auf das Mitte-Links-Bündnis.[874] Dieses Zahlenverhältnis führte in der Nachwahldebatte dazu, dass so mancher Anhänger der Mitte-Rechts-Allianz im Wahlresultat keinesfalls eine Absage an Berlusconi erkennen mochte.[875]

Diese Interpretation ist jedoch nur schwer haltbar, was ein Blick auf das erfolgte Stimmensplitting deutlich zeigt. Wie der Chef des Berlusconi-nahen Meinungsforschungsinstituts *Diakron*, Gianni Pilo, vorrechnete, verweigerten 1,4 Millionen Wahlberechtigte, die in der Proporzquote Parteien des *Polo* gewählt hatten, dem Freiheitspol ihre Stimme in der Mehrheitsquote. Hätten sich diese Wähler mit beiden Stimmen für Mitte-Rechts entschieden, dann hätte der Sieger zweifellos Berlusconi geheißen.[876] Diese massive „Untreue" hing wohl einerseits damit zusammen, dass einige Wähler die Koalitionsentscheidung ihrer Partei nicht akzeptierten, und andererseits damit, dass sie eben dem Spitzenkandidaten des *Polo* nicht das Vertrauen aussprechen mochten. In Anbetracht des vorausgegangenen Scheiterns Berlusconis als Ministerpräsident, seiner zahlreichen Verwicklungen mit der Justiz, seiner aggressiven und demagogischen Wahlkampfrhetorik und seiner daraus resultierenden gesunkenen Anziehungskraft erscheint dieses Erklärungsmuster nur zu plausibel.[877] Daher soll hier übereinstimmend mit

---

[871] Vgl. D'Alimonte, Roberto/Bartolini, Stefano, „Electoral Transition", S. 121. Nach einer Modellrechnung hätte der *Polo* ohne die Konkurrenz durch MS-FT-Kandidaten vierzig Sitze im Abgeordnetenhaus und 36 im Senat zusätzlich gewonnen. Vgl. Melchionda, Enrico, L'alternanza prevista. La competizione nei collegi uninominali, in: Pasquino, Gianfranco (Hg.), Dall'Ulivo al governo Berlusconi. Le elezioni del 13 maggio 2001 e il sistema politico italiano, Bologna 2002, S. 23-105, 71.

[872] Vgl. Interview mit Pino Rauti, in: Corriere della Sera, 11.4.2001, S. 11.

[873] Mannheimer, Renato, Decisiva per l'Ulivo l'intesa con Bertinotti, in: Corriere della Sera, 8.1.2001, S. 2 (eig. Übers.).

[874] In der Proporzquote erzielten die Parteien des *Polo* zusammen 16,48 Millionen Stimmen, die des Mitte-Links-Spektrums – einschließlich der RC – indes nur 16,27 Millionen. Vgl. Kreile, Michael, Italien. Krise und Transformation des Parteienstaates, S. 7.

[875] Vgl. Wolf, Andrea, a.a.O., S. 93f.

[876] Vgl. Anselmo, Mauro, a.a.O, S. 49.

[877] Vgl. Kreile, Michael, Italien. Krise und Transformation des Parteienstaates, S. 8. Ähnlich argumentiert auch McCarthy, der die geringere Stimmenanzahl für Mitte-Rechts in der Mehrheitsquote darauf zurückführt, dass die Wähler Prodi und den *Ulivo* für überzeugender befanden als Berlusconi und den *Polo*. Die vereinzelt hervorgebrachte Annahme von Exponenten des

Beuttler und Gehlhoff festgehalten werden, dass die Wahlniederlage des *Polo* von 1996 „eine deutliche Zurückstufung des Medienunternehmers Berlusconi"[878] darstellte.

Dies bedeutet jedoch nicht, dass der Wähler zugleich auch die FI abgestraft hätte. Obwohl es berechtigt ist, von einer politischen Niederlage der FI bei den Parlamentswahlen von 1996 zu sprechen, wäre es falsch, von einer elektoralen Schwächung der *Forza* auszugehen. Auf den ersten Blick erhielt sie 1996 zwar einen leicht geschmälerten Proporzstimmenanteil als noch zwei Jahre zuvor, doch trügt hier der Schein. Vielmehr muss daran erinnert werden, dass sie 1994 noch eine gemeinsame Liste mit der *Unione di Centro* (Zentrumsunion, UDC) und dem CCD gebildet hatte. Tatsächlich erhöhte sie somit sogar ihren proportionalen Stimmenanteil bei den Wahlen von 1996 gegenüber jenem aus dem Jahr 1994.[879]

Dass der FI der Durchbruch bei diesen Wahlen allerdings verwehrt blieb, lag Seißelberg zufolge mitunter auch an der untrennbaren Verbindung von Persönlichkeit – das heißt Berlusconi – und Programm. Bestand hierin 1994 noch ein Hauptgrund für den damaligen Erfolg, so war diese enge Verzahnung 1996 mitverantwortlich dafür, dass die FI diesmal hinter den Erwartungen zurückblieb. Als politischer Debütant konnte sich Berlusconi Anfang 1994 noch als der ewig erfolgreiche Siegertyp gerieren und als das „Neue" in der Politik schlechthin. Nun jedoch, zwei Jahre später, wurde der Medienmogul bereits als Teil der politischen Klasse wahrgenommen, er war eben nicht mehr „neu". Schlimmer noch: Sein Sieger-Image war angesichts seines vorzeitigen Endes als Regierungschef stark angekratzt, und seine politische Glaubwürdigkeit hatte unter den juristischen Scherereien schwer Schaden genommen. Diese persönlichen Schwachpunkte konnten infolge der engen Beziehungen von Partei und Parteichef nicht ohne Konsequenzen für die FI bleiben.[880]

In der Ursachenforschung wird zudem auch das Führungsproblem innerhalb des *Polo* für die Wahlniederlage verantwortlich gemacht. Zwar war mit Bossi bereits der widerspenstigste „Querschießer" ausgeschieden, doch dafür herrschte den gesamten Wahlkampf hindurch eine umso härtere Konkurrenz zwischen dem politisch geschwächten Berlusconi und dem immer populärer werdenden Gian-

---

Freiheitspols, die Kandidaten in den Wahlkreisen seien für das schlechtere Abschneiden verantwortlich gewesen, verwirft McCarthy hingegen. Vgl. McCarthy, Patrick, Forza Italia. I vecchi problemi rimangono, S. 75. Bufacchi und Burgess erklären sich das bessere Ergebnis des *Ulivo* in der Mehrheitsquote vor allem damit, dass die Italiener nach der gescheiterten Regierung Berlusconi der Linken eine Chance haben geben wollen. Vgl. Bufacchi, Vittorio/Burgess, Simon, a.a.O., S. 239.

[878] Beuttler, Ulrich/Gehlhoff, Georg, Neues Parteiengefüge und politische Reformen in Italien, in: Aus Politik und Zeitgeschichte, B 28/98, S. 3-14, 9.

[879] Vgl. Poli, Emanuela, Forza Italia, S. 111f.

[880] Vgl. Seißelberg, Jörg, Conditions of Success, S. 734f.

franco Fini von der AN. Dadurch erschien der Freiheitspol einmal mehr von vornherein zerstritten. Beide Politiker agierten gleichzeitig als Chef ihrer Parteienallianz, wohingegen Mitte-Links unter Prodi geeinter denn je auftrat.[881] Die Hauptschuld für dieses Führungsdefizit im *Polo* laden Bufacchi und Burgess eindeutig auf der FI ab:

> „The problem lies in Berlusconi's *Forza Italia!*, which suffers from a lack of leadership, insufficient structure and organization, and inadequate political culture. Considering that *Forza Italia!* is pivotal to the success of the Pole of the Freedom, these problems within *Forza Italia!* may well have determined the fortunes of the alliance."[882]

Ein weiteres Motiv für das ernüchternde Abschneiden der *Forza* sieht Seißelberg außerdem darin begründet, dass die Partei diesmal die politische Nachfrage nicht mehr auf die gleiche effektive Art wie in der Vergangenheit zu befriedigen wusste. Anders als 1994, als allgemein eine politische Aufbruchstimmung geherrscht hatte, sehnten sich die Wähler nun wieder verstärkt nach mehr Sicherheit und Zuverlässigkeit. Obgleich Berlusconis Demoskopen diese veränderten Bedürfnisse sehr wohl erfasst hatten, ging die FI mehr schlecht als recht hierauf ein. Eine grundlegende Kehrtwende in Programmatik und Image hätte die Gefahr mit sich gebracht, an Glaubwürdigkeit einzubüßen, so das Kalkül. Daher entschlossen sich die verantwortlichen Parteistrategen trotz der neuen demoskopischen Erkenntnisse für die Beibehaltung des bisherigen Kurses. Dies führte im Ergebnis dazu, dass die FI ein politisches Angebot lieferte, das an der Nachfrage teilweise vorbeiging.[883]

Wie sehr sie „daneben" lag, ließ sich sogar anhand des Grades an Instabilität ihrer Wählerschaft, der bei der FI besonders hoch ausfiel, exakt berechnen. Nachwahluntersuchungen ergaben in der Tat, dass ihr lediglich 62 Prozent ihrer Wähler von 1994 auch diesmal die Treue hielten. Die AN ebenso wie der PDS etwa erwiesen sich in dieser Hinsicht als wesentlich stabiler (hier lag die Quote bei siebzig bzw. 76 Prozent). Von diesen 38 Prozent, die der FI den Rücken gekehrt hatten, gingen fünfzehn gar nicht mehr zur Wahl, weitere fünfzehn Prozent wechselten zur AN, vier zu den beiden christdemokratischen Splittergruppierungen CCD-CDU, drei zur *Lista Pannella* und ein Prozent schließlich zur neu gegründeten Zentrumsformation Dinis, der *Lista Dini-Rinnovamento Italiano* (Liste Dini-Erneuerung Italiens). Größtenteils kompensiert wurden diese Verluste durch Wählerwanderungen in entgegengesetzte Richtung: Dreizehn Prozent der AN-Wähler von 1994 wechselten zur FI über sowie je fünf Prozent aus dem Becken von *Lega* und PPI und sogar fünfzehn Prozent von Wählern, die 1994 noch diversen Parteien des Progressisten-Bündnisses ihre Stimme gegeben hat-

---

[881] Vgl. Bufacchi, Vittorio/Burgess, Simon, a.a.O., S. 236.
[882] Ebd.
[883] Vgl. Seißelberg, Jörg, Conditions of Success, S. 735.

ten.[884] Erwähnenswert erscheint auch die Verschiebung der Wählerhochburgen des gesamten Freiheitspols. War es 1994 noch der Norden gewesen, der Mitte-Rechts am massivsten unterstützt hatte, so lagen die Hochburgen des *Polo* diesmal im Süden.[885] Daraus lässt sich schließen, dass das Gros der Wähler im Norden die Abkehr Bossis von Berlusconi mittrug und weiterhin gegen den „römischen Zentralismus", den man inzwischen wohl auch in Berlusconi verkörpert sah, eingestellt war.[886]

Die Frage, inwieweit das Fernsehen auch diesmal – wenngleich zuungunsten Berlusconis – die Wahlen mitentschieden hat, wird in der Fachliteratur unterschiedlich beantwortet. Pasquino etwa gehört zu jenen, die in den strikten Begrenzungen, die das *Par-condicio*-Dekret den Parteien diesmal auferlegt hatte, zumindest einen Grund für Berlusconis Niederlage haben erkennen wollen.[887] Andere Intellektuelle und auch zahlreiche Journalisten – vornehmlich jene, die 1994 das Zeitalter der „Telekratie" ausgerufen hatten – behaupteten nun wiederum, die Macht des Fernsehens sei inzwischen an ihre Grenzen gestoßen, denn diese Wahlen hätten deutlich gezeigt, dass das Fernsehen nicht mehr notwendig sei, um zu siegen.[888] Derartige Schwankungen zwischen den Extremen zeigen bereits, wie schwierig es ist, den Einfluss des Fernsehens auf die Wahlentscheidung konkret zu spezifizieren. Daher soll hier mit Bezug auf Wallisch als kleinster gemeinsamer Nenner lediglich festgehalten werden: Entgegen vielfach geäußerter Einschätzungen kann der Einfluss des Fernsehens als alleiniger Grund für Sieg oder Niederlage bei Wahlen nicht herhalten. Ebenso wenig kann behauptet werden, das Fernsehen habe überhaupt keine Rolle für den Wahlausgang von 1994 und von 1996 gespielt. In gewisser Weise ist also davon auszugehen, dass Prodi das Fernsehen unter den veränderten Bedingungen für sich diesmal

---

[884] Vgl. Natale, Paolo, Mutamento e stabilità nel voto degli italiani, in: D'Alimonte, Roberto/ Bartolini, Stefano (Hg.), Maggioritario per caso. Le elezioni politiche del 1994 e del 1996 a confronto. Il ruolo del sistema elettorale, le coalizioni, le scelte degli elettori, Bologna 1997, S. 204-241, 228ff.

[885] Relativierend ist darauf hinzuweisen: Diese Zugewinne im Süden sind zum Teil auch darauf zurückzuführen, dass die FI in Apulien 1994 gar nicht angetreten war und nun quasi aus dem Stand heraus dort auf 24,6 Prozent kam. Dessen ungeachtet gewann sie aber auch in der Basilicata über sechs Prozentpunkte hinzu, wohingegen sie in Kalabrien leichte Verluste zu verschmerzen hatte. Alles in allem wurde die FI jedoch im Süden eher noch als „Modernisierungspartei" wahrgenommen als im übrigen Italien. Vgl. McCarthy, Patrick, Forza Italia. I vecchi problemi rimangono, S. 73.

[886] Vgl. Weber, Peter, Die neue Ära der italienischen Mehrheitsdemokratie, S. 105f.

[887] Vgl. Pasquino, Gianfranco, La transizione a parole. L'Italia in mezzo al guado: il vecchio che non muore, il nuovo che non nasce, Bologna 2000, S. 129. Zitiert als: Pasquino, Gianfranco, La transizione a parole.

[888] Vgl. Wallisch, Stefan, Aufstieg und Fall der Telekratie, S. 174.

besser zu instrumentalisieren wusste als Berlusconi, weil er wohl den Zuschauern glaubwürdiger erschien als sein Gegenspieler.[889]

Zusammenfassend soll hier noch einmal festgehalten werden, dass Berlusconi bei den Parlamentswahlen von 1996 wohl aus einer ganzen Reihe von Gründen unterlegen war. Hierzu zählt in erster Linie die veränderte Komposition der beiden alternativen Wahlallianzen. Erst weit dahinter folgen Faktoren wie die gesunkene Anziehungskraft Berlusconis, das Führungsproblem innerhalb des *Polo*, die organisatorische Schwäche der FI und schließlich auch – obgleich in geringem Maße – die rechtlich stark eingeschränkten Zugriffsmöglichkeiten auf das Fernsehen.

7.3 Vom Frühjahr 1996 bis zum Herbst 1998: Auswege aus der Krise

Der mehr oder minder überraschende Sieg des *Ulivo*-Bündnisses stürzte insbesondere die Partei Berlusconis in eine tiefe Identitätskrise, denn „Forza Italia war ein Vehikel, das ausschließlich dafür kreiert worden war, die Regierung zu übernehmen, und dem es vollkommen an einer verantwortungsbewussten Oppositionskultur fehlte"[890]. Dieses Defizit unterstreicht auch Helms:

> „Von den unterschiedlichen oppositionellen Akteuren im neuen italienischen Parlament hat die 1994 buchstäblich ‚zum Regieren geborene' Forza Italia vermutlich den weitesten Weg zur inneren Annahme des Oppositionsamtes zurückzulegen."[891]

Gleichwohl war der FI die Oppositionsrolle de facto so neu nun auch wieder nicht. Bereits seit Beginn des Jahres 1995 hatte sie sich gezwungen gesehen, die Arbeit in der parlamentarischen Opposition zu erlernen – indem sie beispielsweise verschiedene Expertenteams bildete, die sich auf einzelne Sachkomplexe konzentrierten. Dennoch war klar, dass sie noch große Anstrengungen unternehmen musste, um in der Opposition bestehen zu können.[892]

Diese Herausforderung wurde anfangs noch zusätzlich durch die massive Kritik an der Person des FI-Chefs aus den eigenen Reihen erschwert. Dabei erging es Berlusconi nach der Wahlniederlage 1996 nicht anders als dem früheren PDS-Chef Achille Occhetto 1994. Alle – ob Gegner oder „Freunde" – droschen kräftig auf ihn ein und prangerten etwa seinen Dilettantismus, seine egozentrische Art und vieles mehr an.[893] Ungewisser denn je war damit, ob sich Berlusconi wirklich noch als Politiker würde halten können. Doch trotz zahlreicher

---

[889] Vgl. ders., Silvio Berlusconi und Romano Prodi, S. 180.

[890] Pasquino, Gianfranco, La transizione a parole, S. 62 (eig. Übers.).

[891] Helms, Ludger, Pluralismus und Regierbarkeit, S. 99.

[892] Vgl. McCarthy, Patrick, Forza Italia. I vecchi problemi rimangono, S. 75.

[893] Vgl. Montanelli, Indro/Cervi, Mario, L'Italia dell'Ulivo, S. 64.

Rücktrittsforderungen hielt man im Freiheitspol an Berlusconi wohl oder übel fest, denn die Angst saß tief im Nacken, dass ohne Berlusconi das gesamte Mitte-Rechts-Bündnis alsbald in seine einzelnen Bestandteile auseinanderbrechen würde.[894]

Angesichts einer vorhersehbaren längeren Zeitspanne in der Opposition entbrannte innerhalb der *Forza Italia* wie auch im gesamten *Polo* eine lebhafte Debatte über die künftige strategische Ausrichtung. Die Ansichten hierüber hätten unterschiedlicher kaum sein können. Während die einen für einen aggressiven und kampfeslustigen Kurs eintraten mit dem Ziel, die Mitte-Links-Regierung bei jeder nur möglichen Gelegenheit frontal zu attackieren, schwebte anderen eine eher weiche Linie vor, um Mitverantwortung in Fragen von nationalem Interesse übernehmen zu können und so eine breitere Legitimationsbasis in der Bevölkerung zu erlangen.[895] Auch wenn sich keine dieser beiden Denkschulen vollends durchzusetzen vermochte, stand dennoch fest, dass eine Wiederauflage der reinen Protestopposition nicht mehr denkbar war. Denn

„diesmal hat die Rechte die Regierung über Wahlen verloren und musste die Proteste wegen der Regierungskrise von 1994 und ihres Ausgangs [...] fallen lassen. Das Ergebnis hat auch gezeigt, dass die beiden gegensätzlichen Pole bezüglich ihrer Wählerstärke sehr nahe beieinander liegen. Keiner von beiden kann berechtigterweise hoffen, den anderen zu schlagen, und daher wird es notwendig, einen *modus vivendi* zwischen Mehrheit und Opposition zu finden."[896]

Auch Berlusconi selbst schaltete sich in diese schwelende Strategiedebatte ein und erteilte in einer Rede vor dem Abgeordnetenhaus am 30. Mai 1996 einer Frontalopposition um jeden Preise eine klare Absage:

„Wenn sich die Regierungsmaßnahmen mit unseren eigenen Bewertungen decken sollten – und angesichts der unzweifelhaften Autorität einiger Minister ist es nicht ausgeschlossen, dass dies von Zeit zu Zeit geschehen könnte – werden wir uns nicht quer legen. Opposition bedeutet nicht, undifferenzierte und vorgefasste Verneinung eines jeden Vorschlags anderer, sondern transparente und fruchtbare Debatte, während der es nicht an unserem konstruktiven Beitrag an Ideen und Lösungen mangeln wird."[897]

Derweil stürzten die im Juni 1996 abgehaltenen Regionalwahlen auf Sizilien die FI in eine noch tiefere Krise. Das Mitte-Rechts-Bündnis gewann zwar diese Wahlen klar und deutlich, keinesfalls jedoch aufgrund der Stimmenanteile für die *Forza*. War die Partei bei den Parlamentswahlen vom April hier noch auf stolze

---

[894] Vgl. Vespa, Bruno, La svolta, S. 135.

[895] Vgl. Biorcio, Roberto, Le complicate scelte di Forza Italia, S. 268.

[896] Cotta, Maurizio, Dopo tre elezioni, S. 32 (eig. Übers.).

[897] Rede Silvio Berlusconis vor der Abgeordnetenkammer am 30.5.1996, in: ders., Discorsi per la democrazia. Gli interventi parlamentari di Sivio Berlusconi, Mailand 2001, S. 141-151, 144 (eig. Übers.).

32,2 Prozent gekommen, so musste sie nun mit gerade mal 17,1 Prozentpunkten eine Halbierung ihrer elektoralen Stärke verkraften. Im Vergleich dazu erzielten die christdemokratischen Nachfolgeparteien CCD und CDU mit jeweils fast zehn Prozent mehr als doppelt so viele Stimmen wie bei den Parlamentswahlen.[898]

Spätestens jetzt läuteten für Berlusconi die Alarmglocken. Er sah den Hauptgrund für den starken Rückgang der Zustimmungsraten für seine FI bei gleichzeitiger Verdopplung jener der Christdemokraten darin, dass er sich, anders als seine Partner, auf so gut wie keine Parteistrukturen vor Ort stützen konnte. Daher beschloss er, seiner *Forza* eine grundlegend neue Organisationsstruktur zu geben und sie territorial im ganzen Land zu verwurzeln.[899] Paolo Bonaiuti, der Pressesprecher des FI-Präsidenten, drückt dies mit folgenden Worten aus: „In Berlusconi reifte endlich definitiv die Idee, aus Forza Italia eine echte Partei zu machen."[900] So ließ der Medienmagnat am 6. Mai 1996 eine Pressemitteilung verbreiten, in der er diesen Neubeginn offiziell ankündigte:

> „Um das erneuerte Vertrauen der Wähler zu gewinnen und die Herausforderung der Opposition wie auch der Alternative gegenüber den Linken anzunehmen, wird Forza Italia jetzt ihre zentralen und peripheren Strukturen entwickeln müssen, um daraus effizientere Instrumente zu machen zur Verbreitung der Ideen, zur Auswahl der Führungsklasse und zur Organisation des Konsenses."[901]

Politisch-programmatisch verfolgte die FI in der Nachwahl-Phase trotz anderslautender Ankündigungen Berlusconis mitnichten eine konstruktive Oppositionsarbeit gegenüber der Regierung Prodi. Die Partei machte alles in allem nur wenig von sich reden und fiel allenfalls durch eine „lustlose Oppositionspolitik"[902] auf, denn Berlusconi plagten andere Sorgen. Er widmete sich in jener Zeit wieder verstärkt seinen wirtschaftlichen Aktivitäten und brachte seine Medienholding *Mediaset*, die seine drei nationalen TV-Sender umfasst, im Sommer 1996 erfolgreich an die Börse. Darüber hinaus steckte er auch viel Kraft in die Lösung seiner Probleme mit der italienischen Justiz, auch wenn diese Bemühungen zunächst erfolglos blieben.[903]

---

[898] Vgl. Montanelli, Indro/Cervi, Mario, L'Italia dell'Ulivo, S. 63f. Dieser enorme Vertrauensverlust für die FI lässt sich mit einer alten süditalienischen Tradition erklären, die besagt, dass man seine Stimme nicht an Kandidaten „verschwenden" sollte, von denen keine Gegenleistung zu erwarten ist. In diesem Sinne waren die Christdemokraten in der Vergangenheit als „vertrauenswürdig" eingestuft worden, und man erhoffte sich hier, dass sie dies auch in Zukunft wieder sein würden. Die FI indes hatte man wohl schon abgeschrieben. Vgl. McCarthy, Patrick, Forza Italia. I vecchi problemi rimangono, S. 76.

[899] Vgl. Vespa, Bruno, La svolta, S. 204.

[900] Zitiert nach: ebd. (eig. Übers.).

[901] Zitiert nach: Poli, Emanuela, Forza Italia, S. 115f. (eig. Übers.). Näheres zur organisatorischen Umgestaltung der FI, vgl. Kapitel 10.2.

[902] Zohlnhöfer, Reimut, Die Transformation des italienischen Parteiensystems, S. 1383.

[903] Vgl. McCarthy, Patrick, Forza Italia. I vecchi problemi rimangono, S. 79.

Damit stand die FI zu jener Zeit in krassem Gegensatz zur Regierung des *Ulivo*-Bündnisses, die voller Elan alles daransetzte, das Land „fit für den Euro" zu machen. Das hieß konkret: eine strikte Haushaltssanierung, um die harten Konvergenzkriterien des Maastrichter Vertrags zu erfüllen. Die ersten Erfolge dieser Konsolidierungsbemühungen ließen entgegen aller Erwartungen nicht lange auf sich warten. Noch im Jahr 1996 gewann die Lira wieder an Wert gegenüber der D-Mark, und die Zinsen – und damit einhergehend auch die enorme Staatsverschuldung – sanken spürbar. Dadurch gelang es Italien schließlich, Ende 1996 fristgerecht wieder in die Währungsunion zurückzukehren.[904]

Bei diesen Anstrengungen gab sich die Opposition zunächst alles andere als hilfsbereit. Insbesondere Teile der *Forza Italia* sprachen sich in seltener Übereinstimmung mit der *Rifondazione Comunista* gegen haushaltspolitische Sparmaßnahmen aus, die aber dringend nötig waren, wollte das Land an der dritten Stufe der Wirtschafts- und Währungsunion von Anfang an dabei sein.[905] Als dann Prodi im Herbst 1996 einen Budgetentwurf für das kommende Jahr mit harten Einschnitten[906] und einer so genannten „Eurosteuer" präsentierte, machte die FI gemeinsam mit ihren Alliierten mobil. Für den 9. November 1996 organisierte der *Polo* in der italienischen Hauptstadt einen Protestmarsch gegen die neue Steuer. Doch obwohl dieser Aufruf immerhin rund eine halbe Million Italiener auf die Straße brachte, gelang es den Mitte-Rechts-Parteien damit nicht, die europaorientierte Stabilitätspolitik der Regierung Prodi ins Wanken zu bringen.[907] Ihr Ziel, „aufs Spielfeld zurückzukehren und die Konsolidierung der Mehrheit zu verhindern"[908], erreichten sie damit nicht.

Ob diese auf den ersten Blick zwar erfolgreiche, wenn auch letzten Endes wirkungslose Protestaktion das ausschlaggebende Moment für Berlusconi dar-

---

[904] Vgl. Hausmann, Friederike, Kleine Geschichte Italiens, S. 180. Eine ausführliche Analyse über die Anstrengungen der Regierung Prodi, Italien die Teilnahme an der Wirtschafts- und Währungsunion von Anfang an zu ermöglichen, liefert Hanny, Birgit, Italienische Reformen für die Europapolitik. Anpassungsversuche im europäischen Mehrebenensystem seit 1987, Frankfurt a.M. 1997, S. 144ff. Neben der Alternative zum Mitte-Rechts-Bündnis war es vor allem das Versprechen, „Italien zurück nach Europa zu führen", was die heterogene *Ulivo*-Koalition vereinte. Vgl. Missiroli, Antonio, Italiens Außenpolitik vor und nach Maastricht, in: Aus Politik und Zeitgeschichte, B 28/98, S. 27-36, 30.

[905] Vgl. Masala, Carlo, Italien, S. 121.

[906] Die Einsparungen dieses Haushaltsgesetzes beliefen sich auf umgerechnet rund dreißig Milliarden Euro. Vgl. Trautmann, Günter, Italiens Finanz- und Wirtschaftspolitik im Hinblick auf die Europäische Währungsunion, in: Aus Politik und Zeitgeschichte, B 28/98, S. 16-26, 21. Welche großen Anstrengungen Prodi zu unternehmen gezwungen war, zeigte bereits die Tatsache, dass vor der Vorlage dieses Haushaltsplans kein ernstzunehmender Experte daran glaubte, dass Italien noch den Sprung in die Wirtschafts- und Währungsunion im ersten Anlauf schaffen würde. Vgl. ebd., S. 16.

[907] Vgl. Biorcio, Roberto, Le complicate scelte di Forza Italia, S. 269.

[908] Diamanti, Ilvo, Politica all'italiana, S. 103 (eig. Übers.).

stellte, seine politische Strategie von Grund auf zu verändern, lässt sich nur vermuten. Fest steht zumindest, dass er mit seiner *Forza Italia* plötzlich einen neuen „Schmusekurs"[909] gegenüber der Regierungsmehrheit ansteuerte:

> „Ohne Absprache mit seinen Koalitionspartnern hatte Berlusconi nach dem Kater der Wahlniederlage versucht, sein Image radikal zu ändern. Von einem aggressiven *leader*, der in die politische Arena gestiegen war, weil es galt, die Freiheit gegen die Gefahr einer angeblich kommunistischen Machtergreifung zu verteidigen, war er plötzlich in die Rolle des privilegierten Gesprächspartners von PDS-Chef Massimo D'Alema geschlüpft."[910]

Diese vollkommen gewandelte politische Ausrichtung Berlusconis wurde erstmals anlässlich der so genannten *Bicamerale* offenkundig, die sich im Februar 1997 konstituierte. Hierbei handelte es sich um eine Kommission, bestehend aus Parlamentariern beider Kammern – bereits die dritte ihrer Art –, die es sich zur Aufgabe gemacht hatte, Vorschläge für eine grundlegende Verfassungsrevision auszuarbeiten.[911] Während sich die *Alleanza Nazionale* dafür eingesetzt hatte, Verfassungsänderungen nur mit Hilfe einer verfassungsgebenden Versammlung auf den Weg zu bringen, schloss sich Berlusconi im Gegensatz dazu den Vorstellungen von D'Alema an, der für die besagte Zwei-Kammer-Kommission eingetreten war. Der FI-Chef machte seinem eigentlichen Kontrahenten zudem verstärkt Avancen und bot der Regierung seine konstruktive Mitarbeit bei den anstehenden Verfassungsreformen an. Als dann D'Alema auch noch mit den Stimmen der FI-Parlamentarier zum Vorsitzenden der *Bicamerale* gewählt wurde – bei gleichzeitiger Stimmenthaltung seitens der AN –, war die Neuausrichtung Berlusconis unverkennbar.[912]

Doch ganz uneigennützig war dieser neue Annäherungskurs an den *Ulivo* nicht. Für dieses weite Entgegenkommen hatte D'Alema auch einen Preis zu zahlen. So akzeptierte der PDS-Chef auf Drängen der FI, dass auch die Reform der Justiz Verhandlungsgegenstand der *Bicamerale* wurde. Mit Marco Boato setzte man auch einen der *Forza* genehmen Referenten hierfür ein.[913] Manche

---

[909] Hausmann, Friederike, Kleine Geschichte Italiens, S. 181.

[910] Pallaver, Günther, Der Winterkönig, S. 420.

[911] Ausführlicher zur *Bicamerale*, vgl. Caruso, Barbara, Die Arbeiten des Zweikammerausschusses zur Verfassungsreform (*Bicamerale*), in: Ullrich, Hartmut (Hg), Verfassungsgebung, *partitocrazia* und Verfassungswandel in Italien vom Ende des II. Weltkrieges bis heute, Frankfurt a.M. [u.a.] 2001, S. 123-152; Pasquino, Gianfranco, Autopsia della Bicamerale, in: Hine, David/Vasallo, Salvatore (Hg.), Politica in Italia. I fatti dell'anno e le interpretazioni, Ed. 99, Bologna 1999, S. 117-138; Vassallo, Salvatore, La terza Bicamerale, in: Bardi, Luciano/Rhodes, Martin (Hg.), Politica in Italia. I fatti dell'anno e le interpretazioin, Ed. 98, Bologna 1998, S. 131-155.

[912] Vgl. Biorcio, Roberto, Le complicate scelte di Forza Italia, S. 269; Montanelli, Indro/Cervi, Mario, L'Italia dell'Ulivo, S. 186.

[913] Vgl. Rinaldi, Claudio, Il fattore D, in: MicroMega, 2/2001, S. 217-225, 222.

politische Beobachter wie etwa der Politikwissenschaftler Gianfranco Pasquino behaupten sogar, Berlusconi sei es bei der *Bicamerale* fast ausschließlich um die Justizproblematik gegangen:

> „Die Prioritäten Berlusconis erschienen glasklar: zuerst die Herabsetzung jeglicher Macht der Richter, im Besonderen der so genannten ‚roten Roben' aus Mailand und Palermo, [...] dann, aber weit dahinter und ohne irgendeine besondere Vorliebe, die Verfassungsreformen."[914]

In Anbetracht der unaufhörlichen und unerbittlichen Attacken seitens des FI-Präsidenten gegen diejenigen Richter und Staatsanwälte, die gegen ihn ermittelten, lässt sich dieser Eindruck nur schwer widerlegen. Für diese Sichtweise spricht ebenfalls, dass Berlusconi die *Bicamerale* letzten Endes offiziell am Streit um die Justiz platzen ließ, obwohl die Regierungskoalition im Laufe der Verhandlungen immer öfter den Positionen der Opposition nachgegeben hatte. So konnte sich etwa der *Polo* mit seinen Vorstellungen über den Umbau Italiens in eine Präsidialrepublik nach dem Vorbild Frankreichs auf ganzer Linie durchsetzen.[915]

Berlusconi errreichte mit seiner Zusammenarbeit in der *Bicamerale* zudem, dass die Regierungsmehrheit die Regelung seines Interessenkonflikts und somit auch die Neufassung der Mediengesetzgebung zunächst auf Eis legte. D'Alema seinerseits rechtfertigte diese Politik der Mitte-Links-Koalition offiziell mit der Parole, den politischen Gegner nicht „dämonisieren" zu wollen.[916] Der Journalist Paolo Franchi indes weist darauf hin, dass D'Alema insgeheim gar kein Interesse daran gehabt habe, den Interessenkonflikt per Gesetz aus der Welt zu schaffen. Der damalige Chef der Linksdemokraten habe sogar ganz gezielt keine Lösung in dieser Frage angestrebt, um den Oppositionsführer sozusagen als „Gefangenen" der Regierung behandeln zu können.[917]

Der so genannte *Patto della crostata* (Pakt der *Crostata*[918]) stellt ein weiteres Beispiel für die konstruktive Mitarbeit Berlusconis dar. Weil die allgemein als notwendig erachtete Neuregelung des Wahlrechts außerhalb des Kompetenzbereichs der *Bicamerale* lag, trafen sich Spitzenvertreter aller Parteien, darunter auch der FI-Chef, Mitte Juni 1997 im Geheimen, um untereinander einen entsprechenden Kompromiss auszuhandeln. Dieses Treffen fand bei einem engen Mitarbeiter Berlusconis zu Hause statt, wo eben wohl auch eine *Crostata* aufge-

---

[914] Pasquino, Gianfranco, La transizione a parole, S. 17 (eig. Übers.).

[915] Vgl. Hausmann, Friederike, Italien. Der ganz normale Sonderfall, S. 23.

[916] Vgl. Hausmann, Friederike, Italien. Der ganz normale Sonderfall, S. 24. Den nahe liegenden Verdacht, Berlusconi habe mit D'Alema einen Handel vereinbart – milde Mediengesetzgebung gegen die Öffnung der FI für die *Bicamerale* –, wiesen beide strikt von sich. Vgl. McCarthy, Patrick, Forza Italia. I vecchi problemi rimangono, S. 81.

[917] Vgl. Interview des Autors mit Paolo Franchi in Rom am 5.5.2003.

[918] Eine *Crostata* ist ein traditioneller italienischer Mürbeteigkuchen.

tischt wurde. Als jedoch die Ergebnisse nach außen drangen, erhob sich ein Sturm des Protests, dem der erreichte Kompromiss zum Opfer fiel. Die Art und Weise, hinter verschlossenen Türen und am Parlament vorbei zu „mauscheln", ließ zwangsläufig schlechte Erinnerungen an die bereits vergangen geglaubten Zeiten der *Partitocrazia* wieder aufleben.[919]

Das ganze Jahr 1997 hindurch ließ die *Forza Italia* fast keine Gelegenheit aus, ihre neue, „weiche" Linie unter Beweis zu stellen. So entschieden Berlusconi 1996 Prodis Einsparbemühungen, die Maastricht forderte, noch bekämpft hatte, so tatkräftig griff er der Regierung nun vor allem in Sachen Sparmaßnahmen unter die Arme. So signalisierte er seine Bereitschaft, den Umbau des Sozialstaats mit anzugehen, und schlug sogar vor, den geplanten Sparhaushalt 1998 mit seiner Unterstützung vorzuziehen.[920] Einen Höhepunkt erreichte diese Strategie, als sich im Herbst 1997 zunächst andeutete, dass die kommunistische RC die geplanten Einschnitte im Budgetentwurf für 1998 nicht mittragen würde. Ohne Zögern brachte Berlusconi das Angebot einer „großen Koalition" wieder ins Gespräch, um die akuten Finanzprobleme Italiens schnellstmöglich in den Griff zu bekommen.[921] Bei dieser Gelegenheit trat er auch einen Schritt zurück und kündigte an, bei den nächsten Parlamentswahlen nicht mehr als Spitzenkandidat des *Polo* zur Verfügung zu stehen.[922]

Die neue, versöhnliche Strategie der FI gegenüber der Mitte-Links-Koalition manifestierte sich ferner insbesondere in der Außenpolitik. Bestes Beispiel war die Albanien-Krise vom Frühjahr 1997. Nachdem die UNO Italien sogar die Führung der Schutztruppe für die humanitäre Hilfe im benachbarten bürgerkriegsgeschüttelten Albanien übertragen hatte, stellte sich heraus, dass die Altkommunisten von der RC dem *Ulivo* ihre Gefolgschaft verweigerten. Das führte völlig unerwartet zu einer Regierungskrise, und Prodi signalisierte bereits dem Staatspräsidenten, seine Regierung verfüge über keine parlamentarische Mehrheit mehr. In dieser misslichen Lage eilte Berlusconi Prodi zu Hilfe und verschaffte der Regierung im Parlament mit den Stimmen der Mitte-Rechts-Opposition die

---

[919] Vgl. Donovan, Mark, La fine dell'anomalia referendaria in Italia?, in: Gilbert, Mark/Pasquino, Gianfranco (Hg.), Politica in Italia. I fatti dell'anno e le interpretazioni, Ed. 2000, Bologna 2000, S. 69-87, 73f. Zitiert als: Donovan, Mark, La fine dell'anomalia referendaria in Italia?. Näheres zum *Patto della crostata*, vgl. Pasquino, Gianfranco, La transizione a parole, S. 138ff.

[920] Vgl. Biorcio, Roberto, Le complicate scelte di Forza Italia, S. 169.

[921] Vgl. Pallaver, Günther, Der Winterkönig, S. 420. Näheres zu dieser Krise, vgl. Montanelli, Indro/Cervi, Mario, L'Italia dell'Ulivo, S. 327ff.

[922] Vgl. Martini, Fabio, Polo al voto con un'altro premier?, in: La Stampa, 11.10.1997, S. 7. Damit gab Berlusconi dem Druck vieler seiner Anhänger nach, die zu jener Zeit immer lauter darüber nachdachten, ob er noch der geeignete Mann für die Rückkehr zur Macht wäre. Vgl. Masala, Carlo, Italiens Parteien in Bewegung, in: KAS-Auslandsinformationen, 5/1998, S. 4-18, 12. Zitiert als: Masala, Carlo, Italiens Parteien in Bewegung.

nötige Mehrheit zur Entsendung des italienischen Kontingents – die RC votierte indes dagegen. Im Anschluss daran stellte der Ministerpräsident schließlich die Vertrauensfrage, die er mit den Stimmen seiner eigenen Mehrheit dann wieder gewann. Diese Abstimmung hatte die Mitte-Rechts-Opposition eingefordert.[923] Daneben bereitete die FI der Regierung weder in der Frage der NATO-Osterweiterung noch anlässlich des Kosovo-Krieges Schwierigkeiten und trug die grundlegenden Entscheidungen mit. In der Außenpolitik agierte die FI zu jener Zeit somit als verantwortungsbewusste Oppositionspartei.[924]

Die Gründe für diesen dezidierten „Schmusekurs" sind vielschichtig. Grundlegend ist sicherlich die tiefe Krise, in die die FI im Anschluss an die verlorenen Parlamentswahlen von 1996 hineingeschlittert war. Diese nahm so große Ausmaße an, dass zu jener Zeit viele sogar schon die Auflösung der FI kommen sahen.[925] Mitverantwortlich für diese Krise war jedoch nicht allein der politische Misserfolg, sondern sie nahm ihren Ausgangspunkt im FI-Chef höchstpersönlich:

> „Berlusconis schrill-aggressive Töne gegenüber politischen Gegnern führten gerade in gemäßigten Kreisen zu beunruhigenden Fragen über seine demokratische Substanz; die sich häufenden Korruptionsverfahren gegen ihn wiederum ließen Zweifel an Berlusconis ethischer Integrität aufkommen."[926]

Daher war es nur folgerichtig, dass er sich ein vollkommen neues, gemäßigtes und auf Ausgleich bedachtes Image aufbaute. Dabei nahm er sogar billigend in Kauf, dass er mit diesem doch sehr radikalen Kurswechsel zunächst einen Großteil seiner eigenen Anhängerschaft verprellte und im gesamten Mitte-Rechts-Bündnis kurzweilig für Desorientierung sorgte.[927]

Wie bereits angeklungen, kann nicht ausgeschlossen werden, dass hinter dieser Wandlung auch rein persönliche Erwägungen standen. Eine Errettung aus den Fängen der Justiz und Vorteilsnahme für sein Wirtschaftsimperium sind durchaus mögliche Motive. Darüber hinaus spielten auch taktische Überlegungen eine gewisse Rolle bei der Wandlung Berlusconis. So kann davon ausgegangen werden, dass er mit seinem Entgegenkommen darauf abzielte, die Regierungskoalition in Schwierigkeiten zu bringen und langsam auseinander zu dividieren. Sicherlich ging es dem Oppositionsführer aber auch grundsätzlich um Absicherung der Stellung seiner *Forza Italia* und letzten Endes um die Bewahrung vor dem drohenden Untergang. Indem er seine Partei als verantwortungsvolle und regierungsfähige Kraft präsentierte – so mag sich Berlusconi wohl gedacht haben –,

---

[923] Vgl. Radbruch, Hans E., Italien, Mitteleuropa und der Euro. Grundlagen und Perspektiven der italienischen Außenpolitik, Baden-Baden 1998, S. 145f.

[924] Vgl. Pasquino, Gianfranco, La transizione a parole, S. 44f.

[925] Vgl. Zohlnhöfer, Reimut, Die Transformation des italienischen Parteiensystems, S. 1383.

[926] Roques, Valeska von, a.a.O., S. 222.

[927] Vgl. Pallaver, Günther, Der Winterkönig, S. 420.

konnte ihm die ersehnte Legitimation auch von seinen politischen Gegnern früher oder später nicht mehr versagt bleiben.[928]

Unterdessen stand Ende 1997 ein wichtiger Stimmungstest an. Bei den Kommunalwahlen, unter anderem in Großstädten wie Rom, Venedig, Neapel, Catania und Palermo, musste die FI und mit ihr das gesamte Mitte-Rechts-Bündnis eine schwere Schlappe hinnehmen. Überall in den genannten Kommunen obsiegten linke Kandidaten mit Traumergebnissen von bis zu 73 Prozent. Die *Forza* dagegen verlor ganz massiv an Zustimmung. Während sie in Palermo und Catania auf gerade mal 14,1 bzw. 12,6 Prozent kam, blieb sie in Rom, Neapel und Venedig sogar unterhalb der Zwölf-Prozent-Marke.[929] Ähnliche Einbußen hatte auch die AN zu verkraften, lediglich die christdemokratischen Verbündeten des *Polo* wurden auf Sizilien unerwartet stark. Die Gründe für diese Ergebnisse lagen auf der Hand: Die Regierung Prodi stand in jenem Augenblick nicht schlecht da, und auch die meist in ihrem Amt bestätigten Bürgermeister der linken Mitte hatten eine durchaus positive Bilanz vorzuweisen, wohingegen den Gegenkandidaten des Mitte-Rechts-Bündnisses generell kein allzu hohes politisches Profil nachgesagt wurde. Ein weiterer nicht zu unterschätzender Grund lag auch in der Person Berlusconis: Vor allem seine fortdauernden Attacken gegen die Justiz sorgten in weiten Teilen der Bevölkerung für wachsenden Missmut. Der FI-Chef indes schob die Schuld für seine neue Niederlage ausgerechnet den Medien und seinen verbündeten Christdemokraten in die Schuhe.[930]

Mit diesen Wahlen stand fest: Die FI befand sich trotz des neuen Kurses Berlusconis weiterhin in der Krise. Die Programmkonferenz der AN in Verona[931] sowie die Gründung der neuen Zentrumsformation *Unione Democratica per la Repubblica* (Demokratische Union für die Republik, UDR) durch den früheren Staatspräsidenten Francesco Cossiga[932] brachten die FI zusätzlich in arge Bedrängnis.[933]

---

[928] Vgl. Biorcio, Roberto, Le complicate scelte di Forza Italia, S. 269f.

[929] Allein in Mailand konnte sie einen Erfolg verbuchen. Hier entriss der *Polo*-Kandidat Gabriele Albertini der *Lega* den Bürgermeisterposten. Vgl. Poli, Emanuela, Forza Italia, S. 133.

[930] Vgl. Brill, Klaus, „Vorwärts Italien" im Rückwärtsgang, in: Süddeutsche Zeitung, 5.12.1997, S. 2.

[931] Hier vollzog die AN eine weitere programmatische Hinwendung zur Mitte. Näheres hierzu, vgl. Masala, Carlo, Italiens Parteien in Bewegung, S. 13ff.

[932] Im Februar 1998 hatte Cossiga seine neue Partei der Mitte ins Leben gerufen, die zeitweilig den *Polo* zu zerreißen drohte. Nach dem Vorbild der deutschen CDU zielte die UDR darauf, die FI abzulösen und sich selbst an deren Stelle als eine zur Linken alternative, gemäßigte Kraft dauerhaft zu etablieren. Teile der christdemokratischen Verbündeten Berlusconis um Clemente Mastella und Rocco Buttiglione schlossen sich Cossiga prompt an und kehrten dem *Polo* den Rücken. Vgl. Vespa, Bruno, La svolta, S. 404. Näheres zur UDR, vgl. Grasmück, Damian, Das Parteiensystem Italiens im Wandel, S. 60ff.

[933] Vgl. Diamanti, Ilvo, Politica all'italiana, S. 105.

Vor diesem Hintergrund fand vom 16. bis zum 18. April 1998 der erste nationale Parteitag der *Forza Italia*, der so genannte Nationalkongress (*Congresso nazionale*), in Berlusconis Heimatstadt Mailand statt. Dieser war dringend nötig geworden, nachdem die Kritik vor allem an der inneren Organisation und damit auch an der mangelhaften innerparteilichen Demokratie der FI immer schrillere Töne angenommen hatte. Auffälligerweise kam diese Kritik nicht nur von außen – selbst hochrangige Spitzenvertreter der Partei stimmten in diesen Chor mit ein. Auch hatten sich im Laufe des Jahres 1997 die Austritte aus den FI-Parlamentsfraktionen aus Protest über die politischen und organisatorischen Vorstellungen der Parteiführung gemehrt. Der Parteitag sollte also Gelegenheit bieten, das Image der FI nach außen aufzupolieren, nach innen Einigkeit und Geschlossenheit zu demonstrieren und dem andauernden Konsolidierungsprozess der Parteistrukturen neuen Elan zu verleihen.[934]

Inhaltlich markierte der FI-Kongress definitiv die Ausrichtung der Partei hin zur politischen Mitte. Berlusconi machte in seiner Eröffnungsrede deutlich, er wolle mit seiner FI den Platz der untergegangenen DC einnehmen. Bei dieser Gelegenheit definierte er die *Forza* erstmals als

> „Partei der Mitte, das Zentrum des politischen Systems Italiens. Sie ist eine liberale Partei, aber keine elitäre, sondern vielmehr eine liberaldemokratische Volkspartei, sie ist eine katholische Partei, aber keine konfessionelle, sie ist eine weltliche Partei, aber keine intolerante und laizistische, sie ist eine nationale Partei, aber keine zentralistische. Sie ist also eine Partei, die sich einen ganz einfachen Namen geben möchte [...]: die Partei der Leute."[935]

Nicht von ungefähr wurde daher auch ganz bewusst der 18. April als Abschlusstag der Versammlung gewählt – auf den Tag genau vor fünfzig Jahren hatten die „schicksalhaften" ersten Parlamentswahlen nach Kriegsende stattgefunden, welche die Christdemokraten gegen die linke Volksfront-Koalition klar gewannen.[936] In seinen Reden stellte sich Berlusconi denn auch in die Tradition des Christdemokraten der ersten Stunde, Alcide De Gasperi. Zudem attackierte er wieder verstärkt die Regierung Prodi, setzte seinen „Kreuzzug" gegen die italienische Justiz unvermindert fort und versprach eine neue Oppositionspolitik. Ferner ging er auch auf die Verhandlungen um die Reform der Institutionen ein und vollzog bei dieser Gelegenheit eine Kehrtwende. Gehörte er früher zu den eisernen Verfechtern des Mehrheitswahlrechts und des Präsidialsystems, so favorisierte er nun plötzlich umso energischer das Verhältniswahlrecht und die Kanz-

---

[934] Vgl. Poli, Emanuela, Forza Italia, S. 132f. Näheres zum nationalen Parteitag der FI, vgl. auch Kapitel 10.1.2.

[935] Rede Silvio Berlusconis anlässlich der Eröffnung des FI-Parteikongresses in Assago am 16.4.1998, in: ders., L'Italia che ho in mente. I discorsi „a braccio" di Silvio Berlusconi, S. 35-70, 41 (eig. Übers.).

[936] Vgl. Diamanti, Ilvo, Politica all'italiana, S. 113.

lerdemokratie nach deutschem Vorbild.[937] Indem er derart die bisher erreichten Kompromisse in der Zwei-Kammer-Kommission wieder in Frage stellte, setzte er sich spürbar von seinem Alliierten Gianfranco Fini ab, der mittlerweile den Arbeiten in der *Bicamerale* äußerst positiv gegenüberstand.[938]

Getragen von dieser neuerlichen Welle der Begeisterung, ging die *Forza Italia* gestärkt in die anstehenden Kommunalwahlen vom Mai bzw. Juni 1998, so dass es dem Mitte-Recht-Bündnis gelang, den *Ulivo* in mehreren Städten zu schlagen, darunter Parma, Piacenza, Asti, Lucca, L'Aquila und Ragusa. Obgleich regionale Besonderheiten eine nicht unwesentliche Rolle spielten, entfalteten diese Ergebnisse eine Signalwirkung auch für die nationale Ebene. Immerhin gingen von den 28 Provinzhauptstädten vierzehn an das Mitte-Rechts-Bündnis, das zuvor in lediglich sechs Städten regiert hatte. Während einige Politiker der Regierungsparteien das Ergebnis als Alarmsignal werteten, erkannten FI-Repräsentanten darin eine Bestätigung für Berlusconi.[939]

Zwar konnten diese Wahlen nicht als endgültige Wende für den *Polo* gedeutet werden, doch musste es schon bedenklich stimmen, dass den Regierungsparteien die erst kurz zuvor erlangte Euro-Tauglichkeit Italiens nicht zugute gekommen war.[940] In einem Kraftakt sondergleichen hatte die Regierung Prodi alles darangesetzt, die Maastrichter Konvergenzkriterien noch rechtzeitig zu erfüllen.[941] Als dann am 2. Mai 1998 aus Brüssel die erlösende Nachricht kam, dass Italien unter den ersten elf Mitgliedstaaten der Währungsunion sein würde, war die Genugtuung Prodis groß.[942] Gleichzeitig aber kam der *Ulivo*-Regierung mit diesem Ereignis auch der Zusammenhalt abhanden, wodurch Berlusconi wieder eine ganz neue Gangart einlegen konnte:

> „Der Sieg in der europäischen Herausforderung, der Eintritt in die Europäische Währungsunion, markiert einen Wendepunkt. [...] Er entwaffnet Prodi. Er entledigt ihn der Bedingungen, die seine Rolle entscheidend machten. Diese Bedingungen garantierten ihm Stärke, nicht nur gegenüber der Opposition, sondern auch gegenüber den Parteien der Regierungsmehrheit. [...] Nachdem der europäische Notstand überwunden war, schlug jedoch wieder die Stunde der Bremser, der Vetos in Sachen ‚Große Reform', wie das Scheitern der Zwei-Kammer-Kommission zeigt, das

---

[937] Vgl. N.N., Berlusconi als Chef der Forza Italia bestätigt, in: Süddeutsche Zeitung, 20.4.1998, S. 6.

[938] Vgl. Vespa, Bruno, La svolta, S. 404f. Näheres zu den strategischen Divergenzen zwischen FI und AN, vgl. Poli, Emanuela/Tarchi, Marco, I partiti del Polo. Uniti per cosa?, in: Hine, David/Vassallo, Salvatore (Hg.), Politica in Italia. I fatti dell'anno e le interpretazioni, Ed. 1999, Bologna 1999, S. 79-100.

[939] Vgl. Brill, Klaus, Berlusconi-Block in Städten gestärkt, in: Süddeutsche Zeitung, 9.6.1998, S. 8.

[940] Vgl. ders., Rechte Siege, aber keine Wende, in: Süddeutsche Zeitung, 9.6.1998, S. 4.

[941] Vgl. Pasquino, Gianfranco, La transizione a parole, S. 111f.

[942] Vgl. Vespa, Bruno, La svolta, S. 403.

pünktlich im Anschluss an die Erreichung des europäischen Zieles, im Juni 1998, geschieht."[943]

So war es Berlusconi, der die *Bicamerale* vordergründig deshalb platzen ließ, weil er sich mit seinen Vorstellungen zur Justizreform nicht durchzusetzen vermochte.[944] Es ist davon auszugehen, dass Berlusconi – konfrontiert mit einer ganzen Reihe sich zuspitzender gerichtlicher Verfahren, in denen er unter anderem der Korruption, des Steuerbetrugs und der Bilanzfälschung bezichtigt wurde, – keinen anderen Ausweg sah, als alles auf die Karte einer „strafenden Herabsetzung der Macht der Justiz"[945] zu setzen. Hätte er sich in dieser Frage kompromissbereit gezeigt und so der *Bicamerale* zum Erfolg verholfen, hätte er mehr oder weniger mit leeren Händen seinen Kampf gegen die Justiz weiterführen müssen. Wie ernst die Lage für ihn aussah, zeigte sich bereits einen Monat nach dem Bruch Berlusconis mit der *Bicamerale*. Innerhalb weniger Tage wurde der Medienmogul gleich zweimal in erster Instanz schuldig gesprochen – zum einen wegen Zahlung illegaler Parteispenden im Umfang von umgerechnet rund elf Millionen Euro an den Sozialisten Bettino Craxi, zum anderen wegen Bestechung von Steuerprüfern.[946]

Das Hauptmotiv der Wende Berlusconis um hundertachtzig Grad war jedoch Franchi zufolge ein anderes. Der Oppositionsführer habe insbesondere befürchtet, dass ein Erfolg der *Bicamerale* nicht ihm, sondern der Regierungskoalition zugeschrieben werden würde.[947] Diese Einschätzung findet sich auch bei dem mit Berlusconi verbündeten Zentrumspolitiker Marco Follini bestätigt.[948] Andere politische Beobachter weisen in diesem Zusammenhang ferner darauf hin, dass Berlusconi auch deshalb einen Rückzieher gemacht habe, weil er sich durch die fruchtbare Zusammenarbeit zwischen D'Alema und Fini zunehmend marginalisiert gesehen hätte.[949]

---

[943] Diamanti, Ilvo, Politica all'italiana, S. 14 (eig. Übers.).

[944] Vgl. Pasquino, Gianfranco, La transizione a parole, S. 18f. Konkret pochte Berlusconi auf der Trennung der Laufbahnen zwischen Richtern und Staatsanwälten, womit die Mitte-Links-Parteien nicht einverstanden waren. Vgl. ebd.

[945] Pasquino, Gianfranco, La transizione a parole, S. 45 (eig. Übers.).

[946] Vgl. Brill, Klaus, Von Mafia-Kontakten bis zur Bestechung, in: Süddeutsche Zeitung, 14.7.1998, S. 2. Das Strafmaß belief sich im ersten Fall auf zwei Jahre und vier Monate zuzüglich einer Geldstrafe und im zweiten Fall auf zwei Jahre und neun Monate Freiheitsentzug. Diese Strafe musste Berlusconi jedoch bis heute nicht antreten, da er damals den Weg durch alle Instanzen ansteuerte, der sich in Italien für gewöhnlich über Jahre hinzögert. Vgl. ebd. Näheres zur den damals höchst akuten Justizproblemen Berlusconis, vgl. auch N.N., Ritter und Gauner, in: Der Spiegel, 29/1998, S. 123f.

[947] Vgl. Interview des Autors mit Paolo Franchi in Rom am 5.5.2003.

[948] Vgl. Follini, Marco, Intervista sui moderati, Rom, Bari 2003, S. 75f.

[949] Vgl. N.N., Berlusconis Rundumschlag, in: Neue Zürcher Zeitung, 6.6.1998, S. 3.

Berlusconi machte offiziell die Regierungsparteien für das Scheitern der *Bicamerale* verantwortlich, wie er in einer Rede vor der Abgeordnetenkammer am 27. Mai 1998 ausführte:

> „Generell herrschte der Versuch vor, den Reformprozess mit einer reinen Technik der Versöhnung gegensätzlicher Positionen durchzuführen und dabei immer und auf jeden Fall die Positionen der Mehrheit zu bewahren. [...] Heute stellen wir mit Bedauern fest, dass praktisch keiner unserer Vorschläge aufgegriffen wurde."[950]

Diese Sichtweise entspricht jedoch nicht der Wahrheit, denn wie bereits dargelegt, kamen die Regierungsparteien sehr wohl zahlreichen Vorstellungen der Opposition während der Verhandlungen in der *Bicamerale* weit entgegen. Auch wenn Berlusconi das bestreitet, scheiterte die Verfassungsreform letzten Endes an ihm. Obwohl ein Großteil der erreichten Übereinkünfte unter seiner maßgeblichen Mitwirkung zustande gekommen war, vertrat er mit der FI plötzlich wieder gegenteilige Positionen. Selbst der AN-Chef zeigte sich darüber erstaunt und bezeichnete die Kehrtwende seines Partners offen als Fehler.[951]

Vor diesem Hintergrund ist hier der Meinung zu folgen, Berlusconi habe die Verfassungsreform vor allem aus persönlichen und strategischen Motiven an die Wand gefahren. Nachdem Berlusconi durch seine Annäherungspolitik erstmals echte politische Legitimation erfahren hatte,[952] konnte er es sich aus einer Position der Stärke heraus leisten, auch wieder Abstand zu nehmen und einen eigenständigen Kurs zu verfolgen. Geschadet hat ihm dieses strategisch bedingte Hin- und Hermanövrieren nicht, wie der folgende Abschnitt zeigt – ganz im Gegenteil.

7.4 Vom Herbst 1998 bis zum Frühjahr 2001: Die FI im Aufwind

Angesichts der Verabschiedung des Haushaltsgesetzes für das Jahr 1999 kam es im Herbst 1998 zu einer erneuten Regierungskrise, die allerdings diesmal für die Regierung Prodi nicht mehr so glimpflich wie manches Mal zuvor endete. Wieder war es Altkommunisten-Chef Fausto Bertinotti, der den Budgetentwurf kategorisch ablehnte. Prodis bewährtes Kalkül, unter Rückgriff auf die Vertrauensfrage die RC doch noch zum Einlenken zu bewegen, sollte diesmal aber nicht mehr aufgehen. So stürzte die Mitte-Links-Regierung über diese Vertrauensabstimmung am 9. Oktober in der Abgeordnetenkammer – denkbar knapp. Um eine Stimme hatte Prodi die notwendige absolute Mehrheit verfehlt.[953]

---

[950] Rede Silvio Berlusconis vor der Abgeordnetenkammer am 27.5.1998, in: ders., Discorsi per la democrazia. Gli interventi parlamentari di Silvio Berlusconi, Mailand 2001, S. 206-211, 207 (eig. Übers.).

[951] Vgl. N.N., Berlusconis Rundumschlag, in: Neue Zürcher Zeitung, 6.6.1998, S. 3.

[952] Vgl. Cotta, Maurizio, Dopo tre elezioni, S. 35.

[953] Vgl. Hausmann, Friederike, Kleine Geschichte Italiens, S. 182.

Dass das Mitte-Rechts-Bündnis, anders als beispielsweise bei der Abstimmung über den Albanien-Einsatz, nun nicht mehr für Prodi in die Bresche gesprungen war, kann als Beleg für den neuen politisch-strategischen Kurs des *Polo* dienen. Im Rückblick rechtfertigte Berlusconi sein Verhalten wie folgt:

> „Wenn wir unsere Stimmen Prodi geschenkt hätten, um den Haushalt zu verabschieden, hätte sich nichts geändert, wie sich auch nach Albanien nichts geändert hatte. Die Meinungsumfragen zeigten uns an, dass 87 Prozent unserer Wähler dagegen waren, dass wir die im Amt befindliche Regierung unterstützten. Natürlich haben wir darüber aus Verantwortungsbewusstsein gesprochen. Wir waren uns jedoch einig in unserer Entscheidung."[954]

Dahinter stand seitens der Opposition die Hoffnung auf – und wenig später auch der Ruf nach – vorgezogenen Neuwahlen,[955] was aber aus einem einfachen Grund nahezu unmöglich gewesen wäre: Das so genannte *Semestre bianco*, das letzte halbe Jahr der Amtszeit von Staatspräsident Scalfaro, stand vor der Tür, während dessen die Kammern nicht mehr aufgelöst werden durften. Und so lag es nun an Scalfaro, lediglich die Möglichkeiten für eine neue Mitte-Links-Regierung zu sondieren.[956] Gegen eine reine Neuauflage der Regierung Prodi sperrten sich die Linksdemokraten, deren Parteichef Massimo D'Alema nun seine große Chance gekommen sah, selbst das Regierungsruder zu übernehmen. Schützenhilfe bekam er ausgerechnet vom ehemaligen christdemokratischen Staatspräsidenten Cossiga, der mit seiner neu gegründeten Zentrumsformation UDR[957] genauso wenig gewillt war, Prodi aus der Patsche zu helfen, da er mittelfristig auf den Untergang des *Ulivo* hinarbeitete. Um dieses Zieles willen scheute er sich weder, den Ex-Kommunisten D'Alema auf den Sessel des Ministerpräsidenten zu hieven, noch legte er gegen eine Regierungsbeteiligung des Altstalinisten Armando Cossutta sein Veto ein. Die so gebildete neue Mitte-Links-Regierung unter D'Alema umfasste damit ein äußerst breites Parteienspektrum, das von rechten Christdemokraten über Kleinstformationen wie *L'Italia dei Valori* (Italien der Werte) Antonio Di Pietros bis hin zu den Altkommunisten reichte.[958] Die Instabilität dieser Regierung war also bereits vorprogrammiert: „Aufgrund dieser ‚Vielparteien-Ausdehnung' erwies sich die Regierung D'Alema als zerbrechlich

---

[954] Zitiert nach: Vespa, Bruno, La sfida. Dal patto alla crisi e oltre, Rom, Mailand 1998, S. 27 (eig. Übers.). Zitiert als: Vespa, Bruno, La sfida.

[955] Vgl. Pasquino, Gianfranco, La transizione a parole, S. 178.

[956] Vgl. Hausmann, Friederike, Kleine Geschichte Italiens, S. 182.

[957] Unter dem Dach der UDR hatte Cossiga insbesondere Parlamentarier der CDU, des CCD, des *Patto Segni* und der Liberalen vereint. Vgl. Diamanti, Ilvo, Politica all'italiana, S. 102.

[958] Vgl. Hausmann, Friederike, Kleine Geschichte Italiens, S. 183; dies., Italien. Der ganz normale Sonderfall, S. 23f.

und folglich weniger effizient und erinnerte stark an das instabile Regierungsmodell der ‚ersten Republik'."[959]

Diese neu aus der Taufe gehobene, äußerst heterogene Mitte-Links-Regierung bot der Opposition zahlreiche Angriffsflächen, zumal sie auch aus den eigenen Reihen, von Seiten Prodis und dessen Anhängern, unaufhörlich kritisiert und attackiert wurde.[960] Schon in der Art ihres Zustandekommens – „über ein typisches parlamentarisches Manöver all'italiana"[961] – erkannte die Mitte-Rechts-Opposition einen *Ribaltone* (Umstoß) nach dem gleichen Schema wie die Bildung der Regierung Dini Anfang 1995.[962] Mit Massendemonstrationen, zu denen sie im ganzen Land aufgerufen hatte, verschaffte sie ihrer Entrüstung Luft.[963]

Derweil bahnte sich ein Ereignis an, das zunächst verhieß, für die Zukunft des italienischen Parteiensystems von großer Bedeutung zu werden. Am 18. April 1999 waren die Italiener aufgerufen, über ein Referendum zur Abschaffung der übrig gebliebenen Proporzquote im Wahlrecht zu entscheiden. Es ging also um die Einführung des reinen Mehrheitsprinzips, das in letzter Konsequenz ein reines Zweiparteiensystem nach sich gezogen hätte.[964]

Berlusconi und seine *Forza Italia* schienen in dieser Angelegenheit hin und her gerissen zu sein, was sich nicht zuletzt in den widersprüchlichen Stellungnahmen des FI-Chefs hierzu spiegelte. Zwar gehörte neben Mario Segni, Achille Occhetto und Antonio Di Pietro auch der liberale Flügel der FI sogar zu den Initiatoren des Volksbegehrens, doch war die FI insgesamt – nicht anders wie auch die Linksdemokraten – stark gespalten.[965] Zu groß war die Furcht, mit einer offenen Unterstützung des Referendums die Kleinparteien, um deren Wohlwollen man schließlich buhlte, zu verprellen.[966] Daher machte Berlusconi auch keinerlei Wahlempfehlungen und sprach sich stattdessen für die Freiheit der Wahl aus.[967]

---

[959] Daniels, Philip, Le elezioni del Parlamento europeo del 1999, in: Gilbert, Mark/Pasquino, Gianfranco (Hg.), Politica in Italia. I fatti dell'anno e le interpretazioni, Ed. 2000, Bologna 2000, S. 47-67, 48 (eig. Übers.).

[960] Vgl. Gilbert, Mark/Pasquino, Gianfranco, Introduzione. La politica che non fa passi avanti, in: dies. (Hg.), Politica in Italia. I fatti dell'anno e le interpretazioni, Ed. 2000, Bologna 2000, S. 33-45, 33.

[961] Ebd. (eig. Übers.).

[962] Vgl. Pasquino, Gianfranco, La transizione a parole, S. 178.

[963] Vgl. N.N., Wahlroutine, in: http://www.welt.de/daten/2001/04/11/0411eu246777.htx?print=1 (11.4.2001).

[964] Vgl. Brill, Klaus, Wahlmüde Italiener, in: Süddeutsche Zeitung, 20.4.1999, S. 1.

[965] So gehörte etwa Giuliano Urbani, einer der engsten Berater Berlusconis, zu den entschiedensten Gegnern des Referendums. Vgl. Donovan, Mark, La fine dell'anomalia referendaria in Italia?, S. 81.

[966] Vgl. ebd., S. 76f.

[967] Vgl. Pasquino, Gianfranco, La transizione a parole, S. 172f.

Anders die Interessenlage der AN: Indem sich deren Parteichef Fini klar auf die Seite der Befürworter geschlagen hatte, hoffte er, bei einem positiven Ausgang Berlusconi ins politische Abseits drängen zu können und die lang ersehnte Führung des *Polo* selbst zu übernehmen. Zu diesem Zweck hatte er bereits vor der Abstimmung einen Pakt mit Segni geschlossen, der die Bildung eines „liberal-demokratischen" Pols vorsah, einer Art Alternative zum *Ulivo*. Für Berlusconi war in einem solchen Zusammenschluss kein Platz mehr vorgesehen.[968]

Das Ergebnis des Referendums bedeutete vor diesem Hintergrund einen herben Rückschlag insbesondere für Fini. Obgleich eine Mehrheit von 91,1 Prozent der gültigen Stimmen für die Abschaffung der Verhältniswahlquote war, wurde das Volksbegehren wegen zu geringer Wahlbeteiligung für null und nichtig erklärt. Um knappe 0,4 Prozentpunkte hatte der Urnengang das erforderliche Quorum von mindestens fünfzig Prozent der Stimmen verfehlt.[969] Ohne einen klaren politischen Kurs gefahren zu sein, kam dieser Ausgang Berlusconi entgegen, denn mit der politischen Niederlage Finis war seine schon so oft in Frage gestellte Führerschaft des Mitte-Rechts-Blocks wieder einmal gerettet.

Mit ein Grund für die unzureichende Wahlbeteiligung war der kurz zuvor ausgebrochene Kosovo-Krieg der NATO, der die Bevölkerung von der Wahlrechtsthematik ablenkte.[970] Dieser brachte die Regierung D'Alema in arge Bedrängnis, denn die unverzichtbare Teilnahme Italiens als des geographisch am nächsten liegenden NATO-Partners war innerhalb des *Ulivo* heftig umstritten. Anders als bei der Albanien-Mission stellte Berlusconi, der zu den entschiedensten Befürwortern einer aktiven Teilnahme Italiens am Kosovo-Krieg zählte, diesmal klar, dass die Regierung zurücktreten müsse, sollte sie keine eigene parlamentarische Mehrheit hierfür zustande bringen. Nur das Einlenken der Kommunisten Cossuttas in letzter Minute bewahrte D'Alema vor einem Rücktritt.[971] Dieses unterschiedliche Verhalten Berlusconis bei zwei ähnlich gelagerten Fällen (Albanien-Einsatz und Kosovo-Krieg) unterstreicht nochmals die gewandelte, auf Konfrontation mit der Regierungsmehrheit ausgerichtete politische Strategie der FI, die aus einem wiedererlangten Selbstbewusstsein herrührte.

Kurz darauf kam es zu einem neuerlichen Kräftemessen zwischen Regierungsmehrheit und Opposition. Die Wahl des neuen italienischen Staatspräsidenten stand am 13. Mai 1999 auf der Tagesordnung. Auch hier versuchte Berlusconis FI, den *Ulivo* zunächst auseinander zu dividieren. Dieses Ziel vor Au-

---

[968] Vgl. Donovan, Mark, La fine dell'anomalia referendaria in Italia?, S. 78f.

[969] Vgl. Pasquino, Gianfranco, La transizione a parole, S. 173.

[970] Vgl. Donovan, Mark, La fine dell'anomalia referendaria?, S. 79f.

[971] Vgl. Croci, Osvaldo, Dovere, umanitarismo e interesse nazionale. L'Italia e l'intervento della Nato in Kosovo, in: Gilbert, Mark/Pasquino, Gianfranco (Hg.), Politica in Italia. I fatti dell'anno e le interpretazioni, Ed. 2000, Bologna 2000, S. 109-130, 122f. Näheres zur italienischen Beteiligung am Kosovo-Krieg, vgl. ebd., S. 109ff.

gen, unterstützte der Oppositionsführer anfangs die unnachgiebige Forderung von PPI-Parteisekretär Franco Marini, wieder einen Christdemokraten zum Staatschef zu küren. Indem dieser zwischenzeitlich gar mit einer Regierungskrise drohte, verlieh er seinem Ansinnen den nötigen Nachdruck gegenüber DS-Chef Walter Veltroni, der die Verhandlungen federführend leitete. Der Vorschlag Marinis stieß bei Veltroni allerdings auf nicht minder taube Ohren wie bei AN-Chef Fini, da beide damit die „Gefahr" einer wiedererstarkenden Christdemokratisierung der italienischen Politik und somit einer Rückkehr zur Vergangenheit verbanden.[972]

Als Veltroni dann vor der schwierigen Aufgabe stand, das eigene Mitte-Links-Lager auf einen gemeinsamen Kandidaten einzuschwören, ging der *Polo* taktisch klug in die Offensive und brachte den Namen Giuliano Amato – weder Links- noch Christdemokrat – ins Spiel, um so den DS-Chef in Verlegenheit zu bringen. Derart in die Enge gedrängt, präsentierte Veltroni als Rettung aus der Not den parteilosen und allseits hoch angesehenen Carlo Azeglio Ciampi als den idealen Kandidaten für dieses höchste Amt im Staate.[973] Um keinen Bruch mit Fini zu riskieren und um am Ende nicht isoliert dazustehen, verständigte sich auch Berlusconi auf Ciampi und stellte dadurch die Einheit des *Polo* wieder her, so dass sich auch der *Ulivo* auf Drängen D'Alemas geschlossen hinter dem Wunschkandidaten Veltronis vereinte.[974] Italien hatte damit einen neuen Staatspräsidenten, der bereits im ersten Wahlgang eine breite Mehrheit von 707 der insgesamt 1.010 Stimmen erzielte.[975] Obwohl es Berlusconi nicht unterlassen konnte, zumindest anfangs Zwietracht zu säen, hatten Regierung und Opposition letzten Endes doch noch zusammengefunden: „Der Ausgang erscheint ermutigend in Bezug auf die allgemeinen politischen Beziehungen zwischen der Mitte-

---

[972] Vgl. Pasquino, Gianfranco, L'elezione di Ciampi alla presidenza della Repubblica, in: Gilbert, Mark/Pasquino, Gianfranco (Hg.), Politica in Italia. I fatti dell'anno e le interpretazioni, Ed. 2000, Bologna 2000, S. 131-147, 137f. Zitiert als: Pasquino, Gianfranco, L'elezione di Ciampi alla presidenza della Repubblica.

[973] Vgl. ebd., S. 140f. Ciampis Verdienste galten in allen politischen Lagern als unumstritten. Erst als Chef der *Banca d'Italia*, dann von April 1993 bis März 1994 als Ministerpräsident und nach zweijähriger Pause als Schatzminister unter Prodi hatte er sich den Ruf eines kompetenten Technikers und gleichzeitig auch eines krisenerprobten Politikers erworben. Vgl. ebd., S. 144.

[974] Vgl. ebd., S. 143.

[975] Vgl. ders., La transizione a parole, S. 161. Laut Art. 83 der italienischen Verfassung wird der Staatspräsident in gemeinsamer Sitzung von den Mitgliedern des Abgeordnetenhauses und des Senats gewählt. An dieser Wahl nehmen zudem auch für jede Region Italiens drei Vertreter teil, die von den jeweiligen Regionalräten bestimmt werden, wobei die autonome Region Aostatal lediglich einen Delegierten entsendet. Gewählt ist, wer die Stimmen von mindestens zwei Dritteln dieser Versammlung erhält, nach dem dritten Wahlgang genügt bereits die absolute Mehrheit. Vgl. Costituzione della Repubblica italiana, Art. 83, in: http://www.axnet.it/buvette/cost9.html (6.11.2002).

Links-Mehrheit [...] auf der einen und dem Polo auf der anderen Seite."[976] Die sogleich aufkeimende Hoffnung, damit sei wieder einmal eine neue Phase der Zusammenarbeit zwischen Regierung und Opposition in Sachen Verfassungsreform eingeläutet,[977] erwies sich allerdings als voreilig.

Für einen neuen „Schmusekurs", wie ihn vor allem D'Alema in der Folge anvisierte, war Berlusconi mit Blick auf die nahenden Europawahlen nicht mehr zu haben.[978] Der FI-Chef setzte im anlaufenden Wahlkampf vielmehr ganz auf Konfrontation. Während die AN diese Wahlen als Gelegenheit betrachtete, die Vormachtstellung der FI zu durchbrechen, stilisierte sie Oppositionschef Berlusconi zu einem Referendum für oder gegen die Regierung D'Alema. Völlig willkürlich setzte er den Parteien der Regierungsmehrheit sogar eine Latte von vierzig Prozent, bei deren Unterschreitung er der Regierung das Recht abstritt, noch länger das Land zu führen.[979] Entsprechend mokierte er sich im Wahlkampf:

„Dieser Ministerpräsident ist gegen den Willen der Bürger an der Regierung. Dies ist eine verletzte Demokratie, und unser Premier ist unrechtmäßig dank eines transformistischen Manövers an der Regierung. Ich bin jedenfalls sicher: In fünfzehn Tagen werden wir unseren zweiten Meistertitel in die Tasche stecken, und die Regierung wird die politische und moralische Pflicht haben zurückzutreten."[980]

Dass Berlusconi alles daransetzte, dieses Ziel auch zu erreichen, zeigen bereits die enormen Summen, die er in die Wahlkampagne der FI investierte. Die Schätzungen hierüber beliefen sich auf umgerechnet rund fünf Millionen Euro – weit mehr als etwa den Linksdemokraten oder der Volkspartei zur Verfügung stand.[981]

Mit einer Reihe von Protestaktionen gegen die Regierung machte Berlusconi im ganzen Land mobil. Höhepunkt war der so genannte Tax Day gegen die Steuerbelastungen. Die zentrale Kundgebung fand in Verona statt und wurde über Sa-

---

[976] Pasquino, Gianfranco, L'elezione di Ciampi alla presidenza della Repubblica, S. 133 (eig. Übers.).

[977] Vgl. Gilbert, Mark/Pasquino, Gianfranco, a.a.O., S. 35.

[978] Vgl. Hausmann, Friederike, Kleine Geschichte Italiens, S. 184.

[979] Vgl. Daniels, Philip, a.a.O., S. 50. Wie schon in der Vergangenheit wurde auch diesmal der italienische Europawahlkampf weniger von europapolitischen, als vielmehr von nationalen Themen beherrscht. Davon versprach man sich gesteigerte Aufmerksamkeit bei den Wählern, denn die nationale Politik interessiert und spaltet generell viel stärker als die europapolitischen Konzepte der einzelnen Parteien. Auch hat es durchaus Tradition in Italien, die Europawahlen als Stimmungsbarometer für die Kräfteverteilung auf nationaler Ebene zu betrachten. Vgl. ebd., S. 47; Grossi, Giorgio, Al voto coi giornali. Il ruolo della stampa nelle campagne elettorali, in: Sani, Giacomo (Hg.), Mass media ed elezioni, Bologna 2001, S. 159-188, 168f.

[980] Interview mit Silvio Berlusconi, in: Il Messaggero, 30.5.1999, S. 6 (eig. Übers.).

[981] Vgl. Pujas, Véronique, Finanziamento dei partiti e controllo dei mezzi di comunicazione. La specificità del caso italiano, in: Gilbert, Mark/Pasquino, Gianfranco (Hg.), Politica in Italia. I fatti dell'anno e le interpretazioni, Ed. 2000, Bologna 2000, S. 149-164, 158.

tellit in hundert italienische Städte übertragen, wo die lokalen FI-Parteiaktivisten die Bevölkerung zu Live-Übertragungen einluden.[982]

Tabelle 7: Italienische Ergebnisse der Europawahlen vom 13. Juni 1999

	Prozent	Sitze	Parlamentswahl '96 (in %)	Europawahl '94 (in %)
FI	25,2	22	20,6	30,6
DS	17,3	15	21,1	19,1
AN-*Patto Segni*	10,3	9	AN 15,7	AN 12,5 *Patto Segni* 3,3
Lista Bonino	8,5	7	*Lista Pannella-Sgarbi* 1,9	*Lista Pannella* 2,1
I Democratici	7,7	7		
Lega Nord	4,5	4	10,1	6,6
RC	4,3	4	8,6	6,1
PPI	4,2	4	*Per Prodi* 6,8	10,0
CCD	2,6	2	CCD-CDU 5,8	
CDU	2,2	2		
SDI	2,2	2		PSI-AD 1,8; PSDI 0,7
PdCI	2,0	2		
Verdi	1,8	2	2,5	3,2
U.D.Eur	1,6	1		
MS-FT	1,6	1	0,9	
RI-*Lista Dini*	1,1	1	4,3	
Pensionati	0,7	1		
DLRE	0,5	1		0,7
Gesamt	100	87	100	100

Quelle: Eigene Zusammenstellung aus: N.N., Il libro dei fatti 2001, Rom 2000, S. 175/185f.

Dieser Polarisierungswahlkampf und die dazu aufgebrachten finanziellen Mittel, die vor allem für eine Vielzahl von Fernsehsports verwendet wurden,[983] schienen sich auszuzahlen. Wie Tabelle 7 zeigt, legte die *Forza Italia* bei den Europawahlen vom 13. Juni 1999 im Vergleich zu den Parlamentswahlen von 1996 um knapp fünf Prozentpunkte zu und wurde mit 25,2 Prozent wieder stärkste Partei Italiens. Die Linksdemokraten dagegen lagen mit 17,2 Prozent weit dahinter. Mit Berlusconi als Zugpferd[984] hatte sich die FI in vier der insgesamt fünf Wahlkreise Platz eins sichern können, im Wahlkreis Nord-Ost kam sie sogar auf ein Spitzenergebnis von 29,6 Prozent. Ihre Zugewinne gingen insbesondere auf Kosten von PPI, AN und *Lega Nord*. Letztere musste mit nur 4,5 Prozent mehr als eine Halbierung ihrer Stimmenzahl gegenüber den Parlamentswahlen von 1996 hinnehmen und gehörte somit ebenso zu den Verlieren dieses

---

[982] Vgl. Poli, Emanuela, Forza Italia, S. 142.

[983] Vom 1. Februar bis zum 11. Juni 1999 warb die FI mit insgesamt 1.781 TV-Werbespots für sich. Vgl. ebd., S. 142.

[984] Berlusconi war in allen fünf italienischen Wahlkreisen als Spitzenkandidat ins Rennen gegangen. Vgl. Daniels, Philip, a.a.O., S. 52.

Urnengangs wie die AN. In einer gemeinsamen Liste mit dem *Patto Segni* namens „Elefant" kamen die Postfaschisten auf lediglich 10,3 Prozent. Damit war auch der letzte Versuch Gianfranco Finis kläglich gescheitert, die FI zu überflügeln und Berlusconi das Heft aus der Hand zu reißen. So konnte der Medienunternehmer nun umso ungenierter nicht nur die Führung des Mitte-Rechts-Bündnisses für sich reklamieren. Auch die erneute Spitzenkandidatur bei den kommenden Parlamentswahlen konnte ihm nun keiner mehr streitig machen.[985]

Die Gründe für das hervorragende Ergebnis der FI bei den Europawahlen 1999 lagen vor allem in der gemäßigten, auf die politische Mitte zielenden und auf Ausgleich bedachten Neupositionierung Berlusconis.[986] Auch Diamanti sieht dies so und unterstreicht:

> „Der Erfolg Berlusconis basiert auf der Wahl, sich zu ‚normalisieren', sich als eine Art Erbe der DC zu präsentieren. Gemäßigt und verantwortungsvoll in Sachen Krieg und Wahl des Staatspräsidenten. Eindeutig unterscheidbar von der ‚amerikanischen Rechten' um Segni und Fini. In gewissem Maße reflektiert er die Richtung der Europäischen Volkspartei, die zum Behälter wurde, in dem die christdemokratische Komponente zugunsten liberaler und konservativer Kräfte abnimmt."[987]

Neben den Europawahlen durfte sich Berlusconi auch über den Ausgang der Provinz- und Kommunalwahlen in 67 Provinzen und mehr als viertausendfünfhundert Kommunen freuen, deren erster Wahlgang ebenfalls am 13. Juni 1999 stattfand. Dabei gelang es Mitte-Rechts, dem gegnerischen Lager zahlreiche Provinzen und Kommunen streitig zu machen. Im zweiten Wahlgang zwei Wochen darauf fielen selbst traditionelle Hochburgen der Linken wie Arezzo und sogar Bologna an den *Polo*.[988]

Trotz dieser äußerst bemerkenswerten Ergebnisse hatte Berlusconi doch zumindest ein Wahlziel verfehlt: Der *Polo* insgesamt hatte es bei den Europawah-

---

[985] Vgl. ebd., S. 52f. Neben der FI zählten auch die *Lista Bonino* (ehemals *Partito Radicale*) und die *Democratici* (Demokraten, die Neuformation Romano Prodis) zu den Gewinnern dieser Wahlen. Während die *Democratici* eindeutig von der Popularität Prodis profitierten, war der Erfolg der *Lista Bonino* vor allem auf die ehemalige EU-Kommissarin Emma Bonino zurückzuführen, zumal diese erst kurz zuvor als Kandidatin für das Amt des Staatspräsidenten von sich reden gemacht hatte. Vgl. Gilbert, Mark/Pasquino, Gianfranco, a.a.O., S. 36. Näheres zum überraschend guten Abschneiden dieser beiden Formationen, vgl. auch Ignazi, Piero, Italy, in: European Journal of Political Reseach, Special Issue: Political Data Yearbook 2000, 38. Jg. (2000), Nr. 3-4, S. 434-442, 440. Zitiert als: Ignazi, Piero, Italy.

[986] Vgl. Daniels, Philip, a.a.O., S. 52.

[987] Diamanti, Ilvo, Politica all'italiana, S. 179 (eig. Übers.).

[988] Vgl. Poli, Emanuela, Forza Italia, S. 144f. Näheres zu den Kommunalwahlen vom Juni 1999 allgemein sowie zur historischen Niederlage des *Ulivo* in Bologna im Besonderen, vgl. Baldini, Gianfranco/Legnante, Guido, Le elezioni comunali del 1999 e la „disfatta" della sinistra a Bologna, in: Gilbert, Mark/Pasquino, Gianfranco (Hg.), Politica in Italia. I fatti dell'anno e le interpretazioni, Ed. 2000, Bologna 2000, S. 89-108.

len nicht geschafft, die Parteien des *Ulivo* zu überrunden, und blieb sogar selbst unter der Vierzig-Prozent-Marke stecken, von deren Überwindung der FI-Chef vollmundig den Verbleib D'Alemas im Amt des Ministerpräsidenten abhängig gemacht hatte. Unter diesen Voraussetzungen war es ein Leichtes für den amtierenden Premier, weiterhin an der Macht zu bleiben und öffentlich jegliche Konsequenzen für seine Regierung aus dem Wahlergebnis zurückzuweisen.[989] Um die trotz allem klar erlittene Schwächung zu übertünchen und Willensstärke zu demonstrieren, ging D'Alema mit einem so genannten „Pakt für die fünfhundert Tage", die bis zum Ende der Legislaturperiode noch blieben, in die Offensive.[990]

Und weil die Regierung die massive TV-Werbekampagne Berlusconis für den unbestreitbaren Erfolg der FI verantwortlich machte, startete sie Ende Juni 1999 eine neue Gesetzesinitiative, von der sie sich versprach, die Chancengleichheit im Wahlkampf ein für alle Mal sicherzustellen.[991] Dieses so genannte *Par-condicio*-Gesetzesprojekt, das im Wesentlichen ein Verbot jeglicher Parteienwerbung in Fernsehen und Zeitungen dreißig Tage vor Wahlen vorsah,[992] traf auf den erbitterten Widerstand der FI. Erst sprachen hochrangige Parteivertreter von einem „illiberalen" Vorhaben, das eindeutig gegen Berlusconi gerichtet sei, bevor er selbst in der laufenden Debatte das Wort ergriff und sich mit aller Kraft gegen die Pläne der Regierungsmehrheit stemmte. Er brachte es sogar fertig, einen so genannten *Par condicio Day* für den 15. September 1999 auszurufen, an dem unzählige TV-Spots gegen die Abschaffung der Wahlwerbung über Italiens Bildschirme flimmerten. Als kurz darauf der Gesetzesentwurf im Senat in erster Lesung verabschiedet wurde, verließen die Senatoren des *Polo* den Saal. Doch weder diese Protestaktion noch die Demonstration der FI-Jugendorganisation vor dem Abgeordnetenhaus im Januar 2000 gegen die *Par condicio* konnten verhindern, dass das Gesetz im März gleichen Jahres doch verabschiedet wurde.[993] Diese Neuregelung markierte den vorläufigen Schlusspunkt einer lebhaften Debatte über das Verhältnis von Politik und Fernsehen in Italien, die bereits in den achtziger Jahren ihren Anfang genommen hatte. Mit dem Ein-

---

[989] Vgl. Daniels, Philip, a.a.O., S. 56; Ignazi, Piero, Italy, S. 441.

[990] Vgl. Hausmann, Friederike, Kleine Geschichte Italiens, S. 184.

[991] Vgl. Gilbert, Mark/Pasquino, Gianfranco, a.a.O., S. 36.

[992] Einen ausführlichen Überblick zu den gesetzlichen *Par-condicio*-Bestimmungen liefert Legnante, Guido, La campagna elettorale e gli spazi televisivi. Poco di regionale e molto di personale, in: Chiaramonte, Alessandro/D'Alimonte, Roberto (Hg.), Il maggioritario regionale. Le elezioni del 16 aprile 2000, Bologna 2000, S. 79-104, 80ff.

[993] Vgl. N.N., Quando il Polo eccitava la piazza e l'Ulivo faceva leggi ad personam, in: http://www.ilfoglio.it/articolo.php?idoggetto=5079 (26.8.2002). Diese für italienische Verhältnisse ungewöhnliche Eile, mit der das Gesetzesvorhaben seinen Weg durch die Instanzen nahm, erschließt sich mit Blick auf den politischen Terminkalender: Möglichst noch vor den Regionalwahlen vom Frühjahr 2000 wollte das Mitte-Links-Bündnis das neue Gesetz unter Dach und Fach bringen. Vgl. Pasquino, Gianfranco, La transizione a parole, S. 131.

tritt Berlusconis in die Politik war dieser Problemkomplex zwangsläufig ins Zentrum der politischen Auseinandersetzung gerückt.[994]

Parallel zu diesen Ereignissen rief die *Forza Italia* immer häufiger zu Großveranstaltungen auf, während derer sie medienwirksam gegen angebliche Missstände in bestimmten Politikfeldern protestierte. Nach dem bereits erfolgreich verlaufenen *Tax Day* lud sie im Oktober 1999 zum so genannten *Security Day* nach Mailand ein, um Schwachstellen in der inneren Sicherheit anzuprangern. Es folgte am 9. November die groß angelegte FI-Feier zum zehnten Jahrestag des Falls der Berliner Mauer in Rom, die Berlusconi nutzte, um eindringlich vor der seiner Meinung nach immer noch akuten kommunistischen Gefahr zu warnen.[995] Um die Arbeitsmarktpolitik ging es dann in Neapel Ende Februar 2000 in der Auftaktveranstaltung der so genannten „Fünf Tage der *Forza Italia* für die Arbeit", die den Freiberuflern gewidmet war. Der Sinn und Zweck all dieser Massenkundgebungen bestand darin, vor den im April 2000 anstehenden Regionalwahlen Profil zu zeigen und das eigene „Parteivolk" zu mobilisieren.[996]

Ein wichtiges, lang ersehntes Etappenziel auf seinem Weg zur Rehabilitierung erreichte Berlusconi am 2. Dezember 1999. Mit 73 Ja-, 18 Neinstimmen und vier Enthaltungen wurde seine *Forza Italia* nach mehreren gescheiterten Anläufen als Vollmitglied in die *Europäischen Volkspartei* (EVP), den Zusammenschluss der christlich-demokratischen und konservativen Partein auf europäischer Ebene, aufgenommen.[997] Überraschen konnte dieser Schritt allerdings kaum noch, denn bereits seit dem 9. Juni 1998 gehörten die Europaabgeordneten der FI zur EVP-Fraktion im Straßburger Parlament.[998] Dass die endgültige Vollmitgliedschaft dennoch so lange auf sich hatte warten lassen, hing mit dem erheblichen Widerstand zusammen, den vor allem diejenigen italienischen Christdemokraten in der EVP lieferten, die im eigenen Land mit der Linken paktierten. Diese beanstandeten nämlich, mit der Aufnahme der FI würde die politische Identität der EVP konservativer. Außerdem sei der Beitritt der *Forza* angesichts ihres Bündnisses mit der *Alleanza Nazionale* in der Heimat politisch inakzeptabel, und im Übrigen teile die FI auch nicht den „Europa-Enthusiasmus", wie ihn die EVP immer schon gepflegt habe. Hinter diesen Einwänden stand zwei-

---

[994] Vgl. Legnante, Guido, a.a.O., S. 79.

[995] Wörtlich sagte er: „Wir sind hier, obwohl der Kommunismus noch nicht tot ist, er ist sogar in der Welt lebendig und stark und unterjocht [...] mehr als eine Milliarde Männer und Frauen. Wir sind hier, obwohl Italien das einzige Land des Westens ist, in dem die Mauer noch nicht vollkommen gefallen ist und obwohl eine starke und postkommunistische Minderheit die Regierung des Landes kontrolliert." Rede Silvio Berlusconis anlässlich der Feier zum zehnten Jahrestag des Falls der Berliner Mauer in Rom am 9.11.1999, in: ders., L'Italia che ho in mente. I discorsi „a braccio" di Silvio Berlusconi, Mailand 2000, S. 71-98, 71f. (eig. Übers.).

[996] Vgl. Poli, Emanuela, Forza Italia, S. 145f.

[997] Vgl. Franco, Massimo, a.a.O., S. 81.

[998] Vgl. Vespa, Bruno, Scontro finale, S. 56.

fellos auch die Angst der christdemokratischen Splittergruppierungen Italiens, durch die FI – auf europäischer ebenso wie auf nationaler Ebene – marginalisiert zu werden. So befürchtete etwa der damalige PPI-Chef Pierluigi Castagnetti, dass mit diesem Schritt eine internationale Anerkennung Berlusconis einhergehe, die dieser dann innenpolitisch ausnutzen würde, um die kleineren Zentrumsparteien zu verdrängen.[999]

Weniger Skrupel hatten dagegen der konservative spanische Ministerpräsident José Maria Aznar und Deutschlands langjähriger Bundeskanzler Helmut Kohl, die sich zuletzt beide für eine Aufnahme der FI in die EVP mächtig ins Zeug gelegt hatten.[1000] Die Frage, was am Ende den Ausschlag zugunsten der FI gegeben hatte, ist nicht vollends geklärt. Sicherlich kam ihrer elektoralen Stärke eine gewisse Bedeutung zu. Schon länger hatte man in der EVP einen begehrlichen Blick hierauf geworfen.[1001] Eindruck hinterließ zudem wohl auch, dass sich Berlusconi zuvor immer häufiger demonstrativ auf Don Luigi Sturzo, den Begründer der alten italienischen Volkspartei, und auf Alcide De Gasperi, den Vater der modernen italienischen Christdemokratie, berufen hatte.[1002] Positiv wurde aber auch das neue FI-Statut von 1997 bewertet, mit dem erstmals ein Mindestmaß an innerparteilicher Demokratie und festen Regeln Einzug in die Partei gehalten hatte.[1003] Und schließlich hätte laut Wolfgang Schäuble im Falle einer Verweigerungshaltung der EVP gegenüber der FI die Gefahr bestanden, dass ein Rechtsblock innerhalb der EU entstanden wäre.[1004]

Dass diese sehnlichst erwartete „Umarmung" der FI durch die EVP in der Folge auch tatsächlich eine nicht zu unterschätzende Aufwertung für die Partei

---

[999] Vgl. Daniels, Philip, a.a.O., S. 62f.

[1000] Vgl. Kohl, Christiane, Silvio Berlusconi. Italienischer Oppositionsführer und Medienunternehmer, in: Süddeutsche Zeitung, 4.12.1999, S. 4. Wie es dazu kam, dass sich gerade Kohl zu den Hauptbefürwortern der Aufnahme *Forza Italias* in die EVP aufgeschwungen hatte, ist nicht restlos geklärt. Einem hartnäckigen Gerücht zufolge soll Berlusconi 1997 auf Bitten Kohls dem deutschen Medienunternehmer Leo Kirch kräftig unter die Arme gegriffen haben. Als Gegenleistung habe Kohl dann seinen Einfluss auf europäischer Ebene zugunsten Berlusconis und dessen FI spielen lassen. Vgl. Koppel, Esther, Ein Pakt zwischen Murdoch und Berlusconi?, in: http://www.faz.net/IN/Intemplates/faznet/default.asp?tpl=uptoday/content.asp%doc={9D279A68-7D84-42BF-8B8A-1C92416B2B22}&rub={3B218613-44DF-4BB7-945F-342BAF3A6A1E} (29.1.2002).

[1001] Vgl. Telò, Mario, Italien und Europa, in: Ferraris, Luigi V. [u.a.] (Hg.), Italien auf dem Weg zur „zweiten Republik"? Die politische Entwicklung Italiens seit 1992, Frankfurt a.M. [u.a.] 1995, S. 405-416, 415.

[1002] Vgl. Franco, Massimo, a.a.O., S. 82.

[1003] Vgl. Poli, Emanuela, Forza Italia, S. 141.

[1004] Vgl. Bornhöft, Petra [u.a.], Ciao Bella!, in: Der Spiegel, 29/2003, S. 22-35, 35. Derartige Befürchtungen waren begründet, denn nachdem die ersten Annäherungsversuche der FI in Richtung EVP ins Leere gelaufen waren, hatte sie zwischenzeitlich ein Bündnis mit den französischen Neogaullisten geschlossen. Vgl. Missiroli, Antonio, a.a.O., S. 29.

Berlusconis bedeutete, kann Antonio Tajani, der die FI-Gruppe im Europäischen Parlament seit 1994 ununterbrochen anführt, nur bestätigen:

> „Für uns war das eine Wahl, die große Bedeutung hatte, die unserer Partei, die die erste Partei Italiens ist und in der auch viele ehemalige Christdemokraten aktiv sind, Geltung verschafft hat. Daher war das eine Wahl, die das politische Leben unserer Partei gekennzeichnet hat und [...] immer stärker kennzeichnen wird."[1005]

Während sich Berlusconi somit als „italienischer Hauptreferent der europäischen Familie der Volksparteien"[1006] immer größeren Zuspruchs in der Bevölkerung erfreuen durfte, geriet die heterogene Mitte-Links-Koalition Ende 1999 infolge interner Streitigkeiten immer stärker ins Trudeln.[1007] Mit seinem vorzeitigen Rücktritt am 18. Dezember 1999 löste Ministerpräsident D'Alema eine Regierungskrise aus, die er dazu nutzte, seine Regierungsmehrheit neu zu ordnen. Nur fünf Tage später, am 23. Dezember, hatte er bereits wieder eine neue, leicht veränderte Mannschaft auf die Beine gestellt, der das Parlament kurz darauf – mit äußerst knappen Mehrheiten – das Vertrauen aussprach.[1008] Die Forderung Berlusconis nach sofortigen Neuwahlen, der ohnehin wenig Aussicht auf Erfolg beigemessen wurde, lief dagegen ins Leere.[1009]

Im Vorfeld zu den anstehenden Regionalwahlen besiegelten derweil *Forza* und *Lega* einen neuen Pakt, dessen Vorverhandlungen sich bereits seit dem Frühjahr 1999 unter strikter Geheimhaltung hingezogen hatten. Wie der bekannte Journalist Bruno Vespa berichtet, waren zunächst nicht einmal die engsten Mitarbeiter Berlusconis und Bossis darüber informiert, dass sich die beiden seither des Öfteren getroffen hatten, um die Bedingungen für ein wiederholtes Zusammengehen auszuloten. Während auch D'Alema vergeblich mehrere Anläufe gestartet hatte, um Bossi auf die Seite der Linken zu ziehen, erwies sich Berlusconi im Werben um die Gunst des Leghisten als wesentlich geschickter und erfolgreicher.[1010] Dabei hatte er darüber hinweggesehen, dass Bossi ihn jahrelang immer

---

[1005] Interview des Autors mit Antonio Tajani am 1.8.2003 in Rom (eig. Übers.).

[1006] Franco, Massimo, a.a.O., S. 84 (eig. Übers.).

[1007] Aus unterschiedlichen Motiven brachten drei zur Regierungsmehrheit gehörende Kleinformationen um den christdemokratischen Zentrumspolitiker Francesco Cossiga, den Sozialisten Enrico Boselli und den Republikaner Giorgio La Malfa Premier D'Alema in Bedrängnis und pochten auf dessen Rücktritt. Näheres hierzu, vgl. Pasquino, Gianfranco, La transizione a parole, S. 215ff.

[1008] Näheres zu dieser Regierungskrise und deren Lösung, vgl. Gilbert, Mark/Pasquino, Gianfranco, a.a.O., S. 40ff.

[1009] Vgl. N.N., D'Alema verlangt „erstarkte Regierung" in Italien, in: Süddeutsche Zeitung, 20.12.1999, S. 6.

[1010] Näheres zu den Hintergründen über die Annäherungen zwischen Berlusconi und Bossi, vgl. Vespa, Bruno, Scontro finale, S. 69ff.

wieder öffentlich als üblen Mafioso diffamiert hatte.[1011] Die Annäherungsversuche zwischen FI und *Lega* schildert der Medienunternehmer folgendermaßen:

> „In Wirklichkeit hatte Bossi verstanden, dass die Lega allein niemals den Föderalismus hätte realisieren können. Sie war sehr beeindruckt von der Lektüre des Dokuments über die ‚Devolution' [die Föderalisierung Italiens, eig. Anm.], das von der Forza Italia während des Kongresses von Assago [in Mailand] 1998 einstimmig beschlossen worden war. Sie war überzeugt von unserer Opposition gegen Etatismus und Zentralismus und von unserem Willen, die Strukturen des Staates zu verändern [...]. Bossi war sich bewusst, dass wir gemeinsam alle Wahlkreise des Nordens erobert hätten. Deshalb ermächtigte ich Personen, die ihn kannten, ihm mitzuteilen, dass ich bereit sei, den Dialog wieder aufzunehmen und einen Schlusspunkt unter die Vergangenheit zu setzen."[1012]

Einen ersten, wenn auch noch indirekt gehaltenen öffentlichen Aufruf an die *Lega*, sich mit ihm zu verbünden, unternahm Berlusconi am 15. Januar 2000 in einer Rede vor FI-Funktionären in Mailand. Dort sagte er: „Wir wenden uns an alle politischen Kräfte, die wie wir an den Föderalismus glauben, um ihnen zu sagen: Schließt Euch uns an, um nicht nur die liberale Reform zu verwirklichen, sondern auch die Föderalismusreform des Staates."[1013]

Knapp einen Monat später ging Berlusconi ein weiteres Mal mit offenen Armen auf die *Lega* zu und beteuerte während einer Vorwahlkampf-Rede zu den Regionalwahlen, der Umbau Italiens in einen föderalen Staat habe schon immer zu den Kernpunkten des FI-Programms gehört.[1014] Abermals wandte er sich an „alle föderalistischen Kräfte" und ließ insgeheim durchblicken, dass Bossi auf seinen ersten Aufruf bereits eingegangen war:

> „Jemand hat geantwortet, jemand, der uns fern stand, der uns verlassen hatte. Ihr erinnert Euch an die Episode aus dem Jahr 1994 und könnt Euch die Mühe, die Qual und die Angst vorstellen, die die Entscheidung begleiteten, eine Allianz dieser Art einzugehen. Aber wenn man sich um die Freiheit sorgt, muss man auch den Verrat, die Beleidigungen, die Dinge, die uns am stärksten trafen und verletzten, überwinden. In einer Demokratie mit diesem Wahlrecht spielen auch Zahlen eine große Rolle; ohne sie ist man gezwungen, ewig in der Minderheit zu bleiben."[1015]

[1011] Bis zu jenem Zeitpunkt gehörte Bossi zu den schärfsten Kritikern des Oppositionschefs. Ausdrücke wie „Mafioso von Arcore" (Arcore ist Berlusconis Hauptwohnsitz) oder „Berluscosa Nostra" (in Anspielung an die sizilianische Mafia namens *Cosa Nostra*) waren keine Seltenheit. Vgl. Fabbrini, Sergio/Gilbert, Mark, The Italian General Election of 13 May 2001. Democratic Alternation or False Step?, in: Government and Opposition, 36. Jg. (2001), Nr. 4, S. 519-534, 532f.

[1012] Zitiert nach: Vespa, Bruno, Scontro finale, S. 72 (eig. Übers.).

[1013] Rede Silvio Berlusconis anlässlich einer Konferenz von lokalen FI-Parteifunktionären der Region Lombardei in Mailand am 15.1.2000, in: ders., L'Italia che ho in mente. I discorsi „a braccio" di Silvio Berlusconi, Mailand 2000, S. 275-286, 284 (eig. Übers.).

[1014] Vgl. Vespa, Bruno, Scontro finale, S. 96.

[1015] Zitiert nach: ebd. (eig. Übers.).

Wenige Tage danach, am 15. Februar 2000 und somit noch pünktlich zu den Regionalwahlen, war der Pakt zwischen der FI und der *Lega Nord* mit der Unterzeichnung des so genannten „Programms für die konkrete Verwirklichung des Föderalismus"[1016] offiziell geschlossen.[1017] Ungeachtet massiver Vorbehalte innerhalb der Wählerschaft auf beiden Seiten gegenüber dem jeweils anderen[1018] hatte sich der Freiheitspol um die *Lega Nord* erweitert und nennt sich seither *Casa delle Libertà* (Haus der Freiheiten).

Damit verzichtete die *Lega*, die aufgrund ihrer bisherigen Isolation in eine schwere politische Krise geraten war, endgültig auf ihre sezessionistischen Bestrebungen der Vergangenheit und strebte stattdessen unter dem Schlagwort *Devolution* den föderalen Umbau Italiens an. Im Gegenzug erhielt sie dafür von Berlusconi konkrete Zusagen für eine solche Reform.[1019] Wenngleich auch einige Parallelen zur früheren Allianz von 1994 – etwa die zentrale Rolle der FI – unverkennbar sind, handelt es sich hierbei doch um ein Bündnis neuer Art, das sich in zwei wesentlichen Punkten von der ersten „Ehe" zwischen beiden Partnern unterscheidet. Anders als 1994 paktierte die *Lega* diesmal aus einer Position der Schwäche mit der FI, wodurch sich das gefürchtete Erpressungspotenzial Bossis innerhalb der Allianz deutlich verringerte. Die jüngste Übereinkunft hatte überdies nicht mehr nur regionalen, sondern nationalen Charakter. Seither gibt es nur noch ein Mitte-Rechts-Bündnis, das in ganz Italien flächendeckend antritt.[1020]

Zugleich bemühte sich Berlusconi mit Blick auf die nahenden Regionalwahlen um eine ähnliche Übereinkunft sowohl mit dem neofaschistischen MS-FT als auch mit den Radikalen, die sich nun *Lista Pannella-Bonino* nannten. Während ihm ein solcher Pakt mit dem MS-FT in einigen Regionen auch tatsächlich gelang, scheiterten bereits die Sondierungsgespräche hierüber mit den Radikalen vor allem am kategorischen Widerstand der christdemokratischen Alliierten CCD und CDU, welche die ethischen Werte der Radikalen nicht billigen mochten und sogar mit dem Rückzug aus der Koalition drohten.[1021]

[1016] Das Dokument findet sich abgedruckt in: ebd., S. 389ff. (Titel eig. Übers.).

[1017] Vespa zufolge hatten Berlusconi und Bossi schon Ende Dezember 1999 ein ähnliches Dokument im Geheimen und ohne die Anwesenheit eines Notars unterzeichnet. Vgl. ebd., S. 97.

[1018] Vgl. ebd., S. 88.

[1019] Vgl. Biorcio, Roberto, Forza Italia, partito di riferimento, in: Il Mulino, 50. Jg. (2001), H. 4, S. 623-634, 629. Zitiert als: Biorcio, Roberto, Forza Italia. Neben den vereinbarten Übereinkünften zur Föderalismusreform hatten sich Berlusconi und Bossi auch auf eine restriktivere Einwanderungspolitik verständigt. Laut Zeitungsberichten, die niemals dementiert wurden, enthielt der Pakt ferner Klauseln über Finanzspritzen Berlusconis an die Partei Bossis. Vgl. Di Virgilio, Aldo, I nodi al pettine del *management* coalizionale, in: Chiaramonte, Alessandro/D'Alimonte, Roberto (Hg.), Il maggioritario regionale. Le elezioni del 16 aprile 2000, Bologna 2000, S. 105-130, 109. Zitiert als: Di Virgilio, Aldo, I nodi al pettine del *management* coalizionale.

[1020] Vgl. ebd., S. 108; Diamanti, Ilvo, Politica all'italiana, S. 237.

[1021] Vgl. Di Virgilio, Aldo, I nodi al pettine del *management* coalizionale, S. 109/117f.

Für die FI hatte der Pakt mit der *Lega* zwei grundsätzliche Funktionen: Kurzfristig war die Partei Berlusconis darauf aus, die Wahlchancen des Mitte-Rechts-Bündnisses zu erhöhen, um so bei den kommenden Regionalwahlen die Lombardei, Piemont und Venetien zu erobern.[1022] Langfristig ging es ihr jedoch eindeutig um die Vorherrschaft auf nationaler Ebene, die im Verbund mit der *Lega* in greifbare Nähe rückte. So sollten die möglichst erfolgreich zu bestreitenden Regionalwahlen vom April 2000 als eine Art Vorentscheidung für die darauf folgenden Parlamentswahlen dienen.[1023]

Sich dieser nationalen Bedeutung der Regionalwahlen bewusst, führte Berlusconi einen aufwendigen, pompösen Wahlkampf. Zum Auftakt der heißen Phase hatte er sich ein sündhaft teures Luxus-Kreuzfahrtschiff angemietet, mit dem er einmal rund um den italienischen Stiefel fuhr, um publicityträchtig in einer Hafenstadt nach der anderen für die FI zu werben.[1024] Trotz der neu in Kraft getretenen *Par-condicio*-Bestimmungen schaffte es Berlusconi zudem auf eine weitaus höhere Fernsehpräsenz für Vertreter seiner Partei und für sich selbst. Mit Ausnahme des Senders *Telemontecarlo* (TMC) war in den Nachrichtensendungen aller TV-Anstalten von der FI am häufigsten die Rede, unverhältnismäßig oft in jenen der Berlusconi-Kanäle *Rete 4* und *Italia 1*. In allen Nachrichtensendungen insgesamt lag Berlusconi mit einem Prozentsatz von 10,9 deutlich vor Ministerpräsident D'Alema (6,5 Prozent) und anderen Spitzenpolitikern.[1025] Diese große mediale Aufmerksamkeit, die der konservative Oppositionsführer auf sich gezogen hatte und in der er selbst den Regierungschef überflügelte, ergab sich zum einen aus seiner aufsehenerregenden Wahlkampfkampagne, zum anderen aus der neuen Konstellation des Mitte-Rechts-Bündnisses.[1026]

Inhaltlich ging es in diesem Wahlkampf nur am Rande um politische Sachthemen. Umso breiteren Raum widmete Berlusconi seinen bis ins Persönliche reichenden Angriffen gegen D'Alema, den er immer wieder als Kommunisten brandmarkte. Daneben stilisierte er die Regionalwahlen zu einem Referendum für oder gegen die amtierende Mitte-Links-Regierung in Rom, die er bei einem entsprechenden Erfolg seines Lagers vorab zum Rücktritt aufforderte.[1027]

[1022] Erstmals standen im April 2000 die direkten Wahlen der jeweiligen Regionalpräsidenten in einem einzigen Wahlgang an, was die Koalitionsbildung im Voraus noch zusätzlich beförderte. Vgl. Drüke, Helmut, a.a.O., S. 264. Näheres zum neuen Wahlgesetz für die Regionalwahlen, vgl. D'Alimonte, Roberto, Il sistema elettorale. Grandi premi e piccole soglie, in: Chiaramonte, Alessandro/D'Alimonte, Roberto (Hg.), Il maggioritario regionale. Le elezioni del 16 aprile 2000, Bologna 2000, S. 11-34.

[1023] Vgl. Di Virgilio, Aldo, I nodi al pettine del *management* coalizionale, S. 116f.

[1024] Vgl. Kohl, Christiane, Kreuzzug nach Rom, in: Süddeutsche Zeitung, 3.4.2000, S. 9.

[1025] Vgl. Legnante, Guido, a.a.O., S. 98f.

[1026] Vgl. ebd., S. 101.

[1027] Vgl. Kohl, Christiane, Alle Wahlen führen nach Rom, in: Süddeutsche Zeitung, 15.4.2000, S. 12. Auch wenn die Ergebnisse der Regionalwahlen vom institutionellen Standpunkt aus be-

In einem derart aufgeheizten politischen Klima waren am 16. April 2000 die Bürger in fünfzehn der zwanzig italienischen Regionen zu den Urnen gerufen. Aus diesen Wahlen ging das neue geordnete Mitte-Rechts-Bündnis unter Führung Berlusconis als klarer Gewinner hervor, sowohl hinsichtlich der Prozentsätze als auch was das Zahlenverhältnis der gewonnenen Regionen anbelangte. Im nationalen Durchschnitt verteidigte die FI mit 25,4 Prozent ihre Stellung als stärkste Kraft. Weit dahinter abgeschlagen platzierten sich die Linksdemokraten mit 17,7 Prozent, gefolgt von der AN, die auf 12,9 Prozentpunkte kam. Die *Lega Nord* und die Einheitsliste aus CCD-CDU erreichten rund fünf bzw. sechs Prozent. Alle Parteien der *Casa delle Libertà* zusammen erlangten 52,2 Prozent, die Parteien des *Ulivo* hingegen lediglich 43,8. Insgesamt gingen diesmal acht Regionen an Mitte-Rechts – darunter der gesamte Norden, der wegen seines Bevölkerungsreichtums und seiner großen wirtschaftlichen Prosperität politisch besonders schwer wiegt. Mitte-Links konnte sich demgegenüber lediglich sieben Regionen sichern. Nur in Kampanien gelang dem *Ulivo* ein Machtwechsel. Das Freiheitshaus entriss Mitte-Links indes gleich drei Regionen: Ligurien, Latium und die Abruzzen.[1028] Die Ergebnisse im Einzelnen veranschaulicht Tabelle 8.

Insgesamt ließen sich große regionale Unterschiede in der elektoralen Stärke der FI und der Mitte-Rechts-Koalition erkennen. Italien schien in drei Makro-Regionen geteilt: Im Norden triumphierte das Freiheitshaus über den *Ulivo* mit einem uneinholbaren Vorsprung von rund 27 Prozent, in Mittelitalien indes unterlag der Berlusconi-Block um zirka fünfzehn Prozent, und im Süden lag der Abstand zwischen beiden Allianzen bei weniger als einem Prozentpunkt.[1029]

Ohne den unzweideutigen Sieg des Berlusconi-Lagers in Frage stellen zu wollen, ist darauf hinzuweisen, dass es sich hier weniger um einen elektoralen als vielmehr um einen politischen Wahlerfolg handelte. Wie Legnante und Sani in ihrer Nachwahlanalyse darlegen, basierte der Erfolg der Mitte-Rechts-Allianz zum Großteil auf dem Umstand, dass die *Lega* erneut zum Bündnis um Berlusconi gestoßen war. Grob gesprochen zeichnete sich somit vor allem die erweiterte Parteienallianz für die hervorragenden Ergebnisse des Freiheitshauses verantwortlich, während sich an den grundlegenden Mehrheitsverhältnissen in der

---

trachtet prinzipiell nichts mit dem weiteren Schicksal der Zentralregierung in Rom zu tun hatten, ließ sich D'Alema doch auf diese Herausforderung Berlusconis ein. Zwar wies der Ministerpräsident darauf hin, dass es sich hier um Regional- und nicht um nationale Parlamentswahlen handelte. Dennoch wollte er das Ergebnis der Regionalwahlen als Urteil über die bisherigen Mitte-Links-Regierungen verstanden wissen. Vgl. Legnante, Guido, a.a.O., S. 89.

[1028] Vgl. D'Amore, Ciro, I risultati elettorali tra partiti e poli, in: Chiaramonte, Alessandro/ D'Alimonte, Roberto (Hg.), Il maggioritario regionale. Le elezioni del 16 aprile 2000, Bologna 2000, S. 131-156, 139f.

[1029] Chiaramonte, Alessandro, Le elezioni regionali 2000 nella transizione italiana, in: ders./ D'Alimonte, Roberto (Hg.), Il maggioritario regionale. Le elezioni del 16 aprile 2000, Bologna 2000, S. 175-198, 192f.

Bevölkerung kaum etwas geändert hatte. Die Regionalwahlen vom Frühjahr 2000 hatten also die seit Jahren stabile Kräfteverteilung zwischen *Ulivo* auf der cincn und *Polo* und *Lega* auf der anderen Seite lediglich bestätigt – und das ausstehende Ergebnis der Parlamentswahlen im darauf folgenden Jahr sozusagen vorweggenommen. Unverhofft sah sich die römische Mitte-Links-Regierung in die Rolle des Herausforderers abgedrängt.[1030] Darauf weist auch Chiaramonte hin: „Das vorherrschende Gefühl war, dass sich [...] dieses Ergebnis bei den Parlamentswahlen von 2001 wiederholen und dass sich Berlusconi wieder im Palazzo Chigi niederlassen wird."[1031]

Während zwischen den Parteienbündnissen kaum Stimmenverschiebungen stattgefunden hatten, waren diese zwischen den einzelnen Parteien umso größer. Als Hauptprofiteur dieser veränderten Kräfteverhältnisse erwies sich einmal mehr die *Forza Italia*. Im Vergleich zu den Regionalwahlen von 1995, als noch der PDS in zehn von fünfzehn Regionen vorne lag, gebührte nun der erste Platz ihr. In neun Regionen war sie zur stärksten Partei avanciert. Abgesehen von den Abruzzen und der Basilicata überflügelte sie im Süden wie auch in Ligurien erstmals die Linksdemokraten und baute ihren Vorsprung gegenüber dem PDS im ganzen Norden weiter aus. In den traditionell „roten" Regionen Toskana und Emilia-Romagna hingegen blieb ihr zwar der *Sorpasso*, das Überholmanöver, verwehrt, aber immerhin legte sie dort ebenfalls zu, wenn auch nur leicht.[1032]

Entsprechend ihrer Stärke stellte die *Forza Italia* im Mitte-Rechts-Lager auch das Gros der regionalen Präsidenten-Kandidaten. War die AN mit vier und der CCD mit nur einem Kandidaten mit dabei, so kamen aus den Reihen der FI gleich sieben, nicht mitgezählt die drei „unabhängigen", aber der FI nahe stehenden Spitzenkandidaten in Ligurien, der Emilia-Romagna und in Kalabrien.[1033]

[1030] Vgl. Legnante, Guido/Sani, Giacomo, La campagna più lunga, in: D'Alimonte, Roberto/Bartolini, Stefano (Hg.), Maggioritario finalmente? La transizione elettorale 1994-2001, Bologna 2001, S. 41-78, 43f. Bei einer Gegenüberstellung der Ergebnisse aus den Parlamentswahlen von 1996, den Europawahlen von 1999 und den Regionalwahlen von 2000 ergibt sich in der Tat, dass sich die italienische Wählerschaft nach den tiefgreifenden Umwälzungen Anfang der neunziger Jahre wieder gefestigt hat. So liegt das Mitte-Rechts-Lager kontinuierlich in etwa bei 55 Prozent, während Mitte-Links auf rund 44 Prozent kommt. Sobald also der Mitte-Rechts-Block diesen numerischen Vorsprung durch eine breite Parteienkoalition absichert, hat er fast zwangsläufig die Nase vorn. Vgl. Berselli, Edmondo/Cartocci, Roberto, Il bipolarismo realizzato, in: Il Mulino, 50. Jg. (2001), H. 3, S. 449-460, 450.

[1031] Chiaramonte, Alessandro, a.a.O., S. 191 (eig. Übers.). Ähnliche Äußerungen finden sich auch bei Natale, Paolo, Il comportamento elettorale. La fedeltà „leggera", in: Chiaramonte, Alessandro/D'Alimonte, Roberto (Hg.), Il maggioritario regionale. Le elezioni del 16 aprile 2000, Bologna 2000, S. 157-174, 157.

[1032] Vgl. D'Amore, Ciro, a.a.O., S. 148f.

[1033] Vgl. Di Virgilio, Aldo, I nodi al pettine del *management* coalizionale, S. 114. Von diesen zehn De-facto-FI-Kandidaturen setzten sich in den Regionalwahlen sieben durch. Vgl. ebd., S. 115.

Tabelle 8: Ergebnisse der Regionalwahlen vom 16. April 2000 nach Regionen (in Prozent)

	Mitte-Rechts	davon FI*	Mitte-Links
Piemont	51,8	30,8 (26,7)	39,5
Lombardei	62,4	33,9 (29,9)	31,5
Veneto	54,9	30,4 (24,0)	38,2
Ligurien	50,8	27,3 (24,4)	46,0
Emilia-Romagna	40,3	21,2 (18,2)	56,5
Toskana	40,0	20,3 (19,1)	49,2
Umbrien	39,2	18,6 (18,1)	56,4
Marken	44,2	19,6 (19,6)	49,9
Latium	51,3	21,5 (18,9)	46,0
Abruzzen	49,3	19,3 (19,7)	48,8
Molise	48,7	19,5 (19,6)	49,0
Kampanien	44,2	20,9 (18,9)	54,2
Apulien	53,9	28,7 (20,7)	43,4
Basilicata	35,1	13,2 (17,2)	63,1
Kalabrien	49,8	18,3 (19,7)	48,7
Landesdurchschnitt	52,2	25,4 (22,3)	43,8

* Die Zahlen in Klammern beziehen sich auf die Ergebnisse der Regionalwahlen von 1995.

Quelle: Eigene Zusammenstellung aus D'Amore, Ciro, I risultati elettorali tra partiti e poli, in: Chiaramonte, Alessandro/D'Alimonte, Roberto (Hg.), Il maggioritario regionale. Le elezioni del 16 aprile 2000, Bologna 2000, S. 131-156, 140; 142; 150.

Die zum Teil gewaltigen Zugewinne für die FI hatten zur Folge, dass sich im Oppositionslager niemand mehr wagte, Berlusconi und die zentrale Rolle seiner Partei anzuzweifeln: „Die Regionalwahlen von 2000 [...] hatten die unangefochtene Führerschaft Berlusconis wie auch die Parteienhierarchie, angeführt von Forza Italia, gefolgt von AN, Lega sowie CCD und CDU, bestätigt."[1034] Zudem wurde erstmals offensichtlich, dass die FI nun auch auf lokaler Ebene existent und sogar mehrheitsfähig geworden war. Sie verfügte mittlerweile nicht nur über eine politische Elite in den einzelnen Regionen Italiens, sondern konnte auch auf einen organisatorischen Unterbau zurückgreifen, um so Wahlkämpfe vor Ort zu bestreiten.[1035]

Die weiteren Gründe, die hinter diesem fulminanten Wiederaufstieg Berlusconis standen, sind sehr vielfältig. Nicht oft genug kann in diesem Zusammenhang die Einbeziehung der *Lega* in die Mitte-Rechts-Allianz genannt werden, die Berselli und Cartoccio als den „wahren Schlüssel zum Sieg Berlusconis nicht nur bei den Regional-, sondern auch bei den Parlamentswahlen"[1036] bezeichnen. Dar-

---

[1034] Legnante, Guido/Sani, Giacomo, a.a.O., S. 43 (eig. Übers.).
[1035] Vgl. Poli, Emanuela, Forza Italia, S. 151.
[1036] Berselli, Edmondo/Cartocci, Roberto, a.a.O., S. 450 (eig. Übers.).

über hinaus punktete der Präsident der FI sicherlich auch mit der Enttäuschung der Bürger über die vollmundig angekündigten und doch nicht zustande gekommenen grundlegenden Reformen im politischen und institutionellen System Italiens. Seine zunächst fruchtbare Zusammenarbeit in der *Bicamerale*, die ihm Legitimation von Seiten seiner politischen Gegner verschaffte, seine Fähigkeit, den von Zeit zu Zeit aufmüpfigen AN-Chef Fini immer wieder niederzuhalten, den polternden *Lega*-Chef Bossi zu „bändigen" und diesen vom Weg des Separatismus abzubringen, sowie nicht zuletzt auch seine verstärkte programmatische Ausrichtung zur Mitte hin, die durch den Eintritt seiner FI in die EVP auch international Anerkennung fand – all dies waren Faktoren, die das politische Comeback Berlusconis möglich gemacht hatten.[1037]

Als Reaktion auf die für die Linke verheerende Niederlage verkündete D'Alema nicht einmal 24 Stunden nach Schließung der Wahllokale seinen Rücktritt vom Amt des Ministerpräsidenten, den Staatspräsident Ciampi wenig später akzeptierte.[1038] Berlusconi sah sich in seiner Grundthese wieder einmal bestätigt, wonach die Mitte-Links-Regierungen bereits seit 1996 ohne Mehrheit in der Bevölkerung regieren würden und führte weiter aus, dass der *Ulivo* damals nur deshalb die Wahlen gewonnen hatte, weil man in den eigenen Reihen zu zerstritten gewesen sei. Folglich drängte er in dieser Regierungskrise gemeinsam mit seinen Verbündeten erneut auf vorgezogene Neuwahlen, und zwar vehementer denn je. Mit dem Hinweis auf das anstehende Referendum zum Wahlrecht, das abermals darauf zielte, die restliche Verhältnisquote abzuschaffen und ein reines Mehrheitswahlrecht einzuführen, lehnte die Regierungsmehrheit diese Forderung jedoch kategorisch ab. Schließlich brächten Neuwahlen unter den bestehenden Voraussetzungen wieder nur eine labile Regierung zustande. Daher wolle man doch das Ergebnis der kurz darauf abzuhaltenden Volksbefragung noch abwarten, so die Argumentation.[1039] Dies war die Geburtsstunde der vierten Mitte-Links-Regierung dieser Legislaturperiode, diesmal angeführt vom Sozialisten Giuliano Amato. Wie sehr dieser eher eine Notlösung darstellte, lässt sich daran ablesen, dass Amato 1992 schon einmal als Regierungschef fungiert und sich damals den Ruf eines treuen Verwalters, keinesfalls aber den eines Politikers

---

[1037] Vgl. Diamanti, Ilvo, Politica all'italiana, S. 22f.

[1038] Vgl. Chiaramonte, Alessandro, a.a.O., S. 175. D'Alema blieb kaum eine andere Möglichkeit, als nach dem Wahldebakel zurückzutreten, schließlich hatte er sich zuvor weit aus dem Fenster gelehnt und diesen Wahlgang als Referendum für oder gegen seine Regierung hingestellt. Vgl. Cotta, Maurizio, Dopo tre elezioni, S. 33f.

[1039] Vgl. Masala, Carlo, Italien nach den Regionalwahlen vom 16. April 2000. Der Anfang vom Ende der Mitte-Links-Regierung?, in: KAS-Auslandsinformationen, 6/2000, S. 4-14, 6f. Zitiert als: Masala, Carlo, Italien nach den Regionalwahlen vom 16. April 2000.

mit großen Visionen erworben hatte.[1040] Sogleich schlug Berlusconi in dieselbe Kerbe und kanzelte Amato provokativ als „nützlichen Idioten"[1041] ab.

Die neuerliche Referendumsinitiative, über welche die Italiener am 21. Mai 2000 zu entscheiden hatten, geriet vor allem den Linksdemokraten zum Debakel, Berlusconi dagegen zum Erfolg. Im Vordergrund stand, wie bereits angedeutet, die Einführung eines reinen Mehrheitswahlsystems. Während sich insbesondere die DS im Verbund mit der AN hinter die Befürworter geschlagen hatten, sprachen sich die meisten Kleinparteien sowie Berlusconi dagegen aus – obwohl die FI als stärkste Partei des Landes zweifelsohne von einer solchen Änderung profitiert hätte. Aus Rücksichtnahme gegenüber den christdemokratischen Splittergruppierungen vor allem innerhalb des *Ulivo* ging Berlusconi auf Distanz zu diesem Volksbegehren. Diese Haltung ergab sich zum einen aus seiner noch jungen EVP-Mitgliedschaft, denn dort saß er jetzt mit genau jenen Parteien am gleichen Tisch. Zum anderen erhoffte er sich, diese früher oder später in ein starkes Zentrumsbündnis unter seiner Führung einzubinden. Und ganz nebenbei spekulierte er auch auf einen Misserfolg dieses Referendums, um so der Regierung eine weitere Schlappe zu bereiten. Weil aber Umfragen signalisierten, dass eine große Mehrheit der Italiener für die Abschaffung der Proporzquote sei, rief Berlusconi einfach zum Wahlboykott auf. Denn sollte das nötige Quorum von mindestens fünfzig Prozent der Wahlberechtigten nicht erfüllt werden, wäre das Referendum automatisch hinfällig.[1042]

Prompt lag die Wahlbeteiligung bei nur 32,4 Prozent. Das Referendum war gescheitert und Berlusconi im Siegestaumel. Eine neue Übergangsregierung müsse sofort her, forderte sogleich, die für die Einführung eines neuen Wahlrechts nach deutschem Vorbild mit einer Fünf-Prozent-Klausel sorgen solle.[1043]

Das Scheitern des Referendums wurde im Hinblick auf Berlusconi als „weiterer Etappensieg auf dem Weg zur Machtübernahme"[1044] gewertet. Mit anderen

---

[1040] Vgl. Hausmann, Friederike, Kleine Geschichte Italiens, S. 184f.

[1041] Zitiert nach: Marroni, Stefano, Governo, l'ira di Berlusconi, in: La Repubblica, 21.4.2000, S. 7 (eig. Übers.).

[1042] Vgl. Ulrich, Stefan, Hoffen auf geordnete Verhältnisse, in: Süddeutsche Zeitung, 20.5.2000, S. 7; Masala, Carlo, Italien nach den Regionalwahlen vom 16. April 2000, S. 10ff. Dieser Boykottaufruf Berlusconis ist umso bemerkenswerter, als bei dieser Gelegenheit auch der Kündigungsschutz und die Trennung der Laufbahnen von Richtern und Staatsanwälten zur Disposition standen – beides Themen, die der Opposition schon immer sehr am Herzen gelegen hatten. Vor allem der zweite Punkt brannte Berlusconi unter den Nägeln, hatte er doch am Streit hierüber die *Bicamerale* platzen lassen. Dahinter verbarg sich sein Wunsch, die Autonomie der Justiz als zu schwächen. Vgl. Hausmann, Friederike, Kleine Geschichte Italiens, S. 185.

[1043] Vgl. N.N., Berlusconi verlangt Übergangsregierung, in: Süddeutsche Zeitung, 23.5.2000, S. 6.

[1044] Kohl, Christiane, Warten auf den Wechsel in Rom, in: Süddeutsche Zeitung, 23.5.2000, S. 4.

Worten: „Following strong centre-right scores in the European elections of June 1999 and the regionals of April 2000, the failed referendum handed Berlusconi a ‚third victory' and made him the front runner for the Prime Minister's job."[1045]

Angesichts dieses schier unaufhaltsamen Vormarsches der FI leitete die Mitte-Links-Koalition im Juli 2000 einen erneuten Anlauf zur Regelung von Interessenkonflikten in die Wege, wie sie Berlusconi zuhauf in seiner Person vereinigte. Dabei drang vor allem Walter Veltroni, damals Chef der größten Regierungspartei DS, auf grundlegende Veränderungen am entsprechenden Gesetzesentwurf, der das Abgeordnetenhaus bereits 1998 einstimmig passiert hatte. Das Ziel dieses Vorstoßes war klar: Berlusconi als künftigen Premier zu verhindern. Entsprechend lautstark kritisierte der diese Pläne.[1046] Im Februar 2001 verabschiedete der Senat den modifizierten Gesetzestext mit den Stimmen von Mitte-Links. Doch reichte die Zeit bis zur Auflösung der Kammern nicht mehr aus, um aus dem Entwurf ein rechtskräftiges Gesetz zu machen, und so blieb das Problem des Interessenkonflikts Berlusconis nach wie vor bestehen.[1047] Seiner fortschreitenden Akzeptanz tat dieser ungelöste Dauerkonflikt jedoch keinen Abbruch, ganz im Gegenteil: Seitdem die FI in die EVP aufgenommen worden war, öffneten sich Berlusconi vor allem auf internationalem Parkett Tür und Tor. Im September 2001 stand erstmals ein Treffen mit Frankreichs Staatspräsident Jacques Chirac an, der zuvor stets sorgsam auf Distanz zu Berlusconi gegangen war. Und sogar der grüne deutsche Außenminister Joschka Fischer hatte der FI bereits im Sommer 2000 seinen Segen erteilt. Gleichfalls schloss auch der mehrfache christdemokratische Regierungschef Giulio Andreotti Frieden mit seinem Landsmann, ebenso wie der politisch noch immer einflussreiche langjährige FIAT-Chef Giovanni Agnelli. Beide waren früher für ihre skeptische Haltung gegenüber Berlusconi bekannt gewesen.[1048] Kurzum, im Laufe der neunziger

---

[1045] Sancton, Thomas, The Rise and the Fall and the Rise of Silvio Berlusconi, in: Time, 7.5.2001, S. 18-24, 22.

[1046] Vgl. Berni, Marcello, Rom will Berlusconi per Gesetz ausbremsen, in: Handelsblatt, 25.7.2000, S. 9. Der frühere Gesetzesentwurf zur Lösung von Interessenkonflikten sah vor, dass Inhaber von öffentlichen Ämtern wie beispielsweise der Ministerpräsident eventuelle Unternehmensbeteiligungen ab einer bestimmten Größenordnung einem Treuhänder unterstellen müssten. Die Linksdemokraten wollten allerdings generell die Unvereinbarkeit von politischen Ämtern mit größeren Unternehmensbeteiligungen per Gesetz festschreiben. Darin sah Berlusconi – nicht ganz zu Unrecht – einen persönlichen Angriff auf ihn. Die FI sprach denn auch von einer „Lex Berlusconi", mit der die Regierungsmehrheit ihrem Chef den Weg zur Macht versperren wolle. Vgl. ebd.

[1047] Vgl. Hine, David, Silvio Berlusconi, i media e il conflitto di interessi, in: Bellucci, Paolo/ Bull, Martin (Hg.), Politica in Italia. I fatti dell'anno e le interpretazioni, Ed. 2002, Bologna 2002, S. 291-307, 291. Zitiert als: Hine, David, Silvio Berlusconi.

[1048] Vgl. Kohl, Christiane, Der Berlusconi-Boom, in: Süddeutsche Zeitung, 24.8.2000, S. 4.

Jahre gelang es der *Forza Italia*, sich immer stärker zu legitimieren – dem nach wie vor schwelenden Problem des Interessenkonflikts Berlusconis zum Trotz.[1049]

7.5 Die „klassische" Wahlkampfkampagne von 2000/20001

Von einer Welle des Erfolgs getragen, konnte die FI das reguläre Ende der dreizehnten Legislaturperiode im Frühjahr 2001 gar nicht schnell genug kommen sehen. Und so startete sie zusammen mit ihren Partnern den Wahlkampf viel früher als gemeinhin üblich. Getreu dem Motto: „Nach der Wahl ist vor der Wahl" gönnten sich die Spitzenpolitiker des Freiheitshauses nach den Regionalwahlen vom April 2000 auch nicht die geringste Verschnaufpause und behielten einmal mehr ihre scharfe Wahlkampfrhetorik bei. Als Berlusconi im Sommer 2000 unzählige öffentliche Werbeflächen anmietete, um mit Plakaten enormen Ausmaßes für sich und seine Partei zu werben,[1050] hatte der Kampf um die Macht in Italien unverkennbar begonnen, auch wenn die Gegenseite zu diesem Zeitpunkt noch nicht mal einen Spitzenkandidaten vorzuweisen hatte.[1051] Parallel zu dieser Plakataktion setzte die FI in dieser frühen Phase auch auf Buchpräsentationen als Wahlkampfinstrument. Vor allem die lokalen FI-Koordinatoren und Wahlkreiskandidaten, aber auch die FI-Jugendorganisation veranstalteten landesweit Zusammenkünfte, während derer die beiden Berlusconi-Werke *L'Italia che ho in mente* („Das Italien, das ich im Sinn habe")[1052] und *Discorsi per la democrazia* („Reden für die Demokratie")[1053] vorgestellt wurden. Allein bis zum Jahreswechsel 2000/2001 fanden rund siebenhundert solcher Präsentationen statt.[1054]

[1049] Vgl. Cotta, Maurizio, Dopo tre elezioni, S. 35.

[1050] Allein von August bis Mitte Oktober 2000 waren zirka 85.000 solcher FI-Wahlwerbeplakate in ganz Italien zu sehen. Nach offiziellen FI-Angaben hatte diese Kampagne umgerechnet nur rund 5,5 Millionen Euro gekostet, die politischen Gegner hingegen sprachen von einem viel höheren Betrag. Vgl. N.N., Ora il Cavaliere lancia i maxiposter, in: La Repubblica, 14.10.2000, S. 23.

[1051] Vgl. Legnante, Guido/Sani, Giacomo, a.a.O., S. 42. Erst mit dem Verzicht Amatos auf die Ministerpräsidentschafts-Kandidatur am 25. September 2000 war innerhalb des *Ulivo* der Weg frei für Francesco Rutelli, damals noch Bürgermeister von Rom. Vgl. ebd.

[1052] Berlusconi, Silvio, L'Italia che ho in mente. I discorsi „a braccio" di Silvio Berlusconi, Mailand 2000. In diesem Werk finden sich ausgewählte Reden, die Berlusconi im Laufe seiner politischen Karriere gehalten hat.

[1053] Ders., Discorsi per la democrazia. Gli interventi parlamentari di Silvio Berlusconi, Mailand 2001. Hierbei handelt es sich um eine Zusammenstellung von verschiedenen Parlamentsreden Berlusconis.

[1054] Vgl. Poli, Emanuela, Forza Italia, S. 153. Bei diesen Präsentationen sollte nichts dem Zufall überlassen bleiben. So gab das nationale Koordinierungs-Komitee der FI klare Richtlinien zur praktischen Durchführung dieser Abende vor. Daneben wurde auch eine Videokassette bereitgestellt, die den FI-Chef während einiger Reden zeigte. Vgl. ebd.

Die Strategie Berlusconis, so früh als möglich in den Wahlkampf zu ziehen, basierte auf dem Vorsprung, den durchweg alle Meinungsforschungsinstitute dem Mitte-Rechts-Lager attestierten. Vor allem in der Anfangsphase des Wahlkampfs hoben die Spitzenvertreter der *Casa delle Libertà* immer wieder hierauf ab. Unentwegt und unisono behaupteten sie, der *Ulivo* habe abgewirtschaftet und befände sich schon seit geraumer Zeit in der Minderheit, so dass er eigentlich gar nicht mehr legitimiert sei, die Regierung zu stellen. Dieses Leitmotiv diente als eine Art sich selbst erfüllende Prophezeiung, die zwei wesentliche Vorteile brachte: Dadurch ließ sich, zum einen, die Mobilisierung der eigenen Anhängerschaft auf hohem Niveau halten; zum anderen wurden damit die Gegner in die Defensive gedrängt und deren Argumentationsspielraum eingeengt. Das für gewöhnlich hohe Risiko, dass bei einem derart in die Länge gezogenen Wahlkampf kurz vor der Zielgeraden die „Luft ausgeht", war im Fall des Mitte-Rechts-Bündnisses nur sehr gering. Als Mehrheitsaktionär der TV-Gruppe *Mediaset* war Berlusconi nicht nur in der Lage, die drei großen landesweiten Privatkanäle Italiens zu kontrollieren und sich entsprechend vorteilhaft in Szene zu setzen.[1055] Er verfügte darüber hinaus auch über die nötigen finanziellen Mittel, um seine Kampagne bis zum Ende aufrecht zu halten.[1056] Angeblich soll Berlusconi umgerechnet rund fünfzig Millionen Euro aus seinem Privatvermögen in den Wahlkampf investiert haben.[1057] Wie viel die FI-Kampagne tatsächlich kostete, lässt sich nur erahnen. Berlusconi versicherte freilich immer wieder, er gebe nicht mehr Geld aus, als seine Partei danach an Wahlkampfkostenerstattung zu erwarten habe.[1058]

Im Gegensatz zu 1994, als Berlusconi noch recht handstreichartig kurz vor den Wahlen seine Partner an sich gebunden hatte, war die Aufstellung der Mitte-Rechts-Koalition diesmal von langer Hand geplant. Die *Lega Nord* war bereits im Vorfeld zu den Regionalwahlen vom April 2000 in die Arme Berlusconis zu-

---

[1055] Allein von Januar bis Ende April 2001 war Berlusconi fast fünf Stunden auf den *Mediaset*-Kanälen zu sehen, während es Gegenkandidat Rutelli hier nur auf 42 Minuten brachte. Vgl. Schlamp, Hans-Jürgen, Die Akte Berlusconi, S. 115.

[1056] Vgl. Marletti, Carlo, La campagna elettorale. Attori politici, media ed elettori, in: Bellucci, Paolo/Bull, Martin (Hg.), Politica in Italia. I fatti dell'anno e le interpretazioni, Ed. 2002, Bologna 2002, S. 79-98, 80ff.

[1057] Vgl. Hülsebusch, Bernhard, An Selbstbewusstsein fehlt es dem Kandidaten nicht, in: http://www.stuttgarter-zeitung.de/dc1/htlm/newstz/20010412poli0004.shtml (12.4.2001). Daneben füllten auch noch weitere Privatspender die Wahlkampfkassen der FI. Hierzu zählten etwa die Großunternehmer Bernardo Caprotti (350.000 Euro) und Calisto Tanzi (200.000 Euro) sowie das Müllverwertungsunternehmen *Waste Management Italia* (480.000 Euro). Der *Ulivo* indes hatte große Mühe, seinen Wahlkampf zu finanzieren. Vgl. N.N., Il Cavaliere e Rutelli, sponsor a nove zeri, in: Corriere della Sera, 3.7.2001, S. 11.

[1058] Vgl. Piller, Tobias, Berlusconis Reichtum, in: Frankfurter Allgemeine Zeitung, 9.5.2001, S. 14.

rückgekehrt, weil sie nach mehreren Wahlniederlagen mit ihrem Versuch gescheitert war, sich als unabhängige Kraft zu etablieren. Um ihrer drohenden Marginalisierung zu entgehen, blieb ihr keine andere Wahl, als sich an die FI zu binden – um den Preis der Abkehr von ihren sezessionistischen Forderungen. Leichtes Spiel hatte Berlusconi auch mit der AN, deren Autonomiebestrebungen – etwa bei den Europawahlen – genauso wenig von Erfolg gekrönt waren. Somit geriet die Schwäche von *Lega* und AN der FI zur Stärke. Innerhalb der Mitte-Rechts-Allianz befand sich die FI also in einer übermächtigen Position.[1059]

Das machte sich denn auch bei den Verhandlungen über die Verteilung der Direktkandidaten bemerkbar. Wie schon vor den Parlamentswahlen von 1996 praktiziert, dienten auch diesmal die Ergebnisse aus den kurz zuvor abgehaltenen Regionalwahlen als grober Maßstab für die Aufteilung der Wahlkreise unter den Partnern.[1060] Und weil die FI im Frühjahr 2000 so erfolgreich abgeschnitten hatte, konnte sie sich viel mehr Direktkandidaturen sichern als früher. Rund die Hälfte aller Wahlkreiskandidaten der *Casa delle Libertà* für Kammer und Senat, nämlich 344, stammten aus den Reihen der *Forza*. Alle anderen Partner mussten dagegen zurückstecken. Am stärksten traf es die *Lega Nord*, die nur noch 67 Direktkandidaten ins Rennen schicken konnte – 1994 waren es noch stolze 232 gewesen. Die Zentrumsparteien CCD und CDU, die eine Einheitsliste bildeten, sowie die AN hatten zwar nicht ganz so viel an Gewicht verloren, mussten aber ebenfalls zugunsten der FI Federn lassen. Hatte 1996 die AN noch 239 und CCD-CDU 127 Direktkandidaten gestellt, so kamen sie 2001 auf nur noch 181 bzw. 101. Aus diesen veränderten Zahlenverhältnissen wird klar, wie überlegen die FI mittlerweile ihren Alliierten gegenüber geworden war.[1061]

Da, wie bereits dargelegt, unter den Bedingungen des Mehrheitswahlrechts auch einige wenige Stimmen ausschlaggebend sein konnten, war Berlusconi sehr daran gelegen, auch möglichst viele Kleinstparteien auf seine Seite zu ziehen. Dabei scheute er sich diesmal – anders als noch fünf Jahre zuvor – auch nicht, einen Pakt mit dem neofaschistischen MS-FT Pino Rautis zu schließen.[1062] Zu-

---

[1059] Vgl. Cotta, Maurizio, Berlusconi alla seconda prova di governo, in: Bellucci, Paolo/Bull, Martin (Hg.), Politica in Italia. I fatti dell'anno e le interpretazioni, Ed. 2002, Bologna 2002, S. 163-184, 166. Zitiert als: Cotta, Maurizio, Berlusconi alla seconda prova di governo.

[1060] Vgl. Di Virgilio, Aldo, I nodi al pettine del *management* coalizionale, S. 129.

[1061] Vgl. ders., L'offerta elettorale, S. 105ff. Völlig reibungslos verliefen die Verhandlungen über die Vergabe der Direktkandidaturen nicht. So verlangten AN, CCD und CDU Ende Dezember 2000 mehr Wahlkreise für sich. Doch solchen Forderungen erteilte Claudio Scajola in seiner damaligen Funktion als nationaler Koordinator der FI eine klare Absage. Er argumentierte, die übrigen Mitte-Rechts-Parteien seien bereits bevorzugt, denn laut Umfragen habe sich seine Partei gegenüber den Regionalwahlen um ganze 25 Prozent verbessert. Vgl. Di Caro, Paola, Collegi e „partititni", tensione nel Polo, in: Corriere della Sera, 28.12.2000, S. 8.

[1062] Vgl. La Mattina, Amedeo, Agita il Polo l'intesa con Rauti in Sicilia, in: La Stampa, 10.4.2001, S. 5. Der Pakt des Mitte-Rechts-Bündnisses mit dem MS-FT beschränkte sich offi-

dem band Berlusconi auch den *Nuovo Partito Socialista Italiano* (Neue Sozialistische Partei Italiens, *Nuovo* PSI) an sich, den Bobo Craxi, der Sohn des mittlerweile verstorbenen früheren Ministerpräsidenten Bettino Craxi, erst Ende Januar 2001 aus der Taufe gehoben hatte. Ebenso hieß der FI-Chef die „Mini"-Parteien *Unione per la Repubblica* (Union für die Republik, UPR) des ehemaligen Staatspräsidenten Francesco Cossiga sowie die *Unione di Centro* (Zentrumsunion, UDC) Raffaele Costas in seiner Parteienallianz willkommen.[1063] Gleiches galt auch für den ebenfalls neu gegründeten *Partito Repubblicano Italiano* (Republikanische Partei Italiens, PRI), angeführt von Giorgio La Malfa, dem Sohn des langjährigen früheren Parteisekretärs der alten Republikaner, Ugo La Malfa.[1064] Demgegenüber erreichte Berlusconi mit der neuen Zentrumsformation *Democrazia Europea* (Europäische Demokratie, DE) trotz monatelanger Verhandlungen letzten Endes keinerlei Übereinkunft. Verbittert brach er die Gespräche mit deren Parteichef, dem ehemaligen Gewerkschaftsführer Sergio D'Antoni, Mitte Februar 2001 ab.[1065]

Politische Sachthemen spielten in der Auseinandersetzung mit dem gegnerischen Lager nur eine untergeordnete Rolle. Das war durchaus so gewollt. Unumwunden stellte Berlusconi Anfang März 2001 klar: „Im Wahlkampf werden wir nicht über Programme diskutieren, denn das bringt keine Stimmen."[1066] Diesem Credo folgend, veröffentlichte die *Casa delle Libertà* ihre gemeinsame Wahlplattform namens „Regierungsplan für eine ganze Legislaturperiode"[1067] auch erst wenige Tage vor dem 13. Mai, nachdem schon fast die gesamte Kam-

---

ziell nur auf Sizilien. FI-Parteistrategen gingen davon aus, dass dort einige Wahlkreise nur gemeinsam mit den Stimmen für den MS-FT zu holen seien. Die Übereinkunft beinhaltete konkret einen Verzicht des MS-FT, eigene Direktkandidaten aufzustellen. Im Gegenzug überließ das Freiheitshaus den Wahlkreis Avola einem MS-FT-Kandidaten. Ausgehandelt wurde dieser Kompromiss seitens der FI vom nationalen Koordinator Claudio Scajola und vom sizilianischen Regionalkoordinator Gianfranco Miccichè. Vgl. ebd.

[1063] Vgl. Poli, Emanuela, Forza Italia, S. 157.

[1064] Vgl. Galluzzo, Marco, La Malfa vince lo scontro, Pri con il Polo, in: Corriere della Sera, 29.1.2001, S. 8. Aus Protest über den von Parteichef La Malfa jun. anvisierten Kurs, mit Berlusconi zu paktieren, spaltete sich eine Minderheit des PRI von der Mutterpartei ab. Vgl. N.N., La Malfa tratta col centrodestra, in: La Stampa, 26.1.2001, S. 11.

[1065] Vgl. Di Caro, Paola, Forza Italia e i seggi: „No a tutti i riciclati", in: Corriere della Sera, 12.2.2001, S. 9. Die DE war ursprünglich mit dem erklärten Ziel angetreten, einen dritten Pol zwischen der Mitte-Rechts- und der Mitte-Links-Allianz aufzubauen. Von Zeit zu Zeit konnte es D'Antoni allerdings nicht lassen, mit dem Berlusconi-Block zu liebäugeln. Vgl. Folli, Stefano, Quella partita ambigua nelle pieghe del bipolarismo, in: Corriere della Sera, 10.2.2001, S. 9.

[1066] Zitiert nach: Sofri, Adriano, Der aufhaltbare Aufstieg des Cavaliere, in: N.N., Berlusconis Italien – Italien gegen Berlusconi, Berlin 2002, S. 33-39, 39.

[1067] N.N., Piano di governo per una intera legislatura, in: http://www.forza-italia.it/elettorale/ piano_governo/index.html (23.5.2001) (eig. Übers.).

pagne gelaufen war.[1068] Dennoch hatte die Mitte-Rechts-Allianz zuvor einige bestimmte Programmpunkte als ihr „Steckenpferd" lanciert. An erster Stelle ist hier die Föderalismusreform zu nennen. Vor allem die frisch gewählten Regionalpräsidenten des Freiheitshauses forderten im Anschluss an die Regionalwahlen von 2000 immer wieder die Übertragung der Kompetenzen in den Bereichen Gesundheit, Schule und innere Sicherheit vom Zentralstaat auf die Regionen. Den Themenkomplex Ausbau der Infrastrukturen und Modernisierung des Landes brachte dagegen Berlusconi selbst im Rahmen eines Fernsehauftritts in den Wahlkampf ein. Das Versprechen, die Steuerlast massiv herunterzufahren, stand wiederum in großen, einprägsamen Lettern auf Abertausenden überdimensionaler Plakate und wurde des Öfteren vor allem von Giulio Tremonti, dem Wirtschaftsminister in spe, propagiert. Ebenfalls sehr am Herzen lag der damaligen Opposition die Arbeitsmarktpolitik. So plädierte Berlusconi auf einem Kongress des Arbeitgeberverbandes *Confindustria* für die Liberalisierung des Arbeitsmarktes mit Hilfe von Flexibilitätsregelungen und Steuerentlastungen.[1069]

Besonderes Augenmerk widmete die FI ferner den Angestellten und Rentnern, da den Parteistrategen bekannt war, dass vor allem diese beiden sozialen Gruppierungen dem Mitte-Rechts-Bündnis bislang eher fern gestanden hatten. Indem sich Berlusconi auf Plakaten selbst als „Arbeiter-Präsident" titulierte und mit prägnanten Slogans höhere Renten in Aussicht stellte, öffnete sich die FI diesen neuen Wählerschichten.[1070] Damit besetzte Berlusconi Themenkomplexe, die früher vornehmlich die Linke für sich reklamiert hatte.[1071]

Insgesamt ist festzuhalten, dass Berlusconi – anders als sein Kontrahent Rutelli – kaum sachlich über Programmpunkte diskutierte, sondern sich einmal mehr mit einer Vielzahl schlagwortartig vorgebrachter Versprechungen überbot.[1072] Rinaldi fasst diese Art des Wahlkampfs folgendermaßen zusammen:

> „Er [Berlusconi] neigt dazu, nicht rational zu überzeugen, sondern zu faszinieren: Deshalb wiederholt er, dass Italien zu verändern ‚ein Traum' ist und kein Programm. Dabei weist er zumindest drei starke Punkte auf. Der erste ist offensicht-

---

[1068] Ohne Vorankündigung und ohne dass hierüber ein Parteitag abgestimmt hätte fand sich urplötzlich – knapp eine Woche vor der Wahl – das gemeinsame Programm der in der *Casa delle Libertà* vertretenen Parteien auf der Homepage der FI (http://www.forza-italia.it). Aus FI-Kreisen verlautete dazu, Berlusconi habe ursprünglich überhaupt kein Programm veröffentlichen wollen, denn schließlich habe er seine Forderungen oft genug wiederholt. Da aber Rutelli ständig unterstellt habe, Mitte-Rechts hätte überhaupt kein Programm, sei dieser Schritt doch noch erfolgt, um das Gegenteil zu beweisen. Vgl. Magri, Ugo, „Così cambierò l'Italia, anno per anno", in: La Stampa, 8.5.2001, S. 3.

[1069] Vgl. Legnante, Guido/Sani, Giacomo, a.a.O., S. 49.

[1070] Vgl. Marletti, Carlo, a.a.O., S. 94.

[1071] Vgl. Biorcio, Roberto, Forza Italia, S. 633.

[1072] Vgl. N.N., Berlusconi auf der Schwelle zur Macht, in: http://www.nzz.ch/2001/05/11/al/page-article7DYXP.html (11.5.2001).

lich der immense Reichtum an Mitteln, die Berlusconi zu Verfügung stehen. Dann ist da die Wahl, nur die Themen anzusprechen, die das Leben der Menschen direkt berühren [...]. Und schließlich ist da der Rückgriff auf eine simple Sprache, die brutale Vereinfachungen bevorzugt und sich sakrosankten Demagogie-Anschuldigungen aussetzt, die aber trotzdem Wirkung entfalten kann in einem Land, in dem die Berufspolitiker weder Enthusiasmus noch Hoffnung ausstrahlen."[1073]

Der international bekannte italienische Schriftsteller Umberto Eco sieht indes in der Wahlkampfstrategie der FI große Übereinstimmungen mit der Werbung für Konsumgüter:

„Der Polo und insbesondere Berlusconi (das einzige Gesicht der Kampagne) folgen dem Vorbild der Werbung. Aus der Werbung haben sie die ständige Wiederholung immer desselben Symbols und einiger weniger einprägsamer Slogans übernommen, dazu eine kluge Farbauswahl, die sicherlich gewinnbringend ist, weil sie jener von Windows sehr ähnelt. Die elementare Schlichtheit der Slogans ist dieselbe wie jene für Produkte des Großkonsums und teilt mit den Werbekampagnen das Prinzip, wonach der Slogan nicht darauf aus sein muss, für wahr gehalten zu werden. [...] Slogans wollen nicht geglaubt, sondern lediglich erinnert werden. [...] Der ein oder andere hat bereits ein offensichtliches Auseinanderklaffen zwischen der Liebenswürdigkeit der Propaganda und der Aggressivität des politischen Handelns bemerkt, so dass hier ein taktischer Fehler zu vermuten ist."[1074]

Im Gegensatz zu früher blieb diesmal das Fernsehen als Austragungsort des Wahlkampfes weitgehend außen vor. Während die öffentlich-rechtliche Sendeanstalt RAI eine deutlich niedrigere Anzahl an politischen Diskussionssendungen zur Wahl ausstrahlte als in der Vergangenheit, verzichteten die Berlusconi-Sender fast völlig darauf.[1075] Entsprechend bediente sich auch die FI diesmal in nur geringem Maße des Fernsehens, um für sich zu werben – und das nicht nur, weil das neue *Par-condicio*-Gesetz diese Möglichkeit stark eingeschränkt hatte. Das Wahlkampfinstrument Fernsehen erschien den verantwortlichen Parteistrategen gar nicht mehr so angebracht, denn schließlich ging es nicht mehr darum, eine neue Partei innerhalb kürzester Zeit bekannt zu machen. Als wichtiger betrachtete man vielmehr, die Stimmen der unentschlossenen, der politisch weniger interessierten, kurz: derjenigen Bürger zu bekommen, die auch über politische Fernsehsendungen nur schwer zu erreichen waren. Dadurch erklärt sich, warum sich die *Forza* vornehmlich für eine Kampagne mit Plakatwänden entschieden hatte, wie man sie insbesondere aus den vierziger und fünfziger Jahren kannte. Neue Wählersegmente zu erschließen, darin bestand diesmal das Ziel.[1076]

[1073] Rinaldi, Claudio, Berlusconi di sinistra, in: La Repubblica, 5.11.2000, S. 17 (eig. Übers.).

[1074] Eco, Umberto, Perché nel Cavaliere si nasconde un comunista, in: La Repubblica, 3.4.2001, S. 17 (eig. Übers.).

[1075] Vgl. Marletti, Carlo, a.a.O., S. 85.

[1076] Vgl. Bellucci, Paolo/Bull, Martin, Introduzione. Il ritorno di Berlusconi, in: dies. (Hg), Politica in Italia. I fatti dell'anno e le interpretazioni, Ed. 2002, Bologna 2002, S. 37-56, 43. Den-

Ganz im Sinne dieser Zielvorgabe erklärt sich auch die starke Konzentration des Mitte-Rechts-Wahlkampfs auf Berlusconi. Diese „Personalisierung ohne Beispiel"[1077] diente der FI dazu, die Wahlen zu einem Plebiszit für oder gegen ihren Chef hoch zu stilisieren. Mit der damit einhergehenden Simplifizierung der politischen Inhalte und deren Verengung auf eine ganz konkrete Frage – Berlusconi ja oder nein? – sollten die Massen mobilisiert werden, einschließlich politisch uninteressierter Bürger.[1078] Barisione nennt dies den „Berlusconi-Effekt", der – im Guten wie im Schlechten – den gesamten Wahlkampf ganz wesentlich geprägt habe.[1079] Berlusconi selbst führte die exponierte Stellung seiner Person darauf zurück, dass man seine hohen Popularitätswerte habe ausnutzen wollen. Er zitierte Meinungsumfragen, nach denen er in der Wählergunst weit vor Rutelli rangiert habe. Seine persönlichen Zustimmungsraten hätten zudem höher gelegen als jene seiner eigenen Koalition, während dieses Verhältnis im gegnerischen Lager genau umgekehrt gewesen sei.[1080]

Berlusconi stand so sehr im Zentrum der Wahlkampagne des Freiheitshauses, dass allein sein Abbild auf den Werbeplakaten zu sehen war. Wahlkreiskandidaten war es ausdrücklich untersagt worden, Plakate mit eigenem Konterfei in Umlauf zu bringen, um, wie es offiziell hieß, das einheitliche Erscheinungsbild der Kampagne nicht zu gefährden.[1081]

---

noch ist anzumerken, dass Berlusconi auch in diesem Wahlkampf viel öfter als jeder andere Politiker im Fernsehen zu sehen war – und nicht nur in seinen eigenen TV-Sendern. Vgl. ITANES (Italian National Election Studies), Perché ha vinto il centro-destra. Oltre la mera conta dei voti: chi, come, dove, perché, Bologna 2001, S. 139f.

[1077] Pappalardo, Adriano, Il sistema partitico italiano fra bipolarismo e destrutturazione, in: Pasquino, Gianfranco (Hg.), Dall'Ulivo al governo Berlusconi. Le elezioni del 13 maggio 2001 e il sistema politico italiano, Bologna 2002, S. 199-237, 222 (eig. Übers.).

[1078] Vgl. Mannheimer, Renato, Polo contro Ulivo: Chi ha vinto la sfida, in: Panorama, 24.5.2001, S. 48f., 48. Die hohe Wahlbeteiligung spricht dafür, dass diese Rechnung aufging: Mit 81,4 Prozent lag diese zwar leicht unter derjenigen von 1996, doch hätte eine größere Zahl von Nichtwählern durchaus im allgemeinen Trend gelegen. Vgl. ITANES, a.a.O., S. 12f.

[1079] Vgl. Barisione, Mauro, Interesse per la politica, appartenenza di coalizione e giudizio sui leader. Gli effetti della campagna elettorale, in: Pasquino, Gianfranco (Hg.), Dall'Ulivo al governo Berlusconi. Le elezioni del 13 maggio 2001 e il sistema politico italiano, Bologna 2002, S. 139-178, 169.

[1080] Vgl. Interview mit Silvio Berlusconi, in: Corriere della Sera, 10.5.2001, S. 9. Dieser Aussage widerspricht Barisione, dem zufolge die Popularitätswerte Rutellis während des Wahlkampfes stets höher lagen als jene von Berlusconi. Vgl. Barisione, Mauro, a.a.O., S. 142.

[1081] Vgl. Poli, Emanuela, Forza Italia, S. 159; Hausmann, Friederike, Italien. Der ganz normale Sonderfall, S. 26. Als in Turin ein Mitte-Rechts-Kandidat Plakate mit seinem eigenen Foto anbringen ließ, strich ihn Berlusconi umgehend von der Liste. Vgl. Seeger-Baier, Sabine, Silvio Berlusconi ist für viele der Retter der Nation, in: http://www.winti-guide.ch/druck.php?action=druck&id=17765&rubrik=welt (8.5.2001).

Indem die FI und mit ihr das gesamte Mitte-Rechts-Bündnis ausschließlich mit dem Gesicht Berlusconis den Wahlkampf bestritt, fielen auch dessen Schwierigkeiten, etwa die Probleme mit der Justiz oder die Thematik des Interessenkonflikts, immer wieder auf das gesamte Freiheitshaus zurück.[1082] So kam es, dass sich sowohl im In- wie auch im Ausland großer Widerstand gegen die Wahl des Mitte-Rechts-Bündnisses formierte, der sich vor allem an der Person Berlusconis entzündet hatte. Zu den schärfsten Berlusconi-Kritikern gehörte etwa Umberto Eco, der über das Internet einen Aufruf gegen die *Casa delle Libertà*, veröffentlichte. Er schrieb:

> „Diese Situation [der Machtkonzentration Berlusconis, eig. Anm.], die inzwischen weltweit als italienische Anomalie bekannt ist, müsste genügen, um festzustellen, dass ein Wahlsieg Berlusconis in unserem Land nicht – wie viele Politologen behaupten – einem normalen Wechsel zwischen rechten und linken Parteien gleichkäme, wie er zur demokratischen Dialektik gehört. Die Errichtung eines De-facto-Regimes (das sich [...] von selbst errichtet, unabhängig vom Willen der Individuen) gehört zu keiner Art von demokratischer Dialektik."[1083]

Ähnlich besorgt äußerten sich auch andere Linksintellektuelle wie der Philosoph Noberto Bobbio, der Wirtschaftsexperte Paolo Sylos Labini und der Herausgeber der Zeitschrift *MicroMega*, Paolo Flores D'Arcais. Pünktlich zum Start der heißen Wahlkampfphase Anfang März 2001 warnten sie alle eindringlich vor einem Wahlsieg Berlusconis:

> „Es ist notwendig, das so genannte Haus der Freiheiten mit der Stimme zu schlagen. Rechts und links spielen keine Rolle: Die Demokratie steht auf dem Spiel. Berlusconi hat erklärt, auch den ersten Teil der Verfassung reformieren zu wollen, und das sind die fundamentalen Werte, auf denen die italienische Republik beruht. Er hat ein Gesetz angekündigt, das dem Parlament die Befugnis übertragen würde, jedes Jahr eine Prioritätenliste der zu verfolgenden Straftaten aufzustellen. Ein solches Gesetz würde die Gewalt der Judikative der politischen Macht unterwerfen und so eine der Säulen des Rechtsstaats niederreißen. [...] Wer an die eigenen unternehmerischen Geschäfte und die eigenen finanziellen Vorteile denkt, regiert sehr schlecht: In den sieben Monaten im Jahr 1994 gab die Regierung Berlusconi eine verheerenden Probe ab. Die unzähligen Interessenkonflikte würden sehr große Widerstände gegenüber seiner Regierung hervorrufen – sowohl in Italien als auch, und noch viel mehr, in Europa."[1084]

In einer Art Gegenangriff veröffentlichten daraufhin andere Intellektuelle wie Franco Debenedetti einen Appell, in dem sie dieser Sichtweise widersprachen. Darin hieß es:

[1082] Vgl. Cotta, Maurizio, Berlusconi alla seconda prova di governo, S. 166f.

[1083] Eco, Umberto, Wem schlägt die Stunde? Appell zu einem moralischen Referendum, in: N.N., Berlusconis Italien – Italien gegen Berlusconi, Berlin 2002, S. 42-47, 43.

[1084] Bobbio, Noberto [u.a.], Aufruf Linksintellektueller gegen die Wahl Berlusconis, in: Micro-Mega, 2/2001, S. 4f. (eig. Übers.).

„Wir glauben, dass man bei den kommenden Parlamentswahlen frei wählen muss, und zwar bewusst und sachlich gemäß den Vorstellungen und Zuneigungen eines jeden. Wir sind überzeugt, dass kein Zusammenstoß zwischen Zivilisation und Barbarei im Gange ist. Die gegenwärtige Regierungsmehrheit und die Oppositionskoalition haben volles und legitimes Recht, auf reife und durchdachte Weise beurteilt zu werden."[1085]

Neben diesen inneritalienischen Polemiken bezog auch das Ausland zu Berlusconi meist kritisch Stellung. Vor allem die deutsche, aber auch andere europäische Regierungen blickten mit großem Argwohn auf die wirtschafts- und fiskalpolitischen Pläne Berlusconis. Sollten diese wirklich umgesetzt werden, so die Befürchtungen, würde Italien den europäischen Stabilitätspakt sprengen und dadurch die neue Einheitswährung in eine tiefe Krise stürzen.[1086] Zudem herrschten im Ausland auch große Vorbehalte gegenüber einer möglichen Regierungsbeteiligung der als rechtspopulistisch eingestuften *Lega Nord*.[1087] Um derartige Bedenken zu zerstreuen, gab sich Berlusconi vor den Wahlen zuversichtlich, dass die Partei Bossis eigentlich gar nicht gebraucht würde. So rechnete er mit einem Vorsprung für Mitte-Rechts von 127 Abgeordneten und sechzig Senatoren. Entsprechend wäre die *Lega* mit ihren geschätzten 44 Abgeordneten nicht entscheidend für die Regierungsmehrheit.[1088]

Doch so verhalten die Staatskanzleien in Europas Hauptstädten diesmal auch blieben, so ungezügelt stürzten sich weite Teile der Auslandspresse auf die offenen Wunden Berlusconis. Insbesondere eher konservativ ausgerichtete Blätter nahmen die bekannten, seit Jahren schwelenden Probleme des FI-Chefs ins Visier und griffen somit automatisch in den italienischen Wahlkampf ein. Besonders hervorgetan hat sich in dieser Hinsicht das angesehene britische Nachrichtenmagazin *The Economist*, das dem Chef der Opposition die Regierungstauglichkeit absprach: „Mr Berlusconi is not fit to lead the government of any country, least of all one of the world's richest democracies."[1089] Zu ähnlich vernichtenden Schlussfolgerungen gelangten insbesondere auch das konservative

---

[1085] Debenedetti, Franco [u.a.], Appello contro la faziosità politica, in: Il Foglio, 10.3.2001, S. 1 (eig. Übers.).

[1086] Vgl. Martini, Fabio, Rutelli va da Schröder: „Bossi peggio di Haider", in: La Stampa, 27.3.2001, S. 4.

[1087] Während Deutschland und Frankreich vor allem die AN mit großem Argwohn betrachteten, hatte Großbritannien eher die *Lega* ins Visier genommen. Vgl. Russo, Umberto, E Rutelli va da Blair: „Destra pericolosa", in: La Repubblica, 30.1.2001, S. 8.

[1088] Vgl. Frasca, Luigi, Berlusconi: Scandaloso votare il 6 maggio, in: Il Tempo, 13.2.2001, S. 6. Dieser Rechnung widersprach Bossi aufs Schärfste. Nur der Pakt zwischen *Polo* und *Lega* sichere den Sieg, protestierte Bossi. Vgl. Petrini, Roberto, Berlusconi-Rutelli, duello sui conti, in: La Repubblica, 14.2.2001, S. 25.

[1089] N.N., Fit to run Italy?, in: The Economist, 28.4.2001, S. 15f., 15.

internationale Wirtschaftsblatt *Financial Times*[1090], die *Süddeutsche Zeitung*, der britische *Guardian* sowie die Tageszeitungen *Le Monde* aus Frankreich und *El Mundo*[1091] aus Spanien. All diese höchst kritischen Stimmen sorgten unweigerlich für großen Wirbel in Italien.[1092]

Es ist allerdings davon auszugehen, dass die Attacken der ausländischen Presse Berlusconi nicht wirklich schadeten, sondern, wohl ohne dies beabsichtigt zu haben, noch zusätzlich dazu beitrugen, ihn in den Mittelpunkt des Geschehens zu rücken.[1093] Außerdem waren diese Anschuldigungen so scharf und wuchtig, dass sie weitgehend als gegen ganz Italien gerichtet verstanden wurden. Nachdem daraufhin auch der angesehene frühere FIAT-Chef Giovanni Agnelli[1094] für Berlusconi in die Bresche gesprungen und Staatspräsident Ciampi ein Plädoyer zugunsten aller italienischer Parteien gehalten hatte, sah Mitte-Links keine andere Wahl, als die Steilvorlagen aus dem Ausland fallen zu lassen.[1095]

Berlusconi indes betrachtete diese Auslandspresse-Attacken gegen ihn als „die größte Hasskampagne, die jemals gegen eine einzelne Person organisiert wurde,"[1096] und tat sie wie folgt ab:

> „Es handelt sich hier um einen Haufen von Lügen, von verdrehten Realitäten, die nichts mit einer korrekten journalistischen Besorgnis zu tun haben. [...] Wie kann man nur glauben, dass ein großes Unternehmen wie meines außerhalb der Legalität agiert haben könnte?"[1097]

[1090] Vgl. N.N., Italian Style over substance, in: http://www.news.ft.com/ft/gx.cgi/ftc?pagename=Views&c=Article&cid=FT3DT5V25Mc&live=true (4.5.2001).

[1091] Bezeichnenderweise übertraf gerade die dem konservativen spanischen Premier José Maria Aznar nahe stehende Tageszeitung *El Mundo* in ihren Attacken alle anderen Printmedien. Sie hatte die angeblich illegalen Machenschaften Berlusconis im Zusammenhang mit dem spanischen Privatsender *Telecinco* aufgearbeitet. Vgl. Folli, Stefano, Lo „scontro finale" e l'immagine dell'Italia, in: Corriere della Sera, 1.5.2001, S. 3.

[1092] Vgl. Cotta, Maurizio, Berlusconi alla seconda prova di governo, S. 183.

[1093] Vgl. ITANES, a.a.O., S. 111.

[1094] Der mittlerweile verstorbene Agnelli, der damals auch Senator auf Lebenszeit war, reagierte empört auf die Anschuldigungen gegen den FI-Chef und stellte klar, sein Land sei doch keine „Bananenrepublik". Zudem wurde bekannt, dass Agnelli vor den Wahlen auch schon in Paris bei dem damaligen französischen Außenminister Hubert Védrine vorstellig geworden war, um eventuelle Bedenken gegen Berlusconi zu zerstreuen. Vgl. Arens, Roman, Altkapitalist Agnelli nimmt den Emporkömmling an die Hand, in: http://www.baz.ch/reusable/druckversion.cfm?objectID=E54C49D4-169D-4820-88F4158AFD20EA (4.6.2001).

[1095] Vgl. Folli, Stefano, Ma il leader del Polo è uscito dall'angolo, in: Corriere della Sera, 5.5.2001, S. 10.

[1096] Zitiert nach: N.N., Compito: Tradurre le accuse dell'Economist, in: Panorama, 17.5.2001, S. 38f., 39 (eig. Übers.).

[1097] Interview mit Silvio Berlusconi, in: Corriere della Sera, 10.5.2001, S. 9 (eig. Übers.).

Wie dem auch immer sei, auch diesen Anschuldigungen war es zu verdanken, dass das politische Klima in Italien im Frühjahr 2001 stark aufgeheizt war. Die Tageszeitung *Corriere della Sera* konstatierte gar einen „Verfall dieses Wahlkampfes", der „eines zivilisierten Landes unwürdig"[1098] sei. Berlusconi wiederum nahm diese aufgeheizte Stimmung zum Anlass, keine öffentlichen Wahlkampfauftritte mehr abzuhalten, denn er befürchtete Anschläge und Attentate. Selbst den FI-Parteitag, der am 27./28. April 2001 hätte stattfinden sollen, sagte Berlusconi mit dem Hinweis auf das seiner Ansicht nach zu hohe Gefahrenpotenzial kurzfristig ab.[1099]

Lediglich die so genannte *Forza-Italia-Convention* fand am 11. April 2001 in Rom als Auftaktveranstaltung der heißen Phase des FI-Wahlkampfs statt. Berlusconi nutzte diese Gelegenheit, um seine Partei auf den Sieg einzuschwören, und schenkte jedem Kandidaten des Mitte-Rechts-Bündnisses einen Koffer mit Wahlkampf-Utensilien wie etwa FI-Fähnchen, den bereits erwähnten Berlusconi-Büchern, einen Videomitschnitt einer seiner Reden, ein Vademekum, das beispielsweise Kleidungstipps beinhaltete, und einen „Argumentationsleitfaden"[1100]. Auch befand sich in diesen Koffern eine Hochglanzbroschüre mit dem Titel *Una storia italiana* („Eine italienische Geschichte")[1101], die auf 128 Seiten das Leben Berlusconis nachzeichnete. Als besondere PR-Maßnahme kündigte der FI-Chef an, jedem italienischen Haushalt werde ein solches Exemplar gratis zugeschickt, um so die noch unentschlossenen Wähler zu überzeugen.[1102] Berlusconis Anga-

---

[1098] N.N., Montanelli, le polemiche, le minacce, in: Corriere della Sera, 26.3.2001, S. 1 (eig. Übers.).

[1099] Vgl. Di Caro, Paola, „Scritte di morte, sono preoccupato", in: Corriere della Sera, 20.4.2001, S. 2. Poli geht indessen davon aus, dass der Parteitag vor allem wegen ungelöster organisatorischer Probleme sowie letzten Endes aus Zeitmangel abgesagt wurde. Vgl. Poli, Emanuela, Forza Italia, S. 161.

[1100] Auf die Frage etwa, wer Berlusconi sei, werden hier folgende Antworten zum Auswendiglernen vorgegeben: „1) Aus dem Stand heraus hat er aus dem Nichts neue Städte gebaut; 2) Er hat den AC Milan aus der Serie B geholt und ihn auf den ersten Platz in Italien, Europa und der Welt gebracht; 3) Er hat ein allmächtiges öffentliches Monopol herausgefordert, die RAI, die der Arm aller Parteien war, und hat gewonnen; 4) Er hat eine neue Partei gegründet und ist erster in Italien geworden; 5) Und nun will er unser Land, das fast das letzte in Europa ist, an die Spitze führen; 6) Warum sollten wir es ihm nicht erlauben, es zu probieren? Welche anderen Alternativen eröffnen sich uns?" Die Linke habe dagegen nur „1) Hunger nach Macht; 2) Hunger nach Posten; 3) Hunger nach Geld. Der Kommunismus an der Macht hat hervorgebracht: 1) Elend; 2) Terror; 3) Tod. Mit dem Kommunismus an der Macht sind die Gegner: 1) im Exil; 2) im Gefängnis; 3) auf dem Friedhof." Zitiert nach: N.N., Da „Argomentario" dei candidati, in: La Repubblica, 12.4.2001, S. 9 (eig. Übers.).

[1101] Possa, Guido (Hg.), Una storia italiana, Mailand 2001.

[1102] Vgl. De Gregorio, Concita, Arma segreta, il fotoromanzo di Silvio, in: La Repubblica, 12.4.2001, S. 9. Die FI-Parteistrategen kalkulierten, dass allein mit Hilfe dieser Broschüre mindestens drei Prozent der Wähler in Berlusconis Arme getrieben würden. Vgl. Götz, Thomas,

ben zufolge steckte dahinter aber auch Marketing in eigener Sache. So unterstrich er: „Dieses Buch ist die Antwort auf die ständigen Angriffe gegen meine Person. Die Italiener sollen erfahren, wer Silvio Berlusconi wirklich ist."[1103] Diese Broschüre stellte das Herzstück der FI-Kampagne dar und diente dazu, die Aufmerksamkeit gezielt auf Berlusconi zu lenken, so wie dies das vor den Regionalwahlen 2000 angemietete Luxus-Schiff mit Bravour getan hatte. Über die Kosten dieser publicityträchtigen Aktion – immerhin handelte es sich um eine Auflage von zwölf Millionen – war Stillschweigen vereinbart worden. Es hieß lediglich, dass die *Forza* hierfür aufkomme.[1104]

Als Höhepunkt der Kampagne unterzeichnete Berlusconi in einer populären Diskussionssendung im Fernsehen kurz vor dem Wahltag einen so genannten „Vertrag mit den Italienern". Darin waren kurz und bündig fünf Punkte aufgelistet, die der FI-Chef als künftiger Ministerpräsident umzusetzen versprach. Hierzu zählten: Senkung der Steuerbelastungen, höhere innere Sicherheit, Erhöhung der Mindestrenten, Halbierung der Arbeitslosenzahlen und Schaffung von mindestens anderthalb Millionen neuer Arbeitsplätze sowie Großinvestitionen in Infrastrukturprojekte.[1105] Sollten nicht mindestens vier dieser Zielvorgaben erfüllt werden, werde Berlusconi fünf Jahre später nicht mehr antreten.[1106]

Alles in allem bleibt festzuhalten, dass Berlusconi tatsächlich die Meisterleistung vollbrachte, den außergewöhnlich langen Wahlkampf von Anfang bis zum Ende zu dominieren und so seinen Vorsprung vor Mitte-Links aufrechtzuerhalten. Die Mittel, auf die er hierfür zurückgriff, waren zwar größtenteils populistischer und narzisstischer Natur. Doch erfüllten sie sehr wohl ihren Zweck. Zu leiden hatte darunter freilich einmal mehr die politische Kultur Italiens. Anstatt sachlich über Zukunftsvisionen zu streiten und dem Wähler klare Alternativen zu präsentieren, war der Wahlkampf größtenteils von persönlichen Tiefschlägen geprägt, die allerdings auch auf das Konto des *Ulivo* gingen. Wenn auch die Medienmacht Berlusconis diesmal eine viel geringere Rolle als in der Vergangenheit gespielt hatte, so lässt sich doch angesichts der großen finanziellen Überlegenheit des Mitte-Rechts-Bündnisses beileibe nicht von einer Chancengleichheit im Wahlkampf sprechen.

Berlusconi bereitet Rückkehr zur Macht vor, in: http://www.berlinonline.de/bin/print.php/ aktuelles/berliner_zeitung/politik/html/34655.html (2.5.2001).

[1103] Interview mit Silvio Berlusconi, in: http://www.welt.de/daten/2001/04/17/0417eu247606. htx?print=1 (17.4.2001).

[1104] Vgl. Bucci, Stefano/Di Caro, Paola, Berlusconi, libro in 12 milioni di copie, in: Corriere della Sera, 13.4.2001, S. 2. Colombo schätzt, dass Druck und Verbreitung dieser Broschüre umgerechnet rund zehn Millionen Euro gekostet hätten. Vgl. Colombo, Furio, Il libro nero della democrazia, in: ders./Padellaro, Antonio (Hg.), Il libro nero della democrazia. Vivere sotto il governo Berlusconi, Mailand 2002, S. 9-12, 11.

[1105] Vgl. Contratto con gli italiani, in: Corriere della Sera, 11.5.2001, S. 10.

[1106] Vgl. Marroni, Stefano, Berlusconi: Ecco i ministri, in: La Repubblica, 9.5.2001, S. 2.

7.6 Der Triumph bei den Parlamentswahlen vom 13. Mai 2001

Aus den Parlamentswahlen vom 13. Mai 2001 ging die *Casa delle Libertà* mit Silvio Berlusconi an der Spitze als strahlender Sieger hervor. Damit standen dem Medienunternehmer zum zweiten Mal seit 1994 die Tore des Palazzo Chigi, dem Amtssitz des italienischen Ministerpräsidenten in Rom, offen.[1107] Mit Blick auf die massive Kritik an der Person Berlusconis im Vorfeld[1108] stellte die Tageszeitung *Corriere della Sera* im Anschluss an die Wahlen unmissverständlich klar: „Niemandem, weder in Italien noch im Ausland, kann es in den Sinn kommen, die volle demokratische Legitimität dieses Sieges in Zweifel zu ziehen."[1109]

Das wäre auch angesichts der enormen Stimmenzuwächse der *Forza Italia*, der überragenden Gewinnerin dieser Wahlen, kaum möglich. Wie aus Tabelle 9 hervorgeht, schwang sie sich mit 29,5 Prozent zur stärksten Kraft des Landes auf. Das entsprach einem Zugewinn von knapp neun Prozent im Vergleich zu den Wahlen von 1996. Einen solchen Zuspruch um die Dreißig-Prozent-Marke hatte zuletzt nur die inzwischen untergegangene *Democrazia Cristiana* im Jahr 1992 erreicht. Damit standen der Partei Berlusconis insgesamt 195 Sitze im Abgeordnetenhaus und 83 im Senat zu.[1110] Weit abgeschlagen folgten auf Platz zwei die sozialdemokratischen *Democratici di Sinistra* (Linksdemokraten, DS), die von 21,1 Prozent bei den vorherigen Parlamentswahlen auf 16,6 Prozent zurückfielen. Sie gehörten damit zu den großen Wahlverlierern. Als zweiter großer Überraschungssieger profilierte sich indes die so genannte *Margherita* (Margerite), die neu gegründete Formation des *Ulivo*-Spitzenkandidaten Francesco Rutelli, in der sich die vier Zentrumskräfte des Mitte-Links-Bündnisses[1111] zusammengeschlossen hatten. Sie erzielte mit 14,6 Prozent ein höchst respektables Ergebnis.[1112]

[1107] Vgl. Sommer, Michael, a.a.O., S. 127.

[1108] Näheres hierzu, vgl. Kapitel 7.5.

[1109] Franchi, Paolo, Un mandato pieno, in: Corriere della Sera, 15.5.2001, S. 1 (eig. Übers.).

[1110] Vgl. Poli, Emanuela, Forza Italia, S. 165f. Die FI konnte zwölf dieser 195 Kammer-Sitze nicht besetzen, da sie „aus Versehen" zu wenige Kandidaten in ihren Proporzlisten aufgestellt hatte. Nach langem Hin und Her beschloss die Abgeordnetenkammer im Sommer 2002, diese Sitze vakant zu lassen. Vgl. N.N., Italiens Parlament streicht Sitze, in: Der Standard, 17.7.2002, S. 4. Näheres zu dieser Fehlkalkulation kommen konnte, vgl. Lanza, Orazio/Piazza, Gianni, Il ricambio dei parlamentari, in: Pasquino, Gianfranco (Hg.), Dall'Ulivo al governo Berlusconi. Le elezioni del 13 maggio 2001 e il sistema politico italiano, Bologna 2002, S. 239-273, 241.

[1111] Hierzu gehörten die Demokraten, die Volkspartei (PPI), die *Unione Democratica per l'Europa* (Demokratische Union für Europa, U.D.Eur) und *Rinnovamento Italiano* (Italienische Erneuerung, RI).

[1112] Vgl. Marro, Enrico, Quorum solo per cinque, Ds meno due milioni di voti, in: Corriere della Sera, 15.5.2001, S. 5.

Tabelle 9: Ergebnisse der Parlamentswahlen vom 13. Mai 2001

	Abgeordnetenkammer			Senat	
	Mehrheitswahl	Proporzwahl		Mehrheits- und Proporzwahl	
	Sitze	Sitze	Prozent	Sitze	Prozent
Casa delle Libertà	282			176	42,5
FI		62	29,5		
AN		24	12,0		
CCD-CDU			3,2		
Lega Nord			3,9		
Nuovo PSI			1,0		
Ulivo	189			128	39,2
DS		31	16,6		
Margherita		27	14,5		
Girasole			2,2		
PdCI			1,7		
SVP	3		0,5	2	0,4
RC		11	5,0	4	5,0
Italia dei Valori			3,9	1	3,4
DE			2,4	2	3,4
Pannella-Bonino			2,2		2,0
MS-FT			0,4		1,0
Andere	1			2	
Gesamt	475	155		315	

Quelle: Eigene Zusammenstellung aus: D'Alimonte, Roberto/Bartolini, Stefano (Hg.), Maggioritario finalmente? La transizione elettorale 1994-2001, Bologna 2002, S. 394ff.

Die Verbündeten der FI mussten dagegen zum Teil herbe Einbußen hinnehmen. So sackten die Postfaschisten von der AN auf zwölf Prozent ab, was einem Minus von nahezu vier Punkten gegenüber 1996 entsprach. Nicht minder gebeutelt wurden auch die christdemokratischen Parteien CCD und CDU, die sich diesmal unter dem Namen *Biancofiore* vereint zur Wahl gestellt hatten. Ihnen blieben nur noch 3,2 Prozent – 2,6 Prozent weniger als fünf Jahre zuvor. Am härtesten hatte es die *Lega Nord* getroffen, die mit nur noch 3,9 Prozent mehr als eine Halbierung ihrer Wählerschaft verschmerzen musste. Sie verfehlte knapp die Vier-Prozent-Hürde und blieb deshalb ebenso wie der *Biancofiore* von der Verteilung der Proporzsitze ausgeschlossen. Trotzdem waren beide Gruppierungen im Parlament über Direktkandidaten vertreten. Die Christdemokraten stellten 44 Abgeordnete und 29 Senatoren, die *Lega* 31 Mandate in der Kammer und siebzehn im Senat. Mit diesem mageren Ergebnis ist die Partei Bossis nicht einmal mehr ausschlaggebend für die Mehrheit von Mitte-Rechts.[1113]

[1113] Vgl. Poli, Emanuela, Forza Italia, S. 162f. Der renommierte Politikwissenschaftler Giovanni Sartori weist demgegenüber darauf hin, dass die *Lega* zwar in der Kammer in der Tat irrelevant

Die Ergebnisse aus der Proporzquote deuten zunächst auf eine klare Überlegenheit des Berlusconi-Blocks hin. In der Tat verfehlten die Parteien des Mitte-Rechts-Bündnisses zusammen mit 49,6 Prozent nur um Haaresbreite die absolute Mehrheit, während die Mitte-Links-Parteien hier lediglich auf 35,0 Prozent (bzw. 40,0 unter Einbeziehung der Altkommunisten von der RC) kamen.[1114]

Bei näherer Betrachtung wird jedoch ersichtlich, warum das Freiheitshaus keinesfalls einen so fulminanten Sieg errang, wie meist fälschlicherweise dargestellt.[1115] Addiert man die Prozentsätze der *Lega Nord* von 1996, als diese noch eigenständig antrat, zu den Resultaten der übrigen Mitte-Rechts-Parteien von damals hinzu, stellt sich heraus: Von den 1996 noch erreichten 52,5 Prozent war das Mitte-Rechts-Lager nun um 2,9 Prozentpunkte zurückgefallen.[1116]

Auch unter anderen Aspekten relativiert sich der Sieg Berlusconis. In der Majorzquote[1117] schnitt die Mitte-Rechts-Allianz als Ganze – wie auch schon bei den vorherigen Parlamentswahlen – deutlich schlechter ab als ihre einzelnen Komponenten zusammengenommen in der Proporzquote.[1118] So erzielte hier die

---

sei für die Regierungsmehrheit Berlusconis, nicht aber im Senat. Dort würde die Mitte-Rechts-Koalition ohne die Stimmen der *Lega* nur noch über eine äußerst knappe Mehrheit verfügen, die dann mit den Stimmen der Senatoren auf Lebenszeit stehen und fallen würde. Daher, so Sartori, sei Berlusconi in gewissem Maße sehr wohl auf Bossi angewiesen. Vgl. Sartori, Giovanni, Delitto e castigo (sotto un Ulivo), in: Corriere della Sera, 18.5.2001, S. 1.

[1114] Vgl. Bartolini, Stefano/D'Alimonte, Roberto, La maggioranza ritrovata. La competizione nei collegi uninominali, in: dies. (Hg.), Maggioritario finalmente? La transizione elettorale 1994-2001, Bologna 2002, S. 199-248, 202. Zitiert als: Bartolini, Stefano/D'Alimonte, Roberto, La maggioranza ritrovata.

[1115] Vgl. so z.B. Berselli, Edmondo/Cartocci, Roberto, a.a.O., S. 449.

[1116] Vgl. Sommer, Michael, a.a.O., S. 129. Auch der ehemalige Nationale Koordinator der FI, Claudio Scajola, gibt diesen Stimmenrückgang unumwunden zu: „1996 lagen wir in der Proporzquote um 1.400.000 Stimmen vor der Linken. Und dennoch haben wir die Wahlkreise verloren und wurden in die Opposition geschickt. Nun, im Jahr 2001, haben wir in der Proporzquote 440.000 Stimmen mehr als die Linke bekommen, also weniger als letztes Mal. Trotzdem haben wir in der Kammer achtzig, neunzig Sitze Vorsprung, 45 im Senat. Wir haben hinsichtlich der Sitze gewonnen. Das heißt, dass wir in den Wahlkreisen um Haaresbreite gewonnen haben; letztes Mal haben wir um Haaresbreite verloren." Rede Claudio Scajolas anlässlich einer Konferenz der Jugendorganisation *Forza Italia Giovani* in Cortina am 15.11.2002, unveröffentl. Manuskript (erhalten im Büro Claudio Scajolas am 16.5.2003), S. 2 (eig. Übers.).

[1117] Zur Erinnerung: 75 Prozent der Parlamentssitze werden nach dem Mehrheitsprinzip vergeben und nur die restlichen 25 Prozent nach dem Proporzprinzip. Näheres zum geltenden italienischen Wahlrecht, vgl. Kapitel 3.2.5.

[1118] Für das Phänomen, dass die Mitte-Rechts-Parteien insgesamt in der Proporzquote erfolgreicher abschnitten als die Koalition als Ganze in der Majorzquote, gibt es verschiedene Erklärungsversuche. Wahrscheinlich waren viele Mitte-Rechts-Wähler der festen Überzeugung, der Berlusconi-Block würde ohnehin gewinnen, so dass sie glaubten, sich ein Stimmensplitting „leisten" zu können – sei es aus Protest etwa im Süden über die Beteiligung der *Lega Nord*, sei es aufgrund möglicherweise unattraktiver Direktkandidaten. Es mag aber zudem auch Wähler

Casa delle Libertà bei der Wahl zur Abgeordnetenkammer nur noch einen leichten Stimmenvorsprung von 1,7 Prozent gegenüber dem *Ulivo* (45,4 Prozent gegenüber 43,7). Das genügte allerdings dem Freiheitshaus, um insgesamt 282 Direktwahlkreise zu erobern und dem Ölbaum-Bündnis (ohne *Rifondazione Comunista*, die in den Kammer-Wahlkreisen zugunsten des *Ulivo* gar nicht erst angetreten war) lediglich 192 zu überlassen. Fügt man dann noch die Mandate aus der Proporzquote hinzu, ergibt sich in der Kammer eine überragende Mehrheit des Mitte-Rechts-Bündnisses gegenüber Mitte-Links von 368 zu 250 Sitzen.[1119]

Was die Wahl zum Senat betrifft, verrät die Sitzverteilung noch weniger etwas über die tatsächliche elektorale Stärke der einzelnen Kräfte. Mit 176 Mandaten verfügt auch hier das Freiheitshaus über eine komfortable Mehrheit gegenüber dem *Ulivo*, aus dessen Reihen nur hundertdreißig Senatoren stammen. Daran ändern auch die vier RC-Senatoren nichts. Zwar kam hier die *Casa delle Libertà* auf insgesamt 42,9 Prozent der gültigen Stimmen und lag damit wieder einmal vor dem *Ulivo*, der 39,2 Prozentpunkte auf sich vereinen konnte. Addiert man allerdings – wie das häufig geschah – die Stimmen der RC[1120] zu jenen des *Ulivo*, dann vertauschen sich die Rollen. Gegenüber dem *Ulivo* plus der RC mit ihren fünf Prozent lag Mitte-Rechts um 1,3 Prozent im Rückstand.[1121]

Einige Beobachter rechnen darüber hinaus auch die Neuformation *Italia dei Valori* (Italien der Werte) des ehemaligen *Tangentopoli*-Starermittlers Antonio Di Pietro mit guten Gründen zum Mitte-Links-Lager hinzu und kommen daraufhin zu einem noch deutlicheren Bild. Die Parteien des Mitte-Links-Spektrums überflügelten demnach den Berlusconi-Block bei der Wahl zum Senat um rund fünf Prozent. Wären also RC und *Italia dei Valori* unter dem Dach des *Ulivo* angetreten, so die Kalkulationen, dann hätte Mitte-Links im Senat eine breite Mehrheit nicht nur an Prozentpunkten gewonnen, sondern auch an Sitzen.[1122] Bei

---

gegeben haben, die zwar für einen Regierungswechsel waren, die jedoch Berlusconi nicht zu stark werden lassen wollten. Nachwahlanalysen ergaben, dass dieses Stimmensplitting unter den AN- und *Lega*-Wählern weit verbreiteter war als unter den FI-Anhängern und dass es weniger dem *Ulivo*, sondern vielmehr den so genannten „dritten Polen" zugute kam. Vgl. Mannheimer, Renato, Le elezioni del 2001 e la „mobilitazione drammatizzante", in: Pasquino, Gianfranco (Hg.), Dall'Ulivo al governo Berlusconi. Le elezioni del 13 maggio 2001 e il sistema politico italiano, Bologna 2002, S. 179-197, 191f. Zitiert als: Mannheimer, Renato, Le elezioni del 2001.

[1119] Vgl. ITANES, a.a.O., S. 20f.

[1120] Bei der Wahl zum Senat gab es keine zwei Stimmen wie bei der Wahl zur Kammer, sondern nur eine einzige. Daher sah sich die RC gezwungen, auch eigene Direktkandidaten ins Rennen zu schicken, um an der proportionalen Verteilung der Sitze überhaupt teilnehmen zu können. Vgl. ebd., S. 22.

[1121] Vgl. ebd.

[1122] Laut Sartori hätte der *Ulivo* allein ohne die direkte Konkurrenz seitens der RC im Senat 33 Sitze mehr gewonnen, die Berlusconi um die Mehrheit gebracht hätten. Vgl. Sartori, Giovanni, Delitto e castigo (sotto un Ulivo), in: Corriere della Sera, 18.5.2001, S. 1.

der Wahl zur Abgeordnetenkammer wiederum hätte das Mitte-Links-Lager unter Einschluss der Liste Di Pietros zumindest einen Gleichstand an Sitzen erreicht.[1123] In Anbetracht dieser Tatsachen sind sich die politischen Beobachter einig: Der letztendlich erfolgte Sieg des Mitte-Rechts-Bündnisses fiel weit geringer aus als ursprünglich erwartet. Schlimmer noch: Während das Mitte-Links-Spektrum insgesamt seinen Stimmenanteil von 1996 im Wesentlichen halten konnte, musste das Mitte-Rechts-Lager sogar alles in allem Wählereinbußen verkraften, die vornehmlich auf das Konto der schwächelnden *Lega* gingen.[1124]

Dennoch ist festzuhalten: Trotz der alles andere als eindeutigen Mehrheitsverhältnisse in der Bevölkerung ging aus diesen Wahlen erstmals eine klare Parlamentsmehrheit mit einem klaren Regierungsauftrag hervor – und das in einem immer noch hochgradig zersplitterten Parteiensystem. Dies ist dem Wahlrecht zu verdanken, welches das Eingehen möglichst breiter Bündnisse belohnt.[1125]

Vor diesem Hintergrund basierte der vermeintlich überwältigende Sieg des Berlusconi-Lagers in erster Linie auf „technischen" Gründen, die in der Zusammensetzung der Parteiallianzen lagen. Diese hatten sich von 1996 bis 2001 grundlegend verändert. Während das Mitte-Links-Bündnis 1996 weitgehend geeint in die Parlamentswahlen gezogen war, war das Mitte-Rechts-Bündnis damals noch zerfranst. Die *Lega* – noch dazu auf der Höhe ihres Erfolgs – hatte sich vom *Polo* losgesagt, und auch die Neofaschisten vom MS-FT waren ihrer eigenen Wege gegangen. Fünf Jahre später war das Gegenteil eingetreten. Der *Ulivo* hatte nun Konkurrenz aus dem eigenen Lager bekommen: sowohl von der RC als auch von der Neugründung Di Pietros, der früher einmal Mitte-Links sein Zuhause genannt hatte.[1126] Demgegenüber hatte Berlusconi in seinem Lager klar Schiff gemacht, indem er der *Lega Nord* wieder einen Platz in seinem Freiheits-

---

[1123] Zu diesem Ergebnis kam auch das Meinungsforschungsinstitut *Abacus* in einer Modellrechnung. Näheres hierzu, vgl. Padovani, Gigi, Senza la lista Di Pietro, Rutelli avrebbe pareggiato, in: La Stampa, 25.5.2001, S. 9.

[1124] Vgl. Diamanti, Ilvo/Lazar, Marc, Le elezioni del 13 maggio 2001. Cronaca di una vittoria annunciata... sin troppo presto, in: Bellucci, Paolo/Bull, Martin (Hg.), Politica in Italia. I fatti dell'anno e le interpretazioni, Ed. 2002, Bologna 2002, S. 57-77, 62f.; Melchionda, Enrico, a.a.O., S. 68; N.N., Mal di numeri, in: Diario, 6. Jg. (2001), Nr. 20, S. 18.

[1125] Vgl. Bartolini, Stefano [u.a.], Maggioritario finalmente? Il bilancio di tre prove, in: D'Alimonte, Roberto/Bartolini, Stefano (Hg.), Maggioritario finalmente? La transizione elettorale 1994-2001, Bologna 2002, S. 363-379, 367f.

[1126] Di Pietro hatte aus Protest gegen die Nominierung Giuliano Amatos zum Ministerpräsidenten im Frühjahr 2000 dem *Ulivo* den Rücken gekehrt und seine eigene, unabhängige Partei ins Leben gerufen. Im Sozialisten Amato sah Di Pietro eine „Rippe" des alten, korrupten Parteiensystems. Vgl. Newell, James/Bull, Martin, Italian Politics after the 2001 General Election, in: Parliamentary Affairs, 55. Jg. (2002), Nr. 4, S. 626-642, 627. Zitiert als: Newell, James/Bull, Martin, Italian Politics.

haus zugewiesen[1127] und mit den Neofaschisten dort paktiert hatte, wo diese imstande waren, ihm entscheidende Stimmen zu entreißen. Diese Veränderungen des politischen Angebots lieferten den Schlüssel zum Machtwechsel, der in Italien im Frühjahr 2001 stattfand.[1128] All diese Zusammenhänge veranlassen Sommer zu folgenden Überlegungen:

> „Paradox genug: Hätte sich mit der Konstellation des Jahres 2001, also mit der *Lega Nord* an der Seite des Berlusconi-Blocks, das Wahlergebnis von 1996 wiederholt, wäre die *Casa delle Libertà* mit noch erdrückenderer Mehrheit in beide Parlamentskammern eingezogen, als es so der Fall ist. Silvio Berlusconi, per saldo mit seiner Allianz eher Wahlverlierer denn Wahlgewinner, kann – den Eigentümlichkeiten des italienischen Wahlsystems sei Dank! – als strahlender Sieger sein Comeback in die große Politik feiern, während die – arithmetisch glimpflich davongekommenen – Protagonisten des Ölbaums abgestraft in der Opposition landen."[1129]

Mannheimer sieht dies genauso und stellt in Anspielung auf die seiner Ansicht nach oft überschätzten Kommunikationsmöglichkeiten des FI-Chefs klar:

> „Weniger der ‚Kommunikator' oder ‚Überzeuger' Berlusconi schien die Wahlen gewonnen zu haben, als vielmehr der ‚Politiker' Berlusconi, der fähig war, eine Koalition mit nicht wenigen Widersprüchen in deren Innerem zusammenzuführen und bis jetzt zusammenzuhalten."[1130]

Ein differenzierter Blick auf die regionale Verteilung der Gewinne und Verluste der beiden Pole lohnt, um noch besser zu verstehen, wie die *Casa delle Libertà* trotz des nahezu erreichten Stimmenpatts gegenüber Mitte-Links zu ihrer haushohen Parlamentsmehrheit kam. Im Norden, wo der *Ulivo* wider Erwarten im Vergleich zu den Wahlen von 1996 aufgeholt hatte, konnte das Berlusconi-Lager die Verluste gut verschmerzen, lag es doch hier mit riesigem Abstand vor Mitte-Links. Doch wirkten sich die leichten Stimmenrückgänge des *Ulivo* im Süden, wo die beiden Pole bis dahin fast gleichauf gelegen hatten, geradezu verheerend für die Mitte-Links-Allianz aus. Denn dem Mitte-Rechts-Bündnis genügten hier schon minimale Zugewinne, und zahlreiche Wahlkreise gehörten ihm.[1131] Auf diese Weise gingen alle 61 sizilianischen Kammer- und Senatswahl-

---

[1127] Mit der *Lega* als Partner gelang es Mitte-Rechts diesmal, nicht nur die Wahlkreise für sich zu entscheiden, die 1996 noch an die *Lega* gegangen waren, sondern zusätzlich auch rund vierzig Wahlkreise in Norditalien dem *Ulivo* zu entreißen. Vgl. Sani, Giacomo, Berlusconi ha vinto perché…, in: Il Mulino, 50. Jg. (2001), H. 4, S. 616-622, 621. Zitiert als: Sani, Giacomo, Berlusconi ha vinto perché…

[1128] Vgl. Bartolini, Stefano/D'Alimonte, Roberto, La maggioranza ritrovata, S. 205; Bellucci, Paolo/Bull, Martin, a.a.O., S. 42.

[1129] Sommer, Michael, a.a.O., S. 136.

[1130] Mannheimer, Renato, Le elezioni del 2001, S. 197 (eig. Übers.).

[1131] Vgl. Melchionda, Enrico, a.a.O., S. 70. Näheres zur regionalen Stärke der beiden Wahlallianzen, vgl. Bartolini, Stefano/D'Alimonte, Roberto, La maggioranza ritrovata, S. 207ff.

kreise geschlossen an das Berlusconi-Lager, einschließlich des Wahlkreises Avola, wo der alliierte MS-FT-Kandidat für das Mitte-Rechts-Bündnis in den Senat gewählt wurde. Im süditalienischen Apulien war das Freiheitshaus ähnlich erfolgreich. Dort eroberte es fünfzehn der sechzehn Senatswahlkreise.[1132]

So paradox es auch klingen mag: Die *Lega Nord* war für Berlusconi wohl nicht nur entscheidend, um in Norditalien das Gros an Wahlkreisen zu gewinnen, sondern auch, um im *Mezzogiorno* den Durchbruch zu schaffen. Davon gehen zumindest Bartolini und D'Alimonte aus, denen zufolge gerade der Pakt mit der *Lega* für einen Stimmungsumschwung zugunsten von Mitte-Rechts im Vorfeld gesorgt hatte, und insbesondere im Süden springt man nur zu gern auf den „Karren" des erwarteten Siegers auf.[1133]

Es ist dennoch darauf hinzuweisen, dass die Wählerwanderungen vom einen zum anderen Lager nicht allzu groß waren. Gerade in den vergangenen Jahren konstatierten Wahlforscher immer wieder, dass die beiden großen Parteienlager zunehmend undurchlässiger wurden. Mehr als achtzig Prozent der Mitte-Rechts- genauso wie der Mitte-Links-Wähler hielten auch bei den Parlamentswahlen vom Mai „ihrem" Parteienbündnis die Treue, und von dem geringen Prozentsatz an Abweichlern wechselten nur die wenigsten zum jeweils gegnerischen Lager über. Der Großteil wandte sich dagegen neuen, eigenständigen Formationen zu.[1134] So kann im Hinblick auf diese Wahlen von einem Rechtsruck keine Rede sein.[1135]

Der große Unterschied zu den Wahlen von 1994, als Berlusconi mit seiner Mitte-Rechts-Allianz schon einmal gewonnen hatte, bestand indes darin, dass die FI diesmal alle anderen Parteien – sowohl die gegnerischen wie auch die alliierten – bei weitem übertrumpfte. Darauf hatte Berlusconi im Laufe der Jahre ganz gezielt hingearbeitet.[1136] Somit steht für Cotta fest:

> „Die größte Neuigkeit der italienischen Politik in den neunziger Jahren, das heißt Forza Italia, erweist sich als sehr viel weniger zerbrechlich als oft behauptet wurde. Zumindest in elektoraler Hinsicht ist ihre Fähigkeit, von Norden bis Süden Stimmen auf sich zu vereinen und sich an die Spitze einer siegreichen Koalition zu stellen, bestätigt worden."[1137]

[1132] Vgl. Rizzo, Sergio, Il centrosinistra si conferma sia in Toscana che in Emilia, in: Corriere della Sera, 15.5.2001, S. 5.

[1133] Vgl. Bartolini, Stefano/D'Alimonte, Roberto, La maggioranza ritrovata, S. 246.

[1134] Vgl. Natale, Paolo, La carta vincente dei Poli resta quella delle alleanze, in: La Stampa, 17.5.2001, S. 4. Um trotz dieser grundlegenden Stabilität im Wählerverhalten das Pendel zu verschieben, sind laut Natale prinzipiell drei Elemente ausschlaggebend: die Bildung möglichst breiter Parteiallianzen, die Personalisierung der Politik sowie die Fähigkeit, Nichtwähler zu mobilisieren. Vgl. ebd.

[1135] Vgl. Sani, Giacomo, Berlusconi ha vinto perché…, S. 616.

[1136] Vgl. Hausmann, Friederike, Italien. Der ganz normale Sonderfall, S. 25f.

[1137] Cotta, Maurizio, Dopo tre elezioni, S. 38 (eig. Übers.).

Dabei gilt es als erwiesen, dass die enormen Stimmenzuwächse zugunsten der *Forza Italia* zum allergrößten Teil von ihren Partnern im Freiheitshaus kamen. Sämtliche Nachwahlanalysen belegen eindeutig: Genau dort, wo *Lega Nord*, AN und CCD-CDU einbrachen, legte die FI massiv zu.[1138]

Für die enormen Stimmenzuwächse zugunsten der FI gibt es im Wesentlichen zwei Gründe, die ebenfalls die Zugewinne der *Margherita* unter Führung Francesco Rutellis erklären. Zum einen wurde hierfür vielfach die starke Personalisierung im Wahlkampf geltend gemacht, die die jeweiligen Parteien der Spitzenkandidaten weit besser abschneiden ließen als deren Koalitionspartner.[1139] Diese Kräfteverteilung steht, zum anderen, gewiss aber auch in engem Zusammenhang mit dem fortgeschrittenen Grad an Bipolarisierung des italienischen Parteiensystems. Denn allgemein gilt: Je bipolarer ein politisches System ist, desto mehr profitieren hiervon die jeweiligen zentripetalen, moderaten Kräfte. Und im Falle Italiens heißen diese nun einmal *Forza Italia* und *Margherita*.[1140]

Der mit Berlusconi verbündete Christdemokrat Rocco Buttiglione führt indes den Wahlsieg des Mitte-Rechts-Bündnisses vor allem auf die „Christdemokratisierung" der *Forza Italia* zurück. So sehr die FI in ihrer Anfangszeit auch eine populistische Bewegung ohne eindeutige Ideologie gewesen sei, so sehr propagiere sie seit ihrer Aufnahme in die EVP etwa die soziale Marktwirtschaft. Dadurch habe sie nach Ansicht Buttigliones nicht mehr nur die Unternehmer, sondern verstärkt auch die Arbeitnehmer angesprochen.[1141] Berlusconi war überdies sicher auch deshalb so erfolgreich, weil er die Themenführerschaft in zentralen Bereichen wie der inneren Sicherheit sowie der Arbeitsmarkt- und der Steuerpolitik übernommen und während des gesamten Wahlkampfs nicht mehr abgegeben hatte.[1142] Ein weiterer, nicht zu unterschätzender Grund für den Sieg Berlusconis lag Ladurner zufolge auch in dessen Staatsferne, die bei vielen seiner Landsleute ebenfalls sehr verbreitet ist:

„Er [Berlusconi] präsentierte sich als die personifizierte Garantie für Arbeit, Wohlstand, Erfolg. Eine Garantie freilich, die nur für den Fall gelte, dass er schalten und walten könne, wie er wolle. Keine Gesetze, keine Regeln, kein Staat dürften ihm in die Quere kommen. [...] Berlusconi ist kein Magier. Er hätte die Wahlen

---

[1138] Vgl. Fabbrini, Sergio/Gilbert, Mark, a.a.O., S. 519; Hausmann, Friederike, Italien. Der ganz normale Sonderfall, S. 28; Mannheimer, Renato, Berlusconi e Rutelli, la personalizzazione della sfida ha danneggiato gli alleati, in: Corriere della Sera, 15.5.2001, S. 5.

[1139] Vgl. so z.B. Diamanti, Ilvo/Lazar, Marc, a.a.O., S. 64f.; Mannheimer, Renato, Elezioni, quasi nessuno ha cambiato idea, in: Corriere della Sera, 18.5.2001, S. 6; Simone, Michele, Le elezioni politiche dello scorso 13 maggio, in: La Civiltà Cattolica, 152. Jg. (2001), Nr. 3623, S. 492-500, 497.

[1140] Vgl. Melchionda, Enrico, a.a.O., S. 82f.

[1141] Vgl. N.N., Erweiterung „so rasch wie möglich", in: http://www.dolomiten.it/dolomiten/2001/05/23/y2305b01.html (23.5.2001).

[1142] Vgl. Sani, Giacomo, Berlusconi ha vinto perché..., S. 617f.

nicht gewonnen, ohne irgendwo ansetzen zu können. Er hat dort gewildert, wo der italienische Staat, verstanden als geregelte Form des Zusammenlebens, nie angekommen ist. Sein Sieg ist ein Produkt der Schwäche des Staates."[1143]

Berlusconi durfte sich gleich als dreifacher Wahlsieger freuen. Erstens gewann die von ihm angeführte Parteienkoalition eine breite Mehrheit in beiden Parlamentskammern; seine eigene Partei ging, zweitens, als stärkste Kraft Italiens aus den Wahlen hervor, und zwar, drittens, zulasten seiner Bündnispartner, deren politisches Gewicht sich deutlich verringerte.[1144] Mit anderen Worten: „Die Wähler haben vor allem Berlusconi persönlich belohnt und ihm faktisch eine Macht gegeben, die kein italienischer Politiker je hatte."[1145] Doch des einen Freud' ist des anderen Leid: Vor allem Bossi war sich immer schon der Gefahr bewusst, dass eine zu starke Annäherung an Berlusconi seine *Lega* das politische Überleben kosten könnte. Eine solche Gefahr hatten von nun an auch alle anderen Mitbewohner des Freiheitshauses zu fürchten. Aus diesem Dilemma gab es prinzipiell nur zwei Auswege: Entweder AN, *Lega* und die Christdemokraten würden über kurz oder lang in der FI aufgehen, oder aber sie mussten sich ganz bewusst von ihr abgrenzen. Da sie fürs Erste ihre Eigenständigkeit jedoch beibehalten wollten, waren Spannungen in der künftigen Regierungskoalition bereits vorprogrammiert.[1146]

Das europäische Ausland reagierte äußerlich demonstrativ gelassen auf den Wahlsieg Berlusconis, mit dem man sich ohnehin schon abgefunden hatte. Von Sanktionen gegen Italien, wie im Fall Österreichs weitgehend erfolglos durchexerziert, wollte kaum jemand etwas wissen. Stattdessen wurde allenthalben auf die demokratische Legitimität einer künftigen Mitte-Rechts-Regierung hingewiesen.[1147] Solcherlei Töne wurden nicht zuletzt aufgrund des miserablen Abschnei-

---

[1143] Ladurner, Ulrich, Jetzt beginnt das große Fressen, in: Die Zeit, 17.5.2001, S. 3.

[1144] Vgl. Sani, Giacomo, Berlusconi ha vinto perché..., S. 616.

[1145] Rusconi, Gian Enrico, Die Revolution eines Gesalbten, in: http://www.welt.de/daten/2001/05/21/0521fo255061.htx?print=1 (12.6.2001).

[1146] Vgl. Mauro, Ezio, Il Cavaliere alla presa del potere, in: La Repubblica, 15.5.2001, S. 1/28, 28.

[1147] Näheres zu den offiziellen Reaktionen der EU-Kommission und einzelner europäischer Regierungen auf den Ausgang der italienischen Wahlen, vgl. N.N., Europäische Politiker wollen keine Sanktionen gegen Italien verhängen, in: Frankfurter Allgemeine Zeitung, 15.5.2001, S. 3. Zu den verhaltensten Regierungen in Europa gehörte nicht zuletzt die deutsche. So wartete Berlusconi zunächst vergeblich auf die sonst üblichen Glückwünsche aus Berlin. Kurzerhand ergriff er selbst die Initiative und telefonierte mit Gerhard Schröder, um das Eis zu brechen. Vgl. Di Caro, Paola, Camere, primo scontro sulle presidenze, in: Corriere della Sera, 18.5.2001, S. 5. Ähnlich zurückhaltend reagierte auch die damalige französische Regierung. Der damalige Außenminister Hubert Védrine prophezeite, man werde in Frankreich wachsam gegenüber der Regierung Berlusconi sein. Vgl. Wagner, Norbert, Sieg Berlusconis. Reaktionen in Frankreich, in: http://www.kas.de/publikationen/2001/laenderbericht/frankreich01-05.html (29.7.2001).

dens der *Lega Nord* möglich, das in vielen Hauptstädten mit einer gewissen Erleichterung aufgenommen wurde. Die feste Verankerung des eigentlichen Wahlsiegers *Forza Italia* in der *Europäischen Volkspartei* tat ein Übriges, um die Alarmglocken nicht zu schlagen.[1148]

Dennoch erinnern Fabbrini und Gilbert an den fortdauernden anomalen Charakter der italienischen Mitte-Rechts-Koalition, der sich in erster Linie an Berlusconi mit seinem Interessenkonflikt und seinem „schwierigen" Verhältnis zur Justiz festmachen ließe.[1149] Ulrich geht ebenfalls auf diese Problematik ein und warnt vor dem Schaden, den Italiens Demokratie an Berlusconi nehmen könne:

> „Die Schwächen des Mailänder Multitalents sind seit langem bekannt. Sie liegen vor allem in seinem Verhältnis zur Demokratie. Fünf Gewalten versucht die moderne politische Mengenlehre auseinander zu halten: Regierung, Parlament, Justiz, Wirtschaft und Medien. Über vier kann künftig Berlusconi gebieten. Als Ministerpräsident wird er die Regierung führen, als Führer des Koalitionsbündnisses Casa delle Libertà die Gesetze machen, als Großunternehmer das Wirtschaftsleben prägen und als Mediengewaltiger die öffentliche Meinung formen. So viel Macht ist gefährlich, selbst wenn Berlusconi ein Engel wäre. Doch ein Engel ist er nicht."[1150]

Zusammenfassend lässt sich sagen, dass Berlusconi die Parlamentswahlen von 2001 insofern gewonnen hat, als die von ihm konzipierte und auch angeführte Parteienallianz die übergroße Mehrheit an Stimmen in beiden Parlamentskammern erhielt. Versteht man die Wahlen jedoch als Referendum für oder gegen Berlusconi, wie sie dieser selbst immer wieder verstanden wissen wollte, dann hat er die Wahlen klar verloren. Es ist ihm nicht gelungen, gegenüber den Wahlen von 1996 zusätzliche Stimmen auf die Seite seiner Parteienallianz zu ziehen. Ganz im Gegenteil hat Mitte-Rechts sogar empfindliche Einbußen hinnehmen müssen. Allein seine vorteilhafte Bündnispolitik – zusammen mit den gleichzeitig eingetretenen Spaltungen im gegnerischen Lager – bescherten ihm trotz dieser Rückschläge den Sieg. Daher bedeuteten diese Wahlen viel eher eine Niederlage für Mitte-Links als einen Sieg für Mitte-Rechts.

Diese Überlegungen sollen allerdings keinesfalls das hervorragende Abschneiden der *Forza Italia* klein reden. Sie ist und bleibt mit ihren knapp dreißig Prozent Proporzstimmenanteil der große Wahlsieger dieses Urnengangs. Damit bewies Berlusconi, dass seine Partei – allen Unkenrufen vom baldigen Verschwinden zum Trotz – eine Realität mit festen Wurzeln in ganz Italien geworden war, an der sich alle anderen politischen Kräfte messen lassen müssen.

[1148] Vgl. Tarquini, Andrea, Europa, allarme e attesa: „Bossi debole, ma vigiliamo", in: La Repubblica, 15.5.2001, S. 18.

[1149] Vgl. Fabbrini, Sergio/Gilbert, Mark, a.a.O., S. 530f. Ähnliche Bedenken finden sich auch bei Hausmann, Friederike, Italien. Der ganz normale Sonderfall, S. 11f.

[1150] Ulrich, Stefan, Der Italien-Konzern, in: http://www.sueddeutsche.de/aktuell/sz/artikel142146.php (15.5.2001).

7.7 Die mühsame Regierungsbildung

Im Vergleich nicht nur zu den vorherigen Mitte-Links-Regierungen, sondern auch zu allen anderen italienischen Nachkriegsregierungen befand sich Berlusconi mit seinem Freiheitshaus nach den Parlamentswahlen vom 13. Mai in einer grundsätzlich neuen und besonders starken Position. Hierfür gab es im Wesentlichen drei Gründe: Erstmals überhaupt in der italienischen Nachkriegsgeschichte stand ein Machtwechsel an, der auf einem klaren Wählervotum beruhte; die parlamentarischen Mehrheiten der künftigen Regierung waren überdies so stabil wie nie zuvor; und, drittens, verfügte die neue Regierungsmehrheit mit Berlusconi sogar über einen unanfechtbaren Premier, denn der FI-Chef hatte sich im Voraus explizit als Ministerpräsidentschafts-Kandidat seines Lagers zur Wahl gestellt und durfte sich insofern auf eine direkte demokratische Legitimation berufen.[1151] Diese demokratische Legitimation war in der Tat kaum von der Hand zu weisen, so dass die Bedenken im In- wie auch im Ausland gegenüber der Vereinbarkeit des Medienmagnaten mit dem Amt des Regierungschefs lautlos verhallten.[1152]

Aufgrund dieser exponierten Stellung Berlusconis gehen Newell und Bull davon aus, der Ministerpräsident in spe habe ganz nach „präsidialem" Muster seine Regierungsmannschaft zusammengestellt und sich damit wesentlich von den Zeiten der „Ersten Republik" abgehoben, als die einzelnen Parteien in „Mauschelmanier" die zu besetzenden Kabinettsposten nach den Wahlen untereinander auszuhandeln pflegten.[1153] Diese Darstellung gilt es im Folgenden zu widerlegen. Viel eher ist zu zeigen, dass Berlusconi keinesfalls gänzlich frei und ohne äußeren Druck über seine Regierungsmannschaft nach eigenem Gutdünken hätte entscheiden können. Denn gerade weil die Partner der FI so schlecht abgeschnitten hatten, forderten die diversen Finis, Bossis und Casinis bereits unmittelbar im Anschluss an die Wahlen deutlich erkennbare Macht- und Einflusssphären für sich und ihre Parteien ein, um ihrer drohenden Marginalisierung Abhilfe zu leisten.[1154] Am weitesten aus dem Fenster lehnte sich ausgerechnet der größte Wahlverlierer, Umberto Bossi, der für seine *Lega* wiederholt „größte Sichtbarkeit in der künftigen Regierung"[1155] reklamierte.

Berlusconi hielt dem zwar wiederholt öffentlich entgegen, die Zusammenstellung der Ministerliste sei allein seine Angelegenheit, doch war dies wohl

---

[1151] Vgl. Bellucci, Paolo/Bull, Martin, a.a.O., S. 47.

[1152] Vgl. Cotta, Maurizio, Berlusconi alla seconda prova di governo, S. 169.

[1153] Vgl. Newell, James/Bull, Martin, Italian Politics, S. 636. Näheres zur traditionellen italienischen Art der Regierungsbildung, vgl. ebd.

[1154] Vgl. Folli, Stefano, Quel doppio messaggio al Quirinale e all'Ue, in: Corriere della Sera, 15.5.2001, S. 3.

[1155] Zitiert nach: Cerruti, Giovanni, Bossi ad Arcore, ma l'accordo non c'è ancora, in: La Stampa, 22.5.2002, S. 5 (eig. Übers.).

nicht mehr als ein frommer Wunsch. Neben den zum Teil aufgeblähten Forderungen seiner Partner war Berlusconis Handlungsspielraum zudem einerseits durch Staatspräsident Carlo Azeglio Ciampi eingeengt, dem das letzte Wort über die Kabinettsliste zustand, andererseits aber auch durch eine neue Regierungs- und Verwaltungsreform, die nur noch zwölf Ministerposten mit Geschäftsbereich und maximal acht Kabinettsmitglieder ohne Portefeuille vorsah.[1156]

Dass es Berlusconi nicht vergönnt sein sollte, wie ein „Präsident" über die Zusammensetzung seiner Ministerriege allein zu entscheiden, hatte sich bereits im Wahlkampf mit aller Deutlichkeit gezeigt. So war er in seinem Vorhaben, die wichtigsten Namen seines künftigen Kabinetts lange vor dem Wahltermin zu präsentieren, gescheitert. Zu sehr hatten die übrigen Parteichefs des Mitte-Rechts-Bündnisses Berlusconi reingeredet und auf ihrem Mitspracherecht beharrt. Aber auch Staatspräsident Ciampi hatte Berlusconis Eigeninitiativen von Anfang an argwöhnisch beäugt, fürchtete er doch um seine Kontrollfunktion bei der Regierungsbildung. Dessen ungeachtet verkündete Berlusconi in einer Fernsehsendung knapp eine Woche vor den Wahlen eine Liste von Namen wie Marcello Pera, Giulio Tremonti, Antonio Martino und Franco Frattini, die er – an welcher Stelle auch immer – in seine künftige Regierung zu holen beabsichtige. Die langwierigen Diskussionen nach den gewonnenen Wahlen demonstrierten hingegen, wie unausgegoren diese Ministerliste tatsächlich war.[1157]

Etwa ein Monat verging, bis Berlusconi seine neue Regierungsmannschaft in zähen Verhandlungen mit den Partnern auf die Beine stellte – und das, obwohl er kurz vor dem 13. Mai noch lauthals verkündet hatte, sein Kabinett stehe im Grunde schon fest.[1158] Damit war Berlusconis zweite Regierungsbildung wesentlich zeitaufwendiger und konfliktreicher als etwa jene Romano Prodis.[1159] Padellaro fühlt sich sogar an die „besten" Zeiten der „Ersten Republik" erinnert.[1160] Dieses nervenaufreibende Feilschen und Gezerre um Posten veranlasste den FI-Chef Anfang Juni, also inmitten der Gespräche, gar zu einem öffentlichen Wutausbruch. Unumwunden beschwerte er sich: „Das ist nicht die Ministerliste, die mir vorschwebte, so wollte ich nicht anfangen, es kann doch nicht sein, dass ich zwischen Vetos, Forderungen und Erpressungen stecken bleibe."[1161]

[1156] Vgl. N.N., Italiens Politiker auf der Jagd nach Posten, in: http://www.nzz.ch/2001/05/25/al/page-article7F01C.html (25.5.2001).

[1157] Vgl. Cotta, Maurizio, Berlusconi alla seconda prova di governo, S. 168f.

[1158] Vgl. Campus, Donatella, La formazione del governo Berlusconi, in: Pasquino, Gianfranco (Hg.), Dall'Ulivo al governo Berlusconi. Le elezioni del 13 maggio 2001 e il sistema politico italiano, Bologna 2002, S. 275-294, 277f.

[1159] Vgl. Bellucci, Paolo/Bull, Martin, a.a.O., S. 47.

[1160] Vgl. Padellaro, Antonio, Parola di venditore, in: Colombo, Furio/Padellaro, Antonio (Hg.), Il libro nero della democrazia. Vivere sotto il governo Berlusconi, Mailand 2002, S. 22-24, 22.

[1161] Zitiert nach: Verderami, Francesco, Lo sfogo di Berlusconi, stanco di „veti, richieste e ricatti", in: Corriere della Sera, 7.6.2001, S. 5 (eig. Übers.).

Im Großen und Ganzen drehte sich der Streit um den Verteilschlüssel zwischen der FI und den anderen Mitte-Rechts-Parteien. Während Berlusconi aufgrund seines hervorragenden Abschneidens sieben der zwölf wichtigsten Ressorts mit FI-Leuten besetzen wollte, forderten die vier Alliierten insgesamt sechs für die FI und sechs für sich selbst, wobei parteilose „Technokraten" auf das Konto der Berlusconi-Partei zu gehen hätten. Darüber hinaus erschwerte insbesondere Bossi die Verhandlungen zusätzlich, indem er anfangs auf dem Vorsitz der Abgeordnetenkammer für seine Partei bestand.[1162]

Gemessen an diesen Ausgangsforderungen bedeutete die getroffene Übereinkunft einen Sieg Berlusconis und seiner FI auf breiter Front. Die Zahl der Ministerien mit Geschäftsbereich wurde per Dekret einfach von zwölf auf vierzehn erhöht.[1163] Hiervon gingen fünf an die FI (plus vier Ressorts ohne Portefeuille), drei an die AN (plus eins ohne Geschäftsbereich), zwei an die *Lega* (plus eins ohne Geschäftsbereich), und die Christdemokraten erhielten zwei Ressorts, beide ohne Portefeuille. Fünf Ministerien gingen darüber hinaus an parteilose Fachleute (hiervon eins ohne Geschäftsbereich).[1164] Insgesamt besteht somit die zweite Regierung Berlusconi aus 23 Ministern, flankiert von sieben Viceministern und 53 Staatssekretären, wovon allein die FI mit 27 rund die Hälfte stellt. Damit wurde nichts aus der anfangs versprochenen Verkleinerung, Berlusconi schuf sogar mehr Posten als sein Vorgänger Amato.[1165] Die Zusammensetzung des neuen Kabinetts zeigt Tabelle 10.

Das Echo auf diese Ministerliste war diesmal – anders als noch 1994 – durchweg positiv. Vor allem Renato Ruggiero im Auswärtigen Amt, Antonio Martino im Verteidigungsministerium und Giulio Tremonti als „Superminister" für Wirtschaft und Finanzen wurden allenthalben mit Vorschusslorbeeren überhäuft.[1166] Entsprechend war diesmal auch kein kritischer Ton seitens des Industriellenverbandes *Confindustria* oder der *Banca d'Italia* zu vernehmen.[1167] Auch

---

[1162] Vgl. N.N., Italiens Politiker auf der Jagd nach Posten, in: http://www.nzz.ch/2001/05/25/al/page-article7F01C.html (25.5.2001). Bossi pochte deshalb auf dem Kammer-Vorsitz, weil er hier jene Schaltstelle erblickte, welche die Macht habe, die von ihm so sehnlich gewünschte Föderalismusreform auf die politische Tagesordnung zu setzen. Sein Kandidat hierfür war Roberto Maroni. Vgl. Interview mit Umberto Bossi, in: La Stampa, 22.5.2001, S. 5. Ende Mai 2001 gab Bossi dann nach und verzichtete auf den Kammer-Vorsitz. Vgl. Cavalera, Fabio, Il disgelo di Bossi: Entrerò nel governo, in: Corriere della Sera, 30.5.2001, S. 2.

[1163] Vgl. Campus, Donatella, a.a.O., S. 275.

[1164] Vgl. Cotta, Maurizio, Berlusconi alla seconda prova di governo, S. 172.

[1165] Vgl. Zuccolini, Roberto, Governo, debuttano sette viceministri, in: Corriere della Sera, 12.6.2001, S. 5.

[1166] Vgl. so z.B. Panebianco, Angelo, Radiografia di un esecutivo, in: Corriere della Sera, 11.6.2001, S. 1.

[1167] Vgl. Borngässer, Rose-Marie, Der Aufsichtsrat des Silvio Berlusconi, in: http://www.welt.de/daten/2001/06/12/0612fo260019.htx?print=1 (12.6.2001).

die Regierungsbeteiligung der AN war selbst im Ausland kein Thema mehr, anders hätte wohl kaum der Altfaschist Mirko Tremaglia (AN) Ministerwürden erlangen können.[1168]

Tabelle 10: Die Regierung Berlusconi II

	Ministerpräsident	Silvio Berlusconi (FI)	
	Vizeministerpräsident	Gianfranco Fini (AN)	
Äußeres	Renato Ruggiero (parteilos)	Technologische Innovation	
Inneres	Claudio Scajola (FI)		Lucio Stanca (parteilos)
Wirtschaft und Finanzen		Landwirtschaft	Giovanni Alemanno (AN)
	Giulio Tremonti (FI)	Europa	Rocco Buttiglione (BF)
Justiz	Roberto Castelli (*Lega*)	Beziehungen zum Parlament	
Verteidigung	Antonio Martino (FI)		Carlo Giovanardi (BF)
Arbeit und Soziales		Italiener in der Welt	
	Roberto Maroni (*Lega*)		Mirko Tremaglia (AN)
Umwelt	Altero Matteoli (AN)	Institutionelle Reformen	
Gesundheit	Girolamo Sirchia (parteilos)		Umberto Bossi (*Lega*)
Bildung	Letizia Moratti (parteilos)	Öffentliche Verwaltung	
Gleichstellung	Stefania Prestigiacomo (FI)		Franco Frattini (FI)
Industrie	Antonio Marzano (FI)	Kommunikation	
Regionales	Enrico La Loggia (FI)		Maurizio Gasparri (AN)
Verkehr	Pietro Lunardi (parteilos)	Ausführung des Regierungsprogramms	
Kultur	Giuliano Urbani (FI)		Giuseppe Pisanu (FI)

Quelle: Campus, Donatella, La formazione del governo Berlusconi, in: Pasquino, Gianfranco (Hg), Dall'Ulivo al governo Berlusconi. Le elezioni del 13 maggio 2001 e il sistema politico italiano, Bologna 2002, S. 275-294, 276.

Bereits ein flüchtiger Blick auf diese neue Regierungsmannschaft genügt, um zu erkennen, wie sehr die *Forza Italia* eine Hegemonialposition einnimmt. In keiner italienischen Koalitionsregierung zuvor stand jemals das Innen-, das Außen- und das Verteidigungsministerium im Einflussbereich der Partei des Ministerpräsidenten. Diese Vormachtstellung der FI hängt nicht zuletzt auch mit der äußerst dünnen Personaldecke der Alliierten Berlusconis zusammen. So hatte beispielsweise die *Lega* große Mühen, einen auch nur annähernd geeigneten Kandidaten für das Amt des Justizministers zu benennen;[1169] und Fini brachte es

---

[1168] Vgl. Campus, Donatella, a.a.O., S. 286. 1994 legte der damalige Staatspräsident Scalfaro noch sein Veto gegen ein Ministeramt für Tremaglia wegen dessen faschistischer Vergangenheit erfolgreich ein. Vgl. ebd.

[1169] Nachdem der Widerstand gegen den unter Anklage stehenden Leghisten Roberto Maroni zu groß geworden war, musste am Ende der bis dahin unbekannte Roberto Castelli, von Hause aus nicht Jurist, sondern Ingenieur, für dieses Amt herhalten. Vgl. Padellaro, Antonio, Una brutta storia, in: Colombo, Furio/Padellaro, Antonio (Hg.), Il libro nero della democrazia. Vivere sotto il governo Berlusconi, Mailand 2002, S. 25f.

nicht einmal fertig, einen respektablen Verteidigungsminister in seinen Reihen ausfindig zu machen.[1170]

Zwar hält sich die Anzahl der Ministerposten für die FI in Grenzen, doch gilt zu bedenken, dass die „Technokraten" in der Regierung vom Wahlsieger Berlusconi gewollt waren und somit zumindest auf dessen „Quote" gingen. Dies gilt in besonderem Maße für die Minister Lucio Stanca, Letizia Moratti und Pietro Lunardi, die allesamt dem FI-Chef aufgrund ihrer unternehmerischen Vergangenheit sehr nahe stehen. Etwas anders verhielt es sich bei dem international hoch angesehenen ehemaligen WTO-Chef Renato Ruggiero, den FIAT-Ehrenpräsident Giovanni Agnelli für das Amt des Außenministers ins Spiel gebracht hatte. Indem Berlusconi einen Mann vom Format Ruggieros durchsetzte, ließen sich jene kritischen Stimmen besänftigen, die an der Europafreundlichkeit seiner Regierung starke Zweifel hegten.[1171] Der Verzicht der FI auf all diese Posten wäre wohl in einer traditionellen Partei mit ausgeprägten Strömungen und Flügeln kaum vorstellbar gewesen. Für die FI mit ihrer vertikalen Organisationsstruktur indes stellte dies kein Problem dar. Dafür war Berlusconi andererseits gezwungen, seine treuesten Mitstreiter wie etwa Claudio Scajola, Giulio Tremonti oder Giuliano Urbani mit Regierungsämtern zu belohnen. Anders kann wohl auch kaum die ursprünglich nicht vorgesehene Schaffung des so genannten Ministeriums zur Ausführung des Regierungsprogramms erklärt werden. Der Verdacht liegt nahe, dass hier ein Posten für einen hochrangigen FI-Funktionär wie Giuseppe Pisanu hermusste.[1172]

Gegenüber den insgesamt neun FI-Ministern sowie den fünf „Technokraten" verfügt der Premier über eine starke Kontrolle, während die übrige Regierungsmannschaft, bestehend aus Vertretern der anderen Regierungsparteien, der direkten Verfügungsgewalt Berlusconis entzogen und von den Übereinkünften zwischen den Partnern abhängig ist.[1173] Das zeigt, dass es Berlusconi allenfalls

---

[1170] Vgl. Minzolini, Augusto, Governo monocolore azzurro, in: La Stampa, 8.6.2001, S. 1.

[1171] Um Ruggiero als Außenminister durchzusetzen, hatte Berlusconi allerlei Widerstände zu überwinden. So blieb ihm keine andere Wahl, als dem Christdemokraten Pierferdinando Casini, der sich auf das Außenministerium bereits eingeschworen hatte, das prestigeträchtige Amt des Kammer-Vorsitzenden zu überlassen. Weil die FI jedoch wenigstens einen Parlamentspräsidenten stellen wollte, musste Domenico Fisichella (AN) im Kampf um den Senats-Vorsitz zugunsten von Marcello Pera (FI), der eigentlich als Justizminister im Gespräch war, weichen. Daraufhin übertrug Berlusconi das Justizministerium der *Lega*. Vgl. Arens, Roman, Altkapitalist Agnelli nimmt den Emporkömmling an die Hand, in: http://www.baz.ch/reusable/druckversion.cfm?objectID=E54C49D4-169D-4820-88F4158AFD20EA (4.6.2001).

[1172] Vgl. Campus, Donatella, a.a.O., S. 285f. Berlusconi rechtfertigte die Notwendigkeit dieses neu geschaffenen Ministeriums folgendermaßen: „Ich brauchte jemanden, der alle vierzehn Tage die Arbeit unserer Exekutive kontrolliert." Zitiert nach: N.N., Pisanu e il ruolo inventato da Cossiga, in: Corriere della Sera, 11.6.2001, S. 2 (eig. Übers.).

[1173] Vgl. Bellucci, Paolo/Bull, Martin, a.a.O., S. 48.

zum Teil gelungen ist, eine Regierung allein nach seinen Vorstellungen zusammenzustellen, wie er es zunächst im Sinn hatte. Dennoch bestätigte sich auch diesmal der allgemeine Trend hin zur Aufwertung der Rolle des Ministerpräsidenten bei der Regierungsbildung, der 1994 seinen Anfang genommen hatte und der auch bei der Regierungsbildung unter Romano Prodi 1996 zum Tragen kam.[1174]

Einen weit klareren Bruch mit der Vergangenheit vollzog Berlusconi mit der Einbindung aller Parteichefs seiner Koalition in die Regierung. Er selbst – und das verstand sich schon fast von selbst – übernahm für die FI das Amt des Premiers, Gianfranco Fini (AN) machte er zum alleinigen Vizeministerpräsidenten, Umberto Bossi (*Lega Nord*) wurde Minister für Institutionelle Reformen, und Rocco Buttiglione (CDU) avancierte zum Europaminister. Dadurch hat sich im Vergleich zu früher, als die Parteisekretäre in der Regel außen vor blieben, die Stabilität und Geschlossenheit der Regierungskoalition wesentlich erhöht. Während früher oftmals bereits kleine Spannungen zwischen den einzelnen Parteien genügten, um eine Regierungskrise auszulösen oder gar die Regierung zu Fall zu bringen, lassen sich nun auftretende Konflikte bereits im Keim am Kabinettstisch ersticken.[1175]

Aufgrund dieser neuartigen Stabilität gingen etliche Beobachter von Anfang an davon aus, dass die Regierung Berlusconi II länger im Amt bleiben werde als jede andere italienische Nachkriegsregierung vor ihr[1176] – was sich schließlich bewahrheiten sollte.[1177] Die Voraussetzungen hierfür waren auch gar nicht so schlecht, denn sie kann sich auf einen eindeutigen Wählerauftrag berufen und verfügt über so klare und breite Mehrheiten in beiden Parlamentskammern wie keine Exekutive zuvor. Selbst ein eventuelles Ausscheiden der *Lega* würde noch nicht das Ende der Regierung bedeuten. Die starke Position des Regierungschefs, gepaart mit der Teilhabe der übrigen Chefs der Regierungsparteien an der Macht, lässt gleichfalls darauf schließen, dass Berlusconi wohl noch bis zu den nächsten regulären Parlamentswahlen im Jahr 2006 an der Macht bleiben wird. Seine Wiederwahl wird dann zum Großteil davon abhängen, inwieweit er die Gelegenheit am Schopfe packen wird, unter solch günstigen Ausgangsbedingungen sein

---

[1174] Vgl. Cotta, Maurizio, Berlusconi alla seconda prova di governo, S. 172.

[1175] Vgl. Campus, Donatella, a.a.O., S. 279.

[1176] Vgl. so z.B. ebd., S. 294; Newell, James/Bull, Martin, Italian Politics, S. 637; Pasquino, Gianfranco, Un'elezione non come le altre, in: ders. (Hg.), Dall'Ulivo al governo Berlusconi. Le elezioni del 13 maggio 2001 e il sistema politico italiano, Bologna 2002, S. 11-21, 21; Stella, Gian Antonio, E il Cavaliere arruolò tutti i duri (per durare), in: Corriere della Sera, 12.6.2001, S. 1.

[1177] Im Mai 2004 hat das Kabinett Berlusconi II tatsächlich alle Rekorde gebrochen: Seither stellt es die langlebigste Nachkriegsregierung dar, die Italien je hatte. Vgl. N.N., Vom Conferencier bei Schiffskreuzfahrten zum Regierungschef in Rom, in: http://www.welt.de/data/2004/08/11/317564.html?prx=1 (11.8.2004).

ehrgeiziges Regierungsprogramm auch in die Tat umzusetzen. Aufgrund ihrer Stärke und Stabilität wird wohl keine Regierung so sehr an ihren Taten gemessen werden wie das Kabinett Berlusconi II. Doch bis 2006 kann noch viel passieren in Italien.

8 Die Politiken der *Forza Italia* in erneuter Regierungsverantwortung

Die italienischen Parlamentswahlen vom 13. Mai 2001 sorgten, wie zuvor ausgeführt, für einen Regierungswechsel, welcher der *Forza Italia* im Rahmen einer Mitte-Rechts-Koalition ein zweites Mal den Weg zur Macht ebnete.[1178] Gemeinsam mit ihren Verbündeten von der rechtsnationalen *Alleanza Nazionale*, der rechtspopulistischen *Lega Nord* sowie den christdemokratischen Splittergruppierungen *Centro Cristiani Democratici* (Christdemokratisches Zentrum, CCD) und *Cristiani Democratici Uniti* (Vereinigte Christdemokraten, CDU)[1179] stellt die Partei Silvio Berlusconis seither die Regierung in Rom.[1180]

Anstatt an dieser Stelle die reine Programmatik der FI zu untersuchen, bietet es sich daher an, die bisherige Regierungstätigkeit der siegreichen Parteienallianz namens *Casa delle Libertà* (Freiheitshaus) anhand bestimmter ausgewählter Punkte näher unter die Lupe zu nehmen. Für ein solches Vorgehen spricht insbesondere die Tatsache, dass es mittlerweile gar kein eigenes Parteiprogramm der FI mehr gibt. Allein bei ihrem Debüt im Vorfeld zu den Parlamentswahlen vom Frühjahr 1994 wartete sie mit einem solchen auf.[1181] Zwei Jahre später hatten sich die Parteien des Mitte-Rechts-Bündnisses – dem die *Lega Nord* damals nicht angehörte – erstmals auf eine gemeinsame Koalitionsplattform geeinigt, die anstelle der einzelnen Parteiprogramme den Italienern vor den Parlamentswahlen vom April 1996 präsentiert wurde.[1182] Nach diesem Muster verfuhr man auch 2001. Unmittelbar vor den Wahlen erschien auf der Homepage der FI das gemeinsame Regierungsprogramm der in der *Casa delle Libertà* vertretenen Parteien unter dem vielversprechenden Titel „Regierungsplan für eine ganze Legislaturperiode"[1183].

[1178] Näheres zu den Parlamentswahlen von 2001, vgl. Kapitel 7.6.

[1179] Die Splitterparteien CCD und CDU sowie die christdemokratische Neugründung *Democrazia Europea* haben sich im Dezember 2002 zur *Unione Democratici Cristiani di Centro* (Union der Christdemokraten der Mitte, UDC) zusammengeschlossen. Vgl. Gianfelici, Paolo, „Forza Italia" oder „Forza Berlusconi"? Bemerkungen zu einem neuen Partei-Modell, in: Rill, Bernd (Hg.), Italien im Aufbruch – Eine Zwischenbilanz, München 2003, S. 41-54, 45.

[1180] Näheres zur Regierungsbildung und zum Kräfteverhältnis innerhalb der Mitte-Rechts-Regierung, vgl. Kapitel 7.7.

[1181] Vgl. N.N., Per un nuovo miracolo italiano. Il programma di Forza Italia, Mailand 1994. Eine ausführliche Gegenüberstellung der Parteiprogramme von FI, *Lega Nord* und *Alleanza Nazionale* aus dem Jahr 1994 findet sich bei Lalli, Roberto P., a.a.O., S. 125ff.

[1182] Vgl. N.N., 100 impegni per cambiare l'Italia. Programma del Polo per le Libertà, Mailand 1996.

[1183] Vgl. N.N., Piano di governo per una intera legislatura, in: http://www.forza-italia.it/elettorale/piano_governo.html (23.5.2001) (eig. Übers.).

Die Arbeit der Regierung Berlusconi verdient vor allem aus drei Gründen besondere Aufmerksamkeit: Es ist dies, erstens, die „zweite Chance" des Mailänder Medienmagnaten, die Regierungsgeschäfte zu führen, nachdem der erste Versuch in einer Phase des akuten Umbruchs nach nur kurzer Zeit kläglich gescheitert war. Zweitens sorgten die Wahlen von 2001 erstmals in der Geschichte des republikanischen Italien für einen echten Regierungswechsel, der auf einem klaren Wählervotum beruhte. Und drittens stellt diese Administration die erste Regierung nach dem dramatischen Wandel der Parteienlandschaft dar, die sich auf klare Mehrheiten in beiden Kammern des italienischen Parlaments stützen kann.

Da sich die vorliegende Studie als Parteienanalyse versteht, mag es auf den ersten Blick vielleicht verwundern, dass im Folgenden vor allem auf die Regierungstätigkeit Silvio Berlusconis in dessen Rolle als Ministerpräsident Italiens Bezug genommen wird. Im Fall der *Forza Italia* erscheint dies aber durchaus sinnvoll, ist doch der Einfluss Berlusconis auf den politischen Kurs seiner Partei nahezu total. Das lässt sich auch aus dem Kapitel über die Organisationsstrukturen ablesen.[1184] Politische Beobachter und selbst FI-Parteipolitiker teilen einhellig diese Einschätzung.[1185] Daher muss davon ausgegangen werden, dass die Politik Berlusconis auch unbedingt die Politik seiner Partei darstellt.

Angesichts der Vielzahl der gesetzgeberischen Maßnahmen, welche die Regierungsmehrheit seit Mitte 2001 in Angriff genommen hat,[1186] versteht es sich von selbst, dass an dieser Stelle nur ausgewählte politische Aktivitäten der Mitte-Rechts-Koalition exemplarisch analysiert werden können. Hierzu zählen folgende zentrale Politikfelder: die Wirtschafts- und Finanzpolitik, die aufgrund der radikalen fiskalpolitischen Wahlversprechen Berlusconis unter besonderer Beobachtung steht; die Justizpolitik, die angesichts der persönlichen Konflikte des Ministerpräsidenten für großes Aufsehen sorgte; und schließlich die Außen- und Europapolitik, in der die Regierung neue Wege einschlug. Als Untersuchungszeitraum wurden die ersten beiden Regierungsjahre herangezogen, das heißt von Mitte 2001 bis Mitte 2003.

Keine Berücksichtigung findet dagegen die Debatte über das Gesetzesprojekt, mit dessen Hilfe der nun schon seit 1994 schwelende Interessenkonflikt, der sich aus der Doppelrolle Berlusconis als Unternehmer und Politiker ergibt, endlich aus der Welt geschafft werden sollte. Denn obgleich Berlusconi vor den

---

[1184] Vgl. Kapitel 10.

[1185] Vgl. so z.B. Interview des Autors mit Angelo Bolaffi in Rom am 1.5.2003; Interview des Autors mit Paolo Franchi in Rom am 5.5.2003; Interview des Autors mit Domenico Mennitti in Rom am 5.5.2003.

[1186] Allein im Jahr 2002 fanden 55 Kabinettssitzungen statt, auf denen insgesamt 160 gesetzgeberische Initiativen beschlossen wurden. Über rund die Hälfte dieser Maßnahmen fand keinerlei öffentliche Diskussion statt. Vgl. Cotta, Maurizio/Verzichelli, Luca, Il governo Berlusconi II alla prova. Un'anno di complicazioni, in: Blondel, Jean/Segatti, Paolo (Hg.), Politica in Italia. I fatti dell'anno e le interpretazioni, Ed. 2003, Bologna 2003, S. 49-71, 61.

Parlamentswahlen hoch und heilig versprochen hatte, innerhalb der ersten hundert Regierungstage seinen Interessenkonflikt gesetzlich zu lösen,[1187] dauerte es mehr als drei Jahre – um genau zu sein: 1.153 Tage –, bis ein solches Gesetz in Kraft trat. Es handelt sich dabei allerdings um eine Regelung „ad personam": Berlusconi kann nach wie vor Besitzer seiner Firmen bleiben; lediglich seinen Managern wird der Weg in die Politik versperrt.[1188] Im Übrigen ist der italienische Ministerpräsident ständig darum bemüht, seinen fortbestehenden Interessenkonflikt herunterzuspielen. So behauptete er etwa in einem Interview mit dem amerikanischen Nachrichtenmagazin *Time*, er habe seit seinem Wechsel in die Politik nicht ein einziges Telefongespräch mit seiner Firmengruppe mehr geführt.[1189]

Auch die Medienpolitik der Regierung, die aufgrund des Berlusconischen Interessenkonflikts zweifellos von ganz besonderem Interesse ist, wurde ausgespart, da das neue, höchst umstrittene Mediengesetz, die so genannte *Legge Gasparri*, im hier veranschlagten Untersuchungszeitraum ebenfalls noch mitten in den parlamentarischen Beratungen steckte und schließlich erst im Dezember 2003 von der Parlamentsmehrheit verabschiedet wurde.[1190] Dennoch trat es zunächst nicht in Kraft, weil Staatspräsident Ciampi seine Unterschrift unter dieses Gesetz verweigerte, um es zurück ans Parlament zu verweisen. Er begründete diesen nicht alltäglichen Schritt damit, dass der Gesetzestext die Wahrung der Informationsvielfalt nicht gewährleistet und somit den Vorgaben des Verfassungsgerichts widersprochen habe.[1191] Das hinderte die Mitte-Rechts-Koalition jedoch nicht, dieses Gesetz ohne substanzielle Änderungen wieder im Parlament zu verabschieden.[1192]

[1187] Vgl. Marroni, Stefano, Berlusconi: Ecco i ministri, in: La Repubblica, 9.5.2001, S. 2.

[1188] Vgl. Hartmann, Peter, Berlusconi vor dem Herbst seiner Illusionen, in: Die Welt, 11.8.2004, S. 5. Ausführlich zur Problematik des Interessenkonflikts Berlusconis allgemein, vgl. Hine, David, Silvio Berlusconi, S. 291ff.; Sartori, Giovanni, Conflitto d'interessi, in: Tuccari, Francesco (Hg.), Il governo Berlusconi. Le parole, i fatti, i rischi, Rom, Bari 2002, S. 21-33. Näheres zum von der Mitte-Rechts-Regierung ins Parlament eingebrachten Gesetzesentwurf zur „Lösung" des Interessenkonfliktes, vgl. Grasmück, Damian, Berlusconitis, in: Blätter für deutsche und internationale Politik, 47. Jg. (2002), H. 5, S. 530-533, 532.

[1189] Vgl. Interview mit Silvio Berlusconi, in: http://www.time.com/time/world/printout/0,8816, 465796,00.html (21.7.2003).

[1190] Vgl. Zuccolini, Roberto, Maggioranza blindata, passa la Gasparri, in: Corriere della Sera, 3.12.2003, S. 3.

[1191] Vgl. Musso, Pierre, Doppelrolle vorwärts mit Ausfallschritt, in: Le Monde diplomatique, 13.2.2004, S. 15. Näheres zum Inhalt dieses Gesetzes, das im Verdacht steht, ganz auf die Bedürfnisse der *Fininvest* zugeschnitten zu sein, vgl. ebd.; Ladurner, Ulrich, Der Cavaliere und seine Diener, in: Die Zeit, 27.11.2003, S.28.

[1192] Vgl. N.N., Italiens Präsident gegen die Justizreform, in: http://www.nzz.ch/2004/12/17/al/ page-articleA2G9M.html (17.12.2004).

Ausgeklammert wurde ferner auch das von der Regierung beschlossene, äußerst restriktive Einwanderungsgesetz, da dieses vor allem von den beiden Koalitionspartnern der FI, der *Lega Nord* und der *Alleanza Nazionale*, maßgeblich vorangetrieben wurde und mithin auch deren Unterschrift trägt. Nicht umsonst ist es in Italien unter dem Namen der beiden Chefs dieser Parteien bekannt: *Legge Bossi-Fini* (Bossi-Fini-Gesetz). Die *Forza Italia* trug es zwar mit, hatte an dessen Erarbeitung jedoch nur geringen Anteil.[1193]

Ebenfalls außen vor bleibt das Thema Verfassungsreform, das nach langem Hin und Her[1194] erst ab Herbst 2003 konkret angegangen wurde. Der von Regierungsseite eingebrachte Gesetzesentwurf, den die Abgeordnetenkammer mit den Stimmen der Mitte-Rechts-Koalition im Oktober 2004 verabschiedete, betrifft nicht nur die künftige Staats- und Regierungsform, sondern auch das Gesetzgebungsverfahren und das Verhältnis sämtlicher Verfassungsorgane zueinander. Im Wesentlichen werden damit die Kompetenzen des Ministerpräsidenten, der künftig „Premierminister" heißen soll, gestärkt – zulasten des Parlaments und des Staatspräsidenten. Außerdem wird das Verfassungsgericht stärker als bisher „politisiert", indem die Anzahl der vom Parlament zu bestimmenden Verfassungsrichter erhöht wird. Die Kritik an diesem Gesetzesprojekt ist unüberhörbar und richtet sich vor allem gegen die Aushebelung des Prinzips der *checks and balances*.[1195] Damit „läuft Italien [...] Gefahr, in eine konstitutionelle Schieflage zu geraten, mit möglicherweise langfristigen, weil strukturellen Schäden für die Demokratie"[1196].

8.1 Die Wirtschafts- und Finanzpolitik

Im Wahlkampf zu den Parlamentswahlen vom Frühjahr 2001 schraubte Berlusconi die Erwartungen an seine künftige Regierung vor allem auf wirtschafts- und

---

[1193] Eine ausführliche Analyse dieser *Legge Bossi-Fini* liefert Colombo, Asher/Sciortino, Giuseppe, La legge Bossi-Fini. Estremismi gridati, moderazioni implicite e frutti avvelenati, in: Blondel, Jean/Segatti, Paolo (Hg.), Politica in Italia. I fatti dell'anno e le interpretazioni, Ed. 2003, Bologna 2003, S. 195-215.

[1194] Bis zu diesem Zeitpunkt hatte Berlusconi seine diesbezüglichen Vorstellungen immer wieder, zum Teil sogar ganz erheblich, geändert. Näheres hierzu, vgl. Grasmück, Damian, Verfassungsreform alla Cavaliere, S. 1044ff.

[1195] Vgl. N.N., Rom will Exekutive stärken, in: Frankfurter Allgemeine Zeitung, 16.10.2004, S. 5; Grasse, Alexander, Italienische Verhältnisse 2004. Kontinuität und Wandel im politischen System der „zweiten Republik", in: Aus Politik und Zeitgeschichte, B 35-36/2004, S. 6-17, 13ff. Zitiert als: Grasse, Alexander, Italienische Verhältnisse 2004. Ausführlich zu dieser Verfassungsreform, vgl. ders., Im Süden viel Neues. Italienische Staats- und Verfassungsreformen am Scheideweg zwischen Modernisierung und Gefährdung der Demokratie, Stuttgart 2004.

[1196] Ders., Italienische Verhältnisse 2004, S. 17.

finanzpolitischem Gebiet bewusst hoch. Zu seinen Kernbotschaften gehörte insbesondere das Versprechen eines neuen italienischen Wirtschaftswunders.[1197] Wie eine Socke wolle er als Premier Italien umkrempeln, legte er überdies vollmundig vor führenden Vertretern der italienischen Wirtschaft nach.[1198] Bei anderen Gelegenheiten sprach er sogar von einer „kopernikanischen Wende"[1199], die er mit Italien vorhabe. Unvergessen bleiben auch die zwar plakativen, aber doch allerlei Hoffnung weckenden Werbeslogans der FI wie „Meno tasse per tutti" („Weniger Steuern für alle"), „Un buon lavoro anche per te" („Eine gute Arbeit auch für dich") oder auch „Pensioni più dignitose" („Würdigere Renten").[1200]

Parallel zu diesen überaus ehrgeizigen Versprechen beschuldigte der FI-Chef die bisherigen Mitte-Links-Regierungen, vor allem in der Wirtschafts- und Finanzpolitik völlig versagt zu haben. So schrieb er beispielsweise in einem Brief, der als eine Art Vorwort am Anfang des „Regierungsplans für eine ganze Legislaturperiode" steht:

> „Es ist insbesondere wichtig, dass den Wählern das graue Erbe bewusst ist, das uns fünf Jahre der Ulivo-Regierung beschert haben. Wir sind laut internationalen Schätzungen das „schwarze Trikot" Europas hinsichtlich der öffentlichen Schulden (sogar Belgien hat uns überrundet), hinsichtlich der Wachstumsrate des Bruttoinlandsprodukts [...], der Jugendarbeitslosigkeit (im Süden beträgt sie 25 Prozent, ein Jugendlicher von vier), der Investitionen in die wissenschaftliche Forschung [...], hinsichtlich der Arbeitsbedingungen und der Steuerbelastung der Unternehmen, hinsichtlich der wirtschaftlichen Freiheit (wir sind dank der Vielzahl an Gesetzen und der bürokratischen Aufblähung auf den 32. Platz zurückgefallen), hinsichtlich der Wettbewerbsfähigkeit (wir haben in fünf Jahren elf Punkte verloren und sind auf den 41. Platz in der Welt abgesunken)."[1201]

Diesen „Rückstand" Italiens versprach Berlusconi, mit Hilfe eines Wirtschaftsprogramms neoliberaler Prägung – Kritiker schimpften es auch „Spät-Reaganomics der Abschaffung des Wohlfahrtsstaates"[1202] – wettzumachen. Wie dieses geschehen solle, sei mit Berlusconis eigenen Worten wiedergegeben:

[1197] Vgl. Christen, Christian, Italiens Modernisierung von Rechts. Berlusconi, Bossi, Fini oder die Zerschlagung des Wohlfahrtsstaates, Berlin 2001, S. 44.

[1198] Vgl. N.N., Cena elettorale da 7 miliardi per il Cavaliere, in: Corriere della Sera, 25.1.2001, S. 11.

[1199] Zitiert nach: Petersen, Jens, Divus Silvius. Wählt mich, den Rest besorge ich allein. Mit Berlusconi kehrt der charismatische Führer auf die politische Bühne Italiens zurück, in: Frankfurter Allgemeine Zeitung, 11.8.2000, S. 43. Zitiert als: Petersen, Jens, Divus Silvius.

[1200] Diese und andere Werbeslogans der FI mit den dazu gehörenden Plakaten finden sich in: Possa, Guido (Hg.), Una storia italiana, Mailand 2001, S. 126f.

[1201] Brief Silvio Berlusconis anlässlich der Präsentation der Wahlplattform „Piano di governo per una intera legislatura", in: http://www.forza-italia.it/elettorale/piano_governo/lettera.htm (23.5.2001) (eig. Übers.).

[1202] Maltese, Curzio, Arriva l'auto-premier, in: La Repubblica, 13.1.2001, S. 1/15, 15 (eig. Übers.).

„Es ist keine Neuigkeit: das liberale Rezept, jenes, das ich ‚vom Wohlstand und von der Entwicklung' genannt habe, ist bereits in anderen Ländern angewendet worden. In England, in Amerika und erst jüngst in Irland und in Spanien. [...] Man beginnt mit geringeren Steuern für Familien, für Unternehmen und auf die Arbeit; man muss in die Starrheit des Arbeitsmarkts eingreifen, man muss in die unproduktiven öffentlichen Ausgaben eingreifen, indem man Verschwendungen, Privilegien und Ineffizienzen abschafft. All dies bewirkt eine größere Wettbewerbsfähigkeit unserer Unternehmen und unserer Produkte auf den internationalen Märkten, ein Wirtschaftswachstum und ein Mehr an Arbeitsplätzen. All dies verwandelt sich dann in höhere Einnahmen für die öffentlichen Kassen."[1203]

Damit pries Berlusconi im Wahlkampf eine stark nachfrageorientierte Politik auf der Basis massiver Steuerentlastungen und einer radikal anmutenden Vereinfachung des Steuersystems an. Konkret wurde in Aussicht gestellt, niedrige Einkommen (bis zu elftausend Euro jährlich) steuerlich freizustellen, für Einkommen bis hunderttausend Euro pro Jahr war ein Steuersatz von 23 Prozent vorgesehen, und der Spitzensatz für Großverdiener war auf 33 Prozent angepeilt. Daneben durften sich aber auch die Unternehmer freuen. Der Körperschaftssteuersatz sollte einheitlich auf 33 Prozent heruntergeschraubt werden.[1204] Obgleich Berlusconi immer wieder die Behauptung aufstellte, diese Steuerausfälle würden durch ein starkes Wirtschaftswachstum und somit einen erheblichen Anstieg des Bruttoinlandsprodukts (BIP) auf bis zu vier Prozent wieder kompensiert,[1205] hagelte es zuhauf Kritik an diesen Plänen.

Berlusconis Gegner – allen voran Vertreter des *Ulivo*, aber auch Exponenten der damals noch sozialistischen Regierung in Frankreich – liefen vor allem deshalb dagegen Sturm, weil sie befürchteten, mit einer solch aggressiven Steuerpolitik würde das Haushaltsdefizit Italiens noch weiter vergrößert und infolgedessen der in Maastricht geschlossenen Stabilitätspakt gesprengt.[1206] Mit Blick auf die ohnehin bereits äußerst prekäre italienische Haushaltslage scheinen diese Befürchtungen durchaus berechtigt gewesen zu sein. Der italienische Schuldenberg belief sich im Jahr 2001 auf rund 1.250 Milliarden Euro, was stolzen 108 Prozent des BIP entsprach – eigentlich war ein Schuldenstand von weniger als sechzig Prozent des BIP Voraussetzung für die Aufnahme in die Euro-Zone.[1207]

[1203] Interview mit Silvio Berlusconi, in: Il Tempo, 23.8.2000, S. 2 (eig. Übers.).

[1204] Vgl. N.N., Le cinque grandi strategie per migliorare la vita degli italiani, in: http://www.forza-italia.it/elettorale/piano_governo/strategie/1-1.htm (23.5.2001). Die erste Stufe dieser Steuerreform war für spätestens 2003 angepeilt und sollte Bürger und Unternehmen um rund 35 Milliarden Euro entlasten. Vgl. De Luca, Claudio, Avanti, avanti, in: Capital, 9/2001, S. 58-61, 59.

[1205] Vgl. Interview mit Silvio Berlusconi, in: Famiglia Cristiana, 4.3.2001, S. 32-36, 34.

[1206] Vgl. N.N., Ambitiöse Ziele Silvio Berlusconis, in: http://www.nzz.ch/2001/06/09/wi/page-article7G4U2.html (9.6.2001).

[1207] Vgl. De Luca, Claudio, a.a.O., S. 58.

Zusätzliche Nahrung erhielt die Kritik an Berlusconis Wirtschafts- und Finanzplänen angesichts der gleichzeitig versprochenen Investitionen der öffentlichen Hand in eine ganze Reihe großer Infrastrukturprojekte. Sogleich wurde warnend auf das schlechte Beispiel Irlands verwiesen. Gerade erst hatte die dortige Regierung für 2001 ebenfalls Steuersenkungen und zugleich eine Erhöhung der Staatsausgaben versprochen, was das Land prompt auf die europäische Anklagebank brachte. Sollte der Staatshaushalt Italiens jedoch völlig aus dem Ruder laufen, so die Kritiker, hätte das weitaus schwerwiegendere Konsequenzen für Europa und den Euro, als es bei einem kleinen Land wie Irland der Fall sei.[1208]

Derart in die Enge getrieben, übernahm Berlusconis designierter Wirtschafts- und Finanzminister, der Forzist Giulio Tremonti, die Aufgabe, die Ängste der Europäer vor den radikalen Steuerplänen seines Chefs zu zerstreuen und relativierte wie folgt die Wahlversprechen der Mitte-Rechts-Allianz:

> „Wir nehmen den Stabilitätspakt sehr ernst und werden keine Reform machen, die gegen die Haushaltsdisziplin in Euro-Land verstößt. Berlusconi hat jetzt eine Vision für die nächsten zehn Jahre vorgestellt – in welchem Ausmaß sie sich in die Tat umsetzen lässt, weiß heute natürlich noch niemand. [...] Berlusconi gibt die langfristige Marschrichtung unserer Politik vor. Wir wollen, dass die Italiener unser Bündnis ‚Haus der Freiheiten' mit Steuersenkungen identifizieren."[1209]

Kurze Zeit im Amt, gab sich Tremonti dafür umso entscheidungsfreudiger. Ende Juni 2001 verabschiedete die Regierung ein erstes Gesetzespaket zur Ankurbelung der italienischen Wirtschaft, das im Wesentlichen drei große Punkte umfasste. Zum einen wurde die so genannte *Legge Tremonti* aus dem Jahr 1994 wieder eingeführt, nach der Unternehmen fünfzig Prozent weniger Steuern auf reinvestierte Gewinne zahlen müssen.[1210] Zweitens wurden bei dieser Gelegenheit die Steuersätze für Unternehmen, die bisher in der Schattenwirtschaft agiert hatten, drastisch gesenkt, um ihnen so einen Anreiz zu geben, in die Legalität zurückzukehren. Und drittens schaffte die Regierung die ohnehin bereits niedrige Erbschafts- und Schenkungssteuer komplett ab.[1211]

[1208] Vgl. Bastasin, Carlo, Ma si possono davvero tagliare le tasse?, in: La Stampa, 23.4.2001, S. 26.

[1209] Interview mit Giulio Tremonti, in: Capital, 9/2001, S. 62. Diese Aussage Tremontis stand allerdings in klarem Widerspruch zu den Versprechen, die Berlusconi im so genannten „Vertrag mit den Italienern" gemacht hatte. Dort hieß es ausdrücklich, Berlusconi werde als Ministerpräsident dafür sorgen, dass die Steuern innerhalb von fünf Jahren radikal gesenkt würden. Vgl. Contratto con gli italiani, in: Corriere della Sera, 11.5.2001, S. 10.

[1210] Von dieser Regelung machten die Unternehmer regen Gebrauch: Bis zum Jahresende 2001 tätigten sie Investitionen in Höhe von insgesamt 27,5 Milliarden Euro. Vgl. Malan, Lucio/Palmieri, Antonio (Hg.), Il governo Berlusconi mantiene gli impegni, Faltblatt, [o.O.] 2003, S. 3.

[1211] Vgl. Petrini, Roberto, Via alla Tremonti-bis e al sommerso, ma salta il „pacchetto sanità", in: La Repubblica, 28.06.01, S. 3. Insbesondere die Abschaffung der Erbschafts- und Schenkungssteuer hatte für Berlusconi höchste Priorität. So verkündete er bei seinem ersten öffentli-

Entgegen den ehrgeizigen Versprechen weiterer immenser Steuerentlastungen blieb es fürs Erste indes allein bei diesen Maßnahmen. Als maßgeblichen Grund hierfür führte die Regierung Berlusconi ein angeblich unerwartet großes Loch in den Staatskassen ins Feld, das ihr die Vorgängerregierung hinterlassen habe. Als einer der Ersten wies freilich der Gouverneur der unabhängigen *Banca d'Italia*, Antonio Fazio, Ende Juni 2001 auf dieses Extra-Defizit hin.[1212] Kurz darauf veröffentlichte dann auch der Unternehmerverband *Confindustria*, welcher der Regierung anfangs noch freundlich gesonnen war, eine Schätzung, wonach der öffentlichen Hand bis zu fünfzehn Milliarden Euro im laufenden Haushaltsjahr fehlen würden.[1213] Wirtschaftsminister Tremonti indes sprach am 11. Juli von einem Extra-Defizit von bis zu 21 Milliarden Euro, was die Neuverschuldung der öffentlichen Hand auf bis zu 2,6 Prozent des BIP hochtreiben würde.[1214]

Vor diesem Hintergrund vollzog die Mitte-Rechts-Regierung einen Kurswechsel und schob ganz offiziell die geplante Senkung der einzelnen Steuersätze auf die lange Bank.[1215] Stattdessen machte sie sich daran, Einsparungen vorzunehmen bzw. neue Geldquellen für den Staat zu erschließen. Zunächst kürzte sie die Ausgaben der einzelnen Ministerien um zehn Prozent, was rund einer halben Milliarde Euro innerhalb der zweiten Jahreshälfte 2001 entsprach. Außerdem schloss sie Anfang August 2001 ein Abkommen mit den italienischen

---

chen Auftritt nach den Wahlen vom 13. Mai 2001, seine Regierung werde diese Maßnahme noch auf der ersten Kabinettssitzung beschließen. Vgl. Deaglio, Enrico, Re Silvio, in: Diario, 6. Jg. (2001), Nr. 20, S. 6-15, 8.

[1212] Vgl. Sensini, Mario, Allarme conti pubblici, deficit verso il 2%, in: La Stampa, 1.6.2001, S. 2. In einer Rede ging Fazio davon aus, Italien werde im Jahr 2001 das ursprünglich anvisierte Ziel von einem Prozent Staatsdefizit bei weitem nicht einhalten können. Vgl. ebd.

[1213] Vgl. Marro, Enrico, „Deficit a 30 mila miliardi, subito le riforme", in: Corriere della Sera, 21.6.2001, S. 6. Die Existenz dieses Lochs in den Staatskassen wurde zuweilen auch vehement bestritten und als reine propagandistische Erfindung der neuen Regierung dargestellt, um den Wählern glaubhaft erklären zu können, warum die Steuern nicht sofort drastisch gesenkt werden konnten. Vgl. so z.B. Padellaro, Antonio, La banda del buco occupa la Rai, in: Colombo, Furio/ Padellaro, Antonio (Hg.), Il libro nero della democrazia. Vivere sotto il governo Berlusconi, Mailand 2002, S. 119f., 119. Auch der Wirtschaftswissenschaftler Paolo Onofri stellte im Nachhinein den angegebenen Umfang dieses so genannten „Lochs" stark in Zweifel. Ihm zufolge belief es sich auf höchstens 9,5 Milliarden Euro. Vgl. Onofri, Paolo, Un anno di politica economica del governo Berlusconi, in: Blondel, Jean/Segatti, Paolo (Hg.), Politica in Italia. I fatti dell'anno e le interpretazioni, Ed. 2003, Bologna 2003, S. 157-171, 163. Zitiert als: Onofri, Paolo, Un anno di politica economica.

[1214] Vgl. ders., Economia, in: Tuccari, Francesco (Hg.), Il governo Berlusconi. Le parole, i fatti, i rischi, Rom, Bari 2002, S. 153-168, 158. Zitiert als: Onofri, Paolo, Economia.

[1215] Ende Juli 2001 verkündeten Regierungsvertreter erstmals, es gäbe angesichts des Haushaltslochs derzeit keinen Spielraum, um die Steuerlast zu senken. Frühestens 2003 sei dies möglich. Vgl. Bastasin, Carlo, Le promesse e la paura di cambiare, in: La Stampa, 1.8.2001, S. 1.

Regionen, in dem strikte Obergrenzen für die Ausgaben im Gesundheitswesen festgelegt wurden. Für das laufende Jahr bedeutete dies weitere Einsparungen in Höhe von 155 Millionen Euro. Zusätzlich dazu schaffte die Regierung die nötigen Voraussetzungen für eine möglichst schnelle Veräußerung staatlicher Immobilien.[1216] All diese Maßnahmen brachten immerhin so viel Geld zusammen, dass Wirtschafts- und Finanzminister Tremonti Ende 2001 von einem Loch in den Staatskassen von allenfalls noch 3,5 Milliarden Euro ausging, und das Staatsdefizit für das Jahr 2001 schätzte er dementsprechend auf nur noch 1,1 Prozent des BIP.[1217]

Wenn auch diese Prognose noch zu optimistisch ausfiel – tatsächlich lag die staatliche Neuverschuldung im Jahr 2001 bei satten 2,6 Prozent des BIP[1218] –, konnte die Regierung in Rom doch geltend machen, dass Italien damit immer noch besser dastünde als beispielsweise Deutschland oder Frankreich. Die trotz allem unerwartet schlechte Zahl wurde derweil von Regierungsseite der lahmenden Weltkonjunktur sowie der „Erblast" der Vorgängerregierungen in die Schuhe geschoben. Demgegenüber kritisierten Ökonomen der Europäischen Kommission, der OECD und des Internationalen Währungsfonds übereinstimmend, die Regierung Berlusconi habe es bislang versäumt, substantielle Vorkehrungen zu treffen, um die Staatsausgaben nachhaltig zu reduzieren. Vielmehr habe sie die Bilanzen zum Großteil mit einmaligen Erlösen, die etwa aus dem Verkauf von staatlichen Immobilien stammten, aufpoliert.[1219]

Zu den wenigen Wahlversprechen, welche die Regierung Berlusconi trotz der unerwartet schlechten Konjunktur einlöste, gehörte die Erhöhung der Renten – wenn hier auch nur an die Mindestrenten zu denken war. Diese wurden tatsächlich auf 516 Euro pro Monat angehoben. Allzu kostspielig war diese Operation nicht, denn von den rund anderthalb Millionen betroffenen Rentnern erhielt nahezu die Hälfte bereits eine Altersversorgung in Höhe von immerhin rund 480 Euro.[1220]

Unterdessen stellte Tremonti im Dezember 2001 der Öffentlichkeit einen Entwurf für eine auf den ersten Blick radikal anmutende Steuerreform vor. Dieser sah insbesondere eine starke Vereinfachung des Abgabensystems sowie eine spürbare Senkung der Fiskalbelastung vor. Allerdings hatte der Plan einen Ha-

---

[1216] Bereits die Vorgängerregierung unter Giuliano Amato hatte im Herbst 2000 die Veräußerung von Immobilien staatlicher Fürsorgeeinrichtungen beschlossen. Die Regierung Berlusconi trieb diese Verkäufe nun schneller als ursprünglich geplant voran. Vgl. Onofri, Paolo, Un anno di politica economica, S. 161f.

[1217] Vgl. ders., Economia, S. 158f.

[1218] Zahlenangabe aus: ders., Un anno di politica economica, S. 162.

[1219] Vgl. N.N., Italiens Haushaltsdefizit höher als erwartet, in: http://www.nzz.ch/2002/03/02/wi/page-article80655.html (2.3.2002).

[1220] Vgl. Onofri, Paolo, Un anno di politica economica, S. 164.

ken: Für die nahe Zukunft waren allenfalls graduelle Veränderungen vorgesehen. Das wichtigste Element indes, die versprochene drastische Reduzierung der Einkommenssteuer, sollte diesem Entwurf zufolge erst ab 2006 voll zum Tragen kommen.[1221]

Anstatt also an massive Steuerentlastungen zu denken, die den Haushalt unmittelbar in Gefahr gebracht und damit den europäischen Stabilitätspakt gefährdet hätten, war die Regierung unter Ministerpräsident Berlusconi vollends damit beschäftigt, die ohnehin bereits äußerst defizitären Staatsfinanzen nicht völlig aus dem Ruder laufen zu lassen. Die Mittel, die sie hierfür einsetzte, waren freilich höchst umstritten. So initiierte sie etwa eine Reihe von Steuer- und Fluchtgeldamnestien für Kapitalflüchtige. Wer sein Geld am Fiskus vorbei ins Ausland geschafft hatte, hatte vom 1. Januar 2002 bis zum 30. Juni des gleichen Jahres die Gelegenheit, dieses unter Zusicherung vollkommener Anonymität und Straffreiheit zu „repatriieren", das heißt wieder nach Italien zurückzuführen.[1222] Das oppositionelle Ölbaumbündnis ging gegen dieses als *Scudo fiscale* („Steuerschild") bezeichnete Vorhaben auf die Barrikaden und machte unter anderem geltend, dass diese Amnestie das Organisierte Verbrechen geradezu einlade, ihr „schmutziges" Geld reinzuwaschen.[1223] Doch der Erfolg gab Tremonti, dem Regisseur dieser Aktion, zunächst Recht: Nach Regierungsangaben waren auf diese Weise insgesamt 52,4 Milliarden Euro wieder zurückgeflossen. Bei dem fällig werdenden Steuersatz von 2,5 Prozent entsprach das staatlichen Einnahmen in Höhe von 1,3 Milliarden Euro.[1224] Daher leitete man sogleich eine zweite Phase der Steueramnestie in die Wege: Ab 1. Januar 2003 sollten die Italiener abermals die Möglichkeit erhalten, in Steuerparadiesen verschwundene Mittel wieder in den Umlauf der italienischen Volkswirtschaft zu bringen.[1225] Allerdings verlief

---

[1221] Vgl. N.N., Pläne für eine Steuerreform in Italien, in: http://www.nzz.ch/2001/12/20/wi/page-article7V6AK.html (20.12.2001).

[1222] Vgl. Sauer, Ulrike, Addio, schönes Lugano, in: http://www.sueddeutsche.de/aktuell/sz/artikel116653.php (27.1.2002). Die italienische Zentralbank ging davon aus, dass die Italiener immerhin rund fünfhundert Milliarden Euro auf ausländischen Konten angelegt hätten. Den anfallenden Steuersatz von gerade mal 2,5 Prozent übernahmen so manche Privatbanker sogar freiwillig für ihre Kunden. Vgl. ebd.

[1223] Vgl. N.N., Debatte über Amnestie für Fluchtgelder in Italien, in: http://www.nzz.ch/2001/10/26/wi/page-article7QYVG.html (26.10.2001). Andere politische Beobachter behaupteten, diese Maßnahme komme nicht zuletzt auch Berlusconi selbst zugute, der ja bekanntlich mit Dutzenden von Off-shore-Firmen Gelder im Ausland hin- und her geschoben habe. Vgl. Mölter, Veit, Berlusconi schützt sich und die Mafia, in: http://www.oon.at/nachrichten/Aussenpolitik.asp?id=235526&ressort=Aussenpolitik (27.10.2001).

[1224] Zahlenangaben aus: N.N., Scudo fiscale: Ad oggi rientrati oltre 52 miliardi di euro, in: http://www.tesoro.it/DOCUMENTAZIONE/COMUNICATI-STAMPA/2002/HTML/15492562002.htm (21.7.2003).

[1225] Vgl. N.N., Berlusconi startet in Italien Phase zwei der Kapitalrückführung, in: http://www.news.ch/detail.asp?ID=121057 (8.10.2002).

diese zweite Phase nicht annähernd so erfolgreich wie die erste: Wie aus dem Schatzministerium in Rom verlautete, brachte diese Aktion, die am 31. Mai 2003 endete, der öffentlichen Hand lediglich noch 260 Millionen Euro ein.[1226]

Um dem immensen italienischen Staatsdefizit Herr zu werden, beschloss die Regierung Berlusconi ferner – gegen den erbitterten Widerstand der Oppositionsparteien und weiter Teile der öffentlichen Meinung –, unzählige Kulturgüter Italiens zur Privatisierung freizugeben.[1227] Ein entsprechendes Gesetz wurde im Juni 2002 vom Parlament in Rom verabschiedet. Dieses sah die Gründung zweier Aktiengesellschaften vor, in die sowohl die Kunstschätze als auch das Infrastrukturvermögen des Landes eingebracht werden konnten. Anteile an diesen Aktiengesellschaften stehen seither Privatpersonen zum Verkauf offen. Von dieser Maßnahme erhoffte sich die Regierung zusätzliche Einnahmen in Höhe von 730 Millionen Euro innerhalb von drei Jahren. Um die nicht enden wollenden Wogen des Protests gegen diese Pläne zu glätten, versicherte Berlusconi höchstpersönlich in einem Brief an Staatspräsident Ciampi, dass die Kunst- und Naturschätze Italiens nach wie vor unverkäuflich blieben. Lediglich Güter und Immobilien der öffentlichen Hand sollten verkauft werden, und die Staatsstrände sollten zu höheren Preisen verpachtet werden als bisher üblich.[1228] Die im Wahlkampf noch propagierte Privatisierung der großen Staatsunternehmen indes packte die Regierung Berlusconi zunächst nicht an.[1229] Der Ökonom Paolo Sylos Labini beklagte sogar, selbst die Mitte-Links-Regierungen hätten mehr privatisiert als die derzeitige Administration.[1230] Erst Anfang 2003 machte sich Schatz-

---

[1226] Zahlenangabe aus: N.N., Entrate fiscali gennaio-maggio 2003: dati di cassa, in: http://www.tesoro.it/DOCUMENTAZIONE/COMUNICATI-STAMPA/2003/HTML/19101162002.htm (21.7.2003).

[1227] Für großen Wirbel sorgte ein Brief mehrerer Direktoren international renommierter Museen an die italienische Regierung mit der Warnung, wenigstens das Weltkulturerbe nicht gleichermaßen fahrlässig zu behandeln wie die Alltagskultur. Von Regierungsseite hieß es daraufhin, diese Aktion sei nichts weiter als ein „Idiotenalarm". Vgl. De Gregorio, Walter, Berlusconis Kunstgriff, in: http://www.sonntagszeitung.ch/sz/szUnterRubrik.html?ausgabeid=2431&rubrikid=116&Artld=204195 (16.7.2002).

[1228] Vgl. N.N., Italiens kunstvolle „Defizitlösung", in: Der Standard, 27.6.2002, S. 4. Kurz nach Inkrafttreten des neuen Gesetzes stellte die Regierung eine erste Liste mit Kulturgütern zusammen, die veräußert werden sollten. Darunter fand sich etwa der Palast der Bourbonen in der Nähe von Neapel, die toskanische Insel Pinosa, die von der Unesco geschützten „Höhlenwohnungen" im süditalienischen Matera, aber auch das Hochsicherheitsgefängnis von San Vitore inmitten der Mailänder Innenstadt. Vgl. Englisch, Andreas, Immobilien-Ausverkauf in Italien geht weiter, in: http://www.welt.de/daten/2002/09/17/0917io356897.htx?print=1 (17.9.2002).

[1229] Die allseits erwartete, jedoch ausbleibende Privatisierung des staatlichen Erdölkonzerns ENI zum Beispiel rechtfertigte Berlusconi mit dem Argument, das Ausland könnte Italien ja mal den Erdölhahn zudrehen. Vgl. N.N., Wie liberal ist die Casa delle libertà?, in: http://www.nzz.ch/2002/06/11/wi/page-article87PXS.html (11.6.2002).

[1230] Vgl. Sylos Labini, Paolo, a.a.O., S. 125.

minister Tremonti daran, mit dem Tabakkonzern *Ente Tabacchi Italiano* einen solchen Betrieb in Staatsbesitz mit Hilfe eines privaten Bieterverfahrens zu veräußern.[1231] Dass hingegen gerade staatliche Güter und Immobilien feilgeboten wurden, mag wohl auch mit einer Art „Haushaltstrick" zusammenhängen, der sich so bewerkstelligen ließ. Staatliche Investitionen in öffentliche Güter, die zuvor den entsprechenden Aktiengesellschaften übertragen werden, belasten nämlich – zumindest formal – nicht mehr den Haushalt, dem der Maastrichter Stabilitätspakt ja bekanntlich enge Grenzen gesetzt hat.[1232]

Doch stellte diese Maßnahme keinesfalls das einzige Beispiel für „kreative Buchführung" dar. Ebenfalls mit dem Ziel, das Haushaltsdefizit zu drücken, hatte die Regierung ferner zukünftige Erträge aus der staatlichen Lotteriegesellschaft bis 2006 im Budget von 2001 verbucht. Damit hatte sie allerdings in den Augen des damaligen Chefs des europäischen Statistikamts *Eurostat*, Yves Franchet, den Bogen überspannt, so dass die Brüsseler Behörde die umstrittenen und bereits verbuchten Summen nachträglich wieder abzog.[1233]

Für Unmut in Brüssel sorgte überdies die Forderung Roms nach einer „Neuinterpretation" des europäischen Stabilitätspakts. So sprach sich Tremonti Mitte 2002 dafür aus, die Ausgaben für Infrastrukturen, für Verteidigung, für Hilfe an Drittländer sowie für Strukturreformen aus der offiziellen Berechnung der Bilanzen auszuklammern. Kritikern dieses Vorstoßes zufolge hätte dies jedoch bewirkt, dass rund drei Viertel des gesamten bisherigen Staatshaushaltes nicht mehr relevant wären. Demnach wäre es zwar ein Leichtes gewesen, den Resthaushalt auszugleichen. Allerdings wäre dann die ohnehin bereits immens hohe Staatsverschuldung Italiens ins Unermessliche explodiert, und damit einhergehend auch die Ausgaben für die Zinsen.[1234] Wenn sich Tremonti auch mit diesem Vorstoß nicht vollends durchzusetzen vermochte, so blieben ihm wenigstens erwähnenswerte Teilerfolge. Bei großen, prestigebeladenen Infrastrukturprojekten wie etwa der Brücke über die Straße von Messina ließ er Projektgesellschaften in Form von Aktiengesellschaften gründen, die er mit Kapital ausstattete. Die Schulden, die diese aufnehmen, gehen den Staatshaushalt offiziell nichts mehr an, das heißt, das Staatsdefizit erhöht sich dadurch nicht im Sinne des Stabilitätspaktes.[1235]

[1231] Vgl. Sauer, Ulrike, Kampf um italienischen Tabakkonzern, in: http://www.sueddeutsche.de/aktuell/sz/getArticleSZ.php?artikel=artikel1772.php (11.3.2003).

[1232] Vgl. N.N., Berlusconi-Gesetz für „Kolosseum AG" erzürnt Italiener, in: http://www.spiegel.de/wirtschaft/0,1518,druck-200959,00.html (17.6.2002).

[1233] Vgl. Kness-Bastaroli, Thesy, EU vergleicht Italien mit Enron, in: Der Standard, 5.7.2002, S. 17.

[1234] Vgl. Koppel, Esther, Italiens „Bilanzfälschung", in: http://www.faz.net/IN/Intemplates/faznet/default.asp?tpl=uproday/content.asp?doc={F6D92D37-8658-45A2-B33A-5D8799F7F812}&rub={C07FA97A-05AA-48BC-920D-F352F595E4EA}# (4.7.2002).

[1235] Vgl. Piller, Tobias, Tremontis Flucht nach Europa, in: Frankfurter Allgemeine Zeitung, 12.6.2003, S. 15. Anfang 2003 gab Berlusconi den Startschuss zum Bau dieser gigantischen

Kurz nach Tremontis Vorpreschen startete der christdemokratische Minister für Europaangelegenheiten, Rocco Buttiglione, eine neue Initiative, die darauf abzielte, den in Maastricht geschlossenen Pakt aufzuweichen. Unverhohlen verlangte dieser, die Defizithöchstgrenze von drei auf vier Prozent des BIP zu erhöhen, um durch eine höhere Neuverschuldung Förderprogramme, die zuhauf versprochenen Infrastrukturprojekte sowie die Steuersenkungen endlich Wirklichkeit werden zu lassen.[1236] Ins gleiche Horn blies sodann auch Reformenminister Umberto Bossi von der *Lega Nord*, der für seine mehr als kritische Haltung zur EU bestens bekannt ist. Offen machte er im August 2002 die Maastricht-Kriterien für die lahmende europäische Wirtschaft verantwortlich und behauptete zudem, der Stabilitätspakt sei bereits überholt. Gleichzeitig mehrten sich aber auch innerhalb der *Forza Italia* die Stimmen jener, die eine tabulose Diskussion über den Stabilitätspakt forderten.[1237] Der Zeitpunkt all dieser Angriffe kam nicht von ungefähr: Spätestens im Sommer 2002 hatte sich offenbart, dass Tremonti mit den ursprünglich anvisierten strukturellen Reformen für die italienische Volkswirtschaft kaum vorankam. Gleichzeitig litt Italien – wie auch der Rest Europas – immer stärker unter der schwächelnden Weltkonjunktur. Entsprechend musste das für 2002 erwartete Haushaltsdefizit immer wieder nach oben korrigiert werden.[1238] Der einzig gangbare Weg, um wenigstens einen Teil der ebenso vollmundigen wie kostspieligen Versprechen aus Wahlkampfzeiten einzulösen,

---

Hängebrücke, die das italienische Festland mit Sizilien verbinden soll. Die Kosten wurden mit knapp fünf Millionen Euro veranschlagt. Rund drei Millionen Euro sollen aus der geplanten Privatisierung des Staatskonzerns IRI fließen, der Rest soll auf dem Kapitalmarkt über Privatinvestoren aufgebracht werden. Vgl. Kohl, Christiane, Die wahrscheinlich längste Brücke der Welt, in: http://www.sueddeutsche.de/aktuell/sz/getArticleSZ.php?artikel=artikel1685.php (15.1.2003).

[1236] Vgl. Fromm, Thomas, Große EU-Staaten rütteln am Stabilitätspakt, in: http://www.ftd.de/pw/eu/1029050914748.html (13.8.2002).

[1237] Vgl. N.N., Italien rüttelt am Stabilitätspakt, in: http://www.diepresse.at/detail/print.asp?channel=e&ressort=ei&ids=303880 (16.8.2002). Angeblich soll Berlusconi im Sommer 2002 auf einen Sieg des Unions-Kanzlerkandidaten Edmund Stoiber gesetzt haben, um gemeinsam mit ihm ein Bündnis zur Auflockerung der Maastricht-Kriterien zu schließen. Vgl. ebd.

[1238] Tremonti sah sich im August 2002 gezwungen zuzugeben, dass die italienische Neuverschuldung im laufenden Jahr nicht bei den ursprünglich anvisierten 0,8 Prozent des BIP, sondern bei 1,1 Prozent liegen werde. Gleichfalls rechnete Tremonti mit einem Wirtschaftswachstum von nur noch 1,3 Prozent; kurz zuvor war man in Regierungskreisen noch von 2,3 Prozent Wirtschaftswachstum ausgegangen. Trotz dieser schlechten Ausgangszahlen verbreitete Berlusconi weiterhin Optimismus: Bereits für das Jahr 2003 sagte er ein Wirtschaftswachstum von 2,9 Prozent voraus. Vgl. Kness-Bastaroli, Thesy, Italien weicht Stabilitätsziele auf, in: http://derstandard.at/Textversion/20020816/152.html (16.8.2002). Nur einen Monat darauf veranschlagte man das Wachstum für das laufende Jahr auf nur noch 0,6 Prozent, und für das Defizit prognostizierte Tremonti einen viel höheren Prozentsatz als die zuvor noch veranschlagten 1,1 Prozent des BIP. Vgl. Fromm, Thomas, Rom schafft Budgetausgleich erst 2005, in: http://www.ftd.de/pw/eu/1032435486500.html (21.9.2002).

schien unter diesen Umständen allein darin zu bestehen, neue Schulden zu machen. Angesichts des ohnehin bereits konstant hohen italienischen Schuldenberges[1239] verbot dies jedoch der Stabilitätspakt in seiner ursprünglich beschlossenen Form. Hinzu kam, dass nun, da Italien der Sprung in die Währungsunion erfolgreich gelungen war, der Druck von außen weitgehend abhanden gekommen war. Schmerzliche Einschnitte und Reformen ließen sich früher, die Maastrichter Kriterien vor Augen, eben weit besser verkaufen als nach Erreichen dieser Zielmarke. Trotz dieses Dilemmas scheuten sich Berlusconi ebenso wie sein „Superminister" für Wirtschaft und Finanzen fürs Erste, in aller Öffentlichkeit ernsthaft an den Vorgaben des Stabilitätspaktes zu rütteln.[1240]

In Anbetracht einer nahezu stagnierenden italienischen Volkswirtschaft geriet denn auch Tremonti im Spätsommer 2002 zunehmend in Bedrängnis. Selbst Staatspräsident Ciampi – früher erst Chef der *Banca d'Italia*, dann Schatzminister – ging mit der Wirtschafts- und Finanzpolitik der Regierung hart ins Gericht und forderte sie öffentlich auf, das aus den Fugen laufende Staatsdefizit nachhaltig zu senken. Überdies müsse das Kabinett Berlusconi unbedingt die inzwischen auf 2,4 Prozent angestiegene Inflation in den Griff bekommen, da ansonsten Italien immer weiter an Wettbewerbsfähigkeit einbüße. Da blieb selbst Berlusconi keine andere Wahl, als dem Staatschef Recht zu geben.[1241]

Nach dieser peinlichen Abmahnung von höchster Stelle trat die Regierung die Flucht nach vorn an und erließ ein Gesetzesdekret, das Unternehmen fortan Steuerprivilegien in Höhe von schätzungsweise rund drei Milliarden Euro strich. Gleichzeitig schränkte sie auch die so genannte *Dual Income Tax* stark ein. Diese bot bislang erhebliche Steueranreize zur Verbesserung der Eigenkapitalsteuer von Betrieben. Mit diesen Maßnahmen hatte Tremonti sogleich auch den einflussreichen Unternehmerverband *Confindustria*, der bis dato der Regierung nahe gestanden hatte, gegen sich aufgebracht. Dessen Präsident, Antonio D'Amato, holte weit aus. Er beschwor unter anderem die Gefahr einer neuen Depression, die eine solche Fiskalpolitik auszulösen drohe. Zudem warf er der Regierung vor, es versäumt zu haben, die Staatsausgaben nachhaltig zu beschneiden, weshalb sie nun auf diese Weise intervenieren müsse. Andere führende Unternehmer schlugen ähnlich scharfe Töne an und erinnerten mit erhobenem Zeigefinger an die ausbleibenden Steuersenkungsversprechen Berlusconis.[1242]

[1239] Auch 2004 betrug die Gesamtverschuldung Italiens noch stolze 106 Prozent des BIP. Vgl. N.N., Neue Zweifel an italienischen Defizitzahlen, in: Frankfurter Allgemeine Zeitung, 8.12.2004, S. 11.

[1240] Vgl. Piller, Tobias, Lästige Versprechen, in: Frankfurter Allgemeine Zeitung, 14.8.2002, S. 11.

[1241] Vgl. Feichter, Andreas, Rom: Gerüchte um Regierungsumbildung, in: Der Standard, 20.9.2002, S. 3.

[1242] Vgl. N.N., Berlusconi kürzt bei Steuerprivilegien, in: http://www.nzz.ch/2002/09/23/wi/page-article8EV45.html (23.9.2002). Zwar rechtfertigte die Regierung ihr Vorgehen mit der Be-

In der Tat muss sich die Regierung Berlusconi den Vorwurf gefallen lassen, dringend nötige Strukturreformen entweder gar nicht oder allenfalls halbherzig angegangen zu sein. Die längst überfällige Reform des schon bald nicht mehr finanzierbaren italienischen Rentensystems zum Beispiel wurde in den ersten beiden Jahren der Regierung Berlusconi einfach links liegen gelassen.[1243] Zwar ist auch Berlusconi nach eigenem Bekunden durchaus überzeugt, dass Italiens Wirtschaft ohne eine grundlegende Rentenreform nicht zukunftsfähig sein könne. Aus Furcht vor dem zu erwartenden gewerkschaftlichen Widerstand gegen Einschnitte ins Rentensystem schreckte er aber zunächst davor zurück. Allenfalls mit bindenden Vorgaben der Europäischen Union – analog zu Maastricht – sei eine solche Reform in seinem Land durchsetzbar, behauptete der italienische Regierungschef etwa im Frühherbst 2002.[1244] Darüber hinaus wusste Berlusconi nur zu gut, dass sein Koalitionspartner *Lega Nord* Einschnitte in das Rentensystem nicht mittragen würde. Daran ließ *Lega*-Chef Bossi von Anfang an keinen Zweifel.[1245]

Als Paradebeispiel für eine zaghafte Reform indes gilt die anfangs geplante Arbeitsmarktreform, in deren Verlauf die Regierung dann sogar einknickte. Ganz anders als etwa in den USA unter Reagan oder in Großbritannien unter Thatcher, wo dieser Sektor mit harter Hand liberalisiert wurde, strebte die Regierung Berlusconi allenfalls eine – noch dazu begrenzt gehaltene – Lockerung des Kündigungsschutzes an. Lediglich in drei Fällen wollte sie den in Italien bestehenden rigiden Kündigungsschutz gemäß Artikel 18 des Arbeitnehmerstatuts[1246] aufwei-

---

gründung, diese Maßnahmen dienten der Fairness und Rationalität des Steuersystems. Doch deutete die ungewöhnliche Eile, mit der die Dekrete – unmittelbar nach Bekanntwerden der neuen, stark nach oben korrigierten Defizit-Prognose für das laufende Jahr – erlassen wurden, eher darauf hin, dass hier schnell Löcher in den Staatskassen gestopft werden sollten. Vgl. ebd.

[1243] Vgl. Ginsborg, Paul, Berlusconi, S. 53. Es gilt als unumstritten, dass das umlagefinanzierte italienische Rentensystem in seiner jetzigen Form nicht mehr beibehalten werden kann. Hierzu trägt nicht nur die demographische Entwicklung bei, sondern auch das niedrige Renteneintrittsalter, das zumeist zwischen 56 und sechzig Jahren liegt, sowie das hohe Rentenniveau von rund neunzig Prozent der Nettolöhne. Entsprechend gibt Italien derzeit vierzehn Prozent des BIP für die Rentner aus, und ohne Reform läge dieser Satz in dreißig Jahren sogar bei zwanzig Prozent. Vgl. Walton, David, Was bringt Berlusconi?, in: http://www. manager-magazin.de/geld/artikel/ 0,2828,233901,00.html (6.2.2003).

[1244] Vgl. Piller, Tobias, Der große Lavierer Berlusconi, in: Frankfurter Allgemeine Zeitung, 24.10.2002, S. 3.

[1245] Vgl. Fromm, Thomas, Berlusconi – der Pate, in: http://www.ftd.de/pw/eu/FTD5CTL06TC. html (25.10.2001). Nach wie vor verschleppt die Regierung Berlusconi eine durchgreifende Pensionsreform. Piller, Tobias, Zuviel versprochen, in: Frankfurter Allgemeine Zeitung, 23.6.2004, S. 9.

[1246] Dieser Artikel stammt aus den siebziger Jahren und gehört zu den am weitesten gehenden Kündigungsschutz-Bestimmungen in ganz Europa. Nur bei Vorlage eines „gerechten Grundes" dürfen demnach Unternehmen mit mehr als fünfzehn Beschäftigten Entlassungen vornehmen. Sobald den Arbeitnehmern kein schwerwiegendes Vergehen nachgewiesen werden kann, sind

chen: erstens für Arbeitnehmer, die zuvor schwarz beschäftigt wurden, zweitens für Mitarbeiter, die früher einen befristeten Arbeitsvertrag hatten und die nun unbefristet arbeiten, und drittens für solche Arbeiter, durch deren Einstellung die für den bisherigen Kündigungsschutz relevante Schwelle von fünfzehn Mitarbeitern überschritten wird.[1247] Dagegen liefen alle großen Gewerkschaften des Landes Sturm und riefen für den 16. April 2002 einen Generalstreik aus. Dieser zeigte sogleich Wirkung. Berlusconi rückte von seiner bis dahin wenig kompromissbereiten Linie ab und brachte so zumindest zwei der drei großen Gewerkschaften wieder an den Verhandlungstisch – die mitgliederstärkste Gewerkschaft CGIL verweigerte sich a priori jedem Kompromiss und blieb somit außen vor. Am 5. Juli 2002 war die Einigung zwischen den übrigen Arbeitnehmervertretern, dem Unternehmerverband *Confindustria* und der Regierung unter Dach und Fach: In einem Dokument namens *Patto per l'Italia* (Pakt für Italien) hatte man sich darauf verständigt, die bisher geltende Regelung für Betriebe mit bis zu fünfzehn Mitarbeitern, die neue Leute einstellen, aufzuheben. Damit war gerade mal einer von ursprünglich drei geplanten Fällen durchgekommen, und dies galt auch nur temporär, das heißt für einen Zeitraum von lediglich drei Jahren. Im Gegenzug versprach die Regierung den Gewerkschaften bessere Bedingungen beim Arbeitslosengeld sowie Steuererleichterungen für den Niedriglohnsektor.[1248] Dass es die Mitte-Rechts-Regierung bei dieser minimalen Arbeitsmarktreform auch in Zukunft belassen wird, scheint außer Frage zu stehen, nachdem Berlusconi Ende 2002 angekündigt hatte, den Artikel 18 nicht weiter reformieren zu wollen.[1249]

Der Friede, den die Mitte-Rechts-Koalition um einen hohen Preis mit den Arbeitgeber- und weiten Teilen der Arbeitnehmervertretungen geschlossen hatte, war jedoch nur von kurzer Dauer. Bereits im Frühherbst 2002 geriet sie mit der Präsentation ihres sogleich heftig umstrittenen Budgetentwurfs für das Jahr 2003

---

die Amtsgerichte verpflichtet, eine Wiedereinstellung anzuordnen. Vgl. N.N., Berlusconi empört Gewerkschafter, in: http://www.vol.at/tmh/zr/national/newswelt/lokal_article.asp?textid= 104327 (19.3.2002).

[1247] Vgl. N.N., Italiens Arbeitsmarktreform in der Sackgasse, in: http://www.nzz.ch/2002/03/06/ wi/page-article80HPE.html (6.3.2002).

[1248] Vgl. Accornero, Aris/Como, Eliana, La (mancata) riforma dell'articolo 18, in: Blondel, Jean/Segatti, Paolo (Hg.), Politica in Italia. I fatti dell'anno e le interpretazioni, Ed. 2003, Bologna 2003, S. 239-262, 252ff. Näheres zum *Patto per l'Italia*, vgl. auch Onofri, Paolo, Un anno di politica economica, S. 167ff.

[1249] Vgl. Piller, Tobias, Volkstribun, in: Frankfurter Allgemeine Zeitung, 4.1.2003, S. 8. Auf der Pressekonferenz zum Jahresabschluss 2002 sagte der italienische Premier, er habe den Widerstand unterschätzt, den bereits eine kleine Änderung im Arbeitsrecht hervorrufe. Dass nun alles beim alten bleibe, sei jedoch nicht weiter schlimm, denn die Unternehmer wüssten nur zu gut, wie die Probleme zu umgehen seien, beispielsweise indem sie immer neue Kleinunternehmen gründeten, um sich deren juristische Vorteile im Arbeitsrecht zu sichern. Vgl. ebd.

wieder zwischen alle Fronten. Dieser sah aufgrund der immer angespannteren Konjunkturlage Sparmaßnahmen in Höhe von zwanzig Milliarden Euro vor. Die *Confindustria* behauptete indes, dass selbst diese Einsparungen bei weitem nicht ausreichen würden, um den Haushalt zu sanieren. Darüber hinaus kritisierte sie die wieder einmal geplanten Einmal-Maßnahmen – etwa den beschlossenen Immobilienverkauf –, die anstelle von strukturellen Reformen vorangetrieben würden. Die in Aussicht gestellte Senkung der Körperschaftssteuer um zwei Prozentpunkte ab Januar 2003[1250] vermochte unter diesen Umständen kaum zu besänftigen. Daneben meldeten aber auch die italienischen Regionen ihren Protest an, denn sie sollten acht Milliarden Euro einsparen, wobei gleichzeitig der bereits versprochene Finanz- und Steuerföderalismus vertagt wurde. Obgleich der Haushaltsentwurf gerade für untere Einkommenssteuerklassen Entlastungen in Höhe von 5,5 Milliarden Euro vorsah,[1251] schrieen auch die Gewerkschaften auf. Deren Missmut richtete sich gegen die hohe Inflationsrate von 2,6 Prozent, die in krassem Gegensatz zu der von der Regierung genannten Teuerungsrate von 1,4 Prozent stand. Da sich die Tarifverträge jedoch nach der Teuerung bemessen, kündigte der ehemals den Kommunisten nahe stehende Gewerkschaftsverband CGIL einen Generalstreik für den Herbst an.[1252] Ebenso umstritten waren darüber hinaus auch die zahlreichen Amnestien, die der Haushaltsentwurf beinhaltete. So wurde nicht nur die bereits praktizierte Steueramnestie für Kapitalflüchtige wieder neu aufgelegt,[1253] sondern auch Amnestien für Steuersünder, für Schwarzbauer[1254], für Betreiber verbotener Videopoker-Spiele und selbst für Falschparker

---

[1250] Die Körperschaftssteuer wurde mit dem Haushaltsgesetz für das Jahr 2003 in der Tat von ehemals 36 auf nunmehr 34 Prozent gesenkt. Vgl. Malan, Lucio/Palmieri, Antonio, a.a.O., S. 2.

[1251] Nach FI-Angaben sind von diesen Entlastungen 28 Millionen Italiener betroffen, die bis zu 25.000 Euro pro Jahr verdienen. Geringverdiener mit einem Jahreseinkommen von maximal 7.500 Euro wurden sogar ganz von der Einkommensteuer befreit. Vgl. ebd.

[1252] Vgl. Kness-Bastaroli, Thesy, Berlusconi über Budget 2003 „nicht glücklich", in: Der Standard, 30.9.2002, S. 16. An diesem Generalstreik, der am 18. Oktober 2002 stattfand, beteiligten sich nach Gewerkschaftsangaben mehr als dreizehn Millionen Arbeitnehmer. Der Protest richtete sich nicht nur gegen die Haushaltspläne der Regierung, sondern erneut auch gegen die bereits beschlossene Lockerung des Kündigungsschutzes. Vgl. Englisch, Andreas, Streik in Italien gegen gelockerten Kündigungsschutz, in: http://www.welt.de/daten/2002/10/19/1019wi363197.htx?print=1 (19.10.2002).

[1253] Diese zweite Fluchtgeldamnestie blieb weit hinter den Erwartungen zurück. Nach Angaben des *Ufficio Italiano Cambi* wurden von Anfang Januar bis Ende September 2003 Vermögenswerte in Höhe von nur 18,4 Milliarden Euro „repatriiert". Die Regierung hatte ursprünglich mit einer Summe von fünfzig Milliarden Euro gerechnet. Die Einnahmen für den italienischen Fiskus lagen damit weit unter den erhofften zwei Milliarden Euro. Vgl. N.N., Geringer Erfolg von Italiens Fluchtgeldamnestie, in: http://www.nzz.ch/2003/11/17/wi/page-article98EMX.html (17.11.2003).

[1254] Vor allem in Süditalien sind Schwarzbauten, die die Landschaft verschandeln, sehr verbreitet. Während linke Bürgermeister diesen Hauserbauern den Kampf ansagten und reihenweise

eingeführt. Der Rechnungshof in Rom ging davon aus, dass insgesamt vierzig Prozent der veranschlagten Haushaltskorrekturen auf Einnahmen aus diesen Amnestien beruhen würden.[1255] Die Regierung indes verteidigte den von ihr vorgelegten Haushalt als ausgewogen. Wirtschaftsminister Tremonti verwies auf die Steuervergünstigungen für Geringverdiener, die den Konsum fördern und die flaue Wirtschaft ankurbeln würden.[1256]

In der Europäischen Kommission in Brüssel war man mit dem italienischen Haushalt für das Jahr 2003 allerdings alles andere als glücklich. Zwar blieb Italien, im Gegensatz zu Deutschland und Frankreich, ein formales Mahnverfahren erspart. Doch mokierte sich Währungskommissar Pedro Solbes im Januar 2003 offen über das seiner Ansicht nach allzu undurchsichtige Zahlenwerk aus Rom. Die darin enthaltenen Wachstumsprognosen seien zu optimistisch, der Abbau des gigantischen Schuldenbergs komme zu langsam voran, und nach dem Wegfall der als *Una tantum* bezeichneten Einmal-Maßnahmen im Jahr 2004 sei ein Überschreiten der „magischen" Drei-Prozent-Defizit-Marke zu befürchten, kritisierte Solbes.[1257] Anstatt jedoch wenigstens auf die Kritik aus Brüssel ernsthaft einzugehen, konterte Berlusconi kurz darauf, seinem Land gehe es wirtschaftlich viel besser, als die amtlichen Zahlen glauben machen würden. Die anschließende Behauptung Berlusconis, die italienische Volkswirtschaft sei im vorangegangenen Jahr nicht um 0,4 Prozent, wie offiziell gemeldet, sondern um bis zu 1,5 Prozent gewachsen, stieß denn auch auf einige Konsternation – beim nationalen Statistikamt *Istat* ebenso wie bei *Eurostat* in Brüssel.[1258]

Dieses Ablenkungsmanöver Berlusconis konnte jedoch nicht über die sich zusehends verschlechternde Wirtschaftslage Italiens hinwegtäuschen. Im April

---

illegal hochgezogene Häuser wieder abreißen ließen, stellte Berlusconi im Januar 2003 in Aussicht, die Schwarzbauten zu legalisieren. Zur Strafe sollten die Hausbesitzer lediglich einen öffentlichen Garten, Park oder Spielplatz anlegen. Vgl. Ginsborg, Paul, Berlusconi, S. 53f.

[1255] Vgl. Sauer, Ulrike, Blühender Ablasshandel, in: http://www.sueddeutsche.de/aktuell/sz/getArticleSZ.php?artikel4859.php (30.9.2002). Stolze acht Milliarden Euro Einkünfte erhoffte sich das Schatzministerium aus all diesen Amnestie-Programmen. Vgl. Targetti, Ferdinando, Berlusconi – Italiens Retter, Italiens Ruin, in: Süddeutsche Zeitung, 25.1.2003, S. 2.

[1256] Vgl. N.N., Unternehmer gegen Berlusconi, in: Der Standard, 7.10.2002, S. 15.

[1257] Vgl. Sauer, Ulrike, Das Defizit an Glaubwürdigkeit, in: http://www.sueddeutsche.de/aktuell/sz/getArticleSZ.php?artikel=artikel881.php (10.1.2003). Wie berechtigt die Befürchtungen von Solbes waren, zeigte sich bereits im Jahr 2002, als die Einmal-Maßnahmen knapp ein Prozent des BIP ausgemacht hatten. Ohne diese Summe hätte Italien schon damals die Drei-Prozent-Defizit-Marke erreicht. Vgl. Onofri, Paolo, Un anno di politica economica, S. 163f.

[1258] Vgl. N.N., Kreative Buchführung in Italien, in: http://www.nzz.ch/2003/01/16/wi/page-article8MI85.html (16.1.2003). Berlusconi begründete seine Schätzungen mit Beschäftigungszuwächsen in der italienischen Industrie sowie mit einem höheren Elektrizitätsverbrauch im Jahr 2002. Dies sei nicht mit einem Wachstum von lediglich 0,4 Prozent des BIP vereinbar. Daher kündigte er an, seine Regierung werde die Erfassungs- und Berechnungsgrundlagen der Statistiker demnächst überprüfen. Vgl. ebd.

2003 wurde offensichtlich, dass die Wachstumsprognose für das laufende Jahr, welche die Regierung erst im Herbst des Vorjahres von 2,9 auf 2,3 Prozent nach unten korrigiert hatte, der Realität nicht standhalten würde. Und so ging das italienische Wirtschaftsministerium nunmehr von einem Wachstum von nur noch 1,1 Prozent aus. Damit war auch das ursprünglich anvisierte Haushaltsdefizit von 1,5 Prozent des BIP nicht mehr einzuhalten. Viel wahrscheinlicher wurde dagegen eine Nettoneuverschuldung von bis zu 2,3 Prozent des BIP. Mit entsprechenden Argusaugen blickte die EU-Kommission abermals nach Rom, zumal sie befürchtete, Italien werde bereits 2004 ein öffentliches Defizit von 3,1 Prozent erreichen und somit als viertes Land – nach Deutschland, Frankreich und Portugal – die Drei-Prozent-Hürde reißen. Die Hauptschuld hierfür sah die Kommission bei der italienischen Regierung mit deren Politik der Einmal-Maßnahmen und der unzureichenden Strukturreformen. Darüber hinaus warf Währungskommissar Solbes der Regierung Berlusconi immer wieder vor, den italienischen Gesamtschuldenberg von nach wie vor deutlich über einhundert Prozent des BIP nicht durch Sparmaßnahmen reduziert zu haben. Vor diesem Hintergrund gingen Experten von einer Frühwarnung der Kommission an Italien noch innerhalb des Jahres 2003 aus.[1259] Ähnlich schlechte Noten gab auch Notenbankchef Antonio Fazio der Mitte-Rechts-Regierung in seinem Jahresbericht. Dieser las sich wie eine unerbittliche Abrechnung mit deren Wirtschafts- und Finanzpolitik und gipfelte in der Behauptung, der italienischen Wirtschaft gehe es so schlecht wie vor vierzig Jahren.[1260]

Als Reaktion auf all diese Warnsignale begann Berlusconi erstmals, am Stabilitätspakt zu rütteln. In einem Radio-Interview trat Italiens Ministerpräsident Anfang Mai 2003 offen für eine flexible Auslegung der Maastrichter Stabilitäts-Kriterien ein. Wörtlich sagte er: „Wenn die Wirtschaft nicht wie vorhergesagt wächst, sollten auch Kriterien, die zwischen uns beschlossen wurden, insbesondere die Maastricht-Kriterien, mit einer gewissen Flexibilität ausgelegt werden."[1261] Nur einen Monat darauf wurde Berlusconi am Rande des G-8-Gipfeltreffens im französischen Evian konkret und brachte eine Anhebung der Budgetdefizitgrenze ins Spiel, um die Konjunktur durch staatliche Investitionsprogramme beleben zu können.[1262]

[1259] Vgl. Berni, Marcello, Italiens Wachstum stockt, in: http://www.handelsblatt.com/hbiwwangebot/fn/relhbi/sfn/buildhbi/cn/GoArt!200013,200053,622643/SH/0/depot/0/index.html (17.4.2003).

[1260] Vgl. Migge, Thomas, Kredit verspielt, in: http://archiv.tagesspiegel.de/archiv/02.06.2003/595248.asp (2.6.2003).

[1261] Zitiert nach: N.N., Berlusconi für Flexibilität bei Maastricht-Kriterien, in: http://www.handelsblatt.com/hbiwwangebot/fn/relhbi/sfn/buildhbi/cn/GoArt!200013,200051,627015/SH/0/depot/0/index.html (8.5.2003).

[1262] Vgl. N.N., „Italiens Wirtschaft liegt lahm", in: http://diepresse.at/detail/print.asp?channel=e&ressort=ei&ids=358097 (3.6.2003). Dass Berlusconi diesen Schritt für notwendig hielt, hatte

Noch weiter lehnte sich Europaminister Buttiglione aus dem Fenster. Dieser bezeichnete Ende Juni 2003 den gesamten Stabilitätspakt in seiner bisherigen Form offen als „Heuchelei" und forderte dessen Überarbeitung, um zu mehr Flexibilität zu gelangen.[1263] Daraufhin sah sich allerdings Tremonti veranlasst zurückzurudern und verwies seinen Ministerkollegen in die Schranken. Klipp und klar versicherte der Schatzminister, der Stabilitätspakt stünde unter keinen Umständen zur Disposition.[1264]

Der Vorschlag Tremontis, wie der Wirtschaftskrise beizukommen sei, unter der nicht nur Italien, sondern auch weite Teile Europas litten, war hingegen viel subtiler. Unmittelbar vor der Übernahme der EU-Ratspräsidentschaft durch sein Land am 1. Juli 2003 brachte Tremonti ein bis zu siebzig Milliarden Euro schweres Investitionsprogramm zur Ankurbelung der daniederliegenden europäischen Wirtschaft ins Spiel. Der aufsehenerregende Plan sah im Einzelnen vor, grenzüberschreitende Infrastrukturvorhaben wie die so genannten transeuropäischen Verkehrsnetze für Transport, Telekommunikation und Energie auf den Weg zu bringen. Die Europäische Kommission stand dem aufgeschlossen gegenüber.[1265] Ebenso schienen auch die meisten Finanzminister der EU-Mitgliedstaaten Tremontis Initiative zu befürworten. Dies war umso bemerkenswerter, als es von Anfang an höchst umstritten war, ob dieses Vorhaben mit dem in Maastricht geschlossenen Stabilitäts- und Wachstumspakt kompatibel sei oder nicht.[1266] Wie

---

wohl rein innenpolitische Gründe. Streitigkeiten innerhalb seiner Regierungskoalition spielten hierbei sicherlich eine gewisse Rolle. Seit geraumer Zeit forderten nämlich seine Koalitionspartner verstärkt Wohltaten für ihre jeweilige Wählerklientel, die *Lega* für den Norden, Christdemokraten und Rechtsnationale für den Süden Italiens. Vgl. N.N., Die Aushöhlung des Stabilitätspakts schreitet voran, in: Frankfurter Allgemeine Zeitung, 11.6.2003, S. 14.

[1263] Vgl. Interview mit Rocco Buttiglione, in: http://diepresse.at/detail/print.asp?channel=p&ressort=eu&ids=363189 (30.6.2003).

[1264] Vgl. N.N., Italien will am Stabilitätspakt festhalten, in: Frankfurter Allgemeine Zeitung, 30.6.2003, S. 11. Diese deutlichen Worte Tremontis hingen sicherlich mit der Tatsache zusammen, dass Italien zu diesem Zeitpunkt kurz davor stand, die Ratspräsidentschaft der EU zu übernehmen. Und gerade in diesem Augenblick wollte sich Tremonti wohl keinesfalls dem Verdacht aussetzen, den Maastrichter Pakt zu Fall zu bringen. Buttigliones Vorstoß indes lässt sich als reine Parteitaktik abtun. Durch seine Provokationen erhoffte sich dieser wohl eine Verbesserung seiner Position innerhalb der Regierungskoalition in Rom. Vgl. N.N., Italiens Sorgen, in: Frankfurter Allgemeine Zeitung, 30.6.2003, S. 11.

[1265] Vgl. Willms, Beate, Spritze für die Konjunktur, in: Die Tageszeitung (taz), 12.6.2003, S. 9. Bereits unter dem bis 1995 amtierenden Kommissionspräsidenten Jacques Delors hatten diese transeuropäischen Netze hohe Priorität in Brüssel genossen. Hierbei handelt es sich um grenzüberschreitende Verbindungen mit Hochgeschwindigkeitszügen oder Alpentunnel. Vgl. N.N., Milliardenschweres Konjunkturprogramm, in: http://www.handelsblatt.com/hbiwwangebot/fn/relhbi/sfn/buildhbi/cn/GoArt!200013,200051,636378/SH/depot/0/index.html (13.6.2003).

[1266] Vgl. N.N., Euro-Länder planen umfangreiches Konjunkturprogramm, in: Frankfurter Allgemeine Zeitung, 11.6.2003.

kaum anders zu erwarten, mochte Italiens Schatzminister selbst keinen Verstoß erkennen, denn die dafür nötigen Gelder würden weder aus den nationalen Etats noch aus dem Gemeinschaftshaushalt der EU fließen. Stattdessen sollte die Europäische Investitionsbank, die Förderbank der EU, mit Hilfe ihrer bereits bestehenden Finanzierungsinstrumente wie Darlehen und Bürgschaften die Mittel auf den internationalen Kapitalmärkten aufbringen; die Schulden der öffentlichen Hand würden sich dadurch nicht erhöhen, argumentierte Tremonti.[1267] Vor allem die Finanzminister der skandinavischen Länder Dänemark, Finnland und Schweden sowie jene von Deutschland und Österreich sahen dies jedoch weitaus kritischer und befürchteten trotz allem eine zusätzliche Belastung der öffentlichen Haushalte. Die EU-Finanzminister billigten Mitte Juli 2003 dennoch den Plan Tremontis und baten die Europäische Kommission, bis zum November 2003 eine entsprechende Initiative auszuarbeiten, die dann dem Europäischen Rat einen Monat später zum Beschluss vorgelegt werden sollte.[1268]

Fest steht zumindest, dass die Durchführung dieses Plans nicht zuletzt gerade dem italienischen Staatshaushalt eine dringlich ersehnte Entlastung verschaffen würde. Denn die ohnehin bereits von der Regierung Berlusconi geplanten kostspieligen Infrastrukturprojekte – von der Brücke über die Meerenge von Messina bis hin zu Zugverbindungen wie Lyon-Turin oder Innsbruck-Verona – ließen sich so mit europäischen Mitteln finanzieren.[1269]

Als ob die Regierung auf wirtschafts- und finanzpolitischem Gebiet nicht schon mit genügend Problemen und Schwierigkeiten zu kämpfen gehabt hätte, stand ihr auch auf ganz anderer Front Ungemach ins Haus. Im September 2002 spitzte sich die schon seit längerem hinziehende Ertragskrise des *Fiat*-Konzerns dramatisch zu. Das traditionsreiche Firmenkonglomerat – einer der größten Arbeitgeber Italiens – hatte in den zurückliegenden Monaten vor allem in der Autosparte so hohe Verluste eingefahren, dass die Unternehmensführung vor drastischen Maßnahmen nicht mehr zurückschreckte: Rund achttausend Beschäftigte, immerhin etwa zwanzig Prozent der gesamten Belegschaft, sollten entlassen und zwei Werke komplett geschlossen werden.[1270] Dieses Vorhaben rief insbesondere Ministerpräsident Berlusconi auf den Plan, der sich plötzlich im Verbund mit seinem Wirtschaftsminister Tremonti ganz von seiner dirigistischen und interventionistischen Seite gab. Um den angekündigten Stellenabbau unter allen Um-

---

[1267] Vgl. N.N., Tremonti verteidigt Ausgabenprogramm, in: Frankfurter Allgemeine Zeitung, 13.6.2003, S. 12.

[1268] Vgl. Caizzi, Ivo, Grandi opere e ricerca, sì della Ue al piano Tremonti, in: http://www.corriere.it/edicola/index.jsp?path=ECONOMIA&doc=TE1SEOCC (16.7.2003).

[1269] Vgl. Piller, Tobias, Tremontis Flucht nach Europa, in: Frankfurter Allgemeine Zeitung, 12.6.2003, S. 15.

[1270] Vgl. Büschemann, Karl-Heinz, Italienische Scheinlösung, in: http://www.sueddeutsche.de/aktuell/sz/getArticleSZ.php?artikel=artikel2111.php (15.10.2002).

ständen zu verhindern, brachten beide – gegen erhebliche Bedenken nicht nur führender Politiker der Opposition, sondern auch der eigenen Regierung – die Idee einer staatlichen Minderheitsbeteiligung an *Fiat Auto* von bis zu 25 Prozent ins Gespräch. Damit sollte zudem sichergestellt werden, dass *Fiat* auch weiterhin in italienischer Hand bleibe.[1271]

Gegen diese Möglichkeit einer Staatsbeteiligung standen aber vor allem zwei handfeste Einwände. Zum einen wären dadurch die Überlebenschancen von *Fiat* signifikant gesunken. Denn dies hätte die so genannte *Put-Option* hinfällig werden lassen, die den US-Autokonzern *General Motors* (GM) – ohnehin bereits zwanzigprozentiger Anteilseigner an *Fiat Auto* – verpflichtete, ab 2004 schrittweise die restlichen Anteile des maroden Konzerns zu übernehmen.[1272] Noch schwerer wogen jedoch die Bedenken, die Brüssel gegen eine solche staatliche Intervention anmeldete. Wettbewerbskommissar Mario Monti hätte nämlich letztlich über den von Berlusconi favorisierten Sanierungsplan zu entscheiden gehabt, und jener signalisierte bereits vorab, dass die Aktion chancenlos sei.[1273] Doch blieb es Monti erspart, tatsächlich hierüber befinden zu müssen. Die Drohung von GM, sich im Falle einer staatlichen Intervention nicht mehr an die *Put-Option* gebunden zu fühlen, veranlasste die Regierung, klein beizugeben und von einer Staatsbeteiligung abzusehen.[1274]

Warum Berlusconi zunächst dennoch auf seinem „ordnungspolitischen Sündenfall"[1275] beharrte, liegt auf der Hand. Von den angekündigten Massenentlassungen wäre in nicht unerheblichem Maße vor allem Sizilien betroffen gewesen. Die ursprünglich anvisierte Schließung des *Fiat*-Werks in Termini Imerese bei Palermo hätte eintausendneunhundert neue Arbeitslose auf der Mittelmeerinsel bedeutet, gerade dort also, wo die *Forza Italia* bei Wahlen immer wieder tri-

---

[1271] Vgl. N.N., Doch eine Staatsbeteiligung an Fiat Auto?, in: http://www.nzz.ch/2002/10/15/wi/page-article8GMNM.html (15.10.2002). Laut mehreren übereinstimmenden italienischen Zeitungsberichten zielten Berlusconi und Tremonti darauf ab, den Staat als Minderheitsaktionär zusammen mit dem US-amerikanischen Autohersteller *General Motors* und den Gläubigerbanken an einer Kapitalerhöhung bei *Fiat* zu beteiligen. Die Turiner Unternehmensgruppe indes wäre an dieser neu zu gründenden Gesellschaft allenfalls noch zu einem Drittel beteiligt gewesen. Vgl. ebd. Der ehemalige sozialistische Ministerpräsident Giuliano Amato verglich die von Berlusconi in dieser Frage eingeschlagene Strategie mit jener des Kommunistenchefs Fausto Bertinotti. Dieser hatte kurz zuvor eine vollständige Verstaatlichung von *Fiat* gefordert. Vgl. N.N., Interventionistische Willkür Berlusconis, in: http://www.nzz.ch/2002/10/17/wi/page-article8GSTH.html (17.10.2002).

[1272] Vgl. Büschemann, Karl-Heinz, a.a.O.

[1273] Vgl. Ridderbusch, Katja, Brüssel statt Rom, in: http://www.welt.de/daten/2002/10/15/101Sun362449.htx?print=1 (15.10.2002).

[1274] Vgl. Fromm, Thomas/Reinking, Guido, GM torpediert Regierungsbeteiligung an Fiat, in: http://www.ftd.de/ub/in/1034378635957.html (7.11.2002).

[1275] N.N., Interventionistische Willkür Berlusconis, in: http://www.nzz.ch/2002/10/17/wi/page-article8GSTH.html (17.10.2002).

umphierte. Um die bedrohten sizilianischen Arbeitsplätze um jeden Preis zu retten, schreckte Berlusconi auch nicht davor zurück, die *Fiat*-Führung mit äußerst fragwürdigen Mitteln unter Druck zu setzen. Offen machte er die Gewährung staatlicher Gelder für die Lohnfortzahlung freigesetzter *Fiat*-Mitarbeiter von einer Überprüfung des bisherigen Kündigungsplans abhängig – und seine Rechnung ging auf. Die Turiner Konzernspitze gab sich im Fall des sizilianischen Werks kompromissbereit, obgleich der dort produzierte *Fiat Punto* damals kaum Absatz fand.[1276]

Die Frage, inwieweit Berlusconi die *Fiat*-Krise darüber hinaus auch dazu nutzte, um seine wirtschaftliche und mediale Macht noch weiter auszubauen, wie dies zuweilen immer wieder unterstellt wurde, ist zwar strittig, jedoch alles andere als abwegig. Fest steht, dass Berlusconi schon seit geraumer Zeit versucht hatte, die renommierte und auflagenstarke italienische Tageszeitung *Corriere della Sera*, hinter der immer schon der *Fiat*-Konzern stand, unter seine Kontrolle zu bringen. So zeigten sich denn auch Vertreter der Mitte-Links-Opposition ebenso wie der inzwischen entlassene *Corriere*-Chefredakteur Ferruccio De Bortoli davon überzeugt, dass Berlusconi die Krise im Hause *Fiat* sogar gelegen kam, um eine weitere, unabhängige Stimme gleichzuschalten. Prompt wurde im Dezember 2002 die bisherige Führungsspitze des *Fiat*-Konzerns entlassen. An dieser Aktion war offenbar die Investmentbank *Mediobanca* federführend beteiligt, der ausgezeichnete Kontakte zum regierenden Premier nachgesagt werden. Im Gespräch für den Chefsessel bei *Fiat* war sogleich der Manager Enrico Bondi, der *Mediobanca* nahe stand. Damit hätte Berlusconi Zugriff nicht nur auf den *Corriere della Sera*, sondern auch auf andere *Fiat*-Beteiligungen wie die Turiner Tageszeitung *La Stampa* und die Versicherungsgesellschaft *Toro Assicurazioni* gehabt.[1277]

Da sich allerdings Bondi nicht durchzusetzen vermochte, schwenkte Berlusconi kurzerhand um und unterstützte offen eine *Fiat*-Beteiligung des Großindustriellen Roberto Colaninno zulasten der Agnelli-Familie, die bis dato für die Geschicke des Mischkonzerns verantwortlich war. Das Sanierungskonzept Cola-

---

[1276] Vgl. N.N., Italiens Regierung will bei Fiat alle Stellen retten, in: http://www.welt.de/daten/2002/11/11/1111un367758.htx?print=1 (11.11.2002). Im Dezember 2002 begann *Fiat* mit der Entlassung von insgesamt fünftausendsechshundert Beschäftigten. Das Werk im sizilianischen Termini Imerese indes blieb hiervor verschont. Lediglich ein Herunterfahren der dortigen Produktion wurde beschlossen. Vgl. N.N., Fiat: Regierung billigt Massenentlassungen, in: http://www.ftd.de/ub/in/1038999462816.html (7.12.2002).

[1277] Vgl. Braun, Michael, Fiat vor einem Führungswechsel, in: Die Tageszeitung (taz), 12.12.2002, S. 12. Wenige Tage vor der plötzlichen Entlassung der *Fiat*-Führung hatte Berlusconi diese noch öffentlich abgestraft. Dennoch bestritt FI-Pressesprecher Sandro Bondi jeglichen Zusammenhang zwischen der barschen Kritik und der kurz darauf erfolgten Entlassung der *Fiat*-Spitze. Vgl. Baccaro, Antonella, Il governo nega interferenze, l'Ulivo attacca, in: http://www.corriere.it/edicola/index.jsp?path=POLITICA&doc=FIAT (11.12.2002).

ninnos stieß auf große Zustimmung beim Premier, der sich offiziell für eine „italienische Lösung" der Fiat-Krise stark machte. Ganz dieser Vorgabe entsprechend plante Colaninno, die Autosparte aus den roten Zahlen zu führen und dafür andere Unternehmenstöchter – namentlich etwa den Versicherer *Toro Assicurazioni* – abzustoßen. Dies widerstrebte jedoch der Agnelli-Familie, die ganz auf die *Put-Option* und somit auf eine Veräußerung von *Fiat*-Auto an GM setzte, um die anderen Gesellschaften behalten zu können.[1278] Als dann die Erfolgsaussichten auch dieses Rettungsplans zu schwinden begannen, wartete Berlusconi gemeinsam mit Tremonti im Januar 2003 mit einem weiteren Sanierungsplan auf, der im Wesentlichen wieder ein staatliches Engagement beinhaltete.[1279] Die Intensität und die Hartnäckigkeit, mit der Berlusconi sich in diese Krise einschaltete, legen in der Tat den Verdacht nahe, dass es dem Ministerpräsidenten in dieser Sache um mehr ging als nur um eine „italienische Lösung". Ein gewisses Maß an Eigeninteresse ist in Anbetracht all dieser Umstände nur schwer von der Hand zu weisen.

8.2 Die Justizpolitik

Zweifellos gehört die Justizpolitik der Regierung Berlusconi zu den am heftigsten umstrittenen Politikfeldern. Deutlich wird dies bereits an der außergewöhnlich breiten und detaillierten Berichterstattung zu diesem Themenkomplex in der deutschsprachigen Tages- und Wochenpresse, die neben anderen Quellen im folgenden Abschnitt herangezogen wird.

Nicht zuletzt der unverhältnismäßig große Aktivismus, den die Mitte-Rechts-Koalition gerade in diesem Sektor verbreitete, legte schon immer den Verdacht nahe, dass ein gewisser Zusammenhang bestehe zwischen der diesbezüglichen Regierungspolitik und den persönlichen Verstrickungen von Ministerpräsident Silvio Berlusconi und anderen Mitte-Rechts-Politikern[1280] mit der Justiz. So lautete denn auch der immer wieder aufs Neue aufgetischte Vorwurf, der italienische Premier betreibe hier einmal mehr Politik in eigener Sache, zur Lösung seiner Justizprobleme mit außergerichtlichen Mitteln.[1281] Exponenten der Mitte-

---

[1278] Vgl. Fromm, Thomas, Fiat: Putsch in Turin, in: http://www.ftd.de/ub/in/1041353704675.html (3.1.2003).

[1279] Vgl. Sauer, Ulrike, Turiner Trauerspiele, in: http://www.sueddeutsche.de/aktuell/sz/getArticleSZ.php?artikel=artikel2365.php (18.1.2003).

[1280] Insgesamt 41 Parlamentarier der Mitte-Rechts-Parteien befanden sich zu Beginn der Legislaturperiode im Konflikt mit der Justiz. Vgl. N.N., Bürde des Schweigens, in: Süddeutsche Zeitung, 16.8.2001, S. 13.

[1281] Vgl. so z.B. Ferrajoli, Luigi, a.a.O., S. 92f.; N.N., Mit politischer Macht gegen die Rechtsprechung, in: http://www.nzz.ch/2002/01/14/al/page-article7WEWN.html (14.1.2002);

Rechts-Allianz indes bestritten das mit äußerster Vehemenz. Die zuständigen Regierungsvertreter rechtfertigten ihre zuhauf vorgebrachten Pläne hinsichtlich einer Justizreform in aller Regel vielmehr mit den hehren Zielen, die schon fast sprichwörtlich lahme italienische Justiz effizienter zu gestalten, eine größere Unparteilichkeit der Richter herbeizuführen und die Rechte von Angeklagten zu stärken.[1282]

Und die Rolle des Angeklagten ist Berlusconi bestens vertraut. In der Tat ist die Liste der Gerichtsverfahren, in denen er sich wegen vorgeworfener Delikte aus seiner Zeit als Großunternehmer bisher zu verantworten hatte, beeindruckend lang und liest sich wie ein Wirtschaftskrimi. Nicht immer kam er freilich mit einem Freispruch davon. Bis zu den Parlamentswahlen vom Mai 2001 war Berlusconi in erster Instanz zu insgesamt sechs Jahren und fünf Monaten Freiheitsentzug verurteilt worden. Doch in verschiedenen Berufungsinstanzen wurden all diese Urteile wieder aufgehoben – aus unterschiedlichen Gründen, wie aus dem Folgenden zu entnehmen ist:[1283]

Das erste Urteil geht auf das Jahr 1990 zurück. Berlusconi war damals wegen Meineids schuldig gesprochen worden. Er soll falsch ausgesagt haben, als es um seine Zugehörigkeit zur sagenumwobenen Geheimloge *P2* ging. Das Urteil wurde zwar auch in der Berufung bestätigt, fiel daraufhin allerdings unter eine Amnestie.

1998 folgte das zweite Urteil mit einem Strafmaß von nicht weniger als zwei Jahren und neun Monaten Gefängnis. Dabei ging es um den Vorwurf der Bestechung von Finanzbeamten, die bei den *Fininvest*-Tochtergesellschaften *Mondadori*, *Mediolanum*, *Telepiù* und *Videotime* Steuerprüfungen vorgenommen hatten. In zweiter Instanz wurde dieser Richterspruch allerdings wieder zurückgenommen.[1284]

Palme, Christoph, Das Berlusconi-Regime im Lichte des EU-Rechts, in: Blätter für deutsche und internationale Politik, 48. Jg. (2003), H. 4, S. 456-464, 461.

[1282] Nelken, David, Berlusconi e i giudici: legittimi sospetti?, in: Blondel, Jean/Segatti, Paolo (Hg.), Politica in Italia. I fatti dell'anno e le interpretazioni, Ed. 2003, Bologna 2003, S. 135-155, 136.

[1283] Die folgende Darstellung basiert auf einer Übersicht über die Justizverfahren Berlusconis aus: Kohl, Christiane, Ein Fall für den Staatsanwalt, in: http://www.sueddeutsche.de/aktuell/sz/artikel141495.php (12.5.2001). Ein ausführlicher Überblick über alle Verfahren, die gegen Berlusconi angestrengt wurden, findet sich in: Veltri, Elio/Travaglio, Marco, a.a.O., S. 345ff.

[1284] Im Oktober 2001 wurde Berlusconi vom Kassationsgericht in dieser Angelegenheit letztinstanzlich freigesprochen. Es gäbe keine Beweise dafür, dass Berlusconi in der fraglichen Zeit – von 1989 bis 1994 – die Korruption von Finanzprüfern angeordnet habe. Dass die *Fininvest* große Summen an die Finanzpolizei gezahlt hat, stand für die Richter jedoch außer Frage. Daher bestätigte das Gericht auch die Verurteilung eines früheren *Fininvest*-Managers zu zwei Jahren Gefängnis, erklärte gleichzeitig aber die Straftat für verjährt. Vgl. Hülsebusch, Bernhard, Freispruch für Berlusconi, in: http://www.stuttgarter-zeitung.de/dc1/html/news-stz/20011022poli0013.shtml (22.10.2001).

Im so genannten *All-Iberian*-Prozess drehte sich alles um Bilanzfälschungen, das Führen schwarzer Kassen und Zahlungen von Schmiergeldern in großem Stil. Die Staatsanwaltschaft war überzeugt, dass es sich bei der *All Iberian* um eine Tarnfirma mit Sitz in der Schweiz handelte, die als schwarze Kasse diente. Über deren Konten sollen in der Vergangenheit umgerechnet mehr als dreihundert Millionen Euro geflossen sein, wobei Gelder auch an Berlusconis Anwalt und engen Gefolgsmann Cesare Previti (FI) gegangen sein sollen. 1998 wurde das laufende Verfahren zweigeteilt: Der Fall *All Iberian 1* endete für Berlusconi mit einem Schuldspruch wegen Schmiergeldzahlungen an den ehemaligen sozialistischen Ministerpräsidenten Bettino Craxi in Höhe von umgerechnet rund zehn Millionen Euro. Das Strafmaß belief sich auf zwei Jahre und vier Monate. In der Berufungsinstanz wurde dieses Urteil wieder einmal aufgrund eintretender Verjährung aufgehoben. *All Iberian 2* indes lief zunächst noch weiter.

Ein weiteres Verfahren beschäftigte sich mit dem Kauf der Filmverleihfirma *Medusa*, im Zuge dessen Berlusconi umgerechnet zirka fünf Millionen Euro an Schwarzgeld gezahlt haben soll. Während er erstinstanzlich zu einer Freiheitsstrafe von einem Jahr und vier Monaten verurteilt wurde, sprach ihn das Berufungsgericht aus Mangel an Beweisen frei.[1285]

Über den Wahltermin hinaus waren gleich zwei Gerichtsverfahren anhängig, in denen Berlusconi wegen des Vorwurfs der Richterbestechung unter Anklage stand, einerseits im Zusammenhang mit dem Kauf der Supermarktkette SME, andererseits mit der Übernahme des Buch- und Zeitschriftenverlags *Mondadori*.[1286]

Anfang 2001 wurde es dann nochmals brenzlig für Berlusconi, als die Mailänder Staatsanwaltschaft ein neuerliches Großverfahren bekannt gab. Dabei warf sie dem damaligen Oppositionschef vor, falsche Bilanzen und schwarze Kassen geführt zu haben. Konkret ging sie davon aus, dass bei der Gründung der Firmenholding *Fininvest* auch Mafiagelder mit im Spiel waren. Selbst wegen des Verdachts der Beihilfe am Attentat auf den berühmten Mafia-Richter Giovanni Fal-

---

[1285] Anfang Oktober 2001 wies das Kassationsgericht den Einspruch zurück, den die Mailänder Staatsanwaltschaft gegen den Freispruch in zweiter Instanz eingelegt hatte. Vgl. N.N., Bilanzfälschung: Freispruch für Berlusconi, in: http://www.news.ch/detail.asp?ID=62909 (3.11.2001).

[1286] In einem dieser Verfahren wurde Berlusconi vorgeworfen, im Rechtsstreit mit dem damaligen Olivetti-Chef Carlo De Benedetti um die Kontrolle des *Mondadori*-Verlags Anfang der neunziger Jahre die zuständigen römischen Richter bestochen zu haben. Das Kassationsgericht sprach ihn am 17. November 2001 in dritter und letzter Instanz von diesem Vorwurf frei und bestätigte damit das Urteil des Mailänder Berufungsgerichts, das ihn wegen Verjährung des Delikts bereits freigesprochen hatte. Gegen diesen Beschluss aus zweiter Instanz hatte Berlusconi selbst eine Revision verlangt, da er sich einen vollen Freispruch erhofft hatte und nicht nur einen aufgrund Verjährung. Das Kassationsgericht lehnte diesen Antrag jedoch ab. Vgl. N.N., Freispruch Berlusconis in Korruptionsprozess, in: http://www.nzz.ch/2001/11/19/al/page-article7SPSN.html (19.11.2001).

cone wurde zeitweilig gegen Berlusconi ermittelt. Aus Mangel an Beweisen wurde das Verfahren jedoch recht schnell wieder eingestellt.

Außerhalb Italiens geriet Berlusconi in lediglich einem Fall ins Fadenkreuz staatsanwaltschaftlicher Ermittlungen: In Spanien werden dem Medienunternehmer Unregelmäßigkeiten im Zusammenhang mit der Beteiligung der *Fininvest* am spanischen Privatsender *Telecinco* vorgeworfen.[1287]

Angesichts all dieser unliebsamen Konflikte mit der Justiz, die Berlusconi, wohlgemerkt, letzten Endes doch immer recht glimpflich überstand, ging der FI-Chef – und mit ihm im Laufe der Zeit auch die anderen Mitte-Rechts-Politiker – zunehmend auf Distanz zu Italiens Richtern und Staatsanwälten. Kurzerhand drehte Berlusconi sogar den Spieß um und gerierte sich als Opfer, das von angeblich politisierten Beamten des Justizapparats gnadenlos verfolgt würde.[1288] Im Wesentlichen ist seitens der Regierungsmehrheit gebetsmühlenartig folgende Argumentation zu hören: Die Tatsache, dass Berlusconi erst seit seinem Eintritt in die Politik ins Visier der Ermittler geraten sei, belege, dass die Justiz unter dem Einfluss der Kommunisten stehe und ihn aus rein politischen Motiven zu diffamieren und zu diskreditieren versuche.[1289] Diese Strategie hätte cleverer kaum sein können: Jedes Mal, wenn nämlich Politiker der Linken die Justiz in Schutz nahmen, konnte Berlusconi das öffentlichkeitswirksam als Bestätigung seiner Behauptungen verkaufen. Auf diese Weise erschien es nur plausibel, wenn er sich als Opfer ungerechtfertigter politischer Attacken darstellte. Zugleich gelang es ihm, dadurch glauben zu machen, dass nicht er es sei, der gerechte Prozesse ständig untergrabe, sondern die Justiz selbst, im Verbund mit den Mitte-Links-Parteien. Daraus zog er den Schluss, das gesamte italienische Justizsystem müsse gründlich überdacht werden. So kündigte er im Dezember 2001 eine radikale Justizreform an, die in nur sechs Monaten verabschiedet sein sollte.[1290]

Doch damit nicht genug: Seitdem die Mitte-Rechts-Parteien die Parlamentswahlen von 2001 gewonnen haben, lautet die Devise des Regierungslagers, das

---

[1287] Der bekannte spanische Untersuchungsrichter Baltasar Garzón ermittelt seit 1997 gegen Berlusconi und wirft diesem vor, Steuern in großem Stil hinterzogen sowie mehr als 25 Prozent der Aktien an *Telecinco* erworben zu haben, was gegen spanisches Recht verstoßen hätte. Seit mehreren Jahre liegt das Verfahren allerdings auf Eis: zuerst aufgrund der Immunität, die Berlusconi als Abgeordneter des Europaparlaments genoss, dann wegen seiner Immunität als italienischer Ministerpräsident. Vgl. N.N., Die Strafverfahren gegen Berlusconi, in: http://www.nzz.ch/2002/04/09/al/page-newzzCZTW6KU3-12.html (2.7.2002).

[1288] So sagte er etwa in einem Interview vom März 2002: „Ich stehe als Opfer zwischen einigen politisierten Richtern und den Menschen, die mich gewählt haben und die mir vertrauen." Interview mit Silvio Berlusconi, in: Focus, 10/2002, S. 256f., 257.

[1289] Bolaffi indes bestreitet diese These vehement. Seiner Ansicht nach sind die meisten Richter, darunter auch jene, welche die Fälle Berlusconis zu entscheiden hatten, politisch rechts eingestellt. Vgl. Interview des Autors mit Angelo Bolaffi in Rom am 1.5.2003.

[1290] Vgl. Newell, James/Bull, Martin, Italian Politics, S. 641.

Volk habe in der Wahlkabine bereits über das Gewicht der Ermittlungen und Anklagen gegen Berlusconi und andere verbündete Politiker entschieden. Daher sei es an der Zeit, die Auseinandersetzung mit gewissen Teilen der Justiz offensiv anzugehen.[1291] Diese allzu plakative und populistische Sicht der Dinge spiegelt sich in unzähligen öffentlichen Reden Berlusconis wieder. So sprach dieser etwa am 29. Januar 2003 den Richtern jegliches Recht ab, über ihn urteilen zu dürfen:

> „Wer in einer freiheitlichen Demokratie aufgrund des souveränen Willens der Wähler regiert, wird, solange er im Amt ist und die Staatsgeschäfte leitet, allein von seinen Gleichgestellten, von den Wählern des Volkes geurteilt. [...] Die Regierung ist des Volkes und desjenigen, der es repräsentiert, nicht desjenigen, der einen Concorso [Wettbewerb zur Aufnahme in die Richterschaft, eig. Anm.] gewann, sich eine Robe überstreifte und der allein die Aufgabe hat anzuwenden."[1292]

Während die angekündigte grundlegende Reform im Justizbereich zunächst nicht so recht vorankommen wollte, machte die Regierung Berlusconi mit einer Reihe äußerst fragwürdiger und umstrittener Mini-Justizreformen von sich reden. An erster Stelle ist in diesem Zusammenhang die Gesetzesnovelle vom 3. Oktober 2001 zu nennen, die den Straftatbestand der Bilanzfälschung neuen Regeln unterwarf.

Ursprünglich galt in Italien für das Delikt der Bilanzfälschung eine Verjährungsfrist von fünfzehn Jahren, sofern die Höchststrafe von fünf Jahren verhängt wurde. Bei geringerer Haftstrafe trat die Verjährung bereits nach siebeneinhalb Jahren in Kraft. Die Neuregelung sieht nun eine Höchststrafe von maximal vier Jahren Freiheitsentzug vor. Dadurch senkt sich die Verjährung automatisch auf höchstens siebeneinhalb Jahre. Lange und weitreichende Ermittlungen von Staatsanwälten gehören damit der Vergangenheit an. Überdies ist gemäß dem neuen Strafgesetz Bilanzfälschung nur noch dann als Straftatbestand relevant, wenn dabei andere – zum Beispiel etwaige Minderheitsaktionäre oder Gläubigerbanken – einen Schaden erlitten haben und Anzeige erstatten. Vor allem der letztgenannte Punkt kommt Berlusconi sehr zugute, denn bis zu dessen Eintritt in die Politik war er in den meisten seiner Gesellschaften hundertprozentiger Anteilseigner. Gesetzt den Fall, der italienische Premier hätte tatsächlich Bilanzen gefälscht – eine strafrechtliche Verfolgung bleibt ihm aufgrund der neuen Rechtslage dennoch erspart. Dass Berlusconi Nutznießer dieser Gesetzesänderung ist, gibt selbst Niccolò Ghedini unumwunden zu. Und der muss es ja wissen, schließlich ist Ghedini nicht nur Berlusconis Rechtsbeistand, sondern sitzt gleichzeitig auch für die *Forza Italia* im Parlament und schreibt fleißig an den

---

[1291] Vgl. Fischer, Heinz-Joachim, Berlusconi in Bedrängnis, in: Frankfurter Allgemeine Zeitung, 14.1.2002, S. 6.

[1292] Zitiert nach: Di Caro, Paola, „Il governo è del popolo, non dei giudici", in: Corriere della Sera, 30.1.2003, S. 3 (eig. Übers.).

Gesetzen mit, auf die er sich dann in der Regel vor Gericht beruft. Ein weiterer Verteidiger Berlusconis, Gaetano Pecorella, ist nebenbei gar Vorsitzender des Rechtsausschusses der Abgeordnetenkammer. Da liegt der Vorwurf des früheren Ministerpräsidenten Massimo D'Alema nahe, Berlusconi lasse sich völlig ungeniert Gesetze gleich von seinen Anwälten auf ihn passend zurechtschneidern.[1293]

Tatsächlich war damals gegen Berlusconi noch ein Gerichtsverfahren anhängig, der so genannte SME-Fall, in dem diesem Richterbestechung und eben auch Bilanzfälschung vorgeworfen wurde. Der Straftatbestand der Bilanzfälschung hätte – gemäß dem Gesetzestext – in diesem wie zuvor auch schon in anderen Fällen[1294] eigentlich unter die Verjährung fallen müssen. Die zuständigen Mailänder Richter gaben aber im Oktober 2002 einem Antrag der Anklage statt, setzten das Verfahren gegen Berlusconi wegen Bilanzfälschung einstweilen aus und riefen den Europäischen Gerichtshof in Luxemburg an – mit der Bitte zu prüfen, ob die neue italienische Bestimmung zur Bilanzfälschung EU-Richtlinien entspreche.[1295] Berlusconis Verteidiger sahen in diesem Verhalten einen neuen Beweis für die angebliche Befangenheit der Richter. Dabei hatten sie insofern allen Grund, diesen Schritt zu gehen, als die italienische Verfassung neuerdings ausdrücklich vorschreibt, dass sich die nationale Gesetzgebung an der europäischen Rahmengesetzgebung zu orientieren hat. Doch wie auch immer das Luxemburger Gericht letztlich befinden mag – der Vorwurf der Bilanzfälschung kann Berlusconi wohl nichts mehr anhaben. Denn der müsse, wie einer seiner Anwälte unmissverständlich klarstellte, nach geltendem Gesetz beurteilt werden.[1296]

Dieses Gesetz ist jedoch nicht nur deshalb höchst bedenklich, weil es auf Berlusconi und andere in Bedrängnis geratene Mitte-Rechts-Politiker wie auf den Leib zurechtgeschnitten zu sein scheint. Der Intellektuelle Paolo Sylos Labini befürchtet überdies, dass sein Land durch die neue Rechtsnorm noch stärker als

---

[1293] Vgl. Piller, Tobias, Die Prozesse Berlusconis, in: Frankfurter Allgemeine Zeitung, 19.12.2002, S. 5.

[1294] Zahlreiche Anklagen wegen inkorrekter Buchführung waren kurz nach Inkrafttreten des neuen Gesetzes fallen gelassen worden, unter anderem auch gegen Berlusconis Bruder Paolo. Vgl. N.N., Gericht setzt Verfahren gegen Berlusconi aus, in: http://www.fr-aktuell.de/fr/102/t10 2016.htm (28.10.2002). Ferner profitierte auch Berlusconi-Intimus Marcello Dell'Utri von der Gesetzesnovelle. Anfang Oktober 2002 wurde der ehemalige *Publitalia*-Chef aufgrund der neuen Bestimmungen vom Vorwurf der Bilanzfälschung freigesprochen. In diesem Verfahren ging es ausgerechnet um Gelder, die 1993/94 über dunkle Kanäle von der *Publitalia* an die *Forza Italia* geflossen sein sollen. Vgl. N.N., Falso in bilancio, assolto Dell'Utri, in: http://www.corriere.it/edicola/index.jsp?path=POLITICA&doc=VETRO (10.10.2002).

[1295] Vgl. N.N., Intermezzo in einem Prozess gegen Berlusconi, in: http://www.nzz.ch/2002/10/29/al/page-article8HMHA.html (29.10.2002).

[1296] Vgl. Götz, Thomas/Vestring, Bettina, Europa contra Berlusconi, in: http://www.BerlinOnline.de/aktuelles/berliner_zeitung/wirtschaft/html/190527.html (4.11.2002).

in der Vergangenheit zum Anziehungspunkt für die Geschäfte von Terroristen und Mafiosi werden könnte. Schlimmer noch: Italien, so Sylos Labini, laufe aufgrund dieser quasi Entkriminalisierung der Bilanzfälschung Gefahr, großen wirtschaftlichen Schaden zu nehmen. Denn ausländische Investoren würden nunmehr abgeschreckt, da diese mit inländischen Firmen, die ihre Bilanzen ungeniert manipulieren können, nicht mehr konkurrenzfähig seien.[1297]

Am 5. Oktober 2001 passierte ein weiteres Gesetz, das für Schlagzeilen sorgte, das italienische Parlament mit den Stimmen der Regierungsmehrheit. Hierbei handelt es sich um eine Bestimmung, die internationale Rechtshilfeersuchen betrifft. Anstatt diese zu vereinfachen, erschwert die neue gesetzliche Norm ganz wesentlich den Austausch wichtiger Dokumente aus dem Ausland, die bei Strafprozessen als Beweise dienen. Hierzu zählen insbesondere Bankauszüge, Prozessakten und Gutachten. Fortan dürfen diese Unterlagen nur noch als Beweise vor Gericht herangezogen werden, sofern sie im Original vorliegen beziehungsweise beglaubigt wurden. Zudem heißt es im Gesetzestext ausdrücklich, dass diese Neuregelung rückwirkend und somit auch für laufende Prozesse gilt.[1298]

Und in einen solchen laufenden Prozess war wieder einmal Berlusconi verwickelt. Unter dem Stichwort *All Iberian* befasste sich ein Verfahren in fortgeschrittenem Stadium mit dem Vorwurf, Berlusconis Firmenholding *Fininvest* habe Steuern in großem Stil hinterzogen. Dabei spielte Beweismaterial vor allem aus der Schweiz eine große Rolle. Prompt forderte die Verteidigung nur einen Monat nach Inkrafttreten der neuen Bestimmung über die internationale Rechtshilfe, sämtliche bisher vorgelegte Dokumente aus dem Ausland, die nach gängiger Praxis entweder gefaxt oder als Kopie verschickt wurden, nicht mehr als Beweisstücke zuzulassen.[1299] Diesem Ansinnen gaben die Richter in diesem wie auch schon zuvor in ähnlich gelagerten Fällen allerdings nicht statt. Ihre Begründung lautete, dass von der Echtheit von Dokumenten auszugehen sei, wenn sie von einem Staat an einen anderen übergeben würden – auch ohne Zertifikation oder Beglaubigung. Die Empörung im Regierungslager ob solcher richterlicher Autonomie war entsprechend groß. Der FI-Abgeordnete Mario Serio Rossi etwa

---

[1297] Vgl. Sylos Labini, Paolo, a.a.O., S. 89f.

[1298] Vgl. Ginsborg, Paul, Berlusconi, S. 62. Dieses Gesetz ist nichts weiter als die Ratifizierung eines Abkommens zwischen Italien und der Schweiz vom 10. September 1998 über die Vereinfachung von Rechtshilfeersuchen. Die Mitte-Links-Parteien hatten, als sie noch an der Regierung waren, es versäumt, ein entsprechendes Gesetz rechtzeitig zu verabschieden. Die nun von den Mitte-Rechts-Parteien beschlossene Bestimmung steht in einer ganzen Reihe von Punkten in scharfem Kontrast zu den ursprünglichen Intentionen des italienisch-schweizerischen Abkommens, mit dem die internationale Rechtshilfe effizienter gestaltet werden sollte. Vgl. Ferrajoli, Luigi, a.a.O., S. 96f. Näheres zu diesem neuen Gesetz, vgl. ebd.

[1299] Vgl. Kohl, Christiane, Groß im Kleingedruckten, in: Süddeutsche Zeitung, 19.11.2001, S. 3.

sprach sogleich von „Befehlsverweigerung".[1300] Auch die Richter im SME-Prozess entschieden sich kurz darauf mit einer ähnlich lautenden Begründung dagegen, von der Schweizer Justiz übermittelte Dokumente zu annullieren.[1301]

Schützenhilfe bekamen die verantwortlichen Richter sowohl aus der Schweiz als auch vom Europaparlament. Als erstes schickte die Vereinigung der Schweizer Untersuchungsrichter eine offizielle Protestnote nach Rom, in der sie – vergebens – die sofortige Aufhebung der Neuregelung forderte.[1302] Kurz darauf monierte auch die Schweizer Justizministerin Ruth Metzler, die neue Rechtslage widerspreche eindeutig dem Geist des getroffenen Abkommens.[1303] Und so verweigerte sie zunächst auch ihre Unterschrift unter das bilaterale Abkommen.[1304] Noch demütigender für Berlusconi und die Justizpolitik seiner Partei muss wohl eine Resolution des Europäischen Parlaments vom 29. November 2001 gewesen sein, in der die Rechtshilfe-Regelung Roms scharf kritisiert wurde;[1305] diese kam unter anderem auch mit Stimmen aus den Reihen der EVP zustande.[1306] Wie Italiens Ministerpräsident darauf kam, hierbei habe es sich um ein Manöver der „Verleumdungsprofis der Linken [gehandelt], die im Ausland Dreck auf unser Land wirft,"[1307] bleibt somit schleierhaft.

[1300] Vgl. De Gregorio, Walter, Rechtshilfe sorgt für Verstimmung mit Italien, in: http://www.baz.ch/reusable/druckversion.cfm?objectID=1F5B19E1-7075-42B6-BB3CBA443D257B97 (27.11.2001).

[1301] Vgl. N.N., Schweizer Akten zugelassen, in: http://www.winti-guide.ch/druck.php?action=druck&id=43055&rubrik=welt# (17.12.2001).

[1302] Vgl. Migge, Thomas, „Direkter Angriff auf die Justiz", in: http://www.rundschau-online.de/politik/2184340.html (2.11.2001).

[1303] Vgl. N.N., Gespräche über die Rechtshilfe, in: http://www.aargauerzeitung.ch/pages/index.cfm?dom=3&id=1103675&rub=1037&arub=1037&nrub=0 (20.11.2001).

[1304] Vgl. Migge, Thomas, Bis zur Verjährung, in: http://195.170.124.152/archiv/2002/02/14/akpo-au-669648.html (15.2.2002). Erst nachdem über anderthalb Jahre hinweg mehrere hohe italienische Gerichte, darunter auch das Verfassungs- und Kassationsgericht, die gängige Praxis bestätigt hatten, ratifizierte auch die Schweiz im März 2003 das mit Italien geschlossene Rechtshilfe-Abkommen. Die Richter waren immer wieder zu der Überzeugung gelangt, dass die Erfordernis, die einzelnen Akten beglaubigen zu lassen, dem internationalen Grundsatz widerspreche, wonach sich Staaten gegenseitig möglichst weitgehende Rechtshilfe gewähren sollten. Vgl. N.N., Rechtshilfeabkommen mit Italien in Kraft, in: http://www.nzz.ch/2003/03/27/il/pagearticle8RG5L.html (27.3.2003).

[1305] Darin prangert das Europaparlament „die kürzlich in Italien vorgenommenen Gesetzesänderungen [an], die die internationalen Rechtshilfeersuchen durch die Einführung neuer formaler Verfahrensvorschriften erschweren, wenn nicht sogar unmöglich machen". Zitiert nach: Ferrajoli, Luigi, a.a.O., S. 99.

[1306] Vgl. N.N., Straßburg kritisiert Berlusconis Justizreformen, in: http://www.dolomiten.it/dolomiten/2001/12/01/y0112b11.html (1.12.2001).

[1307] Zitiert nach: Feichter, Andreas, EU-Parlament verurteilt Italien, in: http://derstandart.at/Textversion/20011201/43.htm (1.12.2001).

Ende 2001 drohte Berlusconi mit seiner Justizpolitik dann vollends zum Problemfall für die Europäische Union zu werden. Grund hierfür war der so genannte europäische Haftbefehl, der im Anschluss an die Terrorattacken vom 11. September 2001 unter Hochdruck vorangetrieben wurde. Mit Hilfe einer „Positivliste" von Straftatbeständen sollten Auslieferungsverfahren von einem EU-Staat in einen anderen künftig wesentlich beschleunigt werden, indem in solchen Fällen nur noch Gerichte – und nicht mehr die jeweiligen nationalen Justizministerien – Entscheidungsbefugnis erhalten sollten. Ursprünglich waren in dieser Liste 26 Straftatbestände unterschiedlichster Art vorgesehen – bis der italienische Justizminister Roberto Castelli von der *Lega Nord* Ende November 2001 plötzlich als Einziger ausscherte und seinen Kollegen in Brüssel eine Liste präsentierte, die lediglich noch sechs EU-weit zu verfolgende Straftatbestände beinhaltete. Sämtliche Finanzdelikte wie Geld- und Dokumentfälschung, Korruption, Betrug und Geldwäsche waren darin verschwunden. Italien forderte zudem, dass der europäische Haftbefehl nicht für Straftaten gelten solle, die in der Vergangenheit verübt worden waren.[1308]

Wie sehr Berlusconi, den man allseits als Drahtzieher des italienischen Vetos betrachtete, sein Land mit dieser Haltung europaweit isolierte, zeigte einmal mehr die Drohung des EU-Justizkommissars Antonio Vitorino, in dieser Frage womöglich erstmals zur „verstärkten Zusammenarbeit" gemäß Artikel 40 des Amsterdamer Vertrags überzugehen – unter alleinigem Ausschluss Italiens. Zuvor hatte bereits das Europäische Parlament diesen Schritt mehrheitlich nahegelegt.[1309] Entsprechend geriet die FI auch innerhalb ihrer eigenen Fraktion im Europaparlament unter zunehmenden Druck. Eine klare Mehrheit der EVP-Fraktion sei für die Einführung des europäischen Haftbefehls in seiner ursprünglich geplanten Form, sagte etwa der einflussreiche deutsche Europaabgeordnete Elmar Brok (CDU), der auch Vorsitzender des außenpolitischen Ausschusses des EU-Parlaments ist. Daher drängte Brok auf ein klärendes Gespräch innerhalb der EVP zur Justizpolitik der italienischen Regierung.[1310]

Als Begründung für seine aufsehenerregende Ablehnung verwies Castelli auf die unterschiedlichen Strafgesetzbücher und die einzelnen Verfassungen der EU-Mitgliedstaaten, die zuerst harmonisiert werden müssten, bevor die Ausgangsliste durchkommen könne. Dass das italienische Veto mit den persönlichen Justizschwierigkeiten Berlusconis in Zusammenhang gestanden haben könnte, wie dies zahlreiche politische Beobachter immer wieder vermuteten, bestritt Castelli

---

[1308] Vgl. Bolesch, Cornelia, Störfaktor Berlusconi, in: http://www.sueddeutsche.de/aktuell/sz/artikel1102596.php (6.12.2001).

[1309] Vgl. Bonanni, Andrea, Le evitabili conseguenze di un isolamento, in: Corriere della Sera, 7.12.2001, S. 9.

[1310] Vgl. N.N., Brok critica Forza Italia: „Un chiarimento nel Ppe", in: Corriere della Sera, 7.12.2001, S. 9.

indes energisch. Dennoch äußerte er im gleichen Atemzug die Befürchtung, ausländische Staatsanwälte könnten ebenso wie so mancher italienischer „Magistrato" die Justiz für politische Zwecke missbrauchen.[1311]

Entgegen dieser offiziellen Stellungnahme gibt es jedoch sehr wohl ein Anzeichen, das auf eine persönlich motivierte Haltung Berlusconis hindeutet, der damals wie heute im Visier des berühmten spanischen Ermittlungsrichters Baltasar Garzón stand. Nach einem Bericht der Tageszeitung *La Stampa* vom 9. Dezember 2001 soll Berlusconi während eines Treffens in Rom mit den vierzehn Botschaftern der EU-Mitgliedsländer offen erklärt haben: „Garzóns Ermittlungen gegen mich wegen frei erfundener Vergehen sind eine weitere Bestätigung dafür, wie wenig wahrscheinlich es ist, dass wir in einer so heiklen Angelegenheit wie dem europäischen Haftbefehl unsere Zustimmung geben werden."[1312]

Derweil wurde es immer enger für Berlusconi und seinen Justizminister. Selbst innerhalb der eigenen Koalition wuchs der Widerstand gegen die Blockadepolitik. Der parteilose damalige Außenminister Renato Ruggiero ging klar auf Distanz zu dem eingeschlagenen Kurs, Vizepremier Gianfranco Fini (AN) zeigte sich besorgt, und sogar Innenminister Claudio Scajola (FI) gab sich immer reservierter. Überdies soll auch Staatspräsident Carlo Azeglio Ciampi Berlusconi hinter den Kulissen zum Einlenken gedrängt haben.[1313]

All dies zeigte Wirkung: Kurz vor dem EU-Gipfeltreffen im belgischen Laeken im Dezember 2001 gab Berlusconi während eines persönlichen Gesprächs mit dem damals amtierenden EU-Ratspräsidenten Guy Verhofstadt nach und akzeptierte den europäischen Haftbefehl in seiner ursprünglichen Fassung. Allerdings hielt er sich ein „Hintertürchen" offen: Er kam mit Verhofstadt überein, dass der Haftbefehl jenseits der Alpen erst in Kraft treten könne, wenn Italien Gesetzes- und Verfassungsänderungen hinsichtlich seines Rechtssystems vorgenommen habe.[1314] Der Philosoph und linksdemokratische Europaabgeordnete Gianni Vattimo betrachtet das als „Scheinlösung, die ihm [Berlusconi] praktisch

---

[1311] Vgl. Polato, Raffaella, Mandato d'arresto Ue, l'Italia non cede, in: Corriere della Sera, 7.12.2001, S. 9. Dass der italienische Justizminister Castelli von der *Lega Nord* offenbar in allen wesentlichen Fragen der Justizpolitik mit den Vorstellungen Berlusconis nahezu vollkommen übereinstimmte, ist durchaus verblüffend. Eine Erklärung liefert der Senator Nando Dalla Chiesa von der Zentrumsformation *Margherita*. Diesem zufolge machte Berlusconi der *Lega* in vielen Bereichen weitreichende Zugeständnisse, nur damit das Justizministerium unter Castelli seinen Kurs in die Tat umsetzte. Vgl. Dalla Chiesa, Nando, La legge sono io. Cronaca di vita repubblicana nell'Italia di Berlusconi. L'anno dei girotondi, Neapel 2002, S. 35f.

[1312] Zitiert nach: Spinelli, Barbara, Sotto sorveglianza, in: La Stampa, 9.12.2001, S. 3 (eig. Übers.).

[1313] Vgl. Kohl, Christiane, Berlusconi isoliert Italien und sich selbst, in: http://www.sueddeutsche.de/aktuell/sz/artikel103609.php (10.12.2001).

[1314] Vgl. Piller, Tobias, Der Getriebene will wieder zum Antreiber werden, in: Frankfurter Allgemeine Zeitung, 13.12.2001, S. 3.

gestattet, die Umsetzung auf den Nimmerleinstag zu verschieben"[1315]. Mit anderen Worten: Berlusconi nutzte trickreich die von ihm verursachte Krise wegen des europäischen Haftbefehls als Vorwand, um seine seit langem geplante große Reform der italienischen Justiz auf den Weg zu bringen. In diesem Sinne stellte er nun plötzlich seine radikalen Umbaupläne – etwa die strikte Trennung der beruflichen Laufbahnen von Richtern und Staatsanwälten oder die politische Kontrolle der Strafverfolgung – als eine von Europa geforderte Notwendigkeit dar. Dabei haben derlei Neuerungen nicht das Geringste mit dem europäischen Haftbefehl zu tun.[1316] Das sieht auch Domenico Fisichella von der rechtsnationalen *Alleanza Nazionale* so, der sich fragt:

> „Sind wir die Einzigen, die durchschaut haben, dass die Gesetzesbücher unterschiedlich sind? Gibt es keine Juristen in Frankreich oder Spanien? Nicht einmal Großbritannien, das Land des *common law*, hat derart erhebliche Ausnahmen geltend gemacht wie Italien [...]. Allein gegen vierzehn Länder. Ein Geschehnis, das die politischen Unzulänglichkeiten desjenigen offenbart, der es durchgeboxt hat und das Vermutungen über die wirklichen Ziele der Regierungsmitglieder Tür und Tor öffnet.["][1317]

Die Ankündigung, Italiens Rechtswesen grundlegend umzubauen, betrachtet Ferrajoli als einen weiteren Versuch der Regierung Berlusconi, die Unabhängigkeit der italienischen Justiz zu beschneiden. In diese Reihe passen Ferrajoli zufolge auch andere Maßnahmen und Vorschläge, welche die Regierungsmehrheit zuvor bereits gemacht hatte. Hierzu zählt Ferrajoli: den Vorstoß einiger FI-Parlamentarier, einen parlamentarischen Untersuchungsausschuss über den „politischen Gebrauch der Justiz in Italien" einzuberufen, der allein darauf abziele, Richter, die gegen Politiker vorgegangen sind, an den Pranger zu stellen und somit künftig zu verhindern, dass sich solches wiederhole; den Entzug der Leibwachen für diejenigen Richter und Staatsanwälte, die gegen Berlusconi ermittelten; das vom Europaparlament gerügte Ansinnen des Justizministers Castelli, die Ernennung von drei der Regierung nicht genehmen Richtern zu Mitgliedern des europäischen Amts für Betrugsbekämpfung (OLAF) zu verhindern und durch „vertrauenswürdigere" Polizeibeamte zu ersetzen; und schließlich die Androhung Castellis, ein Disziplinarverfahren gegen den Mailänder Staatsanwalt Francesco Saverio Borelli einzuleiten, da dieser es gewagt hatte zu behaupten, es obliege den Richtern, die Gesetze auszulegen, inklusive des Gesetzes über die internationale Rechtshilfe.[1318] Zu dieser Auflistung passt auch der Fauxpas, den sich Carlo

---

[1315] Vattimo, Gianni, Europa, steh uns bei!, in: http://www.sueddeutsche.de/aktuell/sz/artikel111507.php (10.1.2002).

[1316] Vgl. Ferrajoli, Luigi, a.a.O., S. 101.

[1317] Interview mit Domenico Fisichella, in: http://www.espressonline.kataweb.it/ESW_articolo/0,2393,29191,00.html (17.12.2001) (eig. Übers.).

[1318] Vgl. Ferrajoli, Luigi, a.a.O., S. 101f.

Taormina (FI) in seiner Funktion als Staatssekretär im Justizministerium erlaubte. Im November 2001 forderte dieser, die Richter, die gegen Berlusconi und dessen Freunde vorgingen, verhaften zu lassen. Nachdem selbst Staatspräsident Ciampi sich daraufhin zu Wort gemeldet und diesen Vorstoß scharf kritisiert hatte, war Taormina nicht mehr haltbar und musste zurücktreten.[1319]

Gegen all diese Einschüchterungsversuche setzten sich Justizvertreter immer wieder zur Wehr. Insbesondere der eben genannte Borelli schwang sich zum Sprachrohr der italienischen Judikative auf und rief in einer mittlerweile berühmt gewordenen Rede im Januar 2002 dazu auf, der wachsenden Bedrohung des Rechtsstaats entgegenzuhalten. Fast schon sprichwörtlich wurde sein dreifach ausgerufenes „resistere, resistere, resistere" („Widerstehen, Widerstehen, Widerstehen").[1320] Gleichzeitig nutzten Hunderte von Richtern, Staatsanwälten und Untersuchungsrichtern in ganz Italien die feierlichen Zeremonien anlässlich der Eröffnung des Gerichtsjahres 2002 zu Demonstrationen gegen die Justizpolitik der Regierung. Sie trugen schwarze statt der üblichen purpurfarbenen Roben, verließen die Säle, sobald Regierungsvertreter das Wort ergriffen und inszenierten Pfeifkonzerte.[1321] Ein halbes Jahr darauf organisierte Italiens Richterschaft einen nationalen Streiktag, den ersten seit elf Jahren.[1322]

Dies vermochte jedoch keinesfalls die Regierung davon abzuhalten, eine weitere, äußerst fragwürdige und umstrittene Justizreform anzugehen. Hierbei handelte es sich um das so genannte Gesetz zum „berechtigten Verdacht" (*Legittimo sospetto*), das auch als *Legge Cirami*[1323] bekannt wurde. Dahinter verbirgt sich eine Änderung der Strafprozessordnung, die es einem Angeklagten ermöglicht, aufgrund eines „berechtigten Verdachts" die Verlegung seines Prozesses an einen anderen Gerichtsstandort zu beantragen. Dabei geht es nicht um eine eventuelle Befangenheitsregelung, die auf Richter angewendet werden könnte – ein solches Gesetz existierte in Italien wie auch anderswo immer schon. Vielmehr ist hier die Rede von einem „allgemeinen Klima", das Richter in einer bestimmten Umgebung daran hindern soll, ein objektives Urteil zu fällen.[1324]

[1319] Vgl. Feichter, Andreas, Die Verjährung als Hoffnung, in: http://derstandard.at/Textversion/20011123/158.html (23.11.2001).

[1320] Vgl. Rede Francesco Saverio Borellis anlässlich der Eröffnung des Justizjahres 2002 in Mailand am 11.1.2002 (in Auszügen), in: Santarelli, Enzo (Hg.), Profilo del Berlusconismo, Rom 2002, S. 51-61.

[1321] Vgl. N.N., Warnung vor Rechtszerfall unter Berlusconi, in: http://www.nzz.ch/2002/01/14/al/page-article7WEWN.html (14.1.2002).

[1322] Vgl. Nelken, David, a.a.O., S. 135.

[1323] Benannt nach dem christdemokratischen Senator und ehemaligen Richter Melchiorre Cirami, der dieses Gesetz eingebracht hatte. Vgl. Ulrich, Stefan, Gericht à la carte, in: http://www.sueddeutsche.de/aktuell/sz/getArticleSZ.php?artikel=artikel1139.php (10.10.2002).

[1324] Vgl. Koppel, Esther, Berlusconi rettet sich selbst, in: http://www.faz.net/IN/Intemplates/faznet/default.asp?tpl=uptoday/content.asp&doc={0DD98DCA-5210-4E12-8ED1-

Der Vorwurf der italienischen Opposition und weiter Teile der öffentlichen und veröffentlichten Meinung – diesseits und jenseits der Alpen –, auch dieses Gesetz habe wieder einmal vor allem das Ziel, dem Angeklagten Berlusconi aus der Patsche zu helfen, stützt sich in der Tat auf eine Reihe von Auffälligkeiten. Da ist zunächst die zeitliche Abfolge zu nennen: Der Auslandskorrespondent Michael Braun spricht in diesem Zusammenhang von einem „Schweinsgalopp", mit dem die Regierungsmehrheit ihren Gesetzesentwurf durch den Rechtsausschuss des Senats durchgeboxt und im Ältestenrat kurzfristig eine Änderung der Tagesordnung erzwungen habe, damit die Neuregelung noch unmittelbar vor der parlamentarischen Sommerpause im August 2002 zumindest die zweite Kammer würde passieren können.[1325] Geplant war darüber hinaus, das Gesetz nicht wie sonst üblich fünfzehn Tage nach der Veröffentlichung im Amtsblatt *Gazzetta Ufficiale* in Kraft treten zu lassen, sondern bereits einen Tag später. Bei dieser ungewöhnlichen Hast drängt sich unweigerlich ein Zusammenhang mit zwei in die Endphase getretenen Mailänder Prozessen auf, bei denen es um den Vorwurf der Richterbestechung ging. In einem dieser Verfahren saß Berlusconi selbst auf der Anklagebank. Dessen langjähriger Anwalt Cesare Previti, der mittlerweile FI-Abgeordneter ist, hatte sich sogar in beiden Fällen zu verantworten. Und den Antrag auf Verlegung der Prozesse an einen anderen Gerichtsstandort aufgrund eines angeblich „feindlichen Klimas" in Mailand hatte die Verteidigung auch schon gestellt: Ein Erfolg dieser Aktion hätte bedeutet, dass die Prozesse von vorne hätten aufgerollt werden müssen und dadurch zwangsläufig die Verjährung eingetreten wäre.[1326] Schließlich sollte die strittige Bestimmung nicht nur rückwirkend gelten, das heißt auf laufende Verfahren anwendbar sein. Sie sieht ferner auch vor, dass die Verjährungsfristen bis zur Entscheidung des Kassationsgerichts über den Antrag nicht ausgesetzt werden.[1327]

Zunächst lief fast alles wie geplant – ungeachtet einer Welle des Protests, der Mitte September 2002 in einer Massendemonstration in Rom mit knapp achthun-

---

506F206BC40A}&rub={9E7BDE72-469E-11D4-AE7B-0008C7F31E1E} (5.8.2002). Ein ähnlich lautendes Gesetz gab es in Italien früher bereits schon einmal, bis es vor rund zwanzig Jahren abgeschafft wurde. Es hatte sich herausgestellt, dass vor allem Mafiabosse darauf zurückgriffen, um Prozesse zu verzögern und in andere Städte zu verlegen, in denen man weniger sensibel gegenüber dem Organisierten Verbrechen war als auf Sizilien. Vgl. ebd.

[1325] Abgeordnete der FI forderten zwischenzeitlich sogar die Einberufung des Parlaments inmitten der Sommerpause, um den Gesetzgebungsprozess in dieser Angelegenheit zu forcieren. Bei dem christdemokratischen Präsidenten der Abgeordnetenkammer, Pierferdinando Casini, stießen sie damit jedoch auf taube Ohren. Vgl. Götz, Thomas, Parlamentsmehrheit für den Angeklagten, in: http://www.BerlinOnline.de/aktuell/berliner_zeitung/politik/html/167979.html (15.8.2002).

[1326] Vgl. Braun, Michael, Allzweckwaffe Justiz, in: Die Tageszeitung (taz), 31.7.2002, S. 10.

[1327] Vgl. Murmelter, Gerhard, Mit allen Tricks gegen Berlusconi-Prozesse, in: Der Standard, 31.7.2002, S. 3.

derttausend Teilnehmern gipfelte.[1328] Nachdem der Senat mit den Stimmen der Regierungskoalition das Gesetz unter tumultartigen Szenen am 1. August 2002 abgesegnet hatte,[1329] gab auch die Mehrheit in der Abgeordnetenkammer am 10. Oktober 2002 grünes Licht, während Oppositionspolitiker das berühmte Partisanenlied „Bella ciao" anstimmten.[1330] Jedoch hatte sich die Regierungsmehrheit kurz vor der letzten Abstimmung noch gezwungen gesehen, einige Modifizierungen am Gesetzestext vorzunehmen. Zuvor hatte Staatspräsident Ciampi Berlusconi ins Gebet genommen und ihm angedeutet, dass er ohne bestimmte Abänderungen das Gesetz nicht unterzeichnen würde.[1331] Dennoch gab sich Cesare Previti nach der Abstimmung zufrieden und äußerte, mit diesem Gesetz werde der Verlegung seiner Prozesse nichts mehr im Wege stehen.[1332]

Das war eine glatte Fehleinschätzung, wie sich wenig später zeigen sollte. Denn sowohl im Fall Previtis als auch im Fall Berlusconis schmetterte das zuständige Kassationsgericht, neben dem Verfassungsgericht das höchste Gericht Italiens, Anfang 2003 in einer aufsehenerregenden Entscheidung die Anträge der Verteidigung auf Verlegung der Prozesse ab. Es konnte keinen Rechtfertigungsgrund für die Notwendigkeit eines solchen Ortswechsels erkennen. Berlusconi reagierte empört, sprach von einem politischen Urteil und warf den Richtern vor, das Interesse des Landes außer Acht gelassen zu haben.[1333] Eine Erklärung, wie es zu diesem unerwarteten Urteilsspruch kommen konnte, war schnell bei der

---

[1328] Vgl. Kohl, Christiane, Moretti: Berlusconi steht außerhalb der Demokratie, in: Süddeutsche Zeitung, 16.9.2002, S. 8. Selbst der Beauftragte der UNO für die Unabhängigkeit der Justiz, Dato Param Cumaraswamy, schaltete sich ein und übte Kritik am Gesetzesentwurf zum „begründeten Verdacht". In einem Brief an das Außenministerium in Rom bemängelte er, die Strafverfolgung prominenter Politiker könne durch diese Reform verzögert werden, so dass das Ansehen des italienischen Justizsystems weiter Schaden nehme. Vgl. N.N., UNO kritisiert Berlusconi-Gesetz, in: http://news.detail.asp?ID=117273 (10.8.2002).

[1329] Vgl. N.N., Aufruhr um Gesetz für Berlusconi, in: http://www.focus.de/G/GN/gn.htm?snr= 109242&streamsnr=7 (5.8.2002).

[1330] Vgl. Feichter, Andreas, „Lex Berlusconi" verabschiedet, in: http://www.derstandard.at/Text version/20021012/29.htm (12.10.2002). Da offensichtlich bei einigen Abgeordneten der Mitte-Rechts-Parteien Zweifel aufgekommen waren, hatte Berlusconi mit Neuwahlen gedroht, sollte er hierfür keine Mehrheit zustande bringen. Vgl. ebd.

[1331] Vgl. Folli, Stefano, Ora cala il sipario, ma senza il lieto fine, in: http://www.corriere.it/ edicola/index.jsp?path=COMMENTI&doc=PUNTO (10.10.2002). Als wichtigste Änderung wurde bei dieser Gelegenheit ausdrücklich festgeschrieben, dass eine Verlegung von Prozessen nur möglich ist im Falle schwerwiegender örtlicher Gegebenheiten, die den Prozessablauf stören. Vgl. N.N., Nel Polo tornano i franchi tiratori, in: http://www.lastampa.it/edicola/ stampa.asp?Idarticolo=666446&sezione=Interni (11.10.2002).

[1332] Vgl. Braun, Michael, Forza Italia! Nieder Justitia!, in: Die Tageszeitung (taz), 12.10.2002, S. 10.

[1333] Vgl. N.N., I processi restano a Milano, Polo in rivolta, in: http://www.corriere.it/edicola/ index.jsp?path=PRIMA_PAGINA&doc=MILANO (29.1.2003).

Hand: Es soll an den in letzter Minute erfolgten Modifizierungen des Gesetzestextes gelegen haben, die auf die Initiative des Staatspräsidenten zurückgingen. Der FI-Abgeordnete und Anwalt Carlo Taormina gehörte zu den wenigen, die dieses „Problem" schon frühzeitig erkannten: Bereits bei der Abstimmung über den modifizierten Gesetzesentwurf in der Kammer soll er vorausgesagt haben, das Gesetz nütze mit diesen Korrekturen zu nichts mehr.[1334]

Die Konsequenz, die sich aus diesem Urteil ergab, war eine dramatische Verschlechterung des innenpolitischen Klimas. Angesichts des fortgeschrittenen Stadiums, in dem sich das Gerichtsverfahren befand – das Urteil in dieser Sache wurde für Mitte 2003 erwartet –, trat der Premier die Flucht nach vorn an. Sobald er in Mailand verurteilt würde, werde er Neuwahlen anstreben, prophezeite Berlusconi, wohlwissend, dass solche Wahlen unweigerlich zu einem Referendum gegen die Justiz degeneriert wären und einen ernsten Konflikt zwischen zwei Staatsgewalten heraufbeschwört hätten.[1335] Schlimmer noch: In den Augen Bolaffis hätten solche vorgezogenen Wahlen einen „schleichenden Bürgerkrieg"[1336] bedeutet.

Überdies kündigte der Premier in seinem Rundumschlag wieder einmal eine große Justizreform an, die möglichst schnell vonstatten zu gehen habe:

> „Die jüngsten Geschehnisse haben gezeigt, dass eine grundlegende Reform der Justiz notwendig ist und dass es nicht mehr möglich ist, um den Kernpunkt herumzureden: den illegitimen Gebrauch der Justiz durch diejenigen zu verhindern, die nicht mehr ihre gerichtliche Rolle von der eigenen politischen Zugehörigkeit zu unterscheiden wissen."[1337]

Dabei war der Grundstein für eine solche Maxi-Reform längst gelegt. Bereits im Frühjahr 2002 hatte Justizminister Castelli einen umfangreichen Vorschlag zur Neugestaltung des italienischen Justizwesens ausgearbeitet, der zum Ziel hatte, der angeblichen Politisierung der Justiz Schranken zu setzen.[1338] Vor allem zwei Punkte stachen heraus. Der erste betraf die umstrittene Trennung der beruflichen Laufbahnen von Richtern und Staatsanwälten.[1339] Die Richterschaft be-

---

[1334] Vgl. Bianconi, Giovanni, La legge dei sospetti e il sospetto che non c'è, in: http://www.corriere.it/edicola/index.jsp?path=PRIMA_PAGINA&doc=BIANC (29.1.2003).

[1335] Vgl. Götz, Thomas, Berlusconi sucht Heil in Neuwahl: „Hätte Goldmedaille verdient", in: http://www.diepresse.at/detail/print.asp?channel=p&ressort=a&ids=334263 (1.2.2003).

[1336] Interview des Autors mit Angelo Bolaffi in Rom am 1.5.2003 (eig. Übers.).

[1337] Zitiert nach: N.N., Berlusconi torna all'attacco: „Subito la riforma della giustizia", in: http://www.repubblica.it/online/politica/imisirsei/riforme/riforme.html (1.2.2003) (eig. Übers.).

[1338] Eine Zusammenfassung der wesentlichen Bestimmungen dieses Gesetzesentwurfs findet sich in: N.N., Il maxi-emendamento del governo al progetto di riforma della giustizia, in: http://www.forza-italia.it/notizie/00_4183pr.htm (25.7.2003).

[1339] Diese Forderung hatte der FI immer schon besonders am Herzen gelegen. So sagte Berlusconi etwa auf dem so genannten *Security Day* der FI in Mailand am 16. Oktober 1999: „Wir bestehen darauf, bis wir auch in Italien das haben, was in den übrigen Ländern Europas gefürchtete, dass dadurch die Staatsanwälte künftig der Kontrolle der Exekutive unterstellt würden, was bedeuten würde, dass die Politik die Ermittlungen der Staatsanwälte lenken könnte. Die richterliche Unabhängigkeit würde unter diesen Umständen nutzlos. Allerdings fiel der Vorschlag Castellis letzten Endes doch recht moderat aus. Demnach war eine Zeitspanne von fünf Jahren vorgesehen, bevor ein Wechsel von der einen in die andere Rolle gestattet werden sollte, wobei die neue Funktion nur in einem anderen Justizbezirk hätte ausgeübt werden dürfen. Das Problem, das damit gelöst werden sollte, war jedoch allenfalls marginal, denn im Jahr 1999 zum Beispiel hatten nicht einmal hundert von achttausend Justizangestellen Antrag auf Rollentausch gestellt.[1340] Somit ist davon auszugehen, dass dieser Vorstoß vor allem persönlich motiviert war und darauf abzielte, diejenigen Staatsanwälte an die Kandare zu nehmen, die gegen Berlusconi und dessen Freunde ermittelten. Dabei wäre die Wirkung dieser Maßnahme höchst begrenzt, denn die Verfahren, die bereits im Gang waren, hätten sich dadurch auch nicht mehr verhindern lassen.[1341]

Radikalere Züge trugen indessen die Vorschläge hinsichtlich der Zuständigkeiten des Kassationsgerichts. Dieses sollte in Zukunft gemeinsam mit dem Justizministerium eine Richterschule schaffen und in regelmäßigen Abständen die fachliche Befähigung von Richtern bewerten. Laut Castelli hätte das Kassationsgericht so seine natürliche Rolle an der Spitze der Judikative wiedererlangt, was grosso modo dem kontinentaleuropäischen Modell der hierarchischen Kontrolle richterlicher Macht entsprechen würde. Außen vor ließ der Minister dabei, dass die bisherige Autonomie der italienischen Staatsanwälte vom Justizministerium, die im Vergleich zu anderen Ländern zweifellos wesentlich höher ist, längst zum erstrebenswerten Vorbild für eine Reihe von Staatsanwälten in anderen westeuropäischen Justizsystemen geworden ist. Entsprechend ablehnend standen die Vertreter des Kassationsgerichtshofes diesem Reformvorhaben gegenüber. Einmütig unterstrichen sie, dass sich ihre Rolle allein darauf beschränken dürfe, eine einheitliche Interpretation des Rechts zu gewährleisten sowie Gerichtsurteile zu

---

schieht: dass es nämlich in der Ausbildung, der Laufbahn und im Selbstverwaltungsorgan eine genaue Unterscheidung, eine Trennung zwischen Richtern und Staatsanwälten gibt. Nur so wird man im Prozess – dem Prozess eines echten Rechtsstaats – jene starke Dialektik zwischen dem Anwalt der Verteidigung und dem Staatsanwalt, den wir ‚Anwalt der Anklage' nennen wollen, haben können, mit einem dritten Richter, der über den Parteien steht und der die erste und echte Garantie eines gerechten Prozesses ist. [...] Ich möchte das präzisieren: Der Staatsanwalt muss den Ergebnissen der Ermittlungen, welche die Ordnungskräfte durchgeführt haben, eine logische, technische und prozessuale Ordnung geben, er muss Mitglied des Justizapparats bleiben, darf aber nicht ein Superpolizist werden." Rede Silvio Berlusconis anlässlich des *Security Days* der FI in Mailand am 16.10.1999, in: ders., L'Italia che ho in mente. I discorsi „a braccio" di Silvio Berlusconi, Mailand 2000, S. 243-274, 265f. (eig. Übers.).

[1340] Vgl. Nelken, David, a.a.O., S. 142f.

[1341] Vgl. Interview des Autors mit Angelo Bolaffi in Rom am 1.5.2003.

überprüfen, nicht jedoch Richter zu kontrollieren. Diese müssten unter allen Umständen allein dem Gesetz unterstellt bleiben.[1342]

Faktisch wäre durch dieses Reformvorhaben die Bedeutung des Obersten Richterrates (*Consiglio Superiore della Magistratura*, CSM), einer Art Parlament der Richterschaft,[1343] das bis dato auch Weiterbildungskurse für Richter organisiert, stark eingeschränkt worden. Dabei hatte der CSM bereits kurz zuvor eine Mini-Reform über sich ergehen lassen müssen, welche darauf ausgerichtet war, den Einfluss der verschiedenen politischen Flügel bei der Wahl der Repräsentanten zu schmälern. Ferner war der CSM damals auch verkleinert worden, obgleich das Arbeitspensum in der Vergangenheit stetig angestiegen war.[1344]

Der Widerstand der Richter gegen die Pläne Castellis wollte nicht enden. Sie waren der festen Überzeugung, hierbei handele es sich um einen direkten Angriff auf die Unabhängigkeit und die Autonomie der italienischen Justiz. Zwar eröffnete Castelli in der Folge den Dialog mit der Richterschaft und machte auch einige Zugeständnisse. Doch wich er von seinem bedeutendsten Projekt, das Kassationsgericht zulasten des CSM zu stärken, keinen Millimeter ab. Erschwert wurden die Verhandlungen noch zusätzlich durch das große Misstrauen, das die Richter den Regierungsunterhändlern entgegenbrachten. So befürchteten viele Richter etwa, das Entgegenkommen des Justizministers in Sachen Trennung der Laufbahnen könnte später während der parlamentarischen Beratungen wieder zurückgenommen werden. Der Verdacht der Richter war nicht ganz unbegründet, denn als die *Legge Cirami* zur absoluten politischen Priorität der Regierung wurde, lagen die Reformpläne Castellis auf Eis. Nachdem aber das Kassationsgericht den Antrag der Verteidiger Berlusconis und Previtis auf Verlegung der Prozesse abgeschmettert hatte, schlug die Regierungsmehrheit auch wieder schärfere Töne an, sobald es um die Trennung der Laufbahnen ging.[1345]

Parallel dazu drängten Abgeordnete der *Forza Italia* Anfang 2003 auf die Einrichtung einer parlamentarischen Untersuchungskommission zu *Tangentopoli*. Dabei sollten weniger die illegalen Parteienfinanzierungsmethoden hinter-

---

[1342] Vgl. Nelken, David, a.a.O., S. 143.

[1343] Die Mitglieder des CSM werden zu zwei Dritteln von der Nationalvereinigung der Richter (*Associazione Nazionale Magistrati*, ANM) bestimmt, in der fast neunzig Prozent der italienischen Richter organisiert sind. Das restliche Drittel der CSM-Mitglieder wird vom Parlament gewählt. Vgl. Beuttler, Ulrich/Gelhoff, Georg, a.a.O., S. 12.

[1344] Vgl. Nelken, David, a.a.O., S. 143f.

[1345] Vgl. ebd., S. 144. Als Reaktion auf den Entscheid des Kassationsgerichts machten sich Vertreter der Regierungsmehrheit daran, den ursprünglichen Gesetzesentwurf von Castelli zur Trennung der Laufbahnen zu verschärfen. Man dachte nun wieder darüber nach, unterschiedliche Aufnahmeverfahren für Richter und Staatsanwälte einzuführen und zeitlich begrenzte Fristen für Ermittlungen festzulegen. Vgl. Galluzzo, Marco, Separazione delle carriere, immunità e commissione Sme: parte l'offensiva del Polo, in: http://www.corriere.it/edicola/index.jsp?path=POLITICA&doc=GALLU (3.2.2003).

fragt werden als vielmehr die Arbeit der Staatsanwälte und Richter Anfang der neunziger Jahre.[1346] Zudem preschte Carlo Taormina (FI) mit dem Vorschlag vor, die Immunität für Abgeordnete und Regierungsmitglieder, die 1993 nach einem entsprechenden Referendum abgeschafft worden war,[1347] wieder einzuführen, und zwar so schnell wie möglich, fürs Erste sogar per Gesetzesdekret. Dass mit einem solchen Manöver insbesondere Berlusconi vor dem Zugriff der Justiz gerettet werden sollte, gab Taormina indirekt zu.[1348] Es gab jedoch ein gravierendes Problem: Die Regierungskoalition war in dieser Sache tief gespalten. Während die *Forza Italia* im Verbund mit der *Lega Nord* diesen Vorschlag nachhaltig unterstützte, mochten ihn die *Alleanza Nazionale* und die mit Berlusconi verbündeten Christdemokraten partout nicht mittragen.[1349] Da half selbst ein Machtwort Berlusconis nichts.[1350]

Dem italienischen Premier blieb daher nichts anderes übrig, als wenigstens ein Stück weit wieder zurückzurudern. In einem offenen Brief, der in der Tageszeitung *Corriere della Sera* am 7. Mai 2003 erschien, sprach er sich plötzlich für die Einführung der Immunität für die Inhaber der fünf höchsten Staatsämter aus, was zunächst noch als erster Schritt hin zur vollen Wiedereinführung der parlamentarischen Immunität gepriesen wurde. Diese „abgespeckte" Regelung war unter dem Namen *Lodo Maccanico*[1351] bekannt geworden. Wörtlich schrieb Berlusconi:

[1346] Anfang August 2003 brachten FI-Vertreter dieses Thema abermals zur Sprache, woraufhin Berlusconi die Einsetzung einer solchen Untersuchungskommission für den Herbst 2003 ankündigte. Vgl. ders., Forza Italia: „Indagare sui giudici", in: http://www.corriere.it/edicola/index.jsp?path=POLITICA&doc=REAZ (8.8.2003).

[1347] Entgegen zahlreicher anderslautender Berichte war bei dieser Gelegenheit die parlamentarische Immunität nicht vollends abgeschafft worden. Vielmehr waren nach wie vor Schutzmechanismen für Delikte von Abgeordneten und Senatoren im Zusammenhang mit deren Amtsausübung erhalten geblieben. Vgl. N.N., Eine Schonfrist für Berlusconi, in: http://www.nzz.ch/2003/06/21/al/page-kommentar8WPJO.html (21.3.2003).

[1348] Vgl. Martirano, Dino, Il Polo: Tangentopoli, indagini anche sui processi in corso?, in: http://www.corriere.it/edicola/index.jsp?path=POLITICA&doc=RIP (13.2.2003).

[1349] Vgl. N.N., Lega: „Questi pm non giudichino chi è stato eletto", in: http://www.corriere.it/edicola/index.jsp?path=INTERNI&doc=GIUS (12.3.2003).

[1350] So sagte Berlusconi Anfang Mai 2003: „Ich weiß, dass die Wiedereinführung der parlamentarischen Immunität einige Wähler unzufrieden machen und zu Problemen mit den Alliierten führen könnte, aber es gibt keinen anderen Ausweg." Zitiert nach: Latella, Maria, Svolta del Cavaliere, basta con i mediatori, in: Corriere della Sera, 3.5.2003, S. 5 (eig. Übers.).

[1351] Das Wort „lodo" bedeutet Schiedsspruch. Maccanico hingegen ist der Name eines Abgeordneten der Zentrumsformation *Margherita*, der diesen Vorschlag ursprünglich als Alternative zur *Legge Cirami* ins Spiel gebracht hatte. Diese Immunitätsregelung gilt konkret für den Staatspräsidenten, die Präsidenten von Abgeordnetenkammer, Senat und Verfassungsgericht sowie für den Ministerpräsidenten. Vgl. N.N., La proposta, in: http://www.corriere.it/edicola/index.jsp?path=POLITICA&doc=MOD21 (7.5.2003).

„Es ist im Namen nicht meiner vermuteten persönlichen Interessen, sondern jener des Landes, dass ich in Sachen parlamentarische Immunität und Rückkehr zur Verfassung [...] so handle, wie ich handle. [...] Man muss also tätig werden. Nicht um dem Ministerpräsidenten zu helfen, die ‚Prüfung' des Semesters zu ‚bestehen', denn ich bin sehr wohl imstande, mich selbst darum zu kümmern, sondern um dem ganzen Parlament seinen Verfassungsprimat und seine wahre zentrale politische Bedeutung zurückzugeben. Die Rückkehr zur Verfassung ist schließlich im Interesse Italiens und der Wähler, nicht in meinem persönlichen Interesse. Der erste Schritt des ‚Lodo Maccanico' möge kommen [...], ohne jedoch zu vergessen, dass man mit der Wiederherstellung der Verfassung das beenden muss, was man vor zehn Jahren mit ihrer Verletzung bei ‚Hundewetter' begonnen hatte."[1352]

Mit diesem Vorschlag konnten sich auch die beiden Koalitionspartner anfreunden, die sich zuvor noch quer gelegt hatten. Denn im Gegensatz zur vollen parlamentarischen Immunität, die eine Verfassungsänderung erfordert hätte, betrachtete man hierfür bereits ein einfaches Gesetz als ausreichend.[1353] Der Entwurf wurde Ende Mai 2003 ins Parlament eingebracht. Einmal mehr war Eile das oberste Gebot der Stunde: Spätestens bis zum 21. Juni 2003 sollte dieser den Weg durch die Instanzen hinter sich gebracht haben und Gesetzeskraft erlangen – gerade noch rechtzeitig also, damit der laufende Prozess gegen Berlusconi wegen eines Bestechungsvorwurfs vor Beginn der italienischen EU-Ratspräsidentschaft am 1. Juli 2003 eingefroren werden würde.[1354]

Gesagt, getan. Während die Opposition diese Initiative als x-tes maßgeschneidertes Gesetz zugunsten Berlusconis brandmarkte,[1355] schritt die Regierungsmehrheit unbeirrbar voran und sorgte dafür, dass diese Justizreform Mitte Juni 2003 von beiden Parlamentskammern verabschiedet wurde. Nachdem der Staatspräsident diese Immunitätsregelung trotz heftiger Zweifel an deren Verfassungsmäßigkeit kurz darauf unterzeichnet hatte, konnte sie wie geplant in Kraft treten.[1356] Als unmittelbare Folge daraus erklärte prompt die erste Strafkammer des Mailänder Gerichts das Verfahren gegen Berlusconi für ausgesetzt – und zwar nur einen Tag, bevor der italienische Ministerpräsident die Ratspräsidentschaft turnusgemäß übernahm.[1357] Damit hatte sich Berlusconi dem

---

[1352] Berlusconi, Silvio, Il vero e preminente problema di questo Paese (da dieci anni), in: Corriere della Sera, 7.5.2003, S. 1/3, 3 (eig. Übers.).

[1353] Vgl. Di Caro, Paola, „Sospendere i processi solo un primo passo", in: http://www.corriere.it/edicola/index.jsp?path=POLITICA&doc=LODO (7.5.2003).

[1354] Vgl. Martirano, Dino, Processi sospesi alle alte cariche entro giugno, in: http://www.corriere.it/edicola/index.jsp?path=POLITICA&doc=LODO (30.5.2003).

[1355] Vgl. ders., Il Senato vota sì alla sospensione dei processi, in: http://www.corriere.it/edicola/index.jsp?path=POLITICA&doc=LODO (5.6.2003).

[1356] Vgl. Schlamp, Hans-Jürgen, Die Akte Berlusconi, S. 112.

[1357] Vgl. N.N., Korruptionsprozess gegen Berlusconi ausgesetzt, in: http://www.welt.de/data/2003/06/30/126775.html?prx=1 (30.6.2003).

Prozess, in dem er wegen des Vorwurfs der Richterbestechung unter Anklage stand, entziehen können – wenn auch nur fürs Erste. Denn am 13. Januar 2004 erklärte das italienische Verfassungsgericht das entsprechende Gesetz vom Juni 2003 für verfassungswidrig. Für die obersten Richter Italiens war es unvereinbar mit dem Prinzip der Gleichheit aller Bürger vor dem Gesetz.[1358] Das bedeutete für Berlusconi: zurück auf die Anklagebank, bis im Dezember 2004 das Urteil in diesem Korruptionsprozess gesprochen war. Es lautete: Freispruch in einem Anklagepunkt und Verjährung in einem weiteren. Die Mailänder Richter hatten in ihrem Verdikt damit nicht gesagt, dass Berlusconi nichts zu tun hatte mit dem Geld, das sein Intimus Previti im Jahr 1991 nachweislich einem Richter in Rom zukommen ließ. Das Urteil sagte lediglich, dass Berlusconi hierfür nicht mehr belangt werden könne.[1359] Weniger glimpflich kam dagegen Marcello Dell'Utri davon. Er wurde, ebenfalls im Dezember 2004, wegen Unterstützung der Mafia zu neun Jahren Haft verurteilt.[1360]

Trifft es zu, dass Berlusconis politisches Comeback im Jahr 2001 vor allem dazu gedient habe, sich seiner Justizprobleme zu entledigen, wie besonders scharfe Zungen behaupten,[1361] dann hat der FI-Chef dieses Ziel trotz aller Rückschläge erreicht. Die absolute Priorität, die Berlusconi seiner Justizpolitik einräumte,[1362] spricht für diese These.

Dass das italienische Justizsystem in der Tat dringend reformbedürftig ist, steht außer Frage. In keinem anderen westeuropäischen Land mahlen die Mühlen der Justiz so langsam und so ineffizient wie in Italien, nirgendwo sonst wird die Untersuchungshaft so häufig verhängt und wird den Aussagen „reuiger" Verbrecher, der so genannten *Pentiti*, derart viel Beachtung geschenkt. Überdies sind die Gefängnisse Italiens seit Jahren restlos überbelegt. An all diesen Entwicklungen trägt die Justiz des Landes zweifellos eine gewisse Mitschuld.[1363] Doch an der Behebung dieser Missstände scheint der Regierung Berlusconi kaum gelegen gewesen zu sein. Viel eher ist davon auszugehen, dass die Prozesse Berlusconis

---

[1358] Vgl. N.N., Immunitätsgesetz in Italien verfassungswidrig, in: http://www.nzz.ch/2004/01/13/al/page-newzzDPE099M1-12.html (14.1.2004).

[1359] Vgl. N.N., Berlusconis ramponierte Glaubwürdigkeit, in: http://www.nzz.ch/2004/12/11/al/page-kommentarA1ZL2.html (11.12.2004).

[1360] Vgl. Braun, Michael, Knast für Berlusconi-Mann, in: Die Tageszeitung (taz), 13.12.2004, S. 9.

[1361] Vgl. Heymann, Sabine, Geist und Geld proben den Aufstand, in: http://tagesspiegel.de/archiv/04.12.2002/333604.asp (4.12.2002).

[1362] So beschwerten sich etwa zahlreiche italienische Diplomaten im Frühsommer 2003, ihre Regierung sei aufgrund der intensiven Beschäftigung mit der neuen Immunitätsregelung arg in Verzug geraten, was die Vorbereitungen für die italienische EU-Präsidentschaft anbelangte. Vgl. Fromm, Thomas, Silvio Berlusconi – Auf Biegen und Brechen, in: http://www.ftd.de/pw/eu/1052037833765.html (9.5.2003).

[1363] Vgl. Ginsborg, Paul, Berlusconi, S. 64.

den Takt in der Justizpolitik angaben. Zu diesem Ergebnis kommt auch der Sondergesandte der UNO für die Unabhängigkeit der Justiz, Dato Param Cumaraswamy, in einem Bericht, den er nach einer ausgedehnten Untersuchung vor Ort verfasst hat.[1364] Gerade das Gesetz über den „berechtigten Verdacht" ist das beste Beispiel dafür, dass es der Mitte-Rechts-Koalition eben nicht etwa darum geht, die Prozesszeiten zu straffen, wie Berlusconi noch im Wahlkampf versprochen hatte.[1365] Ganz im Gegenteil bewirkt diese Neuregelung nur eine weitere Verschleppung von ohnehin bereits langjährigen Prozessen.

Die hier vertretene Einschätzung, die Justizpolitik der Mitte-Rechts-Koalition verfolge vornehmlich das Ziel, Berlusconi und seine Adlaten vor dem Zugriff der Justiz zu retten, wird nicht nur von den vielfältigen Kritikern des Regierungschefs geteilt, sondern scheinbar auch von der Mafia, die sich vor Wahlen schon öfter auf die Seite der FI geschlagen hatte.[1366] Das jedenfalls geht aus einem Bericht des italienischen Inlandsgeheimdienstes SISDE hervor. Demnach seien Mafiosi zunehmend enttäuscht darüber, dass die Reformen, die ihnen besonders am Herzen lägen – Abschaffung der Sonderhaft für Mafia-Bosse und eine neue Kronzeugenregelung –, das Nachsehen hätten gegenüber der Politik Berlusconis in eigener Sache. Um endlich die erhofften Neuregelungen zu erhalten, erwäge man in Mafiakreisen mittlerweile sogar wieder, Mordanschläge an der Regierung nahe stehenden Personen zu verüben, heißt es im SISDE-Bericht.[1367]

Bleibt die häufig gestellte Frage, wie es möglich ist, dass die Italiener selbst nicht über den rüpelhaften Umgang Berlusconis mit der Justiz die Hände über den Köpfen zusammenschlagen.[1368] Eine Antwort hierauf liefert der angesehene Politikwissenschaftler und Leitartikler des *Corriere della Sera*, Giovanni Sartori. Zum einen hielten viele Italiener Berlusconi die Treue, weil er sich permanent als Opfer, als Verfolgter der Justiz geriere, und das erwecke bei vielen eben Mitleidsgefühle. Zum anderen hängt laut Sartori dieses von außen oft als unfassbar geltende Verhalten weiter Teile der italienischen Wählerschaft auch mit der Justiz selbst zusammen. Diese genieße keinen besonders guten Ruf in Italien. Vielmehr werde sie als zu schwerfällig, zu spitzfindig und eben auch als zu sehr politisiert wahrgenommen. Daher finde so mancher Italiener sogar Gefallen

---

[1364] Vgl. N.N., L'Onu: Berlusconi ritarda la riforma della giustizia, in: http://www.lastampa.it/edicola/sitoweb/Interni/art12.asp (18.2.2003).

[1365] Vgl. Greiner, David, Richter fügen Berlusconi schwere Niederlage zu, in: http://www.welt.de/data/2003/01/30/37280.html?prx=1 (30.1.2003).

[1366] Näheres zum Verhältnis zwischen der süditalienischen Mafia und der FI, vgl. Kapitel 9.2.

[1367] Vgl. Braun, Michael, Die Mafia verliert die Geduld, in: Die Tageszeitung (taz), 9.9.2002, S. 11.

[1368] Einer Meinungsumfrage vom Juni 2003 zufolge interessiert sich ein Großteil der Wähler kaum für die Justizprobleme Berlusconis. Vgl. Mannheimer, Renato, Governo, dopo due anni cala la popolarità, in: http://www.corriere.it/edicola/index.jsp?path=POLITICA&doc=MANN (23.6.2003).

daran, wie Berlusconi der Justiz einen Schlag nach dem anderen versetzt. Auf diese Weise gelänge es dem Premier mit seiner Kaltschnäuzigkeit gar, zusätzliche Sympathiepunkte zu sammeln.[1369] Auch Berlusconi scheint um diese Zusammenhänge sehr genau Bescheid zu wissen und sein Handeln danach auszurichten. Anders hätte er wohl kaum einmal mit einer gehörigen Prise Sarkasmus gesagt: „Ich bin einer der zehn Italiener von hundert, die noch Vertrauen in die Justiz haben."[1370]

8.3 Die Außen- und Europapolitik

In der Außen- und Europapolitik hatte die Mitte-Rechts-Regierung unter der Führung Silvio Berlusconis von vornherein einen schweren Stand, hatte sie doch ein gewaltiges Legitimationsproblem. Das politische Comeback des Mailänders war vor allem im nahen europäischen Ausland mit einem nicht unerheblichen Maß an Argwohn beobachtet worden. Das lag zum einen an der Person Berlusconis, zum anderen aber auch an den in seiner Koalition vertretenen Parteien.

Zumindest im europäischen Kontext trug die Figur des neuen italienischen Premiers eine Reihe anomaler Charakterzüge – aufgrund seines Reichtums, seiner Medienmacht und nicht zuletzt auch wegen seines „ewigen" Clinches mit der Justiz. Und die internationale Presse – von links bis rechts – fand großes Gefallen daran, all diese Besonderheiten nochmals gründlich ins Gedächtnis zu rufen.[1371] Doch damit nicht genug: Die Tatsache, dass die Hauptakteure der neuen Regierungsmehrheit nicht den traditionellen Parteienfamilien Europas entstammen, sorgte überdies für eine distanzierte bis kritische Haltung in den Hauptstädten des Alten Kontinents, auch wenn die *Forza Italia* mittlerweile nach mehreren Anläufen zur Familie der Christlichen Demokraten gestoßen war.[1372] Von außen betrachtet, galt die italienische Rechte als ebenso demagogisch wie populistisch und somit eben zumindest auch als skeptisch gegenüber der europäischen Idee. In der Vergangenheit fand man diesen Eindruck anhand zahlreicher Äußerungen führender Exponenten, auch aus den Reihen der FI, durchaus bestätigt. Unvergessen blieben die europakritischen bis europafeindlichen Erklärungen von Mitte-Rechts-Politikern wie dem derzeitigen Verteidigungsminister Antonio Martino (FI) hinsichtlich des Maastricht-Vertrages und anderer Integrations-

---

[1369] Vgl. Sartori, Giovanni, Un premier e i suoi fantasmi, in: http://www.corriere.it/edicola/index.jsp?path=PRIMA_PAGINA&doc=SART (15.5.2003).

[1370] Zitiert nach: Gallo, Giuliano, Criminalità e sicurezza, scontro Polo-Ulivo, in: Corriere della Sera, 6.12.2000, S. 7 (eig. Übers.).

[1371] Näheres zu den heftigen Attacken der internationalen Presse gegen Berlusconi während des Wahlkampfs von 2001, vgl. Kapitel 7.5.

[1372] Vgl. Cotta, Maurizio, Berlusconi alla seconda prova di governo, S. 175.

schritte.[1373] Die meisten Bauchschmerzen bereitete diesmal jedoch weniger die *Forza Italia* und auch nicht die rechtsnationale *Alleanza Nazionale*; es war vielmehr die rechtspopulistische, xenophobe und offen europafeindlich eingestellte *Lega Nord*, die das Schlimmste befürchten ließ.[1374]

Inwieweit sich welche Positionen innerhalb dieser äußerst heterogenen Koalition durchsetzen würden, blieb den Europäern zunächst völlig unklar. Der Leitartikler Antonio Polito von der linksliberalen Tageszeitung *La Repubblica* bringt das Problem auf den Punkt und spricht von „der Unbekannten Italien. Über fünfzig Jahre hinweg wusste Europa [...], mit welchem Italien es zu tun hatte. Diesmal könnte der Wechsel nicht nur einen Mann betreffen, sondern auch eine Politik."[1375] Um solchen Befürchtungen den Wind aus den Segeln zu nehmen, leistete Berlusconi höchstpersönlich Überzeugungsarbeit. So beteuerte er vor der Wahl gebetsmühlenartig, er werde als Ministerpräsident für Kontinuität in der Außen- und Europapolitik Italiens sorgen.[1376] Lediglich gewisse Akzentverschiebungen werde es unter ihm geben: „Die drei wichtigsten Punkte sind: Eine noch stärkere politische Integration in Europa, bessere Zusammenarbeit mit der Nato, und wir werden die Freundschaft zu Amerika verstärken."[1377] Ob diesen Besänftigungen allerdings Glauben geschenkt wurde, scheint fraglich.

Diese von Misstrauen geprägte Ausgangssituation zog eine Reihe unmittelbarer Konsequenzen für die italienische Außen- und Europapolitik nach sich. Als erstes wirkte sie sich auf die Wahl des neuen Außenministers aus. Gegen mannigfaltige Begehrlichkeiten und Widerstände seitens der Koalitionspartner entschied sich Berlusconi für einen parteilosen „Technokraten" auf diesem prestigeträchtigen Posten: für den gelernten Diplomaten und ehemaligen Chef der Welthandelsorganisation Renato Ruggicro, einen überzeugten Europäer mit Prüfsiegel, der international großes Ansehen genoss. Diese wichtige Personalent-

---

[1373] Vgl. Bongiovanni, Bruno, Esteri, in: Tuccari, Francesco (Hg.), Il governo Berlusconi. Le parole, i fatti, i rischi, Rom, Bari 2002, S. 35-55, 38. Martino hatte 1994 als italienischer Außenminister unter Berlusconi die Maastrichter Kriterien offen in Frage gestellt und auf eine Revision des Vertragswerks gedrängt. Auch als späterer Oppositionspolitiker wiederholte Martino derartige Forderungen. Vgl. Radbruch, Hans E., a.a.O., S. 121.

[1374] Vgl. Grasmück, Damian, „Alles neu" macht Berlusconi. Wahlfieber in Italien, in: Die politische Meinung, 46. Jg. (2001), H. 5, S. 57-60, 59. Der belgische Außenminister Louis Michel nahm als einer der wenigen europäischen Spitzenpolitiker kein Blatt vor den Mund und forderte unmittelbar vor den Parlamentswahlen vom Mai 2001 EU-Sanktionen gegen Italien nach dem Vorbild Österreichs, sollte die *Lega Nord* an der Regierung beteiligt werden. Vgl. ebd.

[1375] Polito, Antonio, La doppia campagna del Polo in Italia e in Europa, in: La Repubblica, 24.3.2001, S. 17 (eig. Übers.).

[1376] Vgl. Magri, Ugo, „Cambierò le pensioni, ma con i sindacati", in: La Stampa, 10.4.2001, S. 2.

[1377] Interview mit Silvio Berlusconi, in: http://www.welt.de/daten/2001/04/17/0417eu247606.htx?print=1 (17.4.2001).

scheidung diente dem Premier dazu, das negativ vorbelastete Erscheinungsbild seiner Regierung im Ausland aufzupolieren und tatsächlich Kontinuität in außen- und europapolitischen Fragen zu signalisieren.[1378]

Ferner hatte das Negativimage der neuen Administration auch direkte Auswirkungen auf den politischen Stil, den Ministerpräsident Berlusconi an den Tag legte. Laut Andreatta und Brighi war ein Großteil der Regierungsaktionen in diesen Politikfeldern darauf ausgerichtet, Boden gutzumachen und Berlusconi als einen den übrigen Regierungschefs ebenbürtigen Staatsmann darzustellen. Infolgedessen neigte der italienische Regierungschef in seiner bisherigen Amtszeit immer wieder dazu, sich bei bilateralen oder internationalen Treffen seinem jeweiligen Gegenüber auf recht opportunistische Weise anzudienen.[1379]

Am erfolgreichsten kam er mit dieser Strategie beim amerikanischen Präsidenten George W. Bush an. Mehrere Gründe waren hierfür ausschlaggebend. Grundsätzlich kam Berlusconi zugute, dass erfolgreiche Großunternehmer wie er in den Vereinigten Staaten eben ein weit höheres Ansehen genießen als in Europa. Und wenn einem solchen Tycoon dann auch noch der Schritt in die Politik gelingt, dann kann das nur das Interesse eines amerikanischen Präsidenten wecken, zumal wenn dieser Bush heißt und früher ebenfalls in der freien Wirtschaft Karriere gemacht hatte. Dass der italienische Premier weitaus vermögender ist als der Präsident der USA selbst, scheint dieser auf Gegenseitigkeit beruhenden Männerfreundschaft keinen Abbruch zu tun.[1380]

Das groß angekündigte Ziel Berlusconis, die Beziehungen zu Amerika zu verstärken, stand somit schon vorab unter einem günstigen Stern. Auch wenn hinter dieser Entscheidung ein gewisses Maß an autonomer Präferenz gestanden haben mag und der Wille, an alte, tief verwurzelte Traditionen anzuknüpfen,[1381]

[1378] Vgl. Cotta, Maurizio, Berlusconi alla seconda prova di governo, S. 171f. In diesem Zusammenhang wird immer wieder behauptet, der mittlerweile verstorbene, politisch einflussreiche FIAT-Chef Giovanni Agnelli habe Berlusconi seinerzeit die Kandidatur Ruggieros für das Auswärtige Amt aufgezwungen, um verspieltes Vertrauen in sein Land und seine Landsleute zurückzugewinnen. Vgl. Bongiovanni, Bruno, a.a.O., S. 42. An anderer Stelle heißt es indes, Staatspräsident Ciampi habe Berlusconi zu dieser Personalentscheidung gedrängt. Vgl. Ginsborg, Paul, Berlusconi, S. 65.

[1379] Vgl. Andreatta, Filippo/Brighi, Elisabetta, La politica estera del governo Berlusconi. I primi 18 mesi, in: Blondel, Jean/Segatti, Paolo (Hg.), Politica in Italia. I fatti dell'anno e le interpretazioni, Ed. 2003, Bologna 2003, S. 263-81, 265.

[1380] Vgl. Vespa, Bruno, La grande muraglia, S. 198. So sagte Bush in einem Zeitungsinterview über seinen italienischen Amtskollegen: „Ich finde Silvio Berlusconi faszinierend, er war erfolgreich im Geschäftsleben und bringt eine interessante Perspektive in die politische Arena." Interview mit George W. Bush, in: La Stampa, 18.7.2001, S. 2f., 3 (eig. Übers.).

[1381] Der Journalist Paolo Franchi erinnert daran, dass es in Italien schon immer gewisse Bestrebungen gegeben habe, die Beziehungen zu Amerika zu vertiefen. Vor allem die in großer Zahl in die Vereinigten Staaten ausgewanderten Italiener verbanden seit langem beide Länder in besonderer Weise. So mehrten sich etwa auf Sizilien unmittelbar nach Ende des Zweiten Welt-

so ist doch auch davon auszugehen, dass mit der Hinwendung zu Washington die „Kälte" kompensiert werden sollte, mit der Berlusconi in Europa zu kämpfen hatte. Dabei musste er zwangsläufig den Vorwurf in Kauf nehmen, sich dadurch von Europa zumindest ein Stück weit zu entfernen.[1382]

Dieser Vorwurf schien sich früher zu bestätigen als erwartet. Bereits als designierter Ministerpräsident lehnte sich Berlusconi in der Debatte um die Inkraftsetzung des so genannten Kyoto-Protokolls zum weltweiten Klimaschutz an die Position der USA an und forderte die noch im Amt befindliche Regierung Amato auf, das Abkommen nicht zu unterzeichnen. Damit drohte Berlusconi, die einst geschlossene Allianz der Europäer gegenüber den Vereinigten Staaten in puncto Klimaschutz platzen zu lassen, nur um seine Nähe zu US-Präsident Bush zu signalisieren.[1383] Nachdem die Aufregung der übrigen Europäer ob dieser Positionierung zu groß geworden war, lenkte Berlusconi wieder ein und versprach, das Kyoto-Abkommen doch noch umzusetzen.[1384]

Die Haltung der neuen Regierung zu Europa stellte von Anfang an eine schwierige Gratwanderung dar, nicht nur wegen der unterschiedlichen Stimmen am Kabinettstisch. Obgleich auch Berlusconi nicht zu sehr von der traditionell stark verankerten Europabegeisterung der Italiener[1385] abweichen konnte, zwangen ihn doch einige Faktoren zu einem kritischeren Umgang mit der Europäischen Union als in der Vergangenheit. Neben der bereits geschilderten Distanz, die ihm von den zahlreichen sozialdemokratisch dominierten Regierungen jenseits der Alpen entgegenschlug, war hierfür auch ausschlaggebend, dass er sich von seinen Vorgängerregierungen der linken Mitte absetzen wollte, die allesamt an europäischer Gesinnung kaum zu übertreffen waren. Noch schwerer wog, dass Europa den Handlungsspielraum Berlusconis drastisch einengte, beispielsweise durch den in Maastricht vereinbarten Stabilitätspakt. Und prompt offenbarte sich auch relativ schnell, dass dieser der Einlösung des größten Wahlversprechens – massive Steuerentlastungen auf allen Fronten – im Wege stand.[1386] Ein zusätzliches Motiv für die unterkühlte Haltung Berlusconis zu Europa entspringt auch der Angst vor noch mehr Transparenz und öffentlicher Kontrolle Brüssels ge-

---

kriegs die Stimmen jener, die allen Ernstes forderten, ihre Insel möge doch der 51. Staat der USA werden. Vgl. Interview des Autors mit Paolo Franchi in Rom am 5.5.2003.

[1382] Vgl. Cotta, Maurizio, Berlusconi alla seconda prova di governo, S. 175.

[1383] Vgl. Seeger-Baier, Sabine, Berlusconi gegen Kyoto-Protokoll, in: http://www.diesuedostschweiz.ch/aktuell/detail.cfm?id=106798&ressort=04%5FAusland (8.6.2001).

[1384] Vgl. Luti, Gianluca, Berlusconi, mano tesa all'Europa. „Su Kyoto ripetteremo i patti", in: La Repubblica, 14.6.2001, S. 3.

[1385] Italien gilt gemeinhin als das Land in der EU, in dem die Begeisterung für die europäische Idee am stärksten ausgeprägt ist. Aus allen Meinungsumfragen der letzten fünfzig Jahre ging stets hervor, dass die Zustimmung zu immer neuen Integrationsschritten nirgendwo so groß war wie innerhalb der italienischen Bevölkerung. Vgl. Masala, Carlo, Italien, S. 122.

[1386] Vgl. Cotta, Maurizio/Verzichelli, Luca, a.a.O., S. 51.

genüber dem eigenen Land, wie der Historiker Wolfgang Schieder behauptet.[1387]
Bolaffi bringt all das wie folgt auf den Punkt: „Das wahre Problem Berlusconis ist Europa, das heißt die Tatsache, dass Italien, wie alle anderen europäischen Länder, ein Staat mit begrenzter Souveränität ist."[1388]

Daher war keinesfalls mit einer bloßen Wiederauflage der integrationsfreundlichen italienischen Europapolitik zu rechnen, wie sie die früheren Regierungen des *Ulivo* praktiziert hatten. Berlusconi ließ keinen Zweifel daran, dass für Italien während seiner Regierungsverantwortung die nationalen Interessen eindeutig im Vordergrund stehen würden, dass seine Regierung eine „nationalistischere" Sprache in Brüssel sprechen werde als bisher.[1389] Die erste Kostprobe dieser neuen Prioritätensetzung ließ nicht lange auf sich warten. Bereits wenige Wochen nach den Parlamentswahlen erklärte der damals noch designierte Wirtschaftsminister Giulio Tremonti (FI) vor laufenden Kameras, Italien werde einer Umverteilung der Brüsseler Strukturfonds-Gelder aus dem nach wie vor unterentwickelten Süden Italiens nach Mittel- und Osteuropa nicht tatenlos zusehen; zunächst müsse sich der *Mezzogiorno* erholen, erst dann könne die EU-Osterweiterung kommen, so Tremonti weiter.[1390] Mit dieser Kursänderung zog Italien plötzlich am gleichen Strang wie Spanien, das mit Blick auf seine daniederliegenden Regionen schon seit geraumer Zeit ähnliche Forderungen stellte.[1391] In der Europäischen Kommission erkannte man in diesem Verhalten bereits den Embryo einer neuen Südachse Rom-Madrid.[1392]

Neben den angestrebten engen Beziehungen zu dem Konservativen Aznar suchte Berlusconi aber sogleich auch gezielt die Nähe zum britischen Premier

---

[1387] Vgl. Schieder, Wolfgang, Hastiger Krisenmanager, in: http://www.fr-aktuell.de/fr/140/t140001.html (12.1.2002).

[1388] Interview des Autors mit Angelo Bolaffi in Rom am 1.5.2003 (eig. Übers.).

[1389] Vgl. Folli, Stefano, L'europeismo del centrodestra tra Aznar, Blair e Schröder, in: Corriere della Sera, 18.5.2001, S. 2.

[1390] Vgl. Giovannini, Roberto, „Ue allargata senza penalizzare il Sud", in: La Stampa, 17.5.2001, S. 2.

[1391] Vgl. Nowak, Nicolaus/Middel, Andreas, Madrid erhält für Blockade der Ost-Erweiterung Hilfe aus Rom, in: http://www.welt.de/daten/2001/05/21/0521eu255099.htx (21.5.2001). Kaum war dieser neue Gleichschritt zwischen Rom und Madrid in EU-Fragen offensichtlich, kam auch schon der Verdacht auf, Berlusconi verhalte sich so, weil er beim spanischen Premier Aznar in der Schuld stehe. Kritiker behaupteten, spanische Regierungsbehörden hätten den Schriftverkehr zwischen der spanischen Justiz und der früheren Präsidentin des Europaparlaments, Nicole Fontaine, bewusst verzögert. Dabei ging es um den Antrag des spanischen Gerichtshofes auf Aufhebung der parlamentarischen Immunität des damaligen EU-Abgeordneten Berlusconi. Spaniens Justizminister Angel Acebes bestritt diese Vorwürfe zwar energisch. Gleichzeitig hieß es aber, Aznar habe dem Aufstieg Berlusconis nicht im Weg stehen wollen und erwarte daher eine Unterstützung Italiens in der Europapolitik. Vgl. ebd.

[1392] Vgl. Singer, Enrico, „L'Est nella Ue? È interesse dell'Italia", in: La Stampa, 22.5.2001, S. 7.

Tony Blair. Und obwohl dieser einer anderen politischen Familie als seine beiden Kollegen aus der „Südflanke" entstammt, war Blair diesem Annäherungsversuch offensichtlich nicht abgeneigt. Im Anschluss an ein Arbeitsfrühstück mit Berlusconi von Mitte Juni 2001 lobte der Chef von *New Labour* jedenfalls die großen Gemeinsamkeiten mit Italiens Ministerpräsident, sowohl was das Verhältnis zu den USA angehe als auch hinsichtlich der Vorstellungen über die künftige Entwicklung der EU.[1393]

Berlusconis mit Spannung erwartetes Debüt auf der internationalen Bühne stand dennoch ganz im Zeichen der Kontinuität italienischer Außen- und Europapolitik. Auf dem Gipfeltreffen der NATO-Staaten Mitte Juni 2001 in Brüssel gelobte der frisch gebackene Premier seinen europäischen Amtskollegen, sein Land werde unter seiner Verantwortung keinen Kurswechsel vollziehen – angefangen vom Kyoto-Protokoll über Fragen der europäischen Verteidigung und Integration bis hin zur Haushaltsdisziplin. Er gab sich ferner alle Mühe, die damals offenkundigen Divergenzen zwischen Europa und den USA, etwa in Sachen ABM-Vertrag, herunterzuspielen.[1394]

Die sehnlichst erwünschten Sympathiepunkte, die Berlusconi mit diesem Auftritt wohl den übrigen Staats- und Regierungschefs der EU abgerungen hat, verspielte er tags darauf wieder durch einen Fauxpas. Am Rande eines amerikanisch-europäischen Spitzentreffens im schwedischen Göteborg am 15. Juni 2001 erstaunte der italienische Premier seine Zuhörer mit der Bemerkung, er habe Italien vom Kommunismus befreit. Sogleich wurde dieser Satz allgemein dahingehend interpretiert, dass Berlusconi seine Machtübernahme nicht als gewöhnlichen demokratischen Regierungswechsel verstehe, sondern als irreversibles, epochales Ereignis. Dies verstärkte bei zahlreichen internationalen politischen Beobachtern den Verdacht, der italienische Premier strebe mit seiner Regierung den Aufbau eines neuen Regimes an.[1395]

Nur einen Monat später mühte sich die Regierung Berlusconi vergebens, aus dem in Genua stattfindenden G8-Gipfeltreffen politisches Kapital zu schlagen und an Prestige zu gewinnen. Schuld daran war die brutale und zum Teil auch blutige Niederschlagung der Protestbewegung durch die italienischen Ordnungskräfte, welche die Regierung vor den Augen der Weltöffentlichkeit in ein schlechtes Licht rückte. So kritisierten denn auch die Oppositionsparteien, die Regierung habe dem Ansehen des Landes in der Welt schweren Schaden zugefügt.[1396] Die eigentlichen Ergebnisse dieses Gipfeltreffens unter italienischer

---

[1393] Vgl. Bonanni, Andrea, Dal teatrino di Montecitorio ai pugnali delle Cancellerie, in: Corriere della Sera, 16.6.2001, S. 1/6, 6.

[1394] Vgl. Polito, Antonio, Il Cowboy e il Cavaliere, in: La Repubblica, 14.6.2001, S. 4.

[1395] Vgl. Bongiovanni, Bruno, a.a.O., S. 46.

[1396] Vgl. Cotta, Maurizio, Berlusconi alla seconda prova di governo, S. 175. Näheres über die Zusammenstöße zwischen Demonstranten und Polizei während des G8-Gipfels von Genua, vgl.

Präsidentschaft, die sich durchaus sehen lassen konnten, wurden aufgrund der Ausschreitungen kaum wahrgenommen.[1397]

Die Terroranschläge vom 11. September 2001 auf das *World Trade Center* in New York und das *Pentagon* in Washington blieben nicht ohne Konsequenzen für die Außen- und Europapolitik der Regierung Berlusconi. Zum einen zeigte sich, dass die USA Italien nicht zu ihren privilegierten Alliierten im Kampf gegen den internationalen Terrorismus zählten. Andernfalls hätte Präsident Bush in seiner Rede vor dem amerikanischen Kongress wohl kaum vergessen, sich auch bei Italien für die entgegengebrachte Unterstützung zu bedanken. Auch die Tatsache, dass Berlusconi länger als erwartet auf einen Empfang im Weißen Haus warten musste, deutete auf die doch recht marginale Rolle hin, welche die USA Italien zubilligten.[1398]

Mit ein Grund für diese Vernachlässigung Berlusconis durch Bush mag wohl in einem Fehltritt des italienischen Regierungschefs zu suchen sein. Während alle westlichen Staatsmänner – von Bush über Blair, Chirac, Schröder und viele mehr – immer wieder sorgsam darauf achteten, keinen Religionskrieg bzw. keinen *clash of civilizations* heraufzubeschwören, sprach Berlusconi vor Vertretern der internationalen Presse in Berlin Ende September 2001 von der Überlegenheit der westlichen Zivilisation gegenüber jener des Islam – wohl im Glauben, sich dadurch Bush andienen zu können.[1399] Damit löste er bei Politikern aus aller Herren Länder einen Sturm der Entrüstung aus. Vor allem westliche Regierungsvertreter brandmarkten Berlusconis Entgleisung als inakzeptabel, dilettantisch und als

---

Della Porta, Donatella/Reiter, Herbert, „Voi G8, noi 6.000.000". Le manifestazioni di Genova, in: Bellucci, Paolo/Bull, Martin (Hg.), Politica in Italia. I fatti dell'anno e le interpretazioni, Ed. 2002, Bologna 2002, S. 119-140; Feldbauer, Gerhard, Marsch auf Rom, S. 172ff.

[1397] Näheres zu den Beschlüssen des G8-Gipfels von Genua, vgl. Bayne, Nicholas, La presidenza italiana del vertice G8, in: Bellucci, Paolo/Bull, Martin (Hg.), Politica in Italia. I fatti dell'anno e le interpretazioni, Ed. 2002, Bologna 2002, S. 185-204.

[1398] Vgl. Padellaro, Antonio, Un uomo senza qualità, in: Colombo, Furio/Padellaro, Antonio (Hg.), Il libro nero della democrazia. Vivere sotto il governo Berlusconi, Mailand 2002, S. 50-52, 52.

[1399] Wörtlich sagte Berlusconi: „Wir müssen uns der Überlegenheit unserer Zivilisation bewusst sein, die aus Prinzipien und Werten besteht, die einen breiten Wohlstand für die Allgemeinheit gebracht haben. [...] Bei uns werden die Menschenrechte sowie die religiösen und politischen Rechte respektiert, was es in den islamischen Ländern sicher nicht gibt. [...] Der Westen wird weiterhin Völker erobern, so wie es ihm gelungen ist, die kommunistische Welt und einen Teil der islamischen Welt zu erobern, aber ein anderer Teil davon ist um 1.400 Jahre zurückgeblieben. [...] Die westliche Gesellschaft hat Werte wie Freiheitsliebe, die Freiheit der Völker und des Einzelnen, die sicherlich nicht zum Erbgut anderer Zivilisationen wie der islamischen gehören. Diese sind zu Taten fähig, die mich erschaudern lassen. Man muss nur sehen, wie die Frauen behandelt werden. Daher kann man beide Zivilisationen nicht auf dieselbe Stufe stellen." Zitiert nach: N.N., Die Entgleisungen im Wortlaut, in: http://www.spiegel.de/politik/ausland/ 0,1518,159688,00.html (25.10.2001).

äußerst gefährlich für den Zusammenhalt der gerade erst mühsam geschmiedeten weltweiten Allianz gegen den internationalen Terrorismus, für die nicht zuletzt auch zahlreiche arabische Länder unverzichtbar waren. Aus Protest sagte der damalige Präsident der französischen Nationalversammlung, Raymond Forni, kurzfristig ein lange im Voraus geplantes Treffen mit dem Präsidenten des italienischen Senats, Marcello Pera (FI), ab. Auch wenn sich Berlusconi wenig später von seinen Äußerungen distanzierte, blieb der Schaden, den er damit insbesondere der Glaubwürdigkeit und dem Ansehen seiner Regierung zugefügt hatte, enorm.[1400] Es mehrten sich in der Folge sogar wieder die Stimmen all jener, die europäische Strafmaßnahmen gegen Italien forderten.[1401]

Vor diesem Hintergrund mag es kaum verwundern, dass Berlusconi auch nicht dazugebeten wurde, als der französische Präsident Jacques Chirac die Regierungschefs Großbritanniens und Deutschlands zu einem Dreiergipfel ins belgische Gent einlud, um kurz vor dem Treffen des Europäischen Rates vom 19. Oktober 2001 die Entwicklungen im inzwischen tobenden Afghanistan-Krieg gemeinsam zu erörtern. Jenseits der Alpen war die Empörung groß, denn man verstand diese Geste als gezielten Versuch, Italien wegen der Entgleisung Berlusconis zu bestrafen und in die allseits gefürchtete „B-Liga" zurückzudrängen.[1402] Dessen ungeachtet verfuhr auch der Brite Tony Blair wenige Wochen später nach dem gleichen Muster und lud zunächst nur seine französischen und deutschen Amtskollegen zu einem Arbeitsessen nach London ein. Eine weitere derartige Schmähung wolle Berlusconi unter keinen Umständen hinnehmen und drohte Blair ebenso wie Chirac im Vorfeld mit einer Obstruktionspolitik seines Landes bei sämtlichen Gelegenheiten, sollte er auch diesmal ausgeschlossen bleiben. Diese Drohung zeigte Wirkung: Blair lud nicht nur Berlusconi, sondern gleich auch den spanischen Ministerpräsidenten José Maria Aznar zu sich ein, was zu einer Art Kettenreaktion führte. Ein Regierungschef nach dem anderen intervenierte in London, so dass am Ende zu neunt in Downing Street gespeist wurde.[1403]

Trotz allem sah Außenminister Ruggiero nach diesem Treffen sein Land wieder international aufgewertet. Als Bestätigung für diese These verwiesen an-

---

[1400] Vgl. Bongiovanni, Bruno, a.a.O., S. 51f.

[1401] Zahlreiche Abgeordnete des Europaparlaments drohten damals Berlusconi mit einem Verfahren wegen eines Verstoßes gegen die europäischen Grundwerte nach Art. 7 des Vertrags von Nizza, der allerdings zu jener Zeit noch darauf wartete, von den nationalen Parlamenten der EU-Mitgliedstaaten ratifiziert zu werden. Vgl. Mayer, Thomas, Auf dem Weg zum Geächteten, in: http://www.derstandard.at/Textversion/20011003/154.html (3.11.2001).

[1402] Vgl. Andreatta, Filippo/Brighi, Elisabetta, a.a.O., S. 269.

[1403] Vgl. Vespa, Bruno, La grande muraglia, S. 210f. Neben Blair, Chirac, Schröder, Berlusconi und Aznar saßen auch der Hohe Außenpolitische Repräsentant der EU, Javier Solana, der damalige EU-Ratsvorsitzende, der belgische Ministerpräsident Guy Verhofstadt, sowie der frühere niederländische Ministerpräsident Wim Kok mit am Tisch. Vgl. ebd., S. 211.

dere Regierungsmitglieder nicht ohne Stolz darauf, dass die Vereinigten Staaten fast zeitgleich das Angebot Italiens endlich akzeptiert hatten, sich mit einem eigenen Kontingent von rund zweitausendsiebenhundert Mann an der internationalen Streitmacht im Kampf gegen den Terrorismus zu beteiligen.[1404] Im Anschluss an den Parlamentsentscheid zur Entsendung dieser Truppen nach Afghanistan am 7. November 2001 zeigte sich auch Berlusconi wieder überzeugt, dass Italien mit diesem Beitrag wieder zu einem wichtigen Alliierten Amerikas avanciert sei. Um seine Nähe zu den Vereinigten Staaten nochmals deutlich unter Beweis zu stellen, nahm der Premier wenig später höchstpersönlich am so genannten *USA Day* teil, einer Demonstration in Rom, die ganz im Zeichen der Solidarität mit den USA stand. Diese war zwar ursprünglich als parteiunabhängige Massenkundgebung gedacht, wurde dann aber recht schnell von der *Forza Italia* vereinnahmt.[1405]

Die Meldung vom plötzlichen Rücktritt des bisherigen Außenministers Renato Ruggiero am 5. Januar 2002 schlug in den meisten Hauptstädten Europas wie eine Bombe ein. Dass gerade der Mann in Berlusconis Kabinett das Handtuch warf, der eigentlich die Kontinuität in der Außen- und Europapolitik hätte garantieren sollen, öffnete allerlei Spekulationen über den künftigen Kurs Italiens in diesen zentralen Politikbereichen Tür und Tor. Vor allem in Berlin nahm man die Entscheidung mit großem Bedauern zur Kenntnis und betrachtete das europäische Engagement Italiens und damit einhergehend auch die engen Beziehungen, wie sie sich zwischen beiden Ländern in der Vergangenheit herausgebildet hatten, nun noch stärker in Gefahr als ohnehin schon.[1406] Ähnlich besorgt äußerte sich auch der belgische Außenminister Louis Michel, der wegen seiner kritischen Haltung gegenüber der Regierung Berlusconi schon öfter für Schlagzeilen gesorgt hatte.[1407]

Um all diesen Befürchtungen den Wind aus den Segeln zu nehmen, warf Berlusconi sein ganzes politisches Gewicht in die Waagschale und schwang sich zum Garanten der Kontinuität in außen- und europapolitischen Fragen auf, indem er ankündigte, selbst das Auswärtige Amt interimistisch zu übernehmen. Die Zeit an der Spitze der italienischen Diplomatie wollte der Regierungschef zu einer tiefgreifenden und seiner Ansicht nach längst überfälligen Reorganisation des

---

[1404] Vgl. N.N., Italien und die Größe Berlusconis, in: http://www.nzz.ch/2001/11/06/al/page-article7RPZB.html (6.11.2001).

[1405] Vgl. Andreatta, Filippo/Brighi, Elisabetta, a.a.O., S. 269f. Der Erfolg dieser Demonstration hielt sich in Grenzen. Mit lediglich rund vierzigtausend Teilnehmern brachte die FI nur halb so viele Menschen auf die Straßen wie ein parallel dazu stattfindender Protestzug, der von Pazifisten organisiert wurde. Vgl. Bongiovanni, Bruno, a.a.O., S. 53.

[1406] Vgl. Valentino, Paolo, Fischer telefona a Ruggiero: Provo grande rammarico, in: Corriere della Sera, 7.1.2002, S. 6.

[1407] Vgl. Caprara, Maurizio, Invito di Prodi: Mi aspetto continuità sull'Europa, in: Corriere della Sera, 7.1.2002, S. 6.

Ministeriums nutzen. Wie Berlusconi in einem Interview mit der Zeitung *Corriere della Sera* ausführte, sollten diese Reformen darauf abzielen, dass bei der Wahrung italienischer Interessen im Ausland in Zukunft stärker als bisher mit unternehmerischen Methoden vorgegangen werde. Entsprechend müssten Berlusconi zufolge bei der Beurteilung des diplomatischen Personals auch etwa die Veränderungen im Volumen der italienischen Exporte in das jeweilige Land in Rechnung gestellt werden.[1408] Nicht ohne Häme warf man Berlusconi daraufhin vor, die Botschafter überall auf der Welt zu Handelsvertretern degradieren zu wollen.[1409] Dieser Vorwurf lief allerdings ins Leere, da die wiederholt angekündigte Reform niemals realisiert wurde.[1410]

Gleichzeitig versprach der Premier im selben Interview aber auch die strikte Fortsetzung des außen- und europapolitischen Kurses seines Landes und sagte an seine europäischen Partner gewandt:

> „Nichts wird sich ändern, die Außenpolitik machen schon immer die Regierungschefs. [...] Ich habe die Absicht, die vorläufige Verwaltung [des Außenministeriums, eig. Anm.] für mindestens sechs Monate zu übernehmen, vielleicht auch länger. [...] Wir sind fest davon überzeugt, dass die Zukunft unseres Landes in einem stärkeren Europa liegt, das mit einer einzigen Stimme zu sprechen vermag und das der wirtschaftlichen die politische Integration folgen lässt, mit einer neuen Verfassung, der unerlässlichen Ost-Erweiterung, einer echten Außen- und Sicherheitspolitik. [...] Europa ist eine ethische Gemeinschaft, ein unverzichtbares Ganzes von Werten und bürgerlichen Errungenschaften, eine große Konstruktion des Friedens, die in diesen Tagen mit dem Start der neuen Währung, dem Euro, gekrönt wurde. Wenn ich an Laeken [Ort des EU-Gipfeltreffens im Dezember 2001, eig. Anm.] denke, glaube ich, dass ich mich unter den Anwesenden als größter Anhänger des Europagedankens erwiesen habe, auch weil alle zuerst die Interessen des eigenen Landes vertreten."[1411]

[1408] Vgl. Interview mit Silvio Berlusconi, in: Corriere della Sera, 7.1.2002, S. 3. In seiner Regierungserklärung zur Außen- und Europapolitik am 14. Januar 2002 vor dem Abgeordnetenhaus ging der Ministerpräsident und Außenminister in Personalunion erneut auf diesen Punkt ein und sagte: „Wir müssen ohne Komplexe das Produkt unseres Talents und unserer Kreativität mindestens so zu verkaufen wissen, wie unsere Partner dies tun. Und um das zu erreichen, ist es notwendig, mit aller Kraft und dem ganzen politischen, wirtschaftlichen und kulturellen Gewicht, das die Nation ausdrückt, auf den Märkten zu bestehen. [...] Fragt die französischen, englischen, deutschen oder amerikanischen Diplomaten, und sie werden Euch antworten, dass die Straße des Handels seit Jahrhunderten eine der Königsstraßen, wenn nicht sogar die Königsstraße ist, über die sich die Ziele der Außenpolitik und der nationalen Präsenz in der Welt realisieren lassen." Rede Silvio Berlusconis vor der Abgeordnetenkammer am 14.1.2002, in: http://www.forza-italia.it/notizie/00_2715pr.htm (17.1.2002) (eig. Übers.).

[1409] Vgl. so z.B. Colombo, Furio, La persuasione di essere unico, in: ders./Padellaro, Antonio (Hg.), Il libro nero della democrazia. Vivere sotto il governo Berlusconi, Mailand 2002, S. 62-64, 63.

[1410] Vgl. Andreatta, Filippo/Brighi, Elisabetta, a.a.O., S. 266.

[1411] Interview mit Silvio Berlusconi, in: Corriere della Sera, 7.1.2002, S. 3 (eig. Übers.).

Ungeachtet dieser Worte sprachen die bisherigen Taten der Mitte-Rechts-Regierung freilich eine andere Sprache, wie am Fall Ruggiero deutlich wurde. Vordergründiger Anlass dieser Trennung „in gegenseitigem Einvernehmen"[1412], wie es in einer offiziellen Stellungnahme hieß, war ein Streit zwischen Ruggiero und anderen führenden Regierungsmitgliedern, der sich an der Einführung des Euro am 1. Januar 2001 entzündet hatte. Die Tatsache, dass Reformenminister Bossi von der *Lega Nord* sowie Schatzminister Tremonti und Verteidigungsminister Martino, beide enge Parteifreunde Berlusconis, nur Hohn und Spott für die Euro-Einführung übrig hatten, brachte das Fass bei Ruggiero zum Überlaufen. Dieser distanzierte sich nicht nur von den Äußerungen seiner Kollegen, sondern zweifelte im gleichen Atemzug auch offen an der so oft beschworenen Kontinuität italienischer Außenpolitik.[1413] Anstatt Ruggiero in dieser Situation den Rücken zu stärken, legte Berlusconi sogar noch nach, indem er feststellte, der Außenminister sei nur ein „Technokrat", über die Außenpolitik entscheide allein der Ministerpräsident. Mit dieser Attacke, das musste dem Premier klar gewesen sein, provozierte er geradezu den endgültigen Bruch.[1414]

Rückblickend betrachtet war der Abgang Ruggieros nur eine Frage der Zeit gewesen. Nach eigenen Angaben hatte sich der gebürtige Neapolitaner bereits Mitte Dezember 2001 mit Berlusconi darauf verständigt, das Kabinett zu verlassen, da er sich schon seit längerem in diesem Kreise immer mehr als Außenstehender gefühlt habe.[1415] Das sah wohl auch der Regierungschef nicht anders, der den Vorgang mit den Worten rechtfertigte: „Die Trennung war nötig geworden, weil die Präsenz Ruggieros in der Regierung die Mehrheit gesprengt hätte."[1416]

In der Tat hatten sich die Gelegenheiten, bei denen Ruggiero innerhalb der eigenen Regierung angeeckt war, in den zurückliegenden Monaten spürbar gehäuft. Erstmals offensichtlich wurden die Divergenzen, als Verteidigungsminister Martino mit der Rückendeckung Berlusconis am 24. Oktober 2001 wie aus heiterem Himmel verkündete, Italien werde aus dem geplanten europäischen Airbus-Projekt aussteigen. Damit vollzog die Regierung Berlusconi einen eindeutigen Kurswechsel gegenüber der bisherigen Haltung Italiens in puncto Aufbau einer gemeinsamen europäischen Verteidigungspolitik.[1417] Entsprechend bedau-

---

[1412] Zitiert nach: Verderami, Francesco, Tremonti: Non sono euroscettico, la penso come Delors e Ciampi, in: Corriere della Sera, 7.1.2002, S. 2 (eig. Übers.).

[1413] Vgl. N.N., Italienische Minister lästern über den Euro, in: http://www.sueddeutsche.de/aktuell/sz/artikel110083.php (4.1.2002).

[1414] Vgl. Fromm, Thomas, Ave Silvio, Kaiser von Rom, in: http://www.ftd.de/pw/eu/FTD6H7TO8WC.html (10.1.2002).

[1415] Vgl. Vespa, Bruno, La grande muraglia, S. 205.

[1416] Zitiert nach: Galluzzo, Marco, Berlusconi si insedia alla Farnesina: ora si cambia, in: Corriere della Sera, 7.1.2002, S. 2 (eig. Übers.).

[1417] Die Idee des Airbus-Projekts reicht bis in die achtziger Jahre zurück. Mit dem Ziel, die europäische Verteidigungsindustrie anzukurbeln und so die amerikanische Vorherrschaft in

erte Ruggiero diese Entscheidung zutiefst und beschwerte sich, in dieser Angelegenheit nicht einmal gefragt worden zu sein. Als einige Wochen danach das Verteidigungsministerium in Rom bekannt gab, dass Italien mit den Vereinigten Staaten über eine Beteiligung an der Konstruktion des neuen amerikanischen Jagdflugzeugs *Joint Strike Fighter* in Verhandlungen stehe, gab es keine Zweifel mehr an der strategischen Ausrichtung Berlusconis. Nicht einmal die Briten hatten jemals daran gedacht, Europa in dieser Frage zugunsten der Amerikaner den Rücken zu kehren.[1418]

Kurz nach dieser Episode gerieten Ruggiero und Martino erneut aneinander. Diesmal ging es um die relativ unstrittige Frage der Entsendung italienischer Soldaten nach Afghanistan. Nachdem der Chef der *Farnesina*, wie das Außenministerium in Rom auch genannt wird, mit UN-Generalsekretär Kofi Annan das italienische Kontingent abgestimmt hatte, fiel ihm der Verteidigungsminister in den Rücken. Sein Kollege könne allenfalls über die Entsendung der Polizisten befinden, die im Dienst des Auswärtigen Amtes stehen, stellte Martino provozierend fest.[1419] Einen schweren Stand hatte Ruggiero überdies auch, als sich Italien wegen des europäischen Haftbefehls in der EU zu isolieren drohte. Als einziges Regierungsmitglied war er für die sofortige Annahme dieses Abkommens ohne Wenn und Aber eingetreten.[1420] Aufgestoßen war dem Chefdiplomaten aber auch das Veto, das Berlusconi auf dem EU-Gipfel im belgischen Laeken im Dezember 2001 einlegte, als es um die Frage ging, wo die neue europäische Nahrungsmittelbehörde angesiedelt werden solle. Obwohl sich die EU in einer Vorabsprache bereits auf Helsinki als Sitz geeinigt hatte, beharrte Berlusconi als Einziger auf Parma und torpedierte damit zunächst die Entscheidung.[1421]

Der ausschlaggebende Grund für den vorzeitigen Abtritt Ruggieros war jedoch grundsätzlicher Natur, wie dieser einige Tage nach seinem Zerwürfnis bekannte. Die meisten Regierungsvertreter, angefangen vom Premier selbst, wür-

---

diesem Sektor zu durchbrechen, hatte Sergio Mattarella in seiner damaligen Funktion als italienischer Verteidigungsminister Mitte 2000 die Beteiligung seines Landes am Bau des Militärtransportflugzeugs *A400M* zugesichert. Dahinter stand jedoch nicht nur der Wille, einen europäischen Industriezweig zu stärken. Es ging auch darum, einer eigenständigen, gemeinsamen europäischen Verteidigungspolitik auf die Beine zu helfen. Vgl. Andreatta, Filippo/Brighi, Elisabetta, a.a.O., S. 270.

[1418] Vgl. ebd., S. 270f.

[1419] Vgl. Vespa, Bruno, La grande muraglia, S. 207.

[1420] Vgl. N.N., Italiens Außenminister Ruggiero tritt zurück, in: http://www.nzz.ch/2002/01/07/al/page-article7VXWJ.html (7.1.2002). Näheres zu den Auseinandersetzungen um den Europäischen Haftbefehl, vgl. Kapitel 8.2.

[1421] Vgl. Ladurner, Ulrich, Ich, ich, ich, Silvio, in: http://www.zeit.de/2002/04/Politik/print_200204_berlusconi.html (18.1.2002). Berlusconi ließ sich in dieser Frage auch später nicht erweichen, so dass Parma tatsächlich das Rennen machte. Vgl. Middel, Andreas, In Dublin kann es für Europa eigentlich nur besser werden, in: Die Welt, 31.12.2003, S. 4.

den an dieses Europa einfach nicht glauben, sie würden ihm mal mit Misstrauen, mal mit Langeweile begegnen und es sogar als notwendiges Übel betrachten, lautete der Vorwurf Ruggieros.[1422] Dieses sehr harte Urteil eines Insiders und die hier geschilderten Reibungspunkte lassen nur einen Schluss zu: „Der Rücktritt Ruggieros war [..] unausweichlich und stellte ein verspätetes, sichtbares Zeichen für Italiens Neuausrichtung in der Außenpolitik im Allgemeinen sowie speziell in der Europapolitik dar."[1423]

Die Gretchenfrage, wie Europa in Zukunft aussehen soll, beantworten die einzelnen Kräfte innerhalb der Regierungskoalition freilich auf ganz unterschiedliche Weise. Für die rechtspopulistische *Lega Nord* hat deren Parteichef Bossi oft genug deutlich gemacht, dass sie a priori gegen ein vereintes Europa eingestellt ist. Kurz vor Ruggieros Rücktritt hatte Bossi die EU während einer Demonstration gegen illegale Einwanderung als „Forcolandia" beschimpft, was soviel bedeutet wie „Galgenland".[1424] Anders die postfaschistische *Alleanza Nazionale* unter Vizepremier Fini: Dieser verwehrt sich regelmäßig dagegen, als europafeindlich eingestuft zu werden und spricht gerne von einem „Europa der Nationalstaaten". Zwar hat er mittlerweile den Euro und somit auch die Wirtschafts- und Währungsunion geschluckt, doch etwa eine gemeinsame Verteidigungs- oder Sicherheitspolitik aller EU-Staaten möchte er sich gar nicht erst vorstellen.[1425]

Im Fall der *Forza Italia*, die ja schließlich zur *Europäischen Volkspartei* mit deren langer integrationsfreundlicher Tradition gehört, bereitet eine klare Einordnung dagegen weit mehr Schwierigkeiten. Berlusconi sieht sich nur zu gern in der Rolle des großen Europäers und nahm gerade in jüngster Vergangenheit immer wieder Bezug auf europäische Gründungsväter wie den Christdemokraten Alcide De Gasperi.[1426] Zweifellos gibt es in der FI aber auch einflussreiche Exponenten, die, wie etwa der bereits mehrfach erwähnte Verteidigungsminister Martino, nach wie vor strikt gegen eine engere politische Integration eingestellt sind. Lediglich die Außen- und Verteidigungspolitik möchte man vergemeinschaftet haben. Wenn Martino an Europa denkt, dann wünscht er sich

„eine schlanke Struktur, nicht gelähmt durch Aufgaben, die es nicht imstande ist, effizient zu bewerkstelligen, und die ihm ohnehin nicht zustehen. Eine schlanke

---

[1422] Vgl. N.N., L'amarezza di Ruggiero. Le ragioni di un divorzio, in: Corriere della Sera, 9.1.2002, S. 6.

[1423] Grasmück, Damian, Italiens Europapolitik am Scheideweg, in: Blätter für deutsche und internationale Politik, 47. Jg. (2002), H. 3, S. 278-281, 279.

[1424] Vgl. Bongiovanni, Bruno, a.a.O., S. 54.

[1425] Vgl. Migge, Thomas, Der Spielverderber, in: http://195.170.124.152/archiv/2002/01/07/akpo-au-558514.html (8.1.2002).

[1426] Vgl. so z.B. Rede Silvio Berlusconis vor der Abgeordnetenkammer am 14.1.2002, in: http://www.forza-italia.it/notizie/00_2715pr.htm (17.1.2002).

Struktur, die jene großen Ziele verfolgt, die allen Ländern gemein sind. Ich sehe ein Europa, das die Außen- und Verteidigungspolitik gemeinsam macht, das aber nicht die Kochzeit der Pizzen im Holzofen regelt."[1427]

Berlusconi indes vermeidet es sorgsam, sich so weit zu exponieren. Ganz im Gegenteil sagt er von sich, er sei ein „Euro-Enthusiast".[1428] In seinen Reden kommt dennoch immer wieder zum Ausdruck, dass auch er eine Föderation der Nationalstaaten, in der Italien stärker als bisher seine nationalen Interessen verfolgen könne, am liebsten kommen sähe. Dabei legt er großen Wert auf das Subsidiaritätsprinzip. In einer Regierungserklärung zur Außen- und Europapolitik vor der Abgeordnetenkammer in Rom am 14. Januar 2002 präzisierte er folgendermaßen seine europapolitischen Vorstellungen:

> „Wir [..] werden uns auch weiterhin gegen jede dirigistische, zentralistische und bürokratische Vision des Integrationsprozesses stemmen. Immer, in jeder Beziehung zwischen dem Zentrum und der Peripherie des Systems, muss das allgemeine Prinzip der Subsidiarität gelten, auch wenn es sich um einen Föderalismus zwischen souveränen Nationen, zwischen Vaterländern handelt: Das Zentrum des Systems macht nur das, was die Gemeinschaft auf der tiefer gelegenen Ebene nicht machen kann. [...] Italien wird die eigene Stimme zu erheben wissen, um das nationale Interesse zu schützen, im Gleichschritt mit dem Gemeinschaftsinteresse einer schnellen und effizienten, aber Schritt für Schritt fest legitimierten Integration."[1429]

Im Einklang mit dieser wenig integrationsfreundlichen Vision von Europa steht der bei zahlreichen Gelegenheiten stets wiederholte Vorschlag Berlusconis, nicht nur die Türkei, sondern auch die Russische Föderation eines Tages in die EU aufzunehmen.[1430] Einen solchen Vorstoß, der in fast allen Hauptstädten der

---

[1427] Interview mit Antonio Martino, in: Corriere della Sera, 9.1.2002, S. 5 (eig. Übers.).

[1428] Vgl. Interview mit Silvio Berlusconi, in: http://www.thetimes.co.uk/article/0,,7-2002020975,00.html (15.1.2002).

[1429] Rede Silvio Berlusconis vor der Abgeordnetenkammer am 14.1.2002, in: http://www.forza-italia.it/notizie/00_2715pr.htm (17.1.2002) (eig. Übers.).

[1430] Mit Blick auf Russland sagte Berlusconi in einem Interview Mitte Januar 2002: „My Europe is defined nor merely geographically or even historically, but in terms of our common cultural heritage, the shared values of civilisation. This has to do with our common Christian roots – and that includes Russia." Interview mit Silvio Berlusconi, in: http://www.thetimes.co.uk/article/0,,7-2002020975,00.html (15.1.2002). Anlässlich eines Besuchs Berlusconis in Moskau Mitte Oktober 2002 stellte Italiens Premier seinem Gastgeber, Präsident Putin, abermals die Vollmitgliedschaft Russlands in der EU in Aussicht. Dabei hatte der Präsident der Europäischen Kommission, Romano Prodi, nur einen Tag zuvor zu verstanden gegeben, dass Russland niemals in die EU aufgenommen werden würde. Vgl. N.N., Annäherung Putins an Frankreichs Vorschlag, in: http://www.nzz.ch/2002/10/17/al/page-article8GSS6.html (17.10.2002). Ebenso schwang sich Berlusconi zum Anwalt eines möglichst schnellen Beitritts der Türkei in die EU auf. Bei einem Treffen mit dem damals frisch gebackenen türkischen Wahlsieger Recep Erdogan Mitte November 2002 in Rom versprach Berlusconi, er werde sein Möglichstes tun, damit die EU-Staats- und Regierungschefs der Türkei auf ihrem nächsten Gipfeltreffen in Kopenhagen ein

EU auf völliges Unverständnis stößt – Frankreichs Präsident Chirac etwa bezeichnete im März 2003 die Pläne Berlusconis als reine Zeitverschwendung[1431] –, kann wohl nur jemand wagen, dem, ähnlich wie Margaret Thatcher in den achtziger Jahren, an weiteren europäischen Integrationsschritten kaum gelegen zu sein scheint. Offen zugeben möchte man das in FI-Kreisen allerdings nicht. Laut Antonio Tajani sind die Pläne Berlusconis vielmehr Ausdruck eines Strebens nach Größe, und zwar nach persönlicher Größe ebenso wie nach Größe Italiens und Europas:

> „Berlusconi denkt an ein Europa in weitesten Grenzen, weil er möchte, dass Europa mehr zählt. Das ist ein Vorschlag, den er gemacht hat, der nicht die unmittelbare Zukunft, sondern die langfristige Stoßrichtung betrifft. [...] Ein großer Staatsmann hat [...] auch die Aufgabe, Vorschläge zu unterbreiten. Der Aufbau Europas ist nicht etwas Begrenztes, und vielleicht war es bis vor einigen Jahren auch unvorstellbar, dass Ungarn oder Polen Mitglieder der Europäischen Union sein würden. [...] Aber das sind Vorschläge, die er macht, weil er Protagonist sein will, und er will, dass Italien Protagonist des europäischen Aufbaus ist. Und Protagonist zu sein, bedeutet auch, Vorschläge zu machen, Ideen zu haben und nicht nur zu sagen: ‚Ja, ja, wartet ab.' [...] Er ist ein Staatsmann, und deshalb hat er keine allzu bürokratische Vision von Europa."[1432]

Der Vorstoß Berlusconis kann aber auch in einem ganz anderen Licht gesehen werden. Nach Ansicht von Andreatta und Brighi steht dahinter wieder einmal der Wille, die Beziehungen Italiens zu den USA zu stärken, und zwar zulasten des Verhältnisses zu den Europäern. Denn eine solche Erweiterungsrunde würde, abgesehen von den enormen wirtschaftlichen Problemen, ganz sicher die politische Natur der Union auf den Kopf stellen und deren Zusammenhalt nachhaltig schwächen. Die USA hingegen sähen eine solche Entwicklung wahrscheinlich mit Wohlwollen, würden doch die eigenen Alliierten Türkei und Russland dadurch klar bevorteilt.[1433]

In diesem Kontext ist denn auch der gezielte „Flirt", den Berlusconi schon recht früh mit dem russischen Präsidenten Wladimir Putin startete, zu sehen. Bereits während des G8-Gipfels von Genua im Juli 2001 soll der italienische Premier Putin versprochen haben, sich bei seinen europäischen Partnern ebenso wie beim amerikanischen Präsidenten für einen Beitritt Russlands zur Europäischen

---

Datum für den Beginn von Beitrittsverhandlungen nennen. Demgegenüber hatte der Präsident des EU-Verfassungskonvents, Valéry Giscard d'Estaing, wenige Tage zuvor noch einen solchen Beitritt kategorisch abgelehnt. Vgl. Gottschlich, Jürgen, EU-Türkei: Giscard löst Gegenbewegung aus, in: Der Standard, 15.11.2002, S. 4.

[1431] Vgl. Nadeau, Barbie, Feeling the Heat, in: http://www.mnsbc.com/news/912120.asp (14.5.2003).

[1432] Interview des Autors mit Antonio Tajani am 1.8.2003 in Rom (eig. Übers.).

[1433] Vgl. Andreatta, Filippo/Brighi, Elisabetta, a.a.O., S. 273f.

Union und zur NATO in nicht allzu ferner Zukunft einzusetzen.[1434] Als erster Schritt in diese Richtung schwebte Berlusconi ein neuer, zwanzigköpfiger NATO-Rat unter Einschluss Russlands vor. Bei einer offiziellen Visite in Moskau am 25. Oktober 2001 machte Italiens Regierungschef Putin erstmals mit diesem Plan vertraut. Auch kündigte er gegenüber seinem Gastgeber an, sich im Kreise der G7 für die Bereitstellung von zwanzig Milliarden Dollar stark zu machen, um damit die verrottenden russischen Waffenarsenale fachgerecht zu verschrotten.[1435] Soviel Entgegenkommen konnte nicht unbelohnt bleiben. Für Anfang April 2002 lud Putin seinen italienischen Kollegen zu sich in seine Datscha am Schwarzen Meer ein. Dort bestätigte Berlusconi den 28. Mai 2002 als Termin für die Unterzeichnung des historischen Paktes über die neue strategische Zusammenarbeit zwischen der NATO und Russland.[1436]

Dieses Gipfeltreffen, das auf dem Militärstützpunkt Pratica di Mare südlich der italienischen Hauptstadt stattfand, war ganz nach dem Geschmack Berlusconis, der nicht nur voller Stolz auf die große historische Bedeutung dieses Ereignisses hinwies, sondern auch auf seine herausragenden Vermittlertätigkeiten zwischen dem amerikanischen und dem russischen Präsidenten.[1437] Dass die Etablierung dieses neuen NATO-Rates, der Russland erstmals als gleichberechtigten Partner einschloss, sich nicht unbedingt positiv für Europa und somit auch für Italien auswirken würde, ließ Berlusconi dagegen unerwähnt. Zum einen bedeutete nämlich die politische Teilhabe Russlands an der Allianz eine Reduzierung ihrer militärischen Rolle, die für die Europäer, die keine unilateralen Alternativen haben, wichtiger ist als für die Amerikaner. Zum anderen schien die stärkere politische Rolle der NATO, die mit der Einbeziehung Russlands einherging, darauf abzuzielen, ein mögliches, zur UNO alternatives Legitimationsforum für westliche Interventionen zu schaffen. Auch dieses Ziel liegt Washington weitaus näher als etwa Brüssel.[1438]

Derweil sorgte Berlusconi für immer neue Reibungspunkte zwischen Italien und der Europäischen Union, so etwa in Sachen EU-Verfassungskonvent: Entgegen früherer Absprachen auf höchster Ebene entschied der italienische Ministerpräsident im Januar 2002 plötzlich, ausgerechnet seinen Stellvertreter Gianfranco

---

[1434] Vgl. Vespa, Bruno, La grande muraglia, S. 216.

[1435] Vgl. ebd., S. 217f.

[1436] Vgl. ebd., S. 218f.

[1437] Vgl. Ginsborg, Paul, Berlusconi, S. 66. Inwieweit dieses neue Abkommen zwischen der NATO und Russland tatsächlich aufgrund der Vermittlertätigkeit Berlusconis zustande gekommen ist, lässt sich nur schwer sagen. Der amerikanische Botschafter in Rom, Mel Sembler, jedenfalls spricht von einem beachtlichen Einfluss, den Berlusconi hinter den Kulissen ausgeübt habe. Vgl. N.N., E spunta una statua per George senior da caricare sull'Air Force One, in: Corriere della Sera, 25.5.2002, S. 14.

[1438] Vgl. Andreatta, Filippo/Brighi, Elisabetta, a.a.O., S. 273.

Fini von der postfaschistischen *Alleanza Nazionale* als Vertreter seiner Regierung in den europäischen Verfassungskonvent zu entsenden. Dieses Vorhaben stieß bei zahlreichen Mitgliedstaaten, darunter auch Deutschland, auf erhebliche Widerstände, denn man vertrat die Meinung, die italienische Regierung sei mit dem Vizekonventspräsidenten Giuliano Amato bereits bestens vertreten.[1439] Nachdem Berlusconi jedoch damit gedroht hatte, unter diesen Umständen auf Amato zugunsten von Fini zu verzichten, lenkten die übrigen Partner ein und akzeptierten den italienischen Vorstoß.[1440]

Für Ungemach sorgte kurze Zeit später auch ein Zusatzabkommen zum europäischen Haftbefehl, mit dem die grenzüberschreitende Sicherstellung von Vermögen und Beweisen garantiert werden sollte. Wieder einmal war es Italien, das auf einer Sitzung der EU-Innen- und Justizminister als einziges Land zunächst sein Veto gegen diesen Rahmenbeschluss einlegte. Erst nach einem Telefonat mit Berlusconi gab Justizminister Castelli seine Blockadehaltung auf, machte gleichzeitig aber Probleme mit der italienischen Verfassung geltend, derentwegen sich die Regierung vom Parlament zunächst noch Rückendeckung holen müsse.[1441]

Als dann auch noch Reformminister Bossi Anfang März 2002 auf einer Parteikundgebung der EU Stalinismus vorgeworfen und die Italiener zum zivilen Ungehorsam gegen die Union aufgerufen hatte, sah sich Staatspräsident Ciampi, ein überzeugter Europäer, zum Eingreifen gezwungen. Er zitierte Berlusconi und seinen christdemokratischen Europaminister Rocco Buttiglione zu sich in den Quirinalspalast, um seine Sorge um den Kurs der italienischen Europapolitik in einem klärenden Gespräch auszudrücken. Wie kaum anders zu erwarten, unterstrich der Ministerpräsident daraufhin wieder einmal den angeblich stark europafreundlichen Kurs seiner Regierung. Für eine Abmahnung in Richtung Bossi sah er dennoch keine Notwendigkeit und erklärte lediglich, man müsse zwischen dessen Aussagen als Minister einerseits und als Parteipolitiker andererseits eben unterscheiden.[1442]

[1439] Eigentlich hätte Vizepräsident Amato gleichzeitig auch der italienische Regierungsvertreter sein sollen. Das zumindest hatten die Staats- und Regierungschefs der EU auf ihrem Gipfeltreffen im belgischen Laeken im Dezember 2001 vereinbart. In den schriftlichen Versionen dieser Vereinbarung hatten sich allerdings Übersetzungsfehler eingeschlichen; nur in der niederländischen Urfassung stand noch explizit, dass die beiden Vizepräsidenten auch Vertreter ihrer jeweiligen Regierungen seien. Diesen Übersetzungsfehler machte sich Berlusconi zunutze, als er Fini ins Spiel brachte. Vgl. Bolesch, Cornelia, Wie es geschrieben steht, in: http://www.sueddeutsche.de/aktuell/sz/artikel116580.php (27.1.2002).

[1440] Vgl. N.N., Berlusconi setzt Fini als Vertreter im EU-Konvent durch, in: http://www.sueddeutsche.de/aktuell/sz/artikel117043.php (29.1.2002).

[1441] Vgl. Bolesch, Cornelia, Italien gibt Blockade vorerst auf, in: http://www.sueddeutsche.de/aktuell/sz/artikel127998.php (1.3.2002).

[1442] Vgl. N.N., Bossi sorgt für erheblichen Wirbel, in: http://www.dolomiten.it/dolomiten/2002/03/06/y0603b08.html (6.3.2002).

Trotz dieser heftigen Polemiken über die italienische Europapolitik hielt man sich in Europas Hauptstädten mit Kritik an der Regierung in Rom offiziell zurück. Selbst der deutsche Bundeskanzler Gerhard Schröder, der nicht gerade als Freund Berlusconis gilt, suchte bei einem deutsch-italienischen Gipfeltreffen in Triest im März 2002 die offene Konfrontation zu vermeiden und konzentrierte sich stattdessen auf die Gemeinsamkeiten zwischen Deutschland und Italien. So bekundeten beide Politiker übereinstimmend, auf europäischer Ebene den Rat zulasten der EU-Kommission künftig stärken zu wollen.[1443]

Der britische Premier Tony Blair indes ging mit offenen Armen auf Berlusconi zu. Mitte Februar 2002 reiste er nach Rom, um unmittelbar vor dem EU-Ratstreffen in Barcelona gemeinsam mit seinem italienischen Gastgeber eine Art Reform-Manifest zur wirtschaftlichen Liberalisierung des Arbeitsmarkts und des Energiesektors zu unterzeichnen. Nachdem dann auch noch der spanische Ministerpräsident und amtierende EU-Ratsvorsitzende Aznar die übrigen Europäer kritisierte, die den Liberalisierungsprozess bremsten, war für so manche politische Beobachter eine neue Dreierachse Rom-Madrid-London nicht mehr zu leugnen, die ein Gegengewicht zum traditionellen deutsch-französischen Motor darstelle.[1444] Auch wenn sich mit dem Regierungswechsel in Spanien ein solcher Dreierbund wohl erübrigt hat, bestand nach Ansicht von Franchi kein Zweifel daran, dass Berlusconi dieses Dreieck tatsächlich ausbauen wollte, um den Deutschen und den Franzosen innerhalb der EU Paroli bieten zu können.[1445] Dennoch gab es von Anfang an berechtigte Zweifel an der Tragfähigkeit einer solchen Achse. Denn anders als Italien ist Großbritannien nach wie vor nicht Mitglied der Währungsunion, und das Festhalten Berlusconis an einer stärkeren außen- und verteidigungspolitischen Union stößt in London auf wenig Sympathien.[1446] Auch Bolaffi hielt es für ausgeschlossen, dass mir nichts, dir nichts ein ebenbürtiges Pendant zur langjährigen Zusammenarbeit zwischen Deutschland und Frankreich hätte entstehen können.[1447] Wohl aber zieht er eine Neuausrichtung der drei Länder in einem größeren Zusammenhang in Betracht:

> „Spanien und Großbritannien sind zwei Länder, die wenig oder relativ wenig mit der europäischen Tradition zu tun haben. Berlusconis Italien indes gehört zu den Gründungsvätern. Deshalb ist Berlusconi das wahre trojanische Pferd. Denn er ist der einzige Gründungsvater der sechs [...], der sich auf die andere Seite geschlagen hat. [...] Das eigentliche Risiko besteht in dem Maße, in dem ein Bruch vollzogen

---

[1443] Vgl. Ulrich, Stefan, Freundliche Gesten im Berlusconi-Land, in: http://www.sueddeutsche.de/aktuell/sz/artikel130521.php (10.3.2002).

[1444] Vgl. N.N., „Neue Achse" zwischen Rom und London?, in: http://www.nzz.ch/2002/02/15/wi/page-article7YUBP.html (15.2.2002).

[1445] Vgl. Interview des Autors mit Paolo Franchi in Rom am 5.5.2003.

[1446] Vgl. N.N., „Neue Achse" zwischen Rom und London?, in: http://www.nzz.ch/2002/02/15/wi/page-article7YUBP.html (15.2.2002).

[1447] Vgl. Interview des Autors mit Angelo Bolaffi in Rom am 1.5.2003.

wird, das heißt, das eigentliche Problem ist, dass es heute kein einheitliches Konzept des Westens [...] mehr gibt, wie es fünfzig Jahre lang der Fall war. [...] Mit der neuen amerikanischen Linie zeichnet sich eine neue Strategie ab, auch ein neues Wertesystem innerhalb des Westens. Somit ist es denkbar, dass sich der Westen und damit auch Europa spaltet. In diesem Kontext könnte es eine Achse London-Madrid-Rom, auch Polens, geben, [...] in einer Welt, in der die Karten neu gemischt werden."[1448]

Jenseits dieser globalpolitischen Perspektive scheint festzustehen, dass insbesondere der Annäherungsversuch zwischen Blair und Berlusconi dem Bedürfnis beider Politiker entspringt, sich mit Hilfe des jeweils anderen aus ihrer zumindest ansatzweise vorhandenen Isolation in Europa zu befreien.[1449]

Wenn es auch im Rahmen der Europapolitik eine Reihe von Divergenzen zwischen dem Großbritannien Blairs und dem Italien Berlusconis gibt, so scheinen die beiden doch im Gleichschritt zu marschieren, sobald die USA mit ins Spiel kommen. Das wurde auch anlässlich des Streits um den Internationalen Strafgerichtshof (IStGH) deutlich. Am Rande des Treffens der EU-Außenminister im dänischen Helsingör Ende August 2002 sagte Berlusconi, seine Regierung erwäge ein bilaterales Abkommen mit den USA über die Nichtauslieferung amerikanischer Soldaten an den IStGH.[1450] Mit dieser Ankündigung ganz im Sinne der Vereinigten Staaten ging er innerhalb der EU auf Konfrontationskurs. Lediglich Großbritannien freute sich wohl insgeheim über die Neuausrichtung Italiens, denn Blair dachte schon länger ähnlich wie Berlusconi, nur traute er sich bis dato kaum, als Einziger aus der europäischen Solidarität auszuscheren. In dieser verzwickten Lage dürfte ihm der Vorstoß Berlusconis gerade recht gekommen sein.[1451] Somit ist es letzten Endes insbesondere Berlusconi anzulasten, dass die Einheitsfront der Europäer gegen die Amerikaner in dieser heiklen Frage aufgebrochen wurde.

Schwerer tat sich Berlusconi, als es um die Haltung seines Landes zu einem möglichen Militäreinsatz gegen den Irak ging. Etliche Male änderte Italiens Premier im Laufe der sich über Monate hinziehenden Debatte hierüber seine Mei-

---

[1448] Ebd. (eig. Übers.).

[1449] Vgl. Arens, Roman, Berlusconi sucht einen Freund, in: http://www.fr-aktuell.de/fr/102/t102013.html (16.2.2002); Bonanni, Andrea, Chirac e Schröder guardano a Roma, in: Corriere della Sera, 14.2.2002, S. 14. Für seine Annäherungsbemühungen gegenüber Berlusconi musste sich Blair Kritik aus den eigenen Reihen gefallen lassen. Diese versuchte Blair mit dem Argument zu entkräften, der Erfolg von *New Labour* beruhe unter anderem darauf, sich dorthin vorzuwagen, wo frühere *Labour*-Führer eben nicht hingegangen seien. Vgl. Bennett, Rosemary, Blair defends ties with right, in: http://globalarchive.ft.com/globalarchive/article.html?id=020319001356&query=Berlusconi (19.3.2002).

[1450] Vgl. N.N., IStGH: Italien erwägt Einigung mit den USA, in: http://www.netzeitung.de/servlets/page?section=3&item=204798 (31.8.2002).

[1451] Vgl. Ulrich, Stefan, Bushs europäische Helfer, in: Süddeutsche Zeitung, 9.2.2002, S. 2.

nung, teilweise sogar erheblich. Anfang September 2002 sagte er am Rande eines Treffens mit anderen konservativen Regierungschefs Europas, trotz der Freundschaft, die ihn mit Amerika verbinde, sei Italien nur dann bereit, einen Militärschlag gegen den Irak zu unterstützen, wenn ein Mandat der UNO vorläge.[1452]

Auf dem Europa-Asien-Gipfel in Kopenhagen Mitte September 2002 ließ Berlusconi allerdings die Katze aus dem Sack. Erstmals stellte er sich offen hinter die USA. Unter anderem vertrat er hier die Ansicht, es lägen hinreichende Beweise vor, dass der Irak Massenvernichtungswaffen besitze. Ein Präventivschlag, wie ihn die USA anstrebten, sei daher nicht abwegig, so Berlusconi weiter. Mit dieser Positionierung geriet er allerdings in scharfen Konflikt mit dem französischen Präsidenten Chirac, der strikt gegen einen neuerlichen Krieg am Golf eingestellt war. Es kam zum Eklat zwischen beiden, woraufhin Frankreich eine scharfe Obstruktionspolitik im UN-Sicherheitsrat ankündigte.[1453]

Nur wenige Tage später schlug Berlusconi in einer Regierungserklärung zur Außenpolitik wieder deutlich weichere Töne an, blieb aber insgesamt eher ambivalent. Zunächst machte er sich hier wieder für eine UN-Resolution stark und sprach sich überdies gegen einen Präventivschlag aus. Konkret forderte er den

> „Aufbau einer Koalition auf multilateraler Basis, die in der Lage ist, die penible Achtung einer neuen, klaren, kraftvollen und dringlichen Resolution der Vereinten Nationen durchzusetzen, die mit allen Taktiken der List, des Aufschubs und der Täuschung kurzen Prozess macht. [...] Italien lehnt den Krieg als Instrument des Angriffs ab: Dieses Prinzip ist in der Verfassung verankert und entspricht dem Empfinden der großen Mehrheit der Italiener."[1454]

Gleichzeitig ließ er aber auch an der Solidarität seines Landes gegenüber den USA keinen Zweifel. Die Italiener müssten sich eingestehen,

> „dass wir auf die strategischen Besorgnisse der amerikanischen Regierung nicht einfach mit einem Achselzucken antworten können, unabhängig davon, wie wir im Einzelnen darüber denken. [...] Wir wollen der neuen strategischen Orientierung der Vereinigten Staaten [...] nicht die Gummimauer der Tatenlosigkeit oder des Abfalls von der Solidarität entgegensetzen."[1455]

Eine eindeutige Kehrtwende in dieser Frage vollzog Berlusconi Mitte Oktober 2002. Im Anschluss an ein Treffen mit dem russischen Präsidenten Wladimir Putin in Moskau zeigte sich der italienische Premier plötzlich überzeugt, dass der Irak mittlerweile über keine Massenvernichtungswaffen mehr verfüge. Außerdem näherte er sich stark den Positionen der Vetomächte Frankreich und Russ-

---

[1452] Vgl. N.N., Berlusconi: Attacco solo nell'ambito dell'Onu, in: La Repubblica, 9.9.2002, S. 3.

[1453] Vgl. N.N., Iraq, scontro Francia-Italia sulla tesi dell'attacco preventivo, in: La Repubblica, 23.9.2002, S. 2.

[1454] Rede Silvio Berlusconis vor der Abgeordnetenkammer am 25.9.2002, in: http://www.forza-italia.it/notizie/00_3612pr.htm (8.11.2002) (eig. Übers.).

[1455] Ebd. (eig. Übers.).

land an und plädierte nunmehr für ein zweistufiges Vorgehen im UN-Sicherheitsrat. Ursprünglich hatte Berlusconi vor seiner Abreise nach Moskau angekündigt, er wolle den russischen Präsidenten dazu bewegen, den Amerikanern entgegenzukommen. Doch allem Anschein nach ist ihm dies nicht gelungen, und so zog er es wahrscheinlich vor, sich die Position seines Gegenübers zu eigen zu machen, anstatt den offenen Dissens festzustellen.[1456] Vom sogleich allseits geäußerten Vorwurf, Berlusconi sei in der Außenpolitik inkonsequent und biedere sich seinen jeweiligen Gesprächspartnern geradezu an, wollte dieser nichts wissen. Unmissverständlich stellte er einen Tag danach klar, Italien gehöre zu den treuesten Verbündeten der USA.[1457]

Doch je näher der absehbare Krieg rückte, desto mehr geriet Berlusconi in die Bredouille. Alle möglichen Umfragen signalisierten, dass die übergroße Mehrheit der italienischen Bevölkerung strikt gegen einen Krieg eingestellt war, und immerhin sechzig Abgeordnete seiner Koalition hatten vorab erklärt, im Parlament gegen eine Beteiligung an einem Waffengang zu stimmen.[1458] Ein solches Votum, darauf hatte sich Berlusconi zuvor festgelegt, wäre aber für eine aktive Beteiligung Italiens an Militärhandlungen vonnöten. So dementierte er denn auch den amerikanischen Regierungssprecher Ari Fleischer, der Ende Januar 2003 bereits davon ausgegangen war, dass Italien ähnlich wie Großbritannien im Kriegsfall an der Seite der USA stehen werde.[1459]

Dennoch unterschrieb auch Berlusconi – neben Blair, Aznar und den anderen Regierungschefs aus Portugal, Dänemark, Polen, Ungarn und Tschechien – einen gemeinsamen Aufruf zugunsten der amerikanischen Irak-Politik. In diesem offenen Brief, den unter anderem die Londoner Tageszeitung *The Times* am 30. Januar 2003 veröffentlichte, hieß es, Europa müsse geschlossen und zusammen mit den USA für eine Entwaffnung des Irak eintreten.[1460] Gerade die Beteiligung

---

[1456] Vgl. Garimberti, Paolo, Iraq, lo slalom del Cavaliere, in: http://www.repubblica.it/online/politica/italiairaqdue/garimberti/garimberti.html (17.10.2002).

[1457] Vgl. Di Caro, Paola, „Io e Blair gli alleati più fedeli di Bush, in: http://www.corriere.it/edicola/index.jsp?path=POLITICA&doc=BERLU (18.10.2002).

[1458] In seiner Regierungskoalition war der pro-amerikanische Kurs, den Berlusconi eingeschlagen hatte, keineswegs unumstritten. Vizepremier Fini stützte zwar vor allem aus Staatsraison den Premier, doch waren die Vorbehalte gegen Amerika in dessen eigener Partei nach wie vor nicht unerheblich. Ebenso fiel auch die *Lega Nord* Berlusconi zwar nicht in den Rücken, stand dem Krieg aber dennoch eher ablehnend gegenüber. Die kritischsten Stimmen indes kamen von den beiden christdemokratischen Alliierten Berlusconis, die sich hinter den Papst gestellt hatten, der zu den entschiedensten Gegnern eines Irak-Feldzuges zählte. Vgl. Schmid, Thomas [u.a.], Zwischen Amerika und Rom, in: Frankfurter Allgemeine Zeitung, 13.2.2003, S. 1.

[1459] Vgl. N.N., „Wir laufen den Amerikanern nicht brav hinterher", in: Süddeutsche Zeitung, 25.1.2003, S. 8.

[1460] Vgl. N.N., „Unsere Stärke liegt in der Einheit", in: http://www.welt.de/data/2003/01/30/37519.html?prx=1 (30.1.2003).

Berlusconis an dieser Aktion, die in den Augen der Kriegsgegner als eine Art Komplott aufgefasst wurde, war vor allem für Deutschland und Frankreich besonders schmerzlich, war doch die italienische Regierung die Einzige aus dem alten EWG-Kerneuropa, die sich dem Aufruf angeschlossen hatte, der Europa tief spaltete.[1461] Das störte Berlusconi offensichtlich nicht allzu sehr, denn der vertrat zu jener Zeit die Meinung, es müsse endlich Schluss sein mit der Vorherrschaft des „karolingischen Europas" in der EU.[1462]

Vor diesem Hintergrund war es nur folgerichtig, dass sich Berlusconi bei seinem Besuch im Weißen Haus Ende Januar 2003 abermals als wichtiger politischer Verbündeter Amerikas empfahl. Und Bush schien diesmal – anders als noch unmittelbar nach dem 11. September, als er den Italiener auf die Warteliste setzte, – die angebotene Hilfe Berlusconis sofort dankend anzunehmen. Dabei stand mittlerweile fest, dass der Beitrag Italiens nicht militärischer, sondern „nur" politischer Natur sein würde. Der italienische Premier versprach seinem amerikanischen Kollegen, nicht nur selbst der so genannten *coalition of the willing* beizutreten, sondern auch möglichst viele andere Länder von der Notwendigkeit zu überzeugen, sich ebenfalls an die Seite der USA zu schlagen und dieser Koalition beizutreten. Insbesondere in Moskau, Paris und Berlin wollte Berlusconi im Sinne Bushs Überzeugungsarbeit leisten.[1463]

Nachdem aber diese und andere Vermittlungsbemühungen Berlusconis[1464] ins Leere gelaufen waren und der Waffengang immer näher zu rücken schien, äußerte sich Berlusconi in der Öffentlichkeit immer vorsichtiger zum Irak-Krieg. Die unerbittliche Kriegsgegnerschaft des Papstes, der zunehmende Widerstand gegen seinen außenpolitischen Kurs nicht nur seitens seiner Koalitionspartner, sondern auch innerhalb der FI-Parlamentsfraktionen[1465] und nicht zuletzt auch die Stimmung in der Bevölkerung, die schon lange mehrheitlich gegen jegliche Kriegshandlung eingestellt war, – all dies waren Faktoren, die Berlusconi und seiner amerikafreundlichen Politik sichtlich zu schaffen machten. Als Ausweg

---

[1461] Vgl. Münch, Peter/Ulrich, Stefan, Offener Brief – heimlich ausgearbeitet, in: http://www.sueddeutsche.de/aktuell/sz/getArticleSZ.php?artikel=artikel5165.php (31.1.2003).

[1462] Vgl. Braun, Michael, Gegen Berlin und Paris, in: Die Tageszeitung (taz), 30.6.2003, S. 7.

[1463] Vgl. N.N., „Silvio, aiutami a convincere l'Europa", in: http://www.lastampa.it/edicola/sitoweb/Esteri/art6.asp (31.1.2003).

[1464] So soll Berlusconi zwischenzeitlich daran gedacht haben, den libyschen Staatschef Gaddafi als Mittelsmann einzuschalten, was in den USA jedoch eher mit Befremden aufgenommen worden sein soll. Vgl. Facchini, Giovanni, Berlusconi im Dilemma, in: http://www.freies-wort.de/printversion/print.phtm?site=/nachrichten/ueberregional/resyart.phtm&id%3D413259 (17.2.2003).

[1465] Es galt als sicher, dass selbst Abgeordnete und Senatoren aus den Reihen der *Forza Italia* gegen eine militärische Beteiligung Italiens am Irak-Krieg gestimmt hätten, sofern Berlusconi eine solche Abstimmung angestrebt hätte. Vgl. Dernbach, Andrea, Römische Risse, in: http://archiv.tagesspiegel.de/archiv/15.03.2003/480226.asp (15.3.2003).

aus dem Dilemma forderte er Mitte Februar 2003 mehr Zeit für die Waffeninspekteure und brachte die Möglichkeit eines „dritten Weges" zum Frieden mit einer geeinten EU an der Seite der USA ins Spiel – ohne wohl selbst zu wissen, wie dieser noch zu bewerkstelligen gewesen wäre.[1466] Einen Monat später schloss er angesichts der breiten Widerstände in seinem Land gegen einen Irak-Krieg dann explizit aus, dass sich italienische Soldaten an eventuellen Kampfhandlungen beteiligen würden, ohne jedoch seine grundsätzliche Treue zu den USA in Frage zu stellen.[1467] Mit dieser rein politischen Unterstützung[1468] musste sich Berlusconi jedoch eingestehen, dass Italien definitiv nicht mehr zu den ersten Verbündeten der USA, sondern allenfalls noch zu Verbündeten „zweiter Klasse" gehörte. Vor Italien standen indes Großbritannien und Spanien, die beide den Vereinigten Staaten ein militärisches Engagement zugesagt hatten. Sichtbarer Ausdruck dieser Rückstufung Italiens war die fehlende Einladung Berlusconis zum „Kriegsgipfel" auf den Azoren am 16. März 2003, auf dem Bush mit Aznar und Blair die kommenden Schritte abstimmte.[1469]

Es ist davon auszugehen, dass Berlusconi gerne Bush stärker unter die Arme gegriffen hätte, aber angesichts der Stimmung in der Bevölkerung und um des Zusammenhalts seiner Koalition willen davon abgebracht wurde, ebenfalls militärisch aktiv zu werden. Um dieses Manko wenigstens teilweise wettzumachen, dachte der italienische Regierungschef nach Ausbruch des Krieges daran, zumindest seine *Forza Italia* stärker als bisher auf Kriegskurs zu trimmen. Dadurch löste er freilich Spannungen innerhalb der Mitte-Rechts-Allianz aus. Europaminister Buttiglione etwa warf der FI sogleich vor, sich des eingeschlagenen Kurses im Nachhinein zu schämen und am liebsten Soldaten nach Bagdad geschickt zu haben.[1470]

Sobald das Regime um Saddam Hussein gestürzt war, ging der Wunsch Berlusconis nach italienischen Soldaten im Irak umso schneller in Erfüllung. Ohne ein entsprechendes UNO-Mandat abzuwarten, beschloss das Parlament in Rom Mitte April 2003 mit den Stimmen der Regierungsmehrheit, bis zu dreitausend

---

[1466] Vgl. Braun, Michael, Berlusconi will den dritten Weg, in: Die Tageszeitung (taz), 17.2.2003, S. 6.

[1467] Vgl. Zuccolini, Roberto, „L'Italia non manderà soldati in Iraq", in: http://www.corriere.it/edicola/index.jsp?path=POLITICA&doc=SARZ (15.3.2003).

[1468] Zwar hatte Italien den Amerikanern auch die Überflugrechte sowie die Benutzung US-amerikanischer Basen in Italien zugesichert, aber solcherlei Zugeständnisse hatten selbst die erklärten Kriegsgegner Frankreich und Deutschland gemacht. Vgl. Di Caro, Paola, „Il rapporto tra gli alleati si può salvare", in: http://www.corriere.it/edicola/index.jsp?path=POLITICA&doc=GOV (17.3.2003).

[1469] Vgl. Galli Della Loggia, Ernesto, Una navigazione (molto) a vista, in: http://www.corriere.it/edicola/index.jsp?path=COMMENTI&doc=GALLI (15.3.2003).

[1470] Vgl. Battistini, Giorgio/Tito, Claudio, Ciampi, altolà al premier: „Basta con le ambiguità", in: http://www.repubblica.it/online/politica/italiairaqdodici/ciampi/ciampi.html (28.3.2003).

italienische Soldaten in das Krisengebiet zu schicken.[1471] Diese Entsendung war Bestandteil eines zunächst geheim gehaltenen Paktes, den Berlusconi vor Kriegsausbruch mit Bush geschlossen hatte.[1472]

In der Zwischenzeit hatte die Außenpolitik Italiens ein neues Gesicht bekommen. Mitte November 2002 hatte sich Berlusconi für Franco Frattini (FI), einen seiner engsten Gefolgsmänner, als neuen Außenminister entschieden. Mit der endgültigen Übernahme dieses Schlüsselministeriums durch die *Forza Italia* gelang es der Partei des Ministerpräsidenten, ihren ohnehin bereits großen Einfluss innerhalb der Regierung noch weiter auszubauen. Laut Verderami hatten nicht einmal die Christdemokraten in ihren besten Zeiten so viel Macht auf sich vereinen können wie nun Berlusconi mit seiner FI.[1473] Die übrigen Koalitionäre, die damit das Nachsehen hatten, opponierten im ersten Moment zwar gegen diese eigenmächtige Entscheidung, mussten aber letzten Endes klein beigeben.[1474]

Auch wenn Berlusconi damit die Leitung des Auswärtigen Amtes, die er seit dem Rücktritt Ruggieros Anfang Januar 2002 interimistisch übernommen hatte, formal abgab, bedeutete dieser Schritt alles andere als einen Rückzug des Regierungschefs aus der Außen- und Europapolitik. Denn Berlusconi wies Frattini nochmals explizit darauf hin, dass er keine eigenständige Politik nach dem Vorbild Ruggieros sehen wolle; es müsse vielmehr alles stets eng mit ihm abgestimmt werden.[1475] Unter diesen Voraussetzungen war Frattini genau der rechte Mann am rechten Platz, hatte sich dieser doch in seiner bisherigen Funktion als Minister für den öffentlichen Dienst stets durch strikte Loyalität gegenüber Berlusconi ausgezeichnet.[1476]

[1471] Vgl. Caprara, Maurizio, Il Parlamento vara la missione a Bagdad, in: http://www.corriere.it/edicola/index.jsp?path=POLITICA&doc=FRATTINI (16.4.2003).

[1472] Vgl. Verderami, Francesco, Quel patto con Bush prima della guerra: subito forze italiane, in: http://www.corriere.it/edicola/index.jsp?path=POLITICA&doc=VERDE (15.4.2003).

[1473] Vgl. ders., Debutta il „monocolore azzurro", via libera di Frattini, in: http://www.corriere.it/edicola/index.jsp?path=POLITICA&doc=BOH (14.11.2002).

[1474] Vgl. Feichter, Andreas, Berlusconi ernennt neuen Außenminister, in: Der Standard, 15.11.2002, S. 5. Vor allem in den Reihen der AN und der christdemokratischen Splittergruppierungen sorgte diese Personalie für Unmut. Ursprünglich hatte man in diesen Kreisen auf eine umfassende Regierungsumbildung mit größerem Einfluss für die Juniorpartner der FI gehofft. Vgl. ebd.

[1475] Vgl. ebd.

[1476] Diese hohe Loyalität hatte Frattini zuletzt tatkräftig unter Beweis gestellt, als es um den Gesetzesentwurf über den so genannten Interessenkonflikt zwischen dem Politiker Berlusconi und dem Geschäftsmann Berlusconi ging, an dem Frattini maßgeblich beteiligt gewesen war. Diese Regelung steht im Verdacht, dem Regierungschef wie auf den Leib geschneidert zu sein. Vgl. Kohl, Christiane, Frattini löst Berlusconi als Außenminister ab, in: Süddeutsche Zeitung, 15.11.2002, S. 6.

Die Entscheidung über einen neuen Außenminister war schon seit längerem angemahnt worden. Berlusconi hatte das Ressort eigentlich nur sechs Monate führen wollen. Dass daraus mehr als zehn geworden waren, hing wohl nicht zuletzt mit dem schwierig auszubalancierenden Gleichgewicht unter den Koalitionären zusammen.[1477] Der Hauptgrund für den Abtritt Berlusconis als italienischer Chefdiplomat zu diesem Zeitpunkt lag jedoch vor allem in den internationalen Verpflichtungen, die auf Italien warteten und einen eigenen Außenminister unentbehrlich machten. Die italienische EU-Ratspräsidentschaft im zweiten Halbjahr 2003 stand vor der Tür und parallel dazu auch die Regierungskonferenz zur Erarbeitung der europäischen Verfassung. Diese wollte Berlusconi zügig unter Dach und Fach bringen, auf dass sein großer Wunsch wahr werden möge: die Unterzeichnung dieses historischen Dokuments in Rom.[1478]

In einem Brief, den die Zeitung *Corriere della Sera* am 20. Dezember 2002 veröffentlichte, ging Außenminister Frattini erstmals konkret auf die Vorstellungen seiner Regierung hinsichtlich der neuen, zu schaffenden europäischen Verfassung ein. Als wichtigste Bausteine nannte er:

„den klaren Hinweis auf die zweifache Legitimation der Union, die sich auf den Völkern und den Staaten gründet; die Bejahung der demokratischen Werte, denen alle Verfassungen der Mitgliedstaaten folgen; die Übertragung bindender juristischer Gewalt auf die ‚Grundrechts-Charta' [...]; eine eindeutigere Kompetenzverteilung zwischen Union und Mitgliedstaaten auf der Grundlage der Prinzipien der Effizienz, der Solidarität und der Subsidiarität, die es Europa erlauben, durchgreifend zu handeln, vor allem in Bereichen wie der Außenpolitik, der wirtschaftlichen Steuerung der gemeinsamen Währung, des Kampfes gegen die illegale Einwanderung wie auch gegen transnationale kriminelle Phänomene. Und schließlich ein Gleichgewicht zwischen den Institutionen, das die Rolle des Europäischen Parlaments, der Kommission und des Gerichtshofs stärkt, das aber auch eine verstärkte Teilnahme der nationalen Parlamente am Leben der Union berücksichtigt."[1479]

Neben der Verabschiedung einer derartigen europäischen Verfassung nahm sich Berlusconi weitere drei Punkte vor, die in seiner Ratspräsidentschaft Priorität genießen sollten. Hierzu zählte der Premier die Wiederannäherung der gesamten EU an die Vereinigten Staaten nach dem Ende des Irak-Krieges, der Europa im Verhältnis zu den USA gespalten hatte; die Ankurbelung der daniederliegenden europäischen Wirtschaft, unter anderem mit Hilfe von Strukturreformen im Bereich der Rentenpolitik;[1480] und, drittens, stellte Berlusconi in Aus-

---

[1477] Vgl. Arens, Roman, Im Namen des Patriarchen, in: http://www.fr-aktuell.de/fr/102/t120002.htm (15.11.2002).

[1478] Vgl. N.N., „Frattini gestirà il momento cruciale dell'Ue", in: La Stampa, 15.11.2002, S. 9.

[1479] Frattini, Franco, Europa aperta a chi accetta la sua cultura, in: Corriere della Sera, 20.12.2002, S. 1/10, 10 (eig. Übers.).

[1480] Es ist davon auszugehen, dass Berlusconi deshalb die Idee eines „Maastricht der Renten" ins Spiel brachte, um dadurch die Verantwortung für die dringend nötige Rentenreform in seinem

sicht, sich für eine neue Erweiterungsrunde einzusetzen, die nicht nur die Länder des Balkans einschließen sollte, sondern früher oder später auch die Türkei und Russland.[1481]

Ob Berlusconi all diese ambitionierten Ziele während seiner Ratspräsidentschaft tatsächlich erreichen würde, erschien bereits im Vorfeld mehr als fraglich. Das renommierte britische Nachrichtenmagazin *The Economist* sprach in einem kampfeslustigen Editorial dem Premier die Fähigkeit ab, Europa zu führen – wegen der ungeklärten Anschuldigungen gegen Berlusconi vor Gericht.[1482] Auch mehrere europäische Staaten, darunter Deutschland, blickten mit großer Besorgnis auf die italienische Präsidentschaft.[1483] Skeptisch äußerte sich auch Bolaffi. Denn um beispielsweise die neue europäische Verfassung erfolgreich verabschieden zu können, müssten nach Ansicht von Bolaffi zuerst die tiefen Spaltungen überwunden werden, die der Irak-Krieg hinterlassen habe. Daran sei Berlusconi aber gar nicht gelegen. Er habe vielmehr immer schon darauf hingearbeitet, Europa zu spalten. Daher ging Bolaffi davon aus, dass die italienische Ratspräsidentschaft im Desaster enden werde, nicht zuletzt auch deshalb, weil Berlusconi im Vorfeld durch seine drohende Verurteilung vor Gericht äußerst geschwächt dagestanden habe und zu sehr von seinen eigentlichen Aufgaben abgelenkt worden sei.[1484] In der Tat wird der Regierung Berlusconi in Fachkreisen unterstellt, die Ratspräsidentschaft äußerst schludrig angegangen zu sein. Kommissionspräsident Romano Prodi soll im Frühjahr 2003 regelrecht entsetzt gewesen sein über den Rückstand der Vorbereitungen.[1485]

Der Auftakt der EU-Präsidentschaft Italiens übertraf denn auch die schlimmsten Befürchtungen. Der Eklat, den Europas neuer Ratsvorsitzender bei der Vorstellung seines Arbeitsprogramms im Europäischen Parlament am 2. Juli 2003 mit einer abfälligen Bemerkung gegenüber einem deutschen Abgeordneten auslöste,[1486] schien den Kritikern Berlusconis einmal mehr Recht zu geben. Resig-

---

Heimatland auf Europa abzuwälzen. Vgl. Braun, Michael, Berlusconi setzt auf Brüssel, in: Die Tageszeitung (taz), 30.6.2003, S. 7.

[1481] Vgl. Berlusconi, Silvio, Restituire fiducia all'Europa, in: Ideazione, 10. Jg. (2003), H. 4, S. 20-26, 22ff.

[1482] Vgl. N.N., Unfit to lead Europe, in: http://www.economist.com/opinion/PrinterFriendly. cfm?Story_ID=1763981 (9.5.2003).

[1483] Vgl. N.N., Ue, il semestre italiano, in: http://www.lastampa.it/edicola/sitoweb/Interni/art1. asp (31.3.2003).

[1484] Vgl. Interview des Autors mit Angelo Bolaffi in Rom am 1.5.2003.

[1485] Vgl. Israel, Stephan/Kusch, Erich, Dicke Luft zwischen Brüssel und Rom, in: http://www. nzz.ch/2003/06/22/al/page-article8XJDL.html (23.6.2003).

[1486] Als Reaktion auf einen Redebeitrag des Europaabgeordneten Martin Schulz (SPD), in dem dieser unter anderem auf die bremsende Rolle Italiens bei diversen innen- und rechtspolitischen Vorhaben der EU angespielt hatte, sagte Berlusconi wörtlich: „Herr Schulz, ich weiß, dass in Italien derzeit ein Produzent einen Film über Nazikonzentrationslager dreht. Ich würde Sie für

niert stellte der bekannte Leitartikler der Tageszeitung *Corriere della Sera*, Ernesto Galli Della Loggia, fest: „Die Ratspräsidentschaft hätte schlechter nicht beginnen können."[1487]

Ähnlich vernichtende Kritiken begleiteten Berlusconi das gesamte „italienische Semester" hindurch, das sich durch eine Vielzahl solcher Fauxpas auszeichnete. Hierzu gehörten etwa die Verteidigung der Tschetschenien-Politik des russischen Präsidenten Putin, die Verunglimpfung der Europaabgeordneten als „Touristen der Demokratie" und Witze im Kreise der übrigen Staats- und Regierungschefs, über die niemand lachen mochte. Dass der Europäische Verfassungsentwurf nicht, wie gehofft, während der sechsmonatigen italienischen Präsidentschaft verabschiedet werden konnte, lässt sich sicher nicht Berlusconi einseitig anlasten. Ihm wurde dennoch vorgeworfen, mit seiner bilateralen Verhandlungstaktik, die er bei der entscheidenden Runde der Regierungskonferenz im Dezember 2003 in Brüssel an den Tag gelegt hatte, den Quertreibern Polen und Spanien in die Hände gespielt zu haben. Erschwerend kam hinzu, dass der italienische Premier und seine Mannschaft auch im Vorfeld zum Brüsseler Gipfeltreffen nicht viel Kraft aufgewendet hatten, um die Regierungskonferenz zum Erfolg zu führen. Die Quittung folgte postwendend: In der Debatte im Europaparlament zum vorläufigen Scheitern der Verfassung schlug Berlusconi vor allem Enttäuschung und Unverständnis, zuweilen aber auch Hohn entgegen.[1488]

---

die Rolle des ‚Kapos' [Schergen der Nationalsozialisten, eig. Anm.] vorschlagen. Sie wären perfekt darin!" Zitiert nach: N.N., Berlusconis Arbeitsprogramm für die EU, in: http://www.nzz.ch/2003/07/03/al/page-article8YDX7.html (3.7.2003).

[1487] Galli Della Loggia, Ernesto, Un pessimo inizio, in: Corriere della Sera, 3.7.2003, S. 1 (eig. Übers.).

[1488] Vgl. Caciagli, Mario, Italien und Europa. Fortdauer eines Verhältnisses von Zwang und Ansporn, in: Aus Politik und Zeitgeschichte, B 35-36/2004, S. 26-31, 29.

9 Die Wählerschaft der *Forza Italia*

Seit ihrem Eintritt in den Wählermarkt der Apenninen-Halbinsel im Frühjahr 1994 bewegt sich die Partei Berlusconis – für italienische Verhältnisse – auf außerordentlich hohem Niveau. Wie in den vorangegangenen Kapiteln bereits beschrieben, erzielte die FI bei den Parlamentswahlen von 1994 aus dem Stand heraus 21 Prozent und avancierte damit zum Überraschungssieger dieses Urnengangs schlechthin. Bei den kurz darauf abgehaltenen Europawahlen verblüffte sie gar mit einem Traumergebnis von 30,6 Prozent. Zwei Jahre später, bei den vorgezogenen Parlamentswahlen von 1996, fand sie sich zwar im Verbund mit ihren Partnern auf Seiten der Verlierer wieder. Doch konnte sich ihr Proporzstimmenanteil von 20,6 Prozent durchaus sehen lassen. Die folgenden drei großen Urnengänge bescherten Partei umso fulminantere Siege: Bei den Wahlen zum Europäischen Parlament von 1999 eroberte sie sich mit 25,1 Prozent wieder den ersten Platz im italienischen Parteiensystem. Dieser für sie positive Trend setzte sich bei den Regionalwahlen von 2000 fort, als sie im gesamtitalienischen Durchschnitt auf 25,6 Prozent der Stimmen kam. Mit stolzen 29,4 Prozent triumphierte die *Forza Italia* schließlich bei den Parlamentswahlen von 2001 und ließ damit alle ihre Konkurrenten weit abgeschlagen hinter sich.

Woher kamen all diese Wählerstimmen? Um dieser Frage nach dem Elektorat der FI näher auf den Grund zu gehen, bieten sich folgende drei Herangehensweisen an: eine Untersuchung nach territorialen bzw. regionalen Gesichtspunkten (in welchen Landesteilen war die FI aus welchen Gründen besonders stark?), nach sozio-ökonomischen Gesichtspunkten (welche Bevölkerungsschichten wählten aus welchen Gründen bevorzugt die FI?) sowie nach politischen Gesichtspunkten (wo sehen sich die FI-Wähler auf der Rechts-Links-Skala und von welchen anderen Parteien kommend wechselten sie zur FI über?). Da sich der letztgenannte Aspekt als grundlegend für die anderen beiden Punkte erweisen wird, soll zunächst hiermit begonnen werden.

9.1 Politische Herkunft

In ihrer Anfangszeit definierte sich die FI selbst explizit als neue Kraft innerhalb des Mitte-Rechts-Spektrums – und wenn es geboten schien, auch mal als dezidiert „rechts". Diese Selbsteinordnung basierte auf einer präzisen Analyse des italienischen Wählermarktes aus dem zweiten Habjahr 1993, die besagt hatte, dass unzählige traditionelle Mitte-Rechts-Wähler auf der Suche nach einer neuen politischen Heimat seien. In genau diese Lücke stieß Berlusconi mit seinem neuen politischen Angebot namens *Forza Italia*. Denn, wie aus einer Meinungsumfrage wenige Tage vor den Parlamentswahlen vom 27. März 1994 hervorging, betrachtete sich die übergroße Mehrzahl der Wähler, die gewillt waren, für die FI zu stimmen, selbst als „mitte-rechts" bzw. „rechts" stehend.[1489] Diamanti beschreibt diese Wähler als

> „die ‚Durchschnittsgesellschaft', die in den Werten und den traditionellen Institutionen – Familie, Markt, Kirche – verankert ist und die von einem Bedürfnis nach Ordnung und Stabilität geprägt ist. Ein weiter und ausgedehnter sozialer Sektor, der sich in den letzten Jahren, vor allem im Anschluss an die Wahlen von 1992, als Waise ohne feste politische Bezugspunkte [...] wiederfand und der auf der Suche nach einem neuen Zuhause umherzuziehen begann."[1490]

Und dieses neue Zuhause fand dieser breite Sektor zu einem Großteil eben in Berlusconi. Wie eine Nachwahl-Untersuchung im Auftrag der *Fondazione Censis* ergab, stimmten bei den Parlamentswahlen von 1994 insgesamt 25,8 Prozent der Wähler, die zwei Jahre zuvor noch den Christdemokraten ihr Vertrauen geschenkt hatten, diesmal für die *Forza*. Gleiches taten 15,1 Prozent der ehemaligen sozialistischen Wähler sowie 10,2 Prozent derjenigen, die sich 1992 noch für die laizistischen Kleinparteien wie die Republikaner (PRI) oder die Liberalen (PLI) entschieden hatten. Die *Forza Italia* fischte aber nicht nur im Becken der traditionellen Regierungsparteien. Auch 18,6 Prozent der *Lega-Nord*-Wähler von 1992, 13,8 Prozent der MSI-Wähler und sogar immerhin 3,3 Prozent der früheren Grünen-Wähler hatten nun bei der FI ihr Kreuzchen gemacht.[1491] Wegen dieser unterschiedlichen Herkunft der Wählerschaft charakterisiert Diamanti die FI als „eine große Föderation, ein großes Archipel, durch den Präsidenten [d.h. Berlusconi] geeint und identifiziert"[1492].

Einen Zwischenstopp hatten zahlreiche Wähler der alten Regierungsparteien freilich anlässlich der Kommunalwahlen von Ende 1993 bei der *Lega* (im Norden) und dem MSI (in der Mitte und im Süden) eingelegt. Doch das war wohl eher eine Verlegenheitslösung gewesen, wenn nicht gar nur Ausdruck wachsenden Protestes. Schließlich war die *Lega Nord* zu sehr auf die Frage der territorialen Autonomie des Nordens fixiert und erschien in ihrer polternden Sprache zu extremistisch;[1493] der MSI seinerseits war damals noch zu sehr im Neofaschismus verhaftet. So kamen beide für eine dauerhafte Parteibindung weiter moderater

---

[1489] Vgl. Mannheimer, Renato, Forza Italia, S. 31f. Seißelberg zufolge bezeichneten sich die FI-Wähler der Anfangszeit zu 52 Prozent als „moderat rechts" und zu 21 Prozent als „rechts". Vgl. Seißelberg, Jörg, Berlusconis Forza Italia, S. 229.

[1490] Diamanti, Ilvo, Forza Italia, S. 666 (eig. Übers.).

[1491] Vgl. Fondazione Censis (Hg.), a.a.O., S. 16.

[1492] Vgl. Diamanti, Ilvo, Vecchie e nuove subculture politiche, in: Il Mulino, 50. Jg. (2001), H. 4, S. 645-652, 650 (eig. Übers.). Zitiert als: Diamanti, Ilvo, Vecchie e nuove subculture politiche.

[1493] Näheres zu den Gründen, warum so viele *Lega*-Wähler 1994 zur FI überliefen, vgl. auch Brand, Jack/Mackie, Thomas, a.a.O., S. 136.

Kreise wohl kaum in Frage.[1494] Die *Forza Italia* hingegen eröffnete diesen Wählerschichten „einen vertrauenerweckenden Bezugspunkt"[1495] und präsentierte sich überdies als Inkarnation des „Neuen" schlechthin, denn schließlich wollten die Wähler nichts sehnlicher als einen grundlegenden Bruch mit der Vergangenheit.[1496]

Um diese äußerst massiven Wählerwanderungen hin zur FI erklären zu können, seien an dieser Stelle nochmals die ganz besonderen Umstände und Voraussetzungen in Erinnerung gerufen, ohne die der Blitzaufstieg der FI im Jahr 1994 gar nicht erst vorstellbar gewesen wäre. Biorcio fasst dies wie folgt zusammen:

> „Forza Italia war in wenigen Monaten als Instrument geboren worden, um die für die sofortige Übernahme der Regierung nötige Wählerzustimmung zu erlangen. Die erste Unterstützungswelle war mit außergewöhnlichen Mitteln in einer einzigartigen Lage erreicht worden. Die Krise der Fünfparteienkoalition hatte den politischen Freiraum für die Bildung einer großen moderaten Partei geschaffen, die fähig war, sich der Linken wirksam entgegenzustellen. Das persönliche Charisma des Erfolgsunternehmers Berlusconi sowie eine große Verfügbarkeit an wirtschaftlichen und propagandistischen Mitteln hatten der neuen Partei den Erfolg garantiert."[1497]

Die deutliche elektorale Stärkung der FI bei den Europawahlen vom Juni 1994 ging größtenteils zulasten ihrer Partner, allen voran der *Lega Nord*, aber auch des MSI-AN, wie dieser damals noch hieß.[1498] Demgegenüber hatte die *Forza Italia* bei den Parlamentswahlen vom Frühjahr 1996 eine hohe Zahl an Abwanderungen (38 Prozent) im Vergleich zu den Parlamentswahlen zwei Jahre davor zu verschmerzen. Hiervon profitierten in erster Linie ihre Alliierten. Wählerströme in die entgegengesetzte Richtung machten freilich diese Verluste nahezu wieder wett.[1499] Bei den Europawahlen von 1999 indes hielt ein weit größerer Teil der FI-Wählerschaft ihrer Partei die Treue. Gleichzeitig eroberte Berlusconi neue Wähler, die vornehmlich von der AN, der *Lega*, aber auch vom PPI kamen.[1500] Die massiven Stimmenzugewinne der FI anlässlich der Parlamentswahlen von 2001 bezahlten hingegen fast ausschließlich ihre Koalitionspartner mit ebenso großen Stimmenverlusten.[1501]

Aus den hier analysierten Wählerwanderungen der vergangenen Jahre wird deutlich erkennbar, dass es der *Forza Italia* grosso modo gelungen war, allenfalls

---

[1494] Vgl. Diamanti, Ilvo, Forza Italia, S. 666.

[1495] D'Agostino, Guido/Vigilante, Riccardo, a.a.O., S. 222 (eig. Übers.).

[1496] Gray, Lawrence/Howard, William, a.a.O., S. 96.

[1497] Biorcio, Roberto, Forza Italia, S. 624 (eig. Übers.).

[1498] Näheres zu den Wählerwanderungen bei den Europawahlen von 1994 gegenüber den Parlamentswahlen des gleichen Jahres, vgl. Kapitel 6.3.

[1499] Näheres zu diesen unterschiedlichen Wählerwanderungen, vgl. Kapitel 7.2.

[1500] Vgl. Poli, Emanuela, Forza Italia, S. 143.

[1501] Näheres hierzu, vgl. Kapitel 7.6.

im eigenen Mitte-Rechts-Lager zu „wildern", kaum jedoch in den Reihen des gegnerischen *Ulivo*. Verwundern kann das kaum, geht man doch neuerdings in Italien von einem hohen Maß an Treue der Wähler gegenüber „ihrem" Parteienbündnis aus. Hierin unterscheiden sich die beiden großen Lager kaum voneinander.[1502] Natale zufolge wechseln von einer Wahl zur anderen im Durchschnitt nur noch rund 1,5 Prozent der Wählerschaft eines jeden Blocks direkt zum anderen hinüber.[1503] Gleichzeitig jedoch sei, so Natale weiter, seit 1994 eine ständig wachsende Lust der Wähler zu verspüren, innerhalb der jeweiligen Blöcke die Partei zu wechseln.[1504] Dieser allgemeine Trend ist bei den zurückliegenden Wahlgängen zweifelsohne der FI zugute gekommen – zum Schaden ihrer Partner, allen voran der *Lega Nord*.

9.2 Regionale Hochburgen

Die immer wieder angesprochenen Verluste der *Lega* zugunsten der Berlusconi-Partei legen den Schluss nahe, dass vor allem der Norden Italiens eine Hochburg der FI darstellt. Und in der Tat befinden sich weite Teile Norditaliens seit 1994 in der Hand Berlusconis. So erzielte die FI bei den Parlamentswahlen von 1994 in der Lombardei, Piemont, Venetien und in Friaul Ergebnisse, die weit über dem Landesdurchschnitt lagen.[1505] Damit war die FI genau dort am erfolgreichsten, wo der Drang nach politischer Veränderung mit dem Aufkommen der *Lega* seinen Ausgangspunkt genommen hatte.[1506]

Diese Vormachtstellung der FI im Norden geriet allerdings nach ihrem Bruch mit der *Lega* ins Wanken. Bei den Parlamentswahlen von 1996 liefen Berlusconi vor allem im Nord-Osten Italiens die Wähler in Scharen davon – und zurück in die Arme der *Lega Nord*.[1507] Bis zu sieben Prozent verlor die FI in eben jenen

---

[1502] Vgl. ITANES, a.a.O., S. 94; Sartori, Giovanni, Il sistema elettorale resta cattivo, in: Pasquino, Gianfranco (Hg.), Dall'Ulivo al governo Berlusconi. Le elezioni del 13 maggio 2001 e il sistema politico elettorale, Bologna 2002, S. 107-115, 113.

[1503] Vgl. Natale, Paolo, Una fedeltà leggera. I movimenti di voto nella „seconda Repubblica", in: D'Alimonte, Roberto/Bartolini, Stefano (Hg.), Maggioritario finalmente? La transizione elettorale 1994-2001, Bologna 2002, S. 283-317, 294.

[1504] Vgl. ebd., S. 301.

[1505] Vgl. Mannheimer, Renato, Forza Italia, S. 33f. Eine Ausnahme hiervon stellte allein die autonome Region Südtirol dar, wo die Verluste der alten Christdemokraten zum großen Teil der regionalen *Südtiroler Volkspartei* (SVP) zugute kamen. Vgl. ebd.

[1506] Vgl. Revelli, Marco, a.a.O., S. 668. Die FI kam in den beiden piemontesischen Wahlkreisen auf 25,8 bzw. 27,4 Prozent, im Wahlkreis Lombardei 1 auf 28,2 Prozent, auf 23,6 Prozent im Wahlkreis Lombardei 2, auf 26,7 Prozent im Wahlkreis Lombardei 3 und auf 23,2 bzw. 24,3 Prozent in den beiden Wahlkreisen Venetiens. Vgl. ebd.

[1507] Vgl. Gangemi, Giuseppe, a.a.O., S. 163.

nördlichen Regionen, in denen sie zuvor so außerordentlich erfolgreich gewesen war. In einigen Wahlkreisen wurde sie gar von der *Lega* überrundet.[1508]

Dieses Bild änderte sich aber schlagartig mit den Europawahlen von 1999, als die FI im Norden wieder zur stärkste Partei aufstieg. Im Nord-Osten streifte sie nun mit 29,6 Prozent sogar die Dreißig-Prozent-Marke, wohingegen die *Lega* insgesamt auf nur noch 4,5 Prozent absackte.[1509] Dieser Trend setzte sich anlässlich der Regionalwahlen im Jahr 2000 fort und fand seinen vorläufigen Höhepunkt mit den Parlamentswahlen ein Jahr darauf. Wie Tabelle 11 darstellt, erreichte die FI bei dieser Gelegenheit in den Regionen Piemont (32 Prozent), Venetien (32,6 Prozent) und Lombardei (34,3 Prozent) überdurchschnittliche Ergebnisse. Damit stellt mittlerweile fast der gesamte Norden[1510] eine FI-Hochburg dar. Die höchsten Zuspruchsraten zugunsten der Partei Berlusconis finden sich einerseits im Nord-Westen (entlang der Achse Mailand, Pavia, Biella, Vercelli, Cuneo und Imperia): Hier durfte die FI seit ihren Anfängen immer schon Triumphe feiern, so dass Diamanti diese Gebiete voreilig bereits als eine neue, „azurblaue"[1511] Subkultur bezeichnet.[1512] Der Durchbruch im Nord-Osten Italiens ist hingegen jüngeren Datums. Erst seit den Europawahlen von 1999 erzielte die FI auch in Städten wie Como, Sondrio, Vicenza, Padua und Verona ähnlich breite Unterstützung wie in ihren nord-westlichen Hochburgen. Es sind dies exakt jene Gegenden, die früher zur christdemokratischen Subkultur gehörten und die sich durch eine hohe wirtschaftliche Produktivität auszeichnen.[1513] Der durchschlagende Erfolg, der Berlusconi hier beschieden ist, mag damit zusammenhängen,

> „dass gerade Regionen mit einer rasanten ökonomischen Entwicklung und einer hohen Konzentration von Reichtum der Nährboden für Politiker und Bewegungen sind, deren Programme aus einer populistischen und antipolitischen, antiuniversalistischen und nur auf die eigene Identität bezogenen Rhetorik bestehen. Neben Berlusconi können zum Beleg auch Haider in Österreich, Pim Fortuyn in den Niederlanden, Blocher in der Schweiz und Ronald Schill in Deutschland angeführt werden."[1514]

[1508] Vgl. Poli, Emanuela, Forza Italia, S. 111.

[1509] Vgl. Daniels, Philip, a.a.O., S. 52.

[1510] Die augefälligste Ausnahme hiervon ist einmal mehr Südtirol, wo die FI mit lediglich 16,6 Prozent weit unter dem Landesdurchschnitt lag. Vgl. Tabelle 11.

[1511] Azurblau ist als Farbe der italienischen Fußball-Nationalmannschaft auch zur Farbe der FI geworden.

[1512] Im Weiteren verwirft Diamanti allerdings zu Recht wieder die These von der „azurblauen" Subkultur, denn schließlich gehören zu Subkulturen auch entsprechende traditionelle soziale und politische Voraussetzungen wie etwa ein enges Netzwerk an gesellschaftlichen Vereinigungen, welche die Menschen „von der Wiege bis zur Bahre" begleiten. Vgl. Diamanti, Ilvo, Vecchie e nuove subculture politiche, S. 651.

[1513] Vgl. ebd., S. 650f.

[1514] Bolaffi, Angelo, Lieb Vaterland, dich kauf ich mir, in: Die Zeit, 2.5.2002, S. 11.

Tabelle 11: Wahlergebnisse der FI von 1994 bis 2001 nach Regionen (in Prozent)

Regionen	Parlaments-wahlen 1994	Europa-wahlen 1994	Regional-wahlen 1995 Regionen ohne Sonderstatut	Parlaments-wahlen 1996	Europa-wahlen 1999	Regional-wahlen 2000 Regionen ohne Sonderstatut	Parlaments-wahlen 2001
Südtirol/Trient	15,6	19,7			14,3		16,6
Aostatal		24,5			17,6		22,5
Piemont	26,5	34,5	26,7	21,7	28,9	30,8	32,0
Lombardei	26,0	35,2	29,2	23,6	30,5	33,9	34,3
Venetien	23,7	31,5	24,0	17,1	26,0	30,4	32,6
Friaul	24,3	33,8			21,1		28,1
Ligurien	22,5	31,7	24,4	19,3	26,6	27,3	29,3
E.-Romagna	16,5	23,9	18,2	15,1	20,4	21,2	23,8
Toskana	16,4	23,6	19,1	14,3	19,5	20,3	21,7
Umbrien	15,3	24,8	18,1	16,5	18,7	18,6	21,5
Marken	19,7	26,0	19,6	17,4	21,3	19,6	24,9
Latium	20,5	27,1	18,9	16,1	20,6	21,5	26,3
Abruzzen	17,7	28,7	19,7	19,4	24,5	19,3	29,1
Molise	15,4	30,7	19,6	16,9	20,8	19,5	27,2
Kampanien	20,0	32,4	18,9	23,4	25,3	20,9	33,9
Apulien	*	30,1	20,7	24,6	28,0	28,7	30,1
Basilicata	11,7	22,4	17,2	18,2	18,1	13,2	25,6
Kalabrien	19,0	28,8	19,7	18,3	21,4	18,3	25,7
Sizilien	33,5	38,9			32,2		36,7
Sardinien	21,8	28,3			22,8		30,2
Gesamt	**21,0**	**30,6**	**22,3**	**20,6**	**25,1**	**25,6**	**29,4**

* Bei den Parlamentswahlen 1994 trat die FI in Apulien nicht an, da sie dort nicht genügend Unterschriften sammeln konnte, um eine eigene Liste aufzustellen.

Quelle: Poli, Emanuela, Forza Italia. Strutture, leadership e radicamento territoriale, Bologna 2001, S. 144.

Anders in Mittelitalien[1515]: Insbesondere im ehemals so genannten „roten Gürtel" (Emilia-Romagna, Toskana, Umbrien) hatte die *Forza Italia* immer schon einen schweren Stand gegenüber ihren Hauptwidersachern, den Linksdemokraten. Bei den Parlamentswahlen von 1994 hielten sich die Verluste der dortigen Christdemokraten in Grenzen, und der ohnehin starke PDS legte seinerseits

---

[1515] Während man früher allgemein Italien in vier, manchmal auch fünf elektoral unterscheidbare Zonen eingeteilt hatte, hat sich seit den Parlamentswahlen von 1992 in der Literatur eine Unterteilung Italiens in lediglich drei Makro-Regionen eingebürgert, nämlich in Nord-, Mittel- und Süditalien. Vgl. Cartocci, Roberto, Omens of an Early Winter. The Proportional Vote and the Changing Italian Party System, in: European Journal of Political Research, 34. Jg. (1998), Nr. 1, S. 35-61, 52f. Dieser Dreiteilung soll hier gefolgt werden.

nochmals kräftig zu, so dass hier die FI mit bestenfalls sechzehn Prozent schwach abschnitt.[1516] Diese elektorale Schwäche setzte sich in den Folgejahren fort: Wie Tabelle 11 veranschaulicht, blieb die FI bei nationalen wie regionalen Urnengängen in jenen Regionen stets weit unter ihren Ergebnissen im Landesdurchschnitt. Trotz dieser Misserfolge im „roten Gürtel" erzielte die *Forza* bei den Wahlen von 2001 in einigen Inseln inmitten der Toskana wie etwa in Lucca beachtliche Zuwächse. In eben jenen Gegenden war früher auch schon die DC erfolgreich gewesen, was dafür spräche, dass Berlusconi – zumindest in elektoraler Hinsicht – durchaus das Erbe der Christdemokraten angetreten habe.[1517]

Abbildung 3: Proporzstimmenanteile der FI bei den Parlamentswahlen vom 21. April 1996 nach Regionen

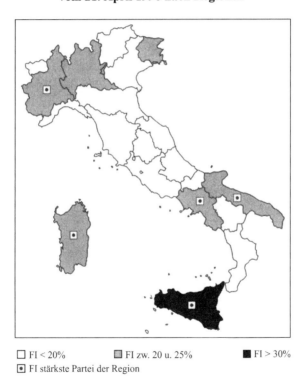

☐ FI < 20%   ☐ FI zw. 20 u. 25%   ■ FI > 30%
◉ FI stärkste Partei der Region

Quelle: Poli, Emanuela, Forza Italia. Strutture, leadership e radicamento territoriale, Bologna 2001, S. 164.

[1516] Vgl. Mannheimer, Renato, Forza Italia, S. 34.

[1517] Vgl. Sommer, Michael, a.a.O., S. 136.

Auch in anderen Regionen Mittelitaliens stellt sich die Lage für die FI nicht ungünstig dar. In Latium und den Marken zum Beispiel startete sie 1994 mit Ergebnissen, die nur leicht unter jenen des Landesdurchschnitts lagen.[1518] Wie die Zahlen aus Tabelle 11 belegen, rutschte sie dort zwar bei den Wahlen von 1996 auf 16,1 bzw. 17,4 Prozent ab, doch bis zu den Parlamentswahlen von 2001 arbeitete sie sich wieder hoch und erklomm hier die 25-Prozent-Marke. In etlichen Wahlkreisen Latiums kam die FI sogar auf Spitzenergebnisse von über 34 Prozent.[1519]

Abbildung 4: Proporzstimmenanteile der FI bei den Parlamentswahlen vom 13. Mai 2001 nach Regionen

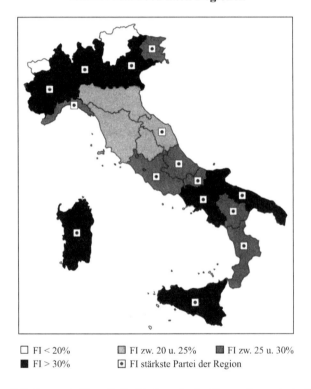

☐ FI < 20% ▨ FI zw. 20 u. 25% ■ FI zw. 25 u. 30%
■ FI > 30% ▣ FI stärkste Partei der Region

Quelle: Poli, Emanuela, Forza Italia. Strutture, leadership e radicamento territoriale, Bologna 2001, S. 165.

[1518] Vgl. Mannheimer, Renato, Forza Italia, S. 34.

[1519] Vgl. Diamanti, Ilvo, Vecchie e nuove subculture, S. 650.

Im *Mezzogiorno*, Italiens Süden, brauchte die FI einige Zeit, um sich fest zu etablieren: Während sie 1994 im Norden aus dem Stand zur ersten Partei aufgestiegen und in Mittelitalien trotz ihrer Schwäche auf Platz zwei – hinter dem PDS – gelandet war, rangierte sie in weiten Teilen Süditaliens lediglich auf dem dritten Platz nach dem MSI-AN und dem PDS.[1520] In Kampanien, Kalabrien und auf Sardinien schlug sie sich mit Ergebnissen zwischen neunzehn und knapp 22 Prozent zwar recht wacker. Gleichzeitig blieb ihr jedoch der Erfolg in den Regionen Molise, Abruzzen und Basilicata, wo sie zum Teil weit unter dem Landesdurchschnitt lag, versagt.[1521]

Anlässlich der Parlamentswahlen von 1996 veränderte sich dieses Bild. In dem Maße, in dem die *Forza* im Norden an Zustimmung einbüßte, gewann sie im Süden neue Wähler hinzu. So avancierte sie in Kampanien, der Basilicata und in Apulien zur stärksten Partei.[1522] Diese Vormachtstellung baute sie gemäß den Daten aus Tabelle 11 in der Folge kontinuierlich aus, um bei den Parlamentswahlen von 2001 in Kampanien, Apulien und auf Sardinien Ergebnisse von über dreißig Prozentpunkten zu erzielen. Besonders großes Vertrauen schenkten ihr die Wähler im Einzelnen in Cagliari und Oristano auf Sardinien sowie in Teilen Kampaniens.[1523] Diese großen Erfolge Berlusconis im Süden sind umso bemerkenswerter, als die FI ursprünglich vom Norden aus angetreten war, um Italien zu erneuern. Die konstant angewachsene Stärke der FI im *Mezzogiorno* kann wohl nicht ohne entsprechende Konsequenzen für die Politik Berlusconis bleiben. So ging man bereits kurz nach den Wahlen von 2001 davon aus, dass spezielle süditalienische Belange im Regierungshandeln der Mitte-Rechts-Koalition eine gewisse Beachtung finden würden.[1524]

Ihre größten Triumphe überhaupt durfte die FI auf Sizilien feiern – und das von Anfang an. Jeder dritte Sizilianer votierte bereits bei den Wahlen von 1994 für Berlusconi. Dies entsprach immerhin rund einer der insgesamt acht Millionen Wählerstimmen, welche die FI 1994 landesweit auf sich vereinigte.[1525] Mit Zustimmungsraten von um die 36 Prozent stachen vor allem die urbanen Zentren wie Palermo, Catania, Messina und Caltanissetta ins Auge.[1526] An diesen außer-

---

[1520] Vgl. Cartocci, Roberto, Indizi di un inverno precoce. Il voto proporzionale fra equilibrio e continuità, in: D'Alimonte, Roberto/Bartolini, Stefano (Hg.), Maggioritario per caso. Le elezioni politiche del 1994 e del 1996 a confronto. Il ruolo del sistema elettorale, le coalizioni, le scelte degli elettori, Bologna 1997, 177-203, 194.

[1521] Vgl. Mannheimer, Renato, Forza Italia, S. 34.

[1522] Vgl. Poli, Emanuela, Forza Italia, S. 111.

[1523] Vgl. Diamanti, Ilvo, Vecchie e nuove subculture politiche, S. 650.

[1524] Vgl. Di Vico, Dario, Sorpresa, torna la „questione meridionale", in: Corriere della Sera, 21.5.2001, S. 12.

[1525] Vgl. Mannheimer, Renato, Forza Italia, S. 34.

[1526] Vgl. Diamanti, Ilvo, I Mezzogiorni, in: ders./Mannheimer, Renato (Hg.), Milano a Roma. Guida all'Italia elettorale del 1994, Rom 1994, S. 127-134, 131.

ordentlich hohen sizilianischen Prozentsätzen zugunsten der FI änderte sich lange Zeit nichts. Bei den Wahlen von 2001 erreichte die Partei hier denn auch ein Traumergebnis von 36,7 Prozentpunkten, so Tabelle 11. Besonders beeindruckend waren bei diesem Urnengang auch die Ergebnisse auf der Ebene des Mehrheitswahlrechts. Alle 61 Kammer- und Senatswahlkreise, die Sizilien zu vergeben hat, gingen geschlossen an das Mitte-Rechts-Bündnis unter Berlusconis Führung.[1527]

Die Europawahlen vom Juni 2004 und die zeitgleich abgehaltenen Kommunal- und Provinzwahlen markierten allerdings eine erste Trendwende. Insbesondere in ihren Hochburgen im Norden und Süden musste die FI massive Vertrauensverluste hinnehmen. Landesweit fiel sie auf 21 Prozent zurück – ein Minus von 8,4 Prozent gegenüber den Parlamentswahlen von 2001, das in erster Linie ihren Juniorpartnern in der Koalition zugute kam. Dieses Ergebnis bedeutete eine persönliche Niederlage für Berlusconi, denn zum wiederholten Male war er in allen Wahlkreisen als Spitzenkandidat angetreten, obwohl er als Regierungschef gar nicht für das Europäische Parlament wählbar war. Über die Gründe, die zu diesen Verlusten führten, war man sich schnell einig: Sie liegen nach allgemeiner Überzeugung in Berlusconis Untätigkeit vor allem in der Wirtschafts- und Steuerpolitik.[1528]

Die spannende Frage, warum gerade Sizilien zur größten FI-Hochburg wurde, spornt – nach wie vor – eine Vielzahl politischer Beobachter zu den verschiedensten Erklärungsversuchen an. Pasquino etwa gibt prinzipiell zu bedenken, dass die Süditaliener immer schon für denjenigen mehrheitlich gestimmt hätten, dem man die größten Siegeschancen einräumte, um so von Patronage und Klientelismus zu profitieren. Entsprechend hätten sich die Wähler des *Mezzogiorno*, die früher in erster Linie stets christdemokratisch und sozialistisch votiert hatten, bei den Wahlen von 1994 auf die Seite Berlusconis geschlagen, zumal man im Süden tendenziell eher konservativ eingestellt sei und besonders empfänglich für Fernsehpropaganda jeglicher Art.[1529]

Während dieses Erklärungsmuster doch recht vage gehalten ist und für ganz Süditalien gilt, wird Ricolfi konkreter und geht stärker auf Sizilien im Speziellen ein. Er führt ins Feld, dass die FI 1994 aufgrund der föderalen Aspekte in ihrem Programm Hoffnungen auf eine Autonomie der Regionen geweckt habe. Und weil auf Sizilien – trotz des geltenden Sonderstatuts – die Forderungen nach verstärkter Autonomie nie verstummt seien, habe die FI hier so hervorragend abgeschnitten. Das ganz besondere Säkularisierungsmuster Siziliens, das sich in weiten Teilen von jenem der anderen süditalienischen Regionen unterscheide, so

---

[1527] Vgl. Merlo, Francesco, Quel 61 a 0 per Berlusconi, in: Sette, Supplement der Zeitung Corriere della Sera, 31.5.2001, S. 186.

[1528] Vgl. Grasse, Alexander, Italienische Verhältnisse 2004, S. 9ff.

[1529] Vgl. Pasquino, Gianfranco, Der unerwartete Machtwechsel, S. 389.

Ricolfi weiter, habe Berlusconi zusätzlich in die Hände gespielt.[1530] Sommer vertritt demgegenüber in Übereinstimmung mit dem ehemaligen Bürgermeister Palermos, Leoluca Orlando, die Hypothese, wonach die FI auf Sizilien deshalb so erfolgreich sei, weil sie dort vornehmlich an alte DC-Milieus angeknüpft habe. In der festzustellenden personellen Kontinuität sieht sich Sommer in seinem Glauben bestärkt.[1531]

In eine ganz andere Richtung argumentiert der Historiker Paul Ginsborg. Ihm zufolge stand die Mafia bei den Erfolgen der FI Pate. Zwar hält es Ginsborg für unwahrscheinlich, dass sich Berlusconi selbst an die Mafia gewandt haben könnte. Doch ist er der umso festeren Überzeugung, dass die Mafia auf seine FI gesetzt habe. Als Untermauerung für diese These führt er die Forzistin und ehemalige Richterin Tiziana Parenti an, die als eine der Ersten von einer Infiltration der FI durch die Mafia sprach.[1532]

Vor allem in letzter Zeit mehrten sich die Hinweise, die Ginsborgs Hypothese nachhaltig untermauern. So sorgte der geständige Mafioso Antonio Giuffrè Ende 2002 mit seinen Aussagen über das Verhältnis zwischen der Mafia und *Forza Italia* für großes Aufsehen. In seinen äußerst brisanten Enthüllungen behauptete er, der *Cosa-Nostra*-Boss Bernardo Provenzano habe im Vorfeld der Wahlen von 1994 Geheimverhandlungen mit verschiedenen Politikern geführt, um schließlich zur Wahl von Berlusconi aufzurufen.[1533] Nachdem die Christdemokraten untergegangen waren, sei, so Giuffrè, die Mafia auf der Suche nach neuen politischen Partnern gewesen. In der FI habe man diese ausfindig gemacht. Als Verbindungsmann habe sich der gebürtige Sizilianer Marcello Dell'Utri erwiesen, einer der Hauptverantwortlichen für die Gründung der FI, der der Mafia im Gegenzug für ihre versprochene Wahlhilfe ganz präzise Zusagen gegeben habe.[1534]

[1530] Vgl. Ricolfi, Luca, Il voto proporzionale e il nuovo spazio politico italiano, in: Rivista Italiana di Scienza Politica, 24. Jg. (1994), H. 3, S. 587-629, 607.

[1531] Vgl. Sommer, Michael, a.a.O., S. 131.

[1532] Vgl. Ginsborg, Paul, Die italienische Krise, S. 27.

[1533] Vgl. N.N., Accordi mafia-politica anche per il voto del 94, in: La Stampa, 30.11.2002, S. 7. Schätzungen zufolge war die Mafia 1994 in der Lage, die Stimmen von etwa vierhunderttausend Wählern zu steuern. Dies entspräche rund zehn Prozent des süditalienischen Wählerpotenzials. Für die Wahlen vom 13. Mai 2001 lagen keine verlässlichen Zahlen hierzu vor. Allgemein geht man jedoch davon aus, dass heutzutage der Einfluss der Mafia auf die Wählerschaft stark gesunken ist. Vgl. Seeger-Baier, Sabine, „Wählen – nein danke!" auf der Insel der Mafia, in: http://www.winti-guide.ch/druck.php?action=druck&id=15954&rubrik=welt (19.4.2001).

[1534] Vgl. Braun, Michael, Anschubfinanzierung aus der Mafia-Kasse?, in: Die Tageszeitung (taz), 9.1.2003, S. 11. Diese Zusagen beinhalteten laut Giuffrè im Einzelnen die Abschaffung der Sonderhaftbedingungen für hohe Mafiosi, ein Ende der Beschlagnahmung ihrer Reichtümer sowie die Aussetzung des Kronzeugenschutz-Programms. Dell'Utri, der sich derzeit in Palermo wegen angeblicher Beziehungen zur Mafia vor Gericht verantworten muss, wies diese Vorwürfe strikt von sich. Vgl. ebd.

Zwischenzeitlich soll nach den Worten Giuffrès sogar Berlusconi höchstpersönlich mit den mittlerweile zu lebenslanger Haft verurteilten Brüdern Filippo und Giuseppe Graviano vom *Corleone*-Clan über die Unterstützung seiner FI durch die Mafia verhandelt haben.[1535] Auch im Vorfeld zu den Wahlen von 2001 soll es Absprachen zwischen einzelnen FI-Vertretern und dem Organisierten Verbrechen gegeben haben. So bezichtigte Giuffrè etwa den FI-Abgeordneten Antonio Mormino, mit den Stimmen der *Cosa Nostra* ins Parlament gewählt worden zu sein, um dort zugunsten der Mafia politisch aktiv zu werden.[1536] Ob all diese schweren Anschuldigungen tatsächlich der Wahrheit entsprechen, sei dahingestellt. Der Politikwissenschaftler Gianfranco Pasquino berichtet jedenfalls, dass Berlusconi Anfang 1994 der Aufforderung des damaligen PDS-Chefs Occhetto nicht nachgekommen sei, öffentlich zu verkünden, dass er auf die Unterstützung und auf die Stimmen der Mafia verzichte.[1537] Hinzu kommt, dass politische Beobachter wie etwa Vitiello in jüngster Zeit die Regierung Berlusconi beschuldigen, in diversen Äußerungen, symbolischen Gesten und sogar mit Hilfe einiger Gesetzesinitiativen die Mafia ganz bewusst in Schutz zu nehmen.[1538] Der Premier indes weist solche Beschuldigungen weit von sich.[1539]

Jenseits dieser Ursachenforschung bleibt als eines der wichtigsten Ergebnisse dieser Untersuchung zum FI-Elektorat festzuhalten, dass die *Forza* – ungeachtet der durchaus vorhandenen territorialen Unterschiede – mittlerweile die Partei ist, deren Wählerschaft am gleichmäßigsten in ganz Italien vertreten ist. Allein die neue Zentrumsformation *Margherita* verfügt über eine ähnlich ausgeglichene territoriale Verankerung.[1540] Angesichts der hier analysierten Wählerschaft der FI

[1535] Vgl. Murmelter, Gerhard, Mafioso-Aussage erschüttert Italien, in: Der Standard, 6.12.2002, S. 4.

[1536] Vgl. Kohl, Christiane, Mafiaboss beschuldigt Berlusconi-Politiker, in: http://www.sueddeutsche.de/aktuell/sz/getArticleSZ.php?artikel=artikel3183.php (23.1.2003). Wegen vermuteter Beziehungen zur Mafia eröffnete die Staatsanwaltschaft von Palermo im Januar 2003 ein Vorermittlungsverfahren gegen den aus Sizilien stammenden FI-Politiker Mormino. Vgl. ebd.

[1537] Vgl. Pasquino, Gianfranco, Der unerwartete Machtwechsel, S. 390.

[1538] Vgl. Vitiello, Gabriella, Die Mafia ist das kleinere Übel, in: http://www.fr-aktuell.de/ressort/kultur_und_medien/feuilleton/?cnt=230294 (13.6.2003). Die Ernennung Carlo Taorminas, eines prominenten Verteidigers von Mafia-Bossen, zum Mitglied des parlamentarischen Anti-Mafia-Ausschusses etwa wertet Vitiello als sichtbares Zeichen für die ungezwungene Haltung der Regierung Berlusconi gegenüber dem Organisierten Verbrechen. Vgl. ebd.

[1539] Vgl. Popham, Peter, Police Arrest Anti-Mafia Officers on Suspicion of Working for the Mob, in: http://news.independent.co.uk/low_res/story.jsp?story=461213&host=3&dir=73 (8.11.2003).

[1540] Vgl. Chiaramonte, Alessandro, Il voto proporzionale. Verso la nazionalizzazione della competizione?, in: D'Alimonte, Roberto/Bartolini, Stefano (Hg.), Maggioritario finalmente? La transizione elettorale 1994-2001, Bologna 2002, S. 165-198, 193f. Zitiert als: Chiaramonte, Alessandro, Il voto proporzionale.

kann wohl kaum noch von der *Forza Italia* als einer Art „virtueller Fiktion" Berlusconis die Rede sein, die allenfalls über das Fernsehen existiere. Die FI ist mittlerweile viel „realer", als manche ihrer politischen Gegner wahrhaben wollen. Sie verfügt sogar über relativ stabile, jahrelang gewachsene Hochburgen, im Norden ebenso wie im Süden und vor allem auf Sizilien. Ob sich aus diesen Hochburgen tatsächlich neue Subkulturen nach dem Vorbild jener der Christdemokraten und Kommunisten entwickeln werden, wie dies in der Literatur zuweilen angedeutet wird,[1541] muss sich erst noch zeigen. Allein schon ein Ausscheiden Berlusconis aus der Politik etwa – aus welchem Grund auch immer – würde wohl genügen, um gerade in diesen FI-Hochburgen den Wählermarkt wieder ordentlich in Wallung zu bringen.

9.3 Sozio-ökonomische Charakteristika

Bei einer näheren Betrachtung des FI-Elektorats unter sozio-ökonomischen Gesichtspunkten fällt auf, dass sich das soziale Profil der Anhänger Berlusconis im Laufe der Jahre teilweise stark verändert hat. In einer Nachwahl-Studie zu den Parlamentswahlen von 1994 stellte Mannheimer noch fest, dass es den typischen *Forza-Italia*-Wähler damals noch nicht gegeben habe. Vielmehr hätten sich die Anhänger Berlusconis quer durch alle sozialen Schichten und Altersgruppen gefunden, so dass das soziale Profil der FI-Wähler annähernd jenem des italienischen Wählermarkts im Ganzen entsprochen habe.[1542]

Mannheimer machte allenfalls gewisse Akzentuierungen ausfindig. So hatte die FI zum Beispiel in der Gruppe der 25- bis 34-Jährigen mehr Erfolg als bei den älteren Italienern und insbesondere bei den Rentnern. Dies lässt sich wohl damit erklären, dass jüngere Menschen allgemein offener für „Neues" sind als ältere, schließlich verzeichneten alle politischen Neuformationen jener Zeit mehr Anhänger unter den jüngeren Bevölkerungsschichten. Auch die Art des Bildungsabschlusses spielte eine gewisse Rolle für die Unterstützung der FI. Während Italiener mit einem mittleren Bildungsabschluss überdurchschnittlich stark unter den FI-Wählern vertreten waren, waren sowohl die Gruppen mit einem niedrigen als auch jene mit einem höheren Bildungsniveau unterrepräsentiert. Unterschiede gab es ferner auch unter den verschiedenen Berufsgruppen. Angestellte und Studenten etwa schenkten Berlusconi weniger oft ihr Vertrauen als Unternehmer bzw. Freiberufler und vor allem Hausfrauen. Letztere machten sogar fast ein Fünftel aller FI-Wähler von 1994 aus. Dieser Überrepräsentanz war es auch zu verdanken, dass statistisch gesehen mehr Frauen als Männer die FI

[1541] Vgl. so z.B. Diamanti, Ilvo, Vecchie e nuove subculture politiche, S. 651; ders./Lazar, Marc, a.a.O., S. 74.

[1542] Vgl. Mannheimer, Renato, Forza Italia, S. 35.

wählten.[1543] Die überaus starke Unterstützung der FI durch Unternehmer, Freiberufler und Selbständige mag angesichts der dezidiert neoliberalen Ausrichtung der FI vor allem in ihrer Anfangszeit kaum überraschen, zumal sich die Mehrzahl ihres politischen Personals aus eben jenen Berufsgruppen rekrutierte.[1544]

Tabelle 12: Sozio-ökonomische Unterschiede der FI-Wähler von 1994 im Vergleich zur gesamtitalienischen Wählerschaft

Geschlecht:		13-16 Jahre	+ 3,7
Männlich	– 2,8	17-21 Jahre	+ 4,4
Weiblich	+ 2,8	älter als 22 Jahre	– 3,7
Altersgruppen:		*Berufsgruppen*:	
18-24 Jahre	+ 0,7	Unternehmer	+ 1,4
25-34 Jahre	+ 3,2	Freiberufler	+ 0,9
35-44 Jahre	– 0,7	Hilfsarbeiter	+ 0,8
45-54 Jahre	+ 0,7	Leitende Angestellte	– 1,5
55-64 Jahre	+/– 0	Angestellte	+ 0,3
65 Jahre und älter	– 3,7	Hausfrauen	+ 2,8
Alter beim Bildungsabschluss:		Studenten	– 1,8
11-12 Jahre	– 4,4	Rentner	– 4,2

Die Daten der Tabelle beziehen sich auf die Differenz zwischen dem Prozentsatz einer jeden sozialen Kategorie innerhalb der FI-Wählerschaft und dem entsprechenden Prozentsatz der Wählerschaft im Ganzen. Wenn sich beispielsweise unter den FI-Wählern 45,2 Prozent Männer befinden und der Anteil der Männer an der Gesamtwählerschaft 48 Prozent beträgt, kennzeichnet die Tabelle diese Differenz mit dem Wert – 2,8.

Quelle: Mannheimer, Renato, Forza Italia, in: Diamanti, Ilvo/Mannheimer, Renato (Hg.), Milano a Roma. Guida all'Italia elettorale del 1994, Rom 1994, S. 29-42, 36.

Obgleich der Prozentsatz der *Forza* bei den Parlamentswahlen von 1996 nur geringfügig zurückging, veränderte sich die Zusammensetzung der FI-Wählerschaft im Vergleich zu den Wahlen von 1994 in einigen Bereichen ganz wesentlich. In der Gruppe der Arbeiter und Angestellten zum Beispiel verlor die FI stark an Rückhalt. Die von Berlusconi zunächst geplanten Einschnitte bei den Renten einerseits sowie der darauf folgende Bruch mit der *Lega Nord* andererseits müssen hierfür wohl als maßgeblich betrachtet werden. Bei den Unternehmern, Freiberuflern und Hausfrauen hingegen war die FI offensichtlich immer beliebter geworden, so dass sie einen spürbaren Anstieg an Wählerstimmen aus diesen sozialen Schichten verzeichnete. Alles in allem band sie damit genau jene gesellschaftlichen Gruppierungen verstärkt an sich, die auch früher schon empfänglicher für Berlusconi gewesen waren, während sich insbesondere Angestellte

---

[1543] Vgl. ebd., S. 35f.

[1544] Vgl. Christen, Christian, a.a.O., S. 34f.

und Arbeiter zusehends von ihr abwendeten.[1545] Veränderungen waren zudem auch in der politischen Ausrichtung der FI-Wählerschaft feststellbar. In dem Maße, in dem moderate Wählerschichten Berlusconi den Rücken kehrten, strömten immer mehr Wähler in die Arme der FI, die sich als politisch „rechts" ansahen. Die FI glich sich somit in ihrem Wählerprofil immer stärker der AN an. Dieser Wandel lässt sich wohl auf die aggressive politische Rhetorik Berlusconis im Anschluss an seinen Sturz als Premier zurückführen.[1546]

Fünf Jahre später hat sich das sozio-ökonomische Profil des FI-Elektorats erneut in einigen Punkten gewandelt. Mit Hilfe groß angelegter und somit repräsentativer Meinungsumfragen erarbeitete die renommierte Wahlforschungsgruppe *Istituto Cattaneo* aus Bologna eine Wahlanalyse zum Urnengang vom Mai 2001[1547] und kam dabei zu höchst aufschlussreichen Ergebnissen in Bezug auf die Wählerschaft der *Forza*. Ein näherer Blick auf diese Ergebnisse, die neusten ihrer Art, ist lohnenswert.

Während der FI früher bei der älteren Generation ein durchschlagender Erfolg versagt blieb, strömte bei den Parlamentswahlen von 2001 genau jene Altersgruppe in Scharen zu ihr. Wie Tabelle 13 zeigt, standen am 13. Mai 2001 mehr als vierzig Prozent der Über-65-Jährigen hinter der Partei Berlusconis. Alle übrigen Altersgruppen lagen demgegenüber lediglich bei Werten um die dreißig Prozent. Am schwersten hatte es die FI bei den 45- bis 55-Jährigen. Mit ihren 27,4 Prozent Zustimmung für die Partei Berlusconis war diese Altersgruppe (die „Alt-68-er") unter den FI-Wählern leicht unterrepräsentiert. Die Parteien der linken Mitte schnitten hier deutlich besser ab. Ähnlich verhielt es sich mit der jüngsten Altersgruppe, den 18- bis 24-Jährigen, von denen eher *Alleanza Nazionale* und *Rifondazione Comunista* profitierten.[1548] Die neuerliche Hinwendung vieler Rentner in Richtung FI ist nicht zuletzt im Zusammenhang mit den von Berlusconi im Wahlkampf propagierten Rentenerhöhungen zu sehen.

Große Unterschiede innerhalb des FI-Elektorats gab es auch zwischen den Geschlechtern. Bei den Frauen war Berlusconi wesentlich erfolgreicher als bei den Männern. Während die italienischen Wählerinnen 36,9 Prozent Zustimmung für Berlusconis auf die Beine stellten, lagen die männlichen Wähler mit gerade mal 26,7 Prozent zugunsten der FI weit dahinter.[1549] Für dieses Ungleichgewicht zeigten sich einmal mehr die Hausfrauen verantwortlich, die wie keine andere Berufsgruppe für die FI votierten. Stolze 44,8 Prozent aller italienischer Hausfrauen schenkten Berlusconi diesmal ihr Vertrauen. Frauen mit anderen Berufen bevorzugten dagegen mehrheitlich die Parteien des *Ulivo*. Die ITANES-Studie

---

[1545] Vgl. Biorcio, Roberto, Forza Italia, S. 624f.

[1546] Vgl. ders., Le complicate scelte di Forza Italia, S. 266.

[1547] Vgl. ITANES, a.a.O.

[1548] Vgl. ebd., S. 41ff.

[1549] Vgl. ebd., S. 50.

kommt darüber hinaus zu dem Ergebnis, dass die FI vor allem unter jenen Frauen besonders beliebt war, die oft in die Kirche gehen, die schlecht politisch informiert sind und entsprechend wenig Zeitung lesen und die allgemein ein niedriges Bildungsniveau vorweisen. Auf dieser Bevölkerungsschicht fußt somit ein Großteil des Erfolges der FI.[1550]

Tabelle 13: Sozio-ökonomische Zusammensetzung der FI-Wähler von 2001 im Verhältnis zur Gesamtbevölkerung (in Prozent)

Geschlecht:		*Berufsgruppen*:	
Männlich	26,7	Selbständige insgesamt	32,9
Weiblich	36,9	Unternehmer, Freiberufler	26,8
		Geschäftsmänner, Handwerker u.ä.	34,7
Altersgruppen:		Angestellte des öffentlichen Dienstes insgesamt	16,7
18-24	28,6	Führungskräfte, Lehrer	12,3
25-34	30,2	Arbeiter	25,3
35-44	29,7	Angestellte der Privatwirtschaft insgesamt	28,0
45-54	27,4	Führungskräfte	22,8
55-64	31,6	Arbeiter	30,6
65 und älter	40,4	Rentner	35,1
		Hausfrauen	44,8
		Studenten	20,3
		Arbeitslose, auf der Suche nach erster Arbeit	42,2

Quelle: Eigene Zusammenstellung aus: ITANES (Italian National Election Studies), Perché ha vinto il centro-destra. Oltre la mera conta dei voti: chi, come, dove, perché, Bologna 2001, S. 41, 50, 65.

Nach Berufsgruppen untergliedert, ergibt sich folgendes Bild der FI-Wählerschaft von 2001: Bei den Selbständigen erreichte die *Forza* mit insgesamt 32,9 Prozent ein recht ansehnliches Ergebnis. Von diesen strömten allerdings weit mehr Geschäftsleute oder Handwerker in die Arme Berlusconis als etwa Unternehmer oder Freiberufler. In der Gruppe der Angestellten des öffentlichen Dienstes schnitt die Formation des Regierungschefs dagegen generell eher schlecht ab. Hier kam sie gerade mal auf 16,7 Prozent – ein Ergebnis, das insbesondere auf das Konto der höheren Angestellten und Lehrer dieses Sektors ging, von denen lediglich 12,3 Prozent für die FI stimmten. Die Arbeiter im öffentlichen Dienst entschieden sich dagegen zu immerhin 25,3 Prozent für Berlusconi. Bei den Angestellten der Privatwirtschaft erzielte Berlusconi demgegenüber mit 28,0 Prozentpunkten eine höhere Zustimmungsrate. Während die dortigen höheren Angestellten zu gerade mal 22,8 Prozent für die Partei des Wahlsiegers votierten, lag die Quote der Arbeiter aus der Privatwirtschaft, die Berlusconi ihre Stimme gaben, mit 30,6 Prozent deutlich höher. Damit erzielte die FI sogar einen

---

[1550] Vgl. ebd., S. 51ff.

höheren Prozentsatz unter den Arbeitern als Linksdemokraten und Kommunisten. Neben den Hausfrauen, auf die bereits eingegangen wurde, sticht ferner vor allem die Gruppe der Arbeitslosen in die Augen: Offensichtlich hatte Berlusconi hier derart viele Hoffnungen geweckt, dass von diesen nicht weniger als 42,2 Prozent auf ihn setzten. Beachtlich war ebenfalls der Vertrauensvorschuss, den die Rentner Berlusconi gewährten. 35,1 Prozent dieser Bevölkerungsgruppe sprachen sich für die FI aus. Ganz anders dagegen die Studenten: Gerade mal 20,3 Prozent von ihnen mochten sich der *Forza Italia* anvertrauen.[1551]

Im Vergleich zu den Parlamentswahlen von 1994 und 1996 hatte die FI damit einerseits bei jenen Wählerschichten weiterhin gepunktet, unter denen sie auch damals schon besonders großen Rückhalt fand (Hausfrauen, Unternehmer). Die hier vorgelegten Zahlen deuten aber auch darauf hin, dass sie sich in den vergangenen Jahren überdies bei Wählersegmenten durchsetzte, bei denen sie anfangs oder auch zwischenzeitlich einen schweren Stand gehabt hatte. Dies gilt in besonderem Maße für die Gruppe der Arbeiter, der Rentner und der Arbeitslosen. Bei anderen Gruppen wiederum, den Lehrern oder etwa den Studenten, setzte sich der Abwärtstrend für die FI weiter fort, doch konnte sie diesen Stimmenrückgang recht gut verschmerzen.

Der Schriftsteller Umberto Eco führt den auf den ersten Blick wohl überraschenden Erfolg der FI unter den Arbeitern auf Berlusconis populistische Ausprägung zurück:

> „Der Polo wendet sich [...] durch Forza Italia an die ehemalige Arbeiterklasse, die größtenteils auf die Stufe des Kleinbürgertums aufgestiegen ist, von diesem die Furcht vor dem neuen Lumpenproletariat als Bedrohung der eigenen Privilegien übernommen hat und Forderungen stellt, auf die eine Partei antworten kann, die sich die Parolen jeder populistischen Bewegung zu eigen macht: Bekämpfung der Kriminalität, Senkung der Steuerlasten, Verteidigung gegen die staatliche Übermacht und gegen die Hauptstadt als Quelle allen Übels und aller Korruption, Missbilligung und Verachtung jedes abweichenden Verhaltens."[1552]

Auch Rühle erkennt im Populismus der FI den Schlüssel ihres Erfolges, den sie bei so unterschiedlichen gesellschaftlichen Gruppen wie den Arbeitern und den Wirtschaftsmanagern gleichzeitig eingefahren hat.[1553] Ähnlich wie der Niederländer Pim Fortuyn und der Österreicher Jörg Haider fände Berlusconi seine Wähler „unter denen, die von den neoliberalen Entwicklungen und deren negativen Folgeerscheinungen überfordert sind, die sich vor Identitätsverlust und sozialem Abstieg fürchten"[1554].

[1551] Vgl. ebd., S. 64f.

[1552] Eco, Umberto, Perché nel Cavaliere si nasconde un comunista, in: La Repubblica, 3.4.2001, S. 17 (eig. Übers.).

[1553] Vgl. Rühle, Alex, Die neuen Führer, in: http://www.sueddeutsche.de/aktuell/sz/getArticleSZ.php?artikel4235.php (18.9.2002).

[1554] Ebd.

Auch scheint sich die nach wie vor scharfzüngige antikommunistische Propaganda für die FI ausgezahlt zu haben: Gerade einer Vielzahl ehemaliger christdemokratischer Stammwähler – darunter vor allem Rentner und Hausfrauen – gefällt auch heute noch, lange nach dem Fall der Berliner Mauer, die strikt antikommunistische Grundhaltung Berlusconis. Und ganz gezielt umwarb der Medienunternehmer im Wahlkampf die Gruppe der Hausfrauen noch zusätzlich, indem er seine Biographie an Millionen von Haushalten verschicken ließ: Die Ähnlichkeiten dieses Hochglanz-Bildbandes mit typischen Frauenzeitschriften waren unverkennbar und wahrscheinlich gewollt.[1555]

Unter den Wählern der *Forza Italia* findet sich ferner eine große Anzahl praktizierender Katholiken. So stellt die ITANES-Studie fest: Je stärker die Religiosität ausgeprägt ist, desto höher ist die Wahrscheinlichkeit, auf FI-Wähler zu stoßen.[1556] Dieser hohe Prozentsatz an praktizierenden Katholiken, die für die FI stimmen, lässt sich vor allem auf Berlusconis verstärkte Bemühungen der vergangenen Jahre zurückführen, seine Partei in die politische Mitte zu rücken und sich so den Katholiken als bevorzugter Gesprächspartner anzudienen.[1557]

Charakteristisch für die Mitte-Rechts-Wähler scheint überdies auch deren Präferenz für die Nachrichten-Sendungen der kommerziellen Berlusconi-Kanäle zu sein. Die Zahlen sprechen eine deutliche Sprache: Wie die ITANES-Studie ermittelte, bevorzugen die Wähler Berlusconis zu rund siebzig Prozent die täglichen Informationssendungen von *Mediaset*, während umgekehrt ein ähnlich hoher Prozentsatz der *Ulivo*-Wähler die öffentlich-rechtliche RAI einschaltet, um sich politisch zu informieren.[1558] In Anbetracht dieser Daten erscheint es eine offene Frage, inwieweit man tatsächlich von einer eventuellen Beeinflussung der Sender Berlusconis auf die Wahlentscheidung sprechen kann.

Die derzeitige Wählerschaft der FI zeichnet sich darüber hinaus auch durch eine extrem hohe Wertschätzung gegenüber Berlusconi aus. Das macht die *Forza* zu einer „Partei des Führers"[1559] par excellence. Das war nicht immer so. Bis zum Jahr 1995 war lediglich etwa die Hälfte der FI-Wähler auf Berlusconi fixiert. Dieser Wert sank im Anschluss an die verlorenen Parlamentswahlen von 1996 auf ungefähr ein Drittel ab, wohingegen die Zahl der Berlusconi kritisch

---

[1555] Vgl. Hausmann, Friederike, Italien. Der ganz normale Sonderfall, S. 28f.

[1556] Vgl. ITANES, a.a.O., S. 85. Um den Grad der Religiosität zu ermitteln, wurden die Befragten der ITANES-Meinungsumfrage in verschiedene Kategorien je nach Häufigkeit des Kirchenbesuchs eingeteilt. Dabei stellte sich heraus: Je öfter die Befragten in die Kirche gingen, desto besser schnitt die FI ab. Unter denjenigen etwa, die jeden Sonntag in die Kirche gehen, erzielte die FI ein Spitzenergebnis von 37,9 Prozent. Vgl. ebd.

[1557] Näheres zum Verhältnis zwischen Berlusconi und der katholischen Kirche, vgl. Grasmück, Damian, Der tiefe Graben ist überwunden, in: Rheinischer Merkur, 21.11.2002, S. 5.

[1558] Vgl. ITANES, a.a.O., S. 120.

[1559] Barisione, Mauro, a.a.O., S. 162 (eig. Übers.).

gegenüberstehenden FI-Wähler zu jener Zeit sprunghaft anstieg. Von 1999 an drehte sich dieses Verhältnis dann wieder zugunsten des FI-Chefs um, denn mit den erfolgreich bestrittenen Europawahlen vom Juni 1999 und den gleichfalls gewonnenen Regionalwahlen vom April 2000 war es Berlusconi gelungen, sein Siegerimage als Politiker wieder aufzupolieren. Somit verringerte sich die Quote derjenigen FI-Anhänger, die Berlusconi misstrauisch beäugten, bis zum Wahltag im Mai 2001 auf weniger als ein Sechstel.[1560] Warum ein derart hoher Grad an Bindung zwischen dem FI-Chef und seinen Wählern besteht, ist angesichts der vielfältigen Probleme, die sich gerade an der Person Berlusconis entzünden, wohl nur aus inneritalienischer Perspektive nachvollziehbar. Vordergründig bewundern viele Italiener sicher dessen – scheinbar – selbst erarbeiteten Aufstieg vom „kleinen Mann" zum Multimilliardär.[1561] So spielt der Interessenkonflikt für die meisten FI-Wähler denn auch keine Rolle.[1562] Der Politikwissenschaftler Angelo Bolaffi sieht dieses enge Vertrauensverhältnis

> „in kulturgeschichtlichen Tiefenschichten begründet. Berlusconi verkörpert sozusagen eine in der italienischen Anthropologie verwurzelte Mentalität: Er ist der Überzeugung – fast könnte man von einer Glaubensüberzeugung sprechen –, dass das öffentliche Wohlergehen immer nur eine Summe des privaten Glücks sein kann. Es ist demnach erlaubt, die Egoismen und die verborgenen *animal spirits*, die ‚Raubtierinstinkte' der bürgerlichen Gesellschaft notfalls auch unter Verletzung ihrer ethischen und juristischen Normen auszuleben."[1563]

Mit Blick auf die hier analysierte Wählerschaft der FI spricht einiges dafür, dass Berlusconis FI die Nachfolge der untergegangenen *Democrazia Cristiana* angetreten hat. Eines der ersten Indizien hierfür ist bereits das Ausmaß ihres Erfolgs: Mit ihren knapp dreißig Prozent, die sie bei den Parlamentswahlen von 2001 errungen hat, knüpft die *Forza* an das Ergebnis der Christdemokraten von 1992 an, auch wenn dieses Resultat zu den schlechtesten in der Geschichte der italienischen Christdemokratie gehörte. Auch die Hochburgen der FI, insbesondere im Norden und auf Sizilien, decken sich größtenteils mit jenen der DC. Und

---

[1560] Vgl. Biorcio, Roberto, Forza Italia, S. 632f. Der Beliebtheitsgrad Berlusconis unter seinen eigenen Wählern variierte nicht nur im Laufe der Zeit, sondern war auch von der einen sozialen Schicht zur anderen unterschiedlich hoch. Allgemein gilt: Je niedriger das Bildungsniveau und je mehr sich die FI-Wähler als „rechts" ansehen, desto stärker ist die Identifikation mit Berlusconi. Vgl. ebd., S. 633.

[1561] Vgl. Dreier, Volker, Forza Italia, S. 290. Näheres zur wirtschaftlichen Karriere Berlusconis, vgl. Kapitel 4.

[1562] Eine Meinungsumfrage aus dem Jahr 2002 belegt: 79,4 Prozent der FI-Wähler sind der Ansicht, der Berlusconische Interessenkonflikt habe keinen Einfluss auf die Regierungstätigkeit. Vgl. Diamanti, Ilvo, Bianco, rosso, verde... e azzurro. Mappe e colori dell'Italia politica, Bologna 2003, S. 133.

[1563] Bolaffi, Angelo, Opposition gegen ein italienisches Ideal, in: N.N., Berlusconis Italien – Italien gegen Berlusconi, Berlin 2002, S. 146-150, 146.

wie weiland für die DC, stellt auch heute für die FI der „rote Gürtel" Mittelitaliens eine Zone deutlich erkennbarer elektoraler Schwäche dar. Der personelle Rückgriff der FI auf die alte DC-Nomenklatura – vor allem auf Sizilien – deutet ebenso auf die FI als Erbin der Christdemokraten hin. Aufgrund der großen Bereitschaft der Wähler, zumindest innerhalb des politischen Spektrums die Partei zu wechseln, kann sich die FI allerdings heutzutage keinesfalls ihrer Wählerschaft so sicher sein wie die DC früher. Subkulturelle Bindungen an die *Forza* sind allenfalls in Ansätzen erkennbar, auch wenn sie sich in einigen Landesteilen bereits einen festen Wählerstamm erobert hat. Dennoch gilt: „Es fällt schwer, an eine konsequente und beständige Beziehung zwischen Wählern und Parteien zu denken. Heute und in Zukunft. Vielmehr ist von einem offenen, instabilen Wählermarkt auszugehen."[1564]

Dass die FI ganz bewusst gerade auf das typisch christdemokratische Elektorat setzt, stellt sie insbesondere mit ihrer aggressiven, nicht enden wollenden antikommunistischen Propaganda deutlich unter Beweis. Vor allem bei älteren, subkulturell stark geprägten Wählern der ehemaligen „weißen", christdemokratischen Hochburgen kommt sie damit auch heute noch bestens an. Dieses Wählersegment, das Berlusconi anfangs noch eher skeptisch gegenüber gestanden hatte, hat mittlerweile die FI als Nachfolgerin der DC zweifellos akzeptiert. Und auch die Mehrzahl der praktizierenden Katholiken betrachtet offenbar die FI als ihre Referenzpartei.

Endlos lässt sich die Liste der Übereinstimmungen zwischen dem FI-Elektorat und der früheren christdemokratischen Wählerschaft jedoch keinesfalls verlängern. Während die DC früher zum Beispiel bei Unternehmern, Führungskräften und bei Arbeitern äußerst schlecht abschnitt, kann Berlusconi heute auf weite Teile gerade dieser Gesellschaftsschichten zählen.[1565] So bleibt festzuhalten: Die FI weist in elektoraler Hinsicht zahlreiche Gemeinsamkeiten mit der untergegangenen DC auf, weicht aber zugleich auch in einigen Punkten deutlich von ihrem historischen „Vorbild" ab. Wenn es jedoch eine Partei gibt, die das Erbe der DC angetreten hat, dann am ehesten die *Forza Italia*.

Die Zukunft muss allerdings erst noch zeigen, ob die FI analog zur DC fähig ist, ihre Wählerschaft noch weiter auszubauen und über einen längeren Zeitraum auf hohem Niveau zu halten. Das Potenzial hierzu wird ihr allemal bescheinigt: Einer Meinungsumfrage von Ende 2002 zufolge könnte sich in etwa die Hälfte des gesamten italienischen Wählermarktes vorstellen, künftig für die FI zu stimmen. Diesen Erfolg streitig machen könnten ihr nicht etwa die Parteien des *Ulivo*, sondern in erster Linie die eigenen Koalitionspartner, allen voran die Rechtsnationalen von der AN. Denn laut der besagten Meinungsumfrage wären zirka 85 Prozent der potenziellen FI-Wähler unter bestimmten Umständen auch

---

[1564] Diamanti, Ilvo, Vecchie e nuove subculture politiche, S. 652 (eig. Übers.).

[1565] Vgl. Biorcio, Roberto, Forza Italia, S. 628.

der AN nicht abgeneigt.[1566] Die Wählermärkte von *Forza Italia* und *Alleanza Nazionale* überlappen sich also in weiten Teilen – mit dem Ergebnis, dass in Zukunft der Kampf um die Wählerstimmen wohl immer weniger zwischen den eigentlichen politischen Gegnern ausgetragen werden wird als vielmehr zwischen den Partnern im eigenen Lager. Dafür erscheint die FI bestens gerüstet.

[1566] Vgl. N.N., Ogni giorno gli uomini politici prendono in considerazione iniziative volte..., in: http://www.corriere.it/edicola/index.jsp?path=POLITICA&doc=MANN (4.11.2002).

10 Die internen Organisationsstrukturen der *Forza Italia*

Immer wieder ist in der Fachliteratur die Rede davon, dass die *Forza Italia* in Aufbau und Struktur einem ganz eigenen Parteiorganisationsmodell folge und somit eine Partei sui generis, eine Partei neuen Typs also, darstelle.[1567] Doch worin besteht dieses neuartige Modell? Was zeichnet es aus? Ist die Parteiorganisation der *Forza Italia* wirklich, wie der Parteienforscher Piero Ignazi einmal behauptete, innovativ[1568] und damit ein nachahmenswertes Vorbild für andere Parteien? Welcher organisatorischer Strukturen bediente sich die FI, um in den italienischen Wählermarkt einzudringen, ihn schließlich zu erobern und somit auf der politischen Bühne an vorderster Front aktiv zu sein? Kurz: Nach welchen internen Regeln funktioniert das „Erfolgsmodell" namens *Forza Italia*?[1569]

Allerlei Erwartungen verbanden sich mit den neuen Parteien, nachdem die alten, aufgeblähten Massenparteien Italiens zu Beginn der neunziger Jahre entweder in eine tiefe Sinnkrise geraten (siehe die Kommunistische Partei), auseinandergebrochen (siehe die Christlich-Demokratische Partei) oder gar untergegangen waren (siehe die Sozialistische Partei). So hoffte auch Hartmut Ullrich,

> „dass sich nach dem Bankrott der hypertrophen Parteien des ideologisch-bürokratisch-allgegenwärtigen Typs der I. Republik, die eine karikaturale Degeneration der Integrationspartei dargestellt hatten und deren Auferstehung schon wegen der untragbaren Kosten – materieller wie kulturell-politischer Natur – langfristig unmöglich ist, erneuerte Parteiformen durchsetzen werden, die unter Konzentration auf die wesentlichen Aufgaben der Partei im politischen Willensbildungsprozess der Regeneration der italienischen Demokratie dienen"[1570].

Stellt der Newcomer *Forza Italia* möglicherweise einen solchen Parteientypus dar, wie er Ullrich vorschwebt? Das folgende Kapitel gibt näheren Aufschluss hierüber, indem es die Organisationsstrukturen der FI detailliert untersucht. In einem ersten, chronologischen Teil sollen die einzelnen Entwicklungsstufen der FI nachskizziert werden, um die höchst unterschiedlichen Parteienmo-

---

[1567] Vgl. so z.B. Biorcio, Roberto, Forza Italia, S. 630; D'Agostino, Guido/Vigilante, Riccardo, a.a.O., S. 222; Dreier, Volker, Forza Italia, S. 288; Drüke, Helmut, a.a.O., S. 241; Lalli, Roberto P., a.a.O., S. 101; Morlino, Leonardo, Presentazione, in: Poli, Emanuela, Forza Italia. Strutture, leadership e radicamento territoriale, Bologna 2001, S. 9-13, 11; Pallaver, Günther, L'unto del signore, S. 319; Raniolo, Francesco, I partiti conservatori in Europa occidentale, Bologna 2000, S. 164; Zagrebelsky, Gustavo, a.a.O., S. I.

[1568] Vgl. Ignazi, Piero, I partiti italiani, S. 135.

[1569] Derartige Fragestellungen beschäftigen die moderne Parteienforschung immer wieder. Auch Crotty fragte 1991: „How do the parties operate? What services do they perform? How are they structured?" Crotty, William J., Political Parties: Issues and Trends, in: ders. (Hg.), Political Science. Looking to the Future. Vol. 4: American Institutions, Evanston 1991, S. 137-201, 142f.

[1570] Ullrich, Hartmut, Politischer Wandel, S. 29f.

delle zu dokumentieren, welche die FI im Laufe ihrer fast zehnjährigen Geschichte verkörperte. Danach gilt es, einen ausführlichen Blick auf die wichtigsten Parteiorgane zu werfen, um damit die innere Funktionsweise und die Machtverteilung zu ergründen. Anschließend folgen weitere Abschnitte zu den neuartigen Rekrutierungsmethoden der FI-Kandidaten für die beiden Parlamentskammern, zu Zusammensetzung und Stellung der FI-Parlamentsfraktionen, zu den speziellen „Basiseinheiten" der FI, den so genannten *Clubs Forza Italia*, sowie zur Finanzierung der FI.

10.1 Die organisatorischen Entwicklungsphasen der FI

Die Einteilung der *Forza Italia* in voneinander abgrenzbare organisatorische Entwicklungsphasen veränderte sich im Laufe der Zeit grundlegend. Früher neigte man in FI-Kreisen noch zu folgender Dreiteilung: 1994 sei das Jahr des *Partito leggero* (der schlanken Partei) gewesen, 1995 das des *Partito dei militanti* (der Partei der Aktivisten) und ab 1996 habe die Zeitspanne des *Partito degli eletti e degli elettori* (der Partei der Gewählten und der Wähler) begonnen.[1571] Diese Einteilung gilt mittlerweile jedoch als überholt. Vielmehr hat sich heutzutage eine Untergliederung in drei größere Entwicklungsabschnitte durchgesetzt. Neuerdings kennzeichnen führende FI-Vertreter übereinstimmend die ersten beiden Lebensjahre als erste Phase der FI, die Jahre im Anschluss an die Wahlniederlage vom April 1996 als zweite Phase, und mit dem Sieg bei den Parlamentswahlen vom Mai 2001 hat demnach die dritte Phase begonnen, in der sich die Partei auch heute noch befindet.[1572] Charakteristisch für Phase I waren die recht losen Organisationsstrukturen der FI als eine Art Wahlkomitee nach dem Vorbild amerikanischer Parteien. In Phase II mauserte sich die *Forza* dann schließlich zu einer Partei im eher traditionellen Sinn. Sie gab sich eine stabile und feste Ordnung, öffnete sich Mitgliedern, führte Elemente innerparteilicher Demokratie ein und baute lokale Parteistrukturen im ganzen Land auf. Denn ohne einen solchen Parteiapparat mit festen Wurzeln hätte Berlusconi wohl kaum die langen Jahre der Opposition durchstehen können. Mit seiner Regierungsübernahme Mitte 2001 trat die FI dann in Phase III ein, die voller ungeahnter Schwierigkeiten steckte. Der Übergang von der Oppositions- zur Regierungspartei machte der *Forza* schwer zu schaffen, da sie keineswegs auf ihre neue Rolle vorbereitet schien und Berlusconi sie zudem sträflich vernachlässigte. Die folgenden Kapitel

---

[1571] Vgl. Poli, Emanuela, I modelli organizzativi, S. 80. Näheres zu den Unterscheidungsmerkmalen dieser Entwicklungsphasen, vgl. ebd., S. 80ff.

[1572] Vgl. so z.B. Interview des Autors mit Antonio Tajani in Rom am 1.8.2003; Mennitti, Domenico, Fuori dalla linea d'ombra, in: http://www.liberalfondazione.it/archivio/fl/numero15/mennitti.htm (1.4.2003); Scajola, Claudio, Il partito di governo, in: http://www.liberalfondazionne.it/archivio/fl/numero15/scajola.htm (1.4.2003).

lassen diese drei Entwicklungsabschnitte Revue passieren und zeichnen dabei die gewandelten Organisationsstrukturen der FI von ihrer Geburt bis in die Gegenwart hinein nach.

10.1.1 Phase I: Die FI als lose organisiertes Wahlkomitee

Die Geschwindigkeit, mit der sich die politischen Ereignisse um die Jahreswende 1993/94 geradezu überschlagen hatten, ließ es anfangs nicht zu, sich tiefergehende Fragen nach der politischen Natur oder gar nach den Organisationsstrukturen der *Forza Italia* zu stellen. Kaum war diese geboren,[1573] hatte sie auch schon die Parlamentswahlen vom März 1994 auf spektakuläre Weise gewonnen.[1574]

Damit war aus dem Stand ein neues politisches Subjekt an die Regierung gelangt, über das fast nichts bekannt war. So gehörte es unter den Beobachtern der politischen Szene Italiens auch schon bald zum Pflichtprogramm, dieses neuartige Phänomen schleunigst zu ergründen. Die unterschiedlichsten Kennzeichnungen machten die Runde. Um ihren künstlichen Charakter zu unterstreichen, erklärten einige sie zur „virtuellen Partei"[1575], andere schimpften sie ein „Kunst- und Kommerzprodukt"[1576], eine „Cyber-Formation"[1577], eine „Partei, die es nicht gibt,"[1578] oder auch eine „politische Projektion Silvio Berlusconis"[1579]; wieder andere spielten auf ihren atemberaubend schnellen Aufstieg an und nannten sie eine „Instant Party"[1580], eine „Retortenpartei"[1581] bzw. „die erste Partei aus der Retorte"[1582]; aufgrund ihrer organisatorischen Ähnlichkeiten mit dem in den USA vorherrschenden Parteienmodell galt sie mitunter auch als „amerikanische Partei"[1583]; infolge der entscheidenden Rolle, die Berlusconis Firmenholding *Fininvest* bei ihrer Entstehung gespielt hatte, stellte sie in den Augen anderer in-

---

[1573] Näheres zur Gründung der FI, vgl. Kapitel 5.3.

[1574] Näheres zu den Wahlen von 1994, vgl. Kapitel 6.1.

[1575] Bordon, Frida, Italien auf der Suche nach der verlorenen Mitte, in: Die Neue Gesellschaft. Frankfurter Hefte, 42. Jg. (1995), H. 11, S. 978-980, 978; Calise, Mauro, a.a.O., S. 116 (eig. Übers.); McCarthy, Patrick, Forza Italia. Nascita e sviluppo, S. 49 (eig. Übers.).

[1576] Roques, Valeska von, a.a.O., S. 212.

[1577] Brill, Klaus, König Silvios elektronischer Feldzug, in: Süddeutsche Zeitung, 28.1.1994, S. 3.

[1578] Revelli, Marco, a.a.O., S. 667 (eig. Übers.).

[1579] Diamanti, Ilvo/Mannheimer, Renato, Introduzione, S. VII (eig. Übers.).

[1580] Donovan, Mark, The 1994 Election in Italy. Normalisation or Continuing Exceptionalism?, in: West European Politics, 17. Jg. (1994), Nr. 4, S. 193-201, 193. Zitiert als: Donovan, Mark, The 1994 Election in Italy.

[1581] Renner, Jens, Der neue Marsch auf Rom. Berlusconi und seine Vorläufer, Zürich 2002, S. 162.

[1582] Götz, Thomas, Silvio Berlusconi, S. 94.

[1583] Gray, Lawrence/Howard, William, a.a.O., S. 95 (eig. Übers.).

dessen ein „Gemisch aus Partei und Unternehmen"[1584] bzw. „eher eine Firma als eine Partei"[1585] dar; um anzudeuten, wie sehr sie ganz auf ihren Gründer und Chef zugeschnitten war (und noch immer ist), fanden sich ferner auch die Bezeichnungen „Partei des Präsidenten"[1586], „Persönlichkeitspartei"[1587] oder auch „reine Führerpartei"[1588]; in Anspielung auf die zentrale Rolle der Medien und ihres Parteichefs wurde sie zudem auch als „Media-Mediated Personality-Party"[1589] definiert; an anderer Stelle wurde sie verächtlich gar „Yuppie-Partei"[1590] oder vereinfachend auch „Aufsteiger- und Konsumpartei"[1591] genannt. Diese große Vielfalt an Definitionsversuchen lässt bereits erahnen, welche Probleme man damit hatte, die *Forza Italia* angesichts ihrer anfangs doch sehr undurchsichtigen Organisationsstrukturen einzuordnen.

In FI-Kreisen beschränkte man sich zunächst lediglich darauf, immer wieder den eigenen Bewegungscharakter hervorzuheben. So definiert sich die FI selbst seit eh und je eben nicht als Partei, sondern als politische Bewegung. Der erste Satz im Vorwort zum Wahlprogramm der FI von 1994, das Silvio Berlusconis Unterschrift trägt, lautet denn auch: „Forza Italia ist eine Bewegung, keine Partei."[1592] Diese Eigendefinition wird noch immer in FI-Kreisen gern beibehalten.[1593] Auch das derzeit geltende Parteistatut kennzeichnet die FI explizit als „politische Bewegung"[1594].

Diese demonstrative Betonung seitens der FI, keine Partei zu sein, kommt nicht von ungefähr. Nach dem Zusammenbruch der traditionellen Parteien im Zuge der *Tangentopoli*-Affäre Anfang der neunziger Jahre steckte der Parteienbegriff an sich derart in Misskredit, dass kein neuer politischer Akteur auch nur

---

[1584] Losano, Mario G., a.a.O., S. 73.

[1585] Santarelli, Enzo, Il vento di destra. Dalla liberazione a Berlusconi, Intervista di Aldo Garzia, Rom 1994, S. 65 (eig. Übers.).

[1586] Diamanti, Ilvo, Politica all'italiana, S. 156 (eig. Übers.).

[1587] Weber, Peter, Die neue Ära der italienischen Mehrheitsdemokratie, S. 98.

[1588] Trautmann, Günter/Ullrich, Hartmut, a.a.O., S. 577.

[1589] Seißelberg, Jörg, Conditions of Success, S. 715.

[1590] Wallisch, Stefan, Silvio Berlusconi und Romano Prodi, S. 173.

[1591] Ebd., S. 177.

[1592] Berlusconi, Silvio, Premessa, in: N.N., Per un nuovo miracolo italiano. Il programma di Forza Italia, Mailand 1994, S. 6 (eig. Übers.).

[1593] Auch im Jahr 2002 sprach etwa der damalige FI-Pressesprecher Sandro Bondi noch von der FI als einer Bewegung. Vgl. Bondi, Sandro, Passato e futuro di Forza Italia, in: L'Ircocervo, 1. Jg. (2002), H. 2, S. 46-54, 46.

[1594] Statuto di Forza Italia 1998. Approvato dalla Assemblea Nazionale, Milano, 18 gennaio 1997, con le modifiche apportate dal Consiglio Nazionale del 4 luglio 1997, del 20/21 febbraio 1998 e dal Congresso Nazionale del 16/18 aprile 1998 e dal Consiglio Nazionale del 20 luglio 1998, Art. 1 (eig. Übers.), in: http://www.forza-italia.it/partito/img/statuto.doc (6.12.2001).

daran dachte, sich unter dem Terminus „Partei" zu präsentieren.[1595] Daher wollte sich auch und gerade die FI „durch die Gründung einer ,Bewegung' anstelle einer Partei [...] ausdrücklich von den traditionellen Parteien abgrenzen"[1596]. Außerdem wollte man mit dem Rückgriff auf den Bewegungscharakter Flexibilität sowie eine schnelle und pragmatische Entscheidungsfindung suggerieren, um so auf die drängenden Probleme Italiens angemessen reagieren zu können.[1597]

Die Frage nach der politischen Natur der FI warf erstmals der Philosoph und Senator auf Lebenszeit, Noberto Bobbio, ein halbes Jahr nach deren offizieller Gründung auf. In einem offenen Brief an Berlusconi, den die Tageszeitung *La Stampa* am 3. Juli 1994 abdruckte, schrieb Bobbio:

> „Wenn die ,Meinungsbewegung' Berlusconis keine Partei ist, darf man wissen, was sie ist? [...] Unser Land wird von einer Gruppierung regiert, von der man bei der reichhaltigen Typologie politischer Gruppen nicht genau weiß, was sie eigentlich ist, denn bis heute hat sich niemand herabgelassen, es uns deutlich zu sagen. Und doch ist es unser Recht als demokratische Bürger, dies zu erfahren, Bürger, die in einem System leben, dessen Hauptmerkmal die Transparenz der Macht ist – darin unterscheidet es sich von Diktaturen."[1598]

Die Antwort Berlusconis ließ nicht lange auf sich warten. Ebenfalls in Form eines offenen Briefes stellte dieser klar:

> „Die Forza Italia [...] ist, wie alle wissen, eine politische Bewegung, die zu Beginn des Jahres gegründet und gemäß der gesetzlichen Anforderungen registriert wurde. Diese politische Bewegung hat einen Präsidenten, ein Präsidentschaftskomitee, [...] sie hat ein Statut, und [...] sie hat als politische Basis eine Versammlung von Delegierten der Bewegung, die, zusammen mit den Clubs und anderen lokalen Vereinigungen, von einem Exekutiv-Komitee koordiniert wird. [...] Was uns allerdings fehlt, [...] ist ein schwerer und teurer Parteiapparat."[1599]

Doch dieses Parteistatut, auf das Berlusconi anspielte, war bislang noch nirgendwo aufgetaucht. Sogleich machte sich die Wochenzeitung *L'Europeo* auf die Suche nach dem Dokument – zunächst vergebens. Es stellte sich vielmehr heraus: Weder in den Büros der Parteizentrale war ein Exemplar vorzufinden noch hatten die FI-Parlamentarier jemals ein solches zu Gesicht bekommen. Der römische Notar Francesco Colistra, der das Statut beglaubigt hatte, bereitete dieser Suche ein Ende. Zur Überraschung vieler legte er gleich drei unterschiedliche

---

[1595] Vgl. Braun, Michael, Das Parteiensystem der Ersten Republik, S. 248.

[1596] Fix, Elisabeth, Die Genese der „Bewegungspartei", S. 204.

[1597] Vgl. Christen, Christian, a.a.O., S. 38.

[1598] Bobbio, Noberto, Il partito fantasma, in: La Stampa, 3.7.1994, S. 1 (eig. Übers.). Dass dieser Brief ausgerechnet in der zum *Fiat*-Konzern gehörenden Tageszeitung La Stampa erschien, deuteten einige politische Beobachter als klares Zeichen, dass sich Italiens Großunternehmer von Berlusconi distanziert hätten. Vgl. Feldbauer, Gerhard, Von Mussolini bis Fini. Die extreme Rechte in Italien, Berlin 1996, S. 152. Zitiert als: Feldbauer, Gerhard, Von Mussolini bis Fini.

[1599] Berlusconi, Silvio, Che cos'è Forza Italia?, in: La Stampa, 5.7.1994, S. 1 (eig. Übers.).

Statute vor, die zwischen Januar und Juni 1994 entstanden waren. Die Fassung vom 18. Januar trug die Unterschriften der fünf FI-Gründungsväter Silvio Berlusconi, Mario Valducci, Antonio Martino, Luigi Caligaris und Antonio Tajani; die beiden übrigen waren lediglich von Valducci unterschrieben und enthielten Änderungen, die zwar nur geringfügig waren, die jedoch laut dem ersten Statut so einfach nicht hätten vollzogen werden dürfen. Hinzu kam eine Reihe offensichtlicher Diskrepanzen zwischen dem, was in den Statuten stand, und dem, was Berlusconi öffentlich erklärt hatte. So sahen die Statute etwa keinesfalls eine Delegiertenversammlung vor, und von den lokalen Vereinigungen, die Berlusconi erwähnt hatte, war hier auch nicht die Rede.[1600] Verschwiegen hatte er dafür Artikel 5 der jeweiligen Statute, der festgeschrieben hatte, dass Berlusconi als Präsident und das Präsidentschaftskomitee, bestehend aus den fünf Gründungsmitgliedern, ohne vorherige Wahl für drei Jahre im Amt bleiben würden.[1601] Folglich, so die Schlussfolgerung des Verfassungsrechtlers Gustavo Zagrebelsky,

> „gibt es das Statut, aber es liegt auf Eis. Die gesamte Bewegung liegt für den Zeitraum von drei Jahren in den Händen eines einzigen Mannes, der von Personen umgeben ist, die er selbst aufgrund eines rein privaten, asymmetrischen und ungleichen Vertrauensverhältnisses auserwählt hat."[1602]

Die FI der Anfangszeit war also als reines Wahlkomitee konzipiert, das einzig Silvio Berlusconi zu Diensten zu sein hatte und somit auch keiner festen Regeln bedurfte. Zu Recht lässt sich die neue Polit-Formation in dieser Phase daher auch als reine „support machine"[1603] oder auch als „Wahlkampfmaschine für den *leader*"[1604] charakterisieren. Wenn zu diesem frühen Zeitpunkt überhaupt von einer Organisationsstruktur gesprochen werden konnte, dann war sie rein personalistisch und bestand einzig in der Konzentration auf den FI-Präsidenten Berlusconi: „Die Forza Italia ist [..] eine ‚Patrimonial'-Partei, kreiert vom Führer und finanziert vom Führer, deren Mitglieder [d.h. die Parteifunktionäre, eig. Anm.] vom Führer persönlich abhängig sind."[1605]

Die *Clubs Forza Italia* und somit auch die Clubmitglieder hatten keinerlei Einflussmöglichkeiten innerhalb der FI, weder auf die politische Linie, noch auf die Auswahl des politischen Personals.[1606] So hieß es in einem offiziellen Dokument der Dachorganisation der Clubs, der *Associazione Nazionale Forza Italia* (Nationale Vereinigung *Forza Italia*, ANFI), aus dem Jahr 1994 bezüglich der Funktionen der Clubs lediglich:

[1600] Vgl. Gilioli, Alessandro, a.a.O., S. 46ff.

[1601] Vgl. Poli, Emanuela, Forza Italia, S. 79.

[1602] Zagrebelsky, Gustavo, a.a.O., S. IV (eig. Übers.).

[1603] Donovan, Mark, The 1994 Election in Italy, S. 199.

[1604] Pallaver, Günther, Der Winterkönig, S. 418.

[1605] Ignazi, Piero, I partiti italiani, S. 135 (eig. Übers.).

[1606] Näheres zur Rolle der Clubs, vgl. Kapitel 10.5.

"Ein Club Forza Italia ist eine freie und autonome Vereinigung von Personen, die mit kulturellen, sozialen und im weitesten Sinne auch politischen Initiativen zur Aufwertung, Verbreitung und Vertiefung von liberal-demokratischen Vorstellungen über das Leben und die Gesellschaft beitragen möchten."[1607]

Von einer wie auch immer gearteten parteipolitischen Aktivität seitens der Clubs stand hier also nichts. Die Clubmitglieder durften nicht einmal ihren eigenen Chef bestimmen. Der Präsident der ANFI, Angelo Codignoni, war vielmehr direkt von Berlusconi ernannt worden. Auch existierten keine Kommunikationsmöglichkeiten zwischen der Club-Organisation auf der einen und dem eigentlichen Machtzentrum der FI, dem *Movimento Politico Forza Italia* (Politische Bewegung *Forza Italia*, MPFI) mit Berlusconi an der Spitze, auf der anderen Seite.[1608]

All diese Zusammenhänge waren wohl keinesfalls den neuen vermeintlichen „Parteiaktivisten" von vorn herein bekannt gewesen, so dass im Anschluss an die gewonnenen Wahlen vom Frühjahr 1994 erste Unmutsäußerungen an die Parteiführung drangen. Die frisch gewählte FI-Abgeordnete Tiziana Parenti, eine ehemalige Richterin, schwang sich sogleich als Wortführerin der Unzufriedenen innerhalb der FI auf und prangerte auf einer Tagung aller neuen FI-Parlamentarier in Fiuggi am 11. und 12. April 1994 offen den eklatanten Mangel an innerparteilicher Demokratie sowie an klaren organisatorischen Regeln innerhalb der *Forza* an.[1609]

Rückendeckung bekam Frau Parenti von keinem geringeren als von Domenico Mennitti, zu jener Zeit in seiner Funktion als nationaler Koordinator[1610] Nummer zwei in der Parteihierarchie nach Berlusconi. Dieser stieß ins gleiche Horn und bemängelte ebenfalls das Fehlen fester Organisationsstrukturen und Regeln innerhalb der *Forza Italia*.[1611] Um dieses Defizit zu beheben, plädierte er

---

[1607] Zitiert nach: Maraffi, Marco, Forza Italia, S. 252 (eig. Übers.).

[1608] Vgl. Gilioli, Alessandro, a.a.O., S. 48.

[1609] Vgl. Caccavale, Michele, a.a.O., S. 30f. Wie berechtigt diese Kritik war, zeigte sich wenige Tage später, als die „Wahl" zum FI-Fraktionsvorsitzenden in der Kammer anstand. Hierfür hatte Berlusconi Raffaele Della Valle auserkoren, der – ohne Gegenkandidaten und in offener Abstimmung – per Akklamation Chef der FI-Fraktion wurde. Auf diese Weise wurden auch andere Führungspositionen in der Fraktion vergeben. Vgl. Poli, Emanuela, Forza Italia, S. 76.

[1610] Die Figur des nationalen Koordinators war in den Statuten der Anfangszeit nicht vorgesehen. Dennoch genoss der Inhaber dieses Amtes, der von Berlusconi hierzu berufen wurde, faktisch weitreichende Kompetenzen, die mit jenen eines Generalsekretärs in deutschen Parteien vergleichbar waren. Überdies agierte er anfangs auch als Verbindungsmann zwischen dem Zentralapparat und den FI-Clubs. Vgl. Seißelberg, Jörg, Berlusconis Forza Italia, S. 213f.

[1611] Vgl. Golia, Carmen, a.a.O., S. 87. Mennitti war anfangs der Einzige im engeren Führungszirkel der FI, der nicht aus der *Fininvest* stammte, sondern der als ehemaliges MSI-Mitglied bereits parteipolitische Erfahrungen mitbrachte. Wohl genau deshalb hatte ihn Berlusconi auch zum nationalen Koordinator ernannt. Vgl. ebd.; Poli, Emanuela, Forza Italia, S. 81.

sogleich für das Modell einer föderativ organisierten Partei. Derartige Pläne lehnte jedoch die übrige Führungsspitze um Berlusconi strikt ab, und so sah sich Mennitti am 10. Juni 1994 gezwungen, sein Amt niederzulegen.[1612]

Welchem Organisationsmodell die FI aber künftig folgen sollte, blieb zunächst noch weitgehend unbestimmt. Berlusconi begnügte sich in diesem Zusammenhang allenfalls damit, immer wieder einige recht vage gehaltene Punkte hervorzuheben. Hierzu gehörten der Anti-Parteien-Charakter seiner Formation, die zentrale Rolle, welche die Mandatsträger in ihr spielen sollten, und der Wille, eine Bewegung zu bleiben, die vor allem zu Wahlzeiten äußerst aktiv zu sein hätte. Vom Modell einer herkömmlichen Mitgliederpartei mit einer über das ganze Land ausgebreiteten Organisationsstruktur wollte er indessen zu jener Zeit noch nichts wissen.[1613]

Fest stand damit nur eines: Die FI wollte sich ganz bewusst von allen bislang in Italien bekannten Parteientypen abgrenzen. Das wird auch anhand entsprechender Vorstellungen deutlich, die Gianni Pilo, einer der Hauptverantwortlichen für den Aufbau der FI, Ende 1993 äußerte:

> „Wir sind im Begriff, eine Nicht-Partei zu konstruieren, eine Bewegung im amerikanischen Stil, die weithin Zweige ausbilden soll. Weder Parteisektionen noch ein Parteiapparat noch innerparteiliche Strömungen werden existieren. Zusammengehalten wird die Partei [...] von einzelnen Persönlichkeiten, die in jedem Bezirk den liberaldemokratischen Ideen Gesicht und Stimme verleihen werden."[1614]

Während noch die ersten Unmutsäußerungen über die mangelnden Organisationsstrukturen nachhallten, formierte sich die Spitze der FI. Auf der Parteitagung in Fiuggi wurde die Gründung eines so genannten Präsidentschaftskomitees (*Comitato di presidenza*) angekündigt, das offiziell als höchstes Exekutivorgan der „Bewegung" fungieren sollte. Dieses Präsidentschaftskomitee hatte sich bis zum Juni 1994 konstituiert. Es bestand aus elf Mitgliedern, darunter dem Präsidenten (Berlusconi), dem nationalen FI-Koordinator, den Präsidenten der beiden FI-Parlamentsfraktionen und weiteren sieben Mitgliedern. Das eigentliche Entscheidungsgremium der *Forza* stellte jedoch nicht dieses Organ dar, sondern das so genannte Koordinierungskomitee (*Comitato di coordinamento*), das neben Berlusconi lediglich fünf weitere Personen mit jeweils unterschiedlichen Aufgabenfeldern umfasste, die allesamt der *Fininvest* entstammten. Im Einzelnen waren dies Angelo Codignoni, Alessandro Gorla, Roberto Spingardi, Mario Valducci und Paolo Del Debbio.[1615] Den Vorsitz dieses „Präsidiums" hatte freilich Berlusconi inne.[1616] Diese Personen verdankten ihre Führungspositionen allein

---

[1612] Vgl. Losano, Mario G., a.a.O., S. 77.

[1613] Vgl. Poli, Emanuela, I modelli organizzativi, S. 83.

[1614] Zitiert nach: Fix, Elisabeth, Italiens Parteiensystem im Wandel, S. 201.

[1615] Vgl. Maraffi, Marco, Forza Italia, S. 250.

[1616] Vgl. Petersen, Jens, Quo vadis, Italia?, S. 181.

der Berufung durch Silvio Berlusconi. Mithin befanden sie sich in ständiger unmittelbarer und persönlicher Abhängigkeit von diesem. Berlusconi machte auch insofern regen Gebrauch von seiner Machtfülle, als er nicht selten Mitglieder dieser Gremien scheinbar willkürlich absetzte, wieder ernannte oder auch von einem Komitee ins andere versetzte. Und sobald er es für nötig erachtete, gründete er auch schon mal neue Komitees. So rief er etwa nach seinem Sturz als Ministerpräsident im Dezember 1994 ein vierköpfiges Krisenkomitee ins Leben, das für die künftige politische Ausrichtung der FI zuständig sein sollte.[1617]

Derweil die Führungsriege der FI den Ton angab, rumorte es an der „Basis" gewaltig. Zahlreiche FI-Clubs begehrten in zunehmendem Maße gegen den autoritären Führungsstil Berlusconis auf und forderten nach den erfolgreich bestrittenen Parlamentswahlen, einen gewissen Einfluss auf die Zusammenstellung der Kandidatenlisten für die anstehenden Europawahlen nehmen zu können, was ihnen jedoch strikt verwehrt blieb. Damit wurde die Aufgabenteilung erstmals offensichtlich: hier das Fußvolk (die Clubs), dort die Entscheidungsträger (die Parteispitze). Entsprechend fühlten sich unzählige Club-Mitglieder immer stärker marginalisiert und beschuldigten gleichzeitig die ANFI, die Dachorganisation der Clubs, einer demokratisch nicht legitimierten Vormachtstellung.[1618]

Inmitten dieser Spannungen griff die ANFI ihrerseits zu einem disziplinierenden Mittel und ordnete Mitte Mai 1994 eine so genannte Bestandsaufnahme an. Alle existierenden Clubs wurden damit plötzlich gezwungen, detailliert Auskunft über ihre Aktivitäten und ihre Mitglieder zu geben. Nach offiziellen Angaben verfolgte die ANFI mit dieser Maßnahme zwei grundsätzliche Ziele: Einerseits sollten auf der Basis der ermittelten Daten kleinere Clubs zusammengelegt werden, um diese dann besser kontrollieren und mobilisieren zu können. Andererseits sollten all jene Clubs aus der ANFI ausgeschlossen werden, die nicht mit der offiziellen Linie der FI übereinstimmten oder deren Mitglieder man als nicht vertrauenswürdig einstufte. Einspruchmöglichkeiten gegen einen möglichen „Rauswurf" durch die ANFI gab es keine.[1619] Der Missmut, den dieses Manöver bei den Clubs hervorrief, war daher nur allzu verständlich. Aus Protest hierüber traten Anfang Oktober 1994 rund achthundert Clubs aus der ANFI aus und gründeten eine neue Vereinigung namens *Associazione Nazionale Italia Libera* (Nationale Vereinigung Freies Italien)[1620]. Die übrigen Clubs, die unter dem Dach

---

[1617] Vgl. Pallaver, Günther, L'unto del signore, S. 319.

[1618] Vgl. McCarthy, Patrick, Forza Italia. Nascita e sviluppo, S. 68; Rauen, Birgit, Forza Italia. Der Kommunikationsstil einer Ein-Mann-Partei, S. 176.

[1619] Vgl. Poli, Emanuela, Forza Italia, S. 75. Der ehemalige nationale FI-Koordinator Domenico Mennitti rechtfertigte diese Aktion ferner mit dem Hinweis, es hätte Anzeichen gegeben, dass sich Politiker der alten Garde oder gar Mafiosi der Clubs bedient hätten. Davor habe man die Clubs schützen müssen. Vgl. Interview des Autors mit Domenico Mennitti in Rom am 5.5.2003.

der ANFI verblieben waren, übten unterdessen weiterhin massiv Kritik an den undemokratischen Strukturen innerhalb der FI.[1621]

Alles in allem kann also festgehalten werden, dass die innere Verfassung der *Forza Italia* in den ersten Monaten ihres Bestehens von unzureichenden Organisationsstrukturen und großer interner Unzufriedenheit gekennzeichnet war. Die Führungsspitze sah sich konfrontiert mit dem Ruf nach innerparteilicher Demokratie sowie klaren und transparenten Regeln. Zudem hatte das schlechte Abschneiden der Neuformation bei den Kommunalwahlen in einigen Städten und Gemeinden vom Juni 1994 deren mangelnde Verankerung vor Ort erstmalig offen gelegt. Als Reaktion auf diese internen organisatorischen Probleme nominierte Berlusconi im September 1994 seinen damaligen Verteidigungsminister Cesare Previti, der zuvor für die *Fininvest* tätig gewesen war, zum neuen nationalen Koordinator mit dem Auftrag, der FI nunmehr eine feste Struktur zu geben.[1622] Wie diese aussehen sollte, ließ der FI-Chef erstmals am 12. September 1994 durchblicken: „Wir arbeiten an der Organisation einer Bewegung, die so leicht und flexibel wie nur möglich sein muss."[1623]

Dieser Vorgabe folgend, strebte Previti das Organisationsmodell einer „schlanken Partei" (*Partito leggero*) nach dem Vorbild der amerikanischen Parteien mit basisdemokratischen Elementen an. Zur Basiseinheit der neuen Organisationsstruktur erklärte der nationale Koordinator im Oktober 1994 die 475 Kammer-Wahlkreise. An die Stelle von Parteimitgliedern im herkömmlichen Sinn sollten so genannte Wahlkreis-Delegierte treten, die von den jeweiligen Wählern der FI in den einzelnen Wahlkreisen in Vorwahlen basisdemokratisch bestimmt werden sollten und die dann auch als Kandidaten für die FI vorgesehen waren. Gemäß diesen Plänen wurden Ende 1994 alle bisherigen Parteimitglied-

---

[1620] Diese Gegenbewegung, welcher der Architekt Maurizio De Caro vorstand, verfolgte anschließend keine politischen Ziele mehr. Vgl. Losano, Mario G., a.a.O., S. 79. De Caro wurde daraufhin von der Parteispitze als ehemaliger Anhänger des Sozialistenchefs Bettino Craxi hingestellt und aus der FI ausgeschlossen. Vgl. McCarthy, Patrick, Forza Italia. Nascita e sviluppo, S. 68.

[1621] Vgl. Poli, Emanuela, Forza Italia, S. 75. Es kann davon ausgegangen werden, dass bis zum Frühjahr 1995 etwa die Hälfte der ursprünglich rund dreizehntausend Clubs ihre Arbeit eingestellt hatte. Von diesen hatten nur rund dreitausendfünfhundert die Fragebögen wie gefordert ausgefüllt und zurückgeschickt. So wurden auch nur diese offiziell als FI-Clubs anerkannt. Vgl. ebd., S. 102.

[1622] Vgl. dies., I modelli organizzativi, S. 84f. Ursprünglich war Marcello Dell'Utri für den Posten des nationalen Koordinators im Gespräch gewesen, da dieser zu jener Zeit neben Berlusconi zu den einflussreichsten Personen innerhalb der FI galt. Doch angesichts diverser Ermittlungsverfahren gegen Dell'Utri – vor allem wegen angeblicher Steuerhinterziehung und Schmiergeldzahlungen – fiel die Wahl auf Previti. Vgl. McCarthy, Patrick, Forza Italia. Nascita e sviluppo, S. 59f.

[1623] Zitiert nach: Gilioli, Alessandro, a.a.O., S. 70 (eig. Übers.).

schaften[1624] auf einen Schlag hin einfach annulliert.[1625] In einem Interview erläuterte Previti seine Vorstellungen zum Umbau der FI folgendermaßen:

> „Grundmodell sind die politischen Bewegungen der USA. [...] Wir sind der Meinung, dass angesichts des Wahlrechts die territoriale Basiseinheit einer politischen Bewegung von nationalem Charakter der Wahlkreis der Abgeordnetenkammer sein muss. Weil wir in jedem Wahlkreis Clubs haben, besteht die neueste und spontanste Initiative der Forza Italia darin, den Clubs eventuell die Aufgabe zu übertragen, echte Vorwahlen zu organisieren, um dadurch den Wahlkreis-Verantwortlichen zu bestimmen, den möglichen Kandidaten, der von einem bestimmten Gebiet ausgedrückt wird. [...] Mit diesem System erreicht man unserer Ansicht nach die Verwurzelung der Bewegung im ganzen Land."[1626]

Zur Koordinierung dieser Wahlkreis-Delegierten führte Previti die Figur des Regionalkoordinators ein. Die insgesamt zwanzig regionalen Koordinatoren hätten laut Previti und seinem propagierten Demokratiemodell eigentlich von den Wahlkreis-Delegierten einer jeden Region gewählt werden sollen. Doch da angeblich die entsprechenden Strukturen noch nicht vorhanden waren, wurden diese Ende Oktober 1994 kurzerhand von Previti – in vorheriger Absprache mit Berlusconi – ernannt. Die meisten dieser neuen regionalen „Parteifürsten" waren enge Gefolgsmänner Berlusconis.[1627] Faktisch handelte es sich hierbei also um „eine Kontroll-Konstruktion, parallel zu jener direkt von Berlusconi abhängigen"[1628].

Die Führungsebene der FI ließ Previti in seinem Parteimodell weitgehend unangetastet. Somit sollte die *Forza* auch weiterhin vom Präsidenten und dem Präsidentschaftskomitee geleitet werden. Dieses Führungsgremium sollte sich aus dem nationalen Koordinator, dem nationalen Geschäftsführer, den fünf Gründungsmitgliedern der FI, den Vorsitzenden der FI-Fraktionen in Kammer, Senat und Europaparlament sowie weiteren Mitgliedern mit bestimmten Aufgabenbereichen zusammensetzen. Für das Frühjahr 1995 versprach Previti die erstmalige Einberufung eines nationalen Parteitages, damals noch *Convention* genannt, um über die zukünftigen Organisationsstrukturen der Partei zu beraten. Bis dahin sollten jene, die von Berlusconi in dieses Komitee berufen wurden, auch dort bleiben. Den Parteiapparat hielt Previti gezielt klein. Gerade mal vierzig Festan-

---

[1624] Hierbei handelte es sich nicht um die Club-Mitglieder, sondern um die etwa viertausend Mitglieder des *Movimento Politico Forza Italia*, die, wie in Kapitel 5.5 bereits ausgeführt, einen entsprechenden Coupon ausgefüllt und eine Anmeldegebühr von umgerechnet rund fünfzig Euro überwiesen hatten. Vgl. Golia, Carmen, a.a.O., S. 94f. Fix geht dagegen fälschlicherweise davon aus, dass die Mitglieder des MPFI die Club-Präsidenten gewesen seien. Vgl. Fix, Elisabeth, Italiens Parteiensystem im Wandel, S. 217.

[1625] Vgl. Golia, Carmen, a.a.O., S. 94f.

[1626] Interview mit Cesare Previti, in: Forza Italia News, 16.11.1994, S. 2 (eig. Übers.).

[1627] Vgl. Golia, Carmen, a.a.O., 95f.

[1628] Maraffi, Marco, Forza Italia, S. 254 (eig. Übers.).

gestellte standen zu jener Zeit bei der FI in Lohn und Brot. Für Aufgaben, die mit diesem Mini-Apparat nicht zu bewerkstelligen waren, sollten Freiwillige her.[1629]

Die basisdemokratisch legitimierten Wahlkreis-Delegierten hätten, so weiterhin die Vorstellungen Previtis, auf der nationalen *Convention* die Führungsriege der FI wählen sollen. Doch weil nach Ansicht des nationalen Koordinators die Zeit noch nicht reif gewesen war für solche basisdemokratische Abstimmungen, schlug dieser kurzerhand vor, dass fürs Erste entweder FI-Abgeordnete oder unterlegene frühere FI-Kandidaten oder gegebenenfalls auch andere, von oben bestimmte Personen diese Rolle in den Wahlkreisen übernehmen sollten.[1630]

Neben der nationalen und der Wahlkreis-Ebene sah Previti, wie bereits angeklungen, in seinem neuen Konzept ferner auch die italienischen Regionen als Organisations-Ebene der FI vor. Die Wahlkreis-Delegierten einer jeden Region hätten zusammen mit allen Mandatsträgern der FI innerhalb der jeweiligen Region den Regionalrat (*Consiglio regionale*) bilden sollen, der wiederum den regionalen Koordinator und das regionale Exekutivkomitee hätte wählen sollen.[1631]

In Ermangelung der Vorwahlen, die vergebens auf sich warten ließen, wurde dieses Organisationsmodell der demokratischen Wahlen von unten nach oben in der Praxis allerdings durch ein System der Kooptation von oben nach unten ersetzt. Somit hatte die FI nach ihrer Umgestaltung durch Previti de facto eine pyramidale Struktur, in der keinerlei demokratische Wahlen stattfanden. Der Präsident ernannte vielmehr die Mitglieder des Präsidentschaftskomitees wie auch den nationalen Koordinator. Dieser wiederum berief – nach Rücksprache mit dem Präsidenten – die Regionalkoordinatoren, die ihrerseits das eigene Exekutivkomitee und die Wahlkreis-Delegierten in den Regionen nominierten. Dieses absolut hierarchische Organisationsmuster war offiziell nur als Übergangslösung eingeführt worden und hätte mit der Einberufung des Parteitags im Frühjahr 1995 ein Ende finden sollen. Zu dieser *Convention* sollte es allerdings so schnell noch lange nicht kommen, so dass diese völlig undemokratischen Strukturen mehr als drei Jahre lang in Kraft blieben – dem allseits angeprangerten Demokratie-Defizit zum Trotz.[1632] Mit anderen Worten: „The cascade principle of nomination within Forza Italia guarantees a managed, hierarchy controlled allocation of po-

---

[1629] Vgl. Poli, Emanuela, Forza Italia, S. 84.

[1630] Vgl. ebd., S. 85. In der Praxis verfügte die FI in rund der Hälfte aller Wahlkreise weder über einen gewählten Parlamentarier noch über einen unterlegenen Kandidaten. Für diese Wahlkreise nominierten die jeweiligen Regionalkoordinatoren andere Delegierte „ihres Vertrauens". Sie wählten dabei vornehmlich solche Personen aus, die sich im Wahlkampf besonders verdient gemacht hatten. Vgl. dies., I modelli organizzativi, S. 89.

[1631] Vgl. dies., Forza Italia, S. 85.

[1632] Vgl. ebd., S. 85f. Anders als etwa Deutschland, Spanien oder Portugal kennt Italien bis heute kein Parteiengesetz, das innerparteiliche Demokratie vorschreibt. Dies ist vor allem den Kommunisten zu verdanken, die jegliche staatliche Kontrolle über die innere Organisation von Parteien strikt ablehnten. Vgl. Seißelberg, Jörg, Conditions of Success, S. 726.

wer down to the lowest party levels."[1633] Abbildung 5 stellt die Organisationsstruktur der FI im Gefolge der Reform durch Cesare Previti dar.

Abbildung 5: Die Organisationsstrukturen der FI ab Oktober 1994

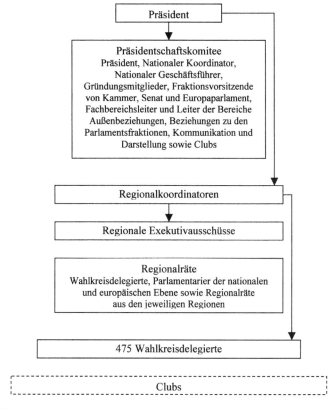

Quelle: Poli, Emanuela, Forza Italia. Strutture, leadership e radicamento territoriale, Bologna 2001, S. 87.

Diese absolut zentralistischen und hierarchischen Organisationsstrukturen lassen keinen anderen Schluss zu, als dass die FI der Anfangszeit eine typisch charismatisch-patrimoniale Formation darstellte, die allein ihrem Gründer und Chef Silvio Berlusconi zu Diensten war. Dieser herrschte innerhalb der *Forza* völlig uneingeschränkt und berief sich ausschließlich auf seine direkte Beziehung zur Wählerschaft. Parteimitglieder waren diesem Modell zufolge nur im Weg

---

[1633] Ebd., S. 728.

und wurden deshalb handstreichartig abgeschafft. An deren Stelle trat vielmehr ein kleiner, aber äußerst effizienter und professioneller Parteiapparat, der vor allem zu Wahlkampfzeiten aktiviert wurde.[1634]

Welche Rolle die FI-Clubs in dieser neuen Organisationsstruktur spielen sollten, blieb zunächst noch weitgehend unklar. Es scheint sogar ganz so, als hätte man überhaupt nicht gewusst, was mit ihnen anzufangen sei. Allenfalls wurde von Zeit zu Zeit immer wieder die strikte Trennung zwischen den Clubs auf der einen und der eigentlichen Partei auf der anderen Seite hervorgehoben. Infolgedessen machte sich seitens der Clubs immer mehr Enttäuschung breit, in deren Gefolge nach und nach zahlreiche Club-Mitglieder der FI den Rücken kehrten. Unter den verbliebenen Clubs wuchsen indessen angesichts des Fehlens klar definierter Aufgaben und Funktionen die Spannungen. Eifersüchteleien und persönliches Kleingezänk zwischen einzelnen Clubs waren keine Seltenheit.[1635]

Mit der Entscheidung, ganz auf eine Parteibasis in Form von Parteimitgliedern zu verzichten und den Wahlkreis zur territorialen Basiseinheit zu erklären, schlug die FI vollkommen neue Wege in Sachen Parteienmodell ein. Diese organisatorische Neuausrichtung entsprach vor allem dem Wunsch, auf schwerfällige und kostenintensive lokale Parteiapparate zu verzichten. Gleichzeitig zielte man darauf ab, die Parteistrukturen dem Wettbewerb zwischen den Parteien, der sich nun mal gemäß dem neuen Wahlsystem vornehmlich innerhalb der Wahlkreise abspielte, anzupassen. Dieses ausgesprochen schlanke Organisationsmodell mit höchst eingeschränkten Teilnahmemöglichkeiten und gänzlich fehlender innerparteilicher Demokratie hatte überdies den Vorteil, mit dem geringsten Aufwand verbunden zu sein. Eine Mitgliederpartei mit festen Strukturen und lokaler Verwurzelung zu gründen, hätte sich auf die Schnelle wohl auch gar nicht bewerkstelligen lassen, zumal ein Wahltermin den anderen jagte (Europawahlen im Juni 1994, Kommunalwahlen im Juni und November 1994, Regional- und Lokalwahlen im April 1995). Im Vordergrund stand daher zu diesem Zeitpunkt weniger, eine echte Partei zu organisieren, als vielmehr Wahlen zu gewinnen. Und schließlich schien Berlusconi ja im März 1994 ein für alle Mal bewiesen zu haben, dass es einer „klassisch" organisierten Partei keineswegs bedurfte, um Wahlen erfolgreich bestehen zu können.[1636]

Doch die ernüchternden Resultate der *Forza* bei den regionalen und lokalen Wahlgängen vom April 1995[1637] belehrten Berlusconi eines Besseren, so dass er

---

[1634] Vgl. Biorcio, Roberto, Forza Italia, S. 630f.

[1635] Vgl. Poli, Emanuela, I modelli organizzativi, S. 93f.

[1636] Vgl. dies., Forza Italia, S. 89ff.

[1637] Die FI hatte bei den Regionalwahlen im Verbund mit einem Teil der früheren Volkspartei unter Rocco Buttiglione nur 22,3 Prozent erreicht und war damit deutlich hinter ihren eigenen Erwartungen zurückgeblieben. Geradezu verheerend schnitt die FI indes bei den gleichzeitig abgehaltenen Kommunalwahlen ab. Hier kam sie im nationalen Durchschnitt auf nicht mehr als

dieses allzu schlanke Organisationsmodell allmählich in Frage zu stellen begann. Der FI-Chef führte das enttäuschende Abschneiden seiner Formation bei diesen Urnengängen insbesondere auf das unzureichende Netz von Parteiaktivisten vor Ort zurück. Also ersann Berlusconi den ehrgeizigen Plan, mindestens dreihunderttausend neue Freiwillige anzuwerben, die sich auf die insgesamt neunzigtausend Wahlbezirke im ganzen Land verteilen sollten – für jeden Wahlbezirk also rund drei. Da er mit diesen Überlegungen allerdings auf den Widerstand führender FI-Vertreter wie Giuliano Urbani und Cesare Previti stieß, setzte Berlusconi eine neue Arbeitsgruppe mit bislang noch nicht ins Rampenlicht getretenen Persönlichkeiten ein mit dem Auftrag, eine „schwerere" Parteistruktur zu konzipieren. Die Ergebnisse dieser Kommission, in der vorwiegend ehemalige *Fininvest*-Manager wie Giovanni Dell'Elce und Dario Rivolta, aber auch Luca Danese, ein Neffe Giulio Andreottis, vertreten waren, wurden im Rahmen einer FI-*Convention* am 21./22. Juli 1995 in Rom der Öffentlichkeit vorgestellt. Die wichtigste Neuerung bestand denn auch in der vorsichtigen Öffnung der *Forza Italia* für Parteiaktivisten, die gemäß dem offiziellen FI-Vokabular *Promotori azzurri* (Azurblaue Promotoren) hießen. Deren Aufgabe sollte vornehmlich darin bestehen, vor Ort neue Wähler anzuwerben, an Wahltagen in den Wahllokalen für die FI präsent zu sein und Parteispender ausfindig zu machen.[1638]

Die Rekrutierung derart vieler ehrenamtlicher Mitarbeiter erwies sich freilich als schwieriges Unterfangen – vor allem in Zeiten sinkenden parteipolitischen Engagements. Spätestens im Wahlkampf zu den Parlamentswahlen vom Frühjahr 1996 trat dies deutlich zutage. Die Zahl der FI-Promotoren blieb weit unter den angestrebten dreihunderttausend zurück. Hinzu kam, dass die Promotoren allgemein mehr schlecht als recht auf ihre Aufgaben vorbereitet waren, und deren Koordinierung ließ auch noch zu wünschen übrig.[1639]

4,9 Prozent. Vgl. Ignazi, Piero, I partiti italiani, S. 136. Näheres zu den Regionalwahlen vom Frühjahr 1995, vgl. auch Kapitel 7.1.

[1638] Vgl. Golia, Carmen, a.a.O., S. 100f. Je nachdem, wie erfolgreich die FI in den einzelnen Wahlbezirken abschnitt und wie viele Spenden an die FI gingen, sollten diese Promotoren mit „Sternchen" ausgezeichnet werden. Außerdem war eine klare Rangordnung unter den verschiedenen Promotoren vorgesehen. Der für den Wahlkreis verantwortliche Promotor sollte einen „Superpromotor" auswählen, welcher für den Wahlsitz zuständig sein sollte. Dieser wiederum sollte einen Promotor für die Wahlsektion ernennen. Bei entsprechendem Erfolg wurde Letzterem in Aussicht gestellt, zum „Promotor elite" aufzusteigen. Vgl. Pallaver, Günther, L'unto del signore, S. 321. Näheres zu den verschiedenen Arten von Promotoren, vgl. Golia, Carmen, a.a.O., S. 108ff.

[1639] Vgl. Poli, Emanuela, I modelli organizzativi, S. 97. Der FI-Kommunalpolitiker Sandro Toti, der seit 1994 in einem FI-Club politisch aktiv ist, beteuert, man habe zwar zu jener Zeit viel von diesen so genannten Promotoren geredet, er habe aber nie einen zu Gesicht bekommen. Vgl. Interview des Autors mit Sandro Toti, FI-Fraktionsvorsitzender im Bezirksrat des neunten Bezirks der Stadt Rom, in Rom am 23.4.2003.

Überdies gab sich die *Forza* auf dieser *Convention* auch ein erweitertes organisatorisches Korsett: Von nun an sollte die Partei nicht mehr nur auf nationaler, regionaler und Wahlkreis-Ebene, sondern auch auf Provinz-Ebene organisiert sein. Basiseinheit blieb die Wahlkreis-Ebene. Dem Wahlkreis-Delegierten sollten vier Vize-Delegierte mit unterschiedlichen Aufgabenbereichen sowie ein Wahlkreis-Präsidium zur Seite gestellt werden. Vorgesehen war zudem auch die Einberufung von Wahlkreis-Versammlungen[1640]. Dieses Organisationsmuster sollte im Großen und Ganzen auch für die beiden höheren Ebenen, die Provinzen und die Regionen, gelten: ein Koordinator, mehrere Vize-Koordinatoren, ein Präsidium und eine Parteiversammlung. Als nationale Parteiorgane fungierten offiziell weiterhin der Präsident, das Präsidentschaftskomitee sowie – auf dem Papier – der nationale Parteitag. De facto stellte indes das Koordinierungskomitee wie gehabt das wahre Entscheidungszentrum der FI dar. Dieses bestand nach wie vor aus einem eingeschränkten Kreis enger Gefolgsmänner Berlusconis, die allesamt der *Fininvest* entliehen waren.[1641]

Gemäß den Verlautbarungen vom Juli 1995 hätten im September und Oktober des gleichen Jahres die ersten Wahlkreis-Versammlungen stattfinden sollen. Dort hätten jeweils drei Delegierte bestimmt werden sollen, die dann am ersten nationalen Parteitag der FI hätten teilnehmen sollen. Doch dazu kam es in der Realität nicht. Weder die Wahlkreis-Parteitage noch der nationale Parteitag, der inzwischen auf den 25./26. November 1995 hinausgeschoben worden war, fanden statt. Die FI hatte somit in den ersten beiden Jahren ihres Bestehens keinerlei Parteitag erlebt. Entsprechend blieb auch ein Großteil der Umgestaltungspläne vom Sommer 1995 reine Makulatur. Allzu dramatisch war das jedoch nicht, denn die undemokratischen Strukturen innerhalb der FI hätten die geplante Reform der Parteiorganisation ohnehin völlig unangetastet gelassen. Nach wie vor sollte die Regel gelten, wonach alle Funktionsträger von der nächst höheren Ebene zu ernennen seien. Damit blieb es auch den vorgesehenen Kollegialorganen von vorn herein verwehrt, auf die politische Linie oder auf Personalentscheidungen der FI Einfluss zu nehmen.[1642]

Auch was Rolle und Funktion der *Clubs Forza Italia* anging, blieb die angekündigte Organisationsreform von Mitte 1995 weit hinter den Erwartungen vor allem seitens der Club-Mitglieder zurück. Zwar eröffnete man den Clubs bei dieser Gelegenheit erstmals die Möglichkeit, sich der Politischen Bewegung *Forza*

[1640] Diese Versammlungen auf Wahlkreis-Ebene sollten sich aus den Promotoren, den Club-Präsidenten und den Mitgliedern der Club-Präsidien zusammensetzen. Vgl. Poli, Emanuela, Forza Italia, S. 99.

[1641] Vgl. Maraffi, Marco, Forza Italia dal governo all'opposizione, S. 149ff. Hierzu gehörten im Jahr 1995 Cesare Previti, Mario Valducci, Domenico Lo Jucco, Giovanni Dell'Elce, Alessandro Gorla, Guido Possa, Dario Rivolta sowie Paolo Del Debbio. Vgl. ebd., S. 151.

[1642] Vgl. ebd., S. 150f. Näheres zu den Nominierungen innerhalb der FI von oben nach unten, vgl. Seißelberg, Jörg, Conditions of Success, S. 728.

Italia, der eigentlichen Partei also, anzuschließen,[1643] und die Club-Präsidenten wie auch die Mitglieder der Club-Präsidien – nicht jedoch die gewöhnlichen Club-Mitglieder – wurden nunmehr explizit als Parteimitglieder betrachtet. Doch ging mit diesen Veränderungen keinesfalls ein Mehr an Autonomie oder an politischer Einflussnahme für die Clubs einher.[1644] Im Gegenteil: Mit Hilfe dieses neuen Verhältnisses zielte man darauf ab, die Clubs noch stärker als bisher unter die Kontrolle der zentralen Parteistruktur zu stellen, um dadurch zu verhindern, dass sie möglicherweise zu unabhängigen Wahlkomitees verkommen könnten. Äußerliches Zeichen dieser Neudefinition der Club-Rolle war die Umbenennung der Nationalen Vereinigung *Forza Italia* (ANFI), des Dachverbandes der Clubs, in *Centro Nazionale Club* (Nationales Club-Zentrum, CNC). War die ANFI im Verhältnis zum MPFI bis dahin eine Vereinigung zweiten Grades, so stellte der CNC nun ein innerparteiliches Organ dar.[1645]

Insgesamt bestätigten diese Umstrukturierungspläne wieder einmal den Eindruck von der FI als einem Apparat, der ausschließlich zu Wahlkampfzeiten in Erscheinung treten sollte. In dieser Hinsicht unterschied sich das Parteimodell des Jahres 1995, das damals in FI-Kreisen *Partito dei militanti* (Partei der Aktivisten) genannt wurde, kaum von dem Modell, das Previti ein Jahr zuvor erarbeitet hatte. Wesentliche Merkmale wie etwa die hierarchischen Strukturen, das *Top-down*-Prinzip und damit einhergehend die gänzlich fehlende innerparteiliche Demokratie blieben erhalten. Selbst führende FI-Politiker gaben daher offen zu, dass die Hauptfunktion der *Forza* zu jenem Zeitpunkt ausschließlich darin bestanden habe, gleich einer Art „Wahlkampfmaschine" Wahlen zu gewinnen, ohne jedoch über stabile, demokratisch funktionierende Organisationsstrukturen zu verfügen.[1646] In ihrem Parteienmodell war die FI also allein darauf ausgerichtet, den Kampf mit dem politischen Gegner aufzunehmen:

> „Its party model is based on the notion of a competitive democracy. In this conception internal party democracy is no longer viewed as an indisputable, integral value of a democracy. The party loses its intended function, in representation or grassroots oriented democracy models, as the primary legitimised action unit of a mass democracy, or as the democratic (pre-)selection authority for the personnel recruitment of a political community. The party type made reality in Forza Italia assumes that democracy is achieved, not primarily through conflict *with*, but through competition *between* parties."[1647]

[1643] Für diese neue Beziehung zwischen den FI-Clubs und der Politischen Bewegung *Forza Italia* wurde in FI-Kreisen ein eigener Begriff geprägt: *Rapporto di affiliazione* („Anschlussverhältnis"). Vgl. Poli, Emanuela, I modelli organizzativi, S. 98.

[1644] Vgl. ebd., S. 98f.

[1645] Vgl. Maraffi, Marco, Forza Italia dal governo all'opposizione, S. 154.

[1646] Vgl. Poli, Emanuela, Forza Italia, S. 107.

[1647] Seißelberg, Jörg, Conditions of Success, S. 727.

In Sachen Parteienmodell hatte die *Forza Italia* der Anfangszeit zweifellos mit sämtlichen italienischen und wohl auch westeuropäischen Traditionen gebrochen. Das signalisierte sie bereits anhand der demonstrativen Betonung ihres Bewegungscharakters. Ihr wohl auffälligstes Merkmal bestand zu jener Zeit sicherlich darin, auf eine Parteibasis in Form von eingeschriebenen Mitgliedern gänzlich verzichtet zu haben. Anders als die bis dato vorherrschenden typischen italienischen Massenintegrationsparteien präsentierte sich die *Forza* bestenfalls als eine Art Komitee-Partei[1648] bzw. Notabeln-Partei, in der nur einige wenige, vom Präsidenten höchstpersönlich Auserwählte zu Amt und Würden kamen. Den Kontakt zur Bevölkerung stellte sie indessen vornehmlich mit Hilfe von Fernsehbotschaften und ständig aktualisierten Meinungsumfragen her. Mit diesem Verzicht auf Mitglieder widerlegte sie die These Elmar Wiesendahls, der behauptet, dass „die moderne Erscheinungsform von Partei [..], wie der Name schon besagt, ohne Mitglieder nicht denkbar"[1649] sei.

Die nötige Unterstützung für den Wahlkampf vor Ort erhoffte sie sich indessen von den von ihr vorgegebenen Fan-Clubs, die sich zu Beginn auch tatsächlich großer Beliebtheit erfreuten. Dabei entstand bei den meisten neuen Parteiaktivisten der trügerische Eindruck, zur FI zu gehören und somit auch Einflussmöglichkeiten und Mitspracherechte zu haben. Sobald dieses „Missverständnis" jedoch offenkundig wurde, schlug der anfängliche Enthusiasmus zahlreicher Club-Mitglieder in bittere Enttäuschung um, und viele kehrten der FI nach kurzer Zeit wieder den Rücken.

Eine derart „abgespeckte" und straff geführte Truppe, die über Jahre hinweg sogar ohne feste Regeln auskam, hatte gewiss so manchen Vorteil gegenüber den eher traditionell organisierten Parteien, zu denen sie in Konkurrenz stand. Hierzu zählten vor allem ein ungemein schneller Entscheidungsfindungsprozess und ein unbürokratischer Apparat, der an Schlagkraft kaum zu überbieten war. Der Nachteil bestand allerdings in einer unzureichenden Verwurzelung vor Ort, die sich insbesondere bei lokalen Urnengängen äußerst negativ auf die Erfolgschancen auswirkte. Der zaghafte Versuch, mit den „Promotoren" ein Netz von lokalen Parteiaktivisten landesweit aufzubauen, misslang wohl nicht zuletzt deshalb, weil diesen weder innerparteiliche Mitspracherechte noch Aufstiegsmöglichkeiten geboten wurden. Beides gehört für gewöhnlich jedoch zu den Hauptmotiven, aus denen heraus Staatsbürger parteipolitisches Engagement ergreifen. Auf Dauer war also eine echte Öffnung für Parteimitglieder und damit verbunden ein Mindestmaß an innerparteilicher Demokratisierung und an Einbeziehung des „Partei-

---

[1648] Dass die *Forza Italia* anfangs nicht mehr als ein Wahlkomitee war, gibt selbst der Forzist Franco Frattini, mittlerweile EU-Kommissar, unumwunden zu. Vgl. Frattini, Franco, Una grande svolta, in: http://www.liberalfondazione.it/archivio/fl/numero15/frattini.htm (1.4.2003).

[1649] Wiesendahl, Elmar, Parteien in Perspektive. Theoretische Ansichten der Organisationswirklichkeit politischer Parteien, Opladen, Wiesbaden 1998, S. 14.

volks" in die internen Entscheidungsfindungsprozesse für den Erfolg der FI unabdingbar.

10.1.2 Phase II: Die FI als strukturierte Partei im Aufbau
Die Niederlage des Mitte-Rechts-Bündnisses bei den Parlamentswahlen vom April 1996[1650] stellte das auslösende Moment für eine grundlegende organisatorische Umgestaltung der FI dar. Deren innere Verfassung wurde gemeinhin mit dafür verantwortlich gemacht, dass sie und das gesamte Mitte-Rechts-Bündnis zum Wahlverlierer werden konnten. Gerade jene Punkte, die noch zwei Jahre zuvor die Stärke der FI ausgemacht hatten, hatten sich nun nämlich als Schwachstellen erwiesen. Das Modell der „schlanken Partei" mit unzureichender Verwurzelung vor Ort hatte sich diesmal sehr nachteilig ausgewirkt. Denn der Wahlkampf von 1996 hatte sich weniger im Fernsehen als vielmehr auf den Straßen und Plätzen Italiens abgespielt, so dass der FI gegenüber ihren Konkurrenten, die anders als sie über lokale Parteistrukturen verfügten, nur das Nachsehen blieb.[1651]

Hinzu kam, dass sich Berlusconi im Anschluss an die verlorenen Parlamentswahlen einem Meer von unerbittlichen Kritikern gegenübersah, die seine *Forza* immer wieder als „Partei aus Plastik" ohne feste Organisationsstrukturen und ohne innerparteiliche Demokratie verspotteten. Infolgedessen sei sie, so der allgemeine Tenor, ohnehin dazu verdammt, früher oder später wieder von der Bildfläche zu verschwinden.[1652] Ob diese Art von Kritik nicht zu weit ging, sei dahingestellt. Fest stand nach den Wahlen von 1996 jedenfalls, dass

> „sich die Partei, in der ein autoritärer Zentralismus jegliche institutionalisierte Partizipation und horizontale Kommunikation verhindert, vollkommen neue Organisationsstrukturen geben muss, wenn sie nicht politisch und elektoral untergehen oder bedeutungslos werden will"[1653].

Das sah wohl auch der FI-Chef selbst nicht anders, der sogleich die Flucht nach vorn antrat und es nun für nötig hielt, die internen Strukturen der FI von Grund auf zu überdenken. Allen bisher angedachten Organisationsformen provisorischer Natur erteilte er nunmehr eine klare Absage. Vielmehr sollte jetzt nach seinem Willen eine nach eher traditionellen Gesichtspunkten organisierte Partei her.[1654] Berlusconi war es dennoch wichtig, dass sich seine *Forza* auch in Zukunft von den bisher bekannten Parteiorganisationsmodellen abhebe. In einem Beitrag für die Zeitschrift *Ideazione* präzisierte er seine Vorstellungen zur Umstrukturierung der FI folgendermaßen:

[1650] Näheres zu den Parlamentswahlen vom April 1996, vgl. Kapitel 7.2.

[1651] Vgl. Biorcio, Roberto, Forza Italia, S. 631. Näheres zum Wahlkampf und zu den Parlamentswahlen vom Frühjahr 1996, vgl. auch Kapitel 7.2.

[1652] Vgl. Interview des Autors mit Paolo Franchi in Rom am 5.5.2003.

[1653] Trautmann, Günter/Ullrich, Hartmut, a.a.O., S. 577.

[1654] Vgl. Poli, Emanuela, Forza Italia, S. 115.

> „Sie [die Forza Italia] wird nicht eine weitere Partei inmitten vieler anderer Parteien sein, sondern sie wird [...] versuchen, eine avantgardistische Kraft zu werden. [...] Forza Italia wird sich eine Parteiform geben, die sich voll und ganz von jener ‚leninistischen' unterscheidet, die im Grunde von allen großen Massenparteien, nicht nur von den kommunistischen, angewandt wird und die bis heute innerhalb der politischen Formationen gültig ist, die Töchter jener Organisationen darstellen. Unsere Partei wird die erste große post-ideologische Partei sein, deren Entscheidungen in den Händen der Wähler und der Gewählten liegen werden und nicht in jenen der Bürokraten, der Funktionäre oder auch der Berufspolitiker."[1655]

Im Eiltempo leitete der FI-Chef die entsprechenden Schritte ein. Bereits am 6. Mai 1996 machte er seine Umgestaltungspläne erstmals publik.[1656] Zwei Tage später betraute er dann den FI-Abgeordneten Claudio Scajola mit der Aufgabe, aus der FI eine echte Partei zu machen.[1657] Kurz darauf konstituierte sich schließlich eine fünfköpfige Kommission unter der Leitung Scajolas, die Vorschläge für ein vollkommen modifiziertes Parteistatut nach den Vorgaben Berlusconis erarbeiten sollte. Zu diesen Vorgaben gehörte im Wesentlichen die Schaffung einer echten Partei, offen für Mitglieder, mit Elementen innerparteilicher Demokratie und fest im ganzen Land verwurzelt, jedoch ohne einen allzu bürokratischen und kostspieligen Apparat.[1658]

Wie strikt sich die Kommission an diesen Forderungskatalog hielt, zeigte bereits der erste Entwurf zur Neustrukturierung der FI, der auf einer FI-*Convention* am 6. Juli 1996 in Rom im Beisein von Berlusconi vorgestellt wurde. Diesem Dokument zufolge bestand das Hauptziel der Umstrukturierungspläne darin,

> „eine starke kapillare Präsenz der Forza Italia im ganzen Land zu erreichen und dabei die innerparteiliche Demokratie voll und ganz zu garantieren sowie sich der Zivilgesellschaft in vollem Maße zur Verfügung zu stellen und sich ihr zu öffnen, jedoch bei gleichzeitig angemessener Beschränkung der strukturellen Gliederungen, um die wesentlichen Kennzeichen – kurze Entscheidungswege und geringe Kosten – aufrechtzuerhalten"[1659].

[1655] Berlusconi, Silvio, E ora al lavoro per un'Italia di liberi e forti, in: Ideazione, 3. Jg. (1996) H. 5, S. 13f., 14 (eig. Übers.).

[1656] Vgl. Poli, Emanuela, Forza Italia, S. 115f.

[1657] Vgl. Vespa, Bruno, Scontro finale, S. 53. Ganz bewusst hatte Berlusconi jemanden wie Scajola für diese Aufgabe auserkoren, denn dieser brachte langjährige Parteierfahrung mit. Scajola entstammte – anders als die überwiegende Mehrzahl der FI-Führungsriege – nicht der *Fininvest*, sondern war ursprünglich christdemokratischer Politiker gewesen. Von 1990 bis 1995 hatte er das Amt des Bürgermeisters der norditalienischen Stadt Imperia bekleidet. Als sich in der DC Ende 1993 erste Auflösungserscheinungen zeitigten, verweigerte er sich noch der FI und beharrte stattdessen auf einer parteilosen Position. Erst nachdem er bei der Bürgermeisterwahl von 1995 seinem Konkurrenten aus dem Mitte-Links-Lager unterlegen war – der Kandidat des Mitte-Rechts-Bündnisses war gar nicht erst in die Stichwahl gekommen –, wechselte er zur FI über. Für sie zog er dann 1996 als Abgeordneter ins Parlament ein. Vgl. ebd.

[1658] Vgl. Poli, Emanuela, I modelli organizzativi, S. 100.

[1659] Zitiert nach: Golia, Carmen, a.a.O., S. 148f. (eig. Übers.).

Auf diese Präsentation folgte eine rege parteiinterne Debatte über die zukünftigen Organisationsstrukturen, die sich bis zum Herbst 1996 hinzog. Insbesondere das Vorhaben, sich verstärkt Mitgliedern zu öffnen und innerparteiliche Demokratie zuzulassen, stieß bei weiten Teilen der bisherigen FI-Granden auf Widerstand. Vor allem die regionalen Koordinatoren, die schließlich allesamt direkt von Berlusconi nominiert worden waren, fürchteten plötzlich um ihre Macht- und Einflusssphären innerhalb der Partei. Aber auch zahlreiche FI-Parlamentarier standen den neuen Plänen eher skeptisch gegenüber und warnten unter anderem vor der Gefahr ausufernder Bürokratie. Diese Abwehrhaltung seitens der beiden genannten Gruppen war nur zu gut verständlich: Bisher stellten sie – in Ermangelung anderer Parteistrukturen – mehr oder minder die einzigen politischen Referenten der *Forza* dar.[1660]

Die geäußerten Kritikpunkte wurden tatsächlich ernst genommen und flossen auch zum Teil in den überarbeiteten Entwurf mit ein, den das Präsidentschaftskomitee im Herbst 1996 billigte. Anschließend rief Berlusconi ein so genanntes Komitee für das Statut ins Leben, das auf der Grundlage dieses Entwurfs das endgültige Parteistatut ausarbeiten sollte. An die Spitze dieser neuen Arbeitsgruppe setzte der FI-Chef den Abgeordneten Guido Possa, der bislang für die Koordinierung der Clubs zuständig gewesen war. Im Dezember 1996 war es so weit: Das neue FI-Statut lag auf dem Tisch.[1661] Inspirationen hatte sich die Truppe um Possa freilich zur Genüge geholt. Sie hatte zuvor die Statute nicht nur aller italienischen und angelsächsischen Parteien studiert, sondern insbesondere auch jene der bürgerlichen Formationen in Spanien und Deutschland.[1662]

Parallel zu diesem Komitee hatte auch die so genannte Beitritts-Kommission ihre Arbeit aufgenommen. Deren Aufgabe hatte darin bestanden, die erste große Beitritts-Kampagne der *Forza Italia* in die Wege zu leiten, die im Januar 1997 beginnen sollte. Beiden Arbeitsgruppen stand Claudio Scajola vor, den Berlusconi mittlerweile zum neuen nationalen Koordinator mit weitreichenden Kompetenzen ernannt hatte.[1663]

Auf einer Nationalversammlung (*Assemblea nazionale*) der FI – nicht zu verwechseln mit dem nationalen Parteitag –, die für den 18. Januar 1997 einberufen worden war, wurde das neue Statut mit großer Mehrheit beschlossen, so dass es nun in Kraft treten konnte. Stimmberechtigt waren die Mitglieder des Präsidentschaftskomitees sowie vierzig Delegierte, die von zuvor abgehaltenen Regionalversammlungen bestimmt worden waren.[1664]

[1660] Vgl. Poli, Emanuela, Forza Italia, S. 117f.

[1661] Vgl. dies., I modelli organizzativi, S. 101.

[1662] Vgl. Vespa, Bruno, Scontro finale, S. 54.

[1663] Vgl. Poli, Emanuela, Forza Italia, S. 119f.

[1664] Vgl. ebd., S. 120f. Bei den Überlegungen, wie das neue Parteistatut in Kraft zu setzen sei, war man auf ein pikantes Problem gestoßen. Laut Artikel 9 des alten Statuts war allein die

Dieses neue Statut, das bis in die Gegenwart hinein gültig ist, führte eine ganze Reihe grundlegender organisatorischer Neuerungen ein. In ihren peripheren Parteistrukturen etwa orientiert sich die FI seither an der traditionellen Einteilung Italiens in Regionen sowie Provinzen und Kommunen bzw. Großstädte und Bezirke.[1665] Zwar bestand daneben zunächst auch noch die Organisationsebene des Kammer-Wahlkreises als eigentliche Basiseinheit der Partei weiter fort. Doch in der Praxis sollte diese Ebene keine Rolle mehr spielen. Anstatt Versammlungen auf Wahlkreisebene einzuberufen, erlaubte man den künftigen Parteimitgliedern mit Hilfe von Übergangsbestimmungen vielmehr die Teilnahme an den Parteikongressen auf Provinz- und Großstadtebene, um dort die Delegierten für den nationalen Parteitag, den so genannten Nationalkongress (*Congresso nazionale*), wählen zu lassen. Im Laufe des Jahres 1998 passte man das Statut an und gab somit auch offiziell den Wahlkreis als Basiseinheit auf. Mit dieser Politik der kleinen Schritte ließ sich leichter der Widerstand jener in der Partei überwinden, die innerhalb der alten Ordnung zu Machtpositionen gelangt waren.[1666] Dieser Übergang von den Wahlkreisen zu den tradierten lokalen Ebenen als Basiseinheiten der Partei war nicht nur rein „technischer" Natur. Biorcio erkennt in ihm vielmehr einen Beleg für den Wandel der FI vom reinen Wahlkomitee zur echten Partei.[1667]

Dass die FI spätestens mit dieser Organisationsreform auch tatsächlich Parteiencharakter angenommen hat, steht in Fachkreisen außer Frage. Als einer der Ersten legte Seißelberg[1668] ausführlich dar, warum die FI mittlerweile sehr wohl als Partei verstanden werden müsse. Wesentliche Indikatoren für Bewegungen wie ständige Mobilisierung, niedrige Rollenspezifikation bzw. wechselnde Orga-

---

Nationalversammlung der Parteimitglieder berechtigt, Statusänderungen zu beschließen. Doch formal existierten keine anderen Mitglieder als jene paar Tausend, die Anfang 1994 der Politischen Bewegung *Forza Italia* beigetreten waren und deren Mitgliedschaften man wenig später einfach annulliert hatte. Damit diesmal allerdings alles „mit rechten Dingen" vonstatten ging, erhielten alle schon fast in Vergessenheit geratenen alten Mitglieder Ende 1996 urplötzlich Einladungen zu Regionalversammlungen, die eigens zur Wahl der Delegierten für die Nationalversammlung einberufen wurden. Immerhin rund die Hälfte dieser Mitglieder fand sich daraufhin auch zu diesen Versammlungen ein. Vgl. ebd.

[1665] Artikel 30 des neuen FI-Statuts zählt zwölf solcher Großstädte auf: Turin, Mailand, Venedig, Genua, Bologna, Florenz, Rom, Neapel, Bari, Palermo, Catania und Messina. All diese Großstädte sind nochmals in einzelne Bezirke untergliedert. Ansonsten bilden die Kommunen die unterste Organisationsebene. Vgl. Statuto di Forza Italia, a.a.O., Art. 30.

[1666] Vgl. Poli, Emanuela, Forza Italia, S. 121f. Die ursprüngliche Entscheidung für den Wahlkreis als Basiseinheit der FI hatte sich in der Praxis von Anfang an als problematisch erwiesen. Alle anderen Parteien – sowohl die gegnerischen wie auch die alliierten – waren lokal immer schon auf Provinz- und Kommunalebene vertreten, so dass sich die Wahlkreis-Delegierten der *Forza* gänzlich ohne Ansprechpartner wiederfanden. Vgl. ebd., S. 90.

[1667] Vgl. Biorcio, Roberto, Forza Italia, S. 631.

[1668] Vgl. Seißelberg, Jörg, Berlusconis Forza Italia, S. 205ff.

nisationsformen würden auf die *Forza* nicht mehr zutreffen. Dagegen erfülle sie sämtliche Voraussetzungen, die beispielsweise Max Weber in seiner Minimaldefinition an Parteien stelle.[1669] Daher soll hier in Übereinstimmung mit Seißelberg festgehalten werden, dass es sich bei der *Forza Italia* eindeutig um eine politische Partei handelt. Dies ist in der Literatur ebenfalls vorherrschende Meinung.[1670]

Davon will man in der FI jedoch nichts wissen. Unbeirrt wies Berlusconi immer wieder mit Nachdruck auf den Bewegungscharakter seiner Formation hin, etwa anlässlich des ersten Nationalkongresses der FI-Frauenorganisation *Azzurro Donna* am 28. März 1998:

> „Es würde mir immer gefallen, wenn man von der Forza Italia nicht wie von einer Partei, sondern von einer Bewegung sprechen würde, weil es in mir und in Euch allen eine derartige Aversion gegenüber der Politik der Parteien gibt [...]. Wenn ich, offen gestanden, höre, dass jemand sagt, die Forza Italia sei eine Partei, dann überkommt mich ein Schüttelfrost. Wir müssen eine lebendige Kraft der Gesellschaft bleiben, wir dürfen keine Partei werden, keine bürokratische Partei."[1671]

Zu den herausragendsten Errungenschaften des neuen Parteistatuts gehört sicherlich die Einführung von – wenn auch begrenzt gehaltenen – Elementen innerparteilicher Demokratie. Laut Artikel 30 des neuen FI-Statuts werden die jeweiligen Koordinatoren auf Kommunal- und Provinz-Ebene bzw. auf Bezirks- und Großstadt-Ebene direkt von den Mitgliedern im Rahmen von Parteikongressen gewählt. Überdies bestimmen die Mitglieder auf den Provinz- und Großstadt-Kongressen auch einen Teil der Mitglieder der jeweiligen Provinz- und Großstadt-Komitees (Präsidien) und der Delegierten für den Parteitag auf nationaler Ebene.[1672] Entsprechend ihrer demokratischen Legitimation wurden vor allem die Provinz- und Großstadt-Koordinatoren mit explizit politischen Aufgaben betraut. Seither repräsentieren sie nicht nur die FI vor Ort, sondern sie bestimmen auch den politischen Kurs der Partei auf der jeweiligen lokalen Ebene, obgleich sie an die politischen Entscheidungen gebunden sind, die von den regionalen und nationalen Parteiorganen einmal getroffen wurden.[1673] Darüber hinaus sind die lokalen Koordinatoren in der Praxis einem äußerst rigiden Kontrollsystem von ganz oben

---

[1669] Vgl. hierzu den Wortlaut der Parteiendefinition von Max Weber in Kapitel 3.1.1.

[1670] Vgl. so z.B. Ceri, Paolo, Prefazione, in: Golia, Carmen, Dentro Forza Italia. Organizzazione e militanza, Venedig 1997, S. 7-14, 12f.; Diamanti, Ilvo, Politica all'italiana, S. 112f.; Dogliani Mario, Regierungsform, in: N.N., Berlusconis Italien – Italien gegen Berlusconi, Berlin 2002, S. 134-143, 140; Fix, Elisabeth, Italiens Parteiensystem im Wandel, S. 220; Gray, Lawrence/ Howard, Willliam, a.a.O., S. 95; McCarthy, Patrick, Forza Italia. Nascita e sviluppo, S. 49.

[1671] Rede Silvio Berlusconis vor dem ersten Nationalkongress der FI-Frauenorganisation *Azzurro Donna* in Sanremo am 28.3.1998, in: ders., L'Italia che ho in mente. I discorsi „a braccio" di Silvio Berlusconi, Mailand 2000, S. 133-170, 140 (eig. Übers.).

[1672] Vgl. Statuto di Forza Italia, a.a.O., Art. 30.

[1673] Vgl. ebd., Art. 32/38.

unterworfen, wie der „Architekt" der neuen Organisationsstruktur, Claudio Scajola, freimütig erläutert:

> „Wie verhindern wir, dass er [der Provinz-Koordinator] sich wie ein kleiner Berlusconi fühlt und das Symbol von Forza Italia nach eigenem Gusto benutzt? Indem wir die Stärke der direkten Investitur mit Hilfe einer strengen Kontrolle durch die Zentrale ausgleichen. Jeder unserer peripheren Führungskräfte erhält eine Zielvorgabe für drei Monate, und zwar gemäß einem Plan, der alle zwei Monate von der Konferenz der Regionalkoordinatoren aktualisiert wird. Jedes Parteibüro ist über Internet mit unseren zentralen Büros verbunden. Dadurch können wir überprüfen, wie viele Treffen mit den Präsidenten der verschiedenen örtlichen Vereinigungen zustande kommen, wie viele Kundgebungen stattfinden, wie viele Neueinschreibungen erreicht werden und natürlich welches Wahlresultat die Forza Italia vor Ort erlangt. Wenn die erwarteten Ergebnisse verfehlt werden, wird die Führungskraft entfernt und kann beim nächsten Parteikongress nicht mehr antreten. [...] Es stimmt, dass es einen starken Zentralismus hinsichtlich der Kontrolle gibt, jedoch lässt keine Partei ihre peripheren Organe direkt von der Basis wählen, wie wir es hingegen praktizieren. Eine strenge Überprüfung muss da einfach sein."[1674]

An diesem Zustand scheint sich bis in die Gegenwart hinein nichts geändert zu haben. So spricht auch der FI-Kommunalpolitiker Sandro Toti von einer totalen Kontrolle seitens der Parteiführung bzw. der regionalen FI-Koordinatoren gegenüber den lokalen Parteigliederungen, sobald es um grundsätzliche politische Fragen geht. In der Gestaltung der Politik vor Ort hätten die lokalen FI-Gliederungen demgegenüber freie Hand, so Toti weiter.[1675]

Die innerparteiliche Demokratie endet abrupt auf regionaler Ebene. Denn im Gegensatz zu den lokalen Koordinatoren werden die Regionalkoordinatoren laut dem neuen Statut nach wie vor von oben, das heißt unmittelbar vom Präsidenten, ernannt. Dennoch – oder gerade deswegen? – besitzen sie weitreichende politische Kompetenzen. Sie repräsentieren die FI auf regionaler Ebene, sie koordinieren und kontrollieren die politischen Aktivitäten der unteren Ebenen, und sie sorgen dafür, dass die Beschlüsse der nationalen Organe in den verschiedenen Regionen auch beachtet werden.[1676] Außerdem entscheiden die Regionalkoordinatoren über die Kandidatenlisten der FI bei regionalen und lokalen Urnengängen.[1677] Zusammen bilden diese regionalen „Parteifürsten" ferner ein nationales Organ: die Konferenz der Regionalkoordinatoren. Zu deren Aufgaben gehört insbesondere die Koordinierung der politischen und organisatorischen Aktivitäten der *Forza Italia* auf Regional-, Provinz- und Lokal-Ebene gemäß den Vorgaben des Präsidenten sowie des nationalen Verantwortlichen für Organisationsfragen.[1678]

[1674] Zitiert nach: Vespa, Bruno, Scontro finale, S. 61f. (eig. Übers.).

[1675] Vgl. Interview des Autors mit Sandro Toti in Rom am 23.4.2003.

[1676] Vgl. Statuto di Forza Italia, a.a.O., Art. 27.

[1677] Vgl. ebd., Art. 44. Näheres zur Elitenrekrutierung innerhalb der FI, vgl. Kapitel 10.3.

[1678] Vgl. Statuto di Forza Italia, a.a.O., Art. 24.

Dass diese Versammlung wohl niemals auf die Idee käme, Wege einzuschlagen, die der Parteispitze missfallen könnten, ergibt sich bereits aus der Tatsache, dass die Regionalkoordinatoren – wie auch der Sekretär der Konferenz – direkt vom FI-Präsidenten eingesetzt werden. Ein autonomes Parteiorgan ist die Konferenz der Regionalkoordinatoren also keineswegs.[1679]

Gleiches gilt auch für das Präsidentschaftskomitee (*Comitato di presidenza*), laut Statut das eigentliche FI-Führungsgremium, das die Aktivitäten der Partei und der FI-Parlamentsfraktionen koordiniert. Es setzt sich aus dem Präsidenten und 21 weiteren Mitgliedern zusammen, die zum größten Teil – direkt oder indirekt – auch wieder vom Präsidenten ernannt werden.[1680]

Der Präsident der FI selbst wird dem neuen Statut zufolge für drei Jahre vom Nationalkongress (*Congresso nazionale*) gewählt,[1681] der ebenfalls alle drei Jahre tagen soll. Teilnahmeberechtigt sind die Delegierten, welche die Mitglieder in den jeweiligen lokalen Versammlungen zuvor bestimmten, sowie eine Vielzahl keinesfalls demokratisch legitimierter Amts- und Würdenträger der FI.[1682] Daneben überträgt das Statut dem nationalen Parteitag auch das Recht, sechs Mitglieder des Präsidentschaftskomitees[1683] und fünfzig Mitglieder des Nationalrats (*Consiglio nazionale*)[1684] zu wählen.

Die größte Innovation, die das neue Statut vorsah, stellte zweifelsohne die Öffnung der *Forza Italia* für Parteimitglieder in großem Stil dar. Gerade aufgrund ihres anfänglichen Verzichts auf Parteimitgliedschaften galt die FI im Vergleich zu allen anderen italienischen und europäischen Parteien als „anomal". Insofern bedeutete dieser Schritt eine verspätete „Normalisierung" der FI und eine Hinwendung zur traditionell überlieferten Parteiform.[1685] Gleichwohl geht die FI in der Bezeichnung ihrer Parteimitglieder nach wie vor eigene Wege. Dem unternehmerischen Hintergrund Berlusconis folgend, heißen sie offiziell *Soci*, also „Gesellschafter".[1686]

[1679] Vgl. Poli, Emanuela, I modelli organizzativi, S. 103.

[1680] Vgl. Statuto di Forza Italia, a.a.O., Art. 23. Näheres zum Präsidentschaftskomitee und zu den anderen Parteiorganen der FI, vgl. Kapitel 10.2.

[1681] Vgl. Statuto di Forza Italia, a.a.O., Art. 19.

[1682] Vgl. ebd., Art. 16.

[1683] Vgl. ebd., Art. 23.

[1684] Vgl. ebd., Art. 21. Im Vergleich zu den zahlreichen Persönlichkeiten, die von Amts wegen Mitglieder des Nationalrats sind – etwa alle FI-Parlamentarier, die Mitglieder des Präsidentschaftskomitees oder auch die regionalen Koordinatoren –, stellen auch hier die gewählten Vertreter nur eine kleine Minderheit dar. Vgl. ebd.

[1685] Vgl. Poli, Emanuela, Forza Italia, S. 125.

[1686] Vgl. Gianfelici, Paolo, a.a.O., S. 49.

Abbildung 6: Die Organisationsstrukturen der FI seit Januar 1997

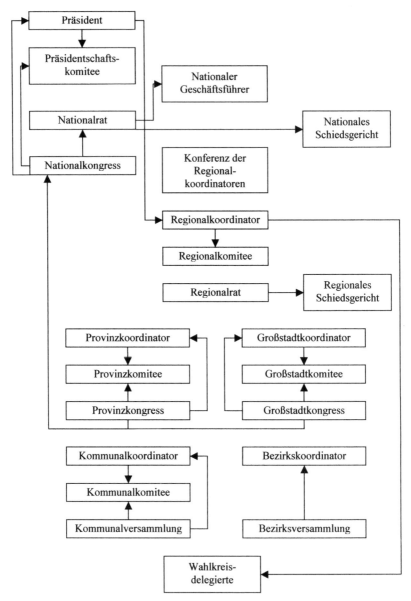

Quelle: Poli, Emanuela, Forza Italia. Strutture, leadership e radicamento territoriale, Bologna 2001, S. 124.

Die bisherige Rolle der Clubs ließ das Statut von 1997 weitgehend unangetastet. Diese blieben nach wie vor parteiexterne Vereinigungen, denen allerdings die Möglichkeit eröffnet wurde, sich unter bestimmten Voraussetzungen der Politischen Bewegung *Forza Italia* „anzuschließen" („affiliare").[1687]

Anders die Rolle der Zubringerorganisationen der FI, die das Statut von 1997 erstmals vorsah: Die Jugendorganisation *Forza Italia – Giovani per la Libertà* (*Forza Italia* – Jugendliche für die Freiheit), die Frauenorganisation *Forza Italia Azzurro Donna* (*Forza Italia* Azurblaue Frau) sowie die Organisation für die Über-65-Jährigen, *Forza Italia Seniores* (*Forza Italia* Senioren), werden laut Statut als parteiinterne Vereinigungen angesehen.[1688]

Betrachtet man das neue Statut im Hinblick auf die innerparteiliche Machtverteilung, so wird schnell klar, dass sich am alten Status quo kaum etwas verändert hat. Nach wie vor liegt die Macht in den Händen des Präsidenten der FI, der immer schon Berlusconi hieß. Zwar sieht das Statut erstmals demokratische Wahlen vor, doch betrifft dies in vollem Maße nur die unteren Ebenen, das heißt die Kommunal- bzw. Bezirksebene und die Provinz- bzw. Großstadtebene, sowie einige wenige nationale Führungskräfte. Gleichzeitig werden diese Elemente innerparteilicher Demokratie durch ein rigides Kontrollsystem von oben massiv konterkariert. Die einflussreichen Regionalkoordinatoren werden dagegen – wie gehabt – vom Präsidenten nominiert. Ebenso verhält es sich mit der Mehrzahl der Mitglieder des Präsidentschaftskomitees. Und die meisten Mitglieder des Nationalrats verdanken ihren dortigen Sitz zumindest indirekt auch niemand anderem als dem Präsidenten. Dessen demokratische Legitimation beruht zwar laut Statut auf einem Votum des Nationalkongresses. Doch setzt sich dieser, wie bereits angedeutet, nicht nur aus demokratisch legitimierten Delegierten zusammen, sondern auch aus unzähligen Amts- und Mandatsträgern, die von Amts wegen zur Teilnahme berechtigt sind. Somit kann festgehalten werden: Auch nach der Organisationsreform von 1996/97 bleibt die *Forza Italia* eine stark zentralistisch ausgerichtete Partei, in der innerparteiliche Demokratie allenfalls in Ansätzen erkennbar ist. Ein durchgängiger demokratischer Willensbildungsprozess von unten nach oben existiert keinesfalls. Stattdessen herrscht in der FI eine charismatische Führergestalt nahezu uneingeschränkt.

Diese Sichtweise findet sich auch in der Literatur bestätigt. So weist zum Beispiel Poli darauf hin, dass die FI nunmehr eine Partei mit teils gewählten und teils nominierten Führungskadern sei. Den Einfluss Berlusconis innerhalb der Partei habe das neue Statut jedoch kaum geschmälert. Die FI könne daher immer noch als reines Instrument verstanden werden, dessen sich Silvio Berlusconi bediene, um auf Stimmenfang zu gehen.[1689]

[1687] Vgl. Statuto di Forza Italia, a.a.O., Art. 61. Näheres zu den FI-Clubs, vgl. Kapitel 10.5.

[1688] Vgl. Statuto di Forza Italia, a.a.O., Art. 70, 72, 72 bis.

[1689] Vgl. Poli, Emanuela, I modelli organizzativi, S. 106f.

Dass die Mitglieder nur am Rande entscheidungsbefugt sind, stellt Biorcio zufolge in der FI kein Problem dar. Schließlich sei die FI eine charismatische Partei, und „wie in jeder charismatischen Partei kann der wahre Ausdruck des Willens der Mitglieder einfach nur mit jenem des *leaders* übereinstimmen"[1690]. An anderer Stelle kritisiert Biorcio diese populistische Ausrichtung der FI:

> „Die Versuchung des Modells populistischer Repräsentanz ist [..] noch stark. Berlusconi hat oft betont, dass die Forza Italia niemals ,eine Partei der Mitgliedsausweise, sondern der Leute' sein werde. Das Verhältnis zu den ‚Leuten' [...] scheint die Hauptlegitimationsquelle zu bleiben. Solange diese zwischen den Eingebungen des Chefs und den ‚Leuten' [...] fest verankert ist, so lange bleibt die Entwicklung hin zu einer modernen demokratischen Partei der italienischen Rechten höchst problematisch."[1691]

Andere Beobachter gehen in ihrer Kritik an den neuen Organisationsstrukturen der FI viel weiter. Di Vico zum Beispiel erkennt große Übereinstimmungen zwischen der heutigen Funktionsweise der FI und jener der italienischen Kommunisten. Beide verbinde eine starke Zentralisierung ihrer Organisationsstrukturen, und was bei der FI die Regionalkoordinatoren seien, seien bei den Kommunisten die so genannten Föderationssekretäre gewesen. Eine weitere Parallele stellten die *task forces* dar, spezielle Arbeitsgruppen in auf der Kippe stehenden Wahlkreisen, die neuerdings bei der *Forza* ebenso auftauchten wie früher bei den Kommunisten. Ein klares Unterscheidungsmerkmal bestehe ferner in der Anzahl der bezahlten Parteiangestellten. Während diese bei den Kommunisten von Wahl zu Wahl stetig angestiegen sei, habe die FI bis zum Jahr 2001 insgesamt nur als fünfzig Parteifunktionäre beschäftigt, um einen Großteil der Arbeit Ehrenamtlichen zu übertragen.[1692] Dieser Vergleich mit den Kommunisten scheint berechtigt zu sein, denn selbst innerhalb der FI wird er – hinter vorgehaltener Hand – angestrengt. So soll ein namhaftes FI-Mitglied einmal unterstellt haben, es genüge, das Parteistatut zu lesen, und man wisse, dass man in Nord-Korea sei.[1693]

Immerhin hat sich die *Forza* mit dem Statut von Anfang 1997 zum ersten Mal selbst klare Regeln gesetzt und ihrer inneren Verfassung eine feste Struktur gegeben. Nachdem damit also die „Zeit der Regeln" (*Stagione delle regole*) – wie das zweite Halbjahr 1996 im FI-Jargon genannt wurde – abgeschlossen war, stand Anfang 1997 auch schon die „Zeit der Beitritte" (*Stagione delle adesioni*) vor der Tür, an die sich die „Zeit der Kongresse" (*Stagione dei congressi*) unmittelbar anschließen sollte.[1694]

[1690] Biorcio, Roberto, Forza Italia, S. 631 (eig. Übers.).

[1691] Ders., Le complicate scelte di Forza Italia, S. 268 (eig. Übers.).

[1692] Vgl. Di Vico, Dario, Forza Italia dice addio al partito virtuale, comincia l'era „leninista", in: Corriere della Sera, 16.5.2001, S. 9.

[1693] Vgl. Kohl, Christiane, Groß im Kleingedruckten, in: Süddeutsche Zeitung, 19.11.2001, S. 3.

[1694] Vgl. Vespa, Bruno, Scontro finale, S. 54f.

Tabelle 14: Regionale Verteilung der FI-Mitglieder von 1997 bis 2001[1695]

Region	1997 Anzahl	%	1998 Anzahl	%	1999 Anzahl	%	2000 Anzahl	%	2001 Anzahl	%
Piemont	10.797	7,7	15.312	9,5	19.093	10,0	28.268	9,0	18.393	6,8
Aostatal	309	0,2	108	0,1	124	0,1	201	0,1	53	0,1
Ligurien	3.856	2,8	3.478	2,2	3.955	2,1	6.444	2,1	9.318	3,4
Lombardei	21.737	15,7	26.923	16,7	30.216	15,9	46.129	14,7	46.966	17,3
Venetien	8.090	5,8	10.375	6,4	20.163	10,6	28.022	8,9	36.081	13,3
Südtirol	1.452	1,0	620	0,4	973	0,5	896	0,3	1.270	0,5
Friaul	3.044	2,2	3.107	1,9	5.230	2,7	6.460	2,1	5.681	2,1
E.-Romagna	4.591	3,3	7.144	4,4	7.687	4,0	10.416	3,3	9.279	3,4
Norden insg.	53.876	38,6	67.067	41,6	87.441	45,9	126.836	40,5	127.041	46,7
Toskana	4.710	3,4	6.243	3,9	7.873	4,1	11.266	3,6	10.049	3,7
Marken	1.845	1,3	2.750	1,7	3.325	1,7	3.255	1,1	6.833	2,5
Umbrien	1.713	1,2	3.784	2,3	2.048	1,1	4.819	1,6	4.483	1,6
Latium	19.627	14,1	16.289	10,1	12.630	6,6	45.104	14,4	23.868	8,8
Abruzzen	4.959	3,5	4.526	2,8	6.257	3,3	8.840	2,8	10.119	3,7
Molise	451	0,3	435	0,3	2.098	1,1	1.395	0,4	767	0,3
Mitte insg.	33.305	23,9	34.027	21,1	34.231	18,0	74.679	23,9	56.119	20,7
Kampanien	12.343	8,8	16.777	10,4	19.953	10,5	22.124	7,1	20.844	7,7
Apulien	11.312	8,1	20.004	12,4	20.434	10,7	39.691	12,7	29.205	10,7
Basilicata	1.943	1,4	1.701	1,0	1.624	0,9	2.228	0,7	2.217	0,8
Kalabrien	4.995	3,6	4.023	2,5	7.596	4,0	11.330	3,6	11.377	4,2
Sardinien	3.617	2,6	3.889	2,4	4.381	2,3	8.715	2,8	9.332	3,4
Sizilien	18.155	13,0	13.831	8,6	14.738	7,8	27.260	8,7	15.616	5,7
Süden insg.	52.365	37,5	60.225	37,3	68.726	36,1	111.348	35,6	88.591	32,6
Gesamt	139.546	100	161.319	100	190.399	100	312.863	100	271.751	100

Quelle: Eigene Zusammenstellung auf der Grundlage von Daten, die dem Autor auf Anfrage von Mario Falciatore, dem persönlichen Assistenten des ehemaligen nationalen FI-Koordinators Claudio Scajola, per E-Mail am 10. Juli 2003 zugesandt wurden.

Die erste Beitrittskampagne der FI lief im März 1997 an. Vor allem mit Hilfe von TV-Spots und Plakatierungsaktionen warb die *Forza* massiv um neue Par-

---

[1695] Für die Jahre 2002 und 2003 lagen im Juli 2003 angeblich noch keine entsprechenden Daten vor. Dies wurde dem Autor auf ausdrückliche Nachfrage hin von Mario Falciatore, dem persönlichen Assistenten des ehemaligen nationalen FI-Koordinators Claudio Scajola, versichert. Das Fehlen dieser Angaben ist umso erstaunlicher, als die Einschreibungen bei der FI – im Gegensatz zu allen anderen italienischen Parteien – zentralisiert sind. Dies bedeutet konkret, dass Neumitglieder nicht, wie sonst üblich, der Partei auf lokaler Ebene beitreten, sondern sie müssen ihre Anmeldeformulare einer eigens hierfür geschaffenen Abteilung in der Parteizentrale zukommen lassen. Dadurch soll verhindert werden, dass einzelne Parteipolitiker alle möglichen Freunde und Familienmitglieder in die Partei einschleusen, um danach mit diesen Stimmen auf Parteikongressen zu wuchern, wie dies in der Vergangenheit Schule gemacht hatte. Vgl. Poli, Emanuela, Forza Italia, S. 125.

teimitglieder. Die Organisation dieser Groß-Kampagne vor Ort oblag den Regional- und Provinzkoordinatoren. Letztere legten sich ganz besonders ins Zeug, denn schließlich mussten sie sich auf den geplanten Basisversammlungen erstmals zur Wahl stellen. Diese lokalen Parteikongresse sollten nach den Vorstellungen des Präsidentschaftskomitees von September bis Dezember 1997 tagen, um den ersten nationalen Parteitag am 27. März 1998 stattfinden zu lassen, also auf den Tag genau vier Jahre nach dem Sieg Berlusconis bei den Parlamentswahlen von 1994.[1696]

Trotz der recht hohen Aufnahmegebühr von umgerechnet rund fünfzig Euro pro Person – die Linksdemokraten etwa berechnen viel weniger Geld[1697] – war diese Anwerbekampagne äußerst erfolgreich. Wie sich aus Tabelle 14 ablesen lässt, waren bis zum Jahresende 1997 knapp 140.000 Italiener der FI beigetreten. Weitere Anwerbe-Kampagnen sorgten in den Folgejahren für eine zunächst stetig anwachsende Zahl von Mitgliedern: 1998 gab es bereits mehr als 160.000 FI-Mitglieder, und 1999 hatte sich deren Zahl auf rund 190.000 erhöht. Im Jahr 2000 machte die FI einen gewaltigen Sprung nach vorn und erreichte mit über 310.000 eingeschriebenen Mitgliedern ihren bisherigen Höchststand. Obwohl sie als strahlende Gewinnerin aus den Parlamentswahlen vom Mai 2001 hervorging, verzeichnete die *Forza* noch im selben Jahr erstmals in ihrer Geschichte einen Schwund und landete bei etwas mehr als 270.000 Mitgliedern.

Laut den offiziellen Angaben aus Tabelle 14 fielen die Anwerbekampagnen der FI in den industriell entwickelten Zonen des Nordens – insbesondere in der Lombardei und in Venetien – auf den fruchtbarsten Boden. Mit 46,7 Prozent an FI-Mitgliedern im Jahr 2001 stellt Norditalien den mit Abstand größten Anteil. In dieser Hinsicht unterrepräsentiert ist indes Mittel- und Süditalien. Zwar gab es zwischenzeitlich auch hier Regionen, in denen die FI große Erfolge bei der Mitgliederanwerbung feiern durfte – etwa in Latium, in Apulien und auf Sizilien –, doch wandte sich zuletzt ein Großteil dieser Parteiaktivisten wieder ab. In Apulien zum Beispiel büßte die *Forza* von 2000 auf 2001 rund ein Viertel ihrer Mitglieder ein, in Latium und auf Sizilien sogar jeweils knapp die Hälfte.[1698]

[1696] Vgl. Poli, Emanuela, Forza Italia, S. 129f.

[1697] Vgl. Vespa, Bruno, Scontro finale, S. 54.

[1698] Die Frage, warum die FI gerade in diesen Regionen so massive Rückgänge verzeichnete, gibt Rätsel auf. Auch Antonio Tajani, unter anderem regionaler FI-Koordinator in Latium, vermag dies nicht schlüssig zu erklären. Seiner Ansicht nach hängen die rückläufigen Zahlen allgemein damit zusammen, dass 2001 – anders als im Vorjahr – keine lokalen Parteikongresse stattfanden. Deshalb hätten zahlreiche Parteiaktivisten ihre Mitgliedsausweise wieder zurückgegeben. Gerade in Mittel- und Süditalien wäre zudem wohl die jährliche Mitgliedsgebühr von fünfzig Euro für eine Reihe von FI-Mitgliedern zu hoch gewesen, um permanent eingeschrieben zu bleiben. Vgl. Interview des Autors mit Antonio Tajani in Rom am 1.8.2003. Dem ist jedoch entgegenzuhalten, dass die verschiedenen Parteikongresse in allen Landesteilen Italiens um die Jahreswende 2000/2001 stattfanden. Vgl. Poli, Emanuela, Forza Italia, S. 152. Die Austritts-

Die zunächst ansteigenden Mitgliederzahlen der FI erklären sich allerdings nicht nur aus den offiziellen Anwerbekampagnen, welche die Partei im Laufe der Zeit immer wieder startete. So hatte etwa – laut dem früheren piemontesischen Regionalkoordinator Roberto Rosso – im Vorfeld zu den Regionalwahlen vom April 2000 jeder FI-Kandidat die Pflicht, zwischen fünfzig und hundert neue Parteimitglieder anzuwerben. Dadurch habe ein jeder Kandidat seine Verwurzelung vor Ort unter Beweis stellen sollen, erklärte Rosso im Nachhinein.[1699] Ob dabei alles mit rechten Dingen zuging, scheint inzwischen fraglich. Denn im Februar 2002 wurden erstmals Fälle bekannt, in denen Personen offiziell als Mitglieder eingeschrieben waren, ohne selbst jemals die Mitgliedschaft beantragt oder Beiträge gezahlt zu haben. Diese Fälle standen in Zusammenhang mit der Aufdeckung eines Schmiergeldskandals in Turin. Ein Krankenhausdirektor stand damals unter dringendem Tatverdacht, in den Jahren 1999/2000 insgesamt eintausendsechshundert fingierte FI-Mitgliedschaften mit Hilfe von Schmiergeldern finanziert zu haben.[1700]

Unter der Voraussetzung, dass es sich hierbei lediglich um einen Einzelfall handelt, können sich die offiziellen Mitgliederzahlen der FI – in einer Zeit dramatisch sinkenden parteipolitischen Engagements[1701] – durchaus sehen lassen. Ob allerdings die FI mit diesen Zahlen wirklich als eine Art Neuauflage der alten Massenparteien bezeichnet werden kann, wie dies Biorcio[1702] etwas voreilig tut, ist stark zu bezweifeln. Einem Vergleich mit den ehemaligen Massenparteien der

---

wellen des Jahres 2001 indes begrenzten sich nur auf einige ganz bestimmte Regionen, wie sich aus Tabelle 14 entnehmen lässt. Selbst in mehreren Regionen Mittel- und Süditaliens, etwa in Umbrien, Kampanien, Kalabrien und der Basilicata, blieb die Zahl der Parteimitglieder überdies nahezu stabil; in anderen mittel- und süditalienischen Regionen wie zum Beispiel in den Marken, den Abruzzen und auf Sardinien verzeichnete die FI gar leichte Zuwächse an Parteimitgliedern. Somit ist die Möglichkeit in Betracht zu ziehen, dass sich vor allem in Latium und auf Sizilien im Laufe des Jahres 2001 eine so große Unzufriedenheit mit der Regierungspolitik der FI auf nationaler Ebene breit gemacht hatte, dass ihre Parteimitglieder in Scharen davonliefen. Dies könnte insbesondere mit dem Koalitionspartner *Lega Nord* zusammenhängen, auf den man in Latium und auf Sizilien sicherlich besonders „allergisch" reagierte.

[1699] Vgl. N.N., „Vicenda da chiarire, chiederò ai miei uomini", in: Corriere della Sera, 8.2.2002, S. 14.

[1700] Vgl. N.N., Berlusconis Partei fingiert offenbar Mitgliederzahlen, in: http://www.fr-aktuell. de/fr/102/t102013.htm (9.2.2002);
N.N., Auf der Suche nach Schmiergeldern, in: http://www.aargauerzeitung.ch/pages/index.cfm? dom=3&id=1146044&rub=1117&arub=1117&nrub=0 (9.2.2002).

[1701] Der Mitgliederschwund, den die italienischen Parteien insgesamt innerhalb der letzten zwanzig Jahre hinnehmen mussten, gehört zu den höchsten in Westeuropa. In diesem Zeitraum verloren die Parteien der Apenninenhalbinsel rund die Hälfte ihrer Mitglieder. Lediglich in Frankreich waren die Verluste noch höher. Vgl. Della Porta, Donatella, I partiti politici, Bologna 2001, S. 62.

[1702] Vgl. Biorcio, Roberto, Forza Italia, S. 632.

italienischen Kommunisten und Christdemokraten, die beide bis Ende der achtziger Jahre deutlich über eine Million Mitglieder besaßen,[1703] hält die heutige FI in keiner Weise stand.

Wie geplant läutete dann, nachdem 1997 die ersten Mitglieder geworben waren, die Einberufung der lokalen Parteikongresse die dritte Phase der Umgestaltung *Forza Italias* ein. Von September 1997 bis zum Januar des darauf folgenden Jahres fanden in ganz Italien erstmals lokale FI-Parteiversammlungen statt, an denen ein Großteil der neu gewonnenen Mitglieder, immerhin rund neunzigtausend, auch tatsächlich teilnahm. Insgesamt wurden auf diesen Basisveranstaltungen 117 Provinz- bzw. Großstadt-Koordinatoren, 702 Präsidiumsmitglieder sowie eine Vielzahl von Delegierten für den Nationalkongress gewählt.[1704] Damit war die Umwandlung der FI von einem unorganisierten Wahlkomitee in eine echte Partei im Wesentlichen vollzogen. Die *Forza Italia* hatte nun nicht nur eine beachtliche Anzahl an Parteimitgliedern, sondern auch von dieser Basis direkt gewählte örtliche Parteichefs und Delegierte, die den ersten Parteitag auf nationaler Ebene gar nicht mehr abwarten konnten.

Unzählige Male war dieser Nationalkongress schon angekündigt und immer wieder verschoben worden, bis er schließlich vom 16. bis 18. April 1998 dann doch stattfand – im Kongresszentrum von Assago, vor den Toren Mailands.[1705] Für Berlusconi stellte dieses Großereignis die ideale Gelegenheit dar, eindrucksvoll zu demonstrieren, dass seine Partei – allen Unkenrufen zum Trotz – existierte. So rief er in seiner Eröffnungsrede den Anwesenden triumphierend zu:

> „Die Partei, die es nicht gibt, die Partei aus Plastik, die virtuelle Partei, die Firmenpartei, diese Partei, die es nicht gibt – plötzlich und unbestreitbar gibt es sie! [...] Forza Italia, die Partei, die es nicht gibt, ist hier in Fleisch und Blut!"[1706]

Das war angesichts der regen Teilnahme auch schwer von der Hand zu weisen. Zu der stolzen Zahl von 1.704 direkt von der Parteibasis bestimmten Delegierten gesellten sich weitere 1.372 Personen, die von Amts wegen Mitglieder des Parteitags waren.[1707] Inhaltlich diskutierte der Parteitag in verschiedenen Arbeitsgruppen über einzelne Politikfelder wie Wirtschafts-, Arbeitsmarkt-, Außen- und Justizpolitik. Wer dabei kontroverse Debatten erwartet hatte, wurde enttäuscht. Im Großen und Ganzen machten sich die Delegierten die politische Linie zu eigen, welche die Parteiführung vorgegeben hatte.[1708]

[1703] Vgl. Della Porta, Donatella, a.a.O., S. 64f.

[1704] Vgl. Poli, Emanuela, Forza Italia, S. 130.

[1705] Vgl. Vespa, Bruno, Scontro finale, S. 55.

[1706] Rede Silvio Berlusconis anlässlich der Eröffnung des FI-Parteikongresses in Assago am 16.4.1998, in: ders., L'Italia che ho in mente. I discorsi „a braccio" di Silvio Berlusconi, S. 35-70, 36 (eig. Übers.).

[1707] Vgl. Poli, Emanuela, Forza Italia, S. 133.

[1708] Vgl. ebd., S. 135.

Als erster Höhepunkt des Kongresses standen am Abschlusstag die Wahlen der höchsten innerparteilichen Entscheidungsträger auf der Tagesordnung. Zunächst wurde Silvio Berlusconi – natürlich ohne Gegenkandidaten – als FI-Präsident per Akklamation und unter Konfettiregen in seinem Amt bestätigt. Parallelen zu den Partei-*Conventions*, wie sie bei amerikanischen Präsidentschaftswahlen üblich sind, drängten sich geradezu auf. Darauf folgten die Wahlen von sechs Mitgliedern des Präsidentschaftskomitees sowie von fünfzig Mitgliedern des Nationalrats. Im Unterschied zur Wahl des Präsidenten fanden diese mit geheimer Stimmabgabe eines jeden der über dreitausend Delegierten statt. Berlusconi äußerte vor den Präsidentschaftskomitee-Wahlen keinerlei persönliche Empfehlungen, zumal er bereits alle übrigen Mitglieder dieses Gremiums bestimmt hatte, ob direkt oder indirekt. Allenfalls wünschte er sich ein möglichst ausgewogenes Resultat, bei dem keiner einen allzu überwältigenden Sieg erlangen sollte.[1709]

Die „Krönung" des FI-Parteitages bildete schließlich die Abschlusskundgebung auf dem Mailänder Domplatz, zu der eigens etwa hunderttausend FI-Anhänger mit unzähligen Bussen und Sonderzügen aus ganz Italien angereist waren. Diese Veranstaltung namens *Corteo delle Libertà* (Freiheitszug), die völlig unüblich für einen Parteitag war, wurde vom Berlusconi-Sender *Rete 4* live übertragen.[1710] Alles in allem hatte dieser Parteitag – bei aller Kritik – sein wichtigstes Ziel erreicht: Die vormals oft beschworene Auflösung der FI erschien den politischen Beobachtern wieder eher unwahrscheinlich.[1711]

Die Provinz- und Großstadt-Kongresse und sogar der nationale Parteitag lagen nun also fürs Erste hinter der FI, doch stand die Konstituierung der Organe der untersten Ebene, jener der Kommunen und Bezirke, noch aus. Ebenso wie in den Provinzen und Großstädten sollten auch hier Parteiversammlungen stattfinden, um mit den anderen Parteien gleichzuziehen und auch auf kommunaler Ebene Fuß zu fassen. Indem man im Sommer 1998 dazu überging, eine kommunale Basisversammlung nach der anderen einzuberufen, schaffte man zudem einen ständigen Anreiz für politisch interessierte Bürger, der Partei beizutreten. Und ganz nebenbei hielt dies auch die bisherigen Mitglieder weiter in Bewegung. Die Gefahr hatte nämlich bestanden, dass spätestens nun, da der Nationalkongress über die Bühne war, eine Austrittswelle all jener bevorstand, die vergebens auf einen Aufstieg in der FI gehofft hatten. Von September bis Dezember 1998 traten insgesamt rund tausendfünfhundert Kommunal- und Bezirksversammlun-

---

[1709] Vgl. ebd., S. 135f.

[1710] Vgl. ebd., S. 136f.

[1711] Vgl. so z.B. Zohlnhöfer, Reimut, Die Transformation des italienischen Parteiensystems, S. 1383. Aufgrund der damals immer noch schwebenden Gerichtsverfahren gegen Berlusconi gab Zohlnhöfer der FI gleichwohl langfristig keine allzu großen Überlebenschancen. Vgl. ebd. Ähnlich äußerten sich auch Beuttler und Gehlhoff. Vgl. Beuttler, Ulrich/Gehlhoff, Georg, a.a.O., S. 5.

gen in allen Teilen Italiens zusammen, um ihre jeweiligen Koordinatoren zu wählen.[1712] Damit war die organisatorische Umstrukturierung der FI abgeschlossen, und die Partei konnte nun ihre ganze Kraft den bevorstehenden Urnengängen widmen – erst den Europawahlen vom Juni 1999, dann den Regionalwahlen vom April 2000 und schließlich den Parlamentswahlen vom Mai 2001.[1713]

Um die Parteibasis vor diesem letzten und wohl wichtigsten Wahlgang zu mobilisieren, entschloss sich die Parteiführung, für Ende 2000/Anfang 2001 eine zweite Welle von Parteikongressen auf Provinz- und Großstadtebene abhalten zu lassen. Dieser Schritt war ohnehin notwendig geworden, denn das Statut sah die Einberufung solcher Versammlungen alle drei Jahre vor. Als Höhepunkte dieser Basisveranstaltungen standen, wie schon Ende 1996, die Wahlen der lokalen Koordinatoren sowie der Delegierten für den nächsten Nationalkongress auf der Tagesordnung, der ursprünglich für Anfang 2001 anvisiert war.[1714] Da die Parteispitze jedoch im Vorfeld die Direktive ausgab, angesichts der nahenden Parlamentswahlen unter allen Umständen Geschlossenheit zu demonstrieren, verzichtete man auf so manchen Kongressen auf die Wahl der neuen lokalen Parteiführung.[1715]

Zeitgleich zu den Provinz- und Großstadtkongressen der FI traten auch in jenen Kommunen und Bezirken erstmals FI-Parteiversammlungen zusammen, in denen mittlerweile das Quorum von zehn Parteimitgliedern erreicht worden war. Somit kam die FI Ende 2000 auf die stolze Zahl von mehr als tausendsiebenhundert gewählten lokalen Koordinatoren. Dieses engmaschige organisatorische Netz, das sich über das ganze nationale Territorium erstreckte, kam den FI-Kandidaten im anstehenden Wahlkampf sehr zugute.[1716]

10.1.3 Phase III: Die FI als Regierungspartei auf der Suche nach sich selbst

Mit den Parlamentswahlen vom Mai 2001, aus denen die *Forza Italia* als überragende Gewinnerin hervorging, trat die Partei Berlusconis in einen neuen Lebensabschnitt ein, der voller ungeahnter Schwierigkeiten steckte. Erste unmittelbare Konsequenz des Übergangs von der Oppositions- zur Regierungspartei war die personelle Aushöhlung der FI auf nationaler Ebene. Nicht nur Berlusconi selbst, sondern mit ihm auch eine Reihe enger Weggefährten, die vormals in der römischen Parteizentrale wichtige Funktionen ausgeübt hatten, bekleideten nun Regierungsämter. So waren Giovanni Dell'Elce, Mario Valducci, Paolo Bonaiuti

---

[1712] Vgl. Poli, Emanuela, Forza Italia, S. 138ff.

[1713] Näheres hierzu, vgl. Kapitel 7.4, 7.5 u. 7.6.

[1714] Berlusconi hatte diesen allerdings – angeblich aus Zeitmangel – kurzfristig wieder abgesagt. Vgl. Götz, Thomas, Berlusconi bereitet Rückkehr zur Macht vor, in: http://www.berlinonline. de/bin/print.php/aktuelles/berliner_zeitung/politik/html/34655.html (2.5.2001).

[1715] Vgl. Poli, Emaunela, Forza Italia, S. 151f.

[1716] Vgl. ebd., S. 152.

und Salvatore Cicu Staatssekretäre geworden, Guido Possa stellvertretender Bildungsminister, und Claudio Scajola, der langjährige nationale Koordinator, war zum neuen Innenminister aufgestiegen.[1717] Die Partei blieb dabei zunächst auf der Strecke. Zwischenzeitlich wurde sogar spekuliert, Berlusconi werde möglicherweise das Amt des FI-Präsidenten niederlegen, um die Parteiführung einem Triumvirat zu überlassen.[1718] Der Ministerpräsident ließ letzten Endes aber seine Partei doch nicht im Stich und nahm die Doppelrolle als Partei- und Regierungschef nolens volens auf sich. Allerdings vernachlässigte er die Parteiarbeit ganz massiv, was sich nicht zuletzt daran bemerkbar machte, dass in den ersten Monaten nach der Regierungsübernahme fast sämtliche parteiinterne Führungspositionen vakant blieben, selbst jene des nationalen Koordinators.[1719] Erst im Oktober 2001 hielt es Berlusconi wieder für nötig, diesen Posten neu zu besetzen. Dass er hierfür allerdings jemanden wie Roberto Antonione auserkor, der bereits als Staatssekretär im Außenministerium alle Hände voll zu tun hatte,[1720] zeugte einmal mehr von der geringen Bedeutung, die der FI-Chef seiner Partei mittlerweile beizumessen schien. Die Vernachlässigung der FI durch Berlusconi nahm noch weiter zu, als der Premier nach dem plötzlichen Rücktritt seines Außenministers Renato Ruggiero im Januar 2002 auch noch für rund zehn Monate interimistisch die Führung des Auswärtigen Amtes übernahm.[1721]

Diese akuten Führungsprobleme der FI auf nationaler Ebene wirkten sich in der Folge auch äußerst nachteilig auf die Geschlossenheit der Partei insgesamt aus. Vor allem an der Parteibasis fing es gewaltig an zu rumoren. In zahlreichen Regionen kam es zu offenen Konflikten zwischen den Verantwortlichen der FI auf regionaler Ebene, die sich auf eine direkte „Investitur" durch Berlusconi berufen durften, und jenen auf Provinz- bzw. Großstadtebene, die schließlich eine demokratische Legitimation besaßen. In nicht wenigen Kommunen überwarfen sich zudem die Parteigliederungen mit den Bürgermeistern der FI. Bei diesen parteiinternen Auseinandersetzungen blieb den gewählten Provinz- und Großstadtkoordinatoren zumeist nur das Nachsehen, und so kehrten diese der Partei zuhauf den Rücken. Im Ergebnis wurde bis Ende 2002 rund ein Drittel aller Provinz- und Großstadtverbände der FI allenfalls noch kommissarisch verwaltet.[1722]

[1717] Vgl. Poli, Emanuela, Forza Italia, S. 290f.

[1718] Vgl. N.N., Dell'Utri o un triumvirato per Forza Italia?, in: La Stampa, 22.5.2001, S. 7.

[1719] Vgl. Jerkow, Barbara, E la destra abbandonò i partiti, in: La Repubblica, 26.7.2001, S. 23.

[1720] Vgl. Vespa, Bruno, La grande muraglia, S. 235. Laut Vespa hatte Antonione zwar vor, sein Regierungsamt zugunsten seines neuen Parteiamtes abzugeben, doch wurde ihm dies von Berlusconi nicht gestattet. Vgl. ebd.

[1721] Näheres zum Rücktritt Ruggieros und zur Übernahme des Außenministeriums durch Berlusconi, vgl. Kapitel 8.3.

[1722] Anderen Angaben zufolge befanden sich Ende 2002 sogar rund vierzig Prozent sämtlicher Provinzverbände unter kommissarischer Verwaltung. Vgl. Baget Bozzo, Gianni, Quando Forza

Die Konsequenzen, die sich hieraus ergaben, waren alarmierend: Die *Forza Italia* verlor in zunehmendem Maße den direkten Kontakt zu ihrer Wählerschaft, was sich an sinkenden Umfragewerten[1723] und empfindlichen Einbußen bei einigen lokalen Wahlgängen vom Mai 2002[1724] schon bemerkbar gemacht hatte. Überdies musste sie zahlreiche Parteiaustritte hinnehmen. Bereits im Jahr 2001 waren die Mitgliederzahlen der FI erstmals wieder rückläufig. Mitverantwortlich hierfür war sicherlich nicht zuletzt auch die Enttäuschung vieler eingeschriebener Mitglieder über die unzureichenden Beteiligungsmöglichkeiten innerhalb der Partei. Denn zahlreiche Parteikongresse auf den einzelnen Ebenen, die laut Statut eigentlich alle drei Jahre hätten stattfinden sollen, wurden immer wieder auf den Nimmerleinstag verschoben. Ähnlich verhielt es sich auch mit dem Nationalkongress der FI, den man vor den Parlamentswahlen 2001 kurzerhand einfach absagte.[1725]

Als beispielhaft für die Selbstzerfleischung der *Forza Italia* steht der „Fall Verona". Dort hatte sich die Partei im Vorfeld zu den Kommunalwahlen von Ende Mai 2002 gespalten, weil man sich nicht auf einen neuen Bürgermeisterkandidaten hatte einigen können. Während der Präsident der Region Venetien, der Forzist Giancarlo Galan, seinen Parteikollegen Pierluigi Bolla auf diesen Posten hieven wollte, bestand die scheidende Bürgermeisterin Michela Sironi auf Aventino Frau, beide ebenfalls FI. Am Ende gingen sowohl Bolla als auch Frau ins Rennen, so dass der Mitte-Links-Kandidat zum neuen Bürgermeister der *Forza-Italia*-Hochburg Verona gewählt wurde.[1726]

Der Vize-Fraktionsvorsitzende der FI in der Abgeordnetenkammer, Fabrizio Cicchitto, nahm im Spätsommer 2002 kein Blatt vor den Mund und brachte all diese Schwierigkeiten seiner Partei auf den Punkt:

Italia cammina con le sue gambe, in: http://www.ideazione.com/settimanale/1.politica/75_8-11-2002/75bagetbozzo.htm (8.11.2002).

[1723] Laut einer Umfrage des renommierten italienischen Meinungsforschungsinstituts CIRM lag die FI im September 2002 landesweit bei nur noch 24 Prozent. Dies entsprach einem Verlust von mehr als fünf Prozentpunkten im Vergleich zu den Parlamentswahlen vom Mai 2001, als die FI noch auf 29,4 Prozent kam. Vgl. N.N., „Direttorio" per rilanciare Forza Italia, in: La Stampa, 26.10.2002, S. 7.

[1724] Bei den Wahlen in mehreren Gemeinden und Provinzen Italiens Ende Mai 2002 schnitt die FI zum Teil deutlich schlechter ab als bei den Parlamentswahlen ein Jahr davor. Vgl. Di Caro, Paola, Al voto senza Berlusconi, Forza Italia frena, in: Corriere della Sera, 28.5.2002, S. 7. Näheres zu den Kommunalwahlen vom Mai 2002, vgl. Baldini, Gianfranco/Legnante, Guido, Le elezioni comunali. Cambiamento o alternanze?, in: Blondel, Jean/Segatti, Paolo (Hg.), Politica in Italia. I fatti dell'anno e le interpretazioni, Ed. 2003, Bologna 2003, S. 73-92.

[1725] Vgl. Poli, Emanuela, A che serve Forza Italia, in: http://www.liberalfondazione.it/archivio/fl/numero15/poli.htm (1.4.2003). Näheres zur mehrmaligen Verschiebung des Nationalkongresses der FI, vgl. Kapitel 10.2.3.

[1726] Vgl. Vespa, Bruno, La grande muraglia, S. 235f.

„Aufgrund des Verfalls in vielen regionalen und lokalen Gliederungen verschärfen sich einige Fehler, darunter jene, die darin bestehen, dass ein echtes, nach außen gerichtetes politisches Handeln nicht vorhanden ist, dass es an einer ernsthaften internen Debatte fehlt und dass es immer mehr Konflikte zwischen einzelnen Personen und Gruppierungen gibt. [...] Ein Teil der Partei schaut heute der politischen Auseinandersetzung tatenlos zu, verteidigt die Regierung nicht bei den Menschen, verteidigt nicht Berlusconi vor den täglichen Attacken, hält keinen Kontakt zu den lokalen Honoratioren, steht nicht mal in Kontakt zu unseren Wählern, Bürgermeistern, Stadträten, kommuniziert nicht und ruft auch nicht die Parteimitglieder zusammen."[1727]

Dass die *Forza* im Anschluss an die Regierungsübernahme Berlusconis in eine derart desolate Lage hineinschlittern konnte, deutete zum einen darauf hin, wie labil ihre mühsam aufgebauten Organisationsstrukturen doch noch waren. Zum anderen zeigten diese parteiinternen Probleme aber auch, wie sehr das Schicksal der FI nach wie vor noch ganz von ihrem Chef Silvio Berlusconi abhängig war, der sich inzwischen jedoch nahezu ausschließlich dem Regieren gewidmet hatte. Diese Problematik hatte auch der damalige Sprecher der FI, Sandro Bondi, erkannt und auf dem so genannten Schulungsseminar der FI für politische Bildung in Gubbio Anfang September 2002 mit folgenden Worten offen angesprochen: „Forza Italia wird noch als ein nicht vollständig stabilisiertes Phänomen angesehen, das noch zu stark mit der Führerschaft seines Gründers verbunden ist, als dass man ein selbständiges Leben voraussehen könnte."[1728]
Aufgeschreckt von den schlechten Ergebnissen, welche die FI bei den Lokalwahlen von Ende Mai 2002 erzielt hatte, entbrannte eine lebhafte parteiinterne Grundsatzdebatte über die künftige organisatorische Ausrichtung der Partei. Dabei stellte sich heraus, dass es hierzu im Wesentlichen zwei unterschiedliche Denkschulen gab, die miteinander um das bessere Konzept wetteiferten. Auch wenn Berlusconi selbst von der Existenz solcher Strömungen in seiner Partei, in Italien auch *Correnti* genannt, nichts wissen möchte, kommen doch mehrere politische Beobachter immer wieder hierauf zu sprechen. Übereinstimmend unterscheidet man in diesen Kreisen einen Flügel, der sich um den langjährigen nationalen FI-Koordinator Claudio Scajola schart, und einen anderen, an dessen Spitze Marcello Dell'Utri steht. Hierbei handelt es sich also um genau jene Personen, die bereits in jeweils einer der beiden vorangegangenen Phasen prägend für die FI gewesen waren: Dell'Utri hatte als Chef der *Fininvest*-Werbeagentur *Publitalia* maßgeblichen Anteil an der Entstehung der *Forza*, wohingegen der organisatorische Umbau der FI ab 1996 vor allem auf das Konto des ehemaligen Christdemokraten Scajola ging. Während nun Ersterem eine Partei vorschwebt,

---

[1727] Cicchitto, Fabrizio, Riflessioni su Forza Italia, oggi, in: L'Ircocervo, 1. Jg. (2002), H. 2, S. 40-46, 40f. (eig. Übers.).
[1728] Rede Sandro Bondis anlässlich des Seminars der FI für politische Bildung in Gubbio am 2.9.2002, in: http://www.forza-italia.it/notizie/00_3521pr.htm (16.11.2002) (eig. Übers.).

die sich wieder wie zu Anfangszeiten vornehmlich auf gesellschaftlichen Zirkeln nach dem Vorbild der FI-Clubs stützen sollte, möchte Letzterer das von ihm konstruierte Parteienmodell mit Parteisektionen, das sich eher an der westeuropäischen Parteientradition orientiert, in Zukunft ausgebaut wissen.[1729]

Dell'Utri liegt allerdings nach wie vor im Clinch mit der italienischen Justiz, und so hält er sich aus der aktiven Politik so weit als möglich heraus. Entsprechend strebte er auch keine allzu exponierte Stellung in der Partei mehr an, sondern schlug vielmehr im Sommer 2002 seinen Gefolgsmann Sandro Bondi, den Berlusconi nach seinem Wahlsieg bereits zum Sprecher der FI ernannt hatte, für das Amt des nationalen Koordinators vor.[1730] Denn Bondi gilt, ganz im Sinne Dell'Utris, als Anhänger eines schlanken Parteienmodells. So vertrat er in dieser Debatte folgende Auffassung hinsichtlich der künftigen Organisationsstrukturen der FI:

> „Die Organisation muss heute einzig und allein dazu da sein, die Führungsschicht, ob für die nationale oder die lokale Ebene, besser auszuwählen und eine permanente Beziehung zwischen Berlusconi und den Wählern, zwischen unserer Parlamentsgruppe und den Parteimitgliedern zu fördern. Diese neue Politik bedeutet mehr und nicht weniger Demokratie, mehr und nicht weniger aktive Teilnahme der Bürger am öffentlichen Leben."[1731]

Noch weiter exponierte sich der derzeitige Kulturminister Giuliano Urbani, der wie Marcello Dell'Utri zu den Männern der ersten Stunde zählt. Offen sprach sich Urbani dafür aus, die *Forza* wieder zu einer Art Wahlkomitee – ganz nach dem typischen Organisationsmodell amerikanischer Parteien – zurückzustutzen, zu einer Partei also, die nur zu Wahlkampfzeiten in Erscheinung tritt. Entsprechend wird dieser mit den Worten zitiert: „Wenn wir an der Regierung sind, dann ist es gut, dass die Forza Italia vergessen wird, dass sie nicht existiert. Die Forza Italia muss drei Monate vor den Wahlen wieder auftauchen."[1732]

Gegen solche Plädoyers zog das von Claudio Scajola angeführte Lager sogleich zu Felde. Scajola schaltete sich selbst in diese Debatte ein und verwarf diese Option:

> „Hat sich die Funktion der Forza Italia mit ihrem eigenen Erfolg selbst erschöpft [...]? Oder, anders ausgedrückt, wird die Funktion der Partei allein im Vorfeld zu Wahlterminen bedeutend sein? Genügt es, wenn in der Zeit dazwischen ein jeder im Parlament oder in der Regierung auf bestmögliche Weise arbeitet? Das ist eine Auffassung, die sich vertreten lässt und die sich sehr am amerikanischen Modell orientiert, die aber vielleicht das Manko hat, der anderen Tradition, der anderen

---

[1729] Vgl. Di Caro, Paola, Forza Italia in cerca di un nuovo assetto, in: http://www.corriere.it/edicola/index.jsp?path=POLITICA&doc=BER (20.9.2002); N.N., Scajola e Dell'Utri siglano la „pace di Milano", in: La Stampa, 9.10.2002, S. 5; Vespa, Bruno, La grande muraglia, S. 244.

[1730] Vgl. ebd., S. 245.

[1731] Bondi, Sandro, a.a.O., S. 50 (eig. Übers.).

[1732] Zitiert nach: Cicchitto, Fabrizio, a.a.O., S. 42 (eig. Übers.).

politischen, sozialen und administrativen Gliederung unseres Landes nicht Rechnung zu tragen. Die italienische Erfahrung von Kriegsende bis heute zeigt, dass die Aktivitäten einer Regierung wie auch die Handlungsfreiheit des Ministerpräsidenten selbst nicht von der Tatsache losgelöst werden können, hinter sich eine starke, geschlossene und entschiedene Partei zu haben."[1733]

Schützenhilfe bekam der ehemalige nationale Koordinator vom stellvertretenden Fraktionsvorsitzenden der FI in der Abgeordnetenkammer, Fabrizio Cicchitto, einem ehemaligen Sozialisten. Dieser argumentierte wie folgt:

„Wenn hinter der Regierung keine große politische Formation steht, die sie unterstützt, dann verliert unsere Vertretung in der Regierung an Gewicht [...] und verfügt auch über keine Antennen in der Gesellschaft. Darüber hinaus ist vor den Wahlen die Arbeit grundlegend, die über Jahre und Monate hinweg im ganzen Land geleistet wurde: Die Leute erinnern sich, wer ihnen fünf Jahre lang nahe war und bestrafen denjenigen, der ‚verschwunden' ist, um kurz vor den Wahlen wieder aufzutauchen und um Stimmen zu bitten."[1734]

Welche Art Parteienmodell Berlusconi zu diesem Zeitpunkt selbst favorisierte, ist nicht überliefert. Während dieser Debatte vermied es der FI-Präsident tunlichst, sich offen auf die eine oder andere Seite zu schlagen. Stattdessen rief er die Kontrahenten zunächst lediglich immer wieder zur Einigkeit und Geschlossenheit auf.[1735] Erst Anfang November 2002 nahm er wieder das Heft des Handelns in die Hand und beschloss kurzerhand, ein so genanntes Wahlkomitee ins Leben zu rufen, das seine Partei mit neuem Elan in die im Frühjahr 2003 anstehenden Lokalwahlen[1736] führen sollte. Zum Präsidenten dieses im Parteistatut keinesfalls vorgesehenen und somit improvisierten Organs berief er Scajola, der seit seinem Rücktritt als Innenminister im Sommer 2002 weder ein Regierungs- noch ein Parteiamt innehatte.[1737] Ebenfalls mit von der Partie waren Dell'Utri, der damalige nationale FI-Koordinator Antonione sowie die beiden Fraktionsvorsitzenden in Kammer und Senat, Elio Vito und Renato Schifani. Mit dieser „salomonischen" Entscheidung gelang es dem FI-Chef, die Spitzen der beiden kon-

---

[1733] Scajola, Claudio, Il partito di governo, in: http://www.liberalfondazione.it/archivio/fl/numero15/scajola.htm (1.4.2002) (eig. Übers.).

[1734] Cicchitto, Fabrizio, a.a.O., S. 42 (eig. Übers.).

[1735] Vgl. Di Caro, Paola, Forza Italia in cerca di un nuovo assetto, in: http://www.corriere.it/edicola/index.jsp?path=POLITICA&doc=BER (20.9.2002).

[1736] Immerhin rund dreizehn Millionen Italiener waren im Frühjahr 2003 zu den Urnen gerufen. Nicht nur in zahlreichen Kommunen und Provinzen, sondern auch in der autonomen Region Friaul standen Wahlen an. Vgl. Latella, Maria, Elezioni, Forza Italia si affida a Scajola, in: http://www.corriere.it/edicola/index.jsp?path=POLITICA&doc=SCAJOLA (8.11.2002).

[1737] Aufgrund seiner provokanten Aussagen im Zusammenhang mit dem Mord an dem Regierungsberater Marco Biagi war Scajola Anfang Juli 2002 als Innenminister zurückgetreten. Vgl. N.N., Gli avvenimenti del 2002, in: Blondel, Jean/Segatti, Paolo (Hg.), Politica in Italia. I fatti dell'anno e le interpretazioni, Ed. 2003, Bologna 2003, S. 7-28, 16.

kurrierenden Lager wieder zusammenzuführen, um so seine Partei fürs Erste wieder zu „befrieden".[1738]

Unmittelbar im Anschluss an seine Ernennung gab Scajola, wie gehabt, die Marschrichtung vor. In einer Rede von Mitte November 2002 nannte er drei grundlegende Ziele, welche die FI in ihrer dritten Phase erreichen müsse:

„Das erste [...] ist das Manifest der Forza Italia, die Identität Forza Italias. Was ist und was will heute die Forza Italia als Regierungspartei sein, als Partei also, die dieses Land in den nächsten Jahren führen will. Zweitens müssen wir unser Statut überarbeiten. Wir müssen uns ein anderes Organisationssystem geben, das sich im Licht der positiven Erfahrungen, die wir hatten, anpasst, indem es das, was nicht funktionierte, verändert; es muss zudem die Parlamentarier aufwerten und die Gefahren erkennen, die sich in letzter Zeit durch die Schaffung lokaler Potentaten mehrten, die die Forza Italia zu verschließen beabsichtigen, anstatt sie zu öffnen. Drittens müssen wir die innere und die äußere Einigkeit herbeiführen. Ich glaube, dass [...] wir einen großen Schritt weiter wären, wenn wir aufhörten, den Stimmen Beachtung zu schenken, die interne Spaltungen bei uns feststellen wollen, die es nicht gibt."[1739]

Damit hatte Scajola de facto die organisatorische Parteiführung aufs Neue an sich gerissen, obwohl ein anderer, nämlich Roberto Antonione, nach wie vor auf dem Posten des nationalen Koordinators saß. In der Folgezeit kam es denn auch unweigerlich immer wieder zu Reibungen zwischen den beiden – bis Antonione im März 2003 schließlich das Handtuch warf. Ausschlaggebend für dessen Rücktritt war der parteiinterne Streit um die Spitzenkandidatur des Mitte-Rechts-Bündnisses bei den anstehenden Regionalwahlen in Friaul. Während sich Scajola auf die Seite Berlusconis geschlagen hatte, der seinem Bündnispartner Bossi zuliebe die Leghistin Alessandra Guerra unterstützte, hatte Antonione im Verbund mit der übergroßen Mehrheit der FI-Parteibasis in der autonomen norditalienischen Region darauf bestanden, den scheidenden friaulischen Regionalpräsidenten Renzo Tondo (FI) wieder aufzustellen. Berlusconi setzte sich jedoch durch, was dazu führte, dass nicht nur unzählige lokale FI-Politiker in Friaul aus Protest ihre Ämter niederlegten, sondern schließlich auch der nationale Koordinator.[1740]

Anders als bei der Regierungsübernahme Mitte 2001, als die Position des Topmanagers der FI über Monate hinweg vakant geblieben war, reagierte Berlusconi diesmal prompt und setzte gleich vier Personen an die Spitze seiner Partei: den damaligen Chef des FI-Wahlkomitees Claudio Scajola, den Parteisprecher Sandro Bondi, den stellvertretenden FI-Fraktionsvorsitzenden in der Kam-

---

[1738] Vgl. N.N., Chiamata alle armi di Berlusconi per gli azzurri, in: La Stampa, 8.11.2002, S. 8.

[1739] Rede Claudio Scajolas anlässlich einer Konferenz der Jugendorganisation *Forza Italia Giovani* in Cortina am 15.11.2002, unveröffentl. Manuskript (erhalten vom Büro Claudio Scajolas am 16.5.2003), S. 3 (eig. Übers.).

[1740] Vgl. N.N., Bufera in Forza Italia, in: http://www.repubblica.it/online/politica/friulibufera/dimissioni/dimissioni.html (10.3.2003).

mer Fabrizio Cicchitto sowie den Präsidenten der Konferenz der FI-Regionalkoordinatoren Angelino Alfano.[1741] Mit ein Grund für diese doch sehr außergewöhnliche Entscheidung lag wohl darin, dass Berlusconi in dieser prekären Lage den beiden Parteiströmungen gleiches Gewicht einräumen wollte. Denn während Scajola und Cicchitto dem einen Flügel zugeordnet werden, zählen Bondi und Alfano als Vertreter des anderen, an dessen Spitze Marcello Dell'Utri steht.[1742]

Umso erstaunlicher musste es erscheinen, dass die vier zumindest in der Öffentlichkeit überaus einig wirkten. Im Rahmen einer Pressekonferenz kündigten sie im April 2003 einvernehmlich die kommenden Schritte an, welche die Partei unter ihrer Führung tätigen werde. Grundsätzlich gelte es demnach, die FI stärker als in der Vergangenheit an die Wähler zu binden und aus ihr eine echte Regierungspartei zu machen, die Berlusconi zuweilen auch durchaus kritisch gegenübertreten solle. Dazu werde zunächst von Mai bis Juli 2003 eine neue Mitglieder-Anwerbekampagne stattfinden.[1743] Im Anschluss daran sollten nach dem Willen der neuen Parteispitzenfunktionäre wieder die einzelnen FI-Kongresse auf Provinzebene einberufen werden, um dort sowohl die jeweiligen Provinzkoordinatoren als auch die Delegierten für den Nationalkongress wählen zu lassen.[1744] Als neuer Termin hierfür wurde das Frühjahr 2004 anvisiert. Unterdessen sei auch eine neue Arbeitsgruppe eingesetzt worden, um gewisse Änderungen am geltenden Parteistatut zu erarbeiten, die vor allem der stark angewachsenen Zahl an FI-Mandatsträgern auf den einzelnen Verwaltungsebenen künftig besser

---

[1741] Vgl. N.N., Riforme e amministrative: Berlusconi vuole accelerare, in: http://www.lastampa.it/edicola/sitoweb/Interni/art12.asp (13.3.2003).

[1742] Vgl. Magri, Ugo, Al voto Forza Italia sfrutta l'effetto Iraq, in: http://www.lastampa.it/edicola/sitoweb/Interni/art10.asp (10.4.2003).

[1743] Diese Anwerbekampagne wurde wie geplant durchgeführt und endete am 15. Juli 2003. Vgl. N.N., Campagna adesioni 2003, in: http://www.forza-italia.it/notizie/00_4253pr.htm (6.10.2003). Laut einer Pressemitteilung der FI haben sich allein in dieser Zeitspanne „mehr als hunderttausend" Neumitglieder eingeschrieben. Vgl. N.N., Più di 100.000 le nuove iscrizioni a Forza Italia, Pressemitteilung der FI-Parteizentrale vom 8.8.2003 (Zitat eig. Übers.).

[1744] Die Einberufung der FI-Kongresse auf Provinzebene wurde in der Folgezeit mehrfach wieder verschoben. Ursprünglich hätten sie von Oktober bis Dezember 2003 tagen sollen. Aus nicht näher erläuterten Gründen wurde dann Ende September 2003 bekannt gegeben, dass sie nunmehr zwischen dem 1. Dezember 2003 und dem 28. Februar 2004 stattfinden würden. Vgl. Bondi, Sandro/Cicchitto, Fabrizio, Coordinamento nazionale: Al via la stagione dei congressi, in: http://www.forza-italia.it/notizie/00_4554pr.htm (29.9.2003). Zuletzt hieß es wiederum, sie würden in der Zeit vom 15. Januar bis zum 31. März 2004 zusammentreten. Vgl. N.N., Parte la stagione dei congressi, in: http://www.forza-italia.it/notizie/192-168-150-6_2003103117738.htm (1.11.2003). Es handelt sich hierbei um insgesamt 121 solcher FI-Kongresse. Vgl. Cazzullo, Aldo, Bondi, coordinatore mistico: „Berlusconi è bontà e purezza", in: http://www.corriere.it/edicola/index.jsp?path=POLITICA&doc=BONDI (25.10.2003).

Rechnung tragen sollten. Bei dieser Gelegenheit unterstrich Scajola abermals, dass die bisherigen Parteistrukturen im Wesentlichen unangetastet blieben.[1745]

Einiges spricht unterdessen dafür, dass sich die *Forza Italia* in ihrer Organisationsstruktur künftig wieder stärker auf ihre Anfänge zurückbesinnen wird. So erfährt die Idee politischer Zirkel derzeit in FI-Kreisen eine Renaissance. Nach dem Vorbild der von Marcello Dell'Utri um die Jahreswende 1993/94 ins Leben gerufenen *Forza-Italia*-Clubs gründeten die drei FI-Exponenten Raffaele Costa, Alfredo Biondi und Roberto Rosso am 29. November 2002 eine neue politisch-kulturelle Bewegung namens *Liberalismo popolare* (Volksliberalismus, LP), um mit Hilfe von Clubs – so genannten *Case del cittadino* (Häusern des Bürgers) – liberales Gedankengut zu verbreiten. Berlusconi gab im Januar 2003 dieser neuen Initiative seinen Segen, nachdem ihm versichert worden war, dass es sich hierbei keinesfalls um die Herausbildung einer parteiinternen Faktion handele.[1746] Entsprechend freute sich Costa damals: „Wir haben grünes Licht für eine Rückkehr zu den Ursprüngen der Forza Italia."[1747]

Die ersten Erfolge von LP ließen nicht lange auf sich warten: Bis Mitte 2003 gab es nach eigenen Angaben bereits über zweihundert solcher *Case del cittadino*, davon rund die Hälfte allein in der norditalienischen Region Piemont.[1748] Diese neuen politisch-kulturellen Clubs dienen Rosso zufolge dazu, den Kampf gegen Bürokratie ebenso wie gegen Privilegien aufzunehmen und der *Forza Italia* sowie der gesamten Mitte-Rechts-Allianz neuen Schwung und Elan zu verleihen.[1749] Entgegen früherer Beschwichtigungen unterstrich Biondi auf der ersten Nationalversammlung von LP am 20. Juli 2003 im norditalienischen Saint Vincent jedoch, seine neue liberale Bewegung stelle sehr wohl eine Faktion (*Corrente*) der *Forza Italia* dar.[1750]

Daneben entstanden bereits seit 1999 auch so genannte *Circoli* (Zirkel), die auf eine Initiative Marcello Dell'Utris zurückgehen. Nach Angaben der Homepage von Dell'Utri existieren derzeit mehr als neunzig solcher Vereinigungen in

---

[1745] Vgl. N.N., Scajola: Secondo congresso nazionale a primavera, in: http://www.forza-italia.it/notizie/00_4139pr.htm (10.4.2003).

[1746] Vgl. Padovani, Gigi, Forza Italia guarda alle origini con le „Case dei cittadini", in: La Stampa, 11.1.2003, S. 4.

[1747] Zitiert nach: ebd. (eig. Übers.).

[1748] Vgl. N.N., Case del cittadino. Contro i „Marchesati" di ieri e di oggi, in: http://www.casadelcittadino.it/contromarchesi.htm (8.10.2003). Jeder dieser Clubs muss laut dem Statut der Bewegung *Liberalismo Popolare* aus mindestens zehn Mitgliedern bestehen sowie einem mindestens dreiköpfigen Vorstand und einem Präsidenten. Vgl. Statuto del Movimento Liberalismo Popolare, Art. 6, in: http://www.casadelcittadino.it/fondareunacasa.htm (8.10.2003).

[1749] Vgl. N.N., Le Case del cittadino, in: http://www.casadelcittadino.it/successoassemblea.htm (8.10.2003).

[1750] Vgl. Bruno, Riccardo, I liberali di Forza Italia diventano una „corrente", in: http://www.corriere.it/edicola/index.jsp?path=POLITICA&doc=LIBERAL (21.7.2003).

ganz Italien. Dabei handele es sich ebenfalls um Clubs, die sich jedoch als eine Art „kulturelle Seele" des Mitte-Rechts-Bündnisses verstünden.[1751] Von sich reden machten diese *Circoli* erstmals im November 2003, als über tausend der angeblich zehntausend Mitglieder im süditalienischen Taranto zu einem Kongress zusammenkamen, um über die Reformpolitik der Regierung Berlusconi zu diskutieren.[1752]

Noch stehen diese beiden neuen Club-Strukturen im Gegensatz zum Netz der FI-Clubs außerhalb der eigentlichen Partei. Das könnte sich aber schon bald ändern. So erklärte etwa der FI-Politiker Antonio Tajani Anfang August 2003 im Hinblick auf die *Case del cittadino* und die *Circoli*: „Im Statut wird man wahrscheinlich uns nahe stehenden Vereinigungen erlauben, zur Partei zu gehören."[1753] Ob damit möglicherweise in Zukunft eine Stärkung der Club-Struktur zulasten der Parteisektionen einhergehen wird, lässt sich aus heutiger Sicht nur vermuten.

Die Zeichen jedenfalls deuten auf eine solche Entwicklung hin. Denn mit der Ernennung Sandro Bondis zum neuen nationalen FI-Koordinator am 18. September 2003 entschied sich Berlusconi wenige Monate vor dem geplanten Nationalkongress für einen Mann, der, wie bereits ausgeführt, als Verfechter eines überaus schlanken Parteienmodells gilt. Zum Stellvertreter Bondis nominierte der FI-Chef – sozusagen als Ausgleich – Fabrizio Cicchitto, dem wiederum eine ähnliche Organisationsstruktur wie Scajola vorschwebt.[1754] Diesen beiden stellte Berlusconi Mitte März 2004 mit dem Rechtsanwalt Vittorio Usigli einen so genannten „organisatorischen Manager" zur Seite. Dessen Aufgabe soll vor allem darin bestehen, den Kontakt zwischen der Parteizentrale und den peripheren Gliederungen zu pflegen.[1755]

Mit der Wahl Bondis setzte sich der Präsident der FI über massive Widerstände aus den eigenen Reihen hinweg, denn unmittelbar vor dieser sich abzeich-

---

[1751] Vgl. N.N., Il Circolo, in: http://www.marcellodellutri.it/articolo.asp?pag=Il%20Circolo (14.1.2005). Das Mutterhaus dieser Clubs ist eine politisch-kulturelle Stiftung namens *Il Circolo* mit Sitz in Mailand, die Dell'Utri Ende 1999 gegründet hatte. Näheres hierzu, vgl. ebd.

[1752] Vgl. N.N., Circolo di Dell'Utri a congresso, in: http://www.ilcircolo.org/risorse/stampa_1forum/0004.jpg (14.1.2005).

[1753] Interview des Autors mit Antonio Tajani in Rom am 1.8.2003 (eig. Übers.).

[1754] Vgl. N.N., Forza Italia, Bondi coordinatore e Cicchitto vice, in: http://www.corriere.it/edicola/index.jsp?path=POLITICA&doc=BONDI (17.9.2003). Scajola, der anfangs wohl große Hoffnungen gehegt hatte, selbst wieder auf diesen Posten zurückkehren zu dürfen, war inzwischen wieder als Minister in die Regierung übergewechselt. Vgl. ebd.

[1755] Vgl. N.N., Il leader azzurro sceglie un manager per rilanciare FI, in: http://www.corriere.it/edicola/index.jsp?path=POLITICA&doc=LEGA (19.3.2004). Bereits seit September 2003 war Berlusconi auf der Suche nach einem solchen Manager aus der freien Wirtschaft. Vgl. Cazzullo, Aldo, Bondi, coordinatore mistico: „Berlusconi è bontà e purezza", in: http://www.corriere.it/edicola/index.jsp?path=POLITICA&doc=BONDI (25.10.2003).

nenden Personalentscheidung hatte es innerhalb der FI kräftig rumort. Insbesondere die Anhänger Scajolas hatten auf einer Klausurtagung der *Forza* Anfang September 2003 gegen Bondi mobilgemacht, nachdem dieser abermals sein Organisationsmodell näher erläutert hatte. Bondi hatte keinen Zweifel daran gelassen, dass er eine auf das absolut Notwendige zurechtgestutzte Partei anstrebe, die größtenteils von der Führergestalt Berlusconi leben müsse.[1756] Konkret hatte er gesprochen von

> „einer Partei, die durch die Führerschaft gekennzeichnet ist, mit sichtbaren Antennen im ganzen Land, jedoch ohne regionale Parteisekretäre, die vermitteln und die mit einer Macht ausgestattet sind, die ihre Funktion überschreiten lässt. [...] Deren Funktion besteht einzig darin, den Konsens zu organisieren."[1757]

Überdies beanstandeten viele ehemalige Christdemokraten innerhalb der FI, dass mit Bondi ein Ex-Kommunist[1758] und mit Cicchitto ein Ex-Sozialist die Geschicke der Partei bestimmen sollten.[1759] Dieses Argument ließ Berlusconi jedoch nicht gelten. Er rief vielmehr von Neuem dazu auf, die alten Parteizugehörigkeiten endlich über Bord zu werfen, schließlich sei die FI nicht zuletzt gerade mit dem Ziel angetreten, einen Neuanfang zu wagen.[1760] Solcherlei Appelle zur Geschlossenheit fanden jedoch nur bedingt Gehör. Da sich gerade in jüngster Vergangenheit zahlreiche ehemalige Christliche Demokraten um Scajola immer stärker innerhalb der FI marginalisiert sahen, begannen diese damit, sich neu aufzustellen. So planten sie für den 30. Oktober 2003 erstmals eine eigene Zusammenkunft, die im Vorfeld bereits als Geburtsstunde einer neuen, christdemokratischen FI-Faktion gehandelt wurde.[1761]

Die *Forza Italia* befindet sich somit in einer äußerst schwierigen Übergangsphase, deren Ende noch nicht absehbar ist. So paradox es auch klingen mag: Mit der Regierungsübernahme Berlusconis Mitte 2001 fand sich die FI in einer Lage wieder, auf die sie nicht im Geringsten vorbereitet war. Die Rolle der Regierungspartei war ihr völlig fremd, und blieb es auch über einen längeren Zeitraum

---

[1756] Vgl. Latella, Maria, Bondi: Potrei tornare a insegnare, mi basta la stima del Cavaliere, in: http://www.corriere.it/edicola/index.jsp?parth=POLITICA&doc=BONDI (8.9.2003).

[1757] Zitiert nach: ebd. (eig. Übers.).

[1758] Bondi war bis Anfang der neunziger Jahre kommunistischer Bürgermeister in der toskanischen Gemeinde Fivizzano. Mittlerweile hat er sich jedoch zu einem der glühendsten Anhänger Berlusconis gewandelt. Vgl. Ceccarelli, Filippo, Bondi, quando la politica diventa amore (del capo), in: La Stampa, 17.9.2003, S. 4.

[1759] Vgl. Jerkov, Barbara, Bondi, salta l'investitura e il fedelissimo piange, in: http://www.repubblica.it/2003/g/sezioni/politica/scajola/piange/piange.html (8.9.2003).

[1760] Vgl. N.N., Forza Italia: Via libera a Bondi, in: http://www.corriere.it/edicola/index.jsp?path=POLITICA&doc=ITALIA (9.9.2003).

[1761] Vgl. Jerkov, Barbara, Giustizia, Forza Italia si blinda, il partito in mano ai previtiani, in: http://www.repubblica.it/2003/h/sezioni/politica/imisir/blinda/blinda.html (25.10.2003).

hinweg. Berlusconi hatte seine Formation allem Anschein nach einzig darauf ausgerichtet, wieder die Macht zu erlangen. Welche Funktion die Partei allerdings nach Erreichen dieser Zielmarke erfüllen sollte, ließ er unbeantwortet. Als er dann auch noch die Parteiarbeit sträflich vernachlässigte, schlitterte die FI in einen immer desolateren Zustand hinein. Die mühsam aufgebauten Organisationsstrukturen brachen vor allem an der Basis reihenweise auseinander, Kleingezänk und Parteiaustritte gehörten fast schon zur Tagesordnung. Folglich verlor die FI in zunehmendem Maße den direkten Kontakt zu den Wählen vor Ort, was sich an sinkenden Umfragewerten und schlechten Ergebnissen bei lokalen Wahlgängen unverzüglich bemerkbar machte.

Wie die *Forza Italia* als erfolgreiche Regierungspartei ausgestattet sein soll, darüber prallen die Meinungen seither diametral aufeinander. Während die einen, angeführt von Marcello Dell'Utri, auf eine schlanke Organisationsstruktur nach amerikanischem Vorbild tatkräftig hinarbeiten, plädieren die anderen unter Führung von Claudio Scajola für ein eher traditionelles Parteienmodell westeuropäischer Prägung. Hielt sich Berlusconi aus diesem Disput zunächst noch weitgehend heraus, so mehrten sich in jüngster Vergangenheit die Anzeichen dafür, dass er mittlerweile dem erstgenannten Modell den Vorzug zu geben scheint. Anders hätte er wohl kaum Sandro Bondi, einen ausgewiesenen Anhänger des schlanken Parteienmodells, zum neuen nationalen FI-Koordinator ernannt, ungeachtet der parteiinternen Proteste gegen diese Personalie. Wie es mit der *Forza Italia* weiterzugehen habe, ließ dieser erstmals im November 2003 im Rahmen einer Pressekonferenz durchblicken. Die FI soll demnach im Wesentlichen eine Scharnierfunktion zwischen Regierung und Bürgern wahrnehmen. Einerseits soll die Partei also gemäß den Worten Bondis die Arbeit und die Erfolge der Regierung im ganzen Land publik machen, und andererseits soll sie der Regierung die Stimmung in der Bevölkerung stets vor Augen halten.[1762] Inwieweit die *Forza Italia* diesen beiden Aufgaben tatsächlich gerecht wird, wird sich nicht zuletzt aus den kommenden Wahlergebnissen ablesen lassen.

10.2 Die bedeutendsten Parteiorgane der FI

10.2.1 Der Präsident

Das zweifellos wichtigste Parteiorgan der FI ist der Präsident, denn nicht von ungefähr wird die *Forza Italia* seit eh und je als „Partei des Präsidenten" bezeichnet.[1763] Der frühere FI-Pressesprecher und jetzige nationale Koordinator,

---

[1762] Vgl. N.N., Bondi: Congresso nazionale fra aprile e maggio 2004, in: http://www.forza-italia.it/notizie/00_4679pr.htm (7.11.2003).

[1763] Angelo Panebianco prägte bereits 1994 diesen Ausdruck für die FI, der auch später in der Literatur immer wieder im Zusammenhang mit der FI auftauchte. Vgl. Panebianco, Angelo,

Sandro Bondi, sagt sogar ganz unverblümt: „Es stimmt, Forza Italia ist Silvio Berlusconi."[1764] So überträgt auch das Statut von 1997 dem Präsidenten der FI weitreichende Kompetenzen. Er hat demnach das Recht, die Partei zu leiten, sie nach außen zu repräsentieren und sowohl das Präsidentschaftskomitee als auch den Nationalrat und den nationalen Parteitag einzuberufen und diesen Organen auch vorzustehen. Zudem ist es an ihm, sechs Mitglieder des Präsidentschaftskomitees, die nationalen Bereichs-Verantwortlichen (*Responsabili nazionali di settore*) und die Regionalkoordinatoren direkt zu ernennen.[1765]

Die tatsächliche Macht des Präsidenten geht jedoch weit über diese im Statut verbrieften Rechte hinaus. Innerhalb der *Forza* gilt sie als nahezu uneingeschränkt.[1766] Auch der ehemalige nationale FI-Koordinator Domenico Mennitti bestätigt den immens großen Einfluss, den Berlusconi auf die FI ausübt.[1767] Zuweilen ist sogar die Rede davon, Berlusconi herrsche in der FI ähnlich wie ein Monarch oder auch wie ein Despot.[1768] Ähnlich sieht dies auch Franchi: „Die Macht hat Berlusconi. [...] Jede Frage von Gewicht wird Berlusconi vorgesetzt. Das letzte Wort hat Berlusconi."[1769] Über eine demokratische Legitimation verfügt dieser dagegen in nur eingeschränktem Maße: Auf dem Parteitag vom April 1998 wurde er lediglich per Akklamation in seinem Amt bestätigt, das er sich beim Gründungsakt der Partei einfach selbst übertragen hatte.[1770] Und niemand in der Partei schien sich daran zu stören, dass er weitaus länger ohne Wiederwahl im Amt blieb als die drei Jahre, die das Statut vorgibt.[1771]

Die FI ist also durch und durch die Partei Berlusconis. So mancher politische Beobachter hält es daher sogar für angemessen, eher von „Forza Silvio"[1772] bzw. „Forza Berlusconi"[1773] als von „Forza Italia" zu sprechen, denn schließlich hat er sie gegründet, er hat die notwendigen Ressourcen organisatorischer und finan-

---

Partiti di massa, formula vuota, in: Corriere della Sera, 20.6.1994, S. 1f., 1; Maraffi, Marco, Forza Italia, S. 247.

[1764] Bondi, Sandro, a.a.O., S. 46 (eig. Übers.).

[1765] Vgl. Statuto di Forza Italia, a.a.O., Art. 19.

[1766] Vgl. Jun, Uwe, a.a.O., S. 480f.; Petersen, Jens, Divus Silvius, S. 43.

[1767] Vgl. Interview des Autors mit Domenico Mennitti in Rom am 5.5.2003. Relativierend behauptet Mennitti zugleich jedoch, dass es mittlerweile in sämtlichen modernen, westlich geprägten Demokratien solche alles überragende charismatische Führergestalten gebe. Vgl. ebd.

[1768] Vgl. Zagrebelsky, Gustavo, a.a.O., S. IVf.

[1769] Interview des Autors mit Paolo Franchi in Rom am 5.5.2003 (eig. Übers.).

[1770] Vgl. Jun, Uwe, a.a.O., S. 481.

[1771] Vgl. Statuto di Forza Italia, a.a.O., Art. 19. Näheres zur verspäteten Einberufung des zweiten Nationalkongresses der FI, vgl. Kapitel 10.2.3.

[1772] Vgl. so z.B. Biagi, Enzo, È la „compagnia" la debolezza di Silvio, in: Corriere della Sera, 31.5.2001, S. 2.

[1773] Vgl. so z.B. Gianfelici, Paolo, a.a.O., S. 41.

zieller Natur bereitgestellt, er hat die politische Ausrichtung und Strategie bestimmt, er hat die engsten Mitstreiter ausgesucht, und nur er garantiert die innere Geschlossenheit. Ohne ihn hätte es die FI nicht gegeben, und ohne ihn hätte sie auch über die Jahre hinweg wahrscheinlich nicht überlebt. All das ist wohl jedem in der FI bewusst, so dass Berlusconi in den eigenen Reihen auf absolut uneingeschränkte Loyalität ihm gegenüber bauen kann. Selbst nach dem Wahldebakel von 1996 wurde sein Führungsanspruch innerhalb der eigenen Partei keinesfalls in Frage gestellt. Und so war auch nie eine personelle Alternative zu Berlusconi in der FI in Sicht. Niemals gab es jemanden, der ihm seine Stellung in der Partei hätte streitig machen können oder wollen.[1774] Mit anderen Worten: Innerhalb der *Forza Italia* sind

> „Macht und Legitimität [..] einzig und allein in den Händen des Präsidenten konzentriert. Berlusconi befördert, setzt ab, treibt an. Er achtet auf die Einheit der Parlamentsfraktion. Er lenkt, repräsentiert und fasst in der eigenen Person die gesamte Bewegung zusammen. Er delegiert nur einen kleinen Teil der eigenen organisatorischen Macht an den nationalen Koordinator und die regionalen Koordinatoren. Er entscheidet des Öfteren den politischen Kurs der Bewegung an den institutionellen Organen vorbei. Er kommuniziert auf direktem Wege mit der ganzen Wählerschaft, ohne dass er die politische Bewegung als Vermittlungsglied oder als Filter heranzieht."[1775]

Zwar ist dieser Trend zur Personalisierung schon seit geraumer Zeit in mehr oder weniger allen Parteien Italiens festzustellen.[1776] Laut Mennitti ist dieses Phänomen mittlerweile sogar zum festen Bestandteil der politischen Kultur Italiens geworden.[1777] Dennoch ist in keiner anderen italienischen Partei der Einfluss des Chefs so groß wie in der FI, wie selbst Antonio Tajani zugibt.[1778] Der Christdemokrat Pierluigi Castagnetti behauptet gar:

> „Berlusconi hat die Personalisierung der Politik auf die Spitze getrieben, er ist weit darüber hinaus gegangen und hat alles daran gesetzt, den Mythos des Chefs zu schaffen, der die Demokratie verkörpert. [...] Seine Argumentation ist simpel: ‚Der Chef bin ich, ich bin die Demokratie.'"[1779]

Dementsprechend war es immer schon allein Berlusconi, der die politischstrategische Linie der FI nach eigenem Gutdünken festlegte. Alle wesentlichen

---

[1774] Vgl. Poli, Emanuela, Forza Italia, S. 172.

[1775] Dies., I modelli organizzativi, S. 91f. (eig. Übers.).

[1776] Vgl. Foa, Vittorio, Prefazione, in: Diamanti, Ilvo, Politica all'italiana. La parabola delle riforme incompiute, Mailand 2001, S. IX-XVIII, XVI.

[1777] Vgl. Interview des Autors mit Domenico Mennitti in Rom am 5.5.2003. Näheres zu den Personalisierungstendenzen in der italienischen Politik, vgl. Pallaver, Günther, Der Winterkönig, S. 409ff.

[1778] Vgl. Interview des Autors mit Antonio Tajani in Rom am 1.8.2003.

[1779] Interview mit Pierluigi Castagnetti, in: Il Popolo, 8.3.2001, S. 3 (eig. Übers.).

Richtungsentscheidungen, welche die FI im Laufe der Jahre traf, gingen stets auf ihn zurück. Für die übrigen Parteiorgane sowie die Parlamentsfraktionen der FI blieb da nicht viel mehr als die Rolle der „Ausführungsgehilfen", denn sie vertraten lediglich das, was der Präsident vorgegeben hatte. Berlusconi galt überdies lange Zeit auch als der Einzige, der die verschiedenen Positionen der Partei nach außen vertrat. Erst in den vergangenen Jahren war vermehrt zu beobachten, wie einige wenige FI-Politiker aus dem Schatten Berlusconis traten und zu bestimmten Politikfeldern im Namen der *Forza* sprachen (zum Beispiel Marcello Pera zur Justizpolitik, Giulio Tremonti zur Wirtschaftspolitik oder auch Franco Frattini zur inneren Sicherheit). Absolute Chefsache indes sind bis in die Gegenwart hinein die vielfältigen Verhandlungen mit den Alliierten geblieben. Wenn es um das Aushandeln gemeinsamer Wahlprogramme, die Aufteilung der Direktwahlkreise unter den Partnern oder aber um wichtige gemeinsame Kandidaturen des Mitte-Rechts-Bündnisses ging, ließ sich Berlusconi niemals reinreden, sondern gab stets höchstpersönlich den Ton an.[1780]

Eindrucksvoll wurde dies anlässlich des Tauziehens um den Mitte-Rechts-Kandidaten für das Amt des Präsidenten der Region Friaul nochmals deutlich. Im Vorfeld zu den Regionalwahlen vom Frühjahr 2003 in Friaul setzte sich Berlusconi über den erklärten Willen weiter Teile der dortigen FI-Ortsverbände einfach hinweg und entschied sich für eine Spitzenkandidatin, die der friaulischen FI-Basis missfiel.[1781] An diesem Beispiel lässt sich bereits ablesen, wie außerordentlich problematisch ein solches Vorgehen ist:

> „Das ungelöste Problem [..] besteht nach wie vor darin, welchen Bestand die lokalen Gliederungen der Forza Italia tatsächlich jemals haben können, wenn diese in Wirklichkeit nur dazu auserkoren sind, nichts weiter als einfache Exekutoren des einzigen Willens zu sein, der in der Partei zählt: dem von Berlusconi."[1782]

So problembeladen diese starke, autoritäre Stellung Berlusconis in der FI auch ist, so positiv wirkt sie sich auf die Einheit und Geschlossenheit der Partei aus. Während sich etwa die Christdemokraten früher durch heftige Flügelkämpfe selbst am meisten schwächten, erschwert die übermächtige Figur des Präsidenten im Fall der *Forza* das Entstehen solcher innerparteilicher *Correnti* (Faktionen) ganz erheblich.[1783] Zwar ist immer wieder die Rede von der Existenz solcher Flü-

---

[1780] Vgl. Poli, Emanuela, Forza Italia, S. 175. Anscheinend kümmert sich Berlusconi um noch viel mehr in seiner Partei. So berichtet Franchi, Berlusconi habe vor einem lokalen Wahlgang ganze drei Nächte lang alle Wahlaufrufe seiner Kandidaten begutachtet und gegebenenfalls umgeschrieben. Vgl. Interview des Autors mit Paolo Franchi in Rom am 5.5.2003.

[1781] Vgl. N.N., Bufera in Forza Italia, in: http://www.repubblica.it/online/politica/friulibufera/dimissioni/dimissioni.html (10.3.2003).

[1782] Galli della Loggia, Ernesto, Una navigazione (molto) a vista, in: http://www.corriere.it/edicola/index.jsp?path=COMMENTI&doc=GALLI (15.3.2003) (eig. Übers.).

[1783] Vgl. Biorcio, Roberto, Forza Italia, S. 632.

gel,[1784] doch setzt Berlusconi alles daran, deren Entstehen bereits im Keim zu ersticken. So sagte er etwa im September 2002: „Die Correnti? Ich will sie nicht, ich kenne sie nicht, ich sehe nicht deren Nutzen. [...] Ich möchte eine geeinte, geschlossene, starke Partei."[1785] An anderer Stelle bestritt er entschieden, dass in seiner Partei überhaupt solche *Correnti* existierten.[1786]

Differenzierter äußerte sich indes Tajani. Zwar gebe es durchaus bestimmte Strömungen innerhalb der *Forza* wie etwa die Liberalen unter Raffaele Costa und Alfredo Biondi. Doch seien diese keineswegs vergleichbar mit den *Correnti* der untergegangenen DC.[1787] Im Einzelnen führte Tajani aus:

> „Meiner Ansicht nach verbirgt sich dahinter viel eher eine Denkweise, um liberales Gedankengut innerhalb der Forza Italia zu verbreiten, als eine Corrente, die auf eine Ämteraufteilung abzielt. [...] Ich glaube nicht, dass es heute Personen gibt, die die Führerschaft Berlusconis beeinträchtigen. Die Partei erkennt sich zu hundert Prozent in Berlusconi. Er ist das Bindeglied der ganzen Partei."[1788]

Angesichts der Tatsache, dass die FI, wie soeben dargestellt, mit ihrer „charismatischen Führungsgestalt"[1789] Berlusconi steht und fällt, muss sie als charismatische Partei bezeichnet werden. Denn in der Tat erfüllt sie sämtliche Voraussetzungen, die der Politikwissenschaftler Angelo Panebianco an charismatische Parteien stellt. Hierzu zählt dieser die absolute Treue der Anhängerschaft gegenüber ihrem Führer, wodurch die Bildung von Parteiflügeln verhindert werde, ein geringes Maß an Bürokratisierung, höchst zentralisierte Organisationsstrukturen sowie eine starke Betonung des eigenen Anti-Parteien-Charakters.[1790]

Diese charismatische Ausrichtung könnte der FI in Zukunft allerdings leicht zum Verhängnis werden, sobald sich Berlusconi – aus welchen Gründen auch immer – aus der Politik einmal verabschieden sollte. Denn ohne ihren Gründer und Chef scheint die *Forza* gegenwärtig kaum überlebensfähig.[1791] Die Fixierung der gesamten Partei auf ihren Präsidenten ist nach wie vor zu groß, als dass die

---

[1784] Vgl. so z.B. Vespa, Bruno, La grande muraglia, S. 237.

[1785] Zitiert nach: Di Caro, Paola, Forza Italia in cerca di un nuovo assetto, in: http://www.corriere.it/edicola/index.jsp?path=POLITICA&doc=BER (20.9.2002) (eig. Übers.).

[1786] Vgl. dies., „Sono stanco, ma per ora resto agli Esteri", in: http://www.corriere.it/edicola/index.jsp?path=POLITICA&doc=BER (26.10.2002).

[1787] Vgl. Interview des Autors mit Antonio Tajani in Rom am 1.8.2003.

[1788] Ebd. (eig. Übers.).

[1789] Piantini, Marco, a.a.O., S. 46.

[1790] Vgl. Panebianco, Angelo, Modelli di partito. Organizzazione e potere nei partiti politici, Bologna 1982, S. 266ff.

[1791] Diese Einschätzung teilen sämtliche politische Beobachter uneingeschränkt. Vgl. Interview des Autors mit Antonio Tajani in Rom am 1.8.2003; Interview des Autors mit Paolo Franchi in Rom am 5.5.2003; Christen, Christian, a.a.O., S. 33; Vespa, Bruno, La grande muraglia, S. 234.

FI einen solchen Verlust einfach so verkraften könnte. Ein Zerfall wäre wohl die unvermeidbare Folge – mit allen dramatischen Konsequenzen, die sich hieraus für das gesamte italienische Parteiensystem ergäben.[1792]

10.2.2 Das Präsidentschaftskomitee

Das Präsidentschaftskomitee (*Comitato di presidenza*), am ehesten vergleichbar mit den Präsidien bei deutschen Parteien, ist neben dem Präsidenten das einzige Parteiorgan, das seit Bestehen der FI – zumindest auf dem Papier – immer schon existierte. Beim notariellen Gründungsakt der Partei am 18. Januar 1994 wurde festgelegt, dass die fünf anwesenden Gründungsväter – neben dem Vorsitzenden Berlusconi waren dies Mario Valducci vom Meinungsforschungsinstitut *Diakron*, der spätere Außen- bzw. Verteidigungsminister Antonio Martino, Luigi Caligaris, ein ehemaliger General, und der gelernte Journalist Antonio Tajani – für die kommenden drei Jahre das Präsidentschaftskomitee bilden würden.[1793] Wenig später, im Mai 1994, ließ Berlusconi diesen Führungszirkel um weitere sechs Mitglieder erweitern – allesamt ehemalige *Fininvest*-Angestellte.[1794]

Formal stellte das Präsidentschaftskomitee in der Anfangszeit das eigentliche Leitungs- und Entscheidungsgremium der FI dar. Doch sah die Realität freilich anders aus: Berlusconi gab stets die politische und programmatische Linie der Partei vor, und dem Präsidentschaftskomitee blieben allenfalls beratende und ausführende Funktionen hinsichtlich der Parteiorganisation und -administration.[1795] Viel einflussreicher war dagegen ein eher informeller Personenkreis, bestehend aus engen und treu ergebenen Gefolgsleuten Berlusconis, die nicht zwangsläufig dem eigentlichen Exekutivorgan der FI angehörten.[1796] Dieser exklusive Zirkel hatte dem Präsidentschaftskomitee zwischenzeitlich faktisch den Rang abgelaufen und bildete den „wahren Führungskern der *Forza Italia* – die „Mannschaft des Präsidenten'"[1797]. Entsprechend der geringen Bedeutung, die

---

[1792] Näheres zu den Zukunftsperspektiven der FI, vgl. Kapitel 11.2.

[1793] Vgl. Gilioli, Alessandro, a.a.O., S. 203.

[1794] Vgl. Golia, Carmen, a.a.O., S. 85. Hierzu zählten: der spätere FI-Chefideologe Paolo Del Debbio, Roberto Spingardi, Alessandro Gorla, der nationale Club-Koordinator Angelo Codignoni sowie der FI-Fraktionsvorsitzende in der Abgeordnetenkammer, Raffaele Della Valle, und der FI-Fraktionsvorsitzende im Senat, Enrico La Loggia. Die beiden Letztgenannten waren die Einzigen, die von Amts wegen Mitglieder dieses Gremiums waren; alle übrigen wurden von Berlusconi ernannt. Vgl. ebd.

[1795] Vgl. Poli, Emanuela, Forza Italia, S. 176f.

[1796] Hierzu gehörten ausschließlich *Fininvest*-Mitarbeiter. Neben vier Mitgliedern des Präsidentschaftskomitees (Valducci, Spingardi, Codignoni und Del Debbio) waren dies die beiden Vize-Präsidenten der *Fininvest*, Fedele Confalonieri und Gianni Letta, der Journalist Giuliano Ferrara, der Anwalt Cesare Previti und der Präsident der *Fininvest*-Werbeagentur *Publitalia*, Marcello Dell'Utri. Vgl. ebd., S. 81.

[1797] Maraffi, Marco, Forza Italia dal governo all'opposizione, S. 150 (eig. Übers.).

demgegenüber dem Präsidentschaftskomitee geblieben war, trat dieses zunächst auch nur selten und in sporadischen Abständen zusammen.[1798] Es ist sogar davon auszugehen, dass es in der Anfangszeit überhaupt nicht tagte. So beteuerte etwa Luigi Caligaris im Nachhinein, er habe nicht ein einziges Mal die Einberufung des Präsidentschaftskomitees erlebt.[1799]

Gemäß Artikel 23 des geltenden Statuts von 1997 bestehen die Aufgaben des Präsidentschaftskomitees vornehmlich darin, die Beschlüsse des Nationalkongresses sowie des Nationalrats auszuführen, die Aktivitäten der Parlamentsfraktionen zu koordinieren, das Parteibudget zu verabschieden und die notwendigen Ausführungsbestimmungen des Statuts zu erlassen.[1800] Vor allem hinsichtlich des letzten Punktes verbreitete das Präsidentschaftskomitee von 1997 an großen Aktivismus. So verabschiedete es zahlreiche Bestimmungen, darunter jene für die Beitritte von Mitgliedern und für die Durchführung der Parteikongresse auf den einzelnen Organisationsebenen.[1801] Darüber hinaus übertrug das Statut von 1997 dem Präsidentschaftskomitee auch das Recht, die FI-Kandidaten für Abgeordnetenkammer und Senat[1802] sowie bis zu zehn Prozent der Listenplätze bei Regional-, Provinz und Kommunalwahlen[1803] zu bestimmen. Tatsächlich werden diese Rechte allerdings weitgehend untergraben, denn die Kandidatenauswahl erfolgt entweder auf regionaler Ebene durch die Regionalkoordinatoren oder aber direkt durch den Präsidenten bzw. durch den nationalen Koordinator, sofern dieser vom Präsidenten hierzu beauftragt wurde. Dieses Auseinanderklaffen von formal verbrieften Rechten und politischer Praxis führte jedoch nie zu parteiinternen Konflikten, da im Präsidentschaftskomitee ohnehin allein die Stimme Berlusconis zählt. Noch nie hatte sich auch nur ein Teil des Komitees in Opposition zum Willen des FI-Chefs begeben.[1804] McCarthy bezeichnet die Mitglieder dieses Gremiums daher zu Recht als „Höflinge des Königs"[1805].

Über die Arbeitsweise und die Zusammensetzung des Präsidentschaftskomitees lassen sich nur schwer genaue Angaben machen. Wie bereits angedeutet, tagt es in höchst unregelmäßigen Abständen und besitzt zudem auch keine festen Regeln für die Zusammenkünfte. Seine Zusammensetzung wurde im Laufe der Jahre zusehends undurchsichtiger. Nahezu beliebig ernannte Berlusconi immer

---

[1798] Vgl. Poli, Emanuela, Forza Italia, S. 81.

[1799] Vgl. Golia, Carmen, a.a.O., S. 89. Weil sich Caligaris als zu „kritisch" erwiesen hatte, wurde er später als Abgeordneter ins Europäische Parlament nach Straßburg „abgeschoben". Vgl. McCarthy, Patrick, Forza Italia. Nascita e sviluppo, S. 61.

[1800] Vgl. Statuto di Forza Italia, a.a.O., Art. 23.

[1801] Vgl. Poli, Emanuela, Forza Italia, S. 177.

[1802] Vgl. Statuto di Forza Italia, a.a.O., Art. 43.

[1803] Vgl. ebd., Art. 44.

[1804] Vgl. Poli, Emanuela, Forza Italia, S. 177.

[1805] McCarthy, Patrick, Forza Italia. Nascita e sviluppo, S. 61 (eig. Übers.).

wieder neue Mitglieder und setzte bisherige ab.[1806] Durch dieses ständige Hin- und Herschieben gab der FI-Chef den Mitgliedern des Präsidentschaftskomitees nur zu deutlich zu verstehen, wie sehr sie sich permanent in einem direkten persönlichen Abhängigkeitsverhältnis zu ihm befanden. Das machte sie unweigerlich zu äußerst vertrauenswürdigen und fügsamen Mitarbeitern, was wiederum für einfache und schnelle Entscheidungsfindungsprozesse sorgte.[1807] Pallaver spricht in diesem Zusammenhang gar von der

> „Wiedergeburt der mittelalterlichen Vasallität, des Verhältnisses zwischen Dienstmann und Herrn, das auf der Grundlage der Treue und Gegenseitigkeit aufbaute. Mit einem Unterschied, dass im Mittelalter Rechte und Pflichten zwischen Herrn und Vasall genau geregelt waren, mit Pflichten auch des Herrn, mit Rechten auch des Vasallen. Im Gegensatz dazu nimmt der Leader von FI nur an den Rechten teil und kann das Vertragsverhältnis regellos kündigen, auch im materiellen Sinne."[1808]

Das Statut von 1997 kennt sowohl Mitglieder von Amts wegen als auch sechs vom Nationalkongress gewählte sowie eine unbestimmte Anzahl von Mitgliedern, die der Präsident nominiert. Zur ersten Gruppe gehören der Präsident selbst, die Fraktionsvorsitzenden in Kammer, Senat und Europaparlament, der nationale Geschäftsführer (*Amministratore nazionale*), der Sekretär der Konferenz der regionalen Koordinatoren, eventuelle Präsidenten oder Vizepräsidenten von Kammer, Senat und Europaparlament, die der FI angehören, sowie eventuelle Präsidenten der Regionalverwaltungen, sofern diese ebenfalls FI-Mitglieder sind. Berlusconi hat als FI-Präsident das Recht, sechs Mitglieder frei zu ernennen und die nationalen Bereichs-Verantwortlichen[1809] sowie drei Mitglieder der Konferenz der Regionalkoordinatoren ins Präsidentschaftskomitee zu berufen. Überdies kann er nach freiem Ermessen weitere FI-Mitglieder zur Teilnahme an den Sitzungen einladen.[1810]

Insbesondere der letztgenannte Punkt führte im Laufe der Jahre dazu, dass sich das Präsidentschaftskomitee kontinuierlich vergrößerte. Bis Anfang 2000 hatte Berlusconi allein auf diese Weise zwanzig Neumitglieder berufen – vor allem Abgeordnete und Senatoren –, so dass das Präsidentschaftskomitee im März 2001 nicht weniger als 58 Mitglieder zählte. Den lediglich sechs gewählten Mitgliedern dieses Gremiums steht also mittlerweile eine übergroße Mehrheit von

---

[1806] Vgl. Poli, Emanuela, I modelli organizzativi, S. 91.

[1807] Vgl. Maraffi, Marco, Forza Italia, S. 251.

[1808] Pallaver, Günther, L'unto del signore, S. 320.

[1809] Die nationalen Bereichs-Verantwortlichen innerhalb des Präsidentschaftskomitees arbeiten mit dem Präsidenten eng zusammen und koordinieren die Parteiaktivitäten in verschiedenen Bereichen wie z.B. Organisation, Gebietsverbände oder auch Kommunikation. Vgl. Poli, Emanuela, Forza Italia, S. 123. Deren Anzahl variierte im Laufe der Zeit. 1997 gab es z.B. vier solcher Manager, und im Jahr 2001 zehn. Vgl. ebd., S. 182.

[1810] Vgl. Statuto di Forza Italia, a.a.O., Art. 23.

Kollegen gegenüber, die von Berlusconi ernannt wurden – sei es direkt oder indirekt, denn schließlich verdanken auch die Mitglieder von Amts wegen ihre Stellung letzten Endes keinem anderen als dem FI-Chef persönlich. In seiner nahezu vorbehaltlosen Unterstützung der politischen und programmatischen Linie Berlusconis unterscheidet sich freilich kein Mitglied – ob nun gewählt oder ernannt – vom anderen.[1811]

10.2.3 Der Nationalkongress

Laut dem gültigen Statut aus dem Jahr 1997 ist der Nationalkongress (*Congresso nazionale*), der eigentliche Parteitag auf nationaler Ebene, das höchste Entscheidungsgremium der *Forza Italia*, denn formal obliegt es ihm, den politischen Kurs der Partei zu bestimmen.[1812] Auch hier sieht allerdings die Praxis anders aus, wie bereits aus dem bisher Ausgeführten deutlich wurde: Es war bislang vielmehr allein der Präsident Silvio Berlusconi, der stets in völliger Autonomie die Linie vorgab.[1813] Der Nationalkongress beschränkte sich faktisch hingegen „auf die bloße akklamatorische Zustimmung zum politischen Kurs von Forza Italia"[1814]. Im Übrigen besitzt der Nationalkongress nicht nur das Recht, den Präsidenten zu wählen, sondern auch sechs Mitglieder des Präsidentschaftskomitees sowie fünfzig Mitglieder des Nationalrats. Außerdem kann er Statutsänderungen beschließen.[1815]

Artikel 15 des FI-Statuts sieht vor, dass der Nationalkongress alle drei Jahre einberufen wird.[1816] In der Praxis wurde diese Bestimmung allerdings gründlich missachtet. Der erste Parteikongress vom April 1998 blieb lange Zeit auch der einzige. Laut Statut hätte eigentlich im Frühjahr 2001 wieder ein solcher Parteitag stattfinden müssen. Dieser war zwar auch für April 2001 ins Auge gefasst worden, doch wenige Wochen vor dem anvisierten Termin wurde er kurzerhand wieder abgesagt – angeblich deshalb, weil der angelaufene Wahlkampf zu den Parlamentswahlen keine Zeit für einen Parteitag lassen würde, wie aus FI-Kreisen verlautete.[1817] Eine Terminankündigung jagte daraufhin die nächste: Erst hieß es, der Nationalkongress werde im Frühjahr 2002 einberufen, dann vertröstete man auf das Frühjahr 2003, danach kam der Spätsommer des gleichen Jahres ins Gespräch; die letzten Ankündigungen bezogen sich auf das Frühjahr 2004.[1818]

[1811] Vgl. Poli, Emanuela, Forza Italia, S. 182f.

[1812] Vgl. Statuto di Forza Italia, a.a.O., Art. 15.

[1813] Vgl. Poli, Emanuela, Forza Italia, S. 183.

[1814] Fix, Elisabeth, Italiens Parteiensystem im Wandel, S. 220.

[1815] Vgl. Statuto di Forza Italia, a.a.O., Art. 15.

[1816] Vgl. ebd., Art. 15.

[1817] Vgl. Poli, Emanuela, Forza Italia, S. 183.

[1818] Vgl. N.N., Forza Italia, il congresso slitta al 2004, in: http://www.corriere.it/edicola/index.jsp?path=POLITICA&doc=BIOG (20.12.2002)

Wenigstens dieser Termin wurde eingehalten, so dass vom 27. bis 29. Mai 2004 tatsächlich der zweite Nationalkongress der FI in Assago bei Mailand stattfand – mit dreijähriger Verspätung.[1819]

Dieses ständige Vor-sich-her-Schieben des Parteitags hat durchaus Tradition in der *Forza*: Ursprünglich hätte der erste Parteitag, damals noch *Convention* genannt, bereits im Herbst 1994 stattfinden sollen, dann im Frühjahr 1995, dann im November des gleichen Jahres, dann im Frühjahr 1996 und dann schließlich Anfang 1997.[1820] Diese willkürliche Hinhalte-Taktik ist wohl der eindeutigste Beleg dafür, dass die FI nach wie vor keine demokratisch verfasste Partei darstellt.

Der Nationalkongress setzt sich zum einen aus gewählten Delegierten zusammen und zum anderen aus Parteimitgliedern, die aufgrund ihrer jeweiligen politischen Ämter automatisch zur Teilnahme berechtigt sind. Zur letzten Gruppe zählen im Einzelnen: die Parlamentarier auf nationaler und europäischer Ebene, die Abgeordneten der Regionalparlamente und Mitglieder der Regionalräte, die Präsidenten und Vizepräsidenten der Provinzen, die Fraktionsvorsitzenden in den Provinzräten, die Bürgermeister von Städten mit mehr als 15.000 Einwohnern, die Fraktionsvorsitzenden in den Kommunalräten von Provinzhauptstädten oder von Städten mit mehr als fünfzigtausend Einwohnern, die FI-Koordinatoren auf Regional-, Provinz- und Großstadtebene, die Wahlkreis-Delegierten, die Bezirks-Delegierten der Großstädte, die nationalen Leiter der Abteilungen für die Clubs und die Promotoren sowie die nationalen Chefs der FI-Jugend-, Frauen- und Seniorenorganisation.[1821] All diese Amts- und Mandatsträger zusammen machten auf dem FI-Parteikongress vom April 1998 insgesamt 1.372 Teilnehmer aus.[1822]

Zahlenmäßig stärker vertreten waren dagegen die gewählten Parteitagsdelegierten mit ihren 1.704 Vertretern.[1823] Diese werden laut Statut von den Basisversammlungen der FI auf Provinz- und Großstadtebene gewählt, und zwar „auf der Grundlage der Stimmen, welche die Forza Italia bei den letzten Parlamentswahlen erzielte"[1824]. Hierin liegt ein besonderes Unterscheidungsmerkmal der Partei Berlusconis gegenüber den traditionellen italienischen Massenparteien. Denn für gewöhnlich bemisst sich die Anzahl der Delegierten, welche die einzelnen lokalen Untergliederungen entsenden dürfen, nicht nach den Wählerstimmen, sondern nach der Anzahl der Parteimitglieder in den jeweiligen Provinz- bzw. Großstadtverbänden.[1825] Demgegenüber legt Artikel 5 der Ordnung für die Kongresse

---

[1819] Vgl. N.N., Berlusconi al congresso: „Il nostro sogno è già realtà", in: http://www.repubblica.it/2004/e/sezioni/politica/berlucongre/berlucongre/berlucongre.html (27.5.2004).

[1820] Vgl. Biorcio, Roberto, Le complicate scelte di Forza Italia, S. 267.

[1821] Vgl. Statuto di Forza Italia, a.a.O., Art. 16, Abs. C.

[1822] Vgl. Poli, Emanuela, Forza Italia, S. 133.

[1823] Vgl. ebd.

[1824] Statuto di Forza Italia, a.a.O., Art. 16, Abs. A (eig. Übers.).

[1825] Vgl. Poli, Emanuela, Forza Italia, S. 183.

auf Provinz- und Großstadtebene fest, dass jeder Provinz- bzw. Großstadtverband zwei Parteitags-Delegierte plus je einen Delegierten pro fünftausend Stimmen zugunsten der FI wählen darf.[1826] Dieser Mechanismus zeigt einmal mehr, wie sehr die *Forza* eine durch und durch ergebnisorientierte Partei darstellt. Indem sie die Anzahl der zu entsendenden Delegierten an die lokalen Wahlergebnisse koppelt, gibt sie ihren Parteimitgliedern vor Ort einen ganz besonderen Ansporn, in Wahlkampfzeiten auf Stimmenfang zu gehen.

Diese Regelung machte sich auf dem Nationalkongress vom April 1998 in Assago durchaus bemerkbar. Das größte Delegierten-Kontingent kam aus der Lombardei, die schließlich bei den Parlamentswahlen von 1996 auch das beste Ergebnis für die FI errungen hatte. Darüber hinaus hatte die Zusammensetzung der Delegierten nach dem Stimmenprinzip auch Auswirkungen auf die Wahl der sechs Mitglieder des Präsidentschaftskomitees, denn diese war das Ergebnis von Absprachen unter den Delegierten der einzelnen Regionen. So verdankten insgesamt vier der sechs zu bestimmenden Präsidentschaftskomitee-Mitglieder ihre Wahl vor allem den Delegiertenstimmen aus der Lombardei.[1827]

Ähnlich verhielt es sich bei der Wahl der fünfzig Mitglieder des Nationalrats. Mit Hilfe der lombardischen Stimmen wurden neun Mitglieder gewählt, jeweils fünf mit den Stimmen aus Sizilien und Kampanien, je vier gingen auf das Konto der Stimmen aus Latium, Apulien und Piemont, zwei entsandten die toskanischen Delegierten und jeweils einen die Delegierten der übrigen Regionen.[1828]

Für einen politischen Schlagabtausch oder gar Misstrauensanträge, über die abgestimmt würde, war auf beiden Nationalkongressen kein Platz. Von den rund 3.700 Delegierten des Parteitages vom Mai 2004 etwa kam nicht einer auch nur auf den Gedanken, auf Konfrontationskurs zu gehen.[1829] Ein Delegierter aus Neapel brachte diese äußerst passive Geisteshaltung wie folgt auf den Punkt: „Wenn keine Abstimmungen stattfinden, dann deshalb, weil es nichts abzustimmen gibt. Wir stehen an der Seite unseres Präsidenten."[1830]

10.2.4 Der Nationalrat

Im Gegensatz zum Nationalkongress überwiegen beim Nationalrat (*Consiglio nazionale*) jene Mitglieder, die von Amts wegen teilnahmeberechtigt sind. Insge-

---

[1826] Vgl. Regolamento dei Congressi Provinciali e delle Grandi Città, Art. 5, in: http://www.forza-italia.it/partito/img/Regolamentocongprov.doc (6.12.2001).

[1827] Vgl. Poli, Emanuela, Forza Italia, S. 185. Wie sehr diese Wahlen eine Farce darstellten, zeigte sich wenig später, als Berlusconi fast alle unterlegenen Kandidaten ins Präsidentschaftskomitee berief. Vgl. ebd., S. 186.

[1828] Vgl. ebd.

[1829] Vgl. Bracconi, Marco, Congresso di Forza Italia, cori da stadio per il premier, in: http://www.repubblica.it/2004/e/sezioni/politica/berlucongre/pripe/pripe.html (29.5.2004).

[1830] Zitiert nach: ebd. (eig. Übers.)

samt umfasst der Nationalrat, der auch *Parlamentino*, also „kleines Parlament", genannt wird, in etwa 340 FI-Mitglieder.[1831] Neben den fünfzig vom Nationalkongress gewählten Delegierten sind dies der Präsident, einzelne Mitglieder des Präsidentschaftskomitees, eventuelle ehemalige Ministerpräsidenten wie auch Kammer-, Senats- und Europaparlaments-Präsidenten, die Parlamentarier auf nationaler und europäischer Ebene, die Koordinatoren auf Regional-, Provinz- und Großstadtebene, die Präsidenten der Regionalausschüsse bzw. deren Vizepräsidenten, die Präsidenten der Regionalparlamente und der Provinzausschüsse, die Bürgermeister von Provinzhauptstädten und von Städten mit mehr als fünfzigtausend Einwohnern, die Fraktionsvorsitzenden der Regionalräte, die nationalen Leiter der Abteilungen für die Clubs und die Promotoren, die nationalen Verantwortlichen für die FI-Jugend-, Frauen- und Rentnerorganisation, der Präsident des nationalen Schiedsgerichts sowie der Präsident der so genannten Haftungskommission (*Commissione di garanzia*).[1832] Im Wesentlichen sind hier also auf der einen Seite Parteifunktionäre vertreten und auf der anderen gewählte Mandatsträger, so dass diesem Parteiorgan immer schon eine wichtige Scharnierfunktion zwischen beiden Gruppen zukam.[1833]

Zu den Aufgaben des derart zusammengesetzten Nationalrates gehört es insbesondere, die politischen Aktivitäten der FI gemäß den programmatischen Vorgaben des Nationalkongresses auszuführen und zu koordinieren. Den Vorsitz hat der Präsident der FI inne.[1834] Darüber hinaus gibt das Statut dem Nationalrat auch die Möglichkeit, Statusänderungen vorzunehmen, sofern der Nationalkongress ihn hierzu beauftragt hat.[1835] Da man zum Zeitpunkt der Verabschiedung des Statuts allerdings noch nicht genau wusste, wann der Parteitag erstmals einberufen werden würde, legte man in einer Übergangsbestimmung fest, dass der Nationalrat bis Ende 1998 – auch ohne entsprechende Beauftragung durch den Nationalkongress – Statusänderungen auf Vorschlag des Präsidentschaftskomitees beschließen könne.[1836] Damit wurde das Primat des Nationalkongresses hinsichtlich des Rechts, das Statut zu modifizieren, für knapp zwei Jahre faktisch außer Kraft gesetzt.

Der Nationalrat tagt laut Statut mindestens zweimal pro Jahr und wird vom Präsidenten einberufen.[1837] In der politischen Praxis wurde diese Vorschrift nicht immer eingehalten. Bis zu den Parlamentswahlen vom Frühjahr 2001 trat er nur insgesamt sechs Mal zusammen: im Dezember 1996, im Juli 1997, im Februar

---

[1831] Zahlenangabe aus: Poli, Emanuela, Forza Italia, S. 187.

[1832] Vgl. Statuto di Forza Italia, a.a.O., Art. 21.

[1833] Vgl. Poli, Emanuela, Forza Italia, S. 187.

[1834] Vgl. Statuto di Forza Italia, a.a.O., Art. 21.

[1835] Vgl. ebd., Art. 74.

[1836] Vgl. ebd., Art. I, Disposizioni Transitorie.

[1837] Vgl. ebd., Art. 22.

und Juli 1998, im Mai 1999 sowie im Mai 2000, wobei die fünfzig gewählten Delegierten bei den ersten drei Zusammenkünften dieser Art, die vor dem ersten Parteikongress stattfanden, noch nicht zugegen waren.[1838] Bei diesen Veranstaltungen standen sowohl anstehende politische Sachthemen als auch organisatorische Fragen im Vordergrund. Zu lebhaften Diskussionen kam es jedoch nie. Vielmehr folgte der Nationalrat in der Regel einstimmig der Marschrichtung, die Berlusconi einmal vorgegeben hatte.[1839]

10.3 Die Rekrutierung der FI-Parlamentarier

Zu den vornehmsten Funktionen von Parteien in demokratischen Systemen gehört zweifelsohne die Auswahl des politischen Führungspersonals.[1840] So auch in Italien: Traditionellerweise rekrutierten die dortigen politischen Parteien immer schon das Personal für öffentliche Amts- und Mandatsträger fast ausnahmslos aus den eigenen Reihen. Wer also eine politische Laufbahn einschlagen wollte, musste sich vorher lange Jahre parteipolitisch engagieren.[1841] Wie aber erfolgte die Kandidatenauswahl innerhalb der *Forza Italia*, einer Partei, die, wohlgemerkt, erst unmittelbar vor den Parlamentswahlen von 1994 entstanden war? Und welche Selektionsmethoden wendet die Partei Berlusconis bis in die Gegenwart hinein an?

Eine zentrale Rolle bei der Auswahl der FI-Kandidaten anlässlich der vorgezogenen Parlamentswahlen vom März 1994 spielte die *Fininvest*-Werbeagentur *Publitalia*[1842] mit ihren zahlreichen Außenstellen in ganz Italien. Insgesamt 26

[1838] Vgl. Poli, Emanuela, Forza Italia, S. 187.

[1839] Vgl. ebd., S. 187f. Lediglich ein einziges Mal, nämlich bei der Tagung vom Mai 2000, kam es zu einem gewissen Maß an Uneinigkeit. Es ging damals darum, welche Position die FI in der Frage des nahenden Referendums zur Abschaffung der Proporzquote beim Wahlrecht einnehmen solle. Während sich einige (darunter auch Berlusconi) dafür aussprachen, zum Wahlboykott aufzurufen, plädierten andere für die Freiheit der Wahl. Schließlich wurden beide Anträge mit großen Mehrheiten verabschiedet. Um Zweifel an der Geschlossenheit seiner Partei gar nicht erst aufkommen zu lassen, beeilte sich Berlusconi sogleich festzustellen, dass die beiden Anträge sich eigentlich nicht widersprechen würden. Vgl. ebd., S. 188f.

[1840] Vgl. Lanza, Orazio/Piazza, Gianni, a.a.O., S. 265.

[1841] Vgl. Recchi, Ettore/Verzichelli, Luca, Italien. Kontinuität und Diskontinuität politischer Professionalisierung, in: Borchert, Jens (Hg.), Politik als Beruf. Die politische Klasse in westlichen Demokratien, Opladen 1999, S. 255-282, 260. Ausführlicher zur traditionellen Art der Elitenrekrutierung im Nachkriegsitalien, vgl. Cotta, Maurizio, Classe politica e parlamento, Bologna 1979.

[1842] Die *Publitalia* beschäftigt sich vor allem mit dem Acquise von Werbekunden für die TV-Sender Berlusconis. Dadurch unterhalten die *Publitalia*-Manager zwangsläufig unzählige Kontakte im ganzen Land mit allen möglichen Vertretern der italienischen Wirtschaft. In Italien hat

Publitalia-Filialleiter wurden ab Ende 1993 ihrer eigentlichen beruflichen Tätigkeit entbunden und damit beauftragt, sich auf die Suche nach möglichen Parlamentskandidaten zu machen.[1843] Aus den diversen Kundendateien der *Publitalia* wählten diese zirka zweitausend Personen aus, mit denen sie dann erste Gespräche führten. Die zunächst Unwilligen ermunterten die *Publitalia*-Manager nachdrücklich, sich doch darauf einzulassen.[1844] Bei dieser Auswahl galten drei grundsätzliche Kriterien: Die eventuellen Kandidaten sollten nicht zu alt sein, sie sollten Erfahrungen aus der Privatwirtschaft mitbringen, und sie sollten zuvor keinesfalls politisch aktiv gewesen sein. Damit wollte die FI-Führung unter allen Umständen verhindern, dass Kandidaten zum Zuge kamen, die – in welcher Form auch immer – mit dem untergegangenen Parteiensystem in Verbindung standen.[1845]

Ein weiteres, nicht zu unterschätzendes Kriterium bestand in der „Telegenität". Um festzustellen, ob die so ermittelten Kandidaten auch eine „gute Figur" vor Fernsehkameras machten, mussten sie sich einem entsprechenden Test in einem Fernsehstudio vor einer Kandidatenauswahl-Kommission (*Comitato di selezione dei candidati*) unterziehen.[1846] Die Mitglieder dieser Kommission waren direkt von der Parteispitze der FI ernannt worden.[1847] Jene etwa vierhundert Personen, die diesen Test erfolgreich bestanden hatten, mussten schließlich noch eine letzte Hürde nehmen, um auf die offizielle Kandidatenliste der FI zu gelangen: ein Abendessen mit Silvio Berlusconi in dessen Privatvilla in Arcore bei Mailand.[1848] Diese persönlichen Gruppengespräche mit dem FI-Chef waren letztendlich ausschlaggebend, lag doch die Entscheidung darüber, wer tatsächlich FI-Kandidat wurde und wer nicht, einzig in den Händen Berlusconis, der sich allenfalls mit einem engen Kreis persönlicher Vertrauter hierüber abstimmte.[1849] Um

---

sie mithin eine marktbeherrschende Stellung und gilt zudem als eine der größten Werbeagenturen in ganz Europa. Vgl. Golia, Carmen, a.a.O., S. 75.

[1843] Zur Bewerkstelligung dieser neuen Aufgabe durchliefen die 26 Manager bereits im Oktober 1993 eine eigens hierfür organisierte Schulung im so genannten *Training Office* der *Publitalia*. Vgl. ebd., S. 77.

[1844] Vgl. Kraatz, Birgit, a.a.O., S. 978.

[1845] Vgl. Gray, Lawrence/Howard, William, a.a.O., S. 98.

[1846] Vgl. Seißelberg, Jörg, Berlusconis Forza Italia, S. 216. Für die anfallende Teilnahmegebühr von umgerechnet rund zweihundertfünfzig Euro mussten diese Personen selbst aufkommen. Getestet wurde insbesondere, wie sie vor TV-Kameras eine politische These vortrugen, wie sie sich in Interviews mit Journalisten schlugen und wie sie sich in einer Kreuzfeuerdiskussion machten. Vgl. ders., Ritter-Schlag, in: Die Woche, 27.1.1994, S. 20.

[1847] Vgl. ders., Conditions of Success, S. 728.

[1848] Vgl. Corrias, Pino [u.a.], a.a.O., S. 67. Wörtlich sagte Berlusconi hierzu später: „Ich habe mindestens vierhundert Personen in diesen Monaten kennen gelernt – alles politisch neue Menschen, alle bereit, auf mein Zeichen hin das Feld zu betreten." Zitiert nach: ebd. (eig. Übers.).

[1849] Vgl. Seißelberg, Jörg, Berlusconis Forza Italia, S. 216.

die politische Unerfahrenheit dieser frisch gekürten „Kandidaten aus der Retorte"[1850] wettzumachen, wurden sie sogleich in einem 25-tägigen Intensivkurs auf den bevorstehenden Wahlkampf vorbereitet. In Seminaren lernten sie gezielt, wie man sich auf der politischen Bühne bewegt; sogar die Simulation von Talkshows stand auf dem Programm.[1851]

Insgesamt stellte dieses von der FI angewandte Verfahren zur Aufstellung der Kandidaten alles andere als einen demokratischen Selektionsprozess dar. Einmal mehr machte sich stattdessen auch hier das „Führerprinzip" in der FI bemerkbar. Rein rechtlich gab es an dieser fehlenden demokratischen Legitimation der FI-Kandidaten auch wenig zu beanstanden. Denn anders als etwa in Deutschland existieren in Italien keinerlei gesetzliche Vorgaben, auf welche Art und Weise eine Partei ihre Kandidaten auszuwählen hat.[1852] Doch ungeachtet dieser mangelnden demokratischen Legitimation der FI-Kandidaten kann dieser Ausleseprozess der FI insofern als äußerst innovativ bezeichnet werden, als nicht mehr eine langjährige Parteimitgliedschaft Grundvoraussetzung für eine Kandidatur war, sondern vielmehr ein ganz bestimmtes sozio-kulturelles Profil, nämlich das des erfolgreichen Unternehmers aus der Mitte der Zivilgesellschaft. Demgegenüber war selbst die lokale Verbundenheit der Kandidaten mit ihren jeweiligen Wahlkreisen völlig nebensächlich[1853] – auch wenn zu erwarten gestanden hätte, dass mit Einführung des Mehrheitswahlrechts diesem Faktor größere Bedeutung beigemessen werden würde als in der Vergangenheit unter den Bedingungen des reinen Verhältniswahlrechts.

Zwei Jahre später, vor den Parlamentswahlen von 1996, lag die Elitenrekrutierung maßgeblich in den Händen der zwanzig regionalen FI-Koordinatoren, die alle von Berlusconi direkt ernannt worden waren. Das waren größtenteils eben jene früheren *Publitalia*-Manager, die auch schon Anfang 1994 die Kandidatenvorauswahl durchgeführt hatten – mit einem Unterschied: Mittlerweile handelte es sich bei diesem Kreis nicht mehr um politische Außenseiter, sondern um Personen, die erste Erfahrungen auf dem politischen Parkett gesammelt hatten. Und anders als beim ersten Mal achteten diese nun sehr wohl darauf, dass die einzelnen Kandidaten zumindest einen gewissen Bezug zu ihren Wahlkreisen aufwiesen.[1854] Um dieses Zieles willen griff die FI sogar vereinzelt auch

---

[1850] Kraatz, Birgit, a.a.O., S. 978.

[1851] Vgl. Wallisch, Stefan, Aufstieg und Fall der Telekratie, S. 139.

[1852] Vgl. Seißelberg, Jörg, Conditions of Success, S. 725f.

[1853] Wie sich später herausstellte, war die FI die Partei mit dem geringsten Prozentsatz an Abgeordneten, die den Wahlkreis vertraten, in dem sie auch lebten. Vgl. Verzichelli, Luca, Gli eletti, in: Rivista Italiana di Scienza Politica, 24. Jg. (1994), Nr. 3, S. 715-739, 732. Zitiert als: Verzichelli, Luca, Gli eletti.

[1854] Vgl. Poli, Emanuela, Forza Italia, S. 204. Damit hatte man die Lehre aus dem schlechten Abschneiden der FI bei den Regionalwahlen vom Frühjahr 1995 gezogen, das unter anderem

auf Personen zurück, die vor 1994 bereits für die alten Regierungsparteien im Parlament gesessen hatten.[1855] Damit war bereits 1996 das Kriterium der politischen „Jungfräulichkeit" zweitrangig geworden.

Ansonsten rekrutierte die FI auch weiterhin bevorzugt Persönlichkeiten, die der freien Wirtschaft entstammten: Unter den FI-Kandidaten für die Deputiertenkammer stellten die Unternehmer mit 22,9 Prozent den größten Anteil, gefolgt von den Anwälten, die 15,2 Prozent ausmachten, und den Freiberuflern, die immerhin noch zu 14,8 Prozent vertreten waren.[1856] Die Überrepräsentanz solcher Berufsgruppen in den Reihen der FI-Kandidaten musste wohl als klares politisches Signal verstanden werden, wofür die *Forza* inhaltlich-programmatisch vor allem stand: für eine starke Reduktion der staatlichen Aufgaben, für eine massive Unterstützung unternehmerischer Aktivitäten sowie für eine radikale Vereinfachung der den Arbeitsmarkt regelnden Gesetzgebung.[1857]

Erwähnenswert erscheint in diesem Zusammenhang die Tatsache, dass sich – 1994 ebenso wie 1996 – zahlreiche Personen unter den FI-Kandidaten befanden, die zuvor mit der Unternehmensholding Berlusconis in Verbindung gestanden hatten. Neben *Fininvest*-Angestellten waren dies auch externe Personen wie etwa Anwälte, Unternehmensberater und Journalisten, die der Mailänder Unternehmensgruppe zugearbeitet hatten.[1858] Dies macht einmal mehr deutlich, dass Berlusconi nicht nur innerhalb der Partei auf bewährte und ihm vertraute Persönlichkeiten setzte, sondern auch innerhalb der FI-Parlamentsfraktionen.

Im Vorfeld zu den Parlamentswahlen von 1996 stellte sich zum ersten Mal die Frage, welche bisherigen FI-Parlamentarier abermals für die *Forza* ins Rennen gehen sollten. Die Vorentscheidungen hierüber trafen einerseits die Regio-

---

auf die mangelhafte territoriale Verbundenheit der FI-Kandidaten zurückgeführt wurde. Vgl. ebd.

[1855] Vgl. Verzichelli, Luca, La classe politica della transizione, in: Rivista Italiana di Scienza Politica, 26. Jg. (1996), Nr. 3, S. 727-768, 738. Zitiert als: Verzichelli, Luca, La classe politica della transizione.

[1856] Vgl. McCarthy, Patrick, Forza Italia. I vecchi problemi rimangono, S. 74. Es ist davon auszugehen, dass die FI in Mittelitalien, dem so genannten „roten Gürtel", Probleme hatte, genügend angesehene Leute aus der freien Wirtschaft als Kandidaten anzuwerben. Denn hier regieren traditionellerweise die Linksparteien, mit denen sich die örtlichen Wirtschaftsunternehmer – allein schon aus Geschäftsinteresse – eng verbunden fühlen. Vgl. Mattina, Liborio/Tonarelli, Alessandro, I candidati. Visioni politiche e carriere, in: D'Alimonte, Roberto/Bartolini, Stefano (Hg.), Maggioritario per caso. Le elezioni politiche del 1994 e del 1996 a confronto: Il ruolo del sistema elettorale, le coalizioni, le scelte degli elettori, Bologna 1997, S. 35-69, 48.

[1857] Vgl. ebd., S. 56.

[1858] Vgl. Verzichelli, Luca, La classe politica della transizione, S. 751. McCarthy geht zudem davon aus, dass Berlusconi einige enge Gefolgsleute wie zum Beispiel Marcello Dell'Utri oder Massimo Maria Berrutti ganz gezielt auf sichere Listenplätze setzen ließ, um sie vor der italienischen Justiz in Schutz zu nehmen. Vgl. McCarthy, Patrick, Forza Italia. I vecchi problemi rimangono, S. 72.

nalkoordinatoren auf der Grundlage der von den Parlamentariern geleisteten Arbeit in den Wahlkreisen und andererseits der Vorsitzende der FI-Fraktion im Senat, Enrico La Loggia, gemeinsam mit dem Vizevorsitzenden der FI-Fraktion in der Kammer, Giuseppe Pisanu, die beide ein Urteil über die Leistungen der Parlamentarier in der Volksversammlung selbst und in den einzelnen Ausschüssen abgaben. Eine nicht unwesentliche Rolle bei diesen Entscheidungen spielte ferner auch das Ausmaß an Loyalität gegenüber der offiziellen Parteilinie und gegenüber Berlusconi, das die einzelnen Parlamentarier an den Tag gelegt hatten. Wie kaum anders zu erwarten, war es dann wieder einmal der FI-Chef höchstpersönlich, der auf der Basis dieser Beurteilungen das letzte Wort hatte. Insgesamt traten rund zwei Drittel aller FI-Parlamentarier abermals an, wohingegen die Übrigen entweder aus eigenem Willen nicht mehr kandidierten oder aber von der Parteispitze nicht mehr aufgestellt wurden.[1859] Die Rolle der FI-Clubs bei der Elitenrekrutierung indes war allenfalls marginal. Diese hatten zwar formal das Recht, Kandidaten vorzuschlagen. Doch die Entscheidung, wer Kandidat wurde und wer nicht, lag ausschließlich in den Händen der Parteispitze um Berlusconi. So blieben die Clubs nichts weiter als Wahlkomitees mit der Aufgabe, die von oben bestimmten Kandidaten zu Wahlkampfzeiten tatkräftig zu unterstützen.[1860]

Mit dem Statut vom Januar 1997 gab sich die FI erstmals klare Regeln für den Selektionsprozess ihrer Kandidaten. Dabei wurde im Wesentlichen die bisherige Praxis festgeschrieben. Seither sieht Artikel 43 des FI-Statuts vor, dass die Parlamentskandidaten für die nationale und europäische Ebene auf Empfehlung der Regionalkoordinatoren vom Präsidentschaftskomitee ernannt werden.[1861] Und auch bei der Zusammenstellung der Kandidatenlisten für die unterschiedlichen Regional-, Provinz- und Kommunalwahlen wurde den regionalen Koordinatoren eine zentrale Rolle zugestanden.[1862] Deren exponierte Stellung bei der Elitenrekrutierung der FI erklärt sich in erster Linie anhand ihres äußerst engen Vertrauensverhältnisses gegenüber Berlusconi. Indem sie eben nicht von etwaigen Parteitagsdelegierten gewählt, sondern vom FI-Präsidenten direkt ernannt werden, sind sie absolut frei, nur solche Kandidaten auszuwählen, die mit der offiziellen Linie der Partei übereinstimmen und gleichzeitig größtmöglichen Wahlerfolg versprechen.[1863]

Die Elitenrekrutierung vor den Parlamentswahlen vom Frühjahr 2001 unterschied sich insofern von den bisher geschilderten Methoden, als die FI auf zehn so genannte *head hunters* zurückgriff, außenstehende Personen also, die für gewöhnlich auf der Suche nach Führungskräften für Wirtschaftsunternehmen sind.

[1859] Vgl. Poli, Emanuela, Forza Italia, S. 204f.

[1860] Vgl. Mattina, Liborio/Tonarelli, Alessandro, a.a.O., S. 64.

[1861] Vgl. Statuto di Forza Italia, a.a.O., Art. 43.

[1862] Vgl. ebd., Art. 44, Abs. A, B und C.

[1863] Vgl. Poli, Emanuela, Forza Italia, S. 205f.

Die Idee, politisches Führungspersonal nach marktwirtschaftlichen Regeln zu bestimmen, stammte angeblich von Berlusconi selbst. Erste Erfahrungen hiermit hatte die FI bereits ein Jahr zuvor gesammelt: Im Vorfeld zu den Regionalwahlen vom April 2000 waren erstmals professionelle *head hunters* der FI bei der Kandidatenauswahl behilflich gewesen.[1864] Von den etwa dreitausend Kandidatenvorschlägen, die von den lokalen Parteigliederungen kamen, traf der damalige nationale FI-Koordinator Claudio Scajola eine erste grobe Vorauswahl. Die übrig gebliebenen zweitausend möglichen Kandidaten mussten sich dann in einem zweiten Schritt in Einzelgesprächen den eigens hierfür engagierten *head hunters* stellen. Die Selektionskriterien hatte Scajola diesen zuvor mit auf den Weg gegeben. Hierzu gehörten insbesondere folgende Punkte: Qualifikation auf dem jeweiligen Fachgebiet, Verbundenheit mit den jeweiligen lokalen Gegebenheiten, Eloquenz und nicht zuletzt absolute Loyalität gegenüber der Parteiführung.[1865] Demokratisch war diese Art der Auswahl zwar kaum, dafür aber ungemein effizient: „Anstatt Zeit mit den Führungskräften und den Mitgliedern zu vergeuden, wie das die alten Parteien tun, [...] kommt der ‚Prüfer', und in vierzig Minuten entscheidet er: der ja, der nein."[1866]

Den bisherigen Parlamentariern der FI blieben solche „Prüfungsgespräche" durch die *head hunters* erspart.[1867] Ihre Wiederkandidatur hing stattdessen, wie auch schon fünf Jahre zuvor, größtenteils von den Bewertungen ab, welche die beiden FI-Fraktionsvorsitzenden in Kammer und Senat über jeden Einzelnen abgaben.[1868] Mit knapp dreißig Prozent war der Anteil derjenigen, denen eine Wiederkandidatur verweigert wurde, diesmal jedoch geringer als noch 1996, wenngleich sich auch namhafte Persönlichkeiten darunter fanden.[1869]

Die letzte Entscheidung über die Kandidaturen lag dann – wie gehabt – bei Berlusconi, der sich allerdings mit der Namenliste, die diese *head hunters* in Zusammenarbeit mit den regionalen FI-Koordinatoren erstellt hatten, nur mäßig zufrieden zeigte und so manche Korrektur vornahm.[1870]

[1864] Vgl. Padovani, Gigi, „Così seleziono gli uomini di Berlusconi", in: La Stampa, 27.3.2001, S. 5. Zitiert als: Padovani, Gigi, „Così seleziono gli uomini di Berlusconi"; Vespa, Bruno, Scontro finale, S. 66f.

[1865] Vgl. Padovani, Gigi, „Così seleziono gli uomini di Berlusconi", S. 5.

[1866] Messina, Sebastiano, Il verificatore, in: La Repubblica, 28.3.2001, S. 7 (eig. Übers.).

[1867] Vgl. Padovani, Gigi, „Così seleziono gli uomini di Berlusconi", S. 5.

[1868] Vgl. Vespa, Bruno, Scontro finale, S. 66.

[1869] Vgl. Poli, Emanuela, Forza Italia, S. 207. Selbst FI-Politiker der ersten Stunde wie etwa Gianni Pilo und Domenico Lo Jucco traf dieses Schicksal, unter anderem weil sie des Öfteren an den Parlamentssitzungen nicht teilgenommen hatten. Vgl. ebd.

[1870] Vgl. Cazzullo, Aldo, Berlusconi tratta ad oltranza sulle liste, in: La Stampa, 2.4.2001, S. 7. So strich Berlusconi beispielsweise Amedeo Mattacena wieder von der Liste, weil dieser wegen Verbindungen zum Organisierten Verbrechen rechtskräftig verurteilt war; andere wie etwa die

Obwohl Berlusconi mehrmals öffentlich verkündet hatte, auf Persönlichkeiten zu verzichten, die mit der verhassten *Partitocrazia* in Verbindung gebracht werden könnten,[1871] fanden sich letzten Endes doch zahlreiche altbekannte Namen unter den Kandidaten seines Mitte-Rechts-Bündnisses. Neben mehreren Söhnen früherer Spitzenpolitiker wie Bobo Craxi, Alessandro Forlani, Giuseppe Cossiga, Giorgio La Malfa und Totò Mannino waren auch einige ehemalige christdemokratische und sozialistische Politiker der zweiten Garde wie zum Beispiel Massimo De Carolis oder Alfredo Vito wieder mit von der Partie.[1872]

Ansonsten schöpfte die FI bei dieser Gelegenheit verstärkt auch aus den eigenen Reihen. Unter den Kandidaten der FI fanden sich diesmal nicht nur fünfzehn Regionalkoordinatoren, sondern auch dreizehn Provinz- und vier Großstadtkoordinatoren sowie eine beachtliche Zahl an Regional- und Provinzräten der *Forza*.[1873] Daneben setzte die FI auch bei den parallel zu den Parlamentswahlen stattfindenden Kommunalwahlen auf Kandidaten, die der eigenen Partei entstammten.[1874] Diese neue Tendenz in der Kandidatenrekrutierung der FI bestätigte Claudio Scajola in seiner Funktion als nationaler Koordinator:

> „Forza Italia hat mittlerweile im ganzen Land Wurzeln geschlagen, wir müssen uns nicht mehr mit der Laterne auf die Suche nach dem Kandidaten aus der Zivilgesellschaft machen. Wir verfügen über insgesamt 18.000 Führungskräfte und Parlamentarier. [...] Die Zeiten haben sich geändert."[1875]

In dieser Hinsicht begann die FI also, ihre politischen Amts- und Mandatsträger nach eher traditionellem Vorbild zu rekrutieren, obgleich sie sich anhand der Art der Kandidatenselektion – mit Hilfe von *head hunters* – immer noch allzu deutlich von den übrigen italienischen Parteien abgrenzte. Nach wie vor kennt die *Forza Italia* mithin keinen demokratisch organisierten Selektionsprozess. Und ohne das Plazet Berlusconis darf sich zumindest auf nationaler Ebene niemand in der FI Hoffnungen auf einen Sitz im Parlament machen.

---

beiden Intellektuellen Lucio Colletti und Ferdinando Adornato nahm der FI-Chef dagegen wieder ins Boot. Vgl. ebd.

[1871] Im Januar 2001 versicherte Berlusconi: „Unsere Kandidaturen werden in Richtung Zukunft schauen: Wir werden den alten Berufspolitikern der alten Politik eine Absage erteilen." Zitiert nach: Calabresi, Mario, Centrodestra all'assalto, Silvio e il rischio dei collegi, in: La Repubblica, 17.1.2001, S. 12 (eig. Übers.).

[1872] Vgl. Buzzanca, Silvio, Collegi, battaglia nel Polo, passano De Carolis e Vito, in: La Repubblica, 3.4.2001, S. 10.

[1873] Vgl. Poli, Emanuela, Forza Italia, S. 207.

[1874] Vgl. Latella, Maria, Sindaci, Berlusconi archivia il „metodo Guazzaloca", in: Corriere della Sera, 4.1.2001, S. 11.

[1875] Zitiert nach: ebd. (eig. Übers.).

10.4 Die FI-Parlamentsfraktionen in Abgeordnetenkammer und Senat

Das wohl augenfälligste Merkmal der FI-Parlamentarier der Anfangzeit bestand zweifellos in ihrer politischen Unerfahrenheit. Völlig zu Recht nannte sie Raniolo daher auch „Dilettanten der Politik"[1876]. Die diesbezüglichen Zahlen sprechen eine deutliche Sprache: Von den FI-Abgeordneten von 1994 saßen 90,5 Prozent erstmals in der Kammer, lediglich für 6,1 Prozent war es die zweite und für 3,4 Prozent die vierte Legislaturperiode gewesen.[1877] Im Senat klaffte dieses Verhältnis noch weiter auseinander: Hier betrug der Anteil an FI-Senatoren ohne vorherige Parlamentserfahrung sogar 94,5 Prozent.[1878] Auch der Anteil derjenigen FI-Abgeordneten, die zuvor auf lokaler Ebene politisch aktiv gewesen waren, betrug gerade mal fünfzehn Prozent,[1879] und lediglich 13,7 Prozent hatte zuvor ein Amt in einer politischen Partei inne.[1880] Mit Hilfe dieser „jungfräulichen und nicht korrupten politischen Klasse"[1881] verkörperte die FI zu jener Zeit also am ehesten den allseits so sehnlich gewünschten Neuanfang. Von großem Nachteil war gleichzeitig allerdings, dass die Partei Berlusconis – anders als etwa ihre Partner von der AN oder dem CCD – nicht einmal über einen ausreichenden Kern an erfahrenen Abgeordneten verfügte, der die „Neuen" mit den parlamentarischen Gepflogenheiten hätte vertraut machen können.[1882] Entsprechend schwach war die Stellung der FI-Parlamentsfraktionen.

Bereits in der dreizehnten Legislaturperiode (von 1996 bis 2001) war dieses Problem jedoch schon stark abgemildert, denn etwa die Hälfte der FI-Parlamentarier der zweiten Generation bestand nunmehr aus wiedergewählten Volksvertretern der *Forza* mit ersten Parlamentserfahrungen.[1883] Gleichwohl lag dieser

---

[1876] Raniolo, Francesco, a.a.O., S. 168 (eig. Übers.).

[1877] Vgl. Verzichelli, Luca, Gli eletti, S. 723.

[1878] Vgl. Poli, Emanuela, Forza Italia, S. 209. Auch insgesamt betrachtet machten die Neuparlamentarier in der zwölften Legislaturperiode (von 1994 bis 1996) die Mehrheit aus: Rund 68 Prozent aller Abgeordneten und 56 Prozent aller Senatoren waren zum ersten Mal im Parlament vertreten. Die wenigen FI-Volksvertreter mit vorheriger Parlamentserfahrung stammten entweder aus dem Umkreis der Radikalen Partei (Emma Bonino, Marco Taradash, Giuseppe Calderisi und Sergio Stanziani) oder aus den Reihen der ehemaligen Liberalen (Raffaele Costa, Alfredo Biondi und Vittorio Sgarbi). Vgl. Leonardi, Roberto/Nanetti, Raffaella Y., a.a.O., S. 194f.

[1879] Vgl. Maraffi, Marco, Forza Italia, S. 256.

[1880] Vgl. Verzichelli, Luca, La classe politica della transizione, S. 754.

[1881] Gray, Lawrence/Howard, William, a.a.O., S. 96 (eig. Übers.).

[1882] Vgl. Lanza, Orazio, Gli eletti. Il ricambio dei parlamentari, in: Pasquino, Gianfranco (Hg.), L'alternanza inattesa. Le elezioni del 27 marzo 1994 e le loro conseguenze, Soveria Mannelli 1995, S. 209-256, 229. Um dieses Manko wettzumachen, lud die FI zu „Nachhilfestunden" ein, die als Studienseminare tituliert waren. Vgl. Pallaver, Günther, L'unto del signore, S. 321.

[1883] Vgl. Verzichelli, Luca, Da un ceto parlamentare all'altro. Il mutamento del personale legislativo italiano, in: D'Alimote, Roberto/Bartolini, Stefano (Hg.), Maggioritario finalmente?

Satz bei fast allen anderen italienischen Fraktionen wesentlich höher; lediglich bei CCD und *Lega* war er geringer.[1884] Ebenso war ab 1996 die Quote an FI-Parlamentariern mit vorherigen Erfahrungen in Lokalparlamenten zwar auf 28,8 Prozent angestiegen, doch im Vergleich zu allen anderen Fraktionen war sie noch immer äußerst gering.[1885] Ähnlich verhielt es sich mit dem Anteil an Parlamentariern der FI, die bereits Parteiämter bekleidet hatten: Mit 25,6 Prozent lag dieser gleichfalls noch recht niedrig.[1886] Der Professionalisierungsgrad und somit auch die Stellung der FI-Volksvertreter in der dreizehnten Legislaturperiode war immer noch entsprechend schwach ausgeprägt.

Die FI-Parlamentarier der dritten Generation, also der vierzehnten Legislaturperiode, die seit 2001 anhält, gelten dagegen als weitaus professioneller. Zwar hatte auch 2001 immer noch rund die Hälfte aller Abgeordneten und Senatoren der *Forza* erstmals das italienische Parlament betreten.[1887] Doch darf dabei nicht übersehen werden, dass die FI 2001 dank ihrer massiven Zugewinne auch weit mehr Volksvertreter stellte als noch 1996. Gleichzeitig war in den Reihen der beiden FI-Fraktionen der Anteil an Personen mit Erfahrungen aus der Lokalpolitik sprunghaft auf 49,2 Prozent angestiegen, um sich der diesbezüglichen Quote der meisten anderen Fraktionen stark anzunähern.[1888] Ähnlich war auch der Anteil der FI-Parlamentarier mit Parteiämtern auf 51,9 Prozent sprunghaft in die Höhe geschnellt.[1889] Diese fortschreitende politische Professionalisierung der FI-Parlamentarier kam dadurch zustande, dass die Partei Berlusconis einerseits immer stärker auf eigenes politisches Personal zurückgreifen konnte, andererseits aber auch auf Persönlichkeiten, die aus den alten, untergegangenen Regierungsparteien – allen voran DC und PSI – stammten.[1890] Das deutlich gestiegene Aus-

---

La transizione elettorale 1994-2001, Bologna 2002, S. 319-361, 331. Zitiert als: Verzichelli, Luca, Da un ceto parlamentare all'altro.

[1884] Vgl. Trautmann, Günter, Fraktionen in Italien. Ein Instrument der Parteien, in: Helms, Ludger (Hg.), Parteien und Fraktionen. Ein internationaler Vergleich, Opladen 1999, S. 121-144, 135. Zitiert als: Trautmann, Günter, Fraktionen in Italien.

[1885] Vgl. Verzichelli, Luca, Da un ceto parlamentare all'altro, S. 347.

[1886] Vgl. ders., La classe politica della transizione, S. 754.

[1887] In der Deputiertenkammer waren 50,6 Prozent der FI-Abgeordneten neu, 24,7 Prozent hatten schon eine Legislaturperiode hinter sich, 17,4 Prozent zwei, 2,8 Prozent drei, 1,7 Prozent vier und 2,8 Prozent fünf. Die FI-Senatoren waren hingegen zu 47,6 Prozent neu, zu 34,1 Prozent bereits eine Legislaturperiode vertreten gewesen, zu 12,2 Prozent zwei, zu 1,2 Prozent drei, zu 3,7 Prozent vier und zu 1,2 Prozent fünf. Vgl. Lanza, Orazio/Piazza, Gianni, a.a.O., S. 259.

[1888] Vgl. Verzichelli, Luca, Da un ceto parlamentare all'altro, S. 347f.

[1889] Vgl. ebd., S. 350.

[1890] Vgl. Lanza, Orazio/Piazza, Gianni, a.a.O., S. 263. Diese neue Tendenz, wieder verstärkt auf Politiker der Altparteien zurückzugreifen, findet sich nicht nur innerhalb der FI, sondern auch in den übrigen im Parlament vertretenen Parteien. Waren in der zwölften Legislaturperiode noch bis zu sechzig Prozent aller Parlamentarier frei von Bindungen zu den Altparteien, so sank diese

maß der politischen Professionalisierung der FI-Parlamentarier ist überdies ein klares Indiz dafür, dass sich die *Forza Italia* im Laufe der Zeit immer stärker institutionalisiert hat, denn allgemein geht man davon aus: „Je stärker die Parteiorganisation, desto größer die Zahl der professionellen Politiker unter ihren Abgeordneten."[1891]

Tabelle 15: Soziale und berufliche Zusammensetzung der FI-Parlamentsfraktionen von 1994 bis 2001 (in Prozent)

	Abgeordnete			Senatoren		
	1994	1996	2001	1994	1996	2001
Unternehmer	17,5	21,5	14,5	22,0	10,5	17,0
Führungskräfte	22,0	22,5	21,0	17,0	16,5	13,5
Anwälte	8,0	13,0	20,0	8,5	14,5	19,5
Andere Freiberufler	27,0	21,5	24,5	11,0	18,0	30,5
Lehrer/Hochschullehrer	13,5	10,0	10,0	24,5	23,0	11,0
Angestellte	3,5	1,5	1,0	2,5	1,5	1,0
Journalisten	7,0	5,5	7,0	8,5	10,5	3,5
Andere	1,5	4,5	2,0	6,0	5,5	4,0
Akademiker	63,8	73,2	83,4	85,7	85,4	76,8
• Juristen	41,5	46,0	49,0	44,5	52,0	43,5
• Naturwissenschaftler	33,5	24,5	30,0	34,5	24,0	22,5
• Ökonomen	10,5	12,5	11,0	13,5	9,5	20,0
• Geisteswissenschaftler	14,5	17,0	10,0	7,5	14,5	14,0
Männer	87,5	91,0	92,9	91,7	98,0	91,6
Frauen	12,5	9,0	7,1	8,3	2,0	8,4

Quelle: Poli, Emanuela, Forza Italia. Strutture, leadership e radicamento territoriale, Bologna 2001, S. 209.

Ein nach wie vor sehr auffälliges Merkmal der politischen Klasse *Forza Italias* besteht in der Überrepräsentanz von Berufsgruppen aus der freien Wirtschaft. Wie aus den Daten der Tabelle 15 zu entnehmen ist, machen Unternehmer, Führungskräfte, Anwälte und andere Freiberufler insgesamt rund achtzig Prozent der FI-Parlamentarier aus – und das durchgängig von 1994 bis in die Gegenwart hinein. Damit einhergehend zeichneten sich die verschiedenen FI-Parlamentsfraktionen auch durch einen hohen Bildungsgrad aus. Die Gruppe der Akademiker stellte innerhalb der beiden FI-Fraktionen fast immer mehr als zwei

---

Quote bis 2001 auf nur noch 31 Prozent in der Kammer bzw. 27 Prozent im Senat. Vgl. Verzichelli, Luca, Da un ceto parlamentare all'altro, S. 351.

[1891] Recchi, Ettore/Verzichelli, Luca, a.a.O., S. 265.

Drittel. Völlig unterrepräsentiert waren dagegen – auch immer schon – die Frauen: Auch heute bleibt ihr Anteil klar unter der Zehn-Prozent-Marke.[1892]

Erwähnenswert erscheint in diesem Zusammenhang ferner, dass sich unter den Parlamentariern der FI seit jeher zahlreiche Personen befinden, die ehemals für Berlusconis Firmenholding *Fininvest* tätig gewesen waren. Hier ist insbesondere an das Heer von Anwälten des FI-Chefs zu denken.[1893] Vor allem in der Anfangszeit blieben Spannungen zwischen den „*Fininvest*-Abgeordneten" und den übrigen FI-Parlamentariern nicht aus. Letztere unterstellten Ersteren zuweilen einen privilegierten Einfluss auf die Entscheidungen Berlusconis.[1894]

Daneben waren aber auch – vor allem in der Anfangszeit – etliche Personen vertreten, die sich insbesondere durch einen hohen Bekanntheitsgrad auszeichneten. Star-Journalisten gehörten ebenso hierzu wie angesehene Unternehmer und Persönlichkeiten aus dem Showbusiness sowie einige Intellektuelle, die sich auch früher schon öfter politisch geäußert hatten, sich bis dahin jedoch keiner Partei zuordnen ließen.[1895] Auch wenn die FI im Laufe der Jahre zwar immer stärker auf professionelle Parteipolitiker zurückgriff, so findet sich auch heute noch innerhalb der FI-Fraktionen eine nennenswerte Anzahl solcher Quereinsteiger.[1896] Aufgrund dieser besonderen Zusammensetzung der FI-Fraktionen kann die *Forza* daher als eine „eigenartige Mischung zwischen Firmen-Partei und moderner Notabeln-Partei"[1897] angesehen werden.

Für die bereits erwähnte schwache Stellung der FI-Parlamentsfraktionen gegenüber der Parteiführung zeichnen sich mehrere Faktoren verantwortlich. Grundsätzlich ist hier der hohe Prozentsatz politisch unerfahrener Abgeordneten und Senatoren vor allem der ersten Generation zu nennen.[1898] Selbst der Fraktionsvorsitzender der FI in der Deputiertenkammer, Vittorio Dotti, prangerte dies seinerzeit in einem Zeitungs-Interview offen an:

„Unsere Abgeordneten sind vor allem Freiberufler und Unternehmer, zum größten Teil zufrieden mit ihrem Leben. Leute, die sich verwirklicht haben, die es im Gegensatz zu anderen glücklicherweise nicht nötig haben, ihre Ellenbogen einzuset-

---

[1892] Näheres zu den sozialen und beruflichen Charakteristika der FI-Parlamentarier, vgl. auch Galluzzo, Marco/Martirano, Dino, La legislatura debutta con meno donne, in: Corriere della Sera, 30.5.2001, S. 6; Gray, Lawrence/Howard, William, a.a.O., S. 101; Lanza, Orazio, a.a.O., S. 245; ders./Piazza, Gianni, a.a.O., S. 266f.; Verzichelli, Luca, Da un ceto parlamentare all'altro, S. 341; ders., La classe politica della transizione, S. 749f.

[1893] Vgl. Raniolo, Francesco, a.a.O., S. 168. Auch in der derzeitigen Legislaturperiode befindet sich noch so mancher ehemaliger *Fininvest*-Mitarbeiter in den Reihen der FI-Fraktionen – und zwar zumeist in Führungspositionen. Vgl. Lanza, Orazio/Piazza, Gianni, a.a.O., S. 270.

[1894] Vgl. McCarthy, Patrick, Forza Italia. Nascita e sviluppo, S. 59.

[1895] Vgl. Verzichelli, Luca, Gli eletti, S. 731.

[1896] Vgl. Lanza, Orazio/Piazza, Gianni, a.a.O., S. 271.

[1897] Lanza, Orazio, a.a.O., S. 235 (eig. Übers.).

[1898] Vgl. Pallaver, Günther, L'unto del signore, S. 321.

zen. Das ist ein etwas wert. Aber da gibt es auch die Kehrseite der Medaille: Im Parlament sind unsere Abgeordneten nicht so aggressiv, nicht so erfahren. Manchmal wissen sie nicht, wie sie eingreifen sollen, bei bestimmten Gelegenheiten scheinen sie vom Verhalten der anderen abhängig zu sein. Möglicherweise haben wir den Fehler begangen, unsere Parlamentarier mit unserer Wählerschaft zu verwechseln. Hier ein Fachmann mehr und da ein Firmenmann weniger würde nicht schaden."[1899]

Ferner wirkte es sich auch nachteilig auf die Stellung der FI-Fraktionen aus, dass innerhalb der ersten Jahre vergleichsweise wenige Mitglieder des Führungszirkels der Partei auch gleichzeitig im Parlament saßen.[1900] Mittlerweile hat sich das jedoch geändert. So waren etwa im April 2003 von den insgesamt 56 Mitgliedern des Präsidentschaftskomitees 38 auch in den Parlamentsfraktionen der FI präsent.[1901]

Während diese beiden Punkte im Laufe der Jahre mehr und mehr an Bedeutung verloren, bleibt ein dritter Grund für die Schwache Stellung der FI-Fraktionen bis in die Gegenwart hinein hochaktuell: der extrem zentralistisch organisierte Prozess der Kandidatenselektion, wie er im vorangegangenen Abschnitt ausführlich dargelegt wurde.[1902] Denn solange „unter den Gewählten das Gefühl vorherrscht, dass ihre parlamentarischen Karrieren gemäß dem Willen Berlusconis beginnen und enden"[1903], solange wird sich wohl an der schwachen Position der Parlamentsfraktionen nur wenig ändern.

Erschwerend kommt hinzu, dass jeder Volksvertreter der Forza sich nicht nur deshalb Berlusconi verpflichtet fühlen muss, weil dem FI-Chef das letzte Wort bei der Kandidatenaufstellung vorbehalten ist, sondern auch deshalb, weil die Italiener in zunehmendem Maße ihre Wahl als Richtungsentscheidung verstehen, die sie immer weniger vom Direktkandidaten vor Ort abhängig machen wollen.[1904] Somit hat sich in Italien also „das englische Modell des party-oriented-

---

[1899] Interview mit Vittorio Dotti, in: Corriere della Sera, 29.8.1994, S. 3 (eig. Übers.).

[1900] Vgl. Verzichelli, Luca, La classe politica della transizione, S. 755. So waren nach den Wahlen von 1994 nur zwei des damals noch fünf Mitglieder zählenden Präsidentschaftskomitees im Parlament vertreten. Nach der Erweiterung dieses Komitees vom Mai 1994 auf elf hatte sich die Zahl der Parlamentarier unter diesen auf nur vier erhöht. Im Anschluss an die Wahlen von 1996 waren dann immerhin elf Präsidentschaftskomitee-Mitglieder auch Abgeordnete bzw. Senatoren, jedoch zählte das Führungsorgan der FI mittlerweile über zwanzig Personen. Vgl. ebd.

[1901] Die Zahlenangaben basieren auf eigenen Recherchen aus: N.N., Comitato di presidenza, in: http://www.forza-italia.it/notizie/00_1954pr.htm (17.3.2003); N.N., Il gruppo di Forza Italia alla Camera, in: http://www.forza-italia.it/notizie/00_2396pr.htm (15.4.2003); N.N., Il gruppo di Forza Italia al Senato, in: http://www.forza-italia.it/notizie/00_2397pr.htm (15.4.2003).

[1902] Näheres hierzu, vgl. Kapitel 10.3.

[1903] Poli, Emanuela, Forza Italia, S. 212 (eig. Übers.).

[1904] Vgl. Maraffi, Marco, Da un maggioritario all'altro. Candidati e schieramenti nella transizione politica italiana, in: Corbetta, Piergiorgio/Parisi, Arturo M. L. (Hg.), A domanda risponde. Il cambiamento del voto degli italiani nelle elezioni del 1994 e del 1996, Bologna 1997, S. 177-

vote gegenüber dem amerikanischen Modell des personal vote oder des candidate-based-vote"[1905] durchgesetzt. Dies gilt insbesondere für die Wahlen von 2001, die Berlusconi zum Referendum für oder gegen ihn hochstilisiert hatte.[1906]

Außerdem können sich die derzeitigen FI-Parlamentarier nur in den seltensten Fällen auf eine starke Verbundenheit mit ihren jeweiligen Wahlkreisen berufen, was die Unabhängigkeit der Volksvertreter zweifellos erhöhen würde. Obwohl der örtliche Bekanntheitsgrad eines jeden FI-Kandidaten ein Kriterium bei der Auswahl für die Wahlen von 2001 hätte sein sollen, wurde die überwiegende Mehrzahl der FI-Kandidaten in ihnen vollkommen fremde Wahlkreise „katapultiert".[1907] In der Vergangenheit war das nicht anders.[1908] All dies trägt stark dazu bei, dass es den Parlamentariern der *Forza Italia* bislang nur in höchst bescheidenem Maße gelang, eigenständiges Profil zu entwickeln oder sich möglicherweise gar ab und an von der Parteiführung abzusetzen.

Trotz allem gab es innerhalb der FI-Parlamentsfraktionen immer mal wieder vorsichtige Autonomiebestrebungen. In der zwölften Legislaturperiode (von 1994 bis 1996) hatten sich sogar zwei Lager herausgebildet: die so genannten „Falken" auf der einen und die „Tauben" auf der anderen Seite. Während die Falken unter Cesare Previti im Einklang mit Berlusconi selbst eher dazu neigten, die Zusammenarbeit mit der *Alleanza Nazionale* zu forcieren, „flirteten" die Tauben, angeführt vom Fraktionsvorsitzenden Vittorio Dotti, mit dem christdemokratischen PPI.[1909]

Anlässlich der Regierungskrise von Ende 1994/Anfang 1995 trat diese Spaltung erstmals offen zutage. Berlusconi konnte zwar in seinem Ansinnen, nochmals die Regierungsgeschäfte zu übernehmen, auf die volle Unterstützung des Flügels um Previti zählen. Doch drängte der Flügel um Dotti darauf, einem Mitglied seiner früheren Regierung, Lamberto Dini, den Vortritt zu lassen, was

---

214, 181f. Laut Umfragen machten bei den Parlamentswahlen von 1994 rund 34 Prozent der Wähler ihre Entscheidung vom Kandidaten im Ein-Mann-Wahlkreis abhängig. Zwei Jahre später waren es dann nur noch siebzehn Prozent. Vgl. ebd.

[1905] Vgl. Massari, Oreste, a.a.O., S. 45.

[1906] Näheres hierzu, vgl. Kapitel 7.5. Zwar liegen keine diesbezüglichen Daten zu diesen Wahlen vor, doch spricht die starke Konzentration im Wahlkampf auf Berlusconi dafür, dass sich nur die wenigsten Wähler auf die Wahlkreiskandidaten achteten.

[1907] Vgl. Verzichelli, Luca, Da un ceto parlamentare all'altro, S. 355ff.

[1908] Vgl. Biorcio, Roberto, Le complicate scelte di Forza Italia, S. 264; Verzichelli, Luca, La classe politica della transizione, S. 735.

[1909] Vgl. McCarthy, Patrick, La crisi dello Stato italiano, S. 243; ders., Forza Italia. Nascita e sviluppo, S. 50; Raniolo, Francesco, a.a.O., S. 168. Maraffi spricht sogar von insgesamt drei solchen Lagern: den Zentristen, denjenigen, die nach rechts tendiert hätten, und den Liberal-Radikalen. Obgleich die Zentristen die Mehrheit gestellt hätten, seien die beiden anderen Flügel einflussreicher gewesen, da ihre Exponenten im engsten Führungszirkel der Partei vertreten gewesen seien. Vgl. Maraffi, Marco, Forza Italia dal governo all'opposizione, S. 151f.

Berlusconi dann nolens volens auch tat.[1910] Bei der Vertrauensabstimmung über die Regierung Dini im Parlament Anfang 1995 gingen die Meinungen innerhalb der FI-Fraktionen von Neuem auseinander. Die „Tauben", die in der Mehrheit waren, wollten Dini eigentlich das Vertrauen aussprechen, aber Berlusconi und Previti setzten sich mit ihrer härteren Linie durch, so dass sich am Ende alle FI-Parlamentarier der Stimme enthielten. Dotti ging aus dieser Auseinandersetzung politisch derart geschwächt hervor, dass er sich hiervon nicht mehr erholen sollte. Bei der Kandidatenaufstellung für die Parlamentswahlen von 1996 fanden er und zahlreiche weitere „Tauben" denn auch keine Berücksichtigung mehr.[1911]

In der dreizehnten Legislaturperiode (von 1996 bis 2001) hatte sich die Geschlossenheit der FI-Fraktionen bereits wesentlich erhöht, wenngleich auch zu bestimmten Fragen immer mal wieder vereinzelt Dissens gegenüber der offiziellen Parteilinie aufkam. Beispiele hierfür waren etwa die von der Parteispitze ausgehende Annäherung der FI an die *Europäische Volkspartei* sowie parallel dazu die moderatere Ausrichtung Berlusconis vor allem der Jahre 1997/98. Ebenso regte sich unter einigen Parlamentariern Widerstand gegen die kirchenfreundlichen Positionierungen des FI-Chefs in puncto Privatschulen, Familie und Bioethik. Daneben führten aber auch strategische Fragen zu innerparteilichen Diskussionen. Während sich einige Abgeordnete aus dem Norden ab 1997 für einen neuerlichen Pakt mit der *Lega* stark machten, wollten andere, vornehmlich aus Mittel- und Süditalien, hiervon nichts wissen. Ähnlich divergierende Meinungen gab es auch hinsichtlich der Frage, ob die FI mit den christdemokratischen Splittergruppierungen CCD und CDU eine Art Föderation bilden sollte oder nicht. Für Spannungen innerhalb der Parlamentsfraktionen sorgte ferner auch der organisatorische Umbau der FI im Anschluss an die Wahlen von 1996.[1912]

Diese parteiinternen Konflikte dürfen nach Ansicht von Poli jedoch nicht überbewertet werden. Berlusconi habe vielmehr stets die Kontrolle über „seine" Abgeordneten und Senatoren behalten und die Herausbildung organisierter Faktionen immer erfolgreich zu verhindern gewusst. Deshalb könne man allenfalls von bestimmten Tendenzen innerhalb der FI-Fraktionen sprechen, die von Zeit zu Zeit eben aufgekommen und dann auch wieder verschwunden seien.[1913]

Über die Stellung der beiden FI-Fraktionen seit 2001 liegen bislang nur wenige gesicherte Erkenntnisse vor. Dennoch ist davon auszugehen, dass deren politisches Gewicht auf keinen Fall größer geworden ist als in der vorangegangenen Legislaturperiode – allein schon deshalb, weil sie nun Fraktionen einer Regierungspartei sind. Und die Einflussmöglichkeiten von Fraktionen der Regierungs-

---

[1910] Vgl. McCarthy, Patrick, La crisi dello Stato italiano, S. 253.

[1911] Vgl. Poli, Emanuela, Forza Italia, S. 220; Maraffi, Marco, Forza Italia dal governo all'opposizione, S. 141.

[1912] Vgl. Poli, Emanuela, Forza Italia, S. 218f.

[1913] Vgl. ebd., S. 219f.

parteien sind nun mal allgemein weitaus geringer einzustufen als jene von Fraktionen der Oppositionsparteien. Denn Erstere haben vor allem die Aufgabe, außerparlamentarisch getroffene Entscheidungen zwischen den Regierungspartnern umzusetzen, wohingegen Letztere die wichtigsten Handlungseinheiten der Opposition darstellen.[1914] Politische Beobachter bestätigen jedenfalls, dass es sich bei den Mehrheitsfraktionen, auf die sich die Regierung Berlusconi stützt, im Wesentlichen um ein „Jasagerparlament"[1915] bzw. um eine Mehrheit handele, „die sich von ihrem Chef wie ein willfähriger Verwaltungsrat von Jasagern missbrauchen lässt"[1916].

Es kam daher auch nur äußerst selten vor, dass Berlusconis Regierungsmehrheit nicht stand. Die wohl schwerste parlamentarische Niederlage der derzeitigen Legislaturperiode ereilte den Premier im Frühjahr 2003 ausgerechnet im Rahmen einer Abstimmung über das Gesetz zur Neuregelung des italienischen Fernsehmarktes (*Legge Gasparri*). Dem oppositionellen *Ulivo* gelang es, sich mit einem Antrag durchsetzen, der darauf abzielte, die Medienmacht des FI-Chefs zu beschneiden. Etwa siebzig Abgeordnete der Regierungskoalition, darunter auch einige Abgeordnete der *Forza*, waren dieser Abstimmung fern geblieben, und siebzehn hatten sogar für den Antrag der Opposition votiert.[1917]

Der trotz allem vorherrschende Eindruck von den außerordentlich disziplinierten FI-Fraktionen darf indes nicht darüber hinwegtäuschen, dass auch immer mal wieder Abwanderungen vorkamen.[1918] So kehrten in der zwölften Legislaturperiode acht Abgeordnete wegen unüberbrückbarer Differenzen mit der Parteispitze der FI den Rücken – darunter auch Stefano Podestà, ehemals Minister unter Berlusconi. Gleichzeitig liefen aber auch vier Leghisten und ein Abgeordneter des CCD zur FI über. Damit hatte sich die FI-Fraktion in der Kammer insgesamt von anfangs 113 auf 110 gegen Ende verkleinert. Im Senat indes ging

---

[1914] Vgl. Helms, Ludger, Einleitung. Parteien und Fraktionen in westlichen Demokratien, in: ders. (Hg.), Parteien und Fraktionen. Ein internationaler Vergleich, Opladen 1999, S. 7-38, 26. Zitiert als: Helms, Ludger, Einleitung.

[1915] Polaczek, Dietmar, Wie stark ist eigentlich der Widerstand gegen Berlusconi?, in: Frankfurter Allgemeine Zeitung, 4.3.2002, S. 45.

[1916] N.N., Woge des Protests gegen Berlusconi, in: http://www.nzz.ch/2002/03/04/al/page-article80A1B.html (4.3.2003).

[1917] Vgl. Di Caro, Paola, Assenze e agguati, l'ira di Berlusconi, in: http://www.corriere.it/edicola/index.jsp?path=POLITICA&doc=LITE (3.4.2003). Dieser Antrag sah konkret vor, dass eine Privatperson nicht mehr als zwei nationale Fernsehsender besitzen dürfe. So wäre Berlusconi gezwungen gewesen, einen seiner drei TV-Kanäle abzutreten. Entsprechend groß war die Empörung Berlusconis über diesen Vorfall. Sogleich verlangte er eine Namensliste der „abtrünnigen" wie auch der abwesenden Abgeordneten seiner Mehrheit. Vgl. ebd.

[1918] In Italien hat jeder Abgeordnete und Senator das Recht, seine Fraktion nach eigenem Ermessen zu wählen – unabhängig davon, über welche Liste er ins Parlament gewählt wurde. Vgl. Helms, Ludger, Einleitung, S. 11.

nur ein Volksvertreter verloren, und ein anderer wechselte wiederum zur FI über, so dass die FI hier die Legislaturperiode mit insgesamt 36 Senatoren beginnen und beenden konnte.[1919]

Weit mehr Wanderungsbewegungen hatte die *Forza* in der dreizehnten Legislaturperiode zu verzeichnen. Nicht weniger als vierzehn Abgeordnete büßte die FI in der Kammer ein – und zwar alle in der ersten Hälfte der Legislaturperiode, in einer Zeit also, in der die Partei Berlusconis eine schwere Krise durchlebte. Von den elf Senatoren, die sich von der FI abwendeten, taten dies zehn ebenfalls in den ersten Jahren. Die Europawahlen vom Juni 1999 läuteten dann jedoch eine Umkehrung dieser Tendenz ein. In der Folge strömten insgesamt zehn Abgeordnete in die Arme der FI. Ähnlich im Senat: Von den acht Zuwanderungen hatten sechs nach Mitte 1999 stattgefunden. Alles in allem hatte sich damit die FI-Fraktion in der Kammer von ursprünglich 123 auf letztendlich 117 Volksvertreter verkleinert; im Senat war sie derweil von 47 auf 44 geschrumpft.[1920] Angesichts dieser Zahlen erscheint es nur allzu verständlich, dass Treue gegenüber der Partei bzw. der Parteiführung zu einem entscheidenden Kriterium bei der Kandidatenselektion für die Wahlen 2001 wurde.

So haben sich die FI-Parlamentsfraktionen zumindest in den ersten beiden Jahren der derzeit andauernden Legislaturperiode denn auch sehr gefestigt. Lediglich ein einziger Abwanderungsfall kam vor, der dafür jedoch umso größeres Aufsehen erregte. Im Zuge der parlamentarischen Beratungen zur so genannten *Legge Cirami*, dem Gesetz, das bei einem „begründeten Verdacht" der Befangenheit von Richtern eine Verlegung des gesamten Verfahrens an einen neuen Gerichtsstandort ermöglichen sollte, verließ der Abgeordnete Filippo Mancuso aus Protest die FI-Fraktion.[1921]

Im italienischen Kontext ist die schwache Position der FI-Parlamentsfraktionen nichts Ungewöhnliches, spielten doch hier die Fraktionen immer schon eine untergeordnete Rolle. Daher wurden sie von Politikern ebenso wie von Wissenschaftlern allenfalls als willfähriges Instrument der Parteizentralen betrachtet.[1922]

[1919] Vgl. Poli, Emanuela, Forza Italia, S. 216f. Näheres zu den Wanderungsbewegungen im italienischen Parlament während der zwölften Legislaturperiode allgemein, vgl. Verzichelli, Luca, I gruppi parlamentari dopo il 1994. Fluidità e riaggregazioni, in: Rivista Italiana di Scienza Politica, 26, Jg. (1996), Nr. 2, S. 391-413.

[1920] Vgl. Poli, Emanuela, Forza Italia, S. 217f. Näheres zu den Wanderungsbewegungen im italienischen Parlament in der dreizehnten Legislaturperiode allgemein, vgl. Verzichelli, Luca, Cambiare casacca, o della fluidità parlamentare, in: Il Mulino 49. Jg. (2000), H. 2, S. 273-284.

[1921] Vgl. Cotta, Maurizio/Verzichelli, Luca, a.a.O., S. 55. Mancuso war entschieden gegen ein solches Gesetz und hatte dem FI-Abgeordneten und unter Anklage stehenden Cesare Previti vorgeworfen, Berlusconi und die ganze *Forza Italia* zu erpressen, um eine Justizpolitik zu erzwingen, die ihn aus den Fängen der Justiz befreien würde. Vgl. ebd.

[1922] Vgl. Trautmann, Günter, Fraktionen in Italien, S. 121. Näheres über die schwache Stellung der italienischen Fraktionen von Kriegsende bis Anfang der neunziger Jahre, vgl. ebd., S. 214ff.

Zwar hoffte man im Anschluss an den Zusammenbruch der Altparteien, dass mit dieser Wende den italienischen Fraktionen größere Bedeutung zukommen würde, doch blieb dies nicht mehr als ein frommer Wunsch.[1923] Die Parlamentsfraktionen der *Forza* heben sich in dieser Hinsicht also kaum von jenen der anderen Parteien ab.

Es bleibt dennoch festzuhalten, dass die Abgeordneten und Senatoren der FI vor allem in der Anfangszeit als äußerst innovativ galten, da sie fast alle politisch unvorbelastete Quereinsteiger waren, die es – ähnlich wie Berlusconi – im Leben bereits „zu etwas gebracht" hatten. Doch hat sich inzwischen wohl auch innerhalb der *Forza Italia* die Erkenntnis durchgesetzt, dass zur Politik eben auch politische Professionalität gehört. So finden sich bis heute immer weniger Quereinsteiger und immer mehr Berufspolitiker in den Reihen der FI-Fraktionen.

10.5 Die *Forza-Italia*-Clubs

Als besonderes Merkmal der FI gelten die so genannten *Clubs Forza Italia*, die von Anfang an bestanden. Die ersten FI-Clubs konstituierten sich sogar schon im Juni 1993 in der Lombardei nach dem Vorbild der *AC-Milan*-Fan-Clubs, und von dort aus breiteten sie sich vor allem ab der Jahreswende 1993/94 in atemberaubendem Tempo über ganz Italien aus.[1924]

Die Idee, politische Clubs zu schaffen, war nicht neu und erst recht nicht typisch italienisch. Vielmehr gilt Frankreich als das Mutterland der politischen Clubs. Dort wurden solche Zusammenschlüsse entweder als eine Art *think tank* von Intellektuellen im Dienste politischer Führungspersönlichkeiten bekannt (wie zum Beispiel der *Club 89* Jacques Chiracs) oder aber als Vorläuferorganisationen neuer politischer Parteien (wie zum Beispiel der *Club Perspectives et Réalités* von Valéry Giscard d'Estaing).[1925]

Demgegenüber kommt den *Clubs Forza Italia* eine ganz andere Rolle zu. Zuweilen wurden sie wie selbstverständlich als territoriale Basiseinheiten der Partei charakterisiert,[1926] was allein deshalb schon falsch war, weil die Club-Organisation – zumindest in der Anfangszeit – formal völlig getrennt von der eigentlichen Parteiorganisation war.[1927] Überdies blieb ihnen – und bleibt wohl auch heute noch – jeglicher Einfluss auf den politischen Entscheidungsfindungsprozess so-

---

[1923] Vgl. ebd., S. 140f.

[1924] Vgl. McCarthy, Patrick, Forza Italia. The New Politics and Old Values, S. 138. Näheres zu den angeblich zahlreichen Club-Gründungen der Anfangszeit, vgl. Kapitel 5.3.

[1925] Vgl. Seißelberg, Jörg, Berlusconis Forza Italia, S. 207.

[1926] Vgl. so z.B. ebd.; Feldbauer, Gerhard, Von Mussolini bis Fini, S. 149.

[1927] Vgl. Fix, Elisabeth, Die Genese der „Bewegungspartei", S. 204; Maraffi, Marco, Forza Italia dal governo all'opposizione, S. 152; Pallaver, Günther, L'unto del signore, S. 320.

wie auf die Auswahl der Kandidaten der FI verwehrt.[1928] Selbst namhafte Vertreter der Parteiorganisation wurden daher nicht müde, immer wieder zu betonen, dass die Clubs eben nicht die territorialen Basisstrukturen der Partei seien.[1929] So stellte etwa Antonio Palmieri, seinerzeit einer der Pressesprecher *Forza Italias*, unmissverständlich klar:

> „Die Clubs Forza Italia haben, abgesehen vom Namen, nichts mit der Politischen Bewegung Forza Italia zu tun; sie sind lediglich kulturelle Vereinigungen wie viele andere auch, die sich in den Idealen erkennen, welche die Bewegung fördert."[1930]

Die FI-Clubs waren daher zu Beginn wohl eher mit lokalen Wahlkomitees nach amerikanischem Vorbild vergleichbar, denn sie sollten vornehmlich den Wahlkampf der Kandidaten bzw. der Parteiführung vor Ort unterstützen und gleichzeitig sichtbarer Ausdruck der neu geschaffenen politischen Kraft in ganz Italien sein.[1931] Entsprechend stützte sich die FI insbesondere in ihrem Wahlkampf von 1994 massiv auf die Arbeit der Club-Mitglieder.[1932] Mit anderen Worten: „Die Vereinsmitglieder fungierten [..] lediglich als Werbemultiplikatoren und Manövriermasse, um den Charakter einer Bewegung mit pluralistischen Strukturen konstruieren zu können."[1933] Im Organisationsgefüge der FI waren die Clubs somit als reine Akklamationsorgane gedacht.[1934] So stieß denn auch das Begehren zahlreicher Club-Mitglieder nach verstärkten Einflussmöglichkeiten innerhalb der FI im Anschluss an die Parlaments- und Europawahlen von 1994 bei der Parteispitze auf taube Ohren[1935] – aus mehreren Gründen: Zum einen

---

[1928] Vgl. Christen, Christian, a.a.O., S. 32; Ignazi, Piero, I partiti italiani, S. 136; Rauen, Birgit, Forza Italia. Der Kommunikationsstil einer Ein-Mann-Partei, S. 168; Zohlnhöfer, Reimut, Die Transformation des italienischen Parteiensystems, S. 1383. Den Clubs wurden anfangs sogar die Entscheidungen über die Auswahl der FI-Kandidaten auf lokaler Ebene aus der Hand genommen. Vgl. Porro, Nicola, L'innovazione conservatrice. Fininvest, Milan club e Forza Italia, in: Quaderni di Sociologia, 38.-39. Jg. (1994-95), H. 9, S. 6-18, 17. Und selbst die Club-Präsidenten wurden anfangs nicht etwa von den jeweiligen Club-Mitgliedern gewählt, sondern Präsident war, wer für den stolzen Preis von umgerechnet rund zweihundertfünfzig Euro einen so genannten Präsidenten-Koffer erwarb. Darin fand sich etwa eine Uhr, eine Krawatte, ein Stehwimpel für den Schreibtisch, Kugelschreiber, Aufkleber und weitere Wimpel, alles natürlich versehen mit dem FI-Logo. Vgl. Roques, Valeska von, a.a.O., S. 206; Renner, Jens, Der Fall Berlusconi, S. 114. In der Folge ging man aber dazu über, die Club-Präsidenten von den Club-Mitgliedern wählen zu lassen. Vgl. Seißelberg, Jörg, Berlusconis Forza Italia, S. 214.

[1929] Vgl. Maraffi, Marco, Forza Italia, S. 252; Raniolo, Francesco, a.a.O., S. 167.

[1930] Zitiert nach: Golia, Carmen, a.a.O., S. 58 (eig. Übers.).

[1931] Vgl. Diamanti, Ilvo, La politica come marketing, S. 66f.; Golia, Carmen, a.a.O., S. 46f.; Wolf, Andrea, a.a.O., S. 75.

[1932] Vgl. Interview des Autors mit Domenico Mennitti in Rom am 5.5.2003.

[1933] Christen, Christian, a.a.O., S. 31f.

[1934] Vgl. Fix, Elisabeth, Italiens Parteiensystem im Wandel, S. 215.

[1935] Näheres zu diesen Spannungen zwischen den Clubs und der Parteispitze, vgl. Kapitel 10.1.1.

trauten Berlusconi und seine engsten Gefolgsleute den Clubs nicht über den Weg, und zwar vor allem aufgrund eines damals noch allgemein vorherrschenden Misstrauens gegenüber dem alten Modell der Massenparteien. Zum anderen wollte der FI-Chef keine Organisation mit aufgeblähter Bürokratie, die sich zwischen ihn und „die Leute" hätte stellen können. Und schließlich wusste Berlusconi auch die Vorzüge eines schnellen Entscheidungsfindungsprozesses ohne eine Parteibasis mit Mitspracherechten durchaus zu schätzen. Um den erforderlichen Wählerkonsens zu erreichen, genügte es ihm im Wesentlichen, sich seiner Fernsehsender und der zahlreichen Meinungsumfragen zu bedienen. Dementsprechend wurden die „aufmüpfigsten" Clubs aus dem Dachverband der Clubs, der Nationalen Vereinigung *Forza Italia*, ausgeschlossen und die übrig Gebliebenen fürs Erste beiseite geschoben – bis sie wieder gebraucht würden.[1936]

Damit blieb die Rolle der Clubs zunächst noch weitgehend unbestimmt. Im Zuge der organisatorischen Umgestaltungspläne der FI im Jahr 1995 wurde erstmals der Versuch unternommen, die Beziehungen der Clubs zur eigentlichen Parteiorganisation näher zu definieren. Bei dieser Gelegenheit erklärte man die Club-Präsidenten sowie die Vertreter der Club-Präsidien offiziell zu Mitgliedern der Politischen Bewegung *Forza Italia*. In der Praxis änderte sich mit diesem Entschluss jedoch nichts. Zwar gab es innerhalb der FI immer wieder neue Vorschläge zur künftigen Rolle der Clubs, doch führten diese weiterhin ein Schattendasein. Ein echter politischer Einfluss blieb ihnen nach wie vor versagt.[1937] Dieser Maxime folgend, unterstrich Cesare Previti, in seiner damaligen Funktion als nationaler FI-Koordinator für die Organisationsreform von 1995 verantwortlich, dass die Clubs immer noch getrennt von der Partei blieben.[1938]

Erst mit dem bis heute geltenden Statut vom Januar 1997 wurde die Rolle der Clubs und deren Verhältnis zur FI klar geregelt. Demnach sind die *Clubs Forza Italia* „freie Vereinigungen von Bürgern, die sich vornehmen, kulturelle, soziale und politische Initiativen zu entwickeln, die der Verbreitung des liberal-demokratischen Ideals dienen"[1939]. Von parteipolitischer Arbeit im engeren Sinn ist auch an dieser Stelle nicht die Rede. Dennoch wurden die Clubs nunmehr enger an die Partei angebunden. Gemäß Statut müssen nämlich jene Clubs, die den Namen *Forza Italia* tragen wollen, beantragen, sich der Politischen Bewegung FI „anzuschließen" („affiliare").[1940] Mehrere Voraussetzung sind allerdings nötig, um den Status eines „angeschlossenen" Clubs zu erhalten: Sie dürfen nicht auf Gewinnerzielung ausgerichtet sein, sie müssen sich Statute geben, die mit den

---

[1936] Vgl. McCarthy, Patrick, La crisi dello Stato italiano, S. 243.

[1937] Vgl. Biorcio, Roberto, Le complicate scelte di Forza Italia, S. 264. Ausführlich zur parteiinternen Debatte hinsichtlich der Clubs, vgl. Golia, Carmen, a.a.O., S. 46ff.

[1938] Vgl. ebd., S. 96.

[1939] Statuto di Forza Italia, a.a.O., Art. 61 (eig. Übers.).

[1940] Vgl. ebd., Art. 60.

Vorgaben des Präsidentschaftskomitees im Einklang stehen, und sie müssen mindestens 25 Mitglieder umfassen.[1941] Damit war die ehemals strikte Trennung zwischen den Clubs auf der einen und der Parteiorganisation auf der anderen Seite ganz offiziell aufgehoben, und die Clubs rückten zumindest in die Nähe von territorialen Basiseinheiten der FI.

Wie sehr der politische Willensbildungsprozess innerhalb der FI von oben nach unten verläuft, zeigt auch Artikel 64 des FI-Statuts. Dieser verlangt von den „angeschlossenen" Clubs ausdrücklich, dass sie den durch die Organe der FI festgelegten politischen Kurs vorbehaltlos akzeptieren.[1942] Eine eventuelle Beteiligung der Club-Mitglieder am Willensbildungsprozess ist dagegen nicht vorgesehen.

Die Entscheidung, ob ein Club tatsächlich „angeschlossen" wird oder nicht, obliegt dem Leiter des nationalen Club-Büros, der wiederum von Berlusconi direkt ernannt wird. Ebenso werden auch die Chefs der Club-Büros auf den einzelnen Verwaltungsebenen nicht etwa von den Club-Mitgliedern oder etwaigen Delegierten gewählt, sondern von den jeweiligen Koordinatoren bestimmt.[1943] All dies lässt auf eine starke Kontrolle seitens der Parteiorganisation gegenüber den Clubs schließen. Dessen ungeachtet beteuert der FI-Lokalpolitiker Sandro Toti, dass die Clubs auf lokaler Ebene völlig frei in ihren politischen Entscheidungen seien.[1944]

Die verschiedenen Angaben über die Anzahl der Clubs variierten vor allem in der Anfangszeit beträchtlich. Kurz nach den Wahlen vom März 1994 verbreitete die *Forza Italia* triumphierend die Zahl von 14.185 Clubs auf der ganzen Halbinsel mit mehr als einer Million eingeschriebenen Mitgliedern. Ob es jedoch tatsächlich so viele waren, ist stark zu bezweifeln. Denn selbst die Verantwortlichen bei der FI gaben wenig später zu, dass sich die Lage anfangs sehr unübersichtlich dargestellt habe, da nicht einmal ein vollständiges Verzeichnis aller Clubs vorgelegen habe.[1945] Deutlicher wurden dagegen verschiedene Abtrünnige der FI. Nach deren Angaben waren die propagierten Zahlen viel zu hoch gegriffen. In der Anfangszeit hätten höchstens drei- bis viertausend Clubs existiert, in denen insgesamt etwa dreihunderttausend Mitglieder eingeschrieben gewesen seien.[1946] Die Tatsache, dass einige Mitglieder wohl gleichzeitig in mehreren

---

[1941] Vgl. ebd., Art. 61.

[1942] Vgl. ebd., Art. 64.

[1943] Vgl. Poli, Emanuela, Forza Italia, S. 256.

[1944] Vgl. Interview des Autors mit Sandro Toti vom 23.4.2003 in Rom.

[1945] Vgl. Gilioli, Alessandro, a.a.O., S. 16.

[1946] Vgl. Losano, Mario G., a.a.O., S. 75. Auch politische Beobachter wie etwa McCarthy und Renner gehen davon aus, dass die offiziellen Zahlenangaben nach unten korrigiert werden müssen. Vgl. McCarthy, Patrick, Forza Italia. Nascita e sviluppo, S. 69; Renner, Jens, Der Fall Berlusconi, S. 156.

Clubs aktiv waren, machte letzten Endes die allgemeine Verwirrung komplett. So konnte es passieren, dass ein FI-Aktivist nicht nur im Club seines Wohnorts, sondern auch seiner Arbeitsstelle und überdies eventuell auch seines Fitness-Studios eingeschrieben war.[1947]

Ebenso wenig lagen in der Anfangszeit verlässliche Angaben über die Zusammensetzung der Clubs unter sozio-ökonomischen Gesichtspunkten vor. Während McCarthy zufolge vor allem ehemalige Sozialisten und andere Anhänger der untergegangenen Regierungsparteien den Clubs in Scharen beitraten,[1948] hebt Biorcio hervor, dass insbesondere höhergestellte Berufsschichten wie Unternehmer und Freiberufler innerhalb der FI-Clubs politisch aktiv geworden seien.[1949] Rauen indes spricht von einer Unterwanderung zahlreicher süditalienischer Clubs durch Vertreter der Organisierten Kriminalität,[1950] wohingegen Gray und Howard davon ausgehen, dass Anfang 1994 allein schon angesichts der Namensgebung etliche Mitglieder von Fußball-Fanclubs auch den FI-Clubs beigetreten seien.[1951]

Fest steht zumindest, dass die Clubs recht schnell an Attraktivität einbüßten. Laut offiziellen Angaben gab es im Juni 1997 lediglich noch 2.129 Clubs mit insgesamt rund 88.000 eingeschriebenen Mitgliedern.[1952] Die Zahl der FI-Clubs verringerte sich später noch weiter, wenn auch nur geringfügig. So ging man in *Forza-Italia*-Kreisen im Juni 2001 von weniger als zweitausend Clubs aus.[1953] In jüngster Zeit scheint die Anzahl der Clubs wieder leicht angestiegen zu sein. Laut Angaben aus der Parteizentrale der *Forza* in Rom existierten im Juli 2003 insgesamt 2.631 FI-Clubs mit einer recht ungleichen regionalen Verteilung. Die meisten finden sich demnach in der Lombardei (571), in Latium (401) und in Venetien (215). Anders als womöglich zu erwarten gewesen wäre, gibt es indes in der FI-Wählerhochburg Sizilien gerade mal 127 solcher Clubs – selbst die „rote" Toskana übertrifft mit ihren 176 Clubs die süditalienische Mittelmeerinsel. Auffällig wenige Clubs gibt es in Friaul (45), in der Basilicata (27), in Südtirol (22) und in Molise (9). Im Aostatal ist die FI sogar mit keinem einzigen Club präsent.[1954] Wie viele Club-Mitglieder es neuerdings insgesamt gibt, ist nicht bekannt. Schenkt man den Worten Sandro Totis Glauben, dem zufolge ein FI-Club

---

[1947] Vgl. Gilioli, Alessandro, a.a.O., S. 17.

[1948] Vgl. McCarthy, Patrick, Forza Italia. Nascita e sviluppo, S. 68.

[1949] Vgl. Biorcio, Roberto, Le complicate scelte di Forza Italia, S. 264.

[1950] Vgl. Rauen, Birgit, Berlusconi, S. 353.

[1951] Vgl. Gray, Lawrence/Howard, William, a.a.O., S. 97.

[1952] Zahlenangaben aus: Atti del Consiglio Nazionale, 4.7.1997, [o.O.] S. 28.

[1953] Vgl. Poli, Emanuela, Forza Italia, S. 257.

[1954] Zahlenangaben aus: N.N., Club affiliati divisi per provincia. Dokument, das Mario Falciatore, persönlicher Assistent des früheren nationalen FI-Koordinators Claudio Scajola, dem Autor auf Anfrage am 10. Juli 2003 per E-Mail zugesandt hat.

im Durchschnitt zwischen sechzig und siebzig Mitgliedern hat,[1955] dann müsste es zirka 170.000 Italiener geben, die sich in FI-Clubs engagieren.

Die Gründe für diese alles in allem doch recht mäßige Anzahl an FI-Clubs sind vielfältig. Eine gewisse Rolle spielt sicherlich die Tatsache, dass sie praktisch zu Untersektionen von Parteibüros degradiert wurden. Ferner ist in diesem Zusammenhang auch darauf hinzuweisen, dass die FI ab 1997 voll und ganz damit beschäftigt war, Parteimitglieder in großem Stil anzuwerben und unzählige Parteikongresse auf allen möglichen Ebenen abzuhalten. Dabei wurden die Clubs links liegen gelassen. Auch die Rolle der Clubs als lokale Repräsentanten der *Forza Italia* wurde mit der Einführung gewählter lokaler FI-Koordinatoren im Jahr 1998 untergraben. Hinzu kommt, dass die Clubs für Personen mit Ambitionen auf eine politische Karriere zunehmend uninteressanter wurden, denn seit der Öffnung der Partei für Mitglieder konzentrierten sich solche Menschen immer mehr auf die Arbeit innerhalb der eigentlichen Parteiorganisation, die immerhin Aufstiegsmöglichkeiten bietet.[1956] Dennoch sind alle Parteimitglieder der FI offiziell angehalten, „sich einem Club Forza Italia anzuschließen, um auf lokaler Ebene politisch aktiv sein zu können"[1957]. In der Praxis wird diese Bestimmung offensichtlich jedoch häufig missachtet. Anders ist es wohl kaum zu erklären, dass es viel weniger Club- als Parteimitglieder gibt.[1958]

Die Aktivitäten der Clubs gehen jedoch weit über die rein politische Arbeit hinaus. So forderte die Parteispitze der FI die Clubs etwa 1995 explizit auf, neben politischen Diskussionsforen auch kulturelle und soziale Veranstaltungen wie Parteifeiern (so genannte *Feste azzurre*), Tanzbälle, Ausflüge, Charity-Konzerte oder auch Sportveranstaltungen zu organisieren.[1959] Nicht selten bieten die Clubs darüber hinaus aber auch Dienstleistungen an wie zum Beispiel fachliche Beratungen in Renten- und Steuerfragen, die bedürftige Personen sogar unentgeltlich in Anspruch nehmen können.[1960] Generell sind die Clubs also dazu da, sich den Bürgern zu Diensten zu stellen. Damit sollen sie vor Ort das beispielhaft vorleben, was die FI auf nationaler Ebene sein möchte.[1961] Neben dieser Funktion, die FI nach außen hin sichtbar zu vertreten, kommt den FI-Clubs aber auch eine zweite, nach innen gerichtete Aufgabe zu: Sie sollen dazu beitragen, die

---

[1955] Vgl. Interview des Autors mit Sandro Toti in Rom am 23.4.2003.

[1956] Vgl. Poli, Emanuela, Forza Italia, S. 256.

[1957] Vgl. Statuto di Forza Italia, a.a.O., Art. 63 (eig. Übers.).

[1958] Während man, wie oben dargelegt, von derzeit rund 170.000 Club-Mitgliedern ausgehen muss, lagen die Mitgliederzahlen der FI zuletzt weit höher. Vgl. Tabelle 14. Dass nicht jedes Parteimitglied auch Mitglied eines FI-Clubs ist, bestätigt auch Tajani. Vgl. Interview des Autors mit Antonio Tajani in Rom am 1.8.2003.

[1959] Vgl. Seißelberg, Jörg, Conditions of Success, S. 729.

[1960] Vgl. Interview des Autors mit Sandro Toti in Rom am 23.4.2003.

[1961] Vgl. Golia, Carmen, a.a.O., S. 60.

Anhänger der *Forza Italia* untereinander bekannt und vertraut zu machen und ihnen so eine gemeinschaftsstiftende Identität zu verschaffen. Doch vor dem Hintergrund, dass sich ein jeder *Club Forza Italia* aus eigenen Mitteln finanzieren muss,[1962] sind die Ressourcen für die verschiedenen Aktivitäten in der Regel äußerst begrenzt. Und so verbreiten die Clubs nach wie vor insbesondere zu Wahlkampfzeiten ihren größten Aktivismus.[1963]

Die Idee, eine neue politische Kraft mit Hilfe von Clubs in der Gesellschaft zu verankern, erschien so manchem Beobachter als äußerst innovativ.[1964] Ein näherer Blick offenbart jedoch: Die Rolle der Clubs blieb anfangs im Wesentlichen lediglich darauf beschränkt, die Wählerschaft in Wahlkampfzeiten zu mobilisieren. Einfluss- bzw. Aufstiegsmöglichkeiten der Club-Mitglieder waren dagegen nicht vorgesehen. Ganz im Gegenteil wurden die vermeintlichen Parteiaktivisten bewusst außen vor gehalten, um die Macht allein in den Händen der Parteiführung zu belassen und um schlagkräftig auf politische Entwicklungen reagieren zu können. Der Enthusiasmus, mit dem die Club-Struktur zu Beginn von weiten Teilen der Bevölkerung aufgenommen wurde, verflüchtigte sich unter diesen Umständen recht schnell. Übrig blieb nur der „harte Kern" der FI-Anhänger, der diese ungleiche Machtverteilung offensichtlich billigend in Kauf nahm.

Mit der organisatorischen Zäsur von 1996/97 kam zwar für die Clubs die lang ersehnte Anerkennung als territoriale Basiseinheit der Partei. Doch parallel dazu wurden sie durch die Öffnung der Partei für Mitglieder wiederum an den Rand gedrängt. Mittlerweile hat sich die FI in ihren Organisationsstrukturen den eher traditionell strukturierten Massenparteien stark angenähert. Die Club-Struktur, das wohl anomalste Element der *Forza*, existiert zwar nach wie vor, doch bleibt deren politischer Einfluss jenseits der lokalen Ebene verschwindend gering. Die Tatsache, dass es weit mehr Partei- als Club-Mitglieder gibt, deutet einmal mehr auf die sekundäre Rolle der Clubs hin. Der Parteiführung indes sind sie als willfährige Instrumente nur allzu willkommen.

10.6 Die Finanzierung der FI

Parteienfinanzierung, das heißt die Art und Weise, wie die Parteien zu Geld für ihre politischen Aktivitäten kommen, war schon immer ein äußerst delikater Themenkomplex. Dies gilt in ganz besonderem Maße für Italien, wo Anfang der neunziger Jahre das ganze Parteiensystem nicht zuletzt an den Aufdeckungen der

---

[1962] Den Mitgliedsbeitrag legt jeder Club in eigenem Ermessen selbst fest. Im Durchschnitt beträgt er rund 25 Euro pro Jahr, also nur etwa halb so viel wie die Mitgliedschaft in der Partei. Vgl. Interview des Autors mit Sandro Toti in Rom am 23.4.2003.

[1963] Vgl. Poli, Emanuela, Forza Italia, S. 257.

[1964] Vgl. so z.B. Maraffi, Marco, Forza Italia dal governo all'opposizione, S. 155.

illegalen Parteienfinanzierungsmethoden zugrunde ging.[1965] Als wütende Reaktion auf die offenbar gewordenen dunklen Machenschaften weiter Teile der alten politischen Klasse sprachen sich die Italiener am 18. April 1993 in einem Volksentscheid mit großer Mehrheit dafür aus, das damals geltende System der staatlichen Parteienfinanzierung abzuschaffen.[1966] Um die so entstandene Gesetzeslücke zu schließen, verabschiedete das italienische Parlament im Dezember 1993 ein neues Gesetz zur Parteienfinanzierung, das die staatliche Wahlkampfkostenerstattung einführte – was nichts anderes als eine neue Spielart der staatlichen Parteienfinanzierung darstellte.[1967] Doch offensichtlich kamen die meisten Parteien in den Folgejahren mit diesen Geldern bei weitem nicht aus, so dass sie neue Formen der Finanzierung ins Auge fassten. So kam es Anfang 1999 zu einer weiteren Reform der italienischen Parteienfinanzierung: Ein Mischsystem, bestehend aus staatlicher Wahlkampfkostenerstattung (umgerechnet rund zwei Euro pro Wahlberechtigten bei Parlaments- und Regionalwahlen, rund 1,70 Euro pro Wahlberechtigten bei Europawahlen) und großzügigen Steuernachlässen, trat in Kraft.[1968]

So sehr Berlusconi auch von Anfang an die Parole ausgab, seine *Forza Italia* müsse sich aus eigenen Mitteln finanzieren und einen ausgeglichenen Haushalt vorweisen,[1969] so unbestreitbar ist doch, dass sie ohne die – direkte wie indirekte – finanzielle „Starthilfe" durch den *Fininvest*-Konzern bzw. durch Berlusconi höchstpersönlich in der hier dargelegten Form gar nicht erst hätte entstehen kön-

---

[1965] Näheres hierzu, vgl. Kapitel 3.2.3. Näheres zur Parteienfinanzierung in Italien bis zu Beginn der neunziger Jahre, vgl. Rhodes, Martin, Financing Party Politics in Italy. A Case of Systemic Corruption, in: West European Politics, 20. Jg. (1997), Nr. 1, S. 54-80; Ridola, Paolo, Parteienfinanzierung in Italien, in: Tsatsos, Dimitris Th. (Hg.), Parteienfinanzierung im europäischen Vergleich. Die Finanzierung der politischen Parteien in den Staaten der Europäischen Gemeinschaft, Baden-Baden 1992, S. 273-307; Pujas, Véronique/Rhodes, Martin, Party Finance and Political Scandal in Italy, Spain and France, in: West European Politics, 22. Jg. (1999), Nr. 3, S. 41-63.

[1966] Vgl. Weber, Peter, Wege aus der Krise, S. 24.

[1967] Näheres zu diesem Gesetz, vgl. Teodori, Massimo, Soldi e partiti. Quanto costa la democrazia in Italia?, Mailand 1999, S. 180f. Zitiert als: Teodori, Massimo, Soldi e partiti; Fusaro, Carlo, Media, sondaggi e spese elettorali. La nuova disciplina, in: Bartolini, Stefano/D'Alimonte, Roberto (Hg.), Maggioritario ma non troppo. Le elezioni politiche del 1994, la campagna elettorale, l'offerta politica, il voto: un'analisi dettagliata per comprendere l'evoluzione del sistema politico in Italia, Bologna 1995, S. 109-146.

[1968] Näheres zu diesem Gesetz und zu dessen Zustandekommen, vgl. Pujas, Véronique, a.a.O., S. 153ff. Die Gelder der staatlichen Wahlkampfkostenerstattung bemessen sich nach der proportionalen Stärke der einzelnen Parteien. Dabei werden alle Parteien berücksichtigt, die mehr als vier Prozent Stimmenanteil erreichen oder die mit Hilfe der Majorzquote über mindestens einen Kandidaten im Parlament verfügen und gleichzeitig auf mehr als ein Prozent Proporzstimmenanteil kommen. Vgl. Chiaramonte, Alessandro, Il voto proporzionale, S. 166f.

[1969] Vgl. Poli, Emanuela, Forza Italia, S. 274.

nen. An Beispielen dafür mangelt es nicht: Die zur *Fininvest* gehörende Baugesellschaft *Edilnord* etwa vermietete 1994 Büroräume in Mailand an die ANFI, die Dachorganisation der FI-Clubs – und zwar kostenlos.[1970] Des Weiteren stellte das Meinungsforschungsinstitut *Diakron*, ebenfalls Teil des *Fininvest*-Imperiums, nicht nur ehemalige *Fininvest*-Manager als Führungskräfte der neu gegründeten Partei ein, sondern kümmerte sich zudem auch um deren Gehälter.[1971] Ähnlich verhielt es sich bei der Finanzierung des aufwendigen Wahlkampfs der FI zu den Parlamentswahlen vom Frühjahr 1994: Von den umgerechnet knapp acht Millionen Euro, die diese Wahlkampagne offiziellen Angaben zufolge gekostet hatte, kamen umgerechnet etwa 1,25 Millionen Euro aus „Spenden in Form von Dienstleistungen". Damit war zum Beispiel die Herstellung von Wahlspots der FI durch die Berlusconi-eigene Werbeagentur *Publitalia* gemeint. Weitere 1,5 Millionen Euro stammten aus Krediten, für die der Mailänder Großunternehmer persönlich bürgte.[1972]

Während Berlusconi immer wieder kategorisch bestritt, jemals eigene Gelder in seine Partei investiert zu haben,[1973] ist man sich mittlerweile in Fachkreisen sehr wohl einig, dass solche Transferzahlungen zuhauf stattfanden.[1974] Selbst Domenico Mennitti spricht von derartigen finanziellen Zuwendungen Berlusconis an seine Partei.[1975] Mit welchen Summen der Großunternehmer seine Partei tatsächlich unterstützte und womöglich noch immer unterstützt, lässt sich allenfalls erahnen. Poli geht davon aus, dass Berlusconi ein Startkapital von umgerechnet etwa fünf Millionen Euro in die FI gesteckt habe und dass er in den Folgejahren immer mal wieder Schulden seiner Partei in unbekanntem Umfang beglichen habe.[1976] In einer journalistischen Untersuchung zu diesem Thema vom Januar

---

[1970] Vgl. Gilioli, Alessandro, a.a.O., S. 12.

[1971] Vgl. Feldbauer, Gerhard, Von Mussolini bis Fini, S. 148.

[1972] Vgl. N.N., Più spendi, più vinci. Lo strapotere di Forza Italia nelle campagne elettorali, in: L'Espresso, 17.6.1994, S. 44. Zum Vergleich: Mit den umgerechnet rund acht Millionen Euro gab die *Forza* mehr Geld für diesen Wahlkampf aus als die zweit-, dritt- und viertstärksten italienischen Parteien zusammen. So beliefen sich die Wahlkampfkosten des PDS auf umgerechnet lediglich etwas mehr als vier Millionen Euro, jene der *Lega Nord* auf umgerechnet knapp zwei Millionen Euro und jene der AN gar auf nur rund 750.000 Euro. Vgl. ebd.

[1973] So beteuerte Berlusconi beispielsweise in einem Interview mitten im Wahlkampf vom Frühjahr 2001: „Ich habe nicht eine Lira in die Forza Italia gesteckt. Ich habe das nicht tun wollen, auch wenn ich es hätte tun können." Interview mit Silvio Berlusconi, in: Famiglia Cristiana, 4.3.2001, S. 32-36, 36 (eig. Übers.).

[1974] Vgl. z.B. Della Porta, Donatella, a.a.O., S. 122; Maraffi, Marco, Forza Italia, S. 257; McCarthy, Patrick, Forza Italia. I vecchi problemi rimangono, S. 77. Darüber hinaus besteht sogar der Verdacht, Berlusconi habe auch schon mal den mit ihm verbündeten Parteien finanziell unter die Arme gegriffen. Vgl. Pirani, Mario, Per un nuovo galateo della lotta politica, in: La Repubblica, 14.3.2001, S. 1/15, 15.

[1975] Vgl. Interview des Autors mit Domenico Mennitti in Rom am 5.5.2003.

1997 ist sogar die Rede davon, dass 1996 rund ein Drittel der gesamten jährlichen FI-Ausgaben von Berlusconi stammen würde.[1977]

In den offiziellen Bilanzen der Partei indes findet sich keine Spur von solchen enormen Finanzspritzen durch Berlusconi. Diese Berichte zeichnen vielmehr folgendes Bild von den Parteifinanzen der FI: Laut den Rechenschaftsberichten der Jahre 1994 und 1995 machte die staatliche Wahlkampfkostenerstattung den weitaus größten Teil der Einnahmequellen der Partei aus (1994 87,4 Prozent und 1995 84,8 Prozent der Gesamteinnahmen). Die übrigen Finanzquellen – im Wesentlichen Spendengelder privater und juristischer Personen – beliefen sich demgegenüber auf lediglich 9,3 (1994) bzw. 13,2 Prozent (1995).[1978]

Während die FI das Jahr 1994 – gemäß offiziellen Angaben – noch mit einer positiven Bilanz abschloss (den Gesamteinnahmen von umgerechnet knapp zwanzig Millionen Euro standen Ausgaben von rund achtzehn Millionen Euro gegenüber), hatte sich die finanzielle Lage der Partei im Folgejahr deutlich verschlechtert. 1995 betrugen die Einnahmen lediglich knapp acht Millionen Euro, wohingegen die Ausgaben auf neunzehn Millionen Euro angestiegen waren; das entsprach einem Schuldenberg von umgerechnet etwa zehn Millionen Euro[1979] – nach Abzug der leichten Überschüsse aus dem Vorjahr.

Um diese Schulden abzubauen und gleichzeitig unabhängiger von Geldern der öffentlichen Hand zu werden, setzte die FI ab 1996 verstärkt auf Modelle der Eigenfinanzierung.[1980] Als erstes wurden daher die Kandidaten der FI für die Parlamentswahlen vom Frühjahr 1996 zur Kasse gebeten. Diese waren nicht nur dazu angehalten, einen so genannten Kandidaten-Koffer mit diversen Wahlkampf-Utensilien für umgerechnet rund siebenhundertfünfzig Euro käuflich zu erwerben, sondern sollten auch umgerechnet rund dreitausendfünfhundert Euro an die Partei abführen. Diejenigen, die gewählt wurden, hätten schließlich mit weiteren neuntausend Euro die *Forza* finanziell unterstützen sollen.[1981] Hinzu kamen monatliche Abgaben der FI-Mandatsträger auf den einzelnen Ebenen: Für Europaabgeordnete lagen diese bei umgerechnet rund siebenhundertfünfzig Euro, für Parlamentsabgeordnete bei fünfhundert, für Regionalräte bei zweihundert-

---

[1976] Vgl. Poli, Emanuela, Forza Italia, S. 276.

[1977] Vgl. Di Vico, Dario, Tutti i cassieri di Polo e Ulivo, Corriere della Sera, 17.1.1997, S. 4.

[1978] Zahlenangaben aus: Poli, Emanuela, Forza Italia, S. 275.

[1979] Eigene Berechnungen nach Zahlen aus: ebd., S. 275ff.

[1980] Dieser Strategiewandel ging einher mit der Ablösung des bisher für die Parteifinanzen zuständigen Domenico Lo Jucco durch Giovanni Dell'Elce im Jahr 1996. Vgl. McCarthy, Patrick, Forza Italia. I vecchi problemi rimangono, S. 77.

[1981] Vgl. Golia, Carmen, a.a.O., S. 141ff. Trotz der zahlreichen Mahnungen von Seiten der Parteizentrale, den Koffer zu kaufen und die dreitausendfünfhundert Euro zu zahlen, weigerten sich die meisten Kandidaten und Parlamentarier, diese Summen an die Partei zu überweisen. Vgl. ebd., S. 143.

fünfzig und für Provinzpräsidenten sowie für Bürgermeister von Städten mit mehr als fünfzehntausend Einwohnern bei fünfzig Euro.[1982]

Die so eröffneten zusätzlichen Einnahmequellen – so sie denn flossen – waren allerdings nicht mehr als der sprichwörtliche Tropfen auf den heißen Stein und reichten der FI bei weitem nicht aus, das Loch in den Kassen aufzufüllen. Ganz im Gegenteil: Im Jahr 1996 wuchs der Schuldenberg sogar unaufhörlich weiter und lag am Jahresende bei umgerechnet rund fünfzehn Millionen Euro.[1983] Vor diesem Hintergrund erschloss sich die FI eine neue Einnahmequelle, indem sie sich für Parteimitglieder öffnete und von diesen einen jährlich zu entrichtenden Beitrag einforderte.[1984] Die ab 1997 zunächst stetig anwachsenden Mitgliederzahlen machten sich somit für die FI bezahlt: Auf diese Weise kamen 1997 umgerechnet zirka fünf Millionen Euro zusammen, 1998 mehr als sechs Millionen, 1999 knapp acht Millionen und im Jahr 2000 sogar über elf Millionen Euro.[1985] Inzwischen gibt es ein ausgeklügeltes System unterschiedlicher Beitragssätze. Ein ordentliches Mitglied (*Socio ordinario*) zahlt heutzutage jährlich 51,65 Euro, die Unter-28-Jährigen sowie die Über-65-Jährigen die Hälfte, so genannte fördernde Mitglieder (*Soci sostenitori*) zahlen 103,29 Euro, und für die so genannten verdienten Mitglieder (*Soci benemeriti*) liegt der Beitragssatz bei 258,23 Euro.[1986] Für ganze Familien, die der FI beitreten, existieren ferner spezielle Sondertarife.[1987] Darüber hinaus ist auch ein Beitragssatz in Höhe von 25,82 Euro pro Jahr für so genannte Sympathisanten (*Simpatizzanti*) der *Forza Italia* vorgesehen, also Nicht-Mitglieder, die dennoch an den Parteiaktivitäten teilnehmen möchten.[1988]

Die Herkunft der diversen Privatspenden an die Partei Berlusconis ist nicht immer bekannt, denn in Italien müssen Parteispender erst ab einer Summe von mehr als fünftausendfünfhundert Euro namentlich in den Rechenschaftsberichten aufgeführt werden.[1989] Es nimmt wohl kaum wunder, dass so manche Groß-

---

[1982] Vgl. ebd., S. 150. Auch gegen diese Regelung gab es erheblichen Widerstand in den Reihen der FI. Neu war die Idee, Mandatsträger zur Kasse zu bitten, jedoch nicht. Die Kommunisten und später auch die *Lega Nord* hatten immer schon die Hälfte der Abgeordnetendiäten für die Partei eingefordert. Vgl. ebd.

[1983] Eigene Berechnungen nach Zahlen aus: Poli, Emanuela, Forza Italia, S. 275ff.

[1984] Die Entscheidung aus dem Jahr 1996, Parteimitgliedschaften einzuführen, stand nicht zuletzt in engem Zusammenhang mit der Eröffnung neuer Finanzquellen. Vgl. Golia, Carmen, a.a.O., S. 184.

[1985] Vgl. Poli, Emanuela, Forza Italia, S. 275.

[1986] Vgl. Regolamento per i rinnovi e le nuove adesioni a Forza Italia per l'anno 2002, Art. 9, in: http://www.forza-italia.it/notizie/00_3224pr.htm (27.3.2003). Für die Abgeordneten der FI auf europäischer, nationaler und regionaler Ebene liegt der Beitragssatz bei 516,46 Euro. Vgl. ebd.

[1987] Vgl. ebd., Art. 7 bis.

[1988] Vgl. ebd., Art. 11.

[1989] Vgl. Teodori, Massimo, Soldi e partiti, S. 171.

spende an die *Forza Italia* aus dem Firmenimperium Silvio Berlusconis stammte. So spendete etwa die Werbeagentur *Publitalia* im Jahr 1994 umgerechnet rund 1,25 Millionen Euro. 1997 erhielt die FI ferner Spenden von der *Fininvest* im Wert von umgerechnet knapp drei Millionen Euro sowie weitere 1,25 Millionen Euro abermals von der *Publitalia*.[1990] Im Jahr darauf kamen umgerechnet zirka 25.000 Euro von *Mondadori Pubblicità*, und 1999 durfte sich die FI über mehr als vierhunderttausend Euro freuen, die von *Mondadori Leasing* stammten. Auffälligerweise gehörte in der Vergangenheit aber auch der Lebensmittelsektor mit zu den generösesten Förderern der FI. Das mag damit zusammenhängen, dass Berlusconi schon seit langem enge und persönliche Beziehungen zu herausragenden Vertretern dieser Industriesparte pflegt.[1991]

Als weitere, höchst ergiebige Einnahmequelle für die Partei haben sich ferner Abendessen Berlusconis mit Großunternehmern erwiesen, die vor allem zu Wahlkampfzeiten stattfanden. So sprangen beispielsweise im Januar 2001 bei einer einzigen Veranstaltung dieser Art umgerechnet rund vier Millionen Euro für die FI heraus. Zwei Monate später saß Berlusconi abermals mit Industriellen zu Tisch, was seiner FI immerhin noch knapp 2,5 Millionen Euro auf einen Schlag einbrachte.[1992]

Trotz all dieser Neuerschließungen von Geldquellen hatte die FI bis in die jüngste Vergangenheit hinein mit ihrem Schuldenberg mächtig zu kämpfen. Den zwar mit den Jahren steigenden Einnahmen standen vielfach höhere Ausgaben gegenüber, so dass sich Ende 2000 ein Schuldenberg von umgerechnet rund 25 Millionen Euro aufgetürmt hatte.[1993] Die FI bleibt also weit von einem ausgeglichenen Haushalt, wie ihn Berlusconi immer wieder anmahnte, entfernt.

Ebenso wenig erreichte die *Forza* das vorgegebene Ziel der Kosteneindämmung, wie man es von einer „schlanken Partei" durchaus hätte erwarten können. Viel eher stellte die FI immer schon eine Partei mit vergleichsweise recht hohen Ausgaben dar, und gerade in den vergangenen Jahren stiegen diese nochmals sprunghaft an. Hatten die Ausgaben im Zeitraum von 1994 bis 1998 im Durchschnitt noch bei 35 Milliarden Lire (rund 17,5 Millionen Euro) gelegen, so verdoppelten sie sich 1999, um in 2000 weiter auf knapp 105 Milliarden Lire (rund fünfzig Millionen Euro) zu klettern.[1994]

Die Veränderungen innerhalb der einzelnen Ausgabe-Posten im Laufe der Jahre deuten auf einen Strategiewandel der FI hin. Während der ersten drei Jahre ihres Bestehens (von 1994 bis 1996) machten die Ausgaben für Wahlkämpfe stets den größten Betrag aus – im Jahr 1994 etwa flossen fast vierzig Prozent der

---

[1990] Vgl. ebd.

[1991] Vgl. Poli, Emanuela, Forza Italia, S. 276.

[1992] Vgl. N.N., 25 miliardi dalle cene del Cavaliere?, in: La Stampa, 27.3.2001, S. 5.

[1993] Eigene Berechnungen nach Zahlen aus: Poli, Emanuela, Forza Italia, S. 275ff.

[1994] Vgl. ebd., S. 277.

Gesamtausgaben in Wahlkämpfe. Ab 1997 hingegen verwendete die FI das meiste Geld für kulturelle Aktivitäten, Information und Kommunikation. Selbst in Wahljahren wie 2000 schluckte dieser Posten 64 Prozent der Gesamtausgaben, was umgerechnet rund 36 Millionen Euro entsprach. Unter diesem Punkt waren ganz unterschiedliche Parteiaktivitäten zusammengefasst: Plakatierungsaktionen, der Internetauftritt (http://www.forza-italia.it) und Anwerbekampagnen für neue Mitglieder gehörten ebenso hierzu wie die Organisation öffentlicher Veranstaltungen oder der Parteikongresse auf den verschiedenen Ebenen. Insgesamt handelte es sich hierbei also um Kosten, die der Konsolidierung der *Forza Italia* im weitesten Sinne dienten.[1995]

Tabelle 16: Bilanzen der FI von 1994 bis 2000 (in Millionen Lire)

	Einnahmen	Ausgaben	Überschuss/Defizit
1994	38.578	35.793	+ 2.785
1995	15.218	38.029	− 20.026
1996	26.732	36.170	− 29.464
1997	51.912	34.838	− 12.390
1998	36.672	33.354	− 9.072
1999	65.558	74.587	− 18.101
2000	75.033	104.936	− 48.004

Quelle: Eigene Zusammenstellung nach Zahlen aus: Poli, Emanuela, Forza Italia. Strutture, leadership e radicamento territoriale, Bologna 2001, S. 275ff. (Überschuss/Defizit-Spalte eigene Berechnungen).

Ebenfalls von 1997 an begann ein weiterer Posten immer stärker ins Gewicht zu fallen: die Zuwendungen von der Zentrale an die peripheren Parteigliederungen der FI, die sich eigenständig verwalten. Die Höhe der Gelder bemisst sich dabei nach den Mitgliederzahlen innerhalb der einzelnen territorialen Untergliederungen. Entsprechend hatten sich die diesbezüglichen Transferleistungen von 1997 bis 2000 nahezu vervierfacht, und zwar von anfangs 3,7 Prozent auf 14,3 Prozent in 2000.[1996]

Insgesamt lässt dieser Überblick über die Finanzierung der FI folgende Schlussfolgerungen zu: Ohne die wohl massiven finanziellen Zuwendungen aus dem näheren und weiteren Umfeld Berlusconis wäre die FI so sicherlich nicht zustande gekommen und hätte sich auch ihre aufwendigen und kostspieligen politischen Kampagnen (Wahlkampfkampagnen, Kampagnen zur Anwerbung neuer Mitglieder und diverse weitere Informationskampagnen) keinesfalls leisten können. Mit Hilfe der wirtschaftlichen Macht Berlusconis hatte die FI bislang also Möglichkeiten, von denen die anderen Parteien nur träumen konnten. Die Folge

---

[1995] Vgl. ebd., S. 278f.
[1996] Vgl. ebd., S. 279.

war – und ist wohl auch heute noch – eine deutliche Verzerrung des politischen Wettbewerbs zugunsten der *Forza*.

Doch trotz dieses enormen Wettbewerbsvorteils lebte die FI meist weit über ihre Verhältnisse und blieb zumeist von dem vorgegebenen Ziel eines ausgeglichenen Haushalts weit entfernt. Dies ist umso peinlicher für den „politischen Unternehmer" Berlusconi, der regelmäßig seine angeblich herausragenden wirtschaftlichen Fähigkeiten als vorbildhaft in den Mittelpunkt stellt.

Mit dem Rückgriff auf zahlende Parteimitglieder ab 1997 hätten eigentlich auch verstärkte Formen der innerparteilichen Demokratie einhergehen müssen, denn wer zahlt, reklamiert normalerweise auch Einfluss und Mitspracherechte. Dass sich die FI-Mitglieder jedoch allem Anschein nach mit der Demokratisierung lediglich der unteren Ebenen zufrieden geben, zeigt einmal mehr, wie sehr die gesamte Partei auf die charismatische Führergestalt namens Silvio Berlusconi auf Gedeih und Verderb fixiert ist.

11 Fazit

11.1 Zehn Jahre FI – Eine Erfolgsgeschichte?

Als im Herbst 1993 die ersten Gerüchte von einer neuen politischen Formation namens *Forza Italia* die Runde machten, konnte noch keiner den durchschlagenden Erfolg vorhersehen, der dieser Partei in den folgenden zehn Jahren beschieden sein sollte. Im Anschluss an ihren beispiellosen Aufstieg im Frühjahr 1994 durchlebte sie zwar sehr wohl auch kritische Momente, doch fing sie sich immer wieder, um danach gestärkt dazustehen. Seit einigen Jahren ist sie nun schon die unangefochtene Nummer eins im italienischen Parteiensystem und stellt infolgedessen seit Mitte 2001 auch mit ihrem primadonnenhaften Parteipatriarchen Silvio Berlusconi abermals den Regierungschef. Bei allen Streitigkeiten in der Mitte-Rechts-Koalition ist diese Administration inzwischen bereits die am längsten amtierende Nachkriegsregierung Italiens. Auf diese Weise sorgt die FI für eine politische Stabilität, nach der sich die Bürger wohl schon lange sehnen, erst recht nach dem unverhofften Kollaps der Altparteien zu Beginn der neunziger Jahre.

Dieser führte zu einer nahezu einzigartigen Neuformierung der parteipolitischen Landschaft, im Zuge derer nichts mehr so bleiben sollte, wie es einmal war. Manche Parteien, wie etwa die Sozialisten, verschwanden ganz von der Bildfläche. Andere, zum Beispiel die Christlichen Demokraten, wurden stark dezimiert und spalteten sich nach und nach auf. Wieder andere, man denke an die Kommunisten, wandelten sich so stark, dass ein – wenn auch geringer – Teil der Parteiaktivisten da nicht mitziehen mochte und fortan eigene Wege ging. Gleichzeitig schlug die Stunde der „Geächteten". Die Neofaschisten, die zwar mit einer kleinen Truppe schon immer im Parlament gesessen hatten, jedoch tunlichst von der Macht ferngehalten worden waren, feierten erste beachtliche Erfolge. Ebenso erging es der *Lega Nord*, die, obwohl nur als regionale Protestformation angetreten, nun auch auf nationaler Ebene ihren Durchbruch hatte. In dieser ohnehin bereits mehr als undurchsichtigen Lage wurden dann auch noch die „Spielregeln" grundlegend geändert. Auf Druck von außen verabschiedeten die bereits durch allerlei Zerfallserscheinungen gezeichneten Altparteien ein neues Wahlgesetz, das zu drei Vierteln dem Mehrheitsprinzip folgte. Parteienbündnisse wurden damit nötig, um bei Wahlen zu bestehen.

Es erscheint geboten, all dies nochmals in Erinnerung zu rufen, denn das Aufkommen der *Forza Italia* ist allein vor diesem ganz speziellen italienischen Hintergrund zu sehen. Ohne diese unvergleichliche Konstellation wäre Silvio Berlusconi aller Wahrscheinlichkeit nach auch heute noch „nur" Medienmogul, und der Ausdruck „Forza Italia" wäre lediglich das, was er auch früher schon war: ein Schlachtruf der italienischen *Tifosi* bei nationalen Sportereignissen. Um jedoch zu verstehen, warum Berlusconi damals „ins Feld einlief" und sogar eine eigene Formation gründete, mit der er auf Stimmenfang ging, ist es hilfreich, sich in seine eigene Lage hineinzuversetzen.

Anders als der jetzige italienische Regierungschef glauben machen möchte, vollzog sich sein rasanter wirtschaftlicher Aufstieg im Windschatten der alten Regierungsparteien, allen voran der Sozialisten unter Craxi, aber auch weiter Teile der Christdemokraten. Ohne seine unbestreitbar hohen und außergewöhnlichen unternehmerischen Talente schmälern zu wollen, ist doch darauf hinzuweisen, dass er bar dieser politischen Protektion von ganz oben niemals zum uneingeschränkten Quasi-Monopolisten des kommerziellen Fernsehsektors hätte emporsteigen können. Der plötzlich einsetzende Zusammenbruch gerade dieser Parteien konnte Berlusconi somit keineswegs kalt gelassen haben. Denn sein Imperium, das in ganz besonderem Maße von politischen Entscheidungen abhängig war, befand sich zu eben jener Zeit in einer äußerst prekären wirtschaftlichen Lage. Auch nur die kleinste Regierungsmaßnahme zu seinen Ungunsten hätte die Zerschlagung bzw. den Bankrott der *Fininvest* bedeuten können. Und die Linke, die drauf und dran war, erstmals seit Kriegsende die Macht in Rom zu erlangen, hätte – daran konnte kaum ein Zweifel bestehen – keinen Moment gezögert, Berlusconi das Leben fortan schwerer zu machen. Auch die Aussicht, schutzlos unter die *Tangentopoli*-Lawine zu geraten, die vor der *Fininvest* nicht halt machte, konnte ihn ebenso wenig erfreut haben.

Daher ist stark davon auszugehen, dass der norditalienische Wirtschaftsboss nicht nur aus reinem Patriotismus politisch aktiv wurde, wie er selbst nicht müde wurde zu behaupten. Vielmehr ist zwingend in Betracht zu ziehen, dass eigene, persönliche Interessen mit von der Partie waren. Zu viele Indizien deuten in diese Richtung, auch wenn zugleich politische Motive ebenfalls eine gewisse Rolle gespielt haben dürften.

Doch unabhängig von der Frage, inwieweit Vaterlandsliebe und inwieweit Eigeninteresse das Handeln Berlusconis bestimmten – unstrittig ist das Ziel, das er eisern verfolgte: den sich bereits abzeichnenden Sieg der Linken bei den anstehenden Parlamentswahlen in letzter Minute noch zu verhindern, koste es, was es wolle. Allein zu diesem Zweck hob er letztlich die *Forza Italia* aus der Taufe. Er überließ dabei nichts dem Zufall, sondern ging, wie er es gewohnt war, strikt nach unternehmerischen Kriterien vor. Zunächst sondierte er mit Hilfe großflächig angelegter Meinungsumfragen das Terrain und positionierte dann seine im Entstehen begriffene Formation entsprechend der Nachfrage, und die war nun mal aufgrund des Niedergangs der alten Regierungsparteien im Mitte-Rechts-Spektrum am größten. Auch in Namensgebung und Erscheinungsbild zog er alle Register des modernen Produktmarketings. Die *Forza Italia* der Anfangszeit kann somit als reine Marketingoperation der *Fininvest* betrachtet werden. Selbst die zunächst scheinbar wie von allein massenweise aus dem Boden sprießenden *Forza-Italia*-Clubs waren integraler Bestandteil dieser zentral gelenkten Operation. Diese sollten nicht nur den anstehenden Wahlkampf vor Ort unterstützen. Viel wichtiger war deren Suggestivkraft, die darin bestand, die FI als eine spontan aus der Mitte der Zivilgesellschaft entspringende Partei darzustellen. Tatsächlich waren die Clubs bis ins Detail vorstrukturiert, und deren Mitglieder wurden mit Versprechungen angeworben, die allerlei Hoffnungen erweckten – und sich wenig später als trügerisch erweisen sollten.

Falsches Spiel trieb Berlusconi sogar mit seiner eigenen Person. Obwohl sein Einstieg in die Politik als Frontmann der FI sicher schon längst ausgemachte Sache gewesen war, gaukelte er der Öffentlichkeit über Monate hinweg vor, diese Entscheidung sei noch offen. Dieses Verhalten entsprach einer ausgeklügelten Strategie, die darauf abzielte, seinen „Marktwert" zu steigern, um sich dann, sozusagen in letzter Minute, als Retter in der Not zu gerieren. Wie hochprofessionell die Marketingstrategen seiner Unternehmensgruppe arbeiteten, bewies nicht zuletzt das Image, das Berlusconi sogleich verkörperte. Obwohl jeder Italiener wohl insgeheim wusste, dass der Mailänder Medienzar nichts weiter als eine „Rippe" des alten Regimes war, galt er dennoch als das Neue schlechthin. Das war insofern nicht unbedeutend, als der Faktor „neu" zu jener Zeit allein schon einen Garanten für Erfolg darstellte.

Bei der Entstehung der *Forza Italia* war somit nahezu alles anders, als es vordergründig den Anschein hatte. Dass ein Wirtschaftsunternehmen plötzlich eine neue politische Formation am Reißbrett entwarf und ihre „Markteinführung" generalstabsmäßig organisierte, war schon außergewöhnlich genug. Dass genau diese Partei dann auch noch derart erfolgreich abschnitt, um wenig später gar den Regierungschef stellen zu können, das lässt sich nur aus dem konkreten italienischen Kontext heraus erklären. Der atemberaubende Erfolg der FI bei den Parlamentswahlen von 1994 basierte im Wesentlichen auf fünf Faktoren.

Fundamental waren die politischen Rahmenbedingungen in Italien Anfang des vergangenen Jahrzehnts. Die einzigartige Konstellation der Diskreditierung und des rapiden Niedergangs der Altparteien stellte die Grundvoraussetzung dar, unter der ein solches Unterfangen überhaupt denkbar war. Weite Teile der bürgerlichen Wählerschaft befanden sich auf der Suche nach neuen Alternativen, nachdem ihre früheren Referenzparteien, insbesondere die Christdemokraten und die Sozialisten, kollabiert waren. Die *Alleanza Nazionale* galt damals als noch zu sehr dem Faschismus verhaftet, als dass sie ohne weiteres deren Erbe hätte antreten können. Die *Lega Nord* indes war als regionale Anti-System-Partei für viele moderat-bürgerlich eingestellte Schichten nicht wählbar. Die FI fand somit ein Vakuum vor, das nur darauf wartete, ausgefüllt zu werden. Mit anderen Worten: Nur in einem historisch einzigartigen Moment der Krise und Orientierungslosigkeit des italienischen Parteiensystems konnte die FI auf fruchtbaren Boden fallen.

Entscheidenden Anteil am Blitzaufstieg der FI hatte, zweitens, die *Fininvest*, bei der es sich schließlich nicht um ein x-beliebiges Wirtschaftsunternehmen handelte, sondern um ein mächtiges Konglomerat unterschiedlicher Firmen mit einem weit verzweigten Netz von Außenstellen im ganzen Land, die wiederum über unzählige wertvolle Kundenkontakte vor Ort verfügten. Die „Operation Botticelli", wie die Entstehung der FI anfangs geheimnistuerisch umschrieben wurde, hätte sich ohne diese besondere Firmenstruktur niemals bewerkstelligen lassen. Der Aufbau der FI-Clubs sowie die Anwerbung und Selektion geeigneter Parlamentskandidaten etwa wurden nur durch den Rückgriff auf Firmenstrukturen und Mitarbeiter der *Fininvest* möglich. Vor allem die Werbeagentur *Publitalia* mit ihren landesweiten Kundendateien erwarb sich hier große Verdienste.

Den dritten Erfolgsfaktor stellte die Berlusconische Bündnispolitik dar. Die bloße Gründung einer weiteren Partei im ohnehin bereits hochgradig zersplitterten italienischen Parteiensystem hätte, für sich genommen, nur wenig Aussicht auf durchschlagenden Erfolg gehabt. Denn unter den Bedingungen des neu eingeführten Wahlrechts waren möglichst breite Parteiallianzen gefragt. Das hatte keiner besser verstanden als Berlusconi, der sogleich alles daransetzte, ein Wahlkartell zu bilden, das es mit dem linken Lager würde aufnehmen können. Dieses durfte nach seiner festen Überzeugung die beiden aufstrebenden Kräfte *Lega Nord* und *Alleanza Nazionale* nicht außer Acht lassen, obgleich sich jene gegenseitig spinnefeind waren und weder ideologische noch programmatische Berührungspunkte aufwiesen. Erst als es Berlusconi dennoch gelang, ein solches Bündnis auf die Beine zu stellen – wenn auch mit Hilfe einer geschickten Doppelkonstruktion regional unterschiedlicher Vereinbarungen –, hatte er sich und seiner FI den Weg zum Durchbruch gebahnt. Gleichzeitig hatte er damit die *Forza* in eine Schlüsselposition hineinmanövriert, hielt doch nur sie die beiden auseinanderstrebenden Kontrahenten beisammen.

Mitverantwortlich für den schnellen Erfolg der FI war, viertens, aber auch die Figur Berlusconis. Er wurde nicht nur, wie bereits ausgeführt, als „neu" wahrgenommen, sondern erfreute sich ferner eines außerordentlich hohen Bekanntheitsgrades und – wichtiger noch – stetig ansteigender Beliebtheitswerte. In jener krisenhaften Zeit, in der vieles ins Wanken geraten war, sehnten sich unzählige Italiener geradezu nach einer Führungspersönlichkeit, nach dem sprichwörtlichen „starken Mann", der endlich die sich auftürmenden Probleme anpacken und neue Hoffnungen wecken möge. Da kam ihnen jemand wie Berlusconi gerade recht, der das Blaue vom Himmel versprach und Optimismus pur versprühte. Er besaß zudem ein hohes Maß an Glaubwürdigkeit, da er gezielt sein wirtschaftliches Emporkommen in ein allzu verklärendes Licht rückte. Einem erfolgreichen Unternehmer, der sich, wie dieser selbst gern behauptet, aus eigener Kraft hochgearbeitet habe, nahm man eben leicht ab, dass er auch den Staat auf Vordermann würde bringen können. Dass bei diesem Aufstieg wohl kaum alles mit rechten Dingen vonstatten gegangen war, machte Berlusconi nur noch populärer, schließlich hat fast jeder Italiener Freude daran, „furbo" zu sein, das heißt, anderen ein Schnäppchen zu schlagen. Auch gefiel in Italien die demonstrative Zurschaustellung seines krösussatten Reichtums, die ein Übriges tat, um das Ansehen und die Wertschätzung des FI-Chefs zusätzlich zu steigern. Berlusconi avancierte so bei vielen zu einem Vorbild, einer Art Idol.

Unbestreitbar spielten, fünftens, auch die drei privaten Fernsehkanäle Berlusconis eine gewisse Rolle für den Siegeszug der *Forza*. Jede andere Neuformation hätte es gewiss ohne die massiven TV-Kampagnen im Vorwahlkampf sehr viel schwerer gehabt, sich überhaupt bekannt zu machen und für sich zu werben. Dennoch: Dieser Punkt wurde regelmäßig überbewertet. Die oft vertretene Auffassung, der politische Aufstieg Berlusconis habe einzig und allein auf der Instrumentalisierung seiner TV-Kanäle beruht, entspricht nicht der Wahrheit. Wie diese Arbeit ausführlich dargelegt hat, war es vielmehr das Zusammenwirken und Ineinandergreifen der hier aufgeführten Faktoren, die die FI reüssieren ließen. Welcher konkrete Anteil der medialen Komponente tatsächlich zukam, lässt sich nur schwer bestimmen. Die Beeinflussung durch das Fernsehen ist eben kaum in späteren Prozentsätzen messbar.

Das Aufkommen der *Forza Italia* verlieh innerhalb kürzester Zeit der sich ohnehin schon rasant verändernden italienischen Parteienlandschaft eine zusätzliche unverhoffte und ungeahnte Dynamik. Noch bevor sie sich als Siegerin der Parlamentswahlen von 1994 feiern durfte, schien sich im gesamten Mitte-Rechts-Spektrum bereits alles um sie bzw. um Berlusconi zu drehen. Er war der Einzige, den sämtliche zur Linken alternative Kräfte als Gesprächspartner akzeptierten. Seine FI war sozusagen der kleinste gemeinsame Nenner, auf den sich alle verständigen konnten. Sie befand sich damit in der äußerst vorteilhaften Lage, koalitionspolitisch am offensten zu sein. Doch anstatt sich etwa mit den übrig gebliebenen Christdemokraten zu verbünden, möglicherweise unter Einbeziehung auch der *Lega Nord*, bestand Berlusconi auf einer Allianz mit dem MSI-AN, der zu jener Zeit noch keinesfalls seiner neofaschistischen Vergangenheit abgeschworen hatte. Mit dieser weitreichenden Entscheidung brach der Politneuling nicht nur mit einer jahrzehntelangen Tradition, wonach extreme Kräfte, ob nun linke oder rechte, für Regierungsaufgaben tabu waren, sondern ging auch ein großes Risiko ein, indem er die Neofaschisten salonfähig machte. Dass sich diese fortan aus der rechten Ecke heraus bewegen würden, war damals noch keineswegs so selbstverständlich.

Es kann dennoch als Berlusconis großes Verdienst angesehen werden, einen rechten Pol unter schwierigsten Bedingungen – dafür aber umso trickreicher – aus der Taufe gehoben zu haben, um auf diese Weise den italienischen Bipolarismus zu begründen. Der Preis, den er hierfür später zu zahlen hatte, war außerordentlich hoch. Denn ihm musste von vornherein klar gewesen sein, dass die von ihm angeführte siegreiche Regierungskoalition angesichts der schier unüberbrückbaren Gegensätze zwischen dem MSI-AN und der *Lega* eher früher als später wieder auseinanderbrechen und dass damit einhergehend sein Erfolgsimage massiv beschädigt werden würde. Mitschuld am jähen Ende der Regierung

Berlusconi I trug aber auch der Premier selbst, und das nicht nur wegen dilettantischer Fehler, die ihm und vielen seiner unerfahrenen Parlamentarier im politischen Alltagsgeschäft zuhauf unterliefen. Viel schwerer wog sein offen schwelender Interessenkonflikt, der seinen zahlreichen Gegnern immer wieder als willkommene Angriffsfläche diente und ihn verwundbar machte. Die sich anbahnenden Justizprobleme Berlusconis, die zu einem Konflikt zwischen zwei Staatsgewalten ausarteten, verstärkten seine Delegitimation zusehends. Flugs hatte er eine Vielzahl gesellschaftlicher Gruppierungen, bis hin zum Staatspräsidenten, gegen sich aufgebracht.

Nach der Verjagung von der Regierungsbank zeigte sich der ungebrochene Machtwille der FI stärker denn je. Ihr ganzes Handeln schien allein darauf ausgerichtet zu sein, wieder in Regierungsverantwortung zu gelangen. Um dieses Ziel zu erreichen, war ihr nahezu jedes Mittel recht. In einer Art Fundamentalopposition vertrat sie zunächst immer radikalere und zum Teil auch absurde Positionen gegenüber der Technokratenregierung Dini. Konstruktive politische Initiativen kamen von ihr zu jener Zeit indes nicht. Dafür waren Beschuldigungen und sogar Beleidigungen an der Tagesordnung, was sie als extrem schlechten Verlierer erscheinen ließ. Sinkende Umfragewerte waren die Folge. Der Strategiewandel, den Berlusconi Ende 1995 einleitete, trug dem Rechnung. Um vorgezogene Parlamentswahlen mit geringen Erfolgsaussichten zu verhindern, brachte Berlusconi plötzlich eine große Koalition ins Gespräch, die jedoch vor allem am Widerstand der sich damals im Aufwind befindlichen *Alleanza Nazionale* scheiterte.

Wie sehr die Bündnispolitik entscheidend war für Sieg oder Niederlage, zeigte sich einmal mehr anlässlich der Parlamentswahlen vom Frühjahr 1996. Denn dass die FI zu den Wahlverlierern gehörte, lag weniger an ihren eigenen Verlusten, die allenfalls marginal waren. Ausschlaggebend war vielmehr der Wegfall eines unverzichtbaren Bestandteils der ursprünglichen Parteienallianz: Die *Lega Nord* war diesmal ihrer eigenen Wege gegangen, nachdem sich deren Chef Umberto Bossi mit Berlusconi Ende 1994 überworfen hatte. Diesen Verlust vermochten auch einige Christliche Demokraten nicht aufzuwiegen, die sich auf die Seite des Medienmoguls geschlagen hatten.

Die FI befand sich damit in der größten Krise ihrer noch jungen Geschichte. Ein Ausscheiden Berlusconis aus der Politik galt nur noch als Frage der Zeit, und dass die FI dies nicht überleben würde, daran konnte nicht der geringste Zweifel bestehen. Ihre anfangs lustlose und träge Oppositionspolitik schien diesen Eindruck nur zu bestätigen. Inwieweit sich Berlusconi in der Tat mit dem Gedanken trug, seiner politischen Karriere ein abruptes Ende zu bereiten, ist schwer zu sagen. Doch vorausgesetzt, er hätte es gewollt, erlauben hätte er es sich nicht können, allein schon deshalb nicht, weil er immer stärker in die Fänge der Justiz geriet. Ohne politische Protektion aber wäre dieser Kampf wohl aussichtslos gewesen. Also blieb ihm nichts anderes übrig, als auf Gedeih und Verderb weiterzumachen und sich seinem politischen Niedergang entgegenzustemmen. Er tat dies, indem er sich und seine Partei Schritt für Schritt in ein neues Licht rückte: weg von den schrillen Tönen vor allem des Jahres 1995 und hin zu moderateren Positionen. Mit Hilfe einer konstruktiven und auf Entgegenkommen ausgerichteten Politik versuchte er sich zugleich aus der Opposition heraus als verantwortungsbewusster Staatsmann zu profilieren – mit Erfolg. Dabei achtete er freilich penibelst darauf, nur so weit mitzuziehen, wie es ihm und nicht der amtierenden Mitte-Links-Regierung angerechnet werden würde. Nur so erklärt sich beispielsweise der plötzliche Rückzieher Berlusconis in puncto Verfassungsreform, an der er zuvor noch kompromissbereit mitgearbeitet hatte.

Schwieriger war das Unterfangen, sich auch international Ansehen zu verschaffen, herrschte doch im Ausland über alle Parteigrenzen hinweg denkbar großes Befremden gegenüber Berlusconi, das sich vornehmlich am Interessenkonflikt und der Justizproblematik entzündet hatte. Dennoch musste auch hier eine gewisse Aufwertung dringend her, weil sich in Italien Erfolge auf internationaler Ebene innenpolitisch besonders gut ausschlachten lassen. Mit der sehnlichst herbeigewünschten Aufnahme der FI in die *Europäische Volkspartei* Ende 1999 nahm Berlusconi in dieser Hinsicht einen Meilenstein.

All diese angestrengten Operationen erfüllten durchaus ihren Zweck, immer mehr Italiener schöpften wieder Vertrauen zu Berlusconi. Sichtbar wurde das erstmals anlässlich der Europawahlen von Mitte 1999, bei denen sich die FI den ersten Platz im italienischen Parteiensystem zurückeroberte. Zugute kamen ihr dabei sicher aber auch die Streitereien im regierenden Mitte-Links-Bündnis, dem nach dem unvorstellbaren Kraftakt, Italien „fit" für den Euro zu machen, die Bindekräfte abhanden gekommen waren, so dass es die erste Administration bereits verschlissen hatte. Aus einer Position der wiedererlangten Stärke heraus konnte Berlusconi seinerseits nun die *Lega Nord* dazu bewegen, sich von Neuem in sein Bündnis einzureihen und dabei gleichzeitig ihren sezessionistischen und extremistischen Bestrebungen abzuschwören. Das war umso leichter, als die inzwischen schwächelnde *Lega* sich eingestehen musste, dass ihr die autonome Stellung auf Dauer mehr schadete als nutzte. Sogleich machte sich die Rückkehr der *Lega* in die Mitte-Rechts-Allianz bezahlt: Mit ihr im Boot war dem Berlusconi-Block ein Sieg bei den Regionalwahlen vom Frühjahr 2000 sicher. Damit hatte der Oppositionsführer ein weiteres bedeutendes Etappenziel auf seinem Weg zurück zur Macht erreicht, zumal Regierungschef D'Alema, sich der nationalen Bedeutung dieses Urnenganges bewusst, nach dem Wahldebakel der Linken seinen Rücktritt einreichte. Spätestens von diesem Zeitpunkt an stand dem Comeback Berlusconis nichts mehr im Weg. Er befand sich nicht nur mit seiner Partei klar im Aufwind, sondern hatte auch in der Bündnispolitik mit der neuerlichen Einbeziehung der *Lega* seine Hausaufgaben gemacht. Mit einem aufwendigen, ganz auf seine Person ausgerichteten Wahlkampf sicherte Berlusconi seinen Vorsprung zusätzlich ab. Es kam, wie es kaum anders kommen konnte: Bei den Parlamentswahlen vom Mai 2001 triumphierte die *Forza* mit einem Proporzstimmenanteil nahe an der Dreißig-Prozent-Marke – zulasten vor allem ihrer Partner, die zuhauf Stimmen an die Partei Berlusconis verloren.

Dieser Sieg hatte im Vergleich zu jenem von 1994 eine völlig neue Qualität. Das Parteienbündnis der rechten Mitte war diesmal nicht aus der Not und auf die Schnelle entstanden, sondern von langer Hand geplant. Die Gegensätze zwischen den Partnern blieben zwar bestehen, doch minimierte sich deren Erpressungspotenzial enorm, denn angesichts der außergewöhnlich breiten Parlamentsmehrheiten ist seither außer der FI und der AN keine andere Partei mehr imstande, die Regierung zu Fall zu bringen. Dies und die ungewöhnlich starke Stellung des Ministerpräsidenten verliehen der neuen Regierung eine Stabilität, wie sie in Italien alles andere als üblich ist. Das schraubte die allgemeinen Erwartungen an sie hoch.

Die FI hat dank Berlusconi im Laufe der Jahre das neue italienische Parteiensystem so nachhaltig bestimmt wie keine andere Partei. Grundvoraussetzung hierfür war ihr ungemein stark ausgeprägter Wille zur Macht, der sie zu einer programmatisch offenen, populistischen, aber auch integrativen Kraft werden ließ. Sie hat gezeigt, dass sie im Grunde die einzige Formation darstellt, die mit allen wichtigen parteipolitischen Akteuren zusammenarbeiten kann, sobald es die Lage erforderlich macht. Nur sie konnte Anfang 1994 die damaligen Neofaschisten und die *Lega Nord* zusammenführen und dadurch dem Linksbündnis Paroli bieten, auch wenn diese Allianz noch so heterogen war. Um vorgezogene Parlamentswahlen in einem für sie ungünstigen Moment zu verhindern, erwog sie Ende 1995 sogar eine Koalition mit ihren eigentlichen Gegenspielern, den Linksdemokraten, die sie sonst so gern als Kommunisten verteufelt. Mit dem Ziel, ihr Tief nach den verlorenen Parlamentswahlen von 1996 zu überwinden, arbeitete sie wenig später mit den Regierungsparteien der linken Mitte bei mehreren Gelegenheiten konstruktiv zusammen. Und nur sie vermochte 1999 die *Lega Nord* wieder in die Mitte-Rechts-Allianz, das so genannte Freiheitshaus, zu holen, um auf diese Weise ihre Erfolgsaussichten bei den anstehenden Regionalwahlen wie auch bei den späteren Parlamentswahlen zu erhöhen. Damit war sie den übrigen Parteien im Mitte-Rechts-Lager stets einen Schritt voraus und nahm eine zentrale Stellung ein. Ohne oder gar gegen sie hätten diese reichlich wenig ausrichten können.

Dementsprechend gab die *Forza Italia* – sprich Silvio Berlusconi – auch in der Koalitionsregierung maßgeblich den Ton an. Insbesondere in den drei hier untersuchten Politikfeldern, der Wirtschafts- und Finanzpolitik, der Justizpolitik und der Außen- und Europapolitik, war das so.

Eine vorläufige Bilanz der Wirtschafts- und Finanzpolitik der Mitte-Rechts-Regierung unter Silvio Berlusconi in den ersten beiden Jahren fällt enttäuschend aus. So großmundig die Versprechen und so optimistisch die Voraussagen insbesondere in diesem Politikfeld auch waren, so sehr blieben Berlusconi und sein Schatzminister Tremonti (FI) hinter den Erwartungen – auch in der eigenen Anhängerschaft[1997] – zurück. Das von Berlusconi im Wahlkampf landauf landab angepriesene neoliberale Rezept – massive Steuersenkungen, gefolgt von einer stärkeren Nachfrage, dadurch Ankurbelung der erlahmten Konjunktur und letztlich Mehreinnahmen des Staates – ging nicht auf. Es war wohl auch von Anfang an illusionär zu glauben, dass sich eine solche Operation im speziellen Fall Italiens erfolgreich hätte bewerkstelligen lassen. Die hierfür notwendigen Rahmenbedingungen waren einfach nicht gegeben.[1998] Der Maastrichter Stabilitäts- und Wachstumspakt setzte bislang überdies dem Handlungsspielraum der nationalen Regierungen enge Grenzen. Italienische Regierungen – auch wenn sie von Berlusconi angeführt werden – sind vor allem angesichts der extrem hohen Staatsverschuldung hiervon besonders betroffen. Der sogleich einsetzende Konjunktureinbruch machte die Pläne Berlusconis dann vollends zunichte. An deutlich spürbare Steuerentlastungen für die breite Masse war unter diesen Voraussetzungen erst recht nicht mehr zu denken. Lediglich kleine „Wohltaten" für bestimmte Bevölkerungsgruppen, etwa die Abschaffung der Erbschafts- und Schenkungssteuer, die Anhebung der Mindestrenten oder die leichte steuerliche Verbesserung im Niedriglohnsektor, ließen sich gerade noch so verteilen. Die eigentlichen großen Wahlversprechen wurden klammheimlich bis auf weiteres „schubladisiert". Derweil ist die Steuerlast seit Berlusconis Amtsantritt um 0,9 Prozent gestiegen – bei gleichzeitig galoppierenden Lebenshaltungskosten.[1999]

Anstatt der sich zunehmend verschlimmernden Wirtschaftskrise durch grundlegende Strukturreformen entschieden entgegenzuwirken, übte sich die Regierung Berlusconi lieber in „Bilanztrickserei" und in so fragwürdigen wie umstrittenen Einmal-Maßnahmen. Die immer wieder aufgelegten Amnestie-Programme – ob nun für Kapitalflüchtige oder für Falschparker – sind neben der teilweisen Veräußerung staatlicher Kunst- und Kulturgüter die herausragendsten Beispiele dieser Art. An eine dringend nötige Rentenreform hingegen wagte sich die Regierung nicht heran, und selbst eine Mini-Reform auf dem Arbeitsmarktsektor geriet ihr zum heißen Eisen, das ihr prompt aus der Hand glitt. Emblematisch für dieses Versagen der Mitte-Rechts-Koalition auf wirtschafts- und finanzpolitischem Gebiet sind nicht nur die sich kontinuierlich verschlechternden öko-

---

[1997] Meinungsumfragen von Mitte 2003 belegen, dass selbst ein Großteil derjenigen Wähler, die 2001 dem Mitte-Rechts-Bündnis das Vertrauen ausgesprochen hatten, Berlusconi mittlerweile vorwerfen, seine Wahlversprechen – allen voran Steuersenkungen und wirtschaftlicher Aufstieg – nicht eingehalten zu haben. Vgl. Mannheimer, Renato, Governo, dopo due anni cala la popolarità, in: http://www.corriere.it/edicola/index.jsp?path=POLITICA&doc=MANN (23.6.2003).

[1998] Zu diesen Rahmenbedingungen gehören laut dem Ökonomen Antonio Pedone neben einem günstigen internationalen Wirtschaftsklima auch eine strukturelle Eindämmung der öffentlichen Ausgaben und eine entsprechend geringe Staatsverschuldung. Vgl. Pedone, Antonio, Fisco, in: Tuccari, Francesco (Hg.), Il governo Berlusconi. Le parole, i fatti, i rischi, Rom, Bari 2002, S. 169-181, 180.

[1999] Vgl. Grasse, Alexander, Italienische Verhältnisse 2004, S. 10.

nomischen Grunddaten Italiens, sondern auch die größtenteils vernichtenden Kritiken, die sich Berlusconi und Tremonti von unabhängigen Institutionen wie dem Internationalen Währungsfonds, der Europäischen Kommission und der italienischen Zentralbank anhören mussten. Selbst der mächtige italienische Unternehmerverband, einst größter Fürsprecher eines Regierungswechsels, ging zuletzt deutlicher denn je auf Distanz zur eingeschlagenen Politik.

Sicher, auch der weltweite Konjunktureinbruch trägt unbestreitbar eine gewisse Mitschuld an der italienischen Misere, die der deutschen auf frappierende Weise ähnelt. Dies darf jedoch nicht über die jeweils hausgemachten Probleme hinwegtäuschen. Wenn nun am einst unverrückbar geltenden Stabilitätspakt hüben wie drüben doch gerüttelt wird, kann dies auch als Eingeständnis einer fehlgeschlagenen nationalen Politik verstanden werden. In Italien, wo das ungenierte Anhäufen immenser Schuldenberge lange Tradition hat, mag man das freilich anders sehen. Solange aber Maastricht von Deutschen und Franzosen nicht „aufgeschnürt" wird, solange wird es aller Voraussicht nach auch Berlusconi nicht wagen, selbst Hand anzulegen. Die italienische Ratspräsidentschaft im zweiten Semester 2003 verbarrikadierte einen derartigen Schritt noch zusätzlich, denn als „schwarzer Peter" hätte sich wohl kaum auf internationaler Bühne präsidieren lassen. Da kam der Vorstoß Tremontis, ein europäisches Investitionsprogramm in Milliardenhöhe zu starten, gerade recht, auch wenn damit der Stabilitätspakt de facto doch verletzt wird, was man allenfalls hinter vorgehaltener Hand zugibt.

Die Schwäche der Regierung in der Wirtschafts- und Finanzpolitik ist umso erstaunlicher, als Berlusconi mit seiner außergewöhnlich breiten parlamentarischen Mehrheit durchaus in der Lage gewesen wäre, schmerzliche Reformen und notwendige Einschnitte in die sozialen Sicherungssysteme auch gegen Widerstände durchzusetzen. Dass er dennoch davor zurückschreckte, kann mit dem Trauma zusammenhängen, das er Ende 1994 erlitt, als seine erste Regierung nicht zuletzt wegen der gewerkschaftlichen Mobilmachungen gegen eine Rentenreform nach nur wenigen Monaten auseinanderbrach. Eine gewisse Rolle könnte aber auch die Tatsache gespielt haben, dass er womöglich nicht genügend Kraft für diesen Politikbereich übrig hatte, da er in den ersten beiden Jahren seiner zweiten Regierungszeit vollends damit beschäftigt war, seinen Kopf aus den Schlingen der Justiz zu ziehen.

Die Justizpolitik der Regierungskoalition im Allgemeinen und der *Forza Italia* im Speziellen schien sich an einem einzigen „Stern" zu orientieren: an Silvio Berlusconi, der als Politiker von seiner Vergangenheit als Geschäftsmann (mit illegalen Praktiken?) eingeholt wurde. Dringend notwendige Justizreformen, zum Beispiel der Abbau des immensen Prozessüberhangs oder eine Straffung im Bereich der Prozessordnung, wurden einfach links liegen gelassen. Dagegen missbrauchte die Mitte-Rechts-Koalition ihre Parlamentsmehrheiten permanent, um gezielt überall dort Hand anzulegen, wo man sich einen Prozessvorteil für Berlusconi und seine ebenfalls unter Anklage stehenden Parteifreunde erhoffte. Der

Erfolg all dieser Aktionen hielt sich jedoch zunächst wider Erwarten in Grenzen. Zweimal weigerten sich Berlusconis Richter – mit guten Gründen –, die von seinen Anwälten im Parlament maßgeblich mitgefertigten Gesetze auf ihn konkret anzuwenden. Das war bei dem Gesetz zur faktischen Entkriminalisierung von Bilanzfälschung so und auch bei dem Gesetz, das die Zulassung ausländischen Beweismaterials stark erschwert. Die *Legge Cirami* indes lief für Berlusconi und seinen Intimus Previti deshalb ins Leere, weil die Hürden, die der Staatspräsident während des Gesetzgebungsprozesses durchgesetzt hatte, für die Fälle der beiden prominenten Angeklagten anscheinend zu hoch waren. All dies trieb den Furor Berlusconis gegenüber der Justiz ins Unermessliche. Die Ankündigung einer parlamentarischen Untersuchungskommission zu *Tangentopoli* ist vor diesem Hintergrund zu sehen und kommt einer Generalabrechnung der Regierung mit der Justiz gleich.

Die letzte und einzige Waffe, die Berlusconi in seinem persönlichen Kampf mit der Justiz noch blieb, war allein die Immunität, die er sich in einem dramatischen Wettlauf mit der Zeit verschaffte. Mit diesem Schutzmechanismus stand er fürs Erste nicht nur de facto, sondern auch de jure über dem Gesetz. Nachdem das italienische Verfassungsgericht diese Rechtsnorm später jedoch als verfassungswidrig verworfen hatte, scheint klar: Das eines Rechtsstaates unwürdige „Katz-und-Maus-Spiel" zwischen dem Chef der Exekutive und der Judikative geht in eine neue Runde.

Die Justizpolitik der Mitte-Rechts-Allianz, angeführt von der *Forza Italia*, weist einmal mehr auf die derzeitige italienische Anomalie hin, die sich in Berlusconi verkörpert. Ein unter Anklage stehender Regierungschef, der seine Macht und seinen Einfluss auf das Parlament frank und frei dazu missbraucht, um sich rückwirkend geltende Gesetze auf den Leib maßgerecht schneidern zu lassen, sucht seinesgleichen in der westlichen Staatengemeinschaft. Die oft beschworenen Gefahren, die hieraus für die italienische Demokratie erwachsen, sind beträchtlich. Ein wesentliches demokratisches Prinzip wie das rechtsstaatliche ist bereits untergraben worden. Mit Berlusconi an der Spitze der Regierung ist die Gleichheit vor dem Gesetz nicht mehr gewahrt und wird an der verfassungsmäßig verbrieften Unabhängigkeit der Justiz gerüttelt, worunter die Gewaltenteilung – ebenfalls ein demokratisches Grundprinzip – leidet. Damit hätte die Europäische Union eigentlich allen Grund, auf der Basis des neuen Artikels 7 des Europäischen Unionsvertrags von Nizza aktiv zu werden und sich in die inneren Angelegenheiten Italiens einzumischen.[2000] Dass sie solches dennoch unterlässt,

---

[2000] Art. 7 des Europäischen Unionsvertrags sieht bei einem Bruch europäischer Verfassungsprinzipien wie Freiheit, Demokratie, Achtung der Menschenrechte und Rechtsstaatlichkeit ein dreistufiges Vertragsverletzungsverfahren vor, das mit einer Vier-Fünftel-Mehrheit der Mitgliedstaaten eingeleitet werden kann. Als Erstes müsste die EU in einem so genannten Vorfeldbeschluss ihre Besorgnis äußern, in einen intensiven Dialog mit dem entsprechenden Land treten und die innenpolitische Lage intensiv beobachten. Erst danach könnte sie den eventuellen

hängt mit vielfältigen politischen Erwägungen zusammen.[2001] Ob diese Strategie richtig oder falsch ist, sei dahingestellt. Wie schnell Italien jedoch mit seiner Justizpolitik zum akuten Problemfall für Europa heranwachsen kann, hat Berlusconi bereits im Zuge der Auseinandersetzungen um den europäischen Haftbefehl schon einmal tatkräftig bewiesen.

Ähnlich wie die Justizpolitik war überraschenderweise auch die Außen- und Europapolitik der *Forza Italia* in den ersten beiden Regierungsjahren ganz auf den „Übervater" Berlusconi mitsamt dessen Stärken und Schwächen zugeschnitten. Und Berlusconi legte sichtlich allergrößten Wert darauf, diesen Politikbereich unumschränkt zu dominieren. Aus diesem Grund trennte er sich schon frühzeitig von seinem ersten Außenminister Renato Ruggiero, der ihm als zu eigenständig daherkam. Das war auch der Grund, warum er direkt im Anschluss die große Belastung auf sich nahm, für eine Zeit lang selbst auch noch als Chefdiplomat zu fungieren. Und dass er diesen Posten schließlich nur für einen treuen und absolut loyalen Parteisoldaten wie Franco Frattini räumte, spiegelt ebenfalls das starke Verlangen Berlusconis nach möglichst freier Hand wider. Woher aber rührt dieser ungebrochene Wille nach absolutem Gestaltungsfreiraum gerade in der Außen- und Europapolitik?

Die Antwort liegt wieder einmal in der Person Berlusconis begründet. Diese Politikfelder waren für ihn in erster Linie deshalb von enormer Bedeutung, weil er dadurch seine großen innenpolitischen Schwierigkeiten zu kaschieren und zu kompensieren hoffte. Zwar hat es in Italien wie auch anderswo durchaus Tradition, die Außenpolitik generell als Quelle internationaler Legitimation zur Durchsetzung innenpolitischer Ziele zu betrachten.[2002] Doch musste Berlusconi ein ganz besonderes Interesse an internationaler Legitimation haben, hatte er in seinem eigenen Land doch auch mit Schwierigkeiten ganz besonderer Natur zu kämpfen: Einen Ministerpräsidenten in offenem Konflikt mit der Justiz und mit einem unsäglichen Interessenkonflikt hat selbst Italien nicht alle Tage gesehen. Wer mit den Großen der Welt erst einmal auf Du und Du steht, dem können ir-

---

Verstoß gegen die Verfassungsprinzipien offiziell feststellen. Im letzten Schritt bestünde dann die Möglichkeit, Sanktionen zu verhängen, die von der Kürzung europäischer Mittel bis hin zum Ausschluss vom Willensbildungs- und Entscheidungsprozess reichen können. Vgl. Palme, Christoph, a.a.O., S. 462f.; Weingärtner, Daniela, Die EU ist gegen Berlusconi nicht machtlos, in: Die Tageszeitung (taz), 16.10.2003, S. 11.

[2001] Ein wesentlicher Grund für diese Politik der Nicht-Einmischung liegt wohl in den schlechten Erfahrungen, welche die EU mit ihrem Boykott gegen Österreich gemacht hatte. Das damalige Ziel, die Regierungsbeteiligung der rechtspopulistischen Freiheitlichen unter Jörg Haider zu kippen, blieb letztlich unerreicht. Ferner gibt es Stimmen, die davon ausgehen, dass eine Blockade nach dem Vorbild Österreichs im Fall Italiens deshalb nicht angestrebt wurde, weil es sich hier um einen großen EU-Mitgliedstaat handelt. Vgl. Berger, Alois/Gümpel, Udo, Bossi ante portas. Alarm in Brüssel, in: Die Woche, 16.3.2001, S. 9.

[2002] Vgl. Bellucci, Paolo/Bull, Martin, a.a.O., S. 40.

gendwelche Richter und Staatsanwälte nicht mehr viel anhaben, mag sich Berlusconi wohl insgeheim gedacht haben.

Da ihm jedoch wegen ebendieser Schwierigkeiten in weiten Teilen Europas eher Misstrauen und Argwohn entgegenschlug, richtete er seinen Blick zunächst verstärkt auf die USA, wo man jemandem wie ihm aufgeschlossen, freundlich gegenüberstand. Hierin liegt sicherlich der Hauptgrund für Berlusconis Ankündigung, die Beziehungen zu den Vereinigten Staaten vertiefen zu wollen. Doch seine Ambitionen, zu einer Art Juniorpartner der einzig verbliebenen Weltmacht aufzusteigen, wurden immer wieder enttäuscht, zum Teil weil dieser Platz traditionellerweise Großbritannien gebührt, zum Teil aber auch, weil Italiens Premier nicht immer mit- bzw. standhalten konnte. In mehreren Fällen hatte er sich zwar bei den Amerikanern eingeschmeichelt (siehe etwa Kyoto-Protokoll, Internationaler Strafgerichtshof, Airbus 400M und zuletzt Irak-Krieg). Doch kippte er zumeist nach nur kurzer Zeit wieder um, sobald der Druck gegen seine Politik im eigenen Land oder von Seiten Europas zu groß wurde. Der Eindruck einer unsteten, wohl typisch italienischen Schlingerpolitik konnte sich in solchen Fällen kaum verhindern lassen. Eine wahre Meisterleistung im Lavieren vollbrachte Berlusconi in den Monaten vor dem Irak-Krieg. Kaum ein anderer westlicher Politiker brachte es fertig, in dieser Frage derart viele Wendemanöver einzuschlagen wie der italienische Ministerpräsident.

In Europa gelang es Berlusconi indes nur bei zweien, das Eis zu brechen: bei dem Spanier Aznar und dem Briten Blair. Dass dies möglich wurde, verdankt der Medienzar nicht zuletzt seiner Haltung zur Europäischen Union, die immer wieder Stoff für allerlei Spekulationen und Befürchtungen hergab. Während Großbritannien und Spanien für ihre europakritischen Töne schon lange bestens bekannt sind, ist der teilweise doch recht barsche Umgang Italiens mit der EU erst neueren Datums. Anders als frühere italienische Regierungschefs, egal welcher Couleur, zeigte Berlusconi bislang wenig Hemmungen, als Einziger seine Stimme zu erheben und auch mal ein Veto einzulegen, wenn ihm dies geboten erschien. Im Fall des europäischen Haftbefehls etwa konnte eine Selbstisolation Italiens nur in letzter Minute abgewendet werden. Anders bei der Frage nach dem Sitz der europäischen Nahrungsmittelagentur: Hier ließ er nicht locker, bis dass Parma das Rennen machte. Ob er sich mit seiner Forderung, Russland eines Tages als Vollmitglied in der EU begrüßen zu dürfen, ebenso wird durchsetzen können, scheint indes mehr als fraglich.

Diese neue Gangart, die Italien unter Berlusconi eingelegt hat, mag zwar auch mit dem Willen zusammenhängen, Italien neue Geltung zu verschaffen, wie immer wieder von Regierungsseite behauptet wird. Hauptsächlich beruht sie aber darauf, dass der italienische Premier Europa als Korsett begreift, das ihn in seiner persönlichen Handlungsfreiheit einengt, ob nun in der Wirtschafts-, der Justiz- oder der Medienpolitik. Die unter demokratischen Gesichtspunkten beängstigenden Entwicklungen vor allem in den beiden letztgenannten Bereichen ließen sich allenfalls noch von der EU durchkreuzen. Durch die Konflikte, die sich hieraus ergeben, hat der „Fall Berlusconi" längst auch eine europäische Dimension angenommen – und nicht erst seit der italienischen EU-Ratspräsidentschaft im zweiten Halbjahr 2003.

Silvio Berlusconi aufgrund all dieser Faktoren als strikten Gegner Europas zu verteufeln, macht allerdings wenig Sinn und führt letztlich in die Irre. Es spricht vielmehr so manches dafür, dass der *Cavaliere*, wie Berlusconi auch gern genannt wird, keineswegs als zweite Maggie Thatcher in die Geschichte der Europäischen Gemeinschaft eingehen wird. Eine Dauerauseinandersetzung mit Europa wie zu Zeiten der Eisernen Lady kann sich Italiens Premier kaum leisten, nicht nur weil das die eigene Bevölkerung kaum hinnehmen würde. Berlusconi muss viel eher ein strategisches Interesse daran haben, nicht laufend im europäischen Scheinwerferlicht zu stehen und so den Blick auf seine nach wie vor ins Auge stechenden Anomalien zu richten. Daher wird sich Italien unter Berlusconi wohl oder übel zumindest in den großen europäischen Fragen in Reih und Glied fügen. Gleichzeitig ist aber auch davon auszugehen, dass er öfter „no" sagen wird, wenn ein kleiner Vorteil für sein Land herauszuholen ist, um sich dadurch seinen Landsleuten als eine Art fürsorgender Vater zu präsentieren – Justizprobleme und Machtkonzentration hin oder her. Der Schein der Europabegeisterung ließe sich dabei wahren, und die Interessen Italiens – ebenso wie jene Berlusconis – kämen auch nicht zu kurz. Offene Europafeindlichkeit, wie sie Frau Thatcher an den Tag gelegt hatte, würde Berlusconi mehr schaden als nutzen. Und Berlusconi ist wohl ein zu guter Geschäftsmann, als dass er dies nicht bestens wüsste.

In seinem Land fährt er mit diesem außen- und europapolitischen Kurs erstaunlicherweise recht gut. Einer Meinungsumfrage von Mitte 2003 zufolge ist der Zuspruch in der Bevölkerung zu seiner Politik in keinem anderen Bereich so hoch wie hier.[2003] Die Italiener kümmert es also allem Anschein nach reichlich wenig, dass man in Deutschland etwa den Verlust eines ehemals treuen Partners mit großem Bedauern zur Kenntnis nimmt.

Dass Berlusconi die Politik seines Landes heute derart prägt wie in dieser Arbeit dargestellt, hängt natürlich vor allem mit der elektoralen Stärke der FI zusammen. Mit ihren zuletzt knapp dreißig Prozent hat sie alle anderen Parteien weit abgehängt und sich endgültig zu einer *catch all party* hin entwickelt. Ihre Wähler finden sich mittlerweile in nahezu sämtlichen sozialen und gesellschaftlichen Schichten, quer durch die Bevölkerung, obgleich sich natürlich einige dieser Gruppierungen – man denke etwa an die Hausfrauen, die Senioren oder auch die Arbeitslosen – ganz besonders von ihr angesprochen fühlen. Einen schweren Stand hat sie dagegen nach wie vor insbesondere bei Studenten und Angestellten

---

[2003] Vgl. N.N., Il Cavaliere e il semestre Ue, in: http://www.corriere.it/edicola/index.jsp?path=POLITICA&doc=DUE (23.6.2003).

des öffentlichen Dienstes wie etwa Lehrern. Im Gegensatz zu den meisten anderen italienischen Parteien ist ihr Elektorat zudem nicht lokal gebunden, sondern findet sich überall auf der Halbinsel. Dennoch gibt es freilich regionale Unterschiede. Vor allem in Norditalien und auf Sizilien feiert sie die größten Erfolge, wohingegen ihre Ergebnisse im ehemaligen „roten Gürtel" Mittelitaliens bis in die Gegenwart hinein deutlich unter dem Landesdurchschnitt liegen.

Ihren Blitzaufstieg im Jahr 1994 verdankte sie vor allem der Tatsache, dass sich eine Vielzahl von Wählern der alten Regierungsparteien, allen voran der Christlichen Demokraten und der Sozialisten, plötzlich heimatlos fühlten und in ihr eine glaubwürdige Alternative erblickten. Der Stimmenzuwachs der letzten Jahre indes ging zum allergrößten Teil zulasten ihrer Partner, so dass sich an den Kräfteverhältnissen zwischen den beiden großen Lagern im Grunde seit rund zehn Jahren kaum etwas verändert hat. Daher kommt der Bündnispolitik, wie bereits ausgeführt, eine so zentrale Bedeutung für Sieg oder Niederlage zu.

Warum gerade sie sich ihre Alliierten teilweise „einverleiben" konnte, hängt zweifellos in erster Linie mit Berlusconi persönlich zusammen. Wie sehr dieser das Zugpferd seiner Formation schlechthin ist, lässt sich schon daran ablesen, dass die FI bei nationalen Urnengängen in der Regel weitaus besser abschneidet als bei lokalen. Sosehr er auch von seinen Gegnern attackiert wird – unter seinen Anhängern genießt er dank seiner gezielten Imagepflege[2004] den Status einer charismatischen Führergestalt, eines Übervaters. Zudem gibt er nicht nur seiner eigenen Partei, sondern auch der gesamten Mitte-Rechts-Allianz nun schon seit gut zehn Jahren ein Gesicht, was in Zeiten verstärkter politischer Personalisierung keine unwesentliche Rolle spielt. Zwar wurde sein Führungsanspruch im Anschluss an die Parlamentswahlen von 1996 zwischenzeitlich in Frage gestellt. Doch gab er das Zepter nicht aus der Hand, um in den letzten Jahren das Freiheitshaus unangefochtener denn je anzuführen. Eine solche Figur hat das gegnerische Lager beileibe nicht zu bieten. So befand sich der regierende *Ulivo* vor den vergangenen Parlamentswahlen zunächst noch auf der Suche nach einem geeigneten Spitzenkandidaten, während Berlusconi als Herausforderer schon längst feststand. Und dass die Wahl damals nicht auf den Amtsinhaber Giuliano Amato fiel, sondern auf den „dynamischeren" Francesco Rutelli, war wohl ebenfalls Berlusconi zu schulden, dem man eben keinen altgedienten Politiker entgegensetzen mochte. Der Medienunternehmer dominiert somit die politische Szene Italiens wie kaum ein anderer vor ihm. Seiner Autorität ist es zu verdanken, dass das Mitte-Rechts-Bündnis trotz aller, zum Teil gravierender Divergenzen nicht auseinander fällt. Indirekt wirkt er selbst auf das Mitte-Links-Bündnis integrie-

---

[2004] So stellte sich Berlusconi beispielsweise auch immer wieder als eine Art Messias dar, indem er sich mit Jesus verglich. Es kam sogar vor, dass von Wundern berichtet wurde, die auf ihn und seine angeblich übernatürlichen Kräfte zurückzuführen seien. Vgl. Messina, Sebastiano, La benedizione, in: La Repubblica, 30.1.2001, S. 9.

rend, denn außer dem gemeinsamen „Feindbild" Berlusconi verbindet die einzelnen Kräfte nur wenig miteinander.

Die Gretchenfrage, inwieweit Berlusconi aufgrund seiner medialen und wirtschaftlichen Machtfülle zu dem wurde, was er heute ist, lässt sich nur schwer beantworten. Natürlich hat er aufgrund seiner Finanzstärke vor allem bei Wahlkämpfen klare Wettbewerbsvorteile gegenüber seinen Konkurrenten, außerhalb ebenso wie innerhalb seiner Parteienallianz. Die Inanspruchnahme seiner Fernsehkanäle indes geht weniger auf Kosten seiner erklärten Gegner als vielmehr zulasten seiner Partner im eigenen Lager. Denn wie Nachwahlanalysen belegen, erreichen seine TV-Sender hauptsächlich die Mitte-Rechts-Wähler, wohingegen das Gros des Mitte-Links-Elektorats die öffentlich-rechtliche RAI in aller Regel bevorzugt. Alles in allem muss jedoch festgehalten werden, dass das Fernsehen bei den Wahlkämpfen von 1996 und 2001 lange nicht mehr die zentrale Rolle spielte, die es 1994 noch gespielt hatte. Insbesondere die Wahlkampagne Berlusconis vom Frühjahr 2001 setzte viel eher auf Plakatwände anstatt auf den flimmernden Bildschirm. Das Geheimnis seines vorerst letzten großen Erfolges lag somit vor allem in seinen dezidiert politischen Fähigkeiten, Bündnisse zu knüpfen und ein Angebot zu präsentieren, für das es offenbar eine große Nachfrage gab.

Einen nicht zu unterschätzenden Anteil an seinem Wiederaufstieg – und das wurde nur zu oft unterschlagen – hatte überdies auch seine Partei, die *Forza Italia*, die von ihrer Geburt bis zu den Wahlen von 2001 einen grundlegenden organisatorischen Wandlungsprozess durchlief. Wie auch der politisch-programmatische Kurs der FI ganz darauf ausgerichtet war, die Macht zurückzuerobern, so orientierten sich auch deren interne Organisationsstrukturen ausschließlich an dieser Zielvorgabe. Ihr ursprüngliches Organisationsmodell, das im Wesentlichen dem Vorbild amerikanischer Wahlkomitees folgte, stellte damals ein aufsehenerregendes Experiment dar, das alle anderen Parteien herausforderte. Anstatt eine nach traditionellen Gesichtspunkten organisierte Partei ins Leben zu rufen, genügte Berlusconi anfangs ein willkürlich und unbürokratisch organisierter, dafür aber höchst effizienter Kernapparat, der sich fast ausnahmslos aus einigen wenigen vertrauenswürdigen und verdienten Mitarbeitern seiner Firmengruppe zusammensetzte. Feste Regeln gab es faktisch keine, stattdessen liefen alle Fäden in den Händen Berlusconis zusammen. Er allein bestimmte mit ständig schielendem Blick auf Meinungsumfragen die politische Ausrichtung und delegierte alle anfallenden Aufgaben nach eigenem Gutdünken. Selbst bei der Selektion der Parlamentskandidaten hatte er das letzte Wort. Um seine Botschaft unters Volk zu bringen, lag nichts näher, als sich seiner landesweiten Fernsehsender zu bedienen. Etwaige Parteimitglieder waren unter diesen Bedingungen nicht vonnöten, und die wenigen, die man in einer Anfangsphase aufgenommen hatte, wurden sogleich wieder verbannt. Um den Eindruck einer neuen Massenbewegung mit breitem Rückhalt in der Bevölkerung zu erwecken und den Wahlkampf vor Ort zu unterstützen, genügten die FI-Clubs, die nach einem Aufruf gemäß dem Vorbild von Fußball-Fanclubs im ganzen Land wie Pilze aus dem Boden geschossen waren. Dieses völlig neuartige Organisationsmodell, das alle italienischen und wohl auch europäischen Parteientraditionen über den Haufen warf, erwies sich unter den ganz besonderen Umständen, unter denen die Parlamentswahlen von 1994 stattfanden, als siegreiche Formel. Mit ihm hatte Berlusconi auf Anhieb das erreicht, was er wollte: den Einzug in die Paläste der Macht. Dort erst mal angelangt, kümmerte es ihn reichlich wenig, dass sich unter den neuen „Parteiaktivisten" – den Parlamentariern ebenso wie den Club-Mitgliedern – großer Unmut ob der fehlenden Regeln und der ebenfalls nicht vorhandenen Einfluss- und Mitsprachemöglichkeiten breit machte. Mit disziplinierenden Maßnahmen wie dem Ausschluss zahlreicher Clubs versuchte man allenfalls, die Ruhe schleunigst wiederherzustellen, ohne dabei auf die geäußerte Kritik einzugehen.

Nachdem Berlusconi frühzeitig gestürzt war, rückte die Partei zwar wieder stärker in den Mittelpunkt seines Interesses. Grundlegende Änderungen am Organisationsmodell seiner FI zog er zu diesem Zeitpunkt allerdings noch nicht in Betracht. Das lag zum einen daran, dass in ständiger Erwartung der postulierten Neuwahlen die Zeit gar nicht gegeben zu sein schien, um weitreichende Parteireformen in die Wege zu leiten. Zum anderen wollte er solche Reformen zunächst auch überhaupt nicht, weil er mit diesem Modell schließlich schon einmal einen fulminanten Wahlsieg errungen hatte. Die enttäuschenden Ergebnisse seiner Formation bei einigen lokalen Urnengängen hatten zwar auch schon die Nachteile dieser Organisationsstrukturen offenbart, doch die nahm der FI-Chef anscheinend billigend in Kauf.

Nach den verlorenen Parlamentswahlen von 1996 stellte sich die Lage plötzlich ganz anders da. Die *Forza Italia* hatte als reines Wahlkomitee erstmals auch auf nationaler Ebene nicht den erhofften Sieg gebracht, so dass ihre Organisationsstrukturen ins Kreuzfeuer der Kritik gerieten. Viele hatten inzwischen nur noch Hohn und Spott für sie übrig: Die Bezeichnung „Partei aus Plastik" wurde zum geflügelten Wort. Wollte Berlusconi die vor ihm liegende Oppositionszeit überstehen und jemals wieder in Amt und Würden kommen, dann ging das nur mit einer fest im ganzen Land verwurzelten Parteiorganisation im Rücken. Daher beschloss er, die FI zu einer echten Partei auszubauen, die nach eher traditionellen Gesichtspunkten strukturiert sein sollte, ohne dabei jedoch einen schwerfälligen und bürokratischen Apparat zu schaffen. Unter der Leitung des früheren Christdemokraten Claudio Scajola begann das neue Modell konkrete Gestalt anzunehmen. Als Erstes setzte sich die FI mit einem neuen Parteistatut klare Regeln. Dieses ähnelte in vielen Punkten, beispielsweise der Gliederung in vier Ebenen, den Satzungen der übrigen Parteien. Auch sah das FI-Statut erstmals eine breit angelegte Öffnung für Parteimitglieder vor und damit einhergehend auch gewisse Mitbeteiligungsmöglichkeiten für die Parteibasis. Die zugestandene innerparteiliche Demokratie betraf allerdings nur die beiden unteren Ebenen. Die regionalen Parteichefs indes sollten, wie gehabt, direkt von Berlusconi abhängig bleiben. Und dass kein anderer als dieser an der Spitze der FI stehen durfte, verstand sich fast von selbst. Die Bestimmung, wonach er von einem Nationalkongress gewählt werden müsse, war nicht mehr als eine Farce. Damit hatte das neue Statut dennoch die Grundlagen geschaffen für eine künftige Mitgliederpartei mit begrenzten Elementen innerparteilicher Demokratie. Gleichzeitig blieb die FI aber auch und vor allem eine charismatische Partei, die ganz von der Autorität ihres Präsidenten lebte – und auch heute noch lebt. Diese exponierte und dominante Stellung Berlusconis innerhalb seiner Partei wirkt sich nach wie vor äußerst positiv auf die Schlagkraft und Durchsetzungsfähigkeit der FI im ständigen Kampf mit dem politischen Gegner aus.

Diesem Modell galt es sodann, Leben einzuhauchen. Das geschah mit Hilfe von massiven Anwerbekampagnen, im Zuge derer auch tatsächlich immer mehr Italiener der FI beitraten. Die Einberufung der Parteitage auf allen Ebenen rundete den aufwendigen Wandlungsprozess ab. Mit den Europawahlen von 1999 bestand die derart gerüstete Partei ihre erste Bewährungsprobe bravourös. Nachdem sie auch bei den Regionalwahlen knapp ein Jahr später hielt, was sie versprach, stand einem Sieg bei den Parlamentswahlen von 2001 nichts mehr im Weg. Eine neue *Forza Italia* hatte Berlusconi zum zweiten Mal die Tore zum Palazzo Chigi, dem Sitz des italienischen Ministerpräsidenten, geöffnet.

Damit hatte sie sich jedoch zugleich wieder einmal ihrer Hauptfunktion entledigt, und das bekam sie recht schnell zu spüren. Angesichts der vielfältigen Regierungsgeschäfte trat die Partei für Berlusconi in den Hintergrund, was – wie bei einer absolut persönlichkeitsfixierten Formation nicht anders zu erwarten – fatale Konsequenzen nach sich zog. Die durch Abwesenheit bedingte Führungsschwäche an der Spitze wirkte sich sogleich auf die ganze Partei, bis hin zu ihren peripheren Gliederungen, äußerst destabilisierend aus. Die gerade erst mühsam aufgebauten Organisationsstrukturen im ganzen Land drohten wieder auseinander zu fallen. Vermehrte Parteiaustritte und erste schmerzliche Verluste bei einigen lokalen Wahlgängen waren die unmittelbaren Folgen. Doch anders als im Anschluss an die Parlamentswahlen von 1996, als sich die FI schon einmal in einer schweren Krise befand, reagierte Berlusconi diesmal nur zögerlich und überließ es zunächst anderen, sich Gedanken über den weiteren Weg seiner Partei zu machen. In dieser lebhaften parteiinternen Debatte kristallisierten sich zwei gegensätzliche Modelle heraus: eine Rückkehr zu den Ursprüngen der FI als Wahlkomitee auf der einen und ein verstärkter Ausbau der Parteistrukturen auf der anderen Seite. Welche dieser beiden Organisationsformen sich letztlich durchsetzen wird, lässt sich aus heutiger Sicht nur schwer sagen. Obwohl sich Berlusconi bislang in dieser Frage nicht öffentlich festgelegt hat, deuten manche Zeichen darauf hin, dass er eher der ersten Option zugeneigt ist.

Die eingangs gestellte Frage, ob die FI Modellcharakter für andere politische Formationen besitzt, ist nach der hier vorgenommenen ausführlichen Analyse

ihrer Parteistrukturen klar zu verneinen. Ihr Organisationsmodell der Anfangszeit
– das eines Wahlkomitees, das nur zu Wahlkampfzeiten politischen Aktionismus
mit Hilfe modernster Kommunikationstechniken verbreitet – war allein in einem
historisch einzigartigen Moment des Umbruchs und unter massiver Inanspruchnahme der privaten TV-Stationen erfolgreich. Die ab dem Frühjahr 1996 eingeleitete organisatorische Annäherung der FI an die überlieferten Parteientraditionen kam dem Eingeständnis gleich, dass eine Partei im italienischen – und wohl auch im europäischen – Kontext auf Dauer nur als organisierte Mitgliederpartei überlebensfähig ist. Die nach wie vor vorhandenen Unterscheidungsmerkmale, welche die FI von fast allen anderen Parteien in westlich geprägten Demokratien abheben – hier ist vor allem an die übermächtige Stellung Berlusconis und damit einhergehend an die unzureichende innerparteiliche Demokratie zu denken –, können wohl kaum als Vorbild dienen, auch wenn sich dadurch ihre Handlungsfähigkeit und ihre Effizienz im politischen Alltag steigern ließ. Die massiven Probleme, mit denen die Partei seit der Regierungsübernahme zu kämpfen hat, offenbaren erstmals aber auch die Schwäche dieses Organisationsmodells: Es funktioniert nur, solange Berlusconi die Zügel fest in der Hand hält. Gäbe er sie sogar ganz ab, würde die FI höchstwahrscheinlich ebenso schnell wieder verschwinden, wie sie gekommen war. Ohne ihn ist die FI aus heutiger Sicht jedenfalls nicht vorstellbar. Eine solche charismatische Partei hat allenfalls für andere „Berlusconis" Modellcharakter,[2005] nicht aber für politische Formationen mit einer ausgeprägten demokratischen Kultur, wie sie etwa die im Deutschen Bundestag vertretenen Parteien besitzen.

Ob es eine solche Partei tatsächlich verdient hat, Vollmitglied der *Europäischen Volkspartei* zu sein, dem exklusiven Club der christlich-demokratischen und konservativen Parteien Europas, muss stark in Frage gestellt werden. Dagegen spricht zunächst einmal das schwierige Verhältnis der *Forza* zu Europa. In dieser Hinsicht steht sie in offenem Gegensatz zur jahrzehntelangen dezidiert integrationsfreundlichen Tradition der EVP, wenngleich auch anderen EVP-Mitgliedern, etwa den spanischen Konservativen, nicht viel mehr an einer weiteren Integration Europas zu liegen scheint.

Gegen eine Mitgliedschaft der FI in der EVP spricht aber auch ihr anomaler Charakter, der sich im Wesentlichen an drei Punkten festmachen lässt. Dies sind, erstens, die völlig unzureichenden demokratischen Organisationsstrukturen in-

---

[2005] Um ähnlich persönlichkeitsfixierte Parteiorganisationen zu finden, muss man weit über den europäischen Tellerrand hinausblicken. Mit der FI in etwa vergleichbar waren die *Reform Party* des Amerikaners Ross Perot und die politischen Strukturen, die geschaffen wurden anlässlich der Präsidentschaftskandidaturen von Fernando Collor de Mello in Brasilien, von Hugo Chávez in Venezuela sowie von Joseph Estrada auf den Philippinen. Auch die derzeitige thailändische Regierungspartei *Thai Rath Thai* des Milliardärs und Ministerpräsidenten Thaksin Shinawatra weist in dieser Hinsicht frappierende Ähnlichkeiten mit der FI auf. Vgl. Poli, Emanuela, Forza Italia, S. 293.

nerhalb der FI. In keiner anderen Partei der EVP hat sich deren Chef selbst eingesetzt. In keiner anderen lässt sich der Chef allenfalls per Akklamation in seinem Amt von einem Parteitag bestätigen, dessen Mitglieder überdies zu weiten Teilen von ihm selbst indirekt berufen werden. Nur in der FI stehen die Chefs der Regionalverbände nicht zur Wahl, sondern werden von oben bestimmt. Nur in ihr hat der Präsident das letzte Wort bei der Aufstellung der Parlamentskandidaten. Und nur sie leistete sich eine dreijährige Aufschiebung des nationalen Parteitags, unter gründlicher Missachtung des geltenden Statuts. Die *Forza Italia* ist damit alles andere als eine demokratisch verfasste Partei.[2006]

Eine zweite Anomalie manifestiert sich in der Problematik des Interessenkonflikts. Wie kein anderer in Europa vereint Berlusconi in sich politische und wirtschaftliche Macht. Sein Firmenimperium ist nicht nur weit verzweigt, es umfasst zudem auch die drei großen landesweiten Privatsender. Im Hinblick auf den für Demokratien lebensnotwendigen Meinungspluralismus ist das als besonders kritisch einzustufen. Solange diese Situation fortbesteht, wird es unmöglich sein zu beurteilen, ob das Regierungshandeln in unzähligen Bereichen echten politischen Überzeugungen entspringt und die Allgemeinheit im Blick hat oder ob es nicht etwa persönlich motiviert ist, zum Wohle der geschäftlichen Partikularinteressen des Premiers. So steht vor allem die Wirtschafts- und Finanzpolitik der FI ständig unter dem Generalverdacht des Machtmissbrauchs; ähnlich verhält es sich nicht zuletzt auch mit der Medien- und der Justizpolitik.

Letztere stellt zugleich die dritte Anomalie der FI dar. Während insbesondere die übrigen konservativen Parteien in Europa seit jeher *law and order* predigen und praktizieren, ließ die FI nichts unversucht, um Milde walten zu lassen. Straftatbestände wurden kurzerhand abgeschafft, Strafmaße gesenkt, Verjährungsfristen gekürzt, ganz zu Schweigen von den vielfältigen Verbalattacken und Einschüchterungsversuchen gegen die Justiz, die den Rechtsstaat, ein demokratisches Grundprinzip, untergruben. Und wieder einmal ist es kein geringerer als Berlusconi, auf den dieses Verhalten zurückzuführen ist. Obwohl es auch anderswo in Europa immer schon Politiker mit Justizproblemen gab, stand doch bislang kein anderer Spitzenpolitiker derart häufig unter Anklage wie er – und keiner außer ihm musste bislang gar Verurteilungen über sich ergehen lassen, auch wenn „nur" in erster Instanz. Dass er seine Unschuld, von der im besten Fall auszugehen ist, nicht vor Gericht unter Beweis stellen mochte, sondern sich mit Hilfe einer maßgeschneiderten Immunitätsregelung einem nahenden Urteilsspruch zu entziehen versuchte, hinterlässt einen außerordentlich bitteren Beige-

---

[2006] Das bestätigte im September 2003 selbst Roberto Rosso, FI-Abgeordneter und kommissarischer Koordinator seiner Partei in Friaul: „Geben wir es doch zu, die innerparteiliche Demokratie gibt es nicht." Zitiert nach: N.N., Rosso: In Forza Italia non c'è democrazia, in: La Stampa, 17.9.2003, S. 4 (eig. Übers.).

schmack. Wohl kein anderer Parteichef in Europa, und erst recht kein amtierender Regierungschef, hätte sich das erlauben können.

Vor allem angesichts dieser drei Anomalien muss sich die EVP fragen lassen, ob sie sich mit der Aufnahme der FI im Jahr 1999 nicht vielleicht selbst einen Bärendienst erwiesen hat. Wer in den Reihen der europäischen Christdemokraten und Konservativen hoffte, durch diesen Schritt die *Forza* am ehesten „zähmen" und an europäische Standards heranführen zu können, muss heute tief enttäuscht sein. Die schon damals bestens bekannten Anomalien haben sich seither keineswegs entschärfen lassen. Sie sind mit dem Wechsel der FI in Regierungsverantwortung sogar noch größer geworden und gleichzeitig einem breiten Publikum zu Bewusstsein gekommen. Wenn Berlusconi von sich reden macht, und das tut er zumeist im negativen Sinn, dann wirft das zwangsläufig auch einen Schatten auf seine europäischen Partner. Wäre es nicht besser gewesen, die Hürden für einen Beitritt bewusst hochzuschrauben, um auf diese Weise Einfluss auf die Entwicklung der Partei zu nehmen? Da dieser Zug jedoch abgefahren ist, ist Schadensbegrenzung das Gebot der Stunde. Dazu gehört, dass sich die EVP klar und deutlich von Berlusconi distanziert, sobald der wieder über das Ziel hinausschießt, wie etwa anlässlich seiner Antrittsrede als Ratspräsident im Europaparlament Anfang Juli 2003, die in einem unsäglichen Eklat endete.

Die Anomalien der *Forza Italia* sind vor allem deshalb nicht zu unterschätzen, weil sie auf das gesamte Parteiensystem Italiens ausstrahlen. Solange sie fortbestehen, bleibt auch die Parteienlandschaft südlich der Alpen anomal. Die allzu leichte Anfechtbarkeit der stärksten Regierungspartei führt dazu, dass Sachdiskussion über den rechten Weg in der Politikgestaltung oftmals in den Hintergrund tritt. Stattdessen dreht sich ein Großteil der öffentlichen Auseinandersetzung allein um Berlusconi. Litt somit das italienische Parteiensystem in vergangenen Zeiten unter dem „Faktor K", dann leidet es heute unter dem „Faktor B" – B wie Berlusconi.

11.2 Ausblick: Wohin geht die FI?

Da die *Forza Italia* durch und durch eine charismatische Partei ist, hängt ihr weiteres Schicksal ganz wesentlich von ihrem Gründer und Chef Silvio Berlusconi ab. Dieser beteuert zwar von Zeit zu Zeit, er wolle angeblich, dass seine Partei eines Tages auch ohne ihn Bestand haben werde.[2007] Doch danach sieht es momentan ganz und gar nicht aus. Zu sehr ist die gesamte Partei nach wie vor auf ihn fixiert, als dass sie unabhängig von ihm existieren könnte. Sie lebt geradezu von seiner Autorität und seinem Charisma, und die unterschiedlichen politischen Traditionen, die in ihr vereint sind, werden allein von ihm zusammen-

---

[2007] Vgl. Vespa, Bruno, La grande muraglia, S. 243.

gehalten. Ein eventueller Nachfolger seines Formats ist derweil innerhalb der Partei nicht im Entferntesten in Sicht. Das vermag kaum zu überraschen, stellte die FI doch jahrelang in allererster Linie ein Instrument dar, das Berlusconi dazu diente, wieder an die Macht zu gelangen.

Vor diesem Hintergrund drängt sich die Frage auf, ob Berlusconi mittel- bzw. langfristig überhaupt noch ein Interesse daran hat, dass die *Forza* weiterhin besteht. Dies hängt wohl größtenteils von seinen Zukunftsplänen ab, die noch nicht völlig geklärt sind. Dass er zuweilen darüber nachdachte, Ciampi als italienischen Staatspräsidenten zu beerben, ist kein Geheimnis. Ausschließen mochte er bislang aber auch nicht, bei den kommenden Parlamentswahlen, die spätestens im Frühjahr 2006 anstehen, wieder als Spitzenkandidat der rechten Mitte anzutreten.[2008] Solange diese Frage nicht geklärt ist, lassen sich allenfalls Vermutungen anstellen, was künftig aus der FI werden könnte.

Verschiedene Szenarien sind prinzipiell vorstellbar. Sollte Berlusconi demnächst plötzlich, aus welchen Gründen auch immer, aus der Politik ausscheiden, hätte dies aller Wahrscheinlichkeit nach ein Auseinanderbrechen der FI in viele kleine Splittergruppierungen zur Folge. Obwohl bislang – abgesehen von sinkenden Umfragewerten[2009] und dem schlechten Abschneiden der FI bei den Europawahlen vom Juni 2004 – noch nicht allzu viel auf eine solche Option hindeutet, gibt es schon seit geraumer Zeit Mitte-Rechts-Politiker, die sich für diesen Fall vorsorglich rüsten. Insbesondere AN-Chef Gianfranco Fini werden größte Ambitionen nachgesagt, in die Fußstapfen Berlusconis treten zu wollen. Entsprechend versuchte dieser in jüngster Vergangenheit, mit einer Reihe von Wendemanövern immer stärker in die politische Mitte vorzudringen. So machte er nicht nur den Vorschlag, in Italien lebenden und arbeitenden Ausländern aus Nicht-EU-Staaten das Wahlrecht auf kommunaler Ebene zuzugestehen, sondern verurteilte bei einer offiziellen Israel-Visite auch die Rassengesetze aufs Schärfste. Ob seine Partei diesen Weg mitgehen wird, bleibt abzuwarten. Die Duce-Enkelin Alessandra Mussolini jedenfalls kehrte Fini daraufhin den Rücken und kündigte Anfang Dezember 2003 die Gründung einer neuen Rechtsaußen-Formation an.[2010] Dem

---

[2008] Vgl. Galluzzo, Marco, Berlusconi più ottimista, pensa alla legge elettorale, in: http://www. corriere.it/edicola/index.jsp?path=POLITICA&doc=BERL (10.11.2003).

[2009] So sank der Anteil jener Italiener, die „sehr viel" bzw. „ziemlich viel" Vertrauen in die Politik Berlusconis haben, von 38 Prozent im Juni 2002 auf 28 Prozent im Oktober 2003. Vgl. Schlamp, Hans-Jürgen, Cavaliere im Abwind, in: http://www.spiegel.de/spiegel/0,1518,272236, 00.html (3.11.2003).

[2010] Vgl. Scalfari, Eugenio, Fini apre la corsa a Palazzo Chigi, in: La Repubblica, 7.12.2003, S. 1/17, 17. Zu den Europawahlen im Juni 2004 trat Frau Mussolini mit dem Bündnis *Alternativa Sociale* an, einem Zusammenschluss der rechtsextremen Bewegungen *Movimento Sociale – Fiamma Tricolore*, *Forza Nuova* und *Fronte Sociale Nazionale*. Vgl. Fromm, Thomas, Die EVP als Sammelbecken konservativer und rechtskonservativer Kräfte, in: http://www.dradio.de/dlf/ sendungen/dlf_europaheute/272991/?drucken (7.8.2004).

weiteren politischen Aufstieg Finis tat dies keinen Abbruch. In seiner neuen Funktion als italienischer Außenminister[2011] wird er sich noch mehr profilieren können – stets das Ziel vor Augen, Berlusconi eines Tages zu beerben. Das Plazet der Mitte-Rechts-Wähler hat er bereits. In deren Gunst liegt Fini mit 36 Prozent vor dem FI-Chef (27 Prozent), wie Umfragen von Mitte 2004 ergaben.[2012]

Ein sang- und klangloses Verschwinden der FI ist ebenfalls die wahrscheinlichste Variante, sofern Berlusconi ein zweites Mal als Ministerpräsident scheitern und das Mitte-Rechts-Bündnis eventuelle vorgezogene Neuwahlen verlieren sollte. Es scheint kaum denkbar, dass er abermals über Jahre hinweg die Oppositionsbank drücken wird, um auf ein weiteres Comeback zu hoffen. Stattdessen würde er sich wohl angesichts seines Alters (im September 2004 wurde er 68 Jahre alt) aus dem politischen Rampenlicht zurückziehen – mit allen unausweichlichen Konsequenzen für seine FI.

Sollte Berlusconi jedoch allen Unkenrufen zum Trotz auch weiterhin die politischen Geschicke seines Landes bestimmen und möglicherweise 2006 in seinem Amt bestätigt werden, dann wird er auf die FI nicht verzichten können. Denn ein Regierungschef ohne eigene „Hausmacht" stünde auf verlorenem Posten. Er könnte dann sogar versucht sein, seine Vormachtstellung noch weiter auszubauen, indem er die FI endgültig in eine große Zentrumspartei nach dem Vorbild der DC umwandeln würde. Ein Schritt in diese Richtung wäre sicherlich getan, wenn die mit ihm verbündeten Christdemokraten unter Marco Follini zu seiner Partei stoßen würden. Danach sieht es aber fürs Erste nicht aus. Bislang weigerten sich die direkten Nachfahren der DC beharrlich, einen solchen Schritt zu gehen – aus Angst, Wähler zu verschrecken, wie Follini darlegt: „Wenn wir unseren Wählern [...] vorgeschlagen hätten, in der Forza Italia [..] aufzugehen, dann wäre uns vielleicht ein Teil gefolgt, ein anderer Teil hätte nicht mehr wählen gehen oder gar für Mitte-Links stimmen können."[2013]

Deshalb folgten die Christdemokraten auch nicht dem Aufruf Berlusconis vom Sommer 2003, für die im Juni 2004 anstehenden Europawahlen eine gemeinsame Liste aller Mitte-Rechts-Parteien ins Leben zu rufen. Noch entschiedener lehnte die *Lega Nord* die Berlusconische Initiative ab. Offene Türen rannte der FI-Chef mit seinem Vorstoß dagegen bei der *Alleanza Nazionale* ein.[2014] Der

---

[2011] Nachdem der vorherige Außenminister Franco Frattini (FI) als Ersatzkandidat für den Christdemokraten Rocco Buttiglione in die neue EU-Kommission nach Brüssel wechselte, wurde der 52-jährige Fini im November 2004 neuer Chef der *Farnesina*. Vgl. N.N., Rechts-Politiker Fini wird italienischer Außenminister, in: http://www.ftd.de/pw/eu/1100336586031.html (18.11.2004).

[2012] Vgl. Grasse, Alexander, Italienische Verhältnisse 2004, S. 10.

[2013] Follini, Marco, a.a.O., S. 69 (eig. Übers.).

[2014] Vgl. N.N., Coalizioni ed Europa, in: http://www.corriere.it/edicola/index.jsp?path=POLITICA&doc=MOD56G (11.11.2003). Berlusconi hatte diesen Vorschlag ins Spiel gebracht, nachdem der damalige Präsident der Europäischen Kommission Romano Prodi die

Grund hierfür lag auf der Hand: Eine gemeinsame Liste der AN mit einem Vollmitglied der angesehenen EVP hätte der zumindest international noch „geächteten" Partei Finis jene Aufwertung gebracht, die sie schon lange anstrebt. Eine solche Einheitsliste wäre aber auch nicht unproblematisch gewesen, eben weil die AN kein Mitglied der EVP ist – und es wahrscheinlich auch so bald nicht sein wird.[2015]

Eine echte Vereinigung zwischen FI und AN ist allerdings höchst unwahrscheinlich, solange Berlusconi auf dem Posten sitzt, den Fini lieber heute als morgen gern hätte. Warum sollte sich Fini mit seiner AN unter diesen Bedingungen freiwillig von der FI vereinnahmen lassen, um anschließend seinen jetzigen Chef nicht mehr herausfordern zu können? Noch weniger denkbar wäre, dass Berlusconi als Regierungschef seine Partei Fini überlässt, wohlwissend um die Ambitionen des aufstrebenden jungen Rivalen.

Die Lage würde sich jedoch gründlich ändern, sobald Berlusconi in Zukunft möglicherweise nicht mehr Ministerpräsident bleiben möchte, sondern „Höheres" anstrebt, etwa das Amt des Staatspräsidenten. Voraussetzung hierfür wäre die Umwandlung Italiens in eine wie auch immer geartete Präsidialdemokratie, denn das reine Repräsentieren, soviel scheint festzustehen, wäre Berlusconis Metier nicht.[2016] Erst einmal im Quirinalspalast, dem Sitz des italienischen Staatschefs, angekommen, hätte er sich der mühsamen Tagespolitik weitgehend entzogen und wäre auf seine FI kaum mehr unmittelbar angewiesen. Dann könnte er Fini ohne weiteres die Führung des Mitte-Rechts-Bündnisses überlassen – und sogar die *Forza Italia*. Eine solche Parteienverschmelzung müsste allerdings von langer Hand geplant sein und schrittweise erfolgen, um der FI die nötige Zeit zu geben, sich von ihrem „Fixstern" Berlusconi allmählich zu lösen.

Ob diese jedoch einen solchen Wandlungsprozess weg von einer charismatischen Partei unbeschadet überleben würde, scheint trotz allem fraglich. Viel eher ist davon auszugehen, dass so manche in ihr selbst Morgenluft wittern und sich

---

Mitte-Links-Parteien aufgerufen hatte, sich anlässlich der Europawahlen in einer Einheitsliste zu präsentieren. Vgl. ebd.

[2015] Vor allem die britischen Konservativen gehören zu den entschiedensten Gegnern einer Aufnahme der AN in die EVP. Gegen einen solchen Beschluss sprachen sich zuletzt aber auch CSU-Chef Edmund Stoiber und der EVP-Fraktionsvorsitzende Hans-Gert Pöttering aus. Vgl. Franco, Massimo, La „cortina di ferro" europea e il bisogno del timbro del premier, in: http://www.corriere.it/edicola/index.jsp?path=COMMENTI&doc=LANOTA (17.10.2003). Dennoch plädierte der nationale FI-Koordinator Sandro Bondi im November 2003 dafür, die AN in die EVP aufzunehmen – und früher oder später selbst die *Lega Nord*. Vgl. N.N., Oltre le Europee, in: http://www.corriere.it/edicola/index.jsp?path=POLITICA&doc=BIOG (22.11.2003).

[2016] In der Tat schlug Berlusconi etwa im Sommer 2002 den Umbau Italiens in eine Präsidialdemokratie vor, um im gleichen Atemzug sich selbst für dieses höchste Amt ins Gespräch zu bringen. Vgl. Grasmück, Damian, Verfassungsreform alla Cavaliere, S. 1044.

nicht einfach Fini unterordnen würden. Abspaltungen wären somit wohl unvermeidbar. Insbesondere die Christdemokraten in der FI könnten die Gunst der Stunde nutzen, um wieder, eventuell gemeinsam mit den Mannen um Follini, dem Projekt einer großen Christlich-Demokratischen Partei Leben einzuhauchen. Doch selbst wenn es Fini tatsächlich gelänge, die FI mit der tatkräftigen Hilfe Berlusconis hinter sich zu scharen, hieße das keineswegs, dass der AN-Chef auch das Mitte-Rechts-Bündnis wie Berlusconi zusammenhalten könnte. Die *Lega Nord* würde sich mit ziemlicher Sicherheit sofort verabschieden. Ob Mitte-Rechts dann noch mehrheitsfähig bliebe, ist alles andere als gewiss. Ebenso fraglich erscheint aber auch, ob Mitte-Links daraus Profit schlagen könnte, da die einzelnen Komponenten ohne das einigende „Feindbild" Berlusconi wahrscheinlich immer weiter auseinanderstreben würden. Daran wird wohl selbst jemand wie der aus Brüssel zurückgekehrte Romano Prodi kaum etwas ändern können.

Mittlerweile scheint die Lust Berlusconis, irgendwann einmal auf den Quirinalshügel zu ziehen, aber wieder deutlich abgenommen zu haben. Denn die von der Mitte-Rechts-Mehrheit im Parlament bereits verabschiedete Verfassungsrevision sieht eine Verlagerung der Kompetenzen vom Staatspräsidenten – und dem Parlament – auf den Regierungschef vor. Und Berlusconi wäre nicht Berlusconi, wenn er nicht darauf spekulieren würde, das künftig mit viel größeren Vollmachten ausgestattete Amt des italienischen Premiers selbst wahrzunehmen.

Die Zukunft der FI steht also noch weitgehend in den Sternen. Von einem plötzlichen Zerfall bis hin zu einer großen Sammelpartei der rechten Mitte unter Führung des Rechtsnationalen Fini – nahezu alles ist zumindest theoretisch denkbar. Gewiss scheint nur eins: In ihrer jetzigen Form wird die *Forza* ohne Berlusconi wohl kaum fortbestehen. Die verschiedenen Szenarien weisen einmal mehr darauf hin, wie fragil nicht nur die FI ist, sondern mit ihr auch das gesamte Parteiensystem Italiens, selbst gut zehn Jahre nach Einsetzen des Transformationsprozesses. Es scheint ganz so, als ob die weitere Entwicklung der Parteienlandschaft zu einem nicht unwesentlichen Teil von einem einzigen Mann abhängt: von Silvio Berlusconi, der mit Hilfe seiner charismatischen Partei *Forza Italia* das politische Schicksal Italiens in ganz unterschiedliche Bahnen zu lenken vermag.

Literaturverzeichnis

Eigene Interviews (aufgezeichnet auf Tonträger)

INTERVIEW des Autors mit Angelo Bolaffi, Professor für politische Philosophie an der römischen Universität *La Sapienza*, in Rom am 1.5.2003.
INTERVIEW des Autors mit Antonio Tajani, Vorsitzender der FI-Gruppe im Europaparlament, regionaler FI-Koordinator in Latium und FI-Gründungsmitglied, in Rom am 1.8.2003.
INTERVIEW des Autors mit Domenico Mennitti, Leiter der Stiftung *Ideazione*, FI-Abgeordneter im Europaparlament und erster nationaler FI-Koordinator, in Rom am 5.5.2003.
INTERVIEW des Autors mit Paolo Franchi, Leitartikler der Tageszeitung *Corriere della Sera*, in Rom am 5.5.2003.
INTERVIEW des Autors mit Sandro Toti, FI-Fraktionsvorsitzender im Bezirksrat des neunten Bezirks der Stadt Rom, in Rom am 23.4.2003.

Artikel und Interviews aus Zeitungen, Zeitschriften und dem Internet

Die in Klammern gesetzten Datums-Angaben hinter den Internet-Adressen beziehen sich auf den jeweiligen Tag, an dem die jeweilige Quelle gesichtet und zu Dokumentationszwecken ausgedruckt wurde. Insbesondere bei Tageszeitungen wurden die Artikel in der Regel am gleichen Tag gesichtet, an dem sie auch erschienen.

ANSELMO, Mauro, „Incredibile, abbiamo perso vincendo...", in: Panorama, 1.8.1996, S. 48f.
ARENS, Roman, Altkapitalist Agnelli nimmt den Emporkömmling an die Hand, in: http://www.baz.ch/reusable/druckversion.cfm?objectID=E54C49D4-69D-4820-88F4158AFD20EA (4.6.2001).
DERS., Berlusconi sucht einen Freund, in: http://www.fr-aktuell.de/fr/102/t102013.html (16.2.2002).
DERS., Im Namen des Patriarchen, in: http://www.fr-aktuell.de/fr/102/t120002.htm (15.11.2002).
ARIOSO, Enrico, Patria verde, in: L'Espresso, 24.2.1991, S. 68-74.

BACCARO, Antonella, Il governo nega interferenze, l'Ulivo attacca, in: http://www.corriere.it/edicola/index.jsp?path=POLITICA&doc=FIAT (11.12.2002).

BASTASIN, Carlo, Le promesse e la paura di cambiare, in: La Stampa, 1.8.2001, S. 1.
DERS., Ma si possono davvero tagliare le tasse?, in: La Stampa, 23.4.2001, S. 26.
BATTISTINI, Giorgio/TITO, Claudio, Ciampi, altolà al premier: „Basta con le ambiguità", in: http://www.repubblica.it/online/politica/italiairaqdodici/ciampi/ciampi.html (28.3.2003).
BENNETT, Rosemary, Blair defends ties with right, in: http://globalarchive.ft.com/globalarchive/article.html?id=020319001356&query=Berlusconi (19.3.2002).
BERGER, Alois/GÜMPEL, Udo, Bossi ante portas. Alarm in Brüssel, in: Die Woche, 16.3.2001, S. 9.
BERNI, Marcello, Italiens Wachstum stockt, in: http://www.handelsblatt.com/hbiwwwangebot/fn/relhbi/sfn/buildhbi/cn/GoArt!200013,200053,622643/SH/0/depot/0/index.html (17.4.2003).
DERS., Rom will Berlusconi per Gesetz ausbremsen, in: Handelsblatt, 25.7.2000, S. 9.
BIAGI, Enzo, È la „compagnia" la debolezza di Silvio, in: Corriere della Sera, 31.5.2001, S. 2.
BIANCONI, Giovanni, La legge dei sospetti e il sospetto che non c'è, in: http://www.corriere.it/edicola/index.jsp?path=PRIMA_PAGINA&doc=BIANC (29.1.2003).
BOBBIO, Noberto, Il partito fantasma, in: La Stampa, 3.7.1994, S. 1.
BOLAFFI, Angelo, Im wilden Berlusconistan, in: http://www.sueddeutsche.de/aktuell/sz/getArticleSZ.php?artikel2853.php (19.10.2002).
DERS., Lieb Vaterland, dich kauf ich mir, in: Die Zeit, 2.5.2002, S. 11.
BOLESCH, Cornelia, Italien gibt Blockade vorerst auf, in: http://www.sueddeutsche.de/aktuell/sz/artikel127998.php (1.3.2002).
DIES., Störfaktor Berlusconi, in: http://www.sueddeutsche.de/aktuell/sz/artikel1102596.php (6.12.2001).
DIES., Wie es geschrieben steht, in: http://www.sueddeutsche.de/aktuell/sz/artikel116580.php (27.1.2002).
BONANNI, Andrea, Chirac e Schröder guardano a Roma, in: Corriere della Sera, 14.2.2002, S. 14.
DERS., Le evitabili conseguenze di un isolamento, in: Corriere della Sera, 7.12.2001, S. 9.
DERS., Dal teatrino di Montecitorio ai pugnali delle Cancellerie, in: Corriere della Sera, 16.6.2001, S. 1/6.
BORNGÄSSER, Rose-Marie, Der Aufsichtsrat des Silvio Berlusconi, in: http://www.welt.de/daten/2001/06/12/0612fo260019.htx?print=1 (12.6.2001).
BORNHÖFT, Petra [u.a.], Ciao Bella!, in: Der Spiegel, 29/2003, S. 22-35.

BRACCONI, Marco, Congresso di Forza Italia, cori da stadio per il premier, in: http://www.repubblica.it/2004/e/sezioni/politica/berlucongre/pripe/pripe.html (29.5.2004).

BRAUN, Michael, Allzweckwaffe Justiz, in: Die Tageszeitung (taz), 31.7.2002, S. 10.

DERS., Anschubfinanzierung aus der Mafia-Kasse?, in: Die Tageszeitung (taz), 9.1.2003, S. 11.

DERS., Gegen Berlin und Paris, in: Die Tageszeitung (taz), 30.6.2003, S. 7.

DERS., Berlusconi setzt auf Brüssel, in: Die Tageszeitung (taz), 30.6.2003, S. 7.

DERS., Berlusconi will den dritten Weg, in: Die Tageszeitung (taz), 17.2.2003, S. 6.

DERS., Fiat vor einem Führungswechsel, in: Die Tageszeitung (taz), 12.12.2002, S. 12.

DERS., Forza Italia! Nieder Justitia!, in: Die Tageszeitung (taz), 12.10.2002, S. 10.

DERS., Knast für Berlusconi-Mann, in: Die Tageszeitung (taz), 13.12.2004, S. 9.

DERS., Die Mafia verliert die Geduld, in: Die Tageszeitung (taz), 9.9.2002, S. 11.

DERS., Reise zurück ins Zwielicht, in: Die Tageszeitung (taz), 16.2.2002, S. 4.

BRILL, Klaus, Berlusconi-Block in Städten gestärkt, in: Süddeutsche Zeitung, 9.6.1998, S. 8.

DERS., Bologna – Ende eines Mythos, in: Süddeutsche Zeitung, 29.6.1999, S. 1.

DERS., Die unvollendete Demokratie, in: Süddeutsche Zeitung, 27.1.1997, S. 4.

DERS., Wahlmüde Italiener, in: Süddeutsche Zeitung, 20.4.1999, S. 1.

DERS., König Silvios elektronischer Feldzug, in: Süddeutsche Zeitung, 28.1.1994, S. 3.

DERS., Von Mafia-Kontakten bis zur Bestechung, in: Süddeutsche Zeitung, 14.7.1998, S. 2.

DERS., Ein Sieg des alten Italien, in: Süddeutsche Zeitung, 11.10.1997, S. 4.

DERS., Rechte Siege, aber keine Wende, in: Süddeutsche Zeitung, 9.6.1998, S. 4.

DERS., „Vorwärts Italien" im Rückwärtsgang, in: Süddeutsche Zeitung, 5.12.1997, S. 2.

BRUNO, Riccardo, I liberali di Forza Italia diventano una „corrente", in: http://www.corriere.it/edicola/index.jsp?path=POLITICA&doc=LIBERAL (21.7.2003).

BRUSADELLI, Stefano, I disgustati. Gli italiani e la politica, in: Panorama, 28.4.1991, S. 38-41.

BUCCI, Stefano/DI CARO, Paola, Berlusconi, libro in 12 milioni di copie, in: Corriere della Sera, 13.4.2001, S. 2.

BÜSCHEMANN, Karl-Heinz, Italienische Scheinlösung, in: http://www.sueddeutsche.de/aktuell/sz/getArticleSZ.php?artikel=artikel2111.php (15.10.2002).

BUSSE, Michael, Der unaufhaltsame Aufstieg des Signor Berlusconi, in: http://www.arte-tv.com/common_jsp/print.jsp?ID_document=114730&lang=de (10.12.2002).

BUZZANCA, Silvio, Collegi, battaglia nel Polo, passano De Carolis e Vito, in: La Repubblica, 3.4.2001, S. 10.

CAIZZI, Ivo, Grandi opere e ricerca, sì della Ue al piano Tremonti, in: http://www.corriere.it/edicola/index.jsp?path=ECONOMIA&doc=TE1SEOCC (16.7.2003).

CALABRESI, Mario, Centrodestra all'assalto, Silvio e il rischio dei collegi, in: La Repubblica, 17.1.2001, S. 12.

CAPRARA, Maurizio, Invito di Prodi: Mi aspetto continuità sull'Europa, in: Corriere della Sera, 7.1.2002, S. 6.

DERS., Il Parlamento vara la missione a Bagdad, in: http://www.corriere.it/edicola/index.jsp?path=POLITICA&doc=FRATTINI (16.4.2003).

CAVALERA, Fabio, Il disgelo di Bossi: Entrerò nel governo, in: Corriere della Sera, 30.5.2001, S. 2.

CAZZULLO, Aldo, Berlusconi tratta ad oltranza sulle liste, in: La Stampa, 2.4.2001, S. 7.

DERS., Bondi, coordinatore mistico: „Berlusconi è bontà e purezza", in: http://www.corriere.it/edicola/index.jsp?path=POLITICA&doc=BONDI (25.10.2003).

CECCARELLI, Filippo, Bondi, quando la politica diventa amore (del capo), in: La Stampa, 17.9.2003, S. 4.

CERRUTI, Giovanni, Bossi ad Arcore, ma l'accordo non c'è ancora, in: La Stampa, 22.5.2002, S. 5.

DE GREGORIO, Concita, Arma segreta, il fotoromanzo di Silvio, in: La Repubblica, 12.4.2001, S. 9.

DE GREGORIO, Walter, Berlusconis Kunstgriff, in: http://www.sonntagszeitung.ch/sz/szUnterRubrik.html?ausgabeid=2431&rubrikid=116&ArtId=204195 (16.7.2002).

DERS., Rechtshilfe sorgt für Verstimmung mit Italien, in: http://www.baz.ch/reusable/druckversion.cfm?objectID=1F5B19E1-7075-42B6-BB3CBA443D257B97 (27.11.2001).

DE LUCA, Claudio, Avanti, avanti, in: Capital, 9/2001, S. 58-61.

DERNBACH, Andrea, Römische Risse, in: http://archiv.tagesspiegel.de/archiv/15.03.2003/480226.asp (15.3.2003).

DI CARO, Paola, Assenze e agguati, l'ira di Berlusconi, in: http://www.corriere.it/edicola/index.jsp?path=POLITICA&doc=LITE (3.4.2003).

DIES., „Io e Blair gli alleati più fedeli di Bush, in: http://www.corriere.it/edicola/index.jsp?path=POLITICA&doc=BERLU (18.10.2002).

DIES., Camere, primo scontro sulle presidenze, in: Corriere della Sera, 18.5.2001, S. 5.

DIES., Collegi e „partitini", tensione nel Polo, in: Corriere della Sera, 28.12.2000, S. 8.

DIES., „Sono stanco, ma per ora resto agli Esteri", in: http://www.corriere.it/edicola/index.jsp?path=POLITICA&doc=BER (26.10.2002).

DIES., Forza Italia in cerca di un nuovo assetto, in: http://www.corriere.it/edicola/index.jsp?path=POLITICA&doc=BER (20.9.2002).

DIES., Forza Italia e i seggi: „No a tutti i riciclati", in: Corriere della Sera, 12.2.2001, S. 9.

DIES, „Il governo è del popolo, non dei giudici", in: Corriere della Sera, 30.1.2003, S. 3.

DIES., „Sospendere i processi solo un primo passo", in: http://www.corriere.it/edicola/index.jsp?path=POLITICA&doc=LODO (7.5.2003).

DIES., „Il rapporto tra gli alleati si può salvare", in: http://www.corriere.it/edicola/index.jsp?path=POLITICA&doc=GOV (17.3.2003).

DIES., „Scritte di morte, sono preoccupato", in: Corriere della Sera, 20.4.2001, S. 2.

DIES., Al voto senza Berlusconi, Forza Italia frena, in: Corriere della Sera, 28.5.2002, S. 7.

DI VICO, Dario, Tutti i cassieri di Polo e Ulivo, Corriere della Sera, 17.1.1997, S. 4.

DERS., Forza Italia dice addio al partito virtuale, comincia l'era „leninista", in: Corriere della Sera, 16.5.2001, S. 9.

DERS., Forza Italia, migliaia di club per rilanciare la macchina dei consensi, in: Corriere della Sera, 21.6.1999, S. 9.

DERS., Sorpresa, torna la „questione meridionale", in: Corriere della Sera, 21.5.2001, S. 12.

ECO, Umberto, Perché nel Cavaliere si nasconde un comunista, in: La Repubblica, 3.4.2001, S. 17.

DERS., Ein genialer Verkäufer, in: http://www.sueddeutsche.de/kultur/artikel/240/20220/print.html (24.10.2003).

ENGLISCH, Andreas, Immobilien-Ausverkauf in Italien geht weiter, in: http://www.welt.de/daten/2002/09/17/0917io356897.htx?print=1 (17.9.2002).

DERS., Streik in Italien gegen gelockerten Kündigungsschutz, in: http://www.welt.de/daten/2002/10/19/1019wi363197.htx?print=1 (19.10.2002).

FACCHINI, Giovanni, Berlusconi im Dilemma, in: http://www.freies-wort.de/printversion/print.phtm?site=/nachrichten/ueberregional/resyart.phtm&id%3D413259 (17.2.2003).

FEICHTER, Andreas, Berlusconi ernennt neuen Außenminister, in: Der Standard, 15.11.2002, S. 5.

DERS., EU-Parlament verurteilt Italien, in: http://derstandart.at/Textversion/20011201/43.htm (1.12.2001).

DERS., „Lex Berlusconi" verabschiedet, in: http://www.derstandard.at/Textversion/20021012/29.htm (12.10.2002).

DERS., Rom: Gerüchte um Regierungsumbildung, in: Der Standard, 20.9.2002, S. 3.

DERS., Die Verjährung als Hoffnung, in: http://derstandard.at/Textversion/20011123/158.html (23.11.2001).

FISCHER, Heinz-Joachim, Berlusconi in Bedrängnis, in: Frankfurter Allgemeine Zeitung, 14.1.2002, S. 6.

FOLLI, Stefano, L'europeismo del centrodestra tra Aznar, Blair e Schröder, in: Corriere della Sera, 18.5.2001, S. 2.

DERS., Ma il leader del Polo è uscito dall'angolo, in: Corriere della Sera, 5.5.2001, S. 10.

DERS., Quel doppio messaggio al Quirinale e all'Ue, in: Corriere della Sera, 15.5.2001, S. 3.

DERS., Quella partita ambigua nelle pieghe del bipolarismo, in: Corriere della Sera, 10.2.2001, S. 9.

DERS., Lo „scontro finale" e l'immagine dell'Italia, in: Corriere della Sera, 1.5.2001, S. 3.

DERS., Ora cala il sipario, ma senza il lieto fine, in: http://www.corriere.it/edicola/index.jsp?path=COMMENTI&doc=PUNTO (10.10.2002).

FRANCHI, Paolo, Un mandato pieno, in: Corriere della Sera, 15.5.2001, S. 1.

FRANCO, Massimo, La „cortina di ferro" europea e il bisogno del timbro del premier, in: http://www.corriere.it/edicola/index.jsp?path=COMMENTI&doc=LANOTA (17.10.2003).

FRASCA, Luigi, Berlusconi: Scandaloso votare il 6 maggio, in: Il Tempo, 13.2.2001, S. 6.

FROMM, Thomas, Berlusconi – der Pate, in: http://www.ftd.de/pw/eu/FTD5CTL06TC.html (25.10.2001).

DERS., Große EU-Staaten rütteln am Stabilitätspakt, in: http://www.ftd.de/pw/eu/1029050914748.html (13.8.2002).

DERS., Die EVP als Sammelbecken konservativer und rechtskonservativer Kräfte, in: http://www.dradio.de/dlf/dendungen/dlf_europaheute/272991/?drucken (7.8.2004).

DERS., Fiat: Putsch in Turin, in: http://www.ftd.de/ub/in/1041353704675.html (3.1.2003).

DERS., Rom schafft Budgetausgleich erst 2005, in: http://www.ftd.de/pw/eu/1032435486500.html (21.9.2002).

DERS., Silvio Berlusconi – Auf Biegen und Brechen, in: http://www.ftd.de/pw/eu/1052037833765.html (9.5.2003).
DERS., Ave Silvio, Kaiser von Rom, in: http://www.ftd.de/pw/eu/FTD6H7TO8WC.html (10.1.2002).
DERS./REINKING, Guido, GM torpediert Regierungsbeteiligung an Fiat, in: http://www.ftd.de/ub/in/1034378635957.html (7.11.2002).
GALLI DELLA LOGGIA, Ernesto, Un pessimo inizio, in: Corriere della Sera, 3.7.2003, S. 1.
DERS., Una navigazione (molto) a vista, in: http://www.corriere.it/edicola/index.jsp?path=COMMENTI&doc=GALLI (15.3.2003).
GALLO, Giuliano, Criminalità e sicurezza, scontro Polo-Ulivo, in: Corriere della Sera, 6.12.2000, S. 7.
GALLUZZO, Marco, Berlusconi si insedia alla Farnesina: ora si cambia, in: Corriere della Sera, 7.1.2002, S. 2.
DERS., Berlusconi più ottimista, pensa alla legge elettorale, in: http://www.corriere.it/edicola/index.jsp?path=POLITICA&doc=BERL (10.11.2003).
DERS., Forza Italia: „Indagare sui giudici", in: http://www.corriere.it/edicola/index.jsp?path=POLITICA&doc=REAZ (8.8.2003).
DERS., La Malfa vince lo scontro, Pri con il Polo, in: Corriere della Sera, 29.1.2001, S. 8.
DERS., Separazione delle carriere, immunità e commissione Sme: parte l'offensiva del Polo, in: http://www.corriere.it/edicola/index.jsp?path=POLITICA&doc=GALLU (3.2.2003).
DERS./MARTIRANO, Dino, La legislatura debutta con meno donne, in: Corriere della Sera, 30.5.2001, S. 6.
GARIMBERTI, Paolo, Iraq, lo slalom del Cavaliere, in: http://www.repubblica.it/online/politica/italiairaqdue/garimberti/garimberti.html (17.10.2002).
GIOVANNINI, Roberto, „Ue allargata senza penalizzare il Sud", in: La Stampa, 17.5.2001, S. 2.
GLOTZ, Peter, Das Projekt Telekratie, in: Die Woche, 21.7.1994, S. 20f.
GOTTSCHLICH, Jürgen, EU-Türkei: Giscard löst Gegenbewegung aus, in: Der Standard, 15.11.2002, S. 4.
GÖTZ, Thomas, Berlusconi sucht Heil in Neuwahl: „Hätte Goldmedaille verdient", in: http://www.diepresse.at/detail/print.asp?channel=p&ressort=a&ids=334263 (1.2.2003).
DERS., Berlusconi bereitet Rückkehr zur Macht vor, in: http://www.berlinonline.de/bin/print.php/aktuelles/berliner_zeitung/politik/html/34655.html (2.5.2001).
DERS., Parlamentsmehrheit für den Angeklagten, in: http://www.BerlinOnline.de/aktuell/berliner_zeitung/politik/html/167979.html (15.8.2002).

DERS./VESTRING, Bettina, Europa contra Berlusconi, in: http://www.BerlinOnline.de/aktuelles/berliner_zeitung/wirtschaft/html/190527.html (4.11.2002).

GRASMÜCK, Damian, Der tiefe Graben ist überwunden, in: Rheinischer Merkur, 21.11.2002, S. 5.

GREINER, David, Richter fügen Berlusconi schwere Niederlage zu, in: http://www.welt.de/data/2003/01/30/37280.html?prx=1 (30.1.2003).

GRIMMOND, John, Awaiting an Alternative, in: A Survey of Italy, Supplement der Zeitschrift The Economist, 26.5.1990, S. 6.

GÜMPEL, Udo, Mahnung aus Straßburg sorgt für Furore, in: http://www.BerlinOnline.de/wissen/berliner_zeitung/archiv/1994/0506/aussenpolitik/0028/index.html?keywords=Berlusconi&ok=OK%21match=strict&author=&ressort=&von=&bis=&mark=berlusconi (3.5.2001).

HAMPEL, Adolf, Das Land des Papstes. Religion als Instrument – Entwicklungen im italienischen Katholizismus, in: Das Parlament, Themenausg. Italien, 1.9.1989, Nr. 36, S. 4.

HARTMANN, Peter, Berlusconi vor dem Herbst seiner Illusionen, in: Die Welt, 11.8.2004, S. 5.

HEYMANN, Sabine, Geist und Geld proben den Aufstand, in: http://tagesspiegel.de/archiv/04.12.2002/333604.asp (4.12.2002).

HÜLSEBUSCH, Bernhard, Freispruch für Berlusconi, in: http://www.stuttgarter-zeitung.de/dc1/html/news-stz/20011022poli0013.shtml (22.10.2001).

DERS., An Selbstbewusstsein fehlt es dem Kandidaten nicht, in: http://www.stuttgarter-zeitung.de/dc1/htlm/newstz/20010412poli0004.shtml (12.4.2001).

INTERVIEW mit Gian Enrico Rusconi, in: Die Weltwoche, 14.7.1994, S. 8.

INTERVIEW mit Paul Virilio, in: Die Zeit, 15.4.1994, S. 53f.

ISRAEL, Stephan/KUSCH, Erich, Dicke Luft zwischen Brüssel und Rom, in: http://www.nzz.ch/2003/06/22/al/page-article8XJDL.html (23.6.2003).

JERKOV, Barbara, Bondi, salta l'investitura e il fedelissimo piange, in: http://www.repubblica.it/2003/g/sezioni/politica/scajola/piange/piange.html (8.9.2003).

DIES., E la destra abbandonò i partiti, in: La Repubblica, 26.7.2001, S. 23.

DIES., Giustizia, Forza Italia si blinda, il partito in mano ai previtiani, in: http://www.repubblica.it/2003/h/sezioni/politica/imisir/blinda/blinda.html (25.10.2003).

KLÜVER, Henning, Don Giordano und Peppone, in: Süddeutsche Zeitung, 1.9.1998, S. 15.

KNESS-BASTAROLI, Thesy, Berlusconi über Budget 2003 „nicht glücklich", in: Der Standard, 30.9.2002, S. 16.

DIES., EU vergleicht Italien mit Enron, in: Der Standard, 5.7.2002, S. 17.

DIES., Italien weicht Stabilitätsziele auf, in: http://derstandard.at/Textversion/20020816/152.html (16.8.2002).

KOHL, Christiane, Berlusconi isoliert Italien und sich selbst, in: http://www.sueddeutsche.de/aktuell/sz/artikel103609.php (10.12.2001).

DIES, Der Berlusconi-Boom, in: Süddeutsche Zeitung, 24.8.2000, S. 4.

DIES., Besuch aus Sizilien, in: http://www.sueddeutsche.de/aktuell/sz/artikel840.php (6.7.2002).

DIES., Die wahrscheinlich längste Brücke der Welt, in: http://www.sueddeutsche.de/aktuell/sz/getArticleSZ.php?artikel=artikel1685.php (15.1.2003).

DIES., Ein Fall für den Staatsanwalt, in: http://www.sueddeutsche.de/aktuell/sz/artikel141495.php (12.5.2001).

DIES., Frattini löst Berlusconi als Außenminister ab, in: Süddeutsche Zeitung, 15.11.2002, S. 6.

DIES., Groß im Kleingedruckten, in: Süddeutsche Zeitung, 19.11.2001, S. 3.

DIES., Kreuzzug nach Rom, in: Süddeutsche Zeitung, 3.4.2000, S. 9.

DIES., Mafiaboss beschuldigt Berlusconi-Politiker, in: http://www.sueddeutsche.de/aktuell/sz/getArticleSZ.php?artikel=artikel3183.php (23.1.2003).

DIES., Moretti: Berlusconi steht außerhalb der Demokratie, in: Süddeutsche Zeitung, 16.9.2002, S. 8.

DIES., Silvio Berlusconi. Italienischer Oppositionsführer und Medienunternehmer, in: Süddeutsche Zeitung, 4.12.1999, S. 4.

DIES., Alle Wahlen führen nach Rom, in: Süddeutsche Zeitung, 15.4.2000, S. 12.

DIES., Warten auf den Wechsel in Rom, in: Süddeutsche Zeitung, 23.5.2000, S. 4.

KOPPEL, Esther, Berlusconi rettet sich selbst, in: http://www.faz.net/IN/Intemplates/faznet/default.asp?tpl=uptoday/content.asp&doc={0DD98DCA-5210-4E12-8ED1-506F206BC40A}&rub={9E7BDE72-469E-11D4-AE7B-0008C7F31E1E} (5.8.2002).

DIES., Italiens „Bilanzfälschung", in: http://www.faz.net/IN/Intemplates/faznet/default.asp?tpl=uproday/content.asp?doc={F6D92D37-8658-45A2-B33A-5D8799F7F812}&rub={C07FA97A-05AA-48BC-920D-F352F595E4EA}# (4.7.2002).

DIES., Ein Pakt zwischen Murdoch und Berlusconi?, in: http://www.faz.net/IN/Intemplates/faznet/default.asp?tpl=uptoday/content.asp%doc={9D279A68-7D84-42BF-8B8A-1C92416B2B22}&rub={3B218613-44DF-4BB7-945F-342BAF3A6A1E} (29.1.2002).

LA MATTINA, Amedeo, Agita il Polo l'intesa con Rauti in Sicilia, in: La Stampa, 10.4.2001, S. 5.

LADURNER, Ulrich, Der Cavaliere und seine Diener, in: Die Zeit, 27.11.2003, S. 28.
DERS., Jetzt beginnt das große Fressen, in: Die Zeit, 17.5.2001, S. 3.
DERS., Ich, ich, ich, Silvio, in: http://www.zeit.de/2002/04/Politik/print_200204_berlusconi.html (18.1.2002).
LAERMANN, Klaus, Telecrazia. Warum soll ein Medienmogul nicht die Macht im Staate anstreben, um seinen Konzern zu sanieren, in: Die Zeit, 15.4.1994, S. 53.
LATELLA, Maria, Bondi: Potrei tornare a insegnare, mi basta la stima del Cavaliere, in: http://www.corriere.it/edicola/index.jsp?parth=POLITICA&doc=BONDI (8.9.2003).
DIES., Elezioni, Forza Italia si affida a Scajola, in: http://www.corriere.it/edicola/index.jsp?path=POLITICA&doc=SCAJOLA (8.11.2002).
DIES., Sindaci, Berlusconi archivia il „metodo Guazzaloca", in: Corriere della Sera, 4.1.2001, S. 11.
DIES., Svolta del Cavaliere, basta con i mediatori, in: Corricre della Sera, 3.5.2003, S. 5.
LUTI, Gianluca, Berlusconi, mano tesa all'Europa. „Su Kyoto ripetteremo i patti", in: La Repubblica, 14.6.2001, S. 3.

MAGRI, Ugo, „Così cambierò l'Italia, anno per anno", in: La Stampa, 8.5.2001, S. 3.
DERS., „Cambierò le pensioni, ma con i sindacati", in: La Stampa, 10.4.2001, S. 2.
DERS., Al voto Forza Italia sfrutta l'effetto Iraq, in: http://www.lastampa.it/edicola/sitoweb/Interni/art10.asp (10.4.2003).
MALTESE, Curzio, Arriva l'auto-premier, in: La Repubblica, 13.1.2001, S. 1/15.
MANNHEIMER, Renato, Berlusconi e Rutelli, la personalizzazione della sfida ha danneggiato gli alleati, in: Corriere della Sera, 15.5.2001, S. 5.
DERS., Elezioni, quasi nessuno ha cambiato idea, in: Corriere della Sera, 18.5.2001, S. 6.
DERS., Governo, dopo due anni cala la popolarità, in: http://www.corriere.it/edicola/index.jsp?path=POLITICA&doc=MANN (23.6.2003).
DERS., Polo contro Ulivo: Chi ha vinto la sfida, in: Panorama, 24.5.2001, S. 48f.
DERS., Decisiva per l'Ulivo l'intesa con Bertinotti, in: Corriere della Sera, 8.1.2001, S. 2.
MANNO, Michele, Il 18 Aprile..., in: Corriere della Sera, 17.3.1993, S. 6.
MARRO, Enrico, „Deficit a 30 mila miliardi, subito le riforme", in: Corriere della Sera, 21.6.2001, S. 6.
DERS., Quorum solo per cinque, Ds meno due milioni di voti, in: Corriere della Sera, 15.5.2001, S. 5.

MARRONI, Stefano, Berlusconi: Ecco i ministri, in: La Repubblica, 9.5.2001, S. 2.

DERS., Governo, l'ira di Berlusconi, in: La Repubblica, 21.4.2000, S. 7.

MARTINI, Fabio, Polo al voto con un'altro premier?, in: La Stampa, 11.10.1997, S. 7.

DERS., Rutelli va da Schröder: „Bossi peggio di Haider", in: La Stampa, 27.3.2001, S. 4.

MARTIRANO, Dino, Il Polo: Tangentopoli, indagini anche sui processi in corso?, in: http://www.corriere.it/edicola/index.jsp?path=POLITICA&doc=RIP (13.2.2003).

DERS., Processi sospesi alle alte cariche entro giugno, in: http://www.corriere.it/edicola/index.jsp?path=POLITICA&doc=LODO (30.5.2003).

DERS., Il Senato vota sì alla sospensione dei processi, in: http://www.corriere.it/edicola/index.jsp?path=POLITICA&doc=LODO (5.6.2003).

MAURO, Ezio, Il Cavaliere alla presa del potere, in: La Repubblica, 15.5.2001, S. 1/28.

MAYER, Thomas, Auf dem Weg zum Geächteten, in: http://www.derstandard.at/Textversion/20011003/154.html (3.11.2001).

MERLO, Francesco, Quel 61 a 0 per Berlusconi, in: Sette, Supplement der Zeitung Corriere della Sera, 31.5.2001, S. 186.

MESSINA, Sebastiano, La benedizione, in: La Repubblica, 30.1.2001, S. 9.

DERS., Il verificatore, in: La Repubblica, 28.3.2001, S. 7.

MIDDEL, Andreas, In Dublin kann es für Europa eigentlich nur besser werden, in: Die Welt, 31.12.2003, S. 4.

MIGGE, Thomas, „Direkter Angriff auf die Justiz", in: http://www.rundschau-online.de/politik/2184340.html (2.11.2001).

DERS., Kredit verspielt, in: http://archiv.tagesspiegel.de/archiv/02.06.2003/595248.asp (2.6.2003).

DERS., Der Spielverderber, in: http://195.170.124.152/archiv/2002/01/07/ak-po-au-558514.html (8.1.2002).

DERS., Bis zur Verjährung, in: http://195.170.124.152/archiv/2002/02/14/ak-po-au-669648.html (15.2.2002).

MINZOLINI, Augusto, Governo monocolore azzurro, in: La Stampa, 8.6.2001, S. 1.

MÖLTER, Veit, Berlusconi schützt sich und die Mafia, in: http://www.oon.at/nachrichten/Aussenpolitik.asp?id=235526&ressort=Aussenpolitik (27.10.2001).

MONTANELLI, Indro, Io e il Cavaliere qualche anno fa, in: Corriere della Sera, 25.3.2001, S. 1.

MÜNCH, Peter/ULRICH, Stefan, Offener Brief – heimlich ausgearbeitet, in: http://www.sueddeutsche.de/aktuell/sz/getArticleSZ.php?artikel=artikel5165.php (31.1.2003).

MURMELTER, Gerhard, Mafioso-Aussage erschüttert Italien, in: Der Standard, 6.12.2002, S. 4.

DERS., Mit allen Tricks gegen Berlusconi-Prozesse, in: Der Standard, 31.7.2002, S. 3.

MUSSO, Pierre, Doppelrolle vorwärts mit Ausfallschritt, in: Le Monde diplomatique, 13.2.2004, S. 15.

NADEAU, Barbie, Feeling the Heat, in: http://www.mnsbc.com/news/912120.asp (14.5.2003).

NATALE, Paolo, La carta vincente dei Poli resta quella delle alleanze, in: La Stampa, 17.5.2001, S. 4.

N.N., Accordi mafia-politica anche per il voto del 94, in: La Stampa, 30.11.2002, S. 7.

N.N., „Neue Achse" zwischen Rom und London?, in: http://www.nzz.ch/2002/02/15/wi/page-article7YUBP.html (15.2.2002).

N.N., L'amarezza di Ruggiero. Le ragioni di un divorzio, in: Corriere della Sera, 9.1.2002, S. 6.

N.N., „Wir laufen den Amerikanern nicht brav hinterher", in: Süddeutsche Zeitung, 25.1.2003, S. 8.

N.N., Annäherung Putins an Frankreichs Vorschlag, in: http://www.nzz.ch/2002/10/17/al/page-article8GSS6.html (17.10.2002).

N.N., Da „Argomentario" dei candidati, in: La Repubblica, 12.4.2001, S. 9.

N.N., Aufruhr um Gesetz für Berlusconi, in: http://www.focus.de/G/GN/gn.htm?snr=109242&streamsnr=7 (5.8.2002).

N.N., Die Aushöhlung des Stabilitätspakts schreitet voran, in: Frankfurter Allgemeine Zeitung, 11.6.2003, S. 14.

N.N., Freundschaftliche Begrüßung, in: http://www.BerlinOnline.de/wissen/berliner_zeitung/archiv/1994/0617/innenpolitik/0045/index.html?keywords=Berlusconi&ok=OK%21match=strict&author=&ressort=&von=&bis=&mark=berlusconi&start=40 (3.5.2001).

N.N., Berlusconi: Attacco solo nell'ambito dell'Onu, in: La Repubblica, 9.9.2002, S. 3.

N.N., Berlusconi torna all'attacco: „Subito la riforma della giustizia", in: http://www.repubblica.it/online/politica/imisirsei/riforme/riforme.html (1.2.2003).

N.N., Berlusconi in Bedrängnis, in: Frankfurter Allgemeine Zeitung, 26.7.1994, S. 5.

N.N., Berlusconi als Chef der Forza Italia bestätigt, in: Süddeutsche Zeitung, 20.4.1998, S. 6.

N.N., Berlusconi al congresso: „Il nostro sogno è già storia", in: http://www.repubblica.it/2004/e/sezioni/politica/berlucongre/berlucongre/berlucongre.html (27.5.2004).

N.N., Berlusconi setzt Fini als Vertreter im EU-Konvent durch, in: http://www.sueddeutsche.de/aktuell/sz/artikel117043.php (29.1.2002).

N.N., Berlusconi für Flexibilität bei Maastricht-Kriterien, in: http://www.handelsblatt.com/hbiwwwangebot/fn/relhbi/sfn/buildhbi/cn/GoArt!200013,200051,627015/SH/0/depot/0/index.html (8.5.2003).

N.N., Berlusconi empört Gewerkschaftler, in: http://www.vol.at/tmh/zr/national/newswelt/lokalarticle.asp?textid=104327 (19.3.2002).

N.N., Berlusconi startet in Italien Phase zwei der Kapitalrückführung, in: http://www.news.ch/detail.asp?ID=121057 (8.10.2002).

N.N., Berlusconi auf der Schwelle zur Macht, in: http://www.nzz.ch/2001/05/11/al/page-article7DYXP.html (11.5.2001).

N.N., Berlusconi kürzt bei Steuerprivilegien, in: http://www.nzz.ch/2002/09/23/wi/page-article8EV45.html (23.9.2002).

N.N., Berlusconi verlangt Übergangsregierung, in: Süddeutsche Zeitung, 23.5.2000, S. 6.

N.N., Berlusconi-Gesetz für „Kolosseum AG" erzürnt Italiener, in: http://www.spiegel.de/wirtschaft/0,1518,druck-200959,00.html (17.6.2002).

N.N., Berlusconis Arbeitsprogramm für die EU, in: http://www.nzz.ch/2003/07/03/al/page-article8YDX7.html (3.7.2003).

N.N., Berlusconis ramponierte Glaubwürdigkeit, in: http://www.nzz.ch/2004/12/11/al/page-kommentarA1ZL2.html (11.12.2004).

N.N., Berlusconis Partei fingierte offenbar Mitgliederzahlen, in: http://www.fr-aktuell.de/fr/102/t102013.htm (9.2.2002).

N.N., Berlusconis Rundumschlag, in: Neue Zürcher Zeitung, 6.6.1998, S. 3.

N.N., Bilanzfälschung: Freispruch für Berlusconi, in: http://www.news.ch/detail.asp?ID=62909 (3.11.2001).

N.N., Bossi sorgt für erheblichen Wirbel, in: http://www.dolomiten.it/dolomiten/2002/03/06/y0603b08.html (6.3.2002).

N.N., Brok critica Forza Italia: „Un chiarimento nel Ppe", in: Corriere della Sera, 7.12.2001, S. 9.

N.N., Kreative Buchführung in Italien, in: http://www.nzz.ch/2003/01/16/wi/page-article8MI85.html (16.1.2003).

N.N., Bufera in Forza Italia, in: http://www.repubblica.it/online/politica/friulibufera/dimissioni/dimissioni.html (10.3.2003).

N.N., Bürde des Schweigens, in: Süddeutsche Zeitung, 16.8.2001, S. 13.

N.N., Wie liberal ist die Casa delle libertà?, in: http://www.nzz.ch/2002/06/11/wi/page-article87PXS.html (11.6.2002).

N.N., Kleiner Cäsar, großer Zampano, in: http://www.stern.de/politik/ausland/index.html?id=510240&nv=fs&cp=8 (11.7.2003).

N.N., Ora il Cavaliere lancia i maxiposter, in: La Repubblica, 14.10.2000, S. 23.

N.N., Il Cavaliere e Rutelli, sponsor a nove zeri, in: Corriere della Sera, 3.7.2001, S. 11.

N.N., Il Cavaliere e il semestre Ue, in: http://www.corriere.it/edicola/index.jsp? path=POLITICA&doc=DUE (23.6.2003).

N.N., Cena elettorale da 7 miliardi per il Cavaliere, in: Corriere della Sera, 25.1.2001, S. 11.

N.N., 25 miliardi dalle cene del Cavaliere?, in: La Stampa, 27.3.2001, S. 5.

N.N., Chiamata alle armi di Berlusconi per gli azzurri, in: La Stampa, 8.11.2002, S. 8.

N.N., Circoli di Dell'Utri a congresso, in: http://www.ilcircolo.org/risorse/stampa _1forum/0004.jpg (14.1.2005).

N.N., Citizen Kane in Rom, in: http://www.nzz.ch/2001/06/08/em/page-article7FLOB.html (8.6.2001).

N.N., Coalizioni ed Europa, in: http://www.corriere.it/edicola/index.jsp?path= POLITICA&doc=MOD56G (11.11.2003).

N.N., Compito: Tradurre le accuse dell'Economist, in: Panorama, 17.5.2001, S. 38f.

N.N., Vom Conferencier bei Schiffskreuzfahrten zum Regierungschef in Rom, in: http://www.welt.de/data/2004/08/11/317564.html?prx=1 (11.8.2004).

N.N., D'Alema verlangt „erstarkte Regierung" in Italien, in: Süddeutsche Zeitung, 20.12.1999, S. 6.

N.N., Debatte über Amnestie für Fluchtgelder in Italien, in: http://www.nzz.ch/ 2001/10/26/wi/page-article7QYVG.html (26.10.2001).

N.N., Dell'Utri: „Così è stato fondato il partito azienda", in: Corriere della Sera, 1.2.2002, S. 5.

N.N., Dell'Utri o un triumvirato per Forza Italia?, in: La Stampa, 22.5.2001, S. 7.

N.N., Esaurito il „Diario": „C'è chi lo rastrella", in: La Repubblica, 3.4.2001, S. 13.

N.N., „Direttorio" per rilanciare Forza Italia, in: La Stampa, 26.10.2002, S. 7.

N.N., Die Entgleisungen im Wortlaut, in: http://www.spiegel.de/politik/ausland/ 0,1518,159688,00.html (25.10.2001).

N.N., Geringer Erfolg von Italiens Fluchtgeldamnestie, in: http://www.nzz.ch/ 2003/11/17/wi/page-article98EMX.html (17.11.2003).

N.N., Erweiterung „so rasch wie möglich", in: http://www.dolomiten.it/ dolomiten/2001/05/23/y2305b01.html (23.5.2001).

N.N., Euro-Länder planen umfangreiches Konjunkturprogramm, in: Frankfurter Allgemeine Zeitung, 11.6.2003.

N.N., Unfit to lead Europe, in: http://www.economist.com/opinion/ PrinterFriendly.cfm?Story_ID=1763981 (9.5.2003).

N.N., Oltre le Europee, in: http://www.corriere.it/edicola/index.jsp?path= POLITICA&doc=BIOG (22.11.2003).

N.N., Falso in bilancio, assolto Dell'Utri, in: http://www.corriere.it/edicola/ index.jsp?path=POLITICA&doc=VETRO (10.10.2002).

N.N., Fiat: Regierung billigt Massenentlassungen, in: http://www.ftd.de/ub/in/ 1038999462816.html (7.12.2002).

N.N., Forza Italia, Bondi coordinatore e Cicchitto vice, in: http://www.corriere.it/ edicola/index.jsp?path=POLITICA&doc=BONDI (17.9.2003).

N.N., Forza Italia, il congresso slitta al 2004, in: http://www.corriere.it/edicola/ index.jsp?path=POLITICA&doc=BIOG (20.12.2002)

N.N., Forza Italia: Via libera a Bondi, in: http://www.corriere.it/edicola/index. jsp?path=POLITICA&doc=ITALIA (9.9.2003).

N.N., „Frattini gestirà il momento cruciale dell'Ue", in: La Stampa, 15.11.2002, S. 9.

N.N., Freispruch Berlusconis in Korruptionsprozess, in: http://www.nzz.ch/2001/ 11/19/al/page-article7SPSN.html (19.11.2001).

N.N., Gericht setzt Verfahren gegen Berlusconi aus, in: http://www.fr-aktuell.de/ fr/102/t102016.htm (28.10.2002).

N.N., Gespräche über die Rechtshilfe, in: http://www.aargauerzeitung.ch/pages/ index.cfm?dom=3&id=1103675&rub=1037&arub=1037&nrub=0 (20.11.2001).

N.N., Ogni giorno gli uomini politici prendono in considerazione iniziative volte..., in: http://www.corriere.it/edicola/index.jsp?path=POLITICA&doc= MANN (4.11.2002).

N.N., Immunitätsgesetz in Italien verfassungswidrig, in: http://www.nzz.ch/2004/ 01/13/al/page-newzzDPE099M1-12.html (14.1.2004).

N.N., Intermezzo in einem Prozess gegen Berlusconi, in: http://www.nzz.ch/ 2002/10/29/al/page-article8HMHA.html (29.10.2002).

N.N., Iraq, scontro Francia-Italia sulla tesi dell'attacco preventivo, in: La Repubblica, 23.9.2002, S. 2.

N.N., IStGH: Italien erwägt Einigung mit den USA, in: http://www.netzeitung. de/servlets/page?section=3&item=204798 (31.8.2002).

N.N., Italien und die Größe Berlusconis, in: http://www.nzz.ch/2001/11/06/al/ page-article7RPZB.html (6.11.2001).

N.N., Italien rüttelt am Stabilitätspakt, in: http://www.diepresse.at/detail/print. asp?channel=e&ressort=ei&ids=303880 (16.8.2002).

N.N., Italien will am Stabilitätspakt festhalten, in: Frankfurter Allgemeine Zeitung, 30.6.2003, S. 11.

N.N., Italiens Arbeitsmarktreform in der Sackgasse, in: http://www.nzz.ch/2002/ 03/06/wi/page-article80HPE.html (6.3.2002).

N.N., Italiens Außenminister Ruggiero tritt zurück, in: http://www.nzz.ch/2002/ 01/07/al/page-article7VXWJ.html (7.1.2002).

N.N., Italiens kunstvolle „Defizitlösung", in: Der Standard, 27.6.2002, S. 4.

N.N., Italiens Haushaltsdefizit höher als erwartet, in: http://www.nzz.ch/2002/03/ 02/wi/page-article80655.html (2.3.2002).

N.N., Italiens Parlament streicht Sitze, in: Der Standard, 17.7.2002, S. 4.

N.N., Italiens Politiker auf der Jagd nach Posten, in: http://www.nzz.ch/2001/05/25/al/page-article7F01C.html (25.5.2001).
N.N., Italiens Präsident gegen die Justizreform, in: http://www.nzz.ch/2004/12/17/al/page-articleA2G9M.html (17.12.2004).
N.N., Italiens Regierung will bei Fiat alle Stellen retten, in: http://www.welt.de/daten/2002/11/11/1111un367758.htx?print=1 (11.11.2002).
N.N., Italiens Sorgen, in: Frankfurter Allgemeine Zeitung, 30.6.2003, S. 11.
N.N., „Italiens Wirtschaft liegt lahm", in: http://diepresse.at/detail/print.asp?channel=e&ressort=ei&ids=358097 (3.6.2003).
N.N., Fit to run Italy?, in: The Economist, 28.4.2001, S. 15f.
N.N., Milliardenschweres Konjunkturprogramm, in: http://www.handelsblatt.com/hbiwwwangebot/fn/relhbi/sfn/buildhbi/cn/GoArt!200013,200051,636378/SH/depot/0/index.html (13.6.2003).
N.N., Korruptionsprozess gegen Berlusconi ausgesetzt, in: http://www.welt.de/data/2003/06/30/126775.html?prx=1 (30.6.2003).
N.N., La Malfa tratta col centrodestra, in: La Stampa, 26.1.2001, S. 11.
N.N., Il leader azzurro sceglie un manager per rilanciare FI, in: http://www.corricre.it/edicola/index.jsp?path=POLITICA&doc=LEGA (19.3.2004).
N.N., Lega: „Questi pm non giudichino chi è stato eletto", in: http://www.corriere.it/edicola/index.jsp?path=INTERNI&doc=GIUS (12.3.2003).
N.N., Mit politischer Macht gegen die Rechtsprechung, in: http://www.nzz.ch/2002/01/14/al/page-article7WEWN.html (14.1.2002).
N.N., Mafia-Verfahren gegen Berlusconi eingestellt, in: http://www.salzburg.com/cgi-bin/sn/printArticle.pl?xm=261429 (6.5.2002).
N.N., Italienische Minister lästern über den Euro, in: http://www.sueddeutsche.de/aktuell/sz/artikel110083.php (4.1.2002).
N.N., Montanelli, le polemiche, le minacce, in: Corriere della Sera, 26.3.2001, S. 1.
N.N., L'Onu: Berlusconi ritarda la riforma della giustizia, in: http://www.lastampa.it/edicola/sitoweb/Interni/art12.asp (18.2.2003).
N.N., Pakt mit dem Teufel, in: Der Spiegel, 21/1994, S. 139f.
N.N., Il partito non c'è, anzi sì, in: L'Espresso, 11.3.1994, S. 40.
N.N., Pisanu e il ruolo inventato da Cossiga, in: Corriere della Sera, 11.6.2001, S. 2.
N.N., Pläne für eine Steuerreform in Italien, in: http://www.nzz.ch/2001/12/20/wi/page-article7V6AK.html (20.12.2001).
N.N., Europäische Politiker wollen keine Sanktionen gegen Italien verhängen, in: Frankfurter Allgemeine Zeitung, 15.5.2001, S. 3.
N.N., Nel Polo tornano i franchi tiratori, in: http://www.lastampa.it/edicola/stampa.asp?Idarticolo=666446&sezione=Interni (11.10.2002).
N.N., Quando il Polo eccitava la piazza e l'Ulivo faceva leggi ad personam, in: http://www.ilfoglio.it/articolo.php?idoggetto=5079 (26.8.2002).

N.N., I processi restano a Milano, Polo in rivolta, in: http://www.corriere.it/edicola/index.jsp?path=PRIMA_PAGINA&doc=MILANO (29.1.2003).

N.N., La proposta, in: http://www.corriere.it/edicola/index.jsp?path=POLITICA&doc=MOD21 (7.5.2003).

N.N., Rechtshilfeabkommen mit Italien in Kraft, in: http://www.nzz.ch/2003/03/27/il/page-article8RG5L.html (27.3.2003).

N.N., Rechts-Politiker Fini wird italienischer Außenminister, in: http://www.ftd.de/pw/eu/1100336586031.html (18.11.2004).

N.N., Riforme e amministrative: Berlusconi vuole accelerare, in: http://www.lastampa.it/edicola/sitoweb/Interni/art12.asp (13.3.2003).

N.N., Ritter und Gauner, in: Der Spiegel, 29/1998, S. 123f.

N.N., Rosso: In Forza Italia non c'è democrazia, in: La Stampa, 17.9.2003, S. 4.

N.N., Scajola e Dell'Utri siglano la „pace di Milano", in: La Stampa, 9.10.2002, S. 5.

N.N., Eine Schonfrist für Berlusconi, in: http://www.nzz.ch/2003/06/21/al/page-kommentar8WPJO.html (21.3.2003).

N.N., Schweizer Akten zugelassen, in: http://www.winti-guide.ch/druck.php?action=druck&id=43055&rubrik=welt# (17.12.2001).

N.N., „Silvio, aiutami a convincere l'Europa", in: http://www.lastampa.it/edicola/sitoweb/Esteri/art6.asp (31.1.2003).

N.N., Doch eine Staatsbeteiligung an Fiat Auto?, in: http://www.nzz.ch/2002/10/15/wi/page-article8GMNM.html (15.10.2002).

N.N., „Unsere Stärke liegt in der Einheit", in: http://www.welt.de/data/2003/01/30/37519.html?prx=1 (30.1.2003).

N.N., E spunta una statua per George senior da caricare sull'Air Force One, in: Corriere della Sera, 25.5.2002, S. 14.

N.N., Die Strafverfahren gegen Berlusconi, in: http://www.nzz.ch/2002/04/09/al/page-newzzCZTW6KU3-12.html (2.7.2002).

N.N., Più spendi, più vinci. Lo strapotere di Forza Italia nelle campagne elettorali, in: L'Espresso, 17.6.1994, S. 44.

N.N., Straßburg kritisiert Berlusconis Justizreformen, in: http://www.dolomiten.it/dolomiten/2001/12/01/y0112b11.html (1.12.2001).

N.N., Italian Style over substance, in: http://www.news.ft.com/ft/gx.cgi/ftc?pagename=Views&c=Article&cid=FT3DT5V25Mc&live=true (4.5.2001).

N.N., Auf der Suche nach Schmiergeldern, in: http://www.aargauerzeitung.ch/pages/index.cfm?dom=3&id=1146044&rub=1117&arub=1117&nrub=0 (9.2.2002).

N.N., Tremonti verteidigt Ausgabenprogramm, in: Frankfurter Allgemeine Zeitung, 13.6.2003, S. 12.

N.N., Ue, il semestre italiano, in: http://www.lastampa.it/edicola/sitoweb/Interni/art1.asp (31.3.2003).

N.N., UNO kritisiert Berlusconi-Gesetz, in: http://news.detail.asp?ID=117273 (10.8.2002).
N.N., Unternehmer gegen Berlusconi, in: Der Standard, 7.10.2002, S. 15.
N.N., „Vicenda da chiarire, chiederò ai miei uomini", in: Corriere della Sera, 8.2.2002, S. 14.
N.N., Wahlroutine, in: http://www.welt.de/daten/2001/04/11/0411eu246777.htx?print=1 (11.4.2001).
N.N., Warnung vor Rechtszerfall unter Berlusconi, in: http://www.nzz.ch/2002/01/14/al/page-article7WEWN.html (14.1.2002).
N.N., Interventionistische Willkür Berlusconis, in: http://www.nzz.ch/2002/10/17/wi/page-article8GSTH.html (17.10.2002).
N.N., Woge des Protests gegen Berlusconi, in: http://www.nzz.ch/2002/03/04/al/page-article80A1B.html (4.3.2003).
N.N., Ambitiöse Ziele Silvio Berlusconis, in: http://www.nzz.ch/2001/06/09/wi/page-article7G4U2.html (9.6.2001).
N.N., Neue Zweifel an italienischen Defizitzahlen, in: Frankfurter Allgemeine Zeitung, 8.12.2004, S. 11.
NOWAK, Nicolaus/MIDDEL, Andreas, Madrid erhält für Blockade der Ost-Erweiterung Hilfe aus Rom, in: http://www.welt.de/daten/2001/05/21/0521eu255099.htx (21.5.2001).

PADOVANI, Gigi, Forza Italia guarda alle origini con le „Case dei cittadini", in: La Stampa, 11.1.2003, S. 4.
DIES., Senza la lista Di Pietro, Rutelli avrebbe pareggiato, in: La Stampa, 25.5.2001, S. 9.
DIES., „Così seleziono gli uomini di Berlusconi", in: La Stampa, 27.3.2001, S. 5. Zitiert als: Padovani, Gigi, „Così seleziono gli uomini di Berlusconi".
PANEBIANCO, Angelo, Partiti di massa, formula vuota, in: Corriere della Sera, 20.6.1994, S. 1f.
DERS., Radiografia di un esecutivo, in: Corriere della Sera, 11.6.2001, S. 1.
DERS., Vittime celebri e centro a pezzi, in: Corriere della Sera, 21.2.1999, S. 1/8.
PETERSEN, Jens, Divus Silvius. Wählt mich, den Rest besorge ich allein. Mit Berlusconi kehrt der charismatische Führer auf die politische Bühne Italiens zurück, in: Frankfurter Allgemeine Zeitung, 11.8.2000, S. 43. Zitiert als: Petersen, Jens, Divus Silvius.
PETRINI, Roberto, Berlusconi-Rutelli, duello sui conti, in: La Repubblica, 14.2.2001, S. 25.
DERS., Via alla Tremonti-bis e al sommerso, ma salta il „pacchetto sanità", in: La Repubblica, 28.06.01, S. 3.
PILLER, Tobias, Berlusconis Reichtum, in: Frankfurter Allgemeine Zeitung, 9.5.2001, S. 14.

DERS., Der Getriebene will wieder zum Antreiber werden, in: Frankfurter Allgemeine Zeitung, 13.12.2001, S. 3.
DERS., Der große Lavierer Berlusconi, in: Frankfurter Allgemeine Zeitung, 24.10.2002, S. 3.
DERS., Die Prozesse Berlusconis, in: Frankfurter Allgemeine Zeitung, 19.12.2002, S. 5.
DERS., Tremontis Flucht nach Europa, in: Frankfurter Allgemeine Zeitung, 12.6.2003, S. 15.
DERS., Lästige Versprechen, in: Frankfurter Allgemeine Zeitung, 14.8.2002, S. 11.
DERS., Volkstribun, in: Frankfurter Allgemeine Zeitung, 4.1.2003, S. 8.
DERS., Zuviel versprochen, in: Frankfurter Allgemeine Zeitung, 23.6.2004, S. 9.
PIRANI, Mario, Per un nuovo galateo della lotta politica, in: La Repubblica, 14.3.2001, S. 1/15.
POLACZEK, Dietmar, Macht aus dem Nichts, in: Frankfurter Allgemeine Zeitung, 4.8.1994, S. 25.
DERS., Wie stark ist eigentlich der Widerstand gegen Berlusconi?, in: Frankfurter Allgemeine Zeitung, 4.3.2002, S. 45.
POLATO, Raffaella, Mandato d'arresto Ue, l'Italia non cede, in: Corriere della Sera, 7.12.2001, S. 9.
POLITO, Antonio, La doppia campagna del Polo in Italia e in Europa, in: La Repubblica, 24.3.2001, S. 17.
DERS., Il Cowboy e il Cavaliere, in: La Repubblica, 14.6.2001, S. 4.
POPHAM, Peter, Police Arrest Anti-Mafia Officers on Suspicion of Working for the Mob, in: http://news.independent.co.uk/low_res/story.jsp?story=461213&host=3&dir=73 (8.11.2003).
PORTANOVA, Mario, Riecco i partiti. Ma gli italiani non li vogliono più, in: Diario elezioni, Supplement der Zeitschrift Diario della Settimana, 1.12.2000, S. 3.

RIDDERBUSCH, Katja, Brüssel statt Rom, in: http://www.welt.de/daten/2002/10/15/101Sun362449.htx?print=1 (15.10.2002).
RINALDI, Claudio, Berlusconi di sinistra, in: La Repubblica, 5.11.2000, S. 17.
DERS., Mi faccio giustizia da solo, in: L'Espresso, 16.5.2001, S. 60f.
DERS., L'uomo che fa perdere la destra, in: L'Espresso, 5.5.1995, S. 40f.
ROMEO, Antonella, Die Pizzo-Connection, in: Die Zeit, 12.3.1993, S. 13-15.
ROSENBACH, Marcel, Die deutschen Geschäfte des Silvio B., in: Der Spiegel, 27/2003, S. 116f.
RÜHLE, Alex, Die neuen Führer, in: http://www.sueddeutsche.de/aktuell/sz/getArticleSZ.php?artikel4235.php (18.9.2002).
RUSCONI, Gian Enrico, Die Revolution eines Gesalbten, in: http://www.welt.de/daten/2001/05/21/0521fo255061.htx?print=1 (12.6.2001).

Russ-Mohl, Stephan, Berlusconi spaltet Italien, in: Die Zeit, 4.11.1994, S. 67.
Russo, Umberto, E Rutelli va da Blair: „Destra pericolosa", in: La Repubblica, 30.1.2001, S. 8.
Salimi-Asl, Cyrus, Wie sich die Cosa Nostra von Silvio Berlusconi eine Partei wünschte, in: http://www.nd-online.de/artprint.aspAID=1019 (21.6.2001).
Sancton, Thomas, The Rise and the Fall and the Rise of Silvio Berlusconi, in: Time, 7.5.2001, S. 18-24.
Sartori, Giovanni, Delitto e castigo (sotto un Ulivo), in: Corriere della Sera, 18.5.2001, S. 1.
Ders., Un premier e i suoi fantasmi, in: http://www.corriere.it/edicola/index.jsp?path=PRIMA_PAGINA&doc=SART (15.5.2003).
Sauer, Ulrike, Blühender Ablasshandel, in: http://www.sueddeutsche.de/aktuell/sz/getArticleSZ.php?artikel4859.php (30.9.2002).
Dies., Addio, schönes Lugano, in: http://www.sueddeutsche.de/aktuell/sz/artikel116653.php (27.1.2002).
Dies., Das Defizit an Glaubwürdigkeit, in: http://www.sueddeutsche.de/aktuell/sz/getArticleSZ.php?artikel=artikel881.php (10.1.2003).
Dies., Kampf um italienischen Tabakkonzern, in: http://www.sueddeutsche.de/aktuell/sz/getArticleSZ.php?artikel=artikel1772.php (11.3.2003).
Dies., Mann des Vertrauens, in: Wirtschaftswoche, 29/1994, S. 34.
Dies., Turiner Trauerspiele, in: http://www.sueddeutsche.de/aktuell/sz/getArticleSZ.php?artikel=artikel2365.php (18.1.2003).
Scalfari Eugenio, Fini apre la corsa a Palazzo Chigi, in: La Repubblica, 7.12.2003, S. 1/17.
Schieder, Wolfgang, Hastiger Krisenmanager, in: http://www.fr-aktuell.de/fr/140/t140001.html (12.1.2002).
Schlamp, Hans-Jürgen, Die Akte Berlusconi, in: Der Spiegel, 27/2003, S. 112-124. Zitiert als: Schlamp, Hans-Jürgen, Die Akte Berlusconi.
Ders., Cavaliere im Abwind, in: http://www.spiegel.de/spiegel/0,1518,272236,00.html (3.11.2003).
Schmid, Thomas [u.a.], Zwischen Amerika und Rom, in: Frankfurter Allgemeine Zeitung, 13.2.2003, S. 1.
Schönau, Birgit, Neues Ansehen für den Verfemten, in: Süddeutsche Zeitung, 16./17.2.2002, S. 2.
Seeger-Baier, Sabine, Berlusconi gegen Kyoto-Protokoll, in: http://www.diesuedostschweiz.ch/aktuell/detail.cfm?id=106798&ressort=04%5FAusland (8.6.2001).
Dies., „König Silvio" sucht seinen Thron, in: http://www.maerkischeallgemeine.de/?loc=3_3_1&id=91283&weiter=250 (9.1.2003).
Dies., Silvio Berlusconi ist für viele der Retter der Nation, in: http://www.wintiguide.ch/druck.php?action=druck&id=17765&rubrik=welt (8.5.2001).

DIES., „Wählen – nein danke!" auf der Insel der Mafia, in: http://www.wintiguide.ch/druck.php?action=druck&id=15954&rubrik=welt (19.4.2001).
SEISSELBERG, Jörg, Ritter-Schlag, in: Die Woche, 27.1.1994, S. 20.
SENSINI, Mario, Allarme conti pubblici, deficit verso il 2%, in: La Stampa, 1.6.2001, S. 2.
SINGER, Enrico, „Bossi indesiderabile in Europa", in: La Stampa, 6.3.2001, S. 4.
DERS., „L'Est nella Ue? È interesse dell'Italia", in: La Stampa, 22.5.2001, S. 7.
SPINELLI, Barbara, Sotto sorveglianza, in: La Stampa, 9.12.2001, S. 3.
STELLA, Gian Antonio, E il Cavaliere arruolò tutti i duri (per durare), in: Corriere della Sera, 12.6.2001, S. 1.

TARGETTI, Ferdinando, Berlusconi – Italiens Retter, Italiens Ruin, in: Süddeutsche Zeitung, 25.1.2003, S. 2.
TARQUINI, Andrea, Europa, allarme e attesa: „Bossi debole, ma vigiliamo", in: La Repubblica, 15.5.2001, S. 18.

ULRICH, Stefan, Bushs europäische Helfer, in: Süddeutsche Zeitung, 9.2.2002, S. 2.
DERS., Gericht à la carte, in: http://www.sueddeutsche.de/aktuell/sz/getArticleSZ.php?artikel=artikel1139.php (10.10.2002).
DERS., Freundliche Gesten im Berlusconi-Land, in: http://www.sueddeutsche.de/aktuell/sz/artikel130521.php (10.3.2002).
DERS., Der Italien-Konzern, in: http://www.sueddeutsche.de/aktuell/sz/artikel142146.php (15.5.2001).
DERS., Hoffen auf geordnete Verhältnisse, in: Süddeutsche Zeitung, 20.5.2000, S. 7.

VALENTINO, Paolo, Fischer telefona a Ruggiero: Provo grande rammarico, in: Corriere della Sera, 7.1.2002, S. 6.
VATTIMO, Gianni, Europa, steh uns bei!, in: http://www.sueddeutsche.de/aktuell/sz/artikel111507.php (10.1.2002).
VERDERAMI, Francesco, Debutta il „monocolore azzurro", via libera di Frattini, in: http://www.corriere.it/edicola/index.jsp?path=POLITICA&doc=BOH (14.11.2002).
DERS., Quel patto con Bush prima della guerra: subito forze italiane, in: http://www.corriere.it/edicola/index.jsp?path=POLITICA&doc=VERDE (15.4.2003).
DERS., Lo sfogo di Berlusconi, stanco di „veti, richieste e ricatti", in: Corriere della Sera, 7.6.2001, S. 5.
DERS., Tremonti: Non sono euroscettico, la penso come Delors e Ciampi, in: Corriere della Sera, 7.1.2002, S. 2.

VESPA, Bruno, C'era una volta un'apprendista in politica, in: Panorama, 17.5.2001, S. 42-45.
VITIELLO, Gabriella, Die Mafia ist das kleinere Übel, in: http://www.fr-aktuell. de/ressort/kultur_und_medien/feuilleton/?cnt=230294 (13.6.2003).
WALTON, David, Was bringt Berlusconi?, in: http://www.manager-magazin.de/ geld/artikel/0,2828,233901,00.html (6.2.2003).
WEINGÄRTNER, Daniela, Die EU ist gegen Berlusconi nicht machtlos, in: Die Tageszeitung (taz), 16.10.2003, S. 11.
WILLMS, Beate, Spritze für die Konjunktur, in: Die Tageszeitung (taz), 12.6.2003, S. 9.

ZUCCOLINI, Roberto, Governo, debuttano sette viceministri, in: Corriere della Sera, 12.6.2001, S. 5.
DERS., „L'Italia non manderà soldati in Iraq", in: http://www.corriere.it/edicola/ index.jsp?path=POLITICA&doc=SARZ (15.3.2003).
DERS., Maggioranza blindata, passa la Gasparri, in: Corriere della Sera, 3.12.2003, S. 3.

Primärliteratur

Die in Klammern gesetzten Datums-Angaben hinter den Internet-Adressen beziehen sich auf den jeweiligen Tag, an dem die jeweilige Quelle gesichtet und zu Dokumentationszwecken ausgedruckt wurde.

ATTI del Consiglio Nazionale, 4.7.1997, [o.O.] S. 28.

BAGET BOZZO, Gianni, Quando Forza Italia cammina con le sue gambe, in: http://www.ideazione.com/settimanale/1.politica/75_8-11-2002/75 bagetbozzo.htm (8.11.2002).
BERLUSCONI, Silvio, Discorsi per la democrazia. Gli interventi parlamentari di Silvio Berlusconi, Mailand 2001.
DERS., Restituire fiducia all'Europa, in: Ideazione, 10. Jg. (2003), H. 4, S. 20-26.
DERS., Che cos'è Forza Italia?, in: La Stampa, 5.7.1994, S. 1.
DERS., L'Italia che ho in mente. I discorsi „a braccio" di Silvio Berlusconi, Mailand 2000.
DERS., E ora al lavoro per un'Italia di liberi e forti, in: Ideazione, 3. Jg. (1996) H. 5, S. 13f.
DERS., Premessa, in: N.N., Per un nuovo miracolo italiano. Il programma di Forza Italia, Mailand 1994, S. 6.

DERS., Il vero e preminente problema di questo Paese (da dieci anni), in: Corriere della Sera, 7.5.2003, S. 1/3.
BOBBIO, Noberto [u.a.], Aufruf Linksintellektueller gegen die Wahl Berlusconis, in: MicroMega, 2/2001, S. 4f.
BONDI, Sandro, Passato e futuro di Forza Italia, in: L'Ircocervo, 1. Jg. (2002), H. 2, S. 46-54.
DERS./CICCHITTO, Fabrizio, Coordinamento nazionale: Al via la stagione dei congressi, in: http://www.forza-italia.it/notizie/00_4554pr.htm (29.9.2003).
BRIEF Silvio Berlusconis anlässlich der Präsentation der Wahlplattform „Piano di governo per una intera legislatura", in: http://www.forza-italia.it/elettorale/piano_governo/lettera.htm (23.5.2001).

CICCHITTO, Fabrizio, Riflessioni su Forza Italia, oggi, in: L'Ircocervo, 1. Jg. (2002), H. 2, S. 40-46.
CONTRATTO con gli italiani, in: Corriere della Sera, 11.5.2001, S. 10.
COSTITUZIONE della Repubblica italiana, in: http://www.axnet.it/buvette/cost9.html (6.11.2002).

DEBENEDETTI, Franco [u.a.], Appello contro la faziosità politica, in: Il Foglio, 10.3.2001, S. 1.

FOLLINI, Marco, Intervista sui moderati, Rom, Bari 2003.
FRATTINI, Franco, Europa aperta a chi accetta la sua cultura, in: Corriere della Sera, 20.12.2002, S. 1/10.
DERS., Una grande svolta, in: http://www.liberalfondazione.it/archivio/fl/numero15/frattini.htm (1.4.2003).

INTERVIEW mit Antonio Martino, in: Der Spiegel, 21/1994, S. 137-139.
INTERVIEW mit Antonio Martino, in: Corriere della Sera, 9.1.2002, S. 5.
INTERVIEW mit Cesare Previti, in: Forza Italia News, 16.11.1994, S. 2.
INTERVIEW mit Domenico Fisichella, in: http://www.espressonline.kataweb.it/ESW_articolo/0,2393,29191,00.html (17.12.2001).
INTERVIEW mit George W. Bush, in: La Stampa, 18.7.2001, S. 2f.
INTERVIEW mit Giulio Tremonti, in: Capital, 9/2001, S. 62.
INTERVIEW mit Heide Simonis, in: http://www.merkur.de/po/ip_032901.html (18.7.2003).
INTERVIEW mit Pierluigi Castagnetti, in: Il Popolo, 8.3.2001, S. 3.
INTERVIEW mit Pino Rauti, in: Corriere della Sera, 11.4.2001, S. 11.
INTERVIEW mit Renzo Del Carria, in: Lalli, Roberto P., Lega Nord, Forza Italia und Movimento Sociale Italiano-Alleanza Nazionale. Eine Instrumentelle Koalition ohne programmatisch-ideologische Kongruenz?, Diss., Univ. Stuttgart, 1998., S. 323-337.

INTERVIEW mit Rocco Buttiglione, in: http://diepresse.at/detail/print.asp?channel =p&ressort=eu&ids=363189 (30.6.2003).
INTERVIEW mit Silvio Berlusconi, in: Der Spiegel, 32/1994, S. 114-118.
INTERVIEW mit Silvio Berlusconi, in: Il Sole-24 Ore, 19.9.1995, S. 3.
INTERVIEW mit Silvio Berlusconi, in: Il Messaggero, 30.5.1999, S. 6.
INTERVIEW mit Silvio Berlusconi, in: Il Tempo, 23.8.2000, S. 2.
INTERVIEW mit Silvio Berlusconi, in: Famiglia Cristiana, 4.3.2001, S. 32-36.
INTERVIEW mit Silvio Berlusconi, in: http://www.welt.de/daten/2001/04/17/0417 eu247606.htx?print=1 (17.4.2001).
INTERVIEW mit Silvio Berlusconi, in: Corriere della Sera, 10.5.2001, S. 9.
INTERVIEW mit Silvio Berlusconi, in: Corriere della Sera, 7.1.2002, S. 3.
INTERVIEW mit Silvio Berlusconi, in: http://www.thetimes.co.uk/article/0,,7-2002020975,00.html (15.1.2002).
INTERVIEW mit Silvio Berlusconi, in: Focus, 10/2002, S. 256f.
INTERVIEW mit Silvio Berlusconi, in: http://www.time.com/time/world/printout/ 0,8816,465796,00.html (21.7.2003).
INTERVIEW mit Umberto Bossi, in: La Stampa, 22.5.2001, S. 5.
INTERVIEW mit Vittorio Dotti, in: Corriere della Sera, 29.8.1994, S. 3.

MALAN, Lucio/PALMIERI, Antonio (Hg.), Il governo Berlusconi mantiene gli impegni, Faltblatt, [o.O.] 2003.

N.N., Bondi: Congresso nazionale fra aprile e maggio 2004, in: http://www. forza-italia.it/notizie/00_4679pr.htm (7.11.2003).
N.N., Campagna adesioni 2003, in: http://www.forza-italia.it/notizie/00_4253pr. htm (6.10.2003).
N.N., Case del cittadino. Contro i „Marchesati" di ieri e di oggi, in: http://www. casadelcittadino.it/contromarchesi.htm (8.10.2003).
N.N., Le Case del cittadino, in: http://www.casadelcittadino.it/ successoassemblea.htm (8.10.2003).
N.N., Il Circolo, in: http://www.marcellodellutri.it/articolo.asp?pag=Il% 20Circolo (14.1.2005).
N.N., Club affiliati divisi per provincia. Dokument, das Mario Falciatore, persönlicher Assistent des früheren nationalen FI-Koordinators Claudio Scajola, dem Autor auf Anfrage am 10. Juli 2003 per E-Mail zugesandt hat.
N.N., Comitato di presidenza, in: http://www.forza-italia.it/notizie/00_1954pr. htm (17.3.2003).
N.N., Entrate fiscali gennaio-maggio 2003: dati di cassa, in: http://www.tesoro.it/ DOCUMENTAZIONE/COMUNICATI-STAMPA/2003/HTML/ 19101162002.htm (21.7.2003).
N.N., Il gruppo di Forza Italia alla Camera, in: http://www.forza-italia.it/notizie/ 00_2396pr.htm (15.4.2003).

N.N., Il gruppo di Forza Italia al Senato, in: http://www.forza-italia.it/notizie/00_ 2397pr.htm (15.4.2003).
N.N., 100 impegni per cambiare l'Italia. Programma del Polo per le Libertà, Mailand 1996.
N.N., Più di 100.000 le nuove iscrizioni a Forza Italia, Pressemitteilung der FI-Parteizentrale vom 8.8.2003.
N.N., Il maxi-emendamento del governo al progetto di riforma della giustizia, in: http://www.forza-italia.it/notizie/00_4183pr.htm (25.7.2003).
N.N., Per un nuovo miracolo italiano. Il programma di Forza Italia, Mailand 1994.
N.N., Piano di governo per una intera legislatura, in: http://www.forza-italia.it/elettorale/piano_governo.html (23.5.2001).
N.N., Piano di rinascita democratica, in: Guarino, Mario, Fratello P2 1816. L'epopea piduista di Silvio Berlusconi, Mailand 2001, S. 13-46.
N..N., Scajola: Secondo congresso nazionale a primavera, in: http://www.forza-italia.it/notizie/00_4139pr.htm (10.4.2003).
N.N., Scudo fiscale: Ad oggi rientrati oltre 52 miliardi di euro, in: http://www.tesoro.it/DOCUMENTAZIONE/COMUNICATI-STAMPA/2002/HTML/15492562002.htm (21.7.2003).
N.N., Parte la stagione dei congressi, in: http://www.forza-italia.it/notizie/192-168-150-6_2003103117738.htm (1.11.2003).
N.N., Le cinque grandi strategie per migliorare la vita degli italiani, in: http://www.forza-italia.it/elettorale/piano_governo/strategie/1-1.htm (23.5.2001).

PERA, Marcello, Italien in Europa, in: KAS-Auslandsinformationen, 6/2002, S. 20-26.

REDE Claudio Scajolas anlässlich einer Konferenz der Jugendorganisation *Forza Italia Giovani* in Cortina am 15.11.2002, unveröffentl. Manuskript.
REDE Francesco Saverio Borellis anlässlich der Eröffnung des Justizjahres 2002 in Mailand am 11.1.2002 (in Auszügen), in: Santarelli, Enzo (Hg.), Profilo del Berlusconismo, Rom 2002, S. 51-61.
REDE Sandro Bondis anlässlich des Seminars der FI für politische Bildung in Gubbio am 2.9.2002, in: http://www.forza-italia.it/notizie/00_3521pr.htm (16.11.2002).
REDE Silvio Berlusconis anlässlich seines Einstiegs in die Politik am 26.1.1994 („Discesa-in-campo"-Rede), in: http://www.forza-italia.it/partito/gliinizidiforzaitalia/ladiscesaincampo.html (10.11.2001).
REDE Silvio Berlusconis anlässlich der Eröffnung der ersten FI-*Convention* in Rom am 6.2.1994, in: Mennitti, Domenico (Hg.), Forza Italia. Radiografia di un evento, Rom 1997, S. 212-217.

REDE Silvio Berlusconis vor der Abgeordnetenkammer am 2.8.1994, in: ders., Discorsi per la democrazia. Gli interventi parlamentari di Silvio Berlusconi, Mailand 2001, S. 69-81.

REDE Silvio Berlusconis vor der Abgeordnetenkammer am 21.12.1994, in: ders, Discorsi per la democrazia. Gli interventi parlamentari di Silvio Berlusconi, Mailand 2001, S. 82-91.

REDE Silvio Berlusconis vor der Abgeordnetenkammer am 10.1.1996, in: ders., Discorsi per la democrazia. Gli interventi parlamentari di Silvio Berlusconi, Mailand 2001, S. 133-140.

REDE Silvio Berlusconis vor der Abgeordnetenkammer am 30.5.1996, in: ders., Discorsi per la democrazia. Gli interventi parlamentari di Sivio Berlusconi, Mailand 2001, S. 141-151.

REDE Silvio Berlusconis vor dem ersten Nationalkongress der FI-Frauenorganisation *Azzurro Donna* in Sanremo am 28.3.1998, in: ders., L'Italia che ho in mente. I discorsi „a braccio" di Silvio Berlusconi, Mailand 2000, S. 133-170.

REDE Silvio Berlusconis anlässlich der Eröffnung des FI-Parteikongresses in Assago am 16.4.1998, in: ders., L'Italia che ho in mente. I discorsi „a braccio" di Silvio Berlusconi, S. 35-70.

REDE Silvio Berlusconis anlässlich des *Security Days* der FI in Mailand am 16.10.1999, in: ders., L'Italia che ho in mente. I discorsi „a braccio" di Silvio Berlusconi, Mailand 2000, S. 243-274.

REDE Silvio Berlusconis vor der Abgeordnetenkammer am 27.5.1998, in: ders., Discorsi per la democrazia. Gli interventi parlamentari di Silvio Berlusconi, Mailand 2001, S. 206-211.

REDE Silvio Berlusconis anlässlich der Feier zum zehnten Jahrestag des Falls der Berliner Mauer in Rom am 9.11.1999, in: ders., L'Italia che ho in mente. I discorsi „a braccio" di Silvio Berlusconi, Mailand 2000, S. 71-98.

REDE Silvio Berlusconis anlässlich einer Konferenz von lokalen FI-Parteifunktionären der Region Lombardei in Mailand am 15.1.2000, in: ders., L'Italia che ho in mente. I discorsi „a braccio" di Silvio Berlusconi, Mailand 2000, S. 275-286.

REDE Silvio Berlusconis vor der Abgeordnetenkammer am 14.1.2002, in: http://www.forza-italia.it/notizie/00_2715pr.htm (17.1.2002).

REDE Silvio Berlusconis vor der Abgeordnetenkammer am 25.9.2002, in: http://www.forza-italia.it/notizie/00_3612pr.htm (8.11.2002).

REGOLAMENTO dei Congressi Provinciali e delle Grandi Città, in: http://www.forza-italia.it/partito/img/Regolamentocongprov.doc (6.12.2001).

REGOLAMENTO per i rinnovi e le nuove adesioni a Forza Italia per l'anno 2002, in: http://www.forza-italia.it/notizie/00_3224pr.htm (27.3.2003).

SCAJOLA, Claudio, Il partito di governo, in: http://www.liberalfondazionne.it/archivio/fl/numero15/scajola.htm (1.4.2003).

STATUTO di Forza Italia 1998. Approvato dalla Assemblea Nazionale, Milano, 18 gennaio 1997, con le modifiche apportate dal Consiglio Nazionale del 4 luglio 1997, del 20/21 febbraio 1998 e dal Congresso Nazionale del 16/18 aprile 1998 e dal Consiglio Nazionale del 20 luglio 1998, in: http://www.forzaitalia.it/partito/img/statuto.doc (6.12.2001).

STATUTO del Movimento Liberalismo Popolare, in: http://www.casadelcittadino. it/fondareunacasa.htm (8.10.2003).

URBANI, Giuliano [u.a.], Alla ricerca del buon Governo. Appello per la costruzione di un'Italia vincente, in: Mennitti, Domenico (Hg.), Forza Italia. Radiografia di un evento, Rom 1997, S. 208-211.

Sekundärliteratur

ABRUZZESE, Alberto, Elogio del tempo nuovo. Perché Berlusconi ha vinto, Genua 1994.

ACCORNERO, Aris/COMO, Eliana, La (mancata) riforma dell'articolo 18, in: Blondel, Jean/Segatti, Paolo (Hg.), Politica in Italia. I fatti dell'anno e le interpretazioni, Ed. 2003, Bologna 2003, S. 239-262.

ALMOND, Gabriel A./VERBA, Sidney, The Civic Culture. Political Attitudes and Democracy in Five Nations, Princeton 1963. Zitiert als: Almond, Gabriel A./Verba, Sidney, The Civic Culture.

DIES., The Civic Culture Revisted, Boston 1980.

AMAROLI, Paolo, Italiens Regierungen im Schatten des Quirinal-Palastes, in: Ferraris, Luigi V. [u.a.] (Hg.), Italien auf dem Weg zur „zweiten Republik"? Die politische Entwicklung Italiens seit 1992, Frankfurt a.M. [u.a.] 1995, S. 73-105.

ANDREATTA, Filippo/BRIGHI, Elisabetta, La politica estera del governo Berlusconi. I primi 18 mesi, in: Blondel, Jean/Segatti, Paolo (Hg.), Politica in Italia. I fatti dell'anno e le interpretazioni, Ed. 2003, Bologna 2003, S. 263-81.

ARE, Giuseppe, I riferimenti culturali, in: Mennitti, Domenico (Hg.), Forza Italia. Radiografia di un evento, Rom 1997, S. 183-195.

BALDINI, Gianfranco/LEGNANTE, Guido, Le elezioni comunali. Cambiamento o alternanze?, in: Blondel, Jean/Segatti, Paolo (Hg.), Politica in Italia. I fatti dell'anno e le interpretazioni, Ed. 2003, Bologna 2003, S. 73-92.

DIES., Le elezioni comunali del 1999 e la „disfatta" della sinistra a Bologna, in: Gilbert, Mark/Pasquino, Gianfranco (Hg.), Politica in Italia. I fatti dell'anno e le interpretazioni, Ed. 2000, Bologna 2000, S. 89-108.

BARISIONE, Mauro, Interesse per la politica, appartenenza di coalizione e giudizio sui leader. Gli effetti della campagna elettorale, in: Pasquino, Gianfranco

(Hg.), Dall'Ulivo al governo Berlusconi. Le elezioni del 13 maggio 2001 e il sistema politico italiano, Bologna 2002, S. 139-178.
BARTOLINI, Stefano/D'ALIMONTE, Roberto, La maggioranza ritrovata. La competizione nei collegi uninominali, in: dies. (Hg.), Maggioritario finalmente? La transizione elettorale 1994-2001, Bologna 2002, S. 199-248. Zitiert als: Bartolini, Stefano/D'Alimonte, Roberto, La maggioranza ritrovata.
DIES. (Hg.), Maggioritario ma non troppo. Le elezioni politiche del 1994, la campagna elettorale, l'offerta politica: un'analisi dettagliata per comprendere l'evoluzione del sistema politico in Italia, Bologna 1995.
BARTOLINI, Stefano [u.a.], Maggioritario finalmente? Il bilancio di tre prove, in: D'Alimonte, Roberto/Bartolini, Stefano (Hg.), Maggioritario finalmente? La transizione elettorale 1994-2001, Bologna 2002, S. 363-379.
BAYNE, Nicholas, La presidenza italiana del vertice G8, in: Bellucci, Paolo/Bull, Martin (Hg.), Politica in Italia. I fatti dell'anno e le interpretazioni, Ed. 2002, Bologna 2002, S. 185-204.
BELLUCCI, Paolo/BULL, Martin, Introduzione. Il ritorno di Berlusconi, in: dies. (Hg), Politica in Italia. I fatti dell'anno e le interpretazioni, Ed. 2002, Bologna 2002, S. 37-56.
BENTIVEGNA, Sara, Attori e strategie communicative della campagna elettorale, in: Pasquino, Gianfranco (Hg.), L'alternanza inattesa. Le elezioni del 27 marzo 1994 e le loro conseguenze, Soveria Mannelli 1995, S. 99-130.
BERG-SCHLOSSER, Dirk, Politische Kultur, in: Mickel, Wolfgang W. (Hg.), Handlexikon zur Politikwissenschaft, Bonn 1986, S. 385-388.
BERSELLI, Edmondo/CARTOCCI, Roberto, Il bipolarismo realizzato, in: Il Mulino, 50. Jg. (2001), H. 3, S. 449-460.
BEUTTLER, Ulrich/GEHLHOFF, Georg, Neues Parteiengefüge und politische Reformen in Italien, in: Aus Politik und Zeitgeschichte, B 28/98, S. 3-14.
BEYME, Klaus von, Parteien in den westlichen Demokratien, 2. Auflg., München 1984.
DERS., Das politische System Italiens, Stuttgart [u.a.] 1970.
BIEBER, Christoph, Einkaufen auf italienisch. Silvio Berlusconis politische Dauerwerbesendung, in: Baringhorst, Siegrid [u.a.] (Hg.), Macht der Zeichen – Zeichen der Macht. Neue Strategien politischer Kommunikation, Frankfurt a.M. [u.a.] 1995, S. 23-43.
BIORCIO, Roberto, Forza Italia, partito di riferimento, in: Il Mulino, 50. Jg. (2001), H. 4, S. 623-634. Zitiert als: Biorcio, Roberto, Forza Italia.
DERS., Le ragioni della sinistra. Le risorse della destra, in: Diamanti, Ilvo/Mannheimer, Renato (Hg.), Milano a Roma. Guida all'Italia elettorale del 1994, Rom 1994, S. 159-168.
DERS., Le complicate scelte di Forza Italia, in: Il Mulino, 46. Jg. (1997), H. 2, S. 261-270. Zitiert als: Biorcio, Roberto, Le complicate scelte di Forza Italia.
BLONDEL, Jean, An Introduction to Comparative Government, London 1969.

BOBBIO, Noberto, Verso la Seconda Repubblica, Turin 1997. Zitiert als: Bobbio, Noberto, Verso la Seconda Repubblica.
BOLAFFI, Angelo, Das Land, in dem die Widersprüche blühen. Betrachtungen zu Politik und Gesellschaft in Italien, in: Aus Politik und Zeitgeschichte, B 39/88, S. 3-11.
DERS., Opposition gegen ein italienisches Ideal, in: N.N., Berlusconis Italien – Italien gegen Berlusconi, Berlin 2002, S. 146-150.
BONGIOVANNI, Bruno, Esteri, in: Tuccari, Francesco (Hg.), Il governo Berlusconi. Le parole, i fatti, i rischi, Rom, Bari 2002, S. 35-55.
BORDON, Frida, Italien auf der Suche nach der verlorenen Mitte, in: Die Neue Gesellschaft. Frankfurter Hefte, 42. Jg. (1995), H. 11, S. 978-980.
BRAND, Jack/MACKIE, Thomas, Le elezioni del 1994, in: Ignazi, Piero/Katz, Richard S. (Hg.), Politica in Italia. I fatti dell'anno e le interpretazioni, Ed. 95, Bologna 1995, S. 121-138.
BRAUN, Michael, Einwanderungsfrage und Staatskrise in Italien, INEF-Report, hrsgeg. vom Institut für Entwicklung und Frieden der Gerhard-Mercator-Universität Duisburg (INEF), H. 10, Duisburg 1994. Zitiert als: Braun, Michael, Einwanderungsfrage und Staatskrise in Italien.
DERS., Die Gewerkschaften und die Regierung Berlusconi, in: Ferraris, Luigi V. [u.a.] (Hg.), Italien auf dem Weg zur „zweiten Republik"? Die politische Entwicklung Italiens seit 1992, Frankfurt a.M. [u.a.] 1995, S. 291-303. Zitiert als: Braun, Michael, Die Gewerkschaften und die Regierung Berlusconi.
DERS., Italiens politische Zukunft, Frankfurt a.M. 1994. Zitiert als: Braun, Michael, Italiens politische Zukunft.
DERS., Das Parteiensystem der Ersten Republik. Die Fehlentwicklungen der „Partitocrazia", in: Sozialwissenschaftliche Informationen, 23. Jg. (1994), H. 4, S. 241-249. Zitiert als: Braun, Michael, Das Parteiensystem der Ersten Republik.
BREDTHAUER, Karl D., Keine Angst, sagen die Sieger. Italienische Nachwahldebatten, in: Blätter für deutsche und internationale Politik, 39. Jg. (1994), H. 5, S. 556-565.
BRUNNER, Georg, Vergleichende Regierungslehre, Bd. 1, Paderborn [u.a.] 1979.
BRÜTTING, Richard, Mani pulite, in: ders. (Hg.), Italien-Lexikon, 2. Auflg., Berlin 1997, S. 470-472.
DERS./RADTKE, Gerd D., Elezioni, in: Brütting, Richard (Hg.), Italien-Lexikon, Berlin 1997, S. 287-291.
BUFACCHI, Vittorio/BURGESS, Simon, Italy since 1989. Events and Interpretations, London, New York 1998.

CACCAVALE, Michele, Il grande inganno, Mailand 1997.

CACIAGLI, Mario, Ein „roter" Bezirk in der „roten" Toskana. Entstehung und Persistenz politischer Subkulturen, in: Zeitschrift für Parlamentsfragen, 18. Jg. (1987), H. 4, S. 512-522.

DERS., Clientelismo, in: Brütting, Richard (Hg.), Italien-Lexikon, 2. Auflg., Berlin 1997, S. 190.

DERS., Das Ende der DC, in: Ferraris, Luigi V. [u.a.] (Hg.), Italien auf dem Weg zur „zweiten Republik"? Die politische Entwicklung Italiens seit 1992, Frankfurt a.M. [u.a.] 1995, S. 45-53. Zitiert als: Caciagli, Mario, Das Ende der DC.

DERS., Italien und Europa. Fortdauer eines Verhältnisses von Zwang und Ansporn, in: Aus Politik und Zeitgeschichte, B 35-36/2004, S. 26-31.

DERS., Ein, zwei, viele Italien. Veränderungen in der politischen Kultur Italiens, in: Sozialwissenschaftliche Informationen, 23. Jg. (1994), H. 4, S. 257-264. Zitiert als: Caciagli, Mario, Ein, zwei, viele Italien.

DERS., Klientelismus versus Weiß und Rot. Die Zersplitterung der politischen Kultur Italiens, in: Namuth, Michaela (Hg.), Modell Italien? Neues aus dem Land der Traditionen, Stuttgart 1990, S. 39-49.

CAFERRA, Vito M., La corruzione, in: Pasquino, Gianfranco (Hg.), La politica italiana. Dizionario critico 1945-1995, Bari 1995, S. 405-416.

CALISE, Mauro, La costituzione silenziosa. Geografia dei nuovi poteri, Rom, Bari 1998.

CAMPUS, Donatella, La formazione del governo Berlusconi, in: Pasquino, Gianfranco (Hg.), Dall'Ulivo al governo Berlusconi. Le elezioni del 13 maggio 2001 e il sistema politico italiano, Bologna 2002, S. 275-294.

CARTOCCI, Roberto, Indizi di un inverno precoce. Il voto proporzionale fra equilibrio e continuità, in: D'Alimonte, Roberto/Bartolini, Stefano (Hg.), Maggioritario per caso. Le elezioni politiche del 1994 e del 1996 a confronto. Il ruolo del sistema elettorale, le coalizioni, le scelte degli elettori, Bologna 1997, 177-203.

DERS., Omens of an Early Winter. The Proportional Vote and the Changing Italian Party System, in: European Journal of Political Research, 34. Jg. (1998), Nr. 1, S. 35-61.

CARUSO, Barbara, Die Arbeiten des Zweikammerausschusses zur Verfassungsreform (*Bicamerale*), in: Ullrich, Hartmut (Hg.), Verfassungsgebung, *partitocrazia* und Verfassungswandel in Italien vom Ende des II. Weltkrieges bis heute, Frankfurt a.M. [u.a.] 2001, S. 123-152.

CAZZOLA, Franco, Von der ersten zur zweiten Republik. Italien zwischen Kontinuität und Veränderung, in: Probleme des Klassenkampfs (PROKLA). Zeitschrift für kritische Sozialwissenschaft, 25. Jg. (1995), H. 1, S. 81-96.

CECCANI, Stefano/FABBRINI, Sergio, Transizione verso Westminster? Ambiguità e discontinuità nella formazione del governo Berlusconi, in: Pasquino, Gianfranco (Hg.), L'alternanza inattesa. Le elezioni del 27 marzo 1994 e le loro conseguenze, Soveria Mannelli 1995, S. 257-284.

CERI, Paolo, Prefazione, in: Golia, Carmen, Dentro Forza Italia. Organizzazione e militanza, Venedig 1997, S. 7-14.

CHIARAMONTE, Alessandro, Le elezioni regionali 2000 nella transizione italiana, in: ders./D'Alimonte, Roberto (Hg.), Il maggioritario regionale. Le elezioni del 16 aprile 2000, Bologna 2000, S. 175-198.

DERS., Il voto proporzionale. Verso la nazionalizzazione della competizione?, in: D'Alimonte, Roberto/Bartolini, Stefano (Hg.), Maggioritario finalmente? La transizione elettorale 1994-2001, Bologna 2002, S. 165-198. Zitiert als: Chiaramonte, Alessandro, Il voto proporzionale.

CHIELLINO, Carmine [u.a.], Italien, 3. Auflg., München 1995.

CHRISTEN, Christian, Italiens Modernisierung von Rechts. Berlusconi, Bossi, Fini oder die Zerschlagung des Wohlfahrtsstaates, Berlin 2001.

COLARIZI, Simona, Repubblica italiana II. Dal 1968 al 1994, in: Bongiovanni, Bruno/Tranfaglia, Nicola (Hg.), Dizionario storico dell'Italia unita, Rom, Bari 1996, S. 740-755.

COLOMBO, Asher/SCIORTINO, Giuseppe, La legge Bossi-Fini. Estremismi gridati, moderazioni implicite e frutti avvelenati, in: Blondel, Jean/Segatti, Paolo (Hg.), Politica in Italia. I fatti dell'anno e le interpretazioni, Ed. 2003, Bologna 2003, S. 195-215.

COLOMBO, Furio, Il libro nero della democrazia, in: ders./Padellaro, Antonio (Hg.), Il libro nero della democrazia. Vivere sotto il governo Berlusconi, Mailand 2002, S. 9-12.

DERS., La persuasione di essere unico, in: ders./Padellaro, Antonio (Hg.), Il libro nero della democrazia. Vivere sotto il governo Berlusconi, Mailand 2002, S. 62-64.

DERS./PADELLARO, Antonio (Hg.), Il libro nero della democrazia. Vivere sotto il governo Berlusconi, Mailand 2002.

CORBETTA, Piergiorgio/PARISI, Arturo M.L. (Hg.), A domanda risponde. Il cambiamento del voto degli italiani nelle elezioni del 1994 e del 1996, Bologna 1997.

CORRIAS, Pino [u.a.], 1994. Colpo grosso, Mailand 1994.

COTTA, Maurizio, Berlusconi alla seconda prova di governo, in: Bellucci, Paolo/ Bull, Martin (Hg.), Politica in Italia. I fatti dell'anno e le interpretazioni, Ed. 2002, Bologna 2002, S. 163-184. Zitiert als: Cotta, Maurizio, Berlusconi alla seconda prova di governo.

DERS., Classe politica e parlamento, Bologna 1979.

DERS., Dopo tre elezioni. Il sistema politico italiano a dieci anni dalla crisi, in: D'Alimonte, Roberto/Bartolini, Stefano (Hg.), Maggioritario finalmente? La transizione elettorale 1994-2001, Bologna 2002, S. 17-40. Zitiert als: Cotta, Maurizio, Dopo tre elezioni.

DERS./VERZICHELLI, Luca, Il governo Berlusconi II alla prova. Un'anno di complicazioni, in: Blondel, Jean/Segatti, Paolo (Hg.), Politica in Italia. I fatti dell'anno e le interpretazioni, Ed. 2003, Bologna 2003, S. 49-71.

CROCI, Osvaldo, Dovere, umanitarismo e interesse nazionale. L'Italia e l'intervento della Nato in Kosovo, in: Gilbert, Mark/Pasquino, Gianfranco (Hg.), Politica in Italia. I fatti dell'anno e le interpretazioni, Ed. 2000, Bologna 2000, S. 109-130.

CROTTY, William J., Political Parties: Issues and Trends, in: ders. (Hg.), Political Science. Looking to the Future. Vol: 4: American Institutions, Evanston 1991, S. 137-201.

D'AGOSTINO, Guido/VIGILANTE, Riccardo, Le elezioni politiche del marzo 1994, in: Italia Contemporanea, 38. Jg. (1994), Nr. 195, S. 221-230.

D'ALIMONTE, Roberto, Il sistema elettorale. Grandi premi e piccole soglie, in: Chiaramonte, Alessandro/D'Alimonte, Roberto (Hg.), Il maggioritario regionale. Le elezioni del 16 aprile 2000, Bologna 2000, S. 11-34.

DERS./BARTOLINI, Stefano (Hg.), Maggioritario per caso. Le elezioni politiche del 1994 e del 1996 a confronto. Il ruolo del sistema elettorale, le coalizioni, le scelte degli elettori, Bologna 1997.

DIES. (Hg.), Maggioritario finalmente? La transizione elettorale 1994-2001, Bologna 2002.

DIES., Il sistema partitico italiano. Una transizione difficile, in: dies. (Hg.), Maggioritario ma non troppo. Le elezioni politiche del 1994. La campagna elettorale, l'offerta politica e il voto: un'analisi dettagliata per comprendere l'evoluzione del sistema politico in Italia, Bologna 1995, S. 429-466. Zitiert als: D'Alimonte, Roberto/Bartolini, Stefano, Il sistema partitico italiano.

DIES., „Electoral Transition" and Party System Change in Italy, in: Bull, Martin/Rhodes, Martin (Hg.), Crisis and Transition in Italian Politics, London, Portland 1997, S. 110-134. Zitiert als: D'Alimonte, Roberto/Bartolini, Stefano, „Electoral Transition".

DALLA CHIESA, Nando, La legge sono io. Cronaca di vita repubblicana nell'Italia di Berlusconi. L'anno dei girotondi, Neapel 2002.

D'AMORE, Ciro, I risultati elettorali tra partiti e poli, in: Chiaramonte, Alessandro/D'Alimonte, Roberto (Hg.), Il maggioritario regionale. Le elezioni del 16 aprile 2000, Bologna 2000, S. 131-156.

DANIELS, Philip, Le elezioni del Parlamento europeo del 1999, in: Gilbert, Mark/Pasquino, Gianfranco (Hg.), Politica in Italia. I fatti dell'anno e le interpretazioni, Ed. 2000, Bologna 2000, S. 47-67.

D'ANNA, Stefano E./MONCALVO, Gigi, Berlusconi in concert, London 1994.

DEAGLIO, Enrico, Besame mucho. Diario di un anno abbastanza crudele, Mailand 1995. Zitiert als: Deaglio, Enrico, Besame mucho.

DERS., Re Silvio, in: Diario, 6. Jg. (2001), Nr. 20, S. 6-15, 8.

DELLA PORTA, Donatella, I partiti politici, Bologna 2001.
DIES./REITER, Herbert, „Voi G8, noi 6.000.000". Le manifestazioni di Genova, in: Bellucci, Paolo/Bull, Martin (Hg.), Politica in Italia. I fatti dell'anno e le interpretazioni, Ed. 2002, Bologna 2002, S. 119-140.
DELLA PORTA, Donatella/VANUCCI, Alberto, Un paese anomalo. Come la classe politica ha perso l'occasione di Mani pulite, Rom, Bari 1999.
DI GIOVINE, Alfonso, Rapporti politici, in: Modona, Guido N. (Hg.), Stato della Costituzione. Principi, regole, equilibri. Le ragioni della storia, i compiti di oggi, Mailand 1995, S. 165-188.
DI VIRGILIO, Aldo, Le alleanze elettorali. Identità partitiche e logiche coalizionali, in: Rivista Italiana di Scienza Politica, 26. Jg. (1996), H. 3, S. 519-584.
DERS., I nodi al pettine del *management* coalizionale, in: Chiaramonte, Alessandro/D'Alimonte, Roberto (Hg.), Il maggioritario regionale. Le elezioni del 16 aprile 2000, Bologna 2000, S. 105-130. Zitiert als: Di Virgilio, Aldo, I nodi al pettine del *management* coalizionale.
DERS., L'offerta elettorale. La politica delle alleanze si istituzionalizza, in: D'Alimonte, Roberto/Bartolini, Stefano (Hg.), Maggioritario finalmente? La transizione elettorale 1994-2001, Bologna 2002, S. 79-129. Zitiert als: Di Virgilio, Aldo, L'offerta elettorale.
DERS., Dai partiti ai poli. La politica delle alleanze, in: Rivista di Scienza Politica, 24. Jg. (1994), Nr. 3, S. 493-547. Zitiert als: Di Virgilio, Aldo, Dai partiti ai poli.
DERS., Uniti si vince? Voto e politica delle alleanze, in: Il Mulino, 50. Jg. (2001), H. 4, S. 635-644.
DIAMANTI, Ilvo, Bianco, rosso, verde... e azzurro. Mappe e colori dell'Italia politica, Bologna 2003.
DERS., Ilvo, Forza Italia. Il mercato elettorale dell',,imprenditore politico", in: Ginsborg, Paul (Hg), Stato dell'Italia. Il bilancio politico, economico, sociale e culturale di un paese che cambia, Mailand 1994, S. 665-667. Zitiert als: Diamanti, Ilvo, Forza Italia.
DERS., I Mezzogiorni, in: ders./Mannheimer, Renato (Hg.), Milano a Roma. Guida all'Italia elettorale del 1994, Rom 1994, S. 127-134.
DERS., La politica come marketing, in: in: MicroMega, 2/1994, S. 60-77. Zitiert als: Diamanti, Ilvo, La politica come marketing.
DERS., Politica all'italiana. La parabola delle riforme incompiute, Mailand 2001. Zitiert als: Diamanti, Ilvo, Politica all'italiana.
DERS., Vecchie e nuove subculture politiche, in: Il Mulino, 50. Jg. (2001), H. 4, S. 645-652. Zitiert als: Diamanti, Ilvo, Vecchie e nuove subculture politiche.
DERS./LAZAR, Marc, Le elezioni del 13 maggio 2001. Cronaca di una vittoria annunciata... sin troppo presto, in: Bellucci, Paolo/Bull, Martin (Hg.), Politica in Italia. I fatti dell'anno e le interpretazioni, Ed. 2002, Bologna 2002, S. 57-77.

DIAMANTI, Ilvo/MANNHEIMER, Renato, Introduzione, in: dies. (Hg.), Milano a Roma. Guida all'Italia elettorale del 1994, Rom 1994, S. VII-XXII. Zitiert als: Diamanti, Ilvo/Mannheimer, Renato, Introduzione.

DIES. (Hg.), Milano a Roma. Guida all'Italia elettorale del 1994, Rom 1994.

DOGLIANI Mario, Regierungsform, in: N.N., Berlusconis Italien – Italien gegen Berlusconi, Berlin 2002, S. 134-143.

DONOVAN, Mark, The 1994 Election in Italy. Normalisation or Continuing Exceptionalism?, in: West European Politics, 17. Jg. (1994), Nr. 4, S. 193-201. Zitiert als: Donovan, Mark, The 1994 Election in Italy.

DERS., La fine dell'anomalia referendaria in Italia?, in: Gilbert, Mark/Pasquino, Gianfranco (Hg.), Politica in Italia. I fatti dell'anno e le interpretazioni, Ed. 2000, Bologna 2000, S. 69-87. Zitiert als: Donovan, Mark, La fine dell'anomalia referendaria in Italia?.

DREIER, Volker, Forza Italia: Triumph der Telekratie? Zu Morphologie, Erfolg und Zukunft einer politischen Bewegung, in: Sozialwissenschaftliche Informationen, 23. Jg. (1994), H. 4, S. 285-292. Zitiert als: Dreier, Volker, Forza Italia.

DERS., Korruption als System, in: Sozialwissenschaftliche Informationen, 23. Jg. (1994), H. 4, S. 250-256. Zitiert als: Dreier, Volker, Korruption als System.

DRÜKE, Helmut, Italien. Grundwissen Länderkunde: Wirtschaft – Gesellschaft – Politik, 2. Auflg., Opladen 2000.

DUVERGER, Maurice, Die politischen Parteien, Tübingen 1959.

ECO, Umberto, Wem schlägt die Stunde? Appell zu einem moralischen Referendum, in: N.N., Berlusconis Italien – Italien gegen Berlusconi, Berlin 2002, S. 42-47.

FABBRINI, Sergio/GILBERT, Mark, The Italian General Election of 13 May 2001. Democratic Alternation or False Step?, in: Government and Opposition, 36. Jg. (2001), Nr. 4, S. 519-534.

FARNETI, Paolo, Il sistema dei partiti in Italia 1946-1979, Bologna 1983.

FEDELE, Marcello, Il governo Berlusconi, in: Quaderni di Sociologia. Le culture del cambiamento politico in Italia, 38.-39. Jg. (1994-95), Nr. 9, S. 48-65.

FELDBAUER, Gerhard, Marsch auf Rom. Faschismus und Antifaschismus in Italien – Von Mussolini bis Berlusconi und Fini, Köln 2002. Zitiert als: Feldbauer, Gerhard, Marsch auf Rom.

DERS., Von Mussolini bis Fini. Die extreme Rechte in Italien, Berlin 1996. Zitiert als: Feldbauer, Gerhard, Von Mussolini bis Fini.

FERRAJOLI, Luigi, Justiz, in: N.N., Berlusconis Italien – Italien gegen Berlusconi, Berlin 2002, S. 87-106.

FERRARI, Claudia-Francesca, Wahlkampf, Medien und Demokratie, Der Fall Berlusconi, Stuttgart 1998.

FERRARIS, Luigi V., Ist Italien eine „neue" Republik?, in: Aus Politik und Zeitgeschichte, B 34/94, S. 3-9. Zitiert als: Ferraris, Luigi V., Ist Italien eine „neue" Republik?
DERS., Eine politische Revolution in Italien?, in: ders. [u.a.] (Hg.), Italien auf dem Weg zur „zweiten Republik"? Die politische Entwicklung Italiens seit 1992, Frankfurt a.M. [u.a.] 1995, S. 9-17. Zitiert als: Ferraris, Luigi V., Eine politische Revolution in Italien?.
DERS. [u.a.] (Hg.), Italien auf dem Weg zur „zweiten Republik"? Die politische Entwicklung Italiens seit 1992, Frankfurt a.M. [u.a.] 1995.
FIORI, Giuseppe, Il venditore. Storia di Silvio Berlusconi e della Fininvest, [o.O.] 1995.
FIX, Elisabeth, Die Genese der „Bewegungspartei" als neuer Parteityp im politischen System Italiens, in: Nedelmann, Brigitta (Hg.), Politische Institutionen im Wandel, Sonderh. 35/1995 der Kölner Zeitschrift für Soziologie und Sozialpsychologie, Opladen 1995, S. 188-214. Zitiert als: Fix, Elisabeth, Die Genese der „Bewegungspartei".
DIES., Italiens Parteiensystem im Wandel. Von der Ersten zur Zweiten Republik, Diss. (Univ. Mannheim), Frankfurt a.M., New York 1999. Zitiert als: Fix, Elisabeth, Italiens Parteiensystem im Wandel.
FOA, Vittorio, Prefazione, in: Diamanti, Ilvo, Politica all'italiana. La parabola delle riforme incompiute, Mailand 2001, S. IX-XVIII.
FONDAZIONE CENSIS (Hg.), L'Italia in politica 3, Rom 1994.
FRANCO, Massimo, I voti del cielo. La caccia all'elettorato cattolico, Mailand 2000.
FRITZSCHE, Peter, Die politische Kultur Italiens, Frankfurt a.M. [u.a.] 1987.
FUSARO, Carlo, Media, sondaggi e spese elettorali. La nuova disciplina, in: Bartolini, Stefano/D'Alimonte, Roberto (Hg.), Maggioritario ma non troppo. Le elezioni politiche del 1994, la campagna elettorale, l'offerta politica, il voto: un'analisi dettagliata per comprendere l'evoluzione del sistema politico in Italia, Bologna 1995, S. 109-146.

GABLENTZ, Otto-Heinrich von der, Politische Parteien als Ausdruck gesellschaftlicher Kräfte, Berlin 1952.
GALLI, Giorgio, Il bipartitismo imperfetto. Comunisti e democristiani in Italia, Bologna 1966.
DERS., Diario politico 1994. L'imbroglio del 28 marzo e il governo B, [o.O.] 1995. Zitiert als: Galli, Giorgio, Diario politico 1994.
DERS., I partiti politici in Italia 1861-1983, 2. Auflg., Turin 1983.
DERS., Staatsgeschäfte – Affären, Skandale, Verschwörungen. Das unterirdische Italien 1943-1990, Hamburg 1994.
GANGEMI, Giuseppe, Sinistra, destra e centro alla prova della „nuova" domanda politica, in: ders./Riccamboni, Gianni (Hg.), Le elezioni della transizione. Il

sistema politico italiano alla prova del voto 1994-1996, Turin 1997, S. 145-183.

DERS./RICCAMBONI, Gianni (Hg.), Le elezioni della transizione. Il sistema politico italiano alla prova del voto 1994-1996, Turin 1997.

GIANFELICI, Paolo, „Forza Italia" oder „Forza Berlusconi"? Bemerkungen zu einem neuen Partei-Modell, in: Rill, Bernd (Hg.), Italien im Aufbruch – Eine Zwischenbilanz, München 2003, S. 41-54.

GILBERT, Mark/PASQUINO, Gianfranco, Introduzione. La politica che non fa passi avanti, in: dies. (Hg.), Politica in Italia. I fatti dell'anno e le interpretazioni, Ed. 2000, Bologna 2000, S. 33-45.

GILIOLI, Alessandro, Forza Italia. La storia, gli uomini, i misteri, Bergamo 1994.

GINSBORG, Paul, Berlusconi. Ambizioni patrimoniali in una democrazia mediatica, Turin 2003. Zitiert als: Ginsborg, Paul, Berlusconi.

DERS., Die italienische Krise, in: Probleme des Klassenkampfs (PROKLA). Zeitschrift für kritische Sozialwissenschaft, 25. Jg. (1995), H. 1, S. 11-33. Zitiert als: Ginsborg, Paul, Die italienische Krise.

GOETHE, Johann Wolfgang von, 4. Venetianisches Epigramm, in: Trunz, Erich (Hg.), Goethes Werke, Hamburger Ausg., Bd. 1: Gedichte und Epen 1, 16. Auflg., München 1996, S. 175.

GÖTH, Ursula, Die Referendumsbewegung. Volksbefragung gegen Systemblockade, in: Sozialwissenschaftliche Informationen, 23. Jg. (1994), H. 4, S. 265-268.

GÖTZ, Thomas, Silvio Berlusconi. Zwei Leben, in: Jungwirth, Michael (Hg.), Haider, Le Pen & Co. Europas Rechtspopulisten, Graz [u.a.] 2002, S. 86-99. Zitiert als: Götz, Thomas, Silvio Berlusconi.

GOLIA, Carmen, Dentro Forza Italia. Organizzazione e militanza, Venedig 1997.

GRASMÜCK, Damian, „Alles neu" macht Berlusconi. Wahlfieber in Italien, in: Die politische Meinung, 46. Jg. (2001), H. 5, S. 57-60.

DERS., Berlusconitis, in: Blätter für deutsche und internationale Politik, 47. Jg. (2002), H. 5, S. 530-533.

DERS., Italienische Einigkeit gegen Schröders Entgleisung, in: Die politische Meinung, 45. Jg. (2000), H. 4, S. 83-86. Zitiert als: Grasmück, Damian, Italienische Einigkeit.

DERS., Italiens Europapolitik am Scheideweg, in: Blätter für deutsche und internationale Politik, 47. Jg. (2002), H. 3, S. 278-281.

DERS., Das Parteiensystem Italiens im Wandel. Die politischen Parteien und Bewegungen seit Anfang der neunziger Jahre unter besonderer Berücksichtigung der *Forza Italia*, Magisterarb. (Univ. Bonn), Marburg 2000. Zitiert als: Grasmück, Damian, Das Parteiensystem Italiens im Wandel.

DERS., Verfassungsreform alla Cavaliere, in: Blätter für deutsche und internationale Politik, 47. Jg. (2002), H. 9, S. 1044-1047. Zitiert als: Grasmück, Damian, Verfassungsreform alla Cavaliere.

GRASSE, Alexander, Im Süden viel Neues. Italienische Staats- und Verfassungsreformen am Scheideweg zwischen Modernisierung und Gefährdung der Demokratie, Stuttgart 2004.

DERS., Italienische Verhältnisse 2004. Kontinuität und Wandel im politischen System der „zweiten Republik", in: Aus Politik und Zeitgeschichte, B 35-36/2004, S. 6-17. Zitiert als: Grasse, Alexander, Italienische Verhältnisse 2004.

GRAY, Lawrence/HOWARD, William, Forza Italia. Il partito americano, in: Fedele, Marcello/Leonardi, Robert (Hg.), La politica senza i partiti, Rom 1996, S. 95-106.

GROSSE, Ernst U./TRAUTMANN, Günter, Italien verstehen, Darmstadt 1997.

GROSSI, Giorgio, Al voto coi giornali. Il ruolo della stampa nelle campagne elettorali, in: Sani, Giacomo (Hg.), Mass media ed elezioni, Bologna 2001, S. 159-188.

GUARINO, Mario, Fratello P2 1816. L'epopea piduista di Silvio Berlusconi, Mailand 2001.

GUIZZARDI, Gustavo, Messaggi e immagini, in: Diamanti, Ilvo/Mannheimer, Renato (Hg.), Milano a Roma. Guida all'Italia elettorale del 1994, Rom 1994, S. 143-150.

GUNDLE, Stephen, Rai e Fininvest nell'anno di Berlusconi, in: Ignazi, Piero/Katz, Richard S. (Hg.), Politica in Italia. I fatti dell'anno e le interpretazioni, Ed. '95, Bologna 1995, S. 229-253.

HANNY, Birgit, Italienische Reformen für die Europapolitik. Anpassungsversuche im europäischen Mehrebenensystem seit 1987, Frankfurt a.M. 1997.

HARTMANN, Jürgen, Parteienforschung, Darmstadt 1979.

HAUNGS, Peter, Plädoyer für eine erneuerte Mitgliederpartei. Anmerkungen zur aktuellen Diskussion über die Zukunft der Volksparteien, in: Zeitschrift für Parlamentsfragen, 25. Jg. (1994), H. 3, S. 108-115.

DERS./JESSE, Eckhard (Hg.), Parteien in der Krise? In- und ausländische Perspektiven, Köln 1987; Lawson, Kay/Merkel, Peter, When Parties Fail. Emerging Alternative Organizations, Princeton 1988.

HAUSMANN, Friederike, Kleine Geschichte Italiens von 1945 bis Berlusconi, aktual. u. erw. Neuausg., Berlin 2002. Zitiert als: Hausmann, Friederike, Kleine Geschichte Italiens.

DIES., Italien. Der ganz normale Sonderfall, in: N.N., Berlusconis Italien – Italien gegen Berlusconi, Berlin 2002, S. 8-32. Zitiert als: Hausmann, Friederike, Italien. Der ganz normale Sonderfall.

HELMS, Ludger, Einleitung. Parteien und Fraktionen in westlichen Demokratien, in: ders. (Hg.), Parteien und Fraktionen. Ein internationaler Vergleich, Opladen 1999, S. 7-38. Zitiert als: Helms, Ludger, Einleitung.

DERS., Pluralismus und Regierbarkeit. Eine Bestandsaufnahme der italienischen Parteiendemokratie aus Anlass der Parlamentswahlen 1996, in: Zeitschrift für Politik, 44. Jg. (1997), H. 1, S. 86-100. Zitiert als: Helms, Ludger, Pluralismus und Regierbarkeit.

DERS., Strukturwandel im italienischen Parteiensystem, in: Aus Politik und Zeitgeschichte, B 34/94, S. 28-37. Zitiert als: Helms, Ludger, Strukturwandel im italienischen Parteiensystem.

HINE, David, Governing Italy. The Politics of Bargained Pluralism, Oxford [u.a.] 1993.

DERS., Silvio Berlusconi, i media e il conflitto di interessi, in: Bellucci, Paolo/ Bull, Martin (Hg.), Politica in Italia. I fatti dell'anno e le interpretazioni, Ed. 2002, Bologna 2002, S. 291-307. Zitiert als: Hine, David, Silvio Berlusconi.

IGEL, Regine, Berlusconi. Eine italienische Karriere, Rastatt 1990.

IGNAZI, Piero, Italy, in: European Journal of Political Reseach, Special Issue: Political Data Yearbook 2000, 38. Jg. (2000), Nr. 3-4, S. 434-442. Zitiert als: Ignazi, Piero, Italy.

DERS., I partiti italiani. Vecchi ma nuovi, nuovi ma vecchi: uno sguardo sulle vite interne dei partiti. Origini, ideologie, elettorato e organizzazione, Bologna 1997. Zitiert als: Ignazi, Piero, I partiti italiani.

DERS./KATZ, Richard S., Introduzione. Ascesa e caduta del governo Berlusconi, in: dies. (Hg.), Politica in Italia. I fatti dell'anno e le interpretazioni, Ed. 95, Bologna 1995, S. 27-48. Zitiert als: Ignazi, Piero/Katz, Richard S., Introduzione.

ITANES (Italian National Election Studies), Perché ha vinto il centro-destra. Oltre la mera conta dei voti: chi, come, dove, perché, Bologna 2001.

JANDA, Kenneth, Political Parties. A Cross-National Survey, New York, London 1980.

JUN, Uwe, Forza Italia. Der Prototyp einer Medienkommunikationspartei?, in: Dürr, Tobias/Walter, Franz (Hg.), Solidargemeinschaft und fragmentierte Gesellschaft. Parteien, Milieus und Verbände im Vergleich, Festschrift zum 60. Geburtstag von Peter Lösche, Opladen 1999, S. 475-491.

JÜNEMANN, Annette, Vom *Movimento per la riforma elettorale* zum *Patto per l'Italia*. Erfolg und Misserfolg der Referendumsbewegung Mario Segnis, in: Ferraris, Luigi V. [u.a.] (Hg.), Italien auf dem Weg zur „zweiten Republik"? Die politische Entwicklung Italiens seit 1992, Frankfurt a.M. [u.a.] 1995, S. 107-122.

JÜTTNER, Alfred/LIESE, Hans J., Taschenbuch der europäischen Parteien und Wahlen, München 1977.

KATZ, Richard S., Le nuove leggi per l'elezione del Parlamento, in: Mershon, Carol/Pasquino, Gianfranco (Hg.), Politica in Italia. I fatti dell'anno e le interpretazioni, Ed. 1994, Bologna 1994, S. 161-186.

KELLER, Hans-Jörg, Der schwierige Weg zur 2. Republik. Das politische System Italiens im Umbruch, in: Gellner, Winand/Veen, Hans-Joachim (Hg.), Umbruch und Wandel in westeuropäischen Parteiensystemen, Frankfurt a.M. [u.a.] 1995, S. 49-77.

KIRCHHEIMER, Otto, Der Wandel des westeuropäischen Parteiensystems, in: Politische Vierteljahresschrift, 6. Jg. (1965), H. 1, S. 20-41.

KRAATZ, Birgit, Berlusconis politisches Marketing, in: Die neue Gesellschaft. Frankfurter Hefte, 41. Jg. (1994), H. 11, S. 975-979.

KREILE, Michael, Italien. Krise und Transformation des Parteienstaates, FES-Analyse, hrsgeg. von der Stabsabteilung der Friedrich-Ebert-Stiftung, Bonn 1997. Zitiert als: Kreile, Michael, Italien. Krise und Transformation des Parteienstaates.

DERS., Italien 1979. Das Ende der Notstandskoalition und die Krise des „historischen Kompromisses", in: Aus Politik und Zeitgeschichte, B 31/79, S. 14-28.

DERS., Sozialwissenschaftliche Italien-Forschung in der Bundesrepublik Deutschland – Stand und Perspektiven. Beitrag zur Tagung des Deutsch-Französischen Instituts in Ludwigsburg (27.-29.6.1990), unveröffentl. Vortragsmanuskript.

DERS., Die Republik Italien 1946-1996, in: Schieder, Wolfgang (Hg.), Italien im 19. und 20. Jahrhundert. Ein „Sonderweg"?, Göttingen 2000, S. 255-284. Zitiert als: Kreile, Michael, Die Republik Italien.

KREMPL, Stefan, Das Phänomen Berlusconi. Die Verstrickung von Politik, Medien, Wirtschaft und Werbung, Dipl.-Arb. (Hochschule d. Künste, Berlin), Frankfurt a.M. 1996.

LALLI, Roberto P., Lega Nord, Forza Italia und Movimento Sociale Italiano-Alleanza Nazionale. Eine Instrumentelle Koalition ohne programmatisch-ideologische Kongruenz?, Diss., Univ. Stuttgart, 1998.

LANCESTER, Fulco, Die Institution der politischen Partei in Italien, in: Tsatsos, Dimitris Th. (Hg.), Parteienrecht im europäischen Vergleich. Die Parteien in den demokratischen Ordnungen der Staaten der Europäischen Gemeinschaft, Baden-Baden 1990, S. 367-433.

LANZA, Orazio, Gli eletti. Il ricambio dei parlamentari, in: Pasquino, Gianfranco (Hg.), L'alternanza inattesa. Le elezioni del 27 marzo 1994 e le loro conseguenze, Soveria Mannelli 1995, S. 209-256.

DERS./PIAZZA, Gianni, Il ricambio dei parlamentari, in: Pasquino, Gianfranco (Hg.), Dall'Ulivo al governo Berlusconi. Le elezioni del 13 maggio 2001 e il sistema politico italiano, Bologna 2002, S. 239-273.

LAPALOMBARA, Joseph, Die Italiener oder die Demokratie als Lebenskunst, Wien, Darmstadt 1988.
LEGNANTE, Guido, La campagna elettorale e gli spazi televisivi. Poco di regionale e molto di personale, in: Chiaramonte, Alessandro/D'Alimonte, Roberto (Hg.), Il maggioritario regionale. Le elezioni del 16 aprile 2000, Bologna 2000, S. 79-104.
DERS./SANI, Giacomo, La campagna più lunga, in: D'Alimonte, Roberto/Bartolini, Stefano (Hg.), Maggioritario finalmente? La transizione elettorale 1994-2001, Bologna 2001, S. 41-78.
LEONARDI, Roberto/NANETTI, Raffaella Y., Continuità e cambiamento nel sistema politico italiano, in: Fedele, Marcello/Leonardi, Roberto (Hg.), La politica senza i partiti, Rom 1996, S. 189-205.
LILL, Rudolf/WEGENER, Stephan, Die Democrazia Cristiana Italiens (DC) und die Südtiroler Volkspartei (SVP), in: Veen, Hans-Joachim (Hg.), Christlichdemokratische und konservative Parteien in Westeuropa, Paderborn [u.a.] 1991, Bd. 3: Italien – Griechenland, S. 17-203.
LIPSET, Seymour M./ROKKAN, Stein, Cleavage Structures, Party Systems and Voter Alignments, in: dies. (Hg.), Party Systems and Voter Alignments, New York 1967, S. 1-64.
LOSANO, Mario G., Sonne in der Tasche. Italienische Politik seit 1992, München 1995.

MADRON, Paolo, Le gesta del Cavaliere. La prima biografia completa di Silvio Berlusconi, Mailand 1994.
MANCINI, Paolo/MAZZOLENI, Gianpietro, Introduzione. Verso campagne sempre più mediatizzate, in: dies. (Hg.), I media scendono in campo. Le elezioni politiche del 1994 in televisione, Rom 1995, S. 9-49.
MANNHEIMER, Renato, Le elezioni del 2001 e la „mobilitazione drammatizzante", in: Pasquino, Gianfranco (Hg.), Dall'Ulivo al governo Berlusconi. Le elezioni del 13 maggio 2001 e il sistema politico italiano, Bologna 2002, S. 179-197. Zitiert als: Mannheimer, Renato, Le elezioni del 2001.
DERS., Forza Italia, in: Diamanti, Ilvo/Mannheimer, Renato (Hg), Milano a Roma. Guida all'Italia elettorale del 1994, Rom 1994, S. 29-42. Zitiert als: Mannheimer, Renato, Forza Italia.
DERS., Capire il voto. Contributi per l'analisi del comportamento elettorale in Italia, Mailand 1989.
DERS./SANI, Giacomo, Electoral Trends and Political Subcultures, in: Leonardi, Robert/Nanetti, Raffaella Y. (Hg.), Italian Politics: A Review, Bd. 1, London, Wolfeboro 1986, S. 164-175.
MARAFFI, Marco, Forza Italia, in: Pasquino, Gianfranco (Hg.), La politica italiana. Dizionario critico 1945-1995, Bari 1995, S. 247-259. Zitiert als: Maraffi, Marco, Forza Italia.

DERS., Forza Italia dal governo all'opposizione, in: Caciagli, Mario/Kertzer, David I. (Hg.), Politica in Italia. I fatti dell'anno e le interpretazioni, Ed. 1996, Bologna 1996, S. 139-157. Zitiert als: Maraffi, Marco, Forza Italia dal governo all'opposizione.

DERS., Da un maggioritario all'altro. Candidati e schieramenti nella transizione politica italiana, in: Corbetta, Piergiorgio/Parisi, Arturo M. L. (Hg.), A domanda risponde. Il cambiamento del voto degli italiani nelle elezioni del 1994 e del 1996, Bologna 1997, S. 177-214.

MARLETTI, Carlo, La campagna elettorale. Attori politici, media ed elettori, in: Bellucci, Paolo/Bull, Martin (Hg.), Politica in Italia. I fatti dell'anno e le interpretazioni, Ed. 2002, Bologna 2002, S. 79-98.

MARRO, Enrico/VIGNA, Edoardo, Sette mesi di Berlusconi. „Giudicatemi dai fatti", Rom 1995.

MASALA, Carlo, Italien, in: Weidenfeld, Werner (Hg.), Europa-Handbuch, Bonn 1999, S. 116-125. Zitiert als: Masala, Carlo, Italien.

DERS., Italien nach den Regionalwahlen vom 16. April 2000. Der Anfang vom Ende der Mitte-Links-Regierung?, in: KAS-Auslandsinformationen, 6/2000, S. 4-14. Zitiert als: Masala, Carlo, Italien nach den Regionalwahlen vom 16. April 2000.

DERS., Italiens Parteien in Bewegung, in: KAS-Auslandsinformationen, 5/1998, S. 4-18. Zitiert als: Masala, Carlo, Italiens Parteien in Bewegung.

MASSARI, Oreste, La selezione dei candidati, in: Pasquino, Gianfranco (Hg.), L'alternanza inattesa. Le elezioni del 27 marzo 1994 e le loro conseguenze, Soveria Mannelli 1995, S. 21-47.

MATHIEU, Vittorio, La mentalità di Forza Italia, in: Mennitti, Domenico (Hg.), Forza Italia. Radiografia di un evento, Rom 1997, S. 157-182.

MATTINA, Liborio/TONARELLI, Alessandro, I candidati. Visioni politiche e carriere, in: D'Alimonte, Roberto/Bartolini, Stefano (Hg.), Maggioritario per caso. Le elezioni politiche del 1994 e del 1996 a confronto: Il ruolo del sistema elettorale, le coalizioni, le scelte degli elettori, Bologna 1997, S. 35-69.

MCCARTHY, Patrick, La crisi dello Stato italiano, Rom 1996. Zitiert als: McCarthy, Patrick, La crisi dello Stato italiano.

DERS., Forza Italia. Nascita e sviluppo di un partito virtuale, in: Ignazi, Piero/Katz, Richard S. (Hg.), Politica in Italia. I fatti dell'anno e le interpretazioni, Ed. 1995, Bologna 1995, S. 49-72. Zitiert als: McCarthy, Patrick, Forza Italia. Nascita e sviluppo.

DERS., Forza Italia. The New Politics and Old Values of a Changing Italy, in: Gundle, Stephen/Parker, Simon (Hg.), The New Italian Republic. From the Fall of the Berlin Wall to Berlusconi, London, New York 1996, S. 130-146. Zitiert als: McCarthy, Patrick, Forza Italia. The New Politics and Old Values.

DERS., Forza Italia. I vecchi problemi rimangono, in: D'Alimonte, Robert/Nelken, David (Hg.), Politica in Italia. I fatti dell'anno e le interpretazioni, Ed.

1997, Bologna 1997, S. 65-84. Zitiert als: McCarthy, Patrick, Forza Italia. I vecchi problemi rimangono.
MELCHIONDA, Enrico, L'alternanza prevista. La competizione nei collegi uninominali, in: Pasquino, Gianfranco (Hg.), Dall'Ulivo al governo Berlusconi. Le elezioni del 13 maggio 2001 e il sistema politico italiano, Bologna 2002, S. 23-105.
MENNITTI, Domenico, Fuori dalla linea d'ombra, in: http://www.liberalfondazione.it/archivio/fl/numero15/mennitti.htm (1.4.2003).
MERKEL, Wolfgang, Italien. Das Phantom der „2. Republik", in: Sozialwissenschaftliche Informationen, 23. Jg. (1994), H. 4, S. 293-304. Zitiert als: Merkel, Wolfgang, Italien. Das Phantom der „2. Republik".
DERS., Italien unter Craxi. Eine Republik mit Regierung?, in: Zeitschrift für Parlamentsfragen, 18. Jg. (1987), H. 4, S. 523-536.
DERS., Das Parteiensystem Italiens. Stabilität, Instabilität und Dynamik, in: Aus Politik und Zeitgeschichte, 9.7.1983, S. 3-14. Zitiert als: Merkel, Wolfgang, Das Parteiensystem Italiens.
DERS., Polarisierung oder Depolarisierung, Zentrifugalität oder -petalität?, in: Falter, Jürgen W. [u.a.] (Hg.), Politische Willensbildung und Interessenvermittlung. Verhandlungen der Fachtagung der Deutschen Vereinigung für Politische Wissenschaft (DVPW) vom 11.-13. Oktober 1983 in Mannheim, Opladen 1984, S. 226-236.
MISSIROLI, Antonio, Italiens Außenpolitik vor und nach Maastricht, in: Aus Politik und Zeitgeschichte, B 28/98, S. 27-36.
MÖLLER, Iris S., Die Sprache der Erneuerer, in: Ferraris, Luigi V. [u.a.] (Hg.), Italien auf dem Weg zur „zweiten Republik"? Die politische Entwicklung Italiens seit 1992, Frankfurt a.M. [u.a.] 1995, S. 351-367.
MOLTENI, Mario, Il gruppo Fininvest. Imprenditorialità, crescita, riassetto, Turin 1998.
MONTANELLI, Indro/CERVI, Mario, L'Italia di Berlusconi (1993-1995), Mailand 2001. Zitiert als: Montanelli, Indro/Cervi, Mario, L'Italia di Berlusconi.
DIES., L'Italia dell'Ulivo (1995-1997), 4. Auflg., Mailand 1998. Zitiert als: Montanelli, Indro/Cervi, Mario, L'Italia dell'Ulivo.
MORCELLINI, Mario, La telepolitica. Polifonia e rappresentazione, in: Problemi dell'informazione, 19. Jg. (1994), H. 3, S. 261-283.
MORLINO, Leonardo, Presentazione, in: Poli, Emanuela, Forza Italia. Strutture, leadership e radicamento territoriale, Bologna 2001, S. 9-13.

NASSMACHER, Hiltrud, Politikwissenschaft, 4. Auflg., München, Wien 2002.
NATALE, Paolo, Il comportamento elettorale. La fedeltà „leggera", in: Chiaramonte, Alessandro/D'Alimonte, Roberto (Hg.), Il maggioritario regionale. Le elezioni del 16 aprile 2000, Bologna 2000, S. 157-174.

DERS., Una fedeltà leggera. I movimenti di voto nella „seconda Repubblica", in: D'Alimonte, Roberto/Bartolini, Stefano (Hg.), Maggioritario finalmente? La transizione elettorale 1994-2001, Bologna 2002, S. 283-317.

DERS., Mutamento e stabilità nel voto degli italiani, in: D'Alimonte, Roberto/ Bartolini, Stefano (Hg.), Maggioritario per caso. Le elezioni politiche del 1994 e del 1996 a confronto. Il ruolo del sistema elettorale, le coalizioni, le scelte degli elettori, Bologna 1997, S. 204-241.

NELKEN, David, Berlusconi e i giudici: legittimi sospetti?, in: Blondel, Jean/Segatti, Paolo (Hg.), Politica in Italia. I fatti dell'anno e le interpretazioni, Ed. 2003, Bologna 2003, S. 135-155.

NEUMANN, Sigmund, Die Parteien der Weimarer Republik, Neuausg., Stuttgart 1973.

NEVOLA, Gaspare, Temi e strategie politiche in campagna elettorale. Il caso delle elezioni di marzo 1994, in: Gangemi, Giuseppe/Riccamboni, Gianni (Hg.), Le elezioni della transizione. Il sistema politico italiano alla prova del voto 1994-1996, Turin 1997, S. 97-122.

NEWELL, James L./BULL, Martin, Party Organisations and Alliances in Italy in the 1990s. A Revolution of Sorts, in: West European Politics, 20. Jg. (1997), H. 1, S. 81-109.

DIES., Italian Politics after the 2001 General Election, in: Parliamentary Affairs, 55. Jg. (2002), Nr. 4, S. 626-642. Zitiert als: Newell, James L./Bull, Martin, Italian Politics.

N.N., Gli avvenimenti del 2002, in: Blondel, Jean/Segatti, Paolo (Hg.), Politica in Italia. I fatti dell'anno e le interpretazioni, Ed. 2003, Bologna 2003, S. 7-28.

N.N., Costruire un impero, in: Possa, Guido (Hg.), Una storia italiana, Mailand 2001, S. 42-47.

N.N., Il libro dei fatti 2001, Rom 2000.

N.N., Mal di numeri, in: Diario, 6. Jg. (2001), Nr. 20, S. 18.

N.N., La traversata del deserto, in: Possa, Guido (Hg.), Una storia italiana, Mailand 2001, S. 92-97.

ONOFRI, Paolo, Un anno di politica economica del governo Berlusconi, in: Blondel, Jean/Segatti, Paolo (Hg.), Politica in Italia. I fatti dell'anno e le interpretazioni, Ed. 2003, Bologna 2003, S. 157-171. Zitiert als: Onofri, Paolo, Un anno di politica economica.

DERS., Economia, in: Tuccari, Francesco (Hg.), Il governo Berlusconi. Le parole, i fatti, i rischi, Rom, Bari 2002, S. 153-168. Zitiert als: Onofri, Paolo, Economia.

PADELLARO, Antonio, La banda del buco occupa la Rai, in: Colombo, Furio/Padellaro, Antonio (Hg.), Il libro nero della democrazia. Vivere sotto il governo Berlusconi, Mailand 2002, S. 119f.

DERS., Parola di venditore, in: Colombo, Furio/Padellaro, Antonio (Hg.), Il libro nero della democrazia. Vivere sotto il governo Berlusconi, Mailand 2002, S. 22-24.

DERS., Una brutta storia, in: Colombo, Furio/Padellaro, Antonio (Hg.), Il libro nero della democrazia. Vivere sotto il governo Berlusconi, Mailand 2002, S. 25f.

DERS., Un uomo senza qualità, in: Colombo, Furio/Padellaro, Antonio (Hg.), Il libro nero della democrazia. Vivere sotto il governo Berlusconi, Mailand 2002, S. 50-52.

PALLAVER, Günther, L'unto del signore. Berlusconi, Forza Italia und das Volk, in: Österreichische Zeitschrift für Politikwissenschaft, 24. Jg. (1995), H. 3, S. 317-328. Zitiert als: Pallaver, Günther, L'unto del signore.

DERS., Der Winterkönig. Berlusconis Versuch, *leadership* auszuüben und der repräsentativen Demokratie eine plebiszitäre Krone aufzusetzen, in: Österreichische Zeitschrift für Politikwissenschaft, 26. Jg. (1997), H. 4, S. 407-422. Zitiert als: Pallaver, Günther, Der Winterkönig.

PALME, Christoph, Das Berlusconi-Regime im Lichte des EU-Rechts, in: Blätter für deutsche und internationale Politik, 48. Jg. (2003), H. 4, S. 456-464.

PANEBIANCO, Angelo, Modelli di partito. Organizzazione e potere nei partiti politici, Bologna 1982.

PAPPALARDO, Adriano, Il sistema partitico italiano fra bipolarismo e destrutturazione, in: Pasquino, Gianfranco (Hg.), Dall'Ulivo al governo Berlusconi. Le elezioni del 13 maggio 2001 e il sistema politico italiano, Bologna 2002, S. 199-237.

PARISI, Arturo/PASQUINO, Gianfranco, Per un'analisi delle coalizioni di governo in Italia, in: dies. (Hg.), Continuità e mutamento elettorale in Italia, Bologna 1977, S. 215-250.

PASQUINO, Gianfranco (Hg.), L'alternanza inattesa. Le elezioni del 27 marzo 1994 e le loro conseguenze, Soveria Mannelli 1995.

DERS., Autopsia della Bicamerale, in: Hine, David/Vasallo, Salvatore (Hg.), Politica in Italia. I fatti dell'anno e le interpretazioni, Ed. 99, Bologna 1999, S. 117-138.

DERS., Conclusione. La transizione continua, in: ders. (Hg.), L'alternanza inattesa. Le elezioni del 27 marzo 1994 e le loro conseguenze, Soveria Mannelli 1995, S. 285-299.

DERS., L'elezione di Ciampi alla presidenza della Repubblica, in: Gilbert, Mark/ Pasquino, Gianfranco (Hg.), Politica in Italia. I fatti dell'anno e le interpretazioni, Ed. 2000, Bologna 2000, S. 131-147. Zitiert als: Pasquino, Gianfranco, L'elezione di Ciampi alla presidenza della Repubblica.

DERS., Un'elezione non come le altre, in: ders. (Hg.), Dall'Ulivo al governo Berlusconi. Le elezioni del 13 maggio 2001 e il sistema politico italiano, Bologna 2002, S. 11-21.

DERS., Italy. The Twilight of the Parties, in: Journal of Democracy, 29. Jg. (1994), H. 1, S. 18-29.
DERS., Der unerwartete Machtwechsel. Die italienischen Wahlen vom März 1994 und ihre Folgen, in: Politische Vierteljahresschrift, 35. Jg. (1994), H. 3, S. 383-401. Zitiert als: Pasquino, Gianfranco, Der unerwartete Machtwechsel.
DERS., L'oscuro oggetto della Bicamerale, in: Il Mulino, 47. Jg. (1998), H. 2, S. 221-232.
DERS., La partitocrazia, in: ders. (Hg.), La politica italiana. Dizionario critico 1945-1995, Bari 1995, S. 341-353. Zitiert als: Pasquino, Gianfranco, La partitocrazia.
DERS., Premessa. Le regole e gli attori, in: ders. (Hg.), L'alternanza inattesa. Le elezioni del 27 marzo 1994 e le loro conseguenze, Soveria Mannelli 1995, S. 5-19. Zitiert als: Pasquino, Gianfranco, Premessa.
DERS., Die Reform eines Wahlrechtssystems. Der Fall Italien, in: Nedelmann, Brigitta (Hg.), Politische Institutionen im Wandel, Sonderh. 35/1995 der Kölner Zeitschrift für Soziologie und Sozialpsychologie, Opladen 1995, S. 279-304. Zitiert als: Pasquino, Gianfranco, Die Reform eines Wahlrechtssystems.
DERS., Il sistema e il comportamento elettorale, in: ders. (Hg.), La politica italiana. Dizionario critico 1945-1995, Bari 1995, S. 135-147. Zitiert als: Pasquino, Gianfranco, Il sistema e il comportamento elettorale.
DERS., La transizione a parole. L'Italia in mezzo al guado: il vecchio che non muore, il nuovo che non nasce, Bologna 2000. Zitiert als: Pasquino, Gianfranco, La transizione a parole.
DERS. (Hg.), Dall'Ulivo al governo Berlusconi. Le elezioni del 13 maggio 2001 e il sistema politico italiano, Bologna 2002.
PATRONO, Mario, Fra toghe e politica, in: Fedele, Marcello/Leonardi, Robert (Hg.), La politica senza i partiti, Rom 1996, S. 31-40.
PEDONE, Antonio, Fisco, in: Tuccari, Francesco (Hg.), Il governo Berlusconi. Le parole, i fatti, i rischi, Rom, Bari 2002, S. 169-181.
PELLICANI, Luciano, Eine Krise, die von weit her kommt, in: Ferraris, Luigi V. [u.a.] (Hg.), Italien auf dem Weg zur „zweiten Republik"? Die politische Entwicklung Italiens seit 1992, Frankfurt a.M. [u.a.] 1995, S. 33-43.
PETERSEN, Jens, Quo vadis, Italia? Ein Staat in der Krise, München 1995. Zitiert als: Petersen, Jens, Quo vadis, Italia?.
DERS., Italien nach dem Faschismus. Eine Gesellschaft zwischen postnationaler Identität und europäischer Integration, in: Aus Politik und Zeitgeschichte, B 39/88, S. 12-23. Zitiert als: Petersen, Jens, Italien nach dem Faschismus.
DERS., Italien als Republik: 1946-1987, in: Seidlmayer, Michael, Geschichte Italiens. Vom Zusammenbruch des Römischen Reiches bis zum Ersten Weltkrieg, 2. erw. Auflg., Stuttgart 1989, S. 499-550. Zitiert als: Petersen, Jens, Italien als Republik.

PIANTINI, Marco, Forza Italia und PDS als zentrale Akteure des italienischen Parteiensystems, in: Probleme des Klassenkampfs (PROKLA). Zeitschrift für kritische Sozialwissenschaft, 25. Jg. (1995), H. 98, Nr. 1, S. 35-52.

POLI, Emanuela, Forza Italia. Strutture, leadership e radicamento territoriale, Bologna 2001. Zitiert als: Poli, Emanuela, Forza Italia.

DIES., A che serve Forza Italia, in: http://www.liberalfondazione.it/archivio/fl/numero15/poli.htm (1.4.2003).

DIES., I modelli organizzativi, in: Mennitti, Domenico (Hg.), Forza Italia. Radiografia di un evento, Rom 1997, S. 79-109. Zitiert als: Poli, Emanuela, I modelli organizzativi.

DIES./TARCHI, Marco, I partiti del Polo. Uniti per cosa?, in: Hine, David/Vassallo, Salvatore (Hg.), Politica in Italia. I fatti dell'anno e le interpretazioni, Ed. 1999, Bologna 1999, S. 79-100.

PORRO, Nicola, L'innovazione conservatrice. Fininvest, Milan club e Forza Italia, in: Quaderni di Sociologia, 38.-39. Jg. (1994-95), H. 9, S. 6-18.

POSSA, Guido (Hg.), Una storia italiana, Mailand 2001.

PUHLE, Hans-Jürgen, Politische Parteien und demokratische Konsolidierung in Südeuropa, in: Merkel, Wolfgang/Sandschneider, Eberhard (Hg.), Systemwechsel 3: Parteien im Transformationsprozess, Opladen 1997, S. 143-169.

PUJAS, Véronique, Finanziamento dei partiti e controllo dei mezzi di communicazione. La specificità del caso italiano, in: Gilbert, Mark/Pasquino, Gianfranco (Hg.), Politica in Italia. I fatti dell'anno e le interpretazioni, Ed. 2000, Bologna 2000, S. 149-164.

DIES./RHODES, Martin, Party Finance and Political Scandal in Italy, Spain and France, in: West European Politics, 22. Jg. (1999), Nr. 3, S. 41-63.

RADBRUCH, Hans E., Italien, Mitteleuropa und der Euro. Grundlagen und Perspektiven der italienischen Außenpolitik, Baden-Baden 1998.

RAITH, Werner, Vorwort, in: Ruggieri, Giovanni/Guarino, Mario, Berlusconi. Showmaster der Macht, Berlin 1994, S. 7-16.

RANIOLO, Francesco, I partiti conservatori in Europa occidentale, Bologna 2000.

RAPONE, Leonardo, Socialisti, in: Bongiovanni, Bruno/Tranfaglia, Nicola (Hg.), Dizionario storico dell'Italia unita, Rom, Bari 1996, S. 857-875.

RASCHKE, Joachim, Soziale Bewegungen, 2. Auflg., Frankfurt a.M. 1988.

RAUEN, Birgit, Berlusconi. Wahlkampf mit den eigenen Medien, in: Media Perspektiven, 7/94, S. 349-361. Zitiert als: Rauen, Birgit, Berlusconi.

DIES., Forza Italia, in: Brütting, Richard (Hg.), Italien-Lexikon, Berlin 1997, S. 347f.

DIES., Forza Italia. Der Kommunikationsstil einer Ein-Mann-Partei, in: Ferraris, Luigi V. [u.a.] (Hg.), Italien auf dem Weg zur „zweiten Republik"? Die politische Entwicklung Italiens seit 1992, Frankfurt a.M. [u.a.] 1995, S. 167-178.

Zitiert als: Rauen, Birgit, Forza Italia. Der Kommunikationsstil einer Ein-Mann-Partei.

DIES./MENEGHEL, Gustavo, Berlusconi, in: Brütting, Richard (Hg.), Italien-Lexikon, Berlin 1997, S. 123-128.

RECCHI, Ettore/VERZICHELLI, Luca, Italien. Kontinuität und Diskontinuität politischer Professionalisierung, in: Borchert, Jens (Hg.), Politik als Beruf. Die politische Klasse in westlichen Demokratien, Opladen 1999, S. 255-282.

RENNER, Jens, Der Fall Berlusconi. Rechte Politik und Mediendiktatur, Göttingen 1994. Zitiert als: Renner, Jens, Der Fall Berlusconi.

DERS., Der neue Marsch auf Rom. Berlusconi und seine Vorläufer, Zürich 2002.

REVELLI, Marco, Forza Italia. L'anomalia italiana non è finita, in: Ginsborg, Paul (Hg.), Stato dell'Italia. Il bilancio politico, economico, sociale e culturale di un paese che cambia, Mailand 1994, S. 667-670.

RHODES, Martin, Financing Party Politics in Italy. A Case of Systemic Corruption, in: West European Politics, 20. Jg. (1997), Nr. 1, S. 54-80.

RICOLFI, Luca, Elezioni e mass media. Quanti voti ha spostato la Tv, in: Il Mulino, 43. Jg. (1994), H. 6, S. 1031-1046.

DERS., Il voto proporzionale e il nuovo spazio politico italiano, in: Rivista Italiana di Scienza Politica, 24. Jg. (1994), H. 3, S. 587-629.

RIDOLA, Paolo, Parteienfinanzierung in Italien, in: Tsatsos, Dimitris Th. (Hg.), Parteienfinanzierung im europäischen Vergleich. Die Finanzierung der politischen Parteien in den Staaten der Europäischen Gemeinschaft, Baden-Baden 1992, S. 273-307.

RINALDI, Claudio, Il fattore D, in: MicroMega, 2/2001, S. 217-225.

RIZZO, Sergio, Il centrosinistra si conferma sia in Toscana che in Emilia, in: Corriere della Sera, 15.5.2001, S. 5.

RODRIGUEZ, Mario, La comunicazione politica, in: Diamanti, Ilvo/Mannheimer, Renato (Hg.), Milano a Roma. Guida all'Italia elettorale del 1994, Rom 1994, S. 135-142.

ROMANO, Sergio, Tra due Repubbliche. L'anno di Berlusconi e le prospettive dell'Italia, Mailand 1995.

ROQUES, Valeska von, Die Stunde der Leoparden. Italien im Umbruch, Wien, München 1996.

RUGGIERI, Giovanni, Berlusconi. Gli affari del Presidente, Mailand 1994.

DERS./GUARINO, Mario, Berlusconi. Showmaster der Macht, Berlin 1994.

RÜTTGERS, Jürgen, Von der Gremienpartei zur Bürgerpartei. Zu den Kontroversen um die Krise der Parteiendemokratie, in: Zeitschrift für Parlamentsfragen, 24. Jg. (1993), H. 2, S. 153-162.

SALVATORI, Massimo L., Breve storia della lunga transizione, in: Il Mulino, 47. Jg. (1998), H. 5, S. 861-871.

SANI, Giacomo, Berlusconi ha vinto perché..., in: Il Mulino, 50. Jg. (2001), H. 4, S. 616-622. Zitiert als: Sani, Giacomo, Berlusconi ha vinto perché...

DERS., Una vigilia di incertezze, in: Bartolini, Stefano/D'Alimonte, Roberto (Hg.), Maggioritario ma non troppo. Le elezioni politiche del 1994, la campagna elettorale, l'offerta politica, il voto: un'analisi dettagliata per comprendere l'evoluzione del sistema politico in Italia, Bologna 1995, S. 85-107. Zitiert als: Sani, Giacomo, Una vigilia di incertezze.

DERS./SEGATTI, Paolo, Platforms, Media and Voters, in: European Journal of Political Research, Vol. 34. (1998), Nr. 1, S. 105-119.

SANTARELLI, Enzo, Il vento di destra. Dalla liberazione a Berlusconi, Intervista di Aldo Garzia, Rom 1994.

SARTORI, Giovanni, Conflitto d'interessi, in: Tuccari, Francesco (Hg.), Il governo Berlusconi. Le parole, i fatti, i rischi, Rom, Bari 2002, S. 21-33.

DERS., European Political Parties. The Case of Polarized Pluralism, in: LaPalombara, Joseph/Weiner, Myron (Hg.), Political Parties and Political Development, Princeton 1966, S. 137-176.

DERS., Il pluralismo polarizzato. Critiche e repliche, in: Rivista Italiana di Scienza Politica, 12. Jg. (1982), H. 1, S. 3-44.

DERS., Una Repubblica di aria fritta, in: MicroMega, 1/1995, S. 41-50.

DERS., Il sistema elettorale resta cattivo, in: Pasquino, Gianfranco (Hg.), Dall'Ulivo al governo Berlusconi. Le elezioni del 13 maggio 2001 e il sistema politico elettorale, Bologna 2002, S. 107-115.

SCHMID, Fred, Forza Italia. Vorwärts in die Vergangenheit! Ökonomische Hintergründe zur Rechtsentwicklung in Italien, hrsgeg. v. ISW – Sozial-ökologische Wirtschaftsforschung München e.V., Reihe ISW spezial, Nr. 7, München 1994.

SCHMITT, Hermann/HOLMBERG, Sören, Political Parties in Decline?, in: Klingemann, Hans-Peter/Fuchs, Dieter (Hg.), Citizens and the State, Oxford 1995, S. 95-133.

SCOPPOLA, Pietro, La Repubblica dei partiti. Evoluzione e crisi di un sistema politico 1945-1996, 2. Auflg., Bologna 1997.

SEGATTI, Paolo, Un centro instabile eppure fermo. Mutamento e continuità nel movimento elettorale, in: Corbetta, Piergiorgio/Parisi, Arturo M.L. (Hg.), A domanda risponde. Il cambiamento del voto degli italiani nelle elezioni del 1994 e del 1996, Bologna 1997, S. 215-259.

SEISSELBERG, Jörg, Berlusconis Forza Italia. Wahlerfolg einer Persönlichkeitspartei, in: Steffani, Winfried/Thaysen, Uwe (Hg.), Demokratie in Europa. Zur Rolle der Parlamente, Sonderbd. zum 25-jährigen Bestehen der Zeitschrift für Parlamentsfragen, Opladen 1995, S. 204-231. Zitiert als: Seißelberg, Jörg, Berlusconis Forza Italia.

DERS., Conditions of Success and Political Problems of a „Media-Mediated Personality-Party". The Case of Forza Italia, in: West European Politics, Vol. 19, (1996), Nr. 4, S. 715-743. Zitiert als: Seißelberg, Jörg, Conditions of Success.
DERS., Die „blockierte Demokratie" bewegt sich. Veränderungen im politischen System Italiens, in: Zeitschrift für Parlamentsfragen, 24. Jg. (1993), H. 3, S. 496-524. Zitiert als: Seißelberg, Jörg, Die „blockierte Demokratie" bewegt sich.
SIMONE, Michele, Le elezioni politiche dello scorso 13 maggio, in: La Civiltà Cattolica, 152. Jg. (2001), Nr. 3623, S. 492-500.
SISTI, Leo/GOMEZ, Peter, L'intoccabile. Berlusconi e Cosa nostra, Mailand 1997.
SOFRI, Adriano, Der aufhaltbare Aufstieg des Cavaliere, in: N.N., Berlusconis Italien – Italien gegen Berlusconi, Berlin 2002, S. 33-39.
SOMMER, Michael, Im Süden nichts Neues. Zur aktuellen Entwicklung des italienischen Parteiensystems, in: Politische Vierteljahresschrift, 43. Jg. (2002), H. 1, S. 112-141.
STEININGER, Rudolf, Soziologische Theorie der politischen Parteien, Frankfurt a.M. 1984.
STRENSKE, Bettina, Rundfunk und Parteien in Italien, Diss. (Univ. Münster), Münster, Hamburg 1992.
SYLOS LABINI, Paolo, Berlusconi e gli anticorpi. Diario di un cittadino indignato, Rom, Bari 2003.

TELÒ, Mario, Italien und Europa, in: Ferraris, Luigi V. [u.a.] (Hg.), Italien auf dem Weg zur „zweiten Republik"? Die politische Entwicklung Italiens seit 1992, Frankfurt a.M. [u.a.] 1995, S. 405-416.
TEODORI, Massimo, Una nuova Repubblica? Il voto e la riforma elettorale, il tramonto dei partiti, la questione del governo nella democrazia dell'alternanza, Mailand 1994.
DERS., Soldi e partiti. Quanto costa la democrazia in Italia?, Mailand 1999. Zitiert als: Teodori, Massimo, Soldi e partiti.
TRANFAGLIA, Nicola, Trasformismo, in: Ginsborg, Paul (Hg.), Stato dell'Italia. Il bilancio politico, economico, sociale e culturale di un paese che cambia, Mailand 1994, S. 95-98.
TRAUTMANN, Günter, Fraktionen in Italien. Ein Instrument der Parteien, in: Helms, Ludger (Hg.), Parteien und Fraktionen. Ein internationaler Vergleich, Opladen 1999, S. 121-144. Zitiert als: Trautmann, Günter, Fraktionen in Italien.
DERS., Italien. Eine Gesellschaft mit gespaltener politischer Kultur, in: Reichel, Peter (Hg.), Politische Kultur in Westeuropa. Bürger und Staaten in der Europäischen Gemeinschaft, Bonn 1984, S. 220-260. Zitiert als: Trautmann, Günter, Italien. Eine Gesellschaft mit gespaltener politischer Kultur.

DERS., Italiens Finanz- und Wirtschaftspolitik im Hinblick auf die Europäische Währungsunion, in: Aus Politik und Zeitgeschichte, B 28/98, S. 16-26.

DERS., Partitocrazia, in: Brütting, Richard (Hg.), Italien-Lexikon, 2. Auflg., Berlin 1997, S. 564f.

DERS., Die italienische Politik nach dem Wahlsieg Berlusconis, in: Aus Politik und Zeitgeschichte, B 34/94, S. 10-19. Zitiert als: Trautmann, Günter, Die italienische Politik nach dem Wahlsieg Berlusconis.

DERS., Wahlen und Referenden 1994 bis 1995, in: Ferraris, Luigi V. [u.a.] (Hg.), Italien auf dem Weg zur „zweiten Republik"? Die politische Entwicklung Italiens seit 1992, Frankfurt a.M. [u.a.] 1995, S. 417-430. Zitiert als: Trautmann, Günter, Wahlen und Referenden 1994 bis 1995.

DERS./ULLRICH, Hartmut, Das politische System Italiens, in: Ismayr, Wolfgang (Hg.), Die politischen Systeme Westeuropas, 3. Auflg., Opladen 2003, S. 553-607.

TUCCARI, Francesco (Hg.), Il governo Berlusconi. Le parole, i fatti, i rischi, Rom, Bari 2002.

UESSELER, Rolf, Ohne Berlusconi?, in: Blätter für deutsche und internationale Politik, 40. Jg. (1995), H. 1, S. 19-23. Zitiert als: Uesseler, Rolf, Ohne Berlusconi?.

DERS., Dinis Bilanz, in: Blätter für deutsche und internationale Politik, 40. Jg. (1995), H. 12, S. 1429-1432. Zitiert als: Uesseler, Rolf, Dinis Bilanz.

DERS., Labor Italien, in: Blätter für deutsche und internationale Politik, 41. Jg. (1996), H. 4, S. 464-473.

DERS., Populismo e Fascismo. Italien auf dem Weg in den autoritären Staat?, in: Blätter für deutsche und internationale Politik, 39. Jg. (1994), H. 5, S. 550-555. Zitiert als: Uesseler, Rolf, Populismo e Fascismo.

ULLRICH, Hartmut, Bürgertum und nationale Bewegung im Italien des Risorgimento, in: Dann, Otto (Hg.), Nationalismus und sozialer Wandel, Hamburg 1978, S. 129-156.

DERS., Die Reform des italienischen Wahlsystems. Die Fata Morgana des Ein-Mann-Wahlkreises als Regenerationsinstrument der Demokratie, in: Ferraris, Luigi V. [u.a.] (Hg.), Italien auf dem Weg zur „zweiten Republik"? Die politische Entwicklung Italiens seit 1992, Frankfurt a.M. [u.a.] 1995, S. 123-149. Zitiert als: Ullrich, Hartmut, Die Reform des italienischen Wahlsystems.

DERS., Politischer Wandel und geschichtliche Kontinuität, in: Ferraris, Luigi V. [u.a.] (Hg.), Italien auf dem Weg zur „zweiten Republik"? Die politische Entwicklung Italiens seit 1992, Frankfurt a.M. [u.a.] 1995, S. 19-32. Zitiert als: Ullrich, Hartmut, Politischer Wandel.

VALLAURI, Carlo, I partiti italiani. Da De Gasperi a Berlusconi, Rom 1994.

VASSALLO, Salvatore, La terza Bicamerale, in: Bardi, Luciano/Rhodes, Martin (Hg.), Politica in Italia. I fatti dell'anno e le interpretazioin, Ed. 98, Bologna 1998, S. 131-155.

DERS., La politica delle coalizioni. Da un sistema partitico all'altro, in: Pasquino, Gianfranco (Hg.), L'alternanza inattesa. Le elezioni del 27 marzo 1994 e le loro conseguenze, Soveria Mannelli 1995, S. 49-97.

VELTRI, Elio/TRAVAGLIO, Marco, L'odore dei soldi. Origini e misteri delle fortune di Silvio Berlusconi, Rom 2001.

VERZICHELLI, Luca, Cambiare casacca, o della fluidità parlamentare, in: Il Mulino 49. Jg. (2000), H. 2, S. 273-284.

DERS., Da un ceto parlamentare all'altro. Il mutamento del personale legislativo italiano, in: D'Alimote, Roberto/Bartolini, Stefano (Hg.), Maggioritario finalmente? La transizione elettorale 1994-2001, Bologna 2002, S. 319-361. Zitiert als: Verzichelli, Luca, Da un ceto parlamentare all'altro.

DERS., La classe parlamentare, in: Mennitti, Domenico (Hg.), Forza Italia. Radiografia di un evento, Rom 1997, S. 49-77.

DERS., La classe politica della transizione, in: Rivista Italiana di Scienza Politica, 26. Jg. (1996), Nr. 3, S. 727-768. Zitiert als: Verzichelli, Luca, La classe politica della transizione.

DERS., Gli eletti, in: Rivista Italiana di Scienza Politica, 24. Jg. (1994), Nr. 3, S. 715-739. Zitiert als: Verzichelli, Luca, Gli eletti.

DERS., I gruppi parlamentari dopo il 1994. Fluidità e riaggregazioni, in: Rivista Italiana di Scienza Politica, 26, Jg. (1996), Nr. 2, S. 391-413.

VESPA, Bruno, Il cambio. Uomini e retroscena della nuova Repubblica, Mailand 1994.

DERS., La grande muraglia. L'Italia di Berlusconi. L'Italia dei girotondi, Rom, Mailand 2002. Zitiert als: Vespa, Bruno, La grande muraglia.

DERS., Scontro finale. Ultimo atto, Rom, Mailand 2001. Zitiert als: Vespa, Bruno, Scontro finale.

DERS., La sfida. Dal patto alla crisi e oltre, Rom, Mailand 1998. Zitiert als: Vespa, Bruno, La sfida.

DERS., La svolta. Il pendolo del potere da destra a sinistra, Rom, Mailand 1996. Zitiert als: Vespa, Bruno, La svolta.

VIRILIO, Paul, Der Medien-Putsch, in: Lettre International, 25/94, S. 30f.

VITALI, Ornello, Base sociale, distribuzione regionale e flussi elettorali, in: Mennitti, Domenico (Hg.), Forza Italia. Radiografia di un evento, Rom 1997, S. 25-48.

WAGNER, Norbert, Sieg Berlusconis. Reaktionen in Frankreich, in: http://www.kas.de/publikationen/2001/laenderberichte/frankreich01-05.html (29.7.2001).

WALLISCH, Stefan, Aufstieg und Fall der Telekratie. Silvio Berlusconi, Romano Prodi und die Politik im Fernsehzeitalter, Wien [u.a.] 1997. Zitiert als: Wallisch, Stefan, Aufstieg und Fall der Telekratie.

DERS., Silvio Berlusconi und Romano Prodi. These und Antithese der „medialisierten Politik"?, in: Österreichische Zeitschrift für Politikwissenschaft, 27. Jg. (1998), H. 2, S. 173-183. Zitiert als: Wallisch, Stefan, Silvio Berlusconi und Romano Prodi.

WATERS, Sarah, „Tangentopoli" and the Emergence of a New Political Order in Italy, in: Western European Politics, 17. Jg. (1994), Nr. 1, S. 169-182.

WEBER, Max, Wirtschaft und Gesellschaft. Grundriss der verstehenden Soziologie, 5. Auflg., Halbbd. 1 u. 2, Tübingen 1976.

WEBER, Peter, Die neue Ära der italienischen Mehrheitsdemokratie. Fragliche Stabilität bei fortdauernder Parteienzersplitterung, in: Zeitschrift für Parlamentsfragen, 28. Jg. (1997), H. 1, S. 85-116. Zitiert als: Weber, Peter, Die neue Ära der italienischen Mehrheitsdemokratie.

DERS., Italiens demokratische Erneuerung. Anpassungsprobleme einer „schwierigen" Demokratie (1989-1994), in: Steffani, Winfried/Thaysen, Uwe (Hg.), Demokratie in Europa. Zur Rolle der Parlamente, Opladen 1995, S. 178-203. Zitiert als: Weber, Peter, Italiens demokratische Erneuerung.

DERS., Der lange Weg zur Verfassungsreform in Italien, in: Zeitschrift für Parlamentsfragen, 24. Jg. (1993), H. 3, S. 474-495. Zitiert als: Weber, Peter, Der lange Weg zur Verfassungsreform.

DERS., Wege aus der Krise. Wahlreform und Referenden in Italien, in: Aus Politik und Zeitgeschichte, B 34/94, S. 20-27. Zitiert als: Weber, Peter, Wege aus der Krise.

WERTMAN, Douglas A., L'ultimo anno di vita della Democrazia cristiana, in: Mershon, Carol/Pasquino, Gianfranco (Hg.), Politica in Italia. I fatti dell'anno e le interpretazioni, Ed. 1994, Bologna 1994, S. 119-139.

WIESENDAHL, Elmar, Parteien und Demokratie. Eine soziologische Analyse paradigmatischer Ansätze der Parteienforschung, Opladen 1980.

DERS., Parteien in Perspektive. Theoretische Ansichten der Organisationswirklichkeit politischer Parteien, Opladen, Wiesbaden 1998.

DERS., Volkspartei, in: Nohlen, Dieter (Hg.), Wörterbuch Staat und Politik, Bonn 1993, S. 760-762.

DERS., Volksparteien im Abstieg. Nachruf auf eine zwiespältige Erfolgsgeschichte, in: Aus Politik und Zeitgeschichte, B 34-35/92, S. 3-14.

WIESER, Theodor/SPOTTS, Frederic, Der Fall Italien. Dauerkrise einer schwierigen Demokratie, München 1988.

WOLF, Andrea, Telekratie oder Tele Morgana? Politik und Fernsehen in Italien, Frankfurt a.M. [u.a.] 1997.

ZAGREBELSKY, Gustavo, Prefazione, in: Gilioli, Alessandro, Forza Italia. La storia, gli uomini, i misteri, Bergamo 1994, S. I-VII.

ZOHLNHÖFER, Reimut, Die Transformation des italienischen Parteiensystems in den 90er Jahren, in: Zeitschrift für Politikwissenschaft, 8. Jg. (1998), H. 4, S. 1371-1396. Zitiert als: Zohlnhöfer, Reimut, Die Transformation des italienischen Parteiensystems.

Personenregister

Auf den Eintrag „Berlusconi, Silvio" wurde aus Gründen der Übersichtlichkeit verzichtet.

Acebes, Angel 317
Adornato, Ferdinando 425
Agnelli, Giovanni 38, 97, 104, 110, 239, 249, 266, 315
Agnelli, Umberto 104
Albertini, Gabriele 215
Alemanno, Giovanni 265
Alfano, Angelino 403
Alpa, Guido 110
Amato, Giuliano 67, 91, 120, 172f., 178, 223, 237f., 240, 256, 264, 277, 290, 316, 329, 463
Andreotti, Giulio 63f., 71, 87, 239, 377
Annan, Kofi 324
Antonione, Roberto 397, 401f.
Aznar, José Maria 229, 249, 317, 320, 330, 333, 335, 461

Bartolini, Miriam 75
Berlinguer, Enrico 51
Berlinguer, Sergio 146, 151
Berlusconi, Barbara 75
Berlusconi, Eleonora 75
Berlusconi, Luigi 74f.
Berlusconi, Maria Elvira 75
Berlusconi, Paolo 74, 78, 87, 165, 297
Berlusconi, Pier Silvio 75
Bernini, Giorgio 151
Berrutti, Massimo Maria 422
Bertinotti, Fausto 71, 219, 290
Biagi, Enzo 102
Biagi, Marco 401

Biondi, Alfredo 147, 151, 166, 404, 411, 426
Blair, Tony 17, 318ff., 330f., 333, 335, 461
Blocher, Christoph 345
Bloomberg, Michael 103
Boato, Marco 211
Bobbio, Noberto 247, 367
Bolla, Pierluigi 398
Bonaiuti, Paolo 209, 396
Bondi, Enrico 291
Bondi, Sandro 291, 366, 399f., 402f., 405ff., 472
Bongiorno, Mike 80, 129
Bonino, Emma 226, 426
Borelli, Francesco Saverio 166, 302f.
Borsellino, Paolo 114
Bortone, Adriana 151
Boselli, Enrico 230
Bossi, Rosa 74
Bossi, Umberto 16, 61, 64, 98, 121, 122f., 140, 144ff., 155, 158, 160, 162f., 169, 172, 174ff., 181f., 187, 190, 196, 204, 206, 230ff., 237, 248, 253f., 260, 262, 264f., 267, 272, 281, 283, 323, 325, 329, 454
Brok, Elmar 300
Bush, George jun. 315f., 319, 334ff.
Bush, George sen. 169
Buttiglione, Rocco 175f., 182, 186, 189f., 196, 215, 259, 265,

267, 281, 288, 329, 335, 376, 471

Calderisi, Giuseppe 426
Caligaris, Luigi 108, 368, 412f.
Caprotti, Bernardo 241
Carrà, Raffaella 80
Cartotto, Ezio 97
Casati Stama, Camillo 77
Casini, Pierferdinando 262, 266, 304
Castagnetti, Pierluigi 229, 409
Castelli, Roberto 265, 300ff., 306ff., 329
Chávez, Hugo 467
Chiarelli, Raffaele 110
Chiesa, Mario 62
Chirac, Jacques 86, 239, 319f., 327, 332, 435
Ciampi, Carlo Azeglio 67, 91f., 172, 178, 183, 202, 223, 237, 249, 263, 271, 279, 282, 301, 303, 305, 315, 329
Cicchitto, Fabrizio 398, 401, 403, 405f.
Cicu, Salvatore 397
Cirami, Melchiorre 303
Clinton, Bill 117
Codignoni, Angelo 106ff., 369f., 412
Colaninno, Roberto 291f.
Colistra, Francesco 367
Colletti, Lucio 425
Collor de Mello, Fernando 467
Comino, Domenico 151
Confalonieri, Fedele 74, 89, 98, 102, 168, 412
Contestabile, Memmo 164
Cossiga, Francesco 62, 215, 220, 230, 243
Cossiga, Giuseppe 425
Cossutta, Armando 220, 222

Costa, Raffaele 147, 151, 243, 404, 411, 426
Costanzo, Maurizio 94
Craxi, Bettino 21, 56f., 63f., 66, 75, 81ff., 91, 97, 101, 142, 145, 147, 161, 165, 218, 243, 294, 372, 450
Craxi, Bobo 243, 425
Cumaraswamy, Dato Param 305, 312
Cusani, Sergio 161

D'Alema, Massimo 100, 175f., 191ff., 200, 211f., 218, 220, 222ff., 227, 230, 233f., 237, 297, 455
Dalla Chiesa, Nando 301
Dall'Oglio, Carla Elviria 75
D'Amato, Antonio 282
Danese, Luca 377
D'Antoni, Sergio 243
De Benedetti, Carlo 294
Debenedetti, Franco 247
De Bortoli, Ferruccio 291
De Caro, Maurizio 372
De Carolis, Massimo 425
De Gasperi, Alcide 53, 216, 229, 325
De Gaulles, Charles 105
Del Debbio, Paolo 131, 370, 378, 412
Della Valle, Raffaele 369, 412
Dell'Elce, Giovanni 377f., 396, 444
Dell'Utri, Marcello 98, 104, 106ff., 113f., 297, 311, 351, 372, 399ff., 403ff., 407, 412, 422
De Lorenzo, Francesco 162
Delors, Jacques 288
Demattè, Claudio 157
Di Donato, Giulio 162

Dini, Lamberto 146, 151, 173, 183ff., 187, 190f., 195, 198, 202, 205, 221, 431f., 454
Di Pietro, Antonio 62, 146, 161ff., 166f., 202, 220f., 255f.
Di Rupo, Elio 149
D'Onofrio, Francesco 146, 151
Dotti, Vittorio 192, 429, 431f.

Eco, Umberto 245, 247, 357
Erdogan, Recep 326
Estrada, Joseph 467

Falcone, Giovanni 295
Fazio, Antonio 172, 276, 287
Fedele, Marcello 110
Ferrara, Giuliano 146f., 151, 160, 162, 412
Fini, Gianfranco 70, 93, 95, 98, 120ff., 144, 162f., 174, 176f., 179, 182f., 187, 189f., 194f., 205, 217f., 222f., 226, 237, 262, 265, 267, 272, 301, 325, 329, 333, 470ff.,
Fiori, Publio 151
Fischer, Joschka 239
Fisichella, Domenico 151, 266, 302
Fleischer, Ari 333
Flores D'Arcais, Paolo 247
Fois, Sergio 110
Follini, Marco 218, 471, 473
Fontaine, Nicole 317
Forlani, Alessandro 425
Forlani, Arnaldo 57
Formentini, Marco 92
Forni, Raymond 320
Fortuyn, Pim 345, 357
Foscale, Giancarlo 77f.
Franchet, Yves 280
Frattini, Franco 263, 265, 336f., 380, 410, 460, 471

Frau, Aventino 398

Gaddafi, Muamma al 334
Galan, Giancarlo 398
Galliani, Adriano 98
Garzón, Baltasar 295, 301
Gasparri, Maurizio 265
Gelli, Licio 84
Ghedini, Niccolò 296
Giacalone, Davide 102
Giovannardi, Carlo 265
Giscard d'Estaing, Valéry 327, 435
Giuffrè, Antonio 351f.
Gnutti, Vito 151
Goethe, Johann Wolfgang von 19
González, Felipe 87
Gorla, Alessandro 370, 378, 412
Graviano, Giuseppe 352
Graviano, Filippo 352
Grillo, Luigi 152
Guerra, Alessandra 402
Guidi, Antonio 151

Haider, Jörg 345, 357, 460
Hussein, Saddam 335

Kirch, Leo 86, 104, 229
Kohl, Helmut 149, 229
Kok, Wim 320

La Loggia, Enrico 265, 412, 423
La Malfa, Giorgio 230, 243, 425
La Malfa, Ugo 243
Lario, Veronica 75
Lasagna, Roberto 127
Letta, Gianni 146, 170, 412
Lo Jucco, Domenico 106, 378, 424, 444
Loren, Sofia 188
Lorenzetti, Ambrogio 110
Lunardi, Pietro 265f.

Luttwak, Edward 169

Maccanico, Antonio 193f.
Mammì, Oscar 87, 102
Mancuso, Filippo 434
Mangano, Vittorio 114
Mannino, Totò 425
Marchini, Alfio 158
Marini, Franco 223
Maroni, Roberto 146, 151, 162, 178, 264f.
Martinazzoli, Mino 70, 96, 98, 120f.
Martino, Antonio 108, 110, 146, 149, 151, 192, 263ff., 313f., 323ff., 368, 412
Marzano, Antonio 265
Mastella, Clemente 146, 151, 215
Mattacena, Amedeo 424
Mattarella, Sergio 69, 324
Matteoli, Altero 151, 265
Mennitti, Domenico 30, 102f., 105, 108, 125, 369, 370f., 408f., 443
Metzler, Ruth 299
Miccichè, Gianfranco 243
Miccio, Mauro 158
Michel, Louis 321, 314
Miglio, Gianfranco 146
Mitterand, François 86, 148
Montand, Yves 74
Montanelli, Indro 61, 85, 97, 102, 129
Monti, Mario 290
Moratti, Letizia 158f., 265f.
Mormino, Antonio 352
Moro, Aldo 51
Morongiu, Gianni 110
Mussolini, Alessandra 93, 470

Occhetto, Achille 56, 65, 93, 102, 128f., 207, 221, 352

Olivetti, Adriano 104
Orlando, Leoluca 58, 351

Pagliarini, Carlo 151
Palmieri, Antonio 436
Pannella, Marco 65, 98, 151
Parenti, Tiziana 351, 369
Pecorella, Gaetano 297
Pera, Marcello 263, 266, 320, 410
Perot, Ross 103, 112, 134, 467
Pilo, Gianni 106f., 117f., 194, 203, 370, 424
Pirelli, Alberto 104
Pisanu, Giuseppe 265f., 423
Pivetti, Irene 152, 158
Podestà, Stefano 151, 433
Possa, Guido 378, 383, 397
Pöttering, Hans-Gert 472
Prestigiacomo, Stefania 265
Presutti, Ennio 158
Previti, Cesare 77, 146, 150f., 166, 168, 294, 304f., 308, 311, 372ff., 377ff., 412, 431f., 434, 437, 459
Prodi, Romano 22, 71, 190, 193ff., 199ff., 203, 205f., 209f., 213, 215ff., 219ff., 223, 226, 263, 267, 326, 338, 471, 473
Provenzano, Bernardo 351
Putin, Wladimir 326ff., 332, 339

Querci, Nicolò 106

Radicale, Roberto 147, 151
Raffarin, Jean-Pierre 31
Rauti, Pino 203, 242
Reagan, Ronald 134, 169, 273, 283
Riina, Totò 113
Rivolta, Dario 377f.
Rossi Bernardi, Luigi 110

Rosso, Roberto 393, 404, 468
Roversi Monaco, Fabio 110
Ruggiero, Renato 264ff., 301, 314f., 320f., 323ff., 336, 397, 460
Rusconi, Edilio 80
Rutelli, Francesco 91, 240f., 244, 246, 252, 259, 463

Scajola, Claudio 242f., 254, 265f., 301, 382f., 386, 391, 397, 399ff., 424f., 465
Scalfaro, Oscar Luigi 68, 94, 108, 126, 137, 148, 150f., 158, 166, 170, 176, 178, 182ff., 186, 191, 193, 220, 265
Schäuble, Wolfgang 172, 229
Schifani, Renato 401
Schill, Ronald 345
Schröder, Gerhard 17, 260, 319f., 330
Schulz, Martin 338
Scognamiglio, Carlo 152, 158
Segni, Mario 65, 67, 85, 91, 96ff., 120f., 221f., 226
Sembler, Mel 328
Serio Rossi, Mario 298
Sgarbi, Vittorio 426
Shinawatra, Thaksin 17, 467
Simonis, Heide 19
Sinatra, Frank 74
Sirchia, Girolamo 265
Sironi, Michela 398
Solana, Javier 320
Solbes, Pedro 286f.
Spadolini, Giovanni 152
Speroni, Francesco 151
Spingardi, Roberto 107, 370, 412
Stanca, Lucio 265f.
Stanziani, Sergio 426
Stoiber, Edmund 281, 472
Sturzo, Don Luigi 53, 229

Süßmuth, Rita 149
Sylos Labini, Paolo 247, 279, 297f.

Tajani, Antonio 30, 97, 108, 146, 230, 368, 392, 405, 409, 411f., 440
Tanzi, Calisto 241
Taormina, Carlo 303, 306, 309
Tapie, Bernard 103
Taradash, Marco 426
Tatarella, Giuseppe 149, 151
Tatò, Franco 89
Thatcher, Margaret 283, 327, 462
Togliatti, Palmiro 55
Tondo, Renzo 402
Travaglia, Sergio 106
Tremaglia, Mirko 150, 265
Tremonti, Giulio 146, 151f., 244, 263ff., 275ff., 280ff., 286, 288ff., 292, 317, 323, 410, 456, 458
Tyminskj, Stanislaw 103

Ungari, Paolo 110
Urbani, Giuliano 106, 109f., 117, 146, 151, 221, 265f., 377, 400
Usigli, Vittorio 405

Valducci, Mario 107f., 368, 370, 378, 396, 412
Vattimo, Gianni 301
Védrine, Hubert 249, 260
Veltroni, Walter 223, 239
Verhofstadt, Guy 301, 320
Virilio, Paul 143
Vito, Alfredo 425
Vito, Elio 401
Vitorino, Antonio 300

Zanicchi, Iva 129

Italien in Geschichte und Gegenwart

Herausgegeben von
Luigi Vittorio Ferraris, Erik Jayme, Günter Trautmann (†),
Hartmut Ullrich

Band 1   Luigi Vittorio Graf Ferraris / Günter Trautmann / Hartmut Ullrich (Hrsg.): Italien auf dem Weg zur "zweiten Republik"? Die politische Entwicklung Italiens seit 1992. 1995.

Band 2   Friedemann Scriba: Augustus im Schwarzhemd? Die Mostra Augustea della Romanità in Rom 1937/38. 1995.

Band 3   Christian Vordemann: Deutschland – Italien 1949-1961. Die diplomatischen Beziehungen. 1994.

Band 4   Anne von Oswald: Die deutsche Industrie auf dem italienischen Markt 1882 bis 1945. Außenwirtschaftliche Strategien am Beispiel Mailands und Umgebung. 1996.

Band 5   Charis Pöthig: Die Reaktion der EG/EU auf den Umbruch in Mittel- und Osteuropa: Die Haltung Frankreichs und Italiens. 1996.

Band 6   Andrea Wolf: Telekratie oder Tele Morgana? Politik und Fernsehen in Italien. 1997.

Band 7   Paul W. Frey: Faschistische Fernostpolitik. Italien, China und die Entstehung des weltpolitischen Dreieckes Rom – Berlin – Tokio. 1997.

Band 8   Fabio Marri / Maria Lieber unter Mitwirkung von Christian Weyers: Lodovico Antonio Muratori und Deutschland. Studien zur Kultur- und Geistesgeschichte der Frühaufklärung. 1997.

Band 9   Eva Sabine Kuntz: Konstanz und Wandel von Stereotypen. Deutschlandbilder in der italienischen Presse nach dem Zweiten Weltkrieg. 1997.

Band 10 Andrea Hoffend: Zwischen Kultur-Achse und Kulturkampf. Die Beziehungen zwischen 'Drittem Reich' und faschistischem Italien in den Bereichen Medien, Kunst, Wissenschaft und Rassenfragen. 1998.

Band 11 Birgit Hanny: Italienische Reformen für die Europapolitik. Anpassungsversuche im europäischen Mehrebenensystem seit 1987. 1999.

Band 12 Ralf Magagnoli: Italien und die Europäische Verteidigungsgemeinschaft. Zwischen europäischem Credo und nationaler Machtpolitik. 1999.

Band 13 Richard Brütting / Sergio Sacco (Hrsg.): Dissens und Dialog / Dissenso e Dialogo. Italien, Deutschland und Rußland im interkulturellen Vergleich. Ergebnisse des 4. Internationalen Seminars 1997 / Italia, Germania, Russia: confronto interculturale. Atti del IV Seminario Internazionale, 1997. 1999.

Band 14 Fabio Marri / Maria Lieber (Hrsg.): Die Glückseligkeit des gemeinen Wesens. Wege der Ideen zwischen Italien und Deutschland im Zeitalter der Aufklärung. 1999.

Band 15 Charis Pöthig: Italien und die DDR. Die politischen, ökonomischen und kulturellen Beziehungen von 1949 bis 1980. 2000.

Band 16 Richard Brütting / Svetlana Kokoskina / Sergio Sacco (Hrsg.): Konflikt und Konsens / Conflitto e consenso. Deutschland, Italien und Russland auf dem Weg zum vereinten Europa. Ergebnisse des 5. Internationalen Seminars 1999 / La Germania, l'Italia e la Russia verso l'Europa unita. Atti del V Seminario Internazionale, 1999. 2001.

Band 17 Christine Scheib: Die italienische Diskussion über die deutsche Ost- und Entspannungspolitik (1966-1973). 2001.

Band 18 Hartmut Ullrich (Hrsg.): Verfassungsgebung, *partitocrazia* und Verfassungswandel in Italien vom Ende des II. Weltkrieges bis heute. 2001.

Band 19 Elia Morandi: Italiener in Hamburg. Migration, Arbeit und Alltagsleben vom Kaiserreich bis zur Gegenwart. 2004.

Band 20 Enrico Brissa: Die italienischen Streitkräfte und ihr internationales Engagement. Eine rechtliche, politikwissenschaftliche und historische Untersuchung. 2005.

Band 21 Werner Daum: Zeit der Drucker und Buchhändler. Die Produktion und Rezeption von Publizistik in der Verfassungsrevolution Neapel-Siziliens 1820/21. 2005.

Band 22 Damian Grasmück: Die *Forza Italia* Silvio Berlusconis. Geburt, Entwicklung, Regierungstätigkeit und Strukturen einer charismatischen Partei. 2005.

www.peterlang.de

Enrico Brissa

Die italienischen Streitkräfte und ihr internationales Engagement

Eine rechtliche, politikwissenschaftliche und historische Untersuchung

Frankfurt am Main, Berlin, Bern, Bruxelles, New York, Oxford, Wien, 2005. 218 S.
Italien in Geschichte und Gegenwart.
Verantwortlicher Herausgeber: Hartmut Ullrich. Bd. 20
ISBN 3-631-53065-X · br. € 35.50*

Die Entwicklung einer europäischen Sicherheits- und Verteidigungsidentität setzt eine weit gehende Intensivierung der Zusammenarbeit der nationalen Verteidigungssysteme voraus. Verkürzt gesagt, erfordert eine Integration vorherige Kooperationen. Erfahrungen mit bi- und multilateralen Streitkräftestrukturen und deren interdisziplinäre Auswertung sind insofern für eine erfolgreiche europäische Sicherheitsarchitektur unverzichtbar. Der Erfolg dieser zunehmenden Kooperation setzt seinerseits voraus, dass mit Hilfe von interdisziplinären und länderbezogenen Analysen die Gegebenheiten der nationalen Verteidigungssysteme ermittelt werden. Erst nach dieser Beschreibung der nationalen Verteidigungs- und Streitkräfteidentitäten können dann mit Hilfe eines Vergleiches Konvergenzen und Divergenzen herausgearbeitet werden. Zu den Eigenschaften und Merkmalen der nationalen Verteidigungssysteme zählt auch die von den Streitkräften bis dato praktizierte internationale Zusammenarbeit. Erstaunlicherweise gibt es zu diesem Themenkomplex so gut wie keine Untersuchungen. Vor diesem Hintergrund untersucht die interdisziplinär angelegte Arbeit die italienischen Streitkräfte und ihr internationales Engagement mittels juristischer, politikwissenschaftlicher und historischer Methoden.

Aus dem Inhalt: Die Streitkräfte Italiens · Verfassungsrechtliche Grundlagen und Verfassungswirklichkeit der italienischen Streitkräfte · Grundlagen der italienischen Wehrverfassung · Die Organisationsstruktur der Streitkräfte

Frankfurt am Main · Berlin · Bern · Bruxelles · New York · Oxford · Wien
Auslieferung: Verlag Peter Lang AG
Moosstr. 1, CH-2542 Pieterlen
Telefax 00 41 (0) 32 / 376 17 27

*inklusive der in Deutschland gültigen Mehrwertsteuer
Preisänderungen vorbehalten

Homepage http://www.peterlang.de